D1640878

Hans Ulrich Walder-Richli

Zivilprozessrecht

ergänzt und fertiggestellt von
Béatrice Grob-Andermacher

Zivilprozessrecht

nach den Gesetzen des Bundes und des Kantons Zürich unter
Berücksichtigung weiterer kantonaler Zivilprozessordnungen und
der Schweizerischen Zivilprozessordnung vom 19. Dezember 2008
sowie unter Einschluss internationaler Aspekte

Von Dr. iur. Hans Ulrich Walder-Richli †

Emeritierter Professor an der Universität Zürich
Ehemals Gastprofessor an den Universitäten St. Gallen und Freiburg i. Ue.
Ehemals Mitglied des Kassationsgerichts des Kantons Zürich

und

ergänzt und fertiggestellt von

Dr. iur. Béatrice Grob-Andermacher

Rechtsanwältin in Zug und Ebertswil

Fünfte, vollständig überarbeitete Auflage

Schulthess § 2009

Bibliografische Information ‹Der Deutschen Bibliothek›
Die Deutsche Bibliothek verzeichnet diese Publikation in der Deutschen Nationalbibliografie; detaillierte bibliografische Daten sind im Internet über ‹http://dnb.ddb.de› abrufbar.

Alle Rechte, auch die des Nachdrucks von Auszügen, vorbehalten. Jede Verwertung ist ohne Zustimmung des Verlages unzulässig. Dies gilt insbesondere für Vervielfältigungen, Übersetzungen, Mikroverfilmungen und die Einspeicherung und Verarbeitung in elektronische Systeme.

© Schulthess Juristische Medien AG, Zürich · Basel · Genf 2009
   ISBN 978-3-7255-5829-2

www.schulthess.com

*Zum Andenken an
Herrn Professor Dr. Max Guldener*

Erstes Vorwort zur fünften Auflage

In den zwölf Jahren seit Erscheinen der vierten Auflage ist die seit langem ersehnte Reform des schweizerischen Zivilprozessrechts abgeschlossen worden. Das Gerichtsstandsgesetz und das Bundesgerichtsgesetz werden praktiziert. Nun ist auch der «mittlere Teil», der das Wesentliche des Verfahrensablaufs enthält, gesetzgeberisch verabschiedet. Die schweizerische Zivilprozessordnung vom 19. Dezember 2008 wird im Anhang abgedruckt. Eine zu erwartende Neuerung ergibt sich auch bezüglich des Lugano-Übereinkommens, das am 30. Oktober 2007 einen massgeblich veränderten Text erhalten hat, ja eigentlich ein neues Übereinkommen ist. Auf den zukünftigen Wortlaut wird in zahlreichen Anmerkungen verwiesen im Bewusstsein, dass er von den Eidgenössischen Räten noch nicht genehmigt ist.

Die seit 1996 ergangene zürcherische und eidgenössische Judikatur ist, soweit sinnvoll, verarbeitet. Es sind jedoch nur Entscheide berücksichtigt, die in BGE, ZR oder in wissenschaftlichen Zeitschriften aufgeführt sind, unter Weglassung der Prozessnummern. Angewachsen ist sodann das Literaturverzeichnis. Die grosse Zahl von Beiträgen vor allem jüngerer Praktiker ist sehr erfreulich. Dem Verlag Schulthess Juristische Medien AG danke ich für die kompetente und speditive Betreuung meines Textes.

Sempach, vorgesehen auf den Dreikönigstag 2009   Hans Ulrich Walder-Richli

Zweites Vorwort zur fünften Auflage

Das erste Vorwort wurde von Prof. Dr. Hans Ulrich Walder-Richli verfasst und im Voraus auf den Dreikönigstag 2009 datiert. Diese Datierung erfolgte Ende Oktober 2008 wenige Tage vor seinem unerwarteten Ableben. Das vorliegende Werk war beinahe beendet. Es wurde von der Unterzeichneten durchgesehen und wo nötig ergänzt. Besonders danken möchte ich Madeleine Dommen und meinem Sohn Gabriel Grob für die spontan geleisteten Korrekturarbeiten.

Eine Würdigung des Schaffens von Prof. Dr. Hans Ulrich Walder-Richli soll diesem Werk vorangestellt werden. Das vorliegende Werk gereicht nicht nur zum Andenken an Professor Dr. Max Guldener, sondern inzwischen auch zum Andenken an Prof. Dr. Hans Ulrich Walder-Richli selber.

Die Fertigstellung vorliegender Darstellung des Zürcherischen Zivilprozessrechts erfolgt in tiefer Dankbarkeit für die jahrelange Zusammenarbeit und den Gedankenaustausch, den die Unterzeichnete seit dem Studium und der Assistentenzeit mit dem Verfasser verband.

Zug und Ebertswil, 31. Januar 2009   Béatrice Grob-Andermacher

Alle Angaben und Zitate erfolgen ohne Gewähr für Richtigkeit und Vollständigkeit.

Prof. Dr. iur. Hans Ulrich Walder-Richli

6. Januar 1929–30. Oktober 2008

Am 30. 0ktober 2008 ist Prof. Dr. Hans Ulrich Walder-Richli kurz vor Vollendung des 80. Altersjahr unerwartet gestorben. Er lebte in Zollikon und in Sempach.

Prof. Dr. Hans Ulrich Walder-Richli war von 1973 bis 1994 an der Universität Zürich Professor für Zivilprozessrecht, Schuldbetreibungs- und Konkursrecht sowie Privatrecht. Er war an der Universität der erste, der Blockseminare und Tutorate als regelmässige Unterrichtsform, welche heute nicht mehr wegzudenken ist, eingeführt hat.

Als Mitglied der Expertenkommission des EJPD hat er ganz wesentlich die grosse SchKG-Revision von 1997 mitgeprägt.

Prof. Dr. Hans Ulrich Walder-Richli war 1967 bis 1973 als Oberrichter am Obergericht des Kantons Zürich und von 1974 bis 1999 im Nebenamt als Mitglied des Kassationsgerichtes des Kantons Zürich tätig.

Im Jahre 1977 hat Prof. Dr. Hans Ulrich Walder-Richli das Institut für zivilgerichtliches Verfahren mit dem Zweck zur Durchführung von Veranstaltungen zum Zivilverfahrensrecht gegründet.

Prof. Dr. Hans Ulrich Walder-Richli gehörte zu den führenden Wissenschaftlern im Zivilprozessrecht und Zwangsvollstreckungsrecht. Neben zahlreichen Publikationen und Veröffentlichungen sind die Werke «Fritzsche/Walder» zum SchKG (Schuldbetreibung und Konkurs Bd. I und II, 3. Aufl. Zürich 1984/1993) und der Kommentar Carl Jaeger zum SchKG in der 4. Auflage von ihm bearbeitet worden. Das dreibändige Werk ist erschienen unter: Jaeger/Walder/Kull/Kottmann in den Jahren 1997/2001. Von ihm weitergeführt wurde auch der von Carl Jaeger und Marta Daeniker begründete Präjudizienkommentar, der in der 17. Auflage im Jahre 2007 erschienen ist.

Besonderes Interesse brachte er der im Jahre 2000 in Kraft getretenen neuen Bundesverfassung entgegen und er arbeitete an einer Publikation eines Verfassungsquervergleiches zwischen der alten und der neuen Bundesverfassung. Mit einem unermüdlichen Schaffensdrang hatte er begonnen, seine sämtlichen Werke zu revidieren und zu bearbeiten. Er plante eine Überarbeitung und Neuauflage des Lehrbuches von Max Guldener zusammen mit der unterzeichneten Mitverfasserin. Einiges wird unvollendet bleiben und einiges durch Gesetzesrevision Makulatur werden.

Zug und Ebertswil, 1. Februar 2009 Béatrice Grob-Andermacher

Inhaltsübersicht

Verzeichnis der Abkürzungen	XXXV
Literaturverzeichnis	XLV
Verzeichnis von Rechtsquellen	CVII

Einleitung

§ 1 Zivilprozess und Zivilprozessrecht 3
    A. Begriff und Ablauf des Zivilprozesses 3
    B. Aufgabe und Instrumentarium des Zivilgerichtes 5
    C. Das Zweiparteiensystem 6
    D. Der Inhalt der richterlichen Entscheidung 7
    E. Verfahrensgestaltung 12
    F. Verfahrensgrundsätze, Verhalten der Gerichte und der Parteien 14

§ 2 Quellen und Literatur zum Zivilprozessrecht des Bundes und der Kantone 17
    A. Rechtsquellen 17
    B. Literatur 18

§ 3 Bundesrecht und kantonales Recht auf dem Gebiet des Zivilprozessrechts 23
    A. Einleitung 24
    B. Die Zivilgerichtsbarkeit des Bundes 24
    C. Vom Bund erlassene Normen im an sich kantonalen Bereich 26
    D. Bundesrechtliche Einflüsse der Zivilgerichtsbarkeit des Bundes auf diejenige der Kantone 36
    E. Bundesrechtliche Verfahrensbestimmungen als Ausfluss der föderalistischen Staatsstruktur 37
    F. Verfahrensrechtliche Grundsätze 37

§ 4 Geschichte des Zivilprozessrechts im Kanton Zürich 41
    A. Einleitung 41
    B. Die einzelnen Perioden 42

Erster Abschnitt
Von den Gerichten

§ 5 Die Gerichte des Bundes und des Kantons Zürich 59
    A. Die Gerichte des Bundes 59
    B. Die Gerichte des Kantons Zürich 62

§ 6 Der Ausstand der Richter und weiterer Justizbeamter 89
    A. Der sogenannte Ausschluss 89
    B. Die sogenannte Ablehnung 92
    C. Das Verfahren im Einzelnen 96
    D. Die Regelung nach der schweizerischen Zivilprozessordnung 99

§ 7 Die Zuständigkeit der Gerichte 101
    A. Allgemeines 102

B. Die örtliche Zuständigkeit (Gerichtsstand) 103
C. Die sachliche Zuständigkeit 132
D. Die funktionelle Zuständigkeit 137

Zweiter Abschnitt
Von den Prozessparteien

§ 8 **Die Parteifähigkeit** 141

§ 9 **Prozessfähigkeit und Prozessstandschaft** 147
    A. Die Prozessfähigkeit 147
    B. Die Prozessstandschaft 149

§ 10 **Die Postulationsfähigkeit** 151
    A. Die Postulationsfähigkeit bezogen auf die Parteien und die gesetzlichen Vertreter 151
    B. Die Postulationsfähigkeit bezogen auf vertraglich bestellte Vertreter 152

§ 11 **Klagenhäufung und Streitgenossenschaft** 157
    A. Objektive Klagenhäufung 157
    B. Subjektive Klagenhäufung (Einfache Streitgenossenschaft) 161
    C. Notwendige Streitgenossenschaft 163

§ 12 **Die Hauptintervention** 167

§ 13 **Die Nebenintervention** 169
    A. Die unselbständige Nebenintervention 169
    B. Die selbständige Nebenintervention 175

§ 14 **Die Streitverkündung** 177
    A. Formelles 177
    B. Materielle Wirkungen der Streitverkündung 180
    C. Anwendungsfälle 184
    D. Weitere Fragen 186

§ 15 **Parteiwechsel und Prozessbeitritt** 189
    A. Parteiwechsel 189
    B. Prozessbeitritt 196

Dritter Abschnitt
Von den Verfahrensgrundsätzen

§ 16 **Die Dispositionsmaxime** 201

§ 17 **Die Verhandlungsmaxime** 203
    A. Allgemeine Grundsätze 203
    B. Einschränkungen der Verhandlungsmaxime. Richterliche Fragepflicht 206
    C. Beispiele aus der Judikatur zur Substanziierung und zur richterlichen Fragepflicht ... 210
    D. Bundesrecht und kantonales Recht im Bereich der Substanziierungspflicht ... 216

§ 18	**Offizialmaxime und Untersuchungsmaxime**	219
	A. Allgemeines	219
	B. Anwendungsbereich	220
	C. Zusätzlicher Anwendungsbereich der Untersuchungsmaxime	223
	D. Weitere Bemerkungen	224
§ 19	**Die Eventualmaxime**	227
§ 20	**Der Grundsatz der richterlichen Rechtsanwendung**	233
	A. Allgemeines	233
	B. Einschränkungen des Grundsatzes	234
§ 21	**Der Grundsatz des rechtlichen Gehörs**	237
	A. Gelegenheit für die Parteien, sich zur Klage auszusprechen	237
	B. Anhörung der Parteien auch im Rechtsmittelverfahren	240
	C. Besonderheit bei einstweiligen Verfügungen	241
	D. Zweimalige Anhörung in erster Instanz	241
	E. Gelegenheit zur Teilnahme an den Verhandlungen	242
	F. Recht auf Akteneinsicht	242
	G. Pflicht des Gerichtes, sich mit dem Vorgebrachten ernsthaft auseinanderzusetzen	243
	H. Gerichtssprache	243
	I. Weitere Aspekte	244
§ 22	**Der Grundsatz der richterlichen Prozessleitung**	245
	A. Die formelle richterliche Prozessleitung	245
	B. Die materielle richterliche Prozessleitung	246
§ 23	**Der Grundsatz der Öffentlichkeit**	249
§ 24	**Die einzelnen Klagearten**	251
	A. Die Leistungsklage	251
	B. Die Feststellungsklage	252
	C. Die Gestaltungsklage	260
§ 25	**Sachurteil und Prozessurteil**	265
	A. Allgemeines	265
	B. Die Erledigung durch Klageanerkennung, Vergleich und Klagerückzug	267
§ 26	**Die Rechtskraft**	271
	A. Die formelle Rechtskraft	272
	B. Die materielle Rechtskraft	274
§ 27	**Die Rechtshängigkeit**	305
	A. Begriff und Voraussetzungen	305
	B. Die Folgen der Rechtshängigkeit	308

Vierter Abschnitt
Vom Beweis

§ 28	Der Beweis und die Beweislast	319
	A. Der Beweis im Allgemeinen	319
	B. Die Beweislast	321
§ 29	Die Beweismittel und die Beweiswürdigung	335
	A. Die Beweismittel	336
	B. Die Beweiswürdigung	368
§ 30	Beweisverträge	369
	A. Verträge über die Beweismittel (Beweisführungsverträge)	369
	B. Verträge über die Beweislast	369
	C. Der Schiedsgutachtervertrag	370
§ 31	Rechtshilfe im Beweisverfahren	371

Fünfter Abschnitt
Einzelprobleme des Rechtsschutzes

§ 32	Einstweiliger Rechtsschutz	383
	A. Zweck des einstweiligen Rechtsschutzes	383
	B. Verfahren zum Erlass einstweiliger Verfügung	389
	C. Voraussetzungen für die Erwirkung vorsorglicher Massnahmen	391
	D. Schutzschrift	391
	E. Schadenersatz- und Sicherstellungspflicht	392
	F. Die Frage der Bindung des Richters an ergangene einstweilige Verfügungen	393
§ 33	Fristen und Verhandlungstermine, Zustellungen	395
	A. Fristen und Verhandlungstermine	395
	B. Zustellungen	400
§ 34	Die Finanzierung des Zivilprozesses	403
	A. Die Erhebung von Gerichtskosten	403
	B. Die Entschädigungspflicht	407
	C. Barvorschüsse und Kautionen	409
	D. Die unentgeltliche Prozessführung,	414

Sechster Abschnitt
Vom Verfahrensablauf in erster Instanz

§ 35	Der Gang des erstinstanzlichen Verfahrens im Kanton Zürich (ordentliches Verfahren)	421
	A. Das Sühnverfahren	421
	B. Das Einleitungsverfahren	424
	C. Das Hauptverfahren	425
	D. Das Beweisverfahren	433
	E. Das Urteilsverfahren	439

§ 35a	Das einfache und rasche Verfahren im Kanton Zürich	443
§ 36	Das beschleunigte Verfahren	447
§ 37	Das summarische Verfahren	449
	A. Allgemeines	449
	B. Die einzelnen Anwendungsbereiche des summarischen Verfahrens	451
§ 37a	Das Verfahren bei fürsorgerischer Freiheitsentziehung im Kanton Zürich	461
§ 38	Das Verfahren gemäss Bundeszivilprozessordnung	465

Siebenter Abschnitt

§ 39	Von den Rechtsmitteln	469
	A. Die Rechtsmittel im Allgemeinen	470
	B. Die Rechtsmittel des zürcherischen Rechts	480
	C. Die Rechtsmittel des Bundesrechts	503

Achter Abschnitt

§ 40	Von den Schiedsgerichten	523
	A. Allgemeines mit Ausblick auf die Schweizerische Zivilprozessordnung	523
	B. Einzelne Fragen	536
	C. Abgrenzung zu den Schiedsgutachten	545
	D. Die internationale Schiedsgerichtsbarkeit	545

Neunter Abschnitt

§ 41	Von der kantonalrechtlichen Zwangsvollstreckung	549
	A. Abgrenzung von der bundesrechtlichen Zwangsvollstreckung	549
	B. Die kantonalrechtliche Zwangsvollstreckung	551

Zehnter Abschnitt
Von der Wahrnehmung richterlicher Aufgaben

§ 42	Die Haftung des Richters	565
	A. Allgemeines	565
	B. Anwendungsfälle	566
	C. Zusammenfassung	576
§ 43	Schlussbemerkungen	577

Anhang

Schweizerische Zivilprozessordnung	581
Aufhebung und Änderung bisherigen Rechts	657
Koordinationsbestimmungen	673
Bundesbeschluss (Entwurf) über die Genehmigung und die Umsetzung des revidierten Übereinkommens von Lugano über die gerichtliche Zuständigkeit, die Anerkennung und die Vollstreckung gerichtlicher Entscheidungen in Zivil- und Handelssachen	675

Sachregister ... 681

Inhaltsverzeichnis

Verzeichnis der Abkürzungen...XXXV
Literaturverzeichnis..XLV
Verzeichnis von Rechtsquellen.. CVII

Einleitung

§ 1 Zivilprozess und Zivilprozessrecht... 3

    A. Begriff und Ablauf des Zivilprozesses 3

    B. Aufgabe und Instrumentarium des Zivilgerichtes.. 5

    C. Das Zweiparteiensystem 6

    D. Der Inhalt der richterlichen Entscheidung 7

    E. Verfahrensgestaltung.. 12
        1. Der Adhäsionsprozess.. 12
        2. Streitiges und nichtstreitiges Verfahren 13
        3. Besondere Merkmale des Zivilprozesses im Vergleich mit dem Straf- und dem Verwaltungsprozess... 13

    F. Verfahrensgrundsätze, Verhalten der Gerichte und der Parteien....................... 14

§ 2 Quellen und Literatur zum Zivilprozessrecht des Bundes und der Kantone 17

    A. Rechtsquellen 17

    B. Literatur... 18
        1. Emil Schurter/Hans Fritzsche: Das Zivilprozessrecht der Schweiz 18
        2. Max Guldener: Schweizerisches Zivilprozessrecht.................................... 19
        3. Hans Sträuli/Georg Messmer/Felix Wiget/Richard Frank: Kommentar zur Zürcherischen Zivilprozessordnung von 1976 20
        4. Walther J. Habscheid: Droit judiciaire privé suisse 20
        5. Walther J. Habscheid: Schweizerisches Zivilprozess- und Gerichtsorganisationsrecht 20
        6. Oscar Vogel/Karl Spühler: Grundriss des Zivilprozessrechts und des internationalen Zivilprozessrechts der Schweiz 21
        7. Henri-Robert Schüpbach: Traité de procédure civile 21
        8. Thomas Sutter-Somm: Schweizerisches Zivilprozessrecht....................... 21
        9. Bernhard Berger/Andreas Güngerich: Zivilprozessrecht 21
        10. Adrian Staehelin/Daniel Staehelin/Pascal Grolimund: Zivilprozessrecht nach dem Entwurf für eine Schweizerische Zivilprozessordnung und weiteren Erlassen – unter Einbezug des internationalen Rechts 22

§ 3 Bundesrecht und kantonales Recht auf dem Gebiet des Zivilprozessrechts 23

A. Einleitung 24
B. Die Zivilgerichtsbarkeit des Bundes 24
  I. Die bisherigen Materien 24
  II. Die bundesrechtlichen Rechtsmittel 25
  III. Die Vollstreckung für Geldforderungen und Forderungen auf Sicherheitsleistung 25
  IV. Die erstinstanzliche Beurteilung gewisser Rechtssachen durch den Bund 25
  V. Die örtliche Zuständigkeit 26
C. Vom Bund erlassene Normen im an sich kantonalen Bereich 26
  I. Einleitung 26
  II. Normen, die sich auf die Kompetenz zur Legiferierung im Zivilrecht stützen 26
    1. Allgemeines 26
    2. Die Abgrenzung zwischen materiellem und formellem Recht 27
    3. Die Gesetzgebungskompetenz des Bundes im Bereich der kantonalen Zivilgerichtsbarkeit 29
      a) Allgemeines 29
      b) Überblick über die prozessualen Bestimmungen im Bundesrecht ausserhalb der Schweizerischen ZPO 31
        aa) Bundesrechtliche Bestimmungen über die Zuständigkeit 31
          α) Örtliche Zuständigkeit 31
          β) Sachliche Zuständigkeit 31
        bb) Bundesrechtliche Bestimmungen über das Beweisrecht 32
        cc) Bundesrechtliche Bestimmungen über die Anwendung von Prozessmaximen 32
        dd) Bundesrechtliche Bestimmungen in Kostenfragen 32
    4. Die Abgrenzung zwischen Bundesrecht und kantonalem Recht im Bereich des Zivilprozesses aus der Sicht des Richters 32
      a) Allgemeines 32
      a) Derogatorische Wirkung des Bundeszivilrechts auf das kantonale Zivilprozessrecht 34
        aa) Allgemeines 34
        bb) Auswirkungen des Bundeszivilrechts auf das kantonale Zivilprozessrecht im Einzelnen 34
      c) Richterliche Schöpfung verfahrensrechtlicher Normen des Bundesrechtes 35
D. Bundesrechtliche Einflüsse der Zivilgerichtsbarkeit des Bundes auf diejenige der Kantone 36
  I. Bundesrechtliche Rechtsmittel 36
  II. Bundesrechtliche Zwangsvollstreckung 36
    1. Ausdrückliche Bestimmungen 36
    2. Ungeschriebene Normen 36
E. Bundesrechtliche Verfahrensbestimmungen als Ausfluss der föderalistischen Staatsstruktur 37
F. Verfahrensrechtliche Grundsätze 37

§ 4 Geschichte des Zivilprozessrechts im Kanton Zürich 41
    A. Einleitung 41
    B. Die einzelnen Perioden 42
        I. Die Zeit der patriarchalischen Rechtspflege 42
            1. Die alte Justiz löblicher Stadt und Landschaft Zürich bis 1798 42
            2. Die Zeit der Helvetik (1798–1803) 45
            3. Die Zeit der Mediation (1803–1813) 45
            4. Die Zeit der Restauration (1814–1830) 46
        II. Die Zeit der Regeneration der Rechtspflege (1831–1839) 46
        III. Die Zeit der Kodifikation des Privat- und Prozessrechts im Kanton Zürich vor 1869 48
        IV. Die Rechtspflege unter der Kantonsverfassung von 1869 50
            1. Die Entstehung des Gesetzes betreffend die zürcherische Rechtspflege von 1874 50
            2. Die Rechtspflegegesetze von 1911, 1913 und 1919 51
            3. Die Zivilprozessordnung und das Gerichtsverfassungsgesetz von 1976 mit seitherigen Revisionen 51

Erster Abschnitt
Von den Gerichten

§ 5 Die Gerichte des Bundes und des Kantons Zürich 59
    A. Die Gerichte des Bundes 59
    B. Die Gerichte des Kantons Zürich 62
        I. Allgemeines 62
        II. Die Gerichtsinstanzen im Einzelnen 63
            1. Die Friedensrichter 63
            2. Die Bezirksgerichte 65
            3. Die Einzelrichter 67
            4. Das Obergericht 69
            5. Die Arbeitsgerichte 73
            6. Die Mietgerichte und die Schlichtungsbehörden 77
            7. Das Handelsgericht 82
            8. Das Landwirtschaftsgericht 88
            9. Das Kassationsgericht 88

§ 6 Der Ausstand der Richter und weiterer Justizbeamter 89
    A. Der sogenannte Ausschluss 89
    B. Die sogenannte Ablehnung 92
    C. Das Verfahren im Einzelnen 96
    D. Die Regelung nach der schweizerischen Zivilprozessordnung 99

§ 7 Die Zuständigkeit der Gerichte 101

A. Allgemeines 102
B. Die örtliche Zuständigkeit (Gerichtsstand) 103
    I. Die örtliche Zuständigkeit im Allgemeinen 103
        1. Der allgemeine Gerichtsstand 103
        2. Die Behandlung von Urteilen unzuständiger Gerichte 103
        3. Prozesserledigung bei fehlender Zuständigkeit 104
    II. Die besonderen Gerichtsstände des Gerichtsstandsgesetzes 106
        1. Der Gerichtsstand am Ort der Niederlassung 106
        2. Der Gerichtsstand am Ort des Sachzusammenhanges 106
        3. Der Gerichtsstand für die Widerklage 106
        4. Der Gerichtsstand für Streitgenossen 107
        5. Der Gerichtsstand für Interventions- und Gewährleistungsklagen 107
        6. Der Gerichtsstand für Klagen aus Personenrecht 107
        7. Der Gerichtsstand für Klagen aus Familienrecht 108
        8. Der Gerichtsstand für Klagen aus Erbrecht 109
        9. Der Gerichtsstand für Klagen aus Sachenrecht 109
        10. Der Gerichtsstand für Klagen aus Obligationenrecht und verwandten Gebieten 110
        11. Der Gerichtsstand für Klagen aus Handelsrecht 112
        12. Der Gerichtsstand der Vereinbarung und die vorbehaltlose Einlassung vor dem angerufenen Gericht 112
            a) Die Gerichtsstandsvereinbarung 112
            b) Die vorbehaltlose Einlassung vor dem angerufenen Gericht 113
            c) Einschränkungen der Zulässigkeit 114
                α) Fehlende sachliche Zuständigkeit des prorogierten Gerichtes 114
                β) Fehlende Beziehung der Streitigkeit zum gewählten Gerichtsstand 114
                γ) Zwingend vorgeschriebener Gerichtsstand 115
                δ) Erschwerter Verzicht auf den gesetzlichen Gerichtsstand 115
            d) Willensmängel bei Gerichtsstandsvereinbarungen 116
    III. Die besonderen Gerichtsstände für Klagen aus dem Bundesgesetz über Schuldbetreibung und Konkurs (SchKG) 116
    IV. Die besonderen Gerichtsstände des Bundesgesetzes über das Internationale Privatrecht (IPRG) 116
        1. Anwendbarkeit des Gesetzes 116
        2. Einzelne allgemeine Bestimmungen 117
        3. Einzelne Bestimmungen zu besonderen Rechtsverhältnissen 118
    VI. Die besonderen Gerichtsstände des Übereinkommens über die gerichtliche Zuständigkeit und die Vollstreckung gerichtlicher Entscheidungen in Zivil- und Handelssachen vom 15. September 1988 (Lugano-Übereinkommen, LugÜ) 121
        1. Allgemeines zum Übereinkommen 121
        2. Anwendbarkeit des Übereinkommens 121
        3. Allgemeine Grundsätze 122
    VII. Schlussbemerkungen 131
        1. Für die Bestimmung der Zuständigkeit massgebendes Kriterium 131
        2. Für die Bestimmung der Zuständigkeit massgebender Zeitpunkt 132

	C. Die sachliche Zuständigkeit		132
	I. Die Bedeutung des Streitwertes		133
	II. Weitere Grundsätze		137
	D. Die funktionelle Zuständigkeit		137

Zweiter Abschnitt
Von den Prozessparteien

§ 8	**Die Parteifähigkeit**		141
	a) die inexistente Partei		145
	b) fehlerhafte Parteibezeichnung		145
§ 9	**Prozessfähigkeit und Prozessstandschaft**		147
	A. Die Prozessfähigkeit		147
	B. Die Prozessstandschaft		149
§ 10	**Die Postulationsfähigkeit**		151
	A. Die Postulationsfähigkeit bezogen auf die Parteien und die gesetzlichen Vertreter		151
	B. Die Postulationsfähigkeit bezogen auf vertraglich bestellte Vertreter		152
	I. Grundsatz		152
	II. Die Prozessvollmacht		153
	III. Anwaltsrecht		154
§ 11	**Klagenhäufung und Streitgenossenschaft**		157
	A. Objektive Klagenhäufung		157
	1. Die objektive Klagenhäufung im Allgemeinen		157
	2. Die Widerklage		158
	3. Die Eventualwiderklage		160
	B. Subjektive Klagenhäufung (Einfache Streitgenossenschaft)		161
	C. Notwendige Streitgenossenschaft		163
§ 12	**Die Hauptintervention**		167
§ 13	**Die Nebenintervention**		169
	A. Die unselbständige Nebenintervention		169
	I. Formelles		169
	II. Materielles		174
	B. Die selbständige Nebenintervention		175

§ 14 Die Streitverkündung 177

    A. Formelles 177

    B. Materielle Wirkungen der Streitverkündung 180

        I. Die Voraussetzungen der Urteilswirkung 180

           1. Das zwischen zwei Parteien ergangene rechtskräftige Urteil, dessen Existenz Ansprüche einer Partei an einen Dritten zu begründen oder Ansprüche eines Dritten gegen eine Partei zu beeinträchtigen geeignet ist 180

              a) Eignung, um Ansprüche einer Partei zu begründen 181

              b) Eignung, um Ansprüche eines Drittens zu beeinträchtigen 181

           2. Rechtzeitige Streitverkündung 181

           3. Fehlendes Verschulden am ungünstigen Prozessausgang 182

        II. Umfang der Urteilswirkung 182

           1. Für das Urteil notwendig Entscheidungsgründe 182

           2. Entscheidungsgründe, welche den Dritten belasten 183

        III. Einreden aus dem Grundverhältnis zwischen Streitverkünder und Streitberufenem 183

    C. Anwendungsfälle 184

           1. Rechtsgewährleistung 184

           2. Sachgewährleistung 184

           3. Solidarschuldnerschaft 185

           4. Haftpflichtversicherung 185

           5. Solidarbürgschaft 185

           6. Stellvertretung 185

           7. Hinterlegung und verwandte Tatbestände 186

           8. Analoge Anwendung in anderen Rechtsgebieten 186

    D. Weitere Fragen 186

           1. Folgen unterlassener Streitverkündung 186

           2. Form der Teilnahme am Erstprozess 187

           3. Folgen der Nichtbeteiligung am Erstprozess 187

           4. Die Streitverkündungsklage 187

§ 15 Parteiwechsel und Prozessbeitritt 189

    A. Parteiwechsel 189

        I. Einzelnachfolge 189

        II. Konkurs und Tod, Untergang 194

           1. Konkurs 194

           2. Tod, Untergang 195

        III. Höchstpersönliche Ansprüche 196

    B. Prozessbeitritt 196

Dritter Abschnitt
Von den Verfahrensgrundsätzen

§ 16   Die Dispositionsmaxime 201

§ 17   Die Verhandlungsmaxime 203
       A. Allgemeine Grundsätze 203
       B. Einschränkungen der Verhandlungsmaxime. Richterliche Fragepflicht 206
       C. Beispiele aus der Judikatur zur Substanziierung und zur richterlichen Fragepflicht 210
       D. Bundesrecht und kantonales Recht im Bereich der Substanziierungspflicht 216

§ 18   Offizialmaxime und Untersuchungsmaxime 219
       A. Allgemeines 219
       B. Anwendungsbereich 220
          I.   Eheprozesse 220
          II. Abstammungsprozesse (Erforschung des Sachverhalts von Amtes wegen) 221
          III. Prozesse über Entmündigung und Entzug der elterlichen Sorge 222
          IV. Besondere Prozesse juristischer Personen 222
       C. Zusätzlicher Anwendungsbereich der Untersuchungsmaxime 223
          I.   Prozesse zwischen Arbeitnehmer und Arbeitgeber 223
          II. Streitigkeiten aus Miet- und Pachtverhältnissen 224
          III. Haftpflicht aus Kernenergie 224
       D. Weitere Bemerkungen 224

§ 19   Die Eventualmaxime 227

§ 20   Der Grundsatz der richterlichen Rechtsanwendung 233
       A. Allgemeines 233
       B. Einschränkungen des Grundsatzes 234
          1. Bindung an den geltend gemachten Anspruch 234
          2. Notwendigkeit der Einrede-Erhebung 235
          3. Anwendung ausländischen Rechts 235
          4. Ausserordentliche Rechtsmittel 236

§ 21   Der Grundsatz des rechtlichen Gehörs 237
       A. Gelegenheit für die Parteien, sich zur Klage auszusprechen 237
       B. Anhörung der Parteien auch im Rechtsmittelverfahren 240
       C. Besonderheit bei einstweiligen Verfügungen 241

		D. Zweimalige Anhörung in erster Instanz 241
		E. Gelegenheit zur Teilnahme an den Verhandlungen 242
		F. Recht auf Akteneinsicht 242
		G. Pflicht des Gerichtes, sich mit dem Vorgebrachten ernsthaft auseinanderzusetzen 243
		H. Gerichtssprache 243
		I. Weitere Aspekte 244

§ 22 **Der Grundsatz der richterlichen Prozessleitung** 245

    A. Die formelle richterliche Prozessleitung 245

    B. Die materielle richterliche Prozessleitung 246

§ 23 **Der Grundsatz der Öffentlichkeit** 249

§ 24 **Die einzelnen Klagearten** 251

    A. Die Leistungsklage 251

    B. Die Feststellungsklage 252

        I. Anwendungsbereich 252

        II. Feststellungsinteresse als Voraussetzung 253

            1. Im Allgemeinen 253

            2. Das Feststellungsinteresse als Frage des materiellen Bundesrechtes 257

            3. Zusätzliche Funktion der Feststellungsklage 258

        III. Erledigungsart 259

    C. Die Gestaltungsklage 260

        I. Allgemeines 260

        II. Materielle Gestaltungsklagen 261

            1. Personenrecht 261

            2. Familienrecht 261

            3. Erbrecht 261

            4. Sachenrecht 261

            5. Obligationenrecht 262

        III. Prozessuale Gestaltungsklagen 263

§ 25 **Sachurteil und Prozessurteil** 265

    A. Allgemeines 265

    B. Die Erledigung durch Klageanerkennung, Vergleich und Klagerückzug 267

        I. Die Anerkennung der Klage 267

        II. Der Vergleich 268

        III. Der Rückzug der Klage 269

        IV. Die Anfechtung von Klageanerkennung, Vergleich und Klagerückzug 270

§ 26 Die Rechtskraft ... 271

A. Die formelle Rechtskraft ... 272
B. Die materielle Rechtskraft ... 274
  I. Der Begriff der materiellen Rechtskraft ... 274
  II. Der Umfang der materiellen Rechtskraft in objektiver Beziehung ... 275
    1. Die Beschränkung auf das Dispositiv ... 275
       a) Im Allgemeinen ... 275
       b) Die Besonderheit im Falle der Verrechnung ... 276
          α) Bei zugelassener Verrechnung ... 276
          β) Bei nicht zugelassener Verrechnung ... 277
             αα) Verneinung der Zulässigkeit oder der Wirksamkeit der Verrechnungserklärung ... 277
             ββ) Verneinung des Bestandes der Gegenforderung ... 278
       c) Weitere Sonderfälle ... 279
       d) Die Vorfragenwirkung ... 279
       e) Mitberücksichtigung der Erwägungen ... 281
    2. Die Beschränkung auf den identischen Anspruch ... 282
       a) Bestimmung der Anspruchsidentität nach dem eingeklagten materiellen Recht ... 283
       b) Bestimmung der Anspruchsidentität nach dem Rechtsbegehren in Verbindung mit dem Lebensvorgang (zweigliedriger Streitgegenstand) ... 284
          α) Lebensvorgang als isolierter historischer Einzelvorgang ... 284
          β) Lebensvorgang als Lebenssachverhalt in seiner Gesamtheit ... 284
       c) Bestimmung der Anspruchsidentität allein nach dem Rechtsbegehren (eingliedriger Streitgegenstand) ... 284
    3. Die Beschränkung auf Sachurteile ... 289
    4. Entscheidungen im summarischen Verfahren ... 290
  III. Die Erstreckung der materiellen Rechtskraft in subjektiver Beziehung ... 290
  IV. Materielle Rechtskraft und Gestaltungswirkung ... 295
  V. Materielle Rechtskraft als Frage des Bundesrechtes ... 295
  VI. Die Berücksichtigung der materiellen Rechtskraft im Prozess ... 297
  VII. Die Relativierung der materiellen Rechtskraft ... 298
  VIII. Die Bedeutung der materiellen Rechtskraft im Vollstreckungsverfahren ... 299
  IX. Die interkantonale und internationale Bedeutung der materiellen Rechtskraft ... 299
  X. Das Urteilsdispositiv bei Berücksichtigung der materiellen Rechtskraft ... 300
  XI. Die Frage der Verbindlichkeit prozessleitender Entscheidungen ... 301
    1. Prozessleitende Entscheidungen ... 301
    2. Formelle Rechtskraft und Abänderbarkeit prozessleitender Entscheidungen ... 301
    3. Keine materielle Rechtskraft prozessleitender Entscheidungen ... 302

§ 27 Die Rechtshängigkeit ... 305

A. Begriff und Voraussetzungen ... 305
B. Die Folgen der Rechtshängigkeit ... 308
  1. Erschwerte Klageänderung ... 308
     a) Gemäss § 61 ZPO ... 308

α) Klageänderung (§ 61 Abs. 1 ZPO) 308
β) Bezifferung des unbezifferten Rechtsbegehrens
(§ 61 Abs. 2 ZPO) 311
b) Nachbringen von Nebenpunkten 311
c) Berichtigung von Rechnungsirrtümern 312
2. Nichtanhandnahme der identischen Klage 312
3. Veränderung des Streitgegenstandes 314
4. Gebundenheit des Klägers an den angehobenen Prozess 314
5. Perpetuatio fori 315

Vierter Abschnitt
Vom Beweis

§ 28 Der Beweis und die Beweislast 319

A. Der Beweis im Allgemeinen 319
B. Die Beweislast 321
  I. Die Beweislastverteilung im Allgemeinen 321
     1. Rechtsbegründende Tatsachen 322
     2. Rechtsaufhebende und rechtshindernde Tatsachen 322
     3. Parteirollen 323
     4. Regel und Ausnahme 324
     5. «Negativa non sunt probanda» 324
     6. Beweislast nur bei einer Partei 325
     7. Lehre von der Beweislast als Lehre von den Folgen der Beweislosigkeit 325
     8. Richterliche Lückenfüllung 326
     9. Hauptbeweis und Gegenbeweis 326
     10. Beweislast und Behauptungslast 326
  II. Die Beweislast als Frage des Bundesprivatrechtes 327
  III. Die Bedeutung der Vermutungen 329
     1. Die natürlichen Vermutungen (praesumptiones hominis) 329
     2. Die gesetzlichen Vermutungen (praesumptiones iuris) 331
        a) Die Tatsachenvermutungen 331
        b) Die Rechtsvermutungen 332
     3. Unwiderlegbare Vermutungen (praesumptiones iuris et de iure) 333

§ 29 Die Beweismittel und die Beweiswürdigung 335

A. Die Beweismittel 336
  I. Die Beweismittel im Allgemeinen 336
  II. Einzelne Beweismittel 337
     1. Die Parteibefragung 337
        a) Allgemeines 337
        b) Informative Parteibefragung 338
        c) Parteibefragung als Teil des Beweisverfahrens 338
           α) Das einfache Parteiverhör (Persönliche Befragung) 338
           β) Die Beweisaussage 340

		d)	Weitere Fragen	342
			α) Befragung Prozessunfähiger	342
			β) Befragung bei juristischen Personen, Personengemeinschaften und bei der Konkursmasse	342
			γ) Ort und Form der Befragung	342
			δ) Ausbleiben zur Befragung	343
			ε) Folgen der Falschaussage	343
	2.	Das Zeugnis		344
		a)	Allgemeines	344
		b)	Zeugnisfähigkeit	344
		c)	Zeugnispflicht und Zeugnisverweigerung	345
		d)	Form und Inhalt der Zeugenvernehmung	350
		e)	Protokollierung	352
		f)	Entschädigung des Zeugen	353
	3.	Der Augenschein		354
	4.	Das Gutachten		354
		a)	Die Bedeutung des Gutachtens im Prozess	354
		b)	Die Ernennung der Sachverständigen	357
		c)	Die Experteninstruktion	358
		d)	Die Erstattung des Gutachtens	359
		e)	Die Kritik am Gutachten	359
	5.	Urkunden		360
		a)	Arten von Urkunden	360
			α) Dispositivurkunden und Zeugnisurkunden	360
			β) Öffentliche und private Urkunden	362
		b)	Originale und Kopie	364
		c)	Die Überprüfung der Echtheit von Urkunden	364
		d)	Die Edition von Urkunden	365
			α) Die prozessuale Editionspflicht	365
			β) Die ausserprozessuale Editionspflicht	367
		e)	Weitere Fragen	368
	B. Die Beweiswürdigung			368

§ 30 Beweisverträge 369

A. Verträge über die Beweismittel (Beweisführungsverträge) 369

B. Verträge über die Beweislast 369

C. Der Schiedsgutachtervertrag 370

§ 31 Rechtshilfe im Beweisverfahren 371

Fünfter Abschnitt
Einzelprobleme des Rechtsschutzes

§ 32   **Einstweiliger Rechtsschutz** 383

      A. Zweck des einstweiligen Rechtsschutzes 383
           1. Einstweiliger Rechtsschutz durch Sicherungsmassnahmen 383
           2. Einstweiliger Rechtsschutz durch Regelungsmassnahmen 386
           3. Recht auf Gegendarstellung 388
      B. Verfahren zum Erlass einstweiliger Verfügung 389
      C. Voraussetzungen für die Erwirkung vorsorglicher Massnahmen............ 391
      D. Schutzschrift 391
      E. Schadenersatz- und Sicherstellungspflicht... 392
      F. Die Frage der Bindung des Richters an ergangene einstweilige Verfügungen................ 393

§ 33   **Fristen und Verhandlungstermine, Zustellungen** 395

      A. Fristen und Verhandlungstermine.. 395
      B. Zustellungen 400

§ 34   **Die Finanzierung des Zivilprozesses** 403

      A. Die Erhebung von Gerichtskosten 403
      B. Die Entschädigungspflicht 407
      C. Barvorschüsse und Kautionen 409
           1. Barvorschüsse 409
           2. Die allgemeine Prozesskaution 410
      D. Die unentgeltliche Prozessführung 414

Sechster Abschnitt
Vom Verfahrensablauf in erster Instanz

§ 35   **Der Gang des erstinstanzlichen Verfahrens im Kanton Zürich (ordentliches Verfahren)** 421

      A. Das Sühnverfahren 421
      B. Das Einleitungsverfahren 424
      C. Das Hauptverfahren 425
          I. Gewöhnliches Hauptverfahren 425
              1. Allgemeines 425

		2.	Das sogenannte mündliche Verfahren..	425
		3.	Das sogenannte schriftliche Verfahren...	426
		4.	Das Erkenntnisverfahren vor der Friedensrichterin oder vor dem Friedensrichter..	427
		5.	Prozesse über den Personenstand und familienrechtliche Prozesse	428
	II.	Das Säumnisverfahren		430
D.	Das Beweisverfahren..			433
	I.	Der Beweisgegenstand		433
	II.	Der Zeitpunkt des Beweisverfahrens		433
	III.	Der Beweisauflagebeschluss		434
	IV.	Die Beweisabnahme		436
		1.	Allgemeines	436
		2.	Besondere Vorschriften	437
	V.	Das Verfahren zur Beweiswürdigung		438
E.	Das Urteilsverfahren			439

§ 35a Das einfache und rasche Verfahren im Kanton Zürich 443

§ 36 Das beschleunigte Verfahren 447

§ 37 Das summarische Verfahren.. 449

    A. Allgemeines 449

    B. Die einzelnen Anwendungsbereiche des summarischen Verfahrens............................. 451
        I. Schuldbetreibungs- und Konkurssachen 451
        II. Geschäfte aufgrund des Zivilgesetzbuches und des Obligationenrechts 452
        III. Das Befehlsverfahren 453
            1. Allgemeines 453
            2. Anwendungsbereiche des Befehlsverfahrens 454
                a) Die Vollstreckung 454
                b) Das abgekürzte Erkenntnisverfahren 455
                    α) Gegen Einzelne 455
                    β) Gegen mehrere: Allgemeine Verbote 456
                c) Einstweilige Verfügungen 457
        IV. Beweissicherung... 458

§ 37a Das Verfahren bei fürsorgerischer Freiheitsentziehung im Kanton Zürich...... 461

§ 38 Das Verfahren gemäss Bundeszivilprozessordnung 465

XXXI

Siebenter Abschnitt

§ 39 Von den Rechtsmitteln 469

    A. Die Rechtsmittel im Allgemeinen 470
        I. Die Bedeutung der Rechtsmittel 470
        II. Parteien im Rechtsmittelverfahren 471
        III. Unterscheidungsmerkmale bei den Rechtsmitteln 471
            1. Devolutive, nichtdevolutive Rechtsmittel 471
            2. Ordentliche, ausserordentliche Rechtsmittel 471
            3. Suspensive, nichtsuspensive Rechtsmittel 472
            4. Rechtsmittel mit reformatorischer und mit kassatorischer Wirkung ... 472
            5. Rechtsmittel ohne und mit Novenrecht 472
            6. Vollkommene, unvollkommene Rechtsmittel 473
        IV. Wesentliche Elemente bei der Ergreifung von Rechtsmitteln 473
            1. Natur des anzufechtenden Entscheides 473
            2. Legitimation 474
            3. Fristwahrung 474
            4. Beschwer 475
            5. Verbot der reformatio in peius 475
            6. Die Frage der Verfügung über das Rechtsmittel 476
            7. Abgrenzungen zu anderen Rechtsbehelfen 476
                  a) Die Erläuterung 476
                  b) Die Einsprache 477
                  c) Das Wiedererwägungsgesuch 478
                  d) Die Aufsichtsbeschwerde 478
            8. Rechtsmittelbelehrung 478
            9. Verzicht auf Rechtsmittel 479
    B. Die Rechtsmittel des zürcherischen Rechts 480
        I. Allgemeines 480
        II. Berufung und Rekurs 480
            1. Allgemeines 480
            2. Die Berufung 481
            3. Der Rekurs 486
        III. Die Nichtigkeitsbeschwerde 490
        IV. Die Revision 500
    C. Die Rechtsmittel des Bundesrechts 503
        I. Das Bundesgerichtsgesetz 503
        II. Die bundesrechtliche Beschwerde in Zivilsachen 504
            1. Zulässigkeitsvoraussetzungen 504
                  a) Vorinstanzen 504
                  b) Zivilsache 504
                  c) Streitwert 506
                  d) Anfechtbarer Entscheid; Endentscheid 507
                  e) Anfechtbarer Entscheid: Selbständiger Vor- oder Zwischenentscheid ... 508
            2. Die Aufgabe des Bundesgerichts als Beschwerdeinstanz 509
                  a) Rechtsfragen 509
                  b) Tatbestandsfeststellungen 510

		3.	Das Beschwerdeverfahren 511
		a)	Kantonales Urteil 511
		b)	Legitimation 512
		c)	Beschwerderecht 513
		d)	Beschwerdefrist und Beschwerdeadressat 513
		e)	Beschwerde und Beschwerdeantwort 513
		f)	Schriftenwechsel 515
		g)	Aufschiebende Wirkung 515
		h)	Keine Anschlussbeschwerde 516
		i)	Mündliche Verhandlung 516
		j)	Vereinfachtes Verfahren 517
		k)	Entscheidung des Bundesgerichtes als Beschwerdeinstanz 517
		l)	Kosten und Entschädigungsfolgen 518
		m)	Rechtsmittel und Rechtsbehelf gegen die Entscheidung........... 519
		n)	Verhältnis zu kantonalen Rechtsmitteln 519
	III.	Die Subsidiäre Verfassungsbeschwerde 519
	IV.	Die bundesrechtliche Revision 520

Achter Abschnitt

§ 40   Von den Schiedsgerichten 523

    A. Allgemeines mit Ausblick auf die Schweizerische Zivilprozessordnung 523

    B. Einzelne Fragen 536

         1. Einleitung 536
         2. Zuständige richterliche Behörde 536
         3. Beteiligung von Juristen im Schiedsgericht 537
         4. Anfechtbarkeit von Zwischenentscheiden 537
         5. Annahme des Schiedsrichtermandats 537
         6. Einsetzung eines Sekretärs 538
         7. Befristung der Amtsdauer 538
         8. Ausschluss und Ablehnung von Schiedsrichtern 538
         9. Abberufung der Schiedsrichter 540
       10. Rechtshängigkeit 540
       11. Ablauf des Verfahrens 541
       12. Erledigung durch Parteierklärung 542
       13. Zustellung des Schiedsspruchs 542
       14. Nichtigkeitsbeschwerde 542
       15. Revision 544
       16. Protokoll 544
       17. Vollstreckbarerklärung 544
       18. Bundesrechtsmittel 545

    C. Abgrenzung zu den Schiedsgutachten 545

    D. Die internationale Schiedsgerichtsbarkeit 545

Neunter Abschnitt

§ 41 Von der kantonalrechtlichen Zwangsvollstreckung 549

    A. Abgrenzung von der bundesrechtlichen Zwangsvollstreckung 549

    B. Die kantonalrechtliche Zwangsvollstreckung 551

        I. Der Inhalt des kantonalen Zwangsvollstreckungsrechts 551

        II. Die Voraussetzungen der Zwangsvollstreckung 552

            1. Im Allgemeinen 552

            2. Die Vollstreckung ausländischer Urteile 556

        III. In der kantonalrechtlichen Zwangsvollstreckung mögliche Massnahmen 556

            1. Ordnungsbusse und Ungehorsamsstrafe 556

            2. Ersatzvornahme 557

            3. Anwendung von Zwang 558

            4. Abgabe einer Willenserklärung 559

            5. Vollstreckung eines Besuchsrechts 559

            6. Schadenersatz 560

            7. Schlussbemerkung 560

        IV. Das Vollstreckungsverfahren 560

Zehnter Abschnitt
Von der Wahrnehmung richterlicher Aufgaben

§ 42 Die Haftung des Richters 565

    A. Allgemeines 565

    B. Anwendungsfälle 566

        1. Die Haftung des Richters im Zusammenhang mit Entscheiden 566

        2. Die Haftung für korrigierte Fehler im Verfahren 570

        3. Die Haftung des Richters für Verspätungsschaden 571

        4. Die Haftung aus besonderen Unterlassungen und Vorkehren 573

        5. Die Haftung des Richters für ausserberufliches Verhalten 576

    C. Zusammenfassung 576

§ 43 Schlussbemerkungen 577

Anhang
Schweizerische Zivilprozessordnung 581
Aufhebung und Änderung bisherigen Rechts 657
Koordinationsbestimmungen 673
Bundesbeschluss (Entwurf) über die Genehmigung und die Umsetzung des revidierten Übereinkommens von Lugano über die gerichtliche Zuständigkeit, die Anerkennung und die Vollstreckung gerichtlicher Entscheidungen in Zivil- und Handelssachen 675

Sachregister 681

Verzeichnis der Abkürzungen

a.	früherer Wortlaut einer Bestimmung
a.A.	anderer Ansicht
aBV	Bundesverfassung der Schweizerischen Eidgenossenschaft vom 29. Mai 1874
a.E.	am Ende
AF	Alte Folge
AFG	Bundesgesetz über die Anlagefonds (Anlagefondsgesetz) vom 18. März 1994 (bis 31. Dezember 2006 SR 951.31, nunmehr aufgehoben durch Art. 153 Anhang KAG)
AG	Aktiengesellschaft
AGS	Aargauische Gesetzes-Sammlung (chronologisch)
aGS	Gesetzesausgabe des Kantons St. Gallen (Gesamtausgabe 1868/69)
aGOG/aGVG	alt Gerichtsorganisations- oder Gerichtsverfassungsgesetz für Zürich: Gerichtsverfassungsgesetz vom 29. Januar 1911
AJP	Aktuelle juristische Praxis
aKG	Bundesgesetz über die Kartelle und ähnliche Organisationen (altes Kartellgesetz) vom 20. Dezember 1985 (AS 1986 874)
allg.	allgemein
a.M.	anderer Meinung
AmtlBull	Amtliches Bulletin
Anm.	Anmerkung
arg.	argumentum
Art.	Artikel
AS	Sammlung der eidgenössischen Gesetze
AtG	Bundesgesetz über die friedliche Verwendung der Atomenergie und den Strahlenschutz vom 23. Dezember 1959 (SR 732.0)
Aufl.	Auflage
AnwG	Zürcherisches Anwaltsgesetz vom 17. November 2003 (LS 215.1)
AVG	Bundesgesetz über die Arbeitsvermittlung und den Personalverleih (Arbeitsvermittlungsgesetz) vom 6. Oktober 1989 (SR 823.11)
aZPO	alt Zivilprozessordnung für Zürich: Gesetz betreffend den Zivilprozess (Zivilprozessordnung) vom 13. April 1913

BB	Bundesbeschluss
BBl.	Bundesblatt der Schweizerischen Eidgenossenschaft
Bd./Bde.	Band/Bände
Bearb.	Bearbeiter(in)
Bekl.	Beklagte(r)
betr.	betreffend
BewG	Bundesgesetz über den Erwerb von Grundstücken durch Personen im Ausland vom 16. Dezember 1983 (SR 211.412.41)
BG	Bundesgesetz
BGBB	Bundesgesetz über das bäuerliche Bodenrecht vom 4. Oktober 1991 (SR 211.412.11)
BGE	Bundesgerichtsentscheid
BGFA	Bundesgesetz über die Freizügigkeit der Anwältinnen und Anwälte (Anwaltsgesetz) vom 23. Juni 2000 (SR 935.61)
BGG	Bundesgerichtsgesetz vom 17. Juni 2005, in Kraft seit 1. Januar 2007 (SR 173.110)
BGH	Bundesgerichtshof (Deutschland)
BGS	Bereinigte Gesetzessammlung des Kantons Zug
bGS AR	bereinigte (systematische) Gesetzessammlung des Kantons Appenzell A.Rh.
bGS SG	bereinigte Gesetzesssammlung des Kantons St. Gallen (1956)
BJM	Basler Juristische Mitteilungen
BlSchK(G)	Blätter für Schuldbetreibung und Konkurs
BR	Reglement für das schweizerische Bundesgericht vom 14. Dezember 1978 (SR 173.111.1)
BSchG	Bundesgesetz über die Binnenschifffahrt vom 3. Oktober 1975 (SR 747.201)
BSG	Bernische Systematische Gesetzessammlung
BV	Bundesverfassung der Schweizerischen Eidgenossenschaft vom 18. April 1999 (SR 101)
BZP	Bundesgesetz über den Bundeszivilprozess vom 4. Dezember 1947 (SR 271)
bzw.	beziehungsweise
CPC	Code de procédure civile
ders.	Derselbe

DesG	Bundesgesetz über den Schutz von Design (Designgesetz) vom 5. Oktober 2001 (SR 232.12), in Kraft seit 1. Juli 2002
dgl.	dergleichen
d.h.	das heisst
d.i.	das ist
Diss.	Dissertation
DRiZ	Deutsche Richterzeitung
DSG	Bundesgesetz über den Datenschutz vom 19. Juni 1992 (SR 235.1)
DZPO	Deutsche Zivilprozessordnung vom 30. Januar 1877
E.	Erwägung
EBG	Eisenbahngesetz vom 20. Dezember 1957 (SR 742.101)
EG	Einführungsgesetz/Europäische Gemeinschaft
EGG	Bundesgesetz über die Erhaltung des bäuerlichen Grundbesitzes vom 12. Juni 1951 (SR 211. 412. 11)
EG zum ZGB	Zürcherisches Einführungsgesetz zum Schweizerischen Zivilgesetzbuch April 1911 (LS 230)
EHG	Bundesgesetz betreffend die Haftpflicht der Eisenbahn- und Dampfschifffahrtsunternehmungen und der Post vom 28. März 1905 (SR 221.112.742)
eidg.	eidgenössisch
Einl.	Einleitung
EMRK	Europäische Konvention zum Schutz der Menschenrechte und Grundfreiheiten vom 4. November 1950, in Kraft getreten für die Schweiz am 28. November 1974 (SR 0.10)
Erw.	Erwägung
EU	Europäische Union
EuGH	Gerichtshof der Europäischen Gemeinschaften
EuGVVO	Verordnung der EG Nr. 44/2001 über die gerichtliche Zuständigkeit und die Vollstreckung gerichtlicher Entscheidungen in Zivil- und Handelssachen (auch EuGVO oder Brüssel-I-Verordnung)
evtl.	eventuell
f., ff.	und nächstfolgende Seite(n)
Fr.	Franken
GBV	Verordnung über das Grundbuch vom 22. Februar 1910 (SR 211.432.1)
geb.	geboren
Gesch.	Geschäft

GestG	Bundesgesetz über den Gerichtsstand in Zivilsachen (Gerichtsstandsgesetz) vom 24. März 2000 (SR 272, wird durch die Schweizerische Zivilprozessordnung aufgehoben)
GlG	Bundesgesetz über die Gleichstellung von Frau und Mann (Gleichstellungsgesetz) vom 24. März 1995 (SR 151.1)
gl.M.	gleicher Meinung
GmbH	Gesellschaft mit beschränkter Haftung
GS	Zürcher Gesetzessammlung 1981: am 1. Januar 1981 in Kraft stehende Erlasse des Kantons Zürich
GVG	Gerichtsverfassungsgesetz
Haftungsgesetz	Zürcherisches Gesetz über die Haftung des Staates und der Gemeinden sowie ihrer Behörden und Beamten vom 14. September 1969 (LS 170)
HRegV	Verordnung über das Handelsregister vom 7. Juni 1937 (SR 221.411)
HRG	Bundesgesetz über die Handelsreisenden vom 5. Juni 1931/4. September 2002 (SR 943.11)
im Bes.	im Besonderen
inkl.	inklusive
insbes.	insbesondere
in Verb.	in Verbindung
IPRax	Praxis des Internationalen Privat- und Verfahrensrechts
IPRG	Bundesgesetz über das Internationale Privatrecht vom 18. Dezember 1987 (SR 291)
JdT	Journal des Tribunaux
JuS	Juristische Schulung, Zeitschrift für Studium und Ausbildung, Verlag C.H. Beck, München/Frankfurt
KAG	Bundesgesetz über die kollektiven Kapitalanlagen (KAG) vom 23. Juni 2006 (SR 951.31), in Kraft seit 1. Januar 2007
KG	Bundesgesetz über Kartelle und andere Wettbewerbsbeschränkungen (Kartellgesetz) vom 6. Oktober 1995 (SR 251 = AS 1996, 546)
KHG	Kernenergiehaftpflichtgesetz vom 18. März 1983 (SR 732.44)
Kl.	Kläger
Konk.	Konkordat
KOV	Verordnung über die Geschäftsführung der Konkursämter vom 13. Juli 1911 (SR 281.32)
KSchG	Konkordat über die Schiedsgerichtsbarkeit vom 27. März 1969 (SR 279)
KV	Kantonsverfassung

KVG	Bundesgesetz über die Krankenversicherung vom 18. März 1994 (SR 832.10)
LBG	Bundesgesetz über das Luftfahrzeugbuch vom 7. Oktober 1959 (SR 748.217.1)
LFG	Bundesgesetz über die Luftfahrt (Luftfahrtgesetz) vom 21. Dezember 1948 (SR 748.0)
lit.	litera
LPG	Bundesgesetz über die Landwirtschaftliche Pacht vom 4. Oktober 1985 (SR 221.213.2)
LS	Loseblattsammlung der zürcherischen Gesetzgebung
LTR	Lufttransportreglement vom 3. Oktober 1952 (SR 748.411). Aufgehoben durch LTrV Art. 21 Anhang vom 17. August 2005 (SR 748.411)
LugÜ	Übereinkommen über die gerichtliche Zuständigkeit und die Vollstreckung gerichtlicher Entscheidungen in Zivil- und Handelssachen (Lugano-Übereinkommen) vom 16. September 1988, in Kraft getreten für die Schweiz am 1. Januar 1992 (SR 0.275.11)
LugÜ 2007	Übereinkommen vom 16. September 1988 über die gerichtliche Zuständigkeit und die Vollstreckung gerichtlicher Entscheidungen in Zivil- und Handelssachen (Lugano Übereinkommen) vom 30. Oktober 2007 (für die Schweiz noch nicht in Kraft getreten, voraussichtlich per 1.1.2011); Botschaft vom 18. Februar 2009 in BBl. 2009, 1777–1834.
LwG	Bundesgesetz über die Landwirtschaft vom 29. April 1998 (SR 910.1). Zürcherisches Gesetz über die Förderung der Landwirtschaft vom 2. September 1979 (LS 910.1)
m.E.	meines Erachtens
MitwG	Bundesgesetz über die Information und Mitsprache der Arbeitnehmerinnen und Arbeitnehmer in den Betrieben (Mitwirkungsgesetz) vom 17. Dezember 1993 (SR 822.14)
mit Zit.	mit Zitierungen
MMG	Bundesgesetz betreffend die gewerblichen Muster und Modelle vom 30. März 1900 (SR 232.12); aufgehoben durch Art. 51 Anhang DesG, Designgesetz vom 5. Oktober 2001, in Kraft seit 1. Juli 2002 (SR 232.12)
MschG	Bundesgesetz betreffend den Schutz von Marken und Herkunftsangaben (Markenschutzgesetz) vom 28. August 1992
MSÜ	Haager Übereinkommen über die Zuständigkeit der Behörden und das anwendbare Recht auf dem Gebiet des Schutzes von Minderjährigen vom 5. Oktober 1961, in Kraft seit 4. Februar 1969 (SR 0.211.231.01)
mündl.	mündlich
MVG	Bundesgesetz über die Militärversicherung vom 19. Juni 1992 (SR 833.1)

N	Note
NF	Neue Folge
nGs	Gesetzessammlung des Kantons St. Gallen, neue Reihe, chronologische Ordnung
Nr.	Nummer
NR	Nationalrat
NYÜ	Übereinkommen über die Anerkennung und Vollstreckung ausländischer Schiedssprüche vom 10. Juni 1958 (SR 0.277.12)
nZPO	neue Zivilprozessordnung
NZZ	Neue Zürcher Zeitung
OG	Bundesgesetz über die Organisation der Bundesrechtspflege vom 16. Dezember 1943 (SR 173.110); aufgehoben durch BGG Art. 131 (SR 173.110), in Kraft seit 1. Januar 2007
OGH	Oberster Gerichtshof (Österreich)
OHG	Bundesgesetz über die Hilfe an Opfer von Straftaten (Opferhilfegesetz) vom 4. Oktober 1991 (SR 312.5)
OR	Bundesgesetz betreffend die Ergänzung des Schweizerischen Zivilgesetzbuches (Fünfter Teil: Obligationenrecht) vom 30. März 1911 (SR 220)
ord.	ordentlich
Org.	Organe
OS	Offizielle Sammlung der seit dem 10. März 1831 erlassenen Gesetze, Beschlüsse und Verordnungen des Eidgenössischen Standes Zürich (chronologisch)
PatG	Bundesgesetz betreffend die Erfindungspatente vom 25. Juni 1954 (SR 232.14)
Pra	Die Praxis des Bundesgerichts
POG	Postorganisationsgesetz vom 30. April 1997, in Kraft seit 1. Januar 1998 (SR 783.1)
Prof.	Professor
Prot.	Protokoll
PTT-OG	PTT-Organisationsgesetz vom 6. Oktober 1960 (SR 781.0). Aufgehoben durch POG
PRG	Gesetz über die politischen Rechte vom 1. September 2003, in Kraft seit 1. Januar 2005 (LS 161)
RechBer. RB	Rechenschaftsbericht (ohne Anmerkung: des zürcherischen Obergerichts bzw. Kassationsgerichts)

revLugÜ	siehe LugÜ 2007
Rivista	Rivista trimestrale di diritto e procedura civile
RLG	Bundesgesetz über Rohrleitungsanlagen zur Beförderung flüssiger oder gasförmiger Brenn- oder Treibstoffe (Rohrleitungsgesetz) vom 4. Oktober 1963 (SR 746.1)
Rn	Randnote
RSF	Recueil systématique de la législation fribourgeoise
RSJU	Recueil systématique du droit jurassien
RSN	Recueil systématique de la législation neuchâteloise
RSV	Recueil systématique de la législation vaudoise
S.	Seite
SAR	Systematische Sammlung des Aargauischen Rechts
SBBG	Bundesgesetz über die Schweizerischen Bundesbahnen vom 23. Juni 1944/20. März 1998 (SR 742. 31)
SchKG	Bundesgesetz über Schuldbetreibung und Konkurs vom 11. April 1889/ 16. Dezember 1994 (SR 281)
SchRG	Bundesgesetz über das Schiffsregister vom 28. September 1923 (SR 747.11)
schriftl.	schriftlich
SG	Systematische Gesetzessammlung (Kanton Basel-Stadt)
SGS	Systematische Gesetzessammlung (Kanton Basel-Landschaft)
sGS	Gesetzessammlung des Kantons St. Gallen, Neue Reihe, systematische Ordnung
SJ	Semaine Judiciaire
SJK	Schweizerische Juristische Kartothek
SJZ	Schweizerische Juristen-Zeitung
SOG	Solothurnische Gerichtspraxis
SoSchG	Bundesgesetz über den Schutz von Pflanzenzüchtungen (Sortenschutzgesetz) vom 20. März 1975 (SR 232.16)
SR	Systematische Sammlung des Bundesrechts
SRL	Systematische Rechtssammlung des Kantons Luzern
SRSZ	Systematische Gesetzessammlung des Kantons Schwyz
SSchG	Bundesgesetz über die Seeschifffahrt unter der Schweizerflagge (Seeschifffahrtsgesetz) vom 23. September 1953 (SR 747. 30)
StGB	Schweizerisches Strafgesetzbuch vom 21. Dezember 1937 (SR 311. 0)

StPO	Schweizerische Strafprozessordnung vom 7. Oktober 2007 (BBl 2007, 6977–7147).
StPO ZH	Strafprozessordnung des Kantons Zürich vom 4. Mai 1919
StR	Ständerat
SUVAL	Schweizerische Unfallversicherungsanstalt in Luzern
SVG	Bundesgesetz über den Strassenverkehr vom 19. Dezember 1958 (SR 741.01)
SZIER	Schweizerische Zeitschrift für internationales und europäisches Recht
SZW	Schweizerische Zeitschrift für Wirtschaftsrecht
SZZP	Schweizerische Zeitschrift für Zivilprozessrecht
ToG	Bundesgesetz über den Schutz von Topographien von Halbleitererzeugnissen (Topographiengesetz) vom 9. Oktober 1992 (SR 231. 2)
TrBG	Bundesgesetz über die Trolleybusunternehmungen vom 27. März 1950 (SR 744. 21)
u.	und
u.a.	unter anderem
Ueb.	Übergangsbestimmung
unlaut.	unlauterer
URG	Bundesgesetz betreffend das Urheberrecht und verwandte Schutzrechte (Urheberrechtsgesetz) vom 9. Oktober 1992(SR 231. 1)
u.U.	unter Umständen
UVG	Bundesgesetz über die Unfallversicherung vom 20. März 1981 (SR 832.20)
UWG	Bundesgesetz über den unlauteren Wettbewerb vom 19. Dezember 1986 (SR 241)
VAG	Bundesgesetz betreffend die Aufsicht über die privaten Versicherungseinrichtungen (VAG Versicherungsaufsichtsgesetz) vom 17. Dezember 1994 (SR 961. 01),
vgl.	vergleiche
VRG	Zürcherisches Gesetz über den Rechtsschutz in Verwaltungssachen (Verwaltungsrechtspflegegesetz) vom 24. Mai 1959 (LS 175. 2)
VVG	Bundesgesetz über den Versicherungsvertrag vom 2. April 1908 (SR 221.229. 1)
VVO zum SSchG	Vollzugsverordnung zum Bundesgesetz über die Seeschifffahrt unter der Schweizerflagge (Seeschifffahrtsverordnung) vom 20. November 1956 (SR 747. 301)
ZBJV	Zeitschrift des Bernischen Juristenvereins

ZBl	Schweizerisches Zentralblatt für Staats- und Verwaltungsrecht
ZG	Zürcher Gesetzessammlung 1961: am 1. Januar 1961 in Kraft stehende Erlasse des Kantons Zürich
ZGB	Schweizerisches Zivilgesetzbuch vom 10. Dezember 1907 (SR 210)
Ziff.	Ziffer
zit.	zitiert
zit. Anm.	zitiert in Anmerkung
zivilrechtl.	zivilrechtlich
ZPO CH Entwurf	Entwurf Schweizerische Zivilprozessordnung gemäss Botschaft vom 28. Juni 2006
ZPO CH	Schweizerische Zivilprozessordnung vom 19. Dezember 2008 in BBl 2009 21 ff.
ZPO (ZP)	Zivilprozessordnung (wo nicht anders vermerkt des Kantons Zürich vom 13. Juni 1976)
ZR	Blätter für Zürcherische Rechtsprechung
ZSR	Zeitschrift für Schweizerisches Recht
ZSR N. F.	Zeitschrift für Schweizerisches Recht, Neue Folge
ZStV	Verordnung über das Zivilstandswesen (Zivilstandverordnung) vom 1. Juni 1953/28. April 2004 (SR 211. 112.2)
zust.	zuständig
ZWR	Zeitschrift für Walliser Rechtsprechung
ZZP	Zeitschrift für Zivilprozess
ZZZ	Schweizerische Zeitschrift für Zivilprozess- und Zwangsvollstreckungsrecht

Literaturverzeichnis

AEMISEGGER	HEINZ AEMISEGGER, Die Bedeutung des US-amerikanischen Rechts bzw. der Rechtskultur des common law in der Praxis schweizerischer Gerichte – am Beispiel des Bundesgerichts, AJP 17/2008, 18–30.
AMONN	KURT AMONN, Zur Frage des Gerichtsstandes für die paulianische Anfechtung, in: Isaak Meier/Hans Michael Riemer/Peter Weimar (Hrsg.), Recht und Rechtsdurchsetzung, Festschrift für Hans Ulrich Walder zum 65. Geburtstag, Zürich 1994, 427–432.
AMONN/WALTHER	KURT AMONN/FRIDOLIN WALTHER, Grundriss des Schuldbetreibungs- und Konkursrechts, 8. Auflage unter Zugrundelegung der Schweizerischen Zivilprozessordnung, Bern 2008.
ARTER/JÖRG/GNOS	OLIVER ARTER/FLORIAN S. JÖRG/URS P. GNOS, Zuständigkeit und internationales Recht bei internationalen Rechtsgeschäften mittels Internet unter Berücksichtigung unerlaubter Handlungen, AJP 9/2000, 277–297.
VON ARX	GREGOR VON ARX, Der Streitgegenstand im schweizerischen Zivilprozess. Unter Berücksichtigung seiner Auswirkungen auf ausgewählte zivilprozessuale Institute, Basel 2007.
ATTESLANDER-DÜRRENMATT, Prozessvergleich	AGNES ATTESLANDER-DÜRRENMATT, Der Prozessvergleich im internationalen Verhältnis – Unter besonderer Berücksichtigung anerkennungs- und vollstreckungsrechtlicher Fragen im grenzüberschreitenden Rechtsverkehr der Schweiz. Veröffentlichungen zum Verfahrensrecht, Band 41, Tübingen 2006.
ATTESLANDER-DÜRRENMATT, Sicherungsmittel	AGNES ATTESLANDER-DÜRRENMATT, Sicherungsmittel «à discrétion»? Zur Umsetzung von Art. 39 LugÜ in der Schweiz, AJP 10/2001, 180–197.
ATTESLANDER-DÜRRENMATT, Unterhaltstitel	AGNES ATTESLANDER-DÜRRENMATT, Vollstreckung bedingter Unterhaltstitel nach schweizerischem Recht in Deutschland, IPRax 22/2002, 508–510.
AUBERT	CAROLE AUBERT, Communication par voie électronique avec le Tribunal fédéral sous l'angle de la nouvelle LTF, SZZP 2007, 87–98.
AULL	MATTHIAS AULL, Zur isolierten Prorogation nach Art. 17 Abs. 1 LugÜ, IPRax 19/1999, 226–229.
BACHMANN	GREGOR BACHMANN, «Allgemeines Prozessrecht» Eine kritische Untersuchung am Beispiel von Videovernehmung und Unmittelbarkeitsgrundsatz, ZZP 118/2005, 133–159.

BAETGE	Dietmar Baetge, Kontinuierlicher, mehrfacher oder alternierender gewöhnlicher Aufenthalt bei Kindesentführungen, IPRax 25/2005, 335–337.
BALLON	Oskar J. Ballon, Einführung in das österreichische Zivilprozessrecht. Streitiges Verfahren, 11. Auflage, Graz 2006.
BALMER	Fritz Balmer, Erläuterungen zum Entwurf eines Bundesgesetzes betreffend die Anpassung der kantonalen Zivilprozessverfahren an das Bundeszivilrecht, ZSR NF 88/1969 II, 293–466.
BALTZER-BADER	Christine Baltzer-Bader, Die Anhörung des Kindes – praktisches Vorgehen, AJP 8/1999, 1574–1577.
VON BAR	Ludwig von Bar, Recht und Beweis im Civilprocesse. Ein Beitrag zur Kritik und Reform des deutschen Civilprocesses, Leipzig 1867.
BARBEY	Richard Barbey, La jurisprudence cantonale en matière de mesures provisionnelles et autres procédures spéciales: Mesures provisionnelles devant la Cour de justice dans le droit de la propriété intellectuelle, de la concurrence déloyale et des cartels, SJ 127/2005 II, 335–356.
BARTHOLD	Beat Barthold, Die Geltung des Gerichtsstands des Betreibungsortes gemäss Art. 85a SchKG im Anwendungsbereich des Lugano-Übereinkommens, AJP 6/1997, 1351–1358.
BAETGE	Dietmar Baetge, Zwischen Rom und Los Angeles – Zur Ermittlung des gewöhnlichen Aufenthalts von Kleinkindern bei Kindesentführungen, IPRax 26/2006, 313–315.
BAUER/LEVY	Hubert Bauer/Laurent Lévy, L'exception de traduction de pièces, SJ 1982, 49 ff.
BAUMANN	Max Baumann, Die Amtssprachen des Bundes sind Deutsch, Französisch, Italienisch und Englisch, SJZ 101/2005, 34–38.
BAUMBACH/ LAUTERBACH/ ALBERS/HARTMANN	Adolf Baumbach/Wolfgang Lauterbach/Jan Albers/Peter Hartmann, Zivilprozessordnung mit Gerichtsverfassungsgesetz und anderen Nebengesetzen, 66. Auflage (Beck'sche Kurzkommentare Band I), München 2008.
BAUMGÄRTEL	Gottfried Baumgärtel, Die Befundsicherungspflicht – ein Weg zur Behebung der Beweisnot im Zivilprozess?, in: Isaak Meier/Hans Michael Riemer/Peter Weimar (Hrsg.), Recht und Rechtsdurchsetzung, Festschrift für Hans Ulrich Walder zum 65. Geburtstag, Zürich 1994, 143–152.
BAUR/STÜRNER/BRUNS	Fritz Baur/Rolf Stürner/Alexander Bruns, Zwangsvollstreckungsrecht, 13. Auflage, Heidelberg 2006.

BECKER/NICHT	MICHAEL BECKER/MATTHIAS NICHT, Einigungsversuch und Klagezulässigkeit, ZZP 120/2007, 150–197.
BEGLINGER	MICHAEL BEGLINGER, Rechtskraft und Rechtskraftdurchbrechung im Zivilprozess, ZBJV 133/1997, 589–631.
BEITZ	JÖRG W. BEITZ, Beschränkungen der freien Beweiswürdigung durch gesetzliche Beweisregeln?, ZZP 110/1997, 61–90.
BEK GestG+ Bearbeiter(in)	FRANZ KELLERHALS/NICOLAS VON WERDT/ANDREAS GÜNGERICH, Kommentar zum Bundesgesetz über den Gerichtsstand in Zivilsachen, 2. Aufl., Bern 2005.
BENDER	ACHIM BENDER, Die Immunität der NATO als internationaler Organisation im Zivilprozess, IPRax 18/1998, 1–8.
BERGER/GÜNGERICH, Zivilprozessrecht	BERNHARD BERGER/ANDREAS GÜNGERICH, Zivilprozessrecht. Unter Berücksichtigung des Entwurfs für eine schweizerische Zivilprozessordnung, der bernischen Zivilprozessordnung und des Bundesgerichtsgesetzes, Bern 2008.
BERGER/GÜNGERICH, DesG	BERNHARD BERGER/ANDREAS GÜNGERICH, Die Prozessführungsbefugnis des Lizenznehmers – ein Beitrag aus Anlass des neuen Designgesetzes (DesG), recht 21/2003, 133–145.
BERGER-STEINER, ASR	ISABELLE BERGER-STEINER, Das Beweismass im Privatrecht, Abhandlungen zum schweizerischen Recht (ASR) 745, Bern 2007.
BERGER-STEINER, ZBJV	ISABELLE BERGER-STEINER, Beweismass und Privatrecht, ZBJV 144/2008, 269–317.
BERNASCONI, Aperçu	GIORGIO A. BERNASCONI, Aperçu de la jurisdiction civile tessinoise, SJZ 93/1997, 357 ff.
BERNASCONI, Riconoscimento	GIORGIO A. BERNASCONI, Il riconoscimento di decisioni stranieri e i giudizi a esso correlati nella giurisprudenza della Camera esecuzioni e fallimenti del Tribunale d'appello del Cantone Ticino, in: Hans Michael Riemer/Moritz Kuhn/Dominik Vock/Myriam A. Gehri (Hrsg.), Schweizerisches und Internationales Zwangsvollstreckungsrecht. Festschrift für Karl Spühler, Zürich 2005, 13–34.
BERNASCONI/GERBER	CH. BERNASCONI/A. GERBER, Der räumliche Anwendungsbereich des Lugano-Übereinkommens, SZIER 3/1993, 41 ff.
BERNET	MARTIN BERNET, Englische *Freezing (Mareva) Orders* – Praktische Fragen der Anerkennung und Vollstreckung in der Schweiz, in: Karl Spühler (Hrsg.), Internationales Zivilprozess- und Verfahrensrecht, Zürich 2001, 51–100.
BERNET/GROZ	MARTIN BERNET/PHILIPP GROZ, Sammelklagen in Europa?, SZZP 4/2008, 75 ff.

Bernheim	Marc Bernheim, Rechtshängigkeit und im Zusammenhang stehende Verfahren nach dem Lugano-Übereinkommen, SJZ 90/1994, 133 ff.
Berti, Gesetzgebung	Stephen V. Berti, Vom Beruf unserer Zeit für zivilprozessuale Gesetzgebung und Zeitschriften, SZZP 1/2005, 67–77.
Berti, Lugano-Übereinkommen	Stephen V. Berti, Gedanken zur Klageerhebung vor schweizerischen Gerichten nach Artikel 21–23 des Lugano-Übereinkommens, in: Isaak Meier/Hans Michael Riemer/Peter Weimar (Hrsg.), Recht und Rechtsdurchsetzung, Festschrift für Hans Ulrich Walder zum 65. Geburtstag, Zürich 1994, 307–321.
Berti, Streitgegenstand	Stephen V. Berti, Neue Gedanken zum Streit- oder Prozessgegenstand, SZZP 4/2008, 193–198.
Berti, Teilklage	Stephen V. Berti, Gedanken zur Teil(anspruchs)klage nach Art. 84 E ZPO CH, SZZP 2007, 77–86.
Berti, Verfahrensarten	Stephen V. Berti, Besondere Verfahrensarten gemäss dem bundesrätlichen Entwurf für eine schweizerische Zivilprozessordnung, ZZZ 2007, 339–351.
Berti, Zivilprozessrecht	Stephen V. Berti, Zivilprozessrecht – gestern und morgen, ZSR 127/2008 I, 329–339.
Berti (Hrsg.) + Bearbeiter(in)	Stephen V. Berti (Hrsg.) International Arbitration in Switzerland. An Introduction to and a Commentary on Articles 176–194 of the Swiss Private International Law Statute; Basel/Geneva/Munich and The Hague/London/Boston 2000. *Bearbeitende:* Stephen V. Berti, Marc Blessing, Robert Briner, Felix R. Ehrat, Caroline Freymond, Cesare Jermini, Pierre A. Karrer, Thomas Legler, Paolo Michele Patocchi, Wolfgang Peter, Michael E. Schneider, Anton K. Schnyder, Nedim Peter Vogt, Werner Wenger, Markus Wirth.
Bertossa/Gaillard/Guyot/Schmidt	Bernard Bertossa/Louis Gaillard/Jacques Guyot/André Schmidt Commentaire de la loi de procédure civile du Canton de Genève du 10 avril 1987, vol. I Art. 1 à 152, vol. II Art. 153 à 319, vol. III Art. 320 à 519, Genève 1989, 1992, 1994.
Besson, Mesures	Sébastien Besson, Arbitrage International et mesures provisoires, Zurich 1998.
Besson, Parties	Sébastien Besson, Les parties à l'arbitrage, SZZP 2/2006, 313–327
Bettex	Björn Bettex, L'expertise judiciaire, Abhandlungen zum schweizerischen Recht (ASR) 708, Bern 2006

BIANCHI	SERGIO BIANCHI, La scomparsa del ricorso adesivo nella giurisdizione civile federale: un (piccolo) passo falso? SZZP 1/2005, 233–242
BIERI	RETO BIERI, Die Gerichtsnotorietät – ein «unbeschriebenes Blatt im Blätterwald», ZZZ 2006, 185–204.
BINDER	JULIUS BINDER, Prozess und Recht. Ein Beitrag zur Lehre vom Rechtsschutzanspruch, Leipzig 1927.
BLESSING	MARC BLESSING, Das neue Internationale Schiedsgerichtsrecht der Schweiz. Ein Fortschritt oder ein Rückschritt? in: Karl Heinz Böckstiegel (Hrsg.), Die Internationale Schiedsgerichtsbarkeit in der Schweiz, Schriftenreihe des Deutschen Instituts für Schiedsgerichtswesen, Band I/II, Köln/Berlin/Bonn/München 1989, Das neue Recht ab 1. Januar 1989.
BLOCH	ANDRÉ BLOCH, Die Prüfung der örtlichen Zuständigkeit von Amtes wegen und die Folgen bei örtlicher Unzuständigkeit gemäss Art. 34 GestG, Zürcher Studien zum Verfahrensrecht, Band 137, Zürich 2003.
BLOMEYER	ARWED BLOMEYER, Zivilprozessrecht, Berlin 1963.
BLUM/COTTIER/MIGLIAZZA	STEFAN BLUM/MICHELINE COTTIER/DANIELA MIGLIAZZA, Anwalt des Kindes. Ein europäischer Vergleich zum Recht des Kindes auf eigene Vertretung in behördlichen und gerichtlichen Verfahren (Fachtagung vom 15.11.2007), Schriftenreihe zum Familienrecht, Band 9, Bern 2008.
BOHNET, Arbitrage	FRANÇOIS BOHNET, Les conflits individuels de travail et les litiges en matière de bail et de droit de la consommation seront-ils arbitrables sous l'empire de la loi fédérale de procédure civile?, in: François Bohnet/Pierre Wessner (Hrsg.), Mélanges en l'honneur de François Knoepfler, Bâle 2005, 161–176.
BOHNET, Code	FRANÇOIS BOHNET, Code de procédure civile suisse et nouvelle organisation judiciaire neuchâteloise, SJZ 104/2008, 445–447.
BOHNET, CPCN	FRANÇOIS, BOHNET CPCN. Code de procédure civile neuchâtelois commenté, 2ᵉ édition, collection neuchâteloise, Bâle 2005.
BOHNET, LFors	FRANÇOIS BOHNET, Trois ans de jurisprudence fédérale en matière de LFors. Une analyse critique, AJP 13/2004, 55–69.
BOHNET/SCHWEIZER	FRANÇOIS BOHNET/PHILIP SCHWEIZER, Le traitement procédural des défenses au fond en matière civile, AJP 7/1998, 446–456.
BONOMI	ANDREA BONOMI, Le nouveau règlement européen en matière de divorce et de responsabilité parentale et ses implications pour la Suisse: Prélude à une Convention «Lugano II»?, AJP 11/2002, 248–262.

BONOMI/CASHIN RITAINE/ROMANO	ANDREA BONOMI/ELEANOR CASHIN RITAINE/GIAN PAOLO ROMANO (Hrsg.), Actes de la 19ᵉ journée de droit international privé du 15 mars 2007 à Lausanne, Zürich 2007.
BORGHI	BORGHI MARCO (A CURA DI) (Hrsg.), Le perizie giudiziarie, Basilea 2008.
BOSSHARD	PIERRE-YVES BOSSHARD, L'appréciation de l'expertise judiciaire par le juge, SZZP 2007, 321–326.
BRÄM, Anhörung I	VERENA BRÄM, Die Anhörung des Kindes aus rechtlicher Sicht, SJZ 95/1999, 309–312.
BRÄM, Anhörung II	VERENA BRÄM, Die Anhörung des Kindes im neuen Scheidungsrecht, AJP 8/1999, 1568–1573.
BRÄM, Scheidungsverfahren	VERENA BRÄM, Die Scheidung auf gemeinsames Begehren, die Wechsel der Verfahren (Art. 111–113, 116 ZGB) und die Anfechtung der Scheidung auf gemeinsames Begehren (149 ZGB), AJP 8/1999, 1511 ff.
BRAND/REICHHELM	PETER-ANDREAS BRAND/JOHANNA REICHHELM, Fehlerhafte Auslandszustellung. Ein Beitrag zur Frage der «ordnungsgemässen Zustellung» nach Art. 27 I Nr. 2 EuGVÜ und zu den Folgen einer fehlerhaften Zustellung, IPRax 21/2001, 173–183.
BRIGGS	ADRIAN BRIGGS, The Impact of Recent Judgments of the European Court on English Procedural Law and Practice, ZSR NF 124/2005 II, 231–262.
BRINER, Rechtsmittel Dritter	ROBERT GEORG BRINER, Das Rechtsmittel Dritter in den schweizerischen Zivilprozessgesetzen, Zürcher Studien zum Verfahrensrecht Bd. 42, Zürich 1979.
BRINER, Sorgfaltspflichten	ROBERT GEORG BRINER, Amtliche Sorgfaltspflichten und E-Mail, SJZ 101/2005, 437–449.
BRÖNNIMANN, Behauptungslast	JÜRGEN BRÖNNIMANN, Die Behauptungs- und Substanzierungslast im schweizerischen Prozessrecht, Bern 1989.
BRÖNNIMANN, Art. 85a SchKG	JÜRGEN BRÖNNIMANN, Die Klage nach Art. 85a SchKG («Negative Feststellungsklage», AJP 5/1996, 1394–1400.
BRÖNNIMANN, Novenrecht	JÜRGEN BRÖNNIMANN, Novenrecht und Weiterziehung des Entscheides des Konkursgerichtes gemäss Art. 174 E SchKG, in: Isaak Meier/Hans Michael Riemer/Peter Weimar (Hrsg.), Recht und Rechtsdurchsetzung, Festschrift für Hans Ulrich Walder zum 65. Geburtstag, Zürich 1994, 433–451.
BROWN-FREI	ROSELYN BROWN-FREI, Qualitätskontrolle von Richtern in den USA, recht 16/1998, 8–20.

BRÜGGER	ERWIN M. BRÜGGER, SchKG, Gerichtspraxis 1946–2005 Sammlung publizierter Entscheidungen des Bundesgerichts und der kantonalen Gerichte und Aufsichtsbehörden, Zürich 2006.
BRUNNER, Handelsrichter	ALEXANDER BRUNNER, Handelsrichter als Vermittler zwischen Wirtschaft und Recht, SJZ 102/2006, 428–432.
BRUNNER, Konsumrecht	ALEXANDER BRUNNER, Neue Entwicklungen im Konsumrecht, SJZ 97/2001, 241–249.
BRUNNER, Rechtsmittelverzicht	CHRISTOPH BRUNNER, Rechtsmittelverzicht in der internationalen Schiedsgerichtsbarkeit: Eine Standortbestimmung nach dem Cañas-Urteil (BGE 133 III 235), AJP 17/2008, 738–751.
BRUNNER, Fachwissen	EUGÈNE BRUNNER, Die Verwertung von Fachwissen im handelsgerichtlichen Prozess, SJZ 88/1992, 22 ff.
BSK BGG+ Bearbeiter(in)	MARCEL ALEXANDER NIGGLI / PETER UEBERSAX / HANS WIPRÄCHTIGER (Hrsg.), Basler Kommentar zum Bundesgerichtsgesetz, Basel 2008.
BUCHER, Compétence	ANDREAS BUCHER, L'examen de la compétence internationale par le juge suisse, SJ 129/2007 II, 153.
BUCHER, Convention	ANDREAS BUCHER, La Convention de La Haye sur les accords d'élection de for, SZIER 16/2006, 29–62.
BUCHER, Schiedsgerichtsbarkeit	ANDREAS BUCHER, Die neue internationale Schiedsgerichtsbarkeit in der Schweiz, Basel/Frankfurt a.M. 1989.
BUCHER, Obligationenrecht	EUGEN BUCHER, Schweizerisches Obligationenrecht, Allgemeiner Teil, Zürich 1979.
BÜHLER, Sachverständiger	ALFRED BÜHLER, Erwartungen des Richters an den Sachverständigen, AJP 8/1999, 567–574.
BÜHLER, UP	ALFRED BÜHLER, Die neuere Rechtsprechung im Bereich der unentgeltlichen Rechtspflege, SJZ 94/1998, 225–232.
BÜHLER / EDELMANN / KILLER[1]	ALFRED BÜHLER / ANDREAS EDELMANN / ALBERT KILLER, Kommentar zur aagauischen Zivilprozessordnung. Zivilrechtspflegegesetz (Zivilprozessordnung, ZPO) vom 18. Dezember 1984, stark erweiterte 2. Auflage der von KURT EICHENBERGER verfassten Textausgabe mit Kommentar, Veröffentlichungen zum aargauischen Recht, Band 46, Aarau 1998.
BÜHLER / JARVIN	MICHAEL BÜHLER / SIGVARD JARVIN, L'amiable compositeur: Peut-il laisser la question du droit applicable au fond indéterminée?, in: François Bohnet/Pierre Wessner, Mélanges en honneur de François Knoepfler, Bâle 2005, 325–335.

---

[1] S. auch EICHENBERGER (Aargau).

Bühler, Rechtsquellen	Theodor Bühler, Faktische Rechtsquellen, in: Isaak Meier/Hans Michael Riemer/Peter Weimar (Hrsg.), Recht und Rechtsdurchsetzung, Festschrift für Hans Ulrich Walder zum 65. Geburtstag, Zürich 1994, 153–163.
Bundi / Sonderegger	Marco Bundi/Danae Sonderegger, Die Bestreitungslast im Zivilprozess, SJZ 102/2006, 406–410.
von Büren	Bruno von Büren, Schweizerisches Obligationenrecht, Allgemeiner Teil, Zürich 1964.
Burkhalter / Grell	Peter Burkhalter/Boris T. Grell, Schiedsgerichtsbarkeit der Schweizer Immobilienwirtschaft, Schweizer Schriften zur Immobilienwirtschaft, Zürich 2003.
Burkhalter Kaimakliotis	Sabine Burkhalter Kaimakliotis, Die Substanzierungslast – insbesondere gemäss der Zürcher Zivilprozessordnung und der Praxis des Bundesgerichts, AJP 16/2007, 1263–1268.
Cambi Favre-Bulle	Alessandra Cambi Favre-Bulle, La mise en œuvre en Suisse de l'art. 39 al. 2 de la Convention de Lugano, SZIER 8/1998, 335–370.
Candrian	Jérôme Candrian, La convention des Nations Unies sur les immunités juridictionnelles des états et de leurs biens, SJ 128/2006 II, 97–139.
Carpi / Taruffo +Bearbeiter(in)	Federico Carpi/Michele Taruffo (Hrsg.), Commentario breve al codice di procedura civile e alle disposizioni sul processo societario, 5ª edizione, breviaria iuris, Padova 2006. *Con la collaborazione di* Brinella Brunelli, Federica Cabrini, Maria Giulia Canella, Bona Ciaccia Cavallai, Francesca Cuomo Ulloa, Luigi De Angelis, Cinzia Gamba, Andrea Giussani, Andrea Graziosi, Michele Angelo Lupoi, Luvca Passanante, Vittorio Pozzi, Lea Querzola, Gabriella Rampazzi, Fabio Rota, Elisabetta Silvestri, Diego Volpino, Elena Zucconi Galli Fonseca, sowie Commentario breve al codice di procedura civile. Complemento giurisprudenziale, breviaria iuris, Padova 2006. *Con la collaborazione di* Federica Cabrini, Francesca Cuomo Ulloa, Luigi De Angelis, Cinzia Gamba, Andrea Graziosi, Michele Angelo Lupoi, Luca Passanante, Vittorio Pozzi, Lea Querzola, Fabio Rota, Diego Volpino, sowie Commentario breve al codice di procedura civile. Complemento giurisprudenziale, appendice di aggiornamento, breviaria iuris, Padova 2007. *Con la collaborazione di* Federica Cabrini, Francesca Cuomo Ulloa, Luigi De Angelis, Cinzia Gamba, Andrea Graziosi, Michele Angelo Lupoi, Luca Passanante, Fabio Rota, Diego Volpino, Elena Zucconi Galli Fonseca.

CASTELBERG	THOMAS A. CASTELBERG, Die identischen und die in Zusammenhang stehenden Klagen im Gerichtsstandsgesetz, Abhandlungen zum schweizerischen Recht, Band 689, Bern 2005.
VON CASTELBERG	GUIDO VON CASTELBERG, Zur aufschiebenden Wirkung bei der Zürcher Kassationsbeschwerde, in: Isaak Meier/Hans Michael Riemer/Peter Weimar (Hrsg.), Recht und Rechtsdurchsetzung, Festschrift für Hans Ulrich Walder zum 65. Geburtstag, Zürich 1994, 287–304.
CHEVALIER	MARCO CHEVALIER, Die Rechtsfrage von grundlegender Bedeutung gemäss Art. 74 Abs. 2 Bst. a BGG, ZZZ 2006, 325–334.
CHIARLONI	SERGIO CHIARLONI, Giusto processo, garanzie processuali, giustizia della decisione, Rivista 72/2008, 129–152.
COCCHI, Aspetti	BRUNO COCCHI, Aspetti procedurali del nuovo diritto di locazione, Rep. 1990, 67–82.
COCCHI, Doveri	BRUNO COCCHI, Doveri di verità nel processo civile e deontologia dell'avvocato, SZZP 4/2008, 99 ff.
COCCHI, Testimonianza	BRUNO COCCHI, Testimonianza degli amministratori e azionisti di una Società anonima parte in causa, SZZP 1/2005, 97–104.
COCCHI, Uffici	BRUNO COCCHI, Uffici di conciliazione e qualche questione inconciliabile nella procedura per controversie in materia di locazione, in: Carlo Luigi Caimi/Flavio Cometta/Guido Corti (ed.), Il Ticino e il Diritto. Raccolta di studi pubblicati in occasione delle Giornate di giuristi svizzeri 1997, Bellinzona 1997, 287–300.
COCCHI/TREZZINI	BRUNO COCCHI/FRANCESCO TREZZINI, Codice di procedure Civile ticinese annotato, Lugano 1993.
COESTER/WALTJEN	DAGMAR COESTER-WALTJEN, Parteiaussage und Parteivernehmung am Ende des 20. Jahrhunderts, ZZP 113/2000, 269–294.
COMETTA	FLAVIO COMETTA, Centralità del diritto processuale civile europeo nella pratica forense, ZZZ 2007, 169–180.
CONSOLO	CLAUDIO CONSOLO, The subtile interpretation of the Case Law of the European Court on Provisional Remedies, ZSR NF 124/2005 II, 350–386.
CORBOZ, Introduction	BERNARD CORBOZ, Introduction à la nouvelle loi sur le tribunal fédéral, SJ 128/2006 II, 319–356.
CORBOZ, Recours	BERNARD CORBOZ, Le recours en matière civile, SZZP 1/2005, 79–96.
COUVERSET	STEPHANIE COUVERSET, L'action civile jointe selon l'art. 9 LAVI: Controverses et perspectives, ZZZ 2005, 527–566.

Crespi	Pietrio Crespi, L'indipendenza dell'avvocato associato nel procedimento civile – Considerazioni alle luce della sentenza del 9 marzo 2004 del Tribunale federale, SZZP 1/2005, 453–465.
Dallafior / Götz Staehelin	Roberto Dallafior / Claudia Götz Staehelin, Überblick über die wichtigsten Änderungen des Lugano-Übereinkommens, SJZ 104/2008, 105–114.
Dekker	Stephan Dekker, Wirtschaftsmediation, in: Gaudenz, G. Zindel/ Patrik R. Peyer/Bertrand Schott (Hrsg.), Wirtschaftsrecht in Bewegung, Festgabe zum 65. Geburtstag von Peter Forstmoser, Zürich/St. Gallen 2008, 557–577.
Derains	Yves Derains, Les témoins en matière d'arbitrage international, in: François Bohnet/Pierre Wessner (Hrsg.), Mélanges en honneur de François Knoepfler, Bâle 2005, 227–233.
Desprès / Guiomard	Isabelle Desprès / Pascal Guiomard (Hrsg.), Nouveau Code de Procédure Civile 99ᵉ édition, Paris 2008.
Dietrich	Michael Dietrich, Prozessvergleiche «auf dringendes Anraten des Gerichts» und Staatshaftung, ZZP 120/2007, 443–458.
Dinthilhac	Jean-Pierre Dinthilhac, Le développement d'un droit de procédure civile commun en Europe Synthèse, ZSR NF 124/2005 II, 157–162.
Dolge	Annette Dolge, Der Zivilprozess im Kanton Schaffhausen im erstinstanzlichen ordentlichen Verfahren; Zürcher Studien zum Verfahrensrecht, Band 124, Zürich 2001.
Donzallaz, Application	Yves Donzallaz, L'application de l'art. 39 CB/CL en Suisse: le Tribunal fédéral ne descend pas dans l'arène, SJZ 97/2001, 49–51.
Donzallaz, Convention I	Yves Donzallaz, La Convention de Lugani du 16 septembre 1988 concernant la compétence judiciaire et l'exécution des décisions en matière civile et commerciale, Berne 1996–1999.
Donzallaz, Convention II	Yves Donzallaz, La Convention de Lugani (CL) et Loi fédérale sur les fors (Lfors): comparaison et relations, AJP 9/2000, 1259–1268.
Donzallaz, For I	Yves Donzallaz, Le for contractuel de l'art. 5 ch. 1 CL dans la jurisprudence du Tribunal fédéral, ZBJV 135/1999, 381–400.
Donzallaz, For II	Yves Donzallaz, L'art. 30 al. 2 Cst. Féd., AJP 11/2002, 530–549.
Donzallaz, Frais	Yves Donzallaz, Le traitement des frais et dépens par la CJCE et par le tribunal de première instance, AJP 14/2005, 1189–1208.

DONZALLAZ, Lieu	YVES DONZALLAZ Le lieu où le trvailleur exècute habituellement son travail, au sens de l'art. 5 ch. 1 CB/CL, ZZZ 2004, 57–71.
DONZALLAZ, Mainlevée	YVES DONZALLAZ, Mainlevée provisoire et action en libération de dette dans la Convention de Lugano. Commentaire de l'ATF 130 III 285 (4C.163/2003) du 23.12.2003, ZZZ 2006, 409–415.
DONZALLAZ, Mesures	YVES DONZALLAZ Les mesures provisoires et conservatoires dans les Conventions de Bruxelles et de Lugano, Etat des lieux après les ACJCE *Mund*, *Mietz* et *Van Uden*, AJP 9/2000, 956–983.
DONZALLAZ, Ordre public	YVES DONZALLAZ, Le renouveau de l'ordre public au regard des ACJCE *Krumbach* et *Renault* et de la révision de ces traités, AJP10/2001, 160–179.
DONZALLAZ, Tribunal fédéral	YVES DONZALLAZ, Loi sur le Tribunal fédéral. Commentaire, Berne 2007.
DUCROT, Expulsion	MICHEL DUCROT, La procédure d'expulsion du locataire ou du fermier non agricole: quelques législations cantonales au regard du droit fédéral, Zurich 2005.
DUCROT, Fors	MICHEL DUCROT, Le chemin d'application de la loi fédérale sur les fors en matière civile, AJP 10/2001, 791–801.
DUCROT, Restructurations	MICHEL DUCROT, Les restructurations d'entreprises selon la loi sur la fusion, leurs conséquences sur les parties et l'instance, SZZP 2/2006, 213–232.
DUTOIT, Commentaire	BERNARD DUTOIT, Droit international privé suisse, Commentaire de la loi fédérale du 18 décembre 1987, 4ᵉ édition, Bâle 2005.
DUTOIT, Guide	BERNARD DUTOIT, Guide pratique de la compétence des tribunaux et de l'exécution des jugements en Europe, 1. Aufl. 2007.
EGLI	HANS-PETER EGLI, Das arbeitsrechtliche Verfahren nach Art. 343 OR, ZZZ 2004, 21–55.
EHRENZELLER	MAX EHRENZELLER, Zivilprozessordnung des Kantons Appenzell A. Rh. vom 27. April 1980 mit Erläuterungen, Urnäsch 1988.
EHRENZELLER et al. + Autor(in)	BERNHARD EHRENZELLER / PHILIPPE MASTRONARDI / RAINER J. SCHWEIZER / KLAUS A. VALLENDER (Hrsg.), Die Schweizerische Bundesverfassung, Kommentar, 2. Auflage, Zürich/St. Gallen 2008.
EHRENZELLER / LUDEWIG-KEDMI (Hrsg. + Autor[in])	BERNHARD EHRENZELLER / REVITAL LUDEWIG-KEDMI (Hrsg.), Moraldilemmata von Richtern und Rechtsanwälten. Berufsschwierigkeiten und Bewältigungsstrategien, St. Gallen 2006. *Beitragende:* ANNEGRET KATZENSTEIN, VALENTIN LANDMANN, REVITAL LUDEWIG-KEDMI, KURT MEIER, HANS-WERNER REINFRIED.

Eichenberger	Kurt Eichenberger, Bundesrechtliche Legiferierung im Bereiche des Zivilprozessrechts nach geltendem Verfassungsrecht, ZSR NF 88/1969 II 469–512.
Eichenberger, Aargau[2]	Kurt Eichenberger, Zivilrechtspflegegesetz des Kantons Aargau, Textausgabe mit Kommentar, Aarau 1987.
Eiholzer, Anträge	Heiner Eiholzer, Anträge an die Schlichtungsbehörde – Über die Formulierung von Rechtsbegehren, mp 1993, 55–73.
Eiholzer, Streitbeilegung	Heiner Eiholzer, Die Streitbeilegungsabrede. Ein Beitrag zu alternativen Formen der Streitbeilegung, namentlich zur Mediation, Arbeiten aus dem juristischen Seminar der Universität Freiburg Schweiz, Band 173, Freiburg 1998.
Elkuch et al.	Ivo Elkuch / Arthur Gassner / Cornelia Gassner / Thomas Heiterer / Hannes Mähr (Hrsg.), Gesetz über das gerichtliche Verfahren in bürgerlichen Rechtsstreitigkeiten (liechtensteinische Zivilprozessordnung), Schaan 2002.
Escher, Kommentar	Arnold Escher, Zürcher Kommentar zum ZGB, Bd. III: Das Erbrecht, 1. Abt.: Die Erben (Art. 457–536 ZGB), 2. Abt.: Der Erbgang (Art. 537–640 ZGB), 3. Aufl., Zürich 1959/60.
Escher, Zwangsvollstreckung	Elisabeth Escher, Zum Rechtsschutz in Zwangsvollstreckungssachen nach dem Bundesgesetz über das Bundesgericht, AJP 15/2006, 1247–1249.
Expertenkommission ZPR + Bearbeiter(in)	Thomas Sutter-Somm / Franz Hasenböhler (Hrsg.), Die künftige schweizerische Zivilprozessordnung. Mitglieder der Expertenkommission erläutern den Vorentwurf, Zürich 2003.
Fanger	Reto Fanger, Digitale Dokumente als Beweis im Zivilprozess, Basler Studien zur Rechtswissenschaft, Reihe A: Privatrecht, Band 81, Basel 2006.
Favalli / Matthews	Daniele Favalli / Joseph M. Matthews, Recognition and Enforcement of U.S. class action judgments and settlements in Switzerland, SZIER 17/2008, 511–636.
Favre	Antoine Favre, Droit des poursuites, 3. Auflage, Freiburg 1974.
Felber, Rechtsprechung	Markus Felber, Aktuelle bundesgerichtliche Rechtsprechung, SJZ 104/2008, 325–331.
Felber, Richterbild	Markus Felber, Traditionelles Richterbild und Wirklichkeit am Bundesgericht, SJZ 103/2007, 425–441.
Felder / Nufer	Wilhelm Felder / Heinrich Nufer, Richtlinien für die Anhörung des Kindes aus kinderpsychologischer/kinderpsychiatrischer Sicht gemäss Art. 12 der UNO-Konvention über die Rechte des Kindes, SJZ 95/1999, 318–319.

---

[2] S. auch Bühler / Edelmann / Killer.

FELLER	URS FELLER, Innovation im englischen Zivilprozessrecht – anwendbar auch in der Schweiz?, AJP 11/2002, 550–553.
FELLMANN/WEBER + Beitragende	WALTER FELLMANN/STEPHAN WEBER (Hrsg.), Haftpflichtprozess 2006. Tücken der Schadenerledigung, Beiträge zur Tagung vom 19. Mai 2006, Zürich 2006. *Beitragende*: KURT BÖSCH, ALFRED BÜHLER, WALTER FELLMANN, KATHARINA LANDOLF/MARC SCHÄTZLE, ISAAK MEIER/MATTHIAS WIGET, MASSIMO PERGOLIS, MARKUS SCHMID, HANS PETER WALTER.
FELLMANN/WEBER + Beitragende	WALTER FELLMANN/STEPHAN WEBER (Hrsg.), Haftpflichtprozess 2007, Taktik, Technik, Vergleich und Rechtsmittel, Beiträge zur Tagung vom 19. Juni 2007. Zürich 2007. *Beitragende:* STEPHEN V. BERTI, JÜRGEN WALTER FELLMANN, ANDREAS GÜNGERICH/LUKAS FRIEDLI, HANS NIGG, VOLKER PRIBNOW, PETER SCHUMACHER, STEPHAN WEBER.
FERRARI	FRANCO FERRARI, Zur autonomen Auslegung der EuGVVO, insbesondere des Begriffs des «Erfüllungsortes der Verpflichtung» nach Art. 5 Nr. 1 lit. b, IPRax 27/2007, 61–67.
FISCHER	KARIN FISCHER, Vom Friedensrichter zur Schlichtungsbehörde. Eine Institution im Spannungsfeld zwischen Tradition und Moderne; am Beispiel des Kantons Zürich, Zürcher Studien zum Verfahrensrecht Band 164, Zürich 2008.
FORSTMOSER	PETER FORSTMOSER, Von der Schildkröte zum Hasen – Beschleunigung im schweizerischen Gesetzgebungsverfahren, in: Sandra Hotz/Klaus Mathis (Hrsg.), Recht, Moral und Faktizität, Festschrift für Walter Ott, Zürich 2008, 162–177.
FORSTMOSER/MEIER-HAYOZ/NOBEL	PETER FORSTMOSER/ARTHUR MEIER-HAYOZ/PETER NOBEL, Schweizerisches Aktienrecht, Bern 1996.
FRANK, Gerichtsstandsgesetz	RICHARD FRANK, Das Gerichtsstandsgesetz – ein Schritt vorwärts, SJZ 97/2001, 1–4.
FRANK, Persönlichkeitsschutz	RICHARD FRANK, Der Persönlichkeitsschutz in der Ehe und seine Rechtsbehelfe, in: Isaak Meier/Hans Michael Riemer/Peter Weimar (Hrsg.), Recht und Rechtsdurchsetzung, Festschrift für Hans Ulrich Walder zum 65. Geburtstag, Zürich 1994, 11–24.
FRANK/STRÄULI/MESSMER	RICHARD FRANK/HANS STRÄULI/GEORG MESSMER, Kommentar zur Zürcherischen Zivilprozessordnung; Schiedsgerichte und Schiedsgutachten von NIKLAUS und GREGOR WIGET, 3. Aufl., Zürich 1997 mit Ergänzungsband von RICHARD FRANK 2000.
FREI	NINA J. FREI, Die Interventions- und Gewährleistungsklagen im Schweizer Zivilprozess, Zürcher Studien zum Verfahrensrecht, Band 140, Zürich 2004.

Freitag	Rober Freitag, Anwendung von EuGVÜ, EuGVO und LugÜ auf öffentlich-rechtliche Forderungen? (Zu EUGH, 5. 2. 2004 – Rs. C-265/02 – Frahuil SA/Assitalia SpA, unten S. 334, Nr. 22), IPRax 24/2004 305–309.
Fricero, Carré	Natalie Fricero, L'essentiel de la Procèdure civile, Les carrés, 5e édition, Paris 2007.
Fricero, Memento	Natalie Fricero, Procédure civile, Mémentos LMD, 5e édition, à jour du décret du 26 juillet 2007 et du règlement CE du 11 juillet 2007, Paris 2007.
Frigerio	Marco Frigerio, La facoltà di intervento del giudice ticinese nel processo civile, Rep.131/1998, 3–13.
Frische	Tobias Frische, Verfahrenswirkungen und Rechtskraft gerichtlicher Vergleiche – Nationale Formen und ihre Anerkennung im internationalen Rechtsverkehr, Heidelberg 2006.
Fritzsche	Hans Fritzsche, Begründung und Ausbau der neuzeitlichen Rechtspflege des Kantons Zürich, Zürich 1931.
Fritzsche/Walder	Hans Fritzsche/Hans Ulrich Walder, Schuldbetreibung und Konkurs nach schweizerischem Recht, 3. Aufl. Bd. I, Zürich 1984, Bd. II Zürich 1993.
Fuchs	Angelika Fuchs, Begriff «Unterhaltsberechtigter» in Art. 5 Nr. 2 EuGVÜ geklärt, IPRax 18/1998, 327–337.
Furrer, Anwaltsgeheimnis	Andreas Furrer, Die Reichweite des Anwaltsgeheimnisses im Zivilprozess – Plädoyer für ein schweizerisches attorney client privilege, AJP 11/2002, 895–905.
Furrer, Internationales	Andreas Furrer, Internationales Zivilprozessrecht im Wandel – Quo vadis?, SJZ 98/2002, 141–150.
Furrer, IPR	Andreas Furrer, Die Rolle des IPR im Europäischen Privatrecht, SZIER 18/2008, 7–30.
Furrer, Lugano	Andreas Furrer, Das Lugano-Übereinkommen als europarechtliches Instrument – Das Luganer Konvergenzsystem auf dem Prüfstand von Praxis und Politik, AJP 6/1997, 486–501.
Furrer, Meilensteine	Andreas Furrer, Meilensteine im Europäischen Kollisionsrecht, SZIER 18/2008, 3–6.
Furrer/Effenberger/Klauberg/Zukas	Andreas Furrer/Julius Effenberger/Theis Klauberg/Tadas Zukas, Das Internationale Verfahrensrecht zwischen der Schweiz und den neuen EU-Mitgliedstaaten am Beispiel von Tschechien, Lettland und Litauen, AJP 14/2005, 1018–1030.

Furrer / Schramm, Vertragsrecht	Andreas Furrer / Dorothee Schramm, Zuständigkeitsprobleme im europäischen Vertragsrecht. Die neuesten Entwicklungen zu Art. 5 Ziff. 1 LugÜ/EuGVÜ, SJZ 99/2003, 105–117, 137–142.
Furrer / Schramm, Entsendegesetz	Andreas Furrer / Dorothee Schramm, Die Auswirkungen des neuen Entsendegesetzes auf das schweizerische IZPR, SZIER 13/2003, 37–53.
Gaillard	Louis Gaillard, Les mesures provisionnelles en droit international privé, SJ 181/1993, 141–164.
Gapany	Pierre Gapany, Assistance judiciaire et administrative dans le canton du Valais, ZWR 2000, 117–153.
Gass	Stephan Gass, Wie sollen Richterinnen und Richter gewählt werden? Wahl und Wiederwahl unter dem Aspekt der richterlichen Unabhängigkeit, AJP 16/2007, 593–610.
Gass / Stolz	Stephan Gass / Peter Stolz, Institutionen der Richterkontrolle im internationalen Vergleich, SJZ 94/1998, 125–133.
Gasser / Thurmann	Urs Gasser / Janes M. Thurmann, E-Discovery: Wichtige Neuerungen im amerikanischen Prozessrecht, ZZZ 2006, 445–458.
Gauch	Peter Gauch, Der Zweigbetrieb im schweizerischen Zivilrecht, Zürich 1974.
Gauch / Schluep	Peter Gauch / Walter R. Schluep, Schweizerisches Obligationenrecht, Allgemeiner Teil, ohne ausservertragliches Haftpflichtrecht, Bde. I und II, 6. Aufl., Zürich 1995.
Gaul, Haftung	Hans Friedhelm Gaul, Die Haftung aus dem Vollstreckungszugriff, ZZP 110/1997, 1–31.
Gaul, Rechtsverwirklichung	Hans Friedhelm Gaul, Rechtsverwirklichung durch Zwangsvollstreckung aus rechtsgrundsätzlicher und rechtsdogmatischer Sicht, ZZP 112/1999, 135–184.
Gauthier	Jean Gauthier, Rapport sur l'enquête relative à l'organisation et à la composition des tribunaux qui statuent en matière civile contentieuse, ZSR NF88/1969 II, 514–548.
Gebauer	Martin Gebauer, Internationale Zuständigkeit und Prozessaufrechnung, IPRax 18/2008, 79–86.
Gehri, Anfechtung	Myriam A. Gehri, Die Anfechtung ausländischer Schiedssprüche nach IPRG, eine Analyse der bundesgerichtlichen Rechtsprechung, in: Karl Spühler (Hrsg.), Internationales Zivilprozess- und Verfahrensrecht IV, Zürich 2005, 71–116.
Geimer	Reinhold Geimer / Ewald Geimer / Gregor Geimer, Internationales Zivilprozessrecht, 5. Auflage, Köln 2005.

Gehri, EuGH	Myriam A. Gehri, Neuere Rechtssprechung des EuGH zum internationalen Zivilprozessrecht, in: Karl Spühler (Hrsg.), Internationales Zivilprozess- und Verfahrensrecht III, Zürich 2003, 41–55.
Gehri, freezing orders	Myriam A. Gehri, Worldwide freezing ordres – Die Dadourian-Richtlinien und ihre Auswirkungen auf das Internationale Vollstreckungsrecht, SZZP 2/2006, 409–420.
Gehri, Gerichtsstand I	Myriam A. Gehri, Gerichtsstandsvereinbarungen und Schiedsklauseln bei nationalen und internationalen Grundstückskauf- und Mietverträgen, AJP 10/2001, 1239–1244.
Gehri, Gerichtsstand II	Myriam A. Gehri, Gerichtsstand- und Schiedsvereinbarungen in Angelegenheiten des Schuldbetreibungs- und Konkursrechts, ZZZ 2007, 423–440.
Gehri, Neuerungen	Myriam A. Gehri, Neuerungen bei den internationalen Vertragsgerichtsständen, in: Karl Spühler (Hrsg.), Internationales Zivilprozess- und Verfahrensrecht II, Zürich 2003, 5–49.
Gehrlein	Markus Gehrlein, Warum kaum Parteibeweis im Zivilprozess?, ZZP 110/1997, 451–475.
Geimer, Öffentlich-rechtliche	Reinhold Geimer, Öffentlich-rechtliche Streitgegenstände. Zur Beschränkung des Anwendungsbereichs der EuGVVO bzw. des EuGVÜ/LugÜ auf Zivil- und Handelssachen, IPRax 23/2003, 512–515.
Geimer, Zustellungsmängel	Reinhold Geimer – die Ausstrahlung der EuGVVO auf die Auslegung des Art. 27 Nr. 2 EuGVÜ/LugÜ, IPRax 24/2004, 97–98.
Geimer/Schütze	Reinhold Geimer/Rolf A. Schütze, Europäisches Zivilverfahrensrecht, 3. Aufl., 2009.
Geiser	Thomas Geiser, Entwicklungen im Arbeitsrecht, SJZ 91/1995, 272–276; SJZ 92/1996, 276–279; SJZ 93/1997, 281–283; SJZ 94/1998, 316–319; SJZ 95/1999, 324–328.
Geiser/Häfliger	Thomas Geiser/Bededikt Häfliger, Entwicklungen im Arbeitsrecht, SJZ 96/2000, 341–344; SJZ 97/2001, 322–325; SJZ 98/2002, 357–362; SJZ 99/2003, 349–354; SJZ 100/2004, 360–366; SJZ 101/2005, 342–347; SJZ 102/2006, 331–336; SJZ 103/2007, 318–324; SJZ104/2008, 343–347.
Geisinger	Elliott Geisinger, La jurisprudence cantonale en matière de mesures provisionnelles et autres procédures spéciales: Les relations entre l'arbitrage commercial international et la justice étatique en matière de mesures provisionnelles, SJ 127/2005 II, 375–399.
Geisler	Werner Geisler, Zur Ermittlung ausländischen Rechts durch «Beweis» im Prozess, ZZP 198/1995, 176 ff.

GENNA	GIAN SANDRO GENNA, Lebenssachverhalt oder Rechtsanwendung? – Ein interdisziplinärer Streifzug durch das Prozessrecht zwischen Streitgegenstand und «iura novit curia», recht 26/2008, 144–158.
GESSLER	DIETER GESSLER, Informationsbeschaffung mit den Mitteln des Zivilprozesses, SJZ 100/2004, 433–439.
GIACOMINI	SERGIO GIACOMINI, Merksätze zum zivilprozessualen Massnahmeverfahren, ZZZ 2005, ZZZ 2005, 475–486.
GILLARD	FRANÇOIS GILLARD, La transaction judiciaire en procédure civile, Recherches juridiques lausannoises, Zürich 2003.
GILLIÉRON	PIERRE-ROBERT GILLIÉRON, Poursuite pour dettes, faillite et concordat, 3. Aufl., Lausanne 1993.
GIRSBERGER / MRÁZ	DANIEL GIRSBERGER / MICHAEL MRÁZ, Missglückte («pathologische») Schiedsvereinbarungen: Risiken und Nebenwirkungen, in: Karl Spühler (Hrsg.), Internationales Zivilprozess- und Verfahrensrecht III, Zürich 2003, 120–165.
GLANZMANN-TARNUTZER, Beweiswert	LUCREZIA GLANZMANN-TARNUTZER, Der Beweiswert medizinischer Erhebungen im Zivil-, Straf- und Sozialversicherungsprozess, AJP 14/2005, 73–83.
GLANZMANN-TARNUTZER, Rügeprinzip	LUCREZIA GLANZMANN-TARNUTZER, Das Rügeprinzip im Zivil-, Straf- und Verwaltungsprozess am Beispiel des Kantons Luzern, AJP 16/2007, 839–846.
GMÜR	ROLAND GMÜR, Kündigungsschutz – Pozessuales rund um den «Entscheid» der Schlichtungsbehörde, mp 1993, 55–73.
GOEBEL	JOACHIM GOEBEL, Rechtsmittelreform in Zivilsachen und Rechtspolitik. Theoretische Anfragen in praktischer Absicht, ZZP 113/2000, 40–83.
GÖKSU, Beschwerden	TARKAN GÖKSU, Die Beschwerden ans Bundesgericht, Zürich/St. Gallen 2007.
GÖKSU, Eherecht	TARKAN GÖKSU, Auswirkungen des Bundesgerichtsgesetzes auf eherechtliche Verfahren, ZZZ 2007 441–465.
GORDON-VRBA	LUCY GORDON-VRBA, Vielparteienprozesse. Kollektive Durchsetzung gleichartiger, individueller Kompensationsansprüche unter dem Aspekt der prozessualen Effizienz und Fairness, Zürich 2007.
GOTTWALD	WALTHER GOTTWALD, Staatliche Massnahmen zur Förderung aussergerichtlicher Mediation – empfiehlt sich eine «verordnete» Mediation?, AJP 16/2007, 611–619.

Götz, Discovery	Claudia Götz, Amerikanische Discovery für Verfahren im Ausland, SJZ 102/2006, 269–276.
Götz, Einlassung	Claudia Götz, Der Gerichtsstand der rügelosen Einlassung im Zivilprozessrecht der Schweiz, Juristische Fakultät der Universität Basel, Schriftenreihe für Internationales Recht, Band 103, Basel 2004.
Graham-Siegenthaler / Bernheim	Barbara Graham-Siegenthaler / Marc Bernheim, Die bundesgerichtliche Rechtsprechung zur negativen Feststellungsklage gemäss Art. 85a SchKG – eine kritische Würdigung, SJZ 96/2000, 177–183.
Greger	Reinhard Greger, Verbandsklage und Prozessrechtsdogmatik – Neue Entwicklungen in einer schwierigen Beziehung, ZZP 113/2000, 399–412.
Gressly	Philipp Gressly, Das einfache und rasche Vefahren im Kanton Solothurn, SJZ 94/1998, 397–403.
Grothe, Einschränkungen	Helmut Grothe, Zwei Einschränkungen des Prioritätsprinzips im europäischen Zuständigkeitsrecht: ausschliessliche Gerichtsstände und Prozessverschleppung (zu EuGH, 9. 12. 2003 Rs. C-116/02 – Erich Gasser GmbH/MISAT Srl., unten S. 243, Nr. 14), IPRax 24/2004, 205–212.
Grothe, Rechtswegverweisung	Helmut Grothe, Rechtswegverweisung und Rechtshängigkeitserschleichung im Anwendungsbereich von Art. 21 EuGVÜ/LugÜ und Art. 27 EuGVO, IPrax 24/2004, 83–89.
Groz	Philipp Groz, Die materielle Rechtskraft von Entscheiden betreffend Vollstreckbarerklärung ausländischer Urteile auf Geldleistung, AJP 15/2006, 683–687.
Gruber, Feststellungsklage	Urs Peter Gruber, Das Verhältnis der negativen Feststellungsklage zu dcn anderen Klagearten im deutschen Zivilprozess – Plädoyer für eine Neubewertung, ZZP 117/2004, 133–162.
Gruber, Prozessaufrechnung	Urs Peter Gruber, Ungeklärte Zuständigkeitsprobleme bei der Prozessaufrechnung, IPRax 22/2002, 285–289.
Grünenfelder	Lukas Grünenfelder, Das Zürcher Ehegericht. Eheschliessung, Ehescheidung und Ehetrennung nach der neuesten Satzung von 1698, Zürcher Studien zur Rechtsgeschichte, Band 57, Zürich 2007.
Guhl	Theo Guhl, bearbeitet von Alfred Koller / Anton K. Schnyder / Jean Nicolas Druey. Das Schweizerische Obligationenrecht mit Einschluss des Handels- und Wertpapierrechts, 9. Aufl., Zürich 2000.
Guldener, Beweiswürdigung	Max Guldener, Beweiswürdigung und Beweislast nach schweizerischem Zivilprozessrecht, Zürich 1955.

GULDENER, Bundesprivatrecht	MAX GULDENER, Bundesprivatrecht und kantonales Zivilprozessrecht, ZSR NF 80/1961, II 1–66.
GULDENER, Dispositives Recht	MAX GULDENER, Über dispositives Recht im zürcherischen Zivilprozess und eidgenössischen Betreibungsrecht, ZSR NF 65/1946, 185 ff.
GULDENER, Freiwillige Gerichtsbarkeit	MAX GULDENER, Grundzüge der freiwilligen Gerichtsbarkeit der Schweiz, Zürich 1954.
GULDENER, Streitverkündung	MAX GULDENER, Über die materiellen Wirkungen der Streitverkündigung, ZSR NF 68/1949, 235 ff.
GULDENER Schweizerisches Zivilprozessrecht	MAX GULDENER, Schweizerisches Zivilprozessrecht, 3. Auflage, Zürich 1979.
GÜNTHER	ANDREAS GÜNTHER, Die vollstreckbare öffentliche Urkunde in der Schweiz nach dem Entwurf für eine gesamtschweizerische Zivilprozessordnung, SJZ 104/2008, 209–217.
GUTMANN	CHRISTOPH GUTMANN, Die Haftung des Gesuchstellers für ungerechtfertigte vorsorgliche Massnahmen, Basler Studien zur Rechtswissenschaft, Reihe A: Privatrecht, Band 82, Basel 2006.
GUTZWILLER, Kommentar	MAX GUTZWILLER, Zürcher Kommentar, Bd. V: Das Obligationenrecht, 6. Teil, 2. Halbband: Genossenschaft, Handelsregister und kaufmännische Buchführung (Art. 879–926 OR), Zürich 1974.
GUTZWILLER, Trustrecht	PETER MAX GUTZWILLER, Schweizerisches Internationales Trustrecht, Zürich 2007.
GUY-ECABERT	CHRISTINE GUY-ECABERT, Le règlement amiable des conflits dans dans le projet de code de procédure civile suisse: une avance à conserver!, SZZP 2007, 199–212.
GUYAN	GUYAN PETER, Beweisverfahren im ordentlichen Verfahren von Bezirksgerichtsausschuss und Bezirksgericht. Nach der Zivilprozessordnung des Kantons Graubünden vom 1.12.1985; Zürcher Studien zum Verfahrensrecht Band 121, Zürich 2000.
GUYET	JACQUES GUYET, Source et évolution de la procédure civile Genevoise, SJZ 87/1991, 309.
HABSCHEID, Ausschluss	EDGAR HABSCHEID, Der Ausschluss des nicht vorgebrachten Prozessstoffes durch die materielle Rechtskraft (Präklusion) und die Revision (Wiederaufnahme des Verfahrens) nach Schweizer Recht, ZZP 117/2004, 235–244.
HABSCHEID, Feststellungsklage	EDGAR J. HABSCHEID, Die allgemeine Feststellungsklage – dritte Rechtsschutzform des Schweizer Bundesrechts auf Grund der Bundesverfassung (effektiver Rechtsschutz), AJP 11/2002, 269–273.

HABSCHEID, Mediation	EDGAR J. HABSCHEID, Die aussergerichtliche Vermittlung (Mediation) als Rechtsverhältnis, AJP 10/2001, 938–944.
HABSCHEID, Beweislast	WALTHER J. HABSCHEID, Beweislast und Beweismass, ein kontinuierlicher Rechtsvergleich, in: Hanns Prütting (Hrsg.), Festschrift für Gottlieb Baumgärtel, Köln 1990, 105 ff.
HABSCHEID, Droit judiciaire	WALTHER J. HABSCHEID, Droit judiciaire privé suisse, 2. Aufl., Genf 1981.
HABSCHEID, Verzugszinsen	WALTHER J. HABSCHEID, Der Anspruch auf Zahlung von Verzugszinsen im Prozess, SJZ 90/1994, 287 ff.
HABSCHEID, Schiedsgerichtsbarkeit	WALTHER J. HABSCHEID, Internationale Schiedsgerichtsbarkeit und Privatautonomie. Zum Schicksal der Aussenhandelsarbitrageklauseln nach dem Zusammenbruch der sozialistischen Staatenwelt, in: Isaak Meier/Hans Michael Riemer/Peter Weimar (Hrsg.), Recht und Rechtsdurchsetzung, Festschrift für Hans Ulrich Walder zum 65. Geburtstag, Zürich 1994, 323–333.
HABSCHEID, Zivilprozessrecht	WALTHER J. HABSCHEID, Schweizerisches Zivilprozess- und Gerichtsorganisationsrecht. Ein Lehrbuch seiner Grundlagen, 2. Aufl., Basel/Frankfurt a.M. 1990.
HÄFELIN/HALLER/KELLER	ULRICH HÄFELIN/WALTER HALLER/HELEN KELLER, Schweizerisches Bundesstaatsrecht, 7. Auflage, Zürich 2008.
HAEFLIGER	ARTHUR HAEFLIGER, Die Europäische Menschenrechtskonvention und die Schweiz. Die Bedeutung der Konvention für die schweizerische Rechtspraxis, Bern 1993.
HAFTER	PETER HAFTER, Strategie und Technik des Zivilprozesses. Einführung in die Kunst des Prozessierens, Zürich 2004.
HAGER/BENTELE	GÜNTER HAGER/FLORIAN BENTELE, Der Lieferort als Gerichtsstand – zur Auslegung des Art. 5 Nr. 1 lit. b EuGVO, IPRax 24/2004, 73–77.
HALDY	JACQUES HALDY, De l'utilité de l'appel en cause, SZZP 1/2005, 439–451.
Handbook (+ Autor)	GABRIELLE KAUFMANN-KOHLER/BLAISE STUCKI (Hrsg.), International Arbitration in Switzerland, A Handbook for practitioners, Den Haag/Zürich 2004.
HANDSCHIN/TRUNINGER	LUKAS HANDSCHIN/CHRISTOPH TRUNINGER, Von der kassatorischen Natur der Anfechtungsklage nach Art. 75 ZGB, SJZ 99/2003, 142–144.
HANGARTNER	YVO HANGARNTER, Recht auf Rechtsschutz, AJP 11/2002, 131–155.

HANOTIAU	BERNARD HANOTIAU, Joinder of parties and joinder of claims, in: FRANÇOIS BOHNET / PIERRE WESSNER (Hrsg.), Mélanges en honneur de François Knoepfler, Bâle 2005, 191–205.
HÄSEMEYER	LUDWIG HÄSEMEYER, Beteiligtenverhalten im Zivilrechtsstreit, ZZP 118/2005, 265–312.
HASENBÖHLER	FRANZ HASENBÖHLER, Die neue Schweizerische Zivilprozessordnung: Das Beweisrecht, ZZP 2007, 379–394.
HAU, Bestätigung	WOLFGANG HAU, Zur schriftlichen Bestätigung mündlicher Gerichtsstandsvereinbarungen, IPRax 19/1999, 24–25.
HAU, Prozessaufrechnung	WOLFGANG HAU, Anerkennungsrechtliche Aspekte der Prozessaufrechnung, IPRax 19/1999, 437–440.
HAUENSTEIN, Damages	ANDREAS HAUENSTEIN, Punitive Damages im internationalen Zivilprozessrecht und der internationalen Schiedsgerichtsbarkeit, Veröffentlichungen aus dem Nachdiplomstudium Internationales Wirtschaftsrecht der Universität Zürich und dem Europa-Institut Zürich, Band 46, Zürich 2006.
HAUENSTEIN, Freezing order	ANDREAS HAUENSTEIN, Die Vollstreckbarerklärung der englischen Freezing order unter dem Lugano-Übereinkommen und das rechtliche Gehör, SZZP 2007, 187–198.
HAUSER, Öffentlichkeit	ROBERT HAUSER, Das Pinzip der Öffentlichkeit der Gerichtsverhandlung und der Schutz der Persönlichkeit, in: Isaak Meier/Hans Michael Riemer/Peter Weimar (Hrsg.), Recht und Rechtsdurchsetzung, Festschrift für Hans Ulrich Walder zum 65. Geburtstag, Zürich 1994, 165–192.
HAUSER, Rechtspflege	ROBERT HAUSER, Sonderheft: Die Zürcherische Rechtspflege im Wandel 1831–1981, ZR 80/1981 257 ff.
HAUSER / HAUSER	WILLY HAUSER / ROBERT HAUSER, Kommentar zum Gerichtsverfassungsgesetz des Kantons Zürich, 3. Aufl., Zürich 1978
HAUSER / SCHWERI	ROBERT HAUSER / ERHARD SCHWERI, Kommentar zum zürcherischen Gerichtsverfassungsgesetz, Zürich 2002.
HEDIGER	BRUNO HEDIGER, Entwicklungen im Mietrecht, SJZ 91/1995, 253–257; SJZ 92/1996, 256–259; SJZ 93/1997, 262–265; SJZ 94/1998, 296–300; SJZ 95/1999, 298–300; SJZ 96/2000, 293–296; SJZ 97/2001, 296–299; SJZ 98/2002, 332–337; SJZ 99/2003, 326–331; SJZ 100/2004, 337–342; SJZ 101/2005, 313–319; SJZ 102/2006, 303–308; SJZ 103/2007, 318–324; SJZ 104/2008, 316–321.
HEER / SCHÖBI + Autor(in)	MARIANNE HEER / CHRISTAN SCHÖBI (Hrsg.), Gericht und Expertise / La justice et l'expertise. Bern 2005.

HEGNAUER, Kommentar	CYRIL HEGNAUER, Berner Kommentar, Bd. II: Das Familienrecht
	– 2. Abteilung: Die Verwandtschaft
	  – 1. Teilband 3. Aufl., Bern 1964 (Art. 252 – 301 ZGB)
	  – 1. Teilband 4. Aufl., Bern 1984 (Art. 252–269c ZGB)
	  – 2. Teilband 1. Lieferung, 4. Aufl., Bern 1991 (Art. 270–275 ZGB).

HEGNAUER, Kindesrecht	CYRIL HEGNAUER, Grundriss des Kindesrechts und des übrigen Verwandtschaftrechts, 4. Aufl., Bern 1994.
HEGNAUER / BREITSCHMID	CYRIL HEGNAUER / PETER BREITSCHMID, Grundriss des Eherechts, 3. Aufl., Bern 1993.
HEIDERHOFF	BETTINA HEIDERHOFF, Keine Rangordnung der Zustellungsarten, IPRax 27/2007, 293–294.
HEINI	ANTON HEINI, Die Bedeutung des Grundsatzes der Nachlasseinheit für die internationale Zuständigkeit in Nachlasssachen, in: Isaak Meier/Hans Michael Riemer/Peter Weimar (Hrsg.), Recht und Rechtsdurchsetzung, Festschrift für Hans Ulrich Walder zum 65. Geburtstag, Zürich 1994, 335–339.
HEINRICH	PETER HEINRICH, Gelangweilte Richter, SJZ 93/1997, 296–297.
HEISS / ZOBEL	HELMUT HEISS / PETRA ZOBEL, Zur Dichotomie des internationalen Zivilverfahrensrechts; Das Neben-, Mit- und Gegeneinander autonomen und europäischen Rechts, IPRax 24/2004.
HELLWIG	KONRAD HELLWIG, Anspruch und Klagerecht, Leipzig 1924.
HELLWIG, Rechtskraft	KONRAD HELLWIG, Wesen und subjektive Begrenzung der Rechtskraft, Leipzig 1901.
HENCKEL	WOLFRAM HENCKEL, Die Veräusserung der Streitsache, in: Isaak Meier/Hans Michael Riemer/Peter Weimar (Hrsg.), Recht und Rechtsdurchsetzung, Festschrift für Hans Ulrich Walder zum 65. Geburtstag, Zürich 1994, 193–211.
HENCKEL VON DONNERSMARCK	HEINRICH HENCKEL VON DONNERSMARCK, Die Vollstreckung schweizerischer Urteile in Hongkong, SJZ 93/1997, 429–436.
HENKE	HORST-EBERHARD HENKE, Rechtserkenntnis, Rechtsfortbildung und Konfliktlösung: Die Verfahrenstypen der Zivilprozessordnung in erster und in höherer Instanz, ZZP 109/1996, 135–182.
HERB	ANJA HERB, Europäisches Gemeinschaftsrecht und nationaler Zivilprozess, Tübingen 2007.
HÉRITIER LACHAT	ANNE HÉRITIER LACHAT, La jurisprudence cantonale en matière de mesures provisionnelles et autres procédures spéciales: Quelques procédures spéciales en matière de société anonyme, SJ 128/2006 II, 22.

Hess	Burkhard Hess, Neue Rechtsakte und Rechtssetzungsmethoden im Europäischen Justizraum, ZSR NF 124/2005 II, 183–230.
Hess/Bittmann	Burkhard Hess/David Bittmann, Die Verordnungen zur Einführung eines Europäischen Mahnverfahrens und eines Europäischen Vefahrens für geringfügie Foderungen – ein substantieller Integrationsschritt im Europäischen Zivilprozessrecht, IPRax 28/2008, 395–314.
Hess-Blumer	Andri Hess-Blumer, Die Schutzschrift nach eidgenössischem und zürcherischem Recht; Zürcher Studien zum Verfahrensrecht Band 126, Zürich 2001.
Higi, Beweis	Peter Higi, Von der Behauptungs- über die Beweislast zum Beweis, ZZZ 2006, 459–495.
Higi, Schlichtungsbehörde	Peter Higi, Der Umfang der sachlichen und funktionellen Zuständigkeit der Schlichtungsbehörde von Bundesrechts wegen, mp 1992, 1–20.
Higi, Zeugenbefragung	Peter Higi, Die richterliche Zeugenbefragung im Zivilprozess – Technik und Praxis, AJP 15/2006, 1093–1105.
Hinderling/Steck	Hans Hinderling/Daniel Steck, Das schweizerische Ehescheidungsrecht, 4. Aufl., Zürich 1995
Hoffmann-Novotny	Urs H. Hoffmann-Novotny, Gemeinsame Eintragung für den Gesamtschaden. Versuch einer Einordnung von Art. 759 Abs. 2 OR, in: Vertrauen – Vertrag – Verantwortung, Festschrift für Hans Caspar von der Crone zum 50. Geburtstag, Zürich 2007.
Hofstetter	Elias Hofstetter, Die internationale Rechtshilfe in Straf- und Zivilsachen und das Bankgeheimnis, recht 22/2004, 81–91.
Hofstetter Schnellmann	Madeleine Hofstetter Schnellmann, Die Gerichtsstandsvereinbarung nach dem Lugano-Übereinkommen, Diss. Basel 1992.
Holl	Volker H. Holl, Der Gerichtsstand des Erfüllungsortes nach Art. 5 Nr. 1 EuGVÜ bei einem «claim for restitution based on unjust enrichment», IPRax 18/2008, 120–122.
von Holzen	Cristina von Holzen, Die Streitgenossenschaft im schweizerischen Zivilprozess, Basler Studien zur Rechtswissenschaft, Reihe A: Privatrecht, Band 82, Basel 2006.
Horn	Norbert Horn, Einwand des Rechtsmissbrauchs eine Gerichtsstandsvereinbarung i.S.d. Art. 23 EuGVO, IPRax 26/2006, 2–4.
Huber, Kommentar	Hans Huber, Berner Kommentar, Bd. I, 1. Abt.: Kommentar zu Art. 6. ZGB, 3. Aufl., Bern 1966.

HUBER, Modellregeln	STEFAN HUBER, Entwicklung transnationaler Modellregeln für Zivilverfahren am Beispiel der Dokumentenvorlage, Tübingen 2008.
HUGUENIN-DUMITTAN	GEORGES HUGUENIN-DUMITTAN, Behauptungslast, Substantiierungspflicht und Beweislast, Zürcher Studien zum Verfahrensrecht Band 53, Zürich 1980.
HUNKELER + Bearbeiter(in)	DANIEL HUNKELER (Hrsg.), Schuldbetreibungs- und Konkursgesetz, Kurzkommentar, Basel 2008.
INFANGER	INFANGER DOMINIK, Erstinstanzliche Zivilstreitsachen im ordentlichen Verfahren vor dem Bündner Einzelrichter, Zürcher Studien zum Verfahrensrecht Band 118, Zürich 2000.
IPR/SPR + Autor(in)	DANIEL GIRSBERGER (Hrsg.), Internationales Privatrecht. «SPR Band XI/1», Zürich 2008.
JACQUEMOUD-ROSSARI,	LAURA JACQUEMOUD-ROSSARI, La jurisprudence cantonale en matière de mesures provisionnelles et autres procédures spéciales: Reddition des comptes et droit aux renseignements, SJ 128/2006 II, 43–90.
JAGGI	EMANUEL JAGGI, Das neue Bundesgerichtsgesetz. Zivilrechtliche und strafrechtliche Aspekte, recht 25/2007, 48–63.
JAGMETTI	MARCO JAGMETTI, Zum zürcherischen Kassationsgericht, SJZ 96/2000, 127–134.
JAKOB	DOMINIQUE JAKOB, Zulässigkeit und Zukunft der Untätigkeitsbeschwerde im Zivilprozess, ZZP 119/2006, 303–330.
JAMETTI GREINER, Erweiterung	MONIQUE JAMETTI GREINER, Zur Erweiterung des Geltungsbereichs des Lugano-Übereinkommens in den mittel- und osteuropäischen Raum, insbesondere zur Situation Polens, AJP 7/1998, 707–709.
JAMETTI GREINER, LugÜ	MONIQUE JAMETTI GREINER Neues Lugano-Übereinkommen: Stand der Arbeiten, in: Karl Spühler (Hrsg.), Internationales Zivilprozess- und Verfahrensrecht II, Zürich 2003, 113–126.
JAMETTI GREINER, Rechtsprechung	MONIQUE JAMETTI GREINER, Die Rechtsprechung des Bundesgerichts im Zivilprozessrecht; 2. Teil – Internationales Zivilprozessrecht, publiziert in den Jahren 1999 und 2000: ZBJV 137/2001, 871–888; publiziert im Jahre 2001: ZBJV 128/2002, 574–592; publiziert im Jahre 2002: ZBJV 139/2003, 666–677; publiziert im Jahre 2003 oder elekronisch abrufbar: ZBJV 141/2005, 55–76: publiziert im Jahre 2004 oder elekronisch abrufbar: ZBJV 142/2006, 44–52.

JAQUES	CHARLES JAQUES, Plädoyer contre l'application rétroactive de la Convention de Lugano à la reconnaissance et l'exécution en Suisse des jugements étrangers rendus au for de l'article 5 point 1 avant le 1er janvier 2000, SZIER 14/2004, 187–206.
JAUERNIG	OTHMAR JAUERNIG, Zivilprozessrecht. Ein Studienbuch; 29., völlig neu bearbeitete Auflage des von Friedrich Lent begründeten Werkes, München 2007.
JAYME / KOHLER	ERIK JAYME / CHRISTIAN KOHLER, Europäisches Kollisionsrecht 2006: Eurozentrismus ohne Kodifikationsidee?, IPRax 26/2006, 537–550.
JEANDIN	NICOLAS JEANDIN, Parties au procès, Mouvement et (r)évolution. Précis en vue du Code fédéral de procédure civile actuellement en préparation, Zurich/Bâle/Genève 2003.
JEANNERET / DE BOTH	VINCENT JEANNERET / JEAN YVES DE BOTH, Séquestre international, for du séquestre en matière bancaire et séquestre de biens détenus par des tiers, SJ 128/2006 II, 169–187.
JENT-SØRENSEN, Gläubiger	INGRID JENT-SØRENSEN, Aspekte der Rechtsdurchsetzung zwischen Gläubigern desselben Schuldners in der Betreibung auf Pfändung, in: Isaak Meier/Hans Michael Riemer/Peter Weimar (Hrsg.), Recht und Rechtsdurchsetzung, Festschrift für Hans Ulrich Walder zum 65. Geburtstag, Zürich 1994, 515–532.
JENT-SØRENSEN, Rechtskraft	INGRID JENT-SØRENSEN, Materielle Rechtskraft und materielle Gerechtigkeit. Das Spannungsfeld zwischen Verbindlichkeit und Abänderbarkeit, SJZ 100/2004, 533–541.
JENT-SØRENSEN / REISER	INGRID JENT-SØRENSEN / HANS REISER, Kantonal-zürcherische Nichtigkeitsbeschwerde und Beschwerde in Zivilsachen ans Bundesgericht. Eine schwierige Liaison. SJZ 104/2008, 364–368.
JERMINI / GAMBA	Exequatur and «Enforcement» of Foreign Protective Measures under 39 of the Lugano Convention in Switzerland – The Alternative of Cantonal Protective Measures, SZZP2/2006, 443–457.
JOLIDON	PIERRE JOLIDON, Commentaire du concordat suisse sur l'arbitrage, Berne 1984.
KÄLIN	OLIVER KÄLIN, Das Arztzeugnis als Beweismittel bei arbeitsrechtlichen Streitigkeiten, ZZZ 2006, 335–343.
KANNOWSKI	BERND KANNOWSKI, Die Zulässigkeit einer «Teilklage auf Schmerzensgeld» – Zivilprozessuale Neuheit oder neue Art der Schadensberechnung?, ZZP 119/2006, 63–85.

Karrer	Pierre A. Karrer, La convention d'arbitrage en droit suisse. Forme, validité, portée, in: François Bohnet/Pierre Wessner (Hrsg.), Mélanges en honneur de François Knoepfler, Bâle 2005, 177–189.
Katzenmeier	Christine Katzenmeier, Zivilprozess und aussergerichtliche Streitbeilegung, ZZP 115/2002, 51–92.
Kaufmann, Beweislast	Martin Kaufmann, Beweisen? Gedanken zu Beweislast – Beweismass – Beweiswürdigung, AJP 12/2003, 1199 1208.
Kaufmann, Konfliktmanagement	Martin Kaufmann, Gerichtliches «Konfliktmanagement», ZZZ 2004, 341–363.
Keller/Siehr	Max Keller/Kurt Siehr, Allgemeine Lehren des internationalen Privatrechts, Zürich 1986.
Kellerhals/Berger, Terms	Franz Kellerhals/Bernhard Berger, Terms of Reference. Ihre Bedeutung für das Schiedsverfahren, recht 20/2002, 24–36.
Kellerhals/Berger, Rechtsprechung	Franz Kellerhals/Bernhard Berger, Die Rechtsprechung des Bundesgerichts im Zivilprozessrecht, 3. Teil: Schiedsgerichtsbarkeit veröffentlicht im Jahre 2004 oder elektronisch abrufbar, ZBJV 142/2006, 53–68; veröffentlicht im Jahre 2005 oder elektronisch abrufbar: ZBJV 143/2007, 198–206; veröffentlicht in Band 132 oder elektronisch abrufbar; ZBJV 144/2008, 223–238.
Kellerhals/Berger, Widerklage	Franz Kellerhals/Bernhard Berger, Widerklage und Verrechnung nach den Swiss Rules of International Arbitration, in: François Bohnet/Pierre Wessner, Mélanges en honneur de François Knoepfler, Bâle 2005, 207–226.
Kellerhals/Güngerich, Anpassung	Franz Kellerhals/Andreas Güngerich, Die Anpassung der bernischen Zivilprozessordnung an das Bundesgesetz über den Gerichtsstand in Zivilsachen, ZBJV 138/2002, 814–830.
Kellerhals/Güngerich, Vollstreckungstitel	Franz Kellerhals/Andreas Güngerich, Der europäische Vollstreckungstitel, SZZP 2/2006, 201–212.
Kellerhals/von Werdt/Güngerich + Bearbeiter(in)	Franz Kellerhals/Nicolas von Werdt/Andreas Güngerich (Hrsg.), Kommentar zum Bundesgesetz über den Gerichtsstand in Zivilsachen, 2. Auflage, Bern 2005.
Kelsen	Hans Kelsen, Reine Rechtslehre, 2. Aufl., Wien 1960, Nachdruck 1976.
Kern	Christoph Kern, Anerkennungsrechtliches Spiegelbildprinzip und europäische Zuständigkeit, ZZP 120/2007, 31–105.
Keusen	Christian Keusen, Konsumentengerichtsbarkeit – «Gerichtsstand ist der Sitz der Bank»?, ZSR NF 125/2007 I, 85–104.

Killias, Gerichtsstandsvereinbarungen	Laurent Killias, Die Gerichtsstandsvereinbarungen nach dem Lugano-Übereinkommen, Diss. Zürich 1993.
Killias, Rechtsprechung	Laurent Killias, Rechtsprechung zum Lugano-Übereinkommen, SZIER 15/2005, 685–711 (2004); SZIER 16/2006, 659–698 (2005); SZIER 17/2007, 806–821 (2006).
Kleubler	Bernhard Kleubler, Akzente der Vertraglichen Schiedsgerichte bei der Auslegung von Gesamtarbeitsverträgen, BJM 1997, 1–16.
Knöfel	Oliver L. Knöfel, Gerichtsstand der prozessübergreifenden Streitgenossenschaft gemäss Art. 6 Nr. 1 EuGVVO, IPRax 16/2006, 503–507.
Knoepfler / Schweizer	François Knoepfler / Philippe Schweizer, unter Mitwirkung von François Bohnet, Jurisprudence suisse en matière d'arbitrage international[3], SZIER 1/1991, 325–376; SZIER 3/1993, 183–216; SZIER 4/1994, 103–172; SZIER 5/1995, 547–588; SZIER 6/1996, 539–591; SZIER 7/1997, 587–636; SZIER 8/1998, 553–614; SZIER 9/1999, 578–638; SZIER 10/2000, 559–626; SZIER 11/2001, 481–571; SZIER 12/2002, 507–598; SZIER 13/2003, 521–608; SZIER 15/2005 127–238; SZIER 16/2006 105–162; SZIER 17/2007, 65–117; SZIER 18/2008, 69–122.
Knoepfler / Schweizer / Othenin-Girard	François Knoepfler / Philippe Schweizer / Simon Othenin-Girard, Droit international privé suisse, 3ᵉ édition, Berne 2005.
Kofmel Ehrenzeller I	Sabine Kofmel Ehrenzeller, Die Realvollstreckung in Zivilsachen, aktuelle Fragen und Ausblick, ZZZ 2004, 217–229.
Kofmel Ehrenzeller II	Sabine Kofmel Ehrenzeller, Die künftige Zwangsvollstreckung in Zivilsachen: ein Zusammenspiel des SchKG mit der neuen Schweizerischen Zivilprozessordnung, recht 22/2004, 57–68.
Kofmel-Ehrenzeller, Beweis	Sabine Kofmel-Ehrenzeller, Das Recht auf Beweis im Zivilverfahren, Abhandlungen zum Schweizerischen Recht Heft 538, Bern 1992.
Kohler	Christian Kohler, Das Prinzip der gegenseitigen Anerkennung in Zivilsachen im europäischen Justizraum, ZSR NF 124/2005 II, 263–299.
Koller	Heinrich Koller, Grundzüge der neuen Bundesrechtspflege und des vereinheitlichten Prozessrechts, ZBl 107/2006, 57 ff.
Kollhosser	Hellmut Kollhosser, Zur Problematik eines «Allgemeinen Teils» in einer Verfahrensordnung für die freiwillige Gerichtsbarkeit, ZZP 93/1980 265 ff.

---

[3] Die Übersichten bis zum Band 12/2002 sind zusammengestellt bei François Knoepfler / Philippe Schweizer, Arbitrage international, jurisprudence suisse, commentée depuis l'entrée en vigueur de la LDIP, Zürich 2003.

Koelz, Prozessmaximen	Alfred Koelz, Prozessmaximen im schweizereischen Verwaltungsprozess, Zürcher Schriften zum Verfahrensrecht, Bd. 4, Zürich 1974.
Kölz, Zwangsvollstreckung	Christian Kölz, Die Zwangsvollstreckung von Unterlassungspflichten im schweizerischen Zivilprozessrecht, unter Berücksichtigung ausgewählter Verfahrensgesetze und des Entwurfes für eine Schweizerische Zivilprozessordnung, Zürcher Studien zum Verfahrensrecht, Band 150, Zürich 2007.
Kondring	Jörg Kondring, Voraussetzungen, Wirkung und Rechtswirkung der Zustellung. Eine scheinbar babylonische Begriffsverwirrung um das auf die internationale Zustellung anwendbare Recht. Zugleich ein Beitrag zur entgegenstehenden Rechtshängigkeit, IPRax 27/2007, 138–146.
Koenig	Bernhard Koenig, Probleme eines «Allgemeinen Teils» einer Verfahrensordnung für die freiwillige Gerichtsbarkeit, ZZP 93/1980 312 ff.
Kramer	Barbara Kramer, Das Neue Steuerungsmodell und die Unabhängigkeit der Richter, ZZP 114/2001, 267–317.
Kren Kostkiewicz	Jolanta Kren Kostkiewicz, Vorbehalt von Art. 1a des Protokolls Nr. 1 zum Lugano-Übereinkommen – quo vadis?, SJZ 95/1999, 239.
Krepper	Peter Krepper, Unentgeltliche Mediatoren für geldwerte Konfliktlösungen, AJP 9/2000, 803–812.
Krog	Georg Philipp Krog, Jurisdiction persuant to the Lugano Convention art. 5.3 applied on defamatory statements in TV broadcasting, IPRax 24/2004, 154–157.
Kröll, Gerichtsstandsvereinbarungen	Stefan Kröll, Das Formerfordernis bei Gerichtsstandsvereinbarungen nach Art. 17 LugÜ – Unwirksamkeit trotz materieller Einigung?, IPRax 22/2002, 113–116.
Kröll, Schiedsvereinbarung	Stefan Kröll, Die Schiedsvereinbarung im Verfahren zur Anerkennung und Vollstreckbarerklärung ausländischer Schiedssprüche, ZZP 117/2004, 453–486.
Kropholler	Kropholler Jan, Europäisches Zivilprozessrecht, Kommentar zu EUGVO, Lugano-Übereinkommen und Europäischem Vollstreckungstitel, 8. Auflage (Schriftenreihe Recht der Internationalen Wirtschaft), Frankfurt am Main 2002.
Kroppenberger	Inge Kroppenberger, Rechtsschutz gegen den untätigen Zivilrichter, ZZP 119/2006, 177–198.

KUBIS	SEBASTIAN KUBIS, Gerichtspflicht durch Schweigen? Prorogation, Erfüllungsortsvereinbarung und internationale Handelsbräuche, IPRax 19/1999, 10–14.
KUHN, Erbausweise	HANS KUHN, Anerkennung und Wirkungen ausländischer Erbausweise im schweizerischen Recht, SZIER 12/2002, 1–34.
KUHN, Beweislast	MORITZ KUHN, Ärztliche Kunst- bzw. Behandlungsfehler – Beweislastverteilung im Kanton Zürich, in: Isaak Meier/Hans Michael Riemer/Peter Weimar (Hrsg.), Recht und Rechtsdurchsetzung, Festschrift für Hans Ulrich Walder zum 65. Geburtstag, Zürich 1994, 49–66.
KUMMER, Grundriss	MAX KUMMER, Grundriss des Zivilprozessrechts nach den Prozessordnungen des Kantons Bern und des Bundes, 4. Aufl., Bern 1984.
KUMMER, Klagerecht	MAX KUMMER, Das Klagerecht und die materielle Rechtskraft im schweizerischen Recht, Bern 1954.
LÄMMLI	KLAUS BEAT LÄMMLI, Die Anfechtung der Erbschaftsannahmeerklärung im solothurnischen Zivilprozess, SJZ 94/1998, 404–407.
LALIVE/POUDRET/REYMOND	PIERRE LALIVE/JEAN-FRANÇOIS POUDRET/CLAUDE REYMOND, Le droit de l'arbitrage interne et international en Suisse, Lausanne 1989.
LEBOULANGER	PHILIPPE LEBOULANGER, Principe de collégialité et délibéré arbitral, in: François Bohnet/Pierre Wessner (Hrsg.), Mélanges en honneur de François Knoepfler, Bâle 2005, 259–265.
LEBRECHT	ANDRÉ E. LEBRECHT, Der Ausstand von Justizbeamten nach zürcherischem Prozessrecht, SJZ 86/1990, 297 ff.
LEHMANN/SÁNCHEZ LORENZO	MATTHIAS LEHMANN/SIXTO SÁNCHEZ LORENZO, Der Rumpfgerichtsstand für dingliche Klagen nach Art. 16 Nr. 1 EuGVÜ (Art. 22 Nr. 1 EuGVVO), IPRax 27/2007, 190–195.
LEIBLE/SOMMER	STEFAN LEIBLE/ERIK SOMMER, Tücken bei der Bestimmung der internationalen Zuständigkeit nach der EuGVVO: Rügelose Einlassung, Gerichtsstands- und Erfüllungsortvereinbarungen, Vertragsgerichtsstand, IPRax 26/2006, 568–572.
LEIPOLD	DIETER LEIPOLD, Beweismass und Beweislast im Zivilprozess, Berlin 1985.
LENGAUER	DANIEL LENGAUER, Zivilprozessuale Probleme bei der gerichtlichen Verfolgung von publikumswirksamen Wettbewerbsverstössen. Unter besonderer Berücksichtigung des zürcherischen Zivilprozessrechtes; Zürcher Studien zum Verfahrensrecht Band 106, Zürich 1995.

LEUCH	GEORG LEUCH, Die Zivilprozessordnung für den Kanton Bern, 3. Aufl., Bern 1956.
LEUCH/MARBACH/ KELLERHALS	GEORG LEUCH/OMAR MARBACH/FRANZ KELLERHALS, Die Zivilprozessordnung für den Kanton Bern, Kommentar (ohne Vollstreckungsrecht) samt einem Anhang zugehöriger Erlasse, 4. Aufl., Bern 1995.
LEUENBERGER, Glaubhaftmachen	CHRISTOPH LEUENBERGER, Glaubhaftmachen, in: Christoph Leuenberger (Hrsg.), Bern 2000, 107 ff.
LEUENBERGER, Parteien	CHRISTOPH LEUENBERGER, Das Verhalten der Parteien im Prozess und die Folgen für das Urteil, ZZZ 2005, 147–159.
LEUENBERGER, Rechtsprechung	CHRISTOPH LEUENBERGER, Die Rechtsprechung des Bundesgerichts im Zivilprozessrecht; 1. Teil: Zivilprozessrecht im internen Verhältnis: publiziert in den Jahren 1999 und 2000 ZBJV 137/2001, 845–870; im Jahre 2001 ZBJV 138/2002, 557–592; publiziert im Jahre 2002 oder elektronisch abrufbar: ZBJV 139/2003, 637–665; publiziert im Jahre 2003 oder elektronisch abrufbar: ZBJV 141/2005, 32–54; publiziert im Jahre 2004 oder elektronisch abrufbar: ZBJV 142/2006, 25–43; publiziert im Jahre 2005 oder elektronisch abrufbar: ZBJV 143/2007, 157–182; veröffentlicht im Band 132 oder elektronisch abrufbar: ZBJV 144/2008, 185–210.
LEUENBERGER, Verfahren	CHRISTOPH LEUENBERGER, Die neue Schweizerische Zivilprozessordnung: Das ordentliche Verfahren, ZZZ 2007, 327–338.
LEUENBERGER, Vorentwurf	CHRISTOPH LEUENBERGER, Der Vorentwurf für eine schweizerische Zivilprozessordnung – ein Überblick, AJP 12/2003, 1421–1431.
LEUENBERGER/ UFFER-TOBLER	CHRISTOPH LEUENBERGER/BEATRICE UFFER-TOBLER, Kommentar zur Zivilprozessordnung des Kantons St. Gallen, Bern 1999.
LEUPOLD	MICHAEL LEUPOLD, Die Schutzschrift, Grundsätzliches und prozessuale Fragen, AJP 7/1998, 1076–1086.
LEVANTE	PATRIZIA LEVANTE, Die Wahrung der Kindesinteressen im Scheidungsverfahren – die Vertretung des Kindes im Besonderen, Abhandlungen zum schweizerischen Recht (ASR) 646, Bern 2000.
LIATOWITSCH	PETER LIATOWITSCH, Wieviel prozessuale Autonomie benötigen die Parteien im neuen Scheidungsrecht? Einige verfahrenstaktische und prozessuale Überlegungen zur Scheidung auf gemeinsames Begehren, AJP 8/1999, 1600–1605.

LIATOWITSCH/BERNET	MANUEL LIATOWITSCH/MARTIN BERNET, Probleme bei parallelen Verfahren vor staatlichen Gerichten und vor Schiedsgerichten, in: Karl Spühler (Hrsg.), Internationales Zivilprozess- und Verfahrensrecht IV, Zürich 2005, 139–167.
LIEBER	VIKTOR LIEBER, Handhabung und Verletzung «klaren Rechts», in: Isaak Meier/Hans Michael Riemer/Peter Weimar (Hrsg.), Recht und Rechtsdurchsetzung, Festschrift für Hans Ulrich Walder zum 65. Geburtstag, Zürich 1994, 213–223.
LOBSIGER/MARKUS	ADRIAN LOBSIGER/ALEXANDER R. MARKUS, Überblick zu den vier neuen Konventionen über internationale Rechtshilfe, SJZ 92/1996, 177–192, 202–210.
LÖER	MANFRED LÖER, Richterliche Mediation – Möglichkeiten der Einbindung von Mediation in das Gerichtsverfahren am Beispiel des Zivilprozesses, ZZP 119/2006, 199–210.
LOOSLI	HANS RUDOLF LOOSLI, Information und Kommunikation im Zivilprozessverfahren des Kantons Zürich als Garant der Rechtsverwirklichung, Diss. Zürich 1981.
LORANDI, Abtretung	FRANCO LORANDI, Abtretung gemäss Art. 260 SchKG bei Vergleich und im Prozess, BlSchK 72/2008, 41–49.
LORANDI, Anfechtung	FRANCO LORANDI, Prozessuale Aspekte der paulianischen Anfechtung (Art. 285 ff. SchKG), ZZZ 2006, 155–183.
LUKIC	SUZANA LUKIC (Hrsg.), Le projet de Code de procédure civile fédérale. Travaux de la journée d'étude du 8 mars 2007, Centre du droit de l'entreprise de l'Université de Lausanne, volume 74, Lausanne 2008.
LUSTENBERGER/RITSCHER	MARCEL LUSTENBERGER/MICHAEL RITSCHER, Die Schutzschrift – zulässiges Einflussmittel oder verpönte Einflussnahme?, AJP 6/1007, 515–518.
MAIER, Aktuelles	PHILIPP MAIER, Aktuelles zu Eheschutzmassnahmen, Scheidungsgründen und Kinderbelangen anhand der Praxis der erst- und zweitinstanzlichen Gerichte des Kantons Zürich, AJP 17/2008, 72–90.
MAIER, Fragestellungen	PHILIPP MAIER, Prozessuale Fragestellungen im Familienrecht, AJP 17/2008, 568–585.
MANKOWSKI, Arbeitsort I	PETER MANKOWSKI, Der gewöhnliche Arbeitsort im Internationalen Privat- und Prozessrecht, IPRax 19/1999, 332–336.
MANKOWSKI, Arbeitsort II	PETER MANKOWSKI, Europäisches Internationales Arbeitsprozessrecht – Weiteres zum gewöhnlichen Arbeitsort, IPRax 23/2003, 21–27.

MANKOWSKI, culpa in contrahendo	PETER MANKOWSKI, Die Qualifikation der culpa in contrahendo – Nagelprobe für den Vertragsbegriff des europäischen IZP und IPR, IPRax 23/2003, 127–135.
MANKOWSKI, Einlassung	PETER MANKOWSKI, Gerichtsstand der rügelosen Einlassung in europäischen Verbrauchersachen?, IPRax 21/2001, 310–315.
MANKOWSKI, Lieferorte	PETER MANKOWSKI, Mehrere Lieferorte beim Erfüllungsgerichtsstand unter Art. 5 Nr. 1 lit. b EuGVVO, IPRax 27/2007, 404–414.
MANKOWSKI, Gerichtsstände	PETER MANKOWSKI, Die österreichischen Gerichtsstände der Streitgenossenschaft, des Vermögens und der inländischen Vertretung mit Blick auf das Lugano-Übereinkommen, IPRax 18/1998, 122–127.
MANSEL	HEINZ-PETER MANSEL, Gerichtsstandvereinbarung und Ausschluss der Streitverkündung durch Prozessvertrag, ZZP 109/1996, 61–77.
MARCELLINI/TREZZINI	LUCA MARCELLINI/FRANCESCO TREZZINI, Esclusioni probatorie ex lege in procedura civile: le pénal tient le civil en l'état?, SZZP 2/2006, 103–115.
MARKUS, Aktuelles	ALEXANDER R. MARKUS, Aktuelles zum internationalen Privat- und Verfahrensrecht, SZIER 16/2006, 3–13.
MARKUS, Konsumenten	ALEXANDER R. MARKUS, Die Konsumentenzuständigkeiten der EuGVO und des revidierten LugÜ, besonders im E-commerce, ZZZ 2004, 181–216.
MARKUS, Vorbehalt	ALEXANDER R. MARKUS, Der schweizerische Vorbehalt nach Prot. Nr. 1 Lugano-Übereinkommen; Vollstreckungsaufschub oder Vollstreckungshindernis? ZBJV 135/1999, 57–74.
MARKUS, Vertragsgerichtsstand	ALEXANDER R. MARKUS, Der Vertragsgerichtsstand gemäss Verordnung «Brüssel I» und revidiertem LugÜ nach der EuGH-Entscheidung Colt Drack, ZSR NF 126/2007 I, 319–336.
MARTI, Surprise	ALAIN MARTI, De la véritable notion de Surprise en matière de Révision, SJZ 87/1991, 313 ff.
MARTI, Vereinheitlichung	ARNOLD MARTI, Die Vereinheitlichung des Zivil- und Strafprozessrechts, die Revision des Vormundschaftsrechts und das öffentliche Recht, ZBl 108/2007, 237–275.
MARTINY/ERNST	DIETER MARTINY/ULRICH ERNST, Der Beitritt Polens zum Luganer Übereinkommen, IPRax 21/2001, 29–31.
MATHYS	HANS MATHYS, Gedanken zur Urteilsfindung, SJZ 103/2007, 324–326.

Matscher	Franz Matscher, Sprache der Auslandzustellung und Art. 6 EMRK, IPRax 19/1999, 274–277.
Matsumoto, Beweisrecht	Hiroyuki Matsumoto, Grundfragen und aktuelle Probleme des Beweisrechts in Japan, ZZP 121/2008, 203–224.
Matsumoto, Rezeption	Hiroyuki Matsumoto, Rezeption des deutschen Zivilprozessrechts und weitere Entwicklung in Japan, ZZP 120/2007, 3–29.
Mazan	Stephan Mazan, Rechtsmittelprobleme rund um das GestG, in: Karl Spühler (Hrsg.), Internationales Zivilprozess- und Verfahrensrecht, Zürich 2001, 15–37.
McGuire	Mary-Rose McGuire, Grundfragen des Beweisrechts – Diskussionsbericht[4], ZZP 121/2008, 225–231.
Meichssner	Stefan Meichssner, Das Grundrecht auf unentgeltliche Rechtspflege (Art. 29 Abs. 3 BV), Basler Studien zur Rechtswissenschaft, Reihe B: Öffentliches Recht, Band 77, Basel 2008.
Meier, Einbezug	Andreas Meier, Einbezug Dritter vor internationalen Schiedsgerichten, Zürcher Studien zum Privatrecht, Band 201, Zürich 2007.
Meier-Hayoz, Kommentar	Arthur Meier-Hayoz, Berner Kommentar, Einleitungsband (Art. 1 und 4 ZGB), Bern 1966, Band IV: Das Sachenrecht, 1. Abt.: Das Eigentum, 2. Teilband: Grundeigentum I (Art. 655–679 ZGB), 3. Aufl., Bern 1993.
Meier-Hayoz / Forstmoser	Arthur Meier-Hayoz / Peter Forstmoser, Grundriss des schweizerischen Gesellschaftsrechts, 9. Aufl., Bern 2007.
Meier, Aktienrecht	Isaak Meier, Einstweiliger Rechtsschutz im Aktienrecht, in: Isaak Meier/Hans Michael Riemer/Peter Weimar (Hrsg.), Recht und Rechtsdurchsetzung, Festschrift für Hans Ulrich Walder zum 65. Geburtstag, Zürich 1994, 67–79.
Meier, Arrest	Isaak Meier, Arrest im internationalen Recht, SZZP 1/2005, 417–438.
Meier, Beweismass	Isaak Meier, Das Beweismass – ein aktuelles Problem des schweizerischen Zivilprozessrechts, BJM 1989, 57 ff.
Meier, Beweisrecht	Isaak Meier, Beweisrecht – ein Model Law, AJP 7/1998, 1153–1164.
Meier, Grundlagen	Isaak Meier, Grundlagen des einstweiligen Rechtsschutzes, Zürich 1983.

---

[4] Diskussion vom 5. April 2008 im Rahmen der Tagung der Deutschen Zivilprozessrechtslehrervereinigung in Osnabrück.

Meier, Iura	Isaak Meier, Iura novit curia. Die Verwirklichung dieses Grundsatzes im schweizerischen Zivilprozessrecht, Zürcher Schriften zum Verfahrensrecht, Band 16, Zürich 1975.
Meier, Rechtsschutz	Isaak Meier, Rechtsschutz im summarischen Verfahren als Alternative zum ordentlichen Zivilprozess im schweizerischen Recht, Köln 1997.
Meier, Vollstreckungsrecht I	Isaak Meier, Die dogmatische Situation des Vollstreckungsrechts aus der Sicht des schweizerischen Rechts. I. Teil: Vollstreckungstitel sowie Mittel und Zweck der Zwangsvollstreckung, ZZP 121/2008, 295–350.
Meier, Vorentwurf	Isaak Meier, Vorentwurf für eine Schweizerische Zivilprozessordnung, Überblick mit Kritik und Änderungsvorschlägen, Zürich 2003.
Meier/Jent-Sørensen/Diggelmann/Müller	Isaak Meier/Ingrid Jent-Sørensen/Peter Diggelmann/Karin Müller, Wege zum Bundesgericht in Zivilsachen nach dem Bundesgerichtsgesetz, Zürich/St. Gallen 2007.
Meier/Duve	Isaak Meier/Christian Duve, Vom Friedensrichter zum Mediator, Einführung von Mediation in bestehende Institutionen der Streitschlichtung, SJZ 95/1999, 157–161.
Meier/Mürner, Mediation	Isaak Meier/Diana Mürner, Mediation und Möglichkeiten ihrer Förderung durch den Gesetzgeber – unter der besonderen Berücksichtigung der neuen eidgenössischen Zivilprozessordnung, recht 22/2004, 1–9.
Meier/Mürner, Stolpersteine	Isaak Meier/Diana Mürner, Stolpersteine der neuen Schweizerischen Zivilprozessordnung, SJZ 99/2003, 597–605.
Meier/Sogo	Isaak Meier unter Mitarbeit von Miguel Sogo, Internationales Zivilprozessrecht und Zwangsvollstreckungsrecht mit Gerichtsstandsgesetz, 2. Auflage, Zürich 2005.
Merkt	Oliver Merkt, Les mesures provisoires en droit international privé, Zurich 1993.
Mermoud	Jean-René H. Mermoud, Loi de procédure civile genevoise annotée, Genève 1988.
Mertens Senn	Edith Mertens Senn, Vermittlung im Sühnverfahren vor dem Hintergrund der Mediation. Eine Untersuchung des friedensrichterlichen Streitbeilegungskonzepts in schweizerischer Theorie und Praxis, Luzerner Beiträge zur Rechtswissenschaft, Band 19, Zürich 2003.
Merz, Gehör	Barbara Merz, «Es krabbelt mir um die Ohren, allein zum Herzen dringt es nicht.» Wie ich mir rechtliches Gehör verschaffe, ZZZ 2006, 309–323.

Merz, Praxis	Barbara Merz, Die Praxis zur thurgauischen Zivilprozessordnung; Gesetz über die Zivilrechtspflege (Zivilprozessordnung) vom 6. Juli 1988, in Kraft gesetzt auf den 1. Januar 1989, mit Revisionen per 1. September 1997, 1. Januar 2000 und 1. Januar 2003, 2. Auflage, Bern 2007.
Merz, Sachverständiger	Barbara Merz, Der Sachverständige – das unbekannte Wesen, ZZZ 2005, 487–503.
Minelli	Ludwig A. Minelli, Was bringt die EMRK für den Zivilprozess?, recht 17/1999, 202–211.
Mirimanoff	Jean A. Mirimanoff, L'eurocompatibilité de la loi N° 931 sur la médiation civile. Note à l'occasion de l'entrée en vigueur de la loi genevoise, confrontée aux critères de Strasbourg et de Bruxelles, SJ 127/2005 II, 125–139.
Mitsopoulos	Georg Mitsopoulos, Zur Trennung von Rechts- und Tatfrage, ZZP 120/2007, 107–120.
Möhrle	Caroline Möhrle, Mediation und mediative Techniken in der Hand des staatlichen Richters im revidierten Scheidungsrecht, AJP 8/1999, 1546–1446.
Mondini	Andrea Mondini, Internationale Schiedsverfahren über Immaterialgüterrecht, ZZZ 2004, 491–498.
Moor / Molo	Lorenzo Moor / Giovanni Molo, Quantificazione del danno e facilitazioni probatorie (ex art. 42 cpv. 2 CO) nelle vertenze di diritto bancario, SZZP 2007, 431–447.
Morvan / Hofmann	Sidonie Morvan / David Hofmann, Questions choisies de procédure civile genevoise en matière de baux et loyers, SJ 130/2008, 61–130.
Mráz	Michael Mráz, Völkerrecht im Zivilprozess. Zum möglichen Beitrag von Zivilgerichten zur Entwicklung des Rechts der internationalen Gemeinschaft, Schweizer Studien zum internationalen Recht, Band 122, Zürich 2004.
Mülbert	Peter O. Mülbert, Gerichtsstandsklauseln als materielle Satzungsbestandteile, ZZP 118/2005, 313–357.
Müller, Evidence	Thomas Müller, IBA Rules of Evidence – ein Brückenschlag zwischen Common Law und Civil Law in internationalen Schiedsverfahren, in: Karl Spühler (Hrsg.), Internationales Zivilprozess- und Verfahrensrecht II, Zürich 2003, 51–71.
Müller, Parteipflichten	Thomas Müller, Gesetzliche und prozessuale Parteipflichten. Eine Untersuchung unter besonderer Berücksichtigung der ZPO des Kantons Zug (insbesondere § 59 ZPO); Zürcher Studien zum Verfahrensrecht Band 125, Zürich 2001.

Müller, Urteil	Jörg Paul Müller, Die Kunst des gerichtlichen Urteils; Impulse von Kant und Savigny, recht 21/2003, 125–132.
Münchener Kommentar + Bearbeiter(in)	Thomas Rauscher / Peter Wax / Joachim Wenzel (Hrsg.), Münchener Kommentar zur Zivilprozessordnung mit Gerichtsverfassungsgesetz und Nebengesetzen, 3. Auflage, Bände 1 (Einleitung, §§ 1–510c), 2 (§§ 511–945), 3 (§§ 946–1086, EGZPO GVG EGGVG UKlaG Internationales Zivilprozessrecht), München 2007–2008. *Bearbeitende:* Jens Adolphsen, Ekkehard Becker-Eberhard, Jörn Bernreuther, Johann Braun, Dagmar Coester-Waltjen, Jürgen Damrau, Karl Günther Deubner, Inge Drescher, Dieter Eickmann, Peter Finger, Markus Gehrlein, Martin Giebel, Peter Gottwald, Urs Peter Gruber, Martin Häublein, Christian Heinrich, Hans-Joachim Hessler, Wolfgang Krüger, Walter F. Lindacher, Volker Lipp, Christoph von Mettenheim, Hans-Wolfgang Micklitz, Stefan Motzer, Joachim Münch, Hans-Joachim Musielak, Steffen Pabst, Reinhard Patzina, Hanns Prütting, Thomas Rauscher, Bruno Rimmelspacher, Kartsen Schmidt, Stefan Schüler, Klaus Schreiber, Hans-Jörg Schultes, Stefan Smid, Claus Wagner, Joachim Wenzel, Hans Wolfsteiner, Heinz Wöstmann, Walter Zimmermann.
Musielak	Hans-Joachim Musielak, Die Grundlagen der Beweislast im Zivilprozess, Köln 1975.
Musielak + Bearbeiter(in)	Hans-Joachim Musielak (Hrsg.), Kommentar zur Zivilprozessordnung mit Gerichtsverfassungsgesetz, 6. Auflage, München 2008. *Bearbeitende:* Wolfgang Ball, Udo Becker, Helmuth Borth, Frank O. Fischer, Ulrich Foerste, Mathias Grandel, Christian Heinrich, Michael Huber, Rolf Lackmann, Hans-Joachim Musielak, Astrid Stadler, Wolfgang Voit, Stephan Weth, Johannes Wittschier, Dieter Wolst.
Mutter-Freuler	Yolande Mutter-Freuler, Die Vertretung des Kindes im Zivilverfahren. Ein Vergleich des schweizerischen und kanadischen Rechts, Zürcher Studien zum Verfahrensrecht, Band 142, Zürich 2005.
Naef	Francesco Naef, L'exécution des jugements et des titres authentiques sous l'angle du principe d'égalité, SZZP 2/2006, 329–344.
Naegeli/Vetter	Georg Naegeli / Meinrad Vetter, Zur Anerkennung und Vollstreckung eurointernationaler Arrestbefehle in der Schweiz, AJP 14/2005, 1312–1322.
Nay	Giusep Nay, Das Bundesgericht in Wandel und Sorge um Unabhängigkeit, SJZ 102/2006, 567–570.

NIGG	GABY NIGG, Das Beweisrecht bei internationalen Privatrechtsstreitigkeiten, St. Galler Studien zum internationalen Recht, Band 26, St. Gallen 1999.
NIGGLI / UEBERSAX / WIPRÄCHTIGER + Bearbeiter(in)	MARCEL ALEXANDER NIGGLI / PETER UEBERSAX / HANS WIPRÄCHTIGER (Hrsg.), Bundesgerichtsgesetz (Basler Kommentar), Basel 2008. *Bearbeitende* HEINZ AEMISEGGER, KATHRIN AMSTUTZ, PETER ARNOLD, BETTINA BACHER, EVA MARIA BELSER, GIOVANNI BIAGGINI, MARKUS BOOG, DENISE BRÜHL-MOSER, JACQUES BÜHLER, BERNHARD EHRENZELLER, ELISABETH ESCHER, MICHEL FÉRAUD, THOMAS GEISER, PHILIPP GELZER, STEPHAN HAAG, THOMAS HÄBERLI, ISABELLE HÄNER, MATTHIAS HÄRRI, STEPHAN HEIMGARTNER, THOMAS HUGI YAR, REGINA KIENER, KATHRIN KLETT, ANDREAS KLEY, HEINRICH KOLLER, LAURENT MERZ, ULRICH MEYER, DOROTHEA RIEDI HUNOLD, CHRISTOPH RIEDER, BEAT RUDIN, KARIN SCHERRER, MARKUS SCHOTT, GEROLD STEINMANN, MARC THOMMEN, ESTHER TOPHINKE, PAUL TSCHÜMPERLIN, PETER UEBERSAX, FELIX UHLMANN, RUDOLF URSPRUNG, BERNHARD WALDMANN, HANS WIPRÄCHTIGER.
NONN	MICHAEL NONN, Die Beweiswürdigung im Zivilprozess, Basler Studien zur Rechtswissenschaft, Reihe A, Band 37, Basel 1996.
NOVIER	MERCEDES NOVIER, La question juridique de principe dans la LTF: quelques pistes, SZZP 2/2006, 421–442.
NUFER	HEINRICH NUFER, Die Kommunikationssituation bei der Anhörung von Kindern, SJZ 95/1999, 317.
OBERHAMMER, Parteiaussage	PAUL OBERHAMMER, Parteiaussage, Parteivernehmung und freie Beweiswürdigung am Ende des 20. Jahrhunderts, ZZP 113/2000, 295.
OBERHAMMER, Rechtshängigkeit	PAUL OBERHAMMER, Internationale Rechtshängigkeit, Aufrechnung und objektive Rechtskraftgrenzen in Europa, IPRax 22/2002, 424–431.
OBERHAMMER, Roma locuta	PAUL OBERHAMMER, Group Josi, Coreck – Roma locuta, causa non finita? (zu OHG, 6.5.2002–2 Ob 78/02p, oben S. 259, Nr. 20), IPRax 24/2004, 264–266.
ODENDAHL	KERSTIN ODENDAHL, Immunität Internationaler Organisationen bei Dienstrechtsstreitigkeiten, IPRax 27/2007, 339–342.
OETKER	HARTMUT OETKER, Die materielle Rechtskraft und ihre zeitlichen Grenzen bei einer Änderung der Rechtslage, ZZP 115/2002, 3–24.
OFTINGER / STARK	KARL OFTINGER / EMIL W. STARK, Schweizerisches Haftpflichtrecht, Bd. I, II/1–3, 5. Aufl., Zürich 1987–1995.

OLANO	OSCAR OLANO, Der Sitz der Gesellschaft im Internationalen Zivilverfahrens- und Insolvenzrecht der EU und der Schweiz, Juristische Fakultät der Universität Basel, Schriftenreihe für Internationales Recht, Band 104, Basel 2004.
OLGIATI	ANGELO OLGIATI, Le norme generali per il procedimento civile nel Canton Ticino; Zürcher Studien zum Verfahrensrecht Band 120; Zürich 2000.
ORLANDO	DANILO ORLANDO, Beweislast und Glaubhaftmachung im vorsorglichen Rechtsschutz, Gedanken zu einem Entscheid des Bundesgerichts, SJZ 90/1994, 89 ff.
OSER / SCHÖNENBERGER	HUGO OSER/WILHELM SCHÖNENBERGER, Zürcher Kommentar, Bd. V: Das Obligationenrecht, 1. Teil (Art. 1–183 OR), 2. Aufl., Zürich 1929.
OTHENIN-GIRARD, Nationalité	SIMON OTHENIN-GIRARD, Nationalité multiple et apatridie: conflits positifs et négatifs de nationalité en droit international privé suisse (art. 23 et 24 LDIP), AJP 9/2000, 1498–1512.
OTHENIN-GIRARD, Recul	SIMON OTHENIN-GIRARD, Projet de la loi fédérale sur le Tribunal fédéral: le recul des droits des justiciables impliqués dans une affaire internationale et-il évitable?, AJP 11 2002, 96–101.
OTTOMANN Rudolf	RUDOLF OTTOMANN, Das summarische Verfahren im Entwurf eines Gesetzbuches über das gerichtliche Verfahren von N. Th. Gönner (1815), in: Isaak Meier/Hans Michael Riemer/Peter Weimar (Hrsg.), Recht und Rechtsdurchsetzung, Festschrift für Hans Ulrich Walder zum 65. Geburtstag, Zürich 1994, 225–241.
PÅLSSON, Lugano I	LENNART PÅLSSON, The Lugano Convention in Sweden, IPRax 19/1999, 52–58.
PÅLSSON, Lugano II	LENNART PÅLSSON, Recent Developments in Sweden with regard to the Brussels and Lugano Conventions, IPRax 22/2002, 228–231.
PELET	VINCENT PELET, Mesures Provisionnelles, Droit fédéral ou cantonal? Lausanne 1987.
PERRET	FRANÇOIS PERRET, Quelques considérations sur le droit d'être entendu au regard de l'adage «jura novit curia», SZZP 1/2005, 223–232.
PERUCCHI	LEANDRO PERUCCHI, Anerkennung und Vollstreckung von US class action-Urteilen und -Vergleichen in der Schweiz, Schweizer Studien zum Internationalen Recht, Band 129, Zürich 2008.

Pestalozzi	Christoph M. Pestalozzi, Die widerspenstige Schiedspartei. Sanktionen im Verfahrensrecht der Schiedsgerichtsbarkeit, in: Gaudenz G. Zindel/Patrik R. Peyer/Bertrand Schott (Hrsg.), Wirtschaftsrecht in Bewegung, Festgabe zum 65. Geburtstag von Peter Forstmoser, Zürich/St. Gallen 2008, 579–600.
Peter	James T. Peter, Mediation: Ein Verfahren zur Überwindung von Einigungshindernissen, AJP 9/2000, 18–26.
Petermann, Zivilprozess	Frank Th. Petermann, Zivilprozess und psychische Belastung, ZZZ 2004, 443–466.
Petermann, Litigation	Frank Th. Petermann, Litigation Communication. Wenn rechtliche Auseinandersetzungen die Reputation gefährden, ZZZ 2006, 3–38.
Petermann, Urteilsfähigkeit	Frank Th. Petermann, Urteilsfähigkeit, Zürich/St. Gallen 2008.
Peters	Frank Peters, Rechtsschutzversicherung und prozessuale Kostenerstattung, ZZP 118/2005, 47–58.
Peyer	Patrik R. Peyer, Vollstreckung unvertretbarer Handlungen und Unterlassungen. Civil contempt of court des englischen Rechts im Vergleich zum schweizerischen Zivilprozessrecht, Zürcher Studien zum Verfahrensrecht, Band 145, Zürich 2006.
Pfisterer, AJP	Thomas Pfisterer, Einigung und Mediation – Übersicht über die aktuelle Bundesgesetzgebung, AJP 17/2008, 3–17.
Pfisterer, SJZ	Thomas Pfisterer, Unterwegs zur Einigung mit Mediation in der schweizerischen ZPO? SJZ 103/2007, 541–550.
Pfisterer/Schweizer	Thomas Pfisterer/Rainer J. Schweizer, Auswirkungen der Justizreform des Bundes auf die Kantone, AJP 16/2007, 795–798/ Répercussions de la réforme de la justice de la Confédération sur les cantons, AJP 16/2007, 799–802.
Pichonnaz/Scyboz	Pascal Pichonnaz/Pierre Scyboz, Les *dissenting opinions* dans les jugements: une innovation à craindre?, SJZ 98/2002, 377–384.
Piekenbrock	Andreas Piekenbrock, Faktische Rechtsänderungen durch Richterspruch als kollisionsrechtliches Problem, ZZP 119/2006, 3–38.
Piotet, matière civile	Denis Piotet, L'influence de qualité pour recourir au tribunal fédéral en matière civile selon l'art. 76 al. 1 LTF sur la qualité de partie dans la procédure cantonale, ZZZ 2005, 505–525.
Piotet, sens des termes	Denis Piotet, Quelques réflexions sur le sens des termes «Affaires Civiles» en droit fédéral suisse, SZZP 2/2006, 95–102.

POUDRET, Mesures	JEAN-FRANÇOIS POUDRET, Les mesures provisionnelles et l'arbitrage. Aperçu comparatif des pouvoirs respectifs de l'arbitre et du juge, in: François Bohnet/Pierre Wessner (Hrsg.), Mélanges en honneur de François Knoepfler, Bâle 2005, 235–248.
POUDRET, Motivation	JEAN-FRANÇOIS POUDRET, Motivation du recours contre une décision reposant sur plusieurs motifs indépendants, SZZP 4/2008, 107 ff.
POUDRET/BESSON	JEAN-FRANÇOIS POUDRET/SÉBASTIEN BESSON, Droit comparé de l'arbitrage international, 2002.
POUDRET/TAPPY	JEAN-FRANÇOIS POUDRET/DENIS TAPPY, Adaptation de la procédure civile vaudoise à la loi sur les fors en matière civile, JdT 149/2001 II 34–70.
POUDRET/HALDY/TAPPY	JEAN-FRANÇOIS POUDRET/JACQUES HALDY/DENIS TAPPY Procédure civile Vaudoise, 3. Aufl., Lausanne 1991.
QUELOZ	NICOLAS QUELOZ, L'image du juge aujourd'hui en Suisse, AJP 5/1996, 170–178.
RAJOWER	FELIX RAJOWER, Prozessuale Aspekte der Ausweisung von Mietern, AJP 7/1998, 799 ff.
RAPOLD	WALTER RAPOLD, Der erstinstanzliche Zürcher Adhäsionsprozess, speziell in seinen Beziehungen zum Zivilprozess, Diss. Zürich, Winterthur 1958.
RASELLI, Laien	NICCOLÒ RASELLI, Laien als Richter und Richterinnen, SJZ 104/2008, 96–99.
RASELLI, Wahrheit	NICCOLÒ RASELLI, Sachverhaltserkenntnis und Wahrheit, Rechtsanwendung und Gerechtigkeit, recht 26/2008, 67–74.
RASSI	JÜRGEN C. T. RASSI, Die Aufklärungs- und Mitwirkungspflichten der nicht beweisbelasteten Partei im Zivilprozess aus österreichischer Sicht, ZZP 121/2008, 165–202.
VON RECHENBERG	DIETHER VON RECHENBERG, Die Nichtigkeitsbeschwerde in Zivil- und Strafsachen nach zürcherischem Recht, 2. Auflage, Zürich 1999.
REETZ	PETER REETZ, Das neue Bundesgerichtsgesetz unter besonderer Berücksichtigung der Beschwerde in Zivilsachen, SJZ 103/2007, 1–6, 29–41.
REHBINDER	MANFRED REHBINDER, Rechtsdurchsetzung im neuen schweizerischen Urheberrechtsgesetz, in: Isaak Meier/Hans Michael Riemer/Peter Weimar (Hrsg.), Recht und Rechtsdurchsetzung, Festschrift für Hans Ulrich Walder zum 65. Geburtstag, Zürich 1994, 81–94.

REISER, Anerkennung und Vollstreckung	HANS REISER, Anerkennung und Vollstreckung zwischen Liberalität und Rigorismus, in: Isaak Meier/Hans Michael Riemer/Peter Weimar (Hrsg.), Recht und Rechtsdurchsetzung, Festschrift für Hans Ulrich Walder zum 65. Geburtstag, Zürich 1994, 357–369.
REISER, Arrest	HANS REISER, Der Arrest im Verhältnis zu anderen Sicherungsmodalitäten und Rechtsbehelfen, ZZZ 2006, 343–352.
REISER, Treu und Glauben	HANS REISER, Treu und Glauben im Zivilprozess, ZZZ 2006, 441–444.
RESCHL	KLAUS RESCHL, Verfahrenskonzentration durch Aufrechnungseinrede im europäischen Zivilprozess, IPRax 23/2003, 426–430.
REUSSER	RUTH REUSSER, Aktuelles aus dem Familienrecht, unter besonderer Berücksichtigung der Revisionstendenzen bei der elterlichen Sorge, ZBJV 144/2008, 143–170.
REY	MATTHIAS REY, Die stillschweigende Rechtswahl im Prozess über einen internationalen Warenkauf am Forum in der Schweiz, AJP 17/1988, 280–292.
RIEMER, Rechtsgutachten	HANS MICHAEL RIEMER, Rechtsfragen zum Rechtsgutachten, insbesondere Auftrags- und Prozessrecht, Urheberrecht, recht 19/2001, 148–152.
RIEMER, Schiedsfähigkeit	HANS MICHAEL RIEMER, Schiedsfähigkeit von Klagen des ZGB, in: Isaak Meier/Hans Michael Riemer/Peter Weimar (Hrsg.), Recht und Rechtsdurchsetzung, Festschrift für Hans Ulrich Walder zum 65. Geburtstag, Zürich 1994, 371–383.
RIES	BEAT RIES, Die unentgeltliche Rechtspflege nach der aargauischen Zivilprozessordnung vom 18. Dezember 1984 Veröffentlichungen zum aargauischen Recht, Band 40, Aarau 1990.
RITZ	PHILIPP RITZ, Die Geheimhaltung im Schiedsverfahren nach schweizerischem Recht, Veröffentlichungen zum Verfahrensrecht Band 48, Tübingen 2007.
RODRIGUEZ	RODRIGO RODRIGUEZ, Kommentierte Konkordanztabelle zum revidierten Übereinkommen von Lugano vom 30. Oktober 2007 und zum geltenden Lugano-Übereinkommen, SZIER 17/2007, 531–606.
ROHNER	CHRISTOPH ROHNER, Die Legitimation zur Willkürrüge im Verfahren der subsidiären Verfassungsbeschwerde, AJP 16/2007, 1269–1287.
ROHNER	CHRISTOPH ROHNER, Klageänderung, AJP 10/2001.
ROMY	ISABELLE ROMY, Class actions américaines en droit international privé suisse, AJP 8/1999, 783–801.

ROSENBERG/SCHWAB/ GOTTWALD	LEO ROSENBERG/KARLHEINZ SCHWAB/PETER GOTTWALD, Zivilprozessrecht, 16. Aufl., München 2004.
RÖSLER/SIEPMANN	HANNES RÖSLER/VERENA SIEPMANN, Vermutung eines Übersetzungserfordernisses bei Postzustellung ins europäische Ausland?, IPRax 26/2006, 236–237.
RÖTHEL	ANNE RÖTHEL, Anerkennung gleichgeschlechtlicher Ehen nach deutschem und europäischem Recht, IPRax 26/2006, 250–253.
ROTTENBERG LIATOWITSCH	VERA ROTTENBERG LIATOWITSCH, Der neue schweizerische Zivilprozess aus höchstrichterlicher Sicht, SZZP 4/2008, 193–209.
ROTH, Feststellungsklage	HERBERT ROTH, Die negative Feststellungsklage zur Abwehr drohender Zwangsvollstreckung als Anwendungsfall von Art. 16 Nr. 5 Lugano-Übereinkommen, IPRax 19/1999, 50–52.
ROTH, Schuldneridentität	HERBERT ROTH, Der Streit um die Schuldneridentität im Verfahren der Vollstreckbarerklärung nach Art. 41, 43 EuGVVO, IPRax 27/2007, 423–427.
ROTH, Aargau	MARKUS ROTH, Das summarische Verfahren in der Zivilprozessordnung des Kantons Aargau vom 18. Dezember 1984, Veröffentlichungen zum aargauischen Recht, Band 43, Aarau 1993.
RÜEDE/HADENFELDT	THOMAS RÜEDE/REIMER HADENFELDT, Schweizerisches Schiedsgerichtsrecht, 2. Aufl., Zürich 1993.
RUEDIN/PIAGET	ROLAND RUEDIN/EMMANUEL PIAGET, Le moment de l'âvis au juge, AJP 12/2003, 1329–1337.
RÜEGG	VIKTOR RÜEGG, Das Interesse des Zivilrichters an einem liberalen Novenrecht, ZZZ 2004, 155–167.
RÜETSCHI	DAVID RÜETSCHI, Die Zukunft der Handelsgerichte, Auswirkungen der Entwürfe zu einer Bundeszivilprozessordnung und einem Bundesgerichtsgesetz auf die kantonale Handelsgerichtsbarkeit, SJZ 101/2005, 29–33.
RUMO-JUNGO, Klage	ALEXANDRA RUMO-JUNGO, Die Scheidung auf Klage, AJP 8/1999, 1530–1540.
RUMO-JUNGO, Anhörung	ALEXANDRA RUMO-JUNGO, Die Anhörung des Kindes unter besonderer Berücksichtigung verfahrensrechtlicher Fragen, AJP 8/1999, 1578–1593.
SAENGER	INGO SAENGER, Grundfragen und aktuelle Probleme des Beweisrechts aus deutscher Sicht, ZZP 121/2008, 139–164.
SALBERG	ANNE-CATHERINE SALBERG, Médiation, de la rupture au lien, AJP 11/2002, 1401–1409.
SALVADÉ	VINCENT SALVADÉ, Dénonciation d'instance et appel en cause, Diss. Lausanne 1995.

SANDROCK	OTTO SANDROCK, Zum ordre public bei der Anerkennung und Vollstreckung ausländischer Schiedssprüche. «Legal remedies», Unparteilichkeit und Unabhängigkeit von Schiedsrichtern, IPRax 21/2001, 550–557.
SARBACH	MARTIN SARBACH, Gedanken zur Verhandlungsmaxime, ZBJV 136/2000, 685–724.
SAVIAUX	NICOLAS SAVIAUX, La compétence décisionnelle des autorités de conciliation en matière de baux et le principe *Ne eat iudex ultra et extra petita partium* SJZ 95/199, 365–376.
SAXER	URS SAXER, Vom Öffentlichkeitsprinzip zur Justizkommunikation – Rechtsstaatliche Determination einer verstärkten Öffentlichkeitsarbeit der Gerichte, ZSR NF 115/226 I, 459–485.
SCHAAD	PETER SCHAAD, Grundlinien einer schweizerischen Zivilprozessordnung, ZSR NF 88/1969 II, 21–135; französische Übersetzung von DENYS MÉLEMBRIN/JEAN-FRANÇOIS LEUBA, daselbst 137–242.
SCHÄRER/HUBER	ANTON SCHÄRER/TANJA HUBER, Das Dolmetscherwesen im Kanton Zürich – Rechtsprechung und Qualitätsmassnahmen seit der neuen Dolmetscherverordnung, SJZ 104/2008, 322–324.
SCHÄTTI	ARMIN SCHÄTTI, Der Arbeitsgerichtsprozess nach der aargauischen Zivilprozessordnung vom 18. Dezember 1984; Zürcher Studien zum Verfahrensrecht Band 104, Zürich 1993.
SCHAUB	LUKAS SCHAUB, Die gerichtlichen Verfahrensgarantien: verkannter Gehalt der Rechtsweggarantie nach Art. 29a BV, AJP 17/2008, 1124–1132.
SCHERWEY	ELISABETH SCHERWEY, Das Verfahren der vorsorglichen fürsorgerischen Freiheitsentziehung, Diss. Basel 2004.
SCHINDLER	BENJAMIN SCHINDLER, Wer wacht über die Wächter des Rechtsstaates? Das Bundesgericht im Spannungsfeld zwischen Unabhängigkeit und Verantwortlichkeit, AJP 12/2003, 1017–1025.
SCHILLIG	MARK SCHILLIG, Schiedsgerichtsbarkeit von Sportverbänden in der Schweiz; Zürcher Studien zum Verfahrensrecht Band 117, Zürich 2000.
SCHLUEP	WALTER R. SCHLUEP, Verfahrensrechtliche Anmerkungen zum BG über Kartelle und ähnliche Organisationen und zu dessen Weiterentwicklung, in: Isaak Meier/Hans Michael Riemer/Peter Weimar (Hrsg.), Recht und Rechtsdurchsetzung, Festschrift für Hans Ulrich Walder zum 65. Geburtstag, Zürich 1994, 95–124.

Schmid, Verantwortlichkeitsklage	Ernst Felix Schmid, Prozessuales zur aktienrechtlichen Verantwortlichkeitsklage, in: Gaudenz G. Zindel/Patrik R. Peyer/Bertrand Schott, Wirtschaftsrecht in Bewegung, Festgabe zum 65. Geburtstag von Peter Forstmoser, Zürich/St. Gallen 2008 601–620.
Schmid, Beweislastvertrag	Hans Schmid, Zum Beweislastvertrag, SJZ 100/2004, 477–484.
Schmid, Feststellungsklagen	Hans Schmid, Negative Feststellungsklagen, AJP 11/2002, 774–783.
Schmid, Judiz	Hans Schmid, Vom gesunden Menschenverstand zum Judiz, SJZ 103/2007, 98–100.
Schmid, Strafprozessrecht	Niklaus Schmid, Strafprozessrecht, 4. Aufl. Zürich, 2004.
Schmieder	Philipp Schmieder, De minimis non curat praetor – Erheblichkeit als Zulässigkeitsschranke, ZZP 120/2007, 199–217.
Schnyder, Anwendung	Anton K. Schnyder, Die Anwendung des zuständigen fremden Sachrechts im Internationalen Privatrecht, Schweizer Studien zum Internationalen Recht, Band 23, Zürich 1981.
Schnyder, Produktehaftung	Anton K. Schnyder, Produktehaftung international – kollisions- und verfahrensrechtliche Aspekte, in: Isaak Meier/Hans Michael Riemer/Peter Weimar (Hrsg.), Recht und Rechtsdurchsetzung, Festschrift für Hans Ulrich Walder zum 65. Geburtstag, Zürich 1994, 385–408.
Schnyder/Liatowitsch	Anton Schnyder/Manuel Liatowitsch, Internationales Privat- und Zivilverfahrensrecht, 2. Auflage, Zürich 2006.
Schöbi	Christian Schöbi (Hrsg.), Gerichtskosten. Parteikosten, Prozesskaution, unentgeltliche Pozessführung, Schriften der Stiftung für die Weiterbildung schweizerischer Richterinnen und Richter (SWR), Band 3, Bern 2001.
Schöll, Expertise-arbitrage	Michael Schöll, Reflexions sur l'expertise-arbitrage en droit suisse. Observations relatives au jugement n° TPI/9028 du 5 juillet 2004 rendu par le Tribunal de premiere instance du Canton de Genève, ASA Bulletin 4/2006.
Schöll, Postlagersendung	Michel Schöll, Postlagersendung und Rückbehalteauftrag. Vereinheitlichte Rechtsprechung zur Zustellung?, SJZ 97/2001, 419–424.
Schöll/Hochuli	Michael Schöll, in cooperation with Tamara Hochuli, Sourcebook of International Arbitration (Switzerland), Zurich 2008.
Schubarth	Martin Schubarth, Die Zukunft des Bundesgerichts, SJZ 95/1999, 61–69.

SCHUHMACHER	CHRSTIAN SCHUHMACHER, Zivilprozessrecht des Kantons Zürich. Eine Einführung, Zürich 2003.
SCHULZE, Beweisaufnahmen	GÖTZ SCHULZE, Dialogische Beweisaufnahmen im internationalen Rechtshilfeverkehr. Beweisaufnahmen im Ausland, durch im Beisein des Prozessgerichts, IPRax 21/2001, 527–533.
SCHULZE, Gerichtsstandsvereinbarung	GÖTZ SCHULZE, Der pathologische Fall – die Gerichtsstandsvereinbarung nach Art. 17 Abs. 4 LugÜ/EuGVÜ, IPRax 19/1999, 229–236.
SCHUMACHER, Einvernahmetechnik	PETER SCHUMACHER, Einvernahmetechnik im Zivilprozess, AJP 14/2005 695–704.
SCHUMACHER, Würdigung	PETER SCHUMACHER, Die Würdigung von Zeugen- und Parteiaussagen insbesondere im Zivilprozess, AJP 9/2000, 1451 ff.
SCHÜPBACH, Traité	HENRI-ROBERT SCHÜPBACH, Traité de procédure civile, Volume premier: Introduction, Zürich 1995.
SCHÜPBACH, Voies de recours I	HENRI-ROBERT SCHÜPBACH, Les voies de recours «extra ordinem judiciarium privatorum» de l'avant-projet de code de procédure civile suisse (Juin 2003), SZZP 1/2005, 333–360.
SCHÜPBACH, Voires de recours II	HENRI-ROBERT SCHÜPBACH, Les voies de recours en matière d'arbitrage selon l'avant-projet de code de procédure civile, François Bohnet/Pierre Wessner (Hrsg.), Mélanges en honneur de François Knoepfler, Bâle 2005, 401–428.
SCHÜRMANN	FRANK SCHÜRMANN, Das Urteil des Europäischen Gerichtshofs für Menschenrechte i.S. F.R. gegen die Schweiz vom 8. Juni 2001 – das Gebot des *fair trial* und die Ordnung des Schriftenwechsels, in: Karl Spühler (Hrsg.), Internationales Zivilprozess- und Verfahrensrecht, Zürich 2001, 73–82.
SCHURTER/FRITZSCHE	EMIL SCHURTER/HANS FRITZSCHE, Das Zivilprozessrecht der Schweiz, 3 Bände, Zürich 1924/1931/1933.
SCHÜTZE	ROLF A. SCHÜTZE, Die verkannte Funktion der Schiedsvereinbarung im internationalen Zivilprozessrecht, IPRax 26/2006, 442–444.
SCHWAB, Beweismass	KARL HEINZ SCHWAB, Das Beweismass im Zivilprozess, in: Richard Holzhammer/Jelinek/Böhm (Hrsg.), Festschrift für Hans Fasching, Wien 1988, 451 ff.
SCHWAB, Rechtskraft	KARL HEINZ SCHWAB, Zur Drittwirkung der Rechtskraft, in: Isaak Meier/Hans Michael Riemer/Peter Weimar (Hrsg.), Recht und Rechtsdurchsetzung, Festschrift für Hans Ulrich Walder zum 65. Geburtstag, Zürich 1994, 261–272.

SCHWANDER, Anerkennung	IVO SCHWANDER, Anerkennung ausländischer Entscheidungen auf prozessrechtlicher und auf kollisionsrechtlicher Grundlage, in: Karl Spühler (Hrsg.), Internationales Zivilprozess- und Verfahrensrecht IV, Zürich 2005, 25–62.
SCHWANDER, Arbeitsrecht	IVO SCHWANDER, Arbeitsrechtliche Streitigkeiten im Zivilprozessverfahren, ZZZ 2007, 195–217.
SCHWANDER, Beteiligung Dritter	IVO SCHWANDER, Die neue Schweizerische Zivilprozessordnung: Die Beteiligung Dritter am Prozess: Hauptintervention, Nebenintervention und Streitverkündung, ZZP 2007, 353–377.
SCHWANDER, Bezüge	IVO SCHWANDER, Internationale Bezüge im Erkenntnisverfahren, in: Karl Spühler (Hrsg.), Internationales Zivilprozess- und Verfahrensrecht III, Zürich 2003, 81–128.
SCHWANDER, Ehegüterrecht	IVO SCHWANDER, Internationales Privat- und Zivilprozessrecht des Ehegüterrechts, AJP 17/2008, 1055–1073.
SCHWANDER, Einflussnahme	IVO SCHWANDER, Die Einflussnahme der Parteien auf den Zivilprozess, ZZZ 2004, 365–376.
SCHWANDER, Exequatur	IVO SCHWANDER, Aktuelle Fragen des Exequaturs und des Exequaturverfahrens, ZZZ 2007, 3–21.
SCHWANDER, Menschenrechte	IVO SCHWANDER, Menschenrechte und schweizerisches Zivilprozessrecht, SZIER 17/2007, 481–492.
SCHWANDER, Neuerungen	IVO SCHWANDER, Neuerungen im Bereich des prozessualen Ordre public, in: Karl Spühler (Hrsg.), Internationales Zivilprozess- und Verfahrensrecht, Zürich 2001, 153–175.
SCHWANDER, Öffentlichkeit	IVO SCHWANDER, Öffentlichkeitsprinzip: Publikationen von Rechtsschriften und Urteilsentwürfen im Internet, ZZZ 2006, 497–507.
SCHWANDER, Partnerschaft	IVO SCHWANDER, Registrierte Partnerschaft im Internationalen Privat- und Zivilprozessrecht, AJP 10/2001, 350–356.
SCHWANDER, Probleme	IVO SCHWANDER, Probleme der grenzüberschreitenden Vollstreckung von Entscheidungen: Begriff der Zivil- und Handelssachen; Vollstreckung aus öffentlichen Urkunden und Nicht-Geldurteilen sowie Aspekte der Vertragsgestaltung, in: Karl Spühler (Hrsg.), Internationales Zivilprozess- und Verfahrensrecht II, Zürich 2003, 93–112.
SCHWANDER, Zeugenbeweis	DANIEL SCHWANDER, Der Zeugenbeweis: Grundzüge und Abgrenzungen, SZZP 2/2006, 297–312.
SCHWANDER, Zivilprozess	IVO SCHWANDER, Wie müsste eine moderne Zivilprozessordnung aussehen? ZZZ 2004, 4–20.

Schwartz	Paul Schwartz, Entwurf eines Bundesgesetzes betreffend Anpassung des kantonalen Zivilprozessverfahrens an das Bundeszivilrecht, ZSR NF88/1969 II, 243–291.
Schwarz	Jörg Schwarz, Das Bankgeheimnis bei Rechtshilfeverfahren gemäss dem Haager Übereinkommen vom 18. März 1970 über die Beweisaufnahme im Ausland in Zivil- und Handelssachen, SJZ 91/1995, 281–286.
Schweizer, Arbitrage	Philippe Schweizer, De l'articulation des voies de droit directes contre les sentences arbitrales internationales suisses, in: François Bohnet/Pierre Wessner (Hrsg.), Mélanges en honneur de François Knoepfler, Bâle 2005, 375–400.
Schweizer, Dénonciation	Philippe Schweizer, Dénonciation de litige (Neuchâtel et projet de P.CPC) Pour un tartare plus corsé, SJZ 104/2008, 452–455.
Schweizer, Formalisme	Philippe Schweizer, Quelques remarques décousues sur le formalisme procédural, SZZP 4/2008, 87 ff.
Seeger	Thomas Seeger, Das Organ als Beweismittel, in: Karl Spühler (Hrsg.), Internationales Zivilprozess- und Verfahrensrecht, Zürich 2001, 39–49.
Seiler	Hansjörg Seiler, Abschied von der formellen Natur des rechtlichen Gehörs, SJZ 199/2004, 377–385.
Seiler/von Werdt/Güngerich	Hansjörg Seiler/Nicolas von Werdt/Andreas Güngerich, Stämpflis Handkommentar SHK: Bundesgerichtsgesetz (BGG) Bundesgesetz über das Bundesgericht, Bern 2007.
Siegenthaler	Thomas Siegenthaler, Für eine vorläufige Vollstreckung nicht rechtskräftiger Urteile betreffend Geldforderungen – ein Diskussionsbeitrag, AJP 9/2000, 172–176.
Siehr, Günstigkeits- und Garantieprinzip	Kurt Siehr, Günstigkeits- und Garantieprinzip. Zur Rechtsdurchsetzung im internationalen Rechtsverkehr, in: Isaak Meier/Hans Michael Riemer/Peter Weimar (Hrsg.), Recht und Rechtsdurchsetzung, Festschrift für Hans Ulrich Walder zum 65. Geburtstag, Zürich 1994, 409–423.
Siehr, Rechtshängigkeit	Kurt Siehr, Die Rechtshängigkeit im Europäischen Zivilprozessrecht – Auswirkungen für die Schweiz und Vorschläge zur Reform, ZZZ 2004, 473–490.
Slonina	Michael Slonina, Örtliche und internationale Zuständigkeit für Patentverletzungsklagen, SZZP 1/2005, 313–329.
Sogo, Gestaltungsklagen	Miguel Sogo, Gestaltungsklagen und Gestaltungsurteile des materiellen Rechts und ihre Auswirkungen auf das Verfahren, Zürcher Studien zum Verfahrensrecht, Band 152, Zürich 2007.

Sogo, Vollstreckbarkeit I	Miguel Sogo, Internationale Vollstreckbarkeit provisorischer Rechtsöffnungsentscheide nach LugÜ, AJP 14/2005, 808–820.
Sogo, Vollstreckbarkeit II	Miguel Sogo, Internationale Vollstreckbarkeit unangefochtener provisorischer Rechtsöffnungsentscheide nach LugÜ, IPRax 26/2006, 144–148.
Spickhoff	Andreas Spickhoff, Gerichtsstand des Sachzusammenhangs und Qualifikation von Anspruchsgrundlagen, ZZP 109/1996, 493–516.
Spirig	Eugen Spirig, Zürcher Kommentar, Bd. II: Das Familienrecht, Teilband II/3a, Die allgemeine Ordnung der Vormundschaft: Die fürsorgerische Freiheitsentziehung (Art. 397a–397j ZGB), Zürich 1995.
Spirig, Freiheitsentziehung	Eugen Spirig, Das neue Verfahren bei fürsorgerischer Freiheitsentziehung, ZR 94/1995 Nr. 93.
Sprecher, Konkurs	Thomas Sprecher, Schweizerischer Konkurs und ausländischer Prozess, in: Karl Spühler (Hrsg.), Internationales Zivilprozess- und Verfahrensrecht III, Zürich 2003, 9–39.
Sprecher, Massnahmen	Thomas Sprecher, Praktische Aspekte bei vorsorglichen Massnahmen im internationalen Zivilprozessrecht, in: Karl Spühler (Hrsg.), Internationales Zivilprozess- und Verfahrensrecht IV, Zürich 2005, 1–24.
Sprecher, Schiedssprüche	Thomas Sprecher, Schiedssprüche zwischen Aufhebung und Vollstreckung, Veröffentlichungen aus dem Nachdiplomstudium Internationales Wirtschaftsrecht der Universität Zürich und dem Europa-Institut Zürich, Band 38, Zürich 2004.
Spühler, Beweismittel	Karl Spühler, Verwendung von legal und illegal beschafften Beweismitteln unter besonderer Berücksichtigung des Daten- und Geheimnisschutzes, ZZZ 2004, 147–153.
Spühler, Einfluss	Karl Spühler, Der Einfluss der neuen schweizerischen Zivilprozessordnung auf das internationale Zivilprozessrecht, in: Karl Spühler (Hrsg.), Internationales Zivilprozess- und Verfahrensrecht III, Zürich 2003, 1–7.
Spühler, Einheitsbeschwerde	Karl Spühler, Das Zürcher Kassationsgericht und eine bundesgerichtliche Einheitsbeschwerde, in: Viktor Lieber/Jörg Rehberg/Hans Ulrich Walder/Paul Wegmann (Hrsg.), Rechtsschutz, Festschrift zum 70. Geburtstag von Guido von Castelberg, Zürich 1997, 237
Spühler, Fusionsgesetz	Karl Spühler, International-Zivilprozessrechtliche Aspekte des Fusionsgesetzes, in: Karl Spühler (Hrsg.), Internationales Zivilprozess- und Verfahrensrecht IV, Zürich 2005, 63–69.

Spühler, Gefährdung	Karl Spühler, Gefährdung der richterlichen Unabhängigkeit und Unparteilichkeit durch die Massenmedien, SJZ 86/1990, 349 ff.
Spühler, Justiz	Karl Spühler, Die Zukunft unserer Justiz, AJP 12/2003, 441–443.
Spühler, Lebenserfahrung	Karl Spühler, Wann sind Grundsätze der Lebenserfahrung allgemeine Rechtsgrundsätze?, SJZ 93/1997, 393–394.
Spühler, LugÜ	Karl Spühler, Zum Beispiel BGE 123 III 414 und die schweizerischen Interessen? in: Peter Forstmoser/Hans Caspar von der Crone/Rolf H. Weber/Dieter Zobl (Hrsg.), Der Einfluss des europäischen Rechts auf die Schweiz, Festschrift für Roger Zäch zum 60. Geburtstag, Zürich 1999, 851 ff.
Spühler, Massnahmen	Karl Spühler, Die vorsorglichen Massnahmen als Weichenstellung für den Hauptprozess, in: Karl Spühler (Hrsg.), Vorsorgliche Massnahmen aus internationaler Sicht, Zürich 2000, 1 ff.
Spühler, Probleme	Karl Spühler, Prozessuale Probleme bei Prozessen mit wissenschaftlich und technisch komplexen Fragestellungen, in: Jürg Beat Ackermann/Andreas Donatsch/Jörg Rehberg, Wirtschaft und Strafrecht, Festschrift für Niklaus Schmid, Zürich 2001.
Spühler, Rechtsmittel	Karl Spühler, Die neue Schweizerische Zivilprozessordnung: Rechtsmittel, ZZZ 2007, 395–400.
Spühler, Scheidungsverfahren I	Karl Spühler, Neues Scheidungsverfahren, Zürich 1999, mit Supplement Zürich 2000.
Spühler, Scheidungsverfahren II	Karl Spühler, Neues Scheidungsverfahren, in: Karl Spühler/ Peter Reetz/Dominik Vogt/Barbara Graham-Siegenthaler, (Hrsg.), Neuerungen im Zivilprozessrecht, Zürich 2000, 49 ff.
Spühler, Teilurteile	Karl Spühler, Rechtskraftbescheinigung und internationale Vollstreckung – insbesondere bei Teilurteilen, in: Karl Spühler (Hrsg.), Internationales Zivilprozess- und Verfahrensrecht V, Zürich 2005, 127–135.
Spühler, Umsetzung	Karl Spühler, Umsetzung des EGMR-Urteils vom 28. Juni 2001 in Sachen F.R. gegen die CH im kantonalen und eidgenössischen Prozessrecht, in: Karl Spühler (Hrsg.), Internationales Zivilprozess- und Verfahrensrecht II, Zürich 2003, 83–92.
Spühler, Unabhängigkeit	Karl Spühler, Richtermacht und richterliche Unabhängigkeit, in: Andreas Donatsch/Thomas Fingerhuth/Viktor Lieber/Hans Ulrich Walder-Richli (Hrsg.), Festschrift 125 Jahre Kassationsgericht des Kantons Zürich, Zürich 2000, 107 ff.

Spühler, Vereinheitlichung	Karl Spühler, Vereinheitlichung des schweizerischen Zivilprozessrechts – Notwendigkeit oder Glasperlenspiel?, in Stephen V. Berti (Hrsg.), Helvetisches Zivilprozessrecht, Symposium zum 75. Geburtstag von Walther J. Habscheid, Basel 1999.
Spühler + Autor(in)	Karl Spühler (Hrsg.), Die neue Schweizerische Zivilprozessordnung. Eine Orientierung, Basel 2003. *Beitragende:* Annette Dolge, Sylvia Frei, Peter Karlen, Viktor Rüegg, Karl Spühler.
Spühler/Anderes	Karl Spühler/Sabrina Anderes, Die richtige Parteirollenverteilung im Arresteinspracheverfahren, AJP 11/2002, 1415–1418.
Spühler/Dolge/Vock	Karl Spühler/Annette Dolge/Dominik Vock, Kurzkommentar zum Bundesgerichtsgesetz (BGG), Zürich/St. Gallen 2006.
Spühler/Graham-Siegenthaler	Karl Spühler/Barbara Graham-Siegenthaler, Anfechtung von internationalen Schiedsgerichtsurteilen – eine Farce?, in: Karl Spühler (Hrsg.), Internationales Zivilprozess- und Verfahrensrecht, Zürich 2001, 101–115.
Spühler/Meyer	Karl Spühler/Claudia Meyer, Einführung ins internationale Zivilprozessrecht, Zürich 2001.
Spühler/Reetz, Gerichtsstand	Karl Spühler/Peter Reetz, Die allgemeinen Vorschriften des Gerichtsstandsgesetzes (GestG), in: Christoph Leuenberger/Renate Pfister-Liechti (Hrsg.), Das Gerichtsstandsgesetz, Bern 2001, 11 ff.
Spühler/Reetz, Kautionen	Karl Spühler/Peter Reetz, Voraussetzungen und Höhe von Kautionen, in: Christian Schöbi (Hrsg.), Gerichtskosten, Parteikosten, Prozesskaution, unentgeltliche Prozessführung, Bern 2001.
Spühler/Schütt	Karl Spühler/Thomas Schütt, Neues Scheidungsverfahrensrecht zu den Artikeln 135, 136, 138–140 und 148 ZGB, AJP 8/1999, 1541–1545.
Spühler/Tenchio	Karl Spühler/Luca Tenchio, Feststellungsklagen gemäss Art. 85a Abs. 1 SchKG nach gültig erhobenem Rechtsvorschlag?, AJP 8/1999, 1241–1248.
Spühler/Vitelli-Jucker	Karl Spühler/Renate Vitelli-Jucker, Zentrale Fragen der Aussonderungsklage, AJP 9/2000, 1463–1467.
Spühler/Vock, Rechtsmittel	Karl Spühler/Dominik Vock, Rechtsmittel in Zivilsachen im Kanton Zürich und im Bund, Zürich 1999.
Spühler/Vock, Urkundenedition	Karl Spühler/Dominik Vock, Urkundenedition nach den Prozessordnungen der Kantone Zürich und Bern, SJZ 95/1999, 41 ff.
Stacher, Grenzen	Marco Stacher, Grenzen des Regelungsbereichs von Art. 186 Abs. 1bis IPRG, ZZZ 2006, 509–530.

STACHER, Prozessführungsverbote	MARCO STACHER, Prozessführungsverbote zur Verhinderung von sich widersprechenden Urteilen, ZZZ 2006, 61–87.
STACHER, Rechtsschutzinteresse	MARCO STACHER, Das Rechtsschutzinteresse im internationalen Verhältnis, AJP 16/2007 1124–1134.
STACHER, Schiedsvereinbarung	MARCO STACHER, Die Rechtsnatur der Schiedsvereinbarung. Merkmale und Wesen der verpflichtenden und der gestaltenden Elemente der Schiedsvereinbarung, St. Galler Studien zum internationalen Recht, Zürich/St. Gallen 2007.
STACHER/WEHRLI	MARCO STACHER/DANIEL WEHRLI, Postulat gegen die Streichung von Art. 139 OR, recht 25/2008, 92–98.
STADLER, Beschleunigung	ASTRID STADLER, Das Europäische Zivilprozessrecht – Wie viel Beschleunigung verträgt Europa? Kritisches zur Verordnung über den Europäischen Vollstreckungstitel und ihrer Grundidee, IPRax 24/2004, 2–13.
STADLER, Zustellungsrecht I	ASTRID STADLER, Neues europäisches Zustellungsrecht, IPRax 21/2001, 514–521.
STADLER, Zustellungsrecht II	ASTRID STADLER, Förmlichkeit vor prozessualer Billigkeit bei Mängeln der internationalen Zustellung?, IPRax 22/2002, 282–285.
STAEHELIN, Beweis	ADRIAN STAEHELIN, Der Beweis im schweizerischen Zivilprozess, in: Richard Frank (Hrsg.), Der Beweis im Zivil- und Strafprozess der Bundesrepublik Deutschland, Österreichs und der Schweiz, Zürich 1996, 1 ff.
STAEHELIN, Konsumentenrecht	ADRIAN STAEHELIN, Die bundesrechtlichen Vorschriften über konsumentenrechtliche Streitigkeiten, – ein Überblick, in: Isaak Meier/Hans Michael Riemer/Peter Weimar (Hrsg.), Recht und Rechtsdurchsetzung, Festschrift für Hans Ulrich Walder zum 65. Geburtstag, Zürich 1994, 125–140.
STAEHELIN, Nebenparteien	ERNST H. STAEHELIN, Die Nebenparteien in Zivilprozess, Diss. Basel 1979.
STAEHELIN/STAEHELIN/GROLIMUND	ADRIAN STAEHELIN/DANIEL STAEHELIN/PASCAL GROLIMUND, Zivilprozessrecht. Nach dem Entwurf für eine Schweizerische Zivilprozessordnung und weiteren Erlassen – unter Einbezug des internationalen Rechts, Zürich 2007.
STAEHELIN/SUTTER	ADRIAN STAEHELIN/THOMAS SUTTER, Zivilprozessrecht nach den Gesetzen der Kantone Basel-Stadt und Basel-Landschaft unter Einbezug des Bundesrechts, Zürich 1992.
STAMM HURTER	CORNELIA STAMM HURTER, Umstrittene Bestrebungen zur Straffung des Schaffhauser Zivilprozessrechts, SJZ 91/1995, 350 ff.

STAUDINGER	ANSGAR STAUDINGER, Reichweite des Verbraucherschutzgerichtsstandes nach Art. 15 Abs. 2 EuGVVO (zu BGH, 12.6.2007 – XI ZR 290/06, unten S. 128, Nr. 5), IPRax 28/2008, 107–109.
STECK	DANIEL STECK, Die Vertretung des Kindes im Prozess der Eltern, AJP 8/1999, 1558–1567.
STEIN	ANDREAS STEIN, Der Europäische Vollstreckungstitel für unbestrittene Forderungen tritt in Kraft – Aufruf zu einer nüchternen Betrachtung, IPRax 24/2004, 181–193.
STEIN/JONAS + Bearbeiter	FRIEDRICH STEIN/MARTIN JONAS (Hrsg.), Kommentar zur Zivilprozessordnung, 22. Auflage, Bände 1 (Einleitung, §§ 1–40, 2 (§§ 41–127a), 3 (§§ 128–252), 4 (§§ 253–327), 5 (§§ 328–510b) und 8 (§§ 828–915h), Tübingen 2002–2006. *Bearbeitende:* CHRISTIAN BERGER, REINHARD BORK, WOLFGANG BREHM, WOLFGANG GRUNSKY, DIETER LEIPOLD, WOLFGANG MÜNZBERG, PAUL OBERHAMMER, HERBERT ROTH, PETER SCHLOSSER, GERHARD WAGNER.
STIEGER, Immaterialgüterrecht	WERNER STIEGER, Fallstricke beim Prozessieren im Immaterialgüterrecht – Beispiele aus der neueren zivilprozessualen Praxis, ZZZ 2006, 39–59.
STIEGER, Patentprozess	WERNER STIEGER, Unklares, Ungereimtes und Unvollendetes beim internationalen Patentprozess (in der Schweiz), in: Karl Spühler (Hrsg.), Internationales Zivilprozess- und Verfahrensrecht III, Zürich 2003, 57–80.
STÖCKLI	KURT STÖCKLI, Die Behandlung von Prozessen im Nachlassverfahren, ZZZ 2004, 513–519.
STOJAN	TEDDY STOJAN, Die Anerkennung und Vollstreckung ausländischer Zivilurteile in Handelssachen unter Berücksichtigung des IPR-Gesetzes, Zürcher Studien zum Verfahrensrecht, Band 72, Zürich 1988.
STOLL	DANIEL STOLL, Die britische Mareva-Injunction als Gegenstand eines Vollstreckungsbegehrens unter dem Lugano-Übereinkommen. Anmerkungen zu einem bemerkenswerten Entscheid des Bezirksgerichts Zürich, SJZ 92/1996, 104–110.
STOLZ/GASS/EDELMANN	PETER STOLZ/STEPHAN GASS/CHRISTIAN EDELMANN, Justiz im Spannungsfeld von Recht und ökonomischer Effizienz: Theorie und Empirie, recht 20/2002, 108–117.
STUDER	HANS STUDER, Das landwirtschaftliche Schiedsgericht des Kantons Zürich, Diss. Zürich 1930.

Studer/Rüegg/Eiholzer	Urs. W. Studer/Viktor Rüegg/Heiner Eiholzer, Der Luzerner Zivilprozess, Gesetz über die Zivilprozessordnung (ZPO) vom 27. Juni 1994 kommentiert, Kriens 1994.
Stumpe	Friederike Stumpe, Torpedo-Klagen im Gewand obligatorischer Schlichtungsverfahren – Zur Auslegung des Art. 27 EuGVVO (zu ArbG Mannheim, 6. 6. 2007–5 Ca 90/07, unten S. 37, Nr. 1, und ArbG Barcelona, 26. 6. 2007 – Despido 304/2007-C), IPRax 28/2008, 22–24.
Stürner, Widerklage	Michael Stürner, Zur Reichweite des Gerichtsstandes der Widerklage nach Art. 6 Nr. 3 EuGVVO, IPRax 27/2007, 21–24.
Stürner, Modellregeln	Rolf Stürner, Modellregeln für den internationalen Zivilprozess? Zum Stand eines gemeinsamen Vorhabens des American Law Institute und des Institut International pour l'Unification du Droit Privé (Unidroit), ZZP 112/1999, 185–203.
Stürner, Vergleichsverhandlung	Rolf Stürner, Richterliche Vergleichsverhandlung und richterlicher Vergleich aus juristischer Sicht, in: Isaak Meier/Hans Michael Riemer/Peter Weimar (Hrsg.), Recht und Rechtsdurchsetzung, Festschrift für Hans Ulrich Walder zum 65. Geburtstag, Zürich 1994, 273–286.
Subilia	Olivier Subilia, Le juge civil face à l'incapacibilité de travail ou le pêcheur sans filet – Le certificat médical (de complaisance) à l'épreuve de la procédure civile, SZZP 2007, 413–430.
Suter	Benedikt A. Suter, Zur objektiven Klagenhäufung, insbesondere zur eventuellen Häufung nach baselstädtischem Zivilprozessrecht, BJM 1997, 281–308.
Sutter, Berufsregeln	Patrick Sutter, Der Anwalt als Richter, die Richterin als Anwältin, Probleme mit der richterlichen Unabhängigkeit und den anwaltlichen Berufsregeln, AJP 15/2006, 30–42.
Sutter, Expertise	Patrick Sutter, Die Geltendmachung der Kosten für private Expertise im Zivilprozess, ZZZ 2005, 397–406.
Sutter-Somm, Aktienrecht	Thomas Sutter-Somm, Zur intertemporalen Anwendung der neuen prozessualen Vorschriften über die aktienrechtliche Verantwortlichkeitsklage, SJZ 94/1998, 377–382.
Sutter-Somm, Grundfragen	Thomas Sutter-Somm, Rechtspolitische Grundfragen des Zivilprozessrechts ZZZ 2005, 3–27.
Sutter-Somm, Parteianhörung	Thomas Sutter-Somm Parteianhörung und Parteivernehmung am Ende des 20. Jahrhunderts aus schweizerischer Sicht, ZZP 113/2000, 327–345.

SUTTER-SOMM, Verfahrensgrundsätze	THOMAS SUTTER-SOMM, Die neue Schweizerische Zivilprozessordnung: Die Verfahrensgrundsätze und die Prozessvoraussetzungen. ZZZ 2007, 301–326.
SUTTER-SOMM, Schweizerisches Zivilprozessrecht	THOMAS SUTTER-SOMM, unter Mitwirkung von MARCO CHEVALIER, NICO FIGINI, RAFAEL KLINGLER, SARA LEHNER, DANIEL SCHWANDER, GREGOR VON ARX, Schweizerisches Zivilprozessrecht, Zürich 2007.
SUTTER-SOMM / HASENBÖHLER + Autor(in)	THOMAS SUTTER-SOMM / FRANZ HASENBÖHLER (Hrsg.), Die künftige schweizerische Zivilprozessordnung. Mitglieder der Expertenkommission erläutern den Vorentwurf, Zürich 2003. *Beitragende:* HEINRICH KOLLER, THOMAS SUTTER-SOMM, FRANZ HASENBÖHLER, CHRISTOPH LEUENBERGER, DOMINIK GASSER, CHRISTINE BALTZER-BADER, DANIEL WEHRLI.
SVIT-Kommentar +Bearb.	SVIT (Hrsg.), Das Schweizerische Mietrecht. Kommentar, 3. Auflage, Zürich 2008.
TAKEI, Streitverkündung I	NAOKI D. TAKEI, Die materiellen Wirkungen der Streitverkündung, Diss. Basel 2005.
TAKEI, Streitverkündung II	NAOKI D. TAKEI, Die Streitverkündung bei alternativer Schuldnerschaft, ZZZ 2005, 161–182.
TAPPY	DENIS TAPPY, Les mesures provisionnelles en matière civile dans le nouveau système de recours au Tribunal fédéral, ZZZP 99–112.
TENCHIO	LUCA TENCHIO, Feststellungsklagen und Feststellungsprozess nach Art. 85a SchKG, Zürcher Studien zum Verfahrensrecht, Band 111, Zürich 1999.
THOLE	CHRISTOPH THOLE, Die internationale Zuständigkeit nach Art. 22 Nr. 1 EuGVVO für Immissionsabwehrklagen, IPRax 26/2006, 564–567.
TRACHSEL	DANIEL TRACHSEL, Konkurrierende Zuständigkeiten in internationalen Familienrechtsfällen – einige praktische Hinweise, AJP 12/2003, 444–457.
TREZZINI, Rechenschaftsanspruch	FRANCESCO TREZZINI, Zur Verwirklichung des Rechenschafts- und Rechnungslegungsanspruches durch ein rasches Verfahren, unter besonderer Berücksichtigung von Art. 488a ZPO/TI, SZZP 3/2007, 327–340.
TREZZINI, Dichiarazioni	FRANCESCO TREZZINI, Dichiarazioni testimoniali scritte oggi e alla luce del progetto di nuovo CPC federale, SZZP 4/2008, 211–222.

Tschäni	Rudolf Tschäni, M&A-Streitigkeiten in Schiedsverfahren, in: Robert Waldburger, Charlotte M. Beer, Ursula Nobel, Benno Bernet (Hrsg.), Wirtschaftsrecht zu Beginn des 21. Jahrhunderts, Festschrift für Peter Nobel zum 60. Geburtstag, Bern 2005, 395–425.
Tschümperlin	Paul Tschümperlin, Öffentlichkeit der Entscheidungen und Publikationspraxis des Schweizerischen Bundesgerichts, SJZ 99/2003, 265–272.
Tuchschmid	Michael Tuchschmid, Unentgeltliche Rechtspflege für juristische Personen?, SJZ 102/2006, 49–55.
von Tuhr/Peter/Escher	Andreas von Tuhr/Hans Peter/Arnold Escher, Allgemeiner Teil des Schweizerischen Obligationenrechts, 3. Aufl., Zürich 1974/1979.
Tunik	Daniel Tunik, L'exécution en Suisse de mesures provisionnelles étrangères; un état des lieux de la pratique, SJ 127/2005, 275–331.
Tuor, Kommentar	Peter Tuor, Berner Kommentar, Bd. III: Das Erbrecht, 1. Abt.: Die Erben (Art. 457–536 ZGB), 2. Aufl., Bern 1952.
Tuor/Schnyder/Schmid	Peter Tuor/Bernhard Schnyder/Jörg Schmid, Das Schweizerische Zivilgesetzbuch, 11. Aufl., Zürich 1995.
Ulrich	Jürgen Ulrich, Der gerichtliche Sachverständige. Ein Handbuch für die Praxis, 12. Aufl., Köln 2007.
Unberath	Hannes Unberath, Der Zweck der Rechtsmittel nach der ZPO-Reform – Theorie und Praxis, ZZP 120/2007, 323–345.
Veeder	V. V. Veeder, Still More On Arbitral Deliberations: An English Perspective, in: François Bohnet/Pierre Wessner, Mélanges en honneur de François Knoepfler, Bâle 2005, 269–282.
Villiger	Mark E. Villiger, Handbuch der Europäischen Menschenrechts-Konvention (EMRK) unter besonderer Berücksichtigung der schweizerischen Rechtslage, Zürich 1993.
Visinoni-Meyer	Claudia Visinoni-Meyer, Die vollstreckbare öffentliche Urkunde im internationalen und nationalen Bereich, unter besonderer Berücksichtigung des Entwurfes der Schweizerischen Zivilprozessordnung, Zürcher Studien zum Verfahrensrecht, Band 139, Zürich 2004.
Vock, Aktionärsrechte	Dominik Vock, Prozessuale Fragen bei der Durchsetzung von Aktionärsrechten. Eine Darstellung nach Zürcherischer Zivilprozessordnung; Zürcher Studien zum Verfahrensrecht Band 114, Zürich 2000.

Vock, Gerichtsstandsgesetz	Dominik Vock, Fragen aus dem Gerichtsstandsgesetz – hat das Gerichtsstandsgesetz, auch internationale Bezüge, in: Karl Spühler (Hrsg.), Internationales Zivilprozess- und Verfahrensrecht, Zürich 2001, 1–14.
Vogel, Eintritt	Oscar Vogel, Der Eintritt der Rechtshängigkeit nach Art. 21 und 22 des Lugano-Übereinkommens, SJZ 90/1994, 301 ff.
Vogel, Handelsgericht	Oscar Vogel, Prozessuales Management am Handelsgericht, SJZ 88/1992, 18.
Vogel, Rechtshängigkeit I	Oscar Vogel, Rechtshängigkeit und materielle Rechtskraft im internationalen Verhältnis, SJZ 86/1990, 77 ff.
Vogel, Rechtshängigkeit II	Oscar Vogel, Wer zuerst kommt, mahlt zuerst. Oder: Der Eintritt der Rechtshängigkeit nach dem Lugano-Übereinkommen (BGE 123 III 414), recht 16/1998, 124–129.
Vogel, Rechtshängigkeit III	Oscar Vogel, Eintritt der Rechtshängigkeit mit Klageanhebung oder: Die Verpflanzung eines Instituts, recht 18/2000, 109–113.
Vogel, Rechtsprechung 1996	Oscar Vogel, Die Rechtsprechung des Bundesgerichts zum Zivilprozessrecht im Jahre 1996. Von der doppeltrelevanten Tatsache zum prozessualen Leerlauf, ZBJV 133/1997, 764–789.
Vogel, Rechtsprechung 1997	Oscar Vogel, Die Rechtsprechung des Bundesgerichts zum Zivilprozessrecht im Jahre 1997, ZBJV 134/199, 365–392.
Vogel, Rechtsprechung 1998	Oscar Vogel, Die Rechtsprechung des Bundesgerichts zum Zivilprozessrecht im Jahre 1998. Von Glarner Alpgrenzen, von der Rückkehr zur explodierten Schuhputzmaschine, von Telebusiness-Ävokaten und anderen Merkwürdigkeiten mehr, ZBJV 135/1999, 419–459.
Vogel / Spühler	Oscar Vogel / Karl Spühler, Grundriss des Zivilprozessrechts und des internationalen Zivilprozessrechts in der Schweiz, 8. Aufl., Bern 2006.
Vogenauer	Stefan Vogenauer, Zur Begründung des Mehrparteiengerichtsstands aus Art. 6 Nr. 1 LugÜ in England und Schottland, IPRax 21/2001, 253–257.
Volken, Rechtshilfe	Paul Volken, Die internationale Rechtshilfe in Zivilsachen, Zürich 1996
Volken, Rechtsprechung	Paul Volken, Rechtsprechung zum Lugano-Übereinkommen, SZIER 8/1998, 91–141 (1996/1997); SZIER 14/2004, 337–390, 615–659 (1999/2003).
Volzmann-Stickelbrock	Barbara Volzmann-Stickelbrock, Unmittelbarkeit der Beweisaufnahme und Parteiöffentlichkeit – Nicht mehr zeitgemässe oder unverzichtbare Elemente des Zivilprozesses?, ZZP 118/2005, 359–384.

C

Voyame	Joseph Voyame, Droit privé fédéral et procédure civile cantonale, ZSR NF 80/1961 II, 67–192.
de Vries, Reilingh	Jeanne de Vries Reilingh, L'application des garanties de l'article 5 alinéa 1 CEDH à la procédure de divorce sur requête commune, spécialement le droit d'être entendu, AJP 8/1999, 1522–1529.
Wach	Adolf Wach, Handbuch des Deutschen Civilprozessrechts, Bd. I, Leipzig 1885
Wagner, Aufrechnung	Gerhard Wagner, Die Aufrechnung im Europäischen Zivilprozess, IPRax 19/1999, 65–76.
Wagner, Heuristiken	Gerhard Wagner, Heuristiken und Urteilsverzerrungen in Konfliktsituationen, ZZP, 121/2008, 5–39.
Wagner, Reform	Rolf Wagner, Die geplante Reform des Brüsseler und des Lugano-Übereinkommens, IPRax 28/2008, 241–244.
Walder, Auskunftspflichten	Hans Ulrich Walder, Auskunftspflichten und ihre Verletzung – privatrechtlich und strafrechtlich gesehen, in: Jürg-Beat Ackermann/Andreas Donatsch/Jörg Rehberg, Wirtschaft und Strafrecht, Festschrift für Niklaus Schmid zum 65. Geburtstag, Zürich 2001, 607–629.
Walder, Bankgeheimnis	Hans Ulrich Walder, Zur Berücksichtigung des Bankgeheimnisses im Zivilprozess, in: Max Kummer/Hans Ulrich Walder (Hrsg.), Festschrift zum 70. Geburtstag von Max Guldener, Zürich 1973, 351–365.
Walder, Ehescheidungsverfahren	Hans Ulrich Walder, Das künftige «nicht einverständliche» Ehescheidungsverfahren – Versuch eines Modells, in: Hans Michael Riemer/Hans Ulrich Walder/Peter Weimar (Hrsg.), Festschrift für Cyril Hegnauer zum 65. Geburtstag, Bern 1986, 631–639.
Walder, Entscheidungsbegründung	Hans Ulrich Walder, Die Entscheidungsbegründung im schweizerischen zivilgerichtlichen Verfahren, in: Rainer Sprung/Bernhard König (Hrsg.), Die Entscheidungsbegründung in europäischen Verfahrensrechten und im Verfahren vor internationalen Gerichten, Wien/New York 1974, 297–327.
Walder, Entwicklungen	Hans Ulrich Walder, Entwicklungen in Zivilprozessrecht und Schiedsgerichtsbarkeit, SJZ 91/1995, 30–31; SJZ 92/1996, 29–31; SJZ 93/1997, 26–28; SJZ 94/1998, 41–44; SJZ 95/1999, 28–31.
Walder, Formalismus	Hans Ulrich Walder, Überspitzter Formalismus? In: Freiheit und Zwang, Rechtliche, wirtschaftliche und gesellschaftliche Aspekte, Festschrift zum 60. Geburtstag von Hans Giger, 1989, 729–734.

Walder, Forum prorogatum	Hans Ulrich Walder, Drei Fragen zum forum prorogatum, in: Recht und Wirtschaft heute, Festgabe für Pofessor Dr. Max Kummer, Bern 1980, 681–691.
Walder, IZPR	Hans Ulrich Walder, Einführung in das Internationale Zivilprozessrecht der Schweiz, Zürich 1989.
Walder, Konkordat	Hans Ulrich Walder, Das schweizerische Konkordat über die Schiedsgerichtsbarkeit, Zürich 1982.
Walder, Offizialmaxime	Hans Ulrich Walder, Die Offizialmaxime, Zürcher Schriften zum Verfahrensrecht, Heft 1, Zürich 1973.
Walder, Prozesserledigung	Hans Ulrich Walder, Prozesserledigung ohne Anspruchsprüfung, Zürich 1966.
Walder, Rechtliches Gehör	Hans Ulrich Walder, Zur Bedeutung des rechtlichen Gehörs im schweizerischen Zivilprozessrecht, in: Robert Hauser/Jörg Rehberg/Günter Strathenwerth (Hrsg.), Gedächtnisschrift für Peter Noll, Zürich 1984, 403 ff.
Walder, Rechtsbehelfe	Hans Ulrich Walder, Rechtsbehelfe, im schweizerischen Bundesgesetz über Schuldbetreibung und Konkurs, in: Festschrift für Hideo Nakamura, Tokyo 1996, 640–659.
Walder, Schiedsgerichtsbarkeit	Hans Ulrich Walder, Internationale Schiedsgerichtsbarkeit und Konkordat, in: Aspekte des Wirtschaftsrechts, Festgabe zum Schweizerischen Juristentag 1994, Zürich 1994, 373 ff.
Walder, SchKG	Hans Ulrich Walder, SchKG und weitere Bundesgesetze etc. mit Anmerkungen und Hinweisen, 17. Aufl., Zürich 2007.
Walder, Unabhängigkeit	Hans Ulrich Walder, Zu einem besonderen Aspekt richterlicher Unabhängigkeit, in: Peter Gottwald/Hanns Prütting, Festschrift für Karl Heinz Schwab, zum 70. Geburtstag, München 1990, 535–537.
Walder, Uncitral	Das Uncitral-Model Law und die Bestimmungen über die Internationale Schiedsgerichtsbarkeit im schweizerischen IPR-Gesetz: Vergleich anhand einiger Beipiele, in: Institute of Comparative Law, Waseda University (Hrsg.), Law in East and West, On the occasion of the Institute for Comparative Law, Waseda University, Tokyo 1988, 727–738.
Walder, Zeugen	Hans Ulrich Walder, Zeugen vor Schiedsgericht, in: Claude Reymond/Eugen Bucher, Schweizer Beiträge zur Internationalen Schiedsgerichtsbarkeit, Zürich 1984, 213–219.
Walder, Zuständigkeitsbestimmungen	Hans Ulrich Walder, Zur Geschichte der Zuständigkeitsbestimmungen im OR, in: Hundert Jahre Schweizerisches Obligationenrecht, Freiburg 1982, 179–199.

WALDER / GROB-ANDERMACHER, Entwicklungen	HANS ULRICH WALDER / BÉATRICE GROB-ANDERMACHER, Entwicklungen in Zivilprozessrecht und Schiedsgerichtsbarkeit, SJZ 96/2000, 37–39; SJZ 97/2001, 30–36; SJZ 98/2002, 45–49; SJZ 99/2003, 35–38; SJZ 100/2004, 36–40; SJZ 101/2005, 30–42; SJZ 102/2006, 10–14; SJZ 103/2007, 41–45; SJZ 104/2008, 37–39.
WALDER / GROB-ANDERMACHER, Tafeln	HANS ULRICH WALDER / BÉATRICE GROB-ANDERMACHER, Tafeln zum Zivilprozessrecht, 4. Aufl., Zürich 2008.
WALDER / JENT-SØRENSEN	HANS ULRICH WALDER / INGRID JENT-SØRENSEN, Tafeln zum Schuldbetreibungs- und Konkursrecht, 6. Aufl., Zürich 2008.
WALDER / KULL	HANS ULRICH WALDER / THOMAS M. KULL, Familiengerichtsbarkeit, in: Hideo Nakamura (Hrsg.), Family Law Litigation, The National and General Reports for the VII. International Congress on Procedural Law Würzburg 1983, Tokyo 1984, 308–322.
WALDER / MEIER	HANS ULRICH WALDER / ISAAK MEIER, Vorsorgliche Massnahmen ausländischer Gerichte unter dem neuen IPR-Gesetz, SJZ 1987, 238–242.
WALDMANN	BERNHARD WALDMANN, Justizreform und öffentliche Rechtspflege – quo vadis?, AJP 12/2003, 747–760.
WALTER, Beweiswürdigung	GERHARD WALTER, Freie Beweiswürdigung: Eine Untersuchung zu Bedeutung, Bedingungen und Grenzen der freien richterlichen Überzeugung, Tübingen 1979.
WALTER, Internationales ZPR	GERHARD WALTER, Internationales Zivilprozessrecht der Schweiz, 4. Aufl., Bern 2007.
WALTER, Modellregeln	GERHARD WALTER, Modellregeln für den internationalen Zivilprozess – deutscher Text, ZZP 112/1999, 204–216.
WALTER, Rechtshängigkeit	GERHARD WALTER, Rechtshängigkeit und Konnexität nach altem und neuem Lugano-Übereinkommen, in: Karl Spühler (Hrsg.), Internationales Zivilprozess- und Verfahrensrecht II, Zürich 2003, 127–166.
WALTER, Reform	GERHARD WALTER, Reform des internationalen Zivilprozessrechts in Italien, AJP 5/1996, 423–443.
WALTER, Schiedsgerichtsbarkeit I	GERHARD WALTER, Neuere Rechtsprechung des Schweizer Bundesgerichts zur Schiedsgerichtsbarkeit, in: Karl Spühler (Hrsg.), Internationales Zivilprozess- und Verfahrensrecht V, Zürich 2005, 109–125.
WALTER, Schiedsgerichtsbarkeit II	GERHARD WALTER, Der lange Arm des Schiedsgerichts, SZZP 2/2006, 79–94.

Walter, Schiedsgerichtsbarkeit III	Gerhard Walter, Alternativentwurf Schiedsgerichtsbarkeit, Schweizerische Zivilprozessordnung Dritter Teil, Schiedsgerichtsbarkeit Art. 1–40, Bibliothek zur Zeitschrift für Schweizerisches Recht, Beiheft 40, Basel/Genf/München 2004.
Walter, Zahlungsbefehl	Gerhard Walter, Zahlungsbefehl gleich Mahnbescheid, IPRax 21/2001, 547–549.
Walter, Tat- und Rechtsfragen	Hans Peter Walter, Tat- und Rechtsfragen, in: Walter Fellmann/Stephan Weber (Hrsg.), Der Haftpflichtprozess: Tücken der gerichtlichen Schadenerledigung, Zürich 2006, 15–35.
Walter, Vermögensverwalter	Hans Peter Walter, Prozessuale Aspekte beim Streit zwischen Kunden und Vermögensverwalter, ZSR 127/2008 I, 99–134.
Walter, Zivilprozessordnung	Hans Peter Walter, Auf dem Weg zur schweizerischen Zivilprozessordnung, SJZ 100/2004, 313–328.
Walther, Europäisches	Fridolin Walther, Die Schweiz und das europäische Zivilprozessrecht – quo vadis?, ZSR NF 124/2005 II, 301–358.
Walther, Freiwillige Gerichtsbarkeit	Fridolin Walther, Die aktuelle Situation der freiwilligen Gerichtsbarkeit nach schweizerischem Recht, ZZP 117/2004, 421–443.
Walther, Rechtsprechung	Fridolin Walther, Die Rechtsprechung des Bundesgerichts im Zivilprozessrecht, 2. Teil: Internationales Zivilprozessrecht, publiziert im Jahre 2005 oder elektronisch abrufbar: ZBJV 143/2007, 183–197; publiziert im Jahre 2006 oder elektronisch abrufbar: ZBJV 144/2008, 211–222; publiziert in Band 132 oder elektronisch abrufbar: ZBJV 144/2008, 211–222.
Walther, Nichtigkeit	Fridolin Walther, Nichtigkeit im Zivilprozessrecht, SZZP 1/2005, 207–222.
Weber, Kausalitätsbeweis	Helmut Weber, Der Kausalitätsbeweis im Zivilprozess, Tübingen 1997.
Weber, Anweisung	Roger Weber, Anweisung an die Schuldner, Sicherstellung der Unterhaltsforderung und Verfügungsbeschränkung, AJP 11/2002, 235–247.
Weber, Prozessentschädigung	Werner C. Weber, Die Prozessentschädigung mit besonderem Bezug auf ihre Ausgestaltung im zürcherischen Zivilprozess, Diss. Zürich 1990.
Weibel/Rutz	Heinrich Weibel/Magdalena Rutz, Gerichtspraxis zur basellandschaftlichen Zivilprozessordnung, 4. Aufl., Liestal 1993.
Weibel	Weibel Thomas, Enforcement of English Freezing Orders («Mareva Injunctions») in Switzerland/Basel/Bruxelles 2005.
Wenger	Werner Wenger, Die neue Schweizerische Zivilprozessordnung: Schiedsgerichtsbarkeit, ZZZ 2007, 401–418.

WERTH	Stephan Werth, Die Grosse Justizreform in Deutschland – Ein Bericht aus Sicht der Wissenschaft, ZZP 120/2007, 135–157.
Wichser	Werner Wichser, Tücken der Unabänderlichkeit eines Gerichtsurteils (Drei kommentierte Entscheide), SJZ 93/1997, 171 ff.
Widmer	Corinne Widmer, Die eingetragene Partnerschaft im schweizerischen IPR-Gesetz, IPRax 27/2007, 155–161.
Wieser	Eberhard Wieser, Voraussetzungen der streitgenössischen Nebenintervention, ZZP 112/1999, 439–446.
Wiget	Matthias Wiget, Vergleich, Klageanerkennung und Klagerückzug vor Schiedsgerichten. Unter Einbezug des IPR, des Konkordats über die Schiedsgerichtsbarkeit sowie des Entwurfs einer schweizerischen Zivilprozessordnung, Zürcher Studien zum Verfahrensrecht, Band 155, Zürich 2008.
Wildhaber	Luzius Wildhaber, Gerichte und Richter im europäischen Verfassungsraum, ZSR NF 125/2006 I 93–105.
Windel	Peter A. Windel, Soll am Laienrichterwesen festgehalten werden?, ZZP 112/1999, 293–315.
Wipf	Thomas Wipf, Das Anwaltsmonopol und dessen Umschreibung, SJZ 97/2001, 89–92.
Wittibschlager	Oliver Wittibschlager, Streitverkündung: Überlegungen zu optimalen Prozessstrategien des Litisdenunziaten im Erstprozess auf Grundlage der zürcherischen ZPO, SJZ 95/1999, 162–168.
Wolf	Christian Ulrich Wolf, Feststellungsklage und Anspruchsgrundlagenkonkurrenz im Rahmen von Art. 5 Nr. 1 und Nr. 3 LugÜ, IPRax 19/1999, 82–87.
Würthwein	Susanne Würthwein, Neue wissenschaftliche Erkenntnisse und materielle Rechtskraft, ZZP 112/1999, 447–472.
Wurzburger	Alain Wurzburger, La loi sur le Tribunal fédéral du 17 juin 2005. Charge et décharge du Tribunal fédéral, SJZ 101/2005, 489–494.
Wyss / Zulauf	David Wyss / Urs Zulauf, Fiktiver Sitz oder faktische Zweigniederlassung?, in: Karl Spühler (Hrsg.), Internationales Zivilprozess- und Verfahrensrecht, Zürich 2001, 117–152.
Zeiss / Schreiber	Walter Zeiss / Klaus Schreiber, Zivilprozessrecht; 10. Auflage, Tübingen 2003.
Zen-Ruffinen / Scherrer	Piermarco Zen-Ruffinen / Urs Scherrer, Zur Wirkung der Anfechtungsklage nach Art. 75 ZGB – eine Entgegnung, SJZ 99/2003, 473–475.

Ziegler	Martin Ziegler, «Sofort und ohne Anhörung der Gegenpartei» (Aspekte des Superprovisoriums unter besonderer Berücksichtigung des schwyzerischen Zivilprozesses, SJZ 86/1990, 320 ff.
Zimmerli	Ulrich Zimmerli, Staats- und verwaltungsrechtliche Aspekte der Prozessvereinheitlichung in der Schweiz, SJZ 100/2004, 307–313.
Ziswiler	Hans Ulrich Ziswiler, Die Handelsgerichtsbarkeit im Aargauischen Zivilprozessrecht, Veröffentlichungen zum aargauischen Recht, Band 49, Zürich 2006.
Zöller + Bearbeiter	Richard Zöller (Hrsg.), Zivilprozessordnung mit Gerichtsverfassungsgesetz und den Einführungsgesetzen, mit Internationalem Zivilprozessrecht, EG-Verordnungen, Kostenanmerkungen. Kommentar; 26. neubearbeitete Auflage, Köln 2007. *Bearbeitende:* Reinhold Geimer, Reinhard Greger, Peter Gummer, Kurt Herget, Hans-Joachim Hessler, Peter Philippi, Kurt Stöber, Max Vollkommer.
Zuber	Roger Zuber, Wirtschaftliche Betrachtungsweise und Durchgriff im Zivilprozess. Methoden, um den wirtschaftlichen Gegebenheiten bei der Anwendung des schweizerischen Zivilprozessrechts Rechnung zu tragen, Abhandlungen zum schweizerischen Recht, Heft 702, Bern 2005.
Zürcher	Johann Jakob Zürcher, Der Einzelrichter am Handelsgericht des Kantons Zürich. Einstweiliger und definitiver Rechtsschutz für immaterialgüter- und wettbewerbsrechtliche Ansprüche im summarischen Verfahren, Zürcher Studien zum Verfahrensrecht, Band 110, Zürich 1998.

Verzeichnis von Rechtsquellen

Dieses Verzeichnis erhebt keinen Anspruch auf Vollständigkeit. Es möchte vor allem allen Studierenden die Ermittlung der in «ihrem» Kanton geltenden Gesetze zur Zivilrechtspflege erleichtern. Nicht enthalten sind völkerrechtliche Verträge. Rein organisatorische Erlasse und Gebührenordnungen sind nur für den Kanton Zürich berücksichtigt. Konkordate unter Kantonen sind unter den Bundesrechtsquellen aufgeführt.

Bund

Bundesverfassung der Schweizerischen Eidgenossenschaft vom 18. April 1999, (SR 101)

Bundesgesetz über das Bundesgericht vom 17. Juni 2005 (SR 173.110)

Reglement für das Bundesgericht vom 20. November 2006 (SR 173.110.131)

Bundesgesetz über den Fristenlauf an Samstagen vom 21. Juni 1963 (SR 173.110.3)

Zivilstandsverordnung vom 28. April 2004 (SR 211.112.2)

Bundesgesetz über den Gerichtsstand in Zivilsachen vom 24. März 2000 (SR 272)

Bundesgesetz über den Bundeszivilprozess vom 4. Dezember 1947 (SR 273)

Bundesgesetz über die Freizügigkeit der Anwältinnen und Anwälte (Anwaltsgesetz, BGFA) vom 23. Juni 2000 (SR 935.61)

Bundesgesetz über Schuldbetreibung und Konkurs vom 11. April 1889 in der Fassung vom 16. Dezember 1994 (SR 281. 1)

Bundesgesetz über das Internationale Privatrecht vom 18. Dezember 1987 (SR 291)

Konkordat betreffend Befreiung von der Verpflichtung zur Sicherheitsleistung für die Prozesskosten, vom Bundesrat genehmigt am 5./20. November 1903, verbindlich für die Kantone *Zürich, Bern, Luzern, Schwyz, Glarus, Zug, Solothurn, Basel-Stadt, Basel-Landschaft, Schaffhausen, Appenzell Ausserrhoden, St. Gallen, Graubünden, Aargau, Thurgau, Tessin, Waadt, Neuenburg, Genf* und *Jura* (BS 3 652)

Konkordat über die Gewährung gegenseitiger Rechtshilfe in Zivilsachen, angenommen von der Konferenz der kantonalen Justiz- und Polizeidirektoren am 26. April 1974, 8./9. November 1974, vom Bundesrat genehmigt am 15. April 1975 (AS 1976 1)

Konkordat über die Schiedsgerichtsbarkeit, angenommen von der Konferenz kantonaler Justizdirektoren am 27. März 1969, vom Bundesrat genehmigt am 27. August 1969 (AS 1969 1093)

Konkordat über die Vollstreckung von Zivilurteilen vom 10. März 1977 (AS 1978 828)

Konkordat über die Gewährung gegenseitiger Rechtshilfe zur Vorstreckung öffentlich-rechtlicher Ansprüche, angenommen von den Konferenzen der kantonalen Justiz- und Polizeidirektoren, der kantonalen Finanzdirektoren und der kantonalen Fürsorgedirektoren am

15./16. April 1970, 13. Oktober 1970, 28. Oktober 1971, vom Bundesrat genehmigt am 20. Dezember 1971 (AS 1972 153)

Zürich

Verfassung des eidgenössischen Standes Zürich vom 27. Februar 2005 (SR 131.211, LS 101) Art. 18, 73 bis 79

Gerichtsverfassungsgesetz vom 13. Juni 1976 (LS 211. 1)

Gesetz über den Zivilprozess (Zivilprozessordnung) vom 13. Juni 1976 (LS 271)

Gesetz betreffend den Strafprozess (Strafprozessordnung) vom 4. Mai 1919 (LS 321)

Dolmetscherverordnung vom 26./27. November 2003 (LS 211.17)

Verordnung über die Gerichtsgebühren vom 12. November 2007 (LS 211.11)

Verordnung der obersten kantonalen Gerichte über die Information über Gerichtsverfahren und die Akteneinsicht bei Gerichten durch Dritte (Akteneinsichtsverordnung der obersten Gerichte vom 16. März 2001 (LS 211.15)

Verordnung des Obergerichts über die Organisation des Obergerichtes vom 22. Juni 2005 (LS 212.51)

Verordnung des Obergerichts über die Organisation und Geschäftsführung der Obergerichtskanzlei vom 22. Juni 2005 (LS 212.511)

Beschluss des Kantonsrates über die Zahl der ordentlichen Mitglieder und Ersatzmitglieder am Kassationsgericht vom 16. April 2007 (LS 212.721)

Verordnung über die paritätischen Schlichtungsbehörden in Miet- und Pachtsachen vom 27. Juni 1990 (LS 211. 3)

Anwaltsgesetz vom 17. November 2003 (LS 215. 1)

Verordnung des Obergerichts über die Fähigkeitsprüfung für den Rechtsanwaltsberuf vom 21. Juni 2006 (LS 215.11)

Verordnung des Obergerichts über die Anwaltsgebühren vom 21. Juni 2006 (LS 215. 3)

Einführungsgesetz zum Schweizerischen Zivilgesetzbuch (EG zum ZGB) vom 2. April 1911 (LS 230)

Gesetz über das Notariatswesen (Notariatsgesetz) vom 9. Juni 1985 (LS 242)

Verordnung über den Erwerb des Wahlfähigkeitszeugnisses für Notarinnen und Notare (Notariatsprüfungsverordnung) vom 25. 2003 (LS 242.1)

Verordnung des Obergerichtes über die Geschäftsführung der Notariate (Notariatsverordnung) vom 23. November 1960 (LS 242.2)

Verordnung des Obergerichtes über Notariatsverwaltung (Notariatsverwaltungsverordnung) vom 8. Dezember 1999 (LS 242.25)

Einführungsgesetz zum Bundesgesetz über Schuldbetreibung und Konkurs vom 27. Mai 1913 (LS 281)

Bern

Staatsverfassung des Kantons Bern vom 6. Juni 1993 (SR 131.212, BSG 101,1), Art. 26, 55, 77 Abs. 1 lit. d und e, 78, 97 98

Gesetz über die Organisation der Gerichtsbehörden in Zivil- und Strafsachen vom 14. März 1995 (BSG 161.1)

Gesetz betreffend die Zivilprozessordnung für den Kanton Bern vom 7. Juli 1918 (BSG 271.1)

Dekret betreffend das Handelsgericht vom 17. November 1938 (BSG 162. 81)

Dekret über die Arbeitsgerichte vom 9. November 1971 (BSG 162. 71)

Dekret über die Mietämter vom 16. März 1995 (BSG 222. 131. 1)

Gesetz betreffend die Einführung des Schweizerischen Zivilgesetzbuches (EG ZGB) vom 28. Mai 1911 (BSG 211.1)

Verordnung betreffend die Einführung des neuen Miet- und Pachtrechtes vom 4. Juli 1990 (BSG 221.131.2)

Luzern

Verfassung des Kantons Luzern vom 17. Juni 2007 (SRL Nr. 1)

Gesetz über die Gerichtsorganisation (GOG) vom 28. Januar 1913 (SRL Nr. 260)

Verordnung über die Verwaltung und Aufbewahrung von gerichtlichen Akten vom 19. Dezember 2003 /(LSR Nr. 262)

Gesetz über die Schlichtungsbehörde für Miete und Pacht vom 27. Juni 1994 (SRL Nr. 263)

Geschäftsverordnung für die Schlichtungsbehörde für Miete und Pacht vom 27. Juni 1997 (SRL Nr. 263a)

Gesetz über die Schlichtungsstelle nach dem eidgenössischen Gleichstellungsgesetz vom 29. Juni 1998 (SRL Nr. 278)

Gesetz über das Arbeitsgericht vom 8. März 1977 (SRL Nr. 275)

Gesetz über Zivilprozessordnung (ZPO) vom 27. Juni 1994 (SRL Nr. 260a)

Grossratsbeschluss über die Anwendung des summarischen Verfahrens bei bundesrechtlichen Zivilstreitigkeiten vom 27. Juni 1994 (SRL Nr. 260c)

Gesetz über die Einführung des Schweizerischen Zivilgesetzbuches (EG ZGB) vom 20. November 2000 (SRL Nr. 200)

Uri

Verfassung des Kantons Uri vom 28. Oktober 1984 (SR 131.214, Urner Rechtsbuch 1.1101) Art. 13, 21 lit. d, 22, 75–86, 102–104

Gesetz über die Organisation der richterlichen Behörden (Gerichtsorganisationsgesetz) vom 17. Mai 1992 (Urner Rechtsbuch, 2.3221)

Reglement zum Miet- und Pachtrecht im Obligationenrecht vom 25. Juni 1990 (Urner Rechtsbuch, 9.4222)

Zivilprozessordnung (ZPO) vom 23. März 1994 (Urner Rechtsbuch, 9.2211)

Reglement über die Anwendung des summarischen Verfahrens bei bundesrechtlichen Zivilstreitigkeiten vom 22. Mai 1995 (Urner Rechtsbuch, 9.2231)

Gesetz über die Einführung des Schweizerischen Zivilgesetzbuches (EG/ZGB) vom 4. Juni 1989 (Urner Rechtsbuch 9.2111)

Gesetz über die Einführung des Bundesgesetzes über Schuldbetreibung und Konkurs (EG/SchKG) vom 1. Dezember 1996 (Urner Rechtsbuch 9.2421)

Anwaltsverordnung (AnV) vom 13. Juni 2001 (Urner Rechtsbuch 9.2321)

Reglement über die Anwaltsprüfung vom 9. April 2002 (Urner Rechtsbuch 9.2325)

Schwyz

Verfassung des eidgenössischen Standes Schwyz vom 23. Oktober 1898 (SR 131.215, Schwyzer Gesetzessammlung 100.000) §§ 5, 7, 8, 25, 34, 36 Abs. 1 lit. b, 40, 46 Abs. 6, 60, 83 lit. d und e, 85, 90),

Gerichtsordnung vom 10. Mai 1974 (SRSZ 231.110)

Kantonale Vollzugsordnung zum Schweizerischen Obligationenrecht und den dazugehörigen Ergänzungs- und Ausführungserlassen vom 25. Oktober 1974 (SRSZ 217.110)

Zivilprozessordnung vom 25. Oktober 1974 (SRSZ 232.110)

Verordnung über den Rechtsanwaltsberuf (Anwaltsverordnung; AnwV) vom 29. Mai 2002 (SRSZ 280.110)

Reglement zur Anwaltsverordnung vom 14. Januar 2003 (SRSZ 280.211)

Einführungsgesetz zum Schweizerischen Zivilgesetzbuch vom 14. September 1978 (SRSZ 210.100)

Einführungsverordnung zum Bundesgesetz über Schuldbetreibung und Konkurs vom 25. Oktober 1974 (SRSZ 270.110)

Obwalden

Verfassung des Kantons Unterwalden ob dem Wald vom 19. Mai 1968, Art. 11 Abs. 2.4, 45, 49, 51, 56, 57 lit. d, 59 Abs. 2 lit. a70n Ziff. 3, 77–79, 93 Ziff. 2 lit. c 60, 70, 77–79, 93 (SR 131.216.1)

Gesetz über die Gerichtsorganisation vom 24. September 1996 (Gesetzessammlung 134.1)

Verordnung über die Wählbarkeitsvoraussetzungen für Gerichtsbehörden vom 22. November 1996 (Gesetzessammlung 134.13)

Ausführungsbestimmungen zum Bundesgesetz über Miete und Pacht von Wohn- und Geschäftsräumen (Gesetzessammlung 220.411)

Verordnung über den Zivilprozess (Zivilprozessordnung) vom 9. März 1973 (Gesetzessammlung 240.11)

Ausführungsbestimmungen über die Beurteilung von Streitigkeiten über das Gegendarstellungsrecht vom 22. Januar 1985 (Gesetzessammlung 240.111)

Ausführungsbestimmungen zum Lugano-Übereinkommen und zum Bundesgesetz über das internationale Privatrecht (Gesetzessammlung 240.511)

Gesetz über die Ausübung des Anwaltsberufes vom 24. Mai 2002 (Gesetzessammlung 134.4)

Reglement betreffend der Anwaltsprüfung und das Rechtspraktikum (Gesetzessammlung 134.411)

Gesetz betreffend der Einführung des Schweizerischen Zivilgesetzbuches vom 30. April 1911 (Gesetzessammlung 210.1)

Verordnung über die Einführung des Bundesgesetzes über das Obligationenrecht vom 5. April 1938 (Gesetzessammlung 220.11)

Vollziehungsverordnung zum Bundesgesetz über Schuldbetreibung und Konkurs vom 28. Mai 1913 (Gesetzessammlung 250.11)

Nidwalden

Verfassung des Kantons Unterwalden nid dem Wald vom 10. Oktober 1965 67 (SR 131.216.2), Art. 2, 3, 41, 44 Abs. 2, 45, 47 Abs. 3, 48, 66, 676. 2)

Gesetz über die Organisation und das Verfahren der Gerichte (Gerichtsgesetz) vom 28. April 1968 (Gesetzessammlung 261.1)

Einführungsgesetz zum Bundesgesetz über die Gleichstellung von Frau und Mann (Gleichstellungsgesetz) vom 22. Oktober 1997 (Gesetzessammlung 262.4)

Verordnung über den Zivilprozess (Zivilprozessordnung) vom 20. Oktober 1999 (Gesetzessammlung 262.1)

Glarus

Verfassung des Kantons Glarus vom 1. Mai 1988 (67 (SR 131.216, Gesetzessammlung I A/1) 16, 68 lit. a . 73–79, 106–109, 112, 114 (SR 131. 217)

Gesetz über die Gerichtsorganisation des Kantons Glarus (Gerichtsorganisationsgesetz), erlassen von der Landsgemeinde am 6. Mai 1990 (Gesetzessammlung III A/2)

Einführungsgesetz zu den bundesrechtlichen Bestimmungen über die Miete und die nichtlandwirtschaftliche Pacht, erlassen von der Landsgemeinde am 5. Mai 1991 (Gesetzessammlung III B/2/3)

Reglement über die Gerichtsverwaltung (Gerichtsverwaltungsreglememt) vom 27. April 2005, erlassen von der Verwaltungskommission der Gerichte (Gesetzessammlung III A/3)

Zivilprozessordnung des Kantons Glarus, erlassen von der Landsgemeinde am 6. Mai 2001 (Gesetzessammlung, III C/1)

Anwaltsgesetz, erlassen von der Landsgemeinde am 5. Mai 2002 (Gesetzessammlung III/I/1)

Reglement über die Anwaltsprüfung, erlassen von der Anwaltskommission des Kantons Glarus am 3. April 2007 (Gesetzessammlung III/I/3)

Gesetz über die Einführung des schweizerischen Zivilgesetzbuches (EG ZGB) vom 7. Mai 1911 (Gesetzessammlung III B/1/1)

Gesetz über die Einführung des schweizerischen Obligationenrechtes (Zivilgesetzbuch V. Teil) (EG OR), erlassen von der Landsgemeinde am 6. Mai 1923 (Gesetzessammlung III B 2/1)

Gesetz über die Einführung des Bundesgesetzes über Schuldbetreibung und Konkurs (EG SchKG), erlassen von der Landsgemeinde am 4. Mai 1997 (Gesetzessammlung III/D/1/1)

Zug

Verfassung des Kantons Zug vom 31. Januar 1894 (SR 131. 218, BGS 111.1) §§ 5–7, 20, 21, 31 lit. d Ziff. 4, 41 lit. c, 49–52, 54, 57–61, 77 Abs. 2

Gesetz über die Organisation der Gerichtsbehörden vom 3. Oktober 1940 (BGS 161.1)

Einführungsgesetz über die Behörden und das Verfahren in Mietsachen vom 25. Januar 2001 (BGS 216.3)

Zivilprozessordnung für den Kanton Zug vom 3. Oktober 1940 (BGS 222.1)

Gesetz betreffend die Einführung des Schweizerischen Zivilgesetzbuches für den Kanton Zug vom 11. August 1911 (BGS 111.1)

Einführungsgesetz zum Schweizerischen Obligationenrecht (EG OR) vom 8. August 2003 (BGS 215.0)

Einführungsgesetz zum Bundesgesetz über Schuldbetreibung und Konkurs (EG SchKG) vom 30. Januar 1997 (BGS 231.1)

Fribourg

Constitution du canton de Fribourg du 14 mai 2004 (SR 131.219, BDLF 10) art. 19, 29–31, 87 al. 1, 103 al. 1 lit. c–e, 120–122, 123 al. 1, 124 al. 1 et 3, 125–128, 152

Loi du 22 novembre 1949 d'organisation judiciaire (BDLF 131.0.1)

Loi du 6 octobre 2006 sur le conseil de la magistrature (LCM, 130.1)

Loi du 11 mai 2007 sur l'élection et la surveillance des juges (LESJ, BDLF 131.0.2)

Loi du 14 novembre 2007 d'organisation du Tribunal cantonal (LOTC, BDLF 131.1.1)

Code du 28 avril 1953 de procédure civile (BDLF 270.1)

Loi du 22 novembre 1972 sur la juridiction des prud'hommes (BDLF 132. 1)

Loi du 18 mai 1989 instituant le tribunal des baux á loyer (BDLF 132. 2)

Loi du 9 mai 1996 d'application relative au bail à loyer et à ferme non agricole (LABLF, BDLF 222.3.1)

Règlement du 3 juin 1997 d'exécution de la loi d'application relative au bail à loyerc et au bail à ferme non agricole (RELABLF, BDLF 222.3.11

Loi du 22 novembre 1989 instituant une procédure simple et rapide en matière de protection des consommateurs et de concurrence déloyale (BDLF 270.5)

Arrêtè du 9 juillet 1996 d'exécution de la loi fédérale sur l'égalité entre femmes et hommes (BDLF 222.5.21)

Loi du 12 décembre 2002 sur la profession d'avocat (LAv, BDLF137.1)

Ordonnance du 1er juillet 2003 sur la profession d'avocat (OAv, BDLF 137.11)

Règlement du 13 décembre 1977 sur le stage de notaire et les examens d'avocat et de notaire (BDLF 137.12)

Loi du 22 novembre 1911 d'application du code civil suisse pour le canton de Fribourg (BDLF 210.1)

Loi du 11 mai 1891 concenant l'exécution de la loi fédérale sur la poursuite pour dettes et la faillite (BDLF 28.1)

Solothurn

Verfassung des Kantons Solothurn vom 8. Juni 1986, Art. 7, 75, 76, 87–89, 148 (SR 131.221, BGS 111.1)

Gesetz über die Gerichtsorganisation vom 13. März 1977 (BGS 125. 12)

Geschäftsreglement des Obergerichts des Kantons Solothurn und der ihm angegliederten Spezialgerichte (BGS 125.71)

Gesetz über die Rechtsanwälte und Rechtsanwältinnen (Anwaltsgesetz, AnwG) vom 10. Mai 2000 (BGS 127.10)

Juristische Prüfungsordnung (JPV) vom 4. Juli 2000 (BGS 128.213)

Zivilprozessordnung vom 11. September 1966 (BGS 211.1)

Gesetz über die Einführung des Schweizerischen Zivilgesetzbuches (EG ZGB) vom 4. April 1954 (BGS 211.1 und 211.2)

Verordnung zur Einführung des Bundesgesetzes über Schuldbetreibung und Konkurs und des Bundesgesetzes über die Schuldbetreibung gegen Gemeinden und andere Körperschaften des öffentlichen Rechts (EV SchKG) vom 3. April 1996 (BGS 123.121)

Basel-Stadt

Verfassung des Kantons Basel-Stadt vom 3. März 2005 (SR 131.222.1, SG) §§ 5, 12, 44 Abs. 1 lit. d–f, 69, 70, 73 Abs. 2, 74, 89 Abs. 1, 112 113, 117, 8, 27, 32, 44, 49–51

Gesetz betreffend Wahl und Organisation der Gerichte sowie die Arbeitsverhältnisse des Gerichtspersonals und der Staatsanwaltschaft (Gerichtsorganisationsgesetz, GOG) vom 27. Juni 1895 (SG 154.100)

Verordnung betreffend die Gewerblichen Schiedsgerichte vom 19. September 1989 (SG 154.130)

Verordnung zum Bundesgesetz über den Konsumkredit und zur Bundesverordnung zum Konsumkreditgesetz vom 20. Januar 2004 (SG 215.210)

Gesetz über die Staatliche Schlichtungsstelle für Mietstreitigkeiten (Schlichtungsstellengesetz) vom 8. Februar 1995 (SG 215.400)

Zivilprozessordnung vom 8. Februar 1875 (SG 221.100)

Gesetz betreffend die Einführung des Schweizerischen Zivilgesetzbuches vom 27. April 1911 mit seitherigen Änderungen (SG 211.100)

Gesetz betreffend Einführung des Bundesgesetzes über Schuldbetreibung und Konkurs vom 22. Juni 1891 mit seitherigen Änderungen (SG 230.100)

Basel-Landschaft

Verfassung des Kantons Basel-Landschaft vom 17. Mai 1984 (SR 131.222.2, SGS 100), §§ 4, 9, 25, lit. c und d, 50–53, 55, 58, 59, 63 lit. a 82, 83, 87

Gesetz über die Anpassung von Gesetzen an die Bundesgesetzgebung über die eingetragene Partnerschaft gleichgeschlechtlicher Paare vom 2. November 2006 (SGS 211.3)

Dekret über die Anpassung von Dekreten an die Bundesgesetzgebung über die eingetragene Partnerschaft gleichgeschlechtlicher Paare vom 2. November 2006 (SGS 211.31)

Gesetz betreffend die Organisation der Gerichte und der Strafverfolgungsbehörden (Gerichtsorganisationsdekret, GOD) vom 22. Februar 2001 (SGS 170)

Vollziehungs-Verordnung zu den BG betreffend die Arbeit in den Fabriken vom 18. Juni 1914 und 27. Juni 1919, vom 19. Juni 1920 (SGS 226.2), § 8

Verordnung zum Bundesgesetz über den Konsumkredit vom 16. Dezember 2003 (SGS 210.11)

Gesetz über die Behörden und das Verfahren bei Streitigkeiten aus Miete und Pacht von unbeweglichen Sachen vom 22. März 1995 (SGS 223)

Verordnung zum Gesetz über die Behörden und das Verfahren bei Streitigkeiten aus Miete und Pacht von unbeweglichen Sachen sowie über die Allgemeinverbindlicherklärung von Rahmenverträgen (Mietverordnung) vom 12. Dezember 1995 (SGS 223.11)

Gesetz betreffend die Zivilprozessordnung (ZPO) vom 21. September 1961 (SGS 221.1)

Verordnung über das Verfahren im Bereich des Konsumentenschutzes vom 13. Februar 1984 (SGS 170.4)

Anwaltsgesetz Basel-Landschaft vom 25. Oktober 2001 (SGS 178)

Reglement über die Anwaltsprüfung und die Erteilung des Anwaltspatentes vom 26. Oktober 2002 (SGS 178.111)

Gesetz über die Einführung des Zivilgesetzbuches (EG ZGB) vom 16. November 2006 (SGS 211)

Gesetz über die Einführung des Obligationenrechts (EG OR) vom 17. Oktober 2002 (SGS 212)

Einführungsgesetz zum Bundesgesetz über Schuldbetreibung und Konkurs (EG SchKG) vom 19. September 1996 (SGS 32.753)

Schaffhausen

Verfassung des Kantons Schaffhausen vom 17. Juni 2002 (SR 131.223, SHR 101.000), Art. 7, 8, 40 Abs. 1, 41–45, 71–75, 77, 78

Dekret über die Organisation des Kantonsgerichtes vom 30. März 1998 (SHR 173.410)

Dekret über die Organisation des Obergerichtes vom 4. Dezember 1978 (SHR 173.510)

Verordnung des Obergerichts über die Organisation der Schlichtungsstellen (Schlichtungsstellenverordnung) vom 21. Mai 2007 (SHR 221.101)

Verordnung über die Einführung des Konsumkreditgesetzes vom 16. Dezember 2003 (SHR 211.201)

Zivilprozessordnung für den Kanton Schaffhausen vom 3. September 1951 (SHR 273.100)

Gesetz betreffend das Anwaltswesen vom 17. Mai 2004 (SHR 173.800)

Verordnung des Obergerichts zum Dekret betreffend das Anwaltswesen (RAV) vom 23. August 2002 (SHR 173.812)

Gesetz über die Einführung des Schweizerischen Zivilgesetzbuches vom 27. Juni 1911 (SHR 210.100)

Dekret betreffend Einführung des Schweizerischen Obligationenrechts vom 8. November 1937 (SHR 220.010)

Verordnung über die Miete und Pacht von Wohn- und Geschäftsräumen vom 19. Juni 1990 (SH R 221.313)

Einführungsgesetz zum Bundesgesetz über Schuldbetreibung und Konkurs vom 23. August 1976 (SHR 281.100)

Appenzell A. Rh.

Verfassung über den Kanton Appenzell Ausserrhoden vom 30. April 1995 (SR 131.224.1, bGS 111.1), Art. 20, 60 Abs. 2 lit. b, 61–66, 73 Abs. 1 lit. a–c, 94, 95

Verordnung über die Rechtspflege vom 15. Juni 1981 (bGS 145.32)

Verordnung zum Obligationenrecht (Miete und Pacht) vom 29. Oktober 1990 (bGS 222.12)

Gesetz über die Zivilprozessordnung für den Kanton Appenzell A. Rh. vom 27. April 1980 (bGS 231.1)

Gesetz über die Ausübung des Anwaltsberufes (Anwaltsgesetz) vom 11. April 2005 (bGS 142.52)

Verordnung über die Anwaltsprüfung vom 31. August 1991 (bGS 145.93)

Gesetz über die Einführung des Zivilgesetzbuches (EG zum ZGB) vom 27. April 1969 (bGS 211.1)

Gesetz über die Einführung des Bundesgesetzes vom 11. April 1889 über Schuldbetreibung und Konkurs (EG zum SchKG) vom 27. April 1997 (bGS 241.1)

Appenzell I. Rh.

Verfassung über den Eidgenössischen Stand Appenzell I. Rh. vom 24. Wintermonat 1872, Art. 6, 20 Abs. 2 Ziff. 2, 30, 33, 40, 43–45 (SR 131. 224.2, Gesetzessammlung 101.000)

Behördenverordnung vom 15. Juni 1998 (Gesetzessammlung 170.010)

Gesetz über die Zivilprozessordnung (ZPO) vom 24. April 1949 (Gesetzessammlung 270.000)

Einführungsgesetz zum Schweizerischen Zivilgesetzbuch vom 30. April 1911 (Gesetzessammlung 211.000)

Einführungsgesetz zum Bundesgesetz über Schuldbetreibung und Konkurs (EG SchJKG) vom 28. April 996 (Gesetzessammlung 280.100)

St. Gallen

Verfassung des Kantons St. Gallen vom 10. Juni 2001 (SR 131.225 sGS) Art. 4, 8, 33, 35, 36 lit. d, 39, 55–57, 59m Abs. 1 lit. e, 65 lit. h, 77, 78

Gerichtsgesetz vom 2. April 1987 (sGS 941.1)

Kantonsratsbeschluss über die Zahl der Richter vom 27. November 1999 (sGS 941.10)

Verordnung über die Arbeitsgerichte vom 4. Februar 2003 (sGS 941.111)

Verordnung über die Schlichtungsstellen für Miet- und Pachtverhältnisse vom 11. Februar 2003 (sGS 941.112) Regierungsbeschluss über die Schlichtungsstellen bei Klagen nach dem Gleichstellungsgesetz vom 21. Mai 1996 (sGS 941.165)

Zivilprozessgesetz vom 20. Dezember 1990 (sGS 961.2)

Zivilprozessverordnung vom 5. Februar 1991 (sGS 961.21) mit Anhang

Verordnung über das Scheidungsverfahren vom 13. Mai 2003 (sGS 961.22)

Anwaltsgesetz vom 11. November 1993 (sGS 963.70)

Prüfungs- und Bewilligungsreglement für Rechtsanwälte und Rechtsagenten vom 22. April 1994 (sGS 963.73)

Einführungsgesetz zum Bundesgesetz über Schuldbetreibung und Konkurs vom 19. April 1980 (sGS 971.1)

Graubünden

Verfassung für den Kanton Graubünden vom 14. September 2003 (SR 131.226; Bündner Rechtsbuch 110.100) Art. 5, 8, 11 Ziff. 4 und 5, 21, 22 Abs. 3, 30, 33 Abs. 1, 36 Ziff. 3, 51–54

Gesetz über die Unvereinbarkeit von Ämtern im Kanton Graubünden (Unvereinbarkeitsgesetz) vom 3. März 1968 (Bündner Rechtsbuch 170.010)

Gerichtsorganisationsgesetz (GOG) vom 31. August 2006 (Bündner Rechtsbuch 173.000)

Verordnung über die Organistion und Geschäftsführung des Kantonsgerichts vom 2. Juni 1961 (Bündner Rechtsbuch 173.110)

Verordnung über die Organisation, Besoldung und Geschäftsführung der Bezirksgerichte vom 2. Oktober 1999 (Bündner Rechtsbuch 310.090)

Vollziehungsverordnung zum Schweizerischen Obligationenrecht (Miete und Pacht von Wohn- und Geschäftsräumen) vom 30. November 1994 (Bündner Rechtsbuch 219.800)

Zivilprozessordnung des Kantons Graubünden vom 1. Dezember 1985 (Bündner Rechtsbuch 320.000)

Einführungsgesetz zum Schweizerischen Zivilgesetzbuch vom 17. Juni 2004 (Bündner Rechtsbuch 210.100)

Einführungsgesetz zum Schweizerischen Obligationenrecht vom 20. Oktober 2004 (Bündner Rechtsbuch 210.200)

Vollziehungsverordnung zum Bundesgesetz gegen den unlauteren Wettbewerb (UWG) vom 4. Oktober 1979/31. Mai 1990 (Bündner Rechtsbuch 320.200)

Vollziehungsverordnung zum Bundesgesetz vom 20. Dezember 1985 über Kartelle und ähnliche Organisationen vom 26. Mai 1964 (Bündner Rechtsbuch 320.200)

Vollziehungsverordnung zum Bundesgesetz vom 18. Mai 1983 über die Kernenergiehaftpflicht vom 4. Oktober 1985 (Bündner Rechtsbuch 320. 500)

Anwaltsgesetz vom 14. Februar 2006 (Bündner Rechtsbuch 310.100)

Anwaltsverordnung vom 20. Juni 2006 (Bündner Rechtsbuch 310.200)

Vollziehungsverordnung zum Bundesgesetz über Schuldbetreibung und Konkurs (GVV zum SchKG) vom 8. Oktober 1996 (Bündner Rechtsbuch 220.300)

Aargau

Verfassung des Kantons Aargau vom 25. Juni 1980 (SR 131.22 7, SAR 110.000) §§ 22, 61 lit. e und f, 69–72, 80, 82 lit. h, 95–98 (SR 131.227)

Unvereinbarkeitsgesetz vom 29. November 1983 (SAR 150.300)

Gerichtsorganisationsgesetz (Gesetz über die Organisation der ordentlichen richterlichen Behörden, GOG) vom 11. Dezember 1984 (SAR 155.100)

Dekret über die Organisation des Handelsgerichts, des Versicherungsgerichts und des Verwaltungsgerichts (Gerichtsorganisationsdekret, GOD) vom 23. Juni 1987 (SAR 155.110)

Gesetz über die Organisation der ordentlichen richterlichen Behörden (Gerichtsorganisationsgesetz, GOG) vom 11. Dezember 1984 (SAR 155.100)

Dekret über das Schlichtungsverfahren in Streitigkeiten aus Kauf- und anderen Verträgen zwischen Letztverbrauchern und Anbietern vom 23. Jumi 1987 (SAR 221.120)

Vollziehungsverordnung zum Bundesgesetz über die Gleichstellung von Frau und Mann vom 3. Juli 1996 (SAR 221.171)

Zivilrechtspflegegesetz (Zivilprozessordnung) vom 18. Dezember 1984 (SAR 221. 100)

Einführungsgesetz zum Bundesgesetz über die Freizügigkeit der Anwältinnen und Anwälte (EG BGFA) vom 2. November 2004 (SAR 290.100)

Anwaltsverordnung (AnwV) vom 18. Mai 2005 (SAR 290.111)

Einführungsgesetz zum Schweizerischen Zivilgesetzbuch und Partnerschaftsgesetz (EG ZGB) vom 26. März 1911 (SAR 210.100)

Einführungsgesetz zum Schweizerischen Obligationenrecht (EG OR) vom 27. Dezember 1911 (SAR 210.200)

Einführungsgesetz zum Bundesgesetz über Schuldbetreibung und Konkurs (EG ZGB) vom 22. Februar 2005 (SAR 231.200)

Thurgau

Verfassung des eidgenössischen Standes Thurgau vom 16. März 1987 (SR 131. 228, Thurgauer Rechtsbuch) §§ 3, 14, 15, 20, 22, 29, 31, 32, 51, 52, 55

Gesetz über die Organisation der Zivilrechtspflege sowie des Betreibungs- und Konkurswesens vom 6. Juli 1988 (Thurgauer Rechtsbuch 173.111)

Verordnung des Obergerichts über die Organisationn und das Verfahren der Schlichtungsstellen nach Gleichstellungsgesetz vom 1. Juli 1997 (Thurgauer Rechtsbuch 173.151)

Verordnung des Obergerichts über die Organisation und das Verfahren der Schlichtungsbehörden in Mietsachen vom 1. Juli 1997 (Thurgauer Rechtsbuch 221.223)

Verordnung des Obergerichts über die Organisation und den Geschäftsgang vom 23. November 1999 (Thurgauer Rechtsbuch 173.121)

Gesetz über die Zivilrechtspflege (Zivilprozessordnung) für den Kanton Thurgau vom 6. Juli 1988 (Thurgauer Rechtsbuch 271)

Anwaltsgesetz vom 19. Dezember 2001 (Thurgauer Rechtsbuch 176.1)

Verordnung des Obergerichts zum Anwaltsgesetz vom 13. Juni 2002 (Thurgauer Rechtsbuch 176.2)

Einführungsgesetz zum Schweizerischen Zivilgesetzbuch vom 3. Juli 1991 (Thurgauer Rechtsbuch 210)

Verordnung des Obergerichts über das Betreibungs- und Konkurswesen vom 10. November 1988 (Thurgauer Rechtsbuch 281.12)

Verordnung des Obergerichtes zum Lugano-Übereinkommen vom 9. April 2002 (Thurgauer Rechtsbuch 277.11)

Ticino

Costituzione della Repubblica e Cantone del Ticino del 14 dicembre 1997 (SR 131.229)

Legge sull'organizzazione giudiziaria del 10 maggio 2006 RLT 3 1.1.1

Decreto esecutivo concernente gli uffici di conciliazione per le controversie derivanti da contratti tra consumatori finali e fornitori del 7 ottobre 1986 (RLT 3.3.2.1.3)

Decreto esecutivo concernente gli uffici di conciliazione per le controversie derivanti da contratti tra consumatori finali e fornitori del 7 ottobre 1986 (RLT 3.3.2.1.3)

Legge d'applicazione delle norme federali in materia di locazione d'abitazione e commerciali e d'affitto del 9 novembre 1992 (RLT 3.3.2.1.4)

Regolamento della Legge d'applicazione delle norme federali in materia di locazione d'abitazione e commerciali e d'affitto del 17 naggio 2005 (RLT 3.3.2.1.4.1)

Codice di procedura civile del 17 febbraio 1971 (RLT 3.3.2.1)

Legge sull'avvocatura del 16 settembre 2002 (RLT 3.2.1.1)

Regolamento sull'avvocatura del 26 ottobre 2002 (RLT 3.2.1.1.1)

Codice professionale dell'Ordine degli avvocati del Cantone Ticino (CAvv) del ll novembre 2004 (RLT 3.2.1.1.4)

Legge d'applicazione della Legge Federale sull'esecuzione e sul fallimento (LALEF) del 12 marzo 1997 (RLT 3.5.1.1)

Vaud

Constitution du canton de Vaud du 14 avril 2003 (RSV 101.01)

Loi d'organisation judiciaire du 12 décembre 1979 (RSV 2.2.1)

Code de procédure civile du 14 décembre 1966 (RSV 2.2.7)

Loi sur les tribunaux des prud'hommes du 17 mai 1954 (RSV 2.2.4)

Loi sur le tribunal des baux du 13 décembre 1981 (RSV 173.555)

Valais

Constitution de la République et canton de Valais du 8 mars 1907 (SR 131.232), Art. 3, 5, 36, 43, 50, 60–64, 91, 93 -95, 97 (SR 131. 232, Recueil des lois de la République et du canton de Valais)

Loi d'organisation judiciaire du 13 mai 1960 (Recueil des lois de la République et du canton de Valais, Volume I, 165)

Code de procédure civile de la République et du canton de Valais du 22 novembre 1919 (Recueil des lois de la République et canton de Valais, Volume I, 251)

Arrêté du 28 octobre 1970 concernant la loi fédérale du 24 juin 1970 modifiant le code des obligations/restriction du droit de résilier les baux (Recueil des lois de la République et canton de Valais, Volume I, 251a)

Neuchâtel

Constitution de la République et canton de Neuchâtel du 24 septembre 2000 (SR 131.233, RSN)

Loi d'organisation judiciaire neuchâteloise du 27 juin 1979 (RSN 161.1)

Loi sur la nomination et la juridiction des prud'hommes du 23 mai 1951 (RSN 162. 221)

Code de procédure civile du 30 septembre 1991 (RSN 251.1)

Loi sur l'assistance judiciaire et administrative (LAJA) du 24 mars 1980 (RSN 161. 3)

Loi sur la supputation des délais de droit cantonal du 16 décembre 1963 (RSN 161.7)

Genève

Constitution de la République et canton de Genève du 24 mai 1847, Art. 2, 5, 50, 74, 124, 130–135, 139–143 (SR 131. 234, Recueil officiel systématique de la législation genevoise en vigueur, E 2 1)

Loi sur l'organisation judiciaire du 22 novembre 1941 (Recueil officiel systématique de la législation genevoise en vigueur, E 2 1)

Loi de procédure civile du 10 avril 1987 (Recueil officiel systématique de la législation genevoise en vigueur, E 2 3)

Loi sur la juridiction des prud'hommes du 21 juin 1990 (Recueil officiel systématique de la législation genevoise, E 2 4)

Règlement sur l'assistance juridique du 24 août 1988 (Recueil officiel systématique sur la législation genevoise, E 2 8)

Loi instituant la commission de conciliation en matière de baux et loyers du 4 décembre 1971 (Recueil officiel systématique sur la législation genevoise, E 2 2,5)

Jura

Constitution de la République et canton de Jura du 20 mars 1977 (SR 131. 23, RSJU)

Art. 9, 62, 69, 74, 84, 101–103

Loi sur l'organisation judiciaire du 26 octobre 1978 (RSJU 181. 1)

Loi instituant le Conseil de prud'hommes du 30 juin 1983 (RSJU 182.34)

Loi instituant le Tribunal des baux à loyer et à ferne du 30 juin 1983 (RSJU 182.35)

Ordonnance concernant les commissions de conciliation en matière de bail et la consignation du loyer du 9 juillet 1991 (RSJU 182.351)

Code de procédure civile de la République et canton de Jura du 9 novembre 1978 (RSJU 271.1)

Einleitung

§ 1 Zivilprozess und Zivilprozessrecht

Inhaltsverzeichnis Seite

A. Begriff und Ablauf des Zivilprozesses.. 3
B. Aufgabe und Instrumentarium des Zivilgerichtes 5
C. Das Zweiparteiensystem.. 6
D. Der Inhalt der richterlichen Entscheidung.. 7
E. Verfahrensgestaltung 12
    1. Der Adhäsionsprozess 12
    2. Streitiges und nichtstreitiges Verfahren... 13
    3. Besondere Merkmale des Zivilprozesses im Vergleich mit dem Straf- und dem
       Verwaltungsprozess 13
F. Verfahrensgrundsätze, Verhalten der Gerichte und der Parteien 14

A. Begriff und Ablauf des Zivilprozesses

Unter einem *Zivilprozess* versteht man *das einzelne konkrete Verfahren vor einem Zivilgericht, in welches zwei Parteien einbezogen sind und welches auf autoritative Festlegung von Bestand und Inhalt der Rechtsbeziehungen der Parteien abzielt*[1]. Man verwendet das Wort einerseits für das Verfahren, in dem sich der Rechtsstreit nach den im massgebenden Bereich geltenden Normen abzuspielen hat, und andererseits für den Rechtsstreit als solchen. Als Ziele des Zivilprozesses bezeichnet man einerseits die Erzielung der *Rechtsgewissheit* und *Rechtsverwirklichung* (durch Ermöglichen der Vollstreckung) und andererseits die Erzielung des *Rechtsfriedens*.

Der Zivilprozess bringt die Parteien in ein zusätzliches Verhältnis zueinander, aber auch in ein Verhältnis zwischen ihnen und dem Richter[2]. Dieses Verhältnis ist nicht von unbeschränkter Dauer. Zwischen den Parteien endet es mit der rechtskräftigen Erledigung des Prozesses. Zwischen den Parteien und dem Richter endet es mit der jeweiligen Erledigung des Prozesses vor einer bestimmten Instanz. Das Zivilprozessrecht als *öffentliches Recht* regelt in erster Linie die Beziehungen zwischen Staat und Parteien, ja man kann sich fragen, ob es nicht überhaupt nur diese Beziehungen

---

[1] GULDENER, Schweizerisches Zivilprozessrecht, 50.
[2] Die Feststellung blieb allerdings nicht unbestritten. Es wurde geltend gemacht, die Parteien hätten im Prozess keine Pflichten, sondern lediglich Lasten zu tragen. Mit der Begründung eines Prozessrechtsverhältnisses sind die Verfahrensbeteiligten immerhin verpflichtet, dafür zu sorgen, dass ihnen Vorladungen und Entscheide, welche das Verfahren betreffen, zugestellt werden können (1. Juli 1999, Obergericht des Kantons Zürich, III. Strafkammer, ZR 98/1999 Nr. 43).

§ 1 Zivilprozess und Zivilprozessrecht

zum Gegenstand habe[3]. Es regelt aber doch auch Beziehungen zwischen den Prozessparteien, so z.B. wenn es die Pflicht zur Leistung einer Prozessentschädigung an die Gegenpartei statuiert[4]. Im Allgemeinen ist das Zivilprozessrecht *zwingendes Recht,* doch können die Parteien in gewissen Fällen auf die Anwendung von Regeln verzichten[5].

3   Die Prozessparteien haben im Zivilprozess eine sehr aktive Rolle. Von ihnen hängt sein Verlauf in grossen Teilen ab. Der Zivilprozess wird in verschiedene Stadien eingeteilt:

1. (nicht immer, aber oft) Sühnverfahren oder Schlichtungsverfahren
2. Einleitungsverfahren = Klageanhebung
3. Hauptverfahren = Klagebegründung und Klageantwort
4. (nicht immer notwendig) Beweisverfahren
5. Urteilsverfahren
6. Rechtsmittelverfahren (manchmal mehrere hinter- oder nebeneinander).

4   In gewissen Prozessordnungen bildet die *Zwangsvollstreckung des Urteils,* also seine Realisierung, ebenfalls Bestandteil des Prozess. Man unterscheidet alsdann zwischen *Erkenntnisverfahren* (obgenannte Stadien 1.–6.) und *Vollstreckungsverfahren.* In der Schweiz ist das Vollstreckungsverfahren insofern durch die Zivilprozessordnungen geregelt, als es sich nicht um die Vollstreckung von Urteilen handelt, die auf Geldzahlung oder Sicherheitsleistung gerichtet sind und für welche nach dem Bundesgesetz über Schuldbetreibung und Konkurs (SchKG)[6] zu vollstrecken ist. Für die Vollstreckung ist jedoch auch nach kantonalem Recht ein neues Verfahren notwendig; der Zivilprozess als solcher hat mit dem Urteil seinen Abschluss gefunden. Es gibt auch Fälle, in denen eine Vollstreckung weder notwendig noch möglich ist, etwa bei Abweisung der Klage[7] oder wenn ein Feststellungsurteil ergangen ist. Ferner schafft das Gestaltungsurteil selber Recht[8].

---

[3]   So GULDENER, Schweizerisches Zivilprozessrecht, 51. In der deutschen Lehre findet die Ansicht, es bestehe zwischen den Parteien ein Prozessrechtsverhältnis, darin ihre Stütze, dass es Parteihandlungen gibt, die nicht dem Gericht, sondern dem Gegner gegenüber vorgenommen werden (dazu im Einzelnen ROSENBERG/SCHWAB/GOTTWALD, § 65 II/2/a.).

[4]   ZPO 68 f., BGG 68, CH ZPO 105 Abs. 2.

[5]   Vgl. dazu GULDENER, Dispositives Recht, 185 ff.

[6]   SR 281.1.

[7]   Vollstreckung kann aber notwendig werden für die dem Beklagten zugesprochene Prozessentschädigung.

[8]   Vgl. dazu § 24 Rz 30–32 hiernach. Wird eine Ehe durch richterliches Urteil geschieden, so braucht dieses nur insofern vollstreckt zu werden, als darin gleichzeitig (im Sinne von Nebenfolgen) Leistungen des einen Ehegatten an den andern angeordnet werden. Immerhin kann man sich fragen, ob nicht auch die Eintragung der Scheidung bzw. der Namensführung in das Zivilstandsregister (ZStV 7 Abs. 2 lit. j, und 13) einen Akt der Urteilsvollstreckung darstelle. Diese fände jedoch bezüglich der Auflösung der Ehe von Amts wegen statt.

B. Aufgabe und Instrumentarium des Zivilgerichtes

Das Zivilgericht hat folgende Aufgabe: «Anwendung der abstrakten Sätze des objektiven Rechtes, vorwiegend des Privatrechtes, auf den konkreten Fall im Zweiparteienverfahren»[9]. Der Zivilrichter hat zwar vorwiegend Zivilrecht anzuwenden, manchmal aber auch öffentliches Recht, ja sogar Strafrecht.

Wie steht es mit der Anwendung des öffentlichen Rechtes? Zwar ist der Zivilrichter nur berufen, wo der Bestand eines subjektiven Privatrechtes infrage steht. Auf dem Gebiete des öffentlichen Rechtes sind die *Verwaltungsbehörden*[10] zuständig, im Strafrecht der *Strafrichter,* der sich allerdings vielfach mit dem Zivilrichter in Personalunion befindet. An öffentlichem Recht beschäftigt den Zivilrichter in erster Linie das Zivilprozessrecht[11] selber, dann das Schuldbetreibungs- und Konkursrecht in den betreibungsrechtlichen Klagen. Er hat aber auch z.B. in einem Haftpflichtprozess gegen Staat oder Gemeinde vorfrageweise die Rechtmässigkeit einer Amtshandlung zu prüfen[12, 13]. Der Zivilrichter hat andererseits Strafrecht anzuwenden, wenn er etwa im Falle von Art. 60 Abs. 2 OR darüber befindet, ob die Klage aus einer strafbaren Handlung hergeleitet wird, für die das Strafrecht eine längere Verjährungsfrist vorschreibt[14].

---

[9] GULDENER, Schweizerisches Zivilprozessrecht, 50.

[10] Diesen sind heute von Bundesrechts wegen (BV 29a und 191b Abs. 1, BGG 86 Abs. 2) Verwaltungsgerichte übergeordnet (vgl. BSK BGG-TOPHINKE, N 12 zu Art. 86 BGG). Für ihr Verfahren werden oft die Grundsätze des Zivilprozessrechts herangezogen. Gemäss Art. 86 Abs. 3 BGG können die Kantone aber für Entscheide mit vorwiegend politischem Charakter anstelle eines Gerichts eine andere Behörde als unmittelbare Vorinstanz des Bundesgerichts einsetzen.

[11] Dieses besteht nicht allein aus dem, was in den Organisations- und Gerichtsverfassungsgesetzen, in den Zivilprozessordnungen sowie zugehörigen allgemeinen Lehren zum Ausdruck kommt. Es wird vielmehr auch vom Privatrecht genährt und steht dabei im Ganzen – obwohl auch in den Lehrplänen dem öffentlichen Recht zugerechnet – dem Privatrecht näher als dem Staatsrecht.

[12] § 19 Abs. 1 des *zürcherischen* Haftungsgesetzes hat für solche Prozesse die Zivilgerichte zuständig erklärt, obwohl auch die Zuständigkeit des Verwaltungsgerichtes denkbar gewesen wäre. Neuerdings besteht eine Bestrebung, diese Fälle dem Verwaltungsgericht zuzuweisen. Vgl. dazu Amtsblatt des Kantons Zürich, 1967, 1165.

[13] *Nach schweizerischer Rechtsauffassung sind jedoch Gerichte und Behörden befugt, vorfrageweise auch Rechtsfragen aus einem andern Rechtsgebiet zu prüfen, sofern ihnen diese Prüfung nicht durch eine gesetzliche Bestimmung verboten ist und soweit darüber die hiefür zuständige Behörde im konkreten Fall noch keinen rechtskräftigen Entscheid getroffen hat* (BGE 105 II 311 Erw. 2). Vgl. auch BGE 98 Ia 120 mit Hinweisen, 101 III 8, 102 Ib 369.

[14] Ein Freispruch oder ein Nichteintretensentscheid des Strafrichters bindet den Zivilrichter bei der Prüfung der Verjährung nur, wenn die Strafbehörde die schädigende Handlung objektiv straflos erklärt (BGE 101 II 321 ff.). Vgl. auch BGE 100 II 332 ff. sowie SJZ 72/1976, 110 Nr. 30 (*Thurgau, Obergericht*).

7   Für den Satz, dass das öffentliche Recht den Verwaltungsbehörden vorbehalten bleibt, gilt eine weitere Einschränkung, die sich aus der sogenannten *Erweiterung des Rechtsweges* ergibt. Noch bis 1960 wurden im Kanton Zürich die sogenannten Enteignungsprozesse in zweiter Instanz (erste Instanz: Schätzungskommission) vor dem Obergericht ausgetragen. Andererseits kann es vorkommen, dass eine Auseinandersetzung, welche ihre Grundlage im Privatrecht findet, vor den Verwaltungsbehörden endgültig erledigt wird, jedenfalls aber dort ihren Anfang nimmt, wie dies im Falle der Verbeiratung, der Entmündigung (neuerdings Erwachsenenschutz) oder der Entziehung der elterlichen Sorge zutrifft[15].

8   Die Gerichte, seien es Zivil- oder Strafgerichte oder beides in einer Behörde vereinigt, haben auch gewisse gesetzgebende Funktionen im Rahmen der sogenannten *Justizverwaltung;* überdies haben sie *Wahlkompetenzen* und fungieren gegenüber unteren Instanzen als *Aufsichtsbehörden*.

C. Das Zweiparteiensystem

9   Das Eigentümliche am Zivilprozess ist das *Zweiparteiensystem*[16]. Natürlich können mehr als zwei Personen an einem Prozess beteiligt sein; stets jedoch liegt eine Frontstellung vor, und der Richter hat zwischen zwei Seiten zu entscheiden. Jede Partei eines Zivilprozesses hat sich auf eine dieser beiden Seiten zu stellen[17], sei es als *notwendiger Streitgenosse*[18] (dann sind alle, die auf jener Seite stehen, im Grunde genommen nur eine Partei) oder als *einfacher Streitgenosse*[19] (dann liegen mehrere Prozesse eines jeden einzelnen Streitgenossen gegen den Rechtsgegner vor, also mehrere Zweiparteienverhältnisse) oder als *Unterstützender (Nebenintervenient)*[20], dann steht der Betreffende wieder auf einer Seite des Prozesses). Der einzige Fall, da eine Drittperson nur im eigenen Interesse und selbständig im Prozess auftritt, ist die *Hauptintervention*[21]. Bei diesem seltsamen Gebilde tritt die Drittperson gegen

---

[15] *Zürich* EG zum ZGB (LS 230) 70, 83. Für die neuere Entwicklung vgl. MARTI, Vereinheitlichung, 252 ff.

[16] Zur Besonderheit des Nichtstreitigen Verfahrens vgl. Rz 20 hiernach.

[17] Vgl. dazu WALDER/GROB, Tafel 1., andererseits aber auch das Postulat, welches FREI, 200, aufgestellt hat: *Es wird in Zukunft bereits aufgrund der zunehmenden wirtschaftlichen und damit auch rechtlichen Verflechtungen zwischen verschiedenen Parteien vermehrt darum gehen, von dem Zweiparteienprozess wegzukommen und von einem umfassenden Prozesszweck auszugehen, bei den nicht die Prozessparteien, sondern der Sachverhalt im Vordergrund steht, von dem möglichst viel in einem Verfahren erledigt werden soll.*

[18] Vgl. § 11 Rz 24–29 hiernach.

[19] Vgl. § 11 Rz 13–23 hiernach.

[20] Vgl. § 13 hiernach.

[21] Vgl. § 12 hiernach.

beiden Parteien eines bestehenden Zweiparteienprozesses auf. Dann werden aber die beiden bisherigen Parteien ihr gegenüber zu Streitgenossen: Es entsteht eine zweite Front; im Grunde genommen liegt wieder ein Zweiparteienstreit vor, jedoch mit zwei Prozessen.

Das Zweiparteiensystem kann sich als ausgesprochen unpraktisch erweisen: Am Erbteilungsprozess müssen alle Erben teilnehmen, die sich nicht vorher auskaufen liessen. Wer nicht als Kläger mitwirkt, ist notgedrungen Beklagter. Es kann aber sein, dass nur mit Bezug auf eine einzelne Frage dieselben Klagenden gegenüber denselben Beklagten ungleicher Meinung sind, während mit Bezug auf eine andere Frage ein Teil der Klagenden und ein Teil der Beklagten einem anderen Teil der Kläger und einem anderen Teil der Beklagten gegenüberstehen. Es wäre wünschbar, wenn solche Auseinandersetzungen in einem dafür besonders eingerichteten Verfahren ausgefochten werden könnten[22].

Im *Ehescheidungsverfahren* kann es bezüglich der Nebenfolgen der Scheidung zu einer Teileinigung kommen. Art. 112 ZGB sieht vor, dass die Ehegatten gemeinsam die Scheidung verlangen und erklären können, dass das Gericht die Scheidungsfolgen beurteilen soll, über die sie sich nicht einig sind[23].

D. Der Inhalt der richterlichen Entscheidung

Was bedeutet *Anwendung der abstrakten Sätze des objektiven Rechtes auf den konkreten Fall?* Es bedeutet nicht Feststellung des Tatbestandes und nachherige Anwendung der Rechtssätze. Vielmehr sind darin zwei Vorgänge enthalten: Der erste Vorgang bedeutet, dass das Gericht anhand der Behauptungen, durch welche Rechtsfolgen begründet werden wollen, feststellt, welche Rechtssätze überhaupt infrage kommen und welche Tatbestandselemente verwirklicht sein müssen, damit sie auf den streitigen Fall anzuwenden sind. Der zweite Vorgang besteht alsdann in der Prüfung, ob die Tatbestandselemente für den in erster Linie oder allenfalls für den in zweiter Linie massgebenden Rechtssatz verwirklicht sind. So kann das Gericht zur Beurteilung der Frage kommen, ob das von der klagenden Partei gestellte Rechts-

---

[22] Vgl. etwa *Waadt* ZPO 567–586. Die Schweizerische Zivilprozessordnung sieht nichts Ähnliches vor.
[23] Art. 112 Abs. 3 wird mit Inkrafttreten der Schweizerischen ZPO durch Art. 281 ersetzt.

§ 1 Zivilprozess und Zivilprozessrecht

begehren[24] begründet[25] ist oder nicht. «Es muss sich daher in jedem Stadium des Verfahrens Tatbestand und Rechtssätze vor Augen halten und sie einander annähern, bis sich die Entscheidung ergibt»[26].

13 Weil beide Parteien durch die Entscheidung des Gerichtes unmittelbar betroffen werden, wird ihnen die Möglichkeit gewährt, am Zustandekommen der Gerichtsentscheidung mitzuwirken[27]. Das Zivilprozessrecht enthält nun die Rechtsnormen, welche einerseits festlegen, unter welchen Voraussetzungen die Zivilgerichte tätig werden dürfen und müssen, und andererseits, welches bei dem von ihnen anzuwendenden Verfahren die Spielregeln sind: für die Parteien ebenso wie für die Gerichte selber.

14 Umstritten ist, ob die Rechtsverhältnisse, welche durch die Zivilurteile festgestellt werden, schon vor dem Prozess bestehen oder erst durch das Urteil zur Entstehung gelangen. Das ist der Streit zwischen der *dualistischen* und der *monistischen* Theorie. Er hat in erster Linie wissenschaftliche, dogmatische Bedeutung; praktisch hat

---

[24] Es ist wichtig, sich im Zivilprozessrecht einer klaren Terminologie zu bedienen:
a) Das, worüber das Gericht zu befinden hat, ist die *Klage*.
b) Das, was die klagende Partei veranlasst, Klage zu erheben, ist ihr (vermeintlicher oder wirklicher) *Anspruch*. Dabei ist zu unterscheiden zwischen *materiellem* und *prozessualem* Anspruch:
   – *Materieller Anspruch* bedeutet Recht auf Leistung (oder Unterlassung) aus einem bestimmten Rechtsverhältnis (z.B. Arbeitsvertrag oder Auftrag).
   – *Prozessualer Anspruch* bedeutet Recht auf Verurteilung der Gegenpartei aus einem bestimmten Lebensvorgang (z.B. darauf, dass B deswegen, weil er sich mit A entsprechend einigte, gerichtlich dazu verhalten werde, für A eine Arbeit gegen bestimmtes Entgelt auszuführen, oder darauf, dass die Existenz eines bezüglichen Vertrages festgestellt werde).
c) Die Klage besteht aus einem oder mehreren *Rechtsbegehren*.
d) Das, was mit der Klage gefordert wird, was ihren Inhalt ausmacht, ist der *Streitgegenstand* (vgl. zur Terminologie im Einzelnen Meier, Iura, 25 ff., Haus, 5 ff.
e) Mit Bezug auf jedes Rechtsbegehren kann und soll die beklagte Partei *Anträge* stellen, z.B. auf Nichteintreten, Abweisung ganz oder teilweise. Die Klägerin oder der Kläger braucht dies wenigstens in erster Instanz nicht zu tun, weil in jedem klägerischen Rechtsbegehren der Antrag, darauf einzutreten und es gutzuheissen, stillschweigend enthalten ist. Wohl aber wird auch eine klagende Partei oftmals Anträge zum Verfahren zu stellen haben (wie z.B. auf Gewährung der unentgeltlichen Prozessführung, Verpflichtung der Gegenpartei zur Urkundenedition, Sistierung des Prozesses bis zur rechtskräftigen Erledigung eines andern, präjudiziellen Verfahrens; Regelung der Kosten- und Entschädigungsfolgen).
f) Was zur Erhärtung der Parteistandpunkte vorgetragen wird, sind *Behauptungen* und *Bestreitungen*. Letztere beziehen sich immer auf Behauptungen der Gegenseite.

[25] Der Ausdruck «begründet sein» wird im Zivilprozessrecht in zwei Bedeutungen verwendet (wenigstens in der Schweiz): *Die Klage wurde begründet* meint: Der Kläger hat die zur Erhärtung seines Standpunktes ihm notwendig scheinenden Behauptungen vorgetragen. *Die Berufung ist begründet* meint: Die Berufung ist zu Recht erhoben worden, weil das angefochtene Urteil unrichtig ist.

[26] Guldener, Schweizerisches Zivilprozessrecht, 156 f.

[27] Vgl. dazu Guldener, Schweizerisches Zivilprozessrecht, 175 ff. Zur Einwirkung der Parteien auf das Verfahren vgl. Guldener, a.a.O., 52, ferner Loosli, 45 ff.

er auf den ersten Blick weniger zu sagen[28]. Im Urteilsspruch kann immerhin zum Ausdruck kommen, ob man von der einen oder der anderen Auffassung ausgeht[29].

Eine damit in engem Zusammenhang stehende Streitfrage ist diejenige nach der Existenz eines *Klagerechts*. In der deutschen Literatur wurde die Meinung vertreten, dass dem Privatrechtssubjekt zwei Ansprüche zustünden: der privatrechtliche gegen seinen Privatrechtsgegner einerseits und der öffentlich-rechtliche auf Schutz dieses privatrechtlichen Anspruches gegenüber dem Staat andererseits, das sogenannte publizistische Klagerecht[30]. Im Weitern wird von einzelnen Autoren wieder unterschieden zwischen dem privatrechtlich verstandenen Klagerecht als dem gerichtlich im Wege des Angriffs erzwingbaren Recht auf eine gewisse privatrechtliche Leistung (angenähert dem materiellrechlichen Anspruch an sich) und dem Recht gegen das Gericht auf Zwang der beklagten Partei zur Einlassung und hernach auf Verurteilung derselben zur geforderten privatrechtlichen Leistung[31]. Oder es wird unterschieden zwischen der publizistischen Antwortpflicht des Gerichtes, die gegenüber beiden

15

---

[28] Vgl. dazu GULDENER, Schweizerisches Zivilprozessrecht, 54 ff. Man denke aber an folgenden Fall: A hat gegenüber B eine Veruntreuung von 10 000 Franken begangen. Nachdem er in Konkurs gefallen ist, meldet B diese Forderung an und erhält dafür einen Verlustschein. Im Zusammenhang mit einem langwierigen Strafverfahren wegen weiterer Delikte wird A auch der Veruntreuung zum Nachteil des B schuldig befunden. Dem B wird adhäsionsweise (vgl. Rz 19 hiernach) der Betrag von 10 000 Franken als Schadenersatz zugesprochen. Als B, gestützt auf dieses Urteil, betreibt, erhebt A Rechtsvorschlag wegen fehlenden neuen Vermögens (Konkursforderung, SchKG 265 Abs. 2 Satz 2). Bei Zugrundelegung der monistischen Theorie könnte B einwenden, die Forderung sei erst durch das Urteil entstanden, somit sei er als Neugläubiger zu betrachten und der Einrede aus Art. 265 Abs. 2 Satz 2 SchKG nicht unterworfen.

[29] Dualistisch lautet das Urteil über die Leistungsklage: *Der Beklagte ist verpflichtet, dem Kläger Fr. x zu bezahlen,* d.h., er war es schon vorher, wir, das Gericht, stellen nur autoritativ fest, dass er sie zahlen muss, da er es nicht getan hat. Monistisch dagegen lautet das Urteil: *Der Beklagte wird verpflichtet, dem Kläger Fr. x zu bezahlen,* d.h., das Recht des Klägers auf die Fr. x ist jetzt, durch unseren Richterspruch, aufgrund der von uns angewendeten Rechtssätze zur Entstehung gelangt. Wo allerdings eine Sanktion an die Verpflichtung geknüpft werden muss, wie z.B. bei Unterlassungsurteilen, bleibt gar keine andere Möglichkeit, als das *wird* zu verwenden.
GULDENER, Schweizerisches Zivilprozessrecht, 55 ff., hat sich mit einlässlicher Begründung, auf die verwiesen sei, auf den Boden der dualistischen Theorie gestellt. Für die monistische Betrachtungsweise vgl. JULIUS BINDER, Prozess und Recht, Leipzig 1927, 105 f.: Denn nicht darin besteht das Wesen des Rechts, dass der Einzelne im einzelnen Fall der einzelnen Rechtsnorm gehorcht; sondern darin, dass sie sich gegenüber dem Ungehorsamen durchzusetzen vermag; ... Die monistische Auffassung führt BINDER denn auch zu einem eigenen Verständnis der materiellen Rechtskraft. Für ihn ist das prozessordnungsmässig ergangene Urteil notwendigerweise richtig, wo es etwa für KONRAD HELLWIG (Rechtskraft, Leipzig 1901, 12) lediglich unbestreitbar ist. Auszuklammern sind hier selbstverständlich die Gestaltungsurteile, für die besondere Grundsätze gelten.

[30] GULDENER, Schweizerisches Zivilprozessrecht, 194 f.

[31] ADOLF WACH, I 21, sagt dazu: «Der Rechtsschutzanspruch wird befriedigt durch Rechtsschutzhandlung, speciell durch günstiges Urtheil (z.B. bei der Feststellungsklage), und erlischt in seiner Befriedigung, während das materielle Recht im Urteil neue Kraft und Bestätigung empfängt.»

Parteien besteht³², und der Rechtsschutzpflicht, die nur gegenüber derjenigen Person besteht, die Recht hat³³: Das eine ist das *Recht auf Entscheidung,* das andere das Recht auf günstige Entscheidung. Letzteres müsste aber teilbar sein, kann doch das Gericht teilweise zugunsten der einen, teilweise zugunsten der anderen Partei entscheiden³⁴. Das Klagerecht hat im schweizerischen Zivilprozessrecht in zwei Richtungen Bedeutung erlangt:

16 Einmal kann es vorkommen, dass eine kantonalrechtliche Frist Verwirkung der Klage androht³⁵. Alsdann stellt sich die Frage, ob bei Versäumnis dieser Frist der materielle Anspruch untergegangen sei oder nur das (auf das betreffende Jurisdiktionsgebiet beschränkte) Recht, ihn geltend zu machen, sodass in einem anderen Kanton – örtliche Zuständigkeit des angerufenen Gerichtes im betreffenden Zeitpunkt vorausgesetzt – neu geklagt werden könnte. Das Bundesgericht und die herrschende Lehre sind mit teilweise überzeugender Begründung, auf die verwiesen werden kann, der ersteren Auffassung³⁶.

---

³² Beide haben Anspruch darauf, dass das Gericht ihre Frage beantwortet.

³³ Für diese Unterscheidung vgl. im Einzelnen STEIN / JONAS / BREHM, Einl. Rz 204, 211–220, vgl. auch ARWED BLOMEYER, in: Festschrift für *Eduard Bötticher,* Berlin 1969, 61 f.

³⁴ GEORG SCHÜLER, Der Urteilsanspruch, Tübingen 1921, 69 Anm. 7.

³⁵ Z.B. lautete bis zur Revision von 1963 *Uri* aZPO 124 Abs. 2 (ähnlich auch *Schwyz* aZPO 202 und die Ordnungen von drei weiteren Kantonen sowie bis zum 30. Juni 1994 *Basel-Landschaft* ZPO § 85 Abs. 1, vgl. dazu § 3 Anm. 11 hiernach) in diesem Sinne; die heutige Fassung von § 85 der ZPO von *Basel-Landschaft* lautet:

§ 85 Verzögerung der Abgabe des Akzessscheines

¹ Hat der Kläger in Fällen, für welche die friedensrichterliche Instanz vorgeschrieben ist, innert zwölf Monaten nach der friedensrichterlichen Verhandlung die Klage beim Gericht nicht anhängig gemacht, so fällt das angehobene Verfahren dahin. Verspätet eingereichte Akzessscheine werden von Amtes wegen zurückgewiesen.

² Der Beklagte hat das Recht, den Kläger nach Ablauf eines Monats, sofern nicht vorher schriftlich auf den Anspruch verzichtet worden ist, zur Fortsetzung des Prozesses vor das zuständige Gericht vorladen zu lassen. Verzichtet er auf den erhobenen Anspruch, so ist die Streitsache damit erledigt, und der Kläger trägt die Kosten.

³ Andernfalls wird der Prozess eingeleitet und durchgeführt, wie wenn der Kläger aus freien Stücken Klage beim Gerichtspräsidium angehoben hätte. (ZPO 198 Abs. 3).

³⁶ Hier begegnet uns noch das Provokationsverfahren, das der Kanton Zürich auch einmal kannte, das er indessen wegen der Möglichkeit der negativen Feststellungsklage aufgab.
BGE 67 II 74. Das Bundesgericht nennt es dort eine doktrinäre Überspannung, als Gegenstand des Prozesses nicht den eingeklagten Anspruch, sondern den darauf bezüglichen Rechtsschutzanspruch als solchen anzusehen. Das behauptet aber insbesondere KONRAD HELLWIG, Anspruch und Klagerecht, 121 ff., den das Bundesgericht zitiert, gar nicht. Dass es so etwas wie einen Rechtsschutzanspruch im publizistischen Sinne gibt, zeigt für Zürich und viele andere Schweizer Kantone das Institut des friedensrichterlichen Sühnversuchs oder des Schlichtungsverfahrens. Seine Abhaltung ist für eine grosse Zahl von Prozessen unabdingbare Voraussetzung dafür, dass der Entscheid eines erkennenden Gerichtes verlangt werden kann. Ist das Sühnverfahren von der klagenden Partei nicht beschritten worden, hat sie nicht einen Leitschein, Weisungsschein Akzessschein oder neu nach Art. 206 CH ZPO eine Klagebewilligung in der Hand, so kann selbst bei Einverständnis der beklag-

Zum Zweiten hat die Lehre den Grundsatz herausgearbeitet, dass wegen der «künstlichen Zerteilung der Privatrechtsordnung in Zivilrecht des Bundes und Prozessrecht der Kantone»[37] das Bundeszivilrecht bestimme, welche Rechtsbehauptungen zum Urteil kommen müssten und welcher Interessen es hiefür bedürfe: «Wenn eine nach Bundesrecht mögliche Rechtsbehauptung und ein nach Bundeszivilrecht genügendes Interesse vorliegt: dann muss der kantonale Prozess unter allen Umständen den verfahrensmässigen Weg öffnen, der zum autoritativen Entscheid über die Rechtsbehauptung führt.» An diesen Begriff des bundesrechtlichen Klagerechtes knüpfen sich weitreichende Folgen mit Bezug auf die Definition des Rechtsschutzinteresses, insbesondere des Feststellungsinteresses[38] und der Berücksichtigung der materiellen Rechtskraft[39]. Nicht zu verwechseln ist der Begriff des *bundesrechtlichen Klagerechtes* mit demjenigen der im positiven Zivilrecht hie und da anzutreffenden *Klagbarkeit des Anspruches*[40].

17

Ein eigentliches Phänomen des Zivilprozesses wie auch des Straf- und Verwaltungsprozesses ist das Autoritative, das der Rechtsprechung für den einzelnen Prozess anhaftet. «Ein Mann, mit einem Talar bekleidet, spricht von einem erhöhten Platz

18

---

ten Partei weder Durchführung des Erkenntnisverfahrens noch Urteilsfällung erwirkt werden (ein anlässlich der Zürcher Revision von 1995 im Kantonsrat gestellter Antrag, den Parteien den schriftlich zu vereinbarenden Verzicht auf das Sühnverfahren zu ermöglichen, wurde mit 114:18 Stimmen abgelehnt: Protokoll des Zürcher Kantonsraten 1991–1995 4123).
Verzicht auf das Schlichtungsverfahren sieht Art. 196 CH ZPO in folgenden Fällen vor:
• Durch ausdrückliche gemeinsame Erklärung der Parteien bei vermögensrechtlichen Streitigkeiten mit einem Streitwert von mindestens 100 000 Franken;
• Durch ausdrückliche oder stillschweigende Erklärung der klagenden Partei,
  – wenn die beklagte Partei ihren Sitz im Ausland hat;
  – wenn der Aufenthaltsort der beklagten Partei unbekannt ist;
  – in Streitigkeiten nach den Gleichstellungsgesetz vom 24. März 1995 (SR 151.1).
Zuzustimmen ist HABSCHEID, Droit judiciaire, 6, wenn er «le seul droit des justiciables» im Recht auf Entscheidung (im Sinne zumindest eines Prozessurteils) sieht, das Recht des Einzelnen also auf den Justizgewährungsanspruch beschränkt, wogegen die Pflicht des Richters zu richtiger Entscheidung allein dem Staat gegenüber besteht. In einem Entscheid vom 8. März 1978, in welchem Art. 27 Abs. 2 der damaligen glarnerischen ZPO als unvereinbar mit der derogatorischen Kraft des Bundesrechts bezeichnet wird, operiert die Staatsrechtliche Kammer des Bundesgerichts doch wieder mit dem Begriff des Klagerechts (BGE 104 Ia 110).

[37] KUMMER, Klagerecht, 21.
[38] Vgl. § 24 Rz 8–16, 18–24 hiernach.
[39] Vgl. § 26 Rz 112–116 hiernach.
[40] Vollkommene im Gegensatz zu den unvollkommenen Obligationen (VON TUHR/PETER, § 4, 32 ff.). Hat der Verlierer eines Spiels dem Gewinner, der die Spielschuld nicht einklagen konnte, freiwillig bezahlt (trotz fehlender Klagbarkeit), so verbietet Art. 514 Abs. 2 OR die Rückforderung. Dennoch hat der Verlierer mit Bezug auf sie das Klagerecht, nur ist seine Klage abzuweisen. Dagegen kann sie der beklagte Gewinner anerkennen. Leistet der Verlierer nicht freiwillig und tritt der Gewinner klagend auf, so fehlt es wiederum nicht am Klagerecht, sondern an einer klagbaren Obligation, die lediglich erfüllbar (dagegen nicht einmal der Verrechnung zugänglich) ist (VON TUHR/PETER, 33).

§ 1   Zivilprozess und Zivilprozessrecht

aus zu einem vor ihm stehenden Menschen bestimmte Worte. Dieser äussere Vorgang bedeutet rechtlich: dass ein richterliches Urteil gefällt wurde.»[41]

E.   Verfahrensgestaltung

1.   Der Adhäsionsprozess

19   Zivilrechtliche Ansprüche werden nicht nur im Zivilprozess, sondern auch im Strafprozess[42] festgestellt. Durch die Zulassung von Schadenersatzbegehren im sogenannten Adhäsionsprozess wird dem Geschädigten[43] ermöglicht, ohne zusätzliches Verfahren einen richterlichen Entscheid auch über seine zivilrechtlichen Ansprüche gegenüber dem Täter herbeizuführen. Eigentliche Regeln über dieses Verfahren bestehen jedoch in den kantonalen Strafprozessordnungen kaum[44]. Anzunehmen ist, dass analog die Bestimmungen der jeweiligen Zivilprozessordnung gelten müssten[45], was jedoch den Strafrichter vor kaum lösbare Aufgaben stellen könnte[46]. In der Praxis werden eigentliche Adhäsionsprozesse kaum je durchgeführt. Entweder wird eine Schadenersatzforderung vom Angeklagten im Strafprozess anerkannt, worauf davon Vormerk genommen wird, oder sie wird bestritten, worauf sie so weit zugesprochen wird, als sie durch die Akten ausgewiesen und insbesondere auch das Quantitativ

---

[41]   KELSEN, 2.
[42]   *Zürich* StPO 192 ff.
[43]   Zum Begriff des Geschädigten vgl. SCHMID, Strafprozessrecht, Rz 402, sowie SJZ 71/1975, 282 Nr. 132 und dortige Verweisung; ferner WALTER RAPOLD, Der erstinstanzliche Zürcher Adhäsionsprozess, speziell in seinen Beziehungen zum Zivilprozess, Diss. Zürich, Winterthur 1958.
[44]   Die vermutlich gleichzeitig mit der Schweizerischen Zivilprozessordnung in Kraft tretende Schweizerische Strafprozessordnung vom 5. Oktober 2007 enthält bezügliche Vorschriften im 4. Abschnitt (Zivilklage) des 3. Kapitels (Geschädigte Person, Opfer und Privatklägerschaft) des 3. Titels (Parteien und andere Verfahrensbeteiligte) mit den Artikeln 122–126. Nach Art. 126 Abs. 1 der neuen StPO entscheidet das Strafgericht über die anhängig gemachte Zivilklage, wenn es die beschuldigte Person;
a. schuldig spricht;
b. freispricht und der Sachverhalt spruchreif ist.
Abs. 3 erster Satz sieht aber vor, dass, wenn die vollständige Beurteilung des Zivilanspruchs unverhältnismässig aufwendig wäre, das Gericht die Zivilklage dem Grundsatz nach entscheiden und sie im Übrigen auf den Zivilweg verweisen kann. Das Urteil des Strafgerichts hat dann die materielle Rechtskraft eines Feststellungsurteils. Ansprüche von geringer Höhe beurteilt das Strafgericht nach Möglichkeit selbst (StPO 126 Abs. 3 zweiter Satz).
[45]   GULDENER, Schweizerisches Zivilprozessrecht, 59.
[46]   So ist z.B. die Durchführung eines mehrfachen Schriftenwechsels und Ausarbeitung eines Beweisauflagebeschlusses zum Zivilpunkt im Strafprozess nicht möglich (*Zürich* StPO 193). Das Strafprozessgesetz des Kantons *St. Gallen* vom 1. Juli 1999 (GS 962. 1) enthält in Art. 43 bis 47 eingehendere Bestimmungen über die Behandlung der Zivilklage im Rahmen des Strafprozesses.

klargestellt ist. Trifft keine dieser Situationen zu, so pflegen die Strafgerichte die Schadenersatzansprüche auf den Zivilweg zu verweisen[47].

2. Streitiges und nichtstreitiges Verfahren

Dient das sogenannte streitige Verfahren der Austragung von Rechtsstreitigkeiten zwischen mehreren Rechtssubjekten, so umfasst das sogenannte Verfahren in nichtstreitigen Rechtssachen – auch freiwillige Gerichtsbarkeit genannt – *das Verfahren der Behörden bei der Begründung, Änderung oder Aufhebung von Privatrechten oder zur Erhebung und Feststellung eines Sachverhaltes auf einseitigen Antrag von Privaten*[48]. Die Definition vermag nicht zu befriedigen, weil sie nicht auf alle Fälle der freiwilligen Gerichtsbarkeit zutrifft, andererseits aber auch nicht alle Fälle der freiwilligen Gerichtsbarkeit umfasst[49]. Es handelt sich im Grund genommen um Verwaltungstätigkeit in privatrechtlichen Angelegenheiten, die von Gerichten oder anderen Organen der Rechtspflege (z.B. Notariaten) ausgeübt wird, wobei sich zwei oder mehr Parteien gegenüberstehen können, aber auch bloss ein einzelner Antragsteller auftreten kann oder gar die Behörde von Amts wegen tätig wird. Die geltende Zürcher Zivilprozessordnung verwendet den Begriff des nichtstreitigen Verfahrens nicht mehr, was indessen nichts daran ändert, dass es Geschäfte der freiwilligen Gerichtsbarkeit gibt. Diese sind jetzt, soweit die Gerichte damit befasst sind, dem summarischen Verfahren zugeteilt, dessen Ablauf schon bisher dem des nichtstreitigen Verfahrens verwandt war[50].

20

3. Besondere Merkmale des Zivilprozesses im Vergleich mit dem Straf- und dem Verwaltungsprozess

Gegenüber dem *Strafprozess* unterscheidet sich der Zivilprozess vor allem in zwei Richtungen: Der Strafprozess baut auf den Ermittlungen der Untersuchungsbehörden auf und gibt den Beteiligten bis zum Urteil Gelegenheit, belastendes und entlastendes Tatsachenmaterial in den Prozess einzuführen, wogegen der Zivilprozess – Ausnahmen vorbehalten – grundsätzlich von dem Sachverhalt ausgeht, wie ihn die Parteien dem Richter bis zu einem bestimmten Verfahrensabschnitt vortragen,

21

---

[47] Zürich StPO 193a. Gemäss dem mit Inkrafttreten der Schweizerischen Strafprozessordnung aufzuhebenden Art. 9 Abs. 1 des Bundesgesetzes über die Hilfe an Opfer von Straftaten (Opferhilfegesetz, OHG) vom 4. Oktober 1991 (SR 312. 5) entscheidet das Strafgericht auch über die Zivilansprüche des Opfers, *solange der Täter nicht freigesprochen oder das Verfahren nicht eingestellt ist*. Redaktionell ist zu bemerken, dass Freigesprochene nicht als Täter zu bezeichnen wären. Vgl. StPO 193 in neuer Fassung.
[48] Zürich aZPO 378.
[49] GULDENER, Freiwillige Gerichtsbarkeit, 1 f.
[50] Die nichtstreitigen Geschäfte aus dem Gebiet von ZGB und OR finden sich in den §§ 215–219 ZPO aufgeführt. Vgl. KOLLHOSSER, ZZP 93/1980, 265 ff.; KÖNIG, ZZP 93/1980, 312 ff.

und bei Widersprüchen in der Sachverhaltsschilderung sich auf Abklärung dieser Widersprüche und auf die von den Parteien nominierten Beweismittel beschränkt, im übrigen jedoch vom (möglicherweise unzutreffend, aber) übereinstimmend geschilderten Sachverhalt ausgeht. Im Weitern pflegt beim Strafprozess die Sammlung des Sachverhaltsmaterials jeglicher Aussprache der Beteiligten zum Fall voranzugehen, wogegen im Zivilprozess in der Regel gerade umgekehrt vorgegangen wird: zunächst Sachverhaltsschilderung mit oder ohne Rechtserörterungen und anschliessend Beweisabnahme.

22 Mehr Berührungspunkte bestehen zwischen dem Zivilprozess und dem *Verwaltungsprozess,* und die bezüglichen Gesetzgebungen nehmen immer wieder auf den Zivilprozess Bezug[51]. Der Unterschied liegt hier vor allem darin, dass in zahlreichen Fällen der Verwaltungsprozess die Form eines Rechtsmittelverfahrens erhält, in welchem sich ein Privater und eine Behörde als Parteien gegenüber stehen, wogegen ein erstinstanzliches Hauptverfahren entfällt, abgesehen von den Fällen der sogenannten verwaltungsrechtlichen Klage[52]. Im Weitern ist auch im Verwaltungsprozess die Sammlung des Tatbestandsmaterials in geringerem Masse dem einzelnen Rechtssubjekt überlassen als im Zivilprozess[53].

F. Verfahrensgrundsätze, Verhalten der Gerichte und der Parteien

23 Die Zivilprozessgesetze basieren auf gewissen Verfahrensgrundsätzen, die mehr oder weniger intensiv verwirklicht sind: Dispositionsmaxime, Verhandlungsmaxime, Eventualmaxime, Offizialmaxime usw.[54] Daneben gibt es mehr programmatische Erklärungen, so etwa in § 50 ZPO:

24 «Alle am Prozess Beteiligten haben nach Treu und Glauben zu handeln[55].
Insbesondere sollen die Parteien zur Verfolgung ihrer Rechte nicht wissentlich ungerechte Prozesse führen und sich nur erlaubter Mittel bedienen. Dem Gericht gegenüber sind sie zur Wahrheit verpflichtet.
Böswillige oder mutwillige Prozessführung der Parteien wird disziplinarisch geahndet.»

---

[51] Vgl. Anm. 10 hiervor.
[52] VRG 81 ff., BGG 120.
[53] Vgl. dazu ALFRED KÖLZ, Prozessmaximen im schweizerischen Verwaltungsprozess, Zürcher Schriften zum Verfahrensrecht, Bd. 4, Zürich 1974.
[54] Dazu §§ 16–23 hiernach.
[55] Das gilt insbesondere auch für die Gerichte. So verstösst es gegen den Grundsatz von Treu und Glauben, wenn das Gericht von seinem Ablehnungsrecht nach Art. 9 Abs. 3 GestG oder Art. 5 Abs. 3 IPRG erst Gebrauch macht, nachdem Frist zur Klageantwort angesetzt wurde, sofern das Fehlen einer Binnenbeziehung von Anfang an erkennbar war (ZR 94/1995 Nr. 68).

Den Gerichten und den Parteien wird auch ein gewisser Verhaltenskodex auferlegt: 25
Das Amtsgeheimnis ist zu wahren[56], der Präsident bzw. das Gericht hat für Ruhe und
Ordnung in den Verhandlungen zu sorgen[57], und den Parteien ist untersagt, Richter,
Geschworene und Kanzleibeamte ausserhalb des Prozessverfahrens von ihrer Sache
zu unterrichten oder sie in anderer Weise zu beeinflussen[58].

---

[56] GVG 128.
[57] GVG 124 erster Satz; ZPO CH 128 Abs. 1, 2; BGG 33.
[58] GVG 129. Diese Bestimmung verbietet lediglich die Beeinflussung von Gerichtspersonen ausserhalb des Verfahrens. Innerhalb des Prozesses ist es Pflicht des Verteidigers (und des Parteivertreters im Zivilprozess), unter Verwendung sämtlicher ihm vom Prozessrecht zur Verfügung gestellter Mittel auf Richter und Geschworene Einfluss zu nehmen (ZR 79/1980 Nr. 125).

§ 2 Quellen und Literatur zum Zivilprozessrecht des Bundes und der Kantone

Inhaltsverzeichnis Seite

A. Rechtsquellen 17
B. Literatur 18
    1. Emil Schurter/Hans Fritzsche: Das Zivilprozessrecht der Schweiz 18
    2. Max Guldener: Schweizerisches Zivilprozessrecht 19
    3. Hans Sträuli/Georg Messmer/Felix Wiget/Richard Frank: Kommentar zur Zürcherischen Zivilprozessordnung von 1976 20
    4. Walther J. Habscheid: Droit judiciaire privé suisse 20
    5. Walther J. Habscheid: Schweizerisches Zivilprozess- und Gerichtsorganisationsrecht 20
    6. Oscar Vogel/Karl Spühler: Grundriss des Zivilprozessrechts und des internationalen Zivilprozessrechts der Schweiz 21
    7. Henri-Robert Schüpbach: Traité de procédure civile 21
    8. Thomas Sutter-Somm: Schweizerisches Zivilprozessrecht 21
    9. Bernhard Berger/Andreas Güngerich: Zivilprozessrecht 21
   10. Adrian Staehelin/Daniel Staehelin/Pascal Grolimund: Zivilprozessrecht nach dem Entwurf für eine Schweizerische Zivilprozessordnung und weiteren Erlassen – unter Einbezug des internationalen Rechts 22

A. Rechtsquellen

In Anbetracht des Umstandes, dass wir vor uns immer noch 26 kantonale Zivilprozessordnungen mit dazugehörigen Gerichtsverfassungsgesetzen und zahlreichen Nebenerlassen sowie eine Bundeszivilprozessordnung, ein eidgenössisches Gerichtsstandsgesetz und ein Bundesgerichtsgesetz haben, dass ferner auch das SchKG und das materielle Recht, insbesondere ZGB und OR, prozessuale Bestimmungen enthalten und bei gewissen Fragen ausländisches, insbesondere deutsches Zivilprozessrecht mit zu Rate gezogen werden muss, ist das Quellenmaterial recht umfangreich.

Die Schweizerische Zivilprozessordnung, auf die immer wieder verwiesen wird, soll eine Vereinheitlichung des Zivilprozessrechts bringen.

Bezüglich der Gesetzgebung ist für die Zeit nach Inkrafttreten der Schweizerischen Zivilprozessordnung (ZPO) Folgendes zu beachten:

1. Das Gerichtsstandsgesetz (GestG) wird, weil in die ZPO integriert, entfallen.
2. Die ZPO wird das zivilgerichtliche Verfahren vor den kantonalen Gerichten für sämtliche dortigen Instanzen abschliessend regeln. Kantonalrechtliche Bestimmungen über Einzelfragen (z.B. öffentliche Beratung) bleiben vorbehalten.
3. Das Bundesgerichtsgesetz (BGG) regelt jetzt schon und wird weiterhin regeln die Stellung und Organisation des Schweizerischen Bundesgerichts und das Ver-

fahren vor demselben als Beschwerdeinstanz (Beschwerde in Zivilsachen, in Strafsachen und in öffentlich-rechtlichen Angelegenheiten sowie subsidiäre Verfassungsbeschwerde) sowie als Revisions-, Erläuterungs- und Berichtigungsinstanz.
4. Die Bundeszivilprozessordnung (BZP) regelt jetzt schon und wird weiterhin regeln das Verfahren vor dem Schweizerischen Bundesgericht als einziger Instanz (BGG 120).
5. Das interkantonale Konkordat über die Schiedsgerichtsbarkeit (SchGK) wird, weil in der ZPO integriert, entfallen.
6. Das Bundesgesetz über das Internationale Privatrecht (IPRG) regelt jetzt schon und wird weiterhin regeln das Verfahren vor Internationalen Schiedsgerichten.
7. Bestimmungen aus dem Privatrecht, welche prozessualen Inhalt haben (z.B. Anwendbarkeit eines einfachen und raschen Verfahrens oder Kostenlosigkeit), werden, weil in die ZPO integriert, entfallen.

Immer mehr an Bedeutung gewinnen das internationale sowie das europäische Zivilprozessrecht, auf das im vorliegenden Buch nicht näher eingegangen wird.[1]

B. Literatur

2   Aus der ebenso reichhaltigen Literatur werden nachfolgend neun besonders wichtige Werke herausgehoben.

1. Emil Schurter/Hans Fritzsche: Das Zivilprozessrecht der Schweiz

3   Der zürcherische Bundesrichter EMIL SCHURTER (1864–1921) hatte es unternommen, ein Werk herauszugeben, das eine ähnliche Funktion hätte erhalten sollen wie EUGEN HUBERS «System und Geschichte des schweizerischen Privatrechtes», also eine Aufzeichnung dessen, was im schweizerischen Zivilprozessrecht damals bestand und wie es sich entwickelt hatte, des Werdeganges der bundesrechtlichen Einrichtungen und der Geschichte dessen, was in den Kantonen geschah. Im Jahre 1919 erfolgte am Schweizerischen Juristentag in Genf ein merkwürdiges Zusammentreffen. Beim Nachtessen wollte es der Zufall, dass Schurter neben den jungen Zürcher Privatdozenten HANS FRITZSCHE (1882–1972) zu sitzen kam. Diesem erzählte er von seiner Arbeit und dass er sie gerne in jüngere Hände legen möchte[2]. Fritzsche übernahm nach kurzer Bedenkzeit die Sache und führte sie verhältnismässig kurzfristig zu

---

[1] JAN KROPHOLLER, Europäisches Zivilprozessrecht, Kommentar, 8. Auflage, Frankfurt am Main, 2005.
[2] HANS FRITZSCHE, Dankbares Gedenken, Zürich 1963, 88.

Ende. Daraus resultierte das dreibändige Werk *Das Zivilprozessrecht der Schweiz*, heute noch eine unerschöpfliche Fundgrube für das Werden der schweizerischen Zivilprozessrechte. 1924 erschien der erste Band *Das Zivilprozessrecht des Bundes*, 1931 und 1933 die beiden Halbbände *Geschichte der kantonalen Zivilprozessrechte*.

Der erste Band umfasst Abschnitte über *Die alte Eidgenossenschaft, Die Helvetik, Die Zeit von 1803 bis zur Gründung des Bundesstaates, Die Zeit von 1848 bis zur Gegenwart,* und in diesem letzten und umfangreichsten Abschnitt werden behandelt: 4

– Die Organisation der Bundeszivilrechtspflege (vgl. dazu § 3 hiernach)
– Das Zivilprozessverfahren bei den Bundesorganen
– Bundesrechtliche Vorschriften über Organisation, sachliche, funktionelle und örtliche Zuständigkeit der kantonalen Rechtspflegeorgane
– Bundesrechtliche Vorschriften über das kantonale Prozessverfahren
– Konkordate über Gegenstände des Zivilprozessrechts
– Staatsvertragliches Prozess- und Vollstreckungsrecht
– Internationale Schiedsgerichte.

Die anderen beiden Bände bringen in chronologischer Reihenfolge die kantonalen Kodifikationen des Zivilprozessrechts, eingeteilt in fünf, den wichtigsten Perioden der schweizerischen Rechtsgeschichte des 19. und 20. Jahrhunderts entsprechende Zeitabschnitte, beginnend mit dem Code de procédure civile von *Genf* 1819 und endend mit der (heute längst nicht mehr in Kraft befindlichen) Zivilprozessordnung von *Glarus* aus dem Jahre 1930. Von jedem Kanton sind somit mehrere Kodifikationen behandelt, insgesamt deren 65[3]. Seitdem sind noch weitere 22 Zivilprozessordnungen entstanden, bis heute somit in den Kantonen deren 87, die Teilrevisionen nicht mitgerechnet. 5

2. Max Guldener: Schweizerisches Zivilprozessrecht

Das Werk von Schurter und Fritzsche liefert eine vertikale Übersicht mit primär historischem Einschlag, wogegen MAX GULDENER (1903–1981) ein eigentliches System des Zivilprozessrechts unter Verarbeitung und Kommentierung sowohl der allgemeinen Lehre als auch rechtsvergleichender Darstellung und Besprechung einzelner Bestimmungen im jeweiligen Zusammenhang vorlegte. Dieses Hauptwerk aus der Feder des langjährigen Zürcher Ordinarius und Nachfolgers von Hans Fritzsche auf dem Lehrstuhl für Zivilprozessrecht ist heute aus der schweizerischen Prozessrechtswissenschaft nicht wegzudenken. Es erschien 1947/1948 in zwei Bänden; eine zweite und dritte Auflage in einem Band folgten 1958 und 1979. 6

Randziffer 7 entfällt

---

[3] Vgl. dazu HANS URICH WALDER, Die Entwicklung des schweizerischen Zivilprozessrechtes von 1930 bis 1980, SJZ 78/1982, 105 ff.

3. Hans Sträuli/Georg Messmer/Felix Wiget/Richard Frank: Kommentar zur Zürcherischen Zivilprozessordnung von 1976

8 Die beiden Rechtsanwälte HANS STRÄULI (1902–1986) und FELIX WIGET (1913–1992) gehörten zusammen mit dem Oberrichter und nachmaligen Bundesrichter GEORG MESSMER (1922–1986) der Expertenkommission an, die – auf einem Vorentwurf Max Guldeners basierend – der nunmehr geltenden Zürcher Zivilprozessordnung und dem revidierten Gerichtsverfassungsgesetz im Wesentlichen das heutige Gesicht gab. Der 1982 in zweiter Auflage erschienene Kommentar nützt ihre grossen Erfahrungen und erfüllt alle Wünsche, die an ein solches Nachschlagewerk gestellt werden mögen. Eine dritte, von RICHARD FRANK (geb. 1921) bearbeitete Auflage ist 1996 erschienen (Schiedsgerichtsbarkeit behandelt durch NIKLAUS WIGET [geb. 1944] und GREGOR WIGET [geb. 1951]) und wurde im Jahre 2000 durch einen Ergänzungsband nachgeführt. Die übliche, auch in diesem Buch verwendete Zitierweise der neuesten Auflage lautet: FRANK / STRÄULI / MESSMER.

4. Walther J. Habscheid: Droit judiciaire privé suisse

9 Dieser 1924 geborene deutsche Professor – in Würzburg, später auch in Genf und schliesslich in Zürich wirkend – unternahm es, mit seinem *Droit judiciaire privé suisse* (1975) ein dogmatisches und rechtsvergleichendes Werk über das schweizerische Zivilprozessrecht mit Ausblicken auf die Verfahrensrechte zahlreicher Länder vorzulegen. Das in zweiter Auflage 1981 erschienene Werk wurde mit seinen 589 Seiten den Anforderungen an ein Lehrbuch für Studierende und denen an ein Hilfsmittel für die Praxis gleichermassen gerecht, ganz abgesehen vom hohen wissenschaftlichen Standard dieser Publikation. Die darin dargestellten Regelungen sind jedoch weitgehend durch spätere Kodifikationen ersetzt worden.

5. Walther J. Habscheid: Schweizerisches Zivilprozess- und Gerichtsorganisationsrecht

10 Dieses deutschsprachige Pendant zu dem in Ziff. 4 beschriebenen Werk erschien 1986 in erster und bereits 1990 in zweiter Auflage. Es zeigt die ganze Breite des Wissens und die Darstellungskunst des Verfassers, dem im Hinblick auch auf seine rechtsvergleichende Tätigkeit die Beschäftigung mit dem schweizerischen Verfahrensrecht geradezu leicht zu fallen schien.

6. Oscar Vogel/Karl Spühler: Grundriss des Zivilprozessrechts und des internationalen Zivilprozessrechts der Schweiz

Dieses, vom auch als Rechtslehrer wirkenden früheren Zürcher Obergerichts- und Handelsgerichtspräsidenten Oscar Vogel (1925–2000) im Jahre 1984 begründete knappe, aber klare Lehrbuch, hat 2006 dank des Wirkens von Karl Spühler (geb. 1935, früher Bundesrichter, dann Professor in Zürich) seine achte Auflage erreicht und stellt die kantonalen Besonderheiten ebenso plastisch dar wie die allgemeinen Regeln. Es berücksichtigt vor allem auch die Probleme im Zusammenhang mit dem Lugano-Übereinkommen.

11

7. Henri-Robert Schüpbach: Traité de procédure civile

Von diesem gross angelegten Werk des 1935 geborenen Neuenburger Prozessualisten ist 1995 der erste Band erschienen, der sich unter dem Titel *Introduction* mit den Quellen des Zivilprozessrechts und seiner Natur befasst, während ein weiterer Abschnitt den Problemen der streitigen Gerichtsbarkeit gewidmet ist.

12

8. Thomas Sutter-Somm: Schweizerisches Zivilprozessrecht

Dieses im Jahr 2007 publizierte Buch des in Basel und Luzern wirkenden Rechtslehrers und Präsidenten der einschlägigen Expertenkommission (geb. 1956) ist bereits auf die in Aussicht stehende Schweizerische Zivilprozessordnung ausgerichtet, bietet aber zahlreiche Orientierungen über bestehende kantonalrechtliche Institutionen.

13

9. Bernhard Berger/Andreas Güngerich: Zivilprozessrecht

Das 2008 erschienene Lehrbuch setzt die Tradition von Max Kummer[4] fort, indem es den Entwurf für eine schweizerische ZPO mit dem Zivilprozessrecht des Kantons Bern verbindet. Es enthält vor allem auch Übungsfragen und -antworten für den Unterricht.

14

---

[4] Max Kummer, Grundriss des Zivilprozessrechts, 1984, 4. Aufl., gewährt einen Überblick über das Zivilprozessrecht des Kantons Bern und den damit verwandten Bundeszivilprozess unter Einschluss der damaligen Bundesrechtsmittel und Verarbeitung der allgemeinen Lehren.

10. Adrian Staehelin/Daniel Staehelin/Pascal Grolimund: Zivilprozessrecht nach dem Entwurf für eine Schweizerische Zivilprozessordnung und weiteren Erlassen – unter Einbezug des internationalen Rechts

15 Dieses Werk ist ein Lehr- und Handbuch zum Zivilprozessrecht, basierend auf dem Entwurf zur Schweizerischen Zivilprozessordnung gemäss Botschaft vom 28. Juni 2006. Das Werk besticht durch seine Übersichtlichkeit und leichte Lesbarkeit. Es behandelt zusätzlich das Schweizerische Anwaltsrecht, das nunmehr wenigstens teilweise bundesrechtlich geordnet ist. Im Anhang finden sich der Wortlaut des Entwurfs der Schweizerischen Zivilprozessordnung sowie des revidierten Lugano-Übereinkommens.

§ 3 Bundesrecht und kantonales Recht auf dem Gebiet des Zivilprozessrechts

Inhaltsverzeichnis Seite

- A. Einleitung 24
- B. Die Zivilgerichtsbarkeit des Bundes 24
  - I. Die bisherigen Materien 24
  - II. Die bundesrechtlichen Rechtsmittel 25
  - III. Die Vollstreckung für Geldforderungen und Forderungen auf Sicherheitsleistung 25
  - IV. Die erstinstanzliche Beurteilung gewisser Rechtssachen durch den Bund 25
  - V. Die örtliche Zuständigkeit 26
- C. Vom Bund erlassene Normen im an sich kantonalen Bereich 26
  - I. Einleitung 26
  - II. Normen, die sich auf die Kompetenz zur Legiferierung im Zivilrecht stützen ... 26
    1. Allgemeines 26
    2. Die Abgrenzung zwischen materiellem und formellem Recht 27
    3. Die Gesetzgebungskompetenz des Bundes im Bereich der kantonalen Zivilgerichtsbarkeit 29
       - a) Allgemeines 29
       - b) Überblick über die prozessualen Bestimmungen im Bundesrecht ausserhalb der Schweizerischen ZPO 31
         - aa) Bundesrechtliche Bestimmungen über die Zuständigkeit 31
           - α) Örtliche Zuständigkeit 31
           - β) Sachliche Zuständigkeit 31
         - bb) Bundesrechtliche Bestimmungen über das Beweisrecht 32
         - cc) Bundesrechtliche Bestimmungen über die Anwendung von Prozessmaximen ... 32
         - dd) Bundesrechtliche Bestimmungen in Kostenfragen 32
    4. Die Abgrenzung zwischen Bundesrecht und kantonalem Recht im Bereich des Zivilprozesses aus der Sicht des Richters 32
       - a) Allgemeines 32
       - b) Derogatorische Wirkung des Bundeszivilrechts auf das kantonale Zivilprozessrecht 34
         - aa) Allgemeines 34
         - bb) Auswirkungen des Bundeszivilrechts auf das kantonale Zivilprozessrecht im Einzelnen 34
       - c) Richterliche Schöpfung verfahrensrechtlicher Normen des Bundesrechtes ... 35
- D. Bundesrechtliche Einflüsse der Zivilgerichtsbarkeit des Bundes auf diejenige der Kantone 36
  - I. Bundesrechtliche Rechtsmittel 36
  - II. Bundesrechtliche Zwangsvollstreckung 36
    1. Ausdrückliche Bestimmungen 36
    2. Ungeschriebene Normen 36
- E. Bundesrechtliche Verfahrensbestimmungen als Ausfluss der föderalistischen Staatsstruktur 37
- F. Verfahrensrechtliche Grundsätze 37

A. Einleitung

1 Die Gesetzgebungskompetenz im Bereiche des Zivilprozessrechts war in Art. 64 Abs. 3 der Bundesverfassung von 29. Mai 1874 zwar grundsätzlich, aber nicht umfassend den Kantonen überlassen worden. Neben den Kantonen war auch der Bund für die Regelung gewisser Teile des Zivilprozessrechts zuständig. Dies wurde in Art. 64 Abs. 3 jener Verfassung durch die Formulierung, die Organisation des Verfahrens verbleibe «wie bis anhin» den Kantonen, festgehalten, standen dem Bunde doch schon vor der Neufassung dieses Artikels anlässlich der Begründung der Gesetzgebungskompetenz des Bundes über das ganze Zivilrecht im Jahre 1898 Befugnisse zur Normierung einzelner Materien des Zivilprozessrechts zu[1].

2 Die damalige Gesetzgebung des Bundes zum Zivilprozessrecht bezog sich auf zwei Gebiete:
   - Einmal waren dem Bunde einzelne Teile der Zivilgerichtsbarkeit umfassend vorbehalten.
   - Im Weitern war der Bund berechtigt, mit zivilprozessualen Normen in die an sich den Kantonen überlassenen Bereiche einzugreifen.

B. Die Zivilgerichtsbarkeit des Bundes

I. Die bisherigen Materien

3 Die bisherige Zivilgerichtsbarkeit des Bundes beschlug vier Materien, nämlich
   - die bundesrechtlichen Rechtsmittel (Organisationsgesetz vom 16. Dezember 1943, OG, ab 1. Januar 2007 abgelöst durch das Bundesgerichtsgesetz vom 17. Juni 2005, BGG),
   - die Vollstreckung für Geldforderungen und auf Sicherheitsleistung (Schuldbetreibungs- und Konkursgesetz vom 11. April 1889, SchKG)[2],
   - die Beurteilung gewisser Streitigkeiten durch das Bundesgericht als einzige Instanz (Bundeszivilprozessordnung vom 4. Dezember 1947, BZP)
   - die örtliche Zuständigkeit (Gerichtsstandsgesetz vom 24. März 2000, GestG)[3].

---

[1] So enthielt schon das Gesetz betreffend Feststellung und Beurkundung des Zivilstandes und die Ehe vom 24. Dezember 1874 (AS 1 506) in seinem Art. 43 Gerichtsstandsrecht.

[2] Soweit man die Zwangsvollstreckung als Bestandteil des Zivilprozesses betrachten will (a.M. Favre, 11).

[3] Durch das BGG sind diese Fälle stark reduziert worden: es bleiben noch jene, die in Art. 120 Abs. 1 BGG genannt sind, und derjenige von Art. 7 SchKG.

II. Die bundesrechtlichen Rechtsmittel

Mit dem Erlass des OR, des ZGB und anderer Gesetze, gestützt auf Art. 64 der Bundesverfassung vom 29. Mai 1874 (BV, ersetzt durch jene vom 18. April 1999) wurde die Einheit des Zivilrechts verwirklicht. In Ergänzung dazu sicherte der Bund auch die einheitliche Anwendung dieser Gesetze durch eine eigene Rechtsmittelinstanz, bei welcher kantonale Gerichtsentscheide über nach Bundesrecht zu beurteilende Rechtsmittel sollten angefochten werden können. Die Regelung dieses Rechtsmittelweges erfolgte auf Grundlage von Art. 114 der früheren Bundesverfassung in den beiden bereits beschriebenen Gesetzen[4].

4

III. Die Vollstreckung für Geldforderungen und Forderungen auf Sicherheitsleistung

Die Zwangsvollstreckung für Geldforderungen und solche auf Sicherheitsleistung ist im bereits erwähnten Bundesgesetz über Schuldbetreibung und Konkurs vom 11. April 1889 (SchKG) geregelt, das am 16. Dezember 1994 einer umfassenden Revision unterzogen wurde[5].

5

IV. Die erstinstanzliche Beurteilung gewisser Rechtssachen durch den Bund

Der Bund hat auch das Recht, für gewisse Rechtssachen eine eigene Zivilgerichtsbarkeit vorzusehen. Die dem Bundesgericht in diesem Sinne übertragenen zivil- und öffentlich-rechtlichen Streitigkeiten sind in Art. 120 Abs. 1 BGG und in Art. 7 SchKG genannt. Unbesehen des öffentlich-rechtlichen oder privatrechtlichen Charakters der zu beurteilenden Streitigkeit ist das Instrument, dessen sich die Parteien zu bedienen haben, das Bundesgesetz über den Bundeszivilprozess vom 4. Dezember 1947 (Bundeszivilprozessordnung, BZP)[6].

6

---

[4] Vgl. § 39 Rz 78–133 hiernach.
[5] Sie trat auf den 1. Januar 1997 in Kraft. Seither sind in anderen Zusammenhängen zahlreiche weitere Änderungen erfolgt und eine solche steht als Folge des revidierten Lugano-Übereinkommens bevor. Neuerdings scheint sich auch die Europäische Kommission im Sinne einer Erleichterung der Zwangsvollstreckung der Thematik anzunehmen. So hat sie ein *Grünbuch* angenommen, «welches eine Verbesserung der Transparenz des Schuldnervermögens in der EU anstrebt» (Mitteilung vom 8. März 2008, EuZ 10/2008, 101).
[6] Vgl. § 38 hiernach.

V. Die örtliche Zuständigkeit

Die Revisionen des Bundesprivatrechts brachten vielfach bundesrechtliche Gerichtsstandsvorschriften, die vom Grundsatz, dass die beklagte Partei an ihrem Wohnsitz zu belangen sei, aus zahlreichen Gründen abwichen.

C. Vom Bund erlassene Normen im an sich kantonalen Bereich

I. Einleitung

7   Die wichtigste Quelle bundesrechtlicher Normen im Bereiche der kantonalen Zivilgerichtsbarkeit ist das gestützt auf Art. 122 BV erlassene Zivilrecht (II.). Sodann greift das Bundesrecht auch mit der Regelung der eigenen Zivilgerichtsbarkeit (B.) in diejenige der Kantone ein (D.). Schliesslich zwingt die föderalistische Struktur der Eidgenossenschaft den Bund dazu, den Raum eigenständiger kantonaler Regelungen einzuschränken (E.). Überdies sind die in der Bundesverfassung niedergelegten Grundrechte und seit langer Zeit diejenigen der Europäischen Menschenrechtskonvention (Art. 6 Abs. 1) von Bedeutung für das kantonalrechtlich geordnete Verfahren (F.).

II. Normen, die sich auf die Kompetenz zur Legiferierung im Zivilrecht stützen

1. Allgemeines

8   Die Erteilung der Kompetenz zur Legiferierung im Zivilrecht an einen andern als den für das Zivilprozessrecht zuständigen Gesetzgeber stand in diametralem Gegensatz zur engen Beziehung zwischen formellem und materiellem Recht. (In Deutschland war ab 1879 die Reichszivilprozessordnung in Kraft, wogegen bis 1900, d.h. bis zur Einführung des BGB, das materielle Recht in den einzelnen Ländern des Reiches unterschiedlich geordnet war. Für die Schweiz gilt seit bald hundert Jahren der umgekehrte Zustand.) Trotz des grundsätzlichen Vorbehaltes der Kantonalen Gesetzgebungshoheit auf dem Gebiet des Zivilprozessrechtes war es daher unerlässlich, einzelne zivilprozessuale Bestimmungen in das Zivilrecht aufzunehmen. In diesem Sinne ist auch die Umschreibung «wie bis anhin» in Art. 64 Abs. 2 der Bundesverfassung von 1874 verstanden worden.

Art. 122 Abs. 2 der geltenden Bundesverfassung umschrieb bis zu seiner Revision vom 8. Oktober 1999[7] die kantonale Kompetenz wie folgt: 8a

«Für die Organisation der Gerichte und die Rechtsprechung in Zivilsachen sind die Kantone zuständig.»

Folge solcher Überschneidung ist eine die Rechtssicherheit gefährdende Unklarheit in Lehre, Rechtsprechung und Gesetzgebung. Die Bestrebungen, dieser Situation durch Vereinheitlichung auch des Zivilprozessrechtes abzuhelfen, gehen mehrere Jahrzehnte zurück[8]. Es bestand lange Zeit kaum Hoffnung, dass in dieser Richtung in absehbarer Zeit Wesentliches geschehen werde, doch vermehrten sich die Stimmen, die nach einer eidgenössischen Gesetzgebung riefen, bis Bundesrat ARNOLD KOLLER eine Expertenkommission ins Leben rief, die sich der Aufgabe widmen sollte und dies mit Bravour getan hat[9].

Bei Bestimmung des Umfanges der bisherigen Gesetzgebungskompetenz des Bundes musste zunächst eine Abgrenzung zwischen materiellem Recht und formellem (Prozess-)Recht vorgenommen werden. Sodann war danach zu fragen, wie weit der Gesetzgeber und wie weit der Richter bei der Handhabung der Bundeskompetenz gehen darf. 9

2. Die Abgrenzung zwischen materiellem und formellem Recht

In der schweizerischen Literatur wird jeweils bei dieser Frage die Formulierung verwendet, dass das Zivilrecht die Entstehung, die Veränderung, den Untergang und den Inhalt von Rechten und Rechtsverhältnissen ordne, wogegen das Zivilprozessrecht die Organisation und den Aufgabenkreis der Zivilgerichte und ihr Verfahren zum Gegenstand habe[10]. Diese Differenzierung mag in vielen Fällen zu durchaus annehmbaren Lösungen führen, trägt aber der Tatsache nicht Rechnung, dass typisch prozessrechtliche Institute, wie etwa das Institut der prozessualen Verwirkung[11], auch für den Bestand von Rechten von Bedeutung sein können, die Veränderung 10

---

[7] AS 2002 3148; Bundesbeschluss über die Reform der Justiz, geändert wurden die Art. 29a, 122, 123, 188–191c BV.
[8] ZSR 1969 II 9 ff. Der Verfasser hat seine eigene Ansicht zu der Frage in der Diskussion am Schweizerischen Juristentag 1969 in Genf ausführlich dargelegt (vgl. ZSR 1969 II 947 ff.). Erfreulicherweise hat sich ihm HABSCHEID, 22 f., mit ähnlichen Argumenten angeschlossen.
[9] Das Ergebnis zeigt sich im Entwurf des Bundesrats, der in BBl 2006 7221–7527 publiziert ist.
[10] GULDENER, ZSR 1961 II 3, KUMMER, Klagerecht 3, weitere Zitate daselbst in Anm. 1.
[11] Das Prozessrecht fingiert beispielsweise, der Kläger habe bei Säumnis die Klage zurückgezogen, der Beklagte habe bei Säumnis die tatsächlichen Klagegründe anerkannt und auf Einreden verzichtet. Das kann dazu führen, dass ein an sich begründeter Anspruch dem Berechtigten verloren geht, ein unbegründeter durchgesetzt werden kann (dazu GULDENER 66). Eine kantonale zivilprozessuale Bestimmung, die – wie § 85 Abs. 1 der *basellandschaftlichen* ZPO – bei einer Fristversäumnis vor ergangenem Sachurteil die Verwirkung des Anspruchs aus Zivilrecht vorsieht, ist gemäss BGE 118 II 479 bundesrechtswidrig. Für das zürcherische Säumnisverfahren vgl. § 35 Rz 26–34 hiernach.

von Rechten und Rechtsverhältnissen im Übrigen nicht dem Zivilrecht vorbehalten bleibt[12]. Zu befriedigenderen Lösungen gelangt man, wenn man mit WOLFRAM HENCKEL materielles und formelles Recht danach unterscheidet, welchen Lebensbereich sie regeln[13]. Alsdann lassen sich die beiden Rechtsgebiete – in leichter Kürzung der Formel HENCKELS – wie folgt definieren:

11   Das Prozessrecht ist der Inbegriff aller Normen, welche das menschliche Verhalten vor Rechtspflegeorganen regeln. Das materielle Recht dagegen regelt das Verhalten in Lebensbereichen, in denen sich die Rechtssubjekte ohne Vermittlung eines zu einem Rechtspflegeakt aufgerufenen Rechtspflegeorgans begegnen[14].

12   Eine solche Differenzierung ist auch geeignet, Zweifelsfälle richtig einzuordnen[15]. Da materielle Rechtskraft[16], die Partei- und Prozessfähigkeit[17], das Klagerecht[18] sowie der gerichtliche Vergleich[19], das Anerkenntnis und der Verzicht[20] sind als durch den Lebensbereich der Rechtspflege bedingte Institute grundsätzlich dem Prozessrecht zuzuordnen. Ebenso sind Schieds- und Prorogationsvertrag prozessrechtliche Verträge[21], ordnen sie doch ein Verhalten vor Rechtspflegeorganen.

---

[12]   Die Massgeblichkeit öffentlich-rechtlicher Tatbestände für die Existenz privater Rechte ist auch aus anderen Rechtsbereichen bekannt, so etwa bei der Expropriation. Vgl. dazu GULDENER, Bundesprivatrecht, 11.

[13]   WOLFRAM HENCKEL, Prozessrecht und materielles Recht, Göttingen 1970, 19 ff.

[14]   Vgl. HENCKEL, 24 und 408.

[15]   Vgl. aber auch F. E. SCHNAPP, Überlegungen zu einer Theorie des Organisationsrechts, Archiv des öffentlichen Rechts 105/1980, 243 ff., insbesondere 249.

[16]   Vgl. § 26 Rz 14–142 hiernach.

[17]   Vgl. §§ 8 und 9 hiernach.

[18]   Vgl. § 1 Rz 12–18 hiervor.

[19]   Vgl. § 25 Rz 14–17 hiernach.

[20]   Vgl. § 25 Rz 10–13, 18 hiernach.

[21]   Vgl. § 7 Rz 47–62 und § 40 Rz 3–28 hiernach. Das ist allerdings anlässlich des Erlasses des Bundesgesetzes über das Internationale Privatrecht (SR 279) seitens des Bundesrats für den Schiedsvertrag als unerheblich betrachtet worden, schreibt er doch in der Botschaft (BBl 1983 I 263):
«Der Bundesgesetzgeber ist nicht auf eine einhellige Doktrin angewiesen, um diese Materie auf Grund seiner verfassungsmässigen Kompetenz regeln zu können. Er ist frei, zwischen den verschiedenen Auffassungen zu wählen. Wenn er die Schiedsgerichtsbarkeit als privatrechtliche Materie versteht, steht ihm die verfassungsrechtliche Regelungskompetenz ohne weiteres zu (Art. 64 BV). Aber selbst wenn er sich für die Prozessrechtstheorie entscheiden würde, wäre der Bund nicht zum vornherein unzuständig. Er könnte die internationale Schiedsgerichtsbarkeit zumindest insoweit regeln, als dies zur Verwirklichung des Bundesprivatrechts erforderlich ist (Art. 64 BV), oder soweit sich eine solche Regelung zur Wahrnehmung der auswärtigen Angelegenheiten der Schweiz aufdrängt (Art. 8 BV). Triftige Gründe für ein Tätigwerden des Bundesgesetzgebers sind anerkanntermassen vorhanden. Die zu grosse innerschweizerische Gesetzesvielfalt auf dem Gebiet der Schiedsgerichtsbarkeit führt für die Rechtsuchenden oft zu äusserst unangenehmen, ja stossenden Überraschungen. Dieser Umstand bringt die Handelsschiedsgerichtsbarkeit unseres Landes zunehmend in Misskredit. Hält diese Tendenz an, so wird es den im internationalen Handel tätigen Mitbürgern kaum mehr möglich sein, in ihren Verträgen eine schiedsgerichtliche Streiterledigung

3. Die Gesetzgebungskompetenz des Bundes im Bereich der kantonalen Zivilgerichtsbarkeit

a) Allgemeines

Die Antwort auf die Frage, in welchem Umfange der Bundesgesetzgeber zum Eingriff in das kantonale Zivilprozessrecht berechtigt sei, liess sich keiner ausdrücklichen Norm entnehmen. Infolge der in Art. 64 Abs 3 aBV niedergelegten grundsätzlichen Zuteilung des Zivilprozessrechts an die Kantone stand lediglich fest, dass der Bund mit seiner Regelung nicht so weit gehen durfte, dass die kantonale Kompetenz ausgehöhlt würde. Art. 122 Abs. 2 BV gab dann, um mit KURT EICHENBERGER zu sprechen, den Kantonen eine Art «Substanzgarantie»[22]. 13

Die Lehre entwickelte unter dem früheren Rechtszustand in Ermangelung einer näheren Umschreibung im Verfassungstext folgende Definition: 14

---

auf dem neutralen Boden der Schweiz zu vereinbaren. Nur durch eine gewisse Minimalregelung des Bundes kann verhindert werden, dass die Schweiz ihren traditionellen Ruf im Bereich des Schiedsgerichtswesens gänzlich verliert.

Die heutige bundesgerichtliche Praxis steht der privatrechtlichen Auffassung der Schiedsabrede nicht diametral entgegen. Sie ist vor dem Hintergrund des geltenden Rechts zu sehen. Das Bundesgericht stellte in BGE 41 II 539 f. fest, über den Schiedsvertrag sei im OR keine Bestimmung enthalten, obwohl dieser wegen seines besonderen Charakters einer näheren Regelung bedurft hätte. Freilich behalte das OR ihn auch nicht ausdrücklich dem kantonalen Recht vor. Dass es den Schiedsvertrag aber dennoch dem Kantonalen Recht zuordnet, sei daraus zu schließen, dass seit jeher zwar nicht die zivilprozessuale Natur des Vertrages, wohl aber dessen enger Zusammenhang mit dem Zivilprozessrecht anerkannt sei. Aus diesem Grund hätten ihn die Kantone in ihre Zivilprozessordnungen aufgenommen. Die entsprechenden kantonalen Bestimmungen wäre aber – so das Bundesgericht – bei einer einheitlichen Regelung des Vertrages von Bundesrechts wegen dahingefallen und damit wohl vom OR ausdrücklich als aufgehoben erklärt worden. Tatsächlich seien die Kantonalen schiedsgerichtlichen Regeln durch das Bundesgericht stets als gültig erachtet worden.»

In letzterem Zusammenhang fährt der Bundesrat dann fort:

«Dem Argument der fehlenden Aufhebungsbestimmung im OR kann für die Qualifikation der Schiedsgerichtsbarkeit nur zweitrangige Bedeutung zukommen. Erstens gibt es zahlreiche Verträge mit besonderem Charakter (sog. Innominatskontrakte), die nicht im Obligationenrecht Aufnahme gefunden haben, die aber dennoch dem Bundesprivatrecht zugeordnet werden. Zweitens setzt die Verdrängung einer kantonalen Bestimmung durch das Bundesrecht nicht notwendigerweise eine ausdrückliche Aufhebungsbestimmung im betreffenden bundesrechtlichen Erlass voraus. Die Derogation des kantonalen Rechts durch Bundesrecht geht nämlich schon aus Artikel 2 der Übergangsbestimmungen der BV hervor.»

Aus diesen Erwägungen ist wohl der Schluss zu ziehen, dass der Bund bisher auf eine Regelung der Schiedsgerichtsbarkeit nicht mangels Gesetzgebungskompetenz, sondern aus rechtspolitischen Überlegungen verzichtet hat. Er sah bei Erlass des OR keine Notwendigkeit, die kantonalen Regelungen durch eine eidgenössische zu ersetzen. Konnte der Bund somit die Schiedsgerichtsbarkeit grundsätzlich regeln, so war er ohne Weiteres befugt, zumindest über die internationale Schiedsgerichtsbarkeit Bestimmungen zu erlassen.

[22] KURT EICHENBERGER, ZSR 1969 II 485.

15 «Der Bund ist berechtigt, in die kantonale Zivilgerichtsbarkeit einzugreifen, soweit dies für die Verwirklichung einheitlichen Bundesprivatrechtes notwendig ist[23].»

16 Demzufolge konnte der Bund nicht schon dann, wenn eine bestimmte prozessrechtliche Regelung zur Durchsetzung und einheitlichen Anwendung des Bundesrechts besonders geeignet erschien, die kantonale Gesetzgebungshoheit einschränken. Die angestrebte Regelung musste vielmehr zur Durchsetzung bzw. einheitlichen Anwendung des Bundesrechtes notwendig sein. Mit anderen Worten: Solange die Rechtsverwirklichung und Einheit der Rechtsanwendung nicht beeinträchtigt sind, so lange hat der Bund von einer eigenen Regelung abzusehen. Dabei ist aber nicht immer leicht festzustellen, von wann an die einheitliche Rechtsanwendung infrage gestellt ist.

> **Beispiel 1:**
>
> 17 Wenn es den Namensschutz für sämtliche Namensträger gleich wirksam gestalten wollte, so musste das Zivilrecht dafür die Feststellungsklage vorsehen (Art. 29 Abs. 1 ZGB) und konnte nicht die Möglichkeit in Kauf nehmen, dass ein kantonales Gericht erklärt hätte, die Zivilprozessgesetzgebung seines Kantons stelle die Feststellungsklage nicht oder nur unter besonderen Voraussetzungen zur Verfügung.

> **Beispiel 2:**
>
> 18 Wenn die K AG mit B durch Vermittlung ihres provisionsberechtigten Agenten Z einen Vertrag abgeschlossen zu haben behauptete und B den Vertragsabschluss bestritt, so hatte Z für die K AG die wichtige Funktion des Zeugen. Gemäss Zürcher Zivilprozessrecht ist Z für die K AG ein vollwertiger Zeuge, weil das Gesetz für diesen Fall keine Ausnahme statuiert (vgl. ZPO 157 Abs. 1). Appenzell IRh. ZPO 181 Ziff. 2 schliesst dagegen auf Antrag des Beweisgegners Personen als Zeugen aus, *die am Ausgang des Streites ein erhebliches Interesse haben*. Ein solches ist beim provisionsberechtigten Agenten Z sicher vorhanden. Es könnte also sein, dass die K AG, wenn der Prozess im Kanton Zürich geführt wird, ihren von B ungerechtfertigt bestrittenen Vertragsanspruch durchsetzen konnte, im Kanton Appenzell IRh. jedoch nicht. Hier ging es nun aber lediglich um Tatsachenabklärung. Die Durchsetzung des einheitlichen Bundesrechts bei an sich erstellten tatsächlichen Grundlagen war nicht gefährdet, der Bundesgesetzgeber konnte also nicht eingreifen.

---

[23] EICHENBERGER, 490; KUMMER, Klagerecht 10; GULDENER, Bundesprivatrecht, 20–63; VOYAME, 74–76.

Bei Aufstellung verfahrensrechtlicher Vorschriften durch den Bundesgesetzgeber wird indessen nicht streng nach solchen Kriterien, sondern ziemlich pragmatisch verfahren[24]. 19

Zu warnen ist allgemein vor Illusionen. Selbst das vollständig vereinheitlichte Zivilprozessrecht wird eine einheitliche Rechtsanwendung in der Schweiz ebenso wenig erreichen wie in anderen, viel zentralistischer organisierten Ländern[25]. 20

b) Überblick über die prozessualen Bestimmungen im Bundesrecht[26] ausserhalb der Schweizerischen ZPO

Die zahlreich gewordenen bundesrechtlichen Vorschriften über das Verfahren, deren Existenz sich durch die angeführte Formel rechtfertigen soll, betreffen den Gerichtsstand, für welche Materie jetzt das Gerichtsstandsgesetz[27] gilt, das Beweisrecht und die Untersuchungsmaxime. 21

aa) Bundesrechtliche Bestimmungen über die Zuständigkeit

α) Örtliche Zuständigkeit

Es kann dafür auf § 7, Abschnitt B, hiernach verwiesen werden. 22

Randziffer 23 entfällt

β) Sachliche Zuständigkeit

Auf dem Gebiet des Immaterialgüterrechtes hat der Bundesgesetzgeber verschiedentlich die Kantone verpflichtet, eine einzige kantonale Instanz zur Beurteilung der betreffenden Streitigkeiten zu bezeichnen[28]. Art. 314 Ziff. 1 ZGB bestimmt, dass dort, wo die vormundschaftliche Aufsichtsbehörde keine richterliche Behörde ist, gegen die Entziehung der elterlichen Gewalt der Weiterzug an eine kantonalrichterliche Behörde vorbehalten bleibt. Der Vorschrift ist für den Kanton Zürich durch § 70 Abs. 2 EG zum ZGB Genüge getan. 24

---

[24] Ein Beispiel ist die Einführung der Untersuchungsmaxime in einem beschränkten Bereich der Prozesse zwischen Arbeitnehmer und Arbeitgeber in Art. 343 Abs. 4 OR. Vgl. auch die eidgenössische Kostenbestimmung für den aktienrechtlichen Prozess (Art. 706a Abs. 3 OR).

[25] Vgl. FRANK VISCHER, Zur Rolle des Bundesgerichts bei Arbeitsstreitigkeiten, in: Erhaltung und Entfaltung des Rechts in der Rechtsprechung des Schweizerischen Bundesgerichts, Festgabe der schweizerischen Rechtsfakultäten zur Hundertjahrfeier des Bundesgerichts, Basel 1975, 431.

[26] Vgl. dazu schon die umfassende Zusammenstellung solcher Normen bei SCHURTER/FRITZSCHE, I 435 ff.

[27] Bundesgesetz über den Gerichtsstand in Zivilsachen vom 24. März 2000 (GestG, SR 272).

[28] Vgl. dazu § 5 Rz 25, 45 hiernach. Art. 8 ZGB ist verletzt, wenn der Richter über (erhebliche) bestrittene Tatsachenbehauptungen überhaupt keinen Beweis führen lässt. Die blosse Verkürzung prozessualer Rechte betrifft demgegenüber Verfassungsrecht bzw. kantonales Verfahrensrecht (15. Februar 2007, Kassationsgericht des Kantons Zürich, ZR 106/2007 Nr. 32 E. II.2.3).

bb) Bundesrechtliche Bestimmungen über das Beweisrecht

25 Nach einer verbreiteten Ansicht ist die *Beweislast* eine Frage des materiellen Rechts, weshalb sich Art. 8 ZGB zu Recht damit beschäftigt[29]. Art. 9 ZGB handelt von der *Beweiskraft* öffentlicher Register und öffentlicher Urkunden, die Art. 254 Ziff. 1 ZGB, Art. 42 Abs. 2 OR[30] und Art. 86 SVG machen dem Richter in einzelnen Bereichen die *freie Beweiswürdigung* zur Pflicht[31].

cc) Bundesrechtliche Bestimmungen über die Anwendung von Prozessmaximen

26 Um zu verhindern, dass die Parteien durch ungerechtfertigte Anerkenntnisse im Prozess faktisch eine unzulässige Ehescheidung, die allein auf gegenseitigem Einverständnis basierte, bewirken, sah sich der Bundesgesetzgeber zur Statuierung der Untersuchungsmaxime veranlasst. In Art. 343 Abs. 4 OR hat der Bund aus sozialpolitischen Erwägungen heraus vorgesehen, dass für Streitigkeiten aus dem Arbeitsverhältnis bis zu einem Streitwert von 30 000 Franken der Richter den Sachverhalt von Amts wegen festzustellen habe[32].

dd) Bundesrechtliche Bestimmungen in Kostenfragen

27 Nach Art. 343 Abs. 3 OR dürfen bis zu einem Streitwert von 30 000 Franken in Streitigkeiten aus dem Arbeitsverhältnis Kosten nur bei mutwilliger Prozessführung auferlegt werden.

4. Die Abgrenzung zwischen Bundesrecht und kantonalem Recht im Bereich des Zivilprozesses aus der Sicht des Richters

a) Allgemeines

28 Für den Richter war die Abgrenzung zwischen Bundesrecht und kantonalem Recht so lange problemlos, als er im Bundesrecht eine ausdrückliche Regelung vorfand. Bundesgesetze sind für das Bundesgericht und die anderen rechtsanwendenden Behörden massgebend[33].

---

[29] Vgl. dazu im Einzelnen § 28 Rz 30–36 hiernach sowie HABSCHEID, 20.
[30] Entgegen anderslautenden Ansichten handelt es sich hier nicht um den Fall eines Ermessensentscheides, sondern um eine Bestimmung zur Beweiswürdigung. Vgl. dazu MEIER-HAYOZ, Kommentar ZGB, Einleitungsband, N 61 zu Art. 4 ZGB.
[31] Jetzt bestimmt Art. 157 ZPO CH generell: «Das Gericht bildet sich seine Überzeugung nach freier Würdigung der Beweise.»
[32] Vgl. Anm. 24 hiervor, ferner § 18 Rz 12 hiernach.
[33] Art. 190 BV.

Fehlte indessen eine ausdrückliche Norm, so hatte der Richter zu überprüfen, ob das zu behandelnde Problem dem materiellen Recht oder dem Prozessrecht angehörte. Traf Ersteres zu, so war die Antwort ohne Weiteres durch richterliche Lückenfüllung aus dem Bundesrecht zu gewinnen. Im zweiten Fall dagegen musste der Richter unter Umständen daran denken, dass ungeschriebenes Bundesrecht eingreifen könnte.

29

Wegen der derogatorischen Kraft des Bundesrechts[34] konnten bundesrechtliche Normen, auch wenn sie rein materiellrechtlicher Natur sind, die Organisation des kantonalen Verfahrens präjudizieren. So hatten die kantonalen Gerichte dort, wo das Bundesrecht ein Rechtsverhältnis der Verfügung der Parteien entziehen wollte, die Offizialmaximen anzuwenden, ob nun darüber eine ausdrückliche Bestimmung vorlag oder nicht.

30

Im Weitern musste aber allenfalls untersucht werden, ob nicht eine (bundesrechtliche) Verfahrensnorm durch richterliche Rechtsschöpfung gewonnen werden kann[35]. Lehre und Rechtsprechung war das Phänomen der ungeschriebenen zivilprozessualen Norm zwar bekannt[36]. Im Gegensatz zur Frage des Umfanges der Kompetenz des Bundesgesetzgebers fehlte jedoch eine nähere Untersuchung darüber[37]. Obwohl dies nur selten ausdrücklich gesagt wurde[38], schien die herrschende Lehre – und mit ihr das Bundesgericht[39] – der Auffassung zu sein, solche Normen könnten grundsätzlich nur über derogatorische Kraft des Bundesrechtes dem kantonalen Recht entzogen werden. Die Schöpfung verfahrensrechtlicher Vorschriften durch richterliche Lückenfüllung intra legem, bezogen auf das Bundesprivatrecht, wurde nur ausnahmsweise bei Gerichtsstandsbestimmungen angenommen[40].

31

---

[34] Vgl. dazu die von HENRI DESCHENAUX, in: Schweiz. Privatrecht II, zit. Literatur auf S. 11 und 23.

[35] Vgl. MEIER-HAYOZ N 251 ff. Zu Art. 1 ZGB, ferner ARTHUR MEIER-HAYOZ, Der Richter als Gesetzgeber, Zürich 1951, 19.

[36] WALDER, Offizialmaxime 9, GULDENER, Bundesprivatrecht, 6/7, KUMMER, Grundriss, 20; BGE 97 II 371 betreffend Feststellungsklage, 95 II 639 betreffend Umfang der materiellen Rechtskraft, 95 II 295 betreffend Anwendung der Offizialmaxime in Statusprozessen.

[37] Für KURT EICHENBERGER, ZSR 1969 II 469 ff. ist die Frage der Kompetenzabgrenzung «im vorliegenden Zusammenhang für den Gesetzgeber gestellt, der zivilprozessuales Bundesrecht erlassen möchte, nicht aber für den Richter, der Verfassungs- oder ausführendes Gesetzesrecht im Hinblick auf die Kompetenzabgrenzung auszulegen hat» (469).

[38] So MEIER-HAYOZ N 73 zu Art. 1 ZGB. MEIER-HAYOZ, Richter als Gesetzgeber, 19: *Wenn ZGB und OR nicht ausnahmsweise selbst Verfahrensbestimmungen enthalten, muss das kantonale Prozessrecht angewendet werden;* BGE 51 II 544.

[39] GULDENER, Bundesprivatrecht, 20 ff., BALMER, ZSR 1969 II 306 f., BGE 85 II 103 ff.

[40] SCHURTER/FRITZSCHE I 469 f., GULDENER Bundesprivatrecht, 68, MEIER-HAYOZ N 293 zu Art. 1 ZGB, BGE 54 I 243 ff. *Ist auf prozessrechtliche Vorschriften des Bundeszivilrechtes Art. 1 ZGB an sich direkt anwendbar, so auf kantonales Prozessrecht nur per analogiam* (MEIER-HAYOZ, a.a.O. sowie N 75 zu Art. 1 ZGB, ZR 27 Nr. 24), es sei denn, das kantonale Recht habe selber ausdrücklich darüber legiferiert. Das ist für *Zürich* nicht der Fall. Die ZPO des Kantons *Tessin* von 1971 hat Art. 385 der Fassung von 1924 in gekürzter Form wie folgt übernommen (Art. 163): «Nei casi non previsti dalla letterale espressione di questo codice, il giudice decide per analogia e, se ciò non è possibile,

b) Derogatorische Wirkung des Bundeszivilrechts auf das kantonale Zivilprozessrecht

aa) Allgemeines

32 Regelungen des Bundeszivilrechts präjudizierten unwillkürlich in einem gewissen Umfange die Organisation des kantonalen Verfahrens. Das war eine Folge der derogatorischen Wirkung des Bundesrechts auf das kantonale Recht[41]. Das kantonale Recht konnte nicht etwas gestatten oder verbieten, was Bundesrecht verbot bzw. gestattete, es sei denn, das letztere enthalte einen besonderen Vorbehalt. Zum Beispiel hatte das kantonale Verfahrensrecht diejenigen Personen, denen nach dem Zivilrecht die Handlungsfähigkeit zukam, als prozessfähig anzuerkennen[42, 43].

bb) Auswirkungen des Bundeszivilrechts auf das kantonale Zivilprozessrecht im Einzelnen

33 Die Auswirkungen des Bundeszivilrechts auf das kantonale Zivilprozessrecht konnten ihren Ursprung in der einfachen Tatsache haben, dass das Bundeszivilrecht Ansprüche gewährte, aber auch in der besonderen Regelung einzelner Institute.

34 Eine Auswirkung der ersteren Art war der Grundsatz, dass all jene Normen des kantonalen Verfahrens keine Geltung beanspruchen durften, welche die Durchsetzung bundesrechtlicher Ansprüche verunmöglichten. Wenn das Bundeszivilrecht Ansprüche statuierte, so konnte sie das kantonale Recht nicht durch Versagen des Rechtsschutzes illusorisch machen. Man konnte deshalb die Formel prägen: «All jene prozessrechtlichen Normen sind auch ohne ausdrückliche Regelung Bestandteile des Bundesrechts, bei deren Fehlen die Rechtdurchsetzung verunmöglicht würde.» Im Gegensatz zum Bundesgesetzgeber konnte nun aber der Richter nicht, wie es in der Gesetzgebungspraxis geschah, schon dann ein Institut dem Bundesrecht zuordnen, wenn es zur Rechtsverwirklichung dienlich war, sondern erst dann, wenn die Rechtsverwirklichung ohne dieses Institut geradezu verunmöglicht worden wäre.

35 Auf der anderen Seite gibt es auch dem Zivilrecht zu entnehmende Richtlinien für das kantonale Verfahren, die an sich von der Rechtsdurchsetzung her nicht unbedingt gefordert wären, sondern ihre Grundlage in der besonderen Regelung eines bestimmten Instituts haben. So verlangt das Institut der Verrechnung, dass diese im Prozess vom Beklagten auch geltend gemacht werden kann, ohne dass er dies in

---

secondo i principi generali del diritto, con riguardo alla regola della buona fede.» Die Formulierung unterscheidet sich wesentlich von Art. 1 Abs. 2 und 3 ZGB. Vgl. auch unten Rz 38.

[41] Richtig betrachtet ist der die derogatorische Wirkung des Bundesrechtes teilweise ausschaltende Art. 6 Abs. 1 ZGB auf das kantonale Verfahrensrecht nicht anwendbar. HANS HUBER, N 45 zu Art. 6 ZGB.

[42] GULDENER 68.

[43] Vgl. für dieses und weitere Beispiele HUBER, N 48–50.

Form einer Widerklage tut[44]. Ferner durfte das kantonale Prozessrecht bundesrechtliche Klagefristen nicht dadurch verkürzen, dass es die Klageeinreichung von der vorherigen Abhaltung eines Sühn- oder Schlichtungsverfahrens abhängig machte[45].

c) Richterliche Schöpfung verfahrensrechtlicher Normen des Bundesrechtes

Konnten an sich prozessrechtliche Normen über das kantonale Verfahren aus dem Zivilrecht hergeleitet werden, so war noch danach zu fragen, ob dieses nicht auch durch richterliche Rechtsschöpfung in den prozessualen Bereich überzugreifen vermochte: Lückenfüllung praeter legem also.   36

Gemäss Art. 1 Abs. 2 ZGB soll der Richter, wenn dem Gesetz keine Vorschrift entnommen werden kann, nach Gewohnheitsrecht[46] und, wo auch ein solches fehlt, nach der Regel entscheiden, die er als Gesetzgeber aufstellen würde. Er folgt dabei bewährter Lehre und Überlieferung. Gilt das auch für Verfahrensregeln? Das wurde etwa bejaht, wenn es darum ging, ob zum Ziele der Rechtsverwirklichung ein nicht ausdrücklich normierter bundesrechtlicher Gerichtsstand durch Richterrecht geschaffen werden dürfe[47].   37

Es ist nicht anzunehmen, dass der Bundesgesetzgeber eine vollständige Nominierung aller irgendwie durch eine ausdehnende Interpretation der Verfassungsgrundlage ihm zustehenden Verfahrensregeln beabsichtigt habe. Er nahm einzelne derartige Regeln in das Zivilrecht auf[48] in der Meinung, dass im Übrigen das kantonale Recht massgebend bleiben solle. Dies ist besonders belegt dadurch, dass die erlassenen Normen keine Systematik irgendwelcher Art verraten.   38

---

[44] GULDENER Schweizerisches Zivilprozessrecht, 219. Vgl. dazu § 11 Rz 8 hiernach.
[45] GULDENER, Bundesprivatrecht, 43 f. Von dieser Frage zu unterscheiden war die Frage danach, ob die bundesrechtliche Klagefrist durch Anrufung des Friedensrichters gewährt werden konnte. Vgl. dazu § 33 Rz 11 hiernach.
[46] Dazu im Einzelnen MEIER-HAYOZ, N 233–250 zu Art. 1 ZGB.
[47] Dazu im Einzelnen MEIER-HAYOZ, N 423 ff. zu Art. 1 ZGB.
[48] Sie sind zusammengestellt im Anhang zur ZPO CH, welcher die aufzuhebenden und zu ändernden Bestimmungen des Bundesrechts enthält.

D. Bundesrechtliche Einflüsse der Zivilgerichtsbarkeit des Bundes auf diejenige der Kantone

I. Bundesrechtliche Rechtsmittel

39 Die Existenz der bundesrechtlichen Beschwerde brachte es mit sich, dass der Bund gewisse minimale Anforderungen an die Form der vorangehenden kantonalen Entscheidungen stellen muss. Diese Anforderungen sind in Art. 112 Abs. 1 BGG niedergelegt. Auch hier sind bezüglich der derogatorischen Kraft des Bundesrechts ungeschriebene bundesrechtliche Normen denkbar, die in das kantonale Verfahrensrecht eingreifen[49].

II. Bundesrechtliche Zwangsvollstreckung

1. Ausdrückliche Bestimmungen

40 Im Rahmen seiner Kompetenz zur Legiferierung im Bereiche des Schuldbetreibungs- und Konkursrechtes griff der Bund verschiedentlich in die kantonale Zivilgerichtsbarkeit ein. Zu erwähnen ist etwa die Verpflichtung der Kantone, für gewisse Klagen ein beschleunigtes Verfahren vorzusehen[50].

Randziffern 41 und 42 entfallen.

2. Ungeschriebene Normen

43 Das Bundesgericht nahm an, dass für die einen eigentlichen Teil der Betreibung bildenden Gerichtsentscheide eine bundesrechtliche Gerichtsstandsbestimmung als gewollt zu betrachten ist und somit fehlende Normen in dieser Frage jederzeit durch richterliche Lückenfüllung im Bundesrecht gewonnen werden können. Aufgrund dieser Überlegung wurde bisher bei der Rechtsöffnung und beim nachträglichen Rechtsvorschlag, trotz fehlender ausdrücklicher Bestimmung, der bundesrechtli-

---

[49] Ein Beispiel dafür nennt KUMMER, Klagerecht 104 f., vgl. auch BGE 91 II 65 Erw. 2.
[50] Der entsprechende Art. 25 SchKG wird mit der Schweizerischen Zivilprozessordnung (Anhang 1, Art. 402, Ziffer 17) aufgehoben. Dies ist Folge nicht allein des Dahinfallens einer Anweisung an die Kantone, sondern auch der Aushebung des beschleunigten Verfahrens gemäss SchKG zugunsten des vereinfachten Verfahrens gemäss ZPO CH (Art. 402, Anhang 1, Ziffer 17).

che Gerichtsstand des Betreibungsortes angenommen[51]. Das Gleiche galt für die Anschlussklage bei der privilegierten Anschlusspfändung[52].

E. Bundesrechtliche Verfahrensbestimmungen als Ausfluss der föderalistischen Staatsstruktur

Sache des Bundes ist es, die sich aus dem Nebeneinander von 26 verschiedenen kantonalen Prozessgesetzen ergebenden Schwierigkeiten zu lösen. Solche betreffen vor der Klageerhebung hauptsächlich die Zuständigkeitsfrage, welche heute durch das Gerichtsstandsgesetz gelöst ist. Nach der Klageerhebung stellt sich das Problem der Rechtshilfe.   44

Randziffern 45 und 46 entfallen.

Nach Art. 44 Abs. 2 Satz 2 BV leisten die Kantone einander Rechtshilfe. Darüber bestehen diverse Konkordate, wonach die Kantone lediglich verpflichtet werden, die in einem anderen Kanton gefällten rechtskräftigen Zivilurteile zu vollstrecken. Die Rechtshilfepflicht der Kantone ist indessen umfassender. Einmal ist in ihr auch die Anerkennung der Urteile (in einem späteren Prozess über die gleiche oder eine andere Rechtsfrage[53]) eingeschlossen, und zum andern bezieht sie sich auch auf das dem Entscheid vorangehende Verfahren (Zeugen- oder Sachverständigenverhör[54], Zustellungen[55]).   47

F. Verfahrensrechtliche Grundsätze

Ausfluss des in Art. 8 BV niedergelegten Grundsatzes der Rechtsgleichheit wäre, wie schon in Art. 4 der Bundesverfassung von 1874, das Verbot der Rechtsverweigerung, der willkürlichen Entscheidung oder Verfahrensdurchführung. Die geltende Bundesverfassung garantiert jedoch unter dem Titel «Allgemeine Verfahrensgarantien»[56],   48

---

[51] FRITZSCHE/WALDER I, §17 Rz 50, BGE 25 I 37. Im revidierten SchKG wurden die Lücken gefüllt: Art. 84 Abs. 1 und 77 Abs. 2 bestimmen die Zuständigkeit.
[52] SchKG 111 Abs. 3; dazu JAEGER, N 17B zu Art. 111 SchKG, FRITZSCHE/WALDER I, §27 Rz 28, insb. Anm. 61 und dortige Zitate; BGE 71 II 175. Heute Art. 111 Abs. 5 SchKG.
[53] FLEINER/GIACOMETTI, 863.
[54] URS MAIER, Die interkantonale Rechtshilfe im Beweisverfahren des Zivilprozesses mit Verweisungen auf Gegebenheiten im internationalen Bereich, Diss. Zürich 1971.
[55] HAUSER/HAUSER, N 3 zu § 192 aGVG.
[56] Art. 29 BV Abs. 1.

§ 3   Bundesrecht und kantonales Recht auf dem Gebiet des Zivilprozessrechts

«Gerichtliches Verfahren» und «Rechtsweggarantie»[57] neben der gleichen Behandlung durch Gerichts- und Verwaltungsinstanzen den Anspruch auf

- gerechte Behandlung[58];
- Beurteilung innert angemessener Frist[59];
- rechtliches Gehör[60];
- unentgeltliche Rechtspflege für ein nicht aussichtsloses Rechtsbegehren[61];
- unter derselben Voraussetzung bei Bedarf unentgeltlichen Rechtsbeistand[62];
- ein durch Gesetz geschaffenes Gericht[63];
- ein zuständiges Gericht[64];
- ein unabhängiges Gericht[65];
- ein unparteiisches Gericht[66].

Schon gestützt auf Art. 4 Abs. 1 a BV wurde der überspitzte Formalismus sowohl bezüglich des Inhaltes als auch der Anwendung der kantonalen Zivilprozessordnungen für unzulässig erklärt[67].

---

[57] Statuiert wird durch **Art. 29a BV** das Recht, dass jede Person bei Rechtsstreitigkeiten Anspruch auf Beurteilung durch eine richterliche Behörde hat. Dieser Grundsatz wird aber wieder eingeschränkt, indem Bund und Kantone durch Gesetz in Ausnahmefällen die richterliche Beurteilung ausschliessen können. Es braucht es ein Gesetz und Ausnahmefälle, damit die Rechtsweggarantie eingeschränkt werden kann; immerhin ein minimaler Schutz vor Willkür. Diese Bestimmung ist erst auf dem Wege einer Verfassungsrevision am 12. März 2000 eingefügt worden. Sie steht mit andern die Justiz betreffenden Artikeln seit 1. Januar 2007 in Kraft.

[58] BV 29 Abs. 1.

[59] BV 29 Abs. 1.

[60] BV 29 Abs. 2. Dazu gehört die Pflicht der Kantone, die Begründung ihrer richterlichen Entscheidungen vorzusehen. Vgl. dazu Hans Ulrich Walder, Entscheidungsbegründung, 299 ff. sowie, Die Motivierungspflicht für Gerichtsurteile, SJZ 72/1976, 117 f. Der Mangel der ungenügenden Begründung des angefochtenen Entscheides war im staatsrechtlichen Beschwerdeverfahren heilbar, wenn der Beschwerdeführer zu den in der Vernehmlassung der letzten kantonalen Instanz enthaltenen Motiven in einer Beschwerde Stellung nehmen konnte und ihm dadurch kein Nachteil erwuchs (BGE 107 Ia 1 ff.). In der Einheitsbeschwerde nach BGG müsste dies im Rahmen von Art. 102 trotz dessen Abs. 3 ebenfalls möglich sein.

[61] BV 29 Abs. 3 (BGE 128 I 236 E. 2.5.3; nicht Aussichtslosigkeit BGE 128 I 236.

[62] BV 29 Abs. 3.

[63] Statuiert wird durch Art. 30 Abs. 1 BV ein Grundrecht auf ein durch Gesetz geschaffenes, zuständiges, unabhängiges und unparteiisches Gericht und das Verbot von Ausnahmegerichten. Grundsätzlich hat die Person, gegen die eine Zivilklage erhoben wird, Anspruch darauf, dass die Sache vom Gericht des Wohnsitzes beurteilt wird, wenn das Gesetz keinen anderen Gerichtsstand vorsieht. Dieser Grundsatz gilt jedoch nicht im internationalen Verhältnis. Der Anspruch auf die gerichtliche Ansprache am Wohnsitz wurde bereits durch das LugÜ eingeschränkt und mit Inkrafttreten der Bundesverfassung vom 18. April 1999 auch im internen Verhältnis aufgehoben.

[64] BV 30 Abs. 1.

[65] BV 30 Abs. 1.

[66] BV 30 Abs. 1.

[67] Vgl. dazu statt vieler BGE 105 Ia 53 E. a, wo auch der Begriff erklärt wird; vgl. auch BGE 126 III 527 E. 2b Anwendung des Grundsatzes, wonach Rechtsmittelfristen sieben Tage nach dem erfolg-

losen Zustellungsversuch beginnen, auch auf Fälle, da die Post eine längere Abholfrist gewährt und die Sendung erst am letzten Tag dieser Frist abgeholt wird; ferner HANS ULRICH WALDER, Überspitzter Formalismus?, Festschrift für Hans Giger, Bern 1989, 729 ff.

§ 4 Geschichte des Zivilprozessrechts im Kanton Zürich

Inhaltsverzeichnis   Seite

- A. Einleitung 41
- B. Die einzelnen Perioden 42
  - I. Die Zeit der patriarchalischen Rechtspflege 42
    1. Die alte Justiz löblicher Stadt und Landschaft Zürich bis 1798 42
    2. Die Zeit der Helvetik (1798–1803) 45
    3. Die Zeit der Mediation (1803–1813) 45
    4. Die Zeit der Restauration (1814–1830) 46
  - II. Die Zeit der Regeneration der Rechtspflege (1831–1839) 46
  - III. Die Zeit der Kodifikation des Privat- und Prozessrechts im Kanton Zürich vor 1869 48
  - IV. Die Rechtspflege unter der Kantonsverfassung von 1869 50
    1. Die Entstehung des Gesetzes betreffend die zürcherische Rechtspflege von 1874 50
    2. Die Rechtspflegegesetze von 1911, 1913 und 1919 51
    3. Die Zivilprozessordnung und das Gerichtsverfassungsgesetz von 1976 mit seitherigen Revisionen 51

A. Einleitung

Eine ausführliche Darstellung für die Zeit bis 1931 gibt HANS FRITZSCHE in seiner Schrift «Begründung und Ausbau der neuzeitlichen Rechtspflege des Kantons Zürich. Zur Erinnerung an die Regeneration von 1831 im Auftrag des Obergerichts verfasst», erschienen in Zürich 1931. Fritzsche unterscheidet für den Kanton Zürich vier grosse Perioden:

– als erste die Zeit der patriarchalischen Rechtspflege (bis 1830),
– als zweite die Zeit der Regeneration der Rechtspflege (1831–1839),
– als dritte die Zeit der Kodifikation des Privat- und Prozessrechts im Kanton Zürich vor 1869 und
– als vierte die Zeit der Rechtspflege unter der heute noch geltenden Kantonsverfassung von 1869.

Dem historisch Interessierten vermittelt das Jubiläumsreferat von Prof. *Robert Hauser* «Die zürcherische Rechtspflege im Wandel, 1831–1981» einen ausgezeichneten Überblick über die zürcherische Rechtspflege in der genannten Zeit[1].

---
[1] Abgedruckt in ZR 80/1981, 257 ff.

B. Die einzelnen Perioden

I. Die Zeit der patriarchalischen Rechtspflege

1. Die alte Justiz löblicher Stadt und Landschaft Zürich bis 1798

3   Ursprünglich gab es in Stadt und Landschaft Zürich keine einheitliche Gerichtsverfassung: Der Staat entstand allmählich aus einzelnen Herrschaften, und so war auch die Gerichtsherrschaft auf einzelne Träger verteilt. Mit der Zeit kam den von der Stadt Zürich eingesetzten Behörden ein starkes Übergewicht zu. Die Zivilrechtspflege war für die Stadt und deren nächste Umgebung nicht einheitlich geregelt. Schuldstreitigkeiten gelangten an das Stadtgericht, das unter dem Vorsitz des Schultheissen aus zwölf in eigenartigem Turnus amtierenden Richtern gebildet war. Allzu schwierige Fälle konnten an den Kleinen Rat gewiesen werden. Dieser war direkt zuständig für Prozesse um Erb und Eigen. – Auf der Landschaft lag die erstinstanzliche Rechtspflege vor allem in den Händen der Landvögte, die vom Grossen Rat (in der Stadt) aus seiner Mitte, in der Regel auf sechs Jahre, gewählt waren. Bei ihrer Tätigkeit hatten sie in gewissem Masse eine Mitwirkung der ländlichen Bevölkerung zugelassen[2].

4   Dem entspricht die Stellung des Landesherrn als oberster Richter im Territorium innerhalb des Reiches mit allgemeiner Kompetenzdelegation an einzelne Vögte oder Räte[3]. In der Zivilgerichtsbarkeit wurde unterschieden zwischen Gerichten für den Adel und die ihm gleichgestellten distinguierten Personen und denen für die Land- und Stadtbevölkerung, wobei je mindestens zwei Instanzen vorgesehen waren.

5   In Zürich bestand daneben eine Reihe von Sondergerichten für Ehesachen, Bausachen usw. Eine scharfe Trennung der richterlichen Befugnisse bestand ebenso wenig wie eine Gewaltentrennung überhaupt[4].

6   Für das Verfahren waren in erster Linie die «Satz- und Ordnungen eines frey loblichen Stadtgerichtes» massgebend, aber erst ab 1715; vorher wurde überhaupt nach

---

[2] Fritzsche, 1.
[3] Vgl. dazu Richard Schröder / Eberhard Frhr. v. Künssberg, Deutsche Rechtsgeschichte, Berlin und Leipzig 1932, 635 f., ferner Hans Planitz / Karl August Eckhardt, Deutsche Rechtsgeschichte, Wien 1981, § 51.
[4] Fritzsche, 12.

Gutdünken prozediert. Aber auch dieses Gesetz⁵ war ein ganz unvollständiger Erlass, der teilweise materielles, teilweise formelles Recht enthielt⁶.

«Im patriarchalisch regierten Staat, der … das liebevolle Zutrauen der Untergebenen zur einzigen Hauptstütze der Regierung macht, ist strenge Abhängigkeit der Regierung und Rechtspflege von festen allgemeinen Regeln weder notwendig noch erwünscht. Die landesväterliche Fürsorge, die sich liebevoll mit allen Einzelheiten des öffentlichen Wohles befasst, ist ohne solche zwingende Normen freier in der Wahl der ihr zweckmässig scheinenden Mittel⁷, ⁸.»

7

---

⁵ Vergleichbar damit ist etwa die «Gerichtssatzung für die Stadt Bern und derselben Teutsche Städte und Landschaften», deren letzte Redaktion aus dem Jahre 1761 stammt (SCHURTER/FRITZSCHE II, 1 60).

⁶ I. Teil: Wie das Gericht besetzt werden solle.
II. Teil: Etwelche Verrichtungen und Freyheyten beyder Gerichten das Stadtgericht für die innere, das Vogtgericht für die äussere Stadt. Desgleichen wer an dieselben gehöre?
III. Teil: Wie die Schuldner zu suchen und was Gewalt das Gericht haben soll.
IV. Teil: Fernere Gewalt des Gerichts. Von den Bussen und Straffen.
V. Teil: Wie man Geld ausleihen, Schuldner versichern, Briefe aufrichten und darum einander rechtfertigen soll.
VI. Teil: Von allerhand anderen Rechts-Übungen und Contracten.
VII. Teil: Vom Verkauffen, Kauffen, Tauschen und denen Zu-Rechten.
VIII. Teil: Von Ablösung der Gült und Schuldenbriefen.
IX. Teil: Vom Einzug der Schulden.
X. Teil: Von den Auffählen und Fallimenten, durch Ausführ- und Verfertigungen.
Als Einzelbestimmung zum Verfahrensrecht mag herausgegriffen sein § 26: «Eine Kundschaft aber allein soll keine Kundschaft seyn und auf einen Zeugen allein kein Urtheil gegründet und ausgesprochen, sondern eine jede Sache durch wenigst zwey Zeugen bescheint werden.»

⁷ FRITZSCHE, Begründung und Ausbau, 15.

⁸ Zur damaligen Zivilrechtspflege sagt Bürgermeister DAVID VON WYSS sen. (1737–1815) in seinem Politischen Handbuch für die erwachsene Jungend der Stadt und Landschaft Zürich (1976, zit. bei FRITZSCHE, Begründung und Ausbau 17): «Eine genaue Kenntnis aller dieser Gesetze und der Art ihrer Anwendung können nur Rechtsverständige besitzen. Überhaupt aber sind dieselben, in Vergleichung mit den Gesetzbüchern fremder Staaten sehr einfach, und würden für ein Land, wo Treue und Redlichkeit im täglichen Verkehr selten, und hingegen die gesellschaftlichen Verhältnisse sehr verwickelt wären, vielleicht unzureichend sein. Glücklicherweise ist dies bei uns nicht der Fall, und eben deswegen haben wir weder Richter noch Advokaten, die sich mit dem Vermögen prozesssüchtiger Leute bereichern oder auch nur von Sporteln leben müssten. Eine zahllose Menge von Rechtsanständen, die man anderwärts nach kostbaren Umtrieben richterlich entscheiden müsste, werden bei uns gütlich auf eine Weise beseitigt, die den Parteien beinahe gar nicht zur Last fällt. Überhaupt sind die Unkosten, die zu Stadt und Land mit Prozessen verknüpft sind, die Anzahl der letztern und der Personen, welche sich damit beschäftigen, in Vergleichung mit der Rechtspflege grösserer und kleinerer Staaten verhältnismässig zum Erstaunen klein. Auch ist die Schnelligkeit unserer Rechtspflege so gross, dass der wichtigste, durch alle Instanzen gehende Prozess nicht leicht ein halbes Jahr dauern kann. Dank sei es also der göttlichen Vorsehung, dass wir jene so zahlreichen und drückenden Rechtsformen, welche beinahe aller Orten das schädlichste Werkzeug in den Händen verschmitzter Sachwalter werden, nicht vonnöten haben. Dieser wahre Segen des Landes hat nicht nur in der friedlichen und redlichen Denkungsart der Bürger und Landleute, die in

8   Die Entwicklung des deutschrechtlichen Prozesses ist dennoch nicht ganz spurlos an der zürcherischen vorbeigegangen. Es sei zunächst daran erinnert, dass im deutschen Bereich am Anfang die *Fehde* steht, die vorerst in die Vollstreckung mithilfe des Gemeindebeamten übergeht, vorläufig ohne gerichtliche Prüfung, unter Bestrafung des die Vollstreckung Begehrenden, sollte sich nachträglich das Fehlen seiner Gläubigerschaft erweisen[9]; später urteilsmässige Feststellung des Anspruchs durch die Gesamtheit der freien Volksgenossen in öffentlicher Gerichtsversammlung, nachdem festgestellt worden ist, wer den Beweis (als reine Parteitätigkeit und ohne Gegenbeweis) erbringen darf[10]. Im Weitern kommt es zur Verdrängung des Volksgerichtes durch die, denen die Gerichtsgewalt vom König oder Herzog verliehen ist, oder deren Stellvertreter zusammen mit einer Anzahl Schöffen. Noch später geht die Entwicklung in Richtung zur vermehrt einzelrichterlichen Tätigkeit. Allmählich vollzieht sich der Übergang vom Beweis durch Eid, Gottesurteil oder Eideshelfer zum Beweis durch Zeugen. Die deutschen Gerichte übernehmen den in Italien aufgrund von Statutarrechten entstandenen formellen Prozess, wofür die Werke der Glossatoren und Kommentatoren und das Prozessrecht der oberitalienischen Städte die Grundlage bilden[11]. So verschmolzen spätrömische, kanonische und langobardische Rechtsgedanken mit dem, was sich bisher im deutschen Bereich entwickelt hat. Zu diesen fremden Errungenschaften gehören etwa das formelle Streiteinleitungsverfahren durch Klageschrift, die Litiscontestation durch Einlassung[12], die Verhandlungsmaxime[13], die Eventualmaxime[14] und die Beweisregeln[15]. Diese Synthese von Prozessrecht zerfloss dann wieder mit dem althergebrachten Rechtsgang schweizerischer Demokratien zu einem merkwürdigen Gemisch. Dabei ist allerdings Folgendes festzuhalten:

9   Das ausserschweizerische Gedankengut ist – wenigstens was den deutschsprachigen Teil der Schweiz betrifft – erst auf dem Umweg über das im 19. Jahrhundert Grundlage der Prozessrechtslehre bildende gemeine Zivilprozessrecht zu uns gekommen.

---

mancher Hinsicht nur eine grosse Familie auszumachen scheinen, nicht nur in der einfachen Natur unserer Lebensweise und unseres gesellschaftlichen Verkehrs von jeder Art, sondern hauptsächlich wiederum in unserer glücklich-gemässigten Regierungsform seinen wichtigen Grund.»

[9]   Dazu HANS FEHR, Deutsche Rechtsgeschichte, Berlin 1948, 51, RICHARD SCHMIDT, Lehrbuch des deutschen Zivilprozessrechts, 2. Aufl., Leipzig 1910, 56 f.

[10] Zunächst ist die Rechtspflege eine Sache des Volkes. Der Richter, der den Vorsitz führt, erfragt den Urteilsspruch beim Volk und verkündet ihn dann. Später kommen rechtskundige Männer, die *Rachinburgen*, als vom Richter bestellter Ausschuss von Rechtsfindern (CONRAD, Rechtsgeschichte, Karlsruhe 1962, I 28).

[11] Dazu SCHIMDT 82 f.

[12] SCHMID, 85.

[13] Vgl. § 17 hiernach.

[14] Vgl. § 19 hiernach.

[15] Vgl. §§ 28–30 hiernach.

Ausnahmen, wie wir sie etwa für Bern und Basel treffen[16], bestätigen lediglich die Regel. Vorher wurde nach Gutdünken und Tradition vorgegangen. Der früheren Übernahme des gemeinrechtlichen Gedankengutes stand schon das Laienrichtertum entgegen, für welches das gemeine Prozessrecht nicht geeignet war[17].

2. Die Zeit der Helvetik (1798–1803)

Scharf war die von der Helvetik verfochtene neue Linie, die mit dem Umsturz von 1798 eintrat. An die Stelle der bisherigen zersplitterten Justiz traten einheitliche Gerichte nach französischem Vorbild: Distriktsgerichte in erster und Kantonsgerichte in zweiter (zivilrechtlicher) Instanz. Oberste Spitze bildete der Tribunal suprême (Oberster Gerichtshof). Die Verfassung vom 20. Mai 1802 bestimmte: «Es soll ein bürgerliches Gesetzbuch entworfen werden, dessen Einführung in keinem Kanton ohne dessen Einwilligung statthaben kann.» Es blieb jedoch bei den Anfängen. «Etwas selbständiger, aber ebenso weit von der Vollendung waren die ausgearbeiteten und bereits von dem Grossen Rat angenommen Teilentwürfe zu einem Gesetzbuch über den bürgerlichen Rechtsgang»[18].

10

3. Die Zeit der Mediation (1803–1813)

Am 19. Februar 1803 übergab Napoleon Bonaparte den Delegierten der helvetischen Consulta die Mediationsacte, d.h. die Verfassung der Staaten des neuen Staatenbundes.

11

Danach hatte nun wieder die ganze Justiz in den Kantonen ohne Gewaltentrennung stattzufinden. Die Gerichte waren zum Teil neu, die alte Organisation war endgültig verdrängt. Der Kanton Zürich erhielt ein eigenes Appellationsgericht. Er zerfiel in fünf Bezirke. Zürich, Horgen, Uster, Bülach und Winterthur. Auf dem Lande gab es Zunftgerichte, denn jeder Bezirk war in dreizehn Zünfte eingeteilt[19]. Die Zunftgerichte wurden unmittelbar vom Kleinen Rat (Regierung) gewählt. Sie erledigten Bagatellstreitigkeiten teilweise endgültig, teilweise erstinstanzlich. Ferner gab es in jeder Kirchgemeinde einen Friedensrichter. Die Bezirksgerichte zählten sieben Mitglieder und amteten sowohl letztinstanzlich über den Zunftgerichten als auch erstinstanzlich. Was das Verfahren betrifft, so bewegte man sich in den alten Formen fort.

12

---

[16] MAX GULDENER, Über die Herkunft des schweizerischen Zivilprozessrechtes, Schriften zum Prozessrecht Bd. 2, Berlin 1966, 12 f.
[17] In diesem Sinne JOHANN JAKOB RÜTTIMANN (1815–1876), zit. bei GULDENER, (zit. Anm. 15) 13.
[18] FRITZSCHE, 22, vgl. SCHURTER/FRITZSCHE I, 154/169.
[19] Diese Zünfte waren lediglich Wahlkreise (ANTON LARGIADÈR, Geschichte von Stadt und Landschaft Zürich, Erlenbach 1945, 78).

4. Die Zeit der Restauration (1814–1830)

13   Die Kantonsverfassung von 1814 enthielt den Einzelaufbau der Gerichte: Friedensrichter, nunmehr elf Amtsgerichte in elf Bezirken, ein Ehegericht als Sondergericht und ein Obergericht.

II. Die Zeit der Regeneration der Rechtspflege (1831–1839)

14   Die neue Repräsentativverfassung von 1831 brachte das nunmehr in grösster Intensität verfolgte Prinzip der Gewaltentrennung[20]. Den unablässigen Bemühungen der aus der Schule Savignys hervorgegangenen jungen Zürcher Juristen gelang es zudem, in der neuen Verfassung ihre wissenschaftlichen Ideen zum Ausdruck zu bringen[21]. Schon am 7. Brachmonat 1831 wurde dann im Grossen Rat das Organisatorische Gesetz über das Gerichtswesen im Allgemeinen und die bürgerliche Rechtspflege insbesondere angenommen; drei Tage später folgte die erste Strafprozessordnung. Das erstere Gesetz war hauptsächlich ein *Organisationsgesetz,* und nur wenige Grundsätze galten dem Zivilprozess, sodass der Kanton noch Jahrzehnte ohne eigene Zivilprozessordnung auskommen musste. Es handelte sich im Wesentlichen um folgende Titel:

I.   Friedensrichter
II. Zunftgerichte
III. Bezirksgerichte
IV. Obergericht.

15   Die weitere Ausgestaltung des Zivilprozessrechts bedurfte des Anstosses durch einen Gelehrten, der auch auf anderem Gebiete Wesentliches für die Rechtsentwicklung in der Schweiz und insbesondere im Kanton Zürich geleistet hat: *Friedrich Ludwig Keller* (1799–1860). Er brachte die Selbständigkeit des zürcherischen Zivilprozessrechtes gegenüber dem sonst weiterum mangels positivrechtlicher Vorschriften angewendeten gemeinrechtlichen Prozess unter Fortbildung vorhandener zürcherischer Traditionen zustande. Dies wurde allerdings nicht zuletzt deshalb möglich, weil Keller Romanist war[22].

---

[20]   Art. 59 bestimmte: «Die Befugnis, Streitiges zu entscheiden und Straffälle zu beurteilen, kommt ausschliesslich den Gerichten zu und: Die Gerichte sind von dem Regierungsrate unabhängig und es steht diesem keinerlei Einwirkung auf Rechtssachen zu», vgl. heute KV 73 Abs. 2.
[21]   Vgl. WALTER WETTSTEIN, Die Regeneration des Kantons Zürichs. Die liberale Umwälzung der dreissiger Jahre, Zürich 1907, 407.
[22]   Darüber schreibt ALEXANDER BECK in: Schweizer Juristen der letzten hundert Jahre, Zürich 1943, 125: «Die Kunst der römischen grossen Juristen, auch im Prozess die leitenden Grundsätze lebendig zu entwickeln, den Einzelfall in ihrem Zusammenhang sicher einzuordnen, entzündete seine schöpferische kongeniale Kraft. Die von ihm durchgeführte Reform des Zürcher Zivilprozess …

Drei Hauptpfeiler wurden zum Merkmal des so entstandenen zürcherischen Zivilprozess: 16

1. *Mündlichkeit und Öffentlichkeit* anstelle der den gemeinen Prozess beherrschenden Schriftlichkeit,
2. Übernahme der *Verhandlungsmaxime*[23] von der gemeinrechtlichen Theorie,
3. Abkehr von der das gemeine Recht beherrschenden gesetzlichen Beweistheorie[24] zugunsten der freien richterlichen Beweiswürdigung[25]. Als bedeutendste Eigenart des zürcherischen Beweisrechtes betrachtet dabei Hans Fritzsche die Beseitigung des Eidesbeweises (mit einziger Ausnahme des Vaterschaftsprozesses). «Diese grundlegende und viel zu wenig bekannte Abweichung von fast allen andern Beweissystemen geht in Zürich nicht auf ein bestimmtes Gesetz zurück. Sie ist im Gefolge der Reformation und ihrer Betonung der Heiligkeit des Eides auf dem Wege der Gewohnheit erfolgt»[26].

---

war vom wissenschaftlichen Vorbilde des klassischen römischen Prozesses weitgehend bestimmt. Die eigenständige, seit der Reformation in Zürich still fortgebildete Gewohnheit und Überlieferung bot dem aufmerksamen, aktiven Beobachter einen willkommenen, der Bearbeitung harrenden Stoff. In manchen der von ihm durchgeführten Grundsätze, wie etwa dem der *Mündlichkeit der Verhandlung* und einer *energischen Prozessleitungsbefugnis des Richters* verstärkten sich der gewohnheitsrechtliche und der romanische Einfluss, bei Betonung der Maxime freier richterlicher Beweiswürdigung, war wohl das Vorbild des klassischen Prozesses entscheidend.»

[23] Vgl. dazu auch § 17 hiernach.

[24] Dazu gehört der Ausschluss von Zeugen wegen Verdachts der Befangenheit oder Unzuverlässigkeit («Wer einmal lügt, dem glaubt man nicht, und wenn er auch die Wahrheit spricht»), das Erfordernis eines besonderen Beweises (z.B. durch zwei Zeugen) für bestimmte Behauptungen oder auch die Bindung des Richters an das Ergebnis eines bestimmten Beweismittels. Solche Regeln beherrschten den gemeinen Zivilprozess. Sie waren für den Richter teils eine Erleichterung, weil er sich weniger Gedanken machen musste, andererseits aber auch eine Erschwerung. KELLER lehnte sie ab und sagte dazu: «Auch unser Prozess stellt Regeln fest, einzelne Zeichen, die nicht alles ganz der Überzeugung überlassen. Diese Regeln aber machen nicht ein System aus, das als abgerundetes Ganzes unserer Idee des Beweises gegenübertritt. Dieser Unterschied zwischen dem gemeinen und unserem Verfahren hat wichtige und unausbleibliche Folgen. Je strenger dem Richter der Weg äusserlich bezeichnet ist, auf dem er zur Annahme von Tatsachen gelangen soll, desto sicherer ist sein Gang. Auf der andern Seite kommt er in den Fall, glauben zu müssen, was er als verständiger Mann nicht glauben würde und umgekehrt. Je weniger er durch äussere spezielle Bestimmungen geleitet wird, desto eher tritt allerdings ein gewisses Schwanken ein, umso seltener ist aber jener Zwiespalt zwischen dem materiellen und formellen Rechte. Ich halte für unser Volk die Vorteile unseres Systems für ungleich grösser, als seine Nachteile» (zit. bei FRITZSCHE, 52).

[25] Eine vollständige Abkehr ist allerdings erst mit der neuesten Zürcher Zivilprozessordnung von 1976 erfolgt. Demgegenüber hat beispielsweise der Kanton *Aargau* bereits mit seiner Zivilprozessordnung von 1900 sämtliche Zeugenausschliessungsgründe abgeschafft. Namhaften Einfluss auf die Entwicklung der freien Beweiswürdigung in den Kantonen hatte die Bundesgesetzgebung (vgl. §§ 29 Rz 131 und 35 Rz 54 hiervor).

[26] FRITZSCHE, 52 f.

17 Immerhin blieb Keller mit seinen Formulierungen und Postulaten nicht unangefochten. Insbesondere die Verhandlungsmaxime war Gegenstand harter Kritik seitens von Bürgern, die darin einen unnötigen Formalismus der Rechtspflege erblickten[27].

III. Die Zeit der Kodifikation des Privat- und Prozessrechts im Kanton Zürich vor 1869

18 Trotz Bestehens der schon unter KELLERS Mitwirkung entstandenen organischen Gesetzgebung von 1831 musste jede Änderung der Gerichtsverfassung vorläufig auch zu einer Änderung der Kantonsverfassung führen. Die erste der auf diesem Wege vorgenommenen Revisionen betraf die Einführung des Schwurgerichtes im Anschluss an eine aus Frankreich und England hergekommene Bewegung[28]. In Zürich war es Ende der Vierzigerjahre soweit. Eine zweite Neuerung wurde erforderlich hinsichtlich der aus den Zunftgerichten entstandenen Kreisgerichte[29]. Die dritte Verfassungsänderung schliesslich brachte das *Handelsgericht* als erstes Spezialgericht der neueren Zeit. Ein Verfassungsgesetz vom 29. August 1865 ermächtigte die Gesetzgebung zur Aufstellung und Einrichtung von Handels- und Gewerbegerichten, wurde aber nur ganz knapp angenommen, da das Institut als unrepublikanisch bekämpft worden war[30].

---

[27] «Die Quelle des trotzdem beim Volke vorhandenen Missmutes gegen die Rechtspflege sei (so wurde gesagt) die aufgestellte Verhandlungsmaxime im Zivilprozess, die wie eine Scheidewand zwischen dem Richter und den Ansichten, den Ideen und dem Charakter des Volkes bestehe. Jene Maxime und das Volksleben stünden in vollstem Widerspruch, denn sie beruhe auf dem Prinzip des Misstrauens; die Rechtspflege erscheine so dem gemeinen Mann zu fremd, zu kalt, zu rücksichtslos, und er begreife nicht, warum er eine gute Sache um eines Formfehlers verlieren müsse» (FRITZSCHE, 60).

[28] FRITZSCHE, 69. Vgl. dazu im Einzelnen ROBERT HAUSER, Am Ende von Schwur- und Geschworenengericht?, in: Festgabe Hans Schultz, Bern 1977, 252 ff.

[29] «Diese schon gegenüber grossen Widerständen eingeführten Gerichte gaben längst zu Klagen Anlass. Ein 1863 von Justizdirektor J. J. Treichler verfasster Bericht führte nun, gestützt auf reiches statistisches Material, den genauen Nachweis, dass diese Instanzen wegen ungenügender Besetzung und zu geringer Geschäftslast höchst langsam und teuer arbeiteten. Vor allem war lästig, dass in fast allen Fällen an die Bezirksgerichte appelliert und damit das Verfahren neuerdings in die Länge gezogen wurde. Ein Verfassungsgesetz vom 29. August 1865 behielt zwar diese Kreisgerichte bei, ermächtigte aber die Gesetzgebung, für geringfügige Fälle den regelmässigen Instanzenzug auszuschliessen. Man erinnert sich, dass die Verfassung von 1831 als wesentliche Garantie des Verfahrens für alle Rechtssachen den Instanzenzug aufgestellt hatte. Nun hatte die Erfahrung gezeigt, dass für kleine Streitsachen das Bedürfnis der raschen und billigen Entscheidung wichtiger war, als die Garantie doppelter Prüfung» (FRITZSCHE, Begründung und Ausbau, 70). Gerichte mit zu kleiner Jurisdiktionsbefugnis bleiben selten leistungseffektiv. So mussten im Kanton *Appenzell A. Rh.* 1974 die Gemeindegerichte aufgehoben werden.

[30] Zugunsten der Einführung des Handelsgerichtes wurde angeführt: Die Bestimmungen der Gesetze seien oft unzulänglich, und wohl kein Teil des Rechtes müsse die Entscheidungsquelle so sehr

1866 kam es dann auch zur ersten Kodifikation des Zürcherischen Zivilprozessrechtes, für welche seit 1844 ein Entwurf von Oberrichter Hans Georg Finsler (1800–1863) vorgelegen hatte, der aber nie Gesetz wurde, weshalb man neu beginnen musste. Das schliesslich zustande gekommene Gesetzeswerk geht auf Justizdirektor Johann Jakob Treichler (1822–1906) zurück. Der Entwurf verwertete die Zürcher Praxis und verwendete auch auswärtige Gesetze[31] als Vorlage. Es handelt sich um eine vollständige Kodifikation der Rechtspflege, nämlich:

19

1. das Gesetz betreffend das Gerichtswesen im Allgemeinen,
2. die Zivilprozessordnung[32],
3. die Strafprozessordnung, alle vom 30. Weinmonat 1866[33].

Nächster Angelpunkt der geschichtlichen Betrachtung ist die Verfassungsbewegung, die zur neuen Staatsverfassung von 1869 führte und in deren Verlauf die Justiz scharf angegriffen wurde, was den Sturz des Obergerichtspräsidenten Eduard Ullmer (1813–1866) zur Folge hatte[34].

20

---

im eigentümlichen Leben der Verhältnisse und Übungen suchen wie das Handelsrecht. «Dass nun dem Fachmanne die richtige Erfassung dieser eigentümlichen Erscheinung viel leichter sei, als dem Nichtfachmanne, darf wohl, ohne Jemand ein Unrecht zu thun, behauptet werden.» Als einem Bedürfnis entsprechend wurde sodann die schnellere Erledigung der Handelsprozesse bezeichnet. Nirgends wie im Handelsrecht hänge von der Schnelligkeit des Entscheides so oft das ganze Interesse des Prozesses ab; denn bei dem launenhaften Wechsel in den Verhältnissen der Handelswelt könne während einer längeren Dauer eines Prozesses aus vielfachen Gründen jedes Interesse am Streite untergehen. Vgl. P. L. Usteri, Hundert Jahre Zürcher Handelsgericht, SJZ 63/1967, 1.

[31] Nämlich das Bernische Gesetzbuch über das gerichtliche Verfahren in bürgerlichen Rechtssachen von 1847 und die Zivilprozessordnung des Königreiches Hannover von 1850. Auch in die neue Zürcher Zivilprozessordnung von 1976 hat wieder bernisches Gedankengut Eingang gefunden.

[32] Zur Zivilprozessordnung wurde in der Weisung Folgendes gesagt:
«Die Zivilprozessordnung ist neu. Ein vollständiges, systematisch geordnetes Prozessgesetz mangelt bis jetzt gänzlich. Die Grundlage des gegenwärtigen Verfahrens bildet immer noch das organische Gesetz über das Gerichtswesen im allgemeinen und die bürgerliche Rechtspflege insbesondere vom 7. Brachmonat 1831, welches den Gang des Prozessverfahrens nur in sehr allgemeinen Umrissen feststellt. Das meiste für Ausbildung des Zivilprozesses hat die Praxis getan. Es war daher für den nicht rechtsverständigen Bürger geradezu eine Unmöglichkeit, zu wissen, was auf diesem Gebiete Rechtens sei. Durch Erlassung der Zivilprozessordnung soll nun diesem Übelstande abgeholfen werden. Die Zivilprozessordnung ist aber nicht nur eine blosse Kodifikation des bestehenden Rechtes, sondern sie enthält in manchen Teilen auch sehr eingreifende materielle Veränderungen. Um einen gänzlichen Umsturz des Bestehenden kann es sich dagegen bei Erlass einer Zivilprozessordnung nicht handeln, da das Verfahren in seinen Hauptzügen im Laufe der Zeit sich als gut und zweckmässig bewährt hat, wohl aber um eine zeitgemässere Fortbildung desselben an Hand der Wissenschaft und der Erfahrung. Die Justizdirektion hat daher vor Abfassung dieses Gesetzes den Gerichten Gelegenheit gegeben, ihre Wünsche und Ansichten auszusprechen und sie hat dieselben auch, soweit es irgend tunlich schien, bei Ausarbeitung des Gesetzes berücksichtigt.»

[33] Dazu kommt das heute noch geltende Gesetz über die Ordnungsstrafen vom gleichen Tag (LS 312).

[34] Die ganze Erregung über die Rechtspflege ging auf eine mehr oder weniger persönliche Auseinandersetzung Ullmers mit dem Prokurator Friedrich Locher (1820–1911) zurück, der auch andere

IV. Die Rechtspflege unter der Kantonsverfassung von 1869

1. Die Entstehung des Gesetzes betreffend die zürcherische Rechtspflege von 1874

21 Das an vier grossen Landsgemeinden angenommene demokratische Programm verlangte u.a. Einführung der Ziviljury[35], Abschaffung der Sporteln und Freigabe der Advokatur. In der Verfassung selber fand sich dann neben der Garantie der Geschworenengerichte für Verbrechen, politische Vergehen und Presseprozesse die Ermächtigung an den Gesetzgeber, auch für andere Teile der Zivil- und Strafrechtspflege Geschworenengerichte aufzustellen[36]. Der Auftrag zur Bestimmung von Organisation, Kompetenz und Verfahren der Gerichte erging nun an die Gesetzgebung[37], dazu kam die Garantie vertragsmässiger Schiedsgerichte[38]. Ferner enthielt die neue Verfassung die allgemeine Forderung, das Prozessverfahren solle im Sinne möglichster Rechtssicherheit sowie rascher und wohlfeiler Erledigung geordnet werden[39]. In der Gerichtsverfassung wurden nun im Anschluss an die Revision der Kantonsverfassung durch das neu entstandene «Gesetz betreffend die zürcherische Rechtspflege» vom 2. Christmonat 1874, in Kraft getreten am 1. Januar 1875[40], einige Neuerungen eingeführt: Das Kassationsgericht entstand[41], es wurde öffentliche Beratung bei Obergericht und Kassationsgericht vorgesehen[42] und die Advokatur freigegeben, ein Fehler, der 1898 wieder korrigiert werden musste[43]. Im Zivilprozessrecht wurde gegenüber der Kodifikation von 1866 wenig geändert.

Vertreter des *Systems*, wie ALFRED ESCHER (1819–1882), nicht mit Vorwürfen und Unterstellungen verschone (vgl. NZZ 13., 14. und 15. August 1886 sowie 25. April 1911).

[35] Die Ziviljury, in *England* schon lange des eingeschränkten Anwendungsbereiches und der Kosten wegen selten beansprucht (vgl. dazu JÜRGEN BUNGE, Das englische Zivilprozessrecht, Schriften zum Prozessrecht Bd. 37, 58 und dort zit. Literatur) und heute so gut wie abgeschafft (HEIMO SCHACK, Einführung in das US-amerikanische Zivilprozessrecht, München 1988, 55) erfreut sich in den USA anhaltender Beliebtheit (SCHACK, a.a.O.).

[36] Vgl. aKV 57.

[37] Vgl. aKV 58 Abs. 1.

[38] Vgl. aKV 58 Abs. 2.

[39] Vgl. aKV 59.

[40] OS 18, 57. Dazu das Gesetz betreffend Abänderung einiger Bestimmungen über die zürcherische Rechtspflege vom 13. Brachmonat 1880, in Kraft getreten am 1. Heumonat 1880 (OS 20, 169).

[41] Vgl. HANS FRITZSCHE, Das zürcherische Kassationsgericht, SJZ 57/1961 S. 267 ff.

[42] Vgl. dazu § 23 Rz 2 hiernach.

[43] Gesetz über den Rechtsanwaltsberuf vom 3. Juli 1898 (OS 25, 225), nunmehr ersetzt durch das Anwaltsgesetz vom 7. November 2003 (LS 215).

2. Die Rechtspflegegesetze von 1911, 1913 und 1919

Hatte das Rechtspflegegesetz von 1874 die drei Codices von 1866 in einem einzigen zusammengefasst, so wurden sie jetzt wieder getrennt. Anlass zur Totalrevision gab die fortschreitende Rechtsvereinheitlichung in der Schweiz, verbunden mit neuen organisatorischen Aufgaben für die Rechtspflege. Zuerst entstand ein neues Gerichtsverfassungsgesetz[44], dann eine neue Zivilprozessordnung[45] und schliesslich eine Strafprozessordnung[46]. Es sind dies im Wesentlichen Fortbildungen des alten Rechtes, ja es lässt sich sagen, dass die Kodifikation von 1866 bis in die Neuzeit hinein den Grundstein der Zivilrechtspflege gebildet hat[47].

22

3. Die Zivilprozessordnung und das Gerichtsverfassungsgesetz von 1976 mit seitherigen Revisionen

Die vorstehend erwähnten Rechtspflegegesetze sind seit ihrem Inkrafttreten häufig Teilrevisionen unterworfen worden, die sich, mit Ausnahme der grossen Revision von 1935, jeweils lediglich auf Einzelfragen bezogen[48]. Über die Gründe, die fünf-

23

---

[44] Gesetz betreffend das Gerichtswesen im Allgemeinen vom 29. Januar 1911 (OS 29, 72).

[45] Gesetz bereffend den Zivilprozess vom 13. April 1913 (OS 29, 522).

[46] Gesetz betreffend den Strafprozess vom 4. Mai 1919 (OS 31, 327).

[47] Es geziemt sich, hier der verschiedenen Kommentatoren zu gedenken: EMIL STRÄULI (1834–1894), Oberrichter und nachmaliger Obergerichtspräsident, dessen Sohn HANS STRÄULI (1862–1938), Rechtsanwalt, Oberrichter und später Stadtpräsident von Winterthur sowie Nationalrat, dessen Sohn HANS STRÄULI (1902–1986), Rechtsanwalt in Winterthur, ferner WILLY HAUSER (1877–1942), dessen Bruder EMIL HAUSER (1885–1968), ersterer Rechtsanwalt, letzterer Bezirksgerichtsschreiber und später Vorsteher des kant. Jugendamtes, sowie WILLY HAUSER jun. (1910–2008), Rechtsanwalt, und dessen Bruder ROBERT HAUSER (geb. 1921), Staatsanwalt und später Professor, schliesslich Bezirksgerichtspräsident EMIL BIEDERMANN (1885–1968) in Winterthur.

[48] Die Revisionen umfassten folgende Gegenstände:
7. April 1935 (OS 35, 448):
Friedensrichter, Gewerbegerichte, Kompetenzen der Einzelrichter und Bezirksgerichte, des Obergerichtes, Schwurgerichtes, Handelsgerichtes und des Kassationsgerichtes, Gerichtsferien, Protokolle, Gebühren, Gerichtsstände, Parteifähigkeit, Postulationsfähigkeit, Zulässigkeit der Widerklage, Sühnverfahren, Anhängigmachung des Rechtsstreites, Hauptverfahren, Verfahren in Ehesachen, Rechtsmittel, Schiedsgerichte.
20. Februar 1938 (OS 36, 14):
Anpassung an das revidierte Obligationenrecht.
27. November 1938 (OS 36, 81)
Anpassung der Gebühren.
6. Juli 1941 (OS 36, 380):
Anpassung des Gerichtsverfassungsgesetzes an das neue Schweizerische Strafgesetzbuch durch das Einführungsgesetz zum Strafgesetzbuch.
6. Dezember 1953 (OS 39, 380):
Erhöhung der Kompetenzen und Rechtsmittelgrenzen zufolge Geldentwertung.
4. Dezember 1955 (ZG 1, 59):

zig Jahre nach ihrer Einführung, nämlich 1963, zur Inangriffnahme einer Totalrevision führten, orientiert die Weisung des Regierungsrates an den Kantonsrat vom 19. August 1971[49]. Dafür und für den Hergang der Revisionsarbeiten kann auf diesen ausführlichen Bericht verwiesen werden[50].

Anpassung des Gerichtsverfassungsgesetzes an das neue Wahlgesetz.
24. Mai 1959 (OS 40, 546):
Anpassung von Gerichtsverfassungsgesetz und Zivilprozessordnung an das neue Verwaltungspflegegesetz.
4. September 1960 (OS 40, 901):
Anpassung durch das erste Bereinigungsgesetz.
21. Januar 1962 (OS 41, 119):
Wählbarkeit von Schweizerbürgerinnen als Kanzleibeamtinnen der Gerichte.
22. September 1963 (OS 41, 586):
Anpassung an das neue Gesetz über die Förderung der Landwirtschaft.
6. Dezember 1964 (OS 41, 937):
Anpassung an das eidg. Kartellgesetz, Verlängerung der an Samstagen ablaufenden Fristen.
2. Juli 1967 (OS 42, 728):
Keine den Zivilprozess betreffenden Änderungen.
7. Februar 1971 (OS 44, 42):
Einführung der Mietgerichte.
30. Juni 1974 (OS 45, 115 ff.):
Änderungen des Gerichtsverfassungsgesetzes im strafprozessualen Bereich.

[49] Amtsblatt des Kantons Zürich 1971, 1883 ff.
[50] Immerhin seien die folgenden Ausführungen wörtlich wiedergegeben (a.a.O., 1885):
«Die Zunahme der Bevölkerung und die Entwicklung der Technik kamen denn auch, entsprechend der in grundsätzlicher Hinsicht gebotenen Zurückhaltung …, bisher nur in der Änderung von Einzelheiten zum Ausdruck. Alle die zahlreichen, eingangs erwähnten Gesetzesänderungen waren seit dem Jahre 1866 der Sache nach nur Teilrevisionen und berührten die Struktur der Gesetze, selbst äusserlich, nicht wesentlich. Veranlasst wurden sie durch die zunehmende Kompliziertheit der tatsächlichen und rechtlichen Verhältnisse, wie sie das Zusammenleben immer grösserer Bevölkerungsmassen mit vermehrten Lebensansprüchen hervorrief.»
Und dann weiter (1886):
«Heute ist wieder eine gesamthafte Überprüfung der zürcherischen Bestimmungen über den Zivilprozess unerlässlich. Die geschilderte Entwicklung der Verhältnisse hat das geltende Gesetz neuerdings an zahlreichen Stellen überholt. Die Praxis ist darum zum Teil unübersichtlich geworden; zum Teil wird sie durch das Gesetz daran gehindert, die praktisch richtigen Lösungen zu finden … Anderseits ist das Gesetz zum Teil veraltet und bemüht sich um die Lösung von Problemen, welche nicht mehr bestehen. Ferner wurde es durch die Entwicklung der Spezialgesetzgebung und des Bundesrechts überholt; öfters täuscht es darum einen Rechtszustand vor, der längst nicht mehr besteht. Die Revision hat sich deshalb auf den gesamten Umfang des Zivilprozessrechtes zu erstrecken. Ihr erstes Ziel muss sein, das Gesetz inhaltlich wieder auf einen zeitgemässen Stand zu bringen. Das heisst im Wesentlichen, dass alle gesetzgeberischen Massnahmen für die Beschleunigung der Prozesse vorzukehren sind, welche die Qualität der Entscheidungen nicht beeinträchtigen. Daneben sind nach Möglichkeit technische Errungenschaften der Rechtsprechung zugänglich zu machen. Schliesslich ist das Gesetz dort, wo es nicht zu befriedigen vermochte, zu korrigieren. Diese Änderungen lassen sich freilich nicht unter einen einheitlichen Begriff bringen. Die Revisionsvorlage besteht vielmehr aus einer Anhäufung einzelner Neuerungen der verschiedensten Art. Sie alle blei-

Die Vorlage wurde nach eingehender Beratung in einer vorbereitenden kantonsrätlichen Kommission in den Jahren 1974 und 1975 durch das Plenum des Kantonsrates behandelt und verabschiedet[51]. Am 12./13. Juni 1976 fand des damals im Kanton Zürich noch geltenden obligatorischen Gesetzesreferendums wegen die Volksabstimmung statt. In dieser wurden die Vorlage *Gesetz über die Revision des Verfahrens in Zivilsachen,* bestehend aus einem Art. I (Ersetzung der bestehenden Zivilprozessordnung durch das neue Gesetz über den Zivilprozess – Zivilprozessordnung), einem Art. II (Ersetzung des bestehenden Gerichtsverfassungsgesetzes durch das neue Gerichtsverfassungsgesetz), einem Art. III (Teilrevision des Einführungsgesetzes zum Schweizerischen Zivilgesetzbuch vom 2. April 1911[52]), einem Art. IV (Teilrevision des Gesetzes betreffend die Organisation der Notariatskanzleien vom 28. Juli 1907[53]), einem Art. V (Teilrevision des Gesetzes vom 3. Juni 1938 über den Rechtsanwaltsberuf[54]), einem Art. VI (Teilrevision des Einführungsgesetzes zum Bundesgesetz über Schuldbetreibung und Konkurs vom 27. Mai 1913[55]), einem Art. VII (Teilrevision des Gesetzes über das Gemeindewesen vom 6. Juli 1926[56]), einem Art. VIII (Teilrevision des Gesetzes über den Rechtsschutz in Verwaltungssachen vom 24. Mai 1959[57]) und einem Art. IX (Einführungs- und Übergangsbestimmungen) mit 178 900 Ja gegen 55 113 Nein angenommen. Die separat zur Abstimmung gebrachte Frage, ob die öffentliche Urteilsberatung am Obergericht und am Kassationsgericht beibehalten werden solle, wurde mit 140 884 Ja gegen 80 776 Nein bejaht[58].

24

Es darf vermerkt werden, dass die von der damaligen Kommission des Zürcher Kantonsrates in einer Reihe von Punkten veränderte Vorlage des Zürcher Regierungsrates zum grossen Teil der Zivilprozessordnung des Kantons *Schwyz* vom 25. Oktober 1974 zum Vorbild gedient hat. Ihre Einflüsse sind auch in den Zivilprozessordnun-

25

---

ben im Rahmen der Grundgedanken, denen die zürcherischen Prozessgesetze schon bisher verpflichtet waren.»
Mitglieder der regierungsrätlichen Expertenkommission waren:
Rolf Tinner (geb. 1917), Direktionssekretär der Direktion der Justiz (Präsident)
Max Guldener (1903–1981), Professor und Präsident des Kassationsgerichtes
Berthold Neidhart (1903–1975), Oberrichter
Georg Messmer (1922–1987), früher Präsident des Bezirksgerichtes Bülach, später Oberrichter und Bundesrichter
Hans Sträuli (1902–1986), Rechtsanwalt
Felix Wiget (1913–1992), Rechtsanwalt und Kassationsrichter.

[51] Protokoll des Kantonsrates 1971–1975, 6921–8850.
[52] LS 230.
[53] LS 242.
[54] LS 251.1.
[55] LS 281.
[56] LS 131.1.
[57] LS 175.2.
[58] Amtsblatt des Kantons Zürich 1976, 801.

gen des Kantons *Nidwalden* vom 11. Juli 1970, des Kantons *Obwalden* vom 9. März 1973, des Kantons *Appenzell A. Rh.* vom 27. April 1980, des Kantons *Aargau* vom 18. Dezember 1984, des Kantons *Thurgau* vom 6. Juli 1988, des Kantons St. Gallen vom 20. Dezember 1990, des Kantons *Uri* vom 23. März 1994 und des Kantons *Luzern* vom 27. Juli 1994, festzustellen[59].

---

[59] Seit ihrem Inkrafttreten sind Gerichtsverfassungsgesetz und/oder Zivilprozessordnung mehrfach geändert worden:
- am 25. September 1977 mit Wirkung ab 1. September 1978 (Zuständigkeitsordnung im Strafprozess, Befugnisse des kantonalen Ombudsmannes, GVG 44, 56, 108 Abs. 2, 208 Abs. 4);
- am 7. Dezember 1977 durch Verordnung des Regierungsrates, mit Wirkung ab 1. Januar 1978, in Anwendung von Art. 52 Abs. 2 SchlT ZGB (OS 46, 699) zur Anpassung an die Änderung des ZGB bezüglich des Kindesrechts (ZPO 196 Ziff. 4, 203, 215 Ziff. 13);
- am 8. Juni 1980 mit Wirkung ab 1. Januar 1981 bezüglich der Kompetenzen der Mietgerichte (OS 47, 491 ff., sog. Mietgerichtsnovelle, GVG 16–18, 43, 63, 64, 140, ZPO 17 Abs. 2, 33, 78, 105 Ziff. 1, 119 Ziff. 2, 125 Ziff. 1, 129 Abs. 2 Ziff. 1, 259 Ziff. 3, 271 Ziff. 1, 287 Abs. 2);
- am 5. April 1981 mit Wirkung ab 1. Januar 1981 (Anpassung von § 29 Abs. 1 ZPO an die Aufhebung des Entzugs der «bürgerlichen Ehren und Rechte»);
- am 4. September 1983 mit Wirkung ab 1. Januar 1985 (Wahl des Obergerichts und des Kassationsgerichtes durch den Kantonsrat, GVG 38 Abs. 1, 66 Abs. 2);
- am 9. Juni 1985 mit Wirkung ab 1. Januar 1989 betreffend Neuordnung des Notariatswesens (GVG 107 Abs. 2);
- am 10. März 1985 mit Wirkung ab 1. Juli 1985 (OS 49, 379); Beitritt zum Konkordat betreffend die Schiedsgerichtsbarkeit, ZPO 238, 239, 284, Aufhebung von § 240–257 ZPO);
- am 7. Dezember 1986 mit Wirkung ab 1. Juli 1987 (OS 50. 111) betreffend das Konsumentenschutzverfahren, Erhöhung des Streitwerts für sachliche Zuständigkeit, Berufung und Rekurs (GVG 6 Abs. 1, 12 Abs. 2, 13 Abs. 1, 17, 18 Abs. 3, 21, 33 Abs. 2, 31 Ziff. 1 und 2; ZPO 19 Abs. 3, 32, 78, 119 Ziff. 2 und 3, 129 Ziff. 1, 259 Ziff. 1 und 2, 271 Abs. 1);
- am 9. September 1987 mit Wirkung ab 1. Januar 1988 durch Verordnung des Regierungsrates in Anwendung von Art. 52 Abs. 2 SchlT ZGB (OS 80, 211) zur Anpassung an die Änderung des ZGB bezüglich des Eherechts (ZPO 215, 216, 4 Üb. Best.);
- am 7. März 1990 mit sofortiger Wirkung durch Verordnung des Regierungsrates in Anwendung von Art. 52 Abs. 2 SchlT ZGB(Amtsblatt 1990 1018 ff.) bezüglich des Verfahrens in Streitigkeiten wegen unlauteren Wettbewerbs; ein Teil dieser Revision – die Streitwertgrenzen für Berufung und Rekurs betreffend – wurde wieder aufgehoben (Amtsblatt 1990 1324);
- am 27. Juni 1990 mit Wirkung ab 1. November 1990 durch Verordnung des Regierungsrates in Anwendung von Art. 52 Abs. 2 SchlT ZGB (Amtsblatt 1990 1259) bezüglich des Verfahrens in Miet- und Pachtstreitigkeiten (GVG 18) unter gleichzeitigem Erlass einer Verordnung über die Paritätischen Schlichtungsbehörden in Miet- und Pachtsachen (Amtsblatt 1990, 1260 ff.);
- am 3. März 1991 bezüglich der Zusammensetzung und der Aufgaben der Gerichte in Strafsachen (OS 51 456);
- am 3. Juni 1992 durch Verordnung bezüglich der Anpassung an das neue Aktienrecht (OS 52 113 ff.);
- am 2. Dezember 1992 durch Einführungsverordnung zum Opferhilfegesetz (OS 52 328 ff.);
- am 17. März 1993 durch Verordnung über die gerichtliche Beurteilung im Personen- und Familienrecht (OS 52 410 ff.);
- am 12. Juni 1994 bezüglich der administrativen Verselbständigung des Kassationsgerichts (OS 52 989 ff.):

- am 12. März 1995 bezüglich der Neuordnung des Verfahrens betreffend fürsorgerischem Freiheitsentzug (OS 53 161 ff.);
- am 24. September 1995 zur Angleichung des kantonalen Prozessrechts an übergeordnetes Recht und zur Rationalisierung der Rechtspflege (OG 53 271);
- am 28 September 1997 (OS 54 367);
- an 27. September 1998 zur Anpassung an das neue Personalgesetz (OS 54 782);
- am 27. März 2000 zur Anpassung des Prozessrechts im Personen- und Familienrecht (OS 56 189);
- am 29. Oktober 2001 durch das Einführungsgesetz zum Gleichstellungsgesetz (OS 57 192);
- am 21. Januar 2002 infolge des Gerichtsstandsgesetzes (OG 57 204);
- an 27. Januar 2003 (OS 58 97);
- am 17. November 2003 durch das neue Anwaltsgesetz (OS 59 81);
- am 19. Juni 2006 zur Anpassung an das Bundesgerichtsgesetz an den geänderten Allgemeinen Teil des StGB und an das neue Jugendstrafgesetz (OG 61 391);
- am 9. Juli 2007 zur Anpassung des kantonalen Rechts an das Partnerschaftsgesetz des Bundes (OS 62 429);
- am 24. September 2007 zur Anpassung der Zivil- und Strafrechtspflege an das Bundesgerichtsgesetz (OG 61 480).

Erster Abschnitt

Von den Gerichten

§ 5   Die Gerichte des Bundes und des Kantons Zürich

Inhaltsverzeichnis   Seite

A. Die Gerichte des Bundes 59
B. Die Gerichte des Kantons Zürich 62
    I. Allgemeines 62
    II. Die Gerichtsinstanzen im Einzelnen 63
        1. Die Friedensrichter 63
        2. Die Bezirksgerichte 65
        3. Die Einzelrichter 67
        4. Das Obergericht 69
        5. Die Arbeitsgerichte 73
        6. Die Mietgerichte und die Schlichtungsbehörden 77
        7. Das Handelsgericht 82
        8. Das Landwirtschaftsgericht 88
        9. Das Kassationsgericht 89

A.   Die Gerichte des Bundes

Im zweiten Abschnitt der Schweizerischen Bundesverfassung vom 29. Mai 1874, der von den Bundesbehörden handelt, ist in den Art. 106–114 vom Schweizerischen Bundesgericht die Rede. Dieses Gericht wurde bereits durch die bundesstaatliche Verfassung von 1848 mit folgendem Satz geschaffen, der bis 1999 in der Bundesverfassung stehen geblieben ist[1]:

«Zur Ausübung der Rechtspflege, soweit dieselbe in den Bereich des Bundes fällt, wird ein Bundesgericht aufgestellt.»

Das Bundesgericht erhielt damals als Zivilgericht lediglich die folgenden Kompetenzen[2]:

1. a) Streitigkeiten zwischen Kantonen unter sich
   b) Streitigkeiten zwischen dem Bund und einem Kanton,
2. Streitigkeiten zwischen dem Bund und einer natürlichen oder juristischen Person (Korporation), wenn diese Kläger sind und ein von der Bundesgesetzgebung zu bestimmender Minimalstreitwert erreicht ist,
3. Streitigkeiten in Bezug auf Heimatlosigkeit,
4. als «prorogiertes Gericht».

---

[1] Siehe aBV 106 Abs. 1. Heute sagt Art. 188 Abs. 1 BV: *Das Bundgericht ist die oberste rechtsprechende Behörde des Bundes.*
[2] Art. 94 der Bundesverfassung von 1848. Ähnlich die Formulierung von Art. 110 der BV von 1874.

3   Als Rechtsmittelinstanz trat das Bundesgericht erst später in Funktion, nämlich mit der durch Art. 64 a BV begründeten Gesetzgebungskompetenz des Bundes über

   – die persönliche Handlungsfähigkeit,
   – das Obligationen-, Handels- und Wechselrecht,
   – das Urheberrecht an Werken der Literatur und Kunst,
   – das Betreibungsverfahren und das Konkursrecht.

4   Art. 29 des BG über die Organisation der Bundesrechtspflege vom 27. Brachmonat 1874 bestimmte, dass die Rechtsstreitigkeiten, die von kantonalen Gerichten nach eidgenössischen Gesetzen zu entscheiden sind, und deren Gegenstand einen Hauptwert von wenigstens 3000 Franken hat oder seiner Natur nach einer Schatzung nicht unterliegt, jeder Partei das Recht geöffnet ist, beim Bundesgericht die Abänderung des letztinstanzlichen kantonalen Haupturteils nachzusuchen. Das ist die Grundlage der zivilrechtlichen Berufung an das Schweizerische Bundesgericht, wie sie heute als Beschwerde in Zivilsachen in Art. 72–77 BGG[3] niedergelegt ist und sich auf das ganze Privatrecht ausgedehnt hat.

5   So fällt die Rechtspflege heute in den Bereich des Bundes auf dem Gebiet des Staats- und Verwaltungsrechtes (Entscheidungsabteilungen I und II), des Zivilrechtes (Entscheidungsabteilung III), des Betreibungs- und Konkursrechts (Entscheidungsabteilung III), des Strafrechts (Entscheidungsabteilung IV) und des Sozialversicherungsrechts (Entscheidungsabteilung V)[4].

6   Das Bundesgericht[5], mit welchem das frühere Eidgenössische Versicherungsgericht nunmehr als Erste und Zweite sozialrechtliche Abteilung organisch verbunden ist – wenn auch mit eigenem Standort in Luzern (der Sitz des Bundesgerichts befindet sich in: Lausanne) – ist eine einheitliche Gesamtbehörde, unterteilt in dessen Erste öffentlich-rechtliche Abteilung (6 Mitglieder[6]), Zweite öffentlich-rechtliche Abteilung (6 Mitglieder[7]), Erste Zivilabteilung (5 Mitglieder[8]), Zweite Zivilabteilung (6 Mitglieder), Strafrechtliche Abteilung (6 Mitglieder[9]), Erste sozialrechtliche Abteilung (5 Mitglieder) und Zweite sozialrechtliche Abteilung (4 Mitglieder)[10]. Für

---

[3]   Allgemeine Verfahrensbestimmungen in BGG 29–71.
[4]   Bis und mit Band 120 der BGE befand sich Zivilrecht in Entscheidungsabteilung II, Betreibungs- und Konkursrecht für sich allein in Entscheidungsabteilung III und bestanden für das öffentliche Recht die Entscheidungsabteilungen Ia und Ib.
[5]   Vgl. Hans Tschopp, Das Bundesgericht, der Bundesgerichtspräsident – aktuelle Probleme der Bundesrechtspflege, SJZ 72/197, 369 ff.
[6]   BR 1 Abs. 1 und BR 2.
[7]   BR 1 Abs. 2 und BR 3.
[8]   BR 1 Abs. 3 und 4, BR 4 und 5.
[9]   BR 1 Abs. 5, BR 7.
[10] BGerR 26. Die Gesamtzahl der Mitglieder des Bundesgerichts beträgt gemäss Art. 1 Abs. 3 BGG 35 bis 45 ordentliche, d.h. vollamtliche Richter. Gegenwärtig sind es deren 38 (Art. 1 lit. a der Verordnung der Bundesversammlung über die Richterstellen am Bundesgericht vom 23. Juni 2006;

die Zivilprozesse von Bedeutung sind also die beiden Zivilabteilungen[11], die in der Regel Rechtsmittelinstanzen (Beschwerden in Zivilsachen), ausnahmsweise als einzige Instanz wirken (direkte Prozesse vor Bundesgericht, d.h. solche, die vor das Bundesgericht als erste und einzige zu bringen sind)[12].

Für das *Rechtsmittelverfahren* gilt als Grundlage das BG über das Bundesgericht (Bundesgerichtsgesetz) vom 17. Juni 2005[13], für die direkten Prozesse der sogenannte Bundeszivilprozess, niedergelegt in der Bundeszivilprozessordnung vom 4. Dezember 1947[14, 15]. Das BGG von 2005 hat Vorgänger aus den Jahren 1849, 1893 und 1943, die Bundeszivilprozessordnung von 1947 eine Vorgängerin aus dem Jahre 1850: «Provisorisches Bundesgesetz über das Verfahren bei dem Bundesgerichte in bürgerlichen Rechtsstreitigkeiten» vom 22. November 1850[16].

7

Die Bundesrichterinnen und Bundesrichter rekrutieren sich hauptsächlich aus bisherigen Mitgliedern kantonaler Gerichte, dann aber auch aus Professoren, höheren Beamten kantonaler Verwaltungen und vereinzelt Rechtsanwälten[17]. Mitglieder des Bundesgerichts werden durch die Vereinigte Bundesversammlung auf eine Amtsdauer von 6 Jahren gewählt[18], Präsident und Vizepräsident auf eine solche von 2 Jah-

8

SR 173.110.1). Dazu kommen nebenamtliche Richterinnen und Richter, deren Zahl höchstens zwei Drittel der Zahl der ordentlichen Richter und Richterinnen betragen darf (BGG 1 Abs. 4). Gegenwärtig sind es deren 19 (Art. 1 lit. b der genannten Verordnung). Wie es nicht anders sein kann, hat Art. 3 der genannten Verordnung ein Controlling-Verfahren statuiert, über dessen Ergebnisse sich das Gericht in seinem Geschäftsbericht zu äussern hat.

[11] Über die Verteilung der Geschäfte auf die beiden Abteilungen vgl. BGerR 31 und 32.

[12] Gemäss Art. 120 Abs. 1 BGG beurteilt das Bundesgericht als einzige Instanz:
a) Kompetenzkonflikte zwischen Bundesbehörden und kantonalen Behörden;
b) zivilrechtliche und öffentlich-rechtliche Streitigkeiten zwischen Bund und Kantonen oder zwischen Kantonen;
c) Ansprüche auf Schadenersatz und Genugtuung aus der Amtstätigkeit von Personen im Sinne von Artikel 1 Absatz 1 Buchstaben a–c des Verantwortlichkeitsgesetzes vom 14. März 1958 (SR 170.32).

Die Klage ist jedoch gemäss Art. 120 Abs. 2 BGG unzulässig, wenn ein anderes Bundesgesetz eine Behörde zum Erlass einer Verfügung über solche Streitigkeiten ermächtigt. Gegen die Verfügung ist letztinstanzlich die Beschwerde an das Bundesgericht zulässig.

Gemäss Art. 7 SchKG sind direkt vor Bundesgericht zu bringen Schadenersatzklagen (gegen den betreffenden Kanton), die mit widerrechtlichem Verhalten der oberen kantonalen Aufsichtsbehörden in SchKG-Sachen oder des oberen kantonalen Nachlassgerichts begründet werden.

[13] SR 173.110.

[14] SR 273.

[15] BGG 120 Abs. 3. Für das Beweisverfahren BGG 55 Abs. 1; BZP 1.

[16] Zu dessen hochinteressanter Geschichte vgl. SCHURTER/FRITZSCHE, Bd. 1, 354 ff.

[17] Darüber im Einzelnen: FRED L. MORRISON, The swiss Federal Court = Judicial Decision Making and Recruitment, in: JOEL B. GROSSMAN und JOSEPH TANENHAUS, Frontiers of Judicial Research, New York 1969, 133 ff.

[18] BV 145 Satz 2; BGG 5, Abs. 1, 9 Abs. 1.

§ 5 Die Gerichte des Bundes und des Kantons Zürich

ren[19]. Die Wahl erfolgt nach politischen[20] und regionalen[21] Gesichtspunkten[22], die Präsidialwahlen nach solchen der Ancienniät aufgrund eines Vorschlages des jeweiligen Gerichts.

9 Das *Eidgenössische Versicherungsgericht* ist jetzt voll in das Bundesgericht eingegliedert, hat aber als dessen Abteilung seinen Standort nicht am Sitz des Bundesgerichts in Lausanne[23], sondern in Luzern[24].

B. Die Gerichte des Kantons Zürich

I. Allgemeines

10 1. Die Verfassung des Kantons Zürich vom 27. Februar 2005 hat in Art. 74 Abs. 1 eine verlässliche und rasche Rechtsprechung zugesagt. Der Gesetzgebung bleibt es überlassen, nicht nur die Kompetenz, sondern auch die Zahl und Organisation der Gerichte zu bestimmen[25]. Das Gerichtsverfassungsgesetz nennt in seinem ersten Abschnitt die *Friedensrichter,* die *Arbeitsgerichte,* die *Mietgerichte,* die *Einzelrichter,* die *Bezirksgerichte,* das *Obergericht,* das *Geschworenengericht,* das *Handelsgericht* und das *Kassationsgericht.* Mit Ausnahme des Geschworenengerichtes sind sie alle für die Zivilrechtspflege bedeutsam und werden nachstehend in etwas anderer Reihenfolge behandelt.

---

[19] BGG 14 Abs. 1 und 2; einmalige Wiederwahl ist zulässig.
[20] Die vier Bundesratsparteien, nämlich Freisinnig-Demokratische Partei (FDP), Christlichdemokratische Volkspartei (CVP), Sozialdemokratische Partei (SP), und Schweizerische Volkspartei (SVP), haben durch ihre Fraktionen in der Bundesversammlung die Stellen fast unter sich aufgeteilt. Wer nicht in eine dieser Parteien eintritt, hat praktisch keine Chance, Bundesrichter zu werden. Dass aber das System der *Zauberformel* als rein politisches Instrument hier nichts zu suchen hat, dürfte auf der Hand liegen. Ihre mindestens vorläufige Aufgabe im Zusammenhmmenhang mit der Bundesratswahl vom 12. Dezenber 2007 braucht sich auf die Bestellung des Bundesgerichts nicht auszuwirken.
[21] Bei der Wahl der Richterinnen und Richter hat die Bundesversammlung auf die angemessene Vertretung der Amtssprachen Rücksicht zu nehmen (BV 188 Abs. 4).
[22] Zuständig für die Vorbereitung der Richterwahlen ist eine aus National- und Ständeräten aller Fraktionen zusammengesetzte Gerichtskommission (SPÜHLER / DOLGE / VOCK, N 2 zu Art. 5 BGG).
[23] BGG 4 Abs. 1.
[24] BGG Art. 4 Abs. 2. Es steht dort aber nicht ausdrücklich, dass es die sozialversicherungsrechtlichen Abteilungen sind, was dem Bundesgericht eine gewisse Flexibilität in der Geschäftszuteilung gibt (SPÜHLER / DOLGE / VOCK, N 3 zu Art. 4 BGG).
[25] Einzelne Kantone bestimmen in ihren Verfassungen ziemlich detailliert darüber, welche und wie grosse Gerichte eingesetzt seien. Zum Teil können sie dann auf Organisationsgesetze verzichten, doch ist das heute eher die Ausnahme. Vgl. dazu das Quellenverzeichnis hiervor S. XXI ff.

2. In den letzten Jahren hat sich gezeigt, dass immer wieder den Kantonen neue richterliche Aufgaben durch die Bundesgesetzgebung übertragen werden können (Kartellrecht, Mietrecht, Abzahlungsrecht, Konsumentenschutz, Fürsorgerische Freiheitsentziehung[26])[27]. Damit, was insbesondere bei Aufgaben, die sofort wahrgenommen werden müssen und die auch – etwa bei wirtschaftspolitischem Hintergrund – vorübergehender Natur sein können, von Bedeutung ist, das schwerfällige Gesetzgebungsverfahren vermieden werden kann, berechtigt § 70 GVG den Kantonsrat, in solchen Fällen unter den bestehenden Behörden die zuständige Instanz zu bestimmen[28].

3. Gemäss Art. 1 GVG richtet sich die Wählbarkeit in die kantonalen Gerichte nach dem Gesetz über die politischen Rechte (PRG) vom 1. September 2003[29]. Die Amtsdauer der Gerichte beträgt 6 Jahre[30]. Die Mitglieder der Gerichte haben im Kanton Zürich Wohnsitz zu nehmen[31]. Berufsmässige Vertretung von Parteien vor Gericht ist vollamtlichen Mitgliedern der Bezirksgerichte und des Obergerichtes untersagt[32].

II. Die Gerichtsinstanzen im Einzelnen

1. Die Friedensrichter

Der Friedensrichter ist eine durchaus moderne Einrichtung. Durch das französische Recht des beginnenden 19. Jahrhunderts erhielt er seine heutige Gestalt und Bedeutung. Im *Code de Procédure civile* von 1806 erscheint die Institution des Juge de

---

[26] ZGB 397a–397f.
[27] Z.B. bestimmte Art. 2 Abs. 2 der Verordnung über die Kleinkredit- und Abzahlungsgeschäfte vom 10. Januar 1973 (AS 1973, 88), dass der Anspruch auf den bei Ablauf der Höchstdauer für die Rückzahlung eines Kleinkredites noch ausstehenden Betrag erlösche, wenn nicht innert 30 Tagen die Zwangsvollstreckung eingeleitet werde. Nach Art. 2 Abs. 3 konnte der Richter am Wohnort des Kreditnehmers die Höchstdauer in Härtefällen verlängern. Zur Frage des zuständigen Richters äusserte sich am 18. April 1973 die Verwaltungskommission des Obergerichtes (SJZ 69/1973 S. 159).
[28] Im Falle der fürsorgerischen Freiheitsentziehung wurde aber doch der Gesetzgebungsweg beschritten (vgl. EG zum ZGB 117a ff.)
[29] LS 161. Wählbar sind alle stimmberechtigten Männer und Frauen, doch ist die Beziehung zu einer politischen Partei unerlässlich, um mit einiger Erfolgsaussicht vorgeschlagen zu werden. Vollamtliche und teilamtliche Richterstellen und die Position eines Mitgliedes des Kassationsgerichts setzen juristische Ausbildung und Praxis voraus, nebenamtliche Richterstellen nicht.
[30] PRG 32 Abs. 1.
[31] GVG 3 Abs. 1.
[32] GVG 3 Abs. 2 Ziff. 1. Zusätzlich schränkt GVG 3 Abs. 3 die Tätigkeit von voll- oder teilamtlichen Oberrichterinnen und Oberrichtern in Handelsgesellschaften oder einer Genossenschaft mit wirtschaftlichen Zwecken ein, Rechtsanwälte, die zugleich (neben- oder teilamtliche) Mitglieder oder Ersatzmitglieder eines Gerichts (Kassationsgericht, Obergericht, Bezirksgericht) sind, dürfen vor diesem Gericht nicht als Parteivertreter amten (GVG 3 Abs. 2 Ziff. 2 und 3).

Paix, der sich, losgelöst von der Person des ordentlichen Richters und vom ordentlichen Prozessverfahren, lediglich der Sühnetätigkeit zu widmen hatte[33].

14 Ein Friedensrichter wird von jeder politischen Gemeinde für ihren Gemeindebann gewählt; es kann aber auch, wie z.B. Zürich und Winterthur, eine Gemeinde mehrere Friedensrichter haben oder, es können mehrere Gemeinden desselben Bezirks die Aufgaben des Friedensrichters gemeinsam besorgen lassen[34]. In der Stadt Zürich und im Kreis Winterthur I üben alle Friedensrichter ihre Funktion im Vollamt aus, sonst sind sie im Nebenamt tätig. Sie haben zurzeit etwa 9000 Fälle pro Jahr zu betreuen[35]. In ihrer Hauptfunktion sind sie *Sühnebeamte,* vor die Parteien (mit Ausnahmen obligatorischerweise) ihre Prozesse bringen, bevor sie dem zuständigen Gericht zugeleitet werden. Immerhin besitzt der Friedensrichter in Streitigkeiten bis zu 500 Franken Streitwert selbständige, nur beschränkt durch Rechtsmittel ergänzte Urteilskompetenz[36]. Er hat auch die in Art. 44 des BG betreffend die elektrischen Schwach- und Starkstromanlagen vom 24. Juni 1902[37] und die in Art. 15 des BG über die Enteignung vom 20. Juni 1930[38] genannten Streitigkeiten[39] zu entscheiden[40].

---

[33] Durch Gesetz vom 9. Februar 1949 ist in Frankreich der Sühnversuch vor dem juge de paix abgeschafft worden. «Cette tentative ne donnait que fort peu de résultats pratiques, le demandeur s'en faisant d'ailleurs presque toujours dispenser, en invoquant l'urgence, par le président du tribunal» (Daniel Parisot/Alfred Jauffret, Manud de procédure civile, 4. Aufl., Paris 1951, 113). Die zürcherischen Friedensrichter haben demgegenüber eine Erfolgsquote von etwa 44% (Rechenschaftsbericht des Obergerichtes über das Jahr 2006, Tabelle 5, S. 84) Vgl. im Übrigen Rudolf Hädener, Der Friedensrichter im Schaffhauserischen Recht, Diss. Zürich 1948, 1. In *St. Gallen* und besonders in *Graubünden* wird als Vorläufer des Verfahrens vor dem Friedensrichter das deutschrechtliche Friedengebieten angesehen (Max Gubser, Begründung und Ausbau des Vermittleramtes (Friedensrichteramtes) im Kanton St. Gallen, Diss. Zürich 1939, 25 ff., Gustav Lorenz, Die Entwicklung des Vermittleramtes im Kanton Graubünden, Diss. Zürich 1943, 3 ff.).

[34] GVG 4 Abs. 1 Satz 2. Der Zusammenschluss mehrerer Gemeinden zu einem Friedensrichterkreis (Zweckverband) bedarf der Genehmigung des Regierungsrates, der einen Bericht des Obergerichtes einholt (GVG 4 Abs. 2).

[35] RB Obergericht 2006 16

[36] GVG 6 Abs. 1. Vgl. auch ZPO 193.

[37] SR 734. 0.

[38] SR 711.

[39] Der erste Fall betrifft die Beseitigung von Baumästen, durch welche eine bestehende Anlage gefährdet oder gestört wird, gegen Entschädigung. Das BG verpflichtet die Kantone, für den Streitfall eine Lokalbehörde zu bezeichnen. Der zweite Fall betrifft Handlungen, die zur Vorbereitung eines Unternehmens, für das Enteignung beansprucht werden kann, unumgänglich notwendig sind (Begehungen usw.), bzw. die Entschädigung dafür.

[40] GVG 6 Abs. 2. Im Weitern amtet er als Beisitzer in Streitigkeiten zwischen dem Geschädigten und dem Jagdpächter über Wildschaden gemäss § 46 Abs. 3 des am 8. Juli 1975 revidierten Gesetzes über Jagd und Vogelschutz vom 12. Mai 1929 (LS 922.1).

Der Friedensrichter handelt übrigens auch in den Ehrverletzungsprozessen, die ja 15
in vielem einem Zivilprozess ähnlich sind, als Sühnbeamter[41]. In anderen Kantonen
heisst er Vermittler[42], doch ist das Institut nicht überall bekannt. Bern z.B. zieht den
Sühnversuch durch den Gerichtspräsidenten vor[43], und Basel-Stadt kennt überhaupt
keine solche Einrichtung[44]. In Neuenburg wurde sie vor achtzig Jahren abgeschafft,
weil in der Übertragung aller Aufgaben an den im leicht zugänglichen, in einfachem
Verfahren prozedierenden Einzelrichter ein voller Ersatz erblickt wurde[45].

2. Die Bezirksgerichte[46]

Die Bezirksgerichte sind die Gerichte der ersten Instanz, die sich ordentlicherweise 16
mit einem Zivilprozess zu befassen haben. Sie bestehen aus einem Präsidenten und
vier Richtern. Der Kantonsrat kann indessen die Zahl der Richter erhöhen, wovon
er in einzelnen Fällen (Zürich, Winterthur, Horgen) schon lange, in anderen später
Gebrauch gemacht hat[47].

Ersatzrichter sind die Friedensrichter des Bezirks; das Obergericht kann auf Antrag 17
des Bezirksgerichtes auch andere Personen für eine bestimmte Zeit oder für bestimmte Prozesse als Ersatzrichter bestellen[48].

---

[41] StPO 309–311. Die in der Vorauflage erwähnte Ordnung von *Uri* (ZPO 1 Abs. 1 lit. d), die für Ehrverletzungsprozesse generell die Zivilprozessordnung anwendbar erklärte, ist am 31. März 2004 mit Wirkung ab 1. Juli 2004 aufgehoben worden. Nunmehr findet bei Antragsdelikten nach § 200a StPO generell ein Sühnversuch vor dem Verhörrichter oder vor der Staatsanwaltschaft statt und greift bei dessen Scheitern das strafprozessuale ordentliche Verfahren Platz.

[42] *Uri, Schwyz, Glarus, Appenzell A. Rh., Appenzell I. Rh.* (die beiden Appenzell haben den Vermittler erst 1876 bzw. 1883 eingeführt), *St. Gallen, Graubünden*. Im *Wallis* heisst er Gemeinderichter, im *Tessin* giudice di pace, in *Waadt* und *Genf* juge de paix.

[43] ZPO 144 Abs. 1.

[44] Vgl. BJM 1986 233 ff. sowie Peter Lyssy, Die Rechtshängigkeit im Zivilprozess der Kantone Basel-Stadt und Basel-Landschaft, Basler Studien zur Rechtswissenschaft, Reihe A: Privatrecht, Bd. 16, 35.

[45] Schurter / Fritzsche II/2 712.

[46] GVG 26–37.

[47] GVG 26. Die Zahl der Richter wird auf Antrag des Obergerichtes festgesetzt. Zufolge des Aufkommens teilamtlicher Tätigkeit lassen sich die Richterzahlen nicht ohne Weiteres vergleichen. Es wird denn auch für jedes Gericht neben der Mindestzahl der Mitglieder die Zahl der Stellenprozente festgelegt. Für die Amtsdauer 2002–2008 besteht ein entsprechender Beschluss des Kantonsrates vom 6. November 2001 (LS 212.22). Danach besteht nur noch für die Bezirksgerichte Affoltern und Andelfingen die Mindestzahl von fünf Richtern.

[48] GVG 27. Die Kreierung von Richtern durch Gerichte ist aber nicht unbedenklich. Vgl. dazu Hauser / Hauser, N 2 zu aGVG 24, ferner Fritz Baur, Richterwahl und Gewaltenteilung, DRiZ 49/1971 401 ff. Ein durch die Verwaltungskommission des Obergerichts ernannter Ersatzrichter kann nur dann einzelrichterliche Funktionen ausüben, wenn er ausdrücklich zum ausserordentlichen Einzelrichter ernannt worden ist (BGE 105a 170 E. 4b).

§ 5   Die Gerichte des Bundes und des Kantons Zürich

18   Die Bezirksgerichte werden von den Stimmberechtigten des Bezirkes gewählt[49]. Ursprünglich waren es Laiengerichte, denen allerdings in der Person des Gerichtsschreibers und mit dem von ihm allenfalls benötigten Stab juristisch geschultes Personal zur Seite stand. Diese Laienrichter waren und sind nebenamtlich tätig[50]. Im Bezirk Zürich gibt es seit Jahrzehnten und im Bezirk Winterthur seit längerer Zeit nur Berufsrichter und somit nur noch ausgebildete Juristen, wogegen in früheren Jahren auch Laien (meist qualifizierte Verwaltungsangestellte) ins volle Richteramt hinüberwechseln konnten. Die Zunahme an Prozessen und auch die komplizierter werdenden Rechtsverhältnisse haben dazu geführt, dass eine Reihe von Landbezirken schon seit längerer Zeit oder doch seit einigen Jahren einen oder mehrere vollamtliche Richter als Präsidenten, Vizepräsidenten oder als Beisitzer in ihren Reihen haben.

19   Ein Bezirksgericht tagte früher in der Regel in der Besetzung von fünf Richtern. Heute sind es durchwegs drei Richter[51]. Das Obergericht kann einem Bezirksgericht die Bildung ständiger Gerichtsabteilungen zu drei Mitgliedern bewilligen[52]. Das Bezirksgericht Zürich umfasst neun Abteilungen[53]. Bei ihren Geschäften handelt es sich sowohl um Straf- wie um Zivilprozesse; eine Unterteilung in Straf- und Zivilabteilungen findet also, weil vom Gesetz für die erste Instanz nicht vorgesehen, nicht statt im Unterschied etwa zum Kantonsgericht *Glarus,* wo neben den Zivilkammern, die in erster Instanz für den ganzen Kanton zuständig sind, noch eine Strafkammer und eine Strafgerichtskommission amten[54].

20   Die Zürcher Bezirksgerichte arbeiten nach dem gleichen System wie die Zivilgerichte praktisch in der ganzen Schweiz und auch in vielen anderen Ländern, soweit sich nicht aus der Laieneigenschaft einzelner Mitglieder besondere Verhältnisse ergeben. Es ist das Referenten-(Berichterstatter-)System. Für jeden Prozess wird vom Gerichts- oder Abteilungs- bzw. Kammervorsitzenden ein Referent bezeichnet, der als Erster über die zu erlassenden prozessleitenden Beschlüsse und über das Endurteil Antrag stellt[55]. Es ist das im Grunde eine uralte Einrichtung, wenn man an die

---

[49]   Die Richterwahlen finden im Kanton Zürich, anders als in den Kantonen *Zug* und *Tessin,* nicht im Proporz-, sondern im Majorzverfahren statt. Über den Ablauf vgl. PRG 48–56.

[50]   Vgl. dazu MAURO CAPPELLETTI Laienrichter – heute? übersetzt von GERHARD WALTER, Festschrift für Fritz Baur, Tübingen 1981, 313 ff. Aus Art. 30 Abs. 1 BV lässt sich kein Recht auf einen Richter mit juristischen Kenntnissen ableiten, doch kann der Anspruch auf einen unabhängigen Richter berührt sein, wenn unerfahrene Laienrichter ohne Mithilfe einer unabhängigen Fachperson amten (15. November 2007, Schweizerisches Bundesgericht, SJZ 104/2008, 119).

[51]   GVG 30 Abs. 1.

[52]   GVG 30 Abs. 2, *wenn die Geschäftslast es rechtfertigt.*

[53]   RB 2006 199–201.

[54]   *Glarus,* KV 108.

[55]   GVG 137 Abs. 1 Satz 1. Wird ein Entscheidantrag, der weder in einer Sitzung noch durch Zirkulation bei den beteiligten Richtern zum Beschluss erhoben wurde, versehentlich durch die Gerichtskanzlei in der Form eines Beschlusses ausgefertigt, durch einen zur Unterzeichnung von Entscheiden

Rachinburgen denkt oder an jene Vorsprecher, die selber Gerichtsmitglieder waren. Wo die Antragstellung einem Nichtjuristen Schwierigkeiten bereitet, übernimmt ein Gerichtsschreiber oder ein Gerichtssekretär seine Funktion[56]. Das Gericht wählt selber die erforderliche Zahl von Gerichtsschreibern, Gerichtssekretären[57], den Rechnungssekretär sowie das Kanzleipersonal[58]. Es gibt auch die Präsidialverfügungen gemäss § 122 Abs. 3 GVG, gegen welche die Einsprache an das Gericht bzw. die Gerichtsabteilung möglich ist[59].

Die Bezirksgerichte sind – sofern nicht ein anderes Gericht zuständig ist[60] – zur Entscheidung von Zivilprozessen wie folgt berufen[61].   21

a) erstinstanzlich, sofern der Streitwert 20 000 Franken übersteigt[62] oder nach der Natur der Sache nicht geschätzt werden kann[63],
b) als Nichtigkeitsbeschwerdeinstanz, wenn ein Friedensrichter geurteilt hat.

3. Die Einzelrichter[64]

An jedem Bezirksgericht sind ein oder mehrere Einzelrichter tätig. Das sonst geltende Kollegialsystem – der Anspruch des Rechtsuchenden, durch ein Kollegium von mindestens drei Personen über seinen zur Diskussion stehenden Anspruch entscheiden zu sehen – ist also für gewisse Prozesse durchbrochen zugunsten der *Einzelrichterkompetenz,* wie sie in anderen Rechtskreisen, etwa im angelsächsischen   22

---

      zuständigen Kanzleibeamten unterzeichnet und den Parteien mitgeteilt, so entfaltet er die gleichen Rechtswirkungen wie ein ordnungsgemäss gefasster Beschluss (24. August 1998, Kassationsgericht des Kantons Zürich, ZR 99/2000 Nr. 19 mit beigefügtem Minderheitsantrag).

[56] Das geht heute auch bei voll mit Juristen besetzten Gerichten so weit, dass dieser in eine einzelrichterähnliche Stellung gerückt wird. Die vom Kassationsgericht des Kantons Zürich in ZR 68/1969 dem in Rekursen zum Referenten bestellten Obergerichtssekretär zugebilligten Befugnisse mit Bezug auf die Durchführung von Referentenaudienzen stehen auch einem Bezirksgerichtssekretär zu (1. November 1994, Obergericht des Kantons Zürich, I. Zivilkammer, ZR 95/1996 Nr. 40).
      Über Beratung und Urteilsfällung im Allgemeinen vgl. Rz 55–66 hiernach sowie Hans Ulrich Walder, Die Entscheidungsbegründung im schweizerischen zivilgerichtlichen Verfahren, in: Die Entscheidungsbegründung in europäischen Verfahrensrechten und im Verfahren vor internationalen Gerichten, Wien 1974, 297 ff. Die beratende Stimme des Gerichtsschreibers bzw. Gerichtssekretärs (neutral jeweils als Kanzleibeamter bezeichnet, GVG 134 Abs. 1; der Begriff Kanzleipersonal gemäss § 29 GVG umfasst das nicht juristisch tätige Personal mit Ausnahme der Rechnungssekretäre) ist hier von besonderer Bedeutung.
[57] Früher Substituten genannt.
[58] GVG 29.
[59] GVG 122 Abs. 4, ZR 96/1996 Nr. 9.
[60] In Betracht kommen das Handels-, ein Arbeits- oder ein Mietgericht.
[61] GVG 31.
[62] Zur Berechnung des Streitwertes vgl. Anm. 154 hiernach sowie § 7 Rz 68–79.
[63] Art. 44 OG verwendete demgegenüber den Begriff der *nicht vermögensrechtlichen Streitigkeit.*
[64] GVG 19–25.

§ 5 Die Gerichte des Bundes und des Kantons Zürich

Recht[65], für den erstinstanzlichen Rechtszug viel stärker zutage tritt, Einzelrichter ist der Gerichtspräsident oder ein Vizepräsident oder ein eigens dafür vom Gericht bestimmter Richter. Auch ihm ist ein Kanzleibeamter mit beratender Stimme beigegeben. Der Einzelrichter hat seinen Amtssitz am Hauptort des Bezirks[66].

23 Der Einzelrichter ist – sofern nicht ein anderes Gericht zuständig ist[67] – zur Entscheidung von Zivilprozessen wie folgt berufen[68]:

a) im ordentlichen Verfahren bei Streitigkeiten mit einem der Streitwert[69] ab Fr. 500 bis Fr. 20 000. Die Entscheide sind endgültig, wenn der Streitwert von Fr. 8000 nicht erreicht wird.[70]

b) in Personenstands- und familienrechtlichen Verfahren über eine Reihe von Klagen, nämlich Klagen auf Feststellung des Personen- und Familienstandes sowie auf Anfechtung des Kindesverhältnisses[71], Klagen auf Ungültigkeit der Ehe[72] und vor allem gemeinsame Scheidungs- und Trennungsbegehren[73]; Klagen auf Scheidung und Trennung der Ehe[74], Klagen auf Ergänzung oder Änderung von

---

[65] Dazu HEINRICH REYNOLD, Justiz in England, Köln 1968, 15 ff.
[66] GVG 2.
[67] In Betracht kommen ein Arbeits- oder ein Mietgericht.
[68] GVG 21–23.
[69] Zur Berechnung des Streitwertes vgl. Anm. 154 sowie § 7 Rz 68–79 hiernach. Vgl. das «Gesetz über die Anpassung der Zivil- und Strafrechtspflege an das Bundesgerichtsgesetz» vom 24. September 2007, in Kraft seit 1. Januar 2008 (LS 211.1). In der früheren Fassung des Gerichtsverfassungsgesetzes und der Zivilprozessordnung wurde auf den früheren Streitwert für die Berufung an das Bundesgericht von Fr. 8000 abgestellt. Der Streitwert für die Beschwerde an das Bundesgericht wurde von Fr. 8000 auf Fr. 30 000 bzw. Fr. 15 000 für Arbeits- und Mietstreitigkeiten angehoben (BGG 74). Eine Gesetzesanpassung wurde notwendig, was nun mit dem Gesetz über die Anpassung der Zivil- und Strafrechtspflege an das Bundesgerichtsgesetz bereinigt worden ist. Auch der unglückliche vorübergehende Behelf über die Fussnote «Der Streitwert für die Berufung ans Bundesgericht gilt als erreicht, wenn er Fr. 8000 beträgt» (OS 61, 480) ist somit nicht mehr notwendig.
[70] Der Einzelrichter entscheidet in Streitigkeiten zwischen Konsumenten und Anbietern im einfachen und raschen Verfahren lediglich die Hauptklage, deren Streitwert unter 8000 Franken liegt, und nicht die Widerklage von mehr als 20 000 Franken. In solchen Fällen ist die Widerklage von der Hauptklage abzutrennen (22. April 1997, Einzelrichter am Bezirksgericht Zürich, ZR 96/1997 Nr. 35).
[71] GVG 21 Abs. 2 Ziff. 1.
[72] GVG 21 Abs. 2 Ziff. 2.
[73] GVG 21 Abs. 2 Ziff. 3. Der Einzelrichter ist dafür nur zuständig, wenn die beklagte Partei der Scheidung zustimmt und eine vollständige, zur Genehmigung unterbreitete unnd genehmigungsfähige Vereinbarung vorliegt. Dies ist nicht der Fall, wenn eine Klägerin einzig von ihr gestellte Anträge über die Nebenfolgen fallen lässt und der Scheidungspunkt strittig bleibt (2. März 1998, Obergericht des Kantons Zürich, I. Zivilkammer, ZR 97/1998 Nr. 8).
[74] GVG 21 Abs. 2 Ziff. 4. Umterlassen hat der Gesetzgeber die Einsetzung der Zuständigkeit des Einzelrichters für die separate Klage auf güterrechtliche Auseinandersetzung. In diesem Sinne uist die Gesetzeslücke zu füllen (13. März 2003, Obergericht des Kantons Zürich, I. Zivilkammer, ZR 102/2003 Nr. 53).

Entscheiden, soweit sie die Folgen einer Scheidung, Trennung oder Ungültigerklärung der Ehe betreffen unter Vorbehalt der Zuständigkeit der Vormundschaftsbehörde gemäss Art. 134 Abs. 3 und 4 ZGB[75], Klagen der entmündigten Person auf Zustimmung zur Eheschliessung[76];

c) im beschleunigten Verfahren[77] endgültig bis Fr. 8000; in den übrigen Fällen erstinstanzlich;

d) im einfachen und raschen Verfahren[78] Klagen auf Festsetzung und Änderung von Unterhaltsbeiträgen an das Kind[79] sowie Klagen aus der Pflicht zur Verwandtenunterstützung[80];

e) die im summarischen Verfahren[81] zu erledigenden Geschäfte ohne Rücksicht auf den Streitwert unter Vorbehalt des Rekursrechtes[82], sowie die Rechtshilfebegehren[83]

4. Das Obergericht[84]

Das Obergericht ist das für den ganzen Kanton Zürich zuständige Gericht zweiter Instanz und in bestimmten Fällen auch *erster* Instanz[85]. Die Zahl seiner Mitglieder und Ersatzrichter wird vom Kantonsrat festgesetzt[86]. Das Obergericht wird vom Kantonsrat gewählt[87]. Wie das Schweizerische Bundesgericht ist es gegliedert im Zivil- und Strafkammern. Einige seiner Mitglieder[88] sind dem *Handelsgericht* zugeteilt; ferner stellt es den Präsidenten des Geschworenengerichts, der nur diese Funk-

24

---

[75] GVG 21 Abs. 2 Ziff. 5.
[76] GVG 21 Abs. 2 Ziff. 6.
[77] Vgl. § 36 hiernach. Es handelt sich um die Klagen nach Art. 85a, 109 Abs. 1, 111, 140 Abs. 2, 148, 157 Abs. 4, 242, 250 Abs. 3, 251 Abs. 5, 265a Abs. 4, 284, 321 Abs. 2 SchKG die alle, mit Ausnahme der Freigabeklage nach Art. 242 SchKG, von Bundesrechts wegen dem beschleunigten Verfahren zugewiesen sind. Da diese Klage jedoch für den Fall des Konkurses derjenigen nach Art. 109 Abs. 1 SchKG entspricht, gehört sie ins beschleunigte Verfahren, selbst wenn dies nicht im SchKG steht. Vgl. dazu § 36 hiernach.
[78] Vgl. § 35a hiernach.
[79] GVG 22a Ziff. 2.
[80] GVG 22a Ziff. 3.
[81] Vgl. § 37 hiernach.
[82] ZPO 272.
[83] GVG 23.
[84] GVG 38–49.
[85] GVG 43.
[86] GVG 38 Abs. 1. Das Obergericht kann weitere Ersatzrichter bezeichnen (GVG 38 Abs. 2). Gegenwärtig hat das Obergericht 37 Mitglieder und 30 Ersatzmitglieder.
[87] GVG 38 Satz 1, WG 71 Ziff. 1 lit. b.
[88] Zurzeit sind es deren acht.

§ 5 Die Gerichte des Bundes und des Kantons Zürich

tion ausübt. Die I. und II. Zivilkammer umfassen sechs bzw. sieben Richter, die in Dreierbesetzung tagen[89].

25 Das Obergericht ist zur Entscheidung von Zivilprozessen wie folgt berufen[90]:

a) *zweitinstanzlich* als Berufungs-, Rekurs- oder Nichtigkeitsinstanz[91], sofern ein Bezirksgericht, ein Arbeitsgericht, ein Mietgericht, einer der dortigen Einzelrichter oder ein privates Schiedsgericht[92] entschieden hat,

b) als *einzige* kantonale Instanz ohne Rücksicht auf den Streitwert, wenn es sich um eine Klage handelt, die im Bundesgesetz betreffend das Urheberrecht und verwandte Schutzrechte vom 9. Oktober 1992[93], sowie gemäss Bundesgesetz über den Schutz von Topographien von Halbleitererzeugnissen[94] vorgesehen ist[95],

c) als *einzige* kantonale Instanz, wenn es sich um eine Klage handelt, die einen vermögensrechtlichen Anspruch betrifft, der einen Streitwert von Fr. 30 000 erreicht[96] und wenn die Parteien vor Eintritt der Rechtshängigkeit der Klage beim Bezirksgericht oder beim Einzelrichter im beschleunigten Verfahren schriftlich vereinbaren, dass an deren Stelle das Obergericht als erste Instanz zu entscheiden hat.

26 Das Obergericht erlässt über seine Organisation eine Verordnung, welche der Genehmigung des Kantonsrates bedarf[97]. Sie bezieht sich vor allem auf die Arbeitsteilung unter den einzelnen Kammern[98], doch können darin auch Geschäfte der Justizverwaltung ständigen Kommissionen, einzelnen Mitgliedern oder Beamten zur Erledigung

---

[89] GVG 41 Abs. 3. Das Obergericht kann auf dem Verordnungswege (für einzelne Geschäfte) die Besetzung mit fünf Richtern vorschreiben.
[90] GVG 43.
[91] Vgl. § 39 Rz 31–77a hiernach.
[92] Vgl. § 40 hiernach.
[93] Urheberrechtsgesetz (URG, SR 231.1)
[94] Topographiengesetz (ToG, SR 231.2)
[95] Gemäss Art. 64 Abs. 3 URG hat jeder Kanton zur Behandlung der dieses Gesetz betreffenden zivilrechtlichen Streitigkeiten eine Gerichtsstelle zu bezeichnen, die als einzige kantonale Instanz entscheidet. Art. 10 Abs. 1 ToG verweist auf diese Norm.
[96] GVG 43 Abs. 3.
[97] GVG 49 Abs. 1. Vgl. dazu das Quellenverzeichnis.
[98] So sind zugeteilt
der I. Zivilkammer:
1. die beim Obergericht als einziger kantonaler Instanz anhängig gemachten Zivilprozesse;
2. die Berufungen gegen Urteile der Bezirksgerichte in Ehesachen;
3. Berufungen gegen andere Urteile der Bezirksgerichte, mit Ausnahme der Vaterschafts- und Vormundschaftssachen;
4. die Berufungen gegen Urteile der Arbeitsgerichte;
5. die Gesuche um Wiederherstellung (Revision) gegenüber ihren Urteilen und Beschlüssen;
6. die Rekurse
   a) gegen Verfügungen der Einzelrichter in Ehesachen,

b) gegen Verfügungen und Beschlüsse der Arbeitsgerichte und der Bezirksgerichte, mit Ausnahme der Vaterschafts-, Vormundschafts-, Nachlass-, Stundungs- und Sanierungssachen sowie der Rekurse gegen Entscheide der erstinstanzlichen Aufsichtsbehörden,
c) gegen der Berufung unterliegende Urteile der Bezirksgerichte, mit Ausnahme der Vaterschafts- und Vormundschaftssachen, wenn sie nur mit Bezug auf die Kosten- und Entschädigungsbestimmungen angefochten werden.

der II. Zivilkammer:
1. die Berufungen gegen Urteile der Bezirksgerichte in Vaterschafts- und Vormundschaftssachen;
2. Berufungen gegen andere Urteile der Bezirksgerichte, mit Ausnahme der Ehesachen;
3. Berufungen gegen Urteile der Einzelrichter im beschleunigten Verfahren und im ordentlichen Verfahren, der Hinweis auf § 271 EG zum ZGB entfällt, da es nunmehr generell Urteile der Einzelrichter im ordentlichen Verfahren (Streitwertgrenze Fr. 20 000) gibt, welche einen Streitwert von Fr. 8000 erreichen.
4. Berufungen gegen Urteile der Mietgerichte;
5. die Gesuche um Wiederherstellung (Revision) gegenüber ihren Urteilen und Beschlüssen;
6. die Rekurse
   a) gegen Verfügungen und Beschlüsse der Bezirksgerichte in Vaterschafts- und Vormundschaftssachen,
   b) gegen Verfügungen und Beschlüsse der Bezirksgerichte in Nachlass-, Stundungs- und Sanierungssachen,
   c) gegen Verfügungen der Einzelrichter im summarischen Verfahren (ausser Ehesachen), im ordentlichen und im beschleunigten Verfahren,
   d) gegen Verfügungen und Beschlüsse der Mietgerichte (nach geändertem Recht gibt es keine Mietgerichtsurteile mehr, die dem Rekurs unterliegen, doch werden sämtliche Berufungen in Mietsachen, weil im einfachen und raschen Verfahren stattfindend, nach den Bestimmungen über den Rekurs durchgeführt [ZPO 259 Abs. 2]).
   e) gegen Entscheide der erstinstanzlichen Aufsichtsbehörden in Schuldbetreibungs- und Konkurssachen, in gemeindeammannamtlichen Sachen, in Viehverschreibungssachen sowie in Sachen der Notariate und Grundbuchämter,
   f) gegen der Berufung unterliegende Urteile der Bezirksgerichte in Vaterschafts- und Vormundschaftssachen, wenn sie nur mit Bezug auf die Kosten- und Entschädigungsbestimmungen angefochten werden.
   g) gegen der Berufung unterliegende Urteile der Einzelrichter im ordentlichen und im beschleunigten Verfahren, wenn sie nur mit Bezug auf die Kosten- und Entschädigungsbestimmungen angefochten werden;
   h) gegen Entscheide der zuständigen Direktionen des Regierungsrates betr. Ehemündigkeit und Namensänderung;
7. die Gesuche um amtliche Anweisung (§ 65 GVG und § 17 Abs. 2 ZPO) und um Anweisung eines gemeinsamen Gerichtsstandes (§ 14 ZPO);

Die I. und die II. Zivilkammer behandeln:
1. die Rekurse gegen die Beschlüsse der Anklagekammer;
2. Die Rekurse gegen Entscheide der Opferhilfestelle.

der III. Zivilkammer:
1. die Nichtigkeitsbeschwerden in Zivilsachen
   a) gegen Urteile und Verfügungen der Einzelrichter,
   b) gegen Urteile, Verfügungen und Beschlüsse der Arbeitsgerichte, der Mietgerichte und der Bezirksgerichte,

übertragen werden[99]. Dem Obergericht untersteht auch die ganze Justizverwaltung, und es hat ein bezügliches Verordnungs- und Anweisungsrecht[100]. Es wählt nach seiner Gesamterneuerungswahl für den Rest des Kalenderjahres und sodann je am Jahresende für das folgende Jahr aus seiner Mitte den Präsidenten und die erforderlichen Vizepräsidenten[101]. Ferner wählt es auf Amtsdauer von sechs Jahren die Kanzleibeamten für sich und die angegliederten Gerichte sowie auf vier Jahre das Kanzleipersonal[102]. Für den Gang der Beratungen gilt im Wesentlichen das für die Bezirksgerichte Gesagte.

27 Das Obergericht steht in der Zivilrechtspflege funktionell auf der gleichen Stufe wie die Ober-Appellations- und Kantonsgerichte anderer Stände[103] und ist direkt dem Kantonsrat verantwortlich[104]. Gegen seine Urteile gibt es keine umfassenden kantonalen Rechtsmittel mehr, wohl aber – jeweils unter bestimmten Voraussetzungen – die Beschwerde in Zivilsachen bzw. die subsidiäre Verfassungsbeschwerde an das Bundesgericht[105] oder die kantonale Nichtigkeitsbeschwerde an das Kassationsgericht[106].

---

  c) gegen Zuständigkeitsentscheide, Schiedssprüche und Teilschiedssprüche der Schiedsgerichte;
2. die Gesuche um Wiederherstellung (Revision) gegenüber ihren eigenen Urteilen und Beschlüssen.
3. die Beschwerden im Sinne von Art. 190 Abs. 2 und 3 in Verbindung mit Art. 191 Abs. 2 IPRG gegen Vorentscheide, Teilentscheide und Schiedsentscheide der Schiedsgerichte;
4. die Gesuche um Ernennung und Ersetzung von Schiedsrichtern (Art. 12 und 23 Abs. 2 KSchG bzw. Art. 179 Abs. 2 und 3 IPRG) und Verlängerung der Amtsdauer von Schiedsrichtern (Art. 16 Abs. 2 KSchG) sowie die Begehren über die Frage der Weitergeltung bisheriger Prozesshandlung (Art. 23 Abs. 3 KSchG);
5. die Gesuche um Hinterlegung und Zustellung von Schiedssprüchen (Art. 35 KSchG bzw. Art. 193 Abs. 1 IPRG) sowie um Ausstellung von Vollstreckbarkeitsbescheinigungen bezüglich Schiedssprüchen (Art. 44 KSchG bzw. Art. 193 Abs. 2 IPRG).

Die Zusammenstellung beruht auf dem Konstituierungsbeschluss des Obergerichts für das Jahr 1994 (Amtsbl. 1993 1057 ff.). Es ergeben sich jedoch wegen Hinzutretens neuer Aufgaben oder Veränderung von solchen immer wieder Modifikationen.

[99] GVG 49 Abs. 2.
[100] GVG 42. An wichtigen Verordnungen sind etwa zu nennen diejenige über die Akteneinsicht durch Gerichtsberichterstatter und andere Dritte vom 5. Dezember 1941 (LS 211.15), über die Betreibungs- und Konkursämter und die gerichtliche Aufsicht über diese, die Gemeindeammänner und die Viehinspektoren vom 1. September 1947 (LS 281.1) und die Verordnung über die Geschäftsführung der Notariate (Notariatsverordnung) vom 23. November 1960 (LS 242.2).
[101] GVG 39.
[102] GVG 40.
[103] Siehe dazu die schöne Tabelle bei JEAN GAUTHIER, Rapport sur l'enquête relative a l'organisation et a la composition des tribunaux qui statuent en matière civil contentieuse, ZSR 1969 II, 548.
[104] GVG 105 Abs. 1.
[105] Vgl. § 39 C hiernach.
[106] Vgl. § 39 B/II hiernach.

Neben der Aufsicht über die gesamte Justizverwaltung, in welcher Funktion es auch Beschwerdeinstanz ist[107], übt das Obergericht[108] auch Aufsicht aus über die Betreibungsämter, die Notariate und Konkursämter sowie – teilweise unter Delegation seiner Kompetenz – über die Rechtsanwälte. Es verleiht und entzieht das Anwaltspatent und das Notarpatent.

28

5. Die Arbeitsgerichte[109]

Die Arbeitsgerichte sind zur Erledigung von Streitigkeiten zwischen den Arbeitgebern und den bei ihnen beschäftigten Arbeitnehmern[110] aus dem Arbeitsverhältnis[111, 112] zuständig. Ausgenommen sind Streitigkeiten zwischen dem Personal des Bundes, des Kantons und der Gemeinden einerseits und ihren Arbeitgebern andererseits[113]. Arbeitsgerichte werden für einzelne Gemeinden auf deren Antrag durch Beschluss des Kantonsrates[114] eingesetzt. Bis heute bestehen solche nur für den Bezirk Zürich[115] und die Stadt Winterthur[116].

29

---

[107] GVG 108–111.
[108] Gemäss § 42 Abs. 1 GVG untersteht dem Obergericht die gesamte Justizverwaltung, soweit sie nicht andern Behörden vorbehalten ist; gemäss § 106 Abs. 1 GVG steht ihm die Aufsicht über seine Kammern und die ihm angegliederten oder unterstellten Gerichte und Kommissionen zu. Es beaufsichtigt mittelbar oder unmittelbar die der Aufsicht der Bezirksgerichte unterstellten Ämter (§ 106 Abs. 2 GVG).
[109] GVG 8–13. ADOLF LÜCHINGER, Das gewerbliche Schiedsgericht Zürich, Diss. Zürich 1923.
[110] Unter den Begriff des Arbeitnehmers fallen entgegen der Praxis zu den alten Rechtspflegegesetzen auch höhere Angestellte wie Direktoren und Prokuristen (ZR 76/1977 Nr. 75).
[111] Neu in den Gesetzestext aufgenommen wurden Streitigkeiten zwischen Verleiher und Arbeitnehmer sowie aus dem Vermittlungsverhältnis zwischen Vermittler und Stellensuchenden.
[112] GVG 13 Abs. 1 Satz 1. Damit eine Streitigkeit aus einem Arbeitsverhältnis vorliegt, genügt nicht ein irgendwie gearteter natürlicher Kausalzusammenhang zu einem Arbeitsverhältnis; Voraussetzung ist, dass die Streitigkeit ihren Rechtsgrund im Arbeitsrecht hat (4. März 1997, Obergericht des Kantons Zürich, III. Zivilkammer, ZR 96/1997 Nr. 111).
[113] GVG 13 Abs. 1 Satz 2. Diese Klagen gehören vor Verwaltungsgericht (§§ 74 ff. VRG). Vgl. dazu ROBERT HAUSER, Die Rechtsprechung des Bundesgerichts auf dem Gebiete des Gerichtsverfassungsrechts, in: Festgabe der schweizerischen Rechtsfakultäten zur Hundertjahrfeier des Bundesgerichts, Basel 1975, 553 f. Dagegen sind für Klagen aus privatrechtlichen Arbeitsverhältnissen beim Bund, dem Kanton oder den Gemeinden die ordentlichen Gerichte zuständig (ZR 90/1991 Nr. 64). Ebenso HAUSER/SCHWERI, Kommentar zum Zürcherischen Gerichtsverfassungsgesetz, Zürich, 2002, Art. 13 N 17–18.
[114] GVG 8. Es kann auch ein Arbeitsgericht für mehrere Gemeinden zusammen eingeführt werden.
[115] Dieser ist heute mit der Stadt Zürich identisch, doch waren bis zur Konstituierung des Bezirksgerichts Dietikon die dortigen Gemeinden noch dem Bezirksgericht Zürich unterstellt.
[116] Das Gericht heisst deshalb «Arbeitsgericht Winterthur» (Beschluss des Kantonsrates vom 27. September 1999 (LS 212. 33).

30 Die Wahl der Richter erfolgt durch den Grossen Gemeinderat und, wo kein solcher besteht, durch den Gemeinderat[117]. Es werden gleich viel Arbeitnehmer und Arbeitgeber zu Arbeitsrichtern gewählt. Höhere Angestellte, wie Direktoren und Prokuristen, gelten als Arbeitgeber[118]. Die verschiedenen Berufsarten werden angemessen berücksichtigt. Soweit Berufsverbände bestehen, hat die Wahlbehörde Wahlvorschläge von ihnen einzuholen und sie tunlichst zu berücksichtigen. Sie soll auch auf angemessene Vertretung der Minderheiten und, falls das Arbeitsgericht für mehrere Gemeinden zuständig ist, auf angemessene Berücksichtigung der Arbeitgeber und Arbeitnehmer der beteiligten Gemeinden Bedacht nehmen[119]. Der Präsident des Arbeitsgerichtes wird vom Bezirksgericht aus der Zahl seiner Mitglieder gewählt[120].

31 Ein Arbeitsgericht muss in der Regel für jede Sitzung mit dem Präsidenten und zwei Richtern derjenigen Berufsgruppe, welcher der Arbeitnehmer zugeteilt ist, besetzt sein[121]. Ein Richter muss der Gruppenabteilung der Arbeitgeber und einer derjenigen der Arbeitnehmer angehören. Streitigkeiten, deren Streitwert den Betrag von 20 000 Franken nicht übersteigt, entscheidet der Präsident des Arbeitsgerichtes als Einzelrichter; er ist jedoch berechtigt und bei Streitwerten von über 3000 Franken auf Verlangen einer Partei verpflichtet, je einen Arbeitsrichter aus der Gruppenabteilung der Arbeitnehmer und der Arbeitgeber beizuziehen[122].

---

[117] GVG 10 Abs. 1. «Ist ein Arbeitsgericht für mehrere Gemeinden zuständig, werden die Arbeitsrichter durch die Wahlbehörde am Sitz des Arbeitsgerichts gewählt» (Abs. 2).

[118] GVG 11 Abs. 1. Diese Regelung war sinnvoll, solange die Spruchkompetenz der Arbeitsgerichte (früher Gewerbegerichte) streitwertmässig begrenzt war (Fr. 2000. gemäss aGVG 15 Abs. 1). Heute, da nun auch Prokuristen und Direktoren als Arbeitnehmer vor die Schranken des Arbeitsgerichtes treten, ist nicht recht einzusehen, weshalb ihre Kollegen im Gericht als Arbeitgeber zu gelten haben. Angesichts der im Wirtschaftsleben überhand nehmenden Kapitalgesellschaften ist jedoch kaum eine andere Lösung möglich, als dass die Arbeitgeberschaft im Arbeitsgericht durch höhere Angestellte vertreten wird. Vgl. auch ZR 76/1977 Nr. 75, 194 Spalte rechts und Nr. 76, 197 Spalte links. So auch HAUSER/SCHWERI, Kommentar GVG 13 N 13.

[119] GVG 11 Abs. 2.

[120] GVG 9. Es handelt sich um das sogenannte deutsche System, während nach französischem System abwechselnd ein Arbeitgeber und ein Arbeitnehmer präsidieren.

[121] GVG 12 Abs. 1: «Das Arbeitsgericht wird für jede Sitzung mit dem Präsidenten und je einem Richter aus der Gruppe der Arbeitnehmer und der Arbeitgeber besetzt. Die Arbeitsrichter werden nach Möglichkeit aus der Berufsrichtung des Arbeitnehmers beigezogen.»

[122] GVG 12 Abs. 2. Bedenkt man, dass ursprünglich die Kompetenz des Arbeitsgerichts (damals Gewerbegericht) auf Prozesse bis zu einem Streitwert von 2000 Franken begrenzt war (vgl. unten Rz 33), so fällt doppelt auf, wie mit der letzten Revision des Gerichtsverfassungsgesetzes die soziale Bedeutung des Gerichts für Empfänger niedriger Arbeitslöhne vom Gesetzgeber in seiner Einzelrichtereuphorie missachtet worden ist. Im Kanton *Wallis* ist das Arbeitsgericht («Commission cantonale d'arbitrage») nur bis zu einem Streitwert von Fr. 20 000. – (d.h. dem jeweils nach Art. 343 Abs. 2 OR für das einfache und rasche Verfahren festgelegten Streitwert) zuständig (Loi cantonale sur le travail vom 16. November 1966, Recueil des loies, Volume V, 1751). Vgl. auch NZZ 7. September 1995, Nr. 207, 57.

Wie erwähnt muss es sich, damit das Arbeitsgericht zur Entscheidung berufen sei, 32
bei einem Prozess zwischen einem Arbeitnehmer und einem Arbeitgeber um eine
Streitigkeit handeln, die aus einem Arbeitsverhältnis herrührt[123]. Die Frage ist aufgetaucht, was zu geschehen habe, wenn einer solchen Forderung verrechnungsweise eine Forderung entgegengehalten wird, die mit dem Arbeitsverhältnis nichts zu tun hat. Die eine Lösung ist die, dass man die sachliche Zuständigkeit für die Behandlung der Gegenforderung verneint. Das könnte aber den Beklagten um sein Recht auf Verrechnung bringen. Die Verrechnung ist ja ein Institut des Zivilrechtes. Ist sie einmal (auch vorprozessual) zu Recht erklärt worden, so sind Forderung und Gegenforderung untergegangen[124]. Es gibt die Möglichkeit, mangels Zuständigkeit des Arbeits- oder Gewerbegerichtes für die Gegenforderung dem Beklagten Frist anzusetzen, um die Gegenforderung beim zuständigen Richter einzuklagen mit dem Ergebnis, dass während der Dauer jenes Prozesses die aus dem Urteil des Arbeitsgerichtes resultierende Hauptforderung nicht vollstreckt werden darf[125]. Dabei wird aber übersehen, dass die beim Arbeitsgericht eingeklagte Forderung schon mit der Verrechnungserklärung untergegangen ist, sofern die Verrechnungsforderung begründet war[126]. Das Arbeitsgericht darf daher – wenn es richtig über diese Forderung entscheiden will – die Berücksichtigung der Verrechnung nicht von der Einklagung der Gegenforderung abhängig machen[127].

Die Arbeitsgerichte – ursprünglich gewerbliche Schiedsgerichte[128] – entschieden bis 33
1976 bei einer Spruchkompetenz von 2000 Franken endgültig; ihre Urteile konnten nicht durch eine höhere Instanz überprüft werden. Vorbehalten blieb die Nichtig-

---

[123] Der Begriff des Arbeitsverhältnisses ist kein anderer, als wie er nach § 15 Abs. 1 aGVG mit der Formulierung «Streitigkeiten zwischen den Arbeitgebern und den bei ihnen beschäftigten Angestellten, Gesellen, Arbeitern und Lehrlingen aus Dienst-, Werk- oder Lehrverträgen» gemeint war. Für Einzelheiten vgl. HAUSER/HAUSER N 1 ff. zu § 15 aGVG. Das Arbeitsgericht ist auch anzurufen, wenn infrage steht, ob zwischen den Parteien überhaupt ein Arbeitsvertrag zustande gekommen ist, und dann, wenn auf der Arbeitgeber- oder Arbeitnehmerseite Singular- oder Universalsukzession stattgefunden hat (ZR 89/1990 Nr. 21). Ob ein die Zuständigkeit des Arbeitsgerichtes begründendes Arbeitsverhältnis vorliegt, ist nach dem Inhalt der faktischen und rechtlichen Beziehungen zwischen Arbeitnehmer und Arbeitgeber zu beurteilen. Typische Anzeichen für das Vorliegen eines Arbeitsverhältnisses sind die zeitliche Dauer des Verhältnisses. Ist ein Darlehen mit dem hauptsächlichen Zweck ausgerichtet worden, sich den Darlehensnehmer als Arbeitskraft zu sichern, so begründet der Darlehensvertrag keine Forderung aus einem Arbeitsverhältnis (ZR 84/1985 Nr. 105).
[124] OR 124 Abs. 1.
[125] *Basel-Stadt* ZPO 218 für die gewerblichen Schiedsgerichte. Vgl. allgemein zum Problem: WALTHER J. HABSCHEID, Über die Rechtsfolgen der fehlgeschlagenen Prozessaufrechnung (ZZP 76/1963 371 ff.).
[126] OR 124 Abs. 1. Vgl. auch OR 124 Abs. 2.
[127] GULDENER, Schweizerisches Zivilprozessrecht, 120 Anm. 73. Das gleiche Problem ergibt sich auch in Fällen, da für die Hauptforderung, nicht aber für die Gegenforderung ein Schiedsgericht zuständig ist. Vgl. dazu ROBERT HAUSER (zit. Anm. 87) 554 f.
[128] Vgl. dazu LÜCHINGER (zit. Anm. 84) 1.

keitsbeschwerde an das Obergericht[129]. Nunmehr entscheiden die *Arbeitsgerichte* endgültig, wenn der Streitwert von Fr. 8000 nicht erreicht wird und erstinstanzlich – also mit der Möglichkeit der *Berufung* an das Obergericht – bei höherem oder nach der Natur der Sache nicht schätzbarem Streitwert[130]. Durch ein vollkommenes Rechtsmittel an ein reines Juristengericht wird jedoch der Sinn der Einrichtung der Arbeitsgerichte verfälscht[131].

34 Die Zuständigkeit der Arbeitsgerichte ist nicht zwingend. Die Parteien sind vielmehr berechtigt, Streitigkeiten, die in die Zuständigkeit des Arbeitsgerichtes fallen, vor die ordentlichen Gerichte, vor das Mietgericht oder das Handelsgericht zu bringen[132]. Der Ausschluss des Arbeitsgerichtes kann jedoch nicht zum Voraus vereinbart werden[133].

Beispiel 3:

35 Im Arbeitsvertrag zwischen K und B in Zürich ist vorgesehen, dass allfällige Streitigkeiten durch das Bezirksgericht anstelle des Arbeitsgerichtes zu beurteilen seien. Die Klausel ist nicht verbindlich, wenn sich K oder B im späteren Prozessfall an dieses wenden möchte.

Beispiel 4:

36 Zwischen K und B wird streitig, ob K für das abgelaufene Jahr eine Gratifikation zu gut habe. Sie vereinbaren, den Prozess statt vor Arbeitsgericht vor Bezirksgericht auszutragen. Diese Vereinbarung ist zulässig. Klagt K dennoch vor Arbeitsgericht, so kann B die Unzuständigkeitseinrede erheben.

37 Die ordentlichen Gerichte oder, wenn die Voraussetzungen erfüllt sind, das Mietgericht oder das Handelsgericht werden zuständig, wenn der Beklagte nicht rechtzeitig[134] die Einrede der Unzuständigkeit erhebt[135].

---

[129] Siehe aZPO 344 ff. in Verbindung mit aGVG 48 Ziff. 2. Vgl. dazu § 39 Rz 59–69 hiernach.
[130] GVG 13 Abs. 2.
[131] Die nunmehrige Lösung wurde anlässlich der Totalrevision von 1976 durch die kantonsrätliche Kommission vorgelegt. Bei der Partialrevision von 1995, als es um «Rationalisierung der Rechtspflege» ging, ersparte sich der Kantonsrat derart grundsätzliche Überlegungen. Bemerkenswert ist, dass *Genf* eine als Fachgericht ausgestattete Rechtsmittelinstanz kennt (Art. 53–66 des loi sur la juridiction des prud'hommes vom 21. Juni 1990).
[132] GVG 13 Abs. 3 Satz 1.
[133] GVG 13 Abs. 3 Satz 2. Ferner können die Parteien keine Gerichtsstandsvereinbarung mehr abschliessen (OR 361 Abs. 1 in der Fassung vom 11. März 1988 [AS 1988 1472]). HAUSER/SCHWERI, Kommentar GVG 13 N 31.
[134] Vgl. § 7 Rz 61 hiernach.
[135] GVG 13 Abs. 4.

6. Die Mietgerichte[136] und die Schlichtungsbehörden

Am 19. Dezember 1970 trat die erste Novelle zum Schweizerischen Obligationenrecht in Kraft, welche dem Mietvertrag gewidmet war[137]. Sie bestimmte u.a., dass der Mieter, für welchen die vom Vermieter ausgesprochene Kündigung eine unzumutbare Härte[138] bedeutete, die Erstreckung des Mietverhältnisses verlangen könne und zwar zunächst für ein Jahr und hernach wiederum für zwei Jahre[139]. Jede Partei konnte auf der anderen Seite verlangen, dass der Vertrag im Erstreckungsentscheid veränderten Verhältnissen angepasst werde[140]. Das Gesetz machte es den Kantonen zur Pflicht, eine «richterliche Behörde» für diese Entscheide zu bestellen und für ein einfaches und rasches Verfahren zu sorgen[141]. Im Kanton Zürich sind dafür Mietgerichte eingeführt worden[142]. Heute beurteilen die Mietgerichte gemäss § 18 Abs. 1 GVG alle Streitigkeiten aus Miet- und Pachtverhältnissen für Wohn- und Geschäftsräume[143, 144].

38

Die Mietgerichte sind ähnlich strukturiert wie die Arbeitsgerichte. Der Präsident wird vom Bezirksgericht aus der Zahl seiner Mitglieder gewählt[145]. Das Bezirks-

39

---

[136] GVG 14–18.
[137] OR 267a–f, eingefügt durch das BG vom 24. Juni 1970 über die Änderung des OR (Kündigungsbeschränkung im Mietrecht) in der bis 30. Juni 1990 geltenden Fassung.
[138] Nach Art. 272 Abs. 1 OR nunmehr eine Härte, die durch die Interessen des Vermieters nicht zu rechtfertigen wäre.
[139] OR 267a Abs. 1 (frühere Fassung). Bei Geschäftsmieten betrugen die Fristen zwei und drei Jahre. Nunmehr besteht gemäss Art. 272b Abs. 1 Satz 1 OR für Wohnräume eine Gesamtfrist von höchstens vier, für Geschäftsräume eine solche von höchstens sechs Jahren. «Im Rahmen der Höchstdauer können eine oder zwei Erstreckungen gewährt werden» (Satz 2).
[140] OR 272c Abs. 1; für die frühere Fassung vgl. aOR 267a Abs. 4.
[141] OR 267f (frühere Fassung), nunmehr regeln nicht weniger als acht Bestimmungen (Art. 274–274g OR) «Behörde und Verfahren».
[142] GVG 14–18. Die Einführung erfolgte bereits durch eine Änderung des aGVG vom 7. Februar 1971.
[143] Ein anlässlich der Totalrevision gestellter Antrag, wonach die Mietgerichte allgemein über Streitigkeiten aus Miet- und nichtlandwirtschaftlichen Pachtverhältnissen an unbeweglichen Sachen entscheiden sollten, blieb damals in der Minderheit, doch ist in der Volksabstimmung vom 2. April 1978 eine entsprechende, in die Form der allgemeinen Anregung gekleidete Volksinitiative mit 113 107 Ja gegen 95 608 Nein angenommen worden (Amtsblatt des Kantons Zürich 1978, 609). In deren Gefolge wurden durch die Novelle vom 8. Juni 1980, in Kraft getreten am 1. Januar 1981, die §§ 17 und 18 des GVG entsprechend revidiert und eine Reihe von Bestimmungen der ZPO entsprechend angepasst. Demnach ist das Mietgericht zuständig für Streitigkeiten aus landwirtschaftlicher Pacht gemäss Art. 17 Abs. 2, 26, 28 und 48 des entsprechenden Bundesgesetzes (LPG, SR 221.213.2.).
[144] Der Begriff der Geschäftsräume im Sinne des GVG deckt sich mit demjenigen des materiellen Mietrechts gemäss Art. 253a Abs. 1 OR. Danach fallen Streitigkeiten betr. Miete oder Pacht von unbebautem Land – vorbehältlich blosser Nebenbegehren – nicht in die sachliche Zuständigkeit des Mietgerichts (4. Januar 1998, Kassationsgericht des Kantons Zürich, ZR 97/1998 Nr. 47 E. 5.
[145] GVG 15.

gericht wählt sodann für seine eigene Amtsdauer die erforderlichen Beisitzer[146]. Es sind gleich viele Vermieter und Mieter zu wählen[147]. Ein Mietgericht wird bei Verfahren, deren Streitwert 20 000 Franken übersteigt oder nach der Natur der Sache nicht schätzbar ist, mit dem Präsidenten und zwei Beisitzern besetzt[148]. Bei Streitigkeiten aus Miet- und Pachtverhältnissen für Wohn- und Geschäftsräume werden je ein Beisitzer aus der Gruppe der Mieter und Vermieter, bei der landwirtschaftlichen Pacht ein Beisitzer aus der Gruppe der Pächter und Verpächter beigezogen[149]. Streitigkeiten, deren Streitwert 20 000 Franken nicht übersteigt, entscheidet der Präsident des Mietgerichtes als Einzelrichter. Er ist jedoch berechtigt und bei Streitwerten über 3000 Franken auf Verlangen einer Partei verpflichtet, das Gericht nach § 17 Abs. 1 GVG zu besetzen[150].

40 Der Entscheid ist endgültig, wenn der Streitwert[151] von Fr. 8000 nicht erreicht wird[152], dagegen erstinstanzlich bei einem höheren oder nach der Natur der Sache nicht schätzbaren Streitwert, insbesondere beim Entscheid über die Anfechtung der

---

[146] GVG 16 Abs. 1 Satz 1. Wahlbehörde ist also nicht wie bei den Arbeitsgerichten eine Gemeindebehörde, weil Mietgerichte für jeden Bezirk zu bestimmen sind (GVG 14) und eine geeignete Wahlbehörde in den Bezirken fehlt.

[147] GVG 16 Abs. 1 Satz 2: Im Bezirk Zürich mindestens 20, im Bezirk Winterthur mindestens 14 und in den übrigen Bezirken mindestens 10 Beisitzer. Je zwei Beisitzer sind landwirtschaftliche Verpächter und Pächter. Das Bezirksgericht holt Wahlvorschläge entsprechender Verbände ein, die es nach Möglichkeit berücksichtigt (GVG 16 Abs. 2).

[148] GVG 17 Abs. 1 Satz 1.

[149] GVG 17 Abs. 1 Satz 2.

[150] GVG 17 Abs. 2.

[151] Als Streitwert gilt in diesen Prozessen der Mietzins, der für die Dauer der verlangten Erstreckung geschuldet ist (BGE 98 II 107, 201 und dort zit. Literatur und Judikatur). Trotz der Vorteile dieser Verrechnungsart hat man Mühe, darin irgendwelche Logik zu erkennen. Der Vater einer sechsköpfigen Familie, der anstelle der ihm gekündigten Wohnung mit 2500 Franken monatlichem Mietzins keine andere Wohnung in angemessener Entfernung von seinem Arbeitsplatz findet, würde gerne eine (vielleicht ältere) Wohnung zu niedrigerem Zins akzeptieren. Auch ist er ohne Weiteres gewillt, den geschuldeten Mietzins bei Erstreckung des Mietverhältnisses zu zahlen. Für ihn ist die Situation keine andere als für das kinderlose Ehepaar, das um den Verbleib in einer Zweizimmerwohnung kämpft, die monatlich 1200 Franken kostet. Dennoch soll der Streitwert, werden sechs Monate Erstreckung verlangt, im einen Fall 15 000 und im anderen 7200 Franken betragen. Bei zwei oder gar vier Jahren Erstreckung steigt der Streitwert ins unermessliche. Richtigerweise ist daher mit § 18 GVG anzunehmen, es liege ein nicht schätzbarer Streitwert vor. Für das Ausweisungsverfahren nimmt das Obergericht an, auch nach kantonalem Recht gelte entsprechend der Praxis des Bundesgerichtes (BGE 88 II 58 mit Zit.) der in der streitigen Periode fällig werdende Mietzins als Streitwert (ZR 77/1987 Nr. 5). Zahlenmässig erfassbar ist der Streitwert dagegen, wenn Anpassung des Mietzinses im Sinne von Art. 272c Abs. 1 OR verlangt wird. Vgl. dazu auch ZR 77/1978 Nr. 6 = Nr. 23, wo aufgrund von § 21 ZPO für Streitigkeiten in Anwendung des Bundesbeschlusses über Massnahmen gegen Missbräuche im Mietwesen vom 30. Juni 1972 der zwanzigfache Betrag der streitigen Jahresleistung als Streitwert angenommen wurde.

[152] GVG 18 Abs. 4.

Kündigung[153] oder die Erstreckung des Miet- oder Pachtverhältnisses[154]. Bezüglich der Problematik des Weiterzuges kann auf das für die Arbeitsgerichte Gesagte verwiesen werden[155].

Nebenbegehren über Sachen, die vertraglich zusammen mit Wohn- und Geschäftsräumen dem Mieter zum Gebrauch überlassen werden (Mobilien, Garage, Auto-Einstell- und Abstellplätze), können mit den Klagen betreffend Streitigkeiten aus Miet- und Pachtverhältnissen für Wohn- und Geschäftsräume verbunden werden[156]. Die Frage der Gültigkeit einer Kündigung kann ein Mietgericht auch als Vorfrage beschäftigen. Ist nämlich eine Kündigung gar nicht gültig auf einen bestimmten Termin (z.B. verspätet oder von einem nicht vertretungsberechtigten Organ einer juristischen Person) ausgesprochen worden, so besteht auch kein Anlass zur Erstreckung der Kündigungsfrist[157].

41

---

[153] OR 271, 271a in der seit 1. Juli 1990 geltenden Fassung.
[154] GVG 18 Abs. 4.
[155] Über die Gründe, welche dazu führten, in Erstreckungssachen den Rekurs statt der als vollkommenes Rechtsmittel gegen Urteile üblichen Berufung zu wählen, vgl. Protokoll des Kantonsrates 1967–1971, 5166. Man fand die Berufung *zu kompliziert*. Mit der Revision von 1995 wurde die entsprechende Bestimmung (§271 Abs. 1 Ziff. 1) jedoch aufgehoben.
[156] GVG 18 Abs. 3. Vgl. auch unten Anm. 122.
[157] SJZ 70/1974 Nr. 14, 77. Im dort entschiedenen Falle wurde festgestellt, dass ein das Mietverhältnis erstreckendes Urteil die Frage der Gültigkeit der Kündigung für ein nachfolgendes Ausweisungsverfahren nicht zu präjudizieren vermöge. Das ist kein Unglück. Unbefriedigend wäre der vorliegende Rechtszustand jedoch dann, wenn ein Mietgericht mit der Begründung, es liege keine gültige Kündigung vor, auf das Erstreckungsbegehren nicht einträte, im nachfolgenden Ausweisungsverfahren jedoch die Gültigkeit der Kündigung angenommen würde (was richtigerweise mangels eines mit materieller Rechtskraft ausgestatteten Dispositivs des Mietgerichtsurteiles, ZPO 191 Abs. 1, möglich sein müsste). Die Frist zur neuerlichen Anrufung der Schlichtungsbehörde (OR 273 Abs. 2) wäre alsdann längst abgelaufen. Man könnte höchstens durch Lückenfüllung den Beginn einer neuen Frist mit dem Zeitpunkt der Kenntnis des Mieters vom Ausweisungsentscheid des Einzelrichters annehmen, was nur unter schweren Bedenken als gangbarer Weg erscheint. Gemäss einem Entscheid des Kassationsgerichtes vom 7. Oktober 1974 (RechBer 1974, 310 Nr. 15) darf im Prozess vor Mietgericht der Kläger den Antrag stellen, es sei wegen Ungültigkeit der Kündigung auf seine eigene Klage auf Erstreckung des Mietverhältnisses nicht einzutreten. § 18 Abs. 2 aGVG ermögliche es, zur Sicherstellung der materiellen Rechtskraft in diesem Punkt mit einem solchen Antrag eine Feststellungsklage zu verbinden. Dessen Bezeichnung als «Nebenbegehren» war nicht glücklich gewählt. Mit der Revision von 1995 wurde diese Ordnung – wohl im Hinblick auf die Notwendigkeit, gegen Treu und Glauben verstossende Kündigungen nach Art. 271 und 171a OR innert Frist anzufechten (OR 273 Abs. 1) – wieder gestrichen. Es gibt aber die genannten weiteren Fälle ungültiger Kündigung. Anderseits legt Art. 274g OR fest, dass dann, wenn der Mieter eine ausserordentliche Kündigung anficht, die wegen Zahlungsrückstands des Mieters (OR 257d), wegen schwerer Verletzung der Pflicht des Mieters zu Sorgfalt und Rücksichtnahme (OR 257f Abs. 3 und 4), aus wichtigen Gründen (OR 266g) oder wegen Konkurses des Mieters (OR 266h) erfolgte, die für die Ausweisung zuständige Behörde auch über die Wirkung der Kündigung entscheidet. (Vgl. auch BGE 119 II 142 E. 4, 244 E. 4, ZR 93/1994 Nr. 2 sowie HEINER EIHOLZER, Anfechtung von ausserordentlichen Kündigungen im Mietrecht. Ein Konflikt zwischen Schlichtungsbehörde und Ausweisungsbehörde, SJZ 88/1992, 325 ff.).

42 Gemäss Art. 274a Abs. 1 OR setzen die Kantone kantonale, regionale oder kommunale Schlichtungsbehörden für Mietverhältnisse ein, die

«a. die Parteien in allen Mietfragen beraten;
b. in Streitfällen versuchen, eine Einigung zwischen den Parteien herbeizuführen[158];
c. die nach dem Gesetz erforderlichen Entscheide fällen[159];
d. die Begehren des Mieters an die zuständige Behörde überweisen, wenn ein Ausweisungsverfahren hängig ist;
e. als Schiedsgericht amten, wenn die Parteien es verlangen.»

Mit der Revision des Achten Titels des OR (Art. 253–274g) ist auch die Anfechtung von Kündigungen und der Schutz vor missbräuchlichen Mietzinsen neu geregelt worden. Art. 271–272d OR behandeln die Anfechtbarkeit der Kündigung. Gemäss Art. 273 Abs. 1 OR kann eine Partei die Kündigung innert dreissig Tagen nach deren Empfang bei der Schlichtungsbehörde anfechten, ebenso (Art. 273 Abs. 2), wenn sie die Erstreckung des Mietverhältnisses verlangen will. Im Weitern ist die Schlichtungsbehörde anzugehen mit dem Begehren um Herabsetzung des Mietzinses gemäss Art. 270–270b OR. Die Schlichtungsbehörde ist von den Kantonen einzusetzen (Art. 274, 274a OR), was der Kanton Zürich mit regierungsrätlicher Verordnung getan hat[160].

42a Nach Art. 274e Abs. 1 OR versucht die Schlichtungsbehörde eine Einigung zwischen den Parteien herbeizuführen. Diese gilt als gerichtlicher Vergleich. Kommt keine Einigung zustande, so fällt die Schlichtungsbehörde in den vom Gesetz vorgesehenen Fällen[161] einen Entscheid; in den andern Fällen[162] stellt sie das Nichtzustandekommen der Einigung fest[163].

---

[158] Das Bundesgericht hat am 10. November 2005 entschieden (mp 1/2007, 43), dass dann, wenn die Parteien ohne Vorbehalt die Schlichtungsbehörde anrufen, sie trotz der in ihrem Geschäftsmietvertrag enthaltenen Schiedsklausel die Zuständigkeit der staatlichen Gerichtsbehörde auch für den Fortgang des Verfahrens anerkennen, es sei denn, sie hätten vereinbart, dass das Schiedsgericht erst nach durchgeführtem Schlichtungsverfahren anzurufen sei (4C.161/2005).

[159] Die Entscheidkompetenz der Schlichtungsbehörde bezieht sich nur auf Kündigungen gemäss Art. 271 ff. OR (ordentliche Kündigung), nicht aber auf eine Kündigung wegen Mangels der Mietsache nach Art. 259b lit. a OR (17. August 2001, Bundesgericht, mp 2003, 56, erwähnt bei Hediger, SJZ 100/2004, 338 Ziff. II lit. A).

[160] Es handelt sich um die Verordnung vom 27. Juni 1990 über die «Paritätischen Schlichtungsbehörden» (LS 211.3).

[161] Ob die Schlichtungsstelle auch bei Aberkennungsprozessen mit mietrechtlichem Gegenstand anzurufen ist, hat das Bundesgericht als neue Rechtsfrage von grundsätzlicher Bedeutung anerkannt, wobei es die Frage bejahte (28. September 2007, SJZ 104/2008 Nr. 3/3, 70). Nämlich im Falle der Anfechtung und der Erstreckung der Kündigung (OR 273 Abs. 4).

[162] Nämlich im Falle der Anfechtung des Anfangsmietzinses nach Art. 279 und 270a OR oder der Mietzinserhöhung nach Art. 270b, 270c OR.

[163] OR 274e Abs. 2.

Hat die Schlichtungsbehörde einen Entscheid gefällt, so wird dieser rechtskräftig, wenn die Partei, die unterlegen ist, nicht innert 30 Tagen den Richter anruft[164]. Unklar erscheint, was die «Anrufung» des Richters bedeutet. Es handelt sich dabei nicht um ein Rechtsmittel, sondern um eine Einsprache. Der angerufene Richter hat alsdann das Begehren so vor sich, wie es der Schlichtungsbehörde vorlag[165]. Die Einsprache in Verbindung mit dem Entscheid ersetzt die friedensrichterliche Weisung. An den Parteirollen ändert sich nichts, auch dann nicht, wenn die vor der Schlichtungsbehörde in der Beklagtenrolle aufgetretene Partei die Einsprache erhebt. Ist eine Partei teilweise unterlegen und erhebt nur sie die Einsprache, während die andere Partei den Entscheid hinnehmen möchte, so wird gleichwohl der ganze Entscheid der Schlichtungsbehörde hinfällig.

Nach Art. 274d Abs. 1 OR haben die Kantone für Streitigkeiten aus der Miete von Wohn- und Geschäftsräumen ein einfaches und rasches Verfahren vorzusehen. Damit ist dieses Verfahren seines Sinnes vollends entkleidet worden. Es wird nicht möglich sein, alle Prozesse aus Miet- und Pachtrecht in raschem Tempo zu behandeln, es sei denn, man lasse diejenigen anderer Rechtsuchender liegen, die ebenfalls Anspruch auf beförderlichen Rechtsschutz haben. Was der Bundesgesetzgeber hier betreibt, ist Ungerechtigkeit in höchstem Ausmass, gegründet auf Unwissenheit in Fragen der Rechtspflege. Von Verfassungsmässigkeit gegenüber der Verfahrenshoheit der Kantone kann schon gar nicht im Ernst gesprochen werden.

Schlichtungsbehörde und Richter stellen – auch das eine heillose Errungenschaft eines sich sozial gebärden wollenden Parlamentes – den Sachverhalt von Amtes wegen fest[166]. Ferner wird (was der Sache nach richtig ist) für das Miet- und Pachtrecht das Recht der freien Beweiswürdigung zum bundesrechtlichen Prinzip erhoben, ein System, das schon in Art. 343 Abs. 4 OR begonnen hat und seine Fortsetzung bei jeder weiteren Revisionsmaterie finden dürfte, obwohl seit langem die freie richterliche Beweiswürdigung einen allgemein anerkannten Grundsatz des Zivilprozessrechts darstellt[167].

---

[164] OR 274f Abs. 1 erster Halbsatz. Das ist vom Bundesgericht am 4. September 2001 bestätigt worden (mp 2002, 131, unter Hinweis auf BGE 124 III 21 = mp 1998, 44 (Hediger, SJZ 99/2004, 327 f. Ziff. II lit. A).

[165] Gegenüber prozessleitenden Entscheiden und Endentscheiden, die nicht in der Sache selbst erfolgen, ist in § 18 Abs. 2 GVG die Nichtigkeitsbeschwerde an das Mietgericht vorgesehen.

[166] Allerdings hat das Bundesgericht in einem Urteil vom 1. Mai 2006 (4C.11/2006) festgestellt, dass die Aufzählung einzelner Mängel und der pauschale Verweis auf die Korrespondenz auch im Anwendungsbereich der sozialen Untersuchungsmaxime nicht genügt zur gehörigen Substanziierung, da es nicht Sache des Richters sei, die Beweismittel zu durchforsten. Allenfalls ergebe sich aber die Pflicht, die Parteien auf die ungenügende Substanziierung hinzuweisen.

[167] Vgl. unten § 29 Rz 132.

43 Die Zuständigkeit der Mietgerichte ist nicht zwingend. Die Parteien sind vielmehr berechtigt, in die Zuständigkeit des Mietgerichts fallende Streitigkeiten durch schriftliche Vereinbarung vor die ordentlichen Gerichte oder, wenn die Voraussetzungen erfüllt sind, vor das Arbeitsgericht oder das Handelsgericht oder vor ein Schiedsgericht[168] zu bringen[169].

44 Ist die sachliche Zuständigkeit für die Beurteilung der Klage gleichermassen für Arbeitsgericht, Mietgericht oder Handelsgericht gegeben, so bestimmt das Obergericht das zuständige Gericht, sofern sich die Parteien nicht auf eines der zuständigen Gerichte geeinigt habe oder sich der Beklagte nicht bereits vorbehaltlos auf die Klage eingelassen hat[170].

7. Das Handelsgericht[171]

45 Wie die Arbeits- und Mietgerichte, ist auch das Handelsgericht ein sogenanntes Spezialgericht. Wenn in der Lehre zwischen den Spezial- (oder Sonder-)gerichten und ordentlichen Gerichten[172] unterschieden wird, so ist dies insofern nicht ganz richtig, als die Spezialgerichte ebenso gut ordentliche Gerichte sind wie diejenigen, denen dieser Name zugedacht ist. Die Unterscheidung bedeutet lediglich, dass die Spezialgerichte nur für ganz bestimmte Arten von Streitfällen geschaffen wurden, dass ihre Zuständigkeit also eine begrenzte und in diesem Rahmen gleichzeitig meist eine ausschliessliche (nicht aber unbedingt zwingende) ist. Geht es bei den Arbeitsgerichten um Arbeitsstreitigkeiten, bei den Mietgerichten um solche aus dem Mieterverhältnis, so ist die sachliche Zuständigkeit des Handelsgerichtes wie folgt umschrieben:

a) ohne Rücksicht auf den Streitwert und die Eintragung der Parteien im Handelsregister

---

[168] Hier besteht jedoch der Vorbehalt von Art. 274c OR. Danach dürfen die Parteien bei der Miete von Wohnräumen die Zuständigkeit der Schlichtungsbehörden und der richterlichen Behörden nicht durch vertraglich vereinbarte Schiedsgerichte ausschliessen. Wohl aber können sie die Schlichtungsbehörde als Schiedsgericht einsetzen (OR 274a Abs. 1 lit. e).
[169] GVG 18 Abs. 4. Die ordentlichen Gerichte oder, wenn die Voraussetzungen erfüllt sind, das Arbeitsgericht oder das Handelsgericht werden zuständig, wenn der Beklagte nicht rechtzeitig die Einrede der Unzuständigkeit erhebt.
[170] ZPO 17 Abs. 2. Vgl. dazu ZR 80/1981 Nr. 57.
[171] GVG 57–65.
[172] GULDENER, Schweizerisches Zivilprozessrecht, 17 ff.

1. alle in den Bundesgesetzen betreffend die Erfindungspatente[173], die gewerblichen Muster und Modelle (Designgesetz)[174], den Schutz von Marken[175] und Herkunftsangaben[176], den Sortenschutz[177] sowie die Kartelle und ähnliche Organisationen[178] vorgesehenen oder den Gebrauch einer Geschäftsfirma[179] betreffenden Zivilklagen[180],
2. alle im Bundesgesetz über die Anlagefonds (kollektiven Kapitalanlagen)[181] vorgesehenen Zivilklagen und richterlich zu entscheidenden Begehren[182],
3. die Zivilklagen wegen Nuklearschadens gemäss Kernenergiehaftpflichtgesetz[183],

---

[173] Patentgesetz (PatG) vom 25. Juni 1954 (SR 232.14). Gemäss Art. 76 Abs. 1 PatG bezeichnen die Kantone für die in diesem Gesetz vorgesehenen Zivilklagen eine Gerichtsstelle, welche für das ganze Kantonsgebiet als einzige kantonale Instanz entscheidet.

[174] Designgesetz (DesG) vom 6. Oktober 2003 (SR 232.12). Gemäss Art. 37 Abs 1 DesG haben die Kantone zur Behandlung der zivilrechtlichen Streitigkeiten betreffend den Designschutz eine Gerichtsstelle zu bezeichnen, die als einzige kantonale Instanz entscheidet.

[175] Kein zuständigkeitsbegründender Anspruch liegt vor bezüglich einer (nicht eingetragenen), im Inland notorisch bekannten Marke (9. April 1997, Einzelrichter am Handelsgericht des Kantons Zürich, ZR 97/1998 Nr. 12).

[176] Nach Art. 37 DesG haben die Kantone zur Behandlung der in diesem Gesetz vorgesehenen Klagen ein Gericht zu bezeichnen, das für das ganze Kantonsgebiet als einzige Instanz für Zivilklagen zuständig ist. Art. 58 Abs. 2 MSchG vom 28. August 1992 (SR 232.11) mit gleichlautendem Wortlaut.

[177] Sortenschutzgesetz (SoG) vom 20. März 1975 (SR 232.16). Gemäss Art. 42 Abs. 1 des SoGs bezeichnet jeder Kanton für Klagen aus dem Gesetz ein kantonales Gericht einziger Instanz.

[178] Kartellgesetz vom 6. Oktober 1995 (SR 251). Gemäss Art. 14 Abs. 1 KG bezeichnen die Kantone für Klagen wegen unzulässiger Wettbewerbsbehinderung ein Gericht, welches für das ganze Kantonsgebiet als einzige kantonale Instanz entscheidet. Dieses Gericht beurteilt auch andere zivilrechtliche Ansprüche, wenn sie gleichzeitig mit der Klage geltend gemacht werden und mit ihr sachlich zusammenhängen.

[179] Hier besteht keine bundesrechtliche Vorschrift bezüglich einer einzigen kantonalen Instanz. Es werden darunter ausschliesslich Klagen gemäss Art. 956 Abs. 2 OR verstanden. Anstalten des kantonalen öffentlichen Rechts gehören nicht zu diesem Kreis (27. Juni 1995, Einzelrichter im summarischen Verfahren am Handelsgericht des Kantons Zürich, ZR 95/1996 Nr. 49).

[180] GVG 61 Abs. 1 Ziff. 1.

[181] Kapitalanlagengesetz (KAG) vom 23 Juni 2006 (SR 951.31). Für die Verantwortlichkeitsklage nach Art. 145 KAG besteht keine bundesrechtliche Vorschrift bezüglich einer einzigen kantonalen Instanz. Doch verlangen diese Verfahren *besondere kaufmännische Kenntnisse und können für ein grösseres Publikum von erheblicher Tragweite werden, was die generelle Zuweisung ans Handelsgericht rechtfertigt* (für das durch das KAG aufgehobene Anlagefondsgesetz: Amtsblatt des Kantons Zürich 1971, 1968).

[182] GVG 61 Abs. 1 Ziff. 2.

[183] Vom 18. März 1983 (SR 732.44), GVG 61 Abs. 1 Ziff. 3. Gemäss Art. 23 KHG bezeichnen die Kantone ein Gericht, welches für das ganze Kantonsgebiet als einzige kantonale Instanz über Klagen entscheidet, die wegen eines Nuklearschadens erhoben werden.

b) alle Zivilprozesse zwischen Parteien, die als Firmen[184] im Handelsregister[185] eingetragen sind, sofern sich der Streit auf das von einer Partei betriebene Gewerbe oder auf Handelsverhältnisse überhaupt[186] bezieht und wenn der Streitwert Fr. 30 000 erreicht wird[187].

46 Die Zuständigkeit des Handelsgerichtes ist keine ausschliessliche, sondern der Kläger hat die Wahl zwischen dem Bezirksgericht, dem Arbeitsgericht oder dem Mietgericht einerseits und dem Handelsgericht anderseits.

Dennoch ist die Abgrenzung der sachlichen Zuständigkeit des Handelsgerichtes gegenüber derjenigen anderer Gerichte bisweilen mühsam, wie folgender Fall darlegt:

---

[184] Vgl. dazu ZR 76/1977 Nr. 27. Als Firma hat auch eine im Handelsregister eingetragene Personalfürsorgestiftung zu gelten (ZR 89/1990 Nr. 76). Eine Stiftung wiederum, welche die regionale spitalärztliche Grundversorgung bezweckt und ausdrücklich als öffentlich-rechtliche Stiftung errichtet wurde, stellt ungeachtet ihres Eintrags im Handelsregister eine juristische Person des öffentlichen Rechts dar. Die Beurteilung von Haftungsansprüchen gegen einen öffentlich-rechtlichen Spitalträger richtet sich im Kanton Zürich nach dem öffentlich-rechtlichen Haftungsgesetz. Das Handelsgericht ist dafür nicht zuständig (9. November 2007, Handelsgericht des Kantons Zürich, ZR 107/2008 Nr. 34).

[185] Mit dem Ausdruck «Handelsregister» sind einzig die schweizerischen Handelsregister gemeint. Entsprechende ausländische Register fallen nicht unter diesen Begriff. Anwendungsfall: Ist der Kläger in einem ausländischen Register und der Beklagte in einem schweizerischen Handelsregister eingetragen, beurteilt sich die sachliche Zuständigkeit nach § 63 Ziff. 1 GVG: Der Kläger kann zwischen Bezirks- und Handelsgericht wählen (ZR 86/1987 Nr. 95).

[186] Jedes Rechtsgeschäft einer im Handelsregister eingetragenen Person gilt im Zweifel als Handelsgeschäft (GVG 62 Abs. 2). «Der Sinn der Vorschrift geht dahin, dass wenn über den Charakter eines Rechtsgeschäftes einer im Handelsregister eingetragenen Person Zweifel herrschen und darum zu entscheiden ist, ob jenes privaten Zwecken diene oder ob es in Ausübung des Gewerbes zu dessen Förderung eingegangen sei, bis zum Nachweise des Gegenteils angenommen werden soll, es liege ein Handelsgeschäft vor.» Auf diese Weise sollen Kompetenzkonflikte möglichst vermieden werden. Die Bestimmung kommt vor allem zum Zuge bei Inhabern einer Einzelfirma, Gesellschaftern einer Kollektiv- oder Kommanditgesellschaft. Vgl. HAUSER/HAUSER, N 1 zu § 80 aGVG sowie ZR 85/1986 Nr. 127.

[187] GVG 62. Über das Verhältnis zur Zuständigkeit der Arbeitsgerichte vgl. ZR 91/92 (1992/1993) Nr. 41. Klagen, mit denen die Parteien eines allgemein verbindlichen Gesamtarbeitsvertrages gegen einen Aussenseiter vorgehen, um gemeinsam (im Sinne von Art. 357b Abs. 1 OR) die normativen Bestimmungen des von ihnen abgeschlossenen, allgemein verbindlich erklärten Gesamtarbeitsvertrages durchzusetzen, fallen nicht unter § 62 GVG und insoweit nicht in die sachliche Zuständigkeit des Handelsgerichts (2. März 1998, Handelsgericht des Kantons Zürich, ZR 97/1998 Nr. 107 E. II.4–6).
Die handelsgerichtliche Zuständigkeit ist auch dann begründet, wenn nur einer von mehreren notwendigen Streitgenossen (sowie der Beklagte) als Firmen im Handelsregister eingetragen sind (ZR 89/1990 Nr. 73). Für Widerklagen ist das Handelsgericht sachlich nur zuständig, wenn die Voraussetzungen der §§ 61 ff. GVG erfüllt sind (ZR 89/1990 Nr. 70).
Über das Verhältnis zu den SchKG-Klagen vgl. HAUSER/SCHWERI Kommentar GVG, 62, N 31.

Eine Firma A, welche Geldspielgeräte vertreibt, ärgerte sich darüber, dass eine Firma B ebenfalls solche vertreibe, die hinsichtlich Funktion, Bauart und Aussehen, insbesondere mit Bezug auf Schutz der Frontscheibe ihres Geldspielgerätes nach Urheberecht, Markenrecht, Muster- und Modellrecht und Wettbewerbsrecht gleiche. Soweit die Klage nach Urheberrecht begründet wurde, wäre das Obergericht zuständig gewesen als einzige vom Bundesrecht verlangte Instanz (GVG 43 Abs. 2), soweit nach Markenrecht, Muster- und Modellrecht Wettbewerbsrecht vorgegangen werden wollte, das Handelsgericht. Es stellte sich die Frage, ob das Handelsgericht auch den behaupteten Verstoss gegen das Urheberrecht beurteilen durfte oder gar musste. Das *Bundesgericht* vertritt die Meinung, ein Spezialgericht wie das Handelsgericht dürfe es nicht ablehnen, auch jene Rechtsbehelfe in mehrere Einzelprozesse aufzuspalten: Der erwähnte Grundsatz erwirke in dieser Hinsicht eine Konzentration der Zuständigkeit (BGE 92 II 312). Daraus schloss das Handelsgericht, das gelte auch, wenn neben einem Sonderrecht, das eine besondere Zuständigkeit begründet, auf den gleichen Sachverhalt ein weiteres Sonderrecht anwendbar ist, das nach dem kantonalen Prozessrecht eine andere Zuständigkeit zur Folge hat (ZR 69/1970 Nr. 15). Das Obergericht ist grundsätzlich für Urheberrechtsstreitigkeiten auch unter Handelsfirmen zuständig, was schon um der Einheit der Rechtsprechung willen sinnvoll ist. Es kann aber auch nicht in der Absicht des Gesetzgebers liegen, die Parteien um einen an sich einheitlichen Fragenkomplex an zwei verschiedenen Instanzen prozessieren zu lassen. Man hat hier das kleinere Übel zu wählen.

a) wenn nicht er, wohl aber der Beklagte im Handelsregister als Firma eingetragen ist[188],

b) wenn der Beklagte an seinem ausländischen Wohnsitz als selbständiger Kaufmann gilt oder als Firma in einem ausländischen Register eingetragen ist, das dem schweizerischen Handelsregister entspricht. In diesem Falle kommt auf den Eintrag des Klägers im schweizerischen Handelsregister nichts an[189].

Im Weitern kann die Zuständigkeit des Handelsgerichtes vor Eintritt der Rechtshängigkeit der Klage[190] schriftlich[191] vereinbart werden für Prozesse über Handelssachen mit einem für die Begründung der Zuständigkeit ausreichenden Streitwert anstelle des Bezirksgerichts, des Arbeitsgerichts, des Mietgerichts oder des Einzelrichters im

47

---

[188] GVG 63 Ziff. 1.
[189] GVG 63 Ziff. 2. Selbstverständlich ist, dass in beiden Fällen der Streitgegenstand im Übrigen den Anforderungen von GVG 62 entsprechen muss. Das Wahlrecht ist unwiderruflich (ZR 87/1988 Nr. 55).
[190] Vgl. dazu § 27 hiernach.
[191] Die Zuständigkeitsvereinbarung ist formgerecht geschlossen, wenn sie von der durch sie verpflichteten Partei unterzeichnet ist. Wird die klägerische Partei durch die Vereinbarung verpflichtet, so ist dem Zweck des Erfordernisses der Schriftform durch Anhängigmachung der Klage beim vereinbarten Gericht Genüge getan (ZR 90/1991 Nr. 1).

§ 5 Die Gerichte des Bundes und des Kantons Zürich

beschleunigten Verfahren[192], auch wenn im Übrigen nicht alle Voraussetzungen nach § 62 GVG gegeben sind[193].

48 Die sachliche Zuständigkeit des Handelsgerichtes ist, soweit die Voraussetzungen von § 62 GVG zur Diskussion stehen, *nicht zwingend*[194]. Es kann also vor Eintritt der Rechtshängigkeit der Klage schriftlich vereinbart werden, «dass Prozesse, für deren Behandlung nach § 62 das Handelsgericht zuständig wäre, vom Bezirksgericht oder, wenn die Voraussetzungen erfüllt sind, vom Arbeitsgericht oder Mietgericht beurteilt werden sollen»[195]. Der Zweck solcher Vereinbarungen wird darin liegen, dass sich die Parteien eine weitere kantonale Instanz sichern wollen[196].

49 Sofern mehrere Personen gemeinsam klagen wollen oder gemeinsam eingeklagt werden sollen, das Handelsgericht aber nur für einzelne von ihnen zuständig ist, so bestimmt das Obergericht auf Antrag eines Klägers, ob das Handelsgericht oder das Bezirksgericht für sämtliche Streitgenossen zuständig ist[197].

50 Das Handelsgericht besteht aus mindestens zwei Mitgliedern des Obergerichtes und aus den Handelsrichtern. Die Zahl der Ersteren bestimmt das Obergericht, diejenige der Handelsrichter der Kantonsrat[198]. Das Handelsgericht tritt aber nie als Gesamtbehörde zusammen; insofern gibt es auch nicht «ein» Handelsgericht als ständige Grösse[199]. Vielmehr gibt es eine ganze Anzahl sich aus jeweils fünf Mitgliedern zusammensetzender Handelsgerichte. Das Handelsgericht wird nämlich mit zwei Mitgliedern des Obergerichtes – welche das juristische Element vertreten und für Kontinuität der Rechtsprechung sorgen – und nach Anordnung des Präsidenten mit drei Handelsrichtern besetzt, die nach Möglichkeit unter Berücksichtigung ihrer

---

[192] Man muss sich fragen, ob es sinnvoll war, eine solche Vereinbarung zuzulassen. Bei den in die Zuständigkeit des Einzelrichters im beschleunigten Verfahren fallenden Prozessen wird es nämlich vielfach nicht einfach sein, zu entscheiden, ob eine Handelssache vorliegt (Eigentumsansprache, Kollokationsprozesse), was dazu führen kann, dass die Vereinbarung vom Handelsgericht als unbeachtlich angesehen wird und der Prozess doch an den Einzelrichter überwiesen werden muss.
[193] GVG 64 Ziff. 1.
[194] Wohl aber im Bereich der in § 61 GVG aufgeführten Klagen.
[195] GVG 64 Ziff. 2.
[196] Nach der starken Einschränkung des zweitinstanzlichen Novenrechts wird der Anreiz dafür inskünftig weniger gross sein als bisher.
[197] GVG 65. Ähnlich für die örtliche Zuständigkeit ZPO 14. Es handelt sich um einen Akt der Justizverwaltung, der keiner Anfechtung durch die Nichtigkeitsbeschwerde unterliegt. Anders verhält es sich, soweit das Eintreten auf ein solches Gesuch streitig ist (ZR 79/1980 Nr. 13). Falls bereits vor verschiedenen Gerichten geklagt wurde, ist eine Vereinigung der Verfahren aufgrund von § 65 GVG nicht mehr möglich. Wurden jedoch mehrere Klagen beim Handelsgericht eingereicht und ist bezüglich einzelner Klagen fraglich, ob das Handelsgericht zuständig ist, so ist es möglich, dass das Handelsgericht noch gestützt auf § 65 GVG als zuständig erklärt wird (ZR 86/1987 Nr. 37).
[198] GVG 57.
[199] Im Unterschied etwa zum Obergericht und zum Bezirksgericht Zürich, die trotz ihrer hohen Mitgliederzahl regelmässig zu Plenarsitzungen zusammentreten, welche der Behandlung von Justizverwaltungsgeschäften gewidmet sind.

Sachkunde bezeichnet werden[200]. Einer der beiden Oberrichter, der vom Obergericht gewählte Handelsgerichtspräsident oder der Vizepräsident, führt den Vorsitz.

Die Handelsrichter werden vom Kantonsrat aus einer von der Kommission für das Handelswesen gebildeten Liste gewählt, welche doppelt so viele Wahlvorschläge enthält, als Stellen zu besetzen sind[201]. Wählbar ist nur, wer in einer Firma als Inhaber in leitender Stellung tätig ist oder wer während mindestens zehn Jahren eine solche Stellung bekleidet hat[202]. 51

Der Sinn der Einrichtung des Handelsgerichtes[203] ist das Bestreben, für Handelsstreitigkeiten eine einzige kantonale Instanz zu erhalten mit Richtern, die Fachkenntnisse aus den beteiligten Branchen mitbringen, insbesondere zur Beurteilung von Usanzen, zur Definition von Fachausdrücken, Beurteilung von Material und Arbeiten, auch Neuheit und Erfindungshöhe von Patenten[204], unter möglichster Beschleunigung des Prozesses, ohne dass indessen ein besonderes Verfahren Platz greifen müsste[205]. Im Allgemeinen hat das Handelsgericht die in dieser Richtung gehegten Erwartungen erfüllt. Die Arbeitsweise ist die, dass einer der kaufmännischen Richter zum Referenten bestellt und der nicht präsidierende Oberrichter zum Instruktionsrichter gemacht wird. Letzterem obliegen die Prozessleitung, das formelle Fortschreiten und die juristische Seite des Prozesses. Gemäss § 61 Abs. 2 GVG entscheidet der Präsident oder ein von ihm bezeichnetes Mitglied des Handelsgerichts als Einzelrichter im summarischen Verfahren über Begehren aus den Bundesgesetzen betreffend die Erfindungspatente, die gewerblichen Muster und ähnliche Organisationen und über die Anlagefonds im Sinne von § 222 Ziff. 2 ZPO. Dasselbe gilt bezüglich vorsorglicher Massnahmen im Zusammenhang mit dem Sortenschutzgesetz und den dem Handelsgericht übertragenen Klagen aus dem Kernenergiehaftpflichtgesetz. 52

Das Handelsgericht ist dem Obergericht angegliedert. Es ist erste (und zugleich letzte) kantonale Instanz, wenn man vom Kassationsgericht absieht, das für Nichtigkeitsbeschwerden[206] anzurufen ist. Im Übrigen ist nur Beschwerde in Zivilsachen, eventuell die subsidiäre Verfassungsbeschwerde, an das Bundesgericht möglich. 53

---

[200] GVG 60. So wird praktisch für jeden Prozess eine andere Besetzung gebildet.
[201] GVG 59 Abs. 1.
[202] GVG 59 Abs. 2.
[203] Handelsgerichte bestehen auch in den Kantonen *Bern, Aargau* und *St. Gallen*.
[204] Über die dennoch bisweilen entstehende Notwendigkeit des Beizuges von Sachverständigen vgl. § 29 Rz 78 hiernach.
[205] Dennoch hat sich beim Handelsgericht eine gewisse Straffung des Verfahrens herausgebildet. Vgl. dazu § 35 hiernach.
[206] Vgl. § 39/B/II hiernach.

§ 5   Die Gerichte des Bundes und des Kantons Zürich

54 Am Handelsgericht beurteilt sein Präsident oder ein von ihm bezeichnetes Mitglied[207] als Einzelrichter im summarischen Verfahren Begehren in Sinne von § 222 Ziff. 2 und 3 ZPO[208]

Randziffer 55 entfällt.

8. Das Landwirtschaftsgericht

56 Dieses Gericht, früher Landwirtschaftliches Schiedsgericht[209] genannt, ist nicht im GVG erwähnt. Es hat folgende Aufgaben zu erfüllen: Einsprachen betreffend Bodenverbesserung und weitere Massnahmen zur Verbesserung der Betriebs-Verhältnisse, als Güterzusammenlegung, Anlage von Flurwegen usw. gemäss drittem Abschnitt über die Förderung der Landwirtschaft des Kantonalen Landwirtschaftsgesetzes[210]. Es besteht aus einem rechtskundigen Präsidenten und vier Fachleuten der Land- und Forstwirtschaft[211].

9. Das Kassationsgericht[212]

57 Das Kassationsgericht ist das oberste Gericht des Kantons Zürich. Es besteht aus nebenamtlichen Mitgliedern, darunter dem Präsidenten sowie einer Anzahl von Ersatzrichtern, deren Zahl der Kantonsrat bestimmt[213]. An den Entscheiden haben fünf Mitglieder bzw. Ersatzrichter mitzuwirken[214]. Das Kassationsgericht wird vom Kantonsrat gewählt[215]. Es wählt seinerseits einen Generalsekretär und dessen Stellvertreter sowie weitere Gerichtssekretäre[216]. Das Kassationsgericht ist in der Zivilrechtspflege berufen zur Beurteilung von Nichtigkeitsbeschwerden[217] gegen Entscheide des Obergerichtes, des Handelsgerichtes sowie des obergerichtlichen und des handelsgerichtlichen Einzelrichters[218].

---

[207] Es muss sich dabei um ein Mitglied handeln, das dem Obergericht angehört.
[208] GVG 61 Abs. 2. Beweissicherung im Sinne von § 231 ff. ZPO wird von dieser Bestimmung mitumfasst (2. Oktober 1995, Einzelrichter des Handelsgerichtes des Kantons Zürich, ZR 95/1996 Nr. 88).
[209] HANS STUDER, Das landwirtschaftliche Schiedsgericht des Kantons Zürich, Diss. Zürich 1930.
[210] Gesetz über die Förderung der Landwirtschaft (LwG) vom 2. September 1979 (LS 910.1).
[211] LwG 71 ff.
[212] GVG 66–69a.
[213] GVG 66 Abs, 1 Satz 2.
[214] GVG 67.
[215] GVG 66 Abs. 2.
[216] GVG 68 Abs. 1.
[217] Vgl. § 39/B/II hiernach.
[218] GVG 69a. Gegen Entscheide des Präsidenten des Handelsgerichts betreffend Ernennung eines Schiedsrichters ist die Nichtigkeitsbeschwerde an das Kassationsgericht nicht zulässig (9. Januar 1995 Kassationsgericht des Kantons Zürich, 20. Juni 1995 Bundesgericht auf staatsrechtliche Beschwerde nach Art. 83–96 OG, ZR 95/1996 Nr. 77).

§ 6 Der Ausstand der Richter und weiterer Justizbeamter[1]

Inhaltsverzeichnis   Seite

A. Der sogenannte Ausschluss 89
B. Die sogenannte Ablehnung 92
C. Das Verfahren im Einzelnen 96
D. Die Regelung nach der schweizerischen Zivilprozessordnung 99

Kein Justizbeamter, sei er Richter oder Gerichtsschreiber[2], Anklage- oder Untersuchungsbeamter, darf tätig werden, wenn seine Unparteilichkeit infrage steht oder zu befürchten ist, er könnte es an der erforderlichen Unbefangenheit fehlen lassen. Das Gesetz sieht deshalb einerseits Ausschlussgründe, andererseits Ablehnungsgründe vor.   1

A. Der sogenannte Ausschluss

Von der Ausübung seines Amtes ausgeschlossen ist nach der zürcherischen Gerichtsverfassung ein Justizbeamter[3] in folgenden Fällen: 2

1. in eigener Sache, in Sachen seines Ehegatten oder Verlobten, seiner Bluts- und Adoptiv-Verwandten[4] oder Verschwägerten in gerader Linie sowie bis und mit

---

[1] WALDER / GROB, Tafel 9.
[2] Der in die Gerichtssprache eingedrungene Ausdruck «Generalsekretär» und «Sekretär» vermag die Funktion nicht annähernd so gut zu umschreiben. Generalsekretäre haben zurzeit das Obergericht und das Kassationsgericht.
[3] GVG 95 Abs. 1 führt einzeln folgende Kategorien auf: Richter, Geschworener, Untersuchungs- und Anklagebeamter (dazu gehören wohl auch die Sachbearbeiter der Justizdirektion bei Sistierungsrekursen im Strafprozess gemäss § 402 Ziff. 3 StPO ZH – wenn in ZR 73/1974 Nr. 5 gesagt wird, der Ausstand eines Richters in Verwaltungsfunktionen richte sich nicht nach den Bestimmungen des Gerichtsverfassungsgesetzes, sondern nach §43 des Gesetzes betreffend Organisation und Geschäftsordnung des Regierungsrates, so kann auf der anderen Seite auch nicht angenommen werden, in ein und demselben Verfahren könnten unterschiedliche Ausstandsvorschriften für die verschiedenen Instanzen anwendbar sein), Kanzleibeamter (d.h. Gerichtsschreiber oder Sekretär), Friedensrichter. Bezüglich der Ausstandspflicht von Mitgliedern und Sekretären der Schiedsgerichte vgl. § 40 Rz 19 hiernach.
[4] Auf das in ZPO 158 Ziff. 1 angeführte Pflegeverhältnis ist zusammen mit dem vormundschaftlichen in Ziff. 2 verwiesen. In den Fällen der Adoption ist zu beachten, dass das bisherige Kindesverhältnis mit einer Ausnahme erlischt (ZGB 267 Abs. 2): Der adoptierte Justizbeamte könnte also in Sachen seiner Blutsverwandten, z.B. Geschwister, tätig sein. Das Prozessrecht ist jedoch nicht daran gehin-

dem vierten Grad der Seitenlinie, ferner wenn er oder eine dieser Personen mit einer Rückgriffsklage zu rechnen hat[5];
2. in Sachen seines Mündels, seines Verbeiständeten oder Pflegekindes[6];
3. wenn er in der Sache an einem Entscheid unterer Instanz[7] mitgewirkt oder als Schiedsrichter teilgenommen sowie wenn er als Bevollmächtigter gehandelt oder zu gerichtlichen Handlungen Auftrag gegeben hat[8];
4. wenn er von einer Partei oder einem Dritten im Zusammenhang mit dem Verfahren ein Geschenk oder einen anderen ihm nicht gebührenden Vorteil annahm oder sich versprechen liess[9].

3   Art. 34 Abs. 1 BGG umschreibt die Ausschliessungsgründe etwas anders. Danach liegen solche vor, wenn Richter, Richterinnen, Gerichtsschreiber und Gerichtsschreiberinnen

a) in der Sache ein persönliches Interesse haben;
b) in einer andern Stellung, insbesondere als Mitglied einer Behörde, als Rechtsberater oder Rechtsberaterin einer Partei, als sachverständige Person oder als Zeuge beziehungsweise Zeugin, in der gleichen Sache tätig waren;
c) mit einer Partei, ihrem Vertreter beziehungsweise ihrer Vertreterin oder einer Person, die in der gleichen Sache als Mitglied der Vorinstanz tätig war, verheiratet sind oder in eingetragener Partnerschaft oder dauernder Lebensgemeinschaft[10] leben;
d) mit einer Partei, ihrem Vertreter beziehungsweise ihrer Vertreterin oder einer Person, die in der gleichen Sache als Mitglied der Vorinstanz tätig war, in gerader

---

dert, den Begriff der Blutsverwandtschaft weiter zu fassen, was hier angebracht ist (vgl. dazu HEGNAUER, ZBJV 107/1971, 1 ff.).

[5] GVG 95 Abs. 1 Ziff. 1.
[6] GVG 95 Abs. 1 Ziff. 2.
[7] Der Ausstand ist damit «auf den Fall beschränkt, in dem die gleiche Rechtsfrage in demselben Verfahren in einer oberen Instanz zu beurteilen ist. Es will damit verhindert werden, dass ein Richter in der Rechtsmittelinstanz erneut urteilt. Für die Ausdehnung der Ausstandspflicht auf weitere Fälle mehrfacher Mitwirkung eines Richters in der gleichen Sache besteht keine rechtliche Grundlage» (ZR 79/1980 Nr. 5), doch hat in neuerer Zeit das Phänomen der «Vorbefassung» nach der Praxis zu Art. 6 Ziff. 1 EMRK auch für den Zivilprozess beachtet zu werden. Vgl. dazu VILLIGER N 418 ff.
[8] GVG 95 Abs. 1 Ziff. 3. Vorbefassung führt ausser in den hier und in GVG 95 Abs. 2 abschliessend aufgezählten Fällen nicht per se zum Ausschlusss einer Gerichtsperson. Ob in concreto ein Ausstandsgrund vorliegt und ob es sich dabei um einen Ausschluss- oder einen Ablehnungsgrund handelt, ist im Einzelfall zu entscheiden (24. Juni 1994, Obergericht, I. Strafkammer, ZR 95/1996 Nr. 4).
[9] GVG 95 Abs. 1 Ziff. 4. Gemäss Erläuterungen Amtsblatt 1971, 1971 ist die Partei damit von der Notwendigkeit enthoben, in einem Rechtsmittelverfahren den Nachweis dafür zu leisten, dass die Unregelmässigkeit den Entscheid beeinflusst hat.
[10] Nach SPÜHLER/DOLGE/VOCK, N 5 zu Art. 34 BGG soll nichts auf das eigentliche Zusammenleben ankommen, sondern genügt die Existenz einer sogenannten Partnerschaft (landläufig als *Freundschaft* bezeichnet). Das dürfte aber zu etwelchen Beweisschwierigkeiten führen.

Linie oder in der Seitenlinie bis und mit dem dritten Grad verwandt oder verschwägert sind;

e) aus andern Gründen, insbesondere wegen besonderer Freundschaft oder persönlicher Feindschaft mit einer Partei oder ihrem Vertreter beziehungsweise ihrer Vertreterin, befangen sein könnten.

Gemäss Art. 34 Abs. 1 BGG bildet die Mitwirkung in einem früheren Verfahren des Bundesgerichts für sich allein keinen Ausstandsgrund[11].

Randziffer 4 entfällt.

Beispiel 5:

Richter X hat für den Fall der Gutheissung der Klage des K gegen den B mit einer Rückgriffsklage des B zu rechnen. Dies tritt im Verlaufe des Beweisverfahrens zutage, dessen Anordnung X als Referent des Gerichtes beantragt hat und das er nun, gestützt auf § 144 ZPO, als «Abordnung des Gerichts» durchführt. K stellt das Ausstandsbegehren. Dessen Gutheissung hat zur Folge, dass der Beweisabnahmebeschluss dahinfällt und die bereits erhobenen Beweise nicht berücksichtigt werden dürfen, selbst wenn das Gericht – in neuer Besetzung – den genau gleichen Beschluss fassen sollte. Die neu beschlossene Beweisabnahme müsste alsdann wiederholt werden.

Hat jedoch X lediglich beim Beweisabnahmebeschluss mitgewirkt und sind die Beweisabnahmen vom Richter Y vorgenommen worden, gegen den ein Ausstandsgrund nicht vorliegt, so sind die Beweisabnahmen dennoch gültig, sofern das Gericht ohne X erneut ihre Notwendigkeit für das Urteil bejaht (vgl. HAUSER/HAUSER N 1 zu aGVG 119 S. 409).

5

6

Soweit die Parteien nicht ausdrücklich[12] auf den Ausstand verzichtet haben, sind nach zürcherischem Recht das Verfahren vor einem ausgeschlossenen Justizbeamten sowie jeder Entscheid, an welchem er teilgenommen hat, anfechtbar[13]. Wenn es weiter heisst, bei blosser Ablehnung wirke die Anfechtbarkeit erst von der Stellung des Begehrens an, so ist für den hier vorliegenden Fall des Ausschlusses e contrario Rückwirkung anzunehmen[14].

---

[11] Das wurde unter der früheren Gesetzgebung in BGE 114 Ia 278 E. 1 erkannt.
[12] Nach der früheren Praxis genügte es, wenn stillschweigender Verzicht angenommen werden konnte (HAUSER/HAUSER N 1 zu aGVG 120; HAUSER/HAUSER N 1 zu GVG 102).
[13] GVG 102 Abs. 1. Entscheid und Verfahren sind also nicht etwa nichtig, was auch nicht der Sinn von § 120 aGVG war (vgl. HAUSER/HAUSER N 2 zu § 119 aGVG).
[14] Fraglich ist, wie es zu halten sei, wenn ein auszuschliessender Richter an einer Beweisabnahme (z.B. Zeugeneinvernahme) teilnimmt, das Urteil später jedoch ohne seine Mitwirkung gefällt wird. Streng genommen müsste dies mit der Berufung gerügt werden können, solange nicht ausdrückliche Zustimmung vorliegt. Auch die Berufung auf Treu und Glauben hilft nicht darüber hinweg.

7   Der Ausschlussgrund kann nicht unbeschränkt auch etwa noch gegenüber der Vollstreckung geltend gemacht werden. Die Rüge ist vielmehr spätestens mit dem zur Verfügung stehenden Rechtsmittel anzubringen[15]. Andernfalls wird der Entscheid nichtsdestoweniger rechtskräftig[16].

B. Die sogenannte Ablehnung

8   Neben den Ausschlussgründen gibt es sogenannte Ablehnungsgründe, d.h., ein Beamter muss zwar nicht von sich aus in den Ausstand treten, kann aber von einer Partei abgelehnt werden:

Die Partei muss bei den Beweisabnahmen nicht anwesend sein (ZPO 146). Sie ersieht die Mitwirkung des Auszuschliessenden möglicherweise erst nach ergangenem Urteil aus dem Protokoll. Muss nun das Urteil aufgehoben werden, obwohl bei der Urteilsfällung selber der Betreffende gar nicht mehr dabei war, seine Willensbildung also scheinbar auf den Prozessausgang keinen Einfluss hatte? Möglicherweise hat er doch Einfluss genommen, etwa durch ein Gespräch mit den andern Richtern nach Durchführung des Beweisverfahrens oder durch die Art seiner Fragestellung bei der Zeugenvernehmung. Die betroffene Partei sollte das Recht haben zu verlangen, dass auch das Beweisverfahren ohne einen solchen Richter durchgeführt werde. Das setzt die Aufhebung des richtig zustande gekommenen Urteils und die Rückversetzung des Verfahrens in das Stadium vor der Beweisabnahme voraus. Man ersieht daraus, dass es in diesem Bereich eigentlich keine Kompromisse gibt.

[15] Also gegenüber dem appellablen bezirksgerichtlichen Endurteil mit der Berufung, wenn der Ausstandsgrund ein Mitglied oder einen Kanzleibeamten des Bezirksgerichtes betrifft. Gegen die Beurteilung des Ausstandsbegehrens selber ist kein ordentliches Rechtsmittel mehr erforderlich, da über ein streitiges Ausstandsbegehren die Aufsichtsbehörde entscheidet (GVG 101 Abs. 1, vgl. Erläuterung Amtsblatt 1971 sowie Rz 15 hiernach)

[16] Fraglich bleibt, ob Revision ergriffen werden kann, wenn nach Rechtskraft des ausgefällten Entscheides ein vorher selbst bei Anwendung der erforderlichen Sorgfalt nicht feststellbarer Ausstandsgrund entdeckt wird. ZPO 293 Abs. 1 scheint dies nicht zuzulassen, denn es liesse sich nicht dartun, dass die Beachtung des Ausstandes den Entscheid für den Revisionskläger günstiger gestaltet hätte. Dagegen spricht GVG 102 Abs. 2 schlechthin von Rechtsmittelweg, weshalb gegebenenfalls jedes Rechtsmittel, also auch die Revision, gemeint sein muss. Wie sich aus den Beratungen der kantonsrätlichen Kommission ergibt, wollte der Rechtsmittelweg die Geltendmachung des Ausschlussgrundes erleichtern: Die Partei, die davon erfährt, dass der Richter von der Gegenpartei bestochen wurde, kann dies mit Nichtigkeitsbeschwerde geltend machen, ohne den Nachweis erbringen zu müssen, dass ohne diese Tatsache der Entscheid für sie günstiger ausgefallen wäre. Sie muss aber auch den Weg der Revision beschreiten können (innert 90 Tagen, ZPO 295 Abs. 1), statt innert 30 Tagen seit Kenntnis vom Nichtigkeitsgrund nur die Nichtigkeitsbeschwerde (ZPO 287 Abs. 3). Vor Bundesgericht kann nach der Urteilsfällung kein Ausstand verlangt werden (BGE 111 Ia 77 E. d).

1. in Sachen einer juristischen Person, deren Mitglied er ist; dies gilt nicht für die Zugehörigkeit zum Staat und zur Gemeinde[17];
2. wenn er Rat gegeben, als Vermittler, Sachverständiger oder Zeuge gehandelt oder noch zu handeln hat[18];
3. wenn zwischen ihm und einer Partei Freundschaft, Feindschaft oder ein Pflicht- oder Abhängigkeitsverhältnis besteht[19];
4. wenn andere Umstände vorliegen, die ihn als befangen erscheinen lassen[20].

---

[17] GVG 96 Ziff. 1. Es dürfte den Parteien schwer fallen, das im Einzelnen festzustellen. Besonders merkwürdig berührt es indessen, dass Mitglieder der Verwaltung einer juristischen Person ohne bezügliches Begehren nicht zum Ausstand verpflichtet sind. In praxi werden sie freilich von sich aus den Ausstand beobachten. Vgl. dazu OTTOMANN, 55 f., wo für diesen Fall der Ausschlussgrund von § 95 Abs. 1 Ziff. 1 («eigene Sache») angenommen wird.

[18] GVG 96 Ziff. 2.

[19] GVG 96 Ziff. 3. Die Voraussetzungen sind regelmässig zu verneinen, wenn Freundschaft oder Feindschaft nur zwischen dem Richter und dem Parteivertreter nachgewiesen ist (HAUSER/HAUSER Vorbem. II zu § 112 ff. aGVG S. 382; ZR 40/1941 Nr. 118, ZR 80/1981 Nr. 29 = SJZ 78/1982, 98 Nr. 20).

[20] GVG 96 Ziff. 4. Unter dem Gesichtspunkt dieses allgemeinen Ablehnungsgrundes kann der Hinweis auf frühere oder gegenwärtige Spannungen und Auseinandersetzungen zwischen Richter und Parteivertreter in aller Regel nicht genügen. Umstände, welche objektiv den Richter gegenüber der Partei selber als befangen erscheinen lassen, sind jedenfalls dann nicht gegeben, wenn die Zerwürfnisse in keinem Zusammenhang mit dem zu behandelnden Prozess stehen. Auch sonst könnten wohl nur schwere Zerwürfnisse zwischen Richter und Parteianwalt als Ablehnungsgrund in Betracht gezogen werden (ZR 80/1981 Nr. 29 = SJZ 78/1982, 98 Nr. 20).

Aus der Tatsache, dass ein Richter in früheren, für die Partei ungünstig verlaufenen Prozessen mitgewirkt hat, kann nicht auf Befangenheit geschlossen werden. Dies gilt selbst dann, wenn die Entscheidung unrichtig war, ja sogar, wenn sie wegen Willkür aufgehoben wurde (ZR 69/1970 Nr. 65; HAUSER/HAUSER N 7 zu § 113 aGVG S. 399).

Ebenso erscheint ein Richter nicht schon deswegen als voreingenommenm, weil er ein Gesuch um unentgeltliche Rechtspflege wegen Aussichtslosigkeit abgewiesen hat. Vielmehr müssen zu Annahme der Befangenheit des betreffenden Richters weitere Gründe hinzutreten (3. Mai 2005, Bundesgericht, I. öffentlich-rechtliche Abteilung, BGE 131 I 113).

Wohl aber kann es den begründeten Eindruck der Voreingenommenheit erwecken, wenn ein gerichtlicher Referent von sich aus einen Verteidiger darauf hinweist, dass er die von diesem eingereichte Berufung für aussichtslos hält (28. April 2008, Bundesgericht, Felber, SJZ 104/2008, 325 Nr. 17/1).

Ferner kann der Anschein der Befangenheit gegeben sein, wenn eine Justizperson an einem andern Verfahren mitgewirkt und in demselben eine ähnliche oder qualitativ gleiche Frage bereits geprüft hat (25. Mai 2007, Obergericht des Kantons Schaffhausen, Amtsbericht an den Kantonsrat 2007, 142 = SJZ 104/2008, 347 Nr. 18).

Im Falle der Aufhebung durch die Rechtsmittelinstanz und anschliessender Rückweisung der Sache an die untere Instanz gilt der hier mitwirkende Richter nicht schon wegen seiner Mitwirkung am aufgehobenen Urteil als vorbefasst (28. Februar 2001, Kassationsgericht des Kantons Zürich, strafrechtlicher Fall, ZR 100/2001 Nr. 43 E. 4, Bestätigung früherer Rechtsprechung).

Der Umstand indessen, dass ein Richter bereits in einem früheren Zeitpunkt eine mit dem jetzigen Verfahren mehr oder weniger zusammenhängende Sache zu beurteilen hatte, stellt zwar keinen Ausschluss-, sondern allenfalls einen Ablehnungsgrund dar, welcher nur unter den Voraussetzun-

Die Gerichtsperson muss sich nicht als befangen erwiesen haben; es genügt, dass dies zu erwarten ist[21].

9 Im Bundesgerichtsgesetz gibt es im Gegensatz zum aufgehobenen Organisationsgesetz keine (fakultativen) Ablehnungsgründe.

---

gen der §§ 97 und 98 GVG, nicht jedoch von Amtes wegen zu beachten ist. Wenn sich alsdann ein Richter im Rahmen eines früheren (strafrechtlichen) Rekursverfahrens über sämtliche wesentlichen Aspekte des auch einem arbeitsrechtlichen Forderungsprozess zugrunde liegenden Sachverhalts in abschliessender und eindeutiger Weise und sich auch in den für das Zivilverfahren entscheidenden Fragen bereits festgelegt hat, erscheint der Ausgang des aktuellen Verfahrens nicht mehr als offen, womit der Anschein der Befangenheit im Sinne von § 96 Ziff. 4 GVG begründet wird (17. April 2000, Kassationsgericht des Kantons Zürich, ZR 100/2001 Nr. 3 E. II.3 und II. 4).

Im Weitern ist bei der Frage, ob ein Richter durch seinen Kontakt mit einer der Parteien den Anschein von Befangenheit erweckt, in dem Sinne ein strenger Massstab anzulegen, dass bereits ein geringfügiger Anlass, der geeignet ist, das Vertrauen in die Unvoreingenommenheit und Unparteilichkeit zu erschüttern, zum Ausstand des betreffenden Justizbeamten führen muss (11. September 1995, Kassationsgericht des Kantons Zürich, ZR 96/1997 Nr. 8).

Ein Richter, der Strafanzeige wegen Ehrverletzung eingereicht und Zivilklage auf Genugtuung erhoben hat, ist gehalten, in einem späteren Verfahren, an dem der Urheber der Verletzung beteiligt ist, von sich aus in Ausstand zu treten (29. November 2007, Bundesgericht, II. zivilrechtliche Abteilung, BGE 134 I 20 E. 4).

Aus Art. 30 Abs. 1 BV lässt sich kein Recht auf einen Richter mit juristischen Kenntnissen ableiten, doch kann der Anspruch auf einen unabhängigen Richter berührt sein, wenn unerfahrene Laienrichter ohne jede Mithilfe einer unabhängigen Fachperson amten (15. November 2007, Bundesgericht, II. zivilrechtliche Abteilung, BGE 134 I 16 = SJZ 104/2008 Nr. 7, 119 = AJP 17/2008 Nr. 3, 368 mit Bemerkungen von YVO HANGARTNER).

Insbesondere hat sich jedoch ein Richter bei der Ausübung seines Amtes unter Kontrolle zu halten, damit insbesondere gewährleistet ist, dass die Verhandlung (einschliesslich die allfällige öffentliche mündliche Urteilsberatung) in einer sachlichen Art durchgeführt wird. Trägt der Referent anlässlich der öffentlichen mündlichen Urteilsberatung unsachliche bzw. sachfremde Äusserungen vor, kann er den Anschein von Befangenheit erwecken. Das Gleiche gilt für die übrigen Gerichtsmitglieder, welche sich von solchen Äusserungen des Referenten nicht in geeigneter Art absetzen (5. Mai 1997, Kassationsgericht des Kantons Zürich, ZR 96/1997 Nr. 125).

Ein ausführliches Urteil der I. öffentlich-rechtlichen Abteilung des Bundesgerichts vom 16. Januar 2008 zur Befangenheit eines Richters ist mit Bemerkungen von RETO BIERI wiedergegeben in AJP 17/2008, 774–777.

[21] Vgl. ZR 86/1987 Nr. 42. Die Tatsache, dass sich eine Partei vor Bezirksgericht durch einen Rechtsanwalt vertreten lässt, der als nebenamtlicher Richter am Kassationsgericht des Kantons Zürich tätig ist, begründet nicht den Anschein der Befangenheit der urteilenden Richterin (6. Januar 2005, Obergericht des Kantons Zürich, Verwaltungskommission, ZR 105/2006 Nr. 42).

> **Beispiel 6:**
>
> Richter X hat im Prozess der Parteien K und B Zeugeneinvernahmen durchgeführt. B erfährt in der Folge, dass X dem K über die im Prozess zu beurteilende Rechtsfrage vor Klageinleitung ein Gutachten erstattet und damit «Rat gegeben» hat. B kann nun verlangen, dass X für das weitere Verfahren in Ausstand trete. Die von ihm durchgeführten Zeugeneinvernahmen, aber auch die unter seiner Mitwirkung gefassten Beschlüsse, bleiben trotzdem verbindliche Grundlage des Verfahrens. Sollte dagegen X trotz erfolgter Ablehnung an weiteren Prozesshandlungen des Gerichtes teilnehmen, so könnte B auf dem Rechtsmittelweg[22] deren Nichtberücksichtigung (bei Entscheidungen deren Aufhebung) verlangen.

Im Unterschied zum Ausstand infolge Vorliegens eines Ausschliessungsgrundes wirkt die Ablehnung erst ex nunc, d.h. Gerichtshandlungen, an denen ein zu Recht abgelehnter Richter noch vor Stellung des Ablehnungsbegehrens teilgenommen hat, bleiben unanfechtbar[23].

Randziffer 11 entfällt.

§ 102 Abs. 2 GVG regelt einen Sonderfall, nämlich die Ablehnung erst nach Beendigung des Verfahrens in der betreffenden Instanz: «Hat ein Justizbeamter seine Meldepflicht im Sinne von § 97 verletzt und wird der Ablehnungsgrund erst nach

---

[22] GVG 102 Abs. 1 letzter Satz. Rechtsmittel sind zwar erst gegen den Endentscheid möglich (Berufung, Rekurs oder Nichtigkeitsbeschwerde); gegen einen prozessleitenden Entscheid kann Rekurs nur erhoben werden, sowie eine Unzuständigkeitseinrede verworfen, die unentgeltliche Prozessführung verweigert, ein Verfahren eingestellt oder eine Anordnung nach ZPO 199 Abs. 2 getroffen wird, oder wenn es sich um Prozess- oder Arrest-Kautionen oder vorsorgliche Massnahmen handelt (ZPO 271 Abs. 1 Ziff. 4). Prozessleitende Entscheidungen, die dem Rekurs nicht zugänglich sind, dürften aber wegen Nichtbeachtung des Ausstandes (gestützt auf ZPO 281 Ziff. 1) mit Nichtigkeitsbeschwerde anfechtbar sein (ZPO 282 Abs. 1 Ziff. 2). Zum Internationalen Zivilprozessrecht vgl. ZR 79/1980 Nr. 16.
[23] GVG 102 Abs. 1, 2. Satz.

Eröffnung des Endentscheides entdeckt, so kann der zur Ablehnung Berechtigte die Aufhebung des Entscheids auf dem Rechtsmittelweg verlangen»[24, 25].

C. Das Verfahren im Einzelnen

13 Das Ausstandsbegehren (gestützt auf einen Ausschluss- oder Ablehnungsgrund) kann von einer Partei und von jedem Mitglied der Gerichtsabteilung, welcher der betreffende Justizbeamte angehört[26], während des ganzen Verfahrens gestellt werden[27]. Der Betroffene kann natürlich (und soll) selber den Ausstand erklären, sofern ein Ausschlussgrund vorliegt, oder ihn beantragen, sofern ein Ablehnungsgrund

---

[24] Damit wird zum Ausdruck gebracht, dass bei unterbliebener Ablehnung der Rechtsmittelweg zur nachträglichen Aufhebung eines Entscheides nur dann führen kann, wenn der Ablehnende vom Ablehnungsgrund vorher keine Kenntnis hatte. Ob man es dabei hätte auf «schuldhafte» Verletzung der Meldepflicht ankommen lassen sollen, wie dies noch der regierungsrätliche Entwurf vorsah, mag offenbleiben. Die Frage könnte im Zusammenhang mit der Rückgriffsforderung des Staates gegen den Richter im Sinne von § 15 Abs. 1 des kantonalen Haftungsgesetzes aktuell werden, wenn den Parteien wegen der Notwendigkeit, das Verfahren wiederholen zu lassen, zusätzliche Kosten entstanden sind und sie den Staat, gestützt auf § 6 Abs. 1 des Haftungsgesetzes, dafür verantwortlich gemacht haben. Hinsichtlich des Erfordernisses fehlender Kenntnis vom Ausstandsgrund wird auch bezüglich des Ausschlusses davon auszugehen sein, dass die Parteien mit der Geltendmachung nicht zuwarten dürfen, bis der Endentscheid vorliegt (vgl. dazu Max GULDENER, Treu und Glauben im Zivilprozess, SJZ 39/1942/1943, 395). Das gilt trotz der Formulierung von GVG 102 Abs. 1 im Sinne des ausdrücklichen Verzichts auf die Anwendung der Ausstandsregeln (vgl. HAUSER/HAUSER N 1 zu § 120 aGVG). Denn ZPO 50 Abs. 1 statuiert, dass alle am Prozess Beteiligten nach Treu und Glauben zu handeln haben. Vgl. auch BGE 118 Ia 284 f. E. 3a mit Zit.
Erhält eine Partei erst nach der Eröffnung des Entscheides Kenntnis von entsprechenden Umständen, kann sie diese auf dem Rechtsmittelweg zum Gegenstand eines Ablehnungsbegehrens machen. Damit ist es aber auch zulässig, in Verbindung mit diesen neu entdeckten Umständen bereits früher bekannte Tatsachen in die Begründung des Ablehnungsbegehrens einzubeziehen, soweit nicht auszuschliessen ist, dass erst eine Gesamtwürdigung aller Umstände zur Bejahung des Ablehnungsgrundes führt, während die isolierte Geltendmachung der bereits früher entdeckten Tatsachen die Stellung eines solchen Begehrens nicht hätte rechtfertigen können (8. Juni 1998, Kassationsgericht des Kantons Zürich, ZR 98/1999 Nr. 21 E. 3c).

[25] Über ein nach Abschluss des Nichtigkeitsbeschwerdeverfahrens gestelltes Ablehnungsbegehren entscheidet das Kassationsgericht auf dem Wege der Revision (ZR 78/1979 Nr. 19). Bezüglich rechtsmissbräuchlich gestellter Ablehnungsbegehren vgl. ZR 91/92 (1992/1993) Nr. 54.

[26] GVG 98. Das betreffende Mitglied muss selber mit dem Prozess nicht befasst sein. Es geht darum, den Parteien das Ausstandsgesuch, das sie aus psychologischen Gründen scheuen könnten, «abzunehmen».

[27] GVG 98. Selbständige Ausstandsverfahren mit dem alleinigen Zweck, losgelöst von einem konkreten Fall die Ausstandspflicht eines Richters oder Beamten vorsorglich im Hinblick auf sich allenfalls in Zukunft abspielende Verfahren festzustellen, kennt das schweizerische Recht nicht, das für jede Art von Prozessverfahren regelmässig ein aktuelles Rechtsschutzinteresse verlangt (ZR 79/1980 Nr. 116, 248 linke Spalte mit Zit.).

vorliegt[28]. Verzögerung des Begehrens lässt denjenigen, der es vorher hätte stellen können, für die nutzlosen Aufwendungen kosten- und entschädigungspflichtig werden[29].

Ausschluss- und Ablehnungsbegehren sind zu begründen und gleichzeitig durch Urkunden oder schriftliche Auskünfte von Amtsstellen zu belegen. Immerhin sind allenfalls erforderliche weitere Erhebungen («aus zureichenden Gründen können weitere Beweise erhoben werden») von Amts wegen vorzunehmen[30]. Fehlt es jedoch an Beweismitteln, so wird aufgrund der gewissenhaften Erklärung des Abgelehnten entschieden[31]. Verlangt der Justizbeamte selbst den Ausstand, so darf er ihm auf die gewissenhafte Erklärung hin, dass ein Ausstandsgrund vorliege, nicht verweigert, ja es kann ihm – was der früheren Praxis entspricht, aber erst in das Gesetz von 1976 Aufnahme gefunden hat – der Ausstand aus anderen zureichenden Gründen bewilligt werden[32]. 14

Über ein streitiges Ausstandsbegehren entscheidet die Aufsichtsbehörde[33]. Betrifft es Mitglieder des Obergerichts oder des Kassationsgerichts, so befindet das Gericht[34] selbst[35]. Soweit sich durch begründete Ausstandsbegehren die Notwendigkeit ergibt, 15

---

[28] GVG 97. Jedenfalls hat er den Ablehnungsgrund dem Gericht anzuzeigen, damit die Parteien darauf aufmerksam gemacht werden können zwecks Stellungnahme. Schuldhafte Verletzung dieser Meldepflicht hat für die betroffene Partei die Möglichkeit der Anfechtung des Endentscheides allein wegen des Ablehnungsgrundes zur Folge (GVG 102 Abs. 2).
[29] GVG 99.
[30] GVG 100 Abs. 1.
[31] GVG 100 Abs. 1.
[32] GVG 100 Abs. 2. Als solche *andere zureichenden Gründe* kommen etwa in Betracht: Nachbarschaft mit der einen Partei oder enge Freundschaft mit einem der beteiligten Parteivertreter, früheres Mandatsverhältnis als Rechtsanwalt, selbst wenn es mit dem konkreten Rechtsstreit nichts zu tun hat.
[33] GVG 101 Abs. 1. Bezüglich eines Friedensrichters entscheidet also das Bezirksgericht, bezüglich eines Bezirksgerichtes das Obergericht (dieses offenbar auch bei einem kaufmännischen Mitglied des Handelsgerichts); die Entscheidung erfolgen jeweils gestützt auf § 44 Ziff. 4 der Verordnung (LS 212. 51) durch die *Verwaltungskommission.*
Fällt das Gericht unter Mitwirkung eines abgelehnten Richters den Endentscheid, ist über die geltend gemachten Ablehnungsgründe im Rechtsmittelverfahren zu befinden (11. September 2002, Obergericht des Kantons Zürich, Verwaltungskommission, ZR 101/2002 Nr. 98).
[34] Über die Zuständigkeit zur Behandlung von Ausstandsbegehren innerhalb des Obergerichtes vgl. § 31 der Verordnung über die Organisation des Obergerichtes (LS 212. 51).
[35] GVG 101 Abs. 2. Wenn es auch durch Zuzug ständiger Ersatzmänner nicht mehr gehörig besetzt werden kann, entscheidet der Kantonsrat. Diese Bestimmung ist deshalb notwendig, weil der abgelehnte Richter nicht an der Beurteilung des gegen ihn selber gestellten Ausstandsbegehrens mitwirken darf. Das gilt, obgleich die entsprechende Stelle aus § 115 Abs. 1 aGVG im neuen Gesetz nicht mehr enthalten ist (der Gerichtsbeamte kann, bis die Aufsichtsbehörde über das Ausstandsgesuch entschieden hat, auf «sein» Risiko weiter amten, vgl. dazu Erläuterung Amtsblatt 1971, 1971), im Bereich der Erledigung des Ausstandsbegehrens selbstverständlich als allgemeiner Grundsatz weiterhin. Richtet sich das Ausstandsbegehren gegen einen Kanzleibeamten, so entscheidet das Gericht, dem er angehört (GVG 101 Abs. 3).

§ 6 Der Ausstand der Richter und weiterer Justizbeamter

bezeichnet die Aufsichtsbehörde ausserordentliche Stellvertreter[36] oder überweist die Streitsache einem anderen Gericht gleicher Ordnung[37].

16 Gegen Entscheidungen in Ausstandssachen ist gemäss § 282 Abs. 1 ZPO die Nichtigkeitsbeschwerde zulässig; da es sich um eine von der Aufsichtsbehörde anstelle des erkennenden Gerichtes getroffene prozessleitende Entscheidung handelt, findet § 284 ZPO keine Anwendung. Wird die Nichtigkeitsbeschwerde nicht ergriffen, so kann wegen § 282 Abs. 2 ZPO die Frage noch mit dem Rechtsmittel gegen den Endentscheid zur Diskussion gestellt werden. Das führt zum merkwürdigen Ergebnis, dass eine Zivilkammer des Obergerichts als Berufungsinstanz einen von seiner Verwaltungskommission gemäss § 18 Abs. 1 der Verordnung über die Organisation des Obergerichts als prozessleitenden Beschluss erlassenen Ausstandsentscheid überprüfen kann.

17 Die Unabhängigkeit des Richters ist aber auch durch das Bundesverfassungsrecht gewährleistet. Wenn Art. 30 Abs. 1 BV bestimmt, es habe jede Person im Verfahren vor Gerichtsinstanzen Anspruch auf ein unabhängiges und unparteiisches Gericht, so gibt dies dem Einzelnen Anspruch auf richtige Besetzung des Gerichts, insbesondere auf Nichtmitwirkung eines Richters, der nicht die Gewähr für unabhängige Beurteilung der Streitsache bietet[38]. Die Frage der Unabhängigkeit des Richters kann, wo die Voraussetzungen für die Beschwerde in Zivilsachen[39] nicht Platz greifen kann, mit auf Art. 30 BV gestützter subsidiärer Verfassungsbeschwerde[40] dem Bundesgericht vorgelegt werden[41]. Nach bundesgerichtlicher Rechtsprechung garantierte schon Art. 58 Abs. 1 aBV dem Einzelnen ohne Rücksicht auf die kantonalen Ausstandsbestimmungen die Beurteilung seiner Streitsache durch ein unparteiisches und unabhängiges Gericht[42].

---

[36] So musste bereits einmal der Kantonsrat für einen einzelnen Prozess zwei ausserordentliche Mitglieder des Kassationsgerichtes ernennen (Protokoll des Kantonsrates 1967–1971, Bd. I, S. 1137 f.).
[37] Beispielsweise wird einem Bezirksgericht kaum zugemutet werden können, eine auf das kantonale Haftungsgesetz gestützte Klage, welche sich auf die Behandlung eines früheren Prozesses bezieht, zu beurteilen. Der Prozess wird dann einem anderen Bezirksgericht zugeteilt.
[38] BGE 91 I 399 ff.; 92 I 275; 118 Ia 285 f. Erw. 3d.
[39] BGG 72–77.
[40] BGG 113–119.
[41] SPÜHLER / DOLGE / VOCK, N 2 zu Art. 116 BGG
[42] BGE 104 Ia 273 Erw. 3 mit Verweisung, 105 Ia 175 Erw. b.

D. Die Regelung nach der schweizerischen Zivilprozessordnung

Wie das BGG unterscheidet die schweizerische Zivilprozessordnung nicht zwischen Ausschluss- und Ablehnungsgründen. Art. 47 Abs. 1 ZPO CH lehnt sich stark an Art. 34 Abs. 1 BGG an. An Unterschieden sind zu vermerken:

- In lit. b ist der Rechtsberater bzw. die Rechtsberaterin ersetzt durch den Rechtsbeistand bzw. die Rechtsbeiständin. Weiter sind aufgeführt Mediatorin oder Mediator.
- In lit. c ist der Ausdruck «oder (in) dauernder Lebensgemeinschaft leben» ersetzt durch die Wendung «eine faktische Lebensgemeinschaft führt».
- In lit. e ist nicht mehr von «besonderer Freundschaft» und von «persönlicher Feindschaft», sondern einfach von Freundschaft oder Feindschaft die Rede.

In Abs. 2 werden einige Funktionen aufgeführt, die ebenfalls für sich allein kein Ausstandsgrund sein sollen. Nämlich

- der Entscheid über die unentgeltliche Rechtspflege;
- die Mitwirkung beim Schlichtungsverfahren[43];
- die Mitwirkung bei der Rechtsöffnung;
- die Mitwirkung bei der Anordnung vorsorglicher Massnahmen;
- die Mitwirkung im Eheschutzverfahren.

Bedauerlich ist, dass inskünftig im kantonalen Verfahren und vor Bundesgericht zwei nicht restlos identische Ausstandsbestimmungen gelten sollen.

Nach Art. 50 Abs. 1 ZPO CH soll das Gericht, dem die abgelehnte Gerichtsperson angehört, über das Ausstandsgesuch entscheiden, wobei die betreffende Gerichtsperson, was nicht ausdrücklich gesagt ist, in Ausstand treten muss, weil sie in der Ausstandsfrage ein persönliches Interesse hat. Gegen ihren Entscheid ist die Beschwerde nach Art. 316–325 zulässig (Abs. 2), ebenso die Beschwerde in Zivilsachen an das Bundesgericht nach Art. 92 BGG. Angesichts der dadurch zu erwartenden Verzögerung wäre es zweckmässiger, direkt die kantonale Aufsichtsbehörde über ein bestrittenes Ausstandsbegehren entscheiden zu lassen.

Art. 49 Abs. 1 ZPO CH bringt einen Rückfall in die Zeit der Ablehnung von Gerichtspersonen, denn die Bestimmung will Amtshandlungen einer ausgeschlossenen Gerichtsperson nur dann wiederholen lassen, wenn dies eine Partei innert 5 Tagen

---

[43] Es handelt sich um das Verfahren nach Art. 194–207 ZPO CH. Die in der Botschaft Ziff. 5.2.3 (S. 7272 f.) vertretene Unterscheidung zwischen einfacher Schlichtungstätigkeit und solcher, die mit Beweisabnahmen oder einem Urteilsantrag verbunden ist, lässt sich nicht recht nachvollziehen. Es ist auch inkonsequent, wenn die vorherige Mediation ausdrücklich als Ausstandsgrund bezeichnet wird.

verlangt, nachdem sie vom Ausstandsgrund Kenntnis erlangt hat. Abgesehen von der Problematik bei der Feststellung dieses Zeitpunktes erweist sich eine solche Regelung als ein Fremdkörper im System.

22 Wird der Ausstandsgrund erst nach Abschluss des Verfahrens entdeckt, so gelten nach Art. 51 Abs. 3 ZPO CH die Bestimmungen über die Revision.

§ 7 Die Zuständigkeit der Gerichte

Inhaltsverzeichnis Seite

- A. Allgemeines 102
- B. Die örtliche Zuständigkeit (Gerichtsstand).. 103
  - I. Die örtliche Zuständigkeit im Allgemeinen 103
    1. Der allgemeine Gerichtsstand 103
    2. Die Behandlung von Urteilen unzuständiger Gerichte 103
    3. Prozesserledigung bei fehlender Zuständigkeit 104
  - II. Die besonderen Gerichtsstände des Gerichtsstandsgesetzes................................... 106
    1. Der Gerichtsstand am Ort der Niederlassung 106
    2. Der Gerichtsstand am Ort des Sachzusammenhanges 106
    3. Der Gerichtsstand für die Widerklage 106
    4. Der Gerichtsstand für Streitgenossen 107
    5. Der Gerichtsstand für Interventions- und Gewährleistungsklagen 107
    6. Der Gerichtsstand für Klagen aus Personenrecht 107
    7. Der Gerichtsstand für Klagen aus Familienrecht 108
    8. Der Gerichtsstand für Klagen aus Erbrecht 109
    9. Der Gerichtsstand für Klagen aus Sachenrecht 109
    10. Der Gerichtsstand für Klagen aus Obligationenrecht und verwandten Gebieten 110
    11. Der Gerichtsstand für Klagen aus Handelsrecht 112
    12. Der Gerichtsstand der Vereinbarung und die vorbehaltlose Einlassung vor dem angerufenen Gericht... 112
       - a) Die Gerichtsstandsvereinbarung... 112
       - b) Die vorbehaltlose Einlassung vor dem angerufenen Gericht 113
       - c) Einschränkungen der Zulässigkeit... 114
         - α) Fehlende sachliche Zuständigkeit des prorogierten Gerichtes 114
         - β) Fehlende Beziehung der Streitigkeit zum gewählten Gerichtsstand 114
         - γ) Zwingend vorgeschriebener Gerichtsstand 115
         - δ) Erschwerter Verzicht auf den gesetzlichen Gerichtsstand 115
       - d) Willensmängel bei Gerichtsstandsvereinbarungen............................... 116
  - III. Die besonderen Gerichtsstände für Klagen aus dem Bundesgesetz über Schuldbetreibung und Konkurs (SchKG) 116
  - IV. Die besonderen Gerichtsstände des Bundesgesetzes über das Internationale Privatrecht (IPRG) 116
    1. Anwendbarkeit des Gesetzes 116
    2. Einzelne allgemeine Bestimmungen... 117
    3. Einzelne Bestimmungen zu besonderen Rechtsverhältnissen 118
  - VI. Die besonderen Gerichtsstände des Übereinkommens über die gerichtliche Zuständigkeit und die Vollstreckung gerichtlicher Entscheidungen in Zivil- und Handelssachen vom 15. September 1988 (Lugano-Übereinkommen, LugÜ) 121
    1. Allgemeines zum Übereinkommen 121
    2. Anwendbarkeit des Übereinkommens 121
    3. Allgemeine Grundsätze 122
  - VII. Schlussbemerkungen... 131
    1. Für die Bestimmung der Zuständigkeit massgebendes Kriterium.................. 131
    2. Für die Bestimmung der Zuständigkeit massgebender Zeitpunkt 132

C. Die sachliche Zuständigkeit 132
    I. Die Bedeutung des Streitwertes 133
    II. Weitere Grundsätze 137
D. Die funktionelle Zuständigkeit 137

A. Allgemeines

1   1. Unter Zuständigkeit eines Gerichtes versteht man den ihm von der Gesetzgebung übertragenen Aufgabenbereich oder auch die Grenzen, innerhalb welcher für das Gericht die Berechtigung, aber auch die Pflicht besteht, seine Tätigkeit zu entfalten[1].

2   2. Die Zuständigkeit wird nach herrschender Lehre unter drei Gesichtspunkten beurteilt: unter dem *räumlichen,* der die Frage betrifft, für welchen örtlichen Bereich ein Gericht zuständig und wer ihm örtlich unterworfen sei; unter dem *sachlichen,* der die Frage betrifft, für welche Arten von Streitsachen ein Gericht zuständig sei (zur sachlichen Zuständigkeit gehören die Abgrenzung des Rechtsweges vom Verwaltungsweg und auch die Frage, ob eine Sache vom Einzelrichter oder vom Kollegialgericht, ob vom sogenannten ordentlichen oder vom Spezialgericht zu behandeln sei); schliesslich unter dem *funktionellen,* der die Frage betrifft, für welche Stufe richterlicher Tätigkeit ein Gericht zuständig sei[2].

3   Immer und bei allen Arten der Zuständigkeit gilt, dass – unter Vorbehalt von Rechtsmitteln – jedes Gericht, wenn sich die Frage stellt, selbständig über seine Zuständigkeit befindet. Also ist auch das in der Sache unzuständige Gericht befugt, eine Entscheidung über die Frage seiner Zuständigkeit zu fällen (sogenannte Kompetenz-Kompetenz)[3].

4   3. Hat einmal ein Gericht seine Zuständigkeit durch unangefochtenen Vorbeschluss bejaht, so kann es nicht darauf zurückkommen, es sei denn, es wäre ein anderes Gericht zwingend zuständig[4].

---

[1] GULDENER, Schweizerisches Zivilprozessrecht, 78.
[2] GULDENER, Schweizerisches Zivilprozessrecht, 79 f.
[3] Vgl. dazu CLAUDE BLUM, Forum non conveniens, Zürcher Studien zum Verfahrensrecht Bd. 43, Zürich 1979.
[4] ZR 85/1986 Nr. 121, ZR 97/1998 Nr. 85.

B. Die örtliche Zuständigkeit (Gerichtsstand)

I. Die örtliche Zuständigkeit im Allgemeinen

1. Der allgemeine Gerichtsstand

Jede natürliche und jede juristische Person hat ihren sogenannten allgemeinen Gerichtsstand[5]. Für die natürliche Person ist es anerkanntermassen der Wohnsitz[6], für die juristische der Sitz[7]. Wo ein Wohnsitz fehlt, der im Übrigen nach den bekannten Regeln des ZGB festzustellen ist, kommt nur noch der Aufenthaltsort infrage[8].

Randziffern 5 bis 10 entfallen.

2. Die Behandlung von Urteilen unzuständiger Gerichte

Solche Urteile sind nicht nichtig, sondern erwachsen in Rechtskraft, wenn sie nicht auf dem Rechtsmittelweg angefochten werden. 11

Randziffern 12 bis 15 entfallen.

Art. 81 Abs. 2 SchKG, ergangen aufgrund der seinerzeitigen Praxis zu Art. 61 aBV, lautete früher wie folgt: 16

«Handelt es sich um ein in einem anderen Kanton ergangenes vollstreckbares Urteil, so kann der Betriebene überdies die Kompetenz des Gerichtes, welches das Urteil erlassen hat, bestreiten oder die Einwendung erheben, dass er nicht regelrecht vorgeladen worden oder nicht gesetzlich vertreten gewesen sei.»

Es konnten somit gegenüber einem ausserkantonalen Urteil vom Schuldner neu zur Diskussion gestellt werden: 17

a) Zuständigkeit
b) Vorladung
c) Vertretung

Hier interessiert nur die Zuständigkeit. Gemeint sein konnte allein die *örtliche Zuständigkeit*. Auch wenn sie schon im vorangegangenen Prozessverfahren geprüft worden war und möglicherweise auf dem Rechtsmittelweg innerhalb des kantonalen Instanzenzuges des Urteilskantons überprüft worden war, wurde dadurch die erneute Aufwerfung der Frage im Zwangsvollstreckungsverfahren nicht ausgeschlossen[9]. 18

---

[5] GULDENER, Schweizerisches Zivilprozessrecht 82 ff.
[6] BV 29; GestG 3 lit. a.
[7] GestG 3 lit. b. Vgl. dazu OTTOMANN, 35 ff.
[8] GestG 4.
[9] FRITZSCHE/WALDER, I § 19 Rz 21.

Gegen die Erteilung der definitiven Rechtsöffnung war wieder die staatsrechtliche Beschwerde gemäss dem nunmehr aufgehobenen Bundesgesetz über die Bundesrechtspflege (OG) an das Bundesgericht möglich[10].

18a Mit der Revision des SchKG vom 16. Dezember 1994 ist diese Regelung geändert worden. In Art. 81 Abs. 2 wurde der Satzteil *die Kompetenz des Gerichtes, welches das Urteil erlassen hat, bestreiten,* gestrichen[11].

3. Prozesserledigung bei fehlender Zuständigkeit

19 Wenn eine Klage vom Gericht nicht materiell behandelt wird, weil es seine Zuständigkeit verneint, so stellt es fest, dass es an einer Prozessvoraussetzung fehle. Es tritt auf die Klage nicht ein. Damit ist über dieselbe in materieller Beziehung nicht entschieden; es kann eine solche Klage wieder erhoben werden (diesmal beim zuständigen Richter); sie kann aber auch wieder beim gleichen Richter erhoben werden, weil die Entscheidung über die Frage der Zuständigkeit einer sogenannten materiellen Rechtskraft nicht fähig ist[12]. Das sogenannte Nichteintreten führt zu Kosten- und Entschädigungsfolgen, eventuell (wenn etwa Klagefristen des materiellen Rechtes abgelaufen sind) zum Rechtsverlust. Unter dem Einfluss anderer Verfahrensordnungen, insbesondere auch des deutschen Rechtes, ist man dazu gelangt, die Prozessüberweisung einzuführen, d.h. die Möglichkeit, den Prozess direkt an das zuständige Gericht zu überweisen[13].

---

[10] Über die Voraussetzungen, unter denen der Schuldner Beschwerde führen konnte, vgl. AUBERT, Nr. 863.

[11] Der Grund dafür liegt darin, dass auch gemäss Art. 28 Abs. 4 LugÜ *die Zuständigkeit der Gerichte des Ursprungsstaates* vorbehältlich gewisser Ausnahmen nicht nachgeprüft werden darf. Ausserkantonale Urteile sollen nicht schwieriger vollstreckbar sein als solche aus dem europäischen Ausland. Entsprechend sagt jetzt auch Art. 37 GestG: «Bei der Anerkennung und Vollstreckung eines Entscheides darf die Zuständigkeit des Gerichts, das den Entscheid gefällt hat, nicht mehr überprüft werden.»

[12] Materielle Rechtskraft des Unzuständigkeitsentscheides befürwortet HABSCHEID (1. Aufl.) 283 und Zivilprozessrecht § 39 Rz 609, 610. Die dort abgelehnte Auffassung GULDENERS kann damit begründet werden, dass sich Abs. 1 von § 191 ZPO auf *Urteile* bezieht und Abs. 2 abschliessend die *Erledigungsbeschlüsse* aufzählt, denen materielle Rechtskraft zukommt. Erledigungsbeschlüsse wegen fehlender Zuständigkeit sind nicht dabei. Dennoch ist HABSCHEID (vgl. auch SJZ 74/1978 S. 203 f., sowie DERS., 2. Aufl., S. 307) zuzustimmen, da der Begriff «Urteil» in § 191 Abs. 1 ZPO nicht im technischen Sinne verstanden werden muss, sondern auch ein als Endentscheid ergehendes Prozessurteil umfassen kann.

[13] ZPO 112 Abs. 1. Vgl. JÜRG DUBS, Die Prozessüberweisung im zürcherischen Zivilprozessrecht unter Berücksichtigung der Regelungen anderer Kantone und des Auslandes, Zürcher Studien zum Verfahrensrecht Bd. 57, Zürich 1981. Bei Klagen, die miteinander in sachlichem Zusammenhang stehen, richtet sich gemäss Abs. 2 die Prozessüberweisung nach Art. 36 Abs. 2 GestG.

Dafür ist erforderlich:

a) dass der Kläger das von ihm (infolge besserer Belehrung) als zuständig erachtete Gericht bezeichnet,
b) dass dieses Gericht nicht offensichtlich unzuständig ist[14, 15].

Überweisungen dieser Art unterbrechen die Rechtshängigkeit nicht[16].

Beispiel 11:

A hat gegen seine Miterben B und C die Testamentungültigkeitsklage bezüglich des Erblassers E eingeleitet, und zwar, in der Meinung, dessen letzter Wohnsitz sei Richterswil gewesen, beim Bezirksgericht Horgen (Art. 519, 538 Abs. 2 ZGB). B und C erheben die Einrede der örtlichen Unzuständigkeit mit der Begründung, E habe wohl in Richterswil ein komfortables Ferienhaus besessen, wo er sich im Sommer oft aufgehalten habe. Sein Wohnsitz jedoch sei Winterthur gewesen. A beantragt, nachdem inzwischen die Verwirkungs- (nicht Verjährungs-[17])frist des Art. 521 ZGB abgelaufen ist, Verweisung an das Bezirksgericht Winterthur. Da dieses nicht offensichtlich unzuständig ist, wird dem Antrag stattgegeben.

---

[14] Trifft Letzteres zu, so stellt sich die Frage, ob dem Kläger Gelegenheit zu geben sei, ein weiteres (drittes) Gericht anzugeben. Es ist kaum einzusehen, warum nicht. Ergibt sich aber erst nach der Prozessüberweisung, dass das Gericht, an das überwiesen wurde, seinerseits unzuständig ist, so dürfte eine nochmalige Weiterverweisung nicht in Betracht kommen. Die Frage ist indessen nicht abschliessend gelöst, solange nicht die Frage der Bindung der Gerichte an Unzuständigkeitserklärungen anderer Gerichte befriedigend geregelt ist.
[15] Überweist ein ausserkantonales Gericht einen Prozess dem zuständigen zürcherischen Gericht, so entscheidet dieses, inwiefern des Verfahren zu wiederholen ist (ZPO 112 Abs. 3).
[16] ZPO 112 Abs. 4.
[17] Vgl. dazu die bei Escher N 1 zu Art. 521 ZGB zit. Zürcher Rechtsprechung sowie von Büren, SJZ 45/1949 S. 373. Das Bundesgericht hat die Fragen in BGE 86 II 344 Erw. 4 offengelassen.

II. Die besonderen Gerichtsstände des Gerichtsstandsgesetzes[18]

Mit Einführung der Schweizerischen Zivilprozessordnung wird das Gerichtsstandsgesetz aufgehoben.[19]

1. Der Gerichtsstand am Ort der Niederlassung

23 Für Klagen aus dem Betrieb einer geschäftlichen oder beruflichen Niederlassung der beklagten Partei oder einer Zweigniederlassung ist das Gericht am Wohnsitz bzw. Sitz der beklagten Partei oder am Ort der Niederlassung zuständig[20].

2. Der Gerichtsstand am Ort des Sachzusammenhanges

24 Werden bei mehreren Gerichten Klagen rechtshängig gemacht, die mit einander in sachlichem Zusammenhang stehen, so kann jedes später angerufene Gericht das Verfahren aussetzen, bis das zuerst angerufene entschieden hat[21].

Das später angerufene Gericht kann die Klage an das zuerst angerufene überweisen, wenn dieses mit der Übernahme einverstanden ist[22].

3. Der Gerichtsstand für die Widerklage

25 Beim Gericht der Hauptklage kann Widerklage erhoben werden, wenn die Widerklage mit der Hauptklage in einem sachlichen Zusammenhang steht[23]. Die Erhebung einer Widerklage setzt die Rechtshängigkeit einer Hauptklage gegen den Beklagten voraus, der sie erheben will. Allein dieser einen Person steht sie zur Verfügung, aber nur während eines ganz bestimmten Zeitraums im Laufe des Prozesses[24]. Das Gerichtsstandsgesetz verlangt zusätzlich einen sachlichen Zusammenhang (Konnexität) zwischen Klage und Widerklage.

---

[18] WALDER/GROB, Tafel 12.
[19] Anhang Art. 402 ZPO CH. Neu gelten für die örtliche Zuständigkeit die Bestimmungen Art. 9–46 der ZPO CH.
[20] GestG 5 (Art. 12 ZPO CH). Es handelt sich um einen *nicht ausschliesslichen* Gerichtsstand.
[21] GestG 36 Abs. 1.
[22] GestG 36 Abs. 2.
[23] GestG 6 Abs. 1. Der sachliche Zusammenhang wurde in einem Fall verneint, wo die Ansprüche der Parteien auf unterschiedlichen Vertragsinhalten beruhten und die Verträge zum Teil von Konzerngesellschaften der Parteien geschlossen worden waren (BGE 129 III 234 E. 4,2, 3.3). (Art. 15 Abs. 2 ZPO CH).
[24] Die Widerklage ist spätestens mit der Klageantwort zu erheben und zu begründen (ZPO 117 Satz 1), besondere Fälle vorbehalten (ZPO 117 Satz 2).

4. Der Gerichtsstand für Streitgenossen

Richtet sich eine Klage gegen mehrere Streitgenossen, so ist das für eine beklagte Partei zuständige Gericht für alle Parteien zuständig[25].

Für mehrere Ansprüche gegen eine beklagte Partei, welche in einem sachlichen Zusammenhang stehen, ist jedes Gericht zuständig, das für einen der Ansprüche zuständig ist[26].

5. Der Gerichtsstand für Interventions- und Gewährleistungsklagen

Das kantonale Recht kann für eine Interventions- und Gewährleistungsklage, insbesondere aufgrund eines Regresses des Beklagten, die Zuständigkeit des Gerichts des Hauptprozesses[27] vorsehen[28].

Gegenüber einer vorsorglich im Kanton *Thurgau* eingereichten negativen Feststellungsklage der präsumtiv gewährleistungspflichtigen Partei verneinte das Bundesgericht im Hinblick auf die im Kanton *Genf* zu erwartende Forderungsklage das rechtliche Interesse[29].

6. Der Gerichtsstand für Klagen aus Personenrecht[30]

Das Gericht am Wohnsitz oder Sitz einer der Parteien ist zuständig für:

a. Klagen aus Persönlichkeitsverletzung;
b. Begehren um Gegendarstellung;
c. Klagen auf Namensschutz und auf Anfechtung einer Namensänderung;
d. Klagen und Begehren nach Art. 15 des Bundesgesetzes über den Datenschutz[31].

---

[25] GestG 7 Abs. 1. Die nicht an ihrem ordentlichen Gerichtsstand belangte Partei kann die Zuständigkeit des angerufenen Gerichts auch gestützt auf Umstände bestreiten, aus denen sich die Unbegründetheit der Klage gegenüber dem Streitgenossen ergibt, soweit es sich dabei um mit Blick auf die gegen sie selbst gerichteten Ansprüche nicht doppelrelevante Tatsachen handelt (9. Oktober 2007, Bundesgericht, I. zivilrechtliche Abteilung, BGE 134 III 32 E. 6 = ZZZ 2007, 513 mit Bemerkungen von Eva Borla-Geier)
[26] GestG 7 Abs. 2.
[27] Realiter gibt es hier nicht Haupt- und Nebenprozess, sondern Erst- und Zweitprozess.
[28] GestG 8.
[29] 3. Februar 2005, Bundesgericht, I. Zivilabteilung, BGE 131 III 323 E. 3.
[30] GestG 12–14, (Art. 20–22 ZPO CH).
[31] GestG 12. Die klagende Partei kann die Klage also auch an ihrem Wohnsitz anbringen.

7. Der Gerichtsstand für Klagen aus Familienrecht[32]

29 Das Gericht am Wohnsitz einer der Parteien ist zwingend zuständig

a) für Eheschutzbegehren sowie für Gesuche um Änderung, Ergänzung und Aushebung angeordneter Massnahmen
b) für Klagen auf Ungültigerklärung, Scheidung oder Trennung der Ehe[33]
c) für Klagen über die güterrechtliche Auseinandersetzung[34]
d) für Klagen auf Ergänzung oder Abänderung eines Scheidungsurteils[35].

30 Das Gericht am Wohnsitz einer Partei ist im Weitern zwingend zuständig

a) für gerichtliche Massnahmen bei eingetragenen Partnerschaften
b) für Klagen auf Ungültigkeit der eingetragenen Partnerschaft
c) für gemeinsame Begehren und Klagen auf Auflösung der eingetragenen Partnerschaft
d) für Klagen auf Ergänzung oder Abänderung eines Urteils auf Auflösung der eingetragenen Partnerschaft[36].

Das Gericht am Wohnsitz einer Partei zur Zeit der Geburt beziehungsweise der Adoption oder zur Zeit der Klage ist ferner zwingend zuständig für Klagen auf Feststellung oder Anfechtung des Kindesverhältnisses[37].

Das Gericht am Wohnsitz einer Partei ist schliesslich zwingend zuständig

a) für Unterhaltsklagen der Kinder gegen ihre Eltern[38],
b) für Klagen gegen unterstützungspflichtige Verwandte[39].

---

[32] GestG 15–17, (Art. 23–27 ZPO CH).
[33] Die Zuständigkeit besteht bei Ehescheidungen in der Regel auch für die ad separatum verwiesene güterrechtliche Auseinandersetzung (BGE 111 II 402 E. 4, 112 II 291 E. 2).
[34] Vorbehalten bleibt Art. 18 GestG im Zusammenhang mit erbrechtlicher Auseinandersetzung.
[35] GestG 15. Die klagende Partei kann die Klage also auch an ihrem Wohnsitz anbringen, doch sind Gerichtsstandsvereinbarungen ausgeschlossen. Es handelt sich um einen *nicht ausschliesslichen* und gleichzeitig *zwingenden* Gerichtsstand.
[36] GestG 13a. Die klagende Partei kann die Klage also auch an ihrem Wohnsitz anbringen, doch sind Gerichtsstandsvereinbarungen ausgeschlossen. Es handelt sich um einen *nicht ausschliesslichen* und gleichzeitig *zwingenden* Gerichtsstand.
[37] GestG 16. Die klagende Partei kann die Klage also auch an ihrem Wohnsitz anbringen, doch sind Gerichtsstandsvereinbarungen ausgeschlossen. Es handelt sich um einen *nicht ausschliesslichen* und gleichzeitig *zwingenden* Gerichtsstand.
[38] GestG 17 lit. a. Die klagende Partei kann die Klage also auch an ihrem Wohnsitz anbringen, doch sind Gerichtsstandsvereinbarungen ausgeschlossen. Es handelt sich um einen *nicht ausschliesslichen* und gleichzeitig *zwingenden* Gerichtsstand. Vorbehalten bleibt die Festlegung des Unterhalts in Rahmen der Art. 15 und 16 GestG.
[39] GestG 17 lit. b. Die klagende Partei kann die Klage also auch an ihrem Wohnsitz anbringen, doch sind Gerichtsstandsvereinbarungen ausgeschlossen. Es handelt sich um einen *nicht ausschliesslichen* und gleichzeitig *zwingenden* Gerichtsstand (Art. 26 ZPO CH).

8. Der Gerichtsstand für Klagen aus Erbrecht[40]

Das Gericht am letzten Wohnsitz des Erblassers oder der Erblasserin ist zuständig für erbrechtliche Klagen sowie für Klagen über die güterrechtliche Auseinandersetzung bei Tod eines Ehegatten, eines eingetragenen Partners oder einer eingetragenen Partnerin[41].

31

9. Der Gerichtsstand für Klagen aus Sachenrecht[42]

Das Gericht am Ort, an dem ein Grundstück im Grundbuch aufgenommen ist oder aufzunehmen wäre, ist zuständig für:

32

a. dingliche Klagen[43];
b. Klagen gegen die Gemeinschaft der Stockwerkeigentümer und -eigentümerinnen[44];
c. andere Klagen, die sich auf das Grundstück beziehen, wie solche auf Übertragung von Grundeigentum oder auf Einräumung beschränkter dinglicher Rechte an Grundstücken; diese Klagen können auch beim Gericht am Wohnsitz der beklagten Partei erhoben werden[45].

Bezieht sich eine Klage auf mehrere Grundstücke, so ist das Gericht am Ort zuständig, an dem das flächenmässig grösste Grundstück liegt[46].

Für Klagen über dingliche Rechte oder über den Besitz an beweglichen Sachen und über Forderungen, die durch Faustpfand oder Retentionsrecht gesichert sind, ist das Gericht am Wohnsitz oder Sitz der beklagten Partei oder am Ort, an dem die Sache liegt, zuständig[47].

---

[40] GestG 28, (Art. 28 ZPO CH).
[41] GestG 18 Abs. 1 Satz 1. Gemäss Art. 18 Abs. 1 Satz 2 GestG können Klagen über die erbrechtliche Zuweisung eines landwirtschaftlichen Gewerbes oder Grundstückes nach Art. 11 ff. des Bundesgesetzes über das bäuerliche Bodenrecht auch am Ort der gelegenen Sache erhoben werden (Art. 28 ZPO CH).
[42] GestG 19–20 (Art. 29–30 ZPO CH).
[43] GestG 19 Abs. 1. lit. a.
[44] GestG 19 Abs. 1. lit. b.
[45] GestG 19 Abs. 1. lit. c. Diese Bestimmung begründet den Gerichtsstand am Ort des Grundbuchs für Vertragsklagen nur, wenn sie einen dinglichen Bezug aufweisen; ein solcher ist insbesondere gegeben, wenn der Entscheid über den strittigen Anspruch zu einer Grundbuchänderung führen kann (9. Oktober 2007, Bundesgericht, I. zivilrechtliche Abteilung, BGE 134 III 18 E. 2 und 3). Für Klagen gegen Personen mit Wohnsitz im Ausland gilt Art. 97 IPRG.
[46] GestG 19 Abs. 2 (Art. 28 ZPO CH).
[47] GestG 20. Es handelt sich um einen *nicht ausschliesslichen* Gerichtsstand.

§ 7 Die Zuständigkeit der Gerichte

10. Der Gerichtsstand für Klagen aus Obligationenrecht und verwandten Gebieten[48]

33 Für Klagen aus **unerlaubter Handlung** ist das Gericht am Wohnsitz oder Sitz der geschädigten Person oder der beklagten Partei oder am Handlungs- oder am Erfolgsort zuständig[49]. Dieser Gerichtsstand kommt nur zur Anwendung, wenn das Fundament der Klage in einer unerlaubten Handlung liegt; die Klage auf Leistung einer nach dem Urheberrechtsgesetz geschuldeten Leistung erfüllt diese Voraussetzung nicht[50]

34 Für Klagen aus **Motorfahrzeug- und Fahrradunfällen** ist das Gericht am Unfallort oder am Wohnsitz oder Sitz der beklagten Partei zuständig[51].

Bei **Massenschäden** ist das Gericht am Handlungsort zwingend zuständig[52].

35 Bei Streitigkeiten aus **Konsumentenverträgen**[53] ist zuständig

a. für Klagen des Konsumenten oder der Konsumentin das Gericht am Wohnsitz oder Sitz einer der Parteien[54];
b. für Klagen des Anbieters oder der Anbieterin das Gericht am Wohnsitz der beklagten Partei[55].

36 Für Klagen aus **Miete und Pacht unbeweglicher Sachen** sind die Schlichtungsbehörde und das Gericht an Ort der Sache zuständig[56].

---

[48] GestG 21–28 (Art. 31–39 ZPO CH).
[49] GestG 25. Es handelt sich um einen *nicht ausschliesslichen* Gerichtsstand.
[50] 15. Februar 2008, Bundesgericht, I. zivilrechtliche Abteilung, BGE134 III 215 E. 2.
[51] GestG 26 Abs. 1. Es handelt sich um einen *nicht ausschliesslichen* Gerichtsstand. Für Klagen gegen das nationale Versicherungsbüro gemäss Art. 74 SVG oder gegen den nationalen Garantiefonds gemäss Art. 67 SVG ist zusätzlich zum Gericht nach Abs. 1 das Gericht am Ort einer Zweigniederlassung dieser Einrichtungen zuständig (GestG 26 Abs. 2).
[52] GestG 27. Es handelt sich um einen *ausschliesslichen* und *zwingenden* Gerichtsstand. Bei ausservertraglichen Schädigungen bleibt zudem die Zuständigkeit des Strafgerichts für die Beurteilung der Zivilansprüche vorbehalten (GestG 28) (Art. 39 ZPO CH).
[53] Als Konsumentenverträge gelten Verträge über Leistungen des üblichen Verbrauchs, die für die persönlichen und familiären Verhältnisse der Konsumenten bestimmt sind und von der anderen Partei im Rahmen ihrer beruflichen oder gewerblichen Tätigkeit angeboten werden (GestG 22 Abs. 2), (Art. 32 ZPO CH).
[54] GestG 22 Abs. 1 lit. a. Auf diese Gerichtsstandsordnung kann der Konsument oder die Konsumentin nicht im Voraus oder durch Einlassung verzichten (GestG 21 Abs. 1 lit. a). Vorbehalten bleibt der Abschluss einer Gerichtsstandsvereinbarung nach Entstehung der Streitigkeit (GestG 21 Abs. 2). Es handelt sich also um eine *nicht ausschliessliche, teilzwingende* Gerichtsstandsordnung.
[55] GestG 22 Abs. 1 lit. b.
[56] GestG 23 Abs. 1. Auf diesen Gerichtsstand kann die mietende oder pachtende Partei von Wohn- oder Geschäftsräumen nicht im Voraus oder durch Einlassung verzichten (GestG 21 Abs. 1 lit. b). Vorbehalten bleibt der Abschluss einer Gerichtsstandsvereinbarung nach Entstehung der Streitigkeit (GestG 21 Abs. 2). Es handelt sich also um einen *ausschliesslichen, teilzwingenden* Gerichtsstand.

Für Klagen aus **landwirtschaftlicher Pacht** ist das Gericht am Wohnsitz der beklagten Partei oder am Ort der gepachteten Sache zuständig[57].

Für **arbeitsrechtliche Klagen** ist das Gericht am Wohnsitz oder Sitz der beklagten Partei[58] oder am Ort, an dem der Arbeitnehmer oder die Arbeitnehmerin gewöhnlich die Arbeit verrichtet[59], zuständig[60].

37

Für **Klagen** einer stellensuchenden Person, eines Arbeitnehmers oder einer Arbeitnehmerin , die sich auf das **Arbeitsvermittlungsgesetz vom 6. Oktober 1989** stützen, ist zusätzlich zum Gericht nach Art. 24 Abs. 1 das Gericht am Ort der Geschäftsniederlassung der vermittelnden oder verleihenden Person, mit welcher der Vertrag abgeschlossen wurde, zuständig[61].

Bei **vorübergehend entsandten Arbeitnehmern und Arbeitnehmerinnen** ist zusätzlich zum Gericht nach Art. 24 Abs. 1 und 2 das Gericht am Entsendeort zuständig, soweit die Klage Ansprüche aus der Zeit der Entsendung betrifft[62].

Zwischen dem Vermieter und dem Untermieter besteht ein rechtliches Sonderverhältnis, welches rechtfertigt, die daraus resultierenden Streitigkeiten ebenfalls Art. 23 Abs. 1 GestG zu unterstellen, dies insbesondere im Hinblick auf Art. 262 Abs. 3, 268 Abs. 2 und 273b Abs. 2 OR (BGE 120 II 112 zum aufgehobenen Art. 274b OR).

[57] GestG 23 Abs. 2. Auf diese Gerichtsstandsordnung kann die pachtende Partei nicht im Voraus oder durch Einlassung verzichten (GestG 21 Abs. 1 lit. c). Vorbehalten bleibt der Abschluss einer Gerichtsstandsvereinbarung nach Entstehung der Streitigkeit (GestG 21 Abs. 2). Es handelt sich um eine *ausschliessliche, teilzwingende* Gerichtsstandsordnung.

[58] Der Arbeitgeber kann gestützt auf Art. 24 Abs. 1 in Verbindung mit Art. 6 GestG auch am Ort der Niederlassung oder Zweigniederlassung eingeklagt werden (BGE 129 III E. 3.2 und 3.3).

[59] Es genügt für diesen Gerichtsstand, dass sich die Forderung aus der Tätigkeit für den Betrieb ergibt. Es kommt nicht entscheidend darauf an, ob die Betriebsstätte dem eingeklagten Arbeitgeber gehört (ZR 78/1979 Nr. 76 zum aufgehobenen Art. 343 Abs. 1 OR). Kein Arbeitsort im Sinne von Art. 24 Abs. 1 GestG liegt vor bei blossem Tätigkeitsort ohne feste Einrichtungen des Arbeitgebers (BGE 114 II 356 f. = Pra. 78/1989 Nr. 115 zum aufgehobenen Art. 343 Abs. 1 OR). Der Gerichtsstand ist auch gegeben, wenn die Arbeit für eine in Gründung befindliche Aktiengesellschaft geleistet wurde, selbst wenn der Anspruch aus Art. 645 Abs. 1 OR abgeleitet wird (6. Februar 2007, Obergericht des Kantons Zürich, I. Zivilkammer, ZR 106/2007 Nr. 45).

[60] GestG 24 Abs. 1. Auf diese Gerichtsstandsordnung kann die arbeitnehmende Partei nicht zum Voraus oder durch Einlassung verzichten (GestG 21 Abs. 1 lit. d). Vorbehalten bleibt der Abschluss einer Gerichtsstandsvereinbarung nach Entstehung der Streitigkeit (GestG 21 Abs. 2). Es handelt sich um eine *nicht ausschliessliche, teilzwingende* Gerichtsstandsordnung.

[61] GestG 24 Abs. 2. Auf diese Gerichtsstandsordnung kann die stellensuchende Partei nicht zum Voraus oder durch Einlassung verzichten (GestG 21 Abs. 1 lit. d). Vorbehalten bleibt der Abschluss einer Gerichtsstandsvereinbarung nach Entstehung der Streitigkeit (GestG 21 Abs. 2). Es handelt sich um eine *nicht ausschliessliche, teilzwingende* Gerichtsstandsordnung.

[62] GestG 24 Abs. 3. Auf diese Gerichtsstandsordnung kann die vorübergehend entsandte Partei nicht zum Voraus oder durch Einlassung verzichten (GestG 21 Abs. 1 lit. d). Vorbehalten bleibt der Abschluss einer Gerichtsstandsvereinbarung nach Entstehung der Streitigkeit (GestG 21 Abs. 2). Es handelt sich um eine *nicht ausschliessliche, teilzwingende* Gerichtsstandsordnung.

§ 7 Die Zuständigkeit der Gerichte

11. Der Gerichtsstand für Klagen aus Handelsrecht[63]

38 Für Klagen aus **gesellschaftlicher Verantwortlichkeit** ist das Gericht am Wohnsitz oder Sitz der beklagten Partei oder am Sitz der Gesellschaft zuständig[64].

Für Klagen, die sich auf das **Fusionsgesetz** stützen, ist das Gericht an einem der beteiligten Rechtsträger zuständig[65].

Für Klagen der **Anleger gegen die Fondsleitung, die Depotbank, den Vertriebsträger, den Revisions- oder Liquidationsbeauftragten, den Schätzungsexperten, die Vertretung der Anlegergemeinschaft, den Beobachter sowie gegen den Sachwalter eines Anlagefonds** ist das Gericht am Sitz der Fondsleitung zwingend zuständig[66].

Randziffern 39–46 entfallen.

12. Der Gerichtsstand der Vereinbarung und die vorbehaltlose Einlassung vor dem angerufenen Gericht[67]

a) Die Gerichtsstandsvereinbarung

47 Rechtsstreitigkeiten aus einem bestimmten Rechtsverhältnis können durch **schriftlichen Vertrag** der Parteien oder durch eine Form der Übermittlung, die den Nachweis durch Text ermöglicht, wie namentlich Telex, Telefax und E-Mail, an ein anderes als das gesetzlich zuständige Gericht gebracht werden[68]. Voraussetzung ist also ein nicht nur mündlicher Vertrag der Parteien[69]. Er ist meistens in einem anderen, materiellrechtlichen Vertrag enthalten. Der Prorogationsvertrag ist einer der wichtigsten, wenn nicht sogar der wichtigste der prozessualen Verträge. Täglich werden Hunderte solcher Gerichtsstandsklauseln abgeschlossen, von denen allerdings nur wenige wirklich aktuell werden. Oftmals finden sie sich vorgedruckt auf Bestellformularen.

---

[63] GestG 29–32 (Art. 40–45 ZPO CH).
[64] GestG 29. Es handelt sich um einen *nicht ausschliesslichen* Gerichtsstand.
[65] GestG 29a. Es handelt sich um einen *nicht ausschliesslichen* Gerichtsstand.
[66] GestG 32. Es handelt sich um einen *ausschliesslichen, zwingenden* Gerichtsstand (Art. 45 ZPO CH).
[67] GestG 9–10 (Art. 16–17 ZPO CH).
[68] GestG 9 Abs. 1 und 2. Geht aus der Vereinbarung nichts anderes hervor, so kann die Klage nur am vereinbarten Gerichtsstand angehoben werden (*ausschliessliche* Zuständigkeit, GestG 9 Abs. 1 Satz 2 und Art. 17 ZPO CH).
[69] Die für die Gerichtsstandsvereinbarung erforderliche Schriftform hat den Art. 13 bis 15 OR zu entsprechen. Wird durch die Gerichtsstandsvereinbarung nur eine Vertragspartei verpflichtet, so ist lediglich deren Erklärung formbedürftig; die andere Partei kann ihr Einverständnis auch mündlich oder konkludent kundtun (ZR 86/1987 Nr. 36). Gleichgestellt der schriftlichen Vereinbarung ist nach Art. 9 Abs. 2 lit. b GestG eine mündliche Vereinbarung mit schriftlicher Bestätigung der Parteien.

Meist werden sie im einseitigen Interesse einer Partei, z.B. des Verkäufers, abgeschlossen. Der Grossverkäufer mit weitverstreuter Kundschaft möchte nicht einen säumigen Zahler weitab an dessen Wohnort belangen müssen; deshalb lässt er ihn eine Gerichtsstandsvereinbarung unterschreiben, wonach er sich für den Prozessfall den Gerichten am Sitze des Verkäufers unterwerfe.

Infolge analoger Anwendung von Art. 179 Abs. 1 OR gehen bei Abtretung eines vertraglichen Anspruches auf einen Dritten auch die Rechte aus der Gerichtsstandsklausel auf diesen über. Eine Ausnahme ist indessen zu machen, wenn besondere Umstände gegen den Übergang sprechen, insbesondere aber, wenn die Klausel rein persönlichen Charakter hat[70]. 47a

b) Die vorbehaltlose Einlassung vor dem angerufenen Gericht

Soweit das Gesetz nichts anderes vorsieht, wird das angerufene Gericht zuständig, wenn sich die beklagte Partei **zur Sache äussert,** ohne die Einrede der Unzuständigkeit zu erheben[71]. 48

Vorbehaltlose Einlassung wird dann angenommen, wenn die beklagte Partei dem Gericht gegenüber unzweideutig den Willen bekundet hat, vorbehaltlos zur Hauptsache zu verhandeln[72]. Keine vorbehaltlose Einlassung liegt dagegen vor, wenn sie nicht vor Gericht erscheint oder auf die schriftliche Begründung der Klage nicht antwortet.

---

[70] ZR 80/1981 Nr. 69 Erw. 2 mit Zit.
[71] GestG 10 Abs. 1 (Art. 18 ZPO CH). Vorbehalten bleibt der Fall, da das Gericht seine Zuständigkeit ablehnen kann. Diese Regelung, die auch auf Art. 5 Abs. 3 IPRG und Art. 17 LugÜ verweist, verfolgt offenbar den Zweck, den Gerichten, die nach erfolgter Einlassung den Prozess bereits an die Hand genommen haben, das nachträgliche Nichteintreten zu ermöglichen. Umgekehrt hat der angerufene unzuständige Richter grundsätzlich die Beantwortung der Klage abzuwarten, da der Beklagte sich einlassen und damit die Zuständigkeit begründen könnte. Die Bestimmung kann natürlich gegenüber zwingenden bundesrechtlichen Gerichtsständen nicht zum Zuge kommen. Durch die vorbehaltlose Einlassung wird das Gericht zur Beurteilung der Klage auch unter denjenigen Gesichtspunkten zuständig, die erst mit der Replik geltend gemacht werden, solange nur die Identität der Klage gewahrt bleibt (ZR 76/1977 Nr. 24). Der Hinweis auf die Beschaffung von Unterlagen in Fristerstreckungsgesuchen stellt keine Einlassung dar. Ein Verstoss gegen Treu und Glauben könnte höchstens darin erblickt werden, wenn die beklagte Partei nachgewiesenermassen von Anfang an darauf ausgeht, die Zuständigkeit des angerufenen Gerichts schlussendlich zu bestreiten (ZR 86/1987 Nr. 4).
[72] BGE 87 I 58. Nicht genügt das blosse Erscheinen und Verhandeln vor Friedensrichter im internationalen Verhältnis vgl. Art. 6 IPRG und Art. 18 LugÜ. Voraussetzung ist das Verhandeln zur Sache ohne die Rüge der internationalen bzw. örtlichen Unzuständigkeit. Eine Prüfung der Zuständigkeit durch das Gericht erfolgt nur in jenen Fällen von Amtes wegen, wo eine Einlassung nicht erfolgen kann (nichtvermögensrechtliche Streitigkeit, zwingender Gerichtsstand).

c) Einschränkungen der Zulässigkeit

49 Gerichtsstandsklausel und vorbehaltlose Einlassung[73] sind nicht unbegrenzt zulässig, d.h., sie können wohl beliebig abgeschlossen bzw. vorgenommen werden, dürfen aber unter Umständen vom angerufenen Gericht **keine Beachtung finden**[74].

α) Fehlende sachliche Zuständigkeit des prorogierten Gerichtes

50 Die erste Einschränkung ergibt sich bereits aus dem Inhalt des Gerichtsstandsgesetzes. Dieses regelt nämlich allein die örtliche Zuständigkeit in Zivilsachen[75]. Ob auch an ein sachlich unzuständiges Gericht prorogiert werden kann, zu welchem Zeitpunkt und in welcher Form, ist eine Frage des kantonalen Gerichtsorganisationsrechts.

Beispiel 13:

51 Die in Zürich wohnhafte Klägerin K und der in Münchwilen/TG wohnhafte Beklagte B können vereinbaren, dass die Klage der K aus Persönlichkeitsverletzung vor Bezirksgericht Zürich gebracht werden soll (z.B. weil man den B in Münchwilen gut kennt und ihm die Sache peinlich ist). Selbst wenn aber B als Einzelkaufmann im Handelsregister eingetragen ist, der erforderliche Streitwert erreicht ist und die Parteien der Meinung sind, das Handelsgericht verfüge über die nötigen Fachleute zur Abklärung der Schadenshöhe, so können die Parteien ihren Streit nicht durch Vereinbarung vor das Handelsgericht des Kantons Zürich bringen, weil der Prozess aus Persönlichkeitsverletzung kein Streit ist, der sich «auf das von einer Partei betriebene Gewerbe oder auf Handelsverhältnisse überhaupt» bezieht[76].

β) Fehlende Beziehung der Streitigkeit zum gewählten Gerichtsstand

52 Zum Zweiten braucht ein vereinbartes Gericht auf eine Klage nicht einzutreten, wenn die Streitigkeit keinen genügenden örtlichen oder sachlichen Bezug zum vereinbarten Gerichtsstand aufweist[77].

---

[73] Für sie muss dasselbe gelten, weil sonst die Prozessparteien die Nichtbeachtung von Gerichtsstandsvereinbarungen umgehen könnten.

[74] Die Konkursverwaltung (und mit ihr allfällige Abtretungsgläubiger nach Art. 260 SchKG) ist nicht an eine vom Konkursiten mit einem Dritten abgeschlossene Gerichtsstandsvereinbarung gebunden (22. Dezember 2005, Handelsgericht des Kantons Zürich, ZR 106/2007 Nr. 28).

[75] GestG 1 Abs. 1

[76] GVG 62. Anders wäre es dann, wenn B als Herausgeber einer Zeitung im Handelsregister eingetragen wäre und die geltend gemachte Persönlichkeitsverletzung in dieser Zeitung begangen hätte.

[77] GestG 9 Abs. 3. Das gilt, da Art. 10 Abs. 2 GestG ausdrücklich auf diese Bestimmung hinweist, auch für den Fall der vorbehaltlosen Einlassung.

γ) Zwingend vorgeschriebener Gerichtsstand

Zu prüfen ist sodann als drittes, ob der Gerichtsstandsvereinbarung nicht ein sogenannter *zwingender Gerichtsstand* entgegenstehe. Bestimmte Prozesse können nämlich ausserhalb der Verfügungsfähigkeit der Parteien liegen. Das Ergebnis dieser Prozesse untersteht – soweit sie als Rechtsänderungen angestrebt werden (es wird z.B. die Scheidung einer Ehe begehrt) – nicht der Disposition der Parteien. Wohl kann der Kläger seine Klage zurückziehen: Man kann ihn daran so wenig hindern, als man ihn zwingen kann, eine Klage einzuleiten. Man sieht darin auch keine Gefahr, weil der bisherige Rechtszustand einfach erhalten bleibt. Nicht aber kann der Scheidungsbeklagte durch blosse Anerkennung der Scheidungsklage die Ehescheidung herbeiführen, weil das Zivilrecht das nicht will[78]. Ist das aber materiell so, dann kann auch nicht über einen Gerichtsstand verfügt werden, etwa in der Hoffnung, das Gericht, an das prorogiert werden will, werde leichter als das von Gesetzes wegen zuständige die angestrebte Rechtsänderung bewilligen. Demnach kann sich also nicht ein in Hinwil wohnhaftes Ehepaar für seinen Scheidungsprozess auf das Bezirksgericht Zürich einigen. Der hierfür vorgesehene Gerichtsstand am Wohnsitz einer der Parteien ist somit, wie das in Art. 15 Abs. 1 GestG gesagt wird, zwingend, d.h., er kann nicht durch Vereinbarung der Parteien geändert werden.

53

δ) Erschwerter Verzicht auf den gesetzlichen Gerichtsstand

Das Gerichtsstandsgesetz hat für einzelne Bereiche den Verzicht auf den gesetzlichen Gerichtsstand erschwert:

54

Es können nicht zum Voraus oder durch Einlassung gültig auf den jeweiligen Gerichtsstand gemäss Art. 22 bis 24 GestG verzichten:

- Konsument/Konsumentin
- mietende/pachtende Partei von Wohn- und Geschäftsräumen
- pachtende Partei bei landwirtschaftlichen Pachtverhältnissen
- stellensuchende oder arbeitnehmende Partei.

Zulässig ist dagegen eine Gerichtsstandsvereinbarung nach Entstehung der Streitigkeit[79].

Damit sind Gerichtsstandsklauseln in vorgedruckten Verträgen ausgeschaltet und die betreffende Partei ist auch vor den Folgen vorbehaltloser Einlassung bei einem unzuständigen Gericht geschützt. Man spricht dann von einem *teilzwingenden Gerichtsstand*.

---

[78] Es ist zwar mit dem seit 1. Januar 2000 in Kraft befindlichen Ehescheidungsrecht eine stärkere Gewichtung des Willens der Ehegatten eingetreten, doch bleibt es auch bei gemeinsamem Scheidungsbegehren Sache des Richters, sich davon zu überzeugen, dass der beidseitig Scheidungswille wirklich vorhanden ist (ZGB 111 Abs. 2).

[79] GestG 21.

Randziffern 55–61 entfallen.

d) Willensmängel bei Gerichtsstandsvereinbarungen

62 Auch Gerichtsstandsklauseln müssen analog zu den Bestimmungen des Privatrechtes angefochten werden können wegen Irrtums[80], Täuschung[81] und Furchterregung[82]. Ist der materiellrechtliche Vertrag, in dessen Zusammenhang die Gerichtsstandsklausel abgeschlossen wurde, angefochten, so schliesst das für sich allein jedoch die Gültigkeit der Gerichtsstandsklausel noch nicht aus: Es liegt im Sinn derartiger Vereinbarungen, dass das prorogierte Gericht auch über die Gültigkeit des privatrechtlichen Vertrages entscheiden soll, welcher den Parteien Anlass gegeben hat, die Klausel aufzustellen[83].

III. Die besonderen Gerichtsstände für Klagen aus dem Bundesgesetz über Schuldbetreibung und Konkurs (SchKG)

62a Diese Zuständigkeiten figurieren nicht im Gerichtsstandsgesetz und sind nach wie vor durch das SchKG geregelt[84]. Das Gerichtsstandsgesetz ist jedoch bezüglich seiner allgemeinen Bestimmungen auch in jenem Zusammenhang anzuwenden[85]. Art. 46 ZPO CH bestimmt, dass für Klagen nach SchKG sich die örtliche Zuständigkeit nach diesem Gesetze richte, sofern das SchKG keinen Gerichtsstand vorsieht.

IV. Die besonderen Gerichtsstände des Bundesgesetzes über das Internationale Privatrecht (IPRG)

1. Anwendbarkeit des Gesetzes

62b Es sind drei Grundpfeiler des IPRG zu beachten[86]. Es regelt im internationalen Verhältnis

- die Zuständigkeit schweizerischer Gerichte und Behörden;
- das anzuwendende Recht;

---

[80] OR 23–27.
[81] OR 28.
[82] OR 29 f.
[83] GULDENER, 263 f. Vgl. PAUL STUDER, Willensmängel bei Parteihandlungen im Zivilprozess unter besonderer Berücksichtigung der Zürcher Zivilprozessordnung, Diss. Zürich 1977.
[84] GestG 1 Abs. 2 lit. b bestimmt, dass jene Zuständigkeiten vorbehalten seien.
[85] Es ist nicht, wie die einschlägige *zürcherische* Verordnung sagt, «kantonales Recht».
[86] IPRG 1 lit. a–c.

- die Voraussetzungen der Anerkennung und Vollstreckung ausländischer Entscheidungen in der Schweiz[87].

Das ist allgemein und für eine Reihe von Rechtsverhältnissen immer in dieser Reihenfolge niedergelegt.

2. Einzelne allgemeine Bestimmungen

Es gelten folgende Zuständigkeiten 62c

- am Ort des **Wohnsitzes oder Sitzes** der beklagten Partei[88];
- am Ort des **genügenden Zusammenhanges** mit dem Sachverhalt, wenn zwar keine gesetzliche Zuständigkeit in der Schweiz besteht, eine Klage im Ausland aber unmöglich oder unzumutbar ist[89];
- am Ort, wo gegen die beklagte Partei für die streitige Forderung ein **Arrest** im Sinne von Art. 271 SchKG erwirkt wurde[90];
- am Ort, den eine **Gerichtsstandsvereinbarung** bezeichnet. Wenn nichts anderes darin steht, ist jede gesetzliche Zuständigkeitsregel ausgeschaltet[91];
- in vermögensrechtlichen Streitigkeiten am Ort der vorbehaltlosen Einlassung[92].

---

[87] Bei Behandlung einer Nichtigkeitsbeschwerde (vgl. dazu § 39 Rz 59–69 hiernach) ist in einem Verfahren auf Anerkennung bzw. Vollstreckbarerklärung eines ausländischen Entscheids auf die Rüge der Verletzung des IPRG einzutreten, auch wenn offen ist, ob bezüglich der gleichen vollstreckbar zu erklärenden Entscheidung auch die NYÜ anwendbar ist. Ob ein Verstoss gegen die Ausstandsregeln geheilt oder auf deren Geltendmachung verzichtet wurde, besimmt sich nach der lex fori. Die Tätigkeit desselben Richters in zwei Parallelverfahren ist nicht von Amtes wegen, sondern nur auf entsprechende Rüge hin zu behandeln (20. Mai 2005, Kassationsgericht des Kantons Zürich, ZR 104/2005 Nr. 61). Diese Entscheidung ist jedoch unter der Herrschaft von Art. 44 und 46 des aufgehobenen Bundesgesetzes über die Bundesrechtspflege (OG) ergangen, die das Verfahren auf Vollstreckbarkeit ausländischer Entscheidungen nicht als Zivilstreitigkeit definierten. Heute handelt es sich um eine der Beschwerde in Zivilsachen zugängliche Schuldbetreibungs- und Konkurssache nach Art. 72 Abs. 2 lit. a BGG.

[88] IPRG 2.

[89] IPRG 3. Zu diesem als *Notzuständigkeit* bezeichneten Gerichtsstand erging am 23. Mai 2000 ein Urteil der I. Zivilkammer des Obergerichts des Kantons Zürich, das sich mit dem genügenden Zusammenhang zur Schweiz und mit der Frage der Immunität des ins Recht gefassten ausländischen Hoheitsträgers befasste (ZR 99/2000 Nr. 112).

[90] IPRG 4.

[91] IPRG 5 Abs. 1. Wird eine Forderung zediert, geht eine Gerichtsstandsvereinbarung gestützt auf Art. 170 OR nur dann über, wenn sie einen sachlichen Charakter hat, wenn sie also nicht mit besonderer Rücksicht auf die Person des Zedenten abgeschlossen wurde (13. September 2001, Handelsgericht des Kantons Zürich, ZR 101/2002 Nr. 10).

[92] IPRG 6. Soweit lediglich Unterhaltsbeiträge im Streit liegen, im ausländischen Verfahren keine für den hiesigen Prozess relevante Litispendenz vorliegt und keine Einwendungen erhoben werden, lässt sich eine schweizerische Zuständigkeit auf Art. 18 LugÜ bzw. Art. 6 IPRG abstützen (17. März 2000, Obergericht des Kantons Zürich, ZR 100/2001 Nr. 30).

3. Einzelne Bestimmungen zu besonderen Rechtsverhältnissen

62d Es gelten folgende Zuständigkeiten:

- für Klagen, die sich auf **personenrechtliche Verhältnisse** beziehen, am Ort des Wohnsitzes der betreffenden Person[93];
- für **Klagen und Massnahmen betreffend eheliche Rechte und Pflichten** am Ort des Wohnsitzes oder gewöhnlichen Aufenthalts eines Ehegatten, eventuell am Heimatort eines derselben[94].
- für **güterrechtliche Auseinandersetzung bei Tod eines Ehegatten**: beim nach Art. 86 bis 89 (im Erbrecht) zuständigen Gericht[95];
- für **güterrechtliche Auseinandersetzung bei gerichtlicher Auflösung oder Trennung der Ehe** beim nach Art. 59 oder 60 (für Scheidung oder Trennung) zuständigen Gericht[96],
- für **güterrechtliche Auseinandersetzung in anderen Fällen**: beim nach Art. 46 oder 47 (für eheliche Rechte und Pflichten) zuständigen Gericht[97],
- für **Klagen auf Scheidung oder Trennung der Ehe** am Ort des Wohnsitzes der beklagten Partei, eventuell am Ort des Wohnsitzes der klägerischen Partei, eventuell am Heimatort der klägerischen Partei[98];
- für **Klagen auf Abänderung eines Urteils über Scheidung oder Trennung der Ehe** beim schweizerischen Gericht, welches die Scheidung ausgesprochen hat[99],
- für **Klagen auf Auflösung der eingetragenen Partnerschaft** Gleichgeschlechtlicher am Ort des Wohnsitzes der beklagten Partei, eventuell am Ort des Wohnsitzes der klägerischen Partei, eventuell am Eintragungsort der Partnerschaft[100];

---

[93] IPRG 33 Abs. 1.
[94] IPRG 46, 47. Ist im Ausland bereits ein Scheidungsprozess hängig, sind die schweizerischen Gerichte zur Anordnung von Eheschutzmassnahmen grundsätzlich nicht mehr zuständig, vorbehältlich des Umstandes, dass bereits bei Einleitung des Eheschutzverfahrens offensichtlich ist, dass ein im Ausland ergangenes Scheidungsurteil in der Schweiz nicht anerkannt werden kann (6. Dezember 2007, Bundesgericht, II. zivilrechtliche Abteilung, BGE 134 III 328 E. 3.2 und 3.3).
[95] IPRG 54 Abs. 1.
[96] IPRG 54 Abs. 1.
[97] IPRG 54 Abs. 1.
[98] IPRG 59, 60. Nach Art. 62 Abs. 1 IPRG kann das schweizerische Gericht, bei dem eine Scheidungs- oder Trennungsklage hängig ist, vorsorgliche Massnahmen treffen, sofern seine Unzuständigkeit zur Beurteilung der Klage nicht offensichtlich ist oder nicht rechtskräftig festgestellt wurde (in welch letzterem Fall allerdings auch keine Rechtshängigkeit mehr besteht). Zur Zuständigkeit mit Bezug auf sich im Ausland aufhaltende Kinder äusserte sich am 20. Juli 2004 die I. Zivilkammer des Obergerichts des Kantons Zürich in ZR 105/2006 Nr. 67.
[99] Die Gerichtsstände von Art. 50 und 60 IPRG gelten in diesem Fall nicht (6. Juli 1994, Bezirksgericht Bülach, ZR 95/1996 Nr. 7).
[100] IPRG 65a, 65b.

- für **Klagen auf Feststellung oder Anfechtung des Kindesverhältnisses** am Ort des gewöhnlichen Aufenthalts des Kindes oder am Ort des Wohnsitzes der Mutter oder des Vaters, eventuell an deren Heimatort[101];
- für **Klagen auf Anfechtung der Kindesanerkennung** beim nach Art. 66 oder 67 (für Klagen auf Anerkennung oder Anfechtung des Kindesverhältnisses) zuständigen Gericht[102];
- für **Klagen auf Anfechtung einer Adoption** beim nach Art. 66 oder 67 (für Klagen auf Anerkennung oder Anfechtung des Kindesverhältnisses) zuständigen Gericht[103];
- für **Klagen betreffend die Beziehungen zwischen Eltern und Kind, insbesondere betreffend den Unterhalt des Kindes** am Ort des gewöhnlichen Aufenthalts des Kindes oder am Ort des Wohnsitzes des beklagten Elternteils, eventuell am Ort seines gewöhnlichen Aufenthalts, eventuell am Heimatort des Kindes oder des beklagten Elternteils[104];
- für **Klagen von Behörden, die für den Unterhalt des Kindes Vorschuss geleistet haben,** beim nach Art. 79 oder 80 (für Klagen betreffend Beziehungen zwischen Eltern und Kind) zuständigen Gericht[105];
- für die **Klagen von Müttern auf Unterhalt und Ersatz der durch die Geburt des Kindes entstandenen Kosten** beim nach Art. 79 oder 80 (für Klagen betreffend Beziehungen zwischen Eltern und Kind) zuständigen Gericht[106];
- für **erbrechtliche Klagen** am Ort des letzten Wohnsitzes des Erblassers soweit nicht ausschliessliche ausländische Zuständigkeit mit Bezug auf Grundstücke gegeben ist[107];
- für **Klagen betreffend dingliche Rechte an Grundstücken in der Schweiz** am Ort der gelegenen Sache[108];
- für **Klagen betreffend dingliche Rechte an beweglichen Sachen** am Ort des Wohnsitzes, eventuell des gewöhnlichen Aufenthalts der beklagten Partei, eventuell am Ort der gelegenen Sache[109];
- für **Klagen auf Rückführung von Kulturgut** am Ort des Wohnsitzes oder Sitzes der beklagten Partei oder am Ort, an dem das Kulturgut sich befindet[110];

---

[101] IPRG 66, 67.
[102] IPRG 71 Abs. 3.
[103] IPRG 75 Abs. 2.
[104] IPRG 79, 80. Die Zuständigkeit der Gerichte zur Regelung des persönlichen Verkehrs mit einem Kind richtet sich nach Art. 1 und 4 MSÜ, diejenige zur Regelung des Kindesunterhaltes dagegen nach Art. 79 IPRG (16. März 1998, Obergericht des Kantons Zürich, I. Zivilkammer, ZR 98/1999 Nr. 9).
[105] IPRG 81 lit. a.
[106] IPRG 81 lit. b.
[107] IPRG 86.
[108] IPRG 97.
[109] IPRG 98.
[110] IPRG 99.

- für **Klagen betreffend Immaterialgüterrechte** am Ort des Wohnsitzes der beklagten Partei, eventuell am Ort, wo der Schutz beansprucht wird, bei mehreren beklagten Parteien am Ort, wo gegen eine von ihnen geklagt werden kann, eventuell (für Klagen betreffend die Gültigkeit oder die Eintragung von Immaterialgüterrechten in der Schweiz) am Ort des Geschäftssitzes des im Register eingetragenen Vertreters, eventuell am Ort des Sitzes der Registerbehörde[111];
- für **Klagen aus Vertrag** am Ort des Wohnsitzes der beklagten Partei, eventuell am Ort ihres gewöhnlichen Aufenthalts[112];
- für **Klagen aufgrund der Tätigkeit einer Niederlassung in der Schweiz** am Ort des Wohnsitzes der beklagten Partei, eventuell am Ort ihres gewöhnlichen Aufenthalts, ausserdem am Ort der Niederlassung[113];
- für **Klagen von Konsumenten nach Art. 120 Abs. 1** am Ort des Wohnsitzes oder des gewöhnlichen Aufenthalts des Konsumenten oder am Wohnsitz des Anbieters, eventuell seines gewöhnlichen Aufenthalts[114];
- für **Klagen aus Arbeitsvertrag** am Ort des Wohnsitzes der beklagten Partei oder am Ort, wo der Arbeitnehmer gewöhnlich seine Arbeit verrichtet, für den klagenden Arbeitnehmer zudem am Ort seines Wohnsitzes oder am Ort seines gewöhnlichen Aufenthalts[115];
- für **Klagen aus ungerechtfertigter Bereicherung** am Ort des Wohnsitzes der beklagten Partei, eventuell am Ort ihres gewöhnlichen Aufenthaltes oder am Ort ihrer Niederlassung[116];
- für **Klagen aus unerlaubter Handlung und aus Persönlichkeitsverletzung** am Ort des Wohnsitzes der beklagten Partei, eventuell am Ort ihres gewöhnlichen Aufenthaltes oder am Ort ihrer Niederlassung[117].

---

[111] IPRG 109. Gemäss Art. 59 MSchG (jetzt Art. 33 GestG, der zusätzlich den Vollstreckungsort zur Verfügung stellt) entspricht der Gerichtsstand für Massnahmebegehren demjenigen für die Hauptklage. Das gilt auch im internationalen Verhältnis (9. April 1996, Einzelrichter im summarischen Verfahren am Handelsgericht des Kantons Zürich, ZR 95/1996 Nr. 99).

[112] IPRG 112 Abs. 1.

[113] IPRG 112 Abs. 2.

[114] IPRG 114.

[115] IPRG 117 Abs. 1 und 2.

[116] IPRG 127.

[117] IPRG 33 Abs. 2, 129. Nach Abs. 3 dieser Bestimmung können mehrere Beklagte für Ansprüche, die sich im Wesentlichen auf die gleichen Tatsachen und Rechtsgründe stützen, bei jedem für einem von ihnen zuständigen Gericht belangt werden. Die nicht an ihrem ordentlichen Gerichtsstand belangte Partei kann indessen die Zuständigkeit des angerufenen Gerichts auch gestützt auf Umstände bestreiten, aus denen sich die Unbegründetheit der Klage gegenüber dem Streitgenossen ergibt, soweit es sich dabei um mit Blick auf die gegen sie selbst gerichteten Ansprüche nicht doppelrelevante Tatsachen handelt (9. Oktober 2007, Bundesgericht, I. zivilrechtliche Abteilung, BGE 134 III 32 E. 6 = ZZZ 2007, 513 mit Bemerkungen von Eva Borla-Geier). Vgl. auch Art. 130 und 131.

VI. Die besonderen Gerichtsstände des Übereinkommens über die gerichtliche Zuständigkeit und die Vollstreckung gerichtlicher Entscheidungen in Zivil- und Handelssachen vom 15. September 1988 (Lugano-Übereinkommen, LugÜ)

1. Allgemeines zum Übereinkommen

Das Lugano-Übereinkommen ist am 16. September 1988 (LugÜ)[118] abgeschlossen worden und ist für die Schweiz am 1. Januar 1992 in Kraft getreten.

62e

Das Übereinkommen hat eine umfassende Revision erfahren; am 30. Oktober 2007 wurde der revidierte Text seitens der Schweiz unterzeichnet; es steht dessen Ratifizierung bevor und mit seinem Inkrafttreten wird frühestens auf den 1. Januar 2011 gerechnet[119]. Das Lugano-Übereinkommen ist ein Pendant zur entsprechenden EU-Verordnung (früher Brüsseler Übereinkommen).

Der Bundesrat hat am 18. Februar 2009 die Botschaft zur Genehmigung und Umsetzung des revidierten Lugano-Übereinkommens verabschiedet[120].

Das revidierte Lugano-Übereinkommen sieht ein effizienteres Verfahren zur gegenseitigen Anerkennung und Vollstreckung von Zivil- und Handelssachen vor und enthält neue Bestimmungen, welche die Entsicherungen im elektronischen Geschäftsverkehr berücksichtigen.

Neben den 19 Vertragsstaaten, die dem bisherigen Übereinkommen angehörten, kommen auch 11 neue EU-Staaten.

Punktuell angepasst werden müssen die Schweizerische Zivilprozessordnung, das Bundesgesetz über Schuldbetreibung und Konkurs (SchKG) und das Internationale Privatrecht (IPRG).

2. Anwendbarkeit des Übereinkommens

Das Lugano-Übereinkommen ist in Zivil- und Handelssachen anzuwenden, ohne dass es auf die Art der Gerichtsbarkeit ankommt. Es erfasst insbesondere nicht Steuer- und Zollsachen sowie verwaltungsrechtliche Angelegenheiten[121]. Das LugÜ ist nicht anzuwenden auf

62f

---

[118] SR 0.276.119.
[119] DALLAFIOR/GÖTZ/STAEHELIN, 106, Anm. 2. Medienmitteilung EJPD, 18. Februar 2009. Folgende Artikel der Schweizerischen Zivilprozessordnung vom 19. Dezember 2008 müssen geändert werden: Art. 270 Abs. 1; 309 Bstb. b; Art. 327a; 340.
[120] BBl. 2009, 1777–1834.
[121] LugÜ 1 Abs. 1.

a) den Personenstand, die Rechts- und Handlungsfähigkeit sowie die gesetzliche Vertretung von natürlichen Personen, die ehelichen Güterstände, das Gebiet des Erbrechts einschliesslich des Testamentsrechts;
b) Konkurse, Vergleiche[122] und ähnliche Verfahren;
c) die soziale Sicherheit;
d) die Schiedsgerichtsbarkeit.[123]

Das LugÜ bezieht sich auf Verfahren, die in einem der (europäischen) Vertragsstaaten anhängig sind sowie auf die Anerkennung und Vollstreckung der in solchen Prozessen ergangenen Urteile in anderen Vertragsstaaten[124]. Es ist anwendbar zwischen Parteien, die in seinem Geltungsbereich Wohnsitz bzw. Sitz haben, dies ohne Rücksicht auf ihre Staatsangehörigkeit[125] sowie wenn nur eine Partei in seinem Geltungsbereich domiziliert ist[126].

3. Allgemeine Grundsätze

62g Es gilt der Gerichtsstand des **Wohnsitzes/Sitzes.** Besondere Zuständigkeiten sind nur anwendbar, wenn sie im zweiten bis sechsten Abschnitt des Übereinkommens für einzelne Rechtsverhältnisse vorgesehen sind[127].

62h In der Schweiz können Personen mit Wohnsitz (Sitz) in einem Vertragsstaat insbesondere nicht nach Art. 4 IPRG am **Arrestort** verklagt werden für die Arrestforderung[128]. Es handelt sich um einen sogenannten exorbitanten Gerichtsstand[129]

62f Das LugÜ legt entweder einen Ort der Zuständigkeit oder einen Staat der Zuständigkeit fest. In letzterem Fall bestimmt sich die örtliche Zuständigkeit nach den Gesetzen dieses Staates[130].

---

[122] Hier gemeint im Sinne eines Nachlassvertrages.
[123] LugÜ 1 Abs. 2.
[124] Angestrebt wird ein *effektiver Rechtsschutz* für den ganzen Bereich der Europäischen Union. So wurde ein Europäisches Mahnverfahren (Verordnung der EG Nr. 1896/2006) und ein Europäisches Verfahren für geringfügige Foderungen (Verordnung der EG Nr. 861/2007) eingeführt. In der neuen Fassung des Vertrages wird nicht mehr von «Vertragsstaaten» gesprochen, sondern von «durch dieses Übereinkommen gebundenen Staaten», dies, weil die Europäische Gemeinschaft (EU) ihrerseits Vertragspartei ist. Ein neuer Absatz 3 von Art. 1 LugÜ erhält die entsprechende Legaldefinition.
[125] LugÜ 1 Abs. 1. Auf Personen, die nicht dem Staat, in dem sie ihren Wohnsitz haben, angehören, sind die für Inländer massgebenden Zuständgkeitsvorschriften anzuwenden (LugÜ 2 Abs. 2).
[126] VOGEL/SPÜHLER, 102.
[127] LugÜ 3 Abs. 1.
[128] LugÜ 3 Abs. 2; im neuen Text sind die exorbitanten Gerichtsstände im Anhang I aufgeführt, auf den Art. 3 Abs. 2 verweist. Diese Gerichtsstände bleiben aber für Beklagte anwendbar, die keinen Wohnsitz in einem Vertragsstaat bzw. in einem durch das LugÜ gebundenen Staat haben (LugÜ 4 Abs. 2)
[129] Vgl. dazu BGE 120 III 93 E. 4a.
[130] LugÜ 4 Abs. 1.

Eine Person, die ihren Wohnsitz in dem Hoheitsgebiet eines Vertragsstaates[131] hat, 62j
kann in einem andern Vertragsstaat verklagt werden, wenn ein Vertag oder Ansprüche aus einem Vertrag den Gegenstand des Verfahrens bilden, vor dem Gericht des Ortes, an dem die Verpflichtung erfüllt worden ist oder zu erfüllen wäre[132]; wenn ein individueller Arbeitsvertrag oder Ansprüche aus einem individuellen Arbeitsvertrag den Gegenstand des Verfahrens bilden, vor dem Gericht des Ortes, an dem der Arbeitnehmer gewöhnlich seine Arbeit verrichtet; verrichtet der Arbeitnehmer seine Arbeit gewöhnlich nicht in ein und demselben Staat, vor dem Gericht des Ortes, an dem sich die Niederlassung befindet, die den Arbeitnehmer eingestellt hat[133].

Eine Person, die ihren Wohnsitz in dem Hoheitsgebiet eines Vertragsstaates[134] hat, 62k
kann in einem andern Vertragsstaat verklagt werden, wenn es sich um eine Unterhaltssache handelt, vor dem Gericht des Orts, an dem der Unterhaltsberechtigte seinen Wohnsitz oder seinen gewöhnlichen Aufenthalt hat, oder im Falle einer Unterhaltssache, über die im Zusammenhang mit einem Verfahren in Bezug auf den Personenstand zu entscheiden ist, vor dem nach seinem Recht für dieses Verfahren

---

[131] Neuer Text: *im Hoheitsgebiet eines durch dieses Übereinkommen gebundenen Staates.*
[132] Der neue Text kleidet diesen Satz in eine lit. a) und schliesst dann lit. b) an mit folgendem Wortlaut:
«In Sinne dieser Vorschrift – und sofern nichts anderes vereinbart worden ist – ist der Erfüllungsort der Verpflichtung
– für den Verkauf beweglicher Sachen der Ort in einem durch dieses Übereinkommen gebundenen Staat, an dem sie nach diesem Vertrag geliefert worden sind oder hätten geliefert werden müssen;
– für die Erbringung von Dienstleistungen der Ort in einem durch dieses Übereinkommen gebundenen Staat, in dem sie nach dem Vetrag erbracht worden sind oder hätten erbracht werden müssen.»
Lit c) sagt dann: *Ist Buchstabe b) nicht anwendbar, so gilt Buchstabe a).*
Die Zuständigkeit für Prozesse aus einem individuellen Arbeitsvertrag ist aus Art. 5 Nr. 1 herausgenommen und neu in Art. 18–21 LugÜ geregelt worden.
In Art. 18 Abs. 1 LugÜ (5. Abschnitt über Zuständigkeit für individuelle Arbeitsverträge heisst es: Bilden ein individueller Arbeitsvertrag oder Ansprüche aus einem individuellen Arbeitsvertrag den Gegenstand des Verfahrens, so bestimmt sich die Zuständigkeit unbeschadet des Artikels 4 und des Artikels 5 Nummer 5 nach diesem Abschnitt. Nach Art. 19 LugÜ kann ein Arbeitgeber verklagt werden entweder vor den Gerichten des Staates, in dem er seinen Wohnsitz hat, oder in einem andern durch das LugÜ gebundenen Staat vor den Gerichten des Ortes, an dem der Arbeitnehmer gewöhnlich seine Arbeit verrichtet oder zuletzt gewöhnlich verrichtet hat, oder wenn der Arbeitnehmer seine Arbeit gewöhnlich nicht in ein und demselben Staat verrichtet oder verrichtet hat, vor dem Gericht des Ortes, an dem sich die Niederlassung, die den Arbeitnehmer eingestellt hat, befindet bzw. befand. Der Arbeitnehmer demgegenüber kann vom Arbeitgeber nur vor den Gerichten des LugÜ-Vertragsstaates verklagt werden, in dessen Hoheitsgebiet er seinen Wohnsitz hat (Art. 20 Abs. 1 LugÜ).
[133] LugÜ 5 Nr. 1. Zur Auslegung eines Vertrags oder von Ansprüchen aus einem Vertrag: BGE 122 III 299.
[134] Neuer Text: *im Hoheitsgebiet eines durch dieses Übereinkommen gebundenen Staates.*

zuständigen Gericht, es sei denn, diese Zuständigkeit beruht lediglich auf der Staatsangehörigkeit einer der Parteien[135].

Eine Person, die ihren Wohnsitz in dem Hoheitsgebiet eines Vertragsstaates[136] hat, kann in einem andern Vertragsstaat verklagt werden, wenn eine unerlaubte Handlung oder eine Handlung, die einer unerlaubten Handlung gleichgestellt ist oder wenn Ansprüche aus einer solchen Handlung den Gegenstand eines Verfahrens bilden, vor dem Gericht des Ortes, an dem das schädigende Ereignis eingetreten ist[137].

Eine Person, die ihren Wohnsitz in dem Hoheitsgebiet eines Vertragsstaates[138] hat, kann in einem andern Vertragsstaat verklagt werden, wenn es sich um eine Klage auf Schadenersatz oder auf Wiederherstellung des früheren Zustands handelt, die auf eine mit Strafe bedrohte Handlung gestützt wird, vor dem Strafgericht, bei dem die öffentliche Klage erhoben ist, soweit dieses Gericht über zivilrechtliche Ansprüche erkennen kann[139].

Eine Person, die ihren Wohnsitz in dem Hoheitsgebiet eines Vertragsstaates[140] hat, kann in einem andern Vertragsstaat verklagt werden, wenn es sich um Streitigkeiten aus einem Betrieb, einer Zweigniederlassung, einer Agentur oder einer sonstigen Niederlassung handelt, vor dem Gericht des Ortes, an dem sich diese befindet[141].

62o Eine Person, die ihren Wohnsitz in dem Hoheitsgebiet eines Vertragsstaates[142] hat, kann in einem andern Vertragsstaat verklagt werden, wenn sie in ihrer Eigenschaft als Begründer, «trustee» oder Begünstigter eines «trust» in Anspruch genommen wird, der aufgrund eines Gesetzes oder durch schriftlich vorgenommenes oder schriftlich bestätigtes Rechtsgeschäft errichtet worden ist, vor den Gerichten des Vertragsstaats, in dessen Hoheitsgebiet der «trust» seinen Sitz hat[143].

62p Eine Person, die ihren Wohnsitz in dem Hoheitsgebiet eines Vertragsstaates[144] hat, kann in einem andern Vertragsstaat verklagt werden, wenn es sich um eine Streitigkeit wegen der Zahlung von Berge- und Hilfslohn handelt, der für Bergungs- oder Hilfeleistungsarbeiten gefordert wird, die zugunsten einer Ladung oder einer Frachtforderung erbracht worden sind, vor dem Gericht, in dessen Zuständigkeitsbereich diese Ladung oder die entsprechende Frachtforderung

---

[135] LugÜ 5 Nr. 2.
[136] Neuer Text: *im Hoheitsgebiet eines durch dieses Übereinkommen gebundenen Staates.*
[137] LugÜ 6 Nr. 3. Zur negativen Feststellungsklage BGE 135 III 350 E. 4c.
[138] Neuer Text: *im Hoheitsgebiet eines durch dieses Übereinkommen gebundenen Staates.*
[139] LugÜ 5 Nr. 4. Schadenersatz aus Psychotherapievertrag trotz Verjährung des Delikts, BGE 124 III 20.
[140] Neuer Text: *im Hoheitsgebiet eines durch dieses Übereinkommen gebundenen Staates.*
[141] LugÜ 5 Nr. 5.
[142] Neuer Text: *im Hoheitsgebiet eines durch dieses Übereinkommen gebundenen Staates.*
[143] LugÜ 5 Nr. 6.
[144] Neuer Text: *im Hoheitsgebiet eines durch dieses Übereinkommen gebundenen Staates.*

1. mit Arrest belegt worden ist, um die Zahlung zu gewährleisten, oder
2. mit Arrest hätte belegt werden können, jedoch dafür eine Bürgschaft oder eine andere Sicherheit geleistet worden ist;

diese Vorschrift ist nur anzuwenden, wenn behauptet wird, dass der Beklagte Rechte an der Ladung oder an der Frachtforderung hat oder zur Zeit der Bergungs- oder Hilfeleistungsarbeiten hatte[145].

Art. 6 LugÜ stellt bezüglich Personen, die in einem LugÜ-Vertragsstaat ihren Wohnsitz haben, folgende zusätzliche Gerichtsstände zur Verfügung:

62q

1. im Staat des Wohnsitz/Sitz einer beklagten Person für **Mitbeklagte**[146];
2. im Staat des Erstprozesses[147] für **Gewährleistungs- oder Interventionsklage,** es sei denn, dass diese Klage nur erhoben worden ist, um diese Person dem für sie zuständigen Gericht zu entziehen[148];
3. im Staat der Hauptklage für die konnexe **Widerklage**[149];
4. im LugÜ-Vertragsstaat der Belegenheit einer **unbeweglichen Sache,** wenn sie Gegenstand eines Vertrages bildet, für die daraus resultierende Klage[150].

Art. 7–12a[151] LugÜ (3. Abschnitt) regeln die Zuständigkeit für Versicherungssachen.

62r

Nach Art. 8 LugÜ kann der Versicherer, der seinen Wohnsitz in dem Hoheitsgebiet eines Vertragsstaates hat, verklagt werden:

2. vor den Gerichten des Staates, in dem er seinen Wohnsitz hat;
3. in einem anderen Vertragsstaat vor dem Gericht des Bezirks, in dem der Versicherungsnehmer seinen Wohnsitz hat, oder

---

[145] LugÜ 5 Nr. 7.
[146] LugÜ 6 Ziff. 1. Die nicht an ihrem ordentlichen Gerichtsstand belangte Partei kann indessen die Zuständigkeit des angerufenen Gerichts auch gestützt auf Umstände bestreiten, aus denen sich die Unbegründetheit der Klage gegenüber dem Streitgenossen ergibt, soweit es sich dabei um mit Blick auf die gegen sie selbst gerichteten Ansprüche nicht doppeltrelevante Tatsachen handelt (9. Oktober 2007, Bundesgericht, I. zivilrechhtliche Abteilung, BGE 134 III 32 E. 6 = ZZZ 2007, 513 mit Bemerkungen von Eva Borla-Geier).
Im neuen Text wird der Gerichtsstand zusätzlich an die Voraussetzung geküpft, «dass zwischen den Klagen eine so enge Beziehung gegeben ist, dass eine gemeinsame Verhandlung und Entscheidung geboten erscheint, um zu vermeiden, dass in getrennten Verfahren widersprechende Entscheidungen ergehen.» Diese subjektive Voraussetzung zu prüfen, setzt Einiges an Fähigkeiten voraus.
[147] Auch hier wird von einem Hauptprozess gesprochen, obschon der Prozess gegen den Streitberufenen durchaus kein Nebenprozess ist.
[148] LugÜ 6 Ziff. 2. Im neuen Text ist keine Änderung vorgenommen worden.
[149] LugÜ 6 Ziff. 3. Im neuen Text ist keine Änderung vorgenommen worden.
[150] LugÜ 6 Ziff. 4. Im neuen Text ist ausser der Umschreibung des LugÜ-Vertragsstaates keine Änderung vorgenommn worden
[151] Im neuen Text Art. 7–14 LugÜ.

4. falls es sich um einen Mitversicherer handelt, vor dem Gericht eines Vertragsstaates, bei dem der federführende Versicherer verklagt wird.

Hat ein Versicherer in dem Hoheitsgebiet eines LugÜ-Vertragsstaates keinen Wohnsitz, besitzt er aber in einem LugÜ-Vertragsstaat eine Zweigniederlassung, Agentur oder sonstige Niederlassung, so wird er für Streitigkeiten aus ihrem Betrieb so behandelt, wie wenn er Wohnsitz in dem Hoheitsgebiet dieses Staates hätte.

Bei der Haftpflichtversicherung oder bei der Versicherung von unbeweglichen Sachen kann der Versicherer ausserdem vor dem Gericht des Ortes, in dem das schädigende Ereignis eingetreten ist[152], verklagt werden. Das Gleiche gilt, wenn sowohl bewegliche als auch unbewegliche Sachen in ein und demselben Versicherungsvertrag versichert und von demselben Schadenfall betroffen sind.

Art. 10 LugÜ regelt das Verhältnis des Verletzten gegenüber der Haftpflichtversicherung des Verletzers.

Nach Art. 11 Abs. 1 LugÜ kann der Versicherer grundsätzlich nur vor den Gerichten des LugÜ Staats klagen, in dessen Hoheitsgebiet die beklagte Partei ihren Wohnsitz hat[153].

Art. 12 und 12a LugÜ behandelt die Vereinbarung eines abweichenden Gerichtsstandes.

62s   Art. 13–15 (4. Abschnitt) handeln von der Zuständigkeit für Verbrauchersachen.

62t   Gemäss Art. 13 Abs. 1 LugÜ bestimmt sich die Zuständigkeit für Klagen aus einem Vertrag, den eine Person zu einem Zweck abgeschlossen hat, der nicht der beruflichen oder gewerblichen Tätigkeit dieser Person (Verbraucher[154]) zugerechnet werden kann, unbeschadet des Artikels 4 und des Artikels 5 Nummer 5, nach diesem Abschnitt,

1. wenn es sich um den Kauf beweglicher Sachen auf Teilzahlung handelt;
2. wenn es sich um ein in Raten zurückzuzahlendes Darlehen oder ein anderes Kreditgeschäft handelt, das zur Finanzierung eines Kaufs derartiger Sachen bestimmt ist, oder
3. für andere Verträge, wenn sie die Erbringung einer Dienstleistung oder die Lieferung beweglicher Sachen zum Gegenstand haben, sofern

---

[152] Vorausgesetzt, dass dieser Ort in einem LugÜ-Vertragsstaat liegt.
[153] Zum Gerichtsstand bei einem Versicherungsvertrag, der von einer staatlichen Kreditversicherungsanstalt abgeschlossen wurde, vgl. BGE 124 III 398 E. 8b.
[154] Zum Begriff der Verbraucherstreitigkeit vgl. BGE 121 III 337 E. 5a, d. Darunter fallen auch Dienstleistungsverträge (BGE 121 III 340 E. 5e. Zur Verbindung von Kommissions- und Kreditgeschäften vgl. BGE 121 UIII 341 E. 5e/bb, cc, 6.

a) dem Vertragsabschluss in dem Staat des Wohnsitzes des Verbrauchers ein ausdrückliches Angebot oder eine Werbung vorausgegangen ist und
b) der Verbraucher in diesem Staat die zum Abschluss des Vertrags erforderlichen Rechtshandlungen vorgenommen hat.

Hat der Vertragspartner des Verbrauchers in dem Hoheitsgebiet eines Vertragsstaats keinen Wohnsitz, besitzt er aber in einem Vertragsstaat eine Zweigniederlassung, Agentur oder sonstige Niederlassung, so wird er für Streitigkeiten aus ihrem Betrieb so behandelt, wie wenn er seinen Wohnsitz in dem Hoheitsgebiet dieses Staates hätte[155].

Nach Art. 14 LugÜ kann die Klage eines Verbrauchers gegen den anderen Vertragspartner entweder vor den Gerichten des Vertragsstaats erhoben werden, in dessen Hoheitsgebiet dieser Vertragspartner seinen Wohnsitz hat, oder vor den Gerichten des Vertragsstaats, in dessen Hoheitsgebiet der Verbraucher seinen Wohnsitz hat. 62u

Die Klage des anderen Vertragspartners gegen den Verbraucher kann nur vor den Gerichten des Vertragsstaats erhoben werden, in dessen Hoheitsgebiet der Verbraucher seinen Wohnsitz hat.

Diese Vorschriften lassen das Recht unberührt, eine Widerklage vor dem Gericht zu erheben, bei dem die Klage selbst gemäss den Bestimmungen dieses Abschnitts anhängig ist.

In Art. 16 LugÜ sind jene Klagen zusammengestellt, für die ohne Rücksicht auf den Wohnsitz der Parteien eine ausschliessliche Zuständigkeit besteht. Es handelt sich um 62v

- Klagen, welche dingliche Rechte an unbeweglichen Sachen sowie die Miete oder Pacht von unbeweglichen Sachen zum Gegenstand haben und welche vor die Gerichte des Staat zu bringen sind, in dem die unbewegliche Sache belegen ist[156];
- Klagen, welche die Gültigkeit, die Nichtigkeit oder die Auflösung einer Gesellschaft oder juristischen Person oder der Beschlüsse ihrer Organe zum Gegenstand haben und für welche die Gerichte des LugÜ-Vertragsstaats zuständig sind, in dessen Hoheitsgebiet die Gesellschaft oder juristische Person ihren Sitz hat[157];

---

[155] LugÜ 13 Abs. 2.
[156] LugÜ 16 Ziff. 1 lit. a. Gemäss lit. b sind jedoch für Klagen betreffend die Miete oder Pacht unbeweglicher Sachen zum vorübergehenden privaten Gebrauch für höchstens sechs aufeinanderfolgende Monate auch die Gerichte des LugÜ-Vertragsstaats zuständig, in dem der Beklagte seinen Wohnsitz hat, sofern es sich bei dem Mieter oder Pächter um eine natürliche Person handelt und weder die eine noch die andere Partei ihren Wohnsitz in dem Vertragsstaat hat, in dem die unbewegliche Sache belegen ist.
[157] LugÜ 16 Ziff. 2.

§ 7 Die Zuständigkeit der Gerichte

- Klagen, welche die Gültigkeit von Eintragungen in öffentliche Register zum Gegenstand haben und für welche die Gerichte des LugÜ-Vertragsstaats zuständig sind, in dessen Hoheitsgebiet die Register geführt werden[158];
- Klagen, welche die Eintragung oder die Gültigkeit von Patenten, Warenzeichen, Mustern und Modellen sowie ähnlicher Rechte, die einer Hinterlegung oder Registrierung bedürfen, zum Gegenstand haben und für welche die Gerichte des LugÜ-Vertragsstaats zuständig sind, in dessen Hoheitsgebiet die Hinterlegung oder Registrierung beantragt oder vorgenommen worden ist oder aufgrund eines zwischenstaatlichen Übereinkommens als vorgenommen gilt[159];
- Verfahren, welche die Zwangsvollstreckung aus Entscheidungen zum Gegenstand haben und für welche die Gerichte des LugÜ-Vertragsstaates zuständig sind, in dessen Hoheitsgebiet die Zwangsvollstreckung durchgeführt werden soll oder durchgeführt worden ist[160].

62w Es ist auch die Vereinbarung eines Gerichtsstandes vorgesehen[161]. Art. 17 LugÜ lautet wörtlich[162]

«[1] Haben die Parteien, von denen mindestens eine[163] ihren Wohnsitz in dem Hoheitsgebiet eines Vertragsstaats hat, vereinbart[164], dass ein Gericht oder die Gerichte: eines Vertragsstaats[165] über eine bereits entstandene Rechtsstreitigkeit oder über eine künftige aus einem bestimmten Rechtsverhältnis entspringende Rechtsstreitigkeit entscheiden sollen, so sind dieses Gericht oder die Gerichte dieses Staates ausschliesslich zuständig[166]. Eine solche Gerichtsstandsvereinbarung muss geschlossen werden

3. schriftlich oder mündlich mit schriftlicher Bestätigung;
4. in einer Form, welche den Gepflogenheiten entspricht, die zwischen den Parteien entstanden sind, oder

---

[158] LugÜ 16 Ziff. 3.
[159] LugÜ 16 Ziff. 4. Für die Zuständigkeit zur Beurteilung einer Marke vgl. BGE 124 III 342 E. 5f, 6b.
[160] LugÜ 16 Ziff. 5. Das LugÜ ist indessen nicht anwendbar auf Verfahrensschritte der Zwangsvollstreckung, die ausserhalb der Vollstreckbarerklärung liegen (BGE 124 III 506 E. 2).
[161] LugÜ 17. Für dessen Anwendbarkeit genügt der Bezug zu **einem** Vertragsstaat (9. Januar 1996, Handelsgericht des Kantons Zürich, ZR 95/1996 Nr. 96 E. II; 11. März 1996, Arbeitsgericht Zürich, ZR 97/1998 Nr. 84, VOGEL/SPÜHLER 102).
[162] Im neuen Übereinkommen ist die Materie in Art. 23 geordnet.
[163] Vgl. BGE 119 III 393 E. 2. Für Bezug zu zwei LugÜ-Vertragsstaaten vgl. BGE 125 III 111 E. 3e.
[164] Zu den Anforderungen an eine Gerichtsstandsvereinbarung äussert sich BGE 124 III 139.
[165] Zu den Anforderungen an eine Parteivereinbarung, mit welcher der Erfüllungsort festgelegt werden soll, äussert sich BGE 122 III 251 E. 3b.
[166] Im neuen Übereinkommenstext folgen hier die Worte, *sofern die Parteien nichts anderes vereinbart haben.*

5. im internationalen Handel in einer Form, die einem Handelsbrauch entspricht, den die Parteien kennen mussten und den Parteien von Verträgen dieser Art in dem betreffenden Geschäftszweig allgemein kennen und regelmässig beachten.[167]

Wenn eine solche Vereinbarung von Parteien geschlossen wurde, die beide ihren Wohnsitz nicht im Hoheitsgebiet eines Vertragsstaates haben, so können die Gerichte der anderen Vertragsstaaten nicht entscheiden[168], es sei denn, das vereinbarte Gericht habe oder die vereinbarten Gerichte haben sich rechtskräftig für unzuständig erklärt[169].»

«² Ist in schriftlich niedergelegten ‹trust›-Bedingungen bestimmt, dass über Klagen gegen einen Begründer, ‹trustee› oder Begünstigten eines «trust» ein Gericht oder die Gerichte eines Vertragsstaats entscheiden sollen, so ist das Gericht oder sind diese Gerichte ausschliesslich zuständig, wenn es sich um Beziehungen zwischen diesen Personen oder ihre Rechte oder Pflichten im Rahmen dieses «trust» handelt[170].

³ Gerichtsstandsvereinbarungen und entsprechende Bestimmungen in «trust»-Bedingungen haben keine rechtliche Wirkung, wenn sie den Vorschriften der Artikel 12 oder 15 zuwiderlaufen oder wenn die Gerichte, deren Zuständigkeit abbedungen wird, aufgrund des Artikels 16 ausschliesslich zuständig sind[171].

⁴ Ist eine Gerichtsstandsvereinbarung nur zugunsten einer der Parteien getroffen worden, so behält diese das Recht, jedes andere Gericht anzurufen, das aufgrund dieses Übereinkommens zuständig ist.

⁵ Bei individuellen Arbeitsverträgen haben Gerichtsstandsvereinbarungen nur dann rechtliche Wirkung, wenn sie nach der Entstehung der Streitigkeit getroffen werden.»

Für einzelne Rechtsgebiete sind jedoch die dort vorgesehenen Zuständigkeiten teilzwingend. 62x

Das trifft einmal zu für Versicherungsstreitigkeiten. Dazu lautet Art. 12 LugÜ[172]: 62y

---

[167] Im neuen Übereinkommenstext folgt als Absatz 2 folgende Bestimmung: «Elektronische Übermittlungen, die eine dauerhafte Aufzeichnung der Vereinbarung ermöglichen, sind der Schriftform gleichgestellt.»
[168] Die Derogationswirkung eines Gerichtsstandsvertrages erstreckt sich grundsätzlich auch auf Massnahmen des vorsorglichen Rechtsschutzes (BGE 125 III 453 E. 3a).
[169] Diese Bestimmung wird im neuen Übereinkommenstext zu Absatz 3. Mit der Ausnahme, dass statt von Vertragsstaat von einem *durch dieses Übereinkommen gebundenen Staat* gesprochen wird, sind keine Änderungen vorgenommen worden.
[170] Dieser Absatz wird im neuen Übereinkommenstext zu Absatz 4. Mit der Ausnahme, dass bei den Worten *trust* und *trustee* die Anführungszeichen fehlen, sind keine Änderungen vorgenommen worden.
[171] Dieser Absatz wird im neuen Übereinkommenstext zu Absatz 5. An die Stelle der Artikel 12 und 15 treten die Artikel 13, 17 und 21, an die Stelle von Artikel 16 tritt Artikel 22. Sonst sind keine Änderungen vorgenommen worden.
[172] Dieser Artikel wird im neuen Übereinkommenstext zu Art. 13.

§ 7 Die Zuständigkeit der Gerichte

«Von den Vorschriften dieses Abschnitts kann im Wege der Vereinbarung nur abgewichen werden,

1. wenn die Vereinbarung nach der Entstehung der Streitigkeit getroffen wird;
2. wenn sie dem Versicherungsnehmer, Versicherten oder Begünstigten die Befugnis einräumt, andere als die in diesem Abschnitt angeführten Gerichte anzurufen;
3. wenn sie zwischen einem Versicherungsnehmer und einem Versicherer, die zum Zeitpunkt des Vertragsabschlusses ihren Wohnsitz oder gewöhnlichen Aufenthalt in demselben Vertragsstaat haben, getroffen ist, um die Zuständigkeit der Gerichte dieses Staates auch für den Fall zu begründen, dass das schädigende Ereignis im Ausland eingetreten ist, es sei denn, dass eine solche Vereinbarung nach dem Recht dieses Staates nicht zulässig ist;
4. wenn sie von einem Versicherungsnehmer abgeschlossen ist, der seinen Wohnsitz nicht in einem Vertragsstaat hat, ausgenommen soweit sie eine Versicherung, zu deren Abschluss eine gesetzliche Verpflichtung besteht, oder die Versicherung von unbeweglichen Sachen in einem Vertragsstaat betrifft, oder
5. wenn sie einen Versicherungsvertrag betrifft, soweit dieser eines oder mehrere der in Artikel 12a aufgeführten Risiken deckt[173].»

62z Ferner trifft es zu für Verbraucherstreitigkeiten. In Art. 15 LugÜ heisst es nämlich:

«Von den Vorschriften dieses Abschnitts kann im Wege der Vereinbarung nur abgewichen werden,

1. wenn die Vereinbarung nach der Entstehung der Streitigkeit getroffen wird[174];

---

[173] Bei diesen Risiken handelt es sich um:
  1. sämtliche Schäden
     a) an Seeschiffen, Anlagen vor der Küste und auf hoher See oder Luftfahrzeugen aus Gefahren, die mit ihrer Verwendung zu gewerblichen Zwecken verbunden sind,
     b) an Transportgütern, ausgenommen Reisegepäck der Passagiere, wenn diese Güter ausschliesslich oder zum Teil mit diesen Schiffen oder Luftfahrzeugen befördert werden;
  2. Haftpflicht aller Art, mit Ausnahme der Haftung für Personenschäden an Passagieren oder Schäden an deren Reisegepäck,
     a) aus der Verwendung oder dem Betrieb von Seeschiffen, Anlagen oder Luftfahrzeugen gemäss Nummer 1 Buchstabe a, es sei denn, dass nach den Rechtsvorschriften des Vertragsstaats, in dem das Luftfahrzeug eingetragen ist, Gerichtsstandsvereinbarungen für die Versicherung solcher Risiken untersagt sind,
     b) für Schäden, die durch Transportgüter während einer Beförderung im Sinne der Nummer 1 Buchstabe b verursacht werden;
  3. finanzielle Verluste im Zusammenhang mit der Verwendung oder dem Betrieb von Seeschiffen, Anlagen oder Luftfahrzeugen gemäss Nummer 1 Buchstabe a, insbesondere Fracht- oder Charterverlust;
  4. irgendein zusätzliches Risiko, das mit einem der unter den Nummern 1 bis 3 genannten Risiken in Zusammenhang steht.
[174] LugÜ 15.

2. wenn sie dem Verbraucher die Befugnis einräumt, andere als die in diesem Abschnitt angeführten Gerichte anzurufen, oder
3. wenn sie zwischen einem Verbraucher und seinem Vertragspartner getroffen ist, die zum Zeitpunkt des Vertragsabschlusses ihren Wohnsitz oder gewöhnlichen Aufenthalt in demselben Vertragsstaat haben, und die Zuständigkeit der Gerichte dieses Staates begründet, es sei denn, dass eine solche Vereinbarung nach dem Recht dieses Staates nicht zulässig ist.»

Das Übereinkommen bezeichnet entweder den für die einzelnen Klagen zuständigen Staat, in welchem Fall es an der Gesetzgebung jenes Staates liegt, das zuständige Gericht zu bezeichnen, oder aber es bezeichnet direkt das für die einzelnen Klagen zuständige Gericht[175]. Die interne Zuständigkeitsregelung ist Sache des betreffenden Staates.

VII. Schlussbemerkungen

1. Für die Bestimmung der Zuständigkeit massgebendes Kriterium

Der Gerichtsstand bestimmt sich allgemein vielfach nach der Natur des eingeklagten Anspruches. Ob ein solcher Anspruch wirklich besteht, ist vom Gericht bei Prüfung seiner örtlichen Zuständigkeit nicht zu untersuchen. Es muss genügen, dass das Bestehen eines solchen Anspruchs vom Kläger behauptet wird, denn sonst würde die Prüfung der Zuständigkeit mit derjenigen des materiellen Anspruches zusammenfallen[176].

> **Beispiel 14:**
> K erhebt gegen B Klage auf Herausgabe eines Pferdes, da dieses sein Eigentum sei. B kann nicht die Zuständigkeit des Bezirksgerichtes am Ort, wo sich das Pferd befindet (Art. 20 GestG), bestreiten mit der Begründung, er habe gutgläubig Eigentum daran erworben. Das ist gerade im Prozess am Ort der beweglichen Sache zu prüfen. Verlangt indessen K von B Herausgabe mit der Begründung, das Pferd von B gekauft zu haben, so macht er nicht Eigentum geltend, sondern einen obligatorischen Anspruch, entfällt also der Gerichtsstand von Art. 20 GestG und gehört die Klage vor den ordentlichen Gerichtsstand am Wohnsitz des B. Dagegen ist, gestützt auf § 310 Ziff. 3 ZPO, die Vollstreckung des Urteils am Ort der gelegenen Sache möglich.

---

[175] KROPHOLLER, N 3 vor Art. 2.
[176] GULDENER 106.

2. Für die Bestimmung der Zuständigkeit massgebender Zeitpunkt

66 Der Gerichtsstand bestimmt sich nach den Verhältnisse zur Zeit des Eintrittes der Rechtshängigkeit der Klage[177]. Das bedeutet, dass der einmal begründete Gerichtsstand z.B. am Wohnsitz des Beklagten oder am Ort der beweglichen Sache nicht deshalb entfällt und auf die Klage nicht einzutreten ist, weil während des Prozesses der Beklagte seinen Wohnsitz wechselt oder die streitige Sache an einen anderen Ort gebracht wird (perpetuatio fori[178]). Diese aus Gründen der Prozessökonomie getroffene Regelung bildet eine Ausnahme vom Prinzip, dass für die Entscheidung des Gerichts die tatsächlichen Verhältnisse im Zeitpunkt des Entscheides massgebend sind[179] und zwar auch hinsichtlich der Prozessvoraussetzungen[180].

C. Die sachliche Zuständigkeit

67 § 17 Abs. 1 ZPO verweist, *soweit dieses Gesetz nichts anderes bestimmt,* auf das GVG. Das bedeutet lediglich, dass im Hinblick auf das bereits in § 5 Gesagte an sich nur noch über ein wesentliches Kriterium zu sprechen ist, das bei der Bestimmung der sachlichen Zuständigkeit eine Rolle spielt, nämlich über die Bemessung des Streitwertes, dass aber auch noch einige allgemeine Grundsätze bei der Bestimmung der sachlichen Zuständigkeit aus der Zivilprozessordnung abzuleiten sind. Die Abgrenzung der Zuständigkeit der Gerichte im sachlichen Bereich wird allein im Gerichtsverfassungsgesetz vorgenommen.

---

[177] ZPO 16. Vgl. für die sachliche Zuständigkeit ZR 75/1976 Nr. 76. Verändert der Beklagte nach durchgeführtem Sühnverfahren, also vor Einreichung der Weisung, seinen Wohnsitz, so kann die am alten Wohnsitz ausgestellte Weisung beim Gericht am neuen Wohnsitz eingereicht werden (ZR 76/1977 Nr. 106).

[178] Fridolin Walther, in: Kellerhals/von Werdt/Güngerich, Vorbem. zum 5. Abschnitt des 3. Kapitels, N 45, 260.

[179] ZPO 188 Abs. 1.

[180] Vgl. dazu im Einzelnen Walder, Prozesserledigung, 7 ff.

I. Die Bedeutung des Streitwertes

Der Streitwert[181] wird für die Frage der sachlichen Zuständigkeit durch das klägerische Rechtsbegehren zur Zeit der Rechtshängigkeit[182] bestimmt[183]. Insofern gilt auch hier der Grundsatz der perpetuatio fori. Werden von einem Kläger oder Streitgenossen im gleichen Prozess mehrere Rechtsbegehren erhoben, so bestimmt sich der Streitwert nach dem Wert aller Rechtsbegehren, sofern sie sich nicht gegenseitig ausschliessen[184]. Der Streitwert einer Widerklage wird mit demjenigen der Hauptklage zusammengerechnet, soweit sich Hauptklage und Widerklage nicht gegenseitig ausschliessen[185, 186]. 68

---

[181] Für Einzelfragen der Festsetzung vgl. ZR 78/1979 Nr. 14 und 74, bei Mietstreitigkeiten § 5 Anm. 118.

[182] ZPO 18 Abs. 1. Für die Zulässigkeit von Rechtsmitteln dagegen kommt es auf die Verhältnisse zur Zeit der Fällung des angefochtenen Entscheides an (ZPO 18 Abs. 2). Die Zulässigkeit eines Rechtsmittels bestimmt sich nicht nach den Rechtsmittelanträgen; ein Rekurs gegen die Entschädigungsbestimmungen eines Erledigungsentscheides kommt daher einem solchen gegen den Entscheid selbst gleich. Daher soll es für die Rekursfähigkeit der Kosten- und Entschädigungsbestimmungen allein darauf ankommen, ob in der Hauptsache ein ordentliches Rechtsmittel zulässig ist und nicht darauf, ob diese ordentlichen Rechtsmittel – Berufung oder Rekurs – in der Hauptsache auch tatsächlich ergriffen wird (ZR 79/)1980 Nr. 140, Kassationsgericht).

[183] Zur Bezifferung des Streitwertes werden die Parteien bereits im Sühnverfahren angehalten (ZPO 95). Der Streitwert richtet sich nach dem Rechtsbegehren, nicht nach dem wirtschaftlichen Interesse (ZR 83/1984 Nr. 104).

[184] ZPO 19 Abs. 1. Prüft das Gericht im Erstreckungsverfahren auch die Gültigkeit der Kündigung und unterliegt der in der Erstreckungsklage obsiegende Kläger mit seinem Antrag bezüglich der Gültigkeit der Kündigung, so ist bei der Verteilung der Kosten und der Bemessung der Entschädigung von den Streitwerten beider Streitfragen auszugehen (ZR 82/1983 Nr. 26). Bei Haupt- und Eventualbegehren sind die einzelnen Streitwerte nicht zu addieren. Massgebend ist der höhere Betrag (16. Februar 1998, Handelsgericht des Kantons Zürich, ZR 98/1999 Nr. 41).

[185] ZPO 19 Abs. 2. Es kann auch sein, dass Haupt- und Widerklage sich gegenseitig ausschliessen, die Widerklage aber den höheren Streitwert aufweist (K verlangt Erfüllung einer Teilleistung, B erhebt demgegenüber Klage auf Feststellung des Nichtbestehens des gesamten Rechtsverhältnisses). Alsdann wird der höhere Streitwert der Widerklage massgebend sein.

[186] Auch in arbeitsrechtlichen Streitigkeiten waren bis zum 8. Juni 1990 bei der Prüfung der Frage der Zulässigkeit einer kantonalen Berufung Haupt- und Widerklage zusammenzuzählen, d.h., die Frage des Streitwertes bestimmt sich bei der Prüfung der Zulässigkeit einer kantonalen Berufung allein nach kantonalem Prozessrecht; Art. 343 Abs. 2 OR war diesbezüglich ohne Bedeutung (ZR 79/1980 Nr. 104). Die Verordnung des Regierungsrates vom 7. März 1990 erging im Anschluss an die neuen Bestimmungen über den Kündigungsschutz im Arbeitsvertrag und stützte sich auf Art. 52 SchlT ZGB, wobei sie weit über dessen Anwendungsbereich hinausschoss und § 19 ZPO einen dritten Absatz beifügte, der generell die Streitwertberechnung unter Einschluss eines Widerklagebegehrens ausschliesst. Durch die Novelle vom 24. September 1995 (OS 53 301) ist der Grundsatz übernommen worden mit der Änderung, dass aus den «Letztverbrauchern» Konsumenten und die Streitigkeiten aus Arbeitsvermittlung und Personalverleih (Art. 10 Abs. 1 und 23 Abs. 1 AVG) einbezogen wurden.

> **Beispiel 15:**
>
> 69 K klagt gegen B auf Zahlung eines Werklohnes von Fr. 70 000.–. B bestreitet die Klage mit der Begründung, der Betrag sei bereits bezahlt worden. Er erhebt Widerklage über Fr. 3000.– für von ihm an K gelieferte Ware. Es ist denkbar, dass sowohl der Forderung des K als auch derjenigen des B entsprochen wird. Sie schliessen einander nicht aus.

> **Beispiel 16:**
>
> 70 K klagt gegen B auf Feststellung, dass der zwischen ihnen abgeschlossene Vertrag über ein Gemälde zum Preis von Fr. 100 000.– wegen Grundlagenirrtums unverbindlich sei (Art. 24 Abs. 1 Ziff. 4 OR). B bestreitet die Klage und erhebt seinerseits Widerklage auf Übergabe des Gemäldes gegen Erlegung von Fr. 100 000.–. Es können nicht beide Rechtsbegehren geschützt werden; sie schliessen sich gegenseitig aus. Streitwert ist entweder der Wert des Gemäldes oder der Kaufpreis, aber es findet keine Summierung statt. (Die Frage, ob angesichts der erhobenen Widerklage das Feststellungsinteresse bezüglich der Hauptklage dahinfalle, ändert nicht daran, dass zwei Rechtsbegehren anhängig sind.)

Randziffer 70a entfällt.

70b Es ist also festzuhalten, dass sich Art. 343 Abs. 2 OR nur mit den Auswirkungen der Widerklage auf einfache und rasche Verfahren befasst, § 19 Abs. 3 ZPO das Prinzip indessen auf sämtliche Fragen ausgedehnt hat, in welchen die Zusammenrechnung der Streitwerte von Haupt- und Widerklage eine Rolle spielen kann: Zuständigkeit, Überweisung an ein anderes Gericht[187], Recht auf Stellvertretung[188], Mündlichkeit oder Schriftlichkeit des Prozesses, Höhe der Prozessentschädigung[189].

71 Die Berücksichtigung des Streitwertes der Widerklage für die Frage der sachlichen Zuständigkeit erfolgt nicht nur, wenn diese (zufolge Erhebung bereits im Sühnverfahren) zusammen mit der Hauptklage rechtshängig wird[190], sondern auch bei späterer Erhebung: Der Prozess wird also zufolge Veränderung der sachlichen Zuständigkeit von Amts wegen dem zuständigen Gericht zur Weiterführung überwiesen[191]. Insofern ist also der Grundsatz der perpetuatio fori durchbrochen. Bei der Bestimmung des Streitwertes werden Zinsen, Früchte, Kosten, Vorbehalte, Begehren um Urteilspub-

---

[187] Vgl. unten Rz 71.
[188] AnwG 1 Abs. 2.
[189] Vgl. ZR 91/92 (1992/93) Nr. 85.
[190] ZPO 102 Abs. 2.
[191] ZPO 60 Abs. 1 zweiter Satz.

likation und dergleichen nicht berücksichtigt, soweit sie neben dem Hauptbegehren geltend gemacht werden[192].

Werden periodisch wiederkehrende Leistungen oder Nutzungen gefordert und bezieht sich der Rechtsstreit auf die Leistungspflicht oder das Nutzungsrecht überhaupt, so gilt als Streitwert der Kapitalwert. Bei ungewisser oder unbeschränkter Dauer gilt als Kapitalwert in der Regel der zwanzigfache Betrag der einjährigen Leistung oder Nutzung, bei Leibrenten jedoch der Barwert[193]. 72

Geht die Klage nicht auf Geldzahlung, so ist der Wert massgebend, welchen die Parteien dem Streitgegenstand übereinstimmend beilegen. Sind sie nicht einig, so bestimmt das Gericht den Streitwert nach freiem Ermessen. In der Regel ist der höhere Betrag massgebend[194]. 73

Ist die Sicherstellung einer Forderung oder ein Pfandrecht Gegenstand des Streites, so gilt als Streitwert der Betrag der Forderung oder der Wert des Pfandes, wenn dieser geringer ist[195]. Dienstbarkeiten und Eigentumsbeschränkungen an Grundstücken wird der Wert beigelegt, den sie für den Berechtigten oder das berechtigte Grundstück haben. Der Wertverlust des belasteten Grundstückes gilt als Streitwert, wenn er grösser ist[196]. Für den Streitwert der Kollokationsklage ist das mutmassliche Konkursbetreffnis massgebend[197]. 74

Beim Gericht der Hauptsache können auch Nebenbegehren geltend gemacht werden, die als selbständige Klagen nicht in seine Zuständigkeit fallen würden, sofern sie mit der Hauptsache in engem Zusammenhang stehen[198]. 75

---

[192] ZPO 20; BGG 51 Abs. 3; ZPO CH 91 Abs. 1 Satz 2.
[193] ZPO 21; BGG 51 Abs. 4; ZPO CH 91 Abs. 2.
[194] ZPO 22.
[195] ZPO 23. Im Widerspruchsverfahren entspricht der Streitwert dem Schätzungswert des angesprochenen Objekts, sofern dieser die Forderung des den Drittanspruch bestreitenden Gläubigers nicht übersteigt; andernfalls ist die Höhe der Forderung ausschlaggebend (ZR 77/1978 Nr. 46 Erw. 4).
[196] ZPO 24. Anwendung auf §§ 170 ff. EG z. ZGB (ZR 87/1988 Nr. 132).
[197] ZR 79/1980 Nr. 22. Vgl. aber auch ZR 77/1978 Nr. 99. Bei gerichtlicher Hinterlegung eines Konkursverlustscheines darf nicht dessen Nominalwert als Streitwert herangezogen werden. Der Streitwert ist vielmehr auf höchstens 5% des im Verlustschein anerkannten Forderungsbetrages festzusetzen (ZR 79/1980 Nr. 8). Für die Berechnung des Streitwertes der Arrestaufhebungsklage ist in erster Linie die durch den Arrest gesicherte Forderung massgebend, allenfalls der Wert der Arrestobjekte, wenn er geringer als die Arrestforderung ist (ZR 84/1985 Nr. 44 unter Hinweis auf ZR 60/1961 Nr. 1). Für die ab 1. Januar 1997 an die Stelle der Arrestaufhebungsklage tretende Arresteinsprache ist noch offen, ob die Kosten- und Entschädigungsregelung in der GebV SchKG normiert wird.
[198] ZPO 25. Ein Sachzusammenhang im Sinne dieser Bestimmung ist stets gegeben, wenn neben einem Hauptbegehren, das einer Spezialgerichtsbarkeit untersteht, aus demselben Lebensvorgang ein weiterer Anspruch erhoben wird, der im Verhältnis zum Hauptbegehren von untergeordneter Bedeutung ist, wobei der weitere Anspruch auch widerklageweise erhoben werden kann (ZR 79/1980 Nr. 90). Dagegen genügt ein faktisches Geschäftsverhältnis allein nicht, um für alle daraus

> **Beispiel 17:**
>
> 76 K klagt gegen B auf Nichtigerklärung eines Patentes. Ohne Rücksicht auf den Streitwert ist das Handelsgericht dafür zuständig (GVG 61 Abs. 1 Ziff. 1). K hat jedoch B für Benützung des Patentes bereits Fr. 7000.– an Lizenzgebühren bezahlt und fordert sie nun zurück. Dafür wäre das Handelsgericht mangels Erreichen eines Streitwertes von Fr. 30 000.– nicht zuständig (GVG 62). ZPO 25 ermöglicht es aber, die Klage zusammen mit der Klage auf Nichtigerklärung doch vor Handelsgericht zu bringen.

> **Beispiel 17a:**
>
> 77 K hat vor Arbeitsgericht Lohnansprüche geltend gemacht. B verlangt widerklageweise Schadenersatz wegen unsorgfältiger Behandlung einer Dienstwohnung, wofür an sich das Mietgericht zuständig wäre (§ 18 Abs. 1 GVG). Die Zuständigkeit des Arbeitsgerichtes auch hiefür kann aus § 25 ZPO hergeleitet werden. (Andernfalls wäre zuerst ein Entscheid im Sinne von § 17 Abs. 2 ZPO zu erwirken.)

78 Richterliche Vereinigung und Trennung von Prozessen verändern die Zuständigkeit[199] nicht[200].

79 Wurde ein zu hoher Streitwert angenommen und ergibt sich deshalb noch vor Abschluss des Hauptverfahrens die Unzuständigkeit des Gerichtes, so wird der Prozess von Amts wegen dem zuständigen Gericht zur Weiterführung überwiesen[201].

---

fliessenden Forderungen ohne Rücksicht auf das zugrunde liegende konkrete Rechtsgeschäft einen engen Zusammenhang im Sinne von § 25 ZPO zu begründen (ZR 80/1981 Nr. 62).

[199] … und die Zulässigkeit von Rechtsmitteln.
[200] ZPO 26.
[201] ZPO 22 Abs. 3. Vgl. auch ZPO 112 und ZR 107/2008 Nr. 34 bei sachlicher Unzuständigkeit. Auf die Klage, für die ein Bezirksgericht zuständig war, wurde nicht eingetreten. Ob eine Prozessüberweisung im Sinne von § 112 Abs. 1 ZPO stattfand, geht aus dem Entscheid nicht hervor. Möglicherweise bestand kein klägerischer Antrag. Das GestG sieht die Prozessüberweisung nur für den Fall des Sachzusammenhangs vor, schliesst sie jedoch für andere Fälle auch nicht aus. Der Entwurf für die Schweizerische Zivilprozessordnung beschränkt die Prozessüberweisung in Art. 125 ebenfalls auf den Sachzusammenhang; sie wird also im Falle gewöhnlicher Unzuständigkeit des angerufenen Gerichts nicht mehr Platz greifen können. Die allgemeine Prozessüberweisung im Sinne etwa der zürcherischen enthält der Entwurf zur schweizerischen ZPO nicht, wie es heisst, um die Gerichte nicht über Gebühr zu belasten (STAEHELIN / STAEHELIN / GROLIMUND, § 12 Rz 5)

II. Weitere Grundsätze[202]

1. Es ist dem Kläger nicht verwehrt, seine Klage auf einen Teilanspruch zu beschränken, auch wenn er dadurch eine andere Zuständigkeit begründet, als sie durch gesamthafte Einklagung seines Anspruches gegeben wäre[203]. Das ergibt sich u.a. aus § 61 Abs. 1 ZPO. Doch kann der Beklagte durch Erhebung einer negativen Feststellungsklage über den Gesamtanspruch erreichen, dass der Prozess doch von der für den gesamten Anspruch zuständigen Instanz zu entscheiden ist[204].   80

2. Ein einheitliches Rechtsbegehren, das auf verschiedene Rechtsgründe, z.B. Markenrecht und Persönlichkeitsschutz, gestützt wird, darf der Richter nicht in zwei Klagen zerlegen, die zum sachlichen Zuständigkeitsbereich verschiedener Gerichte gehören[205].   81

3. Seine sachliche Zuständigkeit hat das Gericht an sich von Amts wegen zu prüfen, doch sind die Möglichkeiten vorbehaltloser Einlassung im Einzelfalle zahlreich[206].   82

Der Beklagte, der die Einrede der Unzuständigkeit erhebt, hat keinen Anspruch darauf, zur Stellungnahme des Klägers zur Einrede nochmals Stellung zu nehmen[207].   82a

D. Die funktionelle Zuständigkeit

Sie umschreibt die Tätigkeit, welche die Gerichte der verschiedenen Stufen in einem Prozess zu entfalten haben, und welcher Aufgabenkreis innerhalb eines Gerichtes dem Kollegium, dem Präsidenten oder Einzelrichter, allenfalls auch dem Gerichtsschreiber bzw. Generalsekretär übertragen ist. Ihre Behandlung ist im Allgemeinen die gleiche wie bei der sachlichen Zuständigkeit.   83

---

[202] Vgl. auch oben § 5 Rz 10–12.
[203] FRANK/STRÄULI/MESSMER N 6 zu § 17 ZPO.
[204] FRANK/STRÄULI/MESSMER N 6 zu § 17 ZPO.
[205] FRANK/STRÄULI/MESSMER N 7 zu § 17 ZPO.
[206] GVG 13 Abs. 4, 18 Abs. 5, ZPO 17 Abs. 2.
[207] 15. November 1995, Handelsgericht des Kantons Zürich, ZR 95/1996 Nr. 47, E. II.

Zweiter Abschnitt

Von den Prozessparteien

§ 8 Die Parteifähigkeit[1, 2]

Der Zivilprozess kennt verschiedene Kategorien von Teilnehmen. Vor dem Gericht spielt sich der Prozess ab; er ist zu leiten und in der streitigen Sache ist das Urteil zu fällen. Das ist aber erst dann notwendig und auch erst dann möglich, wenn vor ihm *Parteien* erscheinen. Aus der Natur der Sache heraus ist der Zivilprozess ein *Zweiparteienstreit*. Auch wo mehr als zwei Personen am Prozess beteiligt sind, werden sie sich – in irgendeiner Form – auf die eine oder andere von zwei Seiten stellen müssen[3]. Vorerst aber muss man wissen, was es überhaupt braucht, um als Partei im zivilprozessualen Sinne gelten zu können. Parteien sind diejenigen Personen, von welchen oder gegen welche der Rechtsschutz unter ihrem eigenen Namen verlangt wird[4]. Eine Partei kann selbstständig Prozesse führen, soweit sie handlungsfähig ist[5]. Besteht indessen Rechtsfähigkeit[6, 7], so besteht auch Parteifähigkeit; die betreffende Person kann im Prozess Partei sein. *Handlungsfähigkeit*[8, 9] ist dann erst Voraussetzung dafür, dass sie selbst ihre Rechte gerichtlich geltend machen kann, also Voraussetzung für die Prozessfähigkeit. Diese Begriffe sind streng voneinander zu trennen. Parteifähigkeit sind also einmal alle natürlichen und juristischen Personen. Sie müssen klagen und belangt werden können. Ausser den bekannten natürlichen und juristischen Personen (darunter der *Verein*[10], die *Stiftung*[11, 12], die *Aktiengesell-* 1

---

[1] Parteifähig ist, wer a) rechtsfähig ist; oder b) von Bundesrechts wegen als Partei auftreten kann (Art. 66 ZPO CH).
[2] WALDER/GROB, Tafel 16.
[3] Vgl. aber auch den Sonderfall von § 41 ZPO, der eine zweite Frontstellung innerhalb des Prozesses ermöglicht (interne Aufteilung unter den Streitgenossen).
[4] GULDENER, Schweizerisches Zivilprozessrecht, 124.
[5] ZPO 27.
[6] ZGB 11.
[7] BGE 129 I 302: ZGB 11 und 31 Abs. 1: Ein Toter ist nicht parteifähig. Hingegen können die Angehörigen im Namen des Verstorbenen gewisse Rechte geltend machen (z.B. Gerichtliche Überprüfung einer Anordnung der Obduktion).
[8] ZGB 12.
[9] ZGB 133 Abs. 1. Berechtigung zur Geltendmachung der Unterhaltsbeiträge des Kindes im Scheidungsprozess. Der Elternteil, dem im Scheidungsprozess die elterliche Sorge zuerkannt worden ist, macht in seinem Namen und anstelle des unmündigen Kindes die diesem geschuldeten Unterhaltsbeiträge geltend. Wenn das Kind im Laufe des Verfahrens mündig wird, dauert diese Befugnis des Elternteils (Prozessstandschaft) für die Beiträge nach Erreichen der Mündigkeit fort, sofern das nun mündige Kind dem zustimmt (BGE 129 III 55 E. 3).
[10] ZGB 60 ff.
[11] ZGB 80 ff.
[12] BGE 129 V 29 Prozessfähigkeit einer öffentlich-rechtlichen Vorsorgestiftung ohne juristische Persönlichkeit (Frage offengelassen).

§ 8   Die Parteifähigkeit

schaft[13], die *Kommanditaktiengesellschaft*[14], die *Gesellschaft mit beschränkter Haftung*[15], die *Genossenschaft*[16], der *Staat*[17], die *Gemeinden*[18] und *öffentlich-rechtliche Korporationen*[19]) gibt es noch Gebilde, deren zivilrechtlicher Status nicht endgültig geklärt ist, die aber dennoch Partei sein können: Dazu gehören die Gesellschaften, denen nach verbreiteter Lehre keine Rechtspersönlichkeit zukommt, die aber unter eigener Firma Rechte erwerben und vor Gericht verklagt werden können: die *Kollektivgesellschaft*[20] und die *Kommanditgesellschaft*[21]. Wenn sie unter ihrer Firma vor Gericht auftreten, so nehmen sie damit allerdings nur scheinbar die Parteifähigkeit in Anspruch. Ihre Firma ist nur das Schild, der Name, unter dem sie vor Gericht auftreten. Parteien sind im Grunde genommen die einzelnen Gesellschafter dieser Gebilde, auch wenn sie im Rubrum nicht einzeln aufgeführt werden, sondern dort nur der Name der Gesellschaft erscheint.

2   Dennoch kann gegen die Kollektiv- oder Kommanditgesellschaft an ihrem Sitz geklagt werden, selbst wenn kein einziger Gesellschafter dort seinen Wohnsitz hat[22]. Es ist auch nicht etwa so, dass die Gesellschaft nur als Vertreterin ihrer Gesellschafter den Prozess führen würde; sie wird vielmehr selber als Partei anerkannt, ist selber parteifähig. Wenn also z.B. in der Person eines oder mehrerer Gesellschafter ein Kautionsgrund gegeben ist[23], so darf dieser nicht einfach der Gesellschaft zugerechnet werden.

3   Sodann werden als parteifähige Gebilde, obwohl sie weder natürliche noch juristische Personen sind, angesehen: die *Konkursmasse*[24], die *Liquidationsmasse* im Falle des Nachlassvertrages mit Vermögensabtretung[25] und das *Erbschaftsvermögen* im

---

[13]   OR 620 ff.
[14]   OR 764 ff.
[15]   OR 772 ff.
[16]   OR 828 ff.
[17]   Bund und Kantone, vgl. dazu ULRICH HÄFELIN, Die Rechtspersönlichkeit des Staates, Zürich 1959.
[18]   Politische, Schul- und Kirchgemeinden. Zivilgemeinden haben im Kanton Zürich keine grosse Bedeutung mehr. «Sie können nur innerhalb der politischen Gemeinden gebildet werden und ihr Aufgabenkreis wird weitgehend durch diese bestimmt» (RICO JAGMETTI, ZSR 1972 II 269). Ein «Pfarramt» kann nicht als Partei auftreten, ebenso wenig ein Notariat.
[19]   Über Arten und Aufgaben vgl. HANS RUDOLF SCHWARZENBACH, Die Staats- und Beamtenhaftung in der Schweiz, 2. Aufl., Zürich 1985.
[20]   OR 562. Vgl. dazu ARTHUR MEIER-HAYOZ/PETER FORSTMOSER, Schweizerisches Gesellschaftsrecht, 8. Aufl., Bern 1998, § 13; ZR 58/1959 Nr. 58.
[21]   OR 602.
[22]   In der Regel werden sich daselbst immerhin Geschäftsräume befinden.
[23]   ZPO 73. Bei notwendiger Streitgenossenschaft ist nur dann Kaution zu leisten, wenn die Kautionsgründe bei allen Streitgenossen vorliegen (ZPO 77).
[24]   SchKG 197.
[25]   Vgl. SchKG 319; FRITZSCHE/WALDER, II § 77. Parteifähig ist allein die Liquidationsmasse, weshalb nicht der Liquidator im Prozess als Partei aufzutreten hat. Er ist nur Vertreter der Masse (ZR 78/1979 Nr. 28).

Falle der amtlichen Liquidation[26]. Nach GULDENER[27] verhält es sich in diesen Fällen nicht wesentlich anders als bei der Parteifähigkeit der Kollektiv- und Kommanditgesellschaft. Weder im Falle des Konkurses noch im Falle des Nachlassvertrages mit Vermögensabtretung hört der Schuldner vor der Verwertung auf, Eigentümer seines die Masse bildenden Vermögens zu sein. Entzogen ist ihm nur die Verfügungsmacht über sein Vermögen, welche auf die Konkurs- bzw. Liquidationsorgane übergeht. Diese Organe haben mit Bezug auf die Masse die Stellung eines gesetzlichen Vertreters des Schuldners, wobei sie gleichzeitig die Belange der Gläubiger wahrzunehmen haben. Der Interessengegensatz zwischen Gläubigern und Schuldner steht aber einer solchen Auffassung im Wege. Was die Gläubiger anlässlich der zweiten Gläubigerversammlung beschließen, entspringt nicht ihrer Sorge um das Vermögen des Schuldners, sondern dem Bestreben nach Erhaltung und Vermehrung des ihnen zur Befriedigung ihrer Ansprüche dienenden Vollstreckungssubstrates. Die Konkursmasse ist deshalb weder eine Einzelperson (Schuldner) noch eine Mehrheit von Personen (Gläubiger), sondern ein durch die Konkurseröffnung selbständig gewordener, vom Schuldner (der ja Eigentum behalten und neu erwerben kann, das nicht zur Konkursmasse gehört) losgelöster Vermögenskomplex sui generis. Das ergibt sich plastisch, wenn man an den Schluss des Konkursverfahrens denkt: Es wird nicht der Schuldner wieder in die Verfügungsgewalt über sein (inzwischen verwertetes) Vermögen eingesetzt, sondern die Konkursmasse als solche erlischt, der Schuldner erhält allenfalls einen nach Verteilung des Erlöses verbleibenden Überschuss, allerdings selten genug. Die Konkursmasse ist nicht ein Zustand einer Person, sondern eine Gesamtheit von Sachen, welche durch Organe verwaltet wird. Bei der konkursamtlichen Nachlassliquidation ist ohnehin niemand da, von dem man sagen könnte, er werde gesetzlich vertreten (der Erblasser nicht, weil er gestorben ist; die Erben nicht, weil sie ausgeschlagen haben und keine Konkursiten sind)[28].

Gegen die vorliegende Auffassung scheint der Konkurs juristischer Personen zu sprechen, die kein Eigenleben neben der Konkursmasse führen können, sodass eben doch z.B. die Aktiengesellschaft, vertreten durch ihre Gläubiger, der Konkursmasse der Aktiengesellschaft gleichgesetzt werden könnte. Freilich hört die Aktiengesellschaft nicht schon mit Konkurseröffnung auf zu bestehen[29]; was aber bleibt, ist ein willenloses Gebilde, das – im Unterschied zur konkursiten natürlichen Person – kei-

4

---

[26] Hier handelt es sich um ein Sondervermögen, das seine Existenz einem bestimmten Zweck verdankt. «Die moderne Gesetzgebung ist gezwungen, an verschiedenen Punkten solche Sondervermögen anzuerkennen; gemeinsam ist allen, dass sie nur so lange akzeptiert werden, bis der Zweck erfüllt ist, so z.B. die Konkursmasse» (ESCHER, N 1 zu Art. 596 ZGB, 329).
[27] Schweizerisches Zivilprozessrecht, 114.
[28] Vgl. dazu ERICH BÜRGI, in: BlSchKG 12/1948, 97 f.
[29] PETER FORSTMOSER / ARTHUR MEIER-HAYOZ, Einführung in das schweizerische Aktienrecht, 3. Aufl., Zürich 1983, § 40 N 7.

§ 8   Die Parteifähigkeit

ner Verfügung ohne Vertretung durch konkursrechtliche Organe fähig ist und das man zu Recht einfach Konkursmasse nennt.

5   Nicht parteifähig ist die *einfache Gesellschaft*[30]. Partei sind immer die Gesellschafter unter Bildung einer Streitgenossenschaft[31].

6   Ist eine Einzelfirma Prozesspartei, so ist ihr Inhaber als Partei aufzuführen[32].

7   Aus besonderen, im materiellen Recht liegenden Gründen wird Parteifähigkeit zuerkannt dem *Verwaltungsrat* einer Aktiengesellschaft[33], oder der *Verwaltung* einer Genossenschaft[34], um diese Organe in die Lage zu setzen, Beschlüsse der Generalversammlung oder einer Urabstimmung der Genossenschafter, die gegen das Gesetz oder die Statuten verstossen, mit Klage (gegen die Gesellschaft bzw. Genossenschaft – nicht gegen die Generalversammlung!) anzufechten. Ferner ist (im Rahmen der ihr obliegenden gemeinschaftlichen Verwaltungsaufgaben) parteifähig, gestützt auf Art. 712 1 Abs. 2 ZGB, die *Gemeinschaft der Stockwerkeigentümer*[35].

8   Die Parteifähigkeit ist Prozessvoraussetzung. Fehlt sie von Anfang an, so ist auf die Klage nicht einzutreten[36]. Fällt sie während des Prozesses darin[37], so ist die Klage als gegenstandslos abzuschreiben[38]. Die Parteifähigkeit wird von Amts wegen geprüft.

---

[30]   OR 530 ff.
[31]   Denkbar ist, dass nach aussen nur ein einzelner Gesellschafter auftritt, der das Prozessergebnis im Innenverhältnis mit den Mitgesellschaftern zu teilen hat. Alsdann ist allenfalls (unter materiellrechtlichen Gesichtspunkten) die Frage seiner Legitimation zu prüfen.
[32]   ZR 58/1959 Nr. 77.
[33]   OR 706.
[34]   OR 891.
[35]   Vgl. dazu ZR 77/1978 Nr. 116, 117, ferner BGE 116 II 55, 117 II 40 (dazu Oscar Vogel in ZBJV 129/1993, 441 ff.).
[36]   Oder sie ist von der Hand zu weisen oder als unzulässig zurückzuweisen, nicht «abzulehnen» wie in ZR 77/1978 Nr. 97. Die in ZR 58/1959 Nr. 68 unter Bezugnahme auf Reich, Partei- und Prozessfähigkeit und die Folgen ihres Mangels, Diss. Zürich 1941, 25, 38, vorgenommene Unterscheidung hinsichtlich der Prozessvoraussetzung als Voraussetzung für die Zulässigkeit eines Sachurteils einerseits und als Voraussetzung für die Entstehung des Prozessrechtsverhältnisses andererseits ist wenig ergiebig. Unbestritten ist ohnehin, dass Rechtshängigkeit auch bei Fehlen einer Prozessvoraussetzung eintritt (Guldener, Schweizerisches Zivilprozessrecht, 232). Bis über die Parteifähigkeit entschieden ist, muss auch der Parteiunfähige zum Prozess zugelassen werden (BGE 73 II 84 f.).
[37]   Für ein Kind kann vor seiner Geburt gegen seinen mutmasslichen Vater Vaterschaftsklage erhoben werden. Die unter Vorbehalt seiner lebenden Geburt vorhandene Rechtsfähigkeit berechtigt es dazu (Art. 31 Abs. 2, 263 Abs. 1 ZGB). Wird es tot geboren, entfällt seine Rechtsfähigkeit; der Prozess kann nicht weitergeführt werden, ist «gegenstandslos».
[38]   Vgl. Walder, Prozesserledigung, 9/10. ZR 55/1956 Nr. 7.

> **Beispiel 18:**
> Die Landwirtschaftliche Genossenschaft K klagt gegen den Gutshof Rütibühl, ein Mustergut, das dem Kanton X, der Gemeinde Y und dem Z zu Eigentum gehört und von A als Pächter betrieben wird, auf Bezahlung einer Rechnung für geliefertes Werkzeug. Als Beklagte kommen infrage der Kanton X, die Gemeinde Y und Z (einzeln als Solidarschuldner oder gesamthaft) oder aber der Pächter A. Auf die gegen den Gutshof gerichtete Klage kann nicht eingetreten werden. Allenfalls ist durch Befragung festzustellen, gegen wen die Klägerin klagen wollte.

Von der Frage der Parteifähigkeit sind zu unterscheiden:

a)   die inexistente Partei

> **Beispiel 19:**
> K klagt gegen B. Dieser ist jedoch vor einem Jahr gestorben. Ein Geschäft ist am Gericht nicht anzulegen; es erfolgt formlose Mitteilung an K. Dieser wird sich entschliessen müssen, ob er B's Erben einklagen will[39].

b)   fehlerhafte Parteibezeichnung

> **Beispiel 20:**
> K klagt gegen die Bank X-Y AG. Diese hat ihren Namen jedoch geändert und heisst jetzt Zentralbank in Zürich AG. Die Bezeichnung wird von Amts wegen berichtigt.

> **Beispiel 20a**
> K AG klagt gegen B auf Vertrag. B bestreitet, dass K AG mit der anspruchsberechtigten Aktiengesellschaft identisch sei.
> Es handelt sich hier um eine Legitimationsfrage[40].

---

[39] Zulässig ist demgegenüber die Klage gegen eine angebliche juristische Person auf Feststellung ihrer Nichtigkeit (vgl. STRÄULI/MESSMER, N 2 zu § 27 und 28 ZPO). Vgl. dazu das Beispiel von BGE 73 II 81.

[40] 7. März 2008, Kassationsgericht des Kantons Zürich, ZR 107/2008 Nr. 38. Parteien im Rechtsmittelverfahren sind im streitigen Zweiparteienverfahren die Prozessgegner (ZR 107/2008 Nr. 25), und nicht die Vorinstanz.

§ 9 Prozessfähigkeit und Prozessstandschaft

Inhaltsverzeichnis Seite

A. Die Prozessfähigkeit 147
B. Die Prozessstandschaft 149

A. Die Prozessfähigkeit[1]

Eine Partei kann selbständig Prozesse führen, soweit sie *handlungsfähig* ist[2]. Handlungsfähigkeit natürlicher Personen setzt ihre *Mündigkeit* und *Urteilsfähigkeit* voraus[3]. Immerhin sind die urteilsfähigen Unmündigen und Entmündigten beschränkt prozessfähig. Die Regeln darüber ergeben sich aus dem Bundesrecht, denn wo das Bundesrecht einem nicht Handlungsfähigen doch die höchstpersönliche Entscheidung darüber in die Hand gibt, ob er ein Recht ausüben, ob er es geltend machen wolle, müssen ihm die kantonalen Prozessrechte auch die Mittel hiefür zur Verfügung stellen, eben durch die Gewährung der *Prozessfähigkeit*. Von Bundesrechts wegen muss den Handlungsunfähigen also in folgenden Fällen möglich sein:

1. Ausübung von Rechten, die der Partei um ihrer Persönlichkeit willen zustehen[4], also Erheben und Bestreiten von Klagen auf Untersagung der Eheschliessung, auf Ehescheidung oder Ehetrennung. Bei Ehescheidung oder Ehetrennung kann aber bezüglich finanzieller Nebenfolgen die Mitwirkung eines Beirates erforderlich sein, eventuell des Vormundes, wenn Vormundschaft besteht[5]. Im Weitern ist auch der urteilsfähige Unmündige oder Entmündigte prozessfähig, wenn gegen ihn auf Feststellung des Kindesverhältnisses[6] geklagt wird, ebenso im Prozess über die Anfechtung der Vermutung der Vaterschaft[7]. Den Entmündigungsprozess sodann muss auch der urteilsunfähige Beklagte noch selber führen und alles

1

---

[1] Prozessfähig ist, wer handlungsfähig ist. Für eine handlungsunfähige Person handelt ihr Vertreter. Soweit eine handlungsunfähige Person urteilsfähig ist, kann sie: a) selbständig Rechte ausüben, die ihr um ihrer Persönlichkeit willen zustehen; b) vorläufig selbst das Nötige vorkehren, wenn Gefahr in Verzug ist (Art. 67 Abs. 3 lit. b ZPO CH).
[2] ZPO 27.
[3] ZGB 12 ff. Zu den Anforderungen vgl. ZR 91/92 (1992/93) Nr. 9.
[4] ZGB 19 Abs. 2.
[5] Vgl. dazu BGE 116 II 385, 117 II 6 und Oscar Vogel, in ZBJV 129/1983, 442 f.
[6] ZGB 261 ff. Für eine isoliert erhobene Unterhaltsklage gemäss Art. 279 ZGB dürfte dies nicht gelten. Vgl. Hegnauer, N 74 zu aArt. 307 ZGB.
[7] ZGB 256 ff.

das geltend machen können, was ihm – wenn auch möglicherweise aus einer gänzlich verfälschten Optik heraus – wesentlich erscheint[8].

2. Ferner besteht Prozessfähigkeit der Handlungsunfähigen in Prozessen über Ansprüche aus genehmigter selbständiger Berufs- oder Gewerbeausübung, ferner über Rechte, die ihnen nach Art. 414 ZGB (eventuell in Verbindung mit Art. 305 ZGB) zur freien Verwendung bzw. Verwaltung zustehen.
Dort, wo Gefahr im Verzug ist, sind urteilsfähige Handlungsunfähige berechtigt, vorläufig selbst das Nötige vorzukehren[9]. Das Gericht gibt aber dem gesetzlichen Vertreter oder, wenn ein solcher nicht bekannt ist, der Vormundschaftsbehörde vom Bestehen des Rechtsstreites Kenntnis. Nötigenfalls bestellt es vorläufig einen Vertreter[10].

2 Die Prozessfähigkeit ist *Prozessvoraussetzung* und von Amtes wegen zu prüfen. Fehlt sie von Anfang an beim Kläger, so ist auf die Klage nicht einzutreten, es sei denn, der gesetzliche Vertreter erkläre nachträglich seine Zustimmung zur Klageeinleitung, genehmige die bisherige und übernehme die weitere Prozessführung[11]. Entfällt die Prozessfähigkeit des Klägers im Laufe des Prozesses, so hat das Gericht dafür zu sorgen, dass die Prozessführung von einem gesetzlichen Vertreter übernommen werde[12]. Geschieht das nicht innert anzusetzender Frist[13], so treffen den Prozessunfähigen die Säumnisfolgen. Im Verfahren vor Bundesgericht wird nach erfolglos angesetzter Frist durch das Gericht ein Anwalt oder eine Anwältin bestellt.[14]

---

[8] Im Entmündigungsprozess ist auch der Geisteskranke so zu behandeln, wie wenn er nicht geisteskrank wäre, sodass er insbesondere das Recht hat, einen frei gewählten Rechtsbeistand zuzuziehen. ZR 26/1927 Nr. 44. In ZR 98/1999 Nr. 65 (17. Februar 1998) wurde ein Kläger *auf Grund seines langjährigen, allgemein bekannten prozessualen Vehaltens* von der I. Zivilkammer des Obergerichts des Kantons Zürich für prozessunfähig erklärt.
[9] ZPO 28 Abs. 1 (Art. 67 Abs. 3 lit. b ZPO CH).
[10] ZPO 28 Abs. 2.
[11] Immerhin ist der Prozessunfähige bis zur Feststellung seiner Prozessunfähigkeit zur Prozessführung zugelassen. Vgl. im Einzelnen FRANK/STRÄULI/MESSMER, N 16 zu §§ 27 und 28 ZPO, WALDER, Prozesserledigung, 11 ff.
[12] Auch eine juristische Person kann in den Fall kommen, dass sie nicht mehr prozessfähig ist, so etwa eine Stiftung bei fehlendem Stiftungsrat. Dann ist eine Beistandschaft zu bestellen (ZGB 393 Ziff. 4). Für die Aktiengesellschaft vgl. ZR 69/1970 Nr. 10 sowie RUDOLF OTTOMANN, 22 ff. Vgl. auch ZR 86/1987 Nr. 41: Fall einer beklagten Aktiengesellschaft ohne jegliche vertretungsberechtigte Person. Auf Veranlassung der vom Gericht benachrichtigten Vormundschaftsbehörde ernannten die Aktionäre in einer Universal-Generalversammlung einen Prozessvertreter, sodass der Prozess seinen Fortgang nehmen konnte.
[13] Die Fristansetzung hat an die Vormundschaftsbehörde zu erfolgen. Eingaben eines offensichtlich prozessunfähigen Querulanten, dessen Rechtsvorkehren auf keinerlei vernünftigen Überlegungen beruhen, dürfen indessen unbeantwortet abgelegt werden (ZR 80/1981 Nr. 28).
[14] BGG Art. 41. Die Entschädigung regelt BGG Art. 41 Abs. 2. Diese Regelung wird von Art. 69 ZPO CH übernommen.

Es ist nicht zulässig, auf die gegen einen prozessunfähigen Beklagten erhobene Klage nicht einzutreten. Hier wie bei Wegfall der Prozessfähigkeit im Laufe des Prozesses ist dem gesetzlichen Vertreter bzw. der Vormundschaftsbehörde vom Bestehen des Prozesses Kenntnis zu geben mit entsprechender Androhung[15, 16].

B. Die Prozessstandschaft

Der Prozess kann unter Umständen von einer andern Person als derjenigen, welche Rechtsträger, also in der Sache legitimiert ist, geführt werden. Diese andere Person ist alsdann prozessführungsbefugt. Sie tritt als Prozesspartei auf, wie wenn sie als Rechtsträger klagen wollte oder eingeklagt wäre. Man nennt diese Erscheinung Prozessstandschaft und die betreffende Person Prozessstandschafter(in)[17, 18].

Gewillkürte Prozessstandschaft gibt es im schweizerischen Recht nicht[19].

---

[15] Vgl. WALDER, Prozesserledigung, 11 ff.
[16] BGE 134 I 336: Zur Prozessfähigkeit des Untersuchungsgefangenen.
[17] Prozessstandschaften liegen z.B. vor bei der Willensvollstreckung und der Nachlassverwaltung. Nach herrschender Meinung, gestützt auf Art. 602 Abs. 2 ZGB, hat der Willensvollstrecker wie der Erbenvertreter eine selbständige Stellung, ist nicht selber Partei, hat aber Parteistellung. ESCHER, N 32 zu Art. 518 ZGB, nimmt Aktivlegitimation an, aber auch Passivlegitimation (gegen den Willensvollstrecker als Treuhänder gerichtete Klage), N 33. Die Erben können sich höchstens über ihn beschweren und die Aufhebung der Erbenvertretung verlangen. Im von den Erben selber eingeleiteten Prozess könnte ihnen alsdann der Beklagte mit Erfolg das Bestehen der Erbenvertretung entgegenhalten. In BGE 100 II 52 E. 2 ist die Prozessführungsbefugnis des Sachwalters beim Anlagefonds festgestellt worden, den es im neuen Recht offenbar nicht mehr gibt. Der gemäss Art. 28 AFG bestellte Vertreter wiederum ist Prozessstandschafter der Geschädigten.
[18] Ein weiterer Fall von Prozessführung des gesetzlich über Drittrechte Verfügungsberechtigten ist derjenige des gesetzlichen Vertreters. Dieser handelt aber namens des Schützlings. Zu differenzieren ist bei der Konkursmasse: Sie ist Prozessstandschafterin des Gemeinschuldners, die Konkursverwaltung wiederum gesetzliche Vertreterin der Konkursmasse. Bei der Abtretung nach Art. 260 SchKG sind die Abtretungsgläubiger Prozessstandschafter der Konkursmasse, die ihre Prozessführungsbefugnis an sie weitergegeben hat. Es liegt also eine «doppelte Prozessstandschaft» vor. Vgl. zum ganzen PETER HOLENSTEIN, Die prozessuale Stellung des gesetzlich über Drittrechte Verfügungsberechtigten, Zürcher Schriften zum Verfahrensrecht Bd. 17, Zürich 1976. Keine echte Prozessstandschaft regelt Art. 7 Abs. 1 GlG, wonach bestimmte Organisationen eine Diskriminierung feststellen lassen können, haben doch die Betroffenen nichtsdestoweniger die Möglichkeit, selber gerichtlich vorzugehen.
[19] BGE 78 II 274.

§ 10 Die Postulationsfähigkeit

Inhaltsverzeichnis Seite

A. Die Postulationsfähigkeit bezogen auf die Parteien und die gesetzlichen Vertreter 151
B. Die Postulationsfähigkeit bezogen auf vertraglich bestellte Vertreter 152
    I. Grundsatz 152
    II. Die Prozessvollmacht 153
    III. Anwaltsrecht 154

A. Die Postulationsfähigkeit bezogen auf die Parteien und die gesetzlichen Vertreter

Zum Recht auf selbständige Prozessführung gehört auch das Recht, vor Gericht selber und nicht durch einen Prozessvertreter Anträge zu stellen und seine Sache vorzutragen. Es besteht weder im Kanton Zürich noch vor Bundesgericht ein Anwaltszwang[1]. Ist eine Partei aber offensichtlich unfähig, ihre Sache selbst gehörig zu führen[2], so kann das Gericht sie anhalten, einen Vertreter zu bestellen[3]. Aus zureichenden Gründen kann es selbst einen Vertreter bezeichnen[4]. Es benachrichtigt die Vormundschaftsbehörde, wenn es vormundschaftliche Massnahmen für geboten hält[5]. Postulationsfähig ist im Übrigen jede Partei, die prozessfähig ist. Postulations- 1

---

[1] Demgegenüber etwa für das deutsche Recht ROSENBERG / SCHWAB / GOTTWALD, § 52 III.
[2] Nach BGE 132 I 5 E. 3.1 ist eine Partei postulationsfähig, wenn sie in der Lage ist, einen Prozess mit der erforderlichen Klarheit und in der vorgeschriebenen Form zu führen. Wenn eine Partei aber im Anschluss an die Klagebegründung und Klageantwort ausserstande ist, vor Gericht die Replik bzw. Duplik zu erstatten, ist die betreffende Partei auch unfähig, gerichtliche Vergleichsverhandlungen sinnvoll zu führen.
[3] ZPO 29 Abs. 2 erster Satz. Man möchte meinen, und das wäre die konsequente Lösung, die Partei werde von den weiteren Verhandlungen ausgeschlossen und es träfen sie, sofern sie nicht für Teilnahme eines Vertreters sorgt, die Säumnisfolgen. Das ist aber nicht der Fall. Leistet die Partei der Auflage keine Folge, so entscheidet das Gericht «auf Grund des Vorbringens der Partei» (ZPO 29 II zweiter Satz). Anderes Vorbringen ist ja nicht bei den Akten. Das bereits Vorgetragene darf also nicht einfach beschnitten werden, mögen die weiteren Vorträge noch so unverständlich bleiben.
[4] ZPO 29 Abs. 2 dritter Satz. Vgl. dazu im Einzelnen ZR 96/1997 Nr. 117. Die Art. 41 Abs. 1 BGG entsprechende Bestimmung ist erst durch die kantonsrätliche Kommission (wieder) in das Gesetz hineingekommen. Die rechtliche Stellung dieses Vertreters ist eher unklar. § 34 ZPO regelt lediglich seine Stellung gegenüber dem Gericht, nicht aber die im internen Verhältnis zur vertretenen Partei auftauchenden Fragen. Zu den Voraussetzungen der Bestellung vgl. ZR 95/1996 Nr. 11 (Entscheid des Kassationsgerichts des Kantons Zürich).
[5] ZPO 29 Abs. 2 vierter Satz. Damit wird die Frage der Postulationsfähigkeit zu derjenigen der Prozessfähigkeit. Umgekehrt hat die Feststellung der Prozessunfähigkeit nicht ohne Weiteres zur Folge, dass ein Vertreter gemäss § 29 ZPO bestellt werden muss (ZR 91/92 [1992/93] Nr. 9). Zum Ver-

fähig sind auch die gesetzlichen Vertreter in den Prozessen ihrer Schutzbefohlenen und die Organe der juristischen Personen, die für diese in Prozessen auftreten.

B. Die Postulationsfähigkeit bezogen auf vertraglich bestellte Vertreter

I. Grundsatz

2   Die Parteien können sich – besondere Bestimmungen vorbehalten – durch eine andere handlungsfähige Person vertreten lassen[6]. Die vorbehaltenen besonderen Bestimmungen beschlagen einzelne Verfahrensarten, in denen die Stellvertretung nur beschränkt zulässig ist.

3   Vor dem *Friedensrichter* kann sich eine Partei nur dann vertreten lassen, wenn sie nicht im Kanton wohnt oder am persönlichen Erscheinen durch Krankheit, Militärdienst oder aus andern wichtigen Gründen verhindert ist[7]. Vor Friedensrichter (und hier denkt man vor allem an den Friedensrichter als Vermittlungsbeamten) möchte man die Prozessparteien persönlich dabeihaben, um die Chancen einer Verständigung zu fördern, die naturgemäss kleiner sind, wenn ein Vertreter erscheint, der nicht weiss, ob sein Klient dem vom Gegner oder vom Friedensrichter vorgeschlagenen Vergleich zustimmt, der vielleicht sogar selber einen ihm aufgetragenen Vorschlag unterbreitet, aber zur Gegenofferte ohne Rücksprache mit dem Mandanten nicht Stellung nehmen kann. Wohnt die Partei jedoch ausserhalb des Kantons[8], so lässt sich gegen die Vertretung nicht viel einwenden. Lässt sich eine Partei vertreten, ist auch die andere[9] dazu berechtigt[10].

---

  hältnis der beiden richterlichen Funktionen vgl. 13. September 2007, Kantonsgericht des Kantons Wallis (Kassationshof), ZWR 2008, 132 E. 3.
[6] ZPO 29 Abs. 1.
[7] ZPO 31 Abs. 1. Eine Partei darf ihren Vertreter nur an die Sühnverhandlung mitnehmen, wenn Vertretung erlaubt wäre (ZR 86/1987 Nr. 78).
[8] Über die Frage der Zumutbarkeit des Erscheinens im ganzen Kanton statt wie bisher innerhalb des Bezirks (nach früherem Recht war sogar noch der Notariatskreis massgebend) vgl. Protokoll des Kantonsrats 1991–1995 14103–14110.
[9] Gemeint ist die Gegenpartei. Das Recht, sich vertreten zu lassen, dürfte bestehen, sobald auch nur einer von mehreren gegnerischen Streitgenossen von dem ihm nach Abs. 1 von § 31 ZPO zustehenden Recht Gebrauch macht.
[10] ZPO 31 Abs. 2. Die Partei, welche sich vertreten lässt, hat dies dem Friedensrichter so frühzeitig mitzuteilen, dass er die Gegenpartei noch vor der Verhandlung benachrichtigen kann (ZPO 31 Abs. 3).

Sodann haben die Parteien zu den Verhandlungen vor dem Mietgericht ungeachtet 4
des Beizuges von Vertretern persönlich zu erscheinen, für juristische Personen deren
zuständige Organe[11]. Auch dies ergibt sich aus dem Bestreben, möglichst rasch zu
einer Verständigung der Parteien zu gelangen.

Eine weitere Beschränkung der Stellvertretung ergab sich früher für das Verfahren in 5
Streitigkeiten zwischen Arbeitgebern und Arbeitnehmern aus dem Arbeitsverhältnis:
Hier war nach § 32 ZPO die *entgeltliche* Vertretung ausgeschlossen, wenn der Streitwert[12] 1000 Franken nicht überstieg. Die Bestimmung durfte jedoch nicht angewendet werden in Streitigkeiten über Diskriminierungen im Erwerbsleben[13].

Keine Stellvertretung ist natürlich dort möglich, wo die Partei aus der Natur der 6
Sache heraus selber aufzutreten hat zwecks Einvernahme in der persönlichen Befragung oder zur Beweisaussage[14].

II. Die Prozessvollmacht

Wer als Parteivertreter auftritt, bedarf einer schriftlichen oder von der Partei zu 7
Gerichtsprotokoll erklärten Vollmacht[15]. Eine *allgemeine Prozessvollmacht* gibt die
Befugnis zu allen den Prozess betreffenden Handlungen, zur Erwirkung vorsorglicher Massnahmen und zum Empfang der von der Gegenpartei zu zahlenden Prozessentschädigung[16]. Dagegen bedarf es zur Bestellung eines anderen Vertreters, zum
Abschluss eines Vergleichs, zur Anerkennung oder zum Rückzug der Klage wie auch
zum Abschluss eines Schiedsvertrages[17] einer ausdrücklichen Ermächtigung[18].

---

[11] ZPO 33 erster Satz. Der Verwalter der Liegenschaft kann jedoch den Vermieter vertreten. Zudem können sich ausserhalb des Kantons ansässige Personen anderweitig vertreten lassen (ZPO 33 zweiter Satz). Im Übrigen ist die Vertretung nur in Fällen von Verhinderung durch wichtige Gründe gestattet (ZPO 33 dritter Satz).
[12] Vgl. § 7 Rz 68–69 hiervor.
[13] GlG 12 Abs. 1. Durch das kantonale Einführungsgesetz zum GlG vom 29. Oktober 2001 ist § 32 ZPO mit Wirkung ab 1. Juli 2002 gestrichen worden.
[14] Vgl. dazu unten § 29 Rz 7–25.
[15] ZPO 35 Abs. 1. Das Gericht kann verlangen, dass die Unterschrift des Vertretenen beglaubigt werde. Über die Umstände, unter denen ein Rechtsanwalt, der ohne schriftliche Vollmacht handelte und dessen Bevollmächtigung vom angeblichen Vollmachtgeber bestritten wird, kosten- und entschädigungspflichtig wird, vgl. ZR 85/1986 Nr. 129. Die gehörige Bevollmächtigung des Prozessvertreters stellt eine Prozessvoraussetzung dar (6. Oktober 1997, Kassationsgericht des Kantons Zürich, ZR 97/1998 Nr. 38 E. 2.2).
[16] ZPO 35 Abs. 1.
[17] Nicht dagegen zum Abschluss eines Prorogationsvertrages.
[18] ZPO 35 Abs. 2. Die ausdrückliche Ermächtigung ist nicht erforderlich zum Abschluss eines Vergleichs mit Ratifikations- und Widerrufsvorbehalt (ZR 79/1980 Nr. 106). Die Frage, ob der Vertreter den Streitgegenstand in Empfang nehmen dürfe, wird als eine Frage des Zivilrechts angesehen und daher im Gesetz nicht geregelt (Erläuterung Amtsblatt 1971, 1898).

8   Im summarischen Verfahren darf der Vertreter einer Partei in der Regel nur dann zur Beibringung einer Vollmacht angehalten werden, wenn Zweifel darüber bestehen, ob die Partei mit seinem Vorgehen einverstanden sei[19]. Dagegen bedarf derjenige, der im Namen eines andern das Konkursbegehren gegen einen Schuldner stellt, hierzu einer ausdrücklichen Ermächtigung[20]. Dieses Erfordernis bedeutet nicht, dass es einer besonderen Urkunde bedürfe; vielmehr kann die Ermächtigung mit der allgemeinen Vollmacht verbunden werden.

9   Fehlt die Vollmacht oder ist sie ungenügend, so wird dem Vertreter und der Partei Gelegenheit zur Behebung des Mangels gegeben[21]. Eine nachgebrachte Vollmacht gilt als Genehmigung der früheren Prozesshandlungen des Vertreters, wenn sie nicht ausdrücklich anders lautet[22].

10   Für das Erlöschen der Vollmacht verweist das Gesetz[23] auf die Art. 34 und 35 des Schweizerischen Obligationenrechtes. Art. 34, der den Widerruf betrifft, braucht hier nicht weiter zu interessieren, wohl aber Art. 35 Abs. 1, wonach die durch Rechtsgeschäft erteilte Ermächtigung mit dem Tod, der Verschollenerklärung, dem Verlust der Handlungsfähigkeit oder dem Konkurs des Vollmachtgebers oder des Bevollmächtigten erlischt, sofern nicht das Gegenteil vereinbart ist oder aus der Natur des Geschäftes hervorgeht. Nach konstanter Praxis überdauern Prozess- und Betreibungsvollmacht den Tod des Vollmachtgebers[24, 25].

10a   Der zur Tragung von Prozesskosten verpflichtete Vertreter einer Prozesspartei ist als Dritter im Sinne von § 283 ZPO zur Beschwerdeerhebung (gegen die ihn treffende Kostenauflage) legitimiert[26].

III. Anwaltsrecht

11   Vorbehalten bleibt insbesondere das Anwaltsgesetz vom 17. November 2003 (AnwG). Gemäss § 10 AnwG übt den Anwaltsberuf aus, wer über ein Anwaltspatent verfügt

---

[19] ZPO 36 Abs. 1.
[20] ZPO 36 Abs. 2.
[21] ZPO 38 Abs. 1.
[22] ZPO 38 Abs. 2.
[23] ZPO 37.
[24] VON BÜREN, Allg. Teil, 160 bei Anm. 140 und dort zit. Judikatur, insbesondere BGE 50 II 30, 75 II 192. ZR 56/1957 Nr. 103 S. 217 und ZR 60/1961 Nr. 62, wobei der Rechtsvertreter nicht im Namen des Erblassers, sondern im Namen seiner Rechtsnachfolger handelt (10. Juli 1997, Kassationsgericht des Kantons Zürich, ZR 97/1998 Nr. 24 E. II.6). Vorbehalten bleibt der Widerruf durch die Erben. Sobald das Gericht vom Tod der Partei Kenntnis hat, wird es ohnehin abwarten, ob deren Erben in den Prozess eintreten wollen. Intern gilt Art. 405 OR.
[25] BGE 132 III 222 Zum Verlust der Handlungsunfähigkeit des Vollmachtgebers.
[26] 7. Mai 2001, Kassationsgericht des Kantons Zürich, ZR 101/2002 Nr. 1 E, II/1.

und Personen in Verfahren vor Gericht, anderen Behörden oder gegenüber Dritten vertritt und dabei unter der Berufsbezeichnung Rechtsanwältin oder Rechtsanwalt oder einer gleichwertigen Bezeichnung auftritt. Das Anwaltsmonopol umfasst die berufsmässige Vertretung von Parteien in Zivil- und Strafprozessen vor den zürcherischen Gerichten sowie vor Untersuchungs- und Anklagebehörden und deren Oberinstanzen[27]. Postulationsfähig im Prozess einer anderen Person ist ein Nichtanwalt also nur dann, wenn er nicht berufsmässig, sondern nur als momentaner Helfer für sie tätig ist. Ob dies entgeltlich geschieht oder nicht, ist von untergeordneter Bedeutung. Es kommt vielmehr darauf an, ob er bereit ist, in einer unbestimmten Zahl von Fällen ein Mandat anzunehmen, oder ob es sich nur gerade um den Einzelfall handelt[28].

Gemäss § 12 AnwG sind eine Reihe vom Personen in ihrer beruflichen Eigenschaft auch ohne Berechtigung zur Tätigkeit im Bereich des Anwaltsmonopols zur Vertretung zugelassen. Es handelt sich um   11a

1. die Angestellten einer Arbeitgeber- oder Arbeitnehmerorganisation, die einer Partei angehören, im einfachen und raschen Verfahren gemäss Art. 343 OR[29],
2. die Angestellten von Organisationen gemäss Art. 7 GlG[30] in Streitigkeiten nach diesem Gesetz,
3. die Angestellten einer Vermieter- oder Mieterorganisation, die einer Partei angehören, in Streitigkeiten aus Miet- und Pachtverhältnissen über Wohn- und Geschäftsräume, deren Streitwert[31] 20 000 Franken nicht übersteigt,

---

[27] AnwG 11 Abs. 1. Ausgeschlossen sind insbesondere Treuhänder (9. Oktober/30. November 1998, Arbeitsgericht Zürich/Obergericht des Kantons Zürich. ZR 99/2000 Nr, 112). Zum Beruf des Rechtsanwaltes und seiner Stellung in der Rechtspflege vgl. BGE 106 Ia 100 ff. Erfolgen in einem Berufungsverfahren Eingaben im Kanton Zürich nicht zugelassener Anwälte, so ist der betreffenden Partei Gelegenheit zur Heilung des Mangels zu geben. Unterbleibt diese, haben die Rechtsschriften als unbeachtlich zu gelten (ZR 78/1979 Nr. 106).
[28] ZR 61/1962 Nr. 1.
[29] Das muss nach § 19 Abs. 3 ZPO auch gelten, wenn gegenüber einer solchen Klage eine Widerklage erhoben wird, gleichgültig, wie hoch deren Streitwert sei (vgl. oben § 7 Rz 70b).
[30] Es handelt sich um das Bundesgesetz über die Gleichstellung von Frau und Mann vom 24. März 1995 (SR 151.1). Dessen Art. 7 Abs. 1 lautet wie folgt:
Organisationen, die nach ihren Statuten die Gleichstellung von Frau und Mann fördern oder die Interessen der Arbeitnehmerinnen und Arbeitnehmer wahren und seit mindestens zwei Jahren bestehen, können im eigenen Namen feststellen lassen, dass eine Diskriminierung vorliegt ...
[31] Vgl. § 7 Rz 68–69 hiervor.

§ 10 Die Postulationsfähigkeit

Generell vom Anwaltsmonopol ausgenommen sind gemäss § 12 Abs. 2 AnwG

    a) das summarische Verfahren[32, 33],

    b) das Verfahren betreffend Anfechtung der Kündigung und Erstreckung von Miet- und Pachtverhältnissen.

12   Das Gericht kann beschliessen, dass ein Nichtanwalt im Prozess nicht zugelassen werde. In diesem Falle stellt es seine Urkunden wieder der Partei direkt zu. Dagegen ist es nicht angängig, auf eine Eingabe, die von einem zwar bevollmächtigten, aber nicht zur Vertretung befugten Vertreter eingereicht wird, einfach nicht einzutreten[34]. Vor *Bundesgericht* sind als Parteivertreter in Zivil- und Strafsachen nur patentierte Rechtsanwältinnen und Rechtsanwälte zugelassen, die nach dem schweizerischen Anwaltsgesetz vom 23. Juni 2000[35] oder nach einem Staatsvertrag berechtigt sind, Parteien vor schweizerischen Gerichtsbehörden zu vertreten[36].

---

[32] Vgl. § 37 hiernach.

[33] ZPO 29 und 204; vgl. auch FRANK/STRÄULI/MESSMER § 29 N 5 und § 204 N 1a ZPO. Vgl. auch Art. 68 ZPO CH, welche die berufsmässige Vertretung von nach kantonalem Recht patentierten Sachwalterinnen und Sachwalter sowie gewerbsmässige Vertreter und Vertreterinnen nach Art. 27 SchKG auf Angelegenheiten des summarischen SchKG-Verfahrens nach Art. 247 beschränkt. Die vertragliche Vertretung kann aber nach Art. 68 Abs. 1 ZPO CH jede beliebige Vertrauensperson übernehmen, solange die Vertrauensperson das Mandat nicht berufsmässig ausübt. Die vertretene Person ist aber in den vom Gericht vorgesehenen Fällen zum persönlichen Erscheinen verpflichtet.

[34] ZR 41/1942 Nr. 73, ZR 51/1952 Nr. 140. Der Prozessgegner ist nicht dazu legitimiert, fehlende Postulationsfähigkeit des Vertreters der anderen Partei mit Rechtsmittel zu rügen.

[35] SR 935.61 (BGFA).

[36] BGG 40 Abs. 1.

§ 11 Klagenhäufung und Streitgenossenschaft[1]

Inhaltsverzeichnis Seite

A. Objektive Klagenhäufung 157
   1. Die objektive Klagenhäufung im Allgemeinen 157
   2. Die Widerklage 158
   3. Die Eventualwiderklage 160
B. Subjektive Klagenhäufung (Einfache Streitgenossenschaft) 161
C. Notwendige Streitgenossenschaft 163

A. Objektive Klagenhäufung

1. Die objektive Klagenhäufung im Allgemeinen

Objektive Klagenhäufung liegt dann vor, wenn ein Kläger im gleichen Prozess mehrere Klagen gegen den Beklagten erhebt, und zwar entweder   1

a) *kumulativ:* K klagt auf Herausgabe des Automobils und auf Bezahlung von 2000 Franken Schadenersatz wegen Beschädigung des Automobils, oder

b) *eventuell:* K klagt auf Herausgabe des Automobils (in der Meinung, es sei sein Eigentum). Für den Fall, dass dies verneint werden sollte, wäre das Automobil dem Beklagten verkauft; K verlangt dafür den Kaufpreis von 20 000 Franken (im Sinne eines Eventualbegehrens). Denkbar wäre auch

c) *alternativ:* K verlangt entweder das Automobil oder Bezahlung von 20 000 Franken. Welcher Antrag gutgeheissen werden soll, überlässt er dem Gericht. Das ist jedoch grundsätzlich nicht zulässig[2]; der Kläger muss sagen, was er will[3].

---

[1] WALDER / GROB, Tafeln 18, 19, 20.

[2] Es gibt keine Anweisung darüber, wie eine so formulierte Klage formell zu behandeln sei. Der Richter müsste zuerst von seiner Fragepflicht Gebrauch machen (ZPO 55), um die beiden Rechtsbegehren in das Verhältnis von Haupt- und Eventualantrag zu bringen. Führt dies nicht zum Erfolg, so ist auf die Klage mangels genügender Bestimmtheit nicht einzutreten: ein Fall von fehlender Prozessvoraussetzung (WALTHER J. HABSCHEID, Der Streitgegenstand im Zivilprozess, Bielefeld 1956, 254).

[3] Immerhin ist die Einklagung einer Alternativobligation möglich. Das Rechtsbegehren lautet dann vielleicht: B sei verpflichtet, nach seiner Wahl entweder 120 Bücher zurückzugeben oder den Preis von Fr. 25.60 pro Buch zu bezahlen. Dieses Wahlrecht kann B auch noch nach Gutheissung der Klage ausüben (vgl. VON BÜREN, Allgemeiner Teil, 29).

2 In diesem Sinne kann der Kläger im gleichen Verfahren mehrere Rechtsbegehren gegen den Beklagten erheben, sofern für sie die Zuständigkeit des Gerichtes gegeben und die gleiche Verfahrensart vorgesehen ist[4, 5]

Randziffer 3 entfällt.

2. Die Widerklage

4 Einen Sonderfall der objektiven Klagenhäufung stellt die *Widerklage*[6] dar. Widerklage ist die in einem Prozess vom Beklagten gegen den Kläger erhobene Klage. Sie setzt eine bereits erhobene Hauptklage voraus, ist gewissermassen durch die Hauptklage provoziert. Dem Institut liegt die Überlegung zugrunde, dass zwischen den gleichen Parteien verschiedene Ansprüche streitig sein können und es in ihrem Interesse und in dem der Rechtspflege liegen kann, dass sie alle gleichzeitig bereinigt werden. Die Widerklage ist zulässig, wenn das Gericht auch für den Gegenanspruch (sachlich[7]) zuständig[8] und für diesen die gleiche Verfahrensart[9]

---

[4] ZPO 58 Abs. 1. Aus zureichenden Gründen kann indessen jederzeit die Trennung des Rechtsstreites in mehrere Prozesse angeordnet werden (ZPO 58 Abs. 2 erster Satz). Umgekehrt kann aber eine objektive Klagenhäufung auch dadurch entstehen, dass mehrere getrennt eingeleitete Prozesse vom Gericht auf Antrag der Parteien oder von Amts wegen vereinigt werden (ZPO 58 Abs. 2 zweiter Satz). Immer jedoch muss es sich um Prozesse zwischen den gleichen Parteien handeln, für welche die örtliche und sachliche Zuständigkeit des gleichen Gerichtes (z.B. auch infolge Gerichtsstandes des Sachzusammenhanges) und die gleiche Verfahrensart gegeben sind.

[5] SchKG 83 Abs. 2 (BGE 124 III 207): Reicht der Schuldner gleichzeitig mit der Aberkennungsklage eine Klage auf Schadenersatz gegen den Aberkennungsbeklagten ein, liegt trotz der vertauschten Parteirollen Klagenhäufung vor. Eine Vereinigung der Aberkennungsklage mit einer zusätzlich erhobenen Forderungsklage ist nur bei übereinstimmender sachlicher und örtlicher Zuständigkeit möglich. Einreden des Aberkennungsklägers sind dagegen grundsätzlich unbeschränkt zulässig.

[6] Vgl. § 7 RZ 25 hiervor.

[7] Sofern das Gericht der Hauptklage für den Gegenanspruch örtlich an sich zuständig ist, kann die Widerklage ohne zusätzliche Voraussetzung erhoben werden; in anderen Fällen nur, sofern Sachzusammenhang oder (bei Wohnsitz des Hauptklägers im Kanton Zürich). Nach Art. 8 IPRG beurteilt das Gericht, bei dem die Hauptklage hängig ist, auch die Widerklage, sofern zwischen Haupt- und Widerklage ein sachlicher Zusammenhang besteht. Nichtsdestoweniger ist das Gericht auch hier befugt, die Erfordernisse von § 60 ZPO zu überprüfen.

[8] Verändert eine Widerklage wegen des Streitwertes die sachliche Zuständigkeit, so wird der Prozess von Amtes wegen dem zuständigen Gericht zur Weiterführung überwiesen (ZPO 60 Abs. 1 Satz 2).

[9] Gemeint sind ordentliches, beschleunigtes und summarisches Verfahren. Nicht erforderlich ist, dass beide Klagen, für sich allein behandelt, dem mündlichen oder schriftlichen Verfahren unterliegen würden. ZR 89/1990 Nr. 122 sagt, Mietzinsanfechtungen seien nach dem Verfahren für Mieterstreckungsklagen zu behandeln. Da sich das Verfahren bei Mieterstreckungen wesentlich vom Verfahren für andere Streitigkeiten aus dem Mietvertrag unterscheide, seien Widerklagen, die in diesem Verfahren zu behandeln seien, in jenen Verfahren nicht zulässig. Der Entscheid ist deshalb von besonderem Interesse, weil nach Art. 274d OR nicht nur für Mietzinsanfechtungen, sondern für alle Streitigkeiten aus der Miete von Wohn- und Geschäftsräumen einfaches und rasches Verfahren

vorgesehen ist[10, 11]. Wäre für die Widerklage als selbständige Klage die örtliche Zuständigkeit gegeben, so ist sie insoweit zulässig, als sie mit der Hauptklage konnex ist[12].

> **Beispiel 21:**
>
> K in Dielsdorf klagt gegen B in Pfäffikon auf Wegweisung von dessen Forderung aus dem Kollokationsplan im Konkurs der X AG, Regensdorf. Der Prozess ist vor dem Einzelrichter im beschleunigten Verfahren am Bezirksgericht Dielsdorf zu führen (SchKG 250). Eine von B erhobene Widerklage gegen K auf Rückzahlung eines Darlehens von Fr. 700.– kann nicht behandelt werden, obwohl der Einzelrichter örtlich (ZPO 2 Abs. 1), sachlich und funktionell (GVG 21) zuständig wäre: Über die Darlehensforderung ist im ordentlichen und nicht im beschleunigten Verfahren zu entscheiden.

5

Die Widerklage setzt die Existenz einer Hauptklage voraus. Der Beklagte kann aber bereits im Sühnverfahren Widerklage erheben. Geschieht dies, so wird die Widerklage durch Einreichung der Weisung seitens des Hauptklägers ebenfalls rechtshängig[13]. Eine nicht bereits im Sühnverfahren erhobene Widerklage ist spätestens mit der Klageantwort zu erheben und zu begründen[14]. Ist die Widerklage im Sühnverfahren erhoben worden, wird aber vom Kläger in der Folge die Weisung dem erkennenden Gericht nicht eingereicht, so besteht für den Beklagten auch keine Möglichkeit mehr, die Widerklage als solche zur Beurteilung zu bringen: Er muss als Hauptkläger einen neuen Prozess einleiten.

6

---

gilt. Nach den Darlegungen der III. Zivilkammer des Obergerichts ist jedoch mit dem einfachen und raschen Verfahren «kein einheitliches Verfahren gemeint». Der Entscheid ist indessen bereits wieder überholt. Mit der Revision der ZPO vom 24. September 1995 sind nämlich die dort abgehandelten kantonal-rechtlichen Unterschiede in der Behandlung von Mieterstreckungs- und andern Mietstreitigkeiten weggefallen. Geblieben ist nicht einmal der Unterschied im Einleitungsverfahren (Zuständigkeit der Schlichtungsbehörde bzw. des Friedensrichters). Nachdem in ZR 94/1995 Nr. 35 bereits der Einzelrichter im ordentlichen Verfahren am Bezirksgericht Zürich erkannt hatte, dass auch Forderungsklagen aus Mietverhältnissen stets zunächst der Schlichtungsbehörde zur Schlichtung und nicht dem Friedensrichter zu unterbreiten seien, bestimmt nun § 105 Ziff. 2 ZPO, dass die Klagen beim Mietgericht «ohne Sühnverfahren» (gemeint beim Friedensrichter) rechtshängig gemacht werde.

[10] ZPO 60 Satz 1.
[11] BGE 130 III 607; 129 III 230 Gerichtsstand der Widerklage, blosse Verrechenbarkeit der streitigen Ansprüche genügt nicht.
[12] ZPO 15. Vgl. § 7 Rz 25 hiervor.
[13] ZPO 102 Abs. 2 Satz 1. Im Falle von Art. 9 Abs. 2 IPRG wird die vor dem Friedensrichter erhobene Widerklage sofort rechtshängig. Vgl. dazu § 27 Rz 1 hiernach.
[14] ZPO 117 Satz 1, für Ausnahme vgl. Satz 2.

§ 11 Klagenhäufung und Streitgenossenschaft

7 Wird auf eine Hauptklage wegen Fehlens einer Prozessvoraussetzung nicht eingetreten, so kann auch die Widerklage nicht materiell behandelt werden. Dagegen fällt eine beim Gericht rechtshängig gewordene Widerklage durch Rückzug oder Anerkennung der Hauptklage nicht mehr dahin[15]. Die Widerklage kann abgetrennt werden, wenn dadurch das Verfahren gefördert wird[16].

8 Bundesrechtswidrig wären Vorschriften der kantonalen Prozessrechte, welche die Berücksichtigung der Verrechnung davon abhängig machen, dass die Gegenforderung zum Gegenstand einer Widerklage gemacht werde, weil sie davon ausgingen, dass die Verrechnung erst durch das Gerichtsurteil vollzogen werde[17].

9 Verändert eine Widerklage wegen des Streitwerts die sachliche Zuständigkeit, so wird der Prozess von Amts wegen dem zuständigen Gericht zur Weiterführung überwiesen[18].

3. Die Eventualwiderklage

10 Möglich ist auch eine *eventuelle* Widerklage, die vom Beklagten für den Fall erhoben wird, dass die Hauptklage gutgeheissen wird.

Beispiel 22:

11 K klagt gegen B auf Feststellung der Ungültigkeit eines zwischen den beiden abgeschlossenen Vertrages. B beantragt Abweisung der Klage. Für den Fall ihrer Gutheissung erhebt er jedoch Widerklage auf Rückerstattung der von ihm aufgrund des Vertrages bereits erbrachten Leistung.

---

[15] ZPO 60 Abs. 2. Es fragt sich, ob über die Haupt- bzw. Widerklage ein Vergleich abgeschlossen und allein über die Wider- bzw. Hauptklage weiterprozessiert werden kann. Da auch sonst Teilvergleiche möglich sind und kein Anlass besteht, den Vergleich anders zu behandeln als den Klagerückzug und die Klageanerkennung, so wird die Frage zu bejahen sein.

[16] ZPO 60 Abs. 3. Im Hinblick auf die Möglichkeit, dass jene Partei, deren Klage später als die der andern erledigt wird, der Möglichkeit der Verrechnung verlustig gehen kann, haben einzelne Gesetze den Widerkläger dadurch gesichert, dass der Hauptkläger im Falle eines Obsiegens mit der Hauptklage einen so grossen Betrag seiner Forderung stehen lassen muss, als es zur Deckung der Gegenansprüche des Widerklägers für den Fall von dessen Obsiegen notwendig ist (*Bern* ZPO 171 Abs. 2, *Tessin* ZPO 174 Abs. 2).

[17] GULDENER, Schweizerisches Zivilprozessrecht, 219. Es scheinen keine derartigen Regeln mehr zu bestehen.

[18] ZPO 60 Abs. 1 Satz 2 und ebenso Art. 224 Abs. 2 ZPO CH. Es werden beide Klagen dem Gericht mit der höheren sachlichen Zuständigkeit überwiesen. Vgl. dazu § 7 Rz 68–71 sowie Anm. 6a hiervor. Geht aber in einem Konsumentenstreit die Hauptklage auf weniger als 8000 Franken und übersteigt der Gegenanspruch 8000 Franken, so ist die Widerklage, weil nicht dem einfachen und raschen Verfahren unterliegend, nicht zulässig (15. März 2000, Obergericht des Kantons Zürich, ZR 99/2000 Nr. 106).

Die Widerklage auf die Widerklage (Gegenwiderklage, reconventio reconventionis) 12
ist im zürcherischen Zivilprozessrecht nach wie vor zulässig, obschon die damit verbundene Ausweitung des Verfahrens nicht unbedenklich ist[19].

B. Subjektive Klagenhäufung (Einfache Streitgenossenschaft)[20]

Bei der subjektiven Klagenhäufung werden mehrere Klagen verschiedener Kläger 13
oder gegen verschiedene Beklagte, die an sich auch getrennt erhoben werden könnten, aus Zweckmässigkeitsgründen in einem Prozess vereinigt. Verschiedene Klagen liegen auch dann vor, wenn zwar nur ein einziges Rechtsbegehren erhoben wird, dieses sich aber gegen mehrere Beklagte richtet.

> **Beispiel 23:**
>
> K behauptet, durch B, C und D bei einer Schlägerei verletzt worden zu sein. Er 14
> fordert von ihnen als Solidarschuldnern (OR 50 Abs. 1) Fr. 760.– Schadenersatz für Arztkosten. Von C als dem Anführer der drei fordert er ausserdem Fr. 500.– Genugtuung.
>
> Genau genommen liegen vier Klagen vor, von denen zwei gegen C gerichtet 15
> sind. Daran ändert es nichts, dass K unter dem Titel Schadenersatz nur einmal Fr. 760.– erhalten wird, die intern unter B, C und D aufzuteilen sein werden, falls sie alle zur Zahlung verurteilt werden. Denkbar ist auch, dass das Urteil gegen B und C auf Zahlung lautet, während die Klage dem D gegenüber abgewiesen wird.

Ist in diesem Beispiel eine Verbindung der mehreren Rechtsbegehren durch ein 16
gemeinsames, die Mehrzahl von Beklagten betreffendes Ereignis festzustellen, so kann eine derartige Verbindung auch fehlen und trotzdem eine subjektive Klagenhäufung stattfinden.

---

[19] *Bern* ZPO 172 lehnt die Wider-Widerklage ausdrücklich ab. Man kann sich für *Zürich* im Hinblick auf ZPO 61 Abs. 1 (vgl. *Bern* ZPO 94) fragen, ob für die Wider-Widerklage überhaupt noch ein Bedürfnis besteht. Jedenfalls sagt der Entwurf zur Schweizerischen Zivilprozessordnung in Art. 221 Abs. 3 zweiter Satz deutlich: *Widerklage auf Widerklage ist unzulässig.*

[20] Art. 15 und 70 ZPO CH. «Richtet sich die Klage gegen mehrere Streitgenossen, so ist das für eine beklagte Partei zuständige Gericht für alle beklagten Parteien zuständig, sofern diese Zuständigkeit nicht auf einer Gerichtsstandsvereinbarung beruht. Stehen mehrere Ansprüche gegen eine beklagte Partei in einem sachlichen Zusammenhang, so ist jedes Gericht zuständig, das für einen der Ansprüche zuständig ist.»

> **Beispiel 24:**
>
> 17 K als Vermieter eines Mehrfamilienhauses klagt gegen vier Mieter seines Hauses auf Unterlassung des Haltens von Haustieren. Diese Unterlassungspflicht ist keine solidarische Obligation. Jeder Mieter hat seinen individuellen Mietvertrag. Der eine hat eine Katze, der zweite einen Hund, der dritte eine Schildkröte und der vierte einen Kanarienvogel. K möchte aber (und darf) die vier Fragen, gestützt auf vier gleichlautende Mietverträge, die das gleiche Haus betreffen, im selben Verfahren zur Beurteilung bringen[21].

18 Beide Fälle werden von § 40 ZPO erfasst.

19 Bei der subjektiven Klagenhäufung kann jeder Streitgenosse den Prozess unabhängig vom andern führen[22]. Es kann ein einzelner Streitgenosse für seine Person die Klage zurückziehen oder anerkennen oder mit dem Gegner einen Vergleich schliessen; er kann auch für sich allein eine Widerklage erheben, Rechtsmittel einreichen[23] und zurückziehen. Aus zureichenden Gründen kann jederzeit die Trennung des Rechtsstreites in mehrere Prozesse angeordnet werden[24]. Das Zugeständnis eines Streitgenossen macht den Beweis nur diesem gegenüber überflüssig[25], nicht auch gegenüber den andern. Das ist bloss insofern eine Selbstverständlichkeit, als es sich um Tatsachen handelt, welche nur das Rechtsverhältnis zwischen dem betreffenden Streitgenossen und dem Gegner betreffen.

---

[21] Weitere Beispiele: Mehrere Vermächtnisnehmer klagen auf Ungültigkeit letztwilliger Verfügungen desselben Erblassers, mehrere Aktionäre fechten denselben Generalversammlungsbeschluss an (für diesen letzteren Fall nimmt HABSCHEID 181 eine «consorité formelle nécessaire» an).

[22] ZPO 40 Abs. 2. Vgl. FRANK/STRÄULI/MESSMER, (einzige) N zu § 42 ZPO betreffend Zustellung. § 40 ZPO enthält eine Kannvorschrift. Gemäss Art. 72 ZPO CH können die Streitgenossen eine gemeinsame Vertretung bezeichnen, ansonsten ergehen die Zustellungen an jeden einzelnen Streitgenossen.

[23] Vgl. dazu den eigenartigen Entscheid des Bundesgerichts vom 21. Mai 1980 (SJ 1981 529) und die darauf Bezug nehmende Abhandlung von ANDRÉ SCHMIDT, Note sur les problèmes de consorité dans la procédure d'appel (SJ 1981 561 ff.).

[24] ZPO 40 Abs. 3.

[25] Vgl. demgegenüber für das Prinzip der Gemeinsamkeit des Beweiserfolges JÜRG GEIGER, Streitgenossenschaft und Nebenintervention, Diss. Zürich 1969, 60. Unzulässig ist es natürlich, einen für mehrere durch subjektive Klagenhäufung zusammengefasste Parteien erhobenen Beweis bei der Beurteilung der Klage des oder gegen den einen anders zu würdigen als bei Beurteilung der Klage des oder gegen den andern. Für die notwendige Streitgenossenschaft vgl. FRANK/STRÄULI/MESSMER, N 13 zu § 29 ZPO, GULDENER, Schweizerisches Zivilprozessrecht, 354.

> **Beispiel 25:**
>
> Wenn im Beispiel 23 B seine Mitwirkung an der Schlägerei zugegeben hat, macht das für die Frage, ob auch D beteiligt gewesen sei, die von K angebotene Vernehmung des Zeugen X nicht überflüssig.

Weniger selbstverständlich ist, dass diese Regel auch für Tatsachen gilt, die sich gegenüber sämtlichen Streitgenossen auswirken.

> **Beispiel 26:**
>
> B gibt im Beispiel 23 zu, dass K im Verlaufe der Schlägerei das Gleichgewicht verlor und einige Treppenstufen hinunterstürzte, was zu den Verletzungen führte, welche die Arztkosten bedingten, für die Ersatz verlangt wird. D jedoch bestreitet dies und behauptet, K sei erst nach der Schlägerei, als er sich in angetrunkenem Zustand auf den Heimweg begab, die fraglichen Stufen hinuntergestürzt. Zeuge Y könne dies bestätigen. Ist Letzteres auch der Fall, so muss dennoch B bei seiner Zugabe behaftet werden[26].

Gemäss § 41 ZPO kann auf Begehren eines Streitgenossen das Gericht die Aufteilung des Anspruchs oder der Verpflichtung unter den Streitgenossen feststellen. Es handelt sich dabei um ein blosses Feststellungsurteil über die quotenmässige Aufteilung; es erfolgt damit keine Zahlungsverpflichtung, wozu aus der Abwicklung der Sache heraus schon die Voraussetzungen nicht gegeben wären. Im späteren Regressprozess des zahlenden Solidarschuldners gegen den seinerzeitigen Mitbeklagten ist die vom Gericht des Erstprozesses vorgenommene Aufteilung im Sinne der res iudicata[27] verbindlich.

C. Notwendige Streitgenossenschaft

Die *notwendige Streitgenossenschaft* ist eine Erscheinung des materiellen Rechtes. Wer in notwendiger Streitgenossenschaft steht, dem ist es nicht anheim gestellt, ob er im Alleingang oder zusammen mit andern am Prozess teilnehmen wolle. Tut er

---

[26] Vgl. demgegenüber für das Prinzip der Gemeinsamkeit des Beweiserfolges JÜRG GEIGER, Streitgenossenschaft und Nebenintervention, Diss. Zürich 1969, 60. Unzulässig ist es natürlich, einen für mehrere durch subjektive Klagenhäufung zusammengefasste Parteien erhobenen Beweis für die Beurteilung der Klage des oder gegen den andern. Für die notwendige Streitgenossenschaft vgl. FRANK/STRÄULI/MESSMER, N 13 zu § 39 ZPO, GULDENER, 354.
[27] Vgl. § 26 hiernach.

es im Alleingang, obwohl das streitige Recht ihm mit andern zur gesamten Hand zusteht, so klagt nicht die richtige Partei, sondern gewissermassen nur ein Teil dieser Partei, somit die falsche Partei. Mehrere Personen müssen daher gemeinsam als Kläger auftreten oder als Beklagte belangt werden, wenn sie an einem Rechtsverhältnis beteiligt sind, über das für alle Beteiligten nur im gleichen Sinn entschieden werden kann[28].

> **Beispiel 27:**
>
> 25 K war Rechtsanwalt. Nach seinem Tode kassieren seine Erben die Honorarforderungen ein. B bestreitet eine solche. L, M und N als Erben des K bilden eine Erbengemeinschaft (Art. 602 ZGB). Solange nicht einer von ihnen (z.B. durch Erbteilungsvertrag) auf seinen Anteil an der Honorarforderung verzichtet hat, können sie nur gemeinsam als Kläger gegen B auftreten. Damit ist auch gesagt, dass nicht gegenüber L entschieden werden kann, die allen drei gemeinsam zustehende Forderung bestehe zu Recht, während die Klage gegenüber M und N abgewiesen wird[29].

26 Wie bei der Erbengemeinschaft, besteht notwendige Streitgenossenschaft bei der einfachen Gesellschaft (Art. 530 ff. OR) und Gemeinderschaft (Art. 336 ff. ZGB). Fehlt sie, so muss die Klage abgewiesen werden, doch steht einer später von allen Klägern neu erhobenen Klage die Einrede der abgeurteilten Sache[30] nicht entgegen, weil es sich ja mangels Identität der Partei nicht um die gleiche Klage handelt. Eine notwendige Streitgenossenschaft auf beklagter Seite in dem Sinne, dass man statt einer Person mehrere einklagen müsse, gibt es bei der Leistungsklage nicht[31].

---

[28] ZPO 39 Abs. 1. und Art. 70 ZPO CH.
[29] Zur Geltendmachung ererbter Urheberrechte vgl. BGE 121 III 118 ff.
[30] Vgl. § 26 hiernach.
[31] «Einer Forderungsklage gegenüber kommt ... die Einrede der mangelnden beklagten Streitgenossen überhaupt nicht in Frage. Das materielle Recht kennt keine Fälle, in denen eine obligatorische Verpflichtung nicht anders als durch eine gegen mehrere Personen gerichtete Klage geltend gemacht werden könnte. – Gesamthandschulden in dem Sinne, dass gegen alle Schuldner gemeinsam auf Erfüllung geklagt werden müsste, gibt es nicht. Miterben, Gemeinden, Gesellschafter haben solidarisch für die Erfüllung der Schulden der betreffenden Gemeinschaft einzustehen ... Schulden mehrere Personen eine unteilbare Leistung, so kann jede von ihnen auf Erfüllung eingeklagt werden ...» – «Ist eine dingliche Klage gegen den Besitzer zu richten (wie z.B. die rei vindicatio) und steht die Sache im Gesamtbesitz mehrerer Personen, so schliesst dieser Umstand die selbständige Klage gegen den einzelnen Besitzer nicht aus. Allerdings ist die Herausgabe der Sache in natura auf dem Wege der Zwangsvollstreckung nur zu erlangen, wenn übereinstimmende Urteile gegen sämtliche Besitzer vorliegen. Das schliesst aber nicht aus, dass gegen die einzelnen Besitzer getrennt geklagt wird, um so weniger, als das Urteil gegenüber einem einzelnen Besitzer nötigenfalls auf dem Weg der Umwandlung des Herausgabeanspruches in eine Geldforderung vollstreckt werden

Dagegen fällt notwendige Streitgenossenschaft auf Beklagtenseite in Betracht bei Gestaltungsklagen[32].

> **Beispiel 28:**
> K bildet mit B und C zusammen eine einfache Gesellschaft. Er möchte auf Auflösung derselben klagen. Da die Gesellschaft nicht gegenüber B aufgelöst werden und gegenüber C bestehen bleiben kann, muss er beide ins Recht fassen, es sei denn, der eine von ihnen schliesse sich dem K auf der Klägerseite an. In diesem Fall bleibt nur mehr der andere der beiden Partner als Beklagter übrig[33].

27

Ein fehlender Streitgenosse kann auch nach eingetretener Rechtshängigkeit noch als Kläger dem Prozess beitreten und die bereits erfolgten Prozesshandlungen genehmigen, um die Abweisung der Klage gegenüber dem allein als Kläger auftretenden Streitgenossen zu verhindern[34].

28

Im Unterschied zur subjektiven Klagenhäufung bedarf es bei der notwendigen Streitgenossenschaft einheitlicher Entscheidung gegenüber allen Streitgenossen, die als eine Partei zu betrachten sind. Rechtzeitige Prozesshandlungen eines Streitgenossen wirken auch für säumige Streitgenossen mit Ausnahme der Rechtsmittelerklärungen[35]. Man wird aber mehreren notwendigen Streitgenossen nicht verwehren können, getrennte Parteivorträge abzugeben. Enthalten diese Widersprüche, so wird den Streitgenossen unter der jeweiligen sich für den einzelnen Fall als geeignet anbieten-

29

---

kann» (GULDENER, Schweizerisches Zivilprozessrecht, 269 sowie 268 Anm. 34). Vgl. aber den Sonderfall der Hauptintervention § 12 und § 15 hiernach.

[32] Vgl. § 24 Rz 30–32 hiernach. Vgl. ferner den Fall der notwendigen passiven Streitgenossenschaft bei der Patentnichtigkeitsklage, ZR 76/1977 Nr. 59.

[33] Ebenso muss ein Erbteilungsanspruch gegen einen Miterben von allen übrigen Erben in notwendiger Streitgenossenschaft verfolgt werden. «Nur so lässt sich erreichen, dass das Urteil gegenüber allen Erben Recht schafft. Gibt aber ein Miterbe, der sich am Prozess nicht beteiligen will, zuhanden des Gerichtes die Erklärung ab, er anerkenne das Urteil, wie es auch ausfallen werde, als für sich ebenfalls verbindlich, so besteht kein Anlass, diese Erklärung abzulehnen, zumal das Urteil dann dank diesem antizipierten Abstand vom Prozess auch diesem Erben gegenüber vollstreckt werden kann» (BGE 100 II 441 Erw. 1 mit anschliessenden Zit.).

[34] Die Zivilprozessordnung enthält zwar keine bezügliche Bestimmung, doch ergibt sich diese Möglichkeit aus dem Zweck der Sache sowie aus § 108 ZPO. In diesem Sinne FRANK/STRÄULI/MESSMER, N 12 zu § 39 ZPO und dortige Zitate. Art. 24 Abs. 2 lit. a BZP sieht vor, dass das Gericht einen Dritten, der in der Rechtsgemeinschaft steht, beiladen kann (dazu MAX GULDENER, Die Beiladung, insbesondere im Bundeszivilprozessrecht, Festschrift für Hans Fritzsche, Zürich 1952, 25 ff.).

[35] ZPO 39 Abs. 2. «Gleich wie bei der Klageerhebung bedarf es aber auch bei der Ergreifung von Rechtsmitteln eines gemeinsamen Handelns» (Erläuterungen Amtsblatt 1971, 1899). Auf ein nicht von sämtlichen Streitgenossen erhobenes Rechtsmittel kann somit nicht eingetreten werden. Vgl. für das Verfahren in der Nichtigkeitsbeschwerde ZR 91/92 (1992/93) Nr. 76. Analog Art. 70 Abs. 2 ZPO CH.

den Androhung[36] Frist anzusetzen sein, um sie zu beheben[37]. Klagerückzug, Klageanerkennung und Vergleich bedürfen der Zustimmung sämtlicher Streitgenossen[38].

30 Naturgemäss ist hier auch keine Trennung in mehrere Prozesse möglich.

---

[36] GVG 196.
[37] Nach FRANK/STRÄULI/MESSMER, N 13 zu § 39 ZPO, können von Gesamthändern nur übereinstimmende Prozesshandlungen überhaupt berücksichtigt werden.
[38] Vgl. dazu im Einzelnen ZR 53/1954 Nr. 143 Erw. II/2.

§ 12   Die Hauptintervention

Wer am Streitgegenstand ein besseres, beide Parteien ganz oder teilweise ausschliessendes Recht behauptet, kann dieses als Hauptintervenient durch eine gegen beide Parteien gerichtete Klageschrift direkt bei dem Gericht geltend machen, vor welchem der Prozess erstinstanzlich rechtshängig ist[1].   1

Scheinbar kommt hier eine dritte Partei zu den bisherigen beiden. In Wirklichkeit liegt ein neuer Prozess vor: Der Hauptintervenient richtet seine Klage gegen beide bisherigen Prozessparteien; zwischen ihm und ihnen entsteht ein neuer Zweiparteienstreit[2]. Die Parteien des Erstprozesses bilden ihm gegenüber eine Streitgenossenschaft.   2

Die Hauptintervention kann auch dann stattfinden, wenn das Gericht an sich für den Anspruch des Hauptintervenienten nicht zuständig wäre, etwa wenn zwischen dem Intervenienten und dem Erstbeklagten eine Gerichtsstandsklausel oder eine Schiedsabrede besteht. Umgekehrt müsste ein Schiedsgericht des Erstprozesses auf die Hauptintervention eintreten, selbst wenn der Intervenient nicht Partei des Schiedsvertrages wäre. Demgegenüber bestimmt das Schweizerische Konkordat über die Schiedsgerichtsbarkeit in Art. 28 Abs. 1, dass Intervention und Streitverkündung eine Schiedsabrede zwischen dem Dritten und den Streitparteien voraussetzen[3]. Ein Sühnverfahren findet in keinem Falle statt. Die nunmehrige Formulierung besagt eindeutig, dass die Hauptintervention nur in erster Instanz erklärt werden kann[4]. Für die Weiterführung des Verfahrens stellt das Gesetz zwei Möglichkeiten einander gleichberechtigt gegenüber: Das Gericht kann den Prozess bis zur rechts-   3

---

[1] ZPO 43 Abs. 1; ZPO CH 73 Abs. 1.
[2] Vgl. § 1 Rz 9–11 hievor. Es handelt sich gewissermassen um einen *Prozess gegen den Prozess*. Dem Hauptintervenienten steht es nicht zu, Anträge zu stellen, die allein den Prozess zwischen den Beklagten (gemäss § 41 ZPO) betreffen (ZR 87/1988 Nr. 35). In der dortigen Absolutheit, die den Hauptintervenienten von der Unterstützung der einen beklagten Partei gegen die Klägerschaft ausschliessen will, ist der Entscheid des Handelsgerichts aber problematisch, ist es doch denkbar, dass jemand als Nebenintervenient des einen Beklagten auftritt und gleichzeitig für den Fall von dessen Unterliegen ein besseres Recht gegenüber dem Mitbeklagten beansprucht. Ob dies materiellrechtlich möglich sei, ist eine andere Frage.
[3] Überdies muss das Schiedsgericht der Intervention zustimmen (Konkordat 28 Abs. 2). Vgl. dazu HANS ULRICH WALDER, Die neuen Zürcher Bestimmungen über die Schiedsgerichtsbarkeit im Lichte des Konkordats, SJZ 72/1976, 257.
[4] Wobei es offenbar schon unter der früheren Fassung in § 40 aZPO (*anhängig gemacht worden ist* statt neu: *rechtshängig ist*) diese Meinung hatte (GULDENER, Schweizerisches Zivilprozessrecht, 2. Aufl., 287 Anm. 42). Kein Hindernis bedeutet es dagegen für die Hauptintervention, wenn bereits ein Rechtsmittelverfahren stattgefunden hat, das zu einer Rückweisung an die erste Instanz führte.

§ 12 Die Hauptintervention

kräftigen Erledigung der Klage des Hauptintervenienten einstellen oder die Verfahren vereinigen[5].

Beispiel 29:

4 K verlangt von B ein Automobil heraus mit der Behauptung, es dem B geliehen zu haben. B bestreitet dies und behauptet seinerseits, er habe es von H gekauft. H, als Zeuge aufgerufen, möchte selber in den Prozess eingreifen mit dem Hinweis darauf, er habe tatsächlich das Auto dem B verkauft; dieser sei jedoch mit den Abzahlungsraten derart in Verzug gekommen, dass er, H, vom Vertrag zurückgetreten sei und Rückgabe des Wagens verlange. K, der Eigentum daran beanspruche, habe das Auto lediglich in seinem, des H, Namen dem B überbringen müssen. Er, H, erkläre Hauptintervention.

5 Das Gericht wird zweckmässigerweise den Prozess zwischen K und B bis nach Erledigung der Hauptintervention des H sistieren. Denn wenn sich ergibt, dass B das Auto wirklich von H gekauft hat, ist dem Anspruch des K der Boden entzogen. (Durch Einbezug auch des K in den Prozess – im Sinne einer Feststellungsklage – wird die materielle Rechtskraft auf ihn erstreckt.)

Beispiel 30:

6 K fordert von B Fr. 10000.– als Lohn für zwei Monate. B bestreitet den Bestand der Forderung, weil er K zu Recht fristlos entlassen habe. Als Hauptintervenientin meldet sich Frau H mit der Begründung, von Ks Lohnguthaben seien ihr durch K monatliche Teilbeträge von Fr. 1000.– bis zur Zahlung von Fr. 15000.– abgetreten worden. Sie habe von K noch Fr. 4000.– zugut. K ist der Auffassung, das ganze Darlehen sei zurückbezahlt, die Lohnabtretung damit hinfällig geworden. Überdies sei diese nach Art. 325 Abs. 2 OR nichtig.

7 Das Gericht wird zweckmässigerweise die beiden Prozesse vereinigen und in einem einzigen Urteil entscheiden, ob B etwas zu zahlen hat und allenfalls ob und wie viel an K oder an Frau H.

8 Der gegenwärtige Bundeszivilprozess kennt keine Hauptintervention, und zwar weder im Beschwerdeverfahren noch im direkten Prozess vor Bundesgericht. Es leuchtet ein, dass im Rechtsmittelverfahren nicht jemand, der im Verfahren vor den kantonalen Instanzen, deren Entscheidung das Bundesgericht auf Bundesrechtmässigkeit überprüfen soll, gar nicht beteiligt war, zur Geltendmachung eigener Rechte eingreifen kann[6].

---

[5] ZPO 43 Abs. 2; ZPO CH 73 Abs. 2.
[6] Zum Beschwerderecht an sich vgl. Art. 76 BGG.

§ 13　Die Nebenintervention

Inhaltsverzeichnis　　　　　　　　　　　　　　　　　　　　　　　　　　　Seite

A. Die unselbständige Nebenintervention 169
　　I. Formelles 169
　　II. Materielles 174
B. Die selbständige Nebenintervention 175

A. Die unselbständige Nebenintervention

I. Formelles

Wer ein rechtliches Interesse daran glaubhaft macht, dass in einem zwischen anderen Personen rechtshängigen Prozess die eine Partei obsiege, kann sich ihr zur Unterstützung als Nebenintervenient anschliessen[1]. Der Nebenintervenient kommt also nicht wie der Hauptintervenient als selbständige Partei hinzu, um eigene Rechte wahrzunehmen, sondern er will eine der beiden Parteien im Prozess unterstützen, will dazu beitragen, dass der Prozess zu ihren Gunsten ausgehe, und zwar wegen der rechtlichen Konsequenzen, die der Prozessausgang auf seine Stellung zur einen Partei haben kann: Er wird zum *Streitgehilfen* der von ihm unterstützten Partei.[2]

Voraussetzung ist ein wenigstens glaubhaft gemachtes *rechtliches* Interesse des Nebenintervenienten, das auch ein mittelbares sein kann, wogegen ein bloss *wirtschaftliches* Interesse nicht genügt.[3]

> **Beispiel 31:**
>
> K verlangt von B eine Maschine zurück mit der Begründung, er habe sie ihm seinerzeit vermietet, der Mietvertrag sei abgelaufen. B will die Maschine nicht zurückgeben, weil er der Auffassung ist, es habe sich um einen Kauf-Mietvertrag gehandelt, durch dessen Abwicklung er Eigentümer der Maschine geworden sei.

1

2

3

---

[1]　ZPO 44 Abs. 1; ähnlich ZPO CH Art. 74.
[2]　Vgl. auch BZP 15.
[3]　FRANK/STRAEULI/MESSMER, N 5 zu § 44 ZPO mit Beispielen zu wirtschaftlichen bzw. ökonomischen Interessen (z.B. Zahlungsfähigkeit).

§ 13 Die Nebenintervention

4   Er hat diese inzwischen seinerseits an den N vermietet, N hat ein rechtliches Interesse daran, dass B im Prozess gegen K obsiegt, weil sonst möglicherweise die rechtliche Grundlage für seinen Besitz an der Maschine entfällt. Er kann ihn daher im Prozess gegen K als Nebenintervenient unterstützen[4].

Beispiel 32:

5   Im Vaterschaftsprozess des K gegen den B erklärt dessen Tochter X die Nebenintervention, weil sie vom Obsiegen des K eine Schmälerung ihrer Erbenstellung befürchten muss.

6   Das rechtliche Interesse ist zu bejahen.

Beispiel 33:

7   K klagt gegen B auf Erfüllung eines öffentlich beurkundeten Vertrages über eine Liegenschaft, den A, Vater und Erblasser des B, mit dem K abgeschlossen hat. B beantragt Abweisung der Klage mit der Begründung, es liege ein Rechtsgeschäft auf den Todesfall vor, sodass die Formen des Erbvertrages hätten gewahrt werden müssen (ZGB 512), was nicht geschehen sei. Der Staat Zürich befürchtet, dass er eventuell von K im Falle seines Unterliegens in Anspruch genommen werden könnte wegen unrichtigen Vorgehens des staatlichen Notars bei der Beurkundung und tritt dem Prozess als Nebenintervenient bei.

8   Das rechtliche Interesse ist zu bejahen.

Beispiel 33a:

9   Zwischen K und B schwebt ein Prozess über Erfüllung eines Kaufvertrages. B wendet Unverbindlichkeit desselben wegen Willensmängeln ein. N hat den Vertrag vermittelt und hat Anspruch auf eine Provision seitens des K, die im Falle der Abweisung der Klage wegen Unverbindlichkeit des Vertrages entfiele. Er kann deshalb K im Prozess gegen B unterstützen.

---

[4] Freilich könnte sich der von K direkt gegen ihn eingeleiteten Zwangsvollstreckung N mit dem Hinweis darauf widersetzen, dass der Herausgabeanspruch nur inter partes festgestellt sei, dass in Wirklichkeit trotz des die Klage des K gutheissenden Urteils B Eigentümer sei und er, N, in seinem von B abgeleiteten Besitze zu schützen sei (vgl. dazu GULDENER, Schweizerisches Zivilprozessrecht, 624 f., insbesondere 625 Anm. 52, aber auch 375, siehe § 26 Rz 106 hiernach). Ein rechtliches Interesse des N am Obsiegen des B kann aber schon darin liegen, dass er die eigene Inanspruchnahme verhindern kann (vgl. die Beispiele bei STEIN/JONAS/BORK, N 14 zu § 66 DZPO).

Beispiel 34:

Die Konkursmasse der K AG macht Verantwortlichkeitsansprüche gegen B als Verwaltungsrat jener Gesellschaft im Betrage von Fr. 500 000.– geltend. N, der dem B freundschaftshalber und ohne Sicherheit Fr. 20 000.– geliehen hat, glaubt, dass angesichts des Umstandes, dass das Vermögen des B Fr. 100 000.– beträgt, die Rückzahlung des Darlehens im Falle der Gutheissung der Schadenersatzklage gefährdet sein könnte. Er ist somit am Obsiegen des B im Prozess gegen die K AG interessiert, aber nur wirtschaftlich. Ein Anspruch auf Beteiligung als Nebenintervenient besteht somit nicht[5].

Angesichts der verhältnismässig seltenen Fälle von Nebenintervention kann man sich fragen, ob das Festhalten an solchen Unterscheidungen sinnvoll sei. Die Parteien haben aber Anspruch auf einen gewissen Schutz davor, dass sich Dritte ohne Not in ihre Angelegenheiten einmischen. Die Frage ist weitgehend dem richterlichen Ermessen anheimgestellt[6].

---

[5] Vgl. andererseits ZR 76/1977 Nr. 6: Zulassung des kollozierten Gläubigers als Nebenintervenient der Konkursmasse in dem von einem anderen Gläubiger gegen sie geführten Kollokationsprozess.
[6] Nach ZPO CH 75 Abs. 2 erster Satz entscheidet das Gericht über das Interventionsgesuch nach Anhörung der Parteien.

§ 13   Die Nebenintervention

12   Damit eine Nebenintervention überhaupt infrage kommen kann, muss der Prozess *zwischen anderen Personen rechtshängig* sein[7, 8]. Immerhin sind besonders Fälle denkbar, wo auch in einen Prozess eingegriffen werden kann, an welchem der Nebenintervenient bereits selber beteiligt ist, wie z.B. der zur eigenen Prozessführung nicht berechtigte Gesellschafter am Prozess der Gesellschaft (Kollektiv- oder Kommanditgesellschaft[9]). Über die Zulässigkeit der Nebenintervention hat das Gericht durch *prozessleitenden Beschluss bzw. prozessleitende Verfügung* zu entscheiden. Gegen die Zulassung oder Nichtzulassung eines Nebenintervenienten steht den Parteien kein selbständiges Rechtsmittel zu Gebote[10],

---

[7]   Vgl. dazu § 27 hiernach. Im Sühnverfahren sind also keine Nebenintervenienten zuzulassen. Fraglich ist, ob die Nebenintervention dazu dienen könne, ein ausserordentliches Rechtsmittel, also die Nichtigkeitsbeschwerde oder die Revision, gegen ein ohne Beteiligung des Nebenintervenienten ergangenes Endurteil zu ergreifen, denn im Zeitpunkt des Beitrittes des Nebenintervenienten ist keine Rechtshängigkeit mehr vorhanden (vgl. ZPO 286 Abs. 1, 294). Da indessen aufschiebende Wirkung erteilt und damit die Rechtslage wiederhergestellt werden kann, sollte der Nebenintervenient doch dieses Ziel verfolgen dürfen (gl.M. GULDENER, Schweizerisches Zivilprozessrecht, 307 Anm. 8). In diesem Sinne ist daher die Präzisierung zu verstehen, die § 44 Abs. 2 ZPO bringt: «Die Nebenintervention ist bis zur Erledigung des Prozesses und aller Rechtsmittel zulässig, ungeachtet dessen, ob die Partei selbst den Prozess fortzusetzen gedenke oder Rechtsmittel einreiche.» Genau genommen kann also der Nebenintervenient auch Revision einreichen mit der Begründung, die von ihm unterstützte Hauptpartei habe nach Ausfällung des rechtskräftigen Entscheides Tatsachen oder Beweismittel entdeckt, welche den Entscheid für sie günstiger gestaltet hätten (ZPO 293 Abs. 1), selbst wenn der Nebenintervenient selber zur Zeit der Rechtshängigkeit des Prozesses bereits im Besitze dieser Daten war. Hatte der Nebenintervenient keine Kenntnis von den Tatsachen oder Beweismitteln, wohl aber die von ihm unterstützte Partei, so ist sein Revisionsbegehren nicht zuzulassen.
Nicht vorgesehen ist die Nebenintervention im Beschwerdeverfahren vor Bundesgericht, doch ist zur Beschwerde in Zivilsachen berechtigt, wer vor Vorinstanz keine Möglichkeit zur Teilnahme erhalten hat (BGG 76 Abs. 1 lit. a) oder ein rechtlich geschütztes Interesse an der Aufhebung oder Abänderung des angefochtenen Entscheides hat (BGG 76 Abs. 1 lit. b). Hat schon am kantonalen Verfahren ein Nebenintervenient teilgenommen, so ist er zur Beschwerde legitimiert (BGE 78 II 46 E. 1a für die altrechtliche Berufung; für die Teilnahme als Berufungs-, nunmehr Beschwerdebeklagter vgl. BGE 89 II 188 f. E.2).

[8]   Im Beschwerdeverfahren gegen den Erbenvertreter ist die Nebenintervention nicht zulässig (ZR 78/1979 Nr. 53).

[9]   Vgl. OR 564, 603.

[10]   Der Rekurs nicht nach der Formulierung von § 271 Abs. 1 Ziff. 4 ZPO, die Nichtigkeitsbeschwerde nicht, weil praktisch nie gesagt werden könnte, es drohe ein schwer wiedergutzumachender Nachteil (ZPO 282 Abs. 1 Ziff. 1). Allerdings könnte der Tatbestand von § 282 Abs. 1 Ziff. 2 vorliegen, indem ein weitläufiges Verfahren bei sofortiger Anfechtungsmöglichkeit erspart werden könnte: Würde nämlich erst mit dem Rechtsmittel gegen das Endurteil die Zulassung eines Nebenintervenienten erreicht, so müsste das erstinstanzliche Verfahren wiederholt werden. Vgl. auch FRANK/STRÄULI/MESSMER, N 10 zu § 44 ZPO.
Nach Art. 75 Abs. 2 zweiter Satz ZPO CH ist der Entscheid über die Nebenintervention mit Beschwerde nach Art. 316 bis 325 anfechtbar; der Beschwerdeentscheid seinerseits (oder vorläufig ein kantonaler Rechtsmittelentscheid) ist nicht mit Beschwerde in Zivilsachen beim Bundesgericht

wohl aber kann der Nebenintervenient selber seine Nichtzulassung mit Rekurs anfechten[11].

Der Nebenintervenient nimmt den Prozess in der Lage auf, in der er ihn vorfindet[12]. 13
Er kann zugunsten der unterstützen Partei Angriffs- und Verteidigungsmittel vorbringen und Rechtsmittel einlegen[13]. Das Vorgebrachte gilt als von der Hauptpartei erklärt, soweit es von ihr nicht ausdrücklich bestritten wird oder mit ihren Prozesshandlungen in Widerspruch steht[14]. Der Prozess darf durch den Beitritt des Nebenintervenienten nicht wesentlich verzögert werden[15].

Im Übrigen gilt Folgendes: 14

1. Der Nebenintervenient kann nichts unternehmen gegen Rückzug, Anerkennung der Klage oder Vergleichsabschluss seitens der von ihm unterstützten Hauptpartei. Diese bleibt Herrin des Prozesses[16].
2. Ebenso wenig kann er etwas dagegen unternehmen, dass die Hauptpartei ein (selbst vom Nebenintervenienten allein erklärtes) Rechtsmittel zurückzieht, denn sie bleibt auch hier Herrin des Prozesses[17].
3. Umgekehrt kann der Nebenintervenient nicht den Streitgegenstand verfügen, indem er selber die Klage zurückzieht, anerkennt, einen Vergleich abschliesst oder ein von der Hauptpartei erklärtes Rechtsmittel zurückzieht.

---

anfechtbar, weil die Zulassung oder der Ausschluss eines Nebenintervenienten keinen nicht wiedergutzumachenden Nachteil bewirken kann (BGG 93 Abs. 1 lit. a) und die Gutheissung der Beschwerde darüber nicht geeignet wäre, sofort einen Endentscheid herbeizuführen (BGG 93 Abs. 1 lit. b).

[11] ZPO 273, 283.
[12] ZPO 45 Abs. 1; ähnlich ZPO CH 76 Abs. 1. Ein Litisdenunziat, der dem Prozess nicht als Nebenintervenient beitritt, ist nicht in das Rubrum des gerichtlichen Entscheides aufzunehmen (28. Juni 2005, Obergericht Zürich, ZR 107/2008 Nr. 12).
[13] ZPO 44 Abs. 2; ZPO CH 76 Abs. 1. Die Hauptpartei kann in der allein vom Nebenintervenienten erklärten Berufung eigene Anträge stellen. Es ist ihr aber auch im Sinne von § 45 Abs. 2 ZPO Gelegenheit zu geben, Vorbringen des Nebenintervenienten im Berufungsverfahren zu bestreiten (ZR 80/1981 Nr. 40).
[14] ZPO 45 Abs. 2; Erheben die Beklagten in der Klageantwort keine Unzuständigkeitseinrede, so lassen sie sich auf das Verfahren ein. Die Unzuständigkeitseinrede der Nebenintervenientin setzt sich damit in Widerspruch zur Einlassung durch die Beklagten. Somit gilt die Unzuständigkeitseinrede nicht als von der Beklagten erklärt (15. Mai 2007, Handelsgericht Zürich, ZR 107/2008 Nr. 11). Das ist aber problematisch im Hinblick auf den in ZPO CH 16 vorgesehenen Gerichtsstand für die Streitverkündungsklage. Die beklagte Partei des Erstprozesses kann damit zulasten ihres Streitberufenen einen neuen Gerichtsstand kreieren.
[15] ZPO 45 Abs. 3. Der Nebenintervenient hat beispielsweise keinen Anspruch auf zusätzliche Fristerstreckungen, welche die Hauptpartei für sich nicht beantragt hat, oder auf Verschiebung von Tagfahrten. Das ist indessen durch Aufnahme des Wortes «wesentlich» in den Gesetzestext relativiert worden.
[16] Wohl aber könnte der Nebenintervenient die Hauptpartei bei Anfechtung des von ihr abgeschlossenen Vergleiches unterstützen.
[17] Vgl. ZR 61/1962 Nr. 78.

§ 13 Die Nebenintervention

4. Der Nebenintervenient hat Anspruch auf Zustellung der Vorladungen und übrigen richterlichen Verfügungen[18].
5. Der Nebenintervenient kann nur eine der Prozessparteien in ihrer Prozessführung unterstützen. Er wird daher auch Streitgehilfe genannt. Dagegen ist ihm verwehrt, Angriffs- oder Verteidigungsmittel aus seiner Person geltend zu machen.
6. Gemäss § 48 ZPO kann die Hauptpartei dem Nebenintervenienten überlassen, den Prozess auf eigene Kosten fortzusetzen[19]. In diesem Falle haftet der Nebenintervenient für die bereits entstandenen Kosten solidarisch neben der früheren Partei, für künftige Kosten dagegen allein[20].

II. Materielles

15 Das deutsche Recht nennt folgende besondere Wirkung der Nebenintervention (§ 68 DZPO):

«Der Nebenintervenient wird im Verhältnis zu der Hauptpartei mit der Behauptung nicht gehört, dass der Rechtsstreit, wie er dem Richter vorlegen habe, unrichtig entschieden sei; er wird mit der Behauptung, dass die Hauptpartei den Rechtsstreit mangelhaft geführt habe, nur insoweit gehört, als er durch die Lage des Rechtsstreits zur Zeit seines Beitritts oder durch Erklärungen und Handlungen der Hauptpartei verhindert worden ist, Angriffs- oder Verteidigungsmittel geltend zu machen, oder als Angriffs- oder Verteidigungsmittel, die ihm unbekannt waren, von der Hauptpartei absichtlich oder durch grobes Verschulden nicht geltend gemacht sind.

16 Man nennt dies sogenannte *Interventionswirkung*. In der schweizerischen Lehre wurden bisher die Interventionswirkung und die Wirkungen der Streitverkündung nicht voneinander unterschieden[21]. Die Intervention entfaltet Wirkungen auf den Intervenienten, falls er auch als Streitberufener hievon betroffen würde.

17 Die «freiwillig» erfolgte Nebenintervention hat im schweizerischen Recht nur insofern besondere rechtliche Konsequenzen, als von ihrem Zeitpunkt an die Frage, ob

---

[18] Das ergibt sich für die Vorladungen e contrario aus § 176 Abs. 2 GVG, wo der Litisdenunziat, der dem Prozess nicht beigetreten ist, nur auf Verlangen und gegen Bezahlung der Kosten zum Bezug der Vorladungen berechtigt erklärt wird, für die Endentscheide und die dem Rekurs unterliegenden Zwischenentscheide aus § 185 GVG, wo von Parteien schlechthin die Rede ist, also auch die Nebenparteien gemeint sein müssen.
[19] Nach FRANK / STRÄULI / MESSMER, N 2 zu § 48 ZPO, kann aber die Hauptpartei jederzeit in den Prozess zurückkehren, was in Ansehung von § 67 Abs. 2 ZPO als problematisch erscheint.
[20] ZPO 67 Abs. 2. Eine Kostenpflicht des den Prozess nicht übernehmenden Nebenintervenienten besteht nicht; er hat bei Obsiegen der von ihm unterstützten Hauptpartei auch keinen Entschädigungsanspruch. Diese Lösung wird auch vom Bundesgericht gebilligt (BGE 105 II 296 f. Erw. 9); Art. 104 Abs. 3 ZPO CH sieht jedoch eine Prozesskostenteilung auf mehrere am Prozess beteiligte Personen als Haupt- oder Nebenintervenient vor. Sie können auch solidarisch kostenpflichtig werden.
[21] Vgl. § 14 Rz 6–19 hiernach.

der Streit verkündet worden bzw. ob dies rechtzeitig geschehen sei, irrelevant wird, weil sich ja der Nebenintervenient bereits im Prozess befindet.

Die Angleichung der Wirkungen der Streitverkündung bei Nichtteilnahme am Prozess an jene der Nebenintervention wird im deutschen Recht durch § 74 Abs. 3 DZPO erreicht, wo es heisst:

«In allen Fällen dieses Paragraphen sind gegen den Dritten die Vorschriften des § 68 mit der Abweichung anzuwenden, dass statt der Zeit des Beitritts die Zeit entscheidet, zu welcher der Beitritt infolge der Streitverkündung möglich war.»

Nach Art. 77 ZPO CH wirkt ein für die Hauptpartei ungünstiges Ergebnis des Prozesses auch gegen die intervenierende Person, es sei denn,

a. sie sei durch die Lage des Prozesses zur Zeit ihres Eintritts oder durch Handlungen oder Unterlassungen der Hauptpartei verhindert gewesen, Angriffs- und Verteidigungsmittel geltend zu machen; oder
b. ihr unbekannte Angriffs- oder Verteidigungsmittel seien von der Hauptpartei absichtlich oder grobfahrlässig nicht geltend gemacht worden.

B. Die selbständige Nebenintervention

Ergibt sich aus dem Gesagten die grundsätzliche Unselbständigkeit der Nebenintervention, so kennt das Bundeszivilprozessrecht auch die selbständige (unabhängige) Nebenintervention: «Wird jedoch das Urteil kraft materiellen Rechts unmittelbar auch für die Rechtsbeziehungen des Intervenienten zur gegnerischen Partei wirksam sein, so ist dieser in seinen Prozesshandlungen von der unterstützten Partei unabhängig»[22].

> **Beispiel 35:**
>
> K hat gegen die B AG auf Anfechtung eines Generalversammlungsbeschlusses geklagt. Der Aktionär N hört davon. Da er gleicher Auffassung ist wie K, möchte er diesen in seiner Prozessführung unterstützen. Da die Klagefrist für ihn bereits abgelaufen ist, tut er es in Form der Nebenintervention.
>
> Das die Klage gutheissende Urteil würde den streitigen Beschluss mit Wirkung für alle Aktionäre aufheben, somit «unmittelbar für die Rechtsbeziehungen des Intervenienten zur gegnerischen Partei wirksam sein».

---

[22] BZP 15 Abs. 3.

§ 14 Die Streitverkündung

Inhaltsverzeichnis Seite

A. Formelles 177
B. Materielle Wirkungen der Streitverkündung 180
    I. Die Voraussetzungen der Urteilswirkung 180
        1. Das zwischen zwei Parteien ergangene rechtskräftige Urteil, dessen Existenz Ansprüche einer Partei an einen Dritten zu begründen oder Ansprüche eines Dritten gegen eine Partei zu beeinträchtigen geeignet ist 180
            a) Eignung, um Ansprüche einer Partei zu begründen 181
            b) Eignung, um Ansprüche eines Drittens zu beeinträchtigen 181
        2. Rechtzeitige Streitverkündung 181
        3. Fehlendes Verschulden am ungünstigen Prozessausgang 182
    II. Umfang der Urteilswirkung 182
        1. Für das Urteil notwendig Entscheidungsgründe 182
        2. Entscheidungsgründe, welche den Dritten belasten 183
    III. Einreden aus dem Grundverhältnis zwischen Streitverkünder und Streitberufenem 183
C. Anwendungsfälle 184
        1. Rechtsgewährleistung 184
        2. Sachgewährleistung 184
        3. Solidarschuldnerschaft 185
        4. Haftpflichtversicherung 185
        5. Solidarbürgschaft 185
        6. Stellvertretung 185
        7. Hinterlegung und verwandte Tatbestände 186
        8. Analoge Anwendung in anderen Rechtsgebieten 186
D. Weitere Fragen 186
        1. Folgen unterlassener Streitverkündung 186
        2. Form der Teilnahme am Erstprozess 187
        3. Folgen der Nichtbeteiligung am Erstprozess 187
        4. Die Streitverkündungsklage 187

A. Formelles

Sucht der Nebenintervenient von sich aus Teilnahme an einem fremden Prozess, so verhält es sich bei der Streitverkündung anders: Eine Prozesspartei – wir bezeichnen sie in diesem Zusammenhang als Hauptpartei – verkündet einem bisher nicht beteiligten Dritten den Streit. Sie tut dies, weil sie diesen Dritten ihrerseits belangen will, falls sie im bereits hängigen Prozess unterliegen sollte, oder, was der seltenere Fall ist, weil sie in einem später vom Dritten gegen sie angestrengten Prozess aus dem negativen Ausgang des jetzt hängigen Prozesses Einwendungen herleiten

1

möchte[1]. Streitverkündung ist die vom Streitverkünder ausgehende Aufforderung an einen Dritten, den Streitberufenen, ihn, den Streitverkünder, im anhängigen Prozess zu unterstützen. Sie kann formlos (am besten schriftlich) oder durch Vermittlung des Gerichtes erfolgen[2, 3]. Da die Teilnahme des Streitberufenen am Prozess absolut freiwillig ist und im anhängigen Prozess selber aus der Nichtteilnahme keine Konsequenzen entstehen, wird nicht geprüft, ob die streitverkündende Partei an der Streitverkündung ein Interesse habe[4]. Der Streitberufene seinerseits ist berechtigt, dem Prozess *als Nebenintervenient* beizutreten, ohne dass er ein Interesse am Prozessausgang darzutun hat[5]. Denkbar ist, dass der Streitberufene seinerseits einen Vierten belangen könnte und diesem im Hinblick darauf ebenfalls den Streit verkündet: «Der Litisdenunziat ist zu weiterer Streitverkündung berechtigt»[6].

2 Ist Streitverkündung erfolgt, so bestehen für den Streitverkünder zwei Möglichkeiten: Er kann den Prozess selber weiterführen und sich vom Streitberufenen – wenn dieser beitritt – unterstützen lassen[7], oder er kann die Fortsetzung des Prozesses ganz

---

[1] ZPO 46 Abs. 1; ZPO CH 78 Abs. 1. Ähnliche Formulierung in BZP 16 Abs. 1.

[2] Sobald das Gericht von der Streitverkündung Kenntnis erhält, fasst es einen prozessleitenden Beschluss, der nach dem Formularbuch der Gerichtsschreiber (Zivil 2.1) wie folgt lautet:
«1. Dem St. Wird eine Frist von 10 Tagen ab Zustellung dieses Beschlusses angesetzt, um schriftlich in …facher Ausfertigung zu erklären, ob er dem Prozess als Nebenintervenient beitrete. Stillschweigen gilt als Verzicht auf den Prozessbeitritt. Im Falle des Beitrittes ist es Sache des Klägers (bzw. Beklagten), St. über den Stand des Verfahrens zu unterrichten.
2. Schriftliche Mitteilung an St. und an die Parteien.»
Art. 16 Abs. 3 BZP sagt, dass – wenn die Anzeige durch den Richter zugestellt werde – sie die Gründe der Benachrichtigung (d.h. der Streitverkündung) anzugeben habe. Grundlage dafür sind die Angaben der Partei, die dieser indessen nicht zwingend vorgeschrieben sind. Eine solche Grundangabe kann auch nicht immer abschliessend sein.

[3] Die Streitverkündung kann vom Streitverkünder nicht widerrufen werden (ZR 78/1979 Nr. 15 Erw. 3).

[4] ZPO 46 Abs. 2.

[5] ZPO 47. Unterlässt ein Streitberufener, dem von mehreren Hauptparteien der Streit verkündet wurde, zu erklären, welcher von ihnen er sich anschliesse, so ist er vom Gericht hierüber zu einer Erklärung anzuhalten; unterlässt er gleichwohl die Abgabe einer entsprechenden Erklärung, so haben seine Vorbringen unberücksichtigt zu bleiben (ZR 78/1979 Nr. 15 Erw. 2.3).

[6] ZPO 46 Abs. 3, ZPO CH 78 Abs. 2. Ähnlich BZP 16 Abs. 2. Materielle Wirkungen kann eine solche Streitverkündung kaum entfalten: zwischen der Hauptpartei und dem (Zweit-)Streitberufenen nicht, weil sie nicht von der Hauptpartei ausging, zwischen dem Erst- und dem Zweitstreitberufenen nicht, weil kein den Erststreitberufenen direkt bindendes Urteil ergehen kann, welches der Streitverkündung wegen sich auf den Zweitstreitberufenen auszuwirken vermöchte.

[7] ZPO 48 Satz 1. Tritt der Streitberufene nicht ein, so hat der Streitverkünder ein Recht, den Prozess fortzuführen und hat gegen ihn ein Säumnisurteil nicht zu ergehen, solange er nicht endgültig und ausdrücklich darauf verzichtet hat, den Prozess fortzuführen (ZR 79/1980 Nr. 136). Entgegen meiner hierüber bereits in der 2. Auflage geäusserten klaren Stellungnahme wird unter der Behauptung, ich erörtere die Frage nicht weiter, und unter der Berufung auf FRANK/STRÄULI/MESSMER, N 2 zu § 48 ZPO, in ZR 78/1980 Nr. 136 die Auffassung vertreten, eine die Fortsetzung des Prozesses dem Streitberufenen überlassende Hauptpartei könne, wenn derselbe nicht in den Prozess eintritt, nicht

dem Streitberufenen auf dessen Kosten überlassen. Der Entscheid lautet dann freilich gleichwohl auf den Namen der Hauptpartei, denn blosse Streitverkündung bewirkt keinen Parteiwechsel im Sinne von § 15 hiernach. Bezüglich der Kosten gilt in einem solchen Falle dennoch § 67 Abs. 2 ZPO, wonach auch dann, wenn ein Gläubiger, Intervenient oder Litisdenunziat die Fortsetzung des Prozesses übernimmt, er für die bereits entstandenen Kosten solidarisch neben der früheren Partei haftet, für künftige Kosten dagegen allein. Über die Frage, ob Prozesskosten dem Streitverkünder vom Streitberufenen zu ersetzen sein werden, wird in der Auseinandersetzung zwischen diesen beiden (Zweitprozess) entschieden[8].

Einzelne Kantone haben vorgesehen, dass der Streitverkünder die Entscheidung der *Regressfrage,* d.h. der Auseinandersetzung mit dem Streitberufenen, statt einen Zweitprozess anzustrengen, noch im Rahmen des Erstprozesses verlangen könne oder diese sogar von Amts wegen angeschlossen werde[9]. Der Kanton Zürich hat – im Unterschied zum Fall der Streitgenossenschaft – von einer solchen Regelung abgesehen[10]. 3

Soweit Form und Verfahren infrage stehen, ist die Streitverkündung Sache des Zivilprozessrechtes, wobei jedoch die kantonalen Rechte im Hinblick auf die materiellrechtliche Bedeutung der Streitverkündung dieses Instrument zur Verfügung stellen müssen und seine Handhabung nicht übermässig erschweren dürfen. 4

---

peremptorisiert werden, denn der Streitverkünder, der die Führung des Prozesses dem Denunzianten überlassen wolle, sei weder säumig geworden «noch ohne Interesse und Engagement bezüglich des Prozessausgangs». Man fragt sich, was mit «Interesse und Engagement» allein im Zivilprozess zu wollen ist. Wer die Fortführung des Prozesses unterlässt und deswegen z.B. die Klage nicht beantwortet, weil er sich auf die Regressmöglichkeit gegenüber seinem Streitberufenen verlässt, ist ebenso säumig wie derjenige, der aus anderen Gründen oder ohne jeden Grund auf Stellungnahme verzichtet. Der Streitberufene wiederum erhält Gelegenheit, die Rechte der Hauptpartei wahrzunehmen; hat sich diese zu Unrecht auf ihn verlassen, so muss sie die Folgen tragen, ohne dass, wie es offenbar im Entscheid die Meinung hat, abzuwarten wäre, welche Erklärung der Streitberufene abgibt. Dass eine Rückkehr des Streitverkünders in den Prozess nur in der Lage möglich ist, in welcher er sich im Zeitpunkt der bezüglichen Erklärung befindet, davon wird auch im erwähnten Entscheid ausgegangen. Aber es gibt nur ein Säumnisverfahren, und die Säumnisfolgen treten ein, sobald nicht entweder der Streitverkünder oder der Streitberufene die erwartete Prozesshandlung vornimmt. Die Möglichkeit des Wiedereintritts des Streitverkünders hat damit direkt nichts zu tun.

[8] Der Begriff *Zweitprozess* wird hier anstelle des sonst gebräuchlichen Wortes *Regressprozess* verwendet, weil nicht stets ein Regress vorliegt, der Streitverkünder vielmehr auch vom Streitberufenen belangt werden kann (vgl. das in Rz 27 angeführte Beispiel).

[9] *Basel-Stadt* ZPO 23 ff., *Waadt* ZPO 88, *Wallis* ZPO 58.

[10] Vgl. zur damit verbundenen Problematik POUDRET/WURZBURGER, N 2 zu Art. 88 CPC.

B. Materielle Wirkungen der Streitverkündung

5   Die Konsequenzen der Streitverkündung und ihrer Unterlassung auf das Verhältnis zwischen Streitverkünder einerseits und Streitberufenem anderseits liegen im materiellen Recht[11]. Das Urteil des Erstprozesses erhält durch die Tatsache, dass eine Streitverkündung stattfand, gewisse Wirkungen für die Entscheidung des Zweitprozesses. In demselben ist dem Streitberufenen grundsätzlich die Einwendung abgeschnitten, wonach das Urteil des Erstprozesses unrichtig sei, der Streitverkünder, der aus seinem Unterliegen nunmehr Ansprüche gegen den Streitberufenen ableitet, vielmehr hätte obsiegen müssen[12]. Es ergibt sich allerdings, dass der Grundsatz Einschränkungen erleiden muss. Zunächst kann folgende Regel aufgestellt werden.

I. Die Voraussetzungen der Urteilswirkung

6   Ein zwischen zwei Parteien ergangenes rechtskräftiges Urteil, dessen Existenz Ansprüche einer Partei an einen Dritten zu begründen oder Ansprüche eines Dritten gegen eine Partei zu beeinträchtigen geeignet ist, wirkt auch zwischen dieser Partei und dem Dritten, sofern die Partei im betreffenden Zivilprozess rechtzeitig den Streit verkündet hat, es sei denn, die Partei habe den ungünstigen Prozessausgang selber verschuldet.

1. Das zwischen zwei Parteien ergangene rechtskräftige Urteil, dessen Existenz Ansprüche einer Partei an einen Dritten zu begründen oder Ansprüche eines Dritten gegen eine Partei zu beeinträchtigen geeignet ist

7   Wann einem Urteil solche Wirkungen zukommen können, ergibt sich aus dem Privatrecht. Mit der Formulierung «geeignet ist» wird gesagt, dass durchaus denkbar ist, dass das Urteil im Einzelfalle aus irgendeinem besonderen Zusammenhang nicht genügt, um für sich allein den Anspruch zu begründen oder zu beeinträchtigen. Soll-

---

[11] Es war nicht immer ganz selbstverständlich, dass diese Frage vom materiellen Recht (abschliessend) geregelt wird, weshalb sich in einzelnen kantonalen Zivilprozessordnungen auch darüber Bestimmungen fanden oder heute noch finden: *Bern* ZPO 51, *Zug* ZPO 29 Abs. 2, *Basel-Stadt* ZPO 21, *Basel-Land* ZPO 46, Abs. 2, 47 Abs. 3, *Appenzell-A.Rh.* ZPO 57 Abs. 4, *Appenzell-I.Rh.* ZPO 68 Abs. 3, *Tessin* ZPO 60 in Verbindung mit 55, *Jura* ZPO 50. *Aargau* ZPO 61 sagt jetzt ausdrücklich, die Wirkungen der Unterlassung der Streitverkündung, ihrer Befolgung oder Nichtbefolgung, bestimme das Zivilrecht.

[12] Vgl. dazu im Einzelnen MAX GULDENER, Über die materiellen Wirkungen der Streitverkündung, ZSR NF 1949, 235 ff.

te es aber Grundlage dafür bilden, so hätte die besondere Urteilswirkung für die Entscheidung des Zweitprozesses einzutreten.[13]

a) **Eignung, um Ansprüche einer Partei zu begründen**

Beispiel 36:

A hat B ein Auto übergeben, das dieser an C vermietet hat. A verlangt das Auto von C heraus, weil er Eigentümer sei. Er habe es dem B geliehen. B seinerseits behauptet, es von A gekauft und dadurch Eigentum erworben zu haben. Obsiegt A im Prozess gegen C und muss dieser das Auto an A herausgeben, so können Ansprüche des C gegen B aus dem nicht erfüllten Mietvertrag entstehen, wenn nicht der Mietvertrag ohnehin abgelaufen ist bis zu dem Zeitpunkt, da C das Auto aufgrund des Urteils an A herausgeben muss. Hat C dem B den Streit verkündigt, so wirkt das von A erwirkte Urteil im Schadenersatzprozess des C gegen B insofern, als B nicht sagen kann, C hätte das Auto nicht herausgeben müssen, da A nicht mehr Eigentümer gewesen sei, das Urteil im Prozess A gegen C sei falsch.

8

b) **Eignung, um Ansprüche eines Drittens zu beeinträchtigen**

Beispiel 37:

Im vorstehenden Beispiel 36 ist es nicht C, der Schadenersatz verlangt, sondern B klagt gegen C auf den seit Rückgabe des Autos an A nicht mehr bezahlten Mietzins. Auf die Einwendung des C, er habe ja das Auto an A herausgeben müssen, kann B, wenn ihm von C der Streit verkündigt worden ist, nicht einwenden, das Urteil, das C zur Herausgabe verpflichtete, sei falsch.

9

2. Rechtzeitige Streitverkündung

Die Wirkung tritt ein, sofern die Partei im betreffenden Zivilprozess *rechtzeitig den Streit verkündet hat.*

10

Rechtzeitig bedeutet, dass die Streitverkündung in einem Moment erfolgen musste, da der Streitberufene noch etwas zur Erzielung eines günstigen Urteils beitragen konnte.

11

---

[13] BGE 134 III 27: Zum Gerichtsstand der Streitgenossenschaft bei doppelrelevanten Tatsachen (Art. 6 Ziff. 1 LugÜ, Art. 129 Abs. 3 IPRG und Art. 7 Abs. 1 GestG), Gefahr sich widersprechender Urteile.

> **Beispiel 38:**
>
> 12 Im vorstehenden Beispiel 36 bzw. 37 genügt für die Herstellung der Urteilswirkung, wenn C dem B den Streit um das Auto vor der mündlichen Hauptverhandlung verkündigt hat (nach derselben kann auch ein Streitberufener keine neuen Behauptungen vorbringen.[14]

3. Fehlendes Verschulden am ungünstigen Prozessausgang

13 Die Wirkung tritt ein, es sei denn, die Partei habe den ungünstigen Prozessausgang selber verschuldet.

> **Beispiel 39:**
>
> 14 Im vorstehenden Beispiel 36 bzw. 37 tritt die Wirkung dann nicht ein, wenn C im Verlaufe des Erstprozesses die Behauptung des A, dem B das Auto geliehen zu haben und Eigentümer geblieben zu sein, als richtig anerkennt. Da hilft auch die Streitverkündung nicht, weil B als blosser Nebenintervenient sich nicht mit C in Widerspruch setzen darf. An einen solchermassen entstandenen Prozessausgang ist B nicht gebunden.

II. Umfang der Urteilswirkung

15 Die Wirkung beschränkt sich auf für das Urteil notwendige Entscheidungsgründe, welche den Dritten belasten.

1. Für das Urteil notwendig Entscheidungsgründe

> **Beispiel 40:**
>
> 16 D hat als Vertreter des E mit F einen Vertrag abgeschlossen. Als F gegen E auf Erfüllung klagt, bestreitet dieser jede Vertragsvollmacht des D. Das gibt F gegen D Ansprüche aus Art. 39 Abs. 1 OR. Verkündet F dem D rechtzeitig den Streit, so kann dieser im nachfolgenden Schadenersatzprozess nicht einwenden, das Urteil, das von fehlender Vollmacht ausgeht, sei unrichtig. Steht aber in diesem

---

[14] ZPO 114.

die Klage von F gegen E abweisenden Urteil auch noch, dass den nicht bevollmächtigten D ein Verschulden treffe, was zusätzliche Ansprüche aus Art. 39 Abs. 2 OR auslöst, so war diese Feststellung im Verhältnis zwischen F und E nicht notwendig, um über jene Klage zu entscheiden. Es war deshalb nicht erforderlich, dass sich D als Streitberufener dazu auslasse. Diese Feststellung wird demnach von der Urteilswirkung im Zweitprozess nicht betroffen; die Verschuldensfrage kann neu geprüft werden.

2. Entscheidungsgründe, welche den Dritten belasten

Beispiel 41:

Im vorstehenden Beispiel 40 wird die Vollmachtsfrage offengelassen. Die Klage wird abgewiesen, weil gar keine übereinstimmende Willensäusserung zwischen F und D zustande gekommen sei. In diesem Fall gibt es keine Urteilswirkung, weil der Grund, der zur Klageabweisung führte, den Streitberufenen nicht belastet. Hier könnte man geradeso gut sagen, es liege überhaupt keine Eignung des Ersturteils zur Begründung irgendwelcher Ansprüche gegen den Streitberufenen vor.

17

III. Einreden aus dem Grundverhältnis zwischen Streitverkünder und Streitberufenem

Ausserdem stehen dem streitberufenen Dritten in der Auseinandersetzung mit der streitverkündenden Partei die direkten Einreden aus seinem Verhältnis zu derselben nach wie vor zu Gebote.

18

In Beispiel 40 hat das Gericht im Erstprozess die Klage des F gegen E mangels Vollmacht des D abgewiesen. Im späteren Prozess des F gegen D kann letzterer, auch wenn er rechtzeitig in den Streit gerufen wurde, ohne Weiteres einwenden, die Forderung des F gegen ihn sei inzwischen verjährt oder F hätte den Mangel der Vollmacht kennen sollen[15].

19

---

[15] OR 39 Abs. 1.

§ 14 Die Streitverkündung

C. Anwendungsfälle

20 Die Verpflichtung zum Beistand im Erstprozess bei Gefahr, sonst dessen Ergebnis gegen sich gelten lassen zu müssen, ergibt sich für den Streitberufenen aus den Regeln von Treu und Glauben. Ausdrücklich geregelt hat das Gesetz nur die Fälle der Rechtsgewährleistung. Der Entwurf zur Schweizerischen Zivilprozessordnung verweist in Art. 78 auf Art. 75 über die Interventionswirkung. Entsprechend wird Art. 193 OR angepasst. Das ändert jedoch nichts daran, dass die Frage eine materiellrechtliche ist.

1. Rechtsgewährleistung (Art. 171, 192 ff., 234 Abs. 1, 238, 248 Abs. 2, 259 f., 288, 365 Abs. 1 OR)

21 Gegenüber dem Käufer, Tauschpartner, Mieter oder Besteller einer Sache wird von einem Dritten ein Recht geltend gemacht, das den Verkäufer zur Gewährleistung verpflichtet. Das ist das Thema des Zweitprozesses zwischen Käufer, Mieter, Besteller und Verkäufer (Vermieter, Unternehmer). Bei rechtzeitiger Streitverkündung kann der Verkäufer nicht mehr geltend machen, der Dritte hätte mit seinem Anspruch abgewiesen werden müssen. *Ausnahme:* Der Käufer hat das Urteil durch Absicht oder grobe Fahrlässigkeit verschuldet[16]. Das gilt auch für die Abtretung (Art. 171 OR), die einfache, die Kollektiv- und die Kommanditgesellschaft (Art. 531, 557, 598 OR) wie für den Erbteilungsvertrag (Art. 637 ZGB).

2. Sachgewährleistung (Art. 197 ff., 238, 259d, 288, 367 ff. OR)

22 Die Regelung ist analog anzuwenden, wenn der Käufer oder Besteller die Sache (sei es weiterverarbeitet oder in gleichem Zustand) an einen Dritten veräussert, der wegen Mängeln, die auf den Verkäufer zurückgehen, beim Käufer Wandelung oder Minderung verlangt. Dasselbe ist möglich bei Untervermietung. Rechts- und Sachgewährleistung dürfen die meisten Streitverkündungsfälle verursachen[17].

---

[16] Die Verwendung des Begriffes der bösen Absicht oder groben Fahrlässigkeit in Art. 193 Abs 2 kann nicht auf die anderen Fälle materieller Wirkung der Streitverkündung einfach übertragen werden, sondern hat nur dort Bedeutung, wo das Gesetz die Regeln des Kaufvertrages ausdrücklich angewendet wissen will, also beim Tausch (OR 238) und beim Werkvertrag (OR 365 Abs. 1). Sonst muss es, wie übrigens auch bei der Sachgewährleistung, genügen, dass der Streitverkünder den ungünstigen Prozessausgang verschuldet hat (vgl. GULDENER, zit. Anm. 11, 244, ferner BGE 90 II 407 ff.).

[17] Entgegen der Meinung VON BÜRENS (98 Anm. 26) kann Art. 145 Abs. 2 OR nicht die umfassende Bedeutung zukommen, dass bei Unterlassung der Einrede über die Existenz der Schuld die Mitschudner nicht regresspflichtig sind, weil sie in Wahrheit gar nicht Schuldner und durch nachfolgende Zahlung nicht von einer Verpflichtung befreit worden sind. Art. 145 Abs. 2 OR ist nur ein Anwendungsfall der Regel, wonach die unterlegene Partei im Zweitprozess das eigene Verschulden

3. Solidarschuldnerschaft (Art. 148 Abs. 2 OR)

Der Gläubiger belangt einen von mehreren Solidarschuldnern. Wird dieser verurteilt, so nimmt er im Zweitprozess auf die andern Regress. Bei rechtzeitiger Streitverkündung können die Mitverpflichteten unter Vorbehalt der bekannten, im Folgenden jeweils nicht mehr ausdrücklich angeführten Ausnahmen nicht mehr geltend machen, die Forderung des Gläubigers hätte im Erstprozess ganz oder teilweise abgewiesen werden müssen.

23

4. Haftpflichtversicherung

Der Geschädigte belangt den Haftpflichtigen. Ist dieser gegen Haftpflicht versichert, so kann der Versicherer, dem rechtzeitig der Streit verkündigt wurde, nicht geltend machen, die Schadenersatzklage hätte ganz oder teilweise abgewiesen werden müssen, es sei zu Unrecht Schadenersatz bezahlt worden.

24

5. Solidarbürgschaft

Ist der Solidarbürge (Art. 496 OR) vom Gläubiger belangt worden, so gilt für den Rückgriff auf den Hauptschuldner im Zweitprozess (Art. 507 OR) im Wesentlichen das für die Solidarschuldnerschaft Gesagte.

25

6. Stellvertretung

Der eine Vertragspartner belangt den andern aus einem durch Stellvertretung beim Rechtsgegner angeblich abgeschlossenen Vertrag. Ergibt sich, dass es sich beim «Stellvertreter» um einen vollmachtlosen handelte, so haftet dieser als falsus procurator dem, der sich auf die Existenz des Vertrages verliess (Art. 39 Abs. 1 OR). Hat auf die Einwendung des Rechtsgegners hin, wonach eine Vollmacht nicht vorgelegen habe, der Kläger dem angeblichen Vertreter den Streit verkündigt, so kann dieser im Zweitprozess unter Vorbehalt der bekannten Ausnahmen nicht mehr geltend machen, im Erstprozess sei zu Unrecht fehlende Vollmacht angenommen worden.

26

---

am Prozessausgang auf sich nehmen muss, ungeachtet einer rechtzeitigen Streitverkündung. Hatte aber der Mitschuldner Gelegenheit, im Erstprozess eine (ihm bekannte) allen gemeinsam zustehende Einrede geltend zu machen, und unterliess er dies, so kann die Unterlassung auch dem Streitverkünder nicht zum Verschulden gereichen.

7. Hinterlegung und verwandte Tatbestände

27 Jemand übergibt einem andern einen Gegenstand zur Aufbewahrung oder mit dem Auftrag, einen Verkauf zustande zu bringen (Art. 472 ff., 425 ff. OR). Ein Dritter will den Gegenstand beim Aufbewahrer vindizieren. Hat dieser dem Übergebenden den Streit verkündigt, so kann letzterer im Zweitprozess unter Vorbehalt der bekannten Ausnahmen nicht mehr geltend machen, im Erstprozess sei zu Unrecht der Aufbewahrer zur Herausgabe an den Dritten verurteilt worden (im Zweitprozess wird der, welcher den Gegenstand übergab, als Kläger aus dem Aufbewahrungsvertrag auftreten mit dem Ziel, Schadenersatz für den nicht mehr vorhandenen Gegenstand zu erlangen). Ähnlich verhält es sich beim Prätendentenstreit um Forderungen, wenn der vom einen Prätendenten belangte Schuldner dem andern den Streit verkündigt.

8. Analoge Anwendung in anderen Rechtsgebieten

27a In BGE 112 V 261 ff. wurde gesagt, das Bundesrecht schliesse für den Arbeitgeber die Möglichkeit aus, einen Regressanspruch gegenüber einem haftpflichtigen Dritten im Rahmen des von der Ausgleichskasse eingeleiteten Verfahrens mittels einer Streitverkündung geltend zu machen.

D. Weitere Fragen

1. Folgen unterlassener Streitverkündung

28 Wird im Erstprozess die Streitverkündung unterlassen oder zu spät vorgenommen, entfaltet sie grundsätzlich keine Wirkungen[18]. Für die Fälle der Rechtsgewährleistung enthält jedoch Art. 193 Abs. 3 OR folgende Besonderheit:

> «Ist sie (die Streitverkündung) ohne Veranlassung des Verkäufers unterblieben, so wird dieser von der Verpflichtung zur Gewährleistung insoweit befreit, als er zu beweisen vermag, dass bei rechtzeitig erfolgter Streitverkündung ein günstigeres Ergebnis des Prozesses zu erlangen gewesen wäre.»

29 Das bedeutet: Der ungünstige Ausgang des Erstprozesses wirkt sich immer noch auf den Zweitprozess aus. Aber der Verantwortliche im Zweitprozess mag einwenden, bei rechtzeitiger Streitverkündung hätte man den Erstprozess gewinnen können, er, der Verantwortliche, hätte dafür gesorgt. Das muss er aber beweisen.

---

[18] GULDENER (zit. Anm. 12), 247 Anm. 36: «Wenn die Streitverkündung zu spät erfolgt (oder überhaupt unterblieben) ist, kann der Streitverkünder den Beweis dafür antreten, dass das Urteil objektiv richtig sei.»

2. Form der Teilnahme am Erstprozess

In der Regel wird der Streitberufene am Prozess in der Stellung eines Nebenintervenienten teilnehmen. Er ist alsdann Partei, eine sogenannte Nebenpartei, die im Protokoll des Prozesses aufgeführt wird und den Streitverkünder durch eigene Anträge und Ausführungen unterstützt[19]. Es besteht jedoch auch die Möglichkeit, dass der Streitberufene den Prozess allein weiterführt, nachdem sich der Streitverkünder desselben entschlagen hat[20]. Ausserhalb des Institutes der Streitverkündung können die Parteien vereinbaren, dass der Streitberufene den Streitverkünder im Prozess als Stellvertreter vertritt. Unter Umständen mag den Beteiligten auch eine rein interne Beratung des Streitverkünders genügen[21].

30

3. Folgen der Nichtbeteiligung am Erstprozess

Beteiligt sich der Streitberufene in keiner der oben angeführten Formen am Erstprozess, so kann das für sich allein keine nachteiligen Folgen haben. Entscheidend ist allein der Ausgang des Erstprozesses, den der Streitberufene gegen sich gelten lassen muss (vorbehältlich der oben Rz 10–14 aufgezeigten Ausnahmen), ob er nun daran teilgenommen habe oder nicht. Ist der Erstprozess (auch ohne Mitwirkung des Streitberufenen) zugunsten des Streitverkünders ausgegangen, so ist für den Streitverkünder keine Beeinträchtigung seiner Rechte eingetreten; der Zweitprozess findet naturgemäss gar nicht statt.

31

4. Die Streitverkündungsklage

Art. 79 und 80 des Entwurfes zur Schweizerischen Zivilprozessordnung übernehmen die in den Kantonen *Waadt, Wallis* und *Genf* bereits geltende Streitverkündungsklage, mit welcher das Regressthema im gegen die streitverkündende Partei angehobenen Prozess behandelt werden kann.

32

---

[19] Vgl. für die Stellung im Einzelnen oben § 13 Rz 1–14.
[20] Diese Form der Beteiligung am Prozess ist eher selten. Sie ändert nichts an der Stellung des Streitberufenen, schaltet aber die Möglichkeit des Widerspruchs mit der Hauptpartei aus.
[21] Das kann dann sinnvoll sein, wenn der Streitberufene als Zeuge in Betracht kommt, vgl. ZR 53/1954 Nr. 6, 62/1963 Nr. 48 sowie unten § 29 Rz 28.

33 Die beiden bezüglichen Bestimmungen lauten:

Art. 81 ZPO CH Grundsätze

¹ Die streitverkündende Partei kann ihre Ansprüche, die sie im Falle des Unterliegens gegen die streitberufene Person zu haben glaubt, beim Gericht, das mit der Hauptklage befasst ist, geltend machen.
² Die streitberufene Partei kann keine weitere Streitverkündungsklage erheben[22].
³ Im vereinfachten und im summarischen Verfahren ist die Streitverkündungsklage unzulässig.

Art. 82 ZPO CH Verfahren

¹ Die Zulassung der Streitverkündungsklage ist mit der Klageantwort oder mit der Replik im Hauptprozess zu beantragen. Die Rechtsbegehren, welche die streitverkündende Partei gegen die streitberufene Partei zu erheben gedenkt, sind zu nennen[23] und kurz zu begründen.
² Das Gericht gibt der Gegenpartei sowie der streitberufenen Partei Gelegenheit zur Stellungnahme.
³ Wird die Streitverkündungsklage zugelassen, so bestimmt das Gericht Zeitpunkt und Umfang des betreffenden Schriftenwechsels. Artikel 125 bleibt vorbehalten[24].
⁴ Der Entscheid über die Zulässigkeit der Klage ist mit Beschwerde anfechtbar.

35 Dabei wird die Streitverkündungsklage gemäss Art. 16 ZPO CH dem Litisdenunzianten am Gerichtsstand des Litisdenunzianten zugemutet, bevor dieser überhaupt seinen «Hauptprozess» verloren hat. Wie der Streitberufene in eben diesem Prozess seine bereits als Prozessgegner gerüstete Hauptpartei unterstützen soll, wäre von jenen, die mit dieser Klage in den Kantonen *Waadt*, *Wallis* und *Genf* Erfahrung haben, näher zu erläutern, bevor man diese in Art. 8 GestG lediglich als Bestandesgarantie für diese Kantone gedachte Zuständigkeit[25] schweizweit einführt.

---

[22] Nach Art. 78 Abs. 2 ZPO CH kann die streitberufene Partei zwar den Streit weiter verkünden, doch ist ihr die Streitverkündungsklage gemäss Art. 79 Abs. 2 verwehrt. Das kann sich aber nur auf einen (das Verfahren unerwünscht verkomplizierenden) zweiten Streitverkündungsprozess im Gefolge des «Hauptprozesses» (Erstprozesses) beziehen. Gegenüber der erhobenen Streitverkündungsklage ist die betreffende Person nicht mehr streitberufene, sondern beklagte Partei und muss sie so gut den Streit verkünden können, wie wenn die Klage gegen sie separat vom Erstprozess eingeleitet worden wäre.

[23] Diese Nennung bewirkt noch nicht die Rechtshängigkeit des Zweitprozesses.

[24] Art. 125 ZPO CH lautet:
Zur Vereinfachung des Prozesses kann das Gericht insbesondere;
a. das Verfahren auf einzelne Fragen oder auf einzelne Rechtsbegehren beschränken;
b. gemeinsam eingereichte Klagen trennen;
c. selbstständig eingereichte Klagen vereinigen;
d. eine Widerklage vom Hauptverfahren trennen.»

[25] Franz Kellerhals/Nicolas von Werdt/Andreas Güngerich, Gerichtsstandsgesetz, Kommentar zum Bundesgesetz über den Gerichtsstand in Zivilsachen, Bern 2005, N 1 zu Art. 8 GestG.

§ 15 Parteiwechsel und Prozessbeitritt

Inhaltsverzeichnis Seite

A. Parteiwechsel 189
    I. Einzelnachfolge 189
    II. Konkurs und Tod, Untergang 194
        1. Konkurs 194
        2. Tod, Untergang 195
    III. Höchstpersönliche Ansprüche 196
B. Prozessbeitritt 196

A. Parteiwechsel

I. Einzelnachfolge

Die Frage, was zu geschehen habe, wenn das Streitobjekt während der Dauer der 1 Rechtshängigkeit veräussert wird, kann auf unterschiedliche Weise gelöst werden. Denkbar ist es, dass etwa ein die Forderung abtretender Kläger den Prozess zu Ende führen muss, ohne dass (angesichts des Verlustes seiner materiellen Berechtigung) die Klage noch geschützt werden könnte[1]. Das führt zu Unzukömmlichkeiten[2,3]. Das seit 1977 im Kanton Zürich geltende Recht vereinfacht die Situation, indem § 49 Abs. 1 ZPO bestimmt:

> «Büsst eine Partei das eingeklagte Recht ein oder wird sie von der eingeklagten Verpflichtung frei, weil sie den Streitgegenstand während des Prozesses veräussert, so ist der Erwerber berechtigt, an ihrer Stelle in den Prozess einzutreten.»[4]

---

[1] Für die Ermöglichung einer Gutheissung der Klage in dem Sinne, dass nicht an die ursprüngliche Partei, sondern an den Rechtsnachfolger zu leisten sei, GULDENER, Schweizerisches Zivilprozessrecht, 292. Diese von FRANK/STRÄULI/MESSMER, N 5 zu § 49 ZPO befürwortete Lösung bei Nichteintritt des Erwerbers ist der Klageabweisung (so VOGEL/SPÜHLER, 5. Kapitel Rz 109) mit nacheriger erneuter Klageeinleitung durch den Erwerber vorzuziehen; geradezu unhaltbar ist nach einem nicht publizierten Entscheid des Bundesgerichts, I. Zivilabteilung, vom 14. Dezember 1994 keine der beiden Ansichten.

[2] Der Bundeszivilprozess sieht allerdings in Art. 21 Abs. 2 Satz 2 vor, dass die Veräusserung der im Streite liegenden Sache oder die Abtretung des streitigen Anspruchs während der Rechtshängigkeit ohne Einfluss auf die Legitimation zur Sache bleibt.

[3] ZR 61/1962 Nr. 88.

[4] In ähnlichem Sinne ZPO CH 83 Abs. 1. Eintritt in den Prozess ist auch bezüglich eines Teils der Forderung möglich (ZR 87/1988 Nr. 48). Eine Sicherheitsleistung des Mieters geht bei Übergang des Mietverhältnisses jedoch nicht ohne Weiteres auf den Erwerber über. Die Pflicht zur Hinterlegung der Mietzinskaution trifft jenen Vermieter, der die Kaution vom Mieter oder Veräusserer des Mietobjekts im Sinne von Art. 261 OR erhalten hat (BGE 127 III 273).

> **Beispiel 42:**
>
> 2 K hat gegen B auf Bezahlung von Fr. 7500.– geklagt. Während des Prozesses tritt er die eingeklagte Forderung für Fr. 3000.– dem C ab. Damit verliert K zivilrechtlich seine Berechtigung an der eingeklagten Forderung. Prozessrechtlich könnte er den Prozess dennoch weiterführen (Prozessführungsbefugnis; er ist aber nicht anerkannt als Prozessstandschafter), freilich ohne Aussicht darauf, die Fr. 7500.– noch zugesprochen zu erhalten. An seiner Stelle kann nun jedoch C in den Prozess als Kläger eintreten, der damit neben der durch die Abtretung gewonnenen Sachlegitimation auch die Prozessführungsbefugnis erhält. Beides ist wieder in einer Hand vereinigt.

> **Beispiel 43:**
>
> 3 K ist Eigentümer einer Liegenschaft. Er erhebt gegenüber seinem Nachbarn B Klage auf Duldung eines Wegrechtes in grösserem Umfange, als es B zugestehen will. Während der Pendenz des Prozesses verkauft K seine Liegenschaft an L. Zwar wird nicht der Streitgegenstand veräussert (die Liegenschaft des K ist sowenig Streitgegenstand wie diejenige des B[5]), aber K verliert die Legitimation zur Geltendmachung des Wegrechtes, da diese von seinem Eigentum an der Liegenschaft abhängig ist: Durch Veräusserung der Liegenschaft büsst K gleichzeitig «das eingeklagte Recht» ein. Deshalb kann L durch eine einfache Erklärung in den von K begonnenen Prozess eintreten.

Zediert der Kläger im Laufe des Prozesses die von ihm eingeklagte Forderung an einen Dritten, so fällt seine Aktivlegitimation dahin und es ist die Klage abzuweisen, sofern der Erwerber der Forderung nicht in den Prozess eintritt[6].

4 § 49 ZPO bezieht sich aber auch auf den Beklagten: «Wird sie (die Partei) von der eingeklagten Verpflichtung frei, weil sie den Streitgegenstand während des Prozesses veräussert, so ist der Erwerber berechtigt, an ihrer Stelle in den Prozess einzutreten», heisst es in § 49 Abs. 1 ZPO. Ob Veräusserung des Streitgegenstandes wirklich Befreiung von der eingeklagten Verpflichtung bedeutet, ist allerdings eine Frage des Privatrechts.

---

[5] Vgl. demgegenüber die ausdehnende Definition des Streitgegenstandes bei FRANK/STRÄULI/MESSMER, N 2 zu § 48 ZPO.
[6] 29. September 1994, Kassationsgericht des Kantons Zürich, ZR 95/1996 Nr. 66.

> **Beispiel 44:**
>
> B hat seine Liegenschaft dem K verkauft, weigert sich aber, zur Übertragung Hand zu bieten und überträgt sie zu einem höheren Preis auf den A. Es kann keine Rede davon sein, dass B nunmehr von der eingegangenen Verpflichtung frei wäre und A statt seiner zur Übertragung der Liegenschaft auf K verpflichtet werden könnte[7].
>
> Alsdann besteht auch kein Anlass, den A in den Prozess eintreten zu lassen: Kann B nicht mehr in natura leisten, so wird er dem K gegenüber zu Schadenersatz verpflichtet, den dieser entweder durch Klageänderung (ZPO 61 Abs. 1) oder im Vollstreckungsverfahren (ZPO 309) geltend machen kann.

5

6

> **Beispiel 45:**
>
> Im Beispiel 43 mit dem Wegrecht hat nicht K, sondern B seine Liegenschaft veräussert. Mit Veräusserung der Liegenschaft des B geht auch dessen Verpflichtung, das Wegrecht zu dulden, auf den Erwerber (C) über. Dieser ist deshalb ohne Weiteres berechtigt (aber nicht verpflichtet), in den Prozess einzutreten (ZPO 49 Abs. 1)

7

Für *Beispiel 45* gilt: Tritt der Erwerber nicht ein, sondern wird der Prozess gegen den Veräusserer weitergeführt, so sind bezüglich des die Klage gutheissenden Urteils[8] drei Möglichkeiten zu prüfen:

8

a) Das Urteil wird auch gegenüber dem Erwerber der *materiellen Rechtskraft*[9] teilhaftig.

b) Das Urteil wird gegenüber dem Erwerber nicht der materiellen Rechtskraft teilhaftig. Der Kläger muss eine neue Klage gegen den Erwerber erheben.

c) Das Urteil wird gegenüber dem Erwerber nicht der materiellen Rechtskraft teilhaftig, der Veräusserer haftet jedoch als obligatorisch Verpflichteter für dessen Beachtung. Bei Nichtbeachtung durch den Erwerber beantragt der Kläger Umwandlung in Schadenersatz (ZPO 309). Der veräussernde Beklagte kann sich

---

[7] BGE 75 II 136 f., vgl. auch ALBERT MÜLLER, Die Beeinträchtigung fremder Forderungen als Delikt im Sinne von OR 41 Abs. 1, Zürcher Beiträge zur Rechtswissenschaft Bd. 467, Zürich 1975, insbesondere 93.

[8] Eine Gutheissung der Klage gegen den Veräusserer kommt überhaupt nur in Betracht, wenn es sich entweder um eine obligatorische Verpflichtung handelt oder die Veräusserung dem Gericht nicht rechtzeitig zur Kenntnis gelangt ist. In den anderen Fällen kann die Klage (vgl. dazu unten bei Anm. 14) gegenüber dem Nichteigentümer mangels Passivlegitimation nicht geschützt werden.

[9] Vgl. dazu § 26 hiernach.

sichern, indem er dem Erwerber bei der Veräusserung die Verpflichtung aus dem allenfalls ergehenden Urteil überbindet.

9 Die Variante a) scheidet aus, weil es nicht möglich ist, den Erwerber, der keine Gelegenheit hatte, sich im Prozess zu verteidigen, zu einer Leistung an den Kläger (auch das Dulden ist eine Leistung) zu verpflichten[10]. Ob die Variante b) oder c) erfolgversprechender ist, muss der Kläger K nach ergangenem Urteil entscheiden. Grundsätzlich sind beide Wege denkbar. Beginnt er einen neuen Prozess gegen C, so wird eine gewisse faktische Bindung des Urteils im Prozess gegen B nicht zu verkennen sein.

10 Eine besondere Rechtslage besteht bei *Gestaltungsurteilen*[11]. Ein Gestaltungsurteil über Rechte an einem Gegenstand, z.B. einer Liegenschaft, kann ohnehin nur gegenüber derjenigen Person ergehen, die im Zeitpunkt des Urteils am Gegenstand dinglich berechtigt ist. Trifft dies nicht mehr zu, so fehlt es an der Passivlegitimation. Mangels Eintrittes des Erwerbers in den Prozess – es wird z.B. auf Eintragung einer Dienstbarkeit im Grundbuch geklagt[12] – muss die Klage abgewiesen werden[13, 14].

11 Abzuweisen ist die Klage auch in anderen Fällen, in denen die Passivlegitimation während des Prozesses dahinfällt, sofern der neu Legitimierte nicht in den Prozess eintritt. Es braucht sich nicht um eine Rechtsnachfolge zu handeln.

Beispiel 46:

12 B ist gesetzlicher Erbe des E. In einem ersten Testament hat jedoch E den A zu seinem Alleinerben gemacht und in einem zweiten dem C ein hohes Legat ausgesetzt. A macht gegenüber C Ungültigkeit des zweiten Testamentes wegen fehlender Testierfähigkeit des Erblassers geltend und setzt der Klage des C auf Bezahlung der Legatsumme die entsprechende Einrede entgegen.

13 Inzwischen hat sich B auf den Standpunkt gestellt, dass das erste Testament an einem Formmangel leide. Er erhebt Testamentsungültigkeitsklage gegen A, welche rechtskräftig gutgeheissen wird. Da A nicht mehr Erbe des E ist, wird er von der Verpflichtung auf Auszahlung des Legates befreit[15], die Klage wäre gegen B fortzusetzen. Formell bedeutet dies:

---

[10] Vgl. § 26 Rz 92–94 hiernach.
[11] Vgl. dazu § 24 Rz 30–32 hiernach.
[12] MEIER-HAYOZ, N 6 Art. 665 ZGB:
[13] Für den Sonderfall bei Sicherung gemäss Art. 960 Ziff. 1 ZGB vgl. MEIER-HAYOZ, N 11 zu Art. 665 ZGB.
[14] Entgegen dem in den Erläuterungen, Amtsblatt 1971, 1900, erweckten Eindruck konnte sich auch nach bisherigem Recht der Veräusserer nicht einfach des Prozesses entschlagen.
[15] Hier wird bedeutsam, dass der Sachverhalt und die Rechtslage im Zeitpunkt des Urteils massgebend sind (ZPO 188 Abs. 1). Infolge der Ex-tunc-Wirkung der Testamentsanfechtung müsste die Klage allerdings auch ohne diese Bestimmung abgewiesen werden.

> 1. Zufolge Entfallens der Passivlegitimation ist die gegen A gerichtete Klage des C abzuweisen.
> 2. Durch Eintritt des B in den Prozess kann dies verhindert werden, doch ist B dazu nicht verpflichtet; es kann für ihn sogar nachteilig sein, wenn A den Prozess nicht sorgfältig geführt hat.

Erfolgt eine Abtretung bzw. ein Parteiwechsel, um eine Kautionspflicht zu umgehen, so bleibt die Kautionspflicht für die neu eintretende Partei bestehen, selbst wenn für sie sonst kein Kautionsgrund vorläge[16]. 13a

Gemäss § 49 Abs. 2 ist «im Übrigen»[17] – unter Vorbehalt der Bestimmungen über die Gesamtnachfolge – ein Parteiwechsel nur mit Zustimmung aller bisherigen Parteien zulässig[18]. Es ist auch für den Kläger nicht immer vorteilhaft, wenn statt des bisherigen Gegners ein anderer den Prozess weiterführt. 14

> **Beispiel 47:**
>
> K klagt gegen B auf Begleichung der Forderung x. B macht geltend, die Forderung stehe nicht K, sondern C zu. Im Laufe des Prozesses bemerkt K, dass der Standpunkt von B richtig ist. Mit Zustimmung des B kann C anstelle von K in den Prozess eintreten[19]. 15

---

[16] ZR 76/1977 Nr. 42; 13. Mai 2000, Kassationsgericht des Kantons Zürich, ZR 99/2000 Nr. 109.
[17] Vgl. zur ganzen Problematik WALTER BISCHOFBERGER, Parteiwechsel im Zivilprozess unter besonderer Berücksichtigung des deutschen und des zürcherischen Zivilprozessrechts, Diss. Zürich 1973. Bei den Worten «wird sie von der eingeklagten Verpflichtung frei, weil sie den Streitgegenstand während des Prozesses veräussert», ist zu beachten, dass die Veräusserung des Streitgegenstandes nicht ohne Weiteres von der eingeklagten Verpflichtung befreit. Andererseits kann die Verpflichtung auf einen Rechtsnachfolger übergehen, ohne dass deswegen eine Veräusserung des Streitgegenstandes stattgefunden hätte: K hat das Automobil des B repariert. Eine Restforderung des K ist umstritten. B veräussert das Automobil an C, und im Kaufvertrag wird vereinbart, dass C die Forderung des K, soweit durch Urteil festgestellt, zur Zahlung nebst dem übrigen Kaufpreis übernimmt und K den B aus der Schuldpflicht entlässt. B ist von der eingeklagten Verpflichtung frei geworden, aber nicht, weil er den Streitgegenstand veräussert hat (das Automobil war nie Streitgegenstand). Dennoch muss C in den bereits pendenten Prozess anstelle des B eintreten können, in diesem Falle aber nur mit Zustimmung der bisherigen Parteien (ZPO 49 Abs. 2), die sich aufdrängen dürfte.
[18] Von Bundesrechts wegen wird der Konkursgläubiger durch eine «Abtretung» nach Art. 260 SchKG in die Lage versetzt, anstelle der Masse als Partei in einem bereits hängigen Prozess einzutreten und diesen auf eigene Rechnung und Gefahr weiterzuführen (BGE 105 III 138).
[19] Vgl. auch BGE 118 Ia 29, besprochen von OSCAR VOGEL in ZBJV 130/1994, 349.

II. Konkurs und Tod, Untergang

16 Da die Fälle von Konkurs und Tod bundesrechtlich geordnet sind, werden sie in der Zivilprozessordnung nicht besonders behandelt[20].

1. Konkurs

17 Gerät eine Partei in Konkurs, so ist das Verfahren gemäss Art. 207 SchKG einzustellen und der Konkursverwaltung eine Frist anzusetzen, um sich über die Fortsetzung des Prozesses zu erklären[21]. Die Weiterführung eines Aktivprozesses erfolgt auf den Namen der Konkursmasse[22, 23].

18 Streitige Forderungen, welche im Zeitpunkt der Konkurseröffnung bereits Gegenstand eines Passivprozesses bilden (auch der Aberkennungsprozess, in dem der Schuldner Kläger ist, gehört zu den Passivprozessen[24]), sind im Kollokationsplan zunächst ohne Verfügung der Konkursverwaltung lediglich pro memoria vorzumerken[25]. Wird der Prozess weder von der Masse noch von einzelnen Gläubigern nach Art. 260 SchKG fortgeführt, so gilt die Forderung als anerkannt, und die Gläubiger haben kein Recht mehr, ihre Kollokation nach Art. 250 SchKG anzufechten[26]. Wird der Prozess dagegen weitergeführt, so erfolgt je nach dessen Ausgang die Streichung der Forderung oder ihre definitive Kollokation, welche von den Gläubigern ebenfalls nicht mehr angefochten werden kann[27].

---

[20] Vgl. dazu aZPO 49. Heute gilt einfach der in ZPO 49 Abs. 2 enthaltene «Vorbehalt der Bestimmungen über die Gesamtnachfolge».

[21] Zivilprozesse, in welchen der Konkursit Kläger oder Beklagter ist, werden gemäss Art. 207 Abs. 1 SchKG eingestellt und können erst zehn Tage nach der zweiten Gläubigerversammlung wieder aufgenommen werden. Die Frist, um sich über die Fortsetzung zu erklären, läuft der Konkursverwaltung jeweils bis zehn Tage nach der zweiten Gläubigerversammlung; in welcher der Entscheid zu fällen ist. Vgl. dazu ZR 76/1977 Nr. 125. Zu den Kosten- und Entschädigungsfolgen nach Ablehnung des Eintretens der Konkursmasse in den Prozess vgl. ZR 77/1978 Nr. 45.

Ausgenommen von dieser Regelung sind einerseits Entschädigungsklage wegen Ehr- und Körperverletzungen sowie familienrechtliche Klagen (SchKG 207 Abs. 4) und anderseits die dringlichen Fälle (SchKG 207 Abs. 1, Einleitung). Für den Begriff der Dringlichkeit ist nicht entscheidend, ob der Prozess im einfachen und raschen Verfahren geführt wird. Demnach sind Lohnprozesse unabhängig vom Streitwert nach Konkurseröffnung einzustellen (29. März 2007, Bundesgericht I. zivilrechtliche Abteilung, BGE 133 III 384 E. 7.2, offenbar zustimmend Geiser/Häfliger, SJZ 104/2008, 346 f. Ziff. II/6)

[22] Zur Konkursmasse vgl. oben § 8.

[23] Die Prozesskosten werden bei Aufnahme durch die Masse zu Massaverbindlichkeiten (vgl. Fritzsche/Walder, § 52 Rz 19). Die Weiterführung von Prozessen durch die Masse ist eher selten.

[24] Für die Klage nach Art. 85a SchKG vgl. Walder, Rechtsbehelfe, 432 ff.

[25] KOV 63 Abs. 1.

[26] KOV 63 Abs. 2.

[27] KOV 63 Abs. 3.

Das frühere Recht sah noch vor, dass die konkursite Person einen Prozess, dessen   19
Weiterführung von der Masse bzw. der Konkursverwaltung abgelehnt wird[28], selbständig weiterführen könne[29]. Die Praxis hat dies, soweit es um Passivprozesse ging, für bundesrechtswidrig erklärt[30]. Mit Bezug auf Aktivprozesse ist dies nie gesagt worden; dennoch hat das neue Recht die Frage nicht mehr erwähnt. Es besteht im Grunde genommen auch kein Bedürfnis für eine solche Regelung. Grundsätzlich fällt jede vom Schuldner eingeklagte Forderung in die Konkursmasse. Fehlt es am Interesse an der Aufnahme des Prozesses bei ihr oder bei den einzelnen zur Stellung des Begehrens nach Art. 260 SchKG berechtigten Gläubigern, so ist der bestmögliche Gegenwert auf dem Wege der Versteigerung für die Gläubiger zu realisieren[31].

2. Tod, Untergang

Nach dem Tod einer Partei ist der Prozess zu sistieren, bis feststeht, von wem der   20
Nachlass angetreten wird. Alsdann treten Erben, die den Nachlass übernehmen, oder der Willensvollstrecker für ihre Rechnung ohne Weiteres als Kläger oder Beklagte in den pendenten Prozess ein[32, 33].

Der vorbehaltlose Eintritt der Erben in einen Passivprozess könnte als Einmischung   21
in die Angelegenheiten der Erbschaft im Sinne von Art. 571 Abs. 2 ZGB erscheinen. Um den Erben eine Neubeurteilung des Verfahrens zu ermöglichen, ist bei Tod einer

---

[28] In beiden Fällen besteht die Möglichkeit, den Prozess an Abtretungsgläubiger im Sinne von Art. 260 SchKG zur Weiterführung zu übertragen. Obgleich deren Eintritt in den Prozess nicht auf Gesamtnachfolge gestützt werden kann (Gesamtnachfolger wäre höchstens die Masse) und auch keine Veräusserung des Streitgegenstandes vorliegt, sondern eine Art «mandatum in rem suam» (es besteht eine Abrechnungspflicht der Abtretungsgläubiger gegenüber der Masse und überdies ist die «Abtretung» jeweils befristet), kann sich der Prozessgegner dem Eintritt der Abtretungsgläubiger in den Prozess nicht widersetzen. Beim Aktivprozess besteht sodann die Möglichkeit einer Versteigerung des Anspruches. Alsdann ergibt sich das Recht des Ersteigerers zum Prozesseintritt aus § 49 Abs. 1 ZPO. Es ist dem Richter verwehrt, deshalb auf einen Entscheid zurückzukommen und ihn aufzuheben, weil ihm nachträglich zur Kenntnis kommt, dass über eine der Parteien während des Verfahrens der Konkurs eröffnet wurde, was bei rechtzeitiger Kenntnis zur Einstellung des Prozesses geführt hätte (ZR 75/1976 Nr. 88).
[29] Siehe aZPO 48 Abs. 2.
[30] ZR 69/1970 Nr. 109, 71/1972 Nr. 78. An meiner in Prozesserledigung geäusserten gegenteiligen Ansicht kann ich nicht festhalten.
[31] So jetzt ausdrücklich Art. 260 Abs. 3 SchKG.
[32] Hier scheint eine Ausnahme gegenüber dem in § 11 Rz 26 hiervor Gesagten zu bestehen. Doch ist es dem Kläger unbenommen, die Klage gegen einzelne Erben, die er schonen will, zurückzuziehen (ob ihnen dies im Innenverhältnis helfen kann, ist eine andere Frage – vgl. dazu § 26 hiernach –), woraus sich ergibt, dass die Streitgenossenschaft nur insofern «notwendig» ist, als das Prozessrechtsverhältnis zunächst auf sämtliche Erben übertragen wird. Auch einzelne Erben, die ausschlagen oder denen die Erbenqualität abgesprochen wird, scheiden aus der Streitgenossenschaft aus.
[33] Bis die Erben ermittelt sind, ist der Prozess zu sistieren.

Partei der Prozess ruhen zu lassen, bis über definitive Annahme oder Ausschlagung der Erbschaft entschieden ist[34].

22 Stirbt eine Partei nach Durchführung des Sühnverfahrens, aber vor Anhängigmachung des Rechtsstreites, so ist grundsätzlich der Sühnversuch gegenüber den Erben zu wiederholen. Besteht Gefahr, dass eine Verwirkungsfrist abläuft, kann der Kläger die unveränderte Weisung einreichen und das Gericht nach § 108 ZPO vorgehen[35].

23 Gegenstandslosigkeit tritt ein, wenn eine Kapitalgesellschaft im Handelsregister gelöscht wird[36].

III. Höchstpersönliche Ansprüche

24 Ein anhängiger Prozess über einen höchstpersönlichen Anspruch kann bei Konkurs einer Partei vom Gemeinschuldner weitergeführt werden. Bei Tod einer Partei wird er gegenstandslos, sofern es sich um einen unvererblichen Anspruch handelt, und es ist gegenüber den Erben nur über die Kosten- und Entschädigungsfolgen zu entscheiden[37].

B. Prozessbeitritt

25 Wie beim Parteiwechsel aus materiellrechtlichen Gründen eine neue Partei die bisherige ersetzt, kann in besonderen Situationen sich aus der Natur des Anspruchs die Notwendigkeit ergeben, eine weitere Partei in den Prozess aufzunehmen. Dieser Prozessbeitritt wurde – wie Oscar Vogel in seiner Besprechung von BGE 115 II 365 schreibt[38] – vom Bundesgericht erfunden im Zusammenhang mit der Berechtigung des Ehegatten eines Mieters, Rechte gegen Erklärungen des Vermieters einer Familienwohnung auszuüben[39]. Das Institut ist aber nicht ganz so neu; so muss es den Abtretungsgläubigern nach Art. 260 SchKG möglich sein, dem bereits für einen zur Prozessführung abgetretenen Anspruch eingeleiteten Prozess eines weitern Abtre-

---

[34] ZR 85/1986 Nr. 77
[35] Die Erben der klagenden Partei sollten die ihr zugestellte Weisung generell ohne neues Sühnverfahren einreichen können.
[36] Vgl. ZR 75/1976 Nr. 89.
[37] 10. Juli 1997, Kassationsgericht des Kantons Zürich (ZR 97/1998 Nr. 24 E. II/5).
[38] ZBJV 127/1991 282 ff.
[39] Siehe aOR 271a Abs. 2 bzw. OR 273a Abs. 1.

tungsgläubigers beizutreten, damit das vom Bundesgericht verlangte einheitliche Urteil[40] ergehen kann[41].

---

[40] BGE 121 III 294 E. 3a; SJ 1996, 274 f.
[41] In diesem Sinne schon HANS ULRICH WALDER, in BlSchK 22/1958 69: Billigerweise müsste auch der Prozessbeitritt als Nebenintervenient ... die Partizipierung am Prozesserlös ermöglichen. Unrichtig war dabei die Formulierung *als Nebenintervenient*. Ein Nebenintervenient kann nur zur Unterstützung der Hauptpartei eingreifen und trägt zudem kein persönliches Prozessrisiko. Es bedarf also eines Prozessbeitritts als Hauptpartei mit der Möglichkeit, eigene Standpunkte für die gemeinsam mit andern verfolgte Forderung zu vertreten. Insofern liegt ein analoger Fall zu dem vom Bundesgericht im Mietrechtsstreit behandelten vor.

Dritter Abschnitt

Von den Verfahrensgrundsätzen

§ 16 Die Dispositionsmaxime[1]

Niemand kann gezwungen werden, ein ihm zustehendes Recht wider seinen Willen oder früher, als er will, geltend zu machen[2]. Dieser früher in § 91 aZPO verankerte Grundsatz ist nach heutiger Auffassung im Privatrecht beheimatet. «Das Bundesprivatrecht stellt die Ausübung von Privatrechten in das Belieben des Berechtigten; ihm bleibt überlassen, seine Rechte gerichtlich geltend zu machen oder davon abzusehen; an ihm liegt es daher auch, den Zeitpunkt der gerichtlichen Geltendmachung zu bestimmen.»[3] Der Grundsatz gilt indessen nicht absolut: Es kann beim Rechtsgegner ein Interesse an alsbaldiger Abklärung der Rechtslage bestehen, das stärkeren Schutz verdient als das Dispositionsrecht des (angeblich) Berechtigten[4].

1

Im Übrigen gilt: Wo kein Kläger ist, ist kein Richter. Ferner wird niemand Kläger, der es nicht sein will; wer bereits geklagt hat, ist berechtigt, ohne Begründung die angehobene Klage *zurückzuziehen,* über deren Schicksal somit zu disponieren, womit er freilich auf den eingeklagten materiellen Anspruch verzichtet[5]. Wer umgekehrt beklagte Partei ist, kann den Prozess durch *Anerkennung* des gegnerischen Rechtsbegehrens zu einem Ende bringen, wenn sie es nicht vorzieht, den Anspruch *abzuwehren* und den Prozess auszufechten. Es kann auch ein Anspruch *teilweise* weiterverfolgt bzw. bestritten und teilweise darauf bzw. auf seine Bestreitung verzichtet werden[6]. Immer jedoch ist das Gericht an die bezüglichen Anträge der Prozessbeteiligten gebunden. Weder darf es dem Kläger mehr noch anderes zusprechen, als er verlangt hat, umgekehrt muss es ihm das zusprechen, was der Gegner anerkannt hat[7].

2

---

1 WALDER/GROB, Tafel 22a (Zusammenstellung der Prozessmaximen); Dispositionsmaxime: Verfügungsrecht der Partei über den einzuklagenden oder eingeklagten Anspruch/Bestimmung des Zeitpunktes der Geltendmachung des Anspruchs durch die berechtigte Partei sowie Tafel 22b.

2 Das Prinzip erschöpft sich nicht in der Parömie «Ne procedat iudex ex officio», sondern stellt gleichzeitig einen Schutz des Rechtsinhabers davor dar, sich gegenüber dem Gegner wider Willen gerichtlich aussprechen zu müssen.

3 GULDENER, ZSR NF 1961 II 40 f.

4 Vgl. § 24 Rz 8–16 hiernach.

5 Bezüglich dieser Wirkung bestehen allerdings wieder gewisse Einschränkungen. Vgl. dazu § 25 hiernach.

6 Zur Erledigung des Prozesses durch Klageanerkennung, Vergleich und Rückzug vgl. § 25 Rz 10–20 hiernach.

7 ZPO 54 Abs. 2, BZP 3 Abs. 2 Satz 1. Hier lautet die Parömie: «Ne eat iudex ultra petita partium.» Ein Gericht verletzt indessen die Dispositionsmaxime nicht, wenn es der Ehefrau bei der Berechnung des Unterhaltsbeitrages einen grösseren Teil ihres Einkommen als Beitrag an die ehelichen Lasten anrechnet, als es der Ehemann selbst tut. Die Dispositionsmaxime ist nur dann verletzt, wenn das Gericht der Ehefrau betragsmässig weniger zuspricht, als der Ehemann anerkannt hat (ZR 84/1985Nr. 66). Das Gericht ist sodann bei einem Unterlassungsbegehren, dessen Formulierung häufig nicht ohne Weiteres möglich ist, zu Abweichungen vom Begehren berechtigt, sofern diese nur redaktioneller Natur sind (ZR 86/1987 Nr. 127 E. II.2.).

§ 16 Die Dispositionsmaxime

Vorbehalten bleiben jene Prozesse, die Rechtsverhältnisse beschlagen, über welche die Parteien nicht frei verfügen können[8].

3   Der Grundsatz, wonach das Gericht an die Parteianträge gebunden ist, erleidet noch weitere Ausnahmen:

«Auch wenn auf Wandlung eines Kaufes geklagt ist, steht es dem Gericht frei, von Amtes wegen dem Käufer bloss Ersatz des Minderwertes zuzusprechen, sofern es die Umstände nicht rechtfertigen, den Kauf rückgängig zu machen … Wird die Fortsetzung eines Verpfründungsvertrages unerträglich, so kann das Gericht, statt den Verpfründungsvertrag aufzuheben, von Amtes wegen dem Verpfründer eine Leibrente zusprechen»[9].

3a Im Prozess um Kernenergie-Schäden ist das Gericht an die Parteibegehren nicht gebunden und kann höhere als die verlangten Beträge zusprechen[10]. Früher durfte das Eidg. Versicherungsgericht einer versicherten Person mehr zusprechen, als sie mit der Klage gefordert hatte, sofern es zum Ergebnis kam, dass sie irrtümlich zu wenig eingeklagt habe. Heute gilt die Dispositionsmaxime im bundesgerichtlichen Verfahren ohne Einschränkung[11].

4   Schliesslich wird der obsiegenden Partei nach zürcherischem Recht von Amts wegen die Entschädigung für ihre aussergerichtlichen Kosten und Umtriebe zugesprochen[12].

5   Ausnahmen bestehen auch im formellen Bereich: Wird auf die (richtig oder falsch verstandene) Klage mangels Vorliegens einer für die materielle Beurteilung erforderlichen (und von Amtes wegen zu prüfenden) Prozessvoraussetzung nicht eingetreten und aus diesem Grund dem Rechtsbegehren nicht entsprochen bzw. dem Kläger oder der Klägerin nichts zugesprochen, so ist die Dispositionsmaxime nicht verletzt[13].

---

[8] ZPO 54 Abs. 3. Diese Ausnahmen ergeben sich aus dem Privatrecht. Vgl. darüber im Einzelnen § 18 hiernach.
[9] GULDENER, Schweizerisches Zivilprozessrecht, 152 f. Vgl. dazu Art. 205, 525, 527 OR.
[10] OFTINGER/STARK, Haftpflichtrecht, Bd. IV. § 29 Rz 515.
[11] BGG 107 Abs. 1. Die Verletzung der Dispositionsmaxime ist nach Art. 121 lit. b BGG ein selbständiger Revisionsgrund.
[12] ZPO 68 Abs. 1, ZR 80/1981 Nr. 99, vgl. § 34 Rz 14–17 hiernach. Ebenso BGG 68 Abs. 1 und 2. Mit Bezug auf die Regelung der Nebenfolgen gilt die Dispositionsmaxime nicht (26. April 2007, Kassationsgericht des Kantons Zürich, ZR 106/2007 Nr. 78 E. II/2/1).
Entgegen der Botschaft (BBl 2006 7296 zu Art. 103 Abs. 2 E ZPO CH) ist auch in Art. 105 Abs. 2 erster Satz ZPO CH die Zusprechung der Prozessentschädigung von Amts wegen vorgesehen. Die fakultative Einreichung einer Kostennote (Art. 105 Abs. 2 zweiter Satz ZPO CH) bezieht sich nur auf das Quantitativ.
[13] 17. Dezember 2007, Kassationsgericht des Kantons Zürich, ZR 107/2008 Nr. 25 E. II/3.3/c/aa.

§ 17 Die Verhandlungsmaxime[1]

Inhaltsverzeichnis   Seite

A. Allgemeine Grundsätze 203
B. Einschränkungen der Verhandlungsmaxime. Richterliche Fragepflicht............ 206
C. Beispiele aus der Judikatur zur Substanziierung und zur richterlichen Fragepflicht 210
D. Bundesrecht und kantonales Recht im Bereich der Substanziierungspflicht 216

A. Allgemeine Grundsätze

Die Verhandlungsmaxime ist eine der Grundlagen praktisch aller schweizerischen und der meisten ausländischen Zivilprozessrechte. Es wird als Sache der Parteien betrachtet, dem Gericht den Tatbestand darzulegen und zu beweisen, auf den das Gericht die Rechtssätze zur Anwendung bringen soll[2]. Eine strikt angewendete Verhandlungsmaxime birgt für die Parteien nicht unbedeutende Gefahren: Wegen einer Unachtsamkeit, Vergessens einer Behauptung oder Bestreitung kann der Prozess verlorengehen. Die Verhandlungsmaxime war deshalb keineswegs immer unumstritten[3]. Sie bildet jedoch die natürliche Ergänzung zur Dispositionsmaxime: Wie über den Anspruch selbst, verfügen die Parteien auch über die Art und Weise, in welcher sie seine Durchsetzung erkämpfen oder ihn abwehren wollen.

Gemäss § 54 Abs. 1 Satz 1 ZPO ist es Sache der Parteien, dem Gericht das Tatsächliche des Rechtsstreites darzulegen. «Dieses legt seinem Verfahren nur behauptete Tatsachen zugrunde.»[4] Da mihi facta, dabo tibi ius. Quod non est in actis, non est in mundo. Es stellt jedoch eine Gehörsverweigerung bzw. überspitzten Formalismus dar, auf eine Staatshaftungsklage wegen ungenügender Substanziierung nicht einzutreten, wenn der Kläger auf die im Rahmen des administrativen Vorverfahrens verfasste Eingabe verweist und diese Eingabe eine hinreichend substanziierte Begründung enthält[5]. Umgekehrt verletzt ein Gericht die Verhandlungsmaxime, wenn es seinem Entscheid eine Tatsache zugrunde legt, die sich zwar aus einer Beilage zu einer Rechtsschrift ergibt, auf die aber in keiner Rechtsschrift erkennbar verwiesen wird[6].

---

[1] WALDER/GROB, Tafel 22a. Verhandlungsmaxime: Sammlung des Prozessstoffes durch die Parteien/Beschränkung der Beweisabnahme auf Umstrittenes sowie Tafel 22b.
[2] GULDENER, Schweizerisches Zivilprozessrecht, 159.
[3] Vgl. § 4 Rz 16, 17 hiervor.
[4] ZPO 54 Abs. 1 Satz 2.
[5] 26. Juli 1994, Kassationsgericht des Kantons Zürich, ZR 95/1996 Nr. 14 E. 2.
[6] 25. August 1994, Kassationsgericht des Kantons Zürich, ZR 95/1996 Nr. 12 lit. a. E. 7. In Präzisierung dieses Entscheides ist gesagt worden, dass Sachverhaltselemente durch Verweis auf eingelegte

3   Aus dem Privatrecht kann sich ergeben, dass das Gericht selbst bei Vorliegen der erforderlichen Tatsachenbehauptungen die sich scheinbar ergebende Rechtsfolge nicht zur Grundlage seines Urteils machen darf: Selbst wenn sich aus den Akten ergibt, dass die Verjährungsfrist bezüglich des eingeklagten Anspruches abgelaufen ist, darf die Klage so lange nicht zufolge Verjährung abgewiesen werden, als der Beklagte nicht eine *Verjährungseinrede* erhoben hat[7]. Mag ein Beklagter auch von Forderungen sprechen, die ihm dem Kläger gegenüber zustünden, so darf die Klage nicht wegen Unterganges der Forderung zufolge *Verrechnung* abgewiesen werden, falls der Beklagte nicht spätestens im Prozess eine Verrechnungserklärung abgegeben, sein bezügliches Gestaltungsrecht ausgeübt[8] und die Tatsachen, auf welche er sich mit seinem Gegenanspruch stützt, behauptet hat.

4   Sind jedoch die Grundlagen hinsichtlich des Tatbestandes gelegt und allenfalls vom Privatrecht her erforderliche Erklärungen abgegeben, so bedarf es keines weiteren Zutuns der daraus berechtigten Partei mehr: Der Richter hat auf die sich ergebenden Rechtsfolgen auch zu erkennen, ohne dass ihm von Parteiseite her die entsprechende Rechtsbelehrung zuteil wird. Er hat das Recht von Amts wegen anzuwenden. Iura novit curia[9]. In diesem Bereich sind allerdings auch Rechte der Parteien zu beachten: Der Richter soll nicht einen Rechtssatz anwenden, an den beide Parteien offensichtlich nicht gedacht haben und bei dessen In-Betracht-Ziehung sie auch ihre Vorträge in tatbeständlicher Hinsicht anders gestaltet hätten.

Beispiel 48:

5   Das Gericht kommt zur Auffassung, der Vertrag, aus welchem geklagt wurde, verstosse gegen die guten Sitten und sei deshalb nichtig gemäss Art. 20 OR. Keine Partei hat sich auf diese Bestimmung berufen noch sich damit auseinandergesetzt. Grundsätzlich darf und muss der Richter die Nichtigkeit, soweit sie sich aus den Akten[10] ergibt, von Amts wegen für sein Urteil berücksichti-

---

Akten nur dann als genügend behauptet gelten, wenn aus dem Verweis in der Rechtsschrift selbst klar wird, ob das Dokument in seiner Gesamtheit oder welche Teile des Aktenstückes als Parteibehauptung gelten soll(en). Eine bloss allgemeine Erklärung eingereichter Akten zum integrierenden Bestandteil der Rechtsschrift genügt demgegenüber nicht (29. September 1997, Kassationsgericht des Kantons Zürich, ZR 97/1998 Nr. 87).

[7]   OR 142. Vgl. dazu im Einzelnen Isaak Meier, Iura novit curia. Die Anwendung des Grundsatzes im schweizerischen Zivilprozessrecht, Zürcher Schriften zum Verfahrensrecht Bd. 16, Zürich 1975.

[8]   OR 124 Abs. 1.

[9]   ZPO 57; ZPO CH 57. Dazu Isaak Meier, Iura. Nichtsdestoweniger verwenden die Parteien grosse Teile ihrer mündlichen und schriftlichen Vorträge darauf, die Rechtslage aus ihrer Sicht darzustellen und die Rechtsauffassung des Gegners zu korrigieren.

[10] Wenn in der Gerichtssprache von den Akten die Rede ist, wird immer auch das Ergebnis eines allfälligen Beweisverfahrens (Zeugen-, Parteibefragungs-, Augenscheinprotokolle, vom Gericht erhobene Sachverständigengutachten) darunter verstanden.

> gen. Der Grundsatz des rechtlichen Gehörs[11] gebietet ihm indessen, die Parteien vorerst – auch wenn das den Parteivorträgen dienende Hauptverfahren[12] bereits abgeschlossen ist – zu der ihnen neuen Frage der Nichtigkeit[13] anzuhören, nachdem er ihnen seinen bezüglichen Gedankengang zur Kenntnis gebracht hat[14].

Auch nach Art. 3 Abs. 2 BZP darf der Richter sein Urteil nur auf Tatsachen gründen, die im Prozess geltend gemacht worden sind[15]. Einschränkend heisst es jedoch weiter, der Richter solle die Parteien auf unzulängliche Rechtsbegehren aufmerksam machen und darauf hinwirken, dass sie Tatsachen und Beweismittel, die für die Feststellung des wahren Sachverhaltes notwendig erscheinen, vollständig angeben. Ferner findet sich eine wichtige Einschränkung in Art. 12 Abs. 3 BZP. «Sind infolge Versäumung einer Prozessschrift oder Ausbleibens einer Partei vom Rechtstage tatsächliche Behauptungen der Gegenpartei unbestritten geblieben, so ist darüber Beweis zu erheben, wenn Gründe vorliegen, an ihrer Richtigkeit zu zweifeln.» 6

Diese Bestimmung hat auf das zürcherische Recht eingewirkt, indem dort § 142 Abs. 2 ZPO nunmehr wie folgt lautet: «Das Gericht kann ausnahmsweise auch in andern Fällen von Amtes wegen Beweis erheben.»[16] Das Wort «ausnahmsweise» gelangte erst in der kantonsrätlichen Kommission in den Text und bedeutet, dass man nicht gewillt war, über Gebühr von der Verhandlungsmaxime abzuweichen im Einzelfall[17]. Ähnliches bezweckt § 131 Abs. 1 ZPO für das Säumnisverfahren[18], während Abs. 2 auf § 142 Abs. 2 ZPO verweist. 7

---

[11] Dazu § 21 hiernach.
[12] Dazu § 35 Rz 10–34 hiernach.
[13] Ähnliches kann sich ergeben, wenn Simulation oder Rechtsmissbrauch zur Diskussion steht. Auf Letzteren wird sich aber die belastete Partei in der Regel ohnehin berufen haben.
[14] Dies geschieht zweckmässigerweise in Form einer Verfügung, mit welcher der Richter den Parteien Frist ansetzt, um sich zur betreffenden Frage schriftlich zu äussern, oder sie zu einer Ergänzungsverhandlung einlädt. Es genügt nicht, im Anschluss an mündliche Vorträge die Parteien aufzufordern, zu einer solchen Frage auch gleich Stellung zu nehmen: Sie müssen Gelegenheit haben, sich entsprechend vorzubereiten, insbesondere ihre Prozessvertreter zu instruieren.
[15] Art. 55 Abs. 1 ZPO CH sagt das weniger klar, begnügt sich vielmehr mit der Pflicht der Parteien, «dem Gericht die Tatsachen, auf die sie ihre Begehren stützen, darzulegen und die Beweismittel anzugeben».
[16] Art. 55 Abs. 2 ZPO CH verweist demgegenüber auf «gesetzliche Bestimmungen über die Feststellung des Sachverhaltes und die Beweiserhebung von Amtes wegen».
[17] Gemäss Entscheid des Kassationsgerichtes vom 30. Juni 1971 (RechBer 1971, 267 Nr. 14) umfasst das Recht zur Stellungnahme nicht allein eine auf die vom Gericht aufgeworfene Frage ausgerichtete Rechtserörterung, sondern auch die Möglichkeit, in diesem Bereich neue Behauptungen und Beweismittel in den Prozess einzuführen.
[18] Hier gibt das Gesetz dem Gericht «eine Handhabe, um zu verhindern, dass der Kläger das Ausbleiben des Beklagten wider Treu und Glauben ausnützt, z.B. durch eine Darstellung, die seinen eigenen Akten widerspricht» (FRANK/STRÄULI/MESSMER, N 3 zu § 131 ZPO).

§ 17   Die Verhandlungsmaxime

8   Von besonderer Bedeutung ist die Frage, ob nach zürcherischem Recht Tatsachen, welche nicht ausdrücklich bestritten werden, als zugestanden zu betrachten sind. Eine so lautende Bestimmung (§ 334 Abs. 2) des alten Rechtspflegegesetzes wurde aber schon bei Erlass er ZPO von 1913 gestrichen[19]. In diesen Fällen setzt die richterliche Fragepflicht[20] ein[21].

9   Behauptungslast besteht auch dort, wo der Richter scheinbar seinen Entscheid auf Ermessen stützen könnte. Ein Beispiel ist Art. 42 Abs. 2 OR, wonach der nicht ziffernmässig nachweisbare Schaden nach Ermessen des Richters mit Rücksicht auf den gewöhnlichen Lauf der Dinge und auf die vom Geschädigten getroffenen Massnahmen abzuschätzen ist. Es handelt sich dabei gar nicht um den Fall eines eigentlichen Ermessensentscheides, sondern um einen solchen, der die Beweiswürdigung beschlägt[22, 23].

10   Zur Verhandlungsmaxime gehört die Obliegenheit der Partei, ihre Beweismittel für bestrittene Behauptungen selber vorzulegen oder zu bezeichnen[24].

B.   Einschränkungen der Verhandlungsmaxime. Richterliche Fragepflicht

11   In gewissen Punkten erfährt die Verhandlungsmaxime Einschränkungen:
   a) Das Gericht kann allgemein bekannte Tatsachen berücksichtigen, ohne dass sie behauptet werden müssen, z.B. den Zeitpunkt des Todes eines Menschen, der allgemein bekannt gegeben wurde[25].

---

[19] Amtsblatt 1913, 236 f.
[20] Vgl. Rz 13–17 hiernach.
[21] Generell sind an sich von der Gegenseite nicht bestrittene (bzw. anerkannte) Tatsachenbehauptungen vom Gericht ohne Weiteres als richtig anzunehmen, indessen darf eine Partei nicht bei einer für den Eventualfall unterstellten Annahme behaftet werden (10. Juni 2005, Kassationsgericht des Kantons Zürich, ZR 104/2005 Nr. 80 E. III/3/2).
[22] MEYER-HAYOZ, N 61 zu Art. 4 ZGB. Dazu im Einzelnen FRANZ VON DÄNIKEN, Rechts- und Tatfrage im Haftpflichtprozess, Zürcher Schriften zum Verfahrensrecht Bd. 18, Zürich 1976. Schätzung des Schadens nach dem gewöhnlichen Lauf der Dinge ist nur zulässig, wenn der ziffernmässige Schadensbeweis ausgeschlossen ist, sei es, dass Beweis fehlen, sei es, dass die Beweisführung dem Geschädigten nicht zuzumuten ist (BGE 95 II 501 Erw. 12a mit Hinweisen, 97 II 218 Erw. 1, 102 II 11 Erw. 2, 105 II 89 Erw. 3).
[23] BGE 127 IV 215: Das OHG verpflichtet die kantonalen Behörden nicht, Zivilansprüche nach der Untersuchungsmaxime zu beurteilen.
[24] ZPO 137.
[25] Zu den sogenannten gerichtsnotorischen Tatsachen vgl. GULDENER, Schweizerisches Zivilprozessrecht, 161 Anm. 6. Gerichtsnotorisch können aber nur Tatsachen sein, die dem Gericht aus seiner Tätigkeit bekannt sind. Unrichtig ist deshalb die Bezeichnung des Umstandes, «dass ein sieben-

b) Hilfstatsachen können bei der Urteilsfällung auch berücksichtigt werden, ohne dass sie von einer Partei bekannt gegeben wurden. Beispiel: Beziehungen eines Zeugen den Parteien.
c) Tatsachen, die von Gesetzes wegen zu vermuten sind, müssen auch ohne dahingehende Behauptung unterstellt werden (z.B. dass ein Mieter die Mietsache in gutem Zustande erhalten habe[26] oder dass eine Person in einem bestimmten Zusammenhang guten Glaubens gewesen sei[27, 28].
d) Im Bereich der Beweismittel bestimmt Art. 37 BZP, dass der Richter an die von den Parteien anerbotenen Beweismittel nicht gebunden sei. Für Zürich gilt hier der bereits erwähnte § 142 Abs. 2 ZPO.
e) Nicht behauptete, aber durch das Beweisverfahren erwiesene Tatsachen sind im Sinne freier Beweiswürdigung zu berücksichtigen, wenn sie Merkmale des streitigen und zu beweisenden Sachverhalts darstellen[29].
f) Die Verhandlungsmaxime erfährt ferner Einschränkung wegen des Anwaltsgeheimnisses, wenn eine Honorarforderung geltend gemacht wird[30].
g) In Streitigkeiten aus dem Arbeitsverhältnis bis zu einem Streitwert von 30 000 Franken stellt das Gericht den Sachverhalt von Amtes wegen fest (Untersuchungsmaxime)[31].

---

jähriges Kind während der Arbeitszeit der halbtags arbeitenden Mutter nicht auf sich allein gestellt werden kann», als gerichtsnotorisch. Es handelt sich vielmehr um eine sich aus den Erfahrungen des Lebens ergebende, also eine (allgemein) notorische Tatsache. Auch Verkehrsverhältnisse, die ein Gerichtsmitglied von seinem Arbeitsweg her kennt, sind notorisch und nicht gerichtsnotorisch. Letzteres dagegen trifft zu für den Umstand, dass der Nachlass eines Verstorbenen von einer bestimmten Person verwaltet wird.

[26] Diese in aArt. 271 Abs. 3 OR enthaltene Regel ist nunmehr aufgehoben (vgl. § 28 Rz 47–50 hiernach).
[27] ZGB 3 Abs. 1.
[28] Berücksichtigen darf das Gericht nicht behauptete, aber durch das Beweisverfahren erwiesene Tatsachen, sofern sie den behaupteten im Ergebnis gleichwertig sind. Gleichwertig ist die Tatsache, dass eine Geldsumme für den Verzicht auf ein Vorkaufsrecht versprochen wurde mit der Behauptung, sie sei zur Förderung des Verkaufes einer Liegenschaft an den Promittenten versprochen worden (19. August 1974, Kassationsgericht des Kantons Zürich, RechBer 1974, 310 Nr. 17). Vgl. auch die Beispiele bei GULDENER, Schweizerisches Zivilprozessrecht, 165 sowie lit. (e) hiernach.
[29] FRANK/STRÄULI/MESSMER, N 3 zu § 54 ZPO; 24. Juni 2003, Obergericht des Kantons Zürich, ZR 103/2004 Nr. 77 E. 2, 305.
[30] 13. Juni 2005, Obergericht des Kantons Zürich, Verwaltungskommission, ZR 104/2005 Nr. 66.
[31] OR 343 Abs. 4. Die Bestimmung verpflichtet jedoch nicht sämtliche kantonalen Instanzen zur Ermittlung des Sachverhalts. Die Parteien haben vielmehr auch hier das Gericht über den Sachverhalt zu orientieren und die ihnen zu Gebote stehenden Beweismittel zu nennen. Die kantonalrechtliche Einschränkung bezüglich im Rechtsmittelverfahren neu vorgebrachter Tatsachen ist zulässig (10. April 1997, Obergericht I. Zivilkammer, ZR 97/1998 Nr. 96).
Eine Besonderheit besteht bezüglich des Verbots der geschlechtsbezogenen Diskriminierung bei der Entlöhnung im Arbeitsverhältnis: Art. 12 Abs. 2 GlG auferlegt der kantonalen Behörde eine ausgedehnte Prüfungspflicht, indem er namentlich auf Art. 343 Abs. 4 OR verweist. Entsprechend genügt der Richter seiner Prüfungspflicht grundsätzlich nicht, wenn er die Anordnung einer Experti-

§ 17 Die Verhandlungsmaxime

h) Mit Bezug auf die Regelung der Nebenfolgen eines Urteils gilt die Verhandlungsmaxime nicht, doch muss die Bemessung einer Prozessentschädigung allenfalls begründet werden.

12 Die Verhandlungsmaxime ist ein Grundsatz, in dessen Ausgestaltung oder Einschränkung die Kantone frei sind. Es wäre jedem Kanton unbenommen, in weiterem Masse, als dies gemeinhin der Fall ist, die Untersuchungsmaxime zur Anwendung zu bringen.

Es verletzt die Verhandlungsmaxime, wenn bei Säumigkeit des Beklagten ein Beweisverfahren durchgeführt wird, ohne dass ernsthafte Zweifel im Sinne von § 131 Abs. 1 ZPO vorliegen[32].

13 Eine Milderung der Verhandlungsmaxime ergibt sich für Zürich aus der richterlichen Fragepflicht gemäss § 55 ZPO, wo es heisst, dass dann, wenn das Vorbringen einer Partei unklar, unvollständig oder unbestimmt bleibe, ihr Gelegenheit zur Behebung des Mangels zu geben sei, besonders durch Befragung[33]. Diese Bestimmung wird in erster Linie gegenüber Laien angewendet, die möglicherweise vor Gericht nicht recht wissen, worauf es eigentlich ankommt, und Dinge vortragen, die für das Prozessergebnis unwesentlich sind, dafür dann aber Wesentliches ausser Acht lassen. § 55 ZPO will nun dem Richter die Möglichkeit geben, aber auch die Pflicht übertragen, die Vorträge der Parteien in die richtigen Bahnen zu lenken und durch geeignete Fragen ihnen dazu verhelfen, das Klagefundament bzw. das Fundament ihrer Bestreitung vorzutragen[34]. Das gilt auch, wo das schriftliche Verfahren Platz greift. Hier ist die richterliche Fragepflicht (insbesondere) anlässlich der Referentenaudienz auszuüben[35].

14 Sollte die betreffende Partei jedoch nicht, allenfalls innert anzusetzender Frist, antworten, so läuft sie Gefahr, dass auf ihr unvollständiges Vorbringen abgestellt wird[36].

---

se verweigert, die von einer Partei verlangt wird, um die Gleichwertigkeit verschiedener Funktionen im gleichen Unternehmen zu beweisen (3. Juli 2007, Bundesgericht, I. zivilrechtliche Abteilung, BGE 133 III 550 E. 4). In ihrer Besprechung dieses Entscheides weisen GEISER/HÄFLIGER in SJZ 104/2008, 346, darauf hin, dass gemäss Art. 12 Abs. 2 GlG Art. 343 vor den kantonalen Gerichten unabhängig vom Streitwert anwendbar ist.

[32] 3. Dezember 2007, Kassationsgericht des Kantons Zürich, ZR 107/2008 Nr. 47.
[33] Ähnlich ZPO CH 56.
[34] Der Richter ist insbesondere verpflichtet, von seinem Fragerecht Gebrauch zu machen, wenn anzunehmen ist, eine Partei habe es infolge unrichtiger Beurteilung der Rechtslage versäumt, erhebliche Tatsachen zu behaupten oder zu bestreiten oder Beweis anzutreten (ZR 78/1974 Nr. 35, 60). Das wird zufolge Aufhebung des zweitinstanzlichen Novenrechts noch stärkere Bedeutung erhalten (Protokoll des Kantonsrates 1991–1995, 14144).
[35] ZPO 118 Abs. 2.
[36] Bleibt ein unklares Vorbringen auch nach erfolgter Ausübung der richterlichen Fragepflicht unklar, ist das Gericht nicht verpflichtet, nochmals nachzufragen (1. Dezember 2007, Kassationsgericht des Kantons Zürich, ZR 107/2008 Nr. 25 E. II/3.3/c/bb).

Nicht darf z.B. einer Partei Frist angesetzt werden, um unvollständiges Vorbringen zu ergänzen unter der Androhung von Ordnungsbusse[37]. Das Handeln im Prozess und insbesondere das Behaupten und Beweisen der rechtserheblichen Tatsachen im Einzelnen (Substanziierungspflicht) ist nämlich keine Rechtspflicht, sondern eine Obliegenheit, eine Last[38]. Eine Partei, die nicht handelt, riskiert zwar, dass der Entscheid zu ihren Ungunsten ausfällt[39], aber sie verletzt keine Rechtspflicht[40].

Rechtsnachteile dürfen einer Partei aus dem Stillschweigen erst entstehen, wenn sie vom Richter erfolglos zur Äusserung aufgerufen worden ist. 15

Hie und da entstehen Diskussionen darüber, wie weit der Richter bei der Ausübung der Fragepflicht gehen dürfe, weil darin eine Bevorzugung der einen Partei liegen kann, die – nachdem sie ihre Parteivorträge schlecht vorbereitet hat – durch die Fragerechtsausübung in die Lage versetzt wird, das Versäumte nachzuholen, denn § 144 ZPO bestimmt ja grundsätzlich: «Die Parteien sind mit Anträgen zur Sache, Tatsachenbehauptungen, Einreden und Bestreitungen ausgeschlossen, die sie mit ihrem letzten Vortrag oder in ihrer letzten Rechtsschrift nicht vorgebracht haben» (Eventualmaxime[41]). 16

Dem Richter wird aber ein gewisses Ermessen eingeräumt werden müssen, weil man sich hier im Spannungsfeld zwischen der Verhandlungsmaxime einerseits und der Feststellung der materiellen Wahrheit anderseits befindet. Zu einer Ergänzung ihres Parteivortrages aufgefordert zu werden braucht diejenige Partei in aller Regel nicht, die bereits vorher vom Richter auf das Ungenügen ihrer Behauptungen hingewiesen wurde und darauf nicht reagiert, d.h., sich weiterhin auf allgemeine Wendungen beschränkt hat. 17

---

[37] Richterliche Substanziierungshinweise haben andererseits an konkretes, unklar, unvollständig oder unbestimmt gebliebenes Parteivorbringen anzuknüpfen und in hinreichend bestimmter Weise darauf Bezug zu nehmen (5. Juli 2004, Kassationsgericht des Kantons Zürich, ZR 104/2005 Nr. 9 E. II/2.2).
[38] GULDENER, Schweizerisches Zivilprozessrecht, 187 und 327 Ziff. 5.
[39] Es ist aber auch im Bereich der Verhandlungsmaxime zulässig, nicht bzw. nicht genügend substanziierte Tatsachenbehauptungen, deren Richtigkeit sich aus dem Beweisverfahren ergibt, unter Wahrung der Ansprüche der Parteien auf rechtliches Gehör dem Urteil zugrunde zu legen (20. Juni 2005, Kassationsgericht des Kantons Zürich, ZR 104/2005 Nr. 80 E. II/2.3.2).
[40] ZR 68/1969 Nr. 128.
[41] Vgl. § 19 hiernach.

C. Beispiele aus der Judikatur zur Substanziierung und zur richterlichen Fragepflicht

18 Die nachfolgend aufgeführten Beispiele 49 bis 57 beziehen sich noch auf die frühere ZPO von 1913, die Beispiele 57a bis 57i auf das jetzt geltend Gesetz. In der Sache ist kaum ein Unterschied festzustellen.

Beispiel 49:

19 *ZR 55/1956 Nr. 71 Erw. 5 (Obergerichtl. Zivilkammer)*

«Wird die Klage aus einem schriftlichen Vertrage begründet, der nicht mehr vorgelegt werden kann, so genügt es gegenüber dem Widerspruche des Beklagten nicht, wenn der Kläger nur die Teile des Vertrages, auf denen angeblich die Verpflichtung des Beklagten beruht, behauptet, sondern der Kläger hat den ganzen Vertragsinhalt dem Gerichte darzulegen.»

Beispiel 50:

20 *ZR 71/1972 Nr. 77 (Kassationsgericht)*

«Wird Schadenersatz wegen Körperverletzung gefordert, so muss es genügen, wenn die Verletzung und die sich daraus ergebenden Behinderungen in ihren Umrissen bezeichnet werden, ohne dass die einzelnen Schädigungen (Muskel- und Bänderrisse, Verletzungen einzelner Nerven, Brüche einzelner Knochen und dgl.) aufgeführt werden müssten. Die Feststellung der einzelnen Elemente der Schädigung darf vielmehr dem Gutachten eines Gerichtsexperten überlassen werden. Behauptet werden muss nur, was das Beweisverfahren letztlich ergeben soll.»

Beispiel 51:

21 *ZR 55/1956 Nr. 148 Erw. 4 (Obergerichtl. Zivilkammer)*

«Es ist nicht Sache des Gerichtes, aus den Akten die Tatsachen, welche die Verpflichtung des Beklagten begründen könnten, zusammenzusuchen, wenn der Kläger sie nicht vorgebracht hat.»

Beispiel 52:

SJZ 69/1973 S. 329 Nr. 149 (Kassationsgericht)

Das Handelsgericht durfte von dem Grundsatz des § 134 ZPO ausgehen, wonach jede Partei sich im Einzelnen über die tatsächlichen Behauptungen der Gegenpartei auszusprechen hat. Darauf folgt, dass der Beklagte sich nicht auf eine gesamthafte Bestreitung beschränken darf, wenn die Höhe einer Forderung streitig und er in der Lage ist, sich zu den einzelnen Rechnungsfaktoren zu äussern.

Beispiel 53:

ZR 67/1968 Nr. 36 Erw. 5 und 10 (Obergerichtl. Zivilkammer)

Ungenügende Substanziierung einer Provisionsforderung und des Anspruches auf Entschädigung für den Kundenkreis im Sinne von Art. 418u OR seitens einer rechtskundig vertretenen Partei.

Beispiel 54:

ZR 561957Nr. 114rw. 7(Obergerichtl. Zivilkammer)

«Die richterliche Fragepflicht hat mangelnde Substanziierung nicht zu beheben.»

Beispiel 55:

ZR 58/1959 Nr. 89 (Kassationsgericht)

«Wenn einer Partei die Vorbringen des Gegners zwar bestritten hat, aber nicht in substanziierter Weise, so gebricht es ihrem Vorbringen an der erforderlichen Vollständigkeit, und es setzt alsdann die richterliche Fragepflicht ... ein. Erst die vom Richter in Erfüllung seiner Fragepflicht getroffenen Vorkehren können als Folge einer entsprechenden Androhung Rechtsnachteile nach sich ziehen.

In der Verletzung der Fragepflicht liegt eine Verweigerung des rechtlichen Gehörs.»

> **Beispiel 56:**
>
> *ZR 60/1961 Nr. 64 (Obergerichtl. Zivilkammer)*
>
> «Mangels Substanziierung darf eine Klage nur abgewiesen werden, wenn dem Kläger die Substanziierungspflicht und die Folgen ihrer Verletzung völlig klar sind oder sein müssen, so in der Regel, wenn er durch einen Rechtsanwalt oder sonst rechtskundig vertreten oder selbst genügend rechtskundig ist und nicht vermutet werden kann, das Vorbringen sei offensichtlich aus Irrtum oder Versehen unvollständig.
>
> In allen übrigen Fällen und im Zweifel hat der Richter hingegen den Mangel durch geeignete Fragen zu beheben oder zu beheben zu versuchen.»

28 Dieser Entscheid des Obergerichtes geht nicht so weit wie derjenige des Kassationsgerichtes (ZR 58/1959 Nr. 89), aber doch schon sehr weit, weil der Beklagte in jenem Fall mit der Klageantwort die mangelnde Substanziierung beanstandet hatte.

> **Beispiel 57:**
>
> *ZR 66/1967 Nr. 35 (Kassationsgericht)*
>
> «Die Beschwerde ist der Ansicht, das Handelsgericht wäre verpflichtet gewesen, sein Fragerecht auszuüben. Indessen ist die Beschwerdeführerin in der Referentenaudienz darauf aufmerksam gemacht worden, die mangelhaften Lieferungen müssten noch substanziiert werden, insbesondere die Rügen. Damit hat das Gericht seiner Fragepflicht genügt. Da die Beschwerdeführerin rechtskundig vertreten war, konnte sie nicht im Zweifel darüber sein, was von ihr erwartet wurde»[42].

> **Beispiel 57a:**
>
> *ZR 77/1978 Nr. 137 (S. 311)*
>
> «Den Beklagten wurde im Beschluss vom 24. Mai 1977 Gelegenheit gegeben, ihre Bestreitung zu substanziieren, d.h. klar zu erklären, welche Teilbeträge sie anerkennen und welche sie bestreiten und gegebenenfalls aus welchen Gründen, unter der Androhung, dass im Säumnisfall angenommen würde, sie verzichteten auf die Substanziierung ihrer Bestreitung. In ihrer Eingabe vom 11. August 1977 erklärten sie sich ausserstande, aus eigener Wahrnehmung zu den bestrittenen

---

[42] Die Unterscheidung zwischen rechtskundig vertretenen und anderen Parteien findet keine Stütze im Gesetz.

Rechnungen Stellung zu nehmen und beriefen sich darauf, die Klägerin trage die Beweislast. Damit hatten die Beklagten die Gelegenheit, ihre Bestreitung zu substanziieren, versäumt.»

Beispiel 57b:

ZR 79/1980 Nr. 130 (S. 282, Obergerichtl. Zivilkammer) 31

«Nachdem die Klägerin ihre Honorarberechnung detailliert vorgenommen hat, war dem Beklagten – der zudem selber Architekt ist – zuzumuten, diese Berechnung auch detailliert zu bestreiten. Dieser Pflicht ist er mit der Behauptung, die Klägerin sei ‹nur an einem Teil dieser Summe› honorarberechtigt, ohne genau zu sagen, an welchem Teil, nicht nachgekommen. Die Klägerin hat ihn ausdrücklich auf diese völlig ungenügende Substanziierung hingewiesen. Der Beklagte liess diesen Hinweis unbeachtet. Damit entfällt auch die richterliche Fragepflicht.»

Beispiel 57c:

ZR 79/1980 Nr. 128 (S. 278, Obergerichtl. II. Zivilkammer) 32

«(Bauhandwerkerpfandrecht) Bei der Beurteilung der Substanziierungspflicht ist darauf hinzuweisen, dass die Klägerin die Pfandsumme grundsätzlich nur wahrscheinlich zu machen hat ... An die Behauptungslast darf nicht ein zu strenger Massstab angelegt werden, der die Durchsetzung des materiellen Rechts übermässig erschwert. Dem Beweisführer kann nicht zugemutet werden, alle Einzelheiten hinsichtlich eines vom gerichtlichen Sachverständigen zu begutachtenden Tatbestandes substanziiert vorzubringen...»

Beispiel 57d:

ZR 84/1985 Nr. 52 Erw. 3a (Obergericht II. Zivilkammer) 32a

Will ein Beklagter die Herausgabe eines Gegenstandes von der Zahlung einer Gegenforderung abhängig machen, so hat er einen entsprechenden prozessualen Antrag zu stellen. Dieser hat sinngemäss dahin zu lauten, er sei nur zu verurteilen, die betreffende Sache Zug um Zug gegen Bezahlung einer bestimmten Summe herauszugeben. Dies genügt, auch wenn keine Widerklage erhoben wird. Einen solchen Antrag hat der Beklagte gestellt. Den Beklagten trifft aber auch eine prozessuale Substanziierungslast (ZR 52/1953 Nr. 52 und 53/1954 Nr. 50).

> Dazu kommt, dass er mit Bezug auf den Gegenanspruch, von dessen Erfüllung er den Hauptanspruch der Kläger abhängig machen will, als Kläger zu betrachten ist. Er hat deshalb dem Gericht die tatsächlichen Grundlagen seines Gegenanspruchs darzulegen (§ 54 Abs. 1 und 113 ZPO). Es kann sich – wenn der Beklagte dies unterlässt – höchstens fragen, ob die Fragepflicht (§ 55 ZPO) auszuüben sei. Indessen besteht diese nicht, wenn die Partei, welche die unvollständigen Angaben gemacht hat, durch die Gegenpartei bereits erfolglos auf den Mangel aufmerksam gemacht worden ist (SJZ 69, 329 Nr. 149; RB 1966 Nr. 19, Entscheid des Kassationsgerichts vom 29. März 1966). Gerade im vorliegenden Fall trifft dies zu, weshalb von prozessualen Weiterungen abzusehen ist. Es ist vielmehr der Schluss zu ziehen, dass der Beklagte darauf verzichtet, seinen Gegenanspruch in diesem Verfahren geltend zu machen. Er verwirkt dadurch sein Recht nicht. Er kann eine selbständige Klage auf Erstattung seiner Verwendungen einreichen.

32b

Beispiel 57e:

ZR 91/92(1992/93) Nr. 84 Erw. IV 3h (Handelsgericht)

Wenn man richterliche Schadensschätzung verlangt, so entbindet dies die fordernde Partei nicht, soweit möglich und zumutbar alle Umstände zu nennen, welche die Abschätzung des Schadens erlauben.

32c

Beispiel 57f:

ZR 93/1994 Nr. 19

Auf eine ungenügend substanziierte Klageschrift ist nur dann nicht einzutreten, wenn auch die verbesserte Rechtsschrift eine Fortführung des Hauptverfahrens nicht ermöglicht (§ 130 ZPO).

32d

Beispiel 57g:

ZR 90/1991 Nr. 3 E. 1

Ein Anspruch auf Geldzahlung muss so begründet werden, dass er identifiziert werden kann. Insbesondere hat die klagende Partei darzutun, aus welchem Rechtsgeschäft die eingeklagte Forderung entstanden ist.

Beispiel 57h:

ZR 90/1991 Nr. 3 E. 2

32e

Wird ein Schaden eingeklagt, welcher aus der Verrechnung verschiedener Positionen herrührt, die ihrerseits auf verschiedenen Rechtsgeschäften beruhen, und wird die Rechnung nicht als Kontokorrent geführt, dann kann die Klage nicht anders substanziiert werden, als dass die ganze Rechnung, wenigstens in den Grundzügen, dargelegt wird, die zum Saldo führt.

Beispiel 57i

SJZ 92/1996 S. 68 Nr. 11 (Kassationsgericht)

32f

Legt das Gericht seinem Entscheid eine Tatsache zugrunde, die sich zwar aus einer Beilage zu einer Rechtsschrift ergibt, auf die aber in keiner Rechtsschrift erkennbar verwiesen wird, so verletzt es die Verhandlungsmaxime. Zulässig ist indessen die Würdigung des gesamten Inhalts einer beigelegten Urkunde durch das Gericht, soweit es darum geht, die Beweiskraft dieses Beweismittels zu würdigen.

Beispiel 57k

ZR 101/2002 Nr. 15

32g

Bei der Inanspruchnahme einer Baugarantieversicherung hat der Kläger im Einzelnen darzutun, welche Verpflichtungen vonseiten der Baufirma weshalb unerfüllt geblieben sind und in der Folge von anderen Unternehmern geleistet wurden. Unterlässt er dies, so fehlt es am tatsächlichen Fundament für den behaupteten Anspruch aus Baugarantieversicherung.

Beispiel 57l

ZR 104/2005 Nr. 11

32h

Der Vorwurf hinsichtlich falscher Angaben auf Waren ist nach Gegenstand, Zeit und beteiligten Personen zu individualisieren. Wer Beschlagnahmungen beantragt, muss Lagerort, Eigentums- bzw. Besitzverhältnisse und Mengen nennen. Zu ersetzende Anwaltskosten sind zeitlich, tariflich und inhaltlich zu spezifizieren. Bei einer anbegehrten Urteilspublikation ist darzutun, worin ihre Rechtfertigung besteht.

§ 17 Die Verhandlungsmaxime

> **Beispiel 57m**
>
> 32i *ZR 105/2006 Nr. 77*
>
> Privatgutachten sind keine Beweismittel. Als Parteivorbringen sind sie nur insoweit zu berücksichtigen, als sie im Rahmen der Parteivorbringen wiedergegeben wurden.

D. Bundesrecht und kantonales Recht im Bereich der Substanziierungspflicht[43]

33   Ob die von einer Partei vorgebrachten Behauptungen bzw. Bestreitungen ausreichen, um ihre dem Bundesrecht unterstehenden Rechtsstandpunkte zu beurteilen, ist eine ebenfalls dem Bundesrecht unterstehende Frage und wird vom Bundesgericht auf Berufung hin überprüft[44]. Es kann sich also einesteils fragen, ob Ausführungen einer Partei erkennen lassen, welcher Rechtsstandpunkt damit begründet werden will. Ob dies der Fall ist, überprüft das Bundesgericht, wobei es aber voraussetzt, dass die Ausführungen prozessual ordnungsgemäss gemacht wurden, was sowohl bezüglich der Fristen als auch bezüglich der Form nach kantonalem Recht zu beurteilen ist[45]. Es kann sich andererseits auch fragen, ob die Ausführungen so sind, dass sich über die dem Rechtsstandpunkt zugrunde liegenden tatsächlichen Behauptungen oder Bestreitungen überhaupt Beweis abnehmen lässt. Ist Letzteres nicht der Fall, so sind die Behauptungen oder Bestreitungen im Sinne mangelhafter Substanziierung nicht formgerecht, was eine Konsequenz des kantonalen Verfahrensrechtes ist[46].

---

[43]   Vgl. dazu GEORGES HUGUENIN-DUMITTAN, Behauptungslast, Substanziierungspflicht und Beweislast, Zürcher Studien zum Verfahrensrecht Bd. 53, Zürich 1980.
[44]   BGE 95 II 266.
[45]   BGE 98 II 117.
[46]   ZPO 113, RechBer 1981 Nr. 28 (Kassationsgericht). Zur Abgrenzung zwischen Bundesrecht und kantonalem Recht hinsichtlich der Behauptungs- und Substanziierungspflicht hat sich das Bundesgericht in BGE 108 II 339 f. wie folgt geäussert:
«b) Das Bundesgericht geht in seiner jüngeren Rechtsprechung davon aus, es entscheide sich nicht nach kantonalem Prozessrecht, sondern nach materiellem Bundesrecht, ob ein danach zu beurteilender Anspruch durch die Sachvorbringung einer Partei ausreichend substanziiert sei. Es leitet diesen Grundsatz daraus ab, dass nach Bundesprivatrecht jede sich darauf gründende Rechtsbehauptung bei hinreichendem Interesse zum Urteil zuzulassen sei, weshalb Bundesrecht auch darüber entscheide, ob die form- und fristgemäss vorgebrachten Tatsachenbehauptungen erlauben, die Rechtsbehauptung einer Partei zu beurteilen» (BGE 98 II 117, 95 II 266). Diese Rechtsprechung beruft sich auf einen ungeschriebenen Satz des materiellen Bundesrechts und die Ausführungen namentlich von MAX KUMMER (Das Klagerecht und die materielle Rechtskraft im schweizerischen

Recht, 20 ff. bzw. 60; vgl. auch Guldener und Voyame in ZSR 80/1961 II, 24 und 70). Zu Recht bemerkt freilich Dressler im Anschluss an BGE 98 II 116, die Rechtsprechung werde diesen Grundsatz noch klarstellen müsssen (in ZSR 94/197 II, 58); auch Huguenin-Dumittan (Behauptungslast Substanziierungspflicht und Beweislast, Diss. Zürich 1980, insbesondere 12 ff. und 33 ff. unterzieht diesen Entscheid deutlicher Kritik, obschon er ihm im Ergebnis zustimmt (40).

c) Es stellt sich die Frage, ob die Geltung des Bundesrechts für die Anforderungen an die Substanziierung statt dergestalt aus dem materiellen Klageanspruch nicht eher aus Art. 8 ZGB hergeleitet werden muss. Wenn sich nach der Rechtsprechung aus Art. 8 ZGB ergibt, dass der Richter nicht ohne Beweiserhebung über eine erhebliche Tatsachenbehauptung hinweggehen darf (BGE 102 II 12), so darf er das auch nicht mit der Begründung, es fehle an ausreichender Substanziierung. Deshalb ist in Urteilen, die sowohl vor wie nach BGE 98 II 117 ergangen sind, die Frage der Substanziierung ausdrücklich im Lichte von Art. 8 ZGB behandelt worden (BGE 90 II 224, 95 II 480, 105 II 144 E. 6aa). So oder anders ist das Bundesgericht nur befugt einzugreifen, falls die Sachvorbringen und Beweisangebote nach kantonalem Prozessrecht form- und fristgemäss erfolgt sind. Dabei kann im Folgenden von den Fällen abgesehen werden, wo durch die falsche Verteilung der Behauptungslast gegen Art. 8 ZGB verstossen wurde. Zu prüfen ist vielmehr, welches die inhaltlichen Anforderungen sind, die an die Substanziierung durch die unstreitig behauptungsbelastete Partei gestellt werden dürfen.

d) Nicht das Bundesrecht, sondern das kantonale Prozessrecht bestimmt, ob und wie weit die Verhandlungsmaxime Platz greift, es sei denn, aus dem Bundesrecht ergebe sich die Offizialmaxime (BGE 95 II 451, 78 II 97). Schreibt das kantonale Recht vor, der Richter dürfe seinem Urteil nur behauptete Tatsachen zugrunde legen, so kann es grundsätzlich auch die Anforderungen festlegen, welchen die Behauptung zu genügen hat. Und an ihm liegt auch, ob es die Behauptungslast mildern will, etwa durch richterliche Fragepflicht zur Ergänzung unvollständiger Parteivorbringen (Kummer, N 40 zu Art. 8 ZGB). Indes gilt für das Prozessrecht allgemein wie für die Handhabung der Verhandlungsmaxime, dass damit die Durchsetzung des materiellen Bundesrechts nicht vereitelt werden darf (BGE 101 II 43; Guldener und Voyame in ZSR 80/1961 II, 24 f. und 70). Auch das schliesst jedoch nicht aus, dass nach kantonalem Prozessrecht unsorgfältige Prozessführung den Verlust des materiellen Anspruchs nach sich ziehen darf (Guldener, ZSR 80/1961 II, 57). Gegenüber spezifischen und detaillierten Behauptungen genügt eine allgemeine Bestreitung nicht (ZR 89/1990 Nr. 55).

3. – Mit diesen allgemeinen Ausführungen ist die hier entscheidende Frage noch nicht beantwortet, wann durch kantonalrechtliche Anforderungen an die Substanziierungspflicht die Anwendung des materiellen Bundesrechts verunmöglicht oder übermässig erschwert wird. Dabei ist zu beachten, dass die Substanziierung nicht nur die Anwendung des Bundesrechts auf den konkreten Sachverhalt erlauben, sondern überdies die beweismässige Abklärung ermöglichen muss (vgl. Huguenin-Dumittan, a.a.O., 19). Die zitierte Rechtsprechung berücksichtigt nur Ersteres, wenn sich aus dem materiellen Bundesrecht schlechthin ergeben soll, wann genügend substanziiert ist. Im Weitern soll nach Ansicht der Vorinstanz, die auch in der Lehre vertreten wird, das Beweisverfahren nicht dazu dienen, ungenügende Parteivorbringen zu vervollständigen (Frank/Sträuli/Messmer, Kommentar zur Zürcherischen Zivilprozessordnung, 2 Aufl. N 5 zu § 113 ZPO; Leuch, N 1 zu Art. 89 ZPO; Birchmeier, Bundesrechtspflege, 92; vgl. auch die Genfer Praxis: Sem.jud. 1976, 100/1, 1974, 120, 1961, 387).

In BGE 98 II 117 E. 4b scheint das Bundesgericht weiter gegangen zu sein, heisst es doch, es liege keine mangelnde Klagebegründung darin, dass die Klägerin die im Zeitpunkt des Vertragsrücktrittes noch ausstehenden Arbeiten nicht im Einzelnen bezeichnet habe, weil die Beweisführung darüber ohne Weiteres Klarheit bringen könne. Freilich wird aus dem Zusammenhang nicht klar, wie weit eher angenommen wurde, es genügten die Behauptungen bereits an sich. Jedenfalls ist es nicht angängig, von Bundesrechts wegen die Kantone zu zwingen, ein Sachvorbringen auch dann als ausreichend substanziiert gelten zu lassen, wenn die bestehenden Lücken erst noch durch das Beweisverfahren geschlossen werden müssen. Eine solche Forderung lief weitgehend darauf hinaus, durch eine Hintertüre ein Offizialverfahren einzuführen, und verstösst gegen die damalige Verfahrenshoheit der Kantone, ohne dass das zur Gewährleistung des materiellen Rechts erforderlich gewesen wäre. Anders verhält es sich, wenn das Bundesrecht selbst eine Sachverhaltsvermittlung von Amtes wegen vorschreibt oder wenn es sich z.B. um einen ziffernmässig nicht nachweisbaren Schaden handelt, der nach Art. 42 Abs. 2 OR zu schätzen ist (vgl. dazu BGE 97 II 218; GULDENER, Schweizerisches Zivilprozessrecht, 167).

Im Ergebnis bleibt es demnach beim Grundsatz, dass das materielle Bundesrecht bestimmt, wieweit ein Sachverhalt zu substanziieren ist, damit er unter die Bestimmungen des Bundesrechts subsumiert werden kann, das heisst, die Beurteilung einer Rechtsbehauptung zulässt. Dagegen bleibt dem kantonalen Prozessrecht vorbehalten, ob es eine Ergänzung der Substanziierung im Beweisverfahren zulassen will oder diese bereits im Hauptverfahren in einer Weise verlangt, welche die Überprüfung der Sachvorbringen im Beweisverfahren erlaubt.»

§ 18 Offizialmaxime und Untersuchungsmaxime[1]

Inhaltsverzeichnis Seite

A. Allgemeines 219
B. Anwendungsbereich.. 220
    I. Eheprozesse 220
    II. Abstammungsprozesse (Erforschung des Sachverhalts von Amtes wegen)......... 221
    III. Prozesse über Entmündigung und Entzug der elterlichen Sorge 222
    IV. Besondere Prozesse juristischer Personen 222
C. Zusätzlicher Anwendungsbereich der Untersuchungsmaxime 223
    I. Prozesse zwischen Arbeitnehmer und Arbeitgeber 223
    II. Streitigkeiten aus Miet- und Pachtverhältnissen 224
    III. Haftpflicht aus Kernenergie 224
D. Weitere Bemerkungen... 224

A. Allgemeines

Die *Offizialmaxime* steht im Gegensatz zur Dispositionsmaxime und bedeutet, dass die Parteien nicht allein über den Streitgegenstand verfügen können. Dementsprechend obliegt die Sammlung des Prozessstoffes auch dem Gericht. Es geht dann nach der (im Gegensatz zur Verhandlungsmaxime stehenden) *Untersuchungsmaxime* vor. Letztere gilt aber auch in anderen Fällen, in denen durch die Ermittlung des Sachverhalts von Amts wegen aus sozialen Gründen die Parteien in der Prozessführung entlastet werden sollen[2].   1

Die Offizialmaxime ändert die sonst geltende Regelung, wo es sich um Rechtsverhältnisse handelt, die vom Privatrecht der freien Verfügungsgewalt der Beteiligten entzogen sind, oder, wie man es noch treffender ausdrücken könnte, die Gestaltung der Rechtsverhältnisse dem Richter überlassen bleibt. Eine prohibitive Gesetzgebung über die Auflösung einer Ehe beispielsweise muss konsequenterweise verhindern, dass die Wirkung rechtsgestaltender Verfügungen, die nur auf Klage hin durch richterliches Urteil zugelassen sind, in diesem Bereich auch über Parteierklärungen im Prozess erreicht werden kann. Gleichzeitig geht es darum – und deshalb schränkt die Offizialmaxime auch die Verhandlungsmaxime wesentlich ein –, dass nicht durch das Ausrichten des prozessualen Vorbringens auf das gewünschte Ziel die Unwirksamkeit von Klageanerkennung und Vergleich umgangen werden kann.   2

---

[1] WALDER/GROB, Tafel 22a: Ausdehnung der Beweisabnahme auch auf Unbestrittenes; keine Bindung an Parteierklärungen; evtl. Beteiligung des Gerichts an der Sammlung des Prozessstoffes sowie Tafel 22b.
[2] Vgl. dazu HANS ULRICH WALDER, Soziale Elemente im schweizerischen Zivilprozessrecht, in: Festschrift für Andrzey Stelmachowski, Warschau 1991, 319 ff.

B. Anwendungsbereich

I. Eheprozesse

3   Klagen auf Scheidung oder Trennung einer Ehe werden mit der Anhebung vor dem Friedensrichter rechtshängig[3]. Ohne Sühnverfahren werden beim Einzelrichter in schriftlicher Eingabe rechtshängig gemacht:

- Klagen auf Ungültigerklärung einer Ehe[4];
- Gemeinsame Scheidungs- und Trennungsbegehren[5];
- Klagen auf Ergänzung oder Änderung von Entscheiden, soweit sie die Folgen einer Scheidung, Trennung oder Ungültigkeit der Ehe betreffen unter Vorbehalt der Zuständigkeit der Vormundschaftsbehörde gemäss Art. 134 Abs. 3 und 4 ZGB[6].

Die Parteien werden ungeachtet des Beizugs von Vertretern in der Regel persönlich befragt, wenn möglich schon in der Hauptverhandlung[7]. Bleibt eine Partei nach Vorladung zur persönlichen Befragung oder Beweisaussage ohne genügende Entschuldigung aus, so kann sie nach entsprechender Anordnung polizeilich vorgeführt werden, wenn der Sachverhalt von Amtes wegen abgeklärt werden muss[8].

Das Gericht darf Tatsachen, die zur Begründung einer Klage auf Scheidung dienen, nur dann als erwiesen annehmen, wenn es sich von deren Vorhandensein überzeugt hat[9].

Die Vereinbarung über die Scheidungsfolgen ist erst rechtsgültig, wenn das Gericht sie genehmigt hat[10, 11]. Das Gericht spricht die Genehmigung aus, wenn es sich davon überzeugt hat, dass die Ehegatten aus freien Willen und nach reiflicher Überlegung

---

[3]   ZGB 136 Abs. 2; ZPO 195a.
[4]   ZPO 196 Ziff. 1.
[5]   ZPO 196 Ziff. 2.
[6]   ZPO 196 Ziff. 4.
[7]   ZPO 198 Abs. 1.
[8]   ZPO 198 Abs. 2; 272 ZPO CH. Im Übrigen stellt das Gericht den Sachverhalt von Amtes wegen fest; 280 Abs. 3 ZPO CH bei Verzicht auf Anspruch aus der beruflichen Vorsorge; ZPO CH Art. 281 Abs. 3 ZPO CH Überweisung an das nach dem Freizügigkeitsgesetz zuständige Gericht.
[9]   ZGB 139 Abs. 2.
[10] ZGB 140 Abs. 1 Satz 1.
[11] BGE 129 III 481: (ZGB 122, 124) Im Vorsorgefall «Teilinvalidität» ist ausschliesslich eine angemessene Entschädigung gemäss Art. 124 Abs. 1 ZGB geschuldet. Für deren Festsetzung gilt von Bundesrechts wegen die Offizialmaxime, was die Feststellungen betreffend Eintritt des Vorsorgefalls und Höhe der Austrittsleistung angeht.

die Vereinbarung geschlossen haben und diese klar, vollständig und nicht offensichtlich unangemessen ist[12].

Randziffern 4 bis 8 entfallen.

II. Abstammungsprozesse (Erforschung des Sachverhalts von Amtes wegen)

In Abstammungsprozessen wurde die Offizialmaxime zunächst aus ungeschriebenem Bundesrecht hergeleitet[13], sobald es sich im Begehren über eine Rechtsgestaltung handelte, die nicht durch privatrechtliches Rechtsgeschäft bewirkt werden konnte. Heute ist sie in Art. 254 Ziff. 1 ZGB verankert. Danach erforscht im Verfahren zur Feststellung oder Anfechtung des Kindesverhältnisses der Richter den Sachverhalt von Amts wegen[14]. Die Formulierung entspricht derjenigen von Art. 343 Abs. 4 OR mit dem Unterschied, dass gemäss jener Bestimmung der Richter den Sachverhalt nicht erforscht, sondern lediglich feststellt[15]. Eine analoge Bestimmung findet sich in Art. 280 Abs. 2 ZGB für die Unterhaltsklage. Sie findet nach Art. 329 Abs. 3 ZGB auf die Geltendmachung des Verwandten-Unterstützungsanspruches entsprechende Anwendung. Im Weitern bestimmt Art. 287 Abs. 1 ZGB, dass Unterhaltsverträge für das Kind erst mit der Genehmigung durch die Vormundschaftsbehörde verbindlich werden. Wird der Vertrag in einem gerichtlichen Verfahren geschlossen, so ist die Genehmigung der Richter zuständig[16].

9

---

[12] ZGB 140 Abs. 2.
[13] GULDENER, Schweizerisches Zivilprozessrecht, 147; BGE 82 II 3, 85 II 174 f., 95 II 295.
[14] § 203 Abs. 1 ZPO stammt aus der Zeit, da es noch die Zahlvaterschaft gab; beim heutigen Rechtszustand ist er bundesrechtswidrig. Richtig demgegenüber ZPO CH 296 Abs. 1: *Das Gericht erforscht den Sachverhalt von Amtes wegen.*
[15] Die Offizialmaxime gilt, da allein die Anfechtung der Ehelichkeit nicht auf dem Vereinbarungswege zum Erfolg geführt werden kann, als Untersuchungsmaxime zugunsten beider Parteien. Es dürfen auch nicht behauptete Tatsachen berücksichtigt werden. Parteizugeständnisse sind für den Richter nicht verbindlich. Beweiserhebung hat nötigenfalls auch ohne Kostenvorschuss zu erfolgen (SJZ 77/1981, 111 Nr: 22, Obergericht; a.M. BGE 109 II 203). Vgl. auch FRANK/STRÄULI/MESSMER, N 11 zu § 203, ZPO. Aus Art. 254 Ziff. 1 ZGB lässt sich keine Pflicht ableiten, Beweisabnahmen zu wiederholen (BGE 109 II 292 E. 1). Die Ansicht des Amtsgerichts Hochdorf gemäss Zeitschrift für Zivilstandswesen 1982, 6, wonach der Richter nicht verpflichtet sei, von Amts wegen nach Gründen und Tatsachen zu forschen, die die Vermutung des Bestehens eines Kindesverhältnisses widerlegen, entspricht in dieser Allgemeinheit nicht dem Gesetzeswortlaut. Freilich gilt auch hier, dass dem Gericht kein Erkennungsdienst zur Verfügung steht, der es ihm ermöglichte, z.B. weitere als Väter in Betracht kommende Männer von sich aus zu eruieren. Das ist aber ein genereller Aspekt des Problems.
[16] ZGB 287 Abs. 3.

III. Prozesse über Entmündigung und Entzug der elterlichen Sorge

10   In der ersten Auflage dieses Buches[17] wurde die Auffassung vertreten, dass in diesen Prozessen die Offizialmaxime bundesrechtlich auch nicht stillschweigend vorgeschrieben sei. Sie wurde der Natur der Sache nach als nicht unbedingt notwendig betrachtet. Inzwischen hat Oberrichter Heinz Bachtler die gegenteilige Auffassung überzeugend begründet und dargetan, dass es – auch wenn, wie im Kanton Zürich, dem gerichtlichen Entmündigungsverfahren ein Verwaltungsverfahren vorausgegangen ist[18] – dem Richter unbenommen sein muss, ja dass er verpflichtet ist, Ergänzungen des im Prozess vorliegenden Materials vorzunehmen und auch Beweis zu erheben, die über das von den Parteien Beantragte hinausgehen[19]. Die früher hier vertretene Ansicht muss deshalb aufgegeben werden.

IV. Besondere Prozesse juristischer Personen

11   Klagen auf Auflösung einer Aktiengesellschaft[20], eines Vereins oder einer Stiftung können nicht von der Verwaltung bzw. vom Stiftungsrat anerkannt werden[21]. Damit würde sich das mit der Prozessführung betraute Organ indirekt das Recht anmassen, über die Auflösung der Körperschaft, für die es eingesetzt wurde, zu bestimmen. Daraus resultiert, dass auch nicht durch Unterlassung von Prozesshandlungen das gleiche Ergebnis erzielt werden darf. Das Gleiche gilt für die Anfechtung von Vereins- und von Generalversammlungsbeschlüssen[22]. Weder durch Unterlassung von Bestreitungen noch durch Nichtaufstellen von Behauptungen soll der Zustand herbeigeführt werden, welcher einer Anerkennung des klägerischen Begehrens gleichkäme. Das Bundesgericht hat allerdings die Auffassung vertreten, das Verbot eines Vergleiches bedinge keine Offizialmaxime, da die durch das Urteil gemäss Art. 706

---

[17]   S. 201, ebenso WALDER, Offizialmaxime, 19.
[18]   EG zum ZGB 40, 70 Abs. 1, 83 Abs. 1, GVG 44a. Was an die Entmündigung und den Entzug der elterlichen Gewalt durch Vormundschaftsbehörde oder Bezirksrat anschliesst, ist gerichtliche Beurteilung durch das Obergericht (EG zum ZGB 70 Abs. 2, 85 Abs. 1).
[19]   HEINZ BACHTLER, Das Entmündigungsverfahren und die neue Zürcherische Zivilprozessordnung, Zeitschrift für Vormundschaftswesen 1978, 41 ff. Ebenso nunmehr ZR 79/1980 Nr. 120 und FRANK/STRÄULI/MESSMER, N 13 zu § 196 ZPO, wo aber zu Recht die Meinung vertreten wird, dies sollte nicht ausschliessen, dass der Prozess durch (Klageanerkennung bzw. Rückzug des Begehrens auf gerichtliche Beurteilung erledigt abgeschrieben werden kann.)
[20]   Oder einer Kommanditaktiengesellschaft oder einer Gesellschaft mit beschränkter Haftung (geschäftsführender Gesellschafter).
[21]   GULDENER, Schweizerisches Zivilprozessrecht, 151 und 171; BGE 71 II 459.
[22]   GULDENER, Schweizerisches Zivilprozessrecht, 151; BGE 80 II 390.

Abs. 5 OR mitbetroffenen Aktionäre bzw. Vereinsmitglieder ihre Rechte durch das Mittel der Intervention wahren könnten[23].

C. Zusätzlicher Anwendungsbereich der Untersuchungsmaxime

I. Prozesse zwischen Arbeitnehmer und Arbeitgeber[24]

Art. 343 Abs. 4 OR bestimmt (in der seit 1. Juni 2001 geltenden Fassung) für Streitigkeiten aus dem Arbeitsverhältnis bis zu einem Streitwert von 30 000 Franken[25], dass der Richter den Sachverhalt von Amts wegen feststelle[26]. Die hier vorgeschriebene, auf das Fabrikgesetz[27], das Heimarbeitergesetz[28] und das Landwirtschaftsgesetz[29] zurückgehende Untersuchungsmaxime hat sozialen Charakter. Sie will verhindern, dass der durch einen Rechtsbeistand vertretene «stärkere» Teil, nämlich der Arbeitgeber, zu ungerechtfertigten prozessualen Vorteilen gelange. Das gleiche Ziel haben kantonale Prozessrechte in Arbeitsstreitigkeiten durch Beschränkung der Stellvertretung zu erreichen gesucht[30]. In der Botschaft des Bundesrates[31] wird dazu ausgeführt, der Arbeitnehmer wäre bei Anwendbarkeit der Regeln des gewöhnlichen Zivilprozesses in vielen Fällen gar nicht in der Lage, den Richter anzurufen.[32]

12

---

[23] BGE 80 I 391, a.M. WALDER, Offizialmaxime, 21.

[24] Darüber orientiert umfassend HANS SCHMID, Zur Offizialmaximen nach Art. 343 Abs. 4 OR, SJZ 77/1981 277 ff.

[25] Als massgebender Streitwert fällt nur jener der eingeklagten Forderung in Betracht; auf den Wert eines Widerklagebegehrens ist nicht Rücksicht zu nehmen (Art. 343 Abs. 2 OR). Abzustellen ist auf den Streitwert des Klagebegehrens im Zeitpunkt, in welchem die Klage rechtshängig gemacht wird; nachträgliche Änderungen des Begehrens, insbesondere dessen Reduktion, bleiben ohne Einfluss (ZR 76/1977 Nr. 52 Erw. 1).

[26] Die in Anm. 24 der 3. Auflage behandelte Frage, ob sich Art. 343 Abs. 4 OR nicht auf sämtliche Streitigkeiten aus dem Arbeitsverhältnis beziehe, ist durch die Neuredaktion mit der Revision des Arbeitsvertragsrechts eindeutig im negativen Sinne beantwortet worden. Anderseits ist die Bestimmung gemäss Art. 12 Abs. 2 GlG ohne Rücksicht auf den Streitwert auf alle aus dem GlG hergeleiteten Klagen anzuwenden.

[27] Art. 29 Abs. 4 des (aufgehobenen) BG über die Arbeit in den Fabriken vom 18. Juni 1914.

[28] Art. 19 Abs. 2 des BG über die Heimarbeit vom 12. Dezember 1940, nunmehr abgelöst durch das BG über die Heimarbeit (HArG) vom 20. März 1981 (SR 822. 31).

[29] Art. 19 Abs. 2 des BG über die Förderung der Landwirtschaft und die Erhaltung des Bauernstandes (LwG) vom 3. Oktober 1951 (SR 910. 1).

[30] So *Zürich* ZPO 32, früher *St. Gallen* ZP 318.

[31] BBl 1967 II 406.

[32] Vgl. Art. 243–247 ZPO CH. Es wird für vermögensrechtliche Streitigkeiten bis 30 000 Franken generell das vereinfachte Verfahren vorgesehen, das dem bisherigen «einfachen und raschen» oder «beschleunigten» Verfahren entspricht. Der Sachverhalt wird von Amtes wegen ermittelt. Art. 343

13 Ähnliches gilt gemäss Art. 30bis Abs. 3 lit. c KVG und Art. 108 Abs. 1 lit. c UVG für Streitigkeiten zwischen Kassen unter sich oder mit ihren Versicherten oder Dritten.

II. Streitigkeiten aus Miet- und Pachtverhältnissen

13a Nach Art. 274d Abs. 3 OR stellen bei Streitigkeiten aus der Miete von Wohn- und Geschäftsräumen Schlichtungsbehörde und Richter den Sachverhalt von Amtes wegen fest[33].

III. Haftpflicht aus Kernenergie

13b Die Untersuchungsmaxime gilt nach Art. 26 KHG in den Prozessen über Haftpflicht für Schäden aus Kernenergie.

D. Weitere Bemerkungen

14 Wenn ein Prozess diesen Prinzipien untersteht, so darf das nicht zur Annahme verleiten, die Parteien seien damit weiterer Mitwirkung am Ergründen des Sachverhaltes enthoben. Der Richter wird auch bei ausgedehnter Auffassung von der Bedeutung der Offizialmaxime nicht in der Lage sein, Behauptungen in den Prozess einzuführen, an welche eine Partei nicht gedacht hat, und er ist nicht verpflichtet, dies zu tun. Er wird lediglich aufgrund des Vorgebrachten das Beweisverfahren in einer nicht beantragten Weise ergänzen[34]. Stärker wird er allenfalls eingreifen, wenn es um die

---

OR wird aufgehoben. Näheres bei STAEHELIN / STAEHELIN / GROLIMUND, Zivilprozessrecht, § 21 Rz 15 bis 23.

[33] Die Bestimmungen Art. 274–274g werden durch die Schweizerische Zivilprozessordnung aufgehoben und es finden die Bestimmungen der Zivilprozessordnung Anwendung/Anhang Art. 402 ZPO CH.

[34] Auch im Bereich der strengen Offizialmaxime ist das Beweisverfahren formell richtig durchzuführen (19. Dezember 2003, Obergericht des Kantons Zürich, ZR 103/2004 Nr. 73).
Im Falle des Art. 343 Abs. 4 OR hat der Richter aber alle rechtserheblichen Umstände zu berücksichtigen, die sich im Laufe des Verfahrens ergeben, auch wenn die Parteien nicht ausdrücklich darauf Bezug genommen haben, und er hat insbesondere durch Befragung der Parteien nachzuprüfen, ob ihre Vorbringen und Beweisangebote vollständig sind, soweit er sachliche Gründe hat, an deren Vollständigkeit zu zweifeln (BGE 107 II 236 f. Erw. 2b und c). Dagegen sind die Kantone auch im Bereich der arbeitsvertragsrechtlichen Untersuchungsmaxime nicht verpflichtet, zweitinstanzlich neue Angriff- oder Verteidigungsmittel zuzulassen (BGE 107 II 237 Erw. 3). Die Aufhebung des zweitinstanzlichen Novenrechts im Kanton Zürich hat also auch für die arbeitsvertragsrechtlichen Streitigkeiten erhebliche Bedeutung.

Wahrung von Kindesinteressen geht. Im Rahmen der Offizialmaxime können sich die Parteien auch nicht über prozessuale Fristen unbeschränkt hinwegsetzen, weil damit das ebenso wesentliche Prinzip der beförderlichen Erledigung von Prozessen in unerträglicher Weise beeinträchtigt würde. Hier lässt sich kaum eine starre Regel aufstellen. Wird aber z.B. von einer beklagten Partei Tatbestandsmaterial, das zur Abweisung einer Entscheidungsklage führen soll, erst verspätet vorgetragen, obwohl es sich auf die Zeit vor Durchführung des Hauptverfahrens bezieht und ihr bekannt war, so wird das Gewicht solcher Argumente ohnehin bescheidener sein. Die Parteien schon nach den ersten beiden Parteivorträgen[35] eingehend zu befragen, fördert zudem die Zusammenstellung des einschlägigen Behauptungs- und Bestreitungsmaterials bis zum Abschluss des erstinstanzlichen Hauptverfahrens.

Die Bundeszivilprozessordnung enthält *keine* Bestimmungen über die Thematik, was – da diese im übrigen Bundesrecht geregelt ist – nicht erstaunen kann.   15

Im nunmehr beschränkten Anwendungsbereich der BZP nach Art. 120 BGG sind zudem kaum mehr Fälle denkbar, in denen die Untersuchungsmaxime Platz greifen müsste.

---

[35] Vgl. dazu ZPO 198 Abs. 1.

§ 19 Die Eventualmaxime[1]

Dieser Grundsatz des Verfahrens ist es, der die Wirkungen der Verhandlungsmaxime verstärkt und der diese für die nicht genügend vigilante Partei zur Gefahr werden lässt. Sie besagt, dass alle gleichartigen Angriffs- und Verteidigungsmittel innerhalb eines bestimmten Verfahrensabschnittes vorzubringen sind und im späteren Verlauf des Verfahrens nicht mehr nachgebracht werden dürfen. Einer Partei ist daher nicht gestattet, sich zunächst auf das Vorbringen des zur Begründung eines Hauptstandpunktes erforderlichen Materials zu beschränken und, falls sich später ergibt, dass der Hauptstandpunkt nicht geschützt werden kann, dazu überzugehen, neue Angriffs- oder Verteidigungsmittel zur Begründung eines Eventualstandpunktes vorzubringen[2].

Weil also alles, was eventualiter gesagt werden will, mit den Hauptvorträgen gesagt werden muss, heisst der Grundsatz *Eventualmaxime*. Der Name ist nicht besonders glücklich. Es geht ja nicht nur um Eventualstandpunkte, sondern darum, dass alles Tatsachenmaterial nicht nur allein durch die daran interessierte Partei selber in den Prozess eingebracht werden muss *(Verhandlungsmaxime)*, sondern auch innert des dafür zur Verfügung stehenden Verfahrensabschnittes (*Eventualmaxime* oder man könnte auch sagen *Einschränkungsmaxime*). Die Zürcher Zivilprozessordnung formuliert in § 114:

«Die Parteien sind mit Anträgen zur Sache, Tatsachenbehauptungen, Einreden und Bestreitungen ausgeschlossen, die sie mit ihrem letzten Vortrag oder in ihrer letzten Rechtsschrift nicht vorgebracht haben.»

Und schon vorher (§ 113 zweiter Satz):

«Die Parteien haben ihre Behauptungen bestimmt und vollständig aufzustellen und sich im Einzelnen über das Vorbringen des Gegners auszusprechen.»

Es kann also nicht eine Partei in der Meinung, das und jenes, was der Gegner vorgebracht habe, sei vielleicht unwichtig, darauf zu antworten verzichten und dann später, wenn sie bemerkt, dass es eben doch seine Bedeutung hat, in einem speziellen Schriftsatz darauf zurückkommen. Sie muss eben auch «eventuell» für den Fall, dass es wichtig ist, *dazu Stellung nehmen,* und zwar von Anfang an.

Doch kann gemäss § 116 ZPO das Gericht das Hauptverfahren zunächst auf einzelne Fragen beschränken, wenn anzunehmen ist, der Prozess lasse sich dadurch vereinfachen.

«Erweist sich die Beschränkung als unbegründet, wird das Hauptverfahren ergänzt.»

---

[1] WALDER/GROB, Tafel 22a: Beschränkung des Parteivorbringens auf einen bestimmten Verfahrensabschnitt.
[2] GULDENER, Schweizerisches Zivilprozessrecht, 181.

§ 19 Die Eventualmaxime

4 Nun war also von Vorträgen die Rede. Jede Partei hat deren zwei zur Verfügung. Sie werden in § 121 Abs. 1 ZPO (mündliches Verfahren) und dann wieder in den §§ 126–128 ZPO (schriftliches Verfahren) behandelt. Der erste Vortrag heisst Klagebegründung, der zweite Vortrag Klageantwort oder Klagebeantwortung, der dritte Replik des Klägers und der vierte Duplik des Beklagten.

Nun wäre es denkbar und ist auch in einzelnen auswärtigen Gesetzen so geregelt, dass der Kläger sämtliche Klage begründenden Tatsachen im ersten Vortrag vorzubringen hätte. Der Beklagte seinerseits hätte im ersten Vortrag alle rechtshindernden und rechtsaufhebenden Tatsachen vorzutragen. In seinem zweiten Vortrag, der Replik, wäre nun der Kläger auf die Entgegnung zu diesen vom Beklagten vorgebrachten Einwendungen beschränkt, ohne seinerseits weitere Klage begründende Tatsachen einführen zu dürfen. Umgekehrt dürfte der Beklagte in seiner Duplik nur noch zu dem Stellung nehmen, was der Kläger an Gegeneinwendungen und -einreden vorzulegen hat, und nicht seinerseits neue rechtshindernde und rechtsaufhebende Tatsachen ins Feld führen. Das ist eigentlich das richtige, denn mit dem zweiten Vortrag soll ja dem Kläger Gelegenheit gegeben werden, sich zu den Einwendungen des Beklagten zu äussern, und nicht, seine Klagebegründung in zwei Teilen vorzutragen und im zweiten Vortrag das nachzuholen, was er im ersten versäumt hat[3]. Das zürcherische Recht kennt aber keine solche Einschränkung, sondern lässt in beiden Vorträgen Behauptungen zu, unbekümmert, ob sie durch den vorausgegangenen Vortrag des Gegners veranlasst worden sind oder nicht. Das führt dazu, dass vielfach dem Kläger ein dritter Vortrag gewährt werden muss, weil der Beklagte in der Duplik eine ganz neue Behauptung aufstellt. Das Gleiche gilt mutatis mutandis im schriftlichen Verfahren, wo an die Stelle der Vorträge Rechtsschriften treten, vor allem im total schriftlichen, wo vier, manchmal dann eben mehr (Triplik- und Quadruplikschrift) Schriften gewechselt werden. Auch die Triplik kann – veranlasst durch die Duplik – Neues enthalten.

Beispiel 58:

5 Der Beklagte erhebt mit der Duplik eine Verrechnungseinrede. Der Kläger behauptet in der Triplik, die Verrechnung sei schon früher durchgeführt worden, oder bestreitet die Existenz der Forderung, mit welcher verrechnet werden will.

6 Grundlage bildet hier § 121 Abs. 2 ZPO:

«Weitere Vorträge werden nur aus zureichenden Gründen gestattet. Das Gericht kann sie auf das in der Duplik oder in späteren Vorträgen neu Vorgebrachte beschränken.»

---

[3] Vgl. dazu VOGEL / SPÜHLER, 6. Kapitel N 104.

In diesem Bereich ist die (nur noch beschränkt anwendbare) Bundeszivilprozessordnung strenger. Das Einleitungsverfahren (Hauptverfahren) ist dort immer schriftlich; nach Art. 23 BZP hat die Klageschrift zu enthalten: 7

— «die klar gefasste Darstellung der Tatsachen, die das Rechtsbegehren begründen» (lit. d).

Und die Klageantwort hat auch nach Art. 29 BZP zu enthalten: 8

— «die Antwort auf das Klageanbringen und die tatsächliche Begründung der Anträge in klar gefasster Darstellung» (lit. d).

Die Antwort wird dem Kläger zwar zugestellt. Im Übrigen ist eine schriftliche Replik aber nur einzuholen, wenn sie zur Erklärung des Klägers über das Vorbringen der Antwort geboten erscheint[4]. Hier also bereits die Einschränkung des Inhaltes einer Replik, die überhaupt nur unter ganz besonderen Voraussetzungen zugelassen wird. Analoges gilt für die Duplik. *(Unter entsprechender Voraussetzung kann dem Beklagten Frist zur Duplik angesetzt werden.)* In der mündlichen Vorbereitungsverhandlung sind aber Verdeutlichungen, Berichtigungen, Vereinfachungen und Ergänzungen möglich[5]. 9

Für Zürich gilt also, dass spätestens in Replik und Duplik alles, was zum Tatbestand gehört, vorgetragen werden kann, sei es mündlich oder schriftlich[6]. Aber selbst insofern bestehen Ausnahmen. Sie sind in § 115 ZPO aufgezählt. Von der Bestimmung des § 114 sind nämlich ausgenommen: 10

1. Anträge, die erst im Laufe des Prozesses veranlasst wurden. Dazu gehört etwa die nachträgliche Bezifferung des Anspruches gemäss § 61 Abs. 2 ZPO[7]. 11
2. Behauptungen, Bestreitungen und Einreden, deren Richtigkeit sich aus den Prozessakten ergibt oder die durch neu eingereichte Urkunden sofort bewiesen werden können. 12

---

[4] BZP 32 Abs. 2.
[5] BZP 35 Abs. 1: «In mündlicher Vorbereitungsverhandlung erörtert der Instruktionsrichter mit den Parteien den Streitfall und veranlasst sie nötigenfalls, ihre Ausführungen zu verdeutlichen, zu berichtigen, zu vereinfachen oder zu ergänzen.»
[6] Diese beschränkte Zulassung von Noven gilt auch im sozialen Arbeitsprozess (25. Mai 2004, Obergericht des Kantons Zürich, II. Zivilkammer, ZR 104/2005 Nr. 25). Der Entwurf zur Schweizerischen ZPO sieht im ordentlichen Verfahren nach der schriftlichen Klagebegründung und Klageantwort eine Hauptverhandlung mit zwei Vorträgen vor. An derselben können die Parteien bis und mit den ersten Parteivorträgen neue Tatsachen und Beweismittel vorbringen (ZPO CH 228).
[7] FRANK/STRÄULI/MESSMER, N 3 zu § 115 ZPO. Zur Bezifferung des Streitwertes im Berufungsverfahren vgl. ZR 104/2005 Nr. 22 E. II/1, II/2/d und e.

> **Beispiel 59:**
>
> 13 Die Tatsache, dass ein Grundstück an einem bestimmten Tag zu einem bestimmten Preis verkauft worden sei, wird durch Vorlegung des entsprechenden öffentlich beurkundeten Kaufvertrages sofort nachgewiesen. Es bestehen darum keine Bedenken, eine solche Behauptung noch nachträglich zuzulassen, weil sie keine Weiterung im Prozess mit sich bringt; sie muss nicht erst bewiesen werden, sondern ist liquid. Trotzdem ist auch bei einer solchen Behauptung die Gegenpartei noch dazu anzuhören; sie könnte z.B. sagen, der Kaufvertrag sei später durch einen andern ersetzt worden. Weiterungen ergeben sich eben vielfach trotz der an sich liquiden Tatsache, wenn sich eine Partei auf derlei beruft. § 115 Ziff. 2 ZPO ist daher nicht ganz unproblematisch.

14 3. Wichtig ist der Fall von § 115 Ziff. 3 ZPO: «Tatsachen, von denen die Partei glaubhaft macht, dass sie trotz angemessener Tätigkeit nicht rechtzeitig angerufen werden konnten.»[8]

Vielfach kommen einer an sich vigilanten Partei Umstände, die für den Prozess wichtig sein können, erst während des Prozesses zu Ohren. Das ist begreiflich. Mit Beginn des Prozesses beginnt sie intensiver festzustellen, worauf es noch ankommen könnte, beginnt herumzuhören und vernimmt Dinge, die ihr vorher nicht bekannt geworden sind, oder es kommt jemand, der vom Prozess gehört hat, und berichtet ihr darüber. Um die Voraussetzungen von § 115 Ziff. 3 ZPO zu erfüllen, muss die Partei im Einzelnen darlegen worin genau ihre Tätigkeit, welche sie für angemessen hält, bestanden hat[9].

15 Im Ehescheidungsprozess kommt es etwa vor, dass vermutete Ehebrüche nicht bewiesen werden können, dass aber plötzlich einer zum Vorschein kommt, von dem die nach Art. 115 ZGB, klagende Partei selbst nicht einmal eine Ahnung hatte und der ihr jetzt hinterbracht wird[10]. In dieses Kapitel gehören aber auch Tatsachen, die *sich während des Prozesses* zutragen. Das Urteil im Prozess stellt die Rechtslage

---

[8] Ähnlich ZPO CH 229 Abs. 1: «In der Hauptverhandlung werden neue Tatsachen und Beweismittel nur noch berücksichtigt, wenn sie ohne Verzug vorgebracht werden und:
   a. erst nach Abschluss des Schriftenwechsels oder nach der letzten Instruktionsverhandlung entstanden oder gefunden worden sind (echte Noven) oder
   b. bereits vor Abschluss des Schriftenwechsels oder vor der letzten Instruktionsverhandlung vorhanden waren, aber trotz zumutbarer Sorgfalt nicht vorher vorgebracht werden konnten (unechte Noven).»
[9] 30. September 2004, Handelsgericht des Kantons Zürich, ZR 103/2005 Nr. 82 E. II/3/b/bb.
[10] Dabei kommt es dann allerdings noch darauf an, ob dieser Ehebruch für die Unzumutbarkeit der Fortsetzung der Ehe überhaupt noch kausal war. Das ist eine materiell-rechtliche Frage. Nach altrechtlichem Scheidungsrecht stellte ein Ehebruch einen absoluten Scheidungsgrund dar, und weder die Zerrüttung noch die Schuldfrage musste weiter bewiesen werden.

fest, wie sie sich im Zeitpunkt des Urteils verwirklicht hat. § 188 Abs. 1 zweiter Satz ZPO sagt dazu: «Es (das Gericht) legt ihm (nämlich dem Endentscheid) unter Vorbehalt rechtzeitiger Geltendmachung den Sachverhalt zugrunde, wie er in diesem Zeitpunkt besteht. Und ‹dieser Zeitpunkt› ergibt sich aus dem ersten Satz: Sobald der Prozess spruchreif ist, fällt das Gericht den Endentscheid.» Folglich müssen während des Prozesses eintretende Tatsachen noch berücksichtigt werden[11]. Noven, die gestützt auf § 115 ZPO nach der Entscheidfällung, jedoch vor der Entscheideröffnung vorgebracht werden, sind zu berücksichtigen[12].

Beispiel 60:

K klagt gegen B auf Zahlung von Fr. 10 000.–. Im Prozess ergibt sich, dass er die Forderung dem Z abgetreten hat und deshalb nicht zu ihrer Geltendmachung legitimiert ist. Kurz vor Urteilsfällung zediert Z dem K die Forderung zurück. K darf diese neue Tatsache, gestützt auf § 115 Ziff. 3, als neue Behauptung vorbringen, und sie muss, obgleich erst während des Prozesses eingetreten, im Urteil berücksichtigt werden.

16

4. Eine weitere Einschränkung der Eventualmaxime ergibt sich aus § 115 Ziff. 4 ZPO: Es gibt Tatsachen, die das Gericht von Amts wegen zu beachten hat; z.B. stellt sich erst nach Abschluss der Parteivorträge für das Gericht heraus, dass der Kläger bevormundet ist. Das muss das Gericht von Amts wegen berücksichtigen.

17

5. Eine Besonderheit ist sodann ZPO 115 Ziff. 5: «Behauptungen und Bestreitungen nach gerichtlichen Anordnungen gemäss § 55.» Hier kommt nun zum Ausdruck, dass Ausübung der Fragepflicht auch die Verhandlungs- bzw. Eventualmaxime lockert[13].

18

Im Kanton Zürich war bisher die Eventualmaxime insofern eingeschränkt, als im *Berufungs- und Rekursverfahren* neue Behauptungen und Bestreitungen aufgestellt

19

---

[11] Demgegenüber liess etwa die Zivilprozessordnung des Kantons *Graubünden* von 20. Juni 1954 in Art. 65 Ziff. 3 das Urteil auf dem Sachverhalt im Zeitpunkt der Rechtshängigkeit basieren. Nach Art. 117 Abs. 1 der ZPO vom 1. Dezember 1985 dagegen wird dem Urteil unter Vorbehalt rechtzeitiger Geltendmachung der Sachverhalt zugrunde gelegt, wie er in diesem Zeitpunkt besteht.

[12] 27. Juli 1995, Kassationsgericht des Kantons Zürich, ZR 95/1996 Nr. 89 E. II/2.3.

[13] Das Zürcher Kassationsgericht hat entschieden, dass eine Partei mit den Behauptungen und Bestreitungen auf richterliche Befragung hin auch dann nicht ausgeschlossen werden darf, wenn die Fristen für die Geltendmachung neuer Tatsachen abgelaufen sind (RechBer 1977, 297 f. Nr. 22). Andererseits muss eine rechtskundig vertretene Partei sich die Vermutung entgegenhalten lassen, dass sich nicht zugetragen habe, was nicht vorgetragen wurde; ein richterlicher Hinweis ist nicht zu erteilen (4. Juli 2003, Handelsgericht des Kantons Zürich, ZR 105/2006 E. III/4/b).

§ 19 Die Eventualmaxime

werden konnten, es sei denn, die betreffende Partei habe sich in erster Instanz überhaupt nicht geäussert[14].

«In ihrer reinen Ausgestaltung stellt die Eventualmaxime hohe Anforderungen an die Sorgfalt in der Prozessführung. Die Erfahrung zeigt, dass es selbst die vigilante Partei versäumen kann, sämtliche Angriffs- und Verteidigungsmittel auf einmal vorzubringen. Nicht selten kommt es vor, dass eine Partei erst durch die Stellungnahme des Gegners auf Lücken in ihren eigenen Ausführungen aufmerksam wird»[15].

Diese Erkenntnis kann sogar noch später beim Studium der Urteilsgründe entstehen. Mit seinem inhaltlich unbeschränkten Novenrecht vor der zweiten Instanz hatte der Gesetzgeber die Gefahr, dass eine Partei durch eigene Unterlassung in ihren Rechten verkürzt werde, stark gemildert. Unter dem Druck, an den Kosten der Justiz Einsparungen erzielen zu müssen, hat der Kantonsrat (übrigens gegen den Willen selbst des Regierungsrates[16]) die traditionsreiche Einrichtung aufgehoben. Finanzieller Gewinn konnte daraus nicht erwachsen, wohl aber zusätzliche Akten in der ersten Instanz und vermehrte Anrufung von § 115 Ziff. 3 ZPO.

20 Eine besondere Stellung nimmt die *Unzuständigkeitseinrede* ein. Gemäss § 111 Abs. 1 ZPO ist die Einrede der örtlichen oder sachlichen Unzuständigkeit des Gerichtes vom Beklagten vor der Verhandlung über die Sache selbst zu erheben; er ist mit ihr nach der Klageantwort ausgeschlossen. Diese Einrede kann also *nicht erst mit der Duplik* erhoben werden[17]. Entsprechend sagt Art. 10 GestG: «... wird das angerufene Gericht zuständig, wenn sich die beklagte Partei zur Sache äussert, ohne die Unzuständigkeitseinrede zu erheben.» Ist aber ein anderer Gerichtsstand zwingend oder teilzwingend vorgeschrieben[18], so kann die Zuständigkeit auch nicht durch vorbehaltlose Einlassung begründet werden; auf die Klage ist trotz Unterlassung der Unzuständigkeitseinrede nicht einzutreten[19].

---

[14] ZPO 267 Abs. 1 und 2 in der bisherigen Fassung. Analog für das Rekursverfahren ZPO 278.
[15] GULDENER, Schweizerisches Zivilprozessrecht, 158.
[16] Vgl. insbesondere das Votum des Regierungsrats und nachmaligen Bundesrats MORITZ LEUENBERGER. Protokoll Kantonsrat, 1991–1995, 14142 f.
[17] Auch wenn der Beklagte die Einrede der Unzuständigkeit spätestens mit der Klageantwort zu erheben hat, so bedeutet dies nicht, dass deswegen der Kläger für die Frage der Zuständigkeit mit neuen, in der Klagebegründung nicht vorgebrachten Behauptungen ausgeschlossen wäre. Bringt aber der Kläger in seiner Stellungnahme zur Unzuständigkeitseinrede neue Behauptungen vor, so ist ein zusätzlicher Schriftenwechsel zu diesem Thema (genügen dürfte je eine weitere Rechtsschrift) anzuordnen (14. Dezember 1989, ZR 89/1990 Nr. 86 E. II).
[18] Vgl. WALDER/GROB, Tafeln 13 und 14, sowie § 7 hiervor.
[19] Für die sachliche Zuständigkeit vgl. GVG 13 Abs. 2 Satz 3, GVG 18 Abs. 4 Satz 3, ZPO 17 Abs. 2. Bei der Vereinbarung der Zuständigkeit des Handelsgerichtes anstelle des Bezirksgerichtes oder des Bezirksgerichtes anstelle des Handelsgerichtes gemäss § 64 GVG ist Schriftform erforderlich, sodass Unterlassung der Einrede nicht zur Begründung der Zuständigkeit genügt. Insofern bleibt § 111 ZPO blosse Ordnungsvorschrift (vgl. dazu FRANK/STRÄULI/MESSMER, N 2 zu § 111 ZPO).

§ 20 Der Grundsatz der richterlichen Rechtsanwendung[1]

Inhaltsverzeichnis   Seite

A. Allgemeines 233
B. Einschränkungen des Grundsatzes 234
     1. Bindung an den geltend gemachten Anspruch 234
     2. Notwendigkeit der Einrede-Erhebung 235
     3. Anwendung ausländischen Rechts 235
     4. Ausserordentliche Rechtsmittel 236

A. Allgemeines

Bei der rechtlichen Beurteilung der Begehren und Einwendungen der Parteien hat der Richter gemäss § 57 ZPO die in Betracht kommenden Rechtssätze von Amtes wegen anzuwenden[2]. Das ist der Grundsatz der richterlichen Rechtsanwendung (iura novit curia). Im Gegensatz dazu steht § 54 Abs. 1 ZPO, wonach es Sache der Parteien ist, dem Gericht das Tatsächliche des Rechtsstreits darzulegen[3].   1

In der Bundeszivilprozessordnung ist der Grundsatz nicht ausdrücklich erwähnt[4], wohl aber findet er seinen Niederschlag in Art. 106 Abs. 1 BGG bei der Beschwerde an das Bundesgericht: 2

«Das Bundesgericht wendet das Recht von Amtes wegen an»[5].

Dieser Satz bedeutet Folgendes: Die Rechtsanwendung ist Sache des Richters[6]; somit spielt es keine Rolle, ob sich eine Partei zur Begründung der Klage oder zu ihrer Verteidigung auf die richtigen Rechtssätze berufen hat oder nicht. Das gilt zunächst bei der ersten Instanz. Die Partei braucht dort überhaupt keine rechtlichen Ausführungen zur Begründung ihrer Klage oder Bestreitung der Klage der Gegenpartei[7] zu

---

[1] WALDER/GROB, Tafel 22a: Keine Pflicht der Parteien, sich auf die zutreffenden Rechtssätze zu berufen, sowie Tafel 22b.
[2] ZPO CH 57.
[3] Vgl. dazu im Einzelnen ISAAK MEIER, Iura novit curia.
[4] Vgl. dazu Anm. 5 und 7 hiernach.
[5] Das Bundesgericht prüft aber die Verletzung von Grundrechten und von kantonalem und interkantonalem Recht nur insofern, als eine solche Rüge in der Beschwerde vorgebracht und begründet worden ist. (BGG 106 Abs, 2).
[6] BGE 134 I 16: Es besteht kein verfassungsmässiger Anspruch auf einen juristisch gebildeten Richter.
[7] Da Art. 120 Abs. 3 BGG über die direkte Klage vor Bundesgericht auf den BZP verweist, bleibt die Frage offen, ob in jenem Verfahren der Grundsatz der Rechtsanwendung von Amtes wegen ebenfalls gelte. Schon Art. 63 Abs. 1 zweiter Satz OG bezog sich nur auf Tätigkeit des Bundes-

machen; es genügt, wenn sie dem Richter die nötigen Tatbestandselemente mitteilt, aus denen er ableiten kann, ob sie zu Recht einen Anspruch geltend macht oder ihn bestreitet. Eine allfällige von der klagenden Partei gegebene Begründung rechtlicher Art ist indessen eventuell notwendig zur Abgrenzung des Anspruchs von einem andern: Der Kläger kann z.B. aus ein und demselben Schadensereignis Anspruch auf Schadenersatz oder/und Genugtuung herleiten.

3   Das Gesagte gilt analog bei jenen Rechtsmitteln, welche in irgendeiner Beziehung die vollumfängliche Prüfung des vorinstanzlichen Entscheides durch die Rechtsmittelinstanz ermöglichen. Dort muss sich zwar der im vorinstanzlichen Verfahren Unterlegene mit dem Urteil der Vorinstanz auseinandersetzen; es spielt aber gar keine Rolle, ob er es in richtiger oder falscher Weise tut; die Rechtsmittelinstanz ist verpflichtet, festzustellen, ob das angefochtene Urteil rechtlich haltbar sei oder nicht.

B. Einschränkungen des Grundsatzes

1. Bindung an den geltend gemachten Anspruch

4   Die Pflicht des Richters zur freien Rechtsanwendung findet ihre obere Grenze in der Umschreibung der Klageidentität[8]. Infolge der Dispositionsmaxime darf der Richter die Klage nicht mit einer rechtlichen Begründung schützen, die einen anderen als den geltend gemachten Anspruch guthiesse[9]. (Andererseits gebietet es die Tatsache, dass der Grundsatz vor dem bundesrechtlichen Beschwerdegericht verwirklicht ist, den Kantonen wenigstens in den der Beschwerde an das Bundesgericht vorangehenden Verfahren, die Rechtsanwendung von Amtes wegen grundsätzlich vorzusehen[10]. In den übrigen Verfahren gilt sie infolge ihrer kantonalrechtlichen Normierung[11].)

---

gerichts als Berufungsinstanz (anwendbar über Art. 74 auch auf die altrechtliche Beschwerde in Zivilsachen), wogegen die Art. 41 und 42 über das Bundesgericht als einzige Instanz sich dazu nicht äusserten. Es ist jedoch anzunehmen, dass der Grundsatz *Iura novit curia* als allgemeine Maxime des schweizerischen Rechts auch in diesen Verfahren anzuwenden ist.

[8] Zur Frage der Klageidentität vgl. § 26 Rz 46–80 hiernach.
[9] ISAAK MEIER, Jura, 24.
[10] BGE 92 II 312 E. 5; 91 II 65 E. 2; 90 II 40 E. 6b.
[11] ISAAK MEIER, Iura, 62 f. mit Hinweisen.

2. Notwendigkeit der Einrede-Erhebung

Man hat im Weitern angenommen, dass eine Ausnahme von der Rechtsanwendung von Amts wegen auch die Einreden des Zivilrechts bilden[12]. Dem ist jedoch kaum zuzustimmen[13].

3. Anwendung ausländischen Rechts

Ein weiteres Problem ergibt sich bei der Anwendung ausländischen Rechts; Art. 16 IPRG lautet[14]:

«Der Inhalt des anzuwendenden ausländischen Rechts ist von Amtes wegen festzustellen. Dazu kann die Mitwirkung der Parteien verlangt werden. Bei vermögensrechtlichen Ansprüchen kann der Nachweis den Parteien überbunden werden.

Ist der Inhalt des anzuwendenden ausländischen Rechts nicht feststellbar, so ist schweizerisches Recht anzuwenden.»

§ 57 ZPO sagt seinerseits, das Gericht wende das Recht von Amtes wegen an. Da aber Art. 16 Abs. 1 IPRG abschliessend bestimmt, in welchen international-privatrechtlichen Fällen das anzuwendende ausländische Recht von Amtes wegen anzuwenden ist[15], besteht im Anwendungsbereich dieser Vorschrift kein Raum mehr für

---

[12] KUMMER § 20 3, 76
[13] Vgl. ISAAK MEIER, Iura, 64: «Die prozessuale Geltendmachung von Rechtsnormen als Ausnahme vom Grundsatz der Rechtsanwendung von Amtes wegen ist mit aller Deutlichkeit von den Willensäusserungen zu unterscheiden, die zur Vervollständigung eines zivilrechtlichen Gesetzestatbestandes notwendig sind. So setzt etwa die Ungültigkeit des Vertrages nach OR 24 ff. neben dem Vorliegen eines Irrtums-, Täuschungs- oder Drohungstatbestandes die Anfechtung des Vertrages innert der in OR 31 festgehaltenen Frist voraus. Eine Forderung wird von den Verjährungsbestimmungen nur betroffen, wenn zum Ablauf der Verjährungsfrist die Erhebung der Einrede der Verjährung hinzutritt. Die Frage, ob ein Gesetzestatbestand zu seiner Vervollständigung eine Willensäusserung benötigt, ist selbstverständlich eine rein privatrechtliche Frage und hat mit dem prozessualen Problem, ob und inwiefern der Richter die Rechtsnormen auch ohne ihre Anrufung anzuwenden habe, nichts zu tun. Während die privatrechtlichen Willensäusserungen sowohl innerhalb als auch ausserhalb des Prozesses ausgeübt werden können, muss die prozessrechtliche Geltendmachung von Rechtsnormen immer im Prozess vorgenommen werden. Die Einrede wäre also nur dann eine Erscheinung der letzteren Art und damit prozessualer Natur, wenn sie, wie dies einmal auch vertreten wurde, nur im Prozess geltend gemacht werden könnte oder wenn der Berechtigte trotz ausserprozessualer Geltendmachung nicht von der Ausübung im Prozess befreit wäre. Nach der heute herrschenden Lehre, nach der der Richter auch eine ausserhalb des Prozesses ausgeübte Einrede ohne Weiteres zu beachten hat, ist sie jedoch eindeutig dem Zivilrecht zuzuordnen.»
[14] Das «fremde Recht» wurde mit der Revision von 1995 aus der Bestimmung entfernt und durch «ausländisches Recht» ersetzt. Vgl. dazu auch HANS ULRICH WALDER, Anwendung ausländischen Rechts nach dem neuen schweizerischen Bundesgesetz über das Internationale Privatrecht, Festschrift für Georgios G. Mitsopoulos, Athen 1993, 1323 ff.
[15] In einem Eheschutzverfahren bezüglich Unterhaltsbeiträgen ist anzuwendendes ausländisches Recht von Amtes wegen anzuwenden. Die Feststellug darf nicht von einem Kostenvorschuss der

eine entsprechende kantonale Norm. Damit gelangt § 57 ZPO insoweit nicht zur Anwendung[16].

Mit kantonaler Nichtigkeitsbeschwerde kann aber gerügt werden, die Vorinstanz habe das anwendbare ausländische Recht nicht sorgfältig genug ermittelt bzw. habe keine Auskünfte über das ausländische Recht gemäss dem Europäischen Übereinkommen betreffend Auskünfte über ausländisches Recht[17] eingeholt, worauf die Parteien eines Prozesses grundsätzlich Anspruch haben[18].

4. Ausserordentliche Rechtsmittel

7   Eine besondere Situation ergibt sich ferner bei den ausserordentlichen Rechtsmitteln, etwa der *kantonalen Nichtigkeitsbeschwerde,* wo es nur darum geht, festzustellen, ob das angefochtene Urteil unter Nichtigkeitsgründen leide. Dort kann die Nichtigkeitsinstanz nur auf Rügen eintreten, die vom Beschwerdeführer erhoben sind, also z.B. Verletzung klaren Rechts durch die Vorinstanz, und es muss im Einzelnen gesagt werden, worin diese Verletzung erblickt wird[19].

8   Wird mit Bezug auf eine Begründung des Urteils vom Beschwerdeführer behauptet, diese verletze klares Recht, und kommt die Nichtigkeitsinstanz zum Schluss, das treffe nicht zu, so muss sie die Beschwerde abweisen, selbst wenn sie an sich anders entschieden hätte, aber auch, dann, wenn sie gleichzeitig z.B. feststellen sollte, dass das Gericht nicht gehörig besetzt war, und selbst wenn sich dies ohne Weiteres schlüssig aus den ergangenen Akten ergeben sollte[20]. Sie darf also nicht von Amts wegen eingreifen.

Parteien abhängig genmacht werden (10. Dezember 2005, Kassationsgericht des Kanons Zürich, ZR 105/2006 Nr. 27 E. III/2/1/b/cc).
[16]   2. Oktober 2007, Kassationsgericht Zürich, ZR 107/2008 Nr. 17.
[17]   SR 0.274.161.
[18]   5 Februar 1996, Kassationsgericht des Kantons Zürich, ZR95/1996 Nr. 101.
[19]   ZPO 281 Ziff. 3. Dazu ZPO 288 Abs. 1:
«Die Nichtigkeitsbeschwerde ist schriftlich einzureichen und muss enthalten:
1. die genaue Bezeichnung des angefochtenen Entscheids;
2. die Angabe, inwieweit der Entscheid angefochten wird und welche Änderungen beantragt werden;
3. die Begründung der Anträge unter Nachweis der Nichtigkeitsgründe.»
Ob klares Recht verletzt ist, entscheidet die Nichtigkeitsinstanz indessen wiederum, ohne an die Rechtserörterungen der Parteien gebunden zu sein.
[20]   GULDENER, Nichtigkeitsbeschwerde, 74/75, scheint dies allerdings im Zusammenhang mit der Pflicht der Parteien zu sehen, dem Richter das Tatsächliche des Rechtsstreits darzulegen (ZPO 54 Abs. 1, aZPO 98). Vgl. auch DIETHER VON RECHENBERG, Die Nichtigkeitsbeschwerde in Zivil- und Strafsachen nach zürcherischem Recht, 2. Aufl., Zürich 1986, 18 (Ziff. 4) unten.

§ 21 Der Grundsatz des rechtlichen Gehörs[1]

Inhaltsverzeichnis Seite

A. Gelegenheit für die Parteien, sich zur Klage auszusprechen 237
B. Anhörung der Parteien auch im Rechtsmittelverfahren 240
C. Besonderheit bei einstweiligen Verfügungen 241
D. Zweimalige Anhörung in erster Instanz 241
E. Gelegenheit zur Teilnahme an den Verhandlungen 242
F. Recht auf Akteneinsicht 242
G. Pflicht des Gerichtes, sich mit dem Vorgebrachten ernsthaft auseinanderzusetzen 243
H. Gerichtssprache 243
I. Weitere Aspekte 244

Gemäss § 56 Abs. 1 ZPO haben die Parteien nach Massgabe des Gesetzes Anspruch 1
auf rechtliches Gehör[2]. Die BZP enthält im Gegensatz zu früher keine solche Bestimmung mehr. Der Anspruch ist selbstverständlich und wird auch durch Art. 29 Abs. 2 BV gewährleistet[3,4]. Das Prinzip des vollen rechtlichen Gehörs hat im Wesentlichen folgenden Inhalt:

A. Gelegenheit für die Parteien, sich zur Klage auszusprechen

Über Gutheissung oder Abweisung einer Klage darf das Gericht erst entscheiden, 2
nachdem beiden Parteien Gelegenheit gegeben worden ist, sich in den Formen des
Gesetzes zur Klage auszusprechen.

---

[1] WALDER/GROB, Tafel 22a: Recht auf Anhörung im Tatsachen- wie im Rechtsbereich und auf Stellungnahme zum Vorbringen der Gegenpartei.
[2] Ebenso ZPO CH 53 Abs. 1.
[3] Vgl. dazu FRANK/STRÄULI/MESSMER, N 1 zu § 56 ZPO, ferner auch Art. 6 Abs. 3 lit. a EMRK. Allgemein zur Geltung der EMRK in Zivilsachen FRANZ MATSCHER, Die Verfahrensgarantien der EMRK in Zivilrechtssachen, Österreichische Zeitschrift für öffentliches Recht und Völkerrecht 1980, 1 ff. Vgl. ferner HANS ULRICH WALDER, Zur Bedeutung des rechtlichen Gehörs im schweizerischen Zivilprozessrecht, Gedächtnisschrift für Peter Noll, Zürich 1984, 403 ff.
[4] Anspruch auf gerechte Behandlung, rechtliches Gehör sowie unentgeltliche Rechtspflege wurden unter Art. 4 aBV als Eckpfeiler des Anspruches auf Gleichbehandlung vor staatlichen Behörden entwickelt und sind nun als Grundrechte unter allgemeinen Verfahrensgarantien in **Art. 29** aufgeführt.

3   Das ist selbstverständlich für die *Gutheissung* der Klage. Eine Klage darf nicht ganz oder teilweise gutgeheissen werden, bevor der Beklagte angehört worden ist. Nicht so eindeutig zu beurteilen ist jedoch der Fall, in dem die Klage abgewiesen werden könnte, nachdem der Kläger gesprochen hat, weil sich aus seinen eigenen Ausführungen ergibt, dass die Klage nicht begründet sein kann.

> **Beispiel 61:**
>
> 4   K klagt aus Schenkungsversprechen. Er behauptet, dieses sei an einem bestimmten Ort zu einer bestimmten Zeit mündlich erfolgt. Das Schenkungsversprechen bedarf aber der schriftlichen Form (OR 243 Abs. 1). Also könnte die Klage abgewiesen werden. Das ist aber nicht zulässig. Vielleicht ergibt sich aus der Stellungnahme des Beklagten etwas, das die Sache in einem anderen Licht erscheinen lässt. Vielleicht war es in Wirklichkeit gar kein Schenkungsversprechen, sondern der Beklagte wollte dem Kläger eine Provision zukommen lassen. Er würde alsdann ausführen, er habe dem Kläger zwar nichts schenken wollen, aber in Anbetracht früherer Bemühungen des Klägers diesem eine Provision versprochen für den Fall, dass ein bestimmtes Geschäft zustande komme, was bis heute nicht der Fall sei. Der Kläger wird replicando in die Lage kommen zu behaupten, das fragliche Geschäft sei in Wirklichkeit zustande gekommen, und der Prozess steht plötzlich auf einer rechtlich anderen Grundlage, wenn auch die Identität des Anspruches gewahrt bleibt[5].

5   Denkbar ist sogar, dass der Beklagte die Klage anerkennt. In solchen Fällen wirkt sich das dem Beklagten gewährte Gehör jeweils indirekt für die Interessen des Klägers aus.

6   Dagegen kann von einer Anhörung des Beklagten abgesehen werden, wenn sich ergibt, dass es an einer *Prozessvoraussetzung* fehlt oder die Klage nicht ordnungsgemäss erhoben ist.

«In diesem Falle kann, soweit eine Behebung des Mangels nicht in Frage kommt, die Klage von der Hand gewiesen werden, was ein Obsiegen des Beklagten bedeutet, so dass er schon aus diesem Grunde nicht daran interessiert ist, angehört zu werden, bevor die Entscheidung ergeht»[6].

Zu beachten ist aber, dass Behebung des Mangels infrage kommen kann. So kann im Falle der fehlenden Zuständigkeit der Beklagte die Zuständigkeit des angerufenen Gerichtes anerkennen, die Einrede der Unzuständigkeit unterlassen und vielleicht sogar daran interessiert sein, dass der Prozess vom angerufenen Gericht behandelt wird. Das ist zu beachten, es sei denn, ein zwingender oder teilzwingender Gerichtsstand verböte die Begründung der Zuständigkeit durch vorbehaltlose Einlassung.

---

[5]   Vgl. dazu § 26 Rz 46–80 hiernach.
[6]   GULDENER, Schweizerisches Zivilprozessrecht, 175. Zum Begriff der Prozessvoraussetzung vgl. § 25 Rz 4.

Somit darf die Klage nicht wegen örtlicher Unzuständigkeit durch Nichteintreten erledigt werden, bevor sich der Beklagte geäussert hat.

Wird die Zuständigkeit bestritten, so ist dem Kläger zu dieser Frage das volle rechtliche Gehör zu gewähren[7].

> **Beispiel 62:**
>
> Der Kläger hat die Klage begründet und sich gleichzeitig zur Frage der Zuständigkeit des Gerichtes ausführlich geäussert. Der Beklagte erhebt die Einrede der Unzuständigkeit. § 111 Abs. 1 ZPO sagt:
>
> «Das Gericht entscheidet nach Anhörung der Gegenpartei sofort über seine Zuständigkeit.»
>
> Das Gericht findet aber, nachdem der Kläger bereits mit der Klagebegründung auch die Frage der Zuständigkeit behandelt habe, erübrige sich, ihm das Wort dazu (es hat schriftliches Verfahren stattgefunden) noch einmal zu geben und ihm Frist anzusetzen zu einer Vernehmlassung. Das ist nur dann zulässig, wenn das Vorbringen des Beklagten unerheblich ist[8].

Das Prinzip des rechtlichen Gehörs ist in richtige Beziehung zu setzen zum Grundsatz «Iura novit curia». Nichts ist gefährlicher, als wenn das Gericht dieses Grundsatzes wegen die Parteien von Rechtserörterungen fernzuhalten versucht[9]. Wegen des Grundsatzes des rechtlichen Gehörs haben die Parteien auch Anspruch darauf, den Richtern die Rechtsfragen, die für den Prozess von Bedeutung sind, in ihrem Lichte vorzutragen[10]. Der Anspruch auf rechtliches Gehör umfasst auch das Replik-

---

[7] ZPO 111 Abs. 1 zweiter Satz.
[8] Kassationsgericht des Kantons Zürich, RechBer 1972, 281 Nr. 24. Das rechtliche Gehör und damit das Gebot eines fairen Verfahrens nach Art. 6 Ziff. 1 EMRK wird auch verletzt, wenn keine klagende Partei durch Nichtzustellung einer Eingabe um ihr Replikrecht gebracht wird, doch kann der Mangel durch die Anhörung in einem Beschwerdeverfahren geheilt werden (22. März 2007, Kassationsgericht des Kantons Zürich, ZR 107/2007 Nr. 67 E. II.1).
[9] Dazu JEAN-MARIE CRETTAZ, Défense du Barreau, Défenseur de l'homme menacé, in: Ordre des avocats de Genève, Séance solemnelle de rentrée du 7 octobre 1977, 28 ff.
[10] Die Richter haben den mündlichen Vorträgen aufmerksam zu folgen. Dass sich die Literatur sogar schon mit schlafenden Richtern befassen musste, stimmt nachdenklich. Vgl. dazu KLAUS-DIETER DEUMELAND, in: Soziale Sicherheit 1976, 5–7. Noch schlimmer ist es aber, wenn die Eingabe einer Partei nach zwei Tagen durch einen Entscheid beantwortet wird, obwohl innert dieser Frist nicht einmal ein einzelnes Gerichtsmitglied und schon gar nicht deren drei (wie im Rubrum angegeben) die Sache überhaupt richtig studieren konnten. Als Verweigerung des rechtlichen Gehörs ist auch die immer häufiger anzutreffende Aufforderung des Gerichts anlässlich mündlicher Verhandlungen aufzufassen, sich aus Zeitgründen kurz zu halten. Es ist den Parteien für die Vorträge genügend Zeit einzuräumen.

recht[11] und ist ein Teilaspekt des allgemeinen Grundsatzes des fairen Verfahrens von Art. 29 Abs. 1 BV bzw. Art. 6 Ziff. 1 EMRK. Er umfasst das Recht, von jeder dem Gericht eingereichten Stellungnahme Kenntnis zu nehmen und sich dazu äussern zu können, unabhängig davon, ob diese neue Tatsachen oder Arumente enthält und ob sie das Gericht tatsächlich zu beeinflussen vermag. Das auf Art. 29 Abs. 2 BV gestützte Replikrecht gilt für alle gerichtlichen Verfahren, auch solche, die nicht in den Schutzbereich von Art. 6 Ziff. 1 EMRK fallen[11a].

9a Solange Eingaben nicht physisch aus dem Dossier entfernt, sondern lediglich symbolisch «aus dem Recht gewiesen» werden, ist das Vorgehen unter den Aspekt des rechtlichen Gehörs (Möglichkeit der Überprüfung durch die Rechtsmittelinstanz) nicht zu beanstanden[12].

B. Anhörung der Parteien auch im Rechtsmittelverfahren

10 Anzuhören sind die Parteien auch im Rechtsmittelverfahren, sofern sich nicht sofort ergibt, dass das Rechtsmittel unzulässig ist.

11 Das ist etwa der Fall, wenn der für eine eingereichte Berufung erforderliche Streitwert nicht erreicht ist.

12 Einzelne Bestimmungen sehen überdies vor, dass von einer Anhörung des Rechtsmittelbeklagten abgesehen werden kann, wenn klar ist, dass das Rechtsmittel unbegründet ist[13].

---

[11] BGE 133 I 100: Anspruch auf rechtliches Gehör, Replikrecht. BGE 130 III 35: Art. 190 Abs. 2 lit. d IPRG internationale Schiedsgerichtsbarkeit; Anspruch der Parteien auf rechtliches Gehör in einem kontradiktorischen Verfahren. Verletzung bejaht, weil sich die rechtliche Würdigung des Schiedsgerichts auf eine Vertragsbestimmung stützt, die keine der Parteien als massgebend betrachtet und im Verfahren angerufen hatte. BGE 127 III 193: rechtliches Gehör bei Namensänderung.
[11a] ZR 107/2008 Nr. 22.
[12] 12. Februar 2008, Kassationsgericht des Kantons Zürich, ZR 107/2008 Nr. 22, E. III/1.
[13] ZPO 277 (Rekurs), 289 (Nichtigkeitsbeschwerde), 297 (Revision). Für den Bund vgl. BGG 102 Abs. 1; 108 Abs. 2 der letzteren Bestimmung lautet:
Er oder sie (der Präsident oder die Präsidentin) *kann einen anderen Richter oder eine andere Richterin damit* (mit dem Entscheid auf Nichteintreten im vereinfachten Verfahren gemäss Abs. 1) *betrauen*. Diese Regel verstösst gegen die richterliche Unabhängigkeit, denn wer mit einem Entscheid betraut wird, der einen vorbestimmten Inhalt haben soll, ist nicht mehr unabhängig. Aktenbeizugspflicht der Rechtsmittelinstanz als wesentlicher Verfahrensgrundsatz? (Frage offen gelassen in ZR 107/2008 Nr. 28).

C. Besonderheit bei einstweiligen Verfügungen

Einstweilige Verfügungen können in dringenden Fällen ohne Anhörung des Gegners erlassen werden[14].   13

Sie haben aber immer nur provisorischen Charakter. Über ihre Aufrechterhaltung muss auf Einsprache des Massnahmegegners hin entschieden werden.   14

Grundsätzlich kann der Kantonsgerichtspräsident eine superprovisorisch erlassene Verfügung gegen den Willen der gesuchstellenden Partei nicht aufheben, ohne diese vorgängig angehört zu haben[15].   14a

Nach der abschliessenden bundesrechtlichen Regelung wird der Arrestschuldner im Arrestverfahren (bis zum Erlass des Arrestbefehls) nicht angehört[16]. Dasselbe ist anzutreffen bei der (bundesrechtlich immer noch nicht verarbeiteten) Vollstreckung von Entscheidungen nach Art. 34 Abs. 1 LugÜ[17].   15

D. Zweimalige Anhörung in erster Instanz

Rechtliches Gehör verpflichtet das Gericht zu mindestens zweimaliger Anhörung der Parteien in der ersten Instanz[18].   16

Im Rechtsmittelverfahren ist dies nicht mehr unerlässlich, weil das Rechtsmittel – richtig verstanden – lediglich der Auseinandersetzung mit dem erstinstanzlichen   17

---

[14] Vgl. dazu unten § 32 Rz 23.
[15] 30. Juni 2006, Obergericht des Kantons Glarus, SJZ 103/2007 Nr. 36, 611.
[16] BGE 107 III 29 ff. Dem Hinweis des Bundesgerichtes auf S. 32, wonach «die Interessen des Schuldners im Arrestverfahren besser gewahrt wären, wenn die Arrestbehörde den Arrestbefehl vorerst bloss vorsorglich erlassen und danach eine Verhandlung ansetzen würde, in der sich der Arrestschuldner gegen die Aufrechterhaltung des Arrestes wehren könnte», hat der Gesetzgeber mit der Novelle vom 16. Dezember 1994 durch Art. 278 SchKG («Einsprache gegen den Arrestbefehl») Folge gegeben.
[17] Das Übereinkommen gibt dem Schuldner dafür in Art. 36 einen befristeten «Rechtsbehelf».
[18] Vgl. § 19 hiervor. Zum Anspruch des Gesuchstellers darauf, im Vollstreckungsverfahren zu den Einwendungen der Gegenpartei Stellung zu nehmen, vgl. BGE 106 Ia 4 ff. Grundsätzlich haben die Parteien – auch im Verfahren betreffend vorsorgliche Massnahmen – Anspruch auf je zwei Vorträge und darauf, nach durchgeführtem Beweisverfahren zum Beweisergebnis Stellung zu nehmen. Sie sind nicht gehalten, den Antrag zu stellen, es sei ihnen dazu Gelegenheit zu geben (ZR 77/1987 Nr. 138 Erw. 5). Andererseits besteht im summarischen Verfahren kein Anspruch auf Durchführung von Replik und Duplik, sofern das schriftliche Verfahren zur Anwendung gelangt, doch stellt es eine Verweigerung des rechtlichen Gehörs dar, wenn aufgrund neuer tatsächlicher Vorbringen in der Klageantwort die Klage abgewiesen wird, ohne dass zuvor dem Kläger Gelegenheit zur Stellungnahme gegeben worden wäre (ZR 78/1979 Nr. 84).

§ 21   Der Grundsatz des rechtlichen Gehörs

Urteil dienen soll[19]. Auch im Rechtsmittelverfahren gilt indessen, dass den Parteien stets Gelegenheit zu geben ist, sich zu neuen Standpunkten des Gegners, die das Gericht für wesentlich erachtet, zu äussern. Dabei ist eine *ausdrückliche* Aufforderung notwendig; es genügt also nicht, dass die bereffende Partei von der neuen Behauptung Kenntnis hat. Sie muss zur Äusserung *aufgefordert* werden, da sie ja nicht weiss, ob das Gericht als wesentlich ansieht, was neu vorgetragen wurde.

18   In einem Zwischenverfahren mit eng begrenztem, leicht zu überschauendem Thema genügt es, jede Partei einmal anzuhören[20].

E. Gelegenheit zur Teilnahme an den Verhandlungen

19   Rechtliches Gehör bedeutet ferner die Gelegenheit, den Verhandlungen beizuwohnen.

20   Einschränkungen ergeben sich aus der Natur der Sache[21].

F. Recht auf Akteneinsicht

21   Rechtliches Gehör gewährleistet das Recht auf Akteneinsicht[22].

---

[19]   Dennoch hat im zürcherischen Berufungsverfahren wiederum jede Partei zwei Vorträge (ZPO 264; 265; 268).
[20]   ZR 77/1978 Nr. 101 Erw. 4.
[21]   Gemäss § 146 ZPO findet die Beweisabnahme auch bei Fernbleiben der Parteien statt, die indessen mindestens Gelegenheit haben müssen, daran teilzunehmen. Das bedeutet, dass die Respektstunde (vgl. § 33 Anm. 21 hiernach) nicht abgewartet werden muss (FRANK/STRÄULI/MESSMER, N 2 zu § 146 ZPO), dass aber die Parteien bei triftigen Gründen Anspruch auf Verschiebung haben. § 124 zweiter Satz GVG gibt dem Gerichtspräsidenten das Recht, Parteien wegen wiederholter grober Ordnungsstörungen aus der Verhandlung wegzuweisen.
[22]   ZPO 56 Abs. 2. Vgl. BGE 95 I 107 ff. E. 2. Akten sind auf der Gerichtskanzlei einzusehen und werden nach feststehender Praxis nur an zugelassene Rechtsanwälte zum Studium herausgegeben (ZR 78/1979 Nr. 136), Art. 53 Abs 2 ZPO CH «... insbesondere können sie die Akten einsehen und Kopien anfertigen lassen ...»

G. Pflicht des Gerichtes, sich mit dem Vorgebrachten ernsthaft auseinanderzusetzen

Der Grundsatz des rechtlichen Gehörs besagt auch, dass sich das Gericht mit dem Vorgebrachten, soweit nicht ganz unerheblich, ernsthaft auseinandersetzt[23].

Ob eine Frage erheblich sei, ist jedoch vielfach eine Frage des Bundesprivatrechts, was bei der Wahl des Rechtsmittels zu bedenken bleibt.

Bevor das Gericht einen Standpunkt zur Grundlage seines Urteils macht, welchen *keine* Partei eingenommen hat, muss es ihnen ebenfalls Gelegenheit geben, sich dazu auszusprechen.

> **Beispiel 63:**
> Das Gericht hält den Vertrag, aus welchem geklagt wird, für unsittlich und somit für nichtig (Art. 20 OR). Von den Parteien ist dieser Standpunkt bisher nicht eingenommen worden; keine von ihnen hatte demnach bisher Anlass, sich zu der Frage zu äussern. Möglicherweise haben sie jedoch Material in Händen, das geeignet wäre, die Annahme des Gerichtes zu entkräften. Dieses vorzulegen, ist ihnen Gelegenheit zu geben.

Die verfassungsrechtlichen Minimalanforderungen an die Begründung von Entscheiden gelten auch für die Anordnung von vorsorglichen Massnahmen[24].

H. Gerichtssprache

Wer sich nicht in der Gerichtssprache verständigen kann, hat Anspruch auf einen Dolmetscher[25]. Wenn die betreffende Partei nur ihre seltene Muttersprache fliessend

---

[23] Es gehört zu den unerfreulichen Erscheinungen modernen Prozessbetriebes, dass Gerichte sich von der Auseinandersetzung mit einem Teil der Argumentation dispensieren. Vgl. dazu BGE 119 II 478 ff. Das Gericht ist jedoch nicht verpflichtet, sich mit Tat- und Rechtsfragen, die für den Entscheid unwesentlich sind, auseinanderzusetzen oder den Entscheid mit Eventualbegründungen zu versehen (20. Juni 2005, Kassationsgericht des Kantons Zürich, ZR 105/2006 Nr. 10 E. III/3.1).

[24] Es genügt deshalb nicht eine Verbotsverfügung, aus der nicht hervorgeht, welcher konkrete immaterialgüterrechtliche Schutzanspruch des Massnahmegesuchstellers nach welchen Gesetzesbestimmungen, namentlich des MSchG oder des UWG, glaublich beeinträchtigt sein soll (20. November 2007, BGE 134 I 88 E. 4).

[25] Frank / Sträuli / Messmer, N 5 zu § 56 ZPO.

spricht (in casu Twi [Republik Ghana]), ist ein ersatzweise beigezogener Englisch-Dolmetscher kein geeigneter Dolmetscher[26].

I. Weitere Aspekte

26 Das vorliegend Dargestellte erfasst lediglich einzelne Aspekte des rechtlichen Gehörs. Dazu treten zahlreiche weitere[27].

---

[26] 29. Januar 1998, Kassationsgericht des Kantons Zürich (ZR 98/1999 Nr. 64 E. II.2 b).
[27] Vgl. dazu im Einzelnen FRANK/STRÄULI/MESSMER, N 3 ff. zu § 56 ZPO. Es handelt sich etwa um gesetzmässige Vorladung und Mitteilung der gerichtlichen Anordnungen, ferner Mitwirkungsrecht im Beweisverfahren. Zur Gerichtssprache vgl. BGE 106 Ia 299 ff. sowie HUBERT BAUER/LAURENT LÉVY, L'exception de traduction de pièces, SJ 1982, 49 ff.

§ 22 Der Grundsatz der richterlichen Prozessleitung[1]

Inhaltsverzeichnis Seite

A. Die formelle richterliche Prozessleitung 245
B. Die materielle richterliche Prozessleitung 246

A. Die formelle richterliche Prozessleitung

Nach zürcherischem Recht ist es der Richter, welcher dafür sorgt, dass der Tag der Verhandlung festgesetzt wird, dass die Fristen für schriftliche Eingaben angesetzt, dass Zeugen und Parteien rechtzeitig vor Gericht geladen werden[2]. Auch der Bundeszivilprozess sieht richterliche Prozessleitung vor[3]. Bis vor einiger Zeit waren im Kanton Genf noch Elemente der sogenannten Parteiherrschaft anzutreffen[4]. 1

Die prozessualen Vorschriften hat das Gericht wie diejenigen des materiellen Rechtes von Amtes wegen anzuwenden, doch ist den Parteien vielfach Gelegenheit gegeben, durch gemeinsame Anträge auf den weiteren Gang des Verfahrens einzuwirken, so z.B. durch einen gemeinsamen Sistierungsantrag, gemeinsames Begehren um Verschiebung einer Verhandlung (sog. Tagfahrt) oder Anordnung des schriftlichen Verfahrens. Auch Anträge einer einzelnen Partei über den Gang des Verfahrens hat der Richter zu prüfen und gegebenenfalls zu berücksichtigen. Das ändert aber nichts daran, dass er das Verfahren in Händen hat und dieses nicht etwa der Parteiherrschaft untersteht[5]. 2

---

[1] WALDER/GROB, Tafeln 22a: Alleinige Befugnis und Verantwortung des Richters, für den ordnungsgemässen Prozessablauf zu sorgen. BGG 32; ZPO CH 124 I, II.
[2] ZPO 52, 63; GVG 122, 132, 174 Abs. 2; ZPO CH 124.
[3] BZP 9.
[4] Vgl. darüber GULDENER, Schweizerisches Zivilprozessrecht, 2. Aufl. 155.
[5] Vgl. dazu im Einzelnen GULDENER, ZSR NF 1946, 185 ff. Immerhin kann es im Hinblick auf die Verjährungsunterbrechung (OR 138 Abs. 1) für die Parteien wesentlich sein, durch Eingabe an das Gericht auf Förderung des Prozesses zu drängen oder sonst irgendeinen Antrag zu stellen. Dass es für die Verjährungsunterbrechung «förmlicher und für beide Parteien stets leicht und einwandfrei feststellbarer Handlungen» bedürfe, wie das Bundesgericht in BGE 106 II 35 unter Berufung auf KARL SPIRO, Die Begrenzung privater Rechte durch Verjährungs-, Verwirkungs- und Fatalfristen, Bern 1975, 1 347, annimmt, weshalb telefonische Vorstellungen nicht genügten, ist kaum richtig. Die Partei, welche telefonisch vorstellig wurde, trägt lediglich das Beweisrisiko.

3 «Das Gericht sorgt für eine beförderliche Prozesserledigung»[6]. – «Die richterlichen Anordnungen sind im Rahmen eines ordnungsgemässen Geschäftsganges ohne Verzug zu treffen, sobald ihre Voraussetzungen vorhanden sind. Der Beschleunigung des Verfahrens dienen die richterlichen Fristansetzungen im Prozess. Sie sind mit geeigneten Androhungen für den Säumnisfall zu verbinden, wobei auf die Versäumnisfolgen von Amtes wegen zu erkennen ist. Die Erstreckung richterlicher Fristen wie auch die Verlegung von Tagfahrten darf nur aus zureichenden und gehörig bescheinigten Gründen erfolgen[7]. Eine Einstellung des Verfahrens (Sistierung) ist nur aus hinreichenden Gründen zulässig, wenn es sich z.B. darum handelt, den Ausgang eines präjudiziellen Verfahrens abzuwarten.»[8]

3a Die Vormundschaftsbehörde ist befugt, beim Tod des vom Scheidungsrichter bestimmten Inhabers der elterlichen Gewalt das unmündige Kind unter die elterliche Gewalt des überlebenden Elternteils zu stellen. Der Richter darf den Prozess auf Abänderung des Scheidungsurteils sistieren, um das Ergebnis des vormundschaftlichen Verfahrens über die Zuteilung der elterlichen Gewalt an den überlebenden Elternteil oder Ernennung eines Vormundes abzuwarten[9].

B. Die materielle richterliche Prozessleitung

4 In Bezug auf das Materielle des Rechtsstreites, das bedeutet hinsichtlich der abzuklärenden Behauptungen und der zu berücksichtigenden Beweismittel, ist das Gericht durch die Verhandlungsmaxime, Eventualmaxime und Untersuchungsmaxime gebunden. Gleichwohl ist dem Richter noch ein gewisses Ermessen eingeräumt, das er – ohne von Anträgen der Parteien abhängig zu sein – von sich aus wahrnehmen darf. Darin liegt die dem Richter überlassene Befugnis zur materiellen richterlichen Prozessleitung auf einem bestimmten Gebiet.

---

[6] ZPO 53 Abs. 1 erster Satz. Vgl. auch KV 74 Abs. 1, ferner DIETER LEIPOLD, Prozessförderungspflicht der Parteien und richterliche Verantwortung (ZZP 93/1980 237 ff.).

[7] ZPO 53 Abs. 1 erster Satz; ZPO CH 144 Abs. 1.

[8] GULDENER, Schweizerisches Zivilprozessrecht, 180; gemäss § 53a ZPO kann das Verfahren «aus zureichenden Gründen» einweilen eingestellt bleiben; zureichende Gründe setzt auch § 195 Abs. 1 GVG für die Verschiebung einer Verhandlung und Erstreckung einer richterlichen Frist voraus. Gemäss Art. 126 Abs. 1 ZPO CH kann das Gericht das Verfahren sistieren, «wenn die Zweckmässigkeit dies verlangt». Dem Entscheid einer Verwaltungsbehörde über allfällige Wiedereintragung einer zufolge Fusion im Handelsregister gelöschten «Firma» (hier: Aktiengesellschaft) kann keine präjudizielle Wirkung für den pendenten Zivilprozess (Frage der Aktivlegitimation) beigemessen werden (ZR 89/1990 Nr. 5). Vgl. Auch ZR 89/1990 Nr. 120.

[9] ZR 84/1985 Nr. 127.

Die massgebende Bestimmung ist § 142 Abs. 2 ZPO. «Das Gericht kann ausnahms- 5
weise auch in andern Fällen von Amtes wegen Beweise erheben». «In Abs. 1 ZPO,
wo gesagt ist, dass das Gericht den Sachverhalt dort von Amtes wegen feststelle, wo
es sich um Rechtsverhältnisse handelt, über welche die Parteinen nicht frei verfügen
können (Offizialmaxime). Hier also erscheint eine zusätzliche Befugnis des Richters
zu selbständiger Beweisabnahme etwa dort, wo er an einem von den Parteien übereinstimmend dargestellten Sachverhalt Zweifel hat oder wo er zwingenden Normen
des Privatrechtes ausserhalb der Offizialmaximen zum Durchbruch verhelfen will.
Mit dem Wort «ausnahmsweise» sind aber dieser materiellen richterlichen Prozessleitung erhebliche Grenzen gesetzt. Eine analoge Bestimmung für das Säumnisverfahren findet sich in § 131 Abs. 1 ZPO: «Ist der Beklagte säumig, so kann das Gericht
den Beweis unbestritten gebliebener Behauptungen des Klägers verlangen, wenn es
ernsthafte Zweifel an ihrer Richtigkeit hat»[10].

---

[10] Ähnlich ZPO CH 153 Abs. 2.

§ 23 Der Grundsatz der Öffentlichkeit[1]

Der Grundsatz der Öffentlichkeit des Verfahrens ist ein Ergebnis der liberalen Bestrebungen des 19. Jahrhunderts. Im alten germanischen Gericht war die Öffentlichkeit eine Selbstverständlichkeit, wogegen der gemeinrechtliche Zivilprozess geheim vor sich ging und zwar schon deshalb, weil er schriftlich durchgeführt wurde[2].

Gemäss § 135 Abs. 1 erster Halbsatz GVG sind die Partei- und Beweisverhandlungen sowie die mündliche Eröffnung der Urteile und Beschlüsse bei allen Gerichten öffentlich, am Obergericht und am Kassationsgericht auch die Urteilsberatungen[3]. Die Öffentlichkeit der Gerichtsverhandlung ist durch Art. 6 Ziff. 1 EMRK, seit 1. Januar 2000 auch durch Art. 30 Abs. 3 BV garantiert. Der Grundsatz der öffentlichen Urteilsverkündung verlangt nicht zwingend eine öffentliche mündliche Eröffnung des Entscheides, vielmehr genügt es, wenn der Entscheid in der Gerichtskanzlei hinterlegt und dem interessierten Publikum zugänglich gemacht wird[4]. Nicht öffentlich sind die Prozesse in Familienrechtssachen. Überdies kann das Gericht die Öffentlichkeit ausschliessen, wenn eine Gefährdung der öffentlichen Sicherheit und Ordnung oder von Sitte und Anstand zu befürchten ist, sowie wenn schutzwürdige Interessen eines Beteiligten es erfordern[5]. Auf die Öffentlichkeit kann von den Parteien (auch stillschweigend[6]) verzichtet werden.

---

[1] WALDER/GROB, Tafel 22a: Recht auf Anwesenheit an Verhandlungen für jedermann im Rahmen der gesetzlichen Bestimmungen. GVG 135; BGG 59; ZPO CH 54 sowie Tafel 23.

[2] BLOMEYER, 93. Vgl. ferner VILLIGER, N 435 ff.

[3] GVG 135 Abs. 1 zweiter Halbsatz. Für die Schweizerische Zivilprozessordnung war im Entwurf Öffentlichkeit generell auch für die Urteilsberatung vorgesehen, der Ständerat hat die Frage jedoch den Kantonen überlassen. Zu der Kontroverse, ob öffentliche Urteilsberatung richtig sei, vgl. etwa die Artikel von FRANZ BOLLINGER und HANS ULRICH WALDER im Tages-Anzeiger Zürich vom 3. Juni 1976. Ein nicht öffentlicher Meinungsaustausch der Richter über den Fall vor Beginn der öffentlichen Urteilsberatung ist nicht unzulässig (ZR 78/1979 Nr. 12). Dagegen verstösst es gegen die gesetzliche Regelung, wenn das Obergericht zwar eine öffentliche Beratung durchführt, dabei aber eine ganze Reihe von für die Urteilsfällung wesentlichen Fragen übergeht und erst in der schriftlichen Begründung erörtert (ZR 91/92–1992/93, Nr. 13 E. III/1).

[4] Kassationsgericht des Kantons Zürich vom 20. Juni 2005, ZR 105/2006 Nr. 10, E. III/2.5/e. Die gegen diesen Beschluss erhobene staatsrechtliche Beschwerde wurde mit Urteil vom 9. November 2005 abgewiesen.

[5] GVG 135 Abs. 5. Wird die Öffentlichkeit ausgeschlossen, darf jede Partei ausser ihrem Rechtsvertreter zwei Vertrauenspersonen beiziehen (GVG 135 Abs. 6). Gemäss ZPO CH 52 Abs. 3 sind familienrechtliche Verfahren ebenfalls nicht öffentlich. Der Ausschluss der Öffentlichkeit für die übrigen Fälle ist in ZPO CH Art. 52 Abs. 2 ähnlich geregelt wie im Kanton Zürich, jedoch ohne «Ersatzöffentlichkeit».

[6] Stillschweigender Verzicht ist insbesondere anzunehmen, wenn eine Partei gegen die richterliche Anordnung, das Verfahren schriftlich durchzuführen, nicht opponiert, sondern der Aufforderung des Gerichts zur Einreichung eines schriftlichen Parteivortrags vorbehaltlos nachkommt, ohne die

§ 23   Der Grundsatz der Öffentlichkeit

3   Für das Verfahren vor Bundesgericht bestimmt Art. 59 BGG Folgendes:

«[1] Parteiverhandlungen wie auch die mündlichen Beratungen und die darauf folgenden Abstimmungen sind öffentlich.
[2] Wenn eine Gefährdung der Staatssicherheit, der öffentlichen Ordnung oder der Sittlichkeit zu befürchten ist oder das Interesse eines Beteiligten es rechtfertigt, kann das Bundesgericht die Öffentlichkeit ganz oder teilweise ausschliessen.
[3] Das Bundesgericht legt das Dispositiv von Entscheiden, die nicht öffentlich beraten worden sind, nach dessen Eröffnung während 30 Tagen öffentlich auf.»

4   Öffentlichkeit des Verfahrens bedeutet keinesfalls, dass das Amtsgeheimnis[7] ausgeschaltet würde und führt nicht zur Akteneinsicht Dritter[8].

Ebenso muss sich der Rechtsanwalt an das Anwaltsgeheimnis auch bezüglich solcher Fälle halten, welche in öffentlicher Verhandlung plädiert wurden.

5   Der Grundsatz der Öffentlichkeit wird auch durch Art. 6 Ziff. 1 EMRK gewährleistet[9]. Diese Bestimmung schreibt nämlich vor, dass in Zivil- und Strafprozessen eine öffentliche Verhandlung stattfinden muss[10]. Die Vorschrift ist bei schweizerischen Gerichten deshalb nicht beliebt, weil Verhandlungen[11] Zeit brauchen, die man sich bei rein schriftlicher Abwicklung des Verfahrens sparen kann. Dass von einer öffentlichen Verhandlung deshalb soll abgesehen werden können, weil die Raschheit des Verfahrens gefährdet wäre[12], muss ernsthaft bezweifelt werden. Vor allem aber ist es nicht am Beschwerdeführer eines Verfahrens, gemäss Arbeitslosenrecht darzutun, dass dem «Absehen» von Öffentlicher Verhandlung wichtige öffentliche Interessen entgegenstünden[13].

    Durchführung einer mündlichen Verhandlung zu verlangen (20. Juni 2005, Kassationsgericht des Kantons Zürich, ZR 105/2006 E. III/3.5/d).
[7] Mit dem Amtsgeheimnis kaum zu vereinbaren ist die Publikation der Namen der Beteiligten in amtlichen Entscheidsammlungen.
[8] GVG 172 Abs 1.
[9] Dazu HAEFLIGER, 152 ff.
[10] Soweit in einem Verfahren nicht in der Sache selbst, sondern lediglich über das Vorliegen von Nichtigkeitsgründen oder über prozessuale Fragen zu entscheiden ist, besteht kein Anspruch auf Durchführung einer öffentlichen Verhandlung (ZR 107/2008 Nr. 83).
[11] Nicht öffentlich braucht die Beratung zu sein (HAEFLIGER, 153).
[12] BGE 119 V 382 Erw. 4b/ee
[13] Gegenteiliger Ansicht BGE 119 V 382 Erw. 4 b/ee. Vgl. auch NZZ 28. Februar 1996 Nr. 49, 15: «Gelobte, aber nicht gelebte Öffentlichkeit».

§ 24 Die einzelnen Klagearten

Inhaltsverzeichnis Seite

A. Die Leistungsklage 251
B. Die Feststellungsklage 252
    I. Anwendungsbereich 252
    II. Feststellungsinteresse als Voraussetzung... 253
        1. Im Allgemeinen... 253
        2. Das Feststellungsinteresse als Frage des materiellen Bundesrechtes....257
        3. Zusätzliche Funktion der Feststellungsklage 258
    III. Erledigungsart 259
C. Die Gestaltungsklage 260
    I. Allgemeines.. 260
    II. Materielle Gestaltungsklagen 261
        1. Personenrecht 261
        2. Familienrecht.. 261
        3. Erbrecht... 261
        4. Sachenrecht... 261
        5. Obligationenrecht.. 262
    III. Prozessuale Gestaltungsklagen.. 263

A. Die Leistungsklage

Jede gerichtliche Klage zielt auf Erlass eines Urteils. Dies kann sich aber in verschiedenen Formen darbieten. Die weitaus häufigste unter den Klagen ist die Leistungsklage, die ein den Beklagten zur Leistung verpflichtendes Urteil anstrebt. Ein solches ergeht in Form eines urteilsmässigen Befehls an den Beklagten, etwas zu tun, zu dulden oder zu unterlassen. Es geht etwa darum, eine Geldsumme zu bezahlen, eine Sache zu übergeben, eine Arbeitsleistung zu erbringen, eine Störung nicht mehr zu begehen. Die Leistungsklage wird im Gesetz nicht speziell erwähnt, sie gilt als etwas Selbstverständliches[1,2].   1

---

[1] Immerhin ist auch sie nicht problemlos. Vgl. dazu GREGOR WIGET, Die Durchsetzung von Ansprüchen aus synallagmatischen Verträgen nach zürcherischer Zivilprozessordnung, Diss. Zürich 1980. Die prozessuale Verbindung eines der Gewinnermittlung dienenden Auskunftsbegehrens mit dem Leistungsbegehren auf Herausgabe des ermittelten Gewinns stellt eine Stufenklage dar, in welcher der Hilfsantrag auf Auskunft akzessorisch der Bezifferung des Hauptantrages auf Leistung dient (GULDENER, Schweizerisches Zivilprozessrecht, 167 Ziff. 3, VOGEL/SPÜHLER 7. Kapitel N 6, BGE 115 II 355).

[2] Im Gegensatz zu ZPO CH 84, wo die Leistungsklage explizit aufgeführt wird.

B. Die Feststellungsklage

2 Wie im früheren Gesetz[3], findet auch im geltenden die Feststellungsklage ihre Erwähnung. «Auf Klagen betreffend Feststellung des Bestehens oder Nichtbestehens eines Rechtsverhältnisses oder der Echtheit oder Unechtheit einer Urkunde wird nur eingetreten, wenn ein rechtliches Interesse an der Feststellung besteht»[4].

I. Anwendungsbereich

3 Dieser Satz enthält drei *wesentliche Aussagen: einmal* die darüber, *wofür* eine auf Feststellung, d.h. auf richterliche Feststellung, gerichtete Klage *zulässig* sein soll: entweder zur Feststellung des Bestehens oder Nichtbestehens eines Rechtsverhältnisses oder zur Feststellung der Echtheit oder Unechtheit einer Urkunde. Der erste Bereich betrifft Rechtsbeziehungen der Parteien, der zweite Bereich dagegen einen Sachverhalt. Vorweg kann festgehalten werden, dass abgesehen von dem in der ZPO genannten Fall (Echtheit oder Unechtheit einer Urkunde) die Feststellungsklage nicht zur Abklärung eines Sachverhaltes dienen kann[5]. Gegebenenfalls steht hiefür das Institut der Beweissicherung zur Verfügung[6]. Praktisch ausschliesslicher Anwendungsbereich der Feststellungsklage ist die Feststellung des Bestehens oder Nichtsbestehens eines Rechtsverhältnisses (positive und negative Feststellungsklage[7]).

---

[3] Siehe aZPO 92.
[4] ZPO 59; ähnlich ZPO CH 88.
[5] Da der Wohnsitz einer Person im Sinne von Art. 23 ff. ZGB für sich allein weder ein Recht noch ein Rechtsverhältnis beinhaltet noch für sich allein ein solches schafft, kann er nicht selbständig zum Gegenstand einer zivilrechtlichen Feststellungsklage gemacht werden (6. Februar 2003, Kassationsgericht des Kantons Zürich, ZR 102/2003 Nr. 38.
[6] Vgl. §37 Rz 27–33 hiernach.
[7] Die negative Feststellungsklage ersetzt die vereinzelt (z.B. *Wallis* ZPO 359–361) noch anzutreffende Klageprovokation (Fristansetzung an den sich als berechtigt Behauptenden zur Klageeinleitung unter der Androhung der Verwirkung seines Anspruchs). Diese dient dazu, eine Rechtslage, auf die sich die eine von zwei Parteien berufen hat, ohne einen Rechtsstreit anhängig zu machen, zur Abklärung zu bringen, weil die betreffende Partei, die mit diesem Anspruch rechnen muss, über die betreffende Situation Klarheit haben möchte. Das Institut ist vor dem Bundesrecht nicht haltbar, wie das Bundesgericht in BGE 118 II 527 E. 3c für die frühere Zivilprozessordung des Kantons *Luzern* (§ 338) feststellte.

> **Beispiel 64:**
>
> *Positive Feststellungsklage:* Es sei gerichtlich festzustellen, dass der am 12. Januar 1990 zwischen dem Kläger und dem Beklagten abgeschlossene Kaufvertrag bezüglich des Grundstückes x in y rechtsverbindlich ist.

4

> **Beispiel 65:**
>
> *Positive Feststellungsklage:* Es sei gerichtlich festzustellen, dass der Beklagte gegenüber dem Kläger durch Verletzung des Vertrages z schadenersatzpflichtig geworden ist.

5

> **Beispiel 66:**
>
> *Negative Feststellungsklage:* Es sei gerichtlich festzustellen, dass der am 12. Januar 1990 zwischen dem Kläger und dem Beklagten abgeschlossene Kaufvertrag bezüglich des Grundstückes x in y wegen Formmangels ungültig ist.

6

> **Beispiel 67:**
>
> *Negative Feststellungsklage:* Es sei gerichtlich festzustellen, dass dem Beklagten gegenüber dem Kläger aus dem Vertrag z keinerlei Ansprüche (mehr) zustehen.

7

II. Feststellungsinteresse als Voraussetzung

1. Im Allgemeinen

Eine *zweite wesentliche Aussage:* Auf die Feststellungsklage wird nur eingetreten, wenn ein *rechtliches Interesse* an der Feststellung besteht. Gegenüber dem Wortlaut von §92 aZPO ist dabei auf den Passus «alsbald durch richterliche Entscheidung» hinsichtlich der Feststellung verzichtet worden, weil dieser Begriff missverständlich war. Zulassungsvoraussetzung ist also das rechtliche Interesse des Feststellungsklägers an der verlangten Feststellung. Dieses rechtliche Interesse ist nicht gleichzusetzen dem in § 44 Abs. 1 ZPO aufgeführten rechtlichen Interesse des Nebenintervenienten, das in der Lehre von blossen wirtschaftlichen (tatsächlichen) Interesse streng geschieden wird. Das rechtliche Interesse (besser: rechtserhebliche) Interesse entspricht vielmehr dem *allgemein für jegliche Klage geltenden Rechtsschutzinteres-*

8

se[8]. Es bildet eine Prozessvoraussetzung. Sein Vorliegen ist mithin von Amtes wegen zu prüfen.

9 Gesetzgeberisches Motiv dafür, durch das Erfordernis des Feststellungsinteresses solche Klagen immerhin einzuschränken, ist der Gedanke, dass es keinen Sinn hat, Klagen zuzulassen, die dem Kläger nicht weiterhelfen: Wird auf Feststellung des Bestehens eines Rechtsverhältnisses geklagt und dieser Klage stattgegeben, so kann damit der Kläger keine Leistungen des Beklagten aus diesem Urteil erzwingen; es ist also mit einer neuen Klage in der gleichen Sache zu rechnen. Das soll nur in Kauf genommen werden, wenn wichtige Gründe für dieses zweistufige Vorgehen sprechen[9]. Wird der Kläger mit einer negativen Feststellungsklage abgewiesen, d.h. die anbegehrte Feststellung vereint, was gleichbedeutend ist mit der Bejahung des von ihm als nicht bestehend bezeichneten Rechtsverhältnisses, so ist damit die Auseinandersetzung unter den Parteien ebenso wenig beendigt: Der obsiegende Beklagte hat mit diesem Urteil noch keinen Vollstreckungstitel in der Hand. Im Fall der negativen Feststellungsklage kommt hinzu das eigene Interesse des aus der umstrittenen Rechtsbeziehung Berechtigten daran, den Richter erst dann anzurufen, wenn er es für richtig hält. Er soll nicht ohne Not durch die negative Feststellungsklage mit umgekehrten Parteirollen dazu gezwungen werden, prozessual tätig zu werden mit der Konsequenz, dass er bei Säumnis auch nur mit einer Prozesshandlung den Prozess verlieren kann[10].

10 Andererseits kann eben ein faktisches Interesse an der Abklärung des Rechtsverhältnisses aufseiten des Klägers genügen.

Beispiel 68:

11 P war Patient des Arztes K. Da die von Letzterem durchgeführte Operation zwar den erwünschten Erfolg erzielt hat, in der Folge jedoch andere Beschwerden auftreten, die teilweise Arbeitsunfähigkeit des B zur Folge haben, lässt sich B

---

[8] Fehlt für die vorgesehene Klage ein Rechtschutzinteresse, so besteht dieses nach ZR 88/1989 Nr. 50 auch nicht für das Gesuch um Bezeichnung eines gemeinsamen Gerichtsstandes. Die Begründung dieses Entscheides vermag nur schwer zu überzeugen. Insbesondere ist es nicht Aufgabe der für die Gerichtsstandsbezeichnung vorgesehenen Instanz, zu verhindern, dass jemandem «ein Forderungsprozess ... angehängt» werde. Der letzte Satz lässt auch der Vermutung Raum, dass vielleicht anders entschieden worden wäre, wenn es sich nicht um eine «Millionenklage» gehandelt hätte.

[9] Dem Interesse daran, zuerst die Frage der Leistungspflicht als solche zu behandeln, kann durch vorläufige Beschränkung des Beweis-, ja sogar des Hauptverfahrens auf diese Frage auch im Forderungsprozess Rechnung getragen werden (ZR 93/1994 Nr. 83).

[10] Kein schutzwürdiges Interesse an einer negativen Feststellungsklage liegt vor, wenn es dem Kläger nur darum geht zu erfahren, ob er sich vertragswidrig verhalten soll (17. Januar 2006, Obergericht des Kantons Thurgau, SJZ 104/2008 Nr. 10, 152).

von Experten bestätigen, dass diese Beschwerden auf einen Kunstfehler der von K durchgeführten Operation zurückzuführen sind.

Daraufhin macht B gegenüber K aussergerichtlich eine Schadenersatzforderung für eine kapitalisierte Lohneinbusse von Fr. 200 000.– geltend. 12

Da B aber in der Folge während zweier Jahre im Vertrauen auf die zehnjährige Verjährungsfrist des Art. 127 OR nichts Weiteres unternimmt – abgesehen von gelegentlichen Briefen an K, mit denen er diesen, gestützt auf zusätzliche Äusserungen von ärztlicher Seite und wissenschaftliche Artikel in medizinischen Zeitschriften, zur Zahlung des Schadenersatzes auffordert –, und K andererseits eine grössere private Investition beabsichtigt, die er – müsste er die fragliche Summe bezahlen – unterliesse, hat K ein zwar nur wirtschaftliches, aber rechtserhebliches Interesse an der Feststellung des Nichtbestehens der Forderung des B. Die negative Feststellungsklage erscheint als gegeben[11]. 13

Auch die Bundeszivilprozessordnung kennt die Feststellungsklage. Ihr Art. 25 bestimmt: 14

«Auf Feststellung des Bestehens oder Nichtbestehens eines Rechtsverhältnisses kann geklagt werden, wenn der Kläger ein rechtliches Interesse an sofortiger Feststellung hat.»

Hier ist das Wort sofortiger noch enthalten. Es bedeutet indessen nicht, dass das Gericht sofort, d.h. rascher als sonst, handeln müsse, sondern besagt einzig, dass der Kläger an Feststellung vorgängig einer allfälligen Leistungsklage interessiert sein müsse[12]. Bei Auslegung dieser Bestimmung hat das Bundesgericht im Verhältnis zur Leistungsklage – welche, wenn sie zur Verfügung steht, im Allgemeinen die Feststellungsklage ausschliesst – folgende Ausführungen gemacht[13]: 15

«Auch bei Möglichkeit einer Leistungsklage kann aber ein selbständiges Interesse an gerichtlicher Feststellung bestehen. So verhält es sich z.B., wenn es darum geht, nicht nur die fällige Leistung zu erhalten, sondern die Gültigkeit des ihr zugrunde liegenden Rechtsverhältnisses auch für dessen künftige Abwicklung feststellen zu lassen (BGE 84 II 692 Erw. 2 mit Hinweisen). Der Feststellungsklage kann neben der Leistungsklage aber auch dann selbstständige Bedeutung zukommen, wenn die Parteien

---

[11] Grundsätzlich gl.M. GULDENER, Schweizerisches Zivilprozessrecht, 210 Anm. 22. Demgegenüber erachtete es das Handelsgericht in ZR 93/1994 Nr. 23 für eine Bank mit eigenen Mitteln von 96 Mio. Fr. und einer Bilanzsumme von über 1 Mrd. Fr. sowie Angehörigen zu einer international tätigen Bankengruppe für zumutbar, mit der Abklärung eines Anspruchs in der Grössenordnung von 10,6 Mio. Fr. zuzuwarten. Andererseits wurde das Feststellungsinteresse bejaht bei einer Betreibung über CHF 37 942.90, da dies kein Bagatellbetrag sei und keine triftigen Gründe durch den Beklagten nachgewiesen würden, weshalb die Leistungsklage nach erhobenem Rechtsvorschlag nicht möglich sei (12. Juni 2007, Handelsgericht des Kantons Zürich, ZR 106/2007 Nr. 79).
[12] Vgl. BGE 96 II 131 E. 2; 103 II 222 E. 3.
[13] BGE 97 II 375 f.: vgl. Zum Feststellungsinteresse auch BGE 103 II 222 ff. E. 4; 114 II 225 E. 2a; 118 II 258 E. 1c; 119 II 370 E. 2a; 120 II 21 E. 2.

§ 24 Die einzelnen Klagearten

nur in der grundsätzlichen Frage des Bestehens einer Verpflichtung uneinig sind und die Erfüllung der Leistung auf blosse Feststellung hin zweifelsfrei gesichert ist (Kummer S. 53). Das trifft in der Regel zu, wenn die beklagte Partei eine öffentlich-rechtliche Körperschaft ist.»

16 Das Feststellungsinteresse kann nach dem Gesagten mit WALTER STORCK[14] wie folgt umschrieben werden:

«Auf Feststellung der Widerrechtlichkeit eines Verhaltens auf Feststellung von gegenwärtig bestehenden oder nicht bestehenden Rechten und Pflichten kann unter Ausschluss blosser Tatsachen und bloss abstrakter oder hypothetischer Rechtsfragen geklagt werden, wenn das materielle Recht eine solche Klage vorsieht oder an einem solchen ein schutzwürdiges Interesse besteht. Dieses Interesse ist insbesondere bei einer vorhandenen oder entstandenen Rechtsunsicherheit, Gefährdung, Bestreitung oder Anspruchsberührung gegeben, sowie im Falle der Veröffentlichung eines Urteils. Die Klage ist unzulässig, wenn sie durch das materielle Recht ausgeschlossen wird oder ihr Art. 2 Abs. 2 ZGB, insbesondere das Verbot nutzloser Rechtsausübung, entgegensteht. Die Möglichkeit einer Leistungsklage schliesst in der Regel die Feststellungsklage aus.»

Von Bundesgesetzen ausdrücklich vorgesehene Feststellungsklagen:

17 ZGB 28a Abs. 1 Ziff. 3 Feststellung der Widerrechtlichkeit einer Verletzung in den persönlichen Verhältnissen, wenn sich diese weiterhin störend auswirkt

ZGB 29 Abs. 1 Klage auf Feststellung des Rechtes zur Namensführung

UWG 9 Abs. 1 lit. c Klage auf Feststellung der Widerrechtlichkeit einer Verletzung, wenn sich diese weiterhin störend auswirkt

aKg 8 Abs. 1 lit. a Klage auf Feststellung der Widerrechtlichkeit mit der Wettbewerbsbehinderung

PatG 26 Patentnichtigkeitsklage[15]

PatG 74 Klage auf Feststellung eines dort genannten «Tatbestandes»[16] oder Rechtsverhältnisses

SchKG 83 Abs. 2 Aberkennungsklage

SchKG 85a Feststellungsklage bezüglich der Betreibungsforderung[17]

SchKG 108 Widerspruchklage

---

[14] WALTER STORCK, Die eidgenössische Feststellungsklage und ihre Formulierung, Schulbeispiel unseres unrationellen Zivilprozesses, SJZ 69/1973 S. 193 ff., 198.

[15] Vgl. KUMMER, Klagerecht, 74.

[16] Vgl. Dazu GULDENER, Schweizerisches Zivilprozessrecht, 208 Anm. 15.

[17] In BGE 120 II 20 ff. liess das Bundesgericht die negative Feststellungsklage aufgrund einer einzigen, mit Rechtsvorschlag beantworteten Betreibung zu, indem es Folgendes anführte:
«b) Vor dem Hintergrund dieses Interessengegensatzes zwischen Gläubiger und Schuldner ist auch die Zulässigkeit von negativen Feststellungsklagen, die durch eine Betreibung ausgelöst werden, zu beurteilen. In BGE 110 II 352 ff. (E. 2a, 358) hat das Bundesgericht dazu ausgeführt, das Betreibungsrecht stelle es in das Belieben des Gläubigers, ob und zu welchem Zweck er Betreibung einleiten wolle. Der Schuldner seinerseits könne Rechtsvorschlag erheben mit der Wirkung, dass die Betreibung einstweilen nicht fortgesetzt werden dürfe und der Gläubiger auf den Rechtsweg

2. Das Feststellungsinteresse als Frage des materiellen Bundesrechtes

Die schweizerische Prozessrechtslehre ist schon früh (unter Führung des Bundesgerichtes) zum Schluss gelangt, das sich im Feststellungsinteresse[18] manifestierende Rechtsschutzinteresse[19] sei Bestandteil des zivilrechtlichen Anspruches. Immer dann also, wenn ein vom Bundeszivilrecht beherrschter Anspruch zur Diskussion steht, erschöpft sich die Frage nach der Zulässigkeit nicht in der Frage, ob das kantonale Zivilprozessrecht eine solche Klage zulasse, sondern diese Frage wird als bundesrechtliche, obgleich dem Verfahrensrecht zugehörige, bezeichnet, sodass ihre Behandlung durch die kantonalen Gerichte vom Bundesgericht überprüft werden kann. Professor GULDENER sagt dazu[20]:

18

«Aus dem Bundesrecht folgt, dass für alle Ansprüche, die aus dem Bundesprivatrecht hergeleitet werden, der Rechtsschutz zu gewähren ist. Alsdann ist es aber auch eine Frage des Bundesrechtes, durch welche Klageart er gefordert werden kann und durch welche Urteilsart er zu gewähren ist. Es ist zu gewähren, wenn es angezeigt ist, ein Rechtsschutzbedürfnis zu befriedigen.»

---

    verwiesen werde. Mache der Gläubiger vom Rechtsweg keinen Gebrauch, so sei nicht zu ersehen, inwiefern sich bereits aus der Zustellung des Zahlungsbefehls ein schutzwürdiges Interesse des Schuldners daran ergeben sollte, das Nichtbestehen der Schuld gerichtlich feststellen zu lassen. Die Tatsache der Betreibung vermöge deshalb für sich allein keinen Feststellungsanspruch des Betriebenen zu begründen. Ein hinreichendes Feststellungsinteresse sei vielmehr nur zu bejahen, wenn aufgrund weiterer Umstände, die zur Betreibung hinzutreten, das Interesse des Schuldners an der Klärung der Rechtslage dasjenige des Gläubigers daran überwiege, sich ungehindert der Rechtsbehelfe des Betreibungsrechts zu bedienen.

    Seit 1997 steht nun dem betriebenen Schuldner die Feststellungsklage des Art. 85a SchKG zur Verfügung, mit welcher ein Begehren um vorläufige Einstellung der Betreibung verbunden werden kann. Zur Klärung der Frage, ob der Kläger oder die Klägerin eine Feststellungsklage im Sinne von Art. 85a SchKG oder eine allgemeine Feststellungsklage erheben will, ist das Rechtsbegehren nach dem Grundsatz von Treu und Glauben auszulegen (17. Dezember 2007, Kassationsgericht des Kantons Zürich, ZR 107/2008 Nr. 24 E. II/3.3/c/cc). Vgl. dazu auch BGE 125 III 149; 127 III 41; 129 III 149; 132 III 89 (Die Feststellungsklage nach Art. 85a SchKG ist eine materiellrechtliche Feststellungsklage, welche eine vermögensrechtliche Zivilstreitigkeit begründet).

    Zur Feststellungsklage auf Gültigkeit eines Testaments vgl. ZR 90/1991 Nr. 55.

[18] Dieses ist natürlich nicht notwendig, wo für bestimmte Fälle die Feststellungsklage vom Gesetz vorgesehen ist. BGE 131 III 319: Das Interesse einer Partei, unter mehreren möglichen Gerichtsständen den ihr zusagenden wählen zu können, vermag für sich allein kein schutzwürdiges Feststellungsinteresse zu begründen.

[19] Das Rechtsschutzinteresse wird für jede Klage vorausgesetzt (vgl. ZPO 51 Abs. 1) und fehlt beispielsweise, wo schon rechtskräftig über dasselbe Begehren entschieden wurde (vgl. § 26 hiernach). Es besteht allerdings die gefährliche Tendenz, auf Klagen leichthin wegen fehlenden Rechtsschutzinteresses nicht einzutreten.

    BGE 133 III 282: Die Zulässigkeit einer negativen Feststellungsklage mit Bezug auf vertragliche Ansprüche hängt nicht davon ab, dass die klagende Partei die Existenz einer vertraglichen Anspruchsgrundlage hinreichend glaubhaft macht. Macht aber die Gegenpartei keine derartigen Ansprüche geltend, fehlt es am Feststellungsinteresse.

[20] ZSR 1961 NF II 32.

(Darum ist das Feststellungsinteresse ein Anwendungsfall des Rechtsschutzinteresses.)

«Ein solches kann aber nicht nur dann bestehen, wenn es gilt, dem Beklagten ein Tun oder Unterlassen anzubefehlen, sondern auch, wenn es sich darum handelt, eine zweifelhafte Rechtslage durch ein Feststellungsurteil klarzustellen. Mit Recht nimmt daher das Bundesgericht in seiner neueren Rechtsprechung an, die Zulässigkeit der Feststellungsklage über Rechtsverhältnisse des Bundesprivatrechtes beurteile sich nach Bundesrecht.»

19 Das heisst in der Terminologie des Bundesgerichtes[21]:

«Die allgemeine Feststellungsklage kraft eidgenössischen Rechtes (ist) überall dort zulässig, wo sie zur Durchsetzung des materiellen Bundesprivatrechts erforderlich ist.»

20 GULDENER fährt dann fort[22]:

Keine Billigung verdient aber die Rechtsprechung insofern, als sie erklärt, das kantonale Zivilprozessrecht könne die Feststellungsklage über solche Rechtsverhältnisse zulassen, auch wenn sie nach Bundesrecht nicht zugelassen werden müsste.

21 Das Bundesgericht ist der von zahlreichen weiteren Autoren[23] unterstützten Ansicht GULDENERS in einem Entscheid vom 30. Oktober 1984 gefolgt[24].

22 Im Bereich der Mittel zur Tatsachenfeststellung (Echtheit oder Unechtheit von Urkunden) greift das Bundesrecht nicht Platz[25].

23 Das allenfalls anwendbare ausländische Recht hat seinerseits über die Zulässigkeit einer Feststellungsklage zu entscheiden[26].

3. Zusätzliche Funktion der Feststellungsklage

24 Die neuere Praxis hat die Feststellungsklage auch als brauchbares Instrument angesehen, um einem Kläger Genugtuung infolge widerrechtlicher Verletzung in den persönlichen Verhältnissen zu verschaffen[27].

---

[21] BGE 92 II 108.
[22] GULDENER, Schweizerisches Zivilprozessrecht, 208 Anm. 11.
[23] KUMMER, Klagerecht, 55 ff., DERS., ZBJV 96/1960 60 ff., VOYAME, ZSR NF 80/1961 II 31 f., WÜTZBURGER, ZSR NF 94/1975 II, 88 ff., VOGEL, 1. Aufl., 130.
[24] BGE 110 II 352 = Pra 74(1985) Nr. 80 = ZR 84/1985 Nr. 33. Vgl. dazu ausführlich OSCAR VOGEL, Die Feststellungsklage ist rein bundesrechtlicher Natur, recht 1985, 135 ff.
[25] Ein besonderer Anwendungsfall kantonalrechtlich zuzulassender Feststellungsklage ohne Nachweis des Feststellungsinteresses ist andererseits derjenige von § 41 ZPO (vgl. dazu § 11 Rz 23 hiervor).
[26] Darüber im Einzelnen HANS ULRICH WALDER, Einführung in das Internationale Zivilprozessrecht der Schweiz, § 7 Rz 1.
[27] Vgl. Etwa den Fall von BGE 107 II 1 ff., ferner zur Entwicklung der Rechtsprechung. BGE 101 II 187 ff. Erw. 4b. Nunmehr ist diese ermöglicht durch Art. 28a Abs. 1 Ziff. 3 ZGB.

III. Erledigungsart

Die Frage nach dem Vorliegen des Feststellungsinteresses und damit nach dem Rechtsschutzinteresse beschlägt das Vorliegen einer Prozessvoraussetzung. Daher die *dritte* in § 59 ZPO wesentliche Aussage: «Auf Klagen betreffend Feststellung des Bestehens ... wird nur eingetreten, wenn ...»

Fehlt es also am Feststellungsinteresse oder fällt dieses infolge Erhebung einer Leistungsklage dahin, so ergeht seitens des Gerichtes ein sogenanntes Prozessurteil: Nichteintreten auf die Klage. Das geschieht im Kanton Zürich in Form eines *Erledigungsbeschlusses*[28]. Wird dagegen das Feststellungsinteresse bejaht, die beantragte Feststellung aber abgelehnt, weil sie materiell unbegründet ist, so wird die *Klage abgewiesen*. Das ist gleichbedeutend damit, dass das Gericht sagt, das behauptete Rechtsverhältnis bestehe nicht oder das vom Kläger als nicht existent bezeichnete Rechtsverhältnis bestehe in Wirklichkeit zu Recht oder die Forderung, deren Existenz der Kläger bestritt und deren Bestand er zur Abklärung bringen wollte, bestehe in Wirklichkeit zu Recht.

Gelangt das Gericht zum Ergebnis, die beantrage Feststellung sei *begründet*, so nimmt es sie in sein Dispositiv auf: «In Gutheissung der Klage wird festgestellt, dass ... oder dass nicht ...»

Denkbar ist auch eine Abweisung der Klage zum Teil und Gutheissung zum Teil, indem die Feststellung eingeschränkt wird, doch darf natürlich nicht etwas anderes festgestellt werden, als was der Kläger festzustellen verlangt hat[29]. Aber es darf z.B. statt einer Ungültigkeit ex tunc Ungültigkeit ex nunc festgestellt werden, weil das gegenüber dem Verlangten lediglich ein Minus ist.

Bei keiner dieser Arten der Erledigung wird irgendein Exekutionstitel geschaffen, es sei denn bezüglich der Prozesskosten, doch kann das Feststellungsurteil nachher Ausgangspunkt sein für eine Leistungsklage mit entsprechender Bindung des Richters in jenem Prozess an den Inhalt des Feststellungsurteils[30].

---

[28] Im zweiten Fall wird die Feststellungsklage gegenstandslos.
[29] ZPO 54 Abs. 2.
[30] Vgl. dazu § 26 Rz 46–80 hiernach.

C. Die Gestaltungsklage

I. Allgemeines

30 Diese Klage geht auf urteilsmässige Anordnung einer Rechtsänderung, reicht also weiter als die Leistungsklage, indem sie dem Kläger das von ihm Verlangte ohne weiteres Dazutun des Beklagten direkt verschafft. Es handelt sich dabei vielfach um eine Rechtsänderung ex nunc, manchmal aber auch ex tunc. Ob das eine oder das andere Platz greift, ist eine Frage des materiellen Rechtes. Eine Vollstreckung im eigentlichen Sinne ist nicht notwendig; dagegen bedarf es in einzelnen Fällen besonderer (vom materiellen Recht aufzustellender) Regeln für die weitere Abwicklung (etwa bei der Auflösung einer Gesellschaft).

31 Nicht immer ist zur Durchsetzung von Gestaltungsrechten eine Gestaltungsklage erforderlich. Wo diese aussergerichtlich ausgeübt werden können, wird sich (etwa bei Kündigung eines Mietverhältnisses und Weigerung des Mieters, die Sache zurückzugeben) eine Klage auf Leistung (Rückgabe der Sache) oder auf Feststellung (ungerechtfertige Kündigung) anschliessen.

32 Im Folgenden sind die Gestaltungsklagen des Bundesrechtes zusammengestellt.

II. Materielle Gestaltungsklagen

1. Personenrecht

ZGB 42	Bereinigung der Beurkundung des Personenstandes	Wirkung ex tunc[31]	33
ZGB 75	Anfechtung eines Vereinsbeschlusses	Wirkung ex tunc	
ZGB 78	Auflösung eines Vereins	Wirkung ex nunc	
ZGB 88 II	Aufhebung einer Stiftung	Wirkung ex nunc	

2. Familienrecht

ZGB 104–110	Ungültigerklärung einer Ehe	Wirkung ex nunc[32]	34
ZGB 111–118	Scheidung bzw. Trennung[33] einer Ehe	Wirkung ex nunc	
ZGB 256–258	Anfechtung der Vermutung der Vaterschaft des Ehemannes	Wirkung ex tunc	
ZGB 259 II, III	Anfechtung der Anerkennung der Vaterschaft	Wirkung ex tunc	
ZGB 260–263	Vaterschaft	Wirkung ex tunc	
ZGB 269–269b	Anfechtung einer Adoption	Wirkung ex tunc	
ZGB 343 Ziff. 5	Aufhebung einer Gemeinderschaft	Wirkung ex nunc	

3. Erbrecht

ZGB 519	Ungültigerklärung einer letztwilligen Verfügung	Wirkung ex tunc	35
ZGB 522	Herabsetzung einer letztwilligen Verfügung	Wirkung ex tunc	
ZGB 535	Herabsetzung beim Erbverzicht	Wirkung ex tunc	
ZGB 604	Erbteilungsklage	Wirkung ex nunc	

4. Sachenrecht

ZGB 651	Aufhebung von Miteigentum	Wirkung ex nunc	36
ZGB 654	Aufhebung von Gesamteigentum	Wirkung ex nunc	
ZGB 656 II	Zusprechung von Grundeigentum	Wirkung ex nunc	
ZGB 669	Grenzscheidungsklage	Wirkung ex nunc	

---

[31] BGE 131 III 201, Zulässigkeit der Verwaltungsgerichtsbeschwerde und Voraussetzungen zur gerichtlichen Beurteilung von Eintragungen (Praxisänderung).
[32] ZGB 109 über die Wirkungen des Urteils.
[33] Die Klage auf Trennung liesse sich ebenso gut als Feststellungsklage auffassen.

5. Obligationenrecht

37
OR 2	Richterliche Vertragsergänzung	Wirkung ex tunc
OR 273 I	Anfechtung der Kündigung	Wirkung ab Auflösungszeitpunkt
OR 273 II	Erstreckung des Mietverhältnisses	Wirkung ab Auflösungszeitpunkt
OR 545 I Ziff. 7	Auflösung einer einfachen Gesellschaft	Wirkung ex nunc[34]
OR 574 I	Auflösung einer Kollektivgesellschaft	Wirkung ex nunc
OR 619	Auflösung einer Kommanditgesellschaft	Wirkung ex nunc
OR 706	Anfechtung des GV-Beschlusses einer AG	Wirkung ex tunc
OR 736 Ziff. 4	Auflösung einer AG	Wirkung ex nunc
OR 770 Abs. 2	Auflösung einer Kommandit-AG	Wirkung ex nunc
OR 808c	Anfechtung des Gesellschafterbeschlusses einer GmbH	Wirkung ex tunc
OR 821 Abs. 3	Auflösung einer GmbH	Wirkung ex nunc
OR 823	Ausschluss eines Gesellschafters einer GmbH	Wirkung ex nunc
OR 891	Anfechtung des GV-Beschlusses einer Genossenschaft	Wirkung ex tunc
KG 13	Vertragsgestaltung	Wirkung ex nunc oder ex tunc

---

[34] Bezüglich dieser Klagen vertritt HANS MERZ, Der massgebende Zeitpunkt für die Auflösung der einfachen Gesellschaft und der Kollektivgesellschaft aus einem wichtigen Grund, Ius et Lex, Festgabe zum 70. Geburtstag von Max Gutzwiller, Basel 1959, 685 ff., die Ansicht, es sollte Ex-tunc-Wirkung angenommen werden. Das ist aber mit dem Wesen des echten Gestaltungsurteils schwer vereinbar. In Fällen, wo allgemein Ex-tunc-Wirkung angenommen wird, steht man näher bei den Feststellungsurteilen. Vgl. zur ganzen Problematik JOSEF KOHLER, Die sogenannten Gestaltungsurteile, Rheinische Zeitschrift für Zivil- und Prozessrecht, 1909, 39 ff., ferner JÜRG M. JENT, Die Zulässigkeit unterschiedlicher verfahrensrechtlicher Ausgestaltung der Einleitung einer nach schweizerischem Recht begründeten Ehescheidungsklage, Diss. Zürich 1973.

III. Prozessuale Gestaltungsklagen

SchKG 77	Begehren auf Bewilligung eines nachträglichen Rechtsvorschlages	38
SchKG 88 ff.	Rechtsöffnung	
SchKG 85	Begehren auf Aufhebung oder Einstellung der Betreibung	
SchKG 85a	Klage auf Aufhebung oder Einstellung der Betreibung[35]	
SchKG 107 V	Freigabeklage in der Betreibung auf Pfändung[36]	
SchKG 111	Klage auf privilegierte Anschlusspfändung	
SchKG 148	Kollokationsklage in der Betreibung auf Pfändung	
SchKG 242 I	Freigabeklage im Konkurs	
SchKG 250	Kollokationsklage im Konkurs	
SchKG 265a IV	Klage «auf Bestreitung oder Feststellung des neuen Vermögens» (in Wirklichkeit Öffnung oder Sperrung des Vollstreckungsweges)	

---

[35] Diese Klage ist gleichzeitig negative Feststellungsklage bezüglich der in Betreibung gesetzter Forderung (vgl. Rz 17 hiervor).
[36] Das Gesetz spricht hier unzutreffenderweise von «Feststellung seines Anspruches».

§ 25 Sachurteil und Prozessurteil

Inhaltsverzeichnis Seite

A. Allgemeines 265
B. Die Erledigung durch Klageanerkennung, Vergleich und Klagerückzug 267
    I. Die Anerkennung der Klage 267
    II. Der Vergleich 268
    III. Der Rückzug der Klage 269
    IV. Die Anfechtung von Klageanerkennung, Vergleich und Klagerückzug 270

A. Allgemeines

Nicht mit jedem Urteil wird auch materiell über den eingeklagten Anspruch entschieden.   1

Die Entscheidung über den Anspruch erfolgt durch das *Sachurteil:* Die Klage wird entweder gutgeheissen oder abgewiesen oder teilweise gutgeheissen und teilweise abgewiesen[1]. Die Klage kann aber auch *zurückgezogen* oder *anerkannt* oder durch *Vergleich* erledigt werden. Gestützt auf solche Erledigung unter Mitwirkung der Parteien ergeht dann seitens des Gerichtes ein *Erledigungsbeschluss,* in der Umgangssprache auch *Abschreibungsbeschluss* genannt (bzw. eine entsprechende *Verfügung,* wenn es sich um einen Einzelrichter[2] handelt). Diese Dokumente haben die gleiche verbindliche Kraft wie ein die Klage gutheissendes oder abweisendes Urteil[3].

Als Sachurteil bezeichnen wir *den Entscheid des Richters über den eingeklagten*   2
Anspruch, als Sachurteilssurrogat die richterliche Feststellung, dass sich die Parteien in einem bestimmten Sinne über den Anspruch geeinigt haben durch Klagerückzug, Klageanerkennung oder Vergleich.

Auf der anderen Seite gibt es aber neben den Sachurteilen die sogenannten *Pro-*   3
zessurteile. Solche Prozessurteile ergehen, wenn es an einer Prozessvoraussetzung fehlt; es ist z.B. jemand nicht prozessfähig, oder der geltend gemachte Anspruch ist keine Zivilsache, oder das angerufene Gericht ist nicht zuständig, oder die verlangte Prozesskaution wird nicht geleistet. In allen diesen Fällen ist der Richter gehindert, materiell über die Sache zu entscheiden. Nichtsdestoweniger besteht doch ein Prozessrechtsverhältnis und muss der Prozess zu Ende geführt werden und zwar auch

---

[1] Abweisung entspricht dem in der Literatur etwa anzutreffenden Ausdruck «absolutio ab actione» im Gegensatz zu «absolutio ab instantia».
[2] Dasselbe gilt, wenn der Präsident eines Gerichtes, gestützt auf §122 Abs 3 GVG, die Abschreibung des Prozesses verfügt. Wird mit dem Abschreibungsbeschluss im selben Sinne entschieden wie vorgängig mit Präsidialverfügung, so hat der Einsprecher die Kosten zu tragen (ZR 79/1980 Nr. 94).
[3] ZPO 191 Abs. 2. Vgl. dazu § 26 Rz 14 ff. hiernach.

§ 25 Sachurteil und Prozessurteil

wieder durch einen Entscheid. Das Gericht erlässt also ein Prozessurteil. Dieses Prozessurteil lautet dahin, es werde auf die Klage nicht eingetreten[4].

4 Bei der Prüfung von Prozessvoraussetzungen kann das Gericht natürlich auch zum gegenteiligen Schluss kommen, indem es die vom Beklagten erhobene Einwendung bezüglich des behaupteten Fehlens einer Prozessvoraussetzung abweist und auf die Klage eintritt. Dann ist das Prozessurteil nur eine Vorstufe zum späteren Sachurteil[5].

---

[4] Das entspricht dem in der Literatur etwa anzutreffenden Ausdruck «absolutio ab instantia» im Gegensatz zu «absolutio ab actione» (siehe Anm. 1 hiervor).

[5] Die Zürcher ZPO ermöglicht in § 189 für die Verwerfung prozessualer Einreden den Vorentscheid (Vorbeschluss), der dann nach Massgabe von § 271 Abs. 1 Ziff. 2 rekursfähig ist. (Für die Abgrenzung zwischen Vor- und Teilentscheid vgl. § 35 Rz 56 hiernach).
Diese Regelung bedeutet indessen nicht, dass ein allgemeines Einlassungsverweigerungsrecht bestehe hinsichtlich des Fehlens aller *Prozessvoraussetzungen,* zu welchen neben der Zuständigkeit des angerufenen Gerichtes die *Parteifähigkeit,* die *Prozessfähigkeit* des Klägers, die Postulationsfähigkeit (soweit es um die Vertretungsbefugnis der im Prozess für die Klägerschaft handelnden Person geht), die *Zulässigkeit des Zivilweges,* die *Leistung der auferlegten Prozesskaution,* die *Zulässigkeit der gewählten Prozessart* und das *Rechtsschutzinteresse,* insbesondere das *Feststellungsinteresse,* ferner die *genügende Bestimmtheit der Klage* (vgl. § 11 Anm. 1 hiervor).
§ 116 ZPO ermöglicht zwar, dass das Gericht das Hauptverfahren zunächst auf einzelne Fragen beschränke, wenn anzunehmen ist, der Prozess lasse sich dadurch vereinfachen. Ein Anspruch darauf besteht indessen nicht. Lediglich für die Frage der Zuständigkeit gilt § 111 Abs. 1 zweiter Satz ZPO: «Das Gericht entscheidet nach Anhörung der Gegenpartei sofort über seine Zuständigkeit.» Vgl. dazu auch unten § 39 Rz 62.
Keine *Prozessvoraussetzung* ist die Sachlegitimation, obwohl sie manchmal als das behandelt wird. Es gab früher etwa Gerichte, die in einem «Vorbeschluss» entschieden: «Die Einrede der mangelnden Aktivlegitimation seitens des Beklagten wird abgewiesen», und Rekursfrist ansetzten, um diesen Beschluss anzufechten.
Das ist nicht richtig, denn ob der Kläger legitimiert ist, ob ihm der eingeklagte Anspruch zusteht oder nicht, ist allein eine Frage des materiellen Rechtes, ebenso die Frage, ob der Beklagte die Person ist, von der der Kläger 1000 Franken zugute hat, ob also der Beklagte passiv legitimiert ist. In allen Fällen, wo dies nicht zutrifft, ist die Klage abzuweisen. Andererseits ist es durchaus zulässig, die Frage der fehlenden Aktivlegitimation durch ein Vorurteil, das dann aber Sachurteil ist, zu entscheiden. Es handelt sich dann im Grunde genommen um ein kleines Feststellungsurteil als Vorstufe zum Leistungsurteil, das etwa heissen könnte: « Es wird festgestellt, dass der Kläger bezüglich der eingeklagten Forderung aktiv legitimiert ist.» Zur Anfechtung des Vorurteils ist nicht Rekursfrist, sondern gegebenenfalls Berufungsfrist anzusetzen(ZPO 259). Einziger Kanton, der die Sachlegitimation noch in seinem Gesetz unter die Prozessvoraussetzung einreiht, ist der Kanton *Wallis* (ZPO 150 Ziff. 4.). Fehlt es an der Sachlegitimation, ist die Klage auch dann abzuweisen, wenn die Sachlegitimation von keiner Seite bestritten wird; die Sachlegitimation ist eine Rechtsfrage und deshalb von Amtes Wegen zu entscheiden (ZR 86/1987 Nr. 68).
Die Schweizerische Zivilprozessordnung sagt in Art. 237 Abs. 1, das Gericht könne einen Zwischenentscheid treffen, wenn durch abweichende oberinstanzliche Beurteilung sofort ein Endentscheid herbeigeführt und so ein bedeutender Zeit- und Kostenaufwand gespart werden könne. Nach Abs. 2 derselben Bestimmung ist der Zwischenentscheid selbstständig anzufechten; eine spätere Anfechtung zusammen mit dem Endentscheid ist ausgeschlossen. Vgl. auch Walter Ott, Die unbestrittene Sachlegitimation (SJZ 78/1982 17 ff.)

Ein Prozessurteil, mit welchem auf die Klage nicht eingetreten wird, erledigt den 5
Anspruch nicht. Der Kläger kann seinen Anspruch wieder neu vor den Richter
bringen. Das Prozessurteil schafft keinerlei Recht, soweit es um den eingeklagten
Anspruch geht[6].

Die Klage kann aber auch von der Partei selber, welche den Mangel einsieht, als 6
unzulässig unter dem Vorbehalt der Wiedereinbringung zurückgezogen werden[7].

> **Beispiel 69:**
>
> Der Kläger hat beim Arbeitsgericht geklagt. In der ersten dortigen Verhandlung 7
> erklärt ihm der Gerichtspräsident, nach der dortigen Praxis liege im vorgetragenen Fall kein Arbeitsverhältnis vor. Das Arbeitsgericht sei deshalb nicht zuständig. Das bedeutet, dass die Sache vom Bezirksgericht zu beurteilen ist mit vorherigem Sühnverfahren durch den Friedensrichter.
>
> Der Kläger wird unter der Annahme, es liege Auftragsrecht vor, möglicher- 8
> weise seine Ansprüche modifizieren. Er kann dann, um materielle Rechtskraft zu vermeiden[8], mangels Zuständigkeit des Arbeitsgerichtes die Klage angebrachtermassen zurückziehen und daraufhin beim Friedensrichter ein Sühnbegehren stellen.

Gemäss § 188 Abs. 2 ZPO erfolgt der Endentscheid in der Sache selbst durch *Urteil*. 9
Alle anderen Erledigungen des Prozesses, insbesondere bei Fehlen einer Prozessvoraussetzung, bei Rückzug, Anerkennung, Vergleich oder Gegenstandslosigkeit, erfolgen durch Beschluss des Kollegialgerichts oder *Verfügung* des Einzelrichters. Der Einzelrichter im summarischen Verfahren erlässt auch im Falle des Sachurteils eine *Verfügung*.

B. Die Erledigung durch Klageanerkennung, Vergleich und Klagerückzug

I. Die Anerkennung der Klage

Als Klageanerkennung wird die einseitige Erklärung des Beklagten gegenüber dem 10
Gericht bezeichnet, dass er sich dem Rechtsbegehren anschliesse, das Rechtsbe-

---

[6] Zur Frage der materiellen Rechtskraft des Unzuständigkeitsentscheides vgl. § 7 Rz 19–22 hiervor.
[7] Vgl. ZPO 107 Ziff. 3, 191 Abs. 2 a. E. Man spricht dann etwa von «Klagerückzug angebrachtermassen».
[8] Vgl. dazu Rz 18 hiernach.

gehren als begründet bezeichne oder den eingeklagten Anspruch anerkenne[9]. Im Gegensatz zum Vergleich handelt es sich somit um eine *einseitige* Erklärung. Wie der Vergleich führt aber auch die Klageanerkennung dazu, dass der Kläger einen vollstreckbaren Rechtstitel für einen Anspruch gegen den Beklagten unter Umgehung eines Urteils erhält.

11 Die Anerkennung der Klage ist sowohl Prozesshandlung als auch materielles Rechtsgeschäft[10]. Bei Prozessen über Rechtsverhältnisse, die der Verfügungsgewalt der Parteien entzogen sind, kann eine Abschreibung zufolge Anerkennung der Klage nicht in Betracht fallen. Es handelt sich um jene Fälle, in denen auch ein Vergleich nicht zulässig ist[11].

12 Die Anerkennung der Klage hat in unmissverständlicher Weise durch an das Gericht adressierte schriftliche Erklärung oder durch entsprechende mündliche Erklärung zuhanden des Protokolls zu erfolgen[12]. Gemäss 188 Abs. 3 ZPO führt die Anerkennung der Klage nur dann zur Erledigung des Prozesses, wenn die Erklärung nicht nur zulässig, sondern auch klar ist.

13 Auch die im Sühnverfahren ausgesprochene Klageanerkennung wird der materiellen Rechtskraft teilhaftig[13].

II. Der Vergleich

14 Die nach Einleitung des Prozesses eintretende Einigung der Parteien über die im Rechtsstreit auszutragende Differenz führt zur Erledigung des Prozesses durch Vergleich[14]. Vergleiche sind aber schon vorprozessual und ausserprozessual möglich[15]. Ein Vergleich liegt immer dann vor, wenn Streit oder Ungewissheit über ein Rechtsverhältnis durch gegenseitiges Nachgeben beseitigt wird[16]. Ausserprozessual abgeschlossen, kann der Vergleich zum Rückzug der Klage führen. Wie die Kla-

---

[9] GULDENER, Schweizerisches Zivilprozessrecht, 400. ARMIN HUBER, Die Klageanerkennung nach zürcherischem Recht, Diss. Zürich 1954, 4.
[10] Vgl. dazu GULDENER, Schweizerisches Zivilprozessrecht, 400.
[11] Vgl. Rz 14–17 hiernach.
[12] Vgl. dazu FRANK/STRÄULI/MESSMER, N 18/19 zu § 188 ZPO. Im Sühnverfahren ist gemäss § 144 Abs. 3 GVG die Unterzeichung der Erklärung durch die Partei Gültigkeitserfordernis.
[13] FRANK/STRÄULI/MESSMER, N 1 zu § 98 ZPO, vgl. dazu WALDER, Prozesserledigung 143 ff.
[14] Zu diesem Zweck kann das Gericht die Parteien jederzeit zu einer Vegleichsverhandlung vorladen (ZPO 62 Satz 1).
[15] Der aussagegerichtliche Vergleich begründet (im Gegensatz zum gerichtlichen) keine prozessuale Einrede analog der abgeurteilte Sache, sondern ist eine gegen die materiell-rechtliche Begründetheit des geltend gemachten Anspruchs gerichtete Einrede (4, November 2005, Handelsgericht des Kantons Zürich, ZR 106/2007 Nr. 26 E. IV.2.1–3.
[16] MEIER-HAYOZ, in: SJZ 49/1953, 117.

geanerkennung, macht auch der gerichtliche Vergleich die Fortsetzung des Prozesses und den richterlichen Entscheid unnötig. Ein zivilrechtlicher Vertrag tritt an dessen Stelle, erfährt aber deshalb, weil der Prozess eingeleitet ist, die Bekräftigung durch einen gerichtlichen Beschluss.

Im Allgemeinen gilt das für die Klageanerkennung Gesagte mit der Besonderheit, dass nicht nur eine einseitige Erklärung, sondern erst eine übereinstimmende Willenserklärung beider Parteien zur Prozesserledigung durch Vergleich führen kann. 15

Häufig werden Vergleiche unter Ratifikationsvorbehalt abgeschlossen («Der Vergleich tritt in Rechtskraft, sofern er von keiner Partei bis zum … beim Gericht widerrufen wird»). Alsdann gilt[17]: 16

– Der Richter kann die Ratifikationsfrist nicht erstrecken, da es sich um eine in einem zivilrechtlichen Vertrag vereinbarte Frist handelt.
– Änderungen der Widerrufsfrist durch Einigung der Parteien sind auch stillschweigend möglich (vgl. Art. 6 OR).

Nicht durch Vergleich lassen sich jene Zivilprozesses erledigen, deren Streitgegenstand ein Rechtsgut bildet, über welches den Parteien die freie Verfügungsgewalt fehlt, insbesondere Prozesse aus dem Eherecht und betreffend die Anfechtung der Vermutung der Vaterschaft gemäss Art. 256 ZGB[18]. Selbstverständlich dürfen auch Vereinbarungen widerrechtlichen Inhalts nicht zur Erledigung eines Prozesses zufolge Vergleichs führen. 17

In Vergleichsverhandlungen äussern sich Gericht und Parteien frei, und es ist dem Gericht und den Parteien verwehrt, sich später auf das zu berufen, was in einer Vergleichsverhandlung gesagt wurde. In Prozesseingaben Äusserungen aus der Vergleichsverhandlung beim Handelsgericht wiederzugeben stellt ein treuwidriges Verhalten dar, welches disziplinarische Massnahmen nach sich ziehen kann[19].

III. Der Rückzug der Klage

Mit dem Rückzug der Klage verzichtet der Kläger auf den eingeklagten Anspruch, sofern im Zeitpunkt des Rückzuges die Rechtshängigkeit eingetreten ist[20] und nicht 18

---

[17] ZR 80/1981 Nr. 101.
[18] HEGNAUER, Kindesrecht, § 14 III/1.
[19] 4. Mai 2005, Handelsgericht des Kantons Zürich, ZR 105/2006 Nr. 19.
[20] Zu den Wirkungen des Klagerückzuges vgl. § 26 Rz 81, § 27 Rz 34–39 hiernach. Zwischen dem den Prozess mittelbar beendigenden Klagerückzug und dem gestützt darauf ergehenden gerichtlichen Abschreibungsbeschluss bleibt der Prozess rechtshängig; trotzdem sind in dieser Zeit weitere prozessuale Handlungen der Parteien (in casu: Erhebung einer Widerklage) unzulässig (ZR 78/1979 Nr.138); Klagerückzug ist bindend und kann auch dann nicht mehr zurückgenommen werden, wenn

ein zulässiger Rückzug «unter Vorbehalt der Wiedereinbringung[21]» vorliegt. Einem Klagerückzug im Sühnverfahren kommt diese Wirkung dagegen nicht zu.

IV. Die Anfechtung von Klageanerkennung, Vergleich und Klagerückzug

19   Gestützt auf die erwähnte Parteierklärung ergeht ein Abschreibungsbeschluss oder eine Abschreibungsverfügung, die nach §271 Abs. 1 Ziff. 1. ZPO mit Rekurs, eventuell nach §281 ZPO mit Nichtigkeitsbeschwerde angefochten werden können, z.B. wegen ungerechtfertiger Annahme des Richters, dass wirklich ein Fall von Parteierklärung vorliege.

20   Die Parteien sind jedoch ohne das Vorliegen von Anfechtungsgründen – deren Beurteilung den privatrechtlichen Vorschriften über Nichtigkeit und Unverbindlichkeit zu folgen hat[22] – nicht berechtigt, Parteierklärungen einseitig zurückzunehmen, auch wenn das Gericht den Prozess noch nicht abgeschrieben hat[23]. Ein allfälliger Willensmangel etwa ist innerhalb der Rekursfrist mit diesem Rechtsmittel zu rügen; später steht die Revision gemäss § 293 Abs. 2 ZPO zu Gebote[24]. Die Nichtigkeitsbeschwerde wird selten in Betracht fallen, da der vom Gericht in Unkenntnis des Willensmangels gefasste Abschreibungsbeschluss an keinem Nichtigkeitsgrund leidet.

---

  der darauf gestützte gerichtliche Abschreibungsentscheid noch nicht ergangen ist (ZR 108/2009 Nr. 5.

[21] ZPO 107 Ziff. 3.
[22] FRANK/STRÄULI/MESSMER, N 23 und dort zit. Literatur und Judikatur zu § 188 ZPO. Erfolgte in einem Scheidungsprozess der Klagerückzug im Blick auf einen neuen Versuch zur Sanierung der Ehe und blieb dieser erfolglos, so kann dieser Misserfolg nicht herangezogen werden, eine Anfechtung des Klagerückzugs wegen Grundlagenirrtums zu begründen (ZR 79/1980 Nr. 65). Auch eine Fehleinschätzung der Prozesschancen kann nach dem im Zivilprozessrecht analog anwendbaren Regeln von Art. 23 ff. OR keinen wesentlichen, d.h. rechtlich beachtlichen Irrtum darstellen, denn er bezieht sich auf eine unbestimmte, in der Zukunft liegende Tatsache. «Anders argumentieren hiesse zudem, jede einen Prozess beendigende Parteierklärung von vornherein der Anfechtung wegen Irrtums auszusetzen. Gestützt auf die blosse Behauptung des Erklärenden, im Urteilsfalle hätte er Aussichten auf ein besseres Ergebnis gehabt. Dass dies schon im Hinblick auf die Rechtssicherheit nicht angeht, liegt auf der Hand» (BGE 105 Ia 119, vgl. auch BGE 91 II 280 Erw. 3).
[23] FRANK/STRÄULI/MESSMER, N 24 zu § 188 ZPO.
[24] Die Auffassung, eine gerichtliche Abschreibungsverfügung, welche gestützt auf die Erklärung des Gesuchstellers betreffend den Rückzug seines Begehrens um unentgeltliche Prozessführung getroffen wurde, könne wegen behaupteter Willensmängel nicht mit einem Rechtsmittel, sondern nur durch Klage in einem neuen, selbständigen Prozess angefochten werden, ist unhaltbar (BGE 105 Ia 117, *Aargauer* Fall).

§ 26 Die Rechtskraft[1, 2]

Inhaltsverzeichnis Seite

A. Die formelle Rechtskraft 272
B. Die materielle Rechtskraft 274
    I. Der Begriff der materiellen Rechtskraft 274
    II. Der Umfang der materiellen Rechtskraft in objektiver Beziehung 275
        1. Die Beschränkung auf das Dispositiv 275
            a) Im Allgemeinen 275
            b) Die Besonderheit im Falle der Verrechnung 276
                α) Bei zugelassener Verrechnung 276
                β) Bei nicht zugelassener Verrechnung 277
                    αα) Verneinung der Zulässigkeit oder der Wirksamkeit der Verrechnungserklärung 277
                    ββ) Verneinung des Bestandes der Gegenforderung 278
            c) Weitere Sonderfälle 279
            d) Die Vorfragenwirkung 279
            e) Mitberücksichtigung der Erwägungen 281
        2. Die Beschränkung auf den identischen Anspruch 282
            a) Bestimmung der Anspruchsidentität nach dem eingeklagten materiellen Recht 283
            b) Bestimmung der Anspruchsidentität nach dem Rechtsbegehren in Verbindung mit dem Lebensvorgang (zweigliedriger Streitgegenstand) 284
                α) Lebensvorgang als isolierter historischer Einzelvorgang 284
                β) Lebensvorgang als Lebenssachverhalt in seiner Gesamtheit 284
            c) Bestimmung der Anspruchsidentität allein nach dem Rechtsbegehren (eingliedriger Streitgegenstand) 284
        3. Die Beschränkung auf Sachurteile 289
        4. Entscheidungen im summarischen Verfahren 290
    III. Die Erstreckung der materiellen Rechtskraft in subjektiver Beziehung 290
    IV. Materielle Rechtskraft und Gestaltungswirkung 295
    V. Materielle Rechtskraft als Frage des Bundesrechtes 295
    VI. Die Berücksichtigung der materiellen Rechtskraft im Prozess 297
    VII. Die Relativierung der materiellen Rechtskraft 298
    VIII. Die Bedeutung der materiellen Rechtskraft im Vollstreckungsverfahren 299
    IX. Die interkantonale und internationale Bedeutung der materiellen Rechtskraft 299
    X. Das Urteilsdispositiv bei Berücksichtigung der materiellen Rechtskraft 300
    XI. Die Frage der Verbindlichkeit prozessleitender Entscheidungen 301
        1. Prozessleitende Entscheidungen 301
        2. Formelle Rechtskraft und Abänderbarkeit prozessleitender Entscheidungen 301
        3. Keine materielle Rechtskraft prozessleitender Entscheidungen 302

---

[1] WALDER/GROB, Tafeln 27 und 28.
[2] MICHAEL BEGLINGER, Rechtskraft und Rechtskraftdurchbrechung im Zivilprozess, ZBJV 133/1997. 589–631.

§ 26 Die Rechtskraft

A. Die formelle Rechtskraft

1   Das Urteil des Richters, welches sich aber über einen Rechtszustand ausspricht, muss endgültig und verbindlich sein, sodass die Rechtslage nicht mehr in Zweifel gezogen werden kann. Das gilt auch für das objektiv unrichtige Urteil. Mann nennt diese Verbindlichkeit *Rechtskraft.* Die Rechtskraft ist indessen nicht immer unumstösslich. Auf dem Rechtsmittelweg kann unter besonderen Umständen auch ein rechtskräftiges Urteil wieder infrage gestellt werden. Zuerst muss man sich aber darüber klar sein, unter welcher Voraussetzung überhaupt die Rechtskraft eintritt. Dies ist dann der Fall, wenn das Urteil endgültig ist, es dagegen kein ordentliches Rechtsmittel mehr gibt. *Formelle Rechtskraft* bedeutet, dass keine Möglichkeit besteht, gegen den Entscheid mit einem ordentlichen Rechtsmittel[3] vorzugehen, sei es, weil dieses Rechtsmittel gegen das betreffende Urteil bzw. für die betreffende Partei nicht zur Verfügung steht, sei es, weil die Frist dafür abgelaufen ist oder die Partei darauf gültig verzichtet hat. Diese formelle Rechtskraft nun kann eintreten *entweder generell* mit *Ausfällung des Entscheides* (unter Vorbehalt der Ergreifung des in Betracht kommenden Rechtsmittels) *oder* erst *nach unbenütztem Ablauf einer allfälligen Rechtsmittelfrist* und nur im Übrigen (wo kein ordentliches Rechtsmittel zur Verfügung steht) *mit der Ausfällung.* Diese letztere Lösung hat der Kanton Zürich in seinem Gesetz gewählt.[4]

2   § 190 Abs. 1 ZPO bestimmt

«Die Endentscheide eines endgültig entscheidenden Gerichts werden mit der Fällung rechtskräftig.»

3   § 190 Abs. 2 erster Satz ZPO führt aus:

«Ist Berufung oder Rekurs zulässig, so tritt die Rechtskraft erst auf den Zeitpunkt ein, da die Rechtsmittelfrist unbenützt abgelaufen oder das Rechtsmittel zurückgezogen worden ist.»

Beispiel 70:

4   Der Einzelrichter am Bezirksgericht Zürich verpflichtet mit Urteil vom 1. September 1996 den B, dem K die von diesem verlangten Fr. 1530.– nebst Zins zu bezahlen. Er entscheidet endgültig: Das Urteil wird mit dem Tag der Ausfällung rechtskräftig.

---

[3]   Vgl. darüber § 39 hiernach.
[4]   Die Schweizerische Zivilprozessordnung sieht vor, dass die formelle Rechtskraft eintritt mit dem Zeitpunkt, in dem der Entscheid nicht mehr mit einem ordentlichen Rechtsmittel angefochten werden kann, bei nicht berufungsfähigen Entscheiden mit deren Eröffnung (nicht Fällung) vgl. dazu STAEHELIN / STAEHELIN / GROLIMUND, § 24 N 7.

> **Beispiel 71:**
>
> Das Bezirksgericht Zürich verpflichtet den B mit Urteil vom 1. September 2007, zugestellt am 29. September 2007, dem K eine Vermittlungsprovision von Fr. 37530.75 nebst Zins zu bezahlen.
>
> Das Urteil unterliegt gemäss § 259 Ziff. 1 ZPO der Berufung an das Obergericht.
>
> a) *B ergreift die Berufung nicht.* Das Urteil wird erst rechtskräftig nach der Zustellung des begründeten Urteils; 10 Tage dauert die Berufungsfrist (ZPO 261 Abs. 1), um Mitternacht des letzten Tages (9. Oktober 2007) tritt die Rechtskraft ein.
>
> b) B ergreift die Berufung, zieht sie aber am 25. Oktober 2007 wieder zurück. An diesem Tage (nicht etwa erst an demjenigen, an welchem das Obergericht die Berufung als erledigt abschreibt) wird das Urteil des Bezirksgerichtes rechtskräftige.
>
> *B ergreift die Berufung*[5]*, und das Obergericht findet am 5. Dezember 2007, sie sei unbegründet,* B sei zu Recht zur Zahlung verpflichtet worden. In diesem Falle fällt das Obergericht ein neues Urteil, und *dieses* wird rechtskräftig mit der Ausfällung, denn jetzt entscheidet das Obergericht endgültig (ZPO 260).
>
> Da das zweitinstanzliche Urteil mit Beschwerde in Zivilsachen an das Bundesgericht weitergezogen werden kann[6], sind die Absätze 1 und 3 von Art. 103 BGG über die aufschiebende Wirkung zu beachten[7].

Nicht von der formellen Rechtskraft abhängig ist das Verbot für das Gericht, einen erlassenen Entscheid in Wiedererwägung zu ziehen, ein Verbot, das mit dem Zeitpunkt seine Wirkung entfaltet, da das Gericht oder der Einzelrichter sein Urteil verkündet hat. *Lata sententia iudex desinit iudex esse.* Eine notwendige Ausnahme davon macht das Gesetz in § 200 Abs. 1 GVG:

Liegen die Voraussetzung für die Wiederherstellung vor, so können auch Endentscheide aufgehoben werden, welche schon mitgeteilt worden sind[8].

---

[5] Der kantonale Berufungsstreitwert entspricht immer demjenigen für die altrechtliche Berufung an das Bundesgericht (ZPO 259 Ziff. 1 und 2), nämlich 8000 Franken.

[6] BGG 72 Abs. 1 in Verbindung mit 74 Abs. 1 lit. b.

[7] Sie lauten:
«[1] Die Beschwerde hat in der Regel keine aufschiebende Wirkung.
...
[3] Der Instruktionsrichter oder die Instruktionsrichterin kann über die aufschiebende Wirkung von Amtes wegen oder auf Antrag einer Partei eine andere Anordnung treffen.»

[8] Von diesem Grundsatz ausgenommen ist die Berichtigung eines offensichtlichen Versehens (ZR 76/1977 Nr. 77).

> **Beispiel 72:**
>
> 12 Der Beklagte B ist zur Hauptverhandlung im Sinne von § 129 ZPO peremtorisch vorgeladen worden. Im Falle seines Nichterscheinens wird das Gericht Anerkennung der tatsächlichen Klagegründe und Verzicht auf Einreden annehmen. Auf dem Wege zum Gerichtsgebäude erleidet B jedoch einen Schweren Verkehrsunfall, welcher ihn am Erscheinen zur Verhandlung verhindert. Das nach Abwicklung aller mit dem Unfall zusammenhängenden Vorkehren, insbesondere ärztlicher Versorgung des B, möglich gewordene Wiederherstellungsgesuch trifft erst ein, nachdem das Gericht die Respektstunde des § 197 Abs. 1 GVG abgewartet, das zugunsten des Klägers lautende Urteil gefällt und dem anwesenden Kläger mündlich eröffnet hat. Da das Wiederherstellungsgesuch im Sinne von § 199 Abs. 1 GVG gerechtfertigt ist, wird auch das in Unkenntnis des Hintergrundes gefällte Urteil aufgehoben werden können, ohne dass der Beklagte B den umständlichen Rechtsmittelweg beschreiten müsste.

13 Prozessleitende Entscheide können jederzeit in Wiedererwägung gezogen werden[9].

B. Die materielle Rechtskraft

I. Der Begriff der materiellen Rechtskraft

14 Vom Begriff der formellen Rechtskraft zu unterscheiden ist die materielle Rechtskraft, das bedeutet die Verbindlichkeit eines Urteils für spätere Prozesse der durch die Rechtkraft betroffenen Personen. Sie bildet ein Mittel zur Verhütung einander widersprechender Urteile und ist ein Institut der allgemeinen Lehren des Zivilprozessrechtes, dessen Wurzeln sehr weit zurückreichen.

15 Die materielle Rechtskraft eines Sachurteils steht der Erhebung einer neuen, identischen Klage entgegen.

> **Beispiel 73:**
>
> 16 K hat gegen B auf Bezahlung von Fr. 5000.– aus einer Darlehensschuld geklagt.
>
> B hat die Klage bestritten mit der Begründung, er habe die Schuld zurückbezahlt. Die Klage ist abgewiesen worden. Das Urteil ist (formell) rechtskräftig. Ein Jahr

---

[9] Vgl. dazu Rz 134–142 hiernach.

> später kommt dem K das Urteil wieder in die Hände und beim Durchlesen findet er es höchst ungerecht. Er beschliesst, die Sache noch einmal dem Gericht vorzulegen und klagt wieder gegen B auf Rückzahlung des Darlehens von Fr. 5000.– Die Tatsache, dass darüber bereits im ersten Prozess rechtskräftig entschieden wurde, steht der neuerlichen Beurteilung der Frage durch das Gericht entgegen. Das identische Rechtsbegehren bezüglich des identischen Anspruchs darf nicht materiell neu geprüft werden.

Es geht aber auch nicht an, dass in einem zweiten Prozess ein Urteil gefällt werde über ein Rechtsbegehren, welches das negiert, was im ersten Prozess erkannt wurde, damit einen unvereinbaren Widerspruch begründet[10].

> **Beispiel 74:**
>
> Im vorangegangenen Beispiel hat K obsiegt. Es ist der durch das Urteil zur Zahlung verpflichtete B, welcher die Sache erneut aufgreifen möchte und deshalb entweder (nachdem er durch Zwangsvollstreckung zur Zahlung gezwungen wurde) gegen den früheren Kläger K nun seinerseits als Kläger auftritt mit dem Rechtsbegehren, K habe ihm (die inzwischen bezahlten) Fr. 5000.– zurückzuerstatten, weil das seinerzeitige Urteil unrichtig sei, oder, falls B noch nicht bezahlt hätte, ein Urteil anstrebt, das auf Feststellung ginge, dass B dem K aus Darlehen nichts schulde. Damit würde das negiert, was das Gericht bezüglich des Anspruches von K in der Sache gesprochen hat. Eine solche Klage muss an der materiellen Rechtskraft des früheren Urteils scheitern.

II. Der Umfang der materiellen Rechtskraft in objektiver Beziehung

1. Die Beschränkung auf das Dispositiv

a) Im Allgemeinen

Von der materiellen Rechtskraft wird nur das Dispositiv betroffen, also das, was unter dem Satz «Demnach erkennt das Gericht:» steht. So lautet § 191 Abs. 1 ZPO:

«Die Anordnungen und Feststellungen im Dispositiv eines Urteils binden die Gerichte in einem spätern Prozess zwischen den gleichen Parteien oder ihren Nachfolgern in die beurteilten Rechte oder Pflichten.»

---

[10] Zur Frage des Verhältnisses der Feststellungsklage zur Leistungsklage im Bereiche der Rechtshängigkeit vgl. § 27. hiernach.

20 Das Zivilurteil hat verschiedene Abschnitte, die auch verschieden angeordnet sein können. Im Kanton Zürich ist es die folgende Anordnung: Zuerst erscheinen der Name des Gerichtes und der Mitwirkenden (Richter und Gerichtsschreiber), dann das Datum der Sitzung, in welcher der Entscheid gefällt wurde, dann die Bezeichnung des Klägers, des Beklagten und ihrer allfälligen Vertreter, alsdann «betreffend» und der Gegenstand des Streites, im Weiteren die dem Gericht vorgelegten Rechtsbegehren, gefolgt von einer Einleitung, in der einmal alle unbestrittenen Faktoren vorgetragen und zusammengefasst werden (gedrängte Darstellung des Streitverhältnisses), sowie einer kurzgefassten Prozessgeschichte, damit man weiss, was das Gericht alles vorgekehrt hat, um zu seinem Ergebnis zu kommen. Alsdann folgt die eigentliche Entscheidungsbegründung, wobei sinnvollerweise die prozessualen Einreden vorweg zur Behandlung gelangen. Die Entscheidungsbegründung ist ein besonders wichtiger Teil des Urteils; sie enthält die Erwägungen des Gerichtes zu den einzelnen Rechtsfragen. Den Schluss bildet das Dispositiv, in welchem es heisst: Der Beklagte wird zur Leistung in bestimmtem Umfang verpflichtet, oder es wird das geltend gemachte Rechtsverhältnis festgestellt, oder die Klage wird abgewiesen.[11] *In einem späteren Prozess ist das Gericht an das Dispositiv, nicht aber an die Begründung gebunden.*

Beispiel 75:

21 K soll seinem Arbeitgeber B, zusammen mit andern, aus Rachsucht nachts aufgelauert und ihn geschlagen haben. Er wird deshalb am anderen Tag von B fristlos entlassen. K bestreitet aber, dabei gewesen zu sein und klagt beim Arbeitsgericht auf Lohnzahlung für die Dauer der Kündigungsfrist. Aufgrund von Zeugenaussagen nimmt das Gericht jedoch an, K sei mit von der Partie gewesen und die fristlose Entlassung somit gerechtfertigt; die Klage wird abgewiesen.

22 Da das Vorgehen gegen B eine nicht unbeträchtliche Verletzung zur Folge hatte und Spitalpflege notwendig machte, klagt B später gegen K als Solidarschuldner auf Schadenersatz. Dem mit dieser Klage befassten Gericht ist es unbenommen, bei erneuter Bestreitung der Täterschaft anders zu entscheiden: Die Begründung des Arbeitsgerichtes für seinen Entscheid, wonach K den B geschlagen habe, erwächst nicht in materielle Rechtskraft.

b) Die Besonderheit im Falle der Verrechnung

α) Bei zugelassener Verrechnung

23 Eine besondere Situation ist jedoch bei der Verrechnung zu beachten:

---

[11] Art. 238 ZPO CH zum Inhalt des Entscheids.

«Wird die vom Kläger eingeklagte Forderung abgewiesen mit der Begründung, dass sie infolge Verrechnung mit einer Gegenforderung des Beklagten untergegangen sei, so wird durch das Urteilsdispositiv lediglich festgestellt, dass die Klageforderung nicht mehr besteht» (die Klage wird abgewiesen), «während der Untergang der Gegenforderung lediglich aus den Entscheidungsgründen folgt. Da aber die Verrechnung notwendigerweise Forderung und Gegenforderung zum Erlöschen bringt, liegt die Annahme nahe, die Verbindlichkeit des Urteils könne nicht auf die Feststellung beschränkt sein, die Klageforderung sei untergegangen, sondern müsse sich auch auf die Feststellung des Erlöschens der Gegenforderung erstrecken. Andernfalls könnte der Beklagte die Gegenforderung in einem späteren Prozess neu geltend machen und wäre das Gericht frei, die Gegenforderung in einem späteren Prozess zu schützen, sofern es zum Ergebnis kommt, dass die Verrechnung aus irgendwelchen Gründen nicht in Ordnung gewesen sei. In diesem Fall würde die Gegenforderung als noch bestehende Forderung geschützt. Dieses Ergebnis wäre selbst dann unannehmbar, wenn die wirkliche Rechtslage im späteren Prozess berücksichtigt werden dürfte. So müsste dies zugunsten beider Parteien geschehen können. Auch der Kläger im ersten Prozess müsste seine Forderung wieder geltend machen können, sofern im späteren Prozess[12] festgestellt würde, dass die gegenseitigen Forderungen nicht verrechenbar waren oder dass die Verrechnung nicht wirksam erklärt worden sei. Ist aber der Kläger, dessen Forderung wegen Verrechnung abgewiesen wurde, mit dieser Behauptung in einem späteren Prozess ausgeschlossen, so kann es auch dem Beklagten nicht gestattet sein, die Gegenforderung neu geltend zu machen, welche als mit der Klageforderung verrechnet erklärt worden ist. Die Rechtskraft muss sich daher auch auf die Feststellung des Untergangs der Gegenforderung bis zum Betrag der Klageforderung erstrecken, zum mindesten insoweit, als die Klage wegen Verrechnung abgewiesen wird[13].»

β) Bei nicht zugelassener Verrechnung

Wie verhält es sich aber, wenn die Verrechnungseinrede abgewiesen wurde? Hier sind zwei Fälle zu unterscheiden.

αα) Verneinung der Zulässigkeit oder der Wirksamkeit der Verrechnungserklärung

Die Gegenforderung kann stets neu erhoben werden, wenn lediglich die Zulässigkeit der Verrechnung oder die Wirksamkeit der Verrechnungserklärung verneint wurde.

> **Beispiel 76**:
>
> K fordert von B aus Mietvertrag Fr. 23 500.–. B macht geltend, K sei ihm von früher her aus einer Warenlieferung noch Fr. 9000.– schuldig. Der Mietvertrag enthält jedoch eine Klausel, wonach Verrechnung mit Mietzinsforderungen ausgeschlossen sei. Da das Mietgericht zum Schlusse kommt, die Verrechnung sei nicht zulässig, spricht es dem Kläger, sofern im Übrigen die Klage begründet ist, Fr. 23 500.– zu. B kann die Fr. 9000.– über die nicht entschieden wurde, separat geltend machen.

---

[12] In welchem nun der Beklagte als Kläger (bezüglich der Gegenforderung) aufträte.
[13] GULDENER, Schweizerisches Zivilprozessrecht, 369 f. GULDENER hat in diesem Zusammenhang aber auch festgestellt, es handle sich um eine materiellrechtliche Frage, weil eben Klageforderung und Gegenforderung untergegangen seien.

ββ) Verneinung des Bestandes der Gegenforderung

27 Wurde dagegen der Bestand der Gegenforderung verneint, so ist die neuerliche Erhebung des Anspruches auf dem Klageweg zwar möglich, aber nicht prozessökonomisch.

> **Beispiel 77:**
>
> 28 K fordert von B aus Warenlieferung Fr. 31 500.–. B macht Verrechnung mit einer Mietzinsrestanz von Fr. 15 000.– geltend. Das Gericht kommt zum Schlusse, diese Gegenforderung sei unbegründet und spricht im Übrigen in Gutheissung der Klage dem Kläger K Fr. 31 500.– zu. Im Gegensatz zum vorangehenden Beispiel 76 ist über die Gegenforderung von Fr. 15 000.– vom Gericht entschieden worden, doch kommt dies nicht im Urteilsdispositiv zum Ausdruck, denn dort heisst es lediglich, B sei verpflichtet, dem K Fr. 31 500.– zu bezahlen. Alles andere, auch was über die Frage des Bestandes der Gegenforderung gesagt wird, findet sich lediglich in den Erwägungen und hat an der Rechtkraft keinen Anteil. B kann die Fr. 15 000.– in separatem Prozess geltend machen.

29 Nicht prozessökonomisch ist dies deshalb, weil sich das Gericht, um zum Schlusse zu kommen, die volle Forderung des Klägers sei begründet, mit der verrechnungsweise geltend gemachten Gegenforderung ausführlich auseinandersetzen musste, möglicherweise darüber sogar ein Beweisverfahren durchgeführt hat. Andererseits hat aber der Kläger einen Anspruch darauf, dass in seinem Forderungsprozess definitiv über die Gegenforderung des Beklagten entschieden werde. Durch die separate Klage bezüglich der Gegenforderung kann er auch keinen Rechtsverlust erleiden, weil ihm ja seine eigene Forderung, soweit begründet, voll zugesprochen wird. So lassen sich beide Lösungen vertreten.

Es handelt sich jedenfalls um eine Frage, in der die kantonalen Gesetzgeber frei entscheiden können; für einmal ist hier kein ungeschriebenes Bundesrecht ersichtlich.

30 Eine andere Regelung kennt die deutsche Zivilprozessordnung (DZPO 322 Abs. 2): Hat der Beklagte die Aufrechnung (in unserer Terminologie Verrechnung) einer Gegenforderung geltend gemacht, so ist die Entscheidung, dass die Gegenforderung nicht besteht, bis zur Höhe des Betrages, für den die Aufrechnung geltend gemacht worden ist, der Rechtskraft fähig.

31 Die Bundeszivilprozessordnung sagt ihrerseits in Art. 71 Abs. 2:

Die Rechtskraft erstreckt sich auf die Entscheidung über das Bestehen oder Nichtbestehen der einredeweise geltend gemachten Gegenforderung bis zur Höhe des Betrages, mit dem verrechnet werden soll»[14].

---

[14] LEUCH, N 11b zur Art. 192 der *bernischen* ZPO, nimmt hier zu Unrecht an, dass das von Bundesrechts wegen allgemein so sein müsse; zurückhaltend LEUCH/MARBACH/KELLERHALS, 396.

Hier liegt also ein Fall vor, in welchem die Lösung der BZP vom zürcherischen Gesetzgeber nicht übernommen wurde.

c) Weitere Sonderfälle

Der Grundsatz, dass die Entscheidungsgründe nicht an der Rechtskraft Anteil haben, ist im Rahmen des Vernünftigen zur Anwendung zu bringen[15]. Andernfalls kann sich ein unmögliches Resultat ergeben.

> **Beispiel 78:**
> K klagt gegen B auf Erfüllung eines Kaufvertrages. B behauptet, der Vertrag sei nicht zustande gekommen und unterliegt mit seinem Standpunkt: Die Klage des K wird geschützt. Als B nun die Gegenleistung aus dem Vertrag fordert, macht sich K den früheren Standpunkt des B zu eigen und bestreitet die Klage, weil kein Vertrag zustande gekommen sei.
>
> Abgesehen davon, dass in der Erwirkung eines die Erfüllungsklage gutheissenden Urteils materiell ein Anerkenntnis des gegenseitigen Vertrages erblickt werden kann, hat der Grundsatz, dass die Entscheidungsgründe an der Rechtkraft keinen Anteil haben, nicht den Sinn, zu ermöglichen, dass bei einem gegenseitigen Vertrag die eine Partei zur Erfüllung verpflichtet wird, die andere dagegen nicht. Die Lösung bietet sich auch aufgrund des Prinzips von Treu und Glauben an[16].

d) Die Vorfragenwirkung

Auf der anderen Seite ist zu beachten, dass die Bindung an das rechtskräftige Urteil auch dann besteht, wenn für die Entscheidung eines späteren Prozesses die bereits beurteilte Rechtsbeziehung eine Vorfrage bildet, der Prozess also nicht die identische Frage als solche zum Gegenstand hat. Die rechtskräftige Entscheidung der Vorfrage hat der Richter der Urteilsfällung im späteren Prozess zugrunde zu legen.

> **Beispiel 79:**
> K hat gegen B auf Erfüllung einer Lieferungsverpflichtung aus Kaufvertrag geklagt und obsiegt. In einem zweiten Prozess verlangt K von B den Verzugsschaden, der durch die Verspätung dieser Lieferung eingetreten ist. Der Richter

---

[15] GULDENER, Schweizerisches Zivilprozessrecht, 370 f.
[16] FRANK/STRÄULI/MESSMER, N 3 zu § 50 ZPO unter Hinweis auf GULDENER, Schweizerisches Zivilprozessrecht, 369/370 und ZSR NF 80/1961 II 64.

> ist nunmehr an die Feststellung des ersten Urteils gebunden, wonach eine Verpflichtung des Verkäufers zur Lieferung des Kaufobjektes bestand, die auch im Dispositiv zum Ausdruck kommt. Das Dispositiv muss anhand der Erwägungen definiert werden: Sie geben Auskunft darüber, welche Leistung zugesprochen wurde, ob eine solche aus Eigentum, aus Bereicherung oder aus Vertrag (vgl. Rz 41–45 hiernach). Wurde eine vertragliche Leistung zugesprochen, so ist dies als Vorfrage massgebend, wenn sich die Frage des Verzuges stellt.

37 Dagegen begründet die Gutheissung einer Klage, die auf Leistung eines Teils einer geschuldeten Gesamtforderung gerichtet ist, nicht eine Vorfragewirkung bezüglich der Klage auf eine weitere Teilforderung.

> **Beispiel 80:**
>
> 38 K glaubt, von B Fr. 25 000.– Schadenersatz wegen verspäteter Vertragserfüllung zugute zu haben. Weil es ihm jedoch schwer fällt, den Schaden in dieser Höhe zu beweisen, und aus Kostengründen klagt er vorläufig nur Fr. 5000.– ein. Mit einem diese Klage gutheissenden Urteil ist lediglich entschieden, dass B dem K Fr. 5000.– Schadenersatz schulde, nicht aber, dass mit Wirkung für weitere Schadensbeträge die Schadenersatzpflicht des B als solche begründet sei. B kann also im zweiten Prozess, den K nach Behebung seiner Beweisschwierigkeiten anheben wird, erneut den Standpunkt einnehmen, er sei nicht schadenersatzpflichtig, weil er rechtzeitig geliefert habe oder weil der Kläger K die Verspätung vertreten müsse.

> **Beispiel 81:**
>
> 39 Im vorangegangen Beispiel ist Klage abgewiesen worden. Damit ist lediglich entschieden, dass dem K jene Fr. 5000.– des Schadens, die er eingeklagt hat, nicht zustehen, auch wenn das Gericht dies damit begründet, dass rechtzeitig geliefert worden sei.
>
> 40 Will K den weiteren Schaden von Fr. 20 000.– in einem zweiten Prozess geltend machen, so kann er behaupten, das frühere Urteil sei unrichtig, es sei eben doch verspätet geliefert worden. Dagegen ist er mit der Behauptung *ausgeschlossen,* der rechtskräftig negierte Schaden von Fr. 5000.– sei doch entstanden[17].

---

[17] Diese Differenzierung wird dort schwierig, wo es sich um eine einheitliche Schadensposition und nicht um bestimmte, ausgeschiedene Schadensbeträge handelt (z.B. einen Fünftel des an sich auf 25 000 Franken berechneten Verdienstausfalles, sodass 5000 Franken geltend gemacht werden.

e) Mitberücksichtigung der Erwägungen

Allgemein ist zu beachten, dass trotz der Bindung des Richters allein an das Dispositiv und nicht an die Entscheidungsgründe zur Feststellung der Identität der beurteilten und der neu zu beurteilenden Klage die Entscheidungsgründe herangezogen werden müssen.

Lautet das Dispositiv: «Die Klage wird abgewiesen», so ist erst den Entscheidungsgründen zu entnehmen, *welches* die Klage war, welche abgewiesen wurde. Geht es dabei um eine Geldforderung, so muss man wissen, wie diese Geldforderung begründet wurde.

Auch bei Ermittlung des Sinnes eines Dispositivs kann nicht allein auf dessen Wortlaut abgestellt werden.

> **Beispiel 82:**
>
> Durch Urteil (Gestaltungsurteil) wird der Beschluss einer AG-Generalversammlung vom 10. Oktober 2005 aufgehoben. Darin liegt aber eingeschlossen, dass in der betreffenden Frage der frühere Rechtszustand wiederhergestellt ist und durch einen Beschluss, wie er ergangen ist und aufgehoben wurde, nicht wieder infrage gestellt werden darf. Wird bei unveränderter Rechtslage der gleiche Beschluss wieder gefasst, so kann sich im zweiten Anfechtungsprozess der Kläger auf die Rechtskraft des ergangenen Urteils berufen.

Gegenbeispiel: Es werden aus Haftung für einen Verkehrsunfall 5000 Franken für den Schaden am Auto verlangt, 20 000 Franken für Verdienstausfall sind noch nicht Gegenstand des Prozesses).
Für Teilklagen aus einheitlichen Schadenspositionen sollte schon zum Schutze des Beklagten vor wiederholter Inanspruchnahme bei Klageabweisung materielle Rechtskraft für den Schadensbetrag angenommen werden. Das rechtfertigt sich umso mehr, als § 61 Abs. 2 ZPO die unbezifferte Forderungsklage ausdrücklich gewährleistet. Nicht als schützenswert kann die Absicht gelten, aus Kostenersparnisgründen einen sogenannten «Testprozess» über einen kleinen Betrag zu führen, dessen Ergebnis dann doch nicht voll verbindlich ist. Nach ZR 83/1984 Nr. 104 ist Teilklage als Folge der Dispositionsmaxime nicht rechtsmissbräuchlich, obwohl mit ihr die sachliche Zuständigkeit, die Zulässigkeit von Rechtsmitteln und die Kosten- und Entschädigungsfolgen beeinflusst und ferner die Unentgeltlichkeit gemäss Art. 343 Abs. 3 OR sowie die Zulassung von Verbandsfunktionären zur Prozessvertretung bewirkt werden können. Auch ist es zulässig, zuerst einen Anspruch gemäss Art. 337c Abs. 1 OR (Saläranspruch bei ungerechtfertigter Entlassung) und später denjenigen nach Art. 337c Abs. 3 OR (Entschädigung infolge ungerechtfertigter Entlassung) einzuklagen (ZR 89/1990 Nr. 123).

> **Beispiel 83:**
>
> 45 Im vorangegangen Beispiel ist der Beschluss nicht aus inhaltlichen Gründen (Verstoss gegen das Gesetz oder die Statuten), sondern deshalb aufgehoben worden, weil die Generalversammlung nicht formgerecht einberufen war. Dann steht die materielle Rechtskraft des Urteils einer neuerlichen Beschlussfassung im gleichen Sinne nicht entgegen. Freilich müssen nunmehr die Einberufungsvorschriften gewahrt sein.

2. Die Beschränkung auf den identischen Anspruch

46 Materielle Rechtskraft besteht nur, soweit im zweiten Prozess ein *identischer Anspruch* geltend gemacht wird. Diese Identität festzustellen gehört zu den anspruchsvollsten Aufgaben des Zivilprozessrechts. Dadurch, dass im Bereich des Bundesprivatrechts die Frage, wann materielle Rechtskraft vorliege, durch die Rechtsprechung zu einer bundesrechtlichen erklärt worden ist, haben wir auch eine Richtlinie durch die Praxis des Bundesgerichts erhalten, der gegenüber es freilich noch differenzierende Lehrmeinungen gibt. Zunächst ist festzuhalten, dass sich die Identität am besten feststellen lässt bei sogenannten individualisierten Rechtsbegehren.

> **Beispiel 84:**
>
> 47 K klagt gegen B auf Feststellung seines Eigentums am Gegenstand x. Wird das Eigentum des K an der Sache x vom Gericht negiert, so kann er keine neue Klage mit dem gleichen Ziel einleiten, weil es sich um den identischen Anspruch handelt.

48 Schwieriger ist es, die Identität der sogenannten nicht-individualisierten Rechtsbegehren festzustellen.

> **Beispiel 85:**
>
> 49 K klagt auf Zahlung von Fr. 2000.–, weil der Beklagte B ihm diesen Betrag aus Darlehen schuldet. K hat aber von B noch weitere Fr. 2000.– aus Kaufvertrag zugute.
>
> 50 Das Dispositiv, das die Klage über Fr. 2000.– abweist, entfaltet materielle Rechtskraft, wenn die eingeklagte Darlehensforderung nochmals vor Gericht gebracht wird, nicht aber hinsichtlich der Kaufpreisforderung.

Ist indessen die Klage zurückgezogen worden, bevor sie begründet wurde, so kann die Identität nicht festgestellt werden; dann fehlt es unter Umständen überhaupt an einer Rechtskraftwirkung. 51

Es kann jedoch versucht werden, die Frage, welcher Anspruch eingeklagt war, anhand ausserprozessualer Fakten abzuklären[18]. 52

Es gibt aber Fälle, in denen sich die Frage, ob ein und derselbe Anspruch wie im ersten Prozess zur Diskussion steht, nicht so klar beantworten lässt. 53

Beispiel 86:

Klagt K auf Zahlung von Fr. 2000.– aus Kaufvertrag, so wird die Klage möglicherweise abgewiesen, weil der Käufer B minderjährig war. 54

Nun klagt aber K erneut auf Zahlung von Fr. 2000.– aus ungerechtfertiger Bereicherung (und eventuell unerlaubter Handlung wegen Verschweigens der Minderjährigkeit). 55

Der Anspruch wird zwar aus demselben Lebensvorgang, nicht aber aus demselben Rechtsgrund hergeleitet. 56

Bedeutet dies fehlende Identität? 57

Um die Frage zu beantworten, muss auf die verschiedenen Lehrmeinungen zur Anspruchsidentität Bezug genommen werden. 58

a) Bestimmung der Anspruchsidentität nach dem eingeklagten materiellen Recht

Wird der Theorie gefolgt, gemäss welcher die Grenzen der rechtserheblichen Sachverhalte durch die Rechtsnormen bestimmt werden, der Streitgegenstand nur normativ erfassbar ist[19], so muss die zweite Klage zugelassen werden (zweigliedriger Streitgegenstand). 59

---

[18] WALDER, Prozesserledigung ohne Anspruchsprüfung, 145, a.M. FRANK/STRÄULI/MESSMER, N 15 zu § 191 ZPO.
[19] SCHÖNKE/KUCHINKE, Zivilprozessrecht, 9. Aufl., Karlsruhe 1969, 176 f.; vgl. darüber und über die im folgenden behandelten Theorien im Einzelnen ISAAK MEIER, Iura novit curia, 27 ff.

b) Bestimmung der Anspruchsidentität nach dem Rechtsbegehren in Verbindung mit dem Lebensvorgang (zweigliedriger Streitgegenstand)

60 Hier kommt es darauf an, wie der Lebensvorgang, aus welchem der Anspruch hergeleitet wird, charakterisiert wird.

α) Lebensvorgang als isolierter historischer Einzelvorgang

61 Versteht man unter Lebensvorgang einen isolierten historischen Einzelvorgang (im Beispiel 86 den behaupteten Vertragsschluss und die gestützt darauf erbrachte Leistung), so könnte die Klage auf der Grundlage der Bereicherung oder unerlaubten Handlung, weil auf anderem Lebensvorgang basierend[20], neu eingebracht werden.

β) Lebensvorgang als Lebenssachverhalt in seiner Gesamtheit

62 Versteht man dagegen unter Lebensvorgang nicht ein historisches Ereignis, sondern einen Lebenssachverhalt in seiner Gesamtheit[21], so wäre die neu unter dem Gesichtspunkt der Bereicherung oder unerlaubten Handlung erhobene Klage mit der bereits unter dem Gesichtspunkt des Vertrages beurteilten identisch.

c) Bestimmung der Anspruchsidentität allein nach dem Rechtsbegehren[22] (eingliedriger Streitgegenstand)

63 Hier kommt es überhaupt nur darauf an, ob die Leistung, welche im zweiten Prozess verlangt wird, unabhängig von dem im ersten Prozess geltend gemachten Anspruch bestehen kann. Das wäre in unserem Beispiel nicht der Fall, weshalb Identität des Anspruches anzunehmen und die neue Klage nicht zuzulassen wäre. Diese Lösung erscheint als die praktikabelste von allen und trägt den Interessen der am Prozess Beteiligten am besten Rechnung. Denn das Recht und die Pflicht des Richters, einen Anspruch unter von der Partei nicht geltend gemachten rechtlichen Gesichtspunkten zu beurteilen, hängen mit der Frage nach der Identität des Streitgegenstandes ebenso zusammen wie die Frage nach der materiellen Rechtskraft. Je grösser die Beurteilungsmöglichkeit für den Richter im hängigen Zivilprozess ist, um so eher muss in einem nachfolgenden Prozess Identität der Streitsache und damit materielle Rechtskraft angenommen werden.

64 Wer also nach starker Einschränkung der Identität etwa durch enge Umschreibung des Lebensvorganges ruft, öffnet damit einerseits die Tür für eine neue, weil nicht

---

[20] In diesem Sinne GULDENER 201 ff., KUMMER, Klagerecht 71.
[21] Über die unterschiedlichen Auffassungen vom Lebensvorgang vgl. ISAAK MEIER, Iura novit curia, 29
[22] Vgl. dazu ROSENBERG/SCHWAB/GOTTWALD, § 96 III 3, wo auch dargelegt wird, dass bei dieser Theorie die zur Klagebegründung vorgebrachten Tatsachen oftmals zur Auslegung herangezogen werden müssen.

mehr identische Klage, engt aber gleichzeitig im Erstprozess den Richter bei der richterlichen Rechtsanwendung ein, weil dieser sonst Gefahr läuft, einen anderen als den geltend gemachten Anspruch zu beurteilen. Sagt man jedoch, es komme darauf an, ob neben dem durch das Rechtsbegehren geltend gemachten noch ein zweiter Anspruch bestehen könne, so ist die Abgrenzung durch das objektive Recht in jedem einzelnen Fall bereits vorgezeichnet.

Beispiel 87:

K hat durch einen Autounfall Köperschaden erlitten. Er verlangt von der Haftpflichtversicherung B Fr. 25 000.– unter dem Titel Heilungskosten und Verdienstausfall. Er kann den Schaden nicht voll beweisen, weshalb ihm Fr. 20 000.– zugesprochen werden, die Klage im Übrigen jedoch abgewiesen wird. Später erfährt K, er hätte wegen einer verletzungsbedingten bleibenden Entstellung des Gesichtes noch eine Genugtuung von wenigstens Fr. 3000.– verlangen können.

65

Der Lebensvorgang ist auch bei engster Auslegung des Begriffes derselbe (Unfallereignis); weil aber der Anspruch auf Genugtuung unabhängig vom demjenigen auf Schadenersatz bestehen kann, ist die neue Klage des K über Fr. 3000.– mit der bereits beurteilten nicht identisch[23].

66

Beispiel 88:

B hat von K Waren bezogen und dafür Eigenwechsel ausgestellt. Nachdem diese zu Protest gegangen sind, erhebt K gegen B Klage aus denselben. Weil jedoch der Kläger zur Hauptverhandlung unentschuldigt ausgeblieben ist, wird Rückzug der Klage angenommen (ZPO 129 Abs. 1 und 2 Ziff. 1). Da der Rückzug der Klage als Sachurteil anzusehen ist (vgl. Rz 81 hiernach), stellt sich gegenüber der neu aus Kaufvertrag erhobenen Klage die Frage der abgeurteilten Sache (materielle Rechtskraft).

67

---

[23] FRANK/STRÄULI/MESSMER, N 13a–c zu § 61 ZPO unter Hinweis auf ZR 70/1971 Nr. 125, 72/1973 Nr. 60.
Die Identität muss aber schon deshalb abgelehnt werden, weil niemand, der auf Schadenersatz geklagt hat, sich gefallen lassen muss, dass im selben Prozess über einen allfälligen Genugtuungsanspruch geurteilt wird. Wo zwei unabhängig voneinander mögliche Ansprüche zur Diskussion stehen, kommt es auch nicht darauf an, ob sie ihre Existenz demselben Lebensvorgang zu verdanken haben.
Nach VITAL SCHWANDER, «Iura novit curia und Rechtsgrund des Anspruchs», in: Festschrift Wilhelm Schönenberger, Freiburg 1968, 211, wechseln dann, wenn der Richter den Rechtsgrund wechselt, auch die rechtserheblichen Tatsachen wenigstens teilweise.

> 68 Hier handelt es sich um einen sogenannten Fall konkurrierender Rechte: Ansprüche mit demselben Inhalt, weil jemand aus zwei verschiedenen Rechtsgründen dieselbe Leistung verlangen kann. Die Ansprüche können unabhängig voneinander bestehen, mithin sind sie nicht identisch, doch wird durch die Erfüllung des einen der andere erledigt. Deshalb stünde die Identität einer neuen Klage aus dem Warenbezug nicht entgegen[24].

69 Es ist noch hinzuweisen auf die Umschreibungen der Identität in der bundesgerichtlichen Rechtsprechung und im Lehrbuch von MAX GULDENER.

70 Das Bundesgericht hat sich im Zusammenhang mit der materiellen Rechtskraft nicht auf eine der drei oben umschriebenen Theorien festgelegt, sondern in BGE 97 II 396 Folgendes ausgeführt:

> …der eingeklagte Anspruch (ist) mit einem früher beurteilten dann identisch, wenn die Parteien des Vorprozesses[25] dem Richter den gleichen Anspruch aus gleichem Entstehungsgrund erneut zur Beurteilung unterbreiten. Der blosse Wortlaut der Rechtsbegehren ist nicht entscheidend. Massgebend ist vielmehr, ob auch dieselben Tatsachen und rechtlich erheblichen Umstände, mit denen der Kläger den Anspruch begründet, schon im Vorprozess zum Klagegrund gehörten (vgl. BGE 71 II 284).

Dies wurde bestätigt in BGE 123 III 18 E. 2a.

> «Eine abgeurteilte Sache liegt vor, wenn der streitige Anspruch mit einem schon rechtskräftig beurteilten identisch ist. Dies trifft zu, falls der Anspruch dem Richter aus demselben Rechtsgrund und gestützt auf denselben Sachverhalt erneut zur Beurteilung unterbreitet wird. In anspruchsbezogene materielle Rechtskraft erwächst demzufolge allein das Sachurteil. Ein solches liegt nur vor, wenn und soweit das Gericht die Sachverhaltsvorbringen der Parteien materiellrechtlich würdigt, das heisst, den geltend gemachten Anspruch inhaltlich beurteilt. Die Rechtskraftwirkung tritt nur insoweit ein, als über den geltend gemachten Anspruch entschieden worden ist. Zwar erwächst der Entscheid nur in jener Form in Rechtskraft, wie er im Urteilsdispositiv zum Ausdruck kommt, doch ergibt sich dessen Tragweite vielfach erst aus den Urteilserwägungen. Im übrigen haben die tatsächlichen und die rechtlichen Erwägungen eines Entscheids aber in einer anderen Streitsache keine bindende Wirkung. Die materielle Rechtskraft wird objektiv begrenzt durch den Streitgegenstand. Der Begriff der Anspruchsidentität ist nicht grammatikalisch, sondern inhaltlich zu verstehen.»

71 Der Hinweis auf die vom Kläger gegebene Begründung, bezogen auf Tatsachen und rechtlich erhebliche Umstände[26], lässt Nähe zur Theorie vom Lebensvorgang ver-

---

[24] OR 116 Abs. 2, VON TUHR/PETER 40. Mann kann aber ebenso gut im Hinblick darauf, dass ja die Valuta sicher nur einmal bezahlt werden muss, Identität annehmen, die neue Klage jedoch deshalb zulassen, weil es der Wechselforderung geradezu inhärent ist, dass sie geltend gemacht werden kann, ohne dass sich der Gläubiger vorsorglicherweise auf das Grundverhältnis zu berufen braucht. so GULDENER, Schweizerisches Zivilprozessrecht, 202 f.

[25] Oder ihre Rechts- bzw. Pflichtennachfolger.

[26] Was mit diesem Begriff gemeint ist, lässt sich nicht ohne Weiteres erkennen. «Rechtlich erhebliche Umstände» sind eigentlich gleichbedeutend mit den Tatsachen. Gemeint ist aber offenbar der Rechtsgrund im Sinne der causa.

muten. Wohl aber hat sich das Bundesgericht im Zusammenhang mit der Rechtshängigkeit, wo es im Wesentlichen um die gleiche Frage geht, der Auffassung von KUMMER[27] und LEUCH[28] angeschlossen, wonach bei getrennter gerichtlicher Geltendmachung des auf zwei verschiedene Rechtsgründe gestützten Anspruches auf dieselbe Leistung keine Identität der Streitsache bestehe[29].

> **Beispiel 89:**
> K klagt gegen B auf Anordnung der Eintragung einer Grunddienstbarkeit im Grundbuch und beruft sich auf einen Dienstbarkeitsvertrag. Er wird indessen wegen Unverbindlichkeit des Vertrages zufolge Willensmangels abgewiesen. Später klagt er erneut auf Eintragung mit der Begründung, er habe die Dienstbarkeit ersessen. Nach Bundesgerichtsrechtsprechung müsste diese Klage zugelassen werden[30].

72

MAX GULDENER wiederum möchte die Identität im Zusammenhang mit der materiellen Rechtskraft enger umschreiben als dort, wo es um die Klageänderung geht[31]. Er hält eine neue Klage für zulässig, *wenn ein anderer materieller Anspruch geltend gemacht wird als derjenige, den das Gericht in seiner Entscheidung beurteilt hat*[32]. Damit folgt er in diesem Bereich der ersten der drei vorgestellten Theorien. Er begründet diese Auffassung damit, dass sich der Kläger auf keinen bestimmten materiellen Anspruch festzulegen brauche, während das Gericht den Tatbestand rechtlich zu würdigen und deshalb anzugeben habe, welches die materiellen Ansprüche seien, über die es entscheide. Gerade weil aber das Gericht den Tatbestand unter allen in Betracht fallenden rechtlichen Gesichtspunkten zu würdigen hat, soweit es nicht auf einen Anspruch hinüberwechselt, der auch unabhängig vom geltend gemachten bestehen könnte, kann es nicht Sache eines neuen Prozesses sein, dies nachzuholen, wenn es vom Gericht versäumt worden ist. Sind Kläger und Gerichte nicht in der Lage, nötigenfalls in einem Rechtsmittelzug die in Betracht kommenden rechtlichen Begründungen, unter denen die Klage geschützt werden könnte, herauszufinden, so

73

---

[27] Klagerecht, 94 f.
[28] LEUCH, N 11 d zu Art. 192 der bernischen ZPO.
[29] BGE 98 II 158.
[30] Ebenso KUMMER, Klagerecht, 84 Anm. 3, im Gegensatz zu dem Fall, da ein Feststellungsurteil über den Nichtbestand der Dienstbarkeit vorliegt. Hier geht es um den Nichtbestand eines Anspruches aus dem Vertrag, was nicht ausschliesst, dass die Dienstbarkeit bereits erworben sein könnte. Vgl. auch LEUCH/MARBACH/KELLERHALS, N 12 c/cc zu Art. 192 der bernischen ZPO. Es fragt sich jedoch, ob das Bundesgericht in dem in Anm. 22 zit. Entscheid wirklich so weit gehen wollte.
[31] Vgl. §27 Rz 9–23 hiernach. Das Zürcher Obergericht ist im Zusammenhang mit der Frage, ob eine (in zweiter Instanz nicht zulässige) Klageänderung vorliege, in einem Entscheid vom 21. Dezember 1979 von der Theorie vom Lebensvorgang ausgegangen (ZR 80/1981 Nr. 34 Erw. V/l).
[32] GULDENER, Schweizerisches Zivilprozessrecht, 203.

darf man dies nicht den Beklagten entgelten lassen, indem er sich (unter neuem rechtlichem Gesichtspunkt) auf eine zweite Klage über den identischen Anspruch einlassen muss.

> **Beispiel 90:**
>
> Entfällt

Randziffer 74 bis 76 entfallen.

77 Auch bei individualisierten Rechtsbegehren, d.h. bei solchen, in denen der Anspruch, der erhoben wird, bereits aus dem Rechtsbegehren selber ersichtlich wird[33], kann es so sein, dass das Rechtsbegehren noch nicht zur Feststellung der Identität der Klage genügt.

> **Beispiel 91:**
>
> 78 K klagt auf Feststellung, dass er dem Beklagten B aus dem Vertrag y nichts schulde. Zur Begründung führt er Formnichtigkeit des Vertrages an. Die Klage wird abgewiesen.
>
> 79 Später klagt K erneut auf Feststellung, dass er dem B aus dem Vertrag y nichts schulde. Jetzt klagt er aber mit der Begründung, er sei von B bei Vertragsschluss arglistig getäuscht worden.

80 Hier wird von der herrschenden schweizerischen Lehre[34] die Identität des Anspruches bejaht, aus welchen Gründen auch immer die anbegehrte Feststellung getroffen oder nicht getroffen werde. Dem ist schon deshalb zuzustimmen, weil sonst der Kläger eines Prozesses auf negative Feststellung besser gestellt wäre als der Beklagte eines analogen Prozesses auf Leistung: Hätte B im Beispiel 91 die Klage auf Bezahlung seiner Forderung aus dem angefochtenen Vertrag erhoben, so hätte K die Einwendungen wegen Formnichtigkeit, Unverbindlichkeit usw. nach der Eventualmaxime alle im selben Prozess vorbringen müssen; er hätte nicht später unter Berufung auf einen nicht vorgebrachten klagehindernden Sachverhalt oder Untergangsgrund eine Rückforderungsklage anstellen können. Alsdann kann auch nicht der Feststellungskläger seine Gründe für das Bestehen oder Nichtbestehen eines Rechtsverhältnisses dosenweise in verschiedenen Prozessen vortragen. Und umgekehrt soll der Beklagte

---

[33] Das Rechtsbegehren ist grundsätzlich so zu formulieren, dass es, zum Urteil erhoben, ohne Ergänzungen vollstreckt werden kann. Ausnahmen können sich sowohl aus dem materiellen Recht als auch aus dem Prozessrecht ergeben (8. April 1997, Obergericht I. Zivilkammer, ZR 97/1998 Nr. 114.

[34] GULDENER, Schweizerisches Zivilprozessrecht, 198, KUMMER, Klagerecht, 72 ff.

einer positiveren Feststellungsklage, die ja der Rechtsgewissheit dienen soll, nicht in späteren Prozessen neue Ungütigkeitsgründe vorbringen können[35].

3. Die Beschränkung auf Sachurteile

Der materiellen Rechtskraft fähig sind *Sachurteile und Sachurteilssurrogate*. Daraus ergibt sich, dass neben den Urteilen, mit denen das Gericht über den jeweils streitigen Anspruch befindet, auch die Klageanerkennung, der Klagerückzug[36] und der gerichtliche Vergleich der materiellen Rechtskraft fähig und von ihr umfasst sind; Klagerückzug allerdings dann nicht, wenn er vor Friedensrichter, also vor Eintritt der Rechtshängigkeit, erfolgt ist[37]. Als von der materiellen Rechtskraft erfasst gilt dabei im Kanton Zürich der sogenannte *Abschreibungsbeschluss* bzw. die Abschreibungsverfügung; in anderen Gesetzen wird der Prozess bereits durch die Parteierklärungen als solche beendigt und bedarf es eines solchen Aktes nicht mehr[38, 39]. 81

Für *Strafurteile* gilt Art. 53 OR, der von der zürcherischen Praxis dahin ausgelegt wird, dass eine Bindung des Zivilrichters gegenüber einem Strafurteil immerhin so weit reicht, als dieses feststellt, dass der Verurteilte die ihm zur Last gelegten Handlungen oder Unterlassungen begangen hat und diese widerrechtlich waren. Selbst für 82

---

[35] KUMMER, Klagerecht, 72 f.
[36] Zur Bedeutung der res iudicata bei zurückgezoger Klage auf Feststellung der Patentnichtigkeit vgl. ZR 91/92 (1992/93) Nr. 53; bei einer Patentnichtigkeitsklage ist die materielle Rechtskraft nicht auf die geltend gemachten Nichtigkeitsgründe beschränkt, sondern erstreckt sich grundsätzlich auf alle gesetzlichen Nichtigkeitsgründe (Änderung der Rechtsprechung in BGE 125 III 241). BGE 124 III 23 E. 2a: Einem Erledigungsbeschluss kommt dann aber keine materielle Rechtskraftwirkung zu, wenn jegliche materiellrechtliche Würdigung der Sachverhaltsvorbringen der Parteien unterblieb und der Prozess ausschliesslich gestützt auf die mit einem Wiedereinbringungsvorbehalt verbundene Rückzugserklärung des Klägers während des erstinstanzlichen Behauptungsverfahrens erledigt bzw. abgeschrieben wurde. Keine materielle Rechtskraft bei Vor- und Zwischenentscheiden von Schiedsgerichten (BGE 128 III 194 E. 4a), bei Entscheiden der Schlichtungsstelle in Mietsachen (BGE 124 III 23 E. 2b), bei Nichteinigungsentscheiden (BGE 124 III 24 E 2b), bei Teilentscheid (BGE 128 III 194 E. 4a).
[37] ZPO 191 II zweiter Satz. Das ergibt sich indirekt auch aus § 99 Abs. 1 ZPO, wonach dann, wenn der Kläger der Sühnverhandlung ohne genügende Entschuldigung fernbleibt, der Friedensrichter die Klage als einstweilen zurückgezogen abschreibt, und aus § 101 ZPO, wonach dann, wenn der Kläger den Prozess rechtshängig macht (vgl. dazu unten § 27 Rz 1–8), die Klage als einstweilen zurückgezogen gilt.
[38] So beendigen z.B gemäss Art. 73 Abs. 1 BZP vor dem Richter erklärte oder dem Richter zur Verkündung im Protokoll eingereichte Vergleiche der Parteien und der Abstand einer Partei den Rechtsstreit. Auch bei der zürcherischen Regelung sind indessen die Parteien an die von ihnen gegebenen Erklärung gebunden und können sie nicht etwa bis zum Erlass des Abschreibungsbeschlusses zurücknehmen.
[39] Vgl. BGE 123 III 18 E. 2a zit. in Rz 70 hiervor.

den Fall, dass man nicht so weit gehen wollte, wäre es geboten, dass der Zivilrichter in diesen Punkten nicht ohne sehr gewichtige Gründe vom Strafurteil abweiche[40].

Keinerlei Bindung besteht dagegen gegenüber dem freisprechenden Urteil und soweit sich das Urteil über das Ausmass des Verschuldens und die Schadenshöhe ausspricht (ausser es habe im Adhäsionsverfahren den Verurteilten bereits zu bestimmten Leistungen verpflichtet).

4. Entscheidungen im summarischen Verfahren

82a Wegen der Verschiedenartigkeit der Fälle, die im summarischen Verfahren behandelt werden, unterliegt dort auch die Frage der materiellen Rechtskraft besonderen Regeln, die im § 37 Rz 8 hiernach behandelt sind. Vgl. dazu BGE 117 II 559, 119 II 89 ff.

III. Die Erstreckung der materiellen Rechtskraft in subjektiver Beziehung[41]

83 Die materielle Rechtskraft des Urteils erstreckt sich in der Regel nicht auf jedermann, sondern nur auf die Parteien, die einander im Prozess gegenüberstanden, und ihre Rechtsnachfolger, also

- auf den Kläger oder die Kläger und den Beklagten oder die Beklagten,
- auf die Erben einer dieser Parteien (Universalsukzession),
- auf die Konkursmasse einer dieser Parteien (sofern man hier überhaupt von Rechtsnachfolge sprechen kann)
- auf den Zessionar der streitig gewesenen Forderung (Singularsukzession).

84 Freilich bleibt jedem angeblichen Universal- oder Singularsukzessor im zweiten Prozess gegenüber der Einrede der Rechtskraft die Gegeneinrede gewahrt, es habe gar keine Rechtsnachfolge stattgefunden.

---

[40] ZR65/1966 Nr. 113. Vgl. dazu GEORGES SCYBOZ, L'effet de la chose jugée au pénal sur le sort de l'action civile, Fribourg 1976, ferner WALTHER J. HABSCHEID, Die Rechtskraft nach schweizerischem Zivilprozessrecht, SJZ 74/1978, 221 f. sowie VON TUHR/PETER, 437. Keine Bindung der Strafvollzugsbehörde an den fremdenpolizeilichen Entscheid bei der Anwendung des Nichtrückschiebungsprinzips (BGE 121 IV 350). Ebenso ist die Fremdenpolizei nicht an das Strafurteil gebunden, das von einer Landesverweisung absieht.

[41] Vgl. ELISABETH ROTH-GROSSER, das Wesen der materiellen Rechtskraft und ihre subjektiven Grenzen, Diss. Zürich 1981.

In diesem Sinne formulierte das sogenannte *Rahmengesetz* in Art. 70:

«Der Entscheid schafft Rechtskraft für alle Personen, die als Parteien am Verfahren beteiligt waren, sowie für die Nachfolger in das beurteilte Recht oder in die beurteilte Pflicht»[42, 43, 44].

Für *Zürich* lautet § 191 Abs. 1 ZPO:

«Die Anordnung und Feststellungen im Dispositiv eines Urteils binden die Gerichte in einem spätern Prozess zwischen den gleichen Parteien oder ihren Nachfolgern in die beurteilten Rechte oder Pflichten.»

Beispiel 92:

K hat die rechtskräftige abgewiesene Darlehensforderung gegen B an Z abgetreten. Falls dieser sie noch gerichtlich geltend machen wollte, könne auch ihm die Rechtskraft des die seinerzeitige Klage des K abweisenden Urteils entgegengehalten werden.

Beispiel 93:

K hat die Darlehensforderung gegen B an Z abgetreten, nachdem er im Prozess obsiegt hat. Z erhielt, gestützt auf das Urteil und die Abtretungsurkunde, definitive Rechtsöffnung, B wurde zur Zahlung an Z gezwungen. Sollte nun B unter Berufung darauf, das seinerzeitige Urteil im Prozess K gegen B sei unrichtig, das Geld zurückverlangen (SchKG 86), so stünde dem wieder die nunmehr auch für Z wirkende materielle Rechtskraft entgegen.

Beispiel 94:

B hat dem K ein Gemälde verkauft. B weigert sich, es zu liefern. K hat die Lieferung durch ein rechtskräftiges Urteil zugesprochen erhalten. B hat aber das

---

[42] Vgl. dazu Fritz Balmer, Erläuterungen zum Entwurf eines Bundesgesetzes betreffend die Anpassung der Kantonalen Zivilprozessverfahren an das Bundeszivilrecht, ZSR NF 1969 II 293 ff., 430. Eine bezügliche Bestimmung fehlt im Entwurf zur Schweizerischen Zivilprozessordnung.

[43] Gemäss BGE 130 V 501 Ausdehnung des Schriftenwechsels auf andere Beteiligte. Durch die Beiladung wird die Rechtskraft des (letztinstanzlich gefällten) Urteils auf die beigeladene Vorsorgeeinrichtung ausgedehnt.

[44] Im Schuldbetreibungs- und Konkursrecht kommt der materiellen Rechtskraft nur beschränkte Bedeutung zu: Sie gilt nur für das betreffende Verfahren und bei gleichbleibenden tatsächlichen Verhältnissen. Die Pfändung im Rahmen einer weiteren Gruppe gemäss Art. 110 Abs. 2 SchKG wird in einem anderen Vollstreckungsverfahren vollzogen; sie ist der Beschwerde zugänglich, ohne dass die Einrede der materiellen Rechtskraft von Entscheiden, welche sich auf frühere Gruppen beziehen, entgegengehalten werden kann (BGE 133 III 580 E. 2).

> Gemälde an X tradiert aufgrund eines mit diesem abgeschlossenen Kaufvertrages. K kann sich mit dem gegen B erstrittenen Urteil nicht an X halten, weil keine Pflichtennachfolge vorliegt.

> **Beispiel 95:**
>
> 90 K hat im Vindikationsprozess gegen B, dem er die Sache Z anvertraut hatte, obsiegt; B überträgt aber die dem K zugesprochene Sache dem C zu Eigentum. Ausserdem behauptet noch ein D, Eigentümer zu sein.
>
> 91 Hier ist festzuhalten, dass C zwar nicht Prozesspartei war. C kann jedoch sein Eigentum lediglich von B ableiten. Die Frage, wer im Verhältnis zwischen K und B Eigentümer sei, ist auch für C (im Sinne einer Vorfrage) verbindlich entschieden. C kann also, wenn K, gestützt auf das Urteil gegen B, ihn belangen sollte, nur noch einwenden, er sei im Sinne vom Art. 933 ZGB gutgläubig gewesen oder es handle sich gar nicht um jene Sache. Dagegen kann D, ohne an das frühere Urteil zwischen K und B gebunden zu sein, Eigentum geltend machen[45].

92 Mit der Formulierung *in die beurteilte Pflicht* ist der bereits von LEUCH[46], der an sich im Urteil für und wider den Sonderrechtsnachfolger lediglich einen unwiderlegbaren Beweis sah, getroffenen Feststellung Rechnung getragen, wonach Erstreckung der Rechtskraft auf den Sondernachfolger – jedenfalls in den schweizerischen Gesetzgebungsverhältnissen – überhaupt nur im Rahmen des Privatrechts wirksam ist, insoweit also, als das zwischen den Prozessparteien rechtskräftig Normierte nach Privatrecht auch für den Rechtsnachfolger einer Partei im Verhältnis zu deren Gegenpartei massgebend ist.

> **Beispiel 96:**
>
> 93 B betreibt auf seinem Grundstück eine Schweinemästerei. Nachbar K klagt auf Unterlassung derselben. Die Klage wird gutgeheissen.
>
> 94 Später verkauft B sein Grundstück an Y. Dieser betreibt die Schweinemästerei weiter. An und für sich liegt eine Nachfolge auch in die mit dem Grundeigentum verbundene Pflicht zur Unterlassung störender Immissionen vor. Solange indessen keine Eintragung einer entsprechenden Dienstbarkeit im Grundbuch vorliegt, so lange hat der Käufer Y das Grundstück mit keiner anderen Belastung übernommen, als wie sie sich aus den entsprechenden Regeln des ZGB

---

[45] Dazu im Einzelnen GULDENER, Schweizerisches Zivilprozessrecht, 372 Anm. 46.
[46] LEUCH, 3. Aufl. N 11 zu Art. 192 der bernischen ZPO.

> ergibt, und besteht gemäss Urteil lediglich eine obligatorische Verpflichtung des Verkäufers B, welche dahin geht, den Betrieb der Schweinemästerei zu unterlassen[47]. Y, der an jenem Verfahren nicht teilgenommen hat, braucht das zwischen K und B ergangene Urteil nicht gegen sich gelten zu lassen. Bindung an das Urteil bestünde dagegen, wenn Y als Erbe des B das Grundstück erhalten hätte.

Obgleich sie am Prozess teilgenommen haben, erstreckt sich die Rechtskraft des Urteils auch nicht auf die Nebenparteien. (Streitberufener und Nebenintervenient), und zwar aus folgenden Gründen:

Gegenüber der Gegenpartei besteht in der Regel gar kein Anlass dafür, weil kein Rechtsverhältnis zur Diskussion steht, das die Nebenpartei betreffen kann. Wo aber an sich ein identischer Anspruch der Gegenpartei an den Streitberufenen (z.B. an den Vermieter der beanspruchten Sache) zur Diskussion steht, kann im Verhältnis zur Gegenpartei nicht durch Streitverkündung materielle Rechtskraft hergestellt werden.

> **Beispiel 97:**
>
> Wenn der Kunde gegen den Handwerker auf Minderung des Werklohnes klagt und durchdringt, besteht keine Handhabe für ihn, auch gegen den Lieferanten des Handwerkes denselben Anspruch geltend zu machen, also stellt sich auch die Frage der materiellen Rechtskraft gar nicht. Der Lieferant schuldet, auch wenn er dem Handwerker schlechte Ware geliefert hat, dessen Kunden keinesfalls etwas.
>
> Aber auch der Handwerker kann nicht das gegen ihn ergangene Urteil wegen materieller Rechtskraft direkt gegen seinen Lieferanten zur Anwendung bringen, denn dieses Urteil betrifft einen in keiner Weise identischen Anspruch. Der Handwerker hat viel mehr einen eigenen Anspruch gegen den Lieferanten. Die Streitverkündigungs- bzw. Interventionswirkung liegt darin, dass der Streitberufene nicht geltend machen kann, der Streitverkünder hätte den Prozess gewinnen und sich damit vor Verlust bewahren können.

---

[47] ZGB 971. Ist ein Gestaltungsurteil ergangen, das dem K eine Dienstbarkeit zusprach, so ist Y allerdings daran gebunden, soweit er sich nicht auf guten Glauben berufen kann (Art. 973 ZGB). Selbstverständlich kann er auch den gesetzlichen Beschränkungen als solchen nicht entgehen. Wenn die Schweinemästerei störend ist, wird ein neues Urteil faktisch wieder das Gleiche feststellen. Y kann das nicht verhindern.

99 Folgende Unterschiede zur materiellen Rechtskraft ergeben sich bei der Wirkung der Streitverkündung bzw. Nebenintervention:
– Sie sind allein durch die Streitverkündung bzw. Nebenintervention hergestellt, wogegen die Rechtskraftwirkung ipso iure eintritt.
– Es kommt auf die Urteilsbegründung im Erstprozess an (massgebend sind nur die *notwendigen* Entscheidungsgründe, welche die *Nebenpartei belasten*).
Das Ergebnis des Erstprozesses im Beispiel 97 kommt nicht zur Geltung, wenn das dortige Urteil lediglich sagt, der Handwerker habe schlechte Arbeit geleistet.
– Der Nebenpartei bleibt stets die Einrede, der Streitverkünder habe den Prozessausgang selber verschuldet (exceptio male gesti processus).

100 Die Rechtskraft erstreckt sich in der Regel nicht auf Dritte[48, 49].

Beispiel 98:
entfällt.

Randziffer 101 bis 105 entfallen.

106 Der Mieter ist gegenüber dem Vermieter nicht Sonderrechtsnachfolger, sondern gewöhnlicher Dritter. Dennoch kann der Mieter, ist der Vermieter zur Herausgabe des Mietobjektes an den Eigentümer verpflichtet worden, nicht einwenden, der Vermieter sei dem Eigentümer gegenüber zur Benützung der Sache berechtigt.

Der Mieter kann für sich aus der Person des Vermieters nicht mehr Rechte herleiten, als diesem selbst zustehen[50].

107 Wieder anders verhält es sich in den nachfolgenden Beispielen:

Beispiel 99:
108 G als Gläubiger klagt gegen seinen Schuldner Sch. Er obsiegt. Nachdem Sch ergebnislos ausgepfändet ist, klagt G gegen den Bürgen B. Diesem gegenüber ist das im ersten Prozess erstrittene Urteil nicht verbindlich. B kann die Schuldpflicht des Sch nach wie vor bestreiten. Er ist bloss Dritter.

---

[48] Vgl. aber CRAIG TIEDKE SMITH, Einseitige präjudizielle Rechtskraftwirkung zugunsten Dritter im US-amerikanischen Zilvilprozessrecht, DRiZ 73/1995 94 ff.
[49] Gemäss BGE 130 V 501 Ausdehnung des Schriftenwechsels auf andere Beteiligte. Durch die Beiladung wird die Rechtskraft des (letztinstanzlich gefällten) Urteils auf die beigeladene Vorsorgeeinrichtung ausgedehnt.
[50] GULDENER, Schweizerisches Zivilprozessrecht 374.

> **Beispiel 100:**
>
> G ist im Prozess gegen Sch unterlegen. Will er (im Falle der Solidarbürgschaft) stattdessen auf B greifen, so kann sich B auf das die Klage des G abweisende Urteil berufen, und zwar wegen des materiellrechtlichen Grundsatzes der Akzessorietät. Hier wirkt die Rechtskraft zugunsten des Dritten. Durch das Urteil ist die Forderung des G, für welche B haftet, gewissermassen «vernichtet» worden[51].

109

IV. Materielle Rechtskraft und Gestaltungswirkung

Gestaltungsurteile wirken gegenüber jedermann, soweit sich nicht Ausnahmen aus dem materiellen Recht ergeben[52]. Insbesondere wirkt z.B. ein Urteil, durch welches ein Generalversammlungsbeschluss einer AG aufgehoben wird, für und gegen alle Aktionäre. Ferner kann nicht jemand aufgrund von Art. 105 Ziff. 1 ZGB die Ehe des X mit der Y ungültig erklären lassen mit der Begründung, X sei noch mit der Z verheiratet, sofern die Ehe X/Z formell rechtskräftig geschieden wurde. Das ist Gestaltungswirkung.

110

Eine Frage der materiellen Rechtskraft ist es dagegen, ob einer der Verlobten bei Auflösung der Verlobung nach Art. 92 ZGB vom anderen einen Beitrag für getroffene Veranstaltungen verlangen kann.

111

V. Materielle Rechtskraft als Frage des Bundesrechtes

Die Frage, ob der erneuten Geltendmachung eines Anspruches die materielle Rechtskraft entgegensteht, wird nach neuerer Erkenntnis vom Bundesrecht beherrscht. Das Bundesgericht ging zunächst von folgender Überlegung aus:

112

Die Verbindlichkeit für spätere Prozesse wird den formell rechtskräftigen Urteilen vom kantonalen Prozessrecht verliehen. Aus dem Bundesprivatrecht folgt jedoch, dass in einem Prozess über einen bundesrechtlichen Anspruch ein früheres Urteil bloss dann als verbindlich angesehen wird, d.h., die Einrede der abgeurteilten Sache

113

---

[51] OR 499. Man würde wohl besser sagen, der Bürge habe nichts zu leisten, was der Gläubiger gegenüber dem Hauptschuldner nicht durchsetzen kann.
[52] Gestaltungsurteile, die nur inter partes wirken, sind die erbrechtlichen Ungültigkeits- und Herabsetzungsurteile (JEAN-NICOLAS DRUEY, Grundriss des Erbrechts, 3. Aufl., Bern 1992, § 12 Rz 57).

bloss dann geschützt werden darf, wenn der neue Prozess dieselben Parteien und denselben Anspruch betrifft wie das frühere Urteil[53].

114 Zum prozessualen Rechtsschutz, dessen das Privatrecht zu seiner Verwirklichung bedarf und dessen Gewährung daher als von der Privatrechtsordnung geboten zu gelten hat, gehört aber nicht bloss, dass demjenigen, der einen privatrechtlichen Anspruch zu haben behauptet, ermöglicht wird, diesen Anspruch gerichtlich geltend zu machen, sofern er nicht bereits beurteilt ist. Vielmehr ist zum erwähnten Zweck ausserdem erforderlich, dass ein formell rechtskräftiger Entscheid über einen solchen Anspruch die Parteien und ihre Rechtsnachfolger bindet und von einer Partei auf jeden Fall nicht gegen den Willen der andern in einem neuen Verfahren wieder infrage gestellt werden kann, es sei denn durch ausserordentliche Rechtsbehelfe (Nichtigkeitsbeschwerde wegen nachträglicher Feststellung eines Nichtigkeitsgrundes, Revision wegen nachträglicher Feststellung eines Revisionsgrundes, Abänderungsklage, wo sie vom materiellen Recht zuglassen ist).

115 Ohne solche materielle Rechtskraft vermöchte ein Urteil den Parteien keinen vollwertigen Rechtsschutz zu verschaffen und liesse sich die Privatrechtsordnung nicht durchsetzen[54].

116 Damit wurde der in der Literatur[55] lange angestrebte Zustand geschaffen, dass mit der Beschwerde in Zivilsachen an das Bundesgericht gerügt werden kann,

- der kantonale Richter habe die Einrede der abgeurteilten Sache zu Unrecht geschützt;
- der kantonale Richter habe die Einrede der abgeurteilten Sache zu Unrecht verworfen.

---

[53] BGE 75 II 290 f., 78 II 401 ff., 81 II 146 f., 88 I 164 f.
[54] BGE 95 II 643, 97 II 396. Vgl. auch BGE 98 II 27. Mit der Folgerung von BGE 95 II 643, wonach die materielle Rechtskraft in Wirklichkeit eine Einrichtung des Privatrechtes sei, kann man sich dagegen nur schwer einverstanden erklären. Die materielle Rechtskraft ist eine rein prozessrechtliche Einrichtung, auch wenn sie sich auf die privatrechtlichen Ansprüche auswirkt. Insbesondere ist es, wie schon KONRAD HELLWIG, Wesen und subjektive Begrenzung der Rechtskraft, Leipzig 1901, 7 ff., nachgewiesen hat, nicht so, dass ein zu Unrecht negierter Anspruch durch das rechtskräftige Urteil untergegangen, ein zu Unrecht bejahter dadurch entstanden wäre. Bei der Lehre von der materiellen Rechtskraft geht es allen darum, dass im späteren Prozess vom Urteil des Vorprozesses abweichende Beurteilung des identischen Anspruchs nicht zur Begründung oder Bestreitung der Klage gemacht werden darf. So gut man also sagen konnte, die Kantone müssten den Apparat zur Verfügung stellen, damit die privatrechtlichen Ansprüche verwirklicht werden könnten, so gut konnte man sagen, die Kantone müssten dafür besorgt sein, dass gerichtlich bereinigte Ansprüche nicht erneut vor Gericht zur Diskussion gestellt werden könnten. Instrument hiefür war das Zivilprozessrecht, das sich in dieser Beziehung dem Privatrecht unterordnen musste. Deshalb ist aber die materielle Rechtskraft so wenig wie die formelle eine Einrichtung des Privatrechtes. Vgl. auch meine Besprechung von ROSENBERG/SCHWAB, Zivilprozessrecht, 11. Aufl., in: SJZ 72/1976, 215.
[55] Siehe die Zusammenstellung in BGE 95 II 640 f.

VI. Die Berücksichtigung der materiellen Rechtskraft im Prozess

Es ist nicht gesagt, dass der rechtskräftige Entscheid *von Amts* wegen berücksichtigt wird. Wenn sich die Partei, zu deren Gunsten er lautet, nicht ausdrücklich darauf beruft, kann es sein, dass er unberücksichtigt bleibt. Dabei ist aber zu unterscheiden zwischen *formeller und materieller* Rechtskraft. Wenn ein Urteil des Bezirksgerichtes statt innert zehn Tagen erst am fünfzehnten Tag nach seiner Zustellung von der unterlegenen Partei mit der Berufung angefochten wird, so wird das Obergericht, dem die Zulassung der Berufung obliegt, auch ohne dahingehenden Antrag auf die Berufung wegen Verspätung nicht eintreten. Anders ist es, wenn der unterlegene Kläger die den identischen Anspruch betreffende Klage erneut beim Bezirksgericht anhängig macht. Damit die materielle Rechtskraft, die dem Eintreten auf diese Klage entgegensteht, berücksichtigt werden kann, bedurfte es dazu bisher einer formellen Einrede des Beklagten, der Einrede der abgeurteilten Sache[56].

117

Das Vorliegen eines materiell rechtskräftigen Entscheides wurde somit nach dem ursprünglichen zürcherischen Gesetzeswortlaut nur auf Antrag einer Partei berücksichtigt[57].

118

Soweit Bundesprivatrecht infrage steht, beachtet, unabhängig von der Regelung des kantonalen Prozessrechts, das Bundesgericht im Berufungsverfahren die materielle Rechtskraft eines früheren Entscheides[58].

119

---

[56] Zur Frage der rechtsmissbräuchlichen Erhebung der Einrede vgl. BGE 105 II 155 Erw. 3.

[57] ZPO 191 Abs. 4. Das Bundesgericht hat in BGE 98 II 27 die Frage, ob sich aus dem Bundesrecht ergebe, dass die materielle Rechtskraft von Amtes wegen zu berücksichtigen sei, *(entgegen der Darstellung in BGE 105 II 155 nur für sein Verfahren)* bejaht und in BGE 105 II 155 Erw. 3a offengelassen. Richtigerweise ist die Frage zu verneinen, denn einem allfälligen Interesse beider Parteien an einer neuen Entscheidung eines Rechtsstreites stehen keine gegenteiligen öffentlichen Interessen gegenüber. Abgesehen davon käme dort, wo der beklagten Partei im zweiten Prozess klar ist, dass keine identische Streitsache vorliegt, das Gericht um eine selbständige Prüfung dieser Frage nicht herum. Angesichts der notorischen Überbelastung der Rechtspflege erscheint es nicht sinnvoll, sie unnötigerweise mit zusätzlichen Aufgaben zu belasten. A.M. ZR 88/1989 Nr. 43, wo der bisherige § 191 Abs. 4 ZPO für bundesrechtswidrig erklärt wird. Er ist es aber nicht, denn das ungeschriebene Bundesrecht will und kann nur die Parteien, nicht aber die kantonalen Gerichte, vor mehrmaliger Inanspruchnahme schützen. Letzteres ist immer noch Sache des kantonalen Rechts. Für die Parteien des Prozesses hinwiederum gilt der Satz: *volenti non fit iniuria*. Dennoch hat der Gesetzgeber am 24. September 1995 § 191 Abs. 4 ZPO gestrichen, was die Gerichte verpflichtet, sich von Amtes wegen mit der Existenz eines früher ergangenen Entscheides über die identische Streitsache zu befassen. Da der Entwurf zur Schweizerischen Zivilprozessordnung die Frage nicht berührt, gilt auch bezüglich dieses Themas die Rechtsanwendung von Amtes wegen nach Art. 55.

[58] BGE 95 II 644, 98 II 27.

VII. Die Relativierung der materiellen Rechtskraft

120 *Generell gilt:* Das rechtskräftige Urteil stellt die Rechtslage fest, wie sie spätestens im Zeitpunkt der Urteilsfällung bestanden hat. Diese Rechtslage kann sich später wieder ändern; es können nachträglich Tatsachen eintreten, die das Erlöschen der festgestellten Rechtsfolge herbeiführen; ebenso kann ein verneinter Anspruch später noch zur Entstehung gelangen. Auf die erst nachher eingetretene Änderung der Rechtslage kann sich jede Partei berufen. Damit stellt sie sich nicht in Gegensatz zum früheren Urteil, das ja diese neue Rechtslage noch gar nicht berücksichtigen konnte[59].

121 Ferner ist zu denken an die *Abänderungsklagen,* die das materielle Recht kennt: Art. 121, 129, 134, 135, 286 Abs. 2 ZGB[60].

122 Im *Ehescheidungs- und -trennungsprozess* ist die materielle Rechtskraft relativiert, weil das Leben zu mannigfaltig ist, als dass man sich an starre Regeln halten könnte. Von der Rechtskraft des Klage abweisenden Scheidungsurteils betroffen soll nur das werden, was gerade im damaligen Prozess zur Diskussion gestanden hat[61]. Das nunmehr geltende Ehescheidungsrecht hat aber diese Bedeutung des Problems in den Hintergrund treten lassen. Nach herrschender Lehre ist Identität des Scheidungsanspruches dann nicht mehr gegeben, wenn

– zur Begründung der Klage Tatsachen angeführt werden, die erst nach dem früheren Urteil eingetreten sind und für sich allein einen Scheidungsanspruch begründen. Das ist an sich nichts Besonderes.

> **Beispiele 101–103:**
>
> entfallen …

Randziffer 123 bis 126 entfallen.

---

[59] Vgl. aber § 15 hiervor.
[60] Einen eigentlichen Einbruch in die materielle Rechtskraft bereits ergangener Vaterschaftsurteile brachte der heute nicht mehr aktuelle Art. 13a der Anwendungs- und Einführungsbestimmungen zur Änderung des siebenten und achten Titels des ZGB vom 25. Juni 1976.
[61] Die Feststellung der Identität des Scheidungsanspruches ist aber nicht von der Nennung des Scheidungsgrundes im Dispositiv abhängig, die übrigens nach neuerer Praxis zu unterbleiben hat. Der Kläger, dessen Ehe aus einem anderen als dem von ihm angerufenen Grund geschieden wird, gilt auch nicht als beschwert (ZR 80/1981 Nr. 58, BGE 106 II 117).

VIII. Die Bedeutung der materiellen Rechtskraft im Vollstreckungsverfahren

Im Vollstreckungsverfahren können nicht neue Argumente gegen den rechtskräftig entschiedenen Anspruch vorgebracht werden. Wohl aber können unter bestimmten Voraussetzungen Einwendungen gegen das Verfahren, in welchem über den Anspruch entschieden wurde, geltend gemacht werden[62]. Vorbehalten bleibt ferner die Einwendung, der Entscheid verstosse im internationalen Verhältnis gegen den Ordre public[63]. Schliesslich kann auch im Vollstreckungsverfahren die Verrechnung mit einem Gegenanspruch erklärt oder auf eine früher erklärte Verrechnung Bezug genommen werden. Eine solche Verrechnungseinrede muss aber liquid sein, was bedeutet, dass der Anspruch sofort soll bewiesen werden können, z.B. mit einem ebenfalls rechtskräftigen Urteil, welches dem Schuldner den Gegenanspruch zugesprochen hat, oder durch eindeutige unterschriftliche Schuldanerkennung[64]. Ebenso bleibt die Möglichkeit bestehen, dass nach Urteilsfällung die Verjährung eintritt (OR 137 Abs. 2).

127

IX. Die interkantonale und internationale Bedeutung der materiellen Rechtskraft

Die formelle und die materielle Rechtskraft sind immer auch im interkantonalen und internationalen Rechtsverkehr zu beachten. Vorbehalten bleibt stets Art. 81 Abs. 2 SchKG. Im Verhältnis zum Ausland sind die Staatsverträge zu beachten.

128

Mit Bezug auf im Ausland ergangene Urteile gelten die Art. 25–31 IPRG[65], ergänzt durch die besonderen Regeln betreffend.

129

– eheliche Rechte und Pflichten (Art. 50 IPRG)
– güterrechtliche Verhältnisse (Art. 58 IPRG)
– Ehescheidung und Ehetrennung (Art. 65 IPRG)
– Feststellung oder Anfechtung des Kindesverhältnisses (Art. 65 IPRG)
– Anfechtung einer Kindesanerkennung (Art. 73 Abs. 2 IPRG)
– Beziehungen zwischen Eltern und Kind (Art. 84 IPRG)
– Entscheidungen, die den Nachlass betreffen (Art. 96 IPRG)

---

[62] SchKG 81 Abs. 2 im interkantonalen, 81 Abs. 3 im internationalen Verhältnis. Vgl. auch BGE 87 I 71 Erw. 5 sowie unten Rz 128–130.
[63] SchKG 81 Abs. 3 im Rahmen der Staatsverträge, IPRG 27 Abs. 1 ausserhalb derselben. Vgl. dazu im Einzelnen MARCO NIEDERMANN, Die ordre public-Klauseln in den Vollstreckungsverträgen des Bundes und den kantonalen Zivilprozessgesetzen, Zürcher Schriften zum Verfahrensrecht Bd. 19, Zürich 1976.
[64] BGE 98 Ia 355 f.
[65] Vgl. unten § 41.

- dingliche Rechte (Art. 108 IPRG)
- Immaterialgüterrecht (Art. 111 IPRG)
- obligationenrechtliche Ansprüche (Art. 149 IPRG)
- Gesellschaftsrecht (Art. 165 IPRG)

130 Soweit die Beschwerde in Zivilsachen an das Bundesgericht zulässig ist, muss aufgrund der mit BGE 95 II 643 eingeleiteten Rechtsprechung die Rüge der Nichtbeachtung der materiellen Rechtskraft auch im interkantonalen Verhältnis mit ihr erhoben werden; andernfalls ist sie mit der subsidiären Verfassungsbeschwerde, allenfalls mit der kantonalen Nichtigkeitsbeschwerde geltend zu machen[66].

Soweit die Anerkennung ausländischer Urteile zur Diskussion steht, ist Berufung an das Bundesgericht wegen Verletzung des IPRG möglich[67].

X. Das Urteilsdispositiv bei Berücksichtigung der materiellen Rechtskraft

131 Ist materielle Rechtskraft eines früheren Entscheides anzunehmen, so bestehen folgende Möglichkeiten:

132 1. Der Beklagte beruft sich gegenüber der Klage auf ein rechtskräftiges Urteil: Das kann bedeuten, dass ein die Klage ohne neuerliche Prüfung ihrer Grundlage abweisendes Sachurteil zu fällen ist[68]. Es lässt sich aber mindestens ebenso gut die Auffassung vertreten, es sei im Hinblick auf ein vorhandenes Prozesshindernis, nämlich Existenz eines rechtskräftigen Urteils (oder mit *Habscheid,* SJZ 74/1978 S. 205, wegen Fehlens einer Prozessvoraussetzung), auf die Klage nicht einzutreten[69]. Das hat den Vorteil, dass nicht einander widersprechende Urteilsdispositive ergehen können (z.B. Gutheissung der Klage in einem Teilbetrag durch das erste, Abweisung durch das zweite Urteil). Damit wird auch der Grundsatz des *ne bis in idem* zur Geltung gebracht, der ja eigentlich nichts anderes als einen Anwendungsfall der Verneinung des Rechtsschutzinteresses darstellt[70].

133 2. Der Kläger erhebt Klage und beruft sich zu ihrer Begründung auf ein bereits ergangenes Urteil (z.B. nach Abweisung einer negativen Feststellungsklage des Geg-

---

[66] Früher staatsrechtliche Beschwerde nach OG 84 Abs. 1 lit. a.
[67] Vgl. dazu im Einzelnen WALDER, IZPR, § 4 Rz 136.
[68] FRANK/STRAEULI/MESSMER, N 26 zu § 191 ZPO, sprechen sich dafür aus, in Urteilsform die abgeurteilte Sache wieder im gleichen Sinn zu entscheiden. Das entspricht zwar am ehesten dem Wortlaut von Abs. 1 dieser Bestimmung, kann aber zu Unzukömmlichkeiten etwa bezüglich des Beginns der Verjährung führen (Art. 137 Abs. 2 OR).
[69] In diesem Sinne BGE 105 II 159 f. Erw. 4.
[70] Vgl. aber die besonderen Beispiele bei FRANK/STRAEULI/MESSMER, N 26 zu § 191 ZPO, welche für die Urteilsform sprechen.

ners). In einem solchen Falle hat ein Sachurteil zu ergehen, das sich auf die Prüfung der Existenz des rechtskräftigen Urteils aus dem Vorprozess zu beschränken hat, soweit es sich um die Grundlage des Anspruches handelt. Nach abgewiesener negativer Feststellungsklage über das Bestehen eines Vertrages beispielsweise bleiben in einem späteren Forderungsprozess natürlich die einzelnen Bestandteile der Vertragsforderung zu prüfen.

XI. Die Frage der Verbindlichkeit prozessleitender Entscheidungen

1. Prozessleitende Entscheidungen

Wir haben bis jetzt Sachurteile, Sachurteilssurrogate und Prozessurteile kennengelernt. Alle drei sind *prozesserledigende Entscheidungen*. Ihnen sind gegenüberzustellen die *prozessleitenden Entscheidungen,* solche also, die nicht den Prozess zum Abschluss fördern. Solche prozessleitende Entscheidungen sind z.B. die Auferlegung einer allgemeinen Prozesskaution, die Gewährung der unentgeltlichen Prozessführung, die Zulassung eines Nebenintervenienten, die Anordnung des schriftlichen Verfahrens, der Erlass eines Beweisbeschlusses und noch viele andere.

134

2. Formelle Rechtskraft und Abänderbarkeit prozessleitender Entscheidungen

Prozessleitende Entscheidungen werden formell rechtskräftig[71]: Auf verspätete Rechtsmittel gegen sie ist nicht mehr einzutreten. Das Gericht soll sich indessen nicht eines unrichtigen prozessleitenden Entscheides wegen auf einem falschen Gleise fortbewegen müssen, wenn es sieht, dass der Weg ein falscher ist und zu einem falschen Ergebnis führt. Das ist insbesondere bei den Beweisbeschlüssen wichtig. Deshalb bestimmt § 143 ZPO:

135

«Das Gericht ist an die den Beweisbeschlüssen zugrunde liegende Auffassung nicht gebunden. Bis zum Erlass des Endentscheids kann es andere Beweise auferlegen und die Beweislast ändern. Die Änderung ist zu begründen.»

Das Recht des Richters auf solche Änderung von prozessleitenden Beschlüssen ist aber ein allgemeines[72].

136

---

[71] Der Begründung bedürfen sie nur, wenn sie durch Rekurs anfechtbar sind (§ 271 Abs. 1 Ziff. 4 ZPO; vgl. dazu § 39 Rz 29 hiernach).
[72] Vgl. Rz 140–142 hiernach.

137 Auf der anderen Seite bestimmt im Abschnitt über die kantonalrechtliche Berufung § 269 Abs. 2 ZPO:

«Prozessleitende Entscheide werden nicht überprüft, wenn dagegen der Rekurs zulässig war.»

> **Beispiel 104:**
>
> 138 Dem Kläger K ist in einem Forderungsprozess über Fr. 30 000.–, gestützt auf § 73 Ziff. 4 ZPO, vom Bezirksgericht eine allgemeine Prozesskaution auferlegt worden. Er kann dagegen, gestützt auf § 271 Abs. 1 Ziff. 4 ZPO, Rekurs an das Obergericht ergreifen. Tut er dies nicht, so kann er beim Bezirksgericht ein Wiedererwägungsgesuch stellen, etwa mit der Begründung, die Kostenrechnung, die er nicht bezahlt habe, sei ihm an eine falsche Adresse geschickt worden; er hätte sie sofort bezahlt, wenn er davon Kenntnis gehabt hätte.
>
> 139 Tut er weder das eine noch das andere, leistet er die Prozesskaution nicht und tritt alsdann das Bezirksgericht auf die Klage nicht ein, so steht an sich dem Kläger K der Rekurs, gestützt auf § 271 Abs. 1 Ziff. 1 ZPO, offen. In diesem Verfahren jedoch wird wegen der Regelung von § 279 zweiter Satz, welcher § 269 Abs. 2 ZPO für die Berufung entspricht, der Entscheid des Bezirksgerichtes, womit es dem K die Prozesskaution auferlegte, nicht mehr überprüft werden können. Wohl aber könne etwa Rekursthema sein die Frage, ob K die Kaution rechtzeitig oder in soliden Wertschriften geleistet habe (§ 79 Abs. 2 ZPO).

3. Keine materielle Rechtskraft prozessleitender Entscheidungen

140 Prozessleitende Entscheidungen erwachsen nicht in materielle Rechtskraft. Das abgewiesene Gesuch um Gewährung der unentgeltlichen Prozessführung darf erneuert werden auch ohne Änderung der tatsächlichen Verhältnisse seit dem Entscheid; auch ohne solche Änderung darf das Gericht ersucht werden, auf die Auferlegung einer allgemeinen Prozesskaution zurückzukommen. Es handelt sich dabei um ein *Wiedererwägungsgesuch*, dem das Gericht allerdings nicht zu entsprechen braucht, wohl aber entsprechen darf[73].

141 Allgemein ist zu unterscheiden zwischen den Fällen der *Neubeurteilung zufolge veränderter Verhältnisse* einerseits (das Gericht ist verpflichtet, deren Tragweite zu würdigen und erneut darüber zu entscheiden, ob z.B. die Voraussetzungen des § 87 ZPO erfüllt sind, bei vollem Rekursrecht des Betroffenen) und denen der Wiedererwägung (das Gericht ist dazu berechtigt, aber nicht verpflichtet; der abschlägige Entscheid erfolgt bei Ablehnung der Wiedererwägung richtigerweise durch Nichteintreten, bei

---

[73] ZR 58/1959 Nr. 85, FRANK / STRÄULI / MESSMER, N 21 zu § 191 ZPO.

Wiedererwägung und gleichlautendem Entscheid in der Sache durch Abweisung; Rekurs ist in keinem der Fälle möglich, wohl aber bei Gutheissung)[74].

Von der Frage der materiellen Rechtskraft, welche prozessleitenden Entscheidungen nicht zukommt, ist zu unterscheiden die Frage, ob nicht die Abänderung einer solchen Entscheidung eine Art Entzug eines wohlerworbenen Rechtes zulasten einer Partei darstellt, so z.B. wenn eine Frist wiederhergestellt wurde und das Gericht später findet, es habe dies zu Unrecht getan, oder wenn ein Ablehnungsbegehren gutgeheissen wurde und das Gericht später den abgelehnten Richter doch wieder mitwirken lässt, usw.[75]. 142

---

[74] Vgl. darüber im Einzelnen ZR 79/1980 Nr. 66.
[75] Die Entziehung der unentgeltlichen Prozessführung und Verbeiständung mit Rückwirkung ist unzulässig, wenn sie lediglich mit anderer Würdigung der Verhältnisse, die bei der Bewilligung bekannt waren, begründet wird (Kassationsgericht in SJZ 72/1976 S. 42 Nr. 11).

§ 27 Die Rechtshängigkeit

Inhaltsverzeichnis Seite

A. Begriff und Voraussetzungen 305
B. Die Folgen der Rechtshängigkeit 308
    1. Erschwerte Klageänderung 308
        a) Gemäss § 61 ZPO 308
            α) Klageänderung (§ 61 Abs. 1 ZPO) 308
            β) Bezifferung des unbezifferten Rechtsbegehrens (§ 61 Abs. 2 ZPO) 311
        b) Nachbringen von Nebenpunkten 311
        c) Berichtigung von Rechnungsirrtümern 312
    2. Nichtanhandnahme der identischen Klage 312
    3. Veränderung des Streitgegenstandes 314
    4. Gebundenheit des Klägers an den angehobenen Prozess 314
    5. Perpetuatio fori 315

A. Begriff und Voraussetzungen

Die Rechtshängigkeit besteht in der Befestigung gewisser Grundlagen des Prozesses[1]. Sie ist ein ganz bestimmter Zustand, der mit einem bestimmten Zeitpunkt eintritt. Der Streit ist dann beim Gericht hängig, darum die Bezeichnung Rechtshängigkeit oder Streithängigkeit.

Als Zeitpunkte der Rechtshängigkeit kommen in Betracht:[2]

a) der Beginn des Sühnverfahrens (Eingabe an den Friedensrichter oder Vermittler),
b) die Sühnverhandlung selber[3],
c) die Ausstellung der Weisung oder des Leitscheins durch den Friedensrichter oder Vermittler.

---

[1] GULDENER, Schweizerisches Zivilprozessrecht, 239. Vgl. PETER OSTERWALDER, Die Rechtshängigkeit im schweizerischen Zivilprozessrecht, Diss. Zürich 1981.
[2] Nach Art. 62 ZPO CH begründet Rechtshängigkeit die Einreichung eines Schlichtungsbegehrens, einer Klage, eines Gesuches oder eines gemeinsamen Scheidungsbegehrens. Bei fehlender Zuständigkeit oder falscher Verfahrensart gilt als Zeitpunkt der Rechtshängigkeit das Datum der ersten Einreichung, sofern die Eingabe innert eines Monats ... bei der zuständigen Schlichtungsbehörde oder beim zuständigen Gericht neu eingereicht wird (Art. 63 ZPO CH).
[3] Gemäss *Thurgau* ZPO 90 Abs. 1 ist die «Einlassung in den Rechtsstreit» als vollendet zu betrachten, «wenn der Kläger sein Rechtsbegehren eröffnet, der Beklagte darauf seine Erklärung abgegeben und der Friedensrichter den Ausgleichsversuch ohne Erfolg abgeschlossen hat».

§ 27   Die Rechtshängigkeit

3   Für den Kanton Zürich ist ein noch späterer Zeitpunkt als massgeblich bezeichnet worden: Bestimmt das Gesetz nichts anderes[4], wird der Rechtsstreit durch Einreichung der Weisung beim erkennenden Gericht rechtshängig gemacht[5]. In Prozessen, die dem IPRG unterstehen, tritt die Rechtshängigkeit gemäss Art. 9 Abs. 2 mit der Einleitung des Sühnverfahrens ein[6].

4   Der Kläger oder die Klägerin kann aber die Klage ohne Sühnverfahren schriftlich beim Gericht rechtshängig machen:

1. wenn das Handelsgericht nach § 61 GVG zuständig ist, also in Fällen, in denen es ohne Rücksicht auf den Streitwert und die Eintragung der Parteien im Handelsregister zuständig ist (Fälle aus dem Immaterialgüterrecht, aus dem Kartellrecht und dem Recht der Anlagefonds, in denen in einem Sühnverfahren vor dem Friedensrichter wenig auszurichten ist);
2. wenn das Obergericht als einzige kantonale Instanz entscheidet (Fälle gemäss § 43 Abs. 2 GVG – Zivilklage aus dem Urheberrecht an Werken der Literatur und Kunst – und § 43 Abs. 3 GVG – Streitigkeiten um vermögensrechtliche Ansprüche, welche der Berufung an das Bundesgericht unterliegen)[7].

---

[4]   Wie z.B. für ein Schiedsgericht (KSchG 13). Gemäss § 195a ZPO werden Scheidungsklagen mit Anhebung vor dem Friedensrichter rechtshängig, unter der Resolutivbedingung, dass die Weisung fristgerecht dem Gericht eingereicht wird. Dies bedeutet, dass in jenem Zeitpunkt die Kompetenz zum Erlass von vorsorglichen Massnahmen vom Eheschutzrichter auf den Scheidungsrichter übergeht. Auf den Zeitpunkt der Ausstellung der Weisung durch den Friedensrichter, von dem FRANK/STRÄULI/MESSMER, Ergänzungsband, N 8 f, zu § 195a ZPO, ausgehen, kommt nichts an (17. März 2006, Obergericht des Kantons Zürich, I. Zivilkammer, ZR 105/2006 Nr. 41).
[5]   ZPO 102 Abs. 1. Vgl. Anm. 17 hiernach. Auch die von einem ausserkantonalen Friedensrichter ausgestellte Weisung vermag die Rechtshängigkeit beim vertraglich vereinbarten Gericht zu bewirken, wenn das an jenem Ort durchgeführte Sühnverfahren in den Grundzügen dem zürcherischen entspricht (ZR 76/1977 Nr. 106 Erw. 1). Die Rechtshängigkeit tritt nur dann nicht ein, wenn die Klage zu Unrecht überhaupt ohne Durchführung eines Sühnverfahrens eingereicht wird, nicht jedoch wegen blosser Mängel desselben. Dies gilt auch im Fall der Notwendigkeit einer Rückweisung an den Friedensrichter gemäss § 109 ZPO (ZR 86/1987 Nr. 60). Nicht mit dem Begriff der Rechtshängigkeit zu verwechseln ist derjenige der Klageanhebung nach Bundesrecht (vgl. dazu § 33 Rz 10 hiernach).
[6]   Über die Bedeutung dieser Regel vgl. WALDER, IZPR, § 8 Rz 3–5. Dass, wie das Handelsgericht in ZR 89/1990 Nr. 58 annimmt, Art. 9 Abs. 1 IPRG in dem Sinne zu ergänzen sei, dass das zweite Gericht den Prozess nur so lange einstellt, bis die Zuständigkeit des ersten angerufenen Gerichtes feststeht, um dann auf die Zweitklage nicht einzutreten, ist in dieser Allgemeinheit trotz des verwendeten Zitats kaum richtig, wohl aber in den Fällen, da wegen Art. 28 Abs. 4 LugÜ in der Schweiz keine Überprüfung der Zuständigkeit des ausländischen Gerichts stattzufinden hat. Ein Schiedsgericht in der Schweiz muss Art. 9 IPRG anwenden, wenn in der gleichen Sache bereits ein Verfahren vor einem schweizerischen oder ausländischen staatlichen Gericht hängig ist (BGE 127 III 279 f.)
[7]   ZPO 103.
   Mit der Vereinbarung des Obergerichtes als einzige kantonale Instanz kann also gleichzeitig auf die Anrufung des Friedensrichters als Sühnbeamter verzichtet werden (FRANK/STRÄULI/MESSMER,

Die Klage ist immer ohne Sühnverfahren schriftlich beim Gericht rechtshängig zu machen, wenn sie im beschleunigten Verfahren zu erheben ist[8] oder innerhalb einer Frist von weniger als dreissig Tagen erhoben werden muss[9, 10]. 5

Im Weitern werden ohne Sühnverfahren durch schriftliche Eingabe an das Gericht anhängig gemacht: 6

1. Klagen über den Personenstand und familienrechtliche Verhältnisse[11],
2. Klagen nach dem zürcherischen Haftungsgesetz[12].

Schriftlich oder mündlich[13] wird die Klage schliesslich rechtshängig gemacht, ohne dass ein Sühnverfahren vorausgegangen wäre: 7

1. beim Arbeitsgericht[14];
2. beim Mietgericht[15].

Im Weitern wird die Widerklage rechtshängig: 8

1. durch Erhebung vor dem erkennenden Gericht im Rahmen des Hauptverfahrens,
2. durch Einreichung der Weisung seitens des Klägers, wenn im Sühnverfahren Widerklage erhoben worden ist[16].

N 1 zu § 103 ZPO). Ob vor Anhängigmachung des Prozesses ein Sühnverfahren stattfinden soll, liegt alsdann allein im Ermessen des Klägers, sofern er nicht bereits in der die Kompetenz des Obergerichtes begründenden Vereinbarung auf die Anrufung des Friedensrichters verzichtet hat. Ein solcher Verzicht ist für den Kläger verbindlich, der Beklagte muss sich auf ein von ihm dennoch eingeleitetes Sühnverfahren nicht einlassen. Bleibt er der Sühnverhandlung unentschuldigt fern (ZPO 99 Abs. 2), so trifft ihn die Folge des § 130 Abs. 2 Ziff. 1 ZPO nicht. Hat der Kläger das Sühnverfahren durchgeführt, so muss er – und das gilt für alle Fälle des § 103 ZPO – den Rechtsstreit durch Weisung hängig machen.

[8] Gemeint ist nur das beschleunigte Verfahren nach Art. 25 SchKG.
[9] Über die an solche Fristen gebundenen Klagen vgl. FRANK/STRÄULI/MESSMER, N 2 zu § 104 ZPO, WALDER, Prozesserledigung, 109 ff.
[10] ZPO 104.
[11] ZPO 196.
[12] §§ 23 und 24 des Haftungsgesetzes (LS 170.1).
[13] Das bedeutet jeweils unter Nennung der Parteien, des Rechtsbegehrens und kurzer Angabe der Gründe (ZPO 106 Abs. 1).
[14] ZPO 105 Ziff. 1.
[15] ZPO 105 Ziff. 2.
[16] ZPO 102 Abs. 2 Satz 1. Nach Satz 2 wird im Fall von Art. 9 Abs. 2 IPRG die vor dem Friedensrichter erhobene Widerklage sofort rechtshängig.

B. Die Folgen der Rechtshängigkeit[17]

1. Erschwerte Klageänderung

9   Ist die Klage rechtshängig geworden, so ist, sagt § 107 Abs. 1 Ziff. 1 ZPO, die Änderung derselben nur noch zulässig:

a) Gemäss § 61 ZPO

α) Klageänderung (§ 61 Abs. 1 ZPO)

10 Danach kann der Kläger in einem rechtshängigen Prozess im Rahmen der Zuständigkeit des angerufenen Gerichts einen anderen oder weiteren Anspruch[18] erheben, sofern der neue Anspruch mit dem bisher geltend gemachten in engem Zusammenhang steht. Das Gericht kann aber die Zulassung der Klageänderung ablehnen, wenn durch sie die Rechtsstellung des Beklagten wesentlich beeinträchtigt oder das Verfahren ungebührlich verzögert wird.[19, 20]

> **Beispiel 105:**
> 11 aufgehoben

---

[17] Art. 64 ZPO CH: a. Der Streitgegenstand kann zwischen den gleichen Parteien nicht anderweitig rechtshängig gemacht werden; b. die örtliche Zuständigkeit bleibt erhalten. Art. 65 ZPO CH regelt die Folgen des Klagerückzugs.

[18] Ein anderer Anspruch liegt vor, wenn das Rechtsbegehren geändert wird, aber auch bei anderer Begründung des an sich gleichlautenden Rechtsbegehrens, sobald nicht mehr Identität vorliegt (vgl. dazu oben § 26).

[19] Betreffend Massnahmen zur Regelung des Getrenntlebens nach Art. 137 und Art. 172 ff. ZGB gilt Folgendes: Für die Zeit vor Rechtshängigkeit der Scheidung trifft das Eheschutzgericht sämtliche Massnahmen zur Regelung des Getrenntlebens, für die Zeit danach ist hierfür das Scheidungsgericht zuständig (BGE 129 II 60). Das Bundesgericht hat entschieden, dass diese für Binnensachverhalte geltende Regel auch in internationalen Verhältnissen grundsätzlich massgebend ist (BGE 134 III 326 mit weiteren Hinweisen).

[20] Die Bestimmungen von Art. 138 Abs. 1 ZBG zum Novenrecht im Scheidungsprozess gilt weder für das Eheschutzverfahren noch für das Verfahren betreffend vorsorgliche Massnahmen für die Dauer des Scheidungsprozesses (BGE 133 III 114 E. 3). Im Sinne eines Minimalstandards gewährleistet Bundesrecht, dass jede Partei in der oberen kantonalen Instanz wenigstens einmal neue Tatsachen und Beweismittel und dadurch veranlasste neue Rechtsbegehren vortragen kann. Kein Bundesrecht verletzt deshalb die kantonale Regelung, die neue Rechtsbegehren nur in der Berufung, der Berufungsantwort bzw. der Anschlussberufung zulässt (BGE 131 III 189 E. 2).

> **Beispiel 106:**
>
> K hat von B Rückzahlung einer in Raten zu tilgenden Darlehensschuld gefordert und die bis zur Klageeinleitung fällig gewordenen Raten gerichtlich geltend gemacht. Während der Rechtshängigkeit wird eine weitere Rate fällig. K darf das Rechtsbegehren entsprechend erhöhen, einen weiteren Anspruch geltend machen[21].

Innerhalb des identischen Anspruches kann ohnehin jederzeit im Rahmen des Hauptverfahrens die Begründung geändert werden: Wird nach der Theorie von der identischen begehrten Leistung zunächst aus Vertrag geklagt, so kann der an sich identische Anspruch im Laufe des Prozesses auch aus ungerechtfertigter Bereicherung hergeleitet werden.

Wo Identität an sich zu verneinen ist, somit ein neuer Prozess ohne Einrede der materiellen Rechtskraft zugelassen würde, ist das Übergehen auf eine andere Begründung zulässig, solange «der neue Anspruch mit dem bisher geltend gemachten in engem Zusammenhang steht».

> **Beispiel 107:**
>
> Der Kläger K hat Fr. 25 000.– aus Wechsel geltend gemacht, die ihm aufgrund eines Kaufvertrages für gelieferte Ware vom Käufer ausgestellt worden sind.
>
> Aus irgendeinem Grund kann er mit der Berufung auf den Wechsel nicht durchdringen. Da der enge Zusammengang besteht, kann der Kläger auf den Anspruch aus dem Kaufvertrag hinüberwechseln[22].

> **Beispiel 108:**
>
> Der Kläger K hat aus einem Verkehrsunfall Fr. 10 000.– Schadenersatz geltend gemacht. Er sieht, dass er nur zu Fr. 7000.– damit wird durchdringen können. Er kann zur Begründung der Fr. 3000.–, die fehlen, neu geltend machen, er sei auch noch zu einer Genugtuung berechtigt. (Da Schadenersatz unabhängig von der Genugtuung bestehen kann, liegt ein nicht identischer Anspruch vor, der hier in die Lücke treten kann. K könnte ihn aber auch – als zusätzlichen Anspruch – erheben, wenn er die vollen Fr. 10 000.– unter dem Titel Schadenersatz zugesprochen erhalten müsste.)

---

[21] Ebenso kann im Falle einer Alternativobligation der Kläger vom eingeklagten Gegenstand auf einen anderen übergehen. Dazu KUMMER, Klagerecht, 67 Anm. 1.
[22] Vgl. § 26 Beispiel 88.

> **Beispiel 108a:**
>
> 18 A, B und C bilden eine einfache Gesellschaft. A hat gegen B und C das Rechtsbegehren gestellt, es sei festzustellen, dass die einfache Gesellschaft durch Kündigung aufgelöst sei. B und C bestreiten die Wirksamkeit der von A behaupteten Kündigung. Später stellt A das Begehren auf Auflösung der einfachen Gesellschaft aus wichtigem Grund (OR 545 Abs. 1 Ziff. 7).

19 Diese Fälle zeigen aber auch, dass mit erweiterter Zulassung neuer Ansprüche das Verteidigungsrecht des Beklagten tangiert wird, der sich unter Umständen auf eine ganz neue rechtliche Konstruktion wird einstellen müssen. Deshalb wird eben gesagt, dass das Gericht die Klageänderung ablehnen könne, wenn durch sie die rechtliche Stellung des Beklagten wesentlich beeinträchtigt oder das Verfahren ungebührlich verzögert werde.

20 Selbstverständlich ist übrigens, dass die dem Kläger bekannten tatsächlichen Grundlagen, welche für den neuen Anspruch ins Feld geführt werden, schon mit dem Hauptverfahren vorgetragen sein müssen. Klageänderung im Sinne von § 61 ZPO bedeutet also nicht, dass der Kläger irgendwann irgendeine neue Geschichte in den Prozess einführen darf[23]. Er darf dies höchstens dann, wenn die Voraussetzung des § 115 Ziff. 3 ZPO vorliegt, wenn ein neuer Sachverhalt eingetreten ist oder die Klageänderung erst im Laufe des weiteren Verfahrens veranlasst wurde[24].

> **Beispiel 109:**
>
> 21 K hat gegen seinen Miterben B Klage eingeleitet auf ungeteilte Zuweisung des landwirtschaftlichen Gewerbes x an ihn gemäss Art. 620 ZGB. Im Verlaufe des Prozesses ergibt sich, dass die ungeteilte Zuweisung an ihn aus subjektiven Gründen nicht zu erwarten ist und auf der anderen Seite das betreffende Land, das Baulandqualität aufweist, entsprechend eingezont wurde.
>
> 22 K darf nun sein Rechtsbegehren dahingehend ändern, dass das Land verkauft und der Erlös geteilt werden soll.

22a Es bedeutet keine Klageänderung, wenn ein Eventualantrag im Laufe des Verfahrens zum Hauptantrag erhoben wird[25].

---

[23] § 61 Abs. 1 ZPO enthebt den Kläger generell nicht seiner Behauptungslast. Eine Auskunftspflicht der beklagten Partei, welche dem Kläger die Behauptungslast abnehmen soll, ist dem zürcherischen Prozessrecht unbekannt (ZR 86/1987 Nr. 65).
[24] ZR 79/1980 Nr. 87. Für einen anschaulichen Fall der Nichtzulassung einer Klageänderung vgl. ZR 80/1981 Nr. 42.
[25] 1. März 1999, Handelsgericht des Kantons Zürich, ZR 99/2000 Nr. 16.

Keine Klageänderung ist im Berufungs- und im Rekursverfahren möglich. Das ergibt sich nicht direkt aus dem Gesetz, sondern e contrario aus § 200 ZPO, wo gesagt ist, in Prozessen «über den Personenstand» und in familienrechtlichen Prozessen (6. Abschnitt des II. Teils der ZPO) seien Klageänderung und Widerklage auch im Berufungsverfahren nach Massgabe von §§ 267 und 278 zulässig.

β) *Bezifferung des unbezifferten Rechtsbegehrens (§ 61 Abs. 2 ZPO)*

Ist der Kläger nicht in der Lage, seinen Anspruch bei Erhebung der Klage zu beziffern, so hat er dies spätestens nach Durchführung des Beweisverfahrens nachzuholen. Die Bestimmung wurde angewendet bei einem Ingenieurhonorar, dessen Höhe von derjenigen der effektiven Baukosten abhing, wobei der Bauherr entsprechende Auskunft verweigerte. Statt eines vorausgehenden Verfahrens zur Erzwingung der Auskunfts- und Editionspflicht[26] wurde die Einreichung der Klage auf Zahlung einer einstweilen nur geschätzten Forderungssumme in Verbindung mit einem Auskunfts- und Editionsbegehren als zulässig erachtet[27, 28].

b) Nachbringen von Nebenpunkten

> **Beispiel 110:**
>
> Kläger K hat Fr. 15 000.– eingeklagt, aber vergessen, den Verzugszins darauf in die Klage einzubeziehen. Dazu ist er auch nach Rechtshängigkeit der Klage berechtigt. Selbstverständlich muss dem Beklagten Gelegenheit gegeben werden, z.B. die Inverzugsetzung zu bestreiten. Immerhin ist solche Klageergänzung wiederum nur unter der Voraussetzung zulässig, dass der Kläger überhaupt noch mit neuem Vorbringen gehört werden kann; sie ist also spätestens in der Replik möglich.

---

[26] Vgl. § 29.
[27] ZR 79/1980 Nr. 130. Vgl. im Übrigen Peter Loosli, Die unbezifferte Forderungsklage unter besonderer Berücksichtigung des Kantons Zürich, Zürcher Studien zum Verfahrensrecht Bd. 24, Zürich 1978.
[28] BGE 131 III 243 E. 5: Das Bundesrecht schreibt den Kantonen die Zulassung unbezifferter Rechtsbegehren in «Ermessensfällen» nur vor, wenn dem Gericht bei der Feststellung des erheblichen Sachverhalts ein Ermessen zukommt, nicht aber wenn das materielle Bundesrecht dem Gericht nur bezüglich der Rechtsfolge Ermessen einräumt. (Anwendung im Falle von Art. 336a Abs. 1 OR). BGE 134 III 151 E. 2.2, 2.3, 2.4 und 2.5: Bei einer Fremdwährungsschuld ist der Schuldner nach Art. 84 Abs. 2 OR lediglich berechtigt, nicht etwa verpflichtet, in Landeswährung zu leisten. Das Gericht darf im Erkenntnisverfahren nur eine Zahlung in der geschuldeten Fremdwährung zusprechen (Abgrenzung von vollstreckungsrechtlichen Fragen bei Zwangsvollstreckung in der Schweiz: E. 2.3).

c) **Berichtigung von Rechnungsirrtümern**

> **Beispiel 111:**
>
> 26 Kläger K macht aus verschiedenen Warenlieferungen an B folgende Beträge geltend: Fr. 392.70, Fr. 22.25, Fr. 7.60 und Fr. 59.85. Er erhebt Klage über Fr. 462.40. Im Laufe des Verfahrens bemerkt er, dass das richtige Total Fr. 482.40 beträgt. K darf die Klage auf Fr. 482.40 erhöhen.

> **Beispiel 112:**
>
> 27 K klagt auf Zahlung von 77 Herrenhosen zu Fr. 61.–. Das Rechtsbegehren lautet jedoch versehentlich auf Bezahlung von Fr. 4597.– statt Fr. 4687.–. Die Berichtung ist zulässig, obgleich sie formell eine Erhöhung bedeutet.

2. Nichtanhandnahme der identischen Klage

28 Ist die Klage bei einem zuständigen Gericht rechtshängig, so wird auf weitere Klagen in derselben Sache nicht eingetreten[29].

> **Beispiel 113:**
>
> 29 K hat von B Fr. 10000.– aus Darlehen zugut. Er klagt, weil B im Handelsregister eingetragen ist, vor dem Zürcher Handelsgericht auf Rückzahlung dieser Summe. B erhebt die Unzuständigkeitseinrede mit der Begründung, im Zeitpunkt der Rechtshängigkeit der Klage habe der Handelsregistereintrag nicht mehr bestanden.
>
> 30 Als K von B seinerseits vor Bezirksgericht Winterthur wegen eines Kaufgeschäftes belangt wird, erhebt er für die gleiche Darlehenssumme Widerklage. Ihr kann B die Einrede der Rechtshängigkeit entgegensetzen, falls sich das Handelsgericht für die Klage des K als zuständig erklären sollte; in diesem Falle ist auf die Widerklage nicht einzutreten.

---

[29] ZPO 107 Abs. 1 Ziff. 2. Die Einrede der Rechtshängigkeit braucht nicht mehr erhoben zu werden, damit diese Rechtsfolge eintritt. Zur diesbezüglichen Entwicklung vgl. OSCAR VOGEL, Rechtshängigkeit und materielle Rechtskraft im internationalen Verhältnis, SJZ 86/1990 79 ff.

Auch hier ergibt sich, dass eine Einrede nicht erhoben werden muss, die Rechtshängigkeit mithin von Amts wegen zu berücksichtigen ist[30, 31]. 31

Ist eine identische Klage vor einem ausländischen Gericht bereits rechtshängig, so ist das spätere Verfahren auszusetzen, wenn zu erwarten ist, dass das ausländische Gericht in angemessener Frist eine Entscheidung fällt, die in der Schweiz anerkennbar ist[32].

Nach herrschender Auffassung gibt es keine Einrede der Rechtshängigkeit bei Leistungs- und negativer Feststellungsklage. Aufgrund der Konnexität besteht aber der Gerichtsstand des Sachzusammenhanges[33]. 31a

---

[30] «Dass die Gutheissung einer negativen Feststellungsklage einer späteren Leistungsklage gegenüber abgeurteilte Sache darstellt, bedeutet nicht zugleich schon Identität in Bezug auf die Frage der Rechtshängigkeit. Ein Urteil, das über eine Vorfrage zu einer andern Klage entscheidet, kann für diese res iudicata bewirken, während eine entsprechende Klage nicht die Einrede der Rechtshängigkeit begründet (…). So wird diese Einrede mangels Identität versagt, wenn die erste Klage auf negative Feststellung, die zweite auf Leistung geht (…) …Weil die Feststellungsklage durchaus nicht zu einem Urteil führen muss, das dann tatsächlich der Leistungsklage gegenüber Rechtskraftwirkung entfaltet, ist die unterschiedliche Behandlung von Rechtskraft und Rechtshängigkeit hinsichtlich der Identität auch sachlich gerechtfertig» (BGE 105 II 233 mit Zit.).

[31] Das ergibt sich aus der Neufassung von § 107 Ziff. 2 ZPO, nachdem das Obergericht, I. Zivilkammer, schon am 26. Juni 1992 entschieden hatte, dass die Rechtshängigkeit eines Prozesses zwischen den gleichen Parteien an einem andern in- oder ausländischen Gericht vom zürcherischen Richter von Amtes wegen zu beachten sei (ZR 91/92, 1992/93 Nr. 51 E. II/1). Bestimmt ein Vollstreckungsabkommen zwischen der Schweiz und einem anderen Staat, dass der Richter das Eintreten auf eine Sache abzulehnen hat, die schon vorher bei einem Gericht des anderen Vertragsstaates anhängig gemacht worden ist, so ist die Frage der Litispendenz nach Bundesrecht zu prüfen. Wo es an einer solchen Bestimmung fehlt, ist die Litispendenz im internationalen Verhältnis dann anzunehmen, wenn mit einer späteren Anmerkung und Vollstreckung des ausländischen Urteils zu rechnen ist (BGE 105 II 231 f.; für die kantonale Rechtsprechung vgl. Frank/Sträuli/Messmer, N 10 zu § 107 ZPO, N 11 zu § 302 ZPO, Leuch/Marbach/Kellerhals, N 4 zu Art. 160 ZPO).
Offengelassen hat das Bundesgericht in BGE 105 II 231 Erw. 1a die Frage, ob die Kognition des Bundesgerichts – zurzeit noch beschränkt auf die Frage der Identität der Ansprüche (BGE 80 I 261 Erw. 2, 96 II 449, 98 II 158 Erw. 3) und auf die Frage, ob die Einrede der Rechtshängigkeit zu Recht gutgeheissen worden sei (aus der früheren Rechtsprechung zur Einrede der abgeurteilten Sache abgeleitet, BGE 105 II 231) – im gleichen Sinne erweitert werden soll, wie dies in BGE 95 II 639 bezüglich der materiellen Rechtskraft geschehen ist (vgl. dazu oben § 26 Rz 112–116). Es wäre dies zu bejahen, denn es gehört auch zum prozessualen Rechtsschutz, dessen das Privatrecht zu seiner Verwirklichung bedarf, dass das Ziel einer bereits rechtshängigen Klage bzw. des Antrags auf Abweisung nicht durch ein neuerliches Verfahren über den identischen Anspruch mit der Möglichkeit eines zweiten, widersprechenden Urteils infrage gestellt wird. Bezüglich internationaler Verhältnisse vgl. Art. 9 IPRG sowie Walder, IZPR § 8 Rz 1, 2, 7 und Oscar Vogel, Rechtshängigkeit und materielle Rechtskraft im internationalen Verhältnis (SJZ 86/ 1990 77 ff.).

[32] IPRG 9, 25; 10. Mai 2002, Handelsgericht des Kantons Zürich, ZR 102/2003 Nr. 25. Zur Rechtshängigkeit in zwei Staaten vgl. ZR 102/2003 Nr. 102.

[33] 19. Mai 1998, Obergericht des Kantons Zürich II. Zivilkammer, ZR 97/1998 Nr. 102.

3. Veränderung des Streitgegenstandes

32 Der Streitgegenstand durfte nach dem nunmehr aufgehobenen § 107 Ziff. 3 ZPO[34] nicht ohne Bewilligung des Gerichts zum Nachteil der Gegenpartei, insbesondere zur Erschwerung des Beweises, verändert werden. Wesentlich ist aber in dieser Frage:

33 Eine wirksame Verhinderung der Veräusserung des Streitgegenstandes (etwa eines vom Beklagten dem Kläger zu übergebenden Gemäldes) ist nur auf dem Wege der *einstweiligen Verfügung* (gemäss § 110 ZPO)[35] möglich. Die von der betreffenden Partei vorgenommene Veräusserung ist aber zivilrechtlich gültig, wenn z.B. ein Verbot an den Beklagten ergangen sein sollte, den streitigen Gegenstand zu veräussern. Strafrechtliche Sanktionen können nach erfolgter Androhung durch die einstweilige Verfügung getroffen werden (Ordnungsbusse, Überweisung an den Strafrichter).

4. Gebundenheit des Klägers an den angehobenen Prozess

34 Der Kläger kann den rechtshängig gewordenen Prozess nicht nach Belieben abbrechen oder unterbrechen. «Die Klage kann nicht unter Bs Vorbehalt der Wiedereinbringung zurückgezogen werden, ausser zur Verbesserung bei fehlerhafter Klageeinleitung»[36].

> **Beispiel 114:**
>
> 35 Die klagende Aktiengesellschaft K bemerkt, dass der Beklagte, gegen welchen sie beim Bezirksgericht Hinwil geklagt hat, als Einzelfirma im Handelsregister eingetragen ist und will deshalb die beim Bezirksgericht Hinwil angehobene Klage angebrachtermassen zurückziehen.
>
> 36 Das Bezirksgericht hat sich, um nicht einer Umgehung von § 107 Ziff. 3 ZPO Vorschub zu leisten, von diesem Tatbestand zu überzeugen, und alsdann dem Kläger den Rückzug angebrachtermassen zu gestatten[37].

37 Im Übrigen aber ist ein Prozess bis zum materiellen Entscheid durchzufechten, oder der Kläger muss auf den eingeklagten Anspruch im Sinne eines Klagerückzuges mit entsprechender materieller Rechtskraft verzichten[38].

---

[34] Die bisherige Ziff. 4 ist nunmehr § 107 Abs. 1 Ziff. 3 ZPO.
[35] Vgl. dazu im Einzelnen FRANK/STRÄULI/MESSMER, N 16 zu § 110 ZPO sowie § 32 hiernach.
[36] ZPO 107 Abs. 1 Ziff. 3.
[37] Vorbehalten Art. 34 GestG, die Bestimmungen über die Einlassung Art. 10 GestG, sowie die Bestimmungen über die Prozessüberweisung nach ZPO 112.
[38] Gemäss dem Wortlaut von § 107 Abs. 2 ZPO hat die gemäss Art. 9 Abs. 2 IPRG und § 102 Abs. 2 Satz 2 ZPO im Sühnverfahren eintretende Rechtshängigkeit diese Wirkung nicht, weil sonst der

Gemäss Art. 27 Abs. 1 BZP kann der Kläger die Klage vor Zustellung an den 38
Beklagten zurücknehmen. Nach der Zustellung bedarf die Rücknahme der Klage der
Zustimmung des Beklagten; ohne diese ist sie als Abstand auszulegen. Eine analoge
Regelung findet sich in Art. 65 ZPO CH.

Nach zürcherischem Recht dagegen ist auch mit Zustimmung des Beklagten keine 39
Rücknahme der Klage ohne Wirkung der materiellen Rechtskraft möglich. Insofern
zeigt sich der zwingende Charakter des Zivilprozessrechts.

5. Perpetuatio fori

Gemäss § 16 ZPO bestimmt sich der Gerichtsstand nach den Verhältnissen zur Zeit, 40
da die Klage rechtshängig wird[39]. Das bedeutet, dass durch die Rechtshängigkeit der
Gerichtsstand für die ganze Dauer des Prozesses festgelegt wird, spätere Veränderungen der tatsächlichen Verhältnisse keine Auswirkungen darauf mehr haben können.
Dies im Unterschied zum materiellen Anspruch: Mit Bezug darauf legt das Gericht
dem Endentscheid den Sachverhalt zugrunde, wie er im Zeitpunkt des Endentscheides besteht[40].

Kläger den Prozess bei Gefahr des Rechtsverlustes vor das erkennende Gericht bringen müsste. Tut er es nicht, so fällt die Rechtshängigkeit (auch für die bereits erhobene Widerklage) dahin (vgl. dazu WALDER, IZPR, § 8).

[39] Wird bei schriftlichem Verfahren zunächst nur die Klageschrift eingereicht, tritt die Rechtshängigkeit erst mit der Nachreichung der Weisung ein; die Zuständigkeitsvoraussetzungen müssen in diesem Zeitpunkt gegeben sein (ZR 76/1977 Nr. 60).

[40] Alle Prozessvoraussetzungen müssen nicht nur bei Rechtshängigkeit, sondern auch im Zeitpunkt der Urteilsfällung (noch) vorhanden sein, damit das Gericht ein Sachurteil erlassen darf (GULDENER, Schweizerisches Zivilprozessrecht, 229). Bei der perpetuatio fori kann aber gesagt werden, dass, wenn die Zuständigkeit bei Rechtshängigkeit gegeben war, letztere einen neuen Zuständigkeitsgrund schafft.

Vierter Abschnitt

Vom Beweis

§ 28 Der Beweis und die Beweislast[1]

Inhaltsverzeichnis Seite

A. Der Beweis im Allgemeinen 319
B. Die Beweislast 321
  I. Die Beweislastverteilung im Allgemeinen 321
    1. Rechtsbegründende Tatsachen 322
    2. Rechtsaufhebende und rechtshindernde Tatsachen 322
    3. Parteirollen 323
    4. Regel und Ausnahme 324
    5. «Negativa non sunt probanda» 324
    6. Beweislast nur bei einer Partei 325
    7. Lehre von der Beweislast als Lehre von den Folgen der Beweislosigkeit 325
    8. Richterliche Lückenfüllung 326
    9. Hauptbeweis und Gegenbeweis 326
    10. Beweislast und Behauptungslast 326
  II. Die Beweislast als Frage des Bundesprivatrechtes 327
  III. Die Bedeutung der Vermutungen 329
    1. Die natürlichen Vermutungen (praesumptiones hominis) ... 329
    2. Die gesetzlichen Vermutungen (praesumptiones iuris) 331
      a) Die Tatsachenvermutungen 331
      b) Die Rechtsvermutungen 332
    3. Unwiderlegbare Vermutungen (praesumptiones iuris et de iure) 333

A. Der Beweis im Allgemeinen

Der Ausdruck Beweis wird im Zivilprozess wie im Strafprozess in verschiedenen Bedeutungen verwendet. Einmal für die Beweismittel (es wird Beweis geführt durch Augenschein oder Expertise), dann für den Beweiserfolg (man spricht von einem erbrachten oder einem vereitelten Beweis), vor allem aber für die Beweisführung, d.h. für die ganze Tätigkeit, welche, wie es von ROSENBERG/SCHWAB/GOTTWALD formuliert wird, *in dem Richter (judici fit probatio) die Überzeugung von der Wahrheit oder Unwahrheit einer Behauptung begründen soll*[2]. 1

Gegenstand der Untersuchung, die im Laufe eines Prozesses getroffen werden muss, sind Tatsachenbehauptungen, die mit bestimmten Rechtsfolgen verknüpft werden. Diese Rechtsfolgen jedoch treten nur ein, wenn feststeht, dass sich die Tatsachen verwirklicht haben[3]. Darüber muss das Gericht, soweit diese Frage streitig ist, im Geltungsbereich der Offizialmaxime auch ohne diese Voraussetzung, Erhebun- 2

---

[1] WALDER/GROB, Tafeln 30a–30d.
[2] ROSENBERG/SCHWAB/GOTTWALD, § 113 I.
[3] GULDENER, Schweizerisches Zivilprozessrecht, 318.

§ 28 Der Beweis und die Beweislast

gen anstellen, was eben im Beweisverfahren geschieht, und zwar im Bereich der Verhandlungsmaxime allein aufgrund der Angaben und Anträge der Parteien[4], im Bereich der Offizial- und der Untersuchungsmaxime sowie der materiellen richterlichen Prozessleitung auch aus eigener Initiative des Gerichtes[5].

3 Das Beweisverfahren ist von allen Stadien des Zivilprozess für sämtliche Beteiligten das Anstrengendste, erfordert doch schon seine Vorbereitung, aber auch seine Durchführung höchste Konzentration. Im Beweisverfahren werden vielfach die Weichen für den Prozessausgang gestellt, und sollen sie im Allgemeinen gestellt werden, denn nur planvoll eingeleitetes Beweisverfahren verhilft dazu, den Prozess wirklich zu fördern. Es nützt selten etwas, wenn der Richter einmal sämtliche von den Parteien in den Rechtsschriften angerufenen Zeugen kommen lässt und sie zu den Behauptungen, über die sie angerufen sind, befragt, bevor er ausgeschieden hat, was er überhaupt zu wissen braucht, um das Urteil fällen zu können und was nicht, und bevor er sich Gedanken über die Beweislast gemacht hat. Der Kanton Zürich hat deshalb dem Richter den Erlass eines sogenannten Beweisauflagebeschlusses nach Abschluss des Hauptverfahrens grundsätzlich zur Pflicht gemacht[6].

4 Neben den rechtstechnischen Problemen spielen aber die menschlichen Voraussetzungen, die der Jurist mitbringt, im Beweisverfahren eine nicht zu unterschätzende Rolle. Sobald der Boden des reinen Urkundenprozesses verlassen wird, hat es der Richter mit Menschen zu tun, meist solchen, die am Prozess nur am Rande oder überhaupt nicht beteiligt, und oftmals auch mit solchen, die mit der ganzen Maschinerie eines Gerichtes nicht vertraut sind. Mit ihnen als Parteien, als Zeugen und als Sachverständigen muss der Richter so umgehen können, dass er das Maximum an zu ermittelndem Sachverhalt aus ihnen herausholt; er muss ihre Stärken und Schwächen zu erkennen trachten und in der Lage sein, aus ihren oftmals stark divergierenden Angaben und dem übrigen Akteninhalt eine Synthese zu schaffen, die ihm als einigermassen verlässliche Urteilsgrundlage dienen kann. Ebenso wichtig ist es, dass der Richter mit diesen Personen den unerlässlichen menschlichen Kontakt finde.

5 Der Rechtsanwalt wiederum steht vor der Aufgabe, im richtigen Moment zu erkennen, wo er einsetzen kann, um für seinen Klienten ein günstiges Tatbestandselement herauszuholen und wo er vorsichtig werden muss, um bereits Erreichtes nicht wieder zu verderben[7]. So wird das Beweisverfahren oft auch im Zivilprozess spannend und prozessentscheidend; es ist mit viel Hoffnungen und ebenso viel Enttäuschungen verbunden, kann aber so oder so nur dann zu einem positiven Ergebnis führen, wenn es von Anfang an fehlerfrei durchgeführt wird.

---

[4] ZPO 133 ff. und neu ZPO CH Art. 150 ff.
[5] ZPO 142.
[6] ZPO 136. Die Formulierung des Beweisthemas ist Sache des Gerichts (ZR 107/2008 Nr. 19). Vgl. aber § 35a hiernach.
[7] Vgl. dazu HAFTER. Kap. V, 307–355.

B. Die Beweislast

I. Die Beweislastverteilung im Allgemeinen

Gemäss Art. 8 ZGB hat, wo das Gesetz es nicht anders bestimmt, derjenige das Vorhandensein einer behaupteten Tatsache zu beweisen, der aus ihr Rechte ableitet. Mit diesem Satz hat das Bundesprivatrecht die Beweislast für sich zu ordnen beansprucht und die Beweislastregeln zu bundesrechtlichen gemacht[8]. 6

Schon in BGE 62 II 326 ist gesagt, dass eine Partei nicht um das Recht auf Beweis gebracht werden darf. Das gilt von(materiellen) Bundesrechts wegen[9].

Art. 8 ZGB umfasst alle dem Bundesprivatrecht unterstehenden Rechte und Rechtsverhältnisse, wogegen die Kantone in der Anwendung ihres eigenen Rechtes über die Beweislast frei befinden können. Selbstverständlich gehen sie dabei auch von den durch Art. 8 ZGB eingebürgerten Grundsätzen aus. Eine eingehende Auseinandersetzung mit den Problemen der Beweislast findet sich in einer Reihe schweizerischer und deutscher Publikationen, auf die hier verwiesen sei[10]. An wesentlichen Grundsätzen ist festzuhalten: 7

---

[8] KUMMER, im Berner Kommentar, N 48 zu Art. 8 ZGB.
[9] Vgl. dazu GERHARD WALTER, Das Recht auf Beweis im Lichte der Europäischen Menschenrechtskonvention (EMRK) und der Schweizerischen Bundesverfassung (ZBJV127/1991 309ff.) und dortige Angaben zu Literatur und Judikatur. Bezüglich der Zuständigkeit für die Beurteilung dieser Fragen ist festzuhalten: Die Frage ist eine solche des Privatrechts und daher der Beschwerde an das Bundesgericht unterstellt, soweit die Beweisabnahme unterblieben ist, «weil die zu beweisende Tatsache aus Gründen des materiellen Bundesrechts als unerheblich beurteilt wurde, aber auch dann, wenn der Richter bestrittene Behauptungen als unbestritten hinnahm oder über unerhebliche Tatsachen überhaupt nicht Beweis führen liess, wenn er taugliche und formgültig beantragte Beweise nicht abnahm, obwohl er die Behauptungen weder als nachgewiesen noch als widerlegt erachtete «non liquet» oder wenn er Beweise zu einer Behauptung nicht abnahm, weil er die Behauptung als zuwenig substantiiert beurteilte, als dass der Anspruch unter die Bestimmungen des Bundesrechts subsumiert werden könnte, in diesen Fällen steht die richtige Anwendung von Art. 8 ZGB in Frage (vgl. BGE 114 II 289 mit Hinweisen). Demgegenüber unterliegt die Anwendung kantonaler Prozessvorschriften wie §133 ZPO und kantonaler Prozessmaximen wie der Verhandlungsmaxime sowie insbesondere die Beweiswürdigung, die antizipierte Beweiswürdigung und Würdigung von Indizien der Überprüfung durch das Kassationsgericht» (folgen Zitate) (unveröffentlichtes Urteil des Kassationsgerichts vom 17. Juni 1991).
Zur antizipierten Beweiswürdigung wird im selben Entscheid gesagt, diese sei zulässig, wenn mit Sicherheit gesagt werden kann, dass die Abnahme des Beweismittels auch dann an der richterlichen Überzeugung nichts mehr ändern könnte, wenn das Ergebnis die vom Beschwerdeführer aufgestellten Behauptungen stützen würde (folgen Zitate).
[10] Es handelt sich vor allem um die Monografie von MAX GULDENER, Beweiswürdigung und Beweislast nach schweizerischem Zivilprozessrecht, Zürich 1955, sowie um die Kommentierung des Art. 8 ZGB im Einleitungsband des Berner Kommentars durch MAX KUMMER (1966). Für das deutsche Recht: LEO ROSENBERG, Die Beweislast, 5. Aufl., München 1965.

1. Rechtsbegründende Tatsachen

8 Diejenige Partei, die im Prozess ein Recht oder Rechtsverhältnis geltend macht, trägt die Beweislast für die *rechtsbegründenden Tatsachen*.

> **Beispiel 115:**
>
> 9 K behauptet, dem B Fr. 100.– geliehen zu haben am Samstagabend im Niederdorf, als dem B das Geld ausging. B, der möglicherweise schon etwas angeheitert war, will nichts mehr davon wissen und bestreitet die Behauptung des K. Die Beweislast für die Hingabe des Darlehens liegt eindeutig bei K; er muss versuchen, entweder einen Zeugen beizubringen oder den B in der persönlichen Befragung (Parteiverhör) doch noch zu einer Zugabe zu veranlassen. Eventuell steht auch die (eigene) Beweisaussage zu Gebote.

10 Wer auf Rückzahlung eines Darlehens klagt, hat nicht nur die Aushändigung, sondern auch das Bestehen eines Darlehensvertrages und die daraus fliessende Rückzahlungspflicht zu beweisen. Dieser Beweislast ist er auch dann nicht enthoben, wenn der Gegner den Empfang der Zahlung zwar anerkennt, aber behauptet, das Gezahlte sei geschenkt worden. Denn *eine Verteidigung, die sich gegen die Richtigkeit der in den Rahmen des rechtserzeugenden Tatbestandes fallenden Sachvorbringens wendet, ist blosse Bestreitung und nicht vom Bestreitenden zu beweisen, sondern von jenem [der aus Darlehen fordert] zu widerlegen.* Der Gegner ruft dagegen «einen rechtsvernichtenden und von ihm zu beweisenden Umstand an, falls er zwar ein Darlehen zugesteht, von der Rückleistung aber geschenkweise befreit worden sein will»[11].

2. Rechtsaufhebende und rechtshindernde Tatsachen

11 Diejenige Partei, die im Prozess die Nichtexistenz von Rechten oder Pflichten behauptet, trägt die Beweislast für die *rechtsaufhebenden* und die *rechtshindernden Tatsachen*. In diesem Sinne ist Art. 8 ZGB zu ergänzen. So ist es Sache derjenigen Partei, welche im Prozess den nachträglichen Untergang eines an sich entstandenen Rechtes behauptet, diesen Untergang zu beweisen[12].

---

[11] KUMMER, im Berner Kommentar, N 155 zu Art. 8 ZGB. Vgl. auch BGE 83 II 210, SJZ 41/1945 Nr. 182, 375.

[12] So obliegt es (trotz «sozialer Untersuchungsmaxime») dem Empfänger einer Mietvertragskündigung zu beweisen, dass deren Motiv gegen den Grundsatz von Treu und Glauben verstosse (9. Februar 2007, Bundesgericht, MRA 2007, 49, zit. bei HEDIGER, SJZ 4/2009, 310 lit. E).

> **Beispiel 116:**
>
> Im vorangegangenen Beispiel 115 ist zwar der Empfang der Fr. 100.– durch Quittung ausgewiesen; B behauptet indessen, sie am anderen Morgen dem K zurückgegeben zu haben, was dieser bestreitet. Der Beweislast für die Rückgabe des Geldes liegt bei B.

12

> **Beispiel 117:**
>
> Im Beispiel 115 erklärt B, er habe zwar das Geld erhalten, wie er von einem Mitzecher hinterher erfahren habe, doch sei er urteilsunfähig gewesen, habe also keinen Darlehensvertrag schliessen können. Die Fr. 100.– habe er an einen anderen, ihm nicht bekannten Mitzecher weitergegeben, sei also auch nicht bereichert. Er beruft sich auf Art. 64. Die Beweislast für all dies liegt bei B.

13

3. Parteirollen

Auf die *Parteirollen* kommt es bei der Beweislastverteilung im Allgemeinen nicht an. Es gilt also nicht schlechthin der römischrechtliche Satz: actore non probante reus absolvitur.

14

> **Beispiel 118:**
>
> entfällt.

Randziffer 15 und 16 entfallen.

> **Beispiel 119:**
>
> Wenn der Beklagte den behaupteten Wohnsitz bestreitet, so ist es am Kläger zu beweisen, dass die den Wohnsitz begründenden Elemente vorliegen. Klagt andererseits der Kläger, gestützt auf Art. 4 Abs. 1 GestG am gewöhnlichen Aufenthaltsort des Beklagten, so ist nicht an ihm, den fehlenden Wohnsitz des Beklagten nachzuweisen, sondern am Beklagten, der sich auf einen Wohnsitz beruft, dessen Existenz darzutun. Sonst stünde u.U. im Falle der Beweislosigkeit überhaupt kein Gerichtsstand zur Verfügung[13].

17

---

[13] GULDENER, Beweiswürdigung und Beweislast 30 ff.

§ 28 Der Beweis und die Beweislast

4. Regel und Ausnahme

18 Wo Rechtssätze zueinander im Verhältnis von *Regel und Ausnahme* stehen, werden die Tatsachen, die nach diesen Rechtssätzen den Ausnahmefall bilden, als *rechtshemmend* bzw. *untergangshemmend* bezeichnet. Alsdann ist davon auszugehen, dass die gesetzliche Regelung gilt, solange nicht feststeht, dass sich ein Ausnahmetatbestand verwirklicht hat. Die Beweislast für die *rechtshemmende Tatsache* trifft daher jene Partei, die das Entstandensein des Rechts bestreitet, die Beweislast für die untergangshemmenden Tatsachen die Partei, die das Fortbestehen eines Rechtes geltend macht[14].

Beispiel 120:

19 B hat ein Schmuckstück gekauft in der Ausnahme, es handle sich, wie vom Verkäufer versichert, um einen Diamanten einer bestimmten Sorte. Es ergibt sich, dass es sich um einen bedeutend billigeren Diamanten handelt, den B, hätte er seine Beschaffenheit gekannt, nicht gekauft hätte. Die Beweislast für diesen Willensmangel, d.h. für die vom Verkäufer gegebene Zusicherung und darauf beruhende Täuschung, liegt, weil rechtshemmend, bei B.

Beispiel 121:

20 K macht eine Forderung aus unerlaubter Handlung geltend. Die einjährige Verjährungsfrist des Art. 60 OR ist eindeutig überschritten. Gegenüber der Verjährungseinrede des B macht K jedoch geltend, die Verjährung sei durch Abschlagszahlung unterbrochen worden. B erklärt indessen, jene Zahlung habe ein anderes Guthaben des K betroffen. Die Beweislast dafür, dass eine verjährungsunterbrechende Handlung vorliegt, trägt der Kläger K, weil es sich um eine untergangshemmende Tatsache handelt.

5. «Negativa non sunt probanda»

21 Bekannt ist der Satz *Negativa non sunt probanda.* Damit will gesagt werden, dass man das Nichteintreten eines Tatbestandes nicht vom Beweis abhängig machen dürfe.

---

[14] GULDENER, Beweiswürdigung und Beweislast, 35.

> **Beispiel 122:**
>
> Der Vater verspricht dem Sohn Fr. 1000.– für den Fall, dass er ein Jahr lang nicht rauche. Dem Sohn, der nach Ablauf des Jahres die Fr. 1000.– geltend machen will, soll nicht zugemutet werden, für jeden Augenblick des betreffenden Jahres das Nichtrauchen zu beweisen. Er müsste ja ständig jemanden als Zeugen um sich herum gehabt haben, was nicht denkbar ist, abgesehen vom Aufwand, der sich im Prozess ergäbe. Also muss in einem solchen Fall angenommen werden, es sei am Vater, zu beweisen, dass während der Dauer des betreffenden Jahres der Sohn mindestens einmal geraucht habe[15].

Der Satz «Negativa non sunt probanda» gilt aber nicht absolut, sondern es kommt auf die Umstände an. Zum Beispiel muss nach Art. 97 Abs. 1 OR der wegen Nichterfüllung des Vertrages belangte Schuldner beweisen, dass ihm keinerlei Verschulden zur Last falle[16].

6. Beweislast nur bei einer Partei

Die Beweislast für eine bestimmte Tatsache kann nur *eine Partei* treffen. Dieser Satz ist nicht unwidersprochen geblieben, weil er zu Härten führen muss. So wurde in einem vieldiskutierten Aufsatz in der Schweizerischen Juristenzeitung einmal vorgeschlagen, im Zweifelsfalle den Streitgegenstand durch vermittelndes Erkenntnis zu teilen[17]. Dem hat Max GULDENER Folgendes entgegengehalten:

«Nur ein festgestellter Vertrag, eine festgestellte unerlaubte Handlung oder eine festgestellte ungerechtfertigte Bereicherung berechtigt den Richter zur Zuerkennung von Ansprüchen; die blosse Möglichkeit, dass sich der rechtserhebliche Tatbestand verwirklicht hat, genügt nicht, um auch nur einen Teilbetrag zuzusprechen»[18].

7. Lehre von der Beweislast als Lehre von den Folgen der Beweislosigkeit

Die Lehre von der Beweislast ist die *Lehre von den Folgen der Beweislosigkeit* und wird nur praktisch, wenn eine tatsächliche Behauptung ungewiss geblieben ist[19].

---

[15] Beispiel bei GULDENER, Beweiswürdigung und Beweislast, 52 f.
[16] Über die Begründung der Richtigkeit solcher Beweislastverteilung vgl. GULDENER, Beweiswürdigung und Beweislast, 53. Vgl. auch das instruktive Beispiel in BGE 102 III 170 sowie für die Unterscheidung zwischen bestimmten und unbestimmten Negativa KUMMER, im Berner Kommentar, N 195 ff. zu Art. 8 ZGB.
[17] W. GAUTSCHI, Für freie Beweislastverteilung, SJZ 21/1924/1925, 249 ff.
[18] GULDENER, Beweiswürdigung und Beweislast, 21.
[19] Beweismittel können entfallen selbst durch Zeitablauf. Das Beschleunigungsgebot gemäss Art. 6 Ziff. 1 EMRK und Art. 29 Abs. 1 BV kann jedoch nicht dazu führen, dass ein nicht mehr zu erbrin-

Bei feststehendem Sachverhalt, z.B. Vorliegen der Vertragsurkunde oder des gesamten Briefwechsels, dürfen Zweifel des Richters über die Auslegung oder über sonstige Rechtsfragen nicht nach den Normen über die Beweislast entschieden werden[20].

26 Man muss aber differenzieren: Es könnte so sein, dass einer Vertragsklausel in der Regel nur ein ganz bestimmter Sinn beigemessen wird, dass aber die eine Partei Umstände dartun kann dafür, dass sie in dem zur Diskussion stehenden besonderen Falle für beide Parteien erkennbar eine andere Bedeutung gehabt habe. Alsdann kann noch nicht von einem feststehenden Sachverhalt gesprochen werden, sondern muss der Richter darüber entscheiden, ob der Beweis für diesen besonderen Vertragsinhalt erbracht sei.

8. Richterliche Lückenfüllung

27 Den Gesetzen ist die Verteilung der Beweislast nicht immer sicher zu entnehmen. Unter Umständen können sich die allgemeinen Grundsätze als ergänzungsbedürftig erweisen. Die Ergänzung hat dann durch *richterliche Lückenfüllung* nach Art. 1 Abs. 2 ZGB zu erfolgen.

9. Hauptbeweis und Gegenbeweis

28 Diejenige Partei, welche die Beweislast trägt, hat den *Hauptbeweis* zu erbringen; der Gegner kann den sogenannten *Gegenbeweis* antreten. Dieser Gegenbeweis ist nicht immer nur dann geglückt, wenn er die Unrichtigkeit des vom Beweispflichtigen Behaupteten ergibt, sondern schon dann, wenn er dessen Richtigkeit infrage stellt.

10. Beweislast und Behauptungslast

29 Art. 8 ZGB verpflichtet nicht zur *Behauptung* der anspruchsbegründenden Tatsachen[21]. Die Behauptungslast ist vielmehr eine Frage des kantonalen Zivilprozessrechts. Wenn und soweit dieses aber eine Behauptungslast kennt, kann sie von Bundesrechts wegen nur die beweispflichtige Partei, nicht ihren Prozessgegner treffen[22].

---

gender Beweis als erbracht gelten kann (22. Dezember 2006, Kassationsgericht des Kantons Zürich, ZR 106/2007 Nr. 40 E. II/1)

[20] ROSENBERG/SCHWAB/GOTTWALD, § 118/I/1, vgl. auch GULDENER, Beweiswürdigung und Beweislast 16 f. sowie BGE 96 II 258 f. Erw. 1, 98 II 86.

[21] BGE 97 II 218.

[22] BGE 97 II 343. Andererseits kennt das Privatrecht Fälle, wo ein bestimmter Sachverhalt nur behauptet, nicht auch bewiesen werden muss (KUMMER, im Berner Kommentar, N 43 zu Art. 8 ZGB).

> **Beispiel 122a:**
>
> Zwischen X und Y ist in einem Vertrag für Nichterfüllung eine Konventionalstrafe vereinbart. Mangels Erfüllung macht X die Konventionalstrafe geltend. Y behauptet, diese sei übermässig im Sinne von Art. 163 Abs. 3 OR und beantragt die Herabsetzung. Insbesondere macht er ein krasses Missverhältnis zwischen dem effektiven Schaden des X und der Konventionalstrafe geltend.
>
> Y wird dafür die entsprechenden Behauptungen aufstellen müssen, die Beweislast jedoch dafür, dass der effektive Schaden höher sei als von Y behauptet, das krasse Missverhältnis somit nicht bestehe, liegt bei X.

29a

II. Die Beweislast als Frage des Bundesprivatrechtes[23]

In seinem Referat zum Schweizerischen Juristentag 1961 hat MAX GULDENER folgende beiden Möglichkeiten auseinandergehalten[24]:

«1. Wird die Klage wegen Beweislosigkeit einer rechtsbegründenden Tatsache, für die der Kläger die Beweislast trägt, abgewiesen, so wird damit die Entstehung und der Bestand des geltend gemachten Rechtes verneint, mithin eine Frage des Privatrechtes entschieden.

2. Bleibt eine rechtsbegründende Tatsache beweislos, für die der Kläger die Beweislast trägt, so darf sie aus verfahrensrechtlichen Gründen nicht berücksichtigt und deshalb nicht zur Urteilsgrundlage gemacht werden, gleich wie das Prozessrecht die Verhandlungsmaxime als anwendbar erklären und damit ausschliessen kann, dass nicht behauptete Tatsachen berücksichtigt werden oder Tatsachen, für die kein Beweis angeboten wurde. Zum Nachteil des Klägers, der die Beweislast trägt, wird alsdann nicht (deshalb) entschieden, weil das von ihm geltend gemachte Recht nicht zur Entscheidung gelangte – diese Frage kann infolge Beweislosigkeit überhaupt nicht entschieden werden –, sondern weil den Anforderungen des Prozessrechtes nicht Genüge getan ist, welches das einer Partei günstige Urteil davon abhängig macht, dass die Tatsachen bewiesen sind, für die sie die Beweislast trägt.»

30

Das eine ist also die Auffassung, es handle sich um eine privatrechtliche, das andere die Auffassung, es handle sich um eine zivilprozessrechtliche Frage. Die Erstere dürfte aus folgenden Gründen zutreffen:

31

Wenn eine Behauptung nach Anwendung der Verfahrensregeln beweislos bleibt, dann ist sie es nicht wegen Anforderungen des Prozessrechtes an sich (obwohl dieses die Beweismittel nennt, einzelne Beweismittel gegenüber anderen mit erhöhter Beweiskraft ausstatten, andere Beweismittel – wie z.B. Verwandte Zeugen – ausschliessen kann und auch die Fristen bestimmt, innert welcher Behauptungen und zugehörige Beweismittel noch erhoben werden können), sondern deshalb, weil die vom Privat-

32

---

[23] BGE 128 III 273 E. 2a/aa, Bestimmung durch das materielle Recht. BGE 128 III 273 E. 2a/aa für rechtsbegründende, rechtshindernde und rechtsvernichtende Tatsachen.
[24] ZSR NF 1961 II 13 f.

§ 28   Der Beweis und die Beweislast

recht her beweisbelastete Partei einen zwar möglicherweise nach demselben Privatrecht entstandenen Anspruch mit Willen des privatrechtlichen Gesetzgebers nicht durchsetzen kann. Das Zivilprozessrecht stellt der beweisbelasteten Partei lediglich das Instrumentarium zur Verfügung. Dieses Instrumentarium ist je nach der einzelnen Verfahrensordnung mehr oder weniger beschränkt. Erreicht diese Beschränkung einen unerträglichen Grad, so ist es wiederum die privatrechtliche Gesetzgebung, die im Interesse der Unterordnung des Zivilprozessrechtes unter das Privatrecht zum Zwecke der Gewährleistung der Durchsetzbarkeit privatrechtlicher Ansprüche eingreifen muss[25]. (Wo der Gesetzgeber derselbe ist, spielt es keine wesentliche Rolle, ob die entsprechende Norm dem privatrechtlichen oder dem prozessrechtlichen Gesetzbuch einverleibt wird.) Wo indessen jegliche der beweisbelasteten Partei bei der Wahrheitsfindung angebotene prozessuale Hilfe versagen müsste, weil eben z.B. der einzige Zeuge, der noch Auskunft hätte geben können, gestorben ist, treffen sie die Folgen an sich wegen der prozessrechtlichen Regel, wonach auf eine Behauptung, wenn sie noch so glaubhaft klingen mag, für sich allein nicht abgestellt werden kann, solange sie vom Rechtsgegner bestritten ist. Dass aber die Folgen *sie,* die beweisbelastete Partei, treffen, ist eine vom Privatrecht zu regelnde Frage, nämlich diejenige, die danach geht, wer die Folgen der Beweislosigkeit eines Tatbestandes zu tragen hat. Das ist ein Entscheid materiellrechtlicher Art.

33   MAX KUMMER hat deshalb, wenn auch in anderem Zusammenhang, in N 34 zu Art. 8 ZGB (Berner Kommentar) eine andere Formulierung von Art. 8 ZGB vorgeschlagen. Sie lautet:

«Bleibt eine Tatsache beweislos, so ist, wo das Gesetz nicht anderes bestimmt, zuungunsten desjenigen zu entscheiden, der aus ihrem Vorhandensein seine Rechte ableitet.»

34   Unbestritten ist freilich, dass das Privatrecht die Entstehung von Rechten nicht von der Beweisbarkeit der sie begründenden Tatsachen abhängig macht. Wo es nicht zum Prozess kommt, wird deswegen erfüllt, weil sich die Parteien über die tatsächlichen Grundlagen ihres Rechtsverhältnisses einig sind. Das Privatrecht kann aber gerade auch die Frage regeln, wie es zu halten sei, wenn das Tatsächliche umstritten bleibt und nicht abgeklärt werden kann[26].

35   Einerseits können die Kantone die Folgen der Beweislosigkeit bereits dann eintreten lassen, wenn die beweisbelastete Partei den Beweis nicht nur nicht erbracht, sondern überhaupt nicht angetreten hat[27].

36   Andererseits können die Kantone die Frage regeln, wieweit die Parteien im Zivilprozess verpflichtet seien, zur Aufklärung des Tatbestandes beizutragen (durch wahrheitsgemässe Aussage in der Parteibefragung, Vorlegung von Urkunden, Ermögli-

---

[25]   Z.B. in Art. 10 oder 254 ZGB.
[26]   Vgl. aber auch GULDENER, Beweiswürdigung und Beweislast, 14 Anm. 34.
[27]   Vgl. KUMMER, im Berner Kommentar, N 34 zu Art. 8 ZGB.

chung des Augenscheines, Bekanntgabe von Zeugenadressen). Das ist *subjektive Beweisführungslast* (onus probandi); das, was Art. 8 ZGB regelt, ist lediglich die *objektive Beweislast*, besser gesagt: Regelung der Folgen der Beweislosigkeit[28].

III. Die Bedeutung der Vermutungen

1. Die natürlichen Vermutungen (praesumptiones hominis)

Die natürlichen Vermutungen beziehen sich auf Tatsachen, «mit deren Vorhandensein nach den Erfahrungen des Lebens so sehr zu rechnen ist, dass ihr Vorhandensein so lange vorausgesetzt werden darf, als nicht Umstände nachgewiesen sind, welche es unwahrscheinlich machen, dass sie sich verwirklicht haben».[29] Solche Tatsachen dürfen dem Urteil zugrunde gelegt werden, auch wenn sie nicht durch ein Beweismittel nachgewiesen sind. Die natürliche Vermutung dient der Beweiserleichterung, hat aber keine Umkehr der Beweislast zur Folge[30].

37

Beispiel 123:

Der bei der X Versicherungsgesellschaft lebensversicherte A ist aus einem Fenster zu Tode gestürzt. Die Police schliesst die Leistungspflicht der Gesellschaft aus, sofern innert dreier Jahre seit deren Abschluss der Versicherte durch Suizid versterben sollte. Die Frist ist im Zeitpunkt des Todes noch nicht abgelaufen.

38

Beanspruchen die Angehörigen die Versicherungssumme, so wird vermutet, dass A unfreiwillig gestorben sei. Dafür spricht der natürliche Selbsterhaltungstrieb des Menschen. Die Versicherung könnte diese natürliche Vermutung entkräften durch Behauptung und Beweis von Einzeltatsachen (Umstände des Todes, Äusserungen des Verstorbenen kurz zuvor). Ob dann aus diesen Einzeltatsachen, wenn sie bewiesen werden können, der Schluss auf freiwilligen Tod gezogen werden darf, ist eine Frage der Beweiswürdigung.

39

---

[28] KUMMER, im Berner Kommentar, N 36 zu Art. 8 ZGB. Vorbehalten bleiben Fälle der Untersuchungsmaxime, wie etwa Art. 343 OR.
[29] GULDENER, Beweiswürdigung und Beweislast, 322. Zur natürlichen Vermutung für eine Solidarhaftung vgl. 14. März 2006, Obergericht des Kantons Thurgau, SJZ 104/2008, 124 Nr. 8.
[30] BGE 117 II 258 E. 2. b. Die natürliche Vermutung für eine Solidarhaft ist behandelt in einem Entscheid vom 14. März 2006 des Obergerichts des Kantons Thurgau (SJZ 104/2008 Nr. 5, 124).

> **Beispiel 123a:**
>
> 40 Aus der ordnungsgemäss geführten Buchhaltung der X AG ergibt sich, dass eine bestimmte Verpflichtung gegenüber dem Y durch Verrechnung mit einer der X AG ihm gegenüber bestehenden Forderung getilgt wurde. Bis zum Beweis des Gegenteils durch Y kann sich die X AG auf diesen Vorgang berufen[31].

41 Es gibt sogar Tatsachen, die nicht einmal behauptet werden müssen, weil man stillschweigend von ihnen ausgeht, wenn nicht das Gegenteil behauptet wird (sogenannte *implizite* Tatsachen).

> **Beispiel 124:**
>
> 42 Wenn A mit dem B einen Vertrag abgeschlossen hat und daraus Rechte herleitet, so muss er im Prozess nicht noch behaupten, B sei im Zeitpunkt des Vertragsabschlusses urteilsfähig gewesen. Das wird stillschweigend vorausgesetzt so lange, als B nicht ausdrücklich Urteilsunfähigkeit im Zeitpunkt des Vertragsschlusses geltend macht[32].

43 Nach Arthur Meier-Hayoz und Max Kummer ist die natürliche Vermutung allerdings ein Problem nicht der Beweislast, sondern der Beweiswürdigung[33].

> **Beispiel 125:**
>
> 44 Die Beschädigung am Automobil des X spricht dafür, dass er den Velofahrer Y angefahren hat. Die tatsächliche Vermutung ist eine Wahrscheinlichkeitsfolgerung, welche die Beweislastverteilung nicht beeinflusst[34].

45 In Wirklichkeit handelt es sich hier jedoch, wie mir scheint, überhaupt nicht um eine Vermutung, sondern lediglich um ein *Indiz*. Für sich allein ist die Beschädigung am Auto in keiner Richtung vermutungsbegründend, sondern erst im Zusammenhang mit dem Umstand, dass Y umgefahren wurde, dass X zu jener Zeit die gleiche Örtlichkeit befuhr und der Schaden nicht auf ein anderes Ereignis zurückzuführen

---

[31] Vgl. unten § 29 Rz 104. Es handelt sich also hier nicht (wie in § 29 Rz 110) um eine Frage der Qualität der Urkunde, sondern um das Problem der Person, von welcher sie erstellt wurde. Vgl. auch ZR 89/1990 Nr. 37, wo es um die Vorlage von Regierapporten und Ausmassblättern im Bauprozess geht.

[32] Vgl. dazu Bucher, im Berner Kommentar, N 125 zu Art. 16 ZGB.

[33] Kummer, im Berner Kommentar, N 364 ff. zu Art. 8 ZGB.

[34] Das Beispiel stammt aus den Vorlesungsnotizen zu den Einleitungsartikeln des ZGB von Prof. A. Meier-Hayoz, herausgegeben von Heribert Rausch, 2. Aufl., Zürich 1966, 98.

ist, aber auch, dass kein anderes in Betracht kommendes Fahrzeug ähnliche Schäden aufweist. Genau gleich begründet die in Beispiel 123 von A einmal geäusserte Selbstmordabsicht keine Vermutung, wohl aber ein Indiz[35].

2. Die gesetzlichen Vermutungen (praesumptiones iuris)

a) Die Tatsachenvermutungen

Die vom positiven Recht aufgestellten gesetzlichen Vermutungen besagen, dass unter gewissen Voraussetzungen eine nicht bewiesene Tatsache als verwirklicht unterstellt werden muss, solange nicht ihr Gegenteil bewiesen ist[36]. Die Beweislast für die Tatsache, für welche die gesetzliche Vermutung spricht, trifft alsdann nicht diejenige Partei, welche aus dieser Tatsache Entstehung oder Untergang von Rechten herleitet; vielmehr obliegt dem Gegner die Beweislast dafür, dass es sich gegenteilig verhalten habe[37].

46

> **Beispiel 125a:**
>
> X und Y haben sich für einen Vertrag, über dessen Inhalt sie sich einig sind, die Schriftform vorbehalten. Der schriftliche Vertrag ist nie unterzeichnet worden. X verlangt Vertragserfüllung. Er hat als rechtsbegründende Tatsache den Konsens bezüglich des an sich nicht formbedürftigen Vertrages zu beweisen. An Y ist es, den Schriftlichkeitsvorbehalt darzutun. X wiederum kann die sich daraus ergebende Vermutung, dass die Parteien vor Erfüllung der Form nicht gebunden sein wollten, durch entsprechende Beweise zerstören.

47

> **Beispiel 126:**
>
> A hat von B eine Wohnung gemietet. Bei seinem Auszug stellt B fest, dass die Tapeten in den Zimmern so stark von Kinderhand verschmiert sind, dass man sie ersetzen muss.
>
> A macht jedoch geltend, das sei schon bei Antritt der Wohnung so gewesen; ihn habe das nur nicht stark gestört, weil er die Möbel entsprechend stellen und die Bilder entsprechend habe aufhängen können. Der vorherige Mieter habe noch kleinere Kinder gehabt als er, jene seien tätig geworden. Der frühere Art. 271 Abs. 3 OR stellte die Vermutung auf, dass der Mieter den Gegenstand in gutem

48

49

---

[35] Vgl. demgegenüber Kummer, im Berner Kommentar, N 366 zu Art. 8 ZGB, wonach der Beweis der Indizien zur Vermutungsfolge führt. Ebenso Guldener, Beweiswürdigung und Beweislast, 10 ff.
[36] Kummer, N 319 zu Art. 8 ZGB.
[37] Guldener, 326.

> Zustand empfangen habe. Alsdann musste A für seine Behauptung den Beweis leisten, und B ging nicht des Schadenersatzes verlustig, wenn es ihm nicht gelang, die Autorschaft der Kinder A nachzuweisen.
>
> 50 Nach dem seit Inkrafttreten der Revision vom 15. Dezember 1989 geltenden Recht besteht diese Vermutung nicht mehr (vgl. dazu PETER ZIHLMANN, Das neue Mieterecht, Zürich 1990, 106).

Eine gesetzliche Vermutung für die Missbräuchlichkeit der Kündigung eines Mietvertrages wurde angenommen bezüglich des Tatbestandes von Art. 271a Abs. 1 lit. e Ziff. 4 OR[38].

b) Die Rechtsvermutungen

51 Bei den Rechtsvermutungen «schliesst das Gesetz aus einem bestimmten Sachverhalt (Vermutungsbasis) auf das gegenwärtige Bestehen oder Nichtbestehen eines Rechts oder Rechtsverhältnisses»[39].

> **Beispiel 127:**
>
> 52 Die Grenzmauer zwischen der Liegenschaft des A und derjenigen des B steht mitten auf der Grenze. Alsdann wird gemäss Art. 670 ZGB vermutet, dass sie im Miteigentum von A und B steht.

53 Nicht immer kommt der Begriff «Vermutung» oder «vermuten» in den betreffenden Bestimmungen vor: Art. 200 Abs. 1 ZGB sagt, dass, wer behauptet, ein bestimmter Vermögenswert sei Eigentum des einen oder andern Ehegatten, dies beweisen müsse. «Kann dieser Beweis nicht erbracht werden, so wird Miteigentum beider Ehegatten angenommen[40].» Das ist nichts anderes als eine gesetzliche Vermutung.

54 Nach MAX GULDENER hat das Gericht überdies Tatsachen, welche von Gesetzes wegen zu vermuten sind, auch dann zu berücksichtigen, wenn sie nicht speziell behauptet worden sind. «Solange die Vermutung nicht widerlegt ist, hat das Gericht zu unterstellen, dass sich die betreffende Tatsache verwirklicht habe, mag sie behauptet worden sein oder nicht.»[41] «Vermutungen stellt das Gesetz freilich auf, um eine Partei von einem Beweisnotstand zu befreien oder um ihr die Beweisführung zu erleichtern. Der Schluss könnte daher nahe liegen, die vermutete Tatsache müsse

---

[38] 3. März 2003, Bundesgericht, MRA 2003, 165, besprochen von HEDIGER, SJZ 100/2004, 339f. lit. E.
[39] KUMMER, im Berner Kommentar, N 324 zu Art. 8 ZGB.
[40] So etwa auch in ZGB 200 Abs. 2.
[41] GULDENER, 164 bei Anm. 13.

behauptet sein, um Berücksichtigung finden zu können. Ist die Prämisse behauptet, so ist aber auch die zu vermutende Tatsache geltend gemacht, weil der Rechtssatz, der die Vermutung aufstellt, von Amtes wegen anzuwenden ist.»[42] Das heisst: Wenn ein Beklagter, der aufgrund eines mündlichen Vertrages eingeklagt wird, behauptet, es sei Schriftlichkeit vereinbart worden, so muss er nicht auch noch ausdrücklich behaupten, die Parteien hätten vor Erfüllung der Form nicht gebunden sein wollen[43], damit die dort erwähnte Vermutung Platz greift. Ist der Vorbehalt geltend gemacht, so ist es auch der mangelnde Bindungswille der Parteien, für welchen – kann der Vorbehalt bewiesen werden – alsdann die Vermutung spricht, die von Amts wegen anzuwenden ist. «Wird vermutet» heisst: Es wird auch ohne ausdrückliche Erklärung der die Prämisse geltend machenden Partei vermutet. Oder: Der Beweis dafür, dass bei nachgewiesenem Schriftlichkeitsvorbehalt die Parteien dennoch schon mit mündlichem Vertragsabschluss gebunden sein wollten, obliegt demjenigen, der aus dem mündlichen Vertrag Rechte ableitet. Dann wird man allerdings vernünftigerweise auch von ihm nicht die doppelte Behauptung verlangen wollen, es sei ein mündlicher Vertrag geschlossen worden und die Parteien hätten sich – trotz des vom Gegner nachgewiesenen Vorbehalts der Schriftlichkeit – schon mit dem mündlichen Vertrag verpflichten wollen. Wenn er den mündlichen Vertrag als Klagegrundlage anführt, so muss er auch zum Beweis zugelassen werden, welcher der Entkräftung der in Art. 16 Abs. 1 OR enthaltenen Vermutung dient.

3. Unwiderlegbare Vermutungen (praesumptiones iuris et de iure)

Die bisher betrachteten Vermutungen waren alle widerlegbar, d.h., der durch sie Belastete kann mit geeigneten Beweismitteln die Vermutung umstossen, beweisen, dass es sich eben im besonderen Fall doch anders verhalten habe oder noch verhalte. Es gibt aber auch unwiderlegbare Vermutungen oder *Fiktionen*.

55

> **Beispiel 128:**
>
> Der Käufer einer Sache versäumt es, wie es ihm Art. 201 Abs. 1 OR zur Pflicht macht, die Beschaffenheit der empfangenen Sache auf Mängel zu prüfen. Stellt er später solche Mängel, die sofort erkennbar gewesen wären, fest und beanstandet er die Sache beim Verkäufer, so nützt ihm dies nichts mehr: Die gekaufte Sache gilt als genehmigt, auch wenn der Käufer nachweisen könnte, dass er sie in keiner Weise genehmigen wollte, sondern sie einfach irgendwo zu Hause abstellte, alsdann zwei Wochen ortsabwesend war und sich anschließend auch nicht sofort um die Sache kümmern konnte. Die Vermutung der Genehmigung ist (im Interesse der anderen Partei und der Rechtssicherheit) unwiderlegbar.

56

---

[42] GULDENER, 164 Anm. 13.
[43] OR 16 Abs. 1.

§ 29 Die Beweismittel und die Beweiswürdigung

Inhaltsverzeichnis Seite

- A. Die Beweismittel 336
  - I. Die Beweismittel im Allgemeinen 336
  - II. Einzelne Beweismittel 337
    1. Die Parteibefragung 337
       - a) Allgemeines 337
       - b) Informative Parteibefragung 338
       - c) Parteibefragung als Teil des Beweisverfahrens 338
         - α) Das einfache Parteiverhör (Persönliche Befragung) 338
           - αα) Allgemeine Grundsätze 338
           - ββ) Die Beweiskraft der im einfachen Parteiverhör gewonnenen Aussagen .. 339
         - β) Die Beweisaussage 340
       - d) Weitere Fragen 342
         - α) Befragung Prozessunfähiger 342
         - β) Befragung bei juristischen Personen, Personengemeinschaften und bei der Konkursmasse 342
         - γ) Ort und Form der Befragung 342
         - δ) Ausbleiben zur Befragung 343
         - ε) Folgen der Falschaussage 343
    2. Das Zeugnis 344
       - a) Allgemeines 344
       - b) Zeugnisfähigkeit 344
       - c) Zeugnispflicht und Zeugnisverweigerung 345
       - d) Form und Inhalt der Zeugenvernehmung 350
       - e) Protokollierung 352
       - f) Entschädigung des Zeugen 353
    3. Der Augenschein 354
    4. Das Gutachten 354
       - a) Die Bedeutung des Gutachtens im Prozess 354
       - b) Die Ernennung der Sachverständigen 357
       - c) Die Experteninstruktion 358
       - d) Die Erstattung des Gutachtens 359
       - e) Die Kritik am Gutachten 359
    5. Urkunden 360
       - a) Arten von Urkunden 360
         - α) Dispositivurkunden und Zeugnisurkunden 360
         - β) Öffentliche und private Urkunden 362
       - b) Originale und Kopie 364
       - c) Die Überprüfung der Echtheit von Urkunden 364
       - d) Die Edition von Urkunden 365
         - α) Die prozessuale Editionspflicht 365
           - αα) Die Edition der im Besitz der Gegenpartei befindlichen Urkunden 365
           - ββ) Die Edition von im Besitz eines Dritten befindlichen Urkunden 366
         - β) Die ausserprozessuale Editionspflicht 367
       - e) Weitere Fragen 368
- B. Die Beweiswürdigung 368

A. Die Beweismittel

I. Die Beweismittel im Allgemeinen

1   Das schweizerische Zivilprozessrecht kennt an Beweismittel die folgenden: Parteibefragung, Beweisaussage und Eid, Zeugnis Dritter, Augenschein, Gutachten von Sachverständigen, Urkunden.¹ Diese Beweismittel sind auch diejenigen des zürcherischen Zivilprozesses mit Ausnahme des Eides, der schon verhältnismässig früh im vergangenen Jahrhundert abgeschafft wurde². Die Beweismittel sind Objekte (Sache und Personen), die in den Prozess eingeführt werden, um dem Gericht Beweisgründe zu vermitteln³. Als Beweisgründe alsdann werden die eigenen Wahrnehmungen und das eigene Wissen des Gerichtes und die Beurkundungen der Auskunftspersonen bezeichnet, soweit sie im konkreten Fall das Gericht vom Vorhandensein oder Nichtvorhandensein einer Tatsache zu überzeugen vermögen. Die Beweismittel also sind es, welche zu den Beweisgründen führen sollen.

2   Gelegentlich werden auch die Indizien als Beweismittel bezeichnet. Diese können aber ihrer Natur nach nicht Beweismittel sein; vielmehr werden aufgrund von Beweismitteln auch Indizien festgestellt, die ihrerseits als Beweisgründe dienen können.

3   Sodann wurde früher das gerichtliche und aussergerichtliche Geständnis in einzelnen Prozessordnungen zu den Beweismitten gerechnet. Soweit nicht die Offizialmaxime gilt, enthebt das gerichtliche Geständnis jedoch überhaupt von der Beweisführung, weil alsdann die Tatsache, auf die sich die Beweisabnahme hätte beziehen sollen, als anerkannt gilt und somit kein Beweis mehr darüber abgenommen werden darf. So fasst es auch die Bundeszivilprozessordnung in ihrem Art. 36 Abs. 2 auf, wenn sie sagt, dass unter Berücksichtigung des gesamten Inhaltes des Vorbringens und des Verhaltens der Partei im Prozess beurteilt werden müsse, ob mangels eines ausdrücklichen Geständnisses eine Tatsache als bestritten anzusehen sei⁴. Das setzt doch voraus, dass, wenn ein solches ausdrückliches Geständnis vorliegt, die Behauptung unbestritten geblieben ist und somit gemäss Art. 36 Abs. 1 BZP darüber kein Beweis mehr abgenommen werden muss.

4   Gemäss Art. 36 Abs. 3 BZP beurteilt der Richter nach freiem Ermessen, inwiefern das Geständnis durch beigefügte Zusätze und Einschränkungen oder durch Wider-

---

1   Die schweizerische Zivilprozessordnung nennt in Art. 168: Zeugnis, Urkunde, Augenschein, Gutachten, schriftliche Auskunft, Parteibefragung und Beweisaussage.
2   Vgl. darüber § 4 Rz 18–20 hiervor.
3   GULDENER, Schweizerisches Zivilprozessrecht, 320.
4   Für die *zürcherische* Regelung dieser Frage vgl. § 17 hiervor.

ruf unwirksam wird. Hier kommt der sogenannte Grundsatz der Unteilbarkeit des Geständnisses zur Geltung.

Beweismittel, welche eine Partei in Händen hat, wie Urkunden oder Augenscheinobjekte, sind durch sogenannte Realproduktion zu den Akten zu geben. Mit Bezug auf sie erschöpft sich das sogenannte Beweisverfahren in der Aktenwürdigung. Mit Bezug auf andere Beweismittel muss es vorerst bei ihrer Bezeichnung sein Bewenden haben: Anrufung von Zeugen, Antrag auf Parteibefragung, auf Augenschein an einem nicht transportablen, sich ausserhalb des Gerichtsgebäudes befindenden Objekt, Berufung auf das Gutachten eines Sachverständigen. Die eigentliche Beweisabnahme erfolgt alsdann in einer sogenannten Beweisverhandlung.

Bleiben die Parteien oder eine von ihnen bei der Beweisverhandlung aus, wozu sie berechtigt sind, so findet die Beweisabnahme gleichwohl statt. Hier aber hat der Richter darauf Rücksicht zu nehmen, dass der bereits vorliegende Akteninhalt nicht zum Nachteil der ausgebliebenen Partei ausser Acht gelassen werde[5]. Das heisst z.B., dass der Richter den Zeugen alle Fragen stellen soll, die sich etwa im Hinblick auf das bisherige Beweisergebnis aufdrängen. Es hat indessen dabei nicht die Meinung, dass der Richter gewissermassen die abwesende Partei vertreten und darauf achten soll, dass jede Frage gestellt wird, die irgendwie für diese Partei von Nutzen sein könnte. In erster Linie sind es die Parteien, die an der Beweisverhandlung ihre Interessen zu wahren haben.

II. Einzelne Beweismittel

1. Die Parteibefragung

a) Allgemeines

Gemäss § 149 Abs. 1 ZPO werden die Parteien auf Antrag oder von Amts wegen persönlich befragt. Diese Parteibefragung ist die zweite Stufe im Rahmen der sogenannten dreistufigen Parteivernehmung (informative Parteibefragung – einfaches Parteiverhör – Beweisaussage), wie sie sich im schweizerischen Zivilprozessrecht allmählich eingebürgert hat[6].

Die Ausgangsfrage ist folgende: Soll neben die informative Parteibefragung (richterliche Fragepflicht nach § 55 ZPO), die immer grössere Bedeutung erhält[7], noch die

---

[5] ZPO 146.
[6] Vgl. dazu HANS ULRICH WALDER, Probleme der Parteibefragung im schweizerischen Zivilprozessrecht, in: Gedenkschrift für *Emmanuel Michelakis*, Athen 1972, 615 ff. ZPO CH 192 Beweisaussage von Amtes wegen.
[7] Vgl. dazu ISAAK MEIER, Iura novit curia, 158 f.

Befragung der Partei als Beweismittel treten? Und wenn ja, in welcher Form? Es ist dies auf zwei Arten möglich: Entweder beschränkt man sich darauf, die Partei zur Erzielung von Geständnissen oder Zugaben förmlich zu befragen, oder man erhebt die Parteiaussage in einem weiteren Umfang zum Beweismittel, oder man kombiniert die beiden Möglichkeiten. Diesen letzteren Weg hat Zürich eingeschlagen.

b) Informative Parteibefragung

9   Die informative Parteibefragung in Form der Ausübung der richterlichen Fragepflicht im Sinne von § 55 ZPO ist nicht Beweismittel, sondern Teil des Hauptverfahrens. Sie soll zur Ergänzung der erfolgten Behauptungen und Bestreitungen dienen. Selbstverständlich ist es auch möglich, dass im Laufe dieser Befragung Zugaben gemacht oder Behauptungen zurückgenommen werden, in welchem Falle die Partei natürlich so gut dabei zu behaften ist, wie wenn dies im Rahmen ihres sonstigen Vortrages geschehen wäre.

c) Parteibefragung als Teil des Beweisverfahrens

α)   Das einfache Parteiverhör (Persönliche Befragung)

αα)   Allgemeine Grundsätze

10 Die Ausgestaltung dieses in § 149 Abs. 1 ZPO verankerten Beweismittels trug bisher der besonderen Stellung der Partei insofern Rechnung, als keine Partei die eigene persönliche Befragung beantragen, sich somit selber als Beweismittel anbieten konnte[8]. Anders als früher gewährt § 149 ZPO Anspruch nicht nur auf Befragung der Gegenpartei[9]. Nach wie vor bilden jedoch Aussagen, welche zugunsten der befragten Partei lauten, keinen Beweis[10]. Die persönliche Befragung hat somit nach wie vor den Sinn, aus dem Prozessgegner durch formelle richterliche Befragung Tatbestände herauszulocken, die dem Beweisführer günstig sind, m.a.W., ihn zu Geständnissen zu veranlassen, zu denen er im Hauptverfahren oder in der informativen Befragung nicht bereit war. Der Richter ist stets befugt, von Amts wegen die Befragung beider Parteien anzuordnen.

11 Wer die persönliche Befragung beantragen will, hat dies innert der für Beweisanerbieten geltenden Fristen zu tun, doch wird diese zeitliche Beschränkung durch die Möglichkeit des Richters gemildert, die Befragung beider Parteien von Amts wegen anzuordnen.

12 Entgegen früherem Recht ist die unwahre Aussage in der persönlichen Befragung nicht mehr an Strafe geknüpft, welche die Einleitung einer gerichtlichen Strafunter-

---

[8] Das ergab sich e contrario aus § 172 Abs. 1 aZPO.
[9] FRANK/STRÄULI/MESSMER, N 2 zu § 149 ZPO.
[10] ZPO 149 Abs. 3, dies im Gegensatz zur Beweisaussage, vgl. Rz 16–20 hiernach.

suchung erforderte. Wohl aber wird der befragten Partei disziplinarische Ahndung angedroht (Ordnungsstrafe). § 149 Abs. 2 ZPO sieht im Weiteren vor, dass die Partei vor der Befragung zur Wahrheit ermahnt und darauf aufmerksam gemacht wird, dass sie zur Beweisaussage angehalten werden, also nach den für die dritte Stufe geltenden Regeln einvernommen werden könne.

ββ) Die Beweiskraft der im einfachen Parteiverhör gewonnenen Aussagen

Unter den Beweismitteln lassen sich zwei grosse Gruppen unterscheiden: einmal diejenigen, die ihrer Natur nach für sich selbst in der Lage sind, den Richter von einem Sachverhalt zu überzeugen: Urkunden und Augenschein[11]. Ihnen gegenüber stehen diejenigen Beweismittel, welche die Vermittlung durch Menschen mit sich bringen: Parteibefragung, Zeugen- und Sachverständigenbeweis. Das sind Berichte von Menschen an den Richter, der mittelbar (und nicht wie bei Urkunden und Augenschein unmittelbar) vom Sachverhalt Kenntnis nimmt. Dieser zweiten Gruppe haftet, vom Richter aus gesehen, der Mangel der Unzuverlässigkeit an. Der Richter ist auf den guten Willen der Mittelsleute angewiesen, weil er ihre Wahrhaftigkeit nicht oder doch nur teilweise kontrollieren kann. Um diesen guten Willen zu fördern, gibt es zwei Mittel: eines, das positiv auf den Wahrheitswillen einwirken soll (Produktivmittel), nämlich die Ermahnung, die Abnahme eines Wahrheitsversprechens durch Handschlag oder die Vereidigung, und eines, das negativ von der Lüge abschrecken soll (Repressivmittel), nämlich die Strafandrohung für den Fall der Falschaussage. Von beiden machen die Prozess- und Strafgesetze Gebrauch. Die Prozessgesetze sehen vor, dass die Parteien, Zeugen und Sachverständigen ermahnt, in Pflicht genommen, vereidigt werden. Die Strafgesetze andererseits stellen die Sanktionen für wissentlich falsche Parteiaussage, falsches Zeugnis und falsches Gutachten auf. Diese sind umso schärfer, je stärker die Ermahnung zur Wahrheit ausgestaltet ist. Die Strafandrohung wird mit der Ermahnung zur Wahrheit verbunden.

13

Art. 306 Abs. 1 des schweizerischen Strafgesetzbuches bestimmt, dass, wer in einem Zivilrechtsverfahren als Partei nach erfolgter richterlicher Ermahnung zur Wahrheit und nach Hinweis auf die Straffolgen eine falsche Beweisaussage zur Sache macht, mit Zuchthaus bis zu drei Jahren oder mit Gefängnis bestraft wird. Eine solche Beweisaussage liegt jedoch nach Auffassung des Bundesgerichtes nur dann vor, wenn sie grundsätzlich *zum Beweis zugunsten der aussagenden Partei* «unter Vorbehalt der freien Beweiswürdigung durch den Richter»[12] geeignet ist. Das trifft beim einfachen Parteiverhör des zürcherischen Rechtes, der sogenannten persönlichen Befragung, nicht zu. Tatsächlich sagte schon § 182 Abs. 2 der zürcherischen Zivilprozessordnung von 1913 ausdrücklich, dass die wegen falscher Aussage überführte

14

---

[11] ZPO 183–187, 169–170.
[12] Vgl. BGE 76 IV 280.

§ 29 Die Beweismittel und die Beweiswürdigung

Partei nicht nach Art. 306 StGB bestraft werden könne[13]. Für die falsche Aussage in einer solchen persönlichen Befragung war bisher, weil eben keine Beweiskraft zugunsten der aussagenden Partei angenommen wurde, sondern nur die Nichtverwirklichung eines vom Gegner angestrebten Beweises mit der unwahren Aussage verbunden war, lediglich Busse oder Haft vorgesehen, *wenn die falsche Aussage sich auf Tatsachen bezieht, welche für die richterlichen Entscheide erheblich sind*[14].

15   Alsdann war eben eine kantonale Strafnorm verletzt. Der Ernst der Sache wurde immerhin dadurch unterstrichen, dass die Untersuchung durch die Bezirksanwaltschaft (heute: Staatsanwaltschaft) geführt wurde, wie § 182 Abs. 1 aZPO ausdrücklich vorschrieb. Nunmehr erfolgt die persönliche Befragung ohne diese Strafandrohung. Sie ist deshalb auch nicht mehr eigentliches Beweismittel[15]. Sie ist Mittel zur Erwirkung von Zugeständnissen. Auf ein solches Zugeständnis kann jedoch im Rahmen der Offizialmaxime nicht entscheidend abgestellt werden, wenn es ohne die Strafandrohung, also nicht im Sinne der Abnahme eines Beweismittels, erfolgt ist. Die persönliche Befragung ist auch nicht einer vom Bundesrecht geforderten freien Beweiswürdigung zugänglich[16].

β)   Die Beweisaussage

16   Das Ziel der Beweisaussage besteht darin, die Partei auch dort zum Beweis durch ihre eigene Aussage zuzulassen, wo sie selber Beweis führt. Die Beweisaussage wurde für die heutige Zürcher Zivilprozessordnung in Anlehnung an den Bundeszivilprozess und die bernische Zivilprozessordnung übernommen[17].

17   Gemäss § 150 Abs. 1 ZPO kann das Gericht eine der Parteien zu Beweisaussage über bestimmte Beweissätze anhalten, wenn dies nach dem Ergebnis der persönlichen Befragung und des übrigen Beweisverfahrens geboten erscheint. Vor der Beweisaussage wird die Partei erneut zur Wahrheit ermahnt sowie auf die Folgen der Aussageverweigerung und auf die Straffolgen einer falschen Beweisaussage nach Art. 306 StGB aufmerksam gemacht. Die Beweisaussage ist zu charakterisieren als ein Beweismittel, das

---

[13]   Zur Frage der Übereinstimmung dieser Vorschrift mit dem Bundesrecht vgl. WALDER, Anm. 6) S. 337 hievor, 622 ff. und dortige Zitate.
[14]   Siehe aZPO 182 Abs. 1 erster Satz.
[15]   FRANK / STRÄULI / MESSMER, N 5 zu § 149 ZPO.
[16]   FRANK / STRÄULI / MESSMER, N 5 zu § 149 ZPO.
[17]   Vgl. ROBERT HAUSER, Zur Beweisaussage im Zivilprozess, Festgabe zum 65. Geburtstag von Max Kummer, Bern 1980, 617 ff.

1. die Partei auf Anordnung des Richters der Stellung eines Zeugen annähert,
2. bezogen auf einen bestimmten Sachverhalt die Beweisaussage der Gegenpartei ausschliesst[18],
3. wie alle anderen Beweismittel der freien Beweiswürdigung unterliegt.

Gemäss § 149 Abs. 1 ZPO werden die Parteien auf Antrag oder von Amts wegen persönlich befragt. Gemäss § 149 Abs. 1 ZPO wird die Partei vor der Befragung darauf aufmerksam gemacht, dass sie zur Beweisaussage angehalten werden kann. Dieser Hinweis lässt darauf schliessen, dass solches Vorgehen auch ohne Parteiantrag in Betracht kommt[19]. Gerade bei diesem Instrument muss sich die verstärkte Stellung des Richters voll bewähren können.

In den Erläuterungen zum Entwurf des Regierungsrates heisst es:

«Das Bedürfnis nach einem echten Beweismittel durch Aussage der Partei ist indessen nicht zu leugnen. So stehen der Partei zuweilen Personen als Zeugen gegenüber, die am Prozessausgang nicht weniger interessiert sind als sie selbst. Sodann kann eine für die Partei ungünstige und als unbillig empfundene Beweislastverlegung manchmal nur durch die Möglichkeit einer Beweisaussage zu eigenen Gunsten korrigiert werden. Ein entsprechendes Bedürfnis besteht mit anderen Worten immer dann, wenn sich anders ein der Sache entsprechendes Gleichgewicht der Kräfte im Prozess nicht einstellen kann[20].

Auf Grund der persönlichen Befragung und der andern Beweisabnahmen muss die Beweisaussage als nötig und zudem als angebracht erscheinen. Das kann zutreffen, wenn mit ihr ein noch nicht voll erbrachter Beweis zu ergänzen oder ein noch nicht voll gescheiterter Beweis zu widerlegen ist; sie kann jedoch auch zugelassen werden, um als alleiniges Beweismittel einen Beweisnotstand abzuwenden[21].»

Beispiel 129:

entfällt

---

[18] Dass nach abgenommener Beweisaussage die Berufungsinstanz die Beweisaussage des Gegners anordnen kann, wie FRANK/STRÄULI/MESSMER, N 5 zu § 150 ZPO, unter Hinweis auf LEUCH, N 2 zu Art. 279 der *bernischen* ZPO annehmen, entspricht zwar § 269 Abs. 1 ZPO, deckt aber eine schwache Seite der ganzen Institution auf, indem faktisch für berufungsfähige Prozesse ein anderes Beweisrecht gilt als für die übrigen. Vgl. demgegenüber *Schwyz* ZPO 126 Abs. 1. Die Beschränkung der Beweisaussage auf eine der Parteien ist aber an sich nur aus der Gefahr widersprechender Aussagen mit der sich alsdann beinahe aufdrängenden Strafuntersuchung zu verstehen.
[19] A.M. FRANK/STRÄULI/MESSMER, N 2 zu § 150 ZPO.
[20] Amtsblatt des Kantons Zürich 1971, 1914.
[21] FRANK/STRÄULI/MESSMER, N 2 zu § 150 ZPO. Leider neigt die Rechtsprechung dazu, die Zulässigkeit der Beweisaussage streng von diesen im Gesetz nicht aufgeführten Voraussetzungen abhängig zu machen. Richtiger wäre es, wenn der Richter einfach darauf abstellte, ob durch die Abnahme der Beweisaussage die Chance, die Wahrheit zu ermitteln, erhöht wird. Keinesfalls kann es, wie es in einem nicht veröffentlichen Urteil des Obergerichtes vom 17. November 1981 angenommen wird, darauf ankommen, ob die betreffende Partei den Beweisnotstand selber zu vertreten hat. Das wurde seither bestätigt im instruktiven Fall von ZR 84/1985 Nr. 150.
Vgl. auch die Abhandlung von HAUS ULRICH WALDER in der Festschrift für Gottfried Baumgärtel, Köln 1990, 629 ff.

Randziffer 20 entfällt.

d)   Weitere Fragen

α)   Befragung Prozessunfähiger

21   Die Befragung einer Person als Partei setzt nicht ihre Prozessfähigkeit voraus. Vielmehr kann sie befragt werden, sofern sie urteilsfähig ist[22]. Es wird also nicht ihr gesetzlicher Vertreter befragt, denn Thema der Befragung sind ja Vorgänge, über welche die Partei Auskunft geben kann, weil sie ihnen beigewohnt hat. Soweit der gesetzliche Vertreter dem betreffenden Vorfall beiwohnte, ist er als Zeuge zu vernehmen[23].

β)   Befragung bei juristischen Personen, Personengemeinschaften und bei der Konkursmasse

22   Bei juristischen Personen ist keine Parteibefragung vorgesehen, auch nicht eine solche ihrer Organe. Diese werden als Zeugen vernommen, sofern sie etwas wahrgenommen haben[24]. Neu bestimmt ZPO CH 159, dass wenn eine juristische Person Partei ist, ihre Organe im Beweisverfahren wie eine Partei behandelt werden. Dagegen kann bei der Kollektiv- und Kommanditgesellschaft der unbeschränkt haftende Gesellschafter befragt werden. Dem nach herrschender Lehre verstandenen Begriff der Konkursmasse schliesslich entspricht es, dass das Gericht im Konkurs den Konkursiten oder die Konkursitin befragen kann[25].

γ)   Ort und Form der Befragung

23   Die Parteien haben zur Befragung persönlich vor dem erkennenden Gericht zu erscheinen, doch kann eine Partei, die aus zureichenden Gründen (z.B. wegen Krankheit oder hohen Alters) verhindert ist, persönlich vor Gericht zu erscheinen, an ihrem Aufenthaltsort befragt werden, indem das Gericht oder eine Abordnung desselben sich dorthin begibt[26]. Eine ausserhalb des Kantons wohnende Partei kann das Gericht durch den Richter ihres Wohnortes befragen lassen, wobei der Gegenpartei von der Verhandlung rechtzeitig Kenntnis zu geben ist[27]. Dieses Recht auf Anwesenheit ist von Bedeutung im Zusammenhang mit der Form der Befragung: Diese erfolgt münd-

---

[22]   ZPO 151 Abs. 1. ZPO CH Art. 171 Abs. 1 ... nach Vollendung des 14. Altersjahres wird die Zeugin oder der Zeuge zudem auf die strafrechtlichen Folgen des falschen Zeugnisses (Art. 307 StGB) hingewiesen.
[23]   FRANK / STRÄULI / MESSMER, N 4 zu § 151 ZPO.
[24]   ZPO 157 Abs. 2. Diese Regelung verstösst nicht gegen Bundesrecht (14. August 1995, Kassationsgericht des Kantons Zürich, ZR 95/1996 Nr. 78 E. 4).
[25]   ZPO 151 Abs. 3.
[26]   ZPO 153.
[27]   ZPO 152, ZPO CH 170 Abs. 3.

lich, indem die Fragen durch das Gericht gestellt werden[28], doch können die Parteien Ergänzungsfragen beantragen oder mit Bewilligung des Gerichtes selber stellen[29], wobei es den Parteien auch ermöglicht ist, durch ihre Vertreter im Prozess Fragen an sich selber stellen zu lassen[30]. Das Zeugnis ist frei abzulegen; nach Art. 171 Abs. 3 ZPO CH kann das Gericht die Benützung schriftlicher Unterlagen zulassen. Zulässig ist auch die Konfrontation mit anderen Zeugen und den Parteien[31].

δ) *Ausbleiben zur Befragung*[32]

Bleibt eine Partei ohne zureichende Gründe aus, obschon sie zur Parteibefragung vorgeladen war, oder verweigert sie Aussage, so würdigt das Gericht dieses Verhalten nach freier Überzeugung gemäss § 148 ZPO[33]. Dort ist vorgesehen, dass das Gericht das Verhalten einer Partei im Prozess bei Beweiswürdigung berücksichtigt (im Sinne eines Indizes), was in verschiedenen Zusammenhängen möglich ist[34]. Wo indessen infolge Anwendung der Offizialmaxime der Richter sich vom Vorhandensein der behaupteten Tatsache überzeugen muss, kann diese Vorschrift keine Anwendung finden[35]. In den übrigen Fällen wird der Richter so weit gehen dürfen, die vom Gegner des zur Befragung Vorgeladenen behauptete Tatsache als erwiesen anzunehmen, wie das schon im früheren Recht für diesen Fall ausdrücklich vorgesehen war[36]; die nunmehrige Regelung ist aber um einiges flexibler.

ε) *Folgen der Falschaussage*

Eine Partei, die der falschen Beweisaussage zur Sache dringend verdächtigt ist, wird der zuständigen Untersuchungsbehörde verzeigt und nötigenfalls durch das Gericht verhaftet[37]. Die Bestrafung hat unter Anwendung von Art. 306 und 308 StGB zu erfolgen.

---

[28] ZPO 155 Abs. 1.
[29] ZPO 155 Abs. 2.
[30] FRANK/STRÄULI/MESSMER, N 2/3 zu § 155 ZPO. ZPO CH 176 Die Aussagen werden zu Protokoll genommen und von den Zeugen und Zeuginnen unterzeichnet. Zu Protokoll aufgenommen werden auch abgelehnte Ergänzungsfragen der Parteien, wenn dies eine Partei verlangt. Zusätzlich können die Aussagen aufgezeichnet werden. Die Protokollierung erfolgt nur bei der Beweisaussage nach der strengen Vorschrift von § 151 GVG.
[31] ZPO 166 und ZPO CH 174.
[32] ZPO CH 164.
[33] ZPO 154.
[34] Vgl. Rz 131 hiernach.
[35] BGE 82 II 511, FRANK/STRÄULI/MESSMER, N 10 zu § 148 ZPO.
[36] Vgl. aZPO 181.
[37] ZPO 156.

2. Das Zeugnis

a) Allgemeines

26 Zeugen sind Personen, die im Prozess über eigene Wahrnehmungen zum Zwecke der Feststellung von Tatsachen einvernommen werden. «Eigene Wahrnehmungen» bedeutet: Aussagen eines Zeugen fallen nur insofern in Betracht, als sie sich auf eine unmittelbare eigene Sinneswahrnehmung des Zeugen stützen. Das ist in der Zürcher ZPO nicht ausdrücklich gesagt, kann aber allgemein Geltung beanspruchen. Zeugen, die lediglich Aussagen von Gewährsleuten wiedergeben, fallen nicht als Beweismittel in Betracht für die Richtigkeit dieser Äusserungen[38]. Immerhin wird etwa eine Aussage, die eine Partei über ihre Wahrnehmungen einem Dritten gemacht hat, sofern sie bezeugt werden kann, als Indiz für mangelnde Glaubwürdigkeit der betreffenden Partei verwendet, sobald das dort Gesagte dem im Prozess Behaupteten widerspricht.

b) Zeugnisfähigkeit

27 Die Parteien können nicht Zeugen sein[39]. Nemo testis in propria causa. Voraussetzung, um Zeugnis abzulegen, ist somit, dass man eine Drittperson ist, am Prozess nicht beteiligt ist.

28 Als Zeugen ausgeschlossen sind auch *Nebenparteien,* sofern sie am Prozess teilnehmen[40].

29 Zu Kontroversen hat immer wieder die Frage geführt, wie es bei *juristischen Personen* zu halten sei, ob ihre *Organe* als Zeugen einvernommen werden könnten. § 157 Abs. 2 ZPO hat die Frage bejaht, und zwar gilt das auch bei der sogenannten Einmanngesellschaft, die sich auf den sie beherrschenden Alleinaktionär und einzigen Verwaltungsrat als Zeugen beruft[41]. Der Wert solcher Zeugenaussage wird dann allerdings bei der freien richterlichen Beweiswürdigung entsprechend zu veranschlagen sein, abgesehen davon, dass das Korrektiv für die Gegenpartei nunmehr durch deren Zulassung zur Beweisaussage gewonnen werden kann. Neu bestimmt ZPO CH 159, dass wenn eine juristische Person Partei ist, ihre Organe im Beweisverfahren wie eine Partei behandelt werden.

---

[38] Ebenso wenig darf ohne Weiteres auf Zeugenaussagen abgestellt werden, die in einem Parallelprozess erhoben worden sind (24. Oktober 2003, Obergericht des Kantons Zürich, ZR 106/2007 Nr. 14, E. III).

[39] Zeugenaussagen, die eine Partei zur Sache in einem früheren Verfahren, etwa in einem Strafprozess, gemacht hat, können nicht als Beweisaussage in Betracht kommen.

[40] FRANK / STRÄULI / MESSMER, N 5 zu § 157 ZPO.

[41] Vgl. dazu OTTOMANN, 98f.

In der Frage des *Mindestalters* von Zeugen hat Zürich keine starre Vorschrift aufgestellt, sondern in § 157 Abs. 3 ZPO festgelegt, dass das Gericht nach Ermessen bestimme, inwiefern Personen unter 18 Jahren zum Zeugnis befähigt und verpflichtet seien[42].

30

Der in der früheren Zivilprozessordnung noch verankerte Ausschluss von nächsten *Angehörigen des Beweisführers* vom Zeugnis existiert im Bundeszivilprozess nicht und ist in der geltenden Zürcher ZPO ebenfalls gestrichen worden. Das ist die Abkehr von den letzten Resten der gemeinrechtlichen Beweistheorie, die noch vereinzelte Spuren hinterlassen hat[43].

31

c) Zeugnispflicht und Zeugnisverweigerung

Gemäss § 157 Abs.1 ZPO ist jedermann nicht nur fähig, sondern auch verpflichtet, Zeugnis abzulegen[44], «soweit dieses Gesetz nichts anderes bestimmt». Das, was damit gemeint ist, folgt unmittelbar in den §§ 158 und 159. Ein Zeuge kann nämlich berechtigt sein, das Zeugnis zu verweigern. Die Zeugnisverweigerungsgründe werden eingeteilt in zwei Gruppen: *Die erste Gruppe* bilden jene Gründe, welche den Zeugen berechtigen, alle Aussagen im betreffenden Prozess zu verweigern, was bedeutet, dass er gegebenenfalls als Beweismittel im betreffenden Prozess überhaupt entfällt. Solche Zeugnisverweigerungsgründe sind gemäss § 158 ZPO[45]:

32

1. die Blutsverwandtschaft und Schwägerschaft mit einer Partei und zwar in gerader Linie und bis zum zweiten Grad der Seitenlinie. Der Blutsverwandtschaft gleichgestellt sind das Stief- und Adoptionsverhältnis oder ein diesem ähnliches Pflegeverhältnis.
2. die Ehe mit einer Partei. Ehegatten einer Partei sind zur Zeugnisverweigerung berechtigt. Das Zeugnisverweigerungsrecht wird sogar auf geschiedene Ehegat-

---

[42] ZPO CH 171 sieht für Zeuginnen und Zeugen nach Vollendung des 14. Altersjahrs einen Hinweis auf die strafrechtlichen Folgen des falschen Zeugnisses vor. Das Gericht entscheidet über die Mitwirkungspflicht einer unmündigen Person nach seinem Ermessen und berücksichtigt dabei das Kindeswohl, ZPO CH Art. 160 Abs. 2 und 3.

[43] Man spricht von *absoluter Zeugnisunfähigkeit,* wenn jemand zur Wahrnehmung bestimmter Ereignisse wegen körperlichen oder geistigen Gebrechens gar nicht in der Lage war (*Basel-Stadt* ZPO 114, *Basel-Landschaft* ZPO 160 Ziff. 1, 171 Abs. 1) und von *relativer Zeugnisunfähigkeit* bei starker persönlicher Bindung an eine Prozesspartei, in welchem Falle die Abhörung einer Person zu unterbleiben hat unter Vorbehalt ihrer Vernehmung als Auskunftsperson (*Basel-Stadt* ZPO 115, *Basel-Landschaft* ZPO 160 Ziff. 2). Vgl. dazu STAEHELIN/SUTTER, § 14 N 24–27, 39; WEIBEL/RUTZ, 194.
Im Weiteren gibt es die Rekusation von Zeugen wegen Befangenheit (*Basel-Stadt* ZPO 117, *Basel-Landschaft* ZPO 162, dazu STAEHELIN/SUTTER, § 14 N 28, sowie *Zug* ZPO 167 Abs. 1).

[44] Der Zeuge ist nicht dazu legitimiert, die Notwendigkeit seiner Aussage infrage zu stellen (14. August 1995, Kassationsgericht des Kantons Zürich, ZR 95/1996 Nr. 78 E. 5, 7).

[45] Vgl. ZPO CH 165 als «umfassendes Verweigerungsrecht» Der Artikel ist weiter gefasst.

§ 29 Die Beweismittel und die Beweiswürdigung

ten erstreckt, jedoch nur, soweit Aussagen zur Diskussion stehen, die sich auf die Zeit der Dauer der Ehe beziehen.

3. die Vormundschaft oder Beistandschaft. Zeugnisverweigerung können der Vormund und der Beistand einer Partei geltend machen; umgekehrt jedoch ist das Mündel oder der Verbeiständete im Prozess des Vormundes oder Beistandes nicht verweigerungsberechtigt.

33 Alle diese Verweigerungsgründe haben ihre Ursache darin, dass die Bindungen an eine Partei derart sind, dass ein Zeuge, der vor der Aufgabe stünde, wahrheitsgemäss aussagen zu müssen, in schwere innere Konflikte geraten könnte. Dies will man ihm ersparen.

34 *Die zweite Gruppe* der Zeugnisverweigerungsrechte betrifft jene Zeugnisverweigerung, die sich allein auf bestimmte Aussagen bezieht, entweder weil diese Aussagen persönliche Interessen des Zeugen tangieren oder weil ein Rechtsverhältnis zur Partei oder eine Beziehung zum Prozessgegenstand besteht, welche den Zeugen zum Stillschweigen verpflichtet.[46]

35 Einmal ist der Zeuge von Aussagen entbunden, die *zu seiner Schande oder zu seinem unmittelbaren Nachteil*[47] erfolgen müssten.

> **Beispiel 130:** entfällt
>
> 36 Im Scheidungsprozess zwischen den Ehegatten X wird der Zeuge Z danach gefragt, ob er mit der Ehefrau geschlechtliche Beziehungen unterhalten habe. Die Aussage, dass dies zutreffe, müsste zu seiner Schande gereichen, denn er hätte Ehebruch begangen[48]. Er darf die Aussage verweigern.

---

[46] Vgl. ZPO CH 166 als «beschränktes Verweigerungsrecht».
[47] Die Möglichkeit eines vermögensrechtlichen Nachteils genügt (ZR 80/1981 Nr. 102 Erw. 9, Kassationsgericht).
[48] Der Ehebruch ist zwar seit der Streichung von Art. 214 StGB durch die Strafrechtsrevision vom 23. Juni 1989 nicht mehr strafbar. «Für den betrogenen Ehegatten kann die Bestimmung zu einem fragwürdigen Instrument der Rache werden» (BBl. 1985 II, 1052 Ziff. 215.2), was indessen auch für andere Straftatbestände zutrifft und zum Erscheinungsbild des Strafrechts geradezu gehört. Die Straflosigkeit ändert jedoch nichts an der Verwerflichkeit, weshalb die Aussage darüber zur Schande gereichen kann.

> **Beispiel 131:**
>
> Im Vaterschaftsprozess des Kindes K gegen den Beklagten B wird Z darüber einvernommen, ob er während der kritischen Zeit mit der Mutter des Kindes Geschlechtsverkehr gehabt habe. Weil ihm Gefahr droht, nach Abweisung oder Rückzug der Klage gegen B selber auf Vaterschaft belangt zu werden, kann er das Zeugnis verweigern[49].

37

Während sich die Frage, ob ein unmittelbarer Nachteil zu erwarten sei, im allgemeinen ohne Schwierigkeiten beantworten lässt, ist die Frage danach, ob die Aussage zur eigenen Schande erfolgen müsste, schwieriger zu behandeln. Wie ROBERT HAUSER darlegt[50], kann die Beurteilung nach zwei Massstäben vorgenommen werden, indem entweder darauf abgestellt wird, ob die preiszugebenden Tatsachen nach der Anschauung des Zeugen und den in seinen Kreisen herrschenden Umgangsformen die sittliche Wertschätzung herabmindern können oder aber auf die allgemeinen sittlichen Anschauungen abgestellt wird. HAUSER befürwortet diese objektive Betrachtungsweise zu Recht, insbesondere auch, weil allzu grosse Rücksichtnahme die Gefahr schafft, dass die Interessen der Wahrheitserforschung und die gleichmässige Behandlung aller Zeugen infrage gestellt würden. Das Zeugnisverweigerungsrecht unter diesem Titel besteht nicht nur, wenn die Aussage zur Schande oder zum Nachteil des Zeugen selber erfolgen müsste, sondern auch dann, wenn dies in Hinsicht auf eine Person zutrifft, zu der der Zeuge in einem der in § 158 Ziff. 1 und 2 ZPO genannten familienrechtlichen Verhältnisse steht.

38

Natürlich kann nicht vorausgesagt werden, ob die wahrheitsgemässe Aussage wirklich zu seiner Schande oder zu seinem Nachteil gereichte oder zu einem in dieser Richtung gehenden Verdacht führte. Der Zeuge könnte vielleicht die betreffende Frage mit gutem Gewissen so beantworten, dass nicht der geringste Makel auf ihn fiele. Allein die blosse Möglichkeit genügt, eine von mehreren möglichen Antworten könnte vom Thema der den Zeugen im angegebenen Sinne belasten[51]. Auch wenn der Gewissenskonflikt ausbleibt, kann der Zeuge gleichwohl das Zeugnis verweigern. Der Umstand, dass er dann wirklich von dieser Möglichkeit Gebrauch macht, darf dann jedoch nicht dahin interpretiert werden, der Zeugnisverweigerungskonflikt sei nun tatsächlich akut geworden, und der Zeuge hätte zu seinem Nachteil aussagen müssen, «sonst hätte er ja die Wahrheit sagen können und hätte gut dagestanden».

39

---

[49] Vgl. dazu GULDENER, 342 Anm. 21 lit. d., ferner ROBERT HAUSER, Der Zeugenbeweis im Strafprozess, Zürcher Schriften zum Verfahrensrecht Bd. 5, Zürich 1974, 171 f. und dortige Zitate.
[50] HAUSER, Zeugenbeweis, 168.
[51] Nach der zürcherischen Praxis wird das Recht zur Zeugnisverweigerung eingeräumt, sobald sich ein Zeuge mit seinen Angaben dem begründeten dringenden Verdacht eines ehebrecherischen Verhältnisses mit einer Prozesspartei aussetzen müsste (HAUSER, Zeugenbeweis, 170).

§ 29 Die Beweismittel und die Beweiswürdigung

> **Beispiel 132:**
>
> 40 Wenn im Beispiel 130 der Zeuge Z erklärt, das Zeugnis verweigern zu wollen, so darf das nicht dahin ausgelegt werden, er habe mit Frau X Ehebruch begangen, auch wenn man sagen mag, wenn er keinen begangen hätte, so hätte er das ja ohne Umschweife erklären können.
>
> 41 Könnte man solche Schlüsse aus einer Zeugnisverweigerung ziehen, so wäre sie ihres Wertes weitgehend entkleidet[52].

42 Verweigert werden können sodann all jene Aussagen, die wegen des besonderen Verhältnisses des Zeugen zum gefragten Tatbestand oder zu den Parteien unter einem besonderen Geheimnisschutz stehen.

43 Gemäss § 159 Ziff. 2 ZPO können verweigert werden Aussagen über Amtsgeheimnisse, solange die zuständige Behörde den Zeugen nicht zur Aussage ermächtigt hat. Dieses Zeugnisverweigerungsrecht berücksichtigt den Art. 320 StGB; welcher folgendermassen lautet:

«1. Wer ein Geheimnis offenbart, das ihm in seiner Eigenschaft als Mitglied einer Behörde oder als Beamter anvertraut worden ist, oder das er in seiner amtlichen oder dienstlichen Stellung wahrgenommen hat, wird mit Gefängnis oder mit Busse bestraft.

Die Verletzung des Amtsgeheimnisses ist auch nach Beendigung des amtlichen oder dienstlichen Verhältnisses strafbar.

2. Der Täter ist nicht strafbar, wenn er das Geheimnis mit schriftlicher Einwilligung seiner vorgesetzten Behörde geoffenbart hat.»

44 Zur Diskussion stehen also Aussagen eines Zeugen aus einem Bereich, der im Zusammenhang mit seiner Behörden- oder Amtstätigkeit steht.

> **Beispiel 133:**
>
> 45 Im Scheidungsprozess der Eheleute X macht die Ehefrau geltend, es habe sogar Reklamationen beim Polizeivorstand der Gemeinde A gegeben, weil sich Herr X unmöglich aufgeführt habe, sodass sie sich habe schämen müssen. Auch in der Feuerwehrkommission sei über ihn gesprochen worden, weil er sich unbeherrscht gezeigt und damit den Ablauf der Übungen erschwert habe.
>
> 46 Die Befragten dürfen keine Auskunft geben, weil sie die betreffenden Mitteilungen im Rahmen ihrer Behördentätigkeit erhalten haben.
>
> 47 Der Zeuge kann das Zeugnis verweigern.

---

[52] Dazu ausführlich mit überzeugender Begründung HAUSER, Zeugenbeweis, 159 f.

Doch ist zu beachten: Diese Zeugnisverweigerung ist relativiert. Aussagen über Amtsgeheimnisse dürfen nur so lange verweigert werden, als nicht die zuständige Behörde den Zeugen zur Aussage ermächtigt hat. Der Zeuge hat den entsprechenden Entscheid einzuholen; das Gesuch kann auch vom Gericht gestellt werden. Die zuständige Behörde wägt das öffentliche Interesse und jenes privater Beteiligter an der Geheimhaltung gegen das Interesse an der Wahrheitsfindung im Prozess ab; sie kann die privaten Beteiligten vor ihrem Entscheid anhören[53]. Allerdings ist diese Anweisung nur für innerkantonale Behörden verbindlich.

48

Art. 321 StGB sodann lautet:

49

«1. Geistliche, Rechtsanwälte, Verteidiger, Notare, nach Obligationenrecht zur Verschwiegenheit verpflichtete Revisoren, Ärzte, Zahnärzte, Apotheker, Hebammen sowie ihre Hilfspersonen, die ein Geheimnis offenbaren, das ihnen infolge ihres Berufes anvertraut worden ist, oder das sie in dessen Ausübung wahrgenommen haben, werden, auf Antrag, mit Gefängnis oder mit Busse bestraft.

Ebenso werden Studierende bestraft, die ein Geheimnis offenbaren, das sie bei ihrem Studium wahrnehmen.

Die Verletzung des Berufsgeheimnisses ist auch nach Beendigung der Berufsausübung oder der Studien strafbar.

2. Der Täter ist nicht strafbar, wenn er das Geheimnis auf Grund einer Einwilligung des Berechtigen oder einer auf Gesuch des Täters erteilten schriftlichen Bewilligung der vorgesetzten Behörde oder Aufsichtsbehörde offenbart hat.

3. Vorbehalten bleiben die eidgenössischen und kantonalen Bestimmungen über die Zeugnispflicht und über die Auskunftspflicht gegenüber einer Behörde.»

Das kantonale Recht hat sich nun dieses Problems angenommen, in Zürich in Form von ZPO 159 Ziff. 3, wo es heisst, dass Aussagen über Tatsachen, welche dem Zeugen in seiner Stellung als Seelsorger, Arzt, Anwalt oder als deren Hilfsperson anvertraut worden sind, oder die er in dieser Stellung wahrgenommen hat, ebenfalls dem Zeugnisverweigerungsrecht unterliegen:

50

«Wird der Zeuge von der Pflicht zur Geheimhaltung befreit, so ist er zur Aussage verpflichtet, wenn nicht gemäss seiner gewissenhaften Erklärung ein höheres Interesse trotz der Befreiung die Geheimhaltung gebietet. Die Erklärung ist vor Gericht mündlich abzugeben, nachdem dem Zeugen das Beweisthema bekannt gegeben worden ist.»

> **Beispiel 134:**
> Der Arzt müsste als Zeuge eine Diagnose bekannt geben, die er selbst dem Patienten gegenüber glaubt verschweigen zu müssen.

51

Es wird immer wieder diskutiert, ob nicht noch weitere Geheimnisträger ein Zeugnisverweigerungsrecht sollten beanspruchen dürfen, insbesondere Psychologen,

52

---

[53] ZPO 159 Ziff. 2.

§ 29 Die Beweismittel und die Beweiswürdigung

Eheberater und Sozialarbeiter ganz allgemein[54]. § 160 ZPO hat hier einen vermittelnden Weg zwischen den Interessen dieser an und für sich nicht unter einem strafrechtlichen Berufsgeheimnis stehenden Berufe und dem Interessen an der Wahrheitsfindung eingeschlagen und festgelegt:

«Bei anderen Berufen, die mit einer Schweigepflicht verbunden sind, oder ein besonderes Vertrauensverhältnis voraussetzen, erlässt das Gericht die Zeugenaussage, wenn Schutzmassnahmen[55] nach § 145 nicht ausreichen und wenn das Interesse des Zeugen an der Geheimhaltung dasjenige des Beweisführers an der Offenbarung überwiegt[56].

Sinngemäss gilt dies auch für Fabrikations- und Geschäftsgeheimnisse»[57].

d) Form und Inhalt der Zeugenvernehmung

53 Die Einholung der Zeugenaussagen unterliegt der Mündlichkeit, d.h., zum Zeugnis tauglich sind nur Aussagen, welche vor Gericht direkt abgelegt werden. § 168 ZPO räumt allerdings ein, dass das Gericht von Amtsstellen und ausnahmsweise auch von Privatpersonen schriftliche Auskünfte beziehen kann, wobei es nach Ermessen befindet, ob sie zum Beweis tauglich sind[58].

54 Der Zeuge ist zunächst nach den einschlägigen Vorschriften des Gerichtsverfassungsgesetzes vor Gericht zu laden. Gemäss § 162 ZPO kann das Gericht den Gegenstand der Einvernahme in der Zeugenvorladung kurz umschreiben und dem Zeugen aufgeben, bestimmte Urkunden und Gegenstände zur Verhandlung mitzubringen.

55 Um jede Beeinflussung des Zeugen durch den Hergang des Prozesses zu vermeiden, kann, wer als Zeuge infrage kommt, von den Gerichtsverhandlungen ausgeschlossen werden[59].

56 Es kommt immer wieder vor, dass Zeugen trotz form- und fristgerechter Vorladung nicht zur Verhandlung erscheinen. Für diesen Fall sieht § 163 Abs. 1 ZPO vor, dass, wenn der Zeuge fernbleibt, ohne sich innert Frist genügend zu entschuldigen, er die durch seine Säumnis verursachten Kosten und Entschädigungen zu tragen habe.

---

[54] MARKUS BISCHOF, Zeugnisverweigerungsrecht der Sozialarbeiter und Psychologen im Zivilprozess mit Berücksichtigung des Strafprozess, Diss. Zürich 1979.

[55] Die Anordnung von Schutzmassnahmen ist nur hinsichtlich eigentlicher Beweismittel möglich. Eingaben der Parteien insbesondere Rechtsschriften, sind der Anordnung von Schutzmassnahmen nicht zugänglich. Die rein fiktive Bezeichnung von Parteibehauptungen als Klagebeilagen und damit als Beweismittel widerspricht Treu und Glauben (15. März 2001, Handelsgericht des Kantons Zürich, ZR 101/2002 Nr. 18).

[56] ZPO CH 166 Abs. 1.

[57] Vgl. HANS ULRICH WALDER, Zur Berücksichtigung des Bankgeheimnisses im Zivilprozess, in: Festschrift zum 70. Geburtstag von *Max Guldener*, Zürich 1973, 351 ff. Im zürcherischen Recht ist das Bankgeheimnis allein im Rahmen von § 160 ZPO geschützt.

[58] Vgl. BZP 49. Mitgebrachte oder eingereichte Bestätigungen nützen aber in der Regel nichts.

[59] ZPO 161.

Überdies kann er mit Ordnungsbusse bestraft oder, nach ergangener Androhung, polizeilich vorgeführt werden[60].

Es kann auch sein, dass der Zeuge zwar erscheint, dass er aber erklärt, er sei nicht bereit, Zeugnis abzulegen, ohne dass ein Zeugnisverweigerungsgrund vorläge. In diesem Falle wird er gemäss § 163 Abs. 2 ZPO mit Busse bis zu Fr. 500.–[61] oder mit Haft bis zu zehn Tagen bestraft. Wenn er die Weigerung fortsetzt, so wird er dem Strafrichter zur Bestrafung wegen Ungehorsams überwiesen, wobei der Partei, welche in ihrer Prozessführung durch die Weigerung des Zeugen benachteiligt ist, Schadenersatzansprüche zustehen können.

In der Regel jedoch erscheint der vorgeladene Zeuge und ist auch aussagewillig. Er muss alsdann vor der Einvernahme zur Wahrheit ermahnt und auf die strafrechtlichen Folgen des falschen Zeugnisses aufmerksam gemacht werden. Unterbleibt dies und sagt der Zeuge unwahr aus, so ist er nichtsdestoweniger grundsätzlich nach Art. 307 StGB strafbar, denn die Befolgung kantonaler Prozessvorschriften ist im Unterschied zu Art. 306 Abs. 1 StGB, wo dies ausdrücklich festgehalten wird, nicht Strafbarkeitsbedingung[62]. Doch ist der Zeuge dann nicht strafbar, wenn die Ermahnung nach dem kantonalen Recht Gültigkeitsvoraussetzung für das Zeugnis ist[63]. Das ist im Kanton Zürich der Fall.

Im Weiteren ist der Zeuge auf das Zeugnisverweigerungsrecht hinzuweisen, wenn nicht auszuschliessen ist, dass er sich auf ein solches berufen kann[64]. Bei den Zeugnisverweigerungsrechten nach § 158 ZPO geschieht dies zu Beginn der gesamten Einvernahme, bei denjenigen nach § 159 ZPO in dem Moment, da das Thema der Einvernahme Fragen berührt, welche vom Zeugnisverweigerungsrecht gedeckt sein können. In Falle von § 159 Ziff. 2 und 3 ZPO wird in der Regel wiederum gleich zu Beginn die Frage gestellt werden müssen; im Falle von § 159 Ziff.1 ZPO wird dies meist erst im Laufe der Befragung geschehen. Gemäss § 164 Abs. 2 zweiter Satz ZPO ist das Zeugnis ungültig, wenn der Hinweis auf das Zeugnisverweigerungsrecht unterblieben ist, obwohl der Zeuge die Aussage hätte verweigern dürfen.

Im Übrigen wird der Zeuge gemäss § 165 ZPO einvernommen über seinen Namen, das Geburtsdatum, die Heimat, den Wohnort und den Beruf (Angaben, die teils der jederzeitigen Identifizierung, teils auch der Beurteilung der Aussagen des Zeugen, etwa wenn dieser sachverständig ist, dienen)[65]. Im Weiteren hat er Auskunft zu geben

---

[60] Die Massnahme stellt keinen Freiheitsentzug im Sinne von Art. 5 EMRK dar (14. August 1995, Kassationsgericht des Kantons Züruich, ZR 95/1996 Nr. 78 E. 8). Zur Unerhältlichkeit des im Rechtshilfeweg erhobenen Zeugnisses vgl. ZR 89/1990 Nr. 75. ZPO CH 167.
[61] ZPO CH 167.
[62] BGE 69 IV 219 ff.
[63] BGE 71 IV 43 ff.
[64] ZPO 164 Abs. 2 erster Satz.
[65] ZPO CH 172.

§ 29 Die Beweismittel und die Beweiswürdigung

über seine persönlichen Beziehungen zu den Parteien sowie über andere Umstände, die seine Glaubwürdigkeit beeinflussen können (eventuell Interesse am Prozessausgang). Schliesslich kommt die Befragung zum eigentlichen Beweisthema: Wahrnehmungen in der Sache; ist deren Zeuge sachverständig, so kann er auch als Sachverständiger befragt werden[66].

> **Beispiel 135:**
>
> 61 Der Arzt Dr. X ist bei einem Notfall beigezogen worden, der nach einer durch Dr. Y vorgenommenen Operation eintrat. Im Haftpflichtprozess des Patienten gegen Dr. Y wird er Auskunft geben können über die Symptome, die sich beim Kranken anlässlich seines Besuches zeigten, aber auch darüber befragt werden dürfen, ob er es für möglich hält, dass die Symptome einen Kunstfehler des operierenden Dr. Y zur Ursache haben[67].

e) Protokollierung

62 Für die Protokollierung der Zeugeneinvernahme (wie auch der mündlichen Einvernahme von Sachverständigen und der Beweisaussage der Parteien) lässt § 151 GVG den Gerichten die Wahl zwischen drei Möglichkeiten:

63 α) Die Aussagen werden in das Handprotokoll aufgenommen. Alsdann verliest der Protokollführer dem Einvernommenen, was er aufgeschrieben hat. Dieser bestätigt die Richtigkeit oder bringt während des Verlesens die Korrekturen an, wenn er findet, es sei etwas nicht so aufgeschrieben worden, wie er es gesagt habe. Diese Erklärung wird protokolliert und die ganze Einvernahme in das Protokollheft aufgenommen. Bisher war diese Art von Protokollierung nicht immer zuverlässig, weil keine Gewähr dafür bestand, dass der Text des Handprotokolls, dessen Leserlichkeit nicht immer über alle Zweifel erhaben war, richtig in das Protokollheft übertragen werde. Die neue Formulierung sieht nun aber vor, dass der verlesene Text mit dem Tonbandgerät festgehalten werden kann, sodass kein anderer Text mehr in das Protokollheft gelangt als derjenige, den der Protokollführer dem Zeugen verlesen hat.

64 Eine andere Möglichkeit ist die, dass der einvernehmende Richter das Protokoll sofort selbst in die Maschine schreibt oder es in die Maschine diktiert. Dies wird vor allem dann in Betracht kommen, wenn der Zeuge nicht vor versammeltem Gericht, sondern vor einem Einzelrichter oder durch den Referenten einvernommen wird[68]. Dieses Protokoll wird wiederum in Gegenwart der Beteiligten vorgelesen, und der

---

[66] ZPO 165 Ziff. 3. Vgl. dazu unten Rz 73–95.
[67] Wobei zu berücksichtigen ist, ob Dr. X nicht eigene Interessen mit seiner Aussage verfolgen könnte.
[68] ZPO 144. Hauptanwendungsbereich ist das Verfahren beim Untersuchungsrichter.

Einvernommene bestätigt die Richtigkeit des Verlesenen durch seine Unterschrift. Der Richter unterschreibt ebenfalls[69].

Eine dritte Möglichkeit schliesslich ist die, dass der Richter oder der Kanzleibeamte das Protokoll direkt in das Tonaufnahmegerät diktiert, die Aufnahme in Gegenwart der Parteien abspielt und die Erklärung des Einvernommenen über die Richtigkeit mit dem Gerät festhält. Bei ausdrücklichem Verzicht des Einvernommenen und der anwesenden Parteien, die ja das Protokoll bereits anlässlich des Diktierens mitgehört haben, kann auf das Abspielen verzichtet werden. Anhand der Tonaufnahme wird das Protokoll ausgefertigt und vom Richter oder Kanzleibeamten unterzeichnet[70]. 65

Wichtig ist, dass die Aussagen bis zu dem Moment berichtigt werden können, da der Einvernommene die Richtigkeit bestätigt. Das ist auch strafrechtlich bedeutsam. Wer vor Beendigung der Einvernahme von seinen Lügen abkommt, ist nicht strafbar, auch nicht wegen Versuchs[71]. 66

§ 149 Abs. 23 GVG schreibt vor, dass der Protokollführer oder die Protokollführerin das Protokoll unterschreibt. Fehlt die Unterschrift oder unterschreibt ein am Verfahren nicht beteiligter juristischer Sekretär i.V., hat das zur Folge, dass das Protokoll keinen Beweis für die darin enthaltenen Beurkundigungen erbringt[72]. 66a

Die bereits erörterten §§ 152, 153, 155 und 156 ZPO finden auf die Zeugenvernehmung entsprechende Anwendung[73]. Der Zeuge kann den Parteien und anderen Zeugen gegenübergestellt werden; er kann auch ein zweites Mal einvernommen werden, falls das Gericht dies als nötig erachten sollte[74]. 67

f) Entschädigung des Zeugen

Als letzter Punkt bleibt noch der Anspruch des Zeugen auf Entschädigung zu erwähnen. Er ist durch § 201 Ziff. 2 GVG festgelegt und wird im Einzelnen durch eine Verordnung des Obergerichts[75] geregelt. Es handelt sich um Reisekosten, Verdienstausfall, Zeitversäumnis.[76] 68

---

[69] Sonst wird das Protokoll nur vom Kanzleibeamten unterschrieben (GVG 142 Abs. 1).
[70] Zur Protokollierung vgl. auch § 145 Abs. 1, 146 GVG.
[71] BGE 80 IV 122 ff., 85 IV 32 ff.
[72] 20. Oktober 1998, Obergericht II. Strafkammer, ZR 98/1999 Nr. 28.
[73] ZPO 167.
[74] ZPO 166, ZPO CH 174 Konfrontation.
[75] Verordnung betreffend die Entschädigung der Zeugen und Sachverständigen vom 19. Dezember 1956 (LS 211. 12).
[76] ZPO CH 160 Abs. 3.

3. Der Augenschein

69 Der Augenschein[77] beruht auf eigenen Sinneswahrnehmungen des Gerichtes. Beweismittel ist dabei das Objekt dieser Sinneswahrnehmungen. Man nennt es *Augenscheinsobjekt*. Der Augenschein ist das einfachste Beweismittel. Es gewährt am meisten Klarheit von allen Beweismitteln, oftmals allerdings nur über ein beschränktes Beweisthema. Gemäss § 169 Abs. 1 ZPO führt das Gericht zur unmittelbaren Wahrnehmung erheblicher Tatsachen einen Augenschein durch. Wenn die Umstände es rechtfertigen, wird der Augenschein einem Sachverständigen übertragen. Der Augenschein kann auch ohne Parteiantrag vorgenommen werden, selbst ausserhalb des Anwendungsbereiches von § 142 Abs. 2 ZPO. Gegenstände, die ohne Nachteil vor Gericht gebracht werden können, sind jedoch wie Urkunden einzureichen. Der Augenschein betrifft also Grundstückverhältnisse, Werkzeug, Maschinen, Waren aller Art, eventuell auch den Körper einer Person, z.B. im Zusammenhang mit Verletzungen. Nötigenfalls wird er von einer dazu geeigneten Person, dem Augenscheingehilfen, der zugleich Sachverständiger sein kann, vorgenommen.

70 Auch im Zusammenhang mit dem Augenschein ist auf dessen Durchsetzbarkeit zu achten. § 170 Abs. 1 ZPO sagt:

«Eine Partei hat den Augenschein an ihrer Person und an den Sachen in ihrem Gewahrsam zu dulden. Ihre Weigerung würdigt das Gericht nach § 148.»

71 Die Partei, welche den Augenschein vereitelt, muss also in Kauf nehmen, dass das Gericht annimmt, sie habe befürchtet, der Augenschein wäre zu ihren Ungunsten ausgefallen. Auch ein Dritter kann verpflichtet sein, den Augenschein an seiner Person oder an Sachen in seinem Gewahrsam zu dulden, wenn er nicht einen Weigerungsgrund geltend machen kann wie der Zeuge. Er kann gleich wie der Zeuge zur Verantwortung gezogen werden. Der Einlass in Liegenschaften kann überdies polizeilich erzwungen werden[78].

72 Das Ergebnis eines Augenscheins (auch etwa im Zusammenhang mit Lärm- oder Geruchsimmissionen) ist in geeigneter Weise, etwa unter Zuhilfenahme einer Planskizze, zu protokollieren.

4. Das Gutachten

a) Die Bedeutung des Gutachtens im Prozess

73 Gemäss § 171 ZPO[79] werden Sachverständige, welche ein Gutachten zu erstatten haben, dann beigezogen, wenn es zur Beweiserhebung besonderer Kenntnisse bedarf,

---

[77] ZPO CH 181, 182.
[78] ZPO 170 Abs. 3.
[79] ZPO CH 183–189.

über die weder das Gericht noch einzelne seiner Mitglieder verfügen. Solche Fälle sind im Zivilprozess äusserst zahlreich. Gutachten werden benötigt, sobald Kenntnisse aus einer bestimmten Branche notwendig sind, um die tatbestandsmässigen Voraussetzungen bestimmter Rechtsfolgen klarzulegen; ein sehr häufiger Anwendungsfall ist derjenige der Mängelrüge beim Kauf oder Werkvertrag.

Gutachten sind oft auch notwendig zur Beurteilung des Kausalzusammenhanges, des Verschuldens und des Schadensausmasses bei Unfällen, so bei Automobilhaftpflichtfällen, dann aber auch etwa im Eisenbahnverkehr, wo für den Kausalzusammenhang der Techniker, für das Verschulden derjenige, der die Reglemente kennt, und für das Ausmass des Schadens der Mediziner beigezogen werden muss, wenn es Verletzte gegeben hat. Gutachten können vom Gericht auch beigezogen werden über ausländisches Recht[80], über den Inhalt eines Ortsgebrauches oder über vieles andere mehr. 74

Ist die Wahl der Beweismittel grundsätzlich Sache der Kantone, so ist bundesrechtlich geordnet der Beizug eines psychiatrischen Gutachtens im Entmündigungsprozess nach Art. 374 Abs. 2 ZGB, ferner die Anordnung des Abstammungsgutachtens im Abstammungsprozess[81]. 75

Damit der Gutachter seiner Aufgabe nachkommen kann, kann ihn das Gericht ermächtigen, einen Augenschein vorzunehmen, Urkunden beizuziehen und Parteien und Dritte zu befragen[82]. Dabei besteht jedoch die Gefahr, dass auf dem Weg über das Gutachten Tatbestände zu den Akten gelangen, die nicht als bewiesen betrachtet werden können. 76

§ 176 Abs.2 ZPO bestimmt deshalb, das Gericht erhebe diese Beweise nach den Regeln des Beweisverfahrens: 77

– wenn es die Erhebungen des Sachverständigen nicht für den Beweis tauglich hält;
– wenn sich die Betroffenen dem Vorgehen des Sachverständigen widersetzen.

Wie in § 5 festgestellt wurde, haben einzelne Gerichte sachverständige Mitglieder. Die Bestellung der Fachgerichte (Handelsgericht, Arbeitsgericht, Mietgericht) verfolgt nicht zuletzt den Zweck, zeitraubende und kostspielige Gutachten zu vermeiden 78

---

[80] Vgl. dazu das Europäische Übereinkommen vom 7. Juni 1968 betreffend Auskünfte über ausländisches Recht (SR 0.274.161).
[81] Vgl. zum Stand der Praxis BGE 98 II 267 ff., 101 II 13 ff., 104 II 299 ff., 112 II 14 f. Grundlage des bundesrechtlichen Eingriffs ist hier Art. 8 ZGB. Überdies haben Lehre und Rechtsprechung daraus, dass für vorläufige wie für definitive Zuteilung des Sorgerechts von Bundesrechts wegen eine unbeschränkte Offizialmaxime gilt, Folgerungen auch für die Beweismittel gezogen in dem Sinne, dass das Gericht nicht an das kantonale Beweismittelsystem gebunden ist, sondern den *Freibeweis* anwenden kann (in casu formlose und gemeinsame Anhörung mehrerer Kinder unter Ausschluss der Parteien [ZR 90/1991 Nr.82 E. 2.8.1]).
[82] ZPO 176 Abs. 1.

§ 29   Die Beweismittel und die Beweiswürdigung

und sie durch die Kenntnisse der Richter zu ersetzen[83]. Beim Handelsgericht hängt die Frage, ob die Sachkunde eines Richters den Beizug von Gutachtern entbehrlich macht, weitgehend von der konkreten, im Prozess zu eruierenden Frage ab. Zurückhaltung wird dort empfohlen, wo überdurchschnittliche, wissenschaftlich fundierte Facherfahrung notwendig ist[84]. In anderen Zusammenhängen, wo es um eine in der betreffenden Branche leicht zu machende Erfahrung oder Abklärung geht, wird ein sachverständiger Richter den ausserhalb stehenden Gutachter leicht ersetzen können. Oftmals äussert sich indessen die Mitwirkung dieser Fachrichter darin, dass sie ein bereits erstattetes Gutachten auf seine Stichhaltigkeit besser zu überprüfen vermögen als der Berufsrichter, oder dass sie eine eigene Feststellung beisteuern, die das Gutachten zu untermauern, eine darin enthaltene Lücke allenfalls zu ergänzen geeignet ist. Gemäss § 145 Abs. 2 GVG wird die Protokollierung der Voten sachverständiger Richter vorgeschrieben. Wo das Gericht entscheidend auf die Sachkunde eines Mitgliedes abstellt, soll nach herrschender Auffassung den Parteien auch das Recht zur Stellungnahme gewährt bleiben, weil sie sonst schlechter gestellt wären als bei einer eigentlichen Expertise[85].

79   Es kann sein, dass der Sachverständige Abklärungen vornehmen muss, bei denen die eine oder andere Person, sei es eine Partei oder ein Dritter, mitzuwirken hat, insbesondere durch Untersuchungen am menschlichen Körper im Abstammungsprozess.

Beispiel 136:

80   Im Vaterschaftsprozess des Kindes K gegen den Beklagten B ist, gestützt auf Art. 262 Abs. 1 ZGB, dessen Vaterschaft zu vermuten. B möchte aber im Sinne von Art. 262 Abs. 3 ZGB den Beweis dafür führen, dass die Vaterschaft des X wahrscheinlicher sei als die seine. Da dies nur mit naturwissenschaftlichen Gutachten möglich ist[86] und zur Beweiserhebung Blut- oder Speichelproben bei sämtlichen Beteiligten notwendig sind, stellt sich die Frage, was zu tun sei, wenn X sich weigern sollte, sich einer entsprechenden Untersuchung zu unterziehen (hinlängliche Wahrscheinlichkeit einer Beiwohnung zwischen X und der Mutter des K in einer für die Zeugung in Betracht fallenden Zeit vorausgesetzt).

81   Das Bundesgericht hat als Hüter der persönlichen Freiheit früher stets die Auffassung vertreten, ein Dritter müsse sich der Blutuntersuchung nur unterziehen, sofern das kantonale Prozessrecht diese Pflicht ausdrücklich statuiere[87]. Mit Art. 254 Ziff. 2

---

[83]   Vgl. dazu DIRK OLZEN, Das Verhältnis von Richtern und Sachverständigen im Zivilprozess (ZZP 93/1980, 66 ff.).
[84]   FRANK/STRÄULI/MESSMER, N 5 zu § 171 ZPO, und dort zit. Judikatur.
[85]   Vgl. dazu FRANK/STRÄULI/MESSMER, N 4–7 zu § 171 ZPO.
[86]   Vgl. HEGNAUER, Kindesrecht, § 15, HUG, 156 ff.
[87]   Vgl. HEGNAUER, Kindesrecht, § 15, HUG, 156ff.

ZGB ist seit dem 1. Januar 1978 die gesetzliche Grundlage gesamtschweizerisch vorhanden. Sie geht dem ähnlich lautenden § 177 Abs.1 ZPO vor, wonach Parteien und Dritte die zur Abklärung der Abstammung erforderlichen Untersuchungen zu dulden und dabei mitzuwirken haben, soweit ihnen das nach den Umständen zugemutet werden darf[88]. Art. 254 Ziff. 2 ZGB lautet:

«Die Parteien und Dritte haben an Untersuchungen mitzuwirken, die zur Aufklärung der Abstammung nötig und ohne Gefahr für die Gesundheit sind.»

Wenn sich ein Dritter weigert, so kann er wie ein ungehorsamer Zeuge gemäss § 163 Abs. 2 ZPO behandelt werden. Es kann sich aber auch eine Partei weigern, die Untersuchung zu dulden. Eine solche Weigerung wird nach § 148 ZPO gewürdigt, d.h., die Partei muss damit rechnen, dass der Richter annimmt, sie habe allen Grund gehabt, das ihr nachteilige Beweisergebnis zu fürchten. Das Verhalten der Partei im Prozess erweist sich hier wieder als Beweisgrund[89]. 82

In diesem Zusammenhang ist auch auf den zweiten Teil von § 199 Abs. 2 ZPO hinzuweisen, wo es heisst: 83

«Ist jedoch eine psychiatrische Begutachtung unerlässlich und steht fest, dass sie ambulant nicht durchgeführt werden kann und dass die Partei einen freiwilligen Klinikaufenthalt ablehnt, so ist die Partei zur Begutachtung in ein geschlossenes Krankenhaus für psychisch Kranke einzuweisen. Im Beschluss des Gerichts wird die Einweisung für eine bestimmte Zeit verfügt; Verlängerungen sind zulässig, wenn sie unumgänglich sind. Die Leitung des Krankenhauses entlässt den Eingewiesenen unter Mitteilung an das Gericht jedoch schon vor Ablauf einer solchen Frist sobald seine Anwesenheit für die Begutachtung nicht mehr nötig ist.»

b) Die Ernennung der Sachverständigen

Diese Ernennung ist Sache des Gerichtes. Es ist oftmals nicht einfach, für bestimmte Fragen geeignete Sachverständige zu finden. Das Gericht bestimmt Zahl und Person der Sachverständigen[90]. In der Regel handelt es sich lediglich um eine Person; es kann aber vorkommen, dass mehrere Sachverständige eingesetzt werden. Das Gericht kann den Parteien Gelegenheit geben, Vorschläge zu unterbreiten[91]. Diese Vorschläge haben den Vorteil, dass die von einer Partei vorgeschlagenen Sachverständigen in der Folge von ihr nicht abgelehnt werden; ausserdem haben die Parteien meist die bessere Beziehung zur einschlägigen Branche als der Richter und können ihm damit die Sachverständigensuche erleichtern. 84

---

[88] Für weitere Fälle im familienrechtlichen Prozess vgl. § 199 Abs.1 ZPO. Verfassungsmässigkeit der Blutprobe zur Erstellung eines serologisch-erbbiologischen Gutachtens wurde in BGE 112 Ia 249 E. 3 nur insofern überprüft, als danach gefragt wurde, ob die Blutentnahme im konkreten Fall verhältnismässig sei.
[89] ZPO 199 Abs. 2 erster Satz. Vgl. aber oben § 29 Rz 24.
[90] ZPO 172 Abs. 1.
[91] ZPO 172 Abs. 1 zweiter Satz.

§ 29 Die Beweismittel und die Beweiswürdigung

85 Wichtig ist, dass die Parteien Gelegenheit erhalten, gegen die Ernennung der Sachverständigen Einwendungen zu erheben, indem sie entweder deren Kompetenz für die zu beurteilende Frage anzweifeln oder einen Ausstandsgrund geltend machen. Für den Sachverständigen gelten nämlich die Ausstandsgründe von §§ 95 und 96 GVG[92]. Es ist deshalb zweckmässig, dem Sachverständigen die Parteien sofort bei der Anfrage zu nennen und ihn zu fragen, ob er mit einer derselben in einer der in §§ 95 und 96 GVG genannten Beziehungen stehe oder ob einer der dort angeführten Tatbestände in seiner Person gegeben sei.

86 Es besteht keine Pflicht zur Annahme eines gerichtlichen Sachverständigenauftrages. Darin liegt ein wesentlicher Unterschied gegenüber der Zeugenaussage, wo Zeugnispflicht besteht. Ausgenommen sind die vom Staat für bestimmte Zwecke bestellten Experten[93].

87 Mit der Ernennung des Sachverständigen ist wie bei der Parteiaussage und bei der Zeugenaussage eine Ermahnung verbunden. Der Sachverständige hat nach bestem Wissen und Gewissen zu amten und ist zur Verschwiegenheit verpflichtet. Auf diese Pflichten wird er bei der Ernennung aufmerksam gemacht unter Hinweis auf die strafrechtlichen Folgen des falschen Gutachtens und der Verletzung des Amtsgeheimnisses[94]

c) Die Experteninstruktion

88 Ein weiterer wesentlicher Punkt ist sodann die **Experteninstruktion.** Das Gericht hat dem Sachverständigen seine Aufgabe zu erklären[95]. Er muss genau wissen, worin sein Auftrag besteht, damit wirklich das gewünschte Beweisergebnis erhältlich wird und nicht Dinge zum Besten gegeben werden, nach denen gar nicht gefragt ist, wogegen dann andere nicht zur Behandlung kommen. Diese Experteninstruktion kann in mündlicher Verhandlung geschehen und wird dann zu Protokoll genommen, wobei zweckmässigerweise dem Experten sofort eine Abschrift übergeben wird; sie kann aber auch – und das wird in den einfacheren Fällen so gehandhabt – schriftlich vorgenommen werden. Die Parteien sollten dabei über den Inhalt der Experteninstruktion orientiert werden, denn es könnte sein, dass sie Einwendungen gegen die Fragestellung zu erheben haben und sich dieser Umstand, wenn ihm nicht sofort Rechnung getragen wird, später bei der Beurteilung des Gutachtens negativ auswirken könnte. § 175 Abs.2 ZPO sieht deshalb vor, dass das Gericht den Parteien Gelegenheit geben

---

[92] ZPO 173 Abs. 2. Der Umstand allein, dass ein Gutachter auch Handelsrichter ist, ist kein Ausstandsgrund im Sinne von § 96 Ziff. 4 GVG (23. Dezember 2005, Kassationsgericht des Kantons Zürich, ZR 105/2006 Nr. 34 E. II.9).
[93] ZPO 173 Abs.1. Dazu gehören etwa Bezirksärzte, Kantonschemiker usw.
[94] ZPO 174.
[95] Zu den Anforderungen an die Instruktion eines medizinischen Sachverständigen vgl. ZR 107/2008 Nr. 48.

kann, sich zur Fragestellung an den Sachverständigen (Änderungs- und Ergänzungsanträge) zu wenden.

Selbstverständlich werden dem Sachverständigen die zur Erfüllung seines Auftrages erforderlichen Akten zur Verfügung gestellt. Das können Urkunden sein, wie z.B. Pläne und Verträge. (Er muss vielleicht anhand der Pläne beurteilen, wie das erstellte Werk hätte aussehen sollen, oder anhand eines Vertrages erklären, was mit gewissen technischen Ausdrücken gemeint gewesen sei.) 89

d) Die Erstattung des Gutachtens

Der Sachverständige ist ein Gehilfe des Richters im besten Sinne des Wortes. Er ist denn auch zur Verschwiegenheit verpflichtet[96] im Unterschied zum Zeugen, der das, was er in Laufe einer Einvernahme an Neuigkeiten hört, ungestraft weitersagen darf. 90

Gutachten können mündlich oder schriftlich abgelegt werden. Das Gesetz lässt beide Möglichkeiten offen[97]. Regelfall ist das schriftliche Gutachten. Mündliche Gutachten werden in einfacheren Fällen infrage kommen. Sie sind in jedem Fall zu protokollieren. In § 178 Abs.2 ZPO wird auch noch festgelegt, wie es sich verhält, wenn mehrere Sachverständige eingesetzt wurden und unter sich uneinig sind: Alsdann erstattet jeder von ihnen sein Gutachten, welches der Richter dann bei der Beweiswürdigung gegen dasjenige der anderen Sachverständigen abwägen muss. 91

Wichtig ist, dass die Gutachten innert nützlicher Frist eingehen. Für die Abgabe eines schriftlichen Gutachtens kann dem Sachverständigen eine Frist angesetzt werden. Bleibt sie unbeachtet oder wird der Auftrag sonst nicht gehörig erfüllt, so kann das Gericht dem Sachverständigen eine Ordnungsbusse auferlegen und den Auftrag widerrufen; mit letzterem ist allerdings kaum jemandem gedient. 92

Vorbehalten bleibt die zivilrechtliche Schadenersatzpflicht gegenüber den Parteien[98]. 93

e) Die Kritik am Gutachten

Gutachten sind ihrer Natur nach nicht bloss Berichte über Tatsachen, wie sie ein Zeuge abgibt, sondern sie weisen oft auch eine subjektive Komponente auf. Es ist denkbar, dass ein anderer Gutachter zu anderen Schlüssen käme. Die Parteien müssen deshalb die Schlüsse einer Kritik unterziehen können, und § 180 ZPO bietet ihnen hiezu Gelegenheit: Sie können Stellung nehmen, Erläuterung oder Ergänzung 94

---

[96] ZPO 174 erster Satz.
[97] ZPO 178 Abs. 1.
[98] ZPO 179. RAINER KLOPFER, Die Haftung des Zeugen und des gerichtlichen Sachverständigen im Zivil- und Strafprozess von Bund und Kanton Zürich, Diss. Zürich 1977.

beantragen oder, wenn sie das Gutachten für völlig verfehlt halten, Bestellung eines anderen Sachverständigen verlangen. § 181 ZPO sagt, wie alsdann vorzugehen sei: Das Gericht lässt ein unvollständiges, unklares oder nicht gehörig begründetes Gutachten von Amts wegen ergänzen oder erläutern. Es bestellt einen neuen Sachverständigen, wenn es das Gutachten für ungenügend hält.[99]

95 Der Sachverständige kann zu den Verhandlungen beigezogen werden[100].

5. Urkunden

a) Arten von Urkunden[101]

96 Urkunden sind Augenscheinsobjekte besonderer Art; sie sind bewegliche Sachen zur Aufzeichnung von Gedanken. Der zivilprozessuale Begriff der Urkunde ist nicht restlos geklärt. Er ist allerdings ein weiterer als derjenige gemäss Art. 110 Ziff. 5 Abs. 1 StGB, wo es heisst, Urkunden seien Schriften, die bestimmt oder geeignet sind, oder Zeichen, die bestimmt sind, eine Tatsache von rechtlicher Bedeutung zu beweisen. So kommen auch Tonbandaufnahmen als Urkunden im zivilprozessualen Sinn in Betracht[102].

97 Die Urkunden werden in verschiedene Kategorien eingeteilt:

α) Dispositivurkunden und Zeugnisurkunden

98 **Dispositivurkunden** verkörpern eine Rechtshandlung. Das ist z.B. der Fall beim Testament oder beim schriftlichen Vertrag. Demgegenüber spricht man von *Zeugnisurkunden* dort, wo es sich um Aufzeichnung einer Person über ihr Wissen um bestimmte Tatsachen handelt. Ein Beispiel dafür ist die Quittung. Sie sagt aus, dass die betreffende Zahlung erfolgt ist. Eine solche Urkunde hat Beweiswert zulasten ihres Ausstellers, seiner Rechtsnachfolger und aller, für die er zur Ausstellung befugt war, «sofern sie ... mit dem Willen, Rechte anzuerkennen oder Verpflichtungen einzugehen, ausgestellt worden» ist[103]. Im Übrigen jedoch haben private Zeugnisurkunden keinen Beweiswert dafür, dass sich die in ihnen erwähnte Tatsache wirklich zugetragen habe, sondern nur dafür, dass sich der Verfasser der Urkunde im betref-

---

[99] BGE 129 III 540 E. 2.4. Kein Anspruch auf Einholung eines zweiten Gutachtens, wenn schon das erste Gutachten nur wenige Prozente vom Schiedsgutachten abweicht.

[100] ZPO 182. Soll entscheidend auf die sachverständigen Voten von Handelsrichten abgestellt werden, so muss gemäss Praxis des Kassationsgerichtes, das sich in einem Entscheid vom 1. Juni 1985 auch mit den widersprechenden Ansichten auseinandergesetzt hat (ZR 80/1981 Nr. 46), den Parteien vor der Urteilsfällung Gelegenheit geboten werden, sich dazu zu äussern.

[101] ZPO CH 177–180.

[102] Vgl. demgegenüber STEFAN TRECHSEL, Schweizerisches Strafgesetzbuch, Kurzkommentar, Zürich 1989, 676, mit Hinweis.

[103] So formuliert in dem gemäss Art. 314 lit.a ZPG aufgehobenen Art. 222 ZP von *St. Gallen*.

fenden Sinne geäussert hat. Trotz einer darin enthaltenen Datumsangabe kann dann der Zeitpunkt der Äusserung immer noch umstritten sein.

Beispiel 137:

Dem Käufer K wird vom Verkäufer V ein zerbrechlicher Gegenstand ins Haus geliefert. Beim Auspacken stellt K fest, dass der Gegenstand beschädigt ist. Er schreibt am anderen Tag dem V einen eingeschriebenen Brief, worin er diese Beschädigung feststellt. V wird später im Prozess behaupten,

a) der Gegenstand sei erst nach dem Empfang von K oder seinem Personal aus Unachtsamkeit beschädigt worden,

b) der Brief sei erst einen Monat nach Ankunft der Ware geschrieben worden und bei ihm eingetroffen.

Die Urkunde, welche K vorlegen wird, ist ein Briefdoppel; das Original wird V allenfalls vorlegen müssen, falls die Überstimmung von Original und Kopie bestritten werden sollte.

Die Urkunde beweist alsdann nicht, dass der Gegenstand wirklich beschädigt bei K angekommen sei, wohl aber, dass K dies schriftlich geltend gemacht habe. Zu welchem Zeitpunkt dies geschah, ergibt sich aus der Datumsangabe für sich allein noch nicht, denn K kann fälschlicherweise (absichtlich oder unabsichtlich) Juni anstatt Juli geschrieben haben; der Brief für sich allein beweist noch nicht, dass am Tag des Verfassens bzw. Absendens tatsächlich der 12. Juni war. Dieser Beweis kann erst in Verbindung mit dem Postempfangsschein geleistet werden, denn der Postempel beweist, dass der Brief am 12. Juni zur Post gegeben wurde; alsdann muss er auch an oder vor diesem Datum geschrieben worden sein.

Diese Datumsangabe wirkt zunächst zulasten der Post und indirekt dann auch zulasten des Empfängers, wenn dieser nicht behauptet, der Brief sei auf der Post verloren gegangen, in welchem Fall erst zusammen mit seiner, der Empfängers-Unterschrift im Zustellbescheinigungsbuch der Post der Beweis für die Rechtzeitigkeit der Mitteilung geleistet ist. Ob es auf die Postaufgabe oder auf den Zeitpunkt der Zustellung an den Empfänger ankommt, ist dann wieder eine Frage, die das Privatrecht entscheidet.

> **Beispiel 138:**
>
> 103 K hat durch Vermittlung von X mit dem B einen Vertrag abgeschlossen, Später bestreitet der B, in dessen Namen X den Vertrag unterschrieben hat, den X wirklich bevollmächtigt zu haben. K ist indessen im Besitz eines Briefes von Y, der ihm kurz nach Vertragsabschluss berichtete, B habe ihm davon erzählt, dass X mit seiner Ermächtigung den Vertrag mit K abgeschlossen habe. Der Brief des Y ist – als Zeugnisurkunde – in keiner Weise mit der Zeugenaussage des Y ist er jedoch geeignet, diese zu untermauern, speziell dann, wenn der Brief kurz nach dem behaupteten Gespräch geschrieben wurde. Kann das Gespräch im Sinne der Angaben des Y nachgewiesen werden, so ist es, weil die Mitteilung von B ausging, gegen diesen verwertbar, zumal wenn erst noch (der zufolge Interesses am Ausgang des Rechtsstreites für sich allein auch nicht ganz vollwertige) X als Zeuge den Bestand der Vollmacht bestätigt.

104 Es gibt Urkunden, die auch zugunsten ihres Ausstellers wirken können: Das ist der Fall bei der ordnungsgemässen Buchhandlung und ihren Nebenurkunden (Strazzen usw.). Man nimmt nicht an, dass jemand in eine laufende Buchhaltung im Hinblick auf einen möglichen Prozess etwas Falsches hineinschreibt; es besteht eine Tatsachenvermutung für die Richtigkeit, ähnlich wie im Beispiel 123.

β) Öffentliche und private Urkunden

105 Es gibt **öffentliche und private Urkunden,** wobei man sagen kann, dass jede Urkunden, die nicht eine öffentliche Urkunden darstellt, zu den privaten gehört. Öffentliche Urkunden geniessen öffentlichen Glauben, haben also die Vermutung der Richtigkeit für sich[104].

106 **Öffentliche Urkunden** dienen dazu, durch eine Urkundsperson, beispielsweise einen Notar, einen Gemeindeammann oder einen Gerichtsschreiber, eine rechtlich relevante Tatsache oder eine rechtsgeschäftliche Erklärung festhalten zu lassen[105].

> **Beispiel 139:**
>
> 107 Der Gemeindeammann[106] von Embrach bestätigt, gestützt auf § 246 ff. EG zum ZGB, die Echtheit der Unterschrift des X auf einer privatschriftlich ausgefertigten Vollmacht (rechtlich relevante Tatsache: Es ist tatsächlich X, der unterschrieb), aber nicht z.B., dass X für seine Firma einzelunterschriftsberechtigt sei.

---

[104] ZGB 9.
[105] Vgl. dazu Max Kummer, im Berner Kommentar, N 1 ff. zu Art.9 ZGB.
[106] Der Gemeindeammann ist im Kanton Zürich nicht Gemeindepräsident, sondern Vollzugs- und Urkundsbeamter.

Oder er bestätigt, dass die ihm vorgelegte Fotokopie eines Vertrages mit dem Original übereinstimmt, mehr nicht; also nicht etwa, dass dieser Vertrag wirklich von den angeführten Personen unterzeichnet wurde.

108

Beispiel 140:
Der Notar des Kreises Fluntern-Zürich beurkundet den zwischen K und V abgeschlossenen Kaufvertrag über die Liegenschaft x in Fluntern (rechtsgeschäftliche Erklärung: K wollte die Liegenschaft zum Preise von Fr. y erwerben, V verkaufte sie ihm zu diesem Preis; es wurde Übernahme von Grundpfandschulden, Besitzesantritt, Zahlungsmodalität usw. im angegebenen Sinne vereinbart).

109

Die Besonderheiten der vom Bundesgesetzgeber (als eindeutiger Eingriff in das kantonale Zivilprozessrecht) vorgenommenen Regelung des Beweiswertes öffentlicher Urkunden ist die, dass sich mit der Zuerkennung voller Beweiskraft für den Beweisführer jede weitere Beweisführung durch zusätzliche Beweismittel erübrigt. Eine privatschriftliche Urkunde kann aus irgendeinem Grunde zweifelhaft sein; bei der öffentlichen Urkunde muss sich der Richter zunächst von ihrer Beweiskraft leiten lassen.

110

Nun ist aber die Beweiskraft auch der öffentlichen Urkunde nicht etwas, das sakrosankt wäre. Denn, so sagt Art. 9 Abs.1 ZGB, öffentliche Register und öffentliche Urkunden[107] erbringen für die durch sie bezeugten Tatsachen vollen Beweis, solange nicht die Unrichtigkeit ihres Inhaltes nachgewiesen ist. Dieser Nachweis ist gemäss Abs. 2 von Art.9 ZGB an keine besondere Form gebunden. Die Kantone dür-

111

---

[107] BGE 127 III 254 E. 3c Möglichkeit der Widerlegung der Vermutung, dass die in einer öffentlichen Urkunde wiedergegebene Willenserklärung auch dem wirklichen übereinstimmenden Parteiwillen entspricht. Die formbedürftigen Verträge unterstehen wie die übrigen Verträge den allgemeinen Regeln über das Zustandekommen und die Auslegung von Verträgen (E. 3c). Bei einem Grundstückkauf genügt die Angabe der Fläche nicht; erforderlich ist darüber hinaus, dass die Lage und die Form der verkauften Parzelle bestimmt wird (E. 3d). Behalten die Parteien einen wesentlichen Punkt für eine spätere Einigung vor, was sie formfrei vereinbaren können, tritt der Vertragsschluss erst ein, wenn auch über diesen Punkt eine Einigung erzielt worden ist (E. 3e). Im beurteilten Fall ist der Vertrag nicht zustande gekommen, da sich die Parteien über den Punkt, den sie anlässlich der öffentlichen Beurkundung des Kaufvertrags vorbehielten – die genaue Bestimmung des Kaufgegenstands –, später nicht geeinigt haben (E. 3f). BGE 129 III 13 E. 2.1. Schuldbrief als Urkunde. BGE 124 III 9 E. 1c. Rechtswirkungen eines öffentlich beurkundeten Testaments bezüglich der Frage der Urteilsfähigkeit des Erblassers. Fall einer Erblasserin, die angesichts ihres allgemeinen Gesundheitszustandes und des teilweise schwer nachvollziehbaren Testamentsinhalts im massgebenden Zeitpunkt hinsichtlich der Errichtung eines Testamentes wahrscheinlich nicht mehr verfügungsfähig war. Die Vermutung der Testierfähigkeit gilt daher nicht, doch steht der Gegenbeweis offen, dass die Erblasserin in einem luziden Intervall gehandelt hat (E. 4).

fen also auch nicht etwa diesen Nachweis seinerseits von besonderen Beweismitteln abhängig machen; es gilt hier von Bundesrechts wegen die sogenannte freie richterliche Beweiswürdigung. Der öffentliche Glaube erstreckt sich zudem nicht immer auf den gesamten Inhalt der Urkunde[108, 109].

b) Originale und Kopie

112 Jede Urkunde, auf die sich ein Beweisführer beruft, ist im Original oder in Kopie vorzulegen[110]. Das Gericht kann die Vorlage des Originals oder einer amtlich beglaubigten Kopie verlangen[111]. Das kommt vor allem in Betracht, wenn Fotokopien vorgelegt werden, deren Gehalt ganz oder teilweise abgeändert werden kann. Gerade wegen der Möglichkeit von Weglassungen ist auch von Bedeutung, dass jede Urkunde vollständig vorzulegen ist[112].

c) Die Überprüfung der Echtheit von Urkunden

113 Wird die Echtheit einer handschriftlich verfassten privaten Urkunde bestritten, so kann das Gericht den angeblichen Aussteller anhalten, ein Diktat niederzuschreiben.

114 Bei Weigerung einer Partei wird nach § 148, bei Weigerung eines Dritten nach § 163 Abs. 2 ZPO verfahren[113]. Diese Methode setzt natürlich voraus, dass der Aussteller erreichbar ist. Bei Verstorbenen (Testament!) wird man eventuell mit Sachverständigengutachten die Echtheit zu eruieren versuchen müssen.

115 Auch nicht handschriftliche Urkunden können unecht sein, indem z.B. in einem Vertrag eine Seite ausgewechselt wird. Unter Umständen ergibt sich für den Richter Anlass, eine Strafuntersuchung einzuleiten.

---

[108] ZGB 501 Abs. 2.
[109] So ARNOLD ESCHER im Zürcher Kommentar, N 7 zu Art. 501 ZGB.
[110] ZPO 185 Abs. 1 erster Satz.
[111] ZPO 185 Abs. 1 zweiter Satz.
[112] ZPO 186. Gemäss Art. 962 Abs. 4 OR in der revidierten Fassung vom 19. Dezember 1975 haben Aufzeichnungen auf Bild- oder Datenträgern die gleiche Beweiskraft wie die Unterlagen der Geschäftsbücher. Im Prozess sind solche Aufzeichnungen so vorzulegen, dass sie ohne Hilfsmittel lesbar sind (Art. 963 Abs. 2 OR). Zur Beweiseignung von Daten, die auf magnetischen Datenträgern gespeichert sind, vgl. BGE 111 IV 120 E. 2, 116 IV 350 E. 6.
[113] ZPO 187.

d) Die Edition von Urkunden[114]

α) *Die prozessuale Editionspflicht*

Eine Partei kann sich auch auf eine Urkunde berufen, die sich im Besitz der Gegenpartei oder eines Dritten befindet. Damit der Beweis geleistet werden kann, beruft sich der Beweisführer auf die Urkundenedition, d.h. Herausgabe bzw. Vorlegung der Urkunde.

αα) *Die Edition der im Besitz der Gegenpartei befindlichen Urkunden*

Gemäss § 183 hat eine Partei die in ihrem Gewahrsam befindlichen Urkunden auf gerichtliche Aufforderung hin einzureichen. Weigert sie sich, dies zu tun, gibt sie über deren Verbleib keine Auskunft oder hat sie die Urkunde beseitigt, so würdigt das Gericht ihr Verhalten nach § 148 ZPO.

Voraussetzung einer Edition im Beweisverfahren sind aber hinreichend bestimmte Behauptungen; der Beweisauflagenbeschluss hat konkrete Sachverhalte aufzuführen. Die Urkunden müssen im Beweisabnahmebeschluss mit genügender Bestimmtheit dergestalt bezeichnet sein, dass die zur Edition verpflichtete Partei ohne Schwierigkeit die Urkunde ermitteln bzw. die Urkunden zusammenstellen kann[115].

Beispiel 141:
Zwischen K und B ist eine Forderung aus Vertrag streitig. B ist der Ansicht, der Vertrag sei fertig abgewickelt, es stünden K keinerlei Ansprüche mehr zu. K hat sein Exemplar bei einem Brand seiner Büroräumlichkeiten verloren. B soll das seinige edieren, weigert sich indessen. Das kann verschiedene Konsequenzen haben:
1. B bestreitet nicht, den Vertrag in Händen zu haben. Seine Weigerung zur Vorlegung wird nach § 148 ZPO ausgelegt.
2. B bestreitet, jemals ein Exemplar erhalten zu haben. Es ist darüber (durch persönliche Befragung des B, eventuell Zeugen, allenfalls Beweisaussage einer der beiden Parteien) Beweis zu erheben. Ergibt sich, dass B ein Exemplar erhielt, richtet sich der weitere Ablauf nach Ziff. 1, andernfalls ist B von der Edition befreit.
3. B bestreitet nicht, den Vertrag in Händen zu haben. Seine Weigerung zur Vorlegung wird nach § 148 ZPO ausgelegt.

---

[114] Vgl. dazu PETER HERZOG, Die Editionspflicht nach neuer zürcherischer Zivilprozessordnung unter Berücksichtigung der Editionspflichten aufgrund des Bundesprivatrechtes, Diss. Zürich 1980.
[115] 6. Februar 1995, Kassationsgericht des Kantons Zürich, ZR 95/1996 Nr. 62 E. 5.3.

> 4. B bestreitet, jemals ein Exemplar erhalten zu haben. Es ist darüber (durch persönliche Befragung des B, eventuell Zeugen, allenfalls Beweisaussage einer der beiden Parteien) Beweis zu erheben. Ergibt sich, dass B ein Exemplar erhielt, richtet sich der weitere Ablauf nach Ziff. 1, andernfalls ist B von der Edition befreit.
> 5. B erklärt, den Vertrag einem dritten zur Einsicht gegeben zu haben, weigert sich aber, diesen zu nennen. Weiterer Ablauf nach Ziff. 1.
> 6. B erklärt, den Vertrag in der Meinung, es sei alles erledigt, weggeworfen zu haben. Hier sind die Art. 962/963 OR zu beachten. Sind seit Vertragsschluss keine zehn Jahre vergangen, kann das Wegwerfen, sofern B zur Führung von Geschäftsbüchern verpflichtet ist, ebenfalls zum Nachteil des B ausgelegt werden. War B nicht zur Führung von Geschäftsbüchern verpflichtet oder sind die zehn Jahre abgelaufen, wird mangels anderer Beweismittel nicht viel gegen B auszurichten sein.

ββ) *Die Edition von im Besitz eines Dritten befindlichen Urkunden*

119 Gemäss § 184 ZPO ist ein **Dritter** verpflichtet, die in seinem Besitz befindlichen Urkunden dem Gericht einzureichen, sofern er nicht bei sinngemässer Anwendung von §§ 158–160 zur Zeugnisverweigerung berechtigt ist.

120 Unbefugte Weigerung zieht die in § 163 Abs. 2 genannten Folgen nach sich[116]. Bestreitet der Dritte den Besitz, so kann er über den Verbleib der Urkunde als Zeuge vernommen werden.

> **Beispiel 142:**
>
> 121/ K macht gegenüber B einen Gewährleistungsanspruch wegen Mängeln einer
> 122 Kaufsache geltend. B wendet ein, dass sich der Zustand der Sache erst nach der Übergabe verschlechtert habe. K stützt sich auf Korrespondenz, die zwischen dem während des Prozesses verstorbenen B und seinem Fabrikanten F gewechselt worden sein soll und wonach die Mängel schon vorher entstanden sein sollen. Die Erben des B erklären, keine derartige Korrespondenz vorzufinden.
>
> 123 Gemäss OR 963 besteht scheinbar keine Editionspflicht des F, weil die Streitigkeit zwischen K und B nicht das Geschäft des F betrifft. Die Zürcher Regelung

---

[116] Zur Anwendung von § 145 ZPO auf die Editionspflicht einer Bank im Hinblick auf deren Geschäftsgeheimnis vgl. ZR 91/92 (1992/93) Nr. 4.

> geht hier nunmehr weiter, und es ist auch F zur Edition dieser Korrespondenz, falls vorhanden, grundsätzlich verpflichtet[117].
>
> Beruft er sich auf sein Geschäftsgeheimnis, so ist § 160 heranzuziehen; abgesehen davon ist an den Zeugnisverweigerungsgrund von § 159 Ziff. 1 ZPO zu denken.

124

Akten von Verwaltungsbehörden sind unter sinngemässer Anwendung von § 159 Ziff. 2 ZPO einzureichen. In Abwägung der Interessen kann die zuständige Behörde die Herausgabe an die Bedingung knüpfen, dass bestimmte Schutzmassnahme nach § 145 ZPO getroffen werden, oder statt der Akten Kopien oder Auszüge vorlegen oder über den für den Prozess erheblichen Inhalt eine schriftliche Auskunft nach § 168 ZPO erteilen[118].

125

β)   Die ausserprozessuale Editionspflicht

Neben der prozessualen gibt es auch eine privatrechtliche Editionspflicht, z.B. im Falle von Art. 418k Abs. 2 OR. Das ist ein sogenanntes vorprozessuales Einsichtsrecht. Es ist auf dem Klageweg geltend zu machen. Die Frage, wann eine Editionspflicht für Beweiszwecke, also im Prozess, bestehe, ist eine solche des kantonalen Rechtes mit dem Einbruch, den Art. 936 OR gebracht hat. Die Frage dagegen, ob ausserhalb eines Prozesses Urkunden vorzulegen seien, gehört dem Privatrecht an[119]. Gewöhnlich wird dafür das Befehlsverfahren beschritten[120].

126

---

[117] KARL KÄFER im Berner Kommentar, N 23 ff. zu Art. 963 OR ist der Meinung, für die Fälle der Buchführungspflichtigen sei die Editionspflicht im Prozess abschliessend durch Art. 963 Abs.1 OR geregelt, der allerdings weiter zu fassen ist, als sein Wortlaut vermuten lässt (vgl. GULDENER, Schweizerisches Zivilprozessrecht, 335 Anm. 16). Mir scheint aber, Art. 963 OR sei nur eine Minimalvorschrift (gl.M. HIS N 2 zu Art. 963 OR). GULDENER, ZSR 1961 II 61 Anm. 158, HERZOG, nunmehr auch FRANK/STRÄULI/MESSMER, N 4a vor § 183 ZPO). Andernfalls müsste im Kanton Zürich der nicht zur Buchführung Verpflichtete eher edieren als der dazu Verpflichtete.

[118] ZPO 184 Abs. 3.

[119] Vgl. dazu BGE 82 II 563 ff. ZR 75/1976 Nr.77 = SJZ 73/1977, 23 ff. Nr. 11 sowie GULDENER, Bundesprivatrecht, 61 ff.

[120] Hängt dagegen z.B. ein Ingenieurhonorar von der Höhe der effektiven Baukosten ab, und verweigert der Bauherr entsprechende Auskunft, so ist es zulässig, von einem eigenen Verfahren zur Erzwingung der Auskunfts- und Editionspflicht des Beklagten abzusehen und ein solches Begehren mit der Klage auf Zahlung einer einstweilen nur geschätzten Forderungssumme zu verbinden (ZR 79/1980 Nr. 130) sowie BGE 116 II 219 f., ferner VOGEL/SPÜHLER, 7. Kapitel, N 6, sowie OSCAR VOGEL, Die Stufenklage und die dienende Funktion des Zivilprozessrechts, recht 1992, 58 ff. Vgl. auch § 27 Rz 24 hiervor.

e) Weitere Fragen

127 Jede Urkunde muss vollständig vorgelegt werden. Bei grösseren Urkunden hat der Beweisführer die Beweisstellen genau zu bezeichnen[121].

128 Bezieht sich eine Urkunde auf andere Urkunden wie Nebenverträge oder Rechnungsbeilagen, so sind auch diese einzureichen[122].

129 Stellen, welche für den Prozess unerheblich sind, dürfen mit Bewilligung des Gerichtes unzugänglich gemacht werden[123].

130 Zu fremdsprachigen Urkunden hat der Beweisführer auf Anordnung des Gerichts oder auf Verlangen der Gegenpartei eine Übersetzung einzureichen.

B. Die Beweiswürdigung

131 Unter Beweiswürdigung versteht man die richterliche Feststellung der tatsächlichen Ergebnisse des Beweisverfahrens.

132 Ob sich die feststellungsbedürftigen Tatsachen ereignet haben, hat der Richter gemäss § 148 ZPO nach freier Überzeugung zu entscheiden[124]. Es hat also, abgesehen von Einzelfällen wie demjenigen der öffentlichen Urkunde[125], kein Beweismittel Vorrang vor dem anderen, sondern es bleibt dem Gericht vorbehalten, sich in Würdigung des Gesamtergebnisses darüber ein Bild zu machen. Dagegen wird die geforderte Beweisintensität verschiedentlich vom materiellen Recht oder in prozessualen Belangen vom Prozessrecht geordnet: Es kann strikter Beweis verlangt oder Glaubhaftmachung als genügend statuiert werden[126]. Mit dem Zweiten Satz verallgemeinert § 148 ZPO den im Zusammenhang mit der Parteiaussage[127], dem Augenschein[128], dem Gutachten[129] und den Urkunden[130] praktisch angewendeten Grundsatz, dass das Verhalten der Partei im Prozess, namentlich die Verweigerung der Mitwirkung bei der Beweiserhebung, mitberücksichtigt wird.

---

[121] ZPO 186 Abs. 1.
[122] ZPO 186 Abs. 2.
[123] ZPO 186 Abs. 3.
[124] Für die Fälle, in denen das Bundesrecht schon jetzt freie Beweiswürdigung fordert, vgl. FRANK/STRÄULI/MESSMER, N 4 zu § 148 ZPO. Zum Verhältnis zwischen den §§ 145 und 148 ZPO vgl. ZR 93/1994 Nr. 36.
[125] Vgl. dazu Rz 105, 106 hiervor.
[126] Vgl. z.B. ZGB 158; siehe dazu im Einzelnen FRANK/STRÄULI/MESSMER, N 6 zu § 148 ZPO.
[127] ZPO 154.
[128] ZPO 170 Abs. 1.
[129] ZPO 177 Abs. 2.
[130] ZPO 183 Abs. 2, 187 Abs. 2.

§ 30 Beweisverträge

Inhaltsverzeichnis Seite

A. Verträge über die Beweismittel (Beweisführungsverträge) 369
B. Verträge über die Beweislast 369
C. Der Schiedsgutachtervertrag 370

A. Verträge über die Beweismittel (Beweisführungsverträge)

Es handelt sich auf der einen Seite um Vereinbarungen, welche ein Minimum an zu erbringenden Beweisen für eine bestimmte Behauptung vorsehen: 1

> **Beispiel 143:**
> Wird der Gewährleistungsanspruch vom Vorhandensein eines amtlichen Befundes abhängig gemacht, so liegt darin auch eine materiellrechtliche Komponente; erfolgreiche Mängelrüge ist von vornherein erschwert. 2

Andererseits kann ein Vertrag zum Inhalt haben, dass ein bestimmter Beweis nur durch Urkunden oder durch eine Mehrzahl übereinstimmender Zeugen soll geleistet werden können oder dass anstelle von mündlichem Zeugnis nur schriftliche Aussagen sollen eingeholt werden dürfen. Das alles sind Eingriffe in die Beweiswürdigung, deren Vornahme nach dem Willen des Gesetzes dem Richter nicht entwunden werden kann. Zu Recht werden deshalb derartige Verträge von MAX GULDENER als unzulässig bezeichnet[1]. 3

B. Verträge über die Beweislast

Soweit den Parteien die freie Verfügung über Rechtsverhältnisse zukommt, können sie sich auch über die Beweislast abweichend vom Gesetzgeber einigen; die Folge 4

---

[1] Vgl. dazu GULDENER, Beweiswürdigung und Beweislast, 70 f., KUMMER im Berner Kommentar, N 371 zu Art. 8 ZGB; ebenso ZR 89/90 Nr. 118 in einem Fall, da die Parteien erstinstanzlich nach Klagebegründung und -antwort auf die Nennung weiterer Beweismittel verzichtet und *einen reinen Aktenentscheid*, gestützt auf die damals vorhandenen Akten, ohne Durchführung eines Beweisverfahrens, beantragt hatten.

§ 30 Beweisverträge

ist lediglich, dass die an sich nicht beweisbelastete Partei die Folgen der Beweislosigkeit übernimmt[2].

C. Der Schiedsgutachtervertrag[3]

5   Dieser Vertrag ist streng zu unterscheiden von der Schiedsabrede[4]. Die Parteien unterwerfen sich nicht einem Richterspruch, sondern der Feststellung, die ein Sachverständiger[5] für sie treffen wird. Das Schiedsgutachten ist in einem späteren Prozess[6] verbindlich, wenn

   a) es nicht Tatsachen betrifft, von deren Richtigkeit sich der Richter von Amts wegen zu überzeugen hat[7],
   b) der Gutachter als Schiedsrichter nicht hätte ausgeschlossen oder ablehnt werden können[8],
   c) das Gutachten ordnungsgemäss zustande gekommen ist,
   d) sich das Gutachten nicht als öffentlich unrichtig erweist[9].

6   Das Requisit der offenkundigen Unrichtigkeit hat das Bundesgericht dahin formuliert, dass sich das Schiedsgutachten als offenbar ungerecht, willkürlich, unsorgfältig, fehlerhaft oder in hohem Grade der Billigkeit widersprechend oder auf falscher tatsächlicher Grundlage beruhend herausstellt[10].

7   Die Partei, welche mit einem Schiedsgutachten aus solchen Gründen nicht einverstanden ist, hat dies dem Gegner sofort bekannt zu geben.

---

[2]   Für Beispiele vgl. GULDENER, Beweiswürdigung und Beweislast, 70; bedenkenswert sind die Argumente, die KUMMER im Berner Kommentar, N 376 f. zu Art. 8 ZGB, gegen die Zulassung solcher Verträge anführt.
[3]   Vgl. dazu GULDENER, Dispositives Recht, 242 ff.
[4]   Darüber § 40 hiernach. Wird vereinbart, dass der eingesetzte Schiedsgutachter später auch zum Schiedsrichter ernannt werden könne, so liegt darin kein Grund, auf die vor dem staatlichen Gericht eingeleitete Klage nicht einzutreten (ZR 94/1995 Nr. 66 E. II/2).
[5]   Auch juristische Personen können Schiedsgutachter sein (ZR 94/1995 Nr. 100 E. 1).
[6]   Auch wenn die Tätigkeit des Schiedsgutachters noch nicht abgeschlossen ist, kann das gerichtliche Verfahren eingeleitet werden.
[7]   ZPO 258 Abs. 1 setzt voraus *Tatsachen, die für ein Rechtsverhältnis erheblich sind, über das die Beteiligten frei verfügen können*.
[8]   ZPO 258 Abs. 2.
[9]   BGE 71 II 294 f., 67 II 148; GULDENER, Beweiswürdigung und Beweislast, 71.
[10] BGE 67 II 148 f.

§ 31 Rechtshilfe im Beweisverfahren

Die Rechtshilfe spielt bei der Beweiserhebung eine ebenso grosse Rolle wie bei 1
den Zustellungen[1] und bei der Vollstreckung[2]. Sie liegt in der Unterstützung eines
Gerichtes durch eine andere Behörde: praktisch in unseren Fällen immer durch ein
anderes Gericht.

Innerkantonale Rechtshilfe wird wenigstens im Kanton Zürich nicht benötigt: Die 2
Gerichte sind befugt, Amtshandlungen auf dem Gebiet des ganzen Kantons vorzunehmen[3,4]. § 113 Abs. 1 GVG stellt fest, dass Amtshandlungen ausserhalb des Kantons der Bewilligung der zuständigen ausserkantonalen Behörde bedürfen.

Bedeutungsvoller ist die **interkantonale** Rechtshilfe, da ein Gericht nur innerhalb 3
des eigenen Kantons Beweise erheben kann. Die übrigen Kantone sind jedoch zur
Rechtshilfe verpflichtet, was sich aus Art. 44 BV ableiten lässt. Voraussetzung ist
indessen, dass nach dem Recht des ersuchten Gerichts die verlangte Prozesshandlung zulässig ist.

Die herkömmliche Art der Gewährung von Rechtshilfe ist die folgende: 4

1. Das ersuchte Gericht nimmt anstelle des prozessführenden Gerichts die betreffende Prozesshandlung vor.
2. Es besteht aber auch die Möglichkeit, dass das prozessführende Gericht in einem anderen Kanton eine Prozesshandlung vornimmt. Das kantonsfremde Gericht muss jedoch hierfür die Erlaubnis des betreffenden Kantons einholen, worüber die zuständige Behörde (in Zürich der Obergerichtspräsident) von Fall zu Fall entscheidet[5]. Augenscheine werden normalerweise bewilligt, ebenso Zeugenvernehmungen.[6]

Die richterlichen Prozesshandlung sind alsdann nach den Bestimmungen des Rechts 5
des Ortes der Vornahme vorzunehmen: Wird z.B. ein Zeuge von einem zürcherischen
Gericht in Frauenfeld einvernommen, so hat die Einvernahme nach *thurgauischem*

---

[1] Vgl. § 33 Rz 12–16 hiernach.
[2] Vgl. § 41 hiernach.
[3] GVG 112. Nach Art. 55 BGG mit Verweis auf 47 BZP kann das *Bundesgericht* auf dem Gebiete der ganzen Schweiz Beweise erheben, wobei die Beweiserhebung auch auf ein entsprechendes kantonales Gericht übertragen werden kann (rogatorische Einvernahme).
[4] ZPO CH 195. Jedes Gericht kann die erforderlichen Prozesshandlungen selber vornehmen; es kann insbesondere Sitzungen abhalten und Beweise erheben.
[5] GVG 114.
[6] ZPO CH 195 ermöglicht direkte Prozesshandlungen in einem anderen Kanton; ZPO CH 196 sieht die Rechtshilfe vor.

§ 31 Rechtshilfe im Beweisverfahren

Recht zu geschehen[7]. Nicht zu unterschätzende Probleme kann dabei etwa die Frage des Zeugnisverweigerungsrechts oder der Editionspflicht mit sich bringen[8].

6   Auch ausländischen Gerichten wird Rechtshilfe gewährt; ausländische Gerichte dürfen aber nicht selber in der Schweiz Rechtshandlungen vornehmen[9]. Damit Rechtshilfe gewährt wird, bedarf es an sich keines Staatsvertrages. Doch bestehen in der Praxis über die Rechtshilfe verschiedene Staatsverträge. Wichtigster unter ihnen war bisher die Haager Übereinkunft (Art. 8 ff.)[10, 11].

7   Für die interkantonale Rechtshilfe existiert ein *Konkordat über die Gewährung gegenseitiger Rechtshilfe in Zivilsachen,* das an 15. April 1975 vom Bundesrat genehmigt worden ist[12].

8   Es gehören ihm heute sämtliche Kantone an[13].

Das Konkordat wird nach Inkrafttreten der Schweizerischen Zivilprozessordnung gegenstandslos. Nach Art. 195 ZPO CH können die Gerichte die entsprechende Prozesshandlung in einem anderen Kanton selber wahrnehmen; weiterhin bleibt die Möglichkeit, Rechtshilfe zu verlangen (196 ZPO CH).

9   Das Konkordat samt der Liste der für die einzelnen Handlungen zuständigen kantonalen Behörden wird nachstehend im Wortlaut wiedergegeben:

---

[7]   Das bedeutet, dass die Aufzeichnungen der Aussage den Zeugen in jedem Fall vorzulesen sind und diese das Protokoll unterschriftlich bestätigen müssen (ZPO 218 zweiter und dritter Satz der *thurgauischen* ZPO). Vgl. demgegenüber für den Kanton *Zürich* § 29 Rz 62–67 hiervor.

[8]   Vgl. dazu URS MAIER, Die interkantonale Rechtshilfe im Beweisverfahren des Zivilprozesses mit Verweisungen auf Gegebenheiten im internationalen Bereich, Diss. Zürich 1971; ZR 77/1978 Nr. 84.

[9]   Die Schweiz hat sich jedoch dem Übereinkommen über die Beweisaufnahme im Ausland in Zivil- und Handelssachen vom 18. März 1970 (SR 0.274.132) angeschlossen (vgl. dazu VOLKEN, Kapitel 3, 91 ff.).

[10] Verweigerung der Rechtshilfe kommt nur aus besonderen Ordre-public-Gründen in Betracht (21. April 2008, Obergericht des Kantons Zürich, ZR 107/2008 Nr. 49). Zur unerhältlichen Rechtshilfe im Ausland vgl. ZR 89/1990 Nr. 78.

[11] Näheres bei STAEHELIN/STAEHELIN/GROLIMUND, Zivilprozessrecht § 19 N 7–9.
  – Haager Übereinkommen betreffend Zivilprozessrecht vom 1. März 1954 (Hue54; SR 0.274.12), in der Schweiz in Kraft seit 5. Juli 1957;
  – Haager Übereinkommen über die Zustellung gerichtlicher und aussergerichtlicher Schriftstücke im Ausland in Zivil- und Handelssachen vom 15. November 1965 (HZUe65; SR 0274.131), in der Schweiz in Kraft seit 1. Januar 1995;
  – Haager Übereinkommen über die Beweisaufnahme im Ausland in Zivil- und Handelssachen vom 18. März 1970 (HBewUe70; SR 0.274.132), in der Schweiz in Kraft seit 1. Januar 1995.

[12] SR 274.

[13] LS 27, AS 1991 4.

Konkordat über die Gewährung gegenseitiger Rechtshilfe in Zivilsachen

Angenommen von der Konferenz der kantonalen Justiz- und Polizeidirektoren am 26.April 1974, 8./9. November 1974

Vom Bundesrat genehmigt am 15. April 1975

1. Kapitel: Prozesshandlungen, die auf Ersuchen eines anderen Kantons ausgeführt werden

Art. 1
Direkter Geschäftsverkehr

1. Die Behörde der Konkordatskantone verkehren direkt miteinander. Das Ersuchungsschreiben kann in der Sprache des ersuchenden oder des ersuchten Kantons gehalten werden.
2. Falls über die Zuständigkeit einer Behörde Zweifel bestehen, werden die gerichtlichen Akten und die Rechtshilfegesuche der rechtsgültigen allein zuständigen kantonalen Behörde zugestellt, die im nachstehenden Verzeichnis aufgeführt ist.
3. Wenn die ersuchte Behörde feststellt, dass die gerichtlichen Akten und die Rechtshilfegesuche in der Kompetenz einer anderen Behörde desselben Kantons liegen, stellt sie die Akten von Amtes wegen der zuständigen Behörde zu.

Art. 2
Anwendbares Recht

Die ersuchte Behörde wendet ihr kantonales Recht an.

Art. 3
Anzeige

Die ersuchte Behörde gibt der ersuchenden Behörde und den Parteien, unter Angabe von Ort und Zeit, Kenntnis über die Anordnung einer Einvernahme oder eines Augenscheines.

Art. 4
Teilnahme der Parteivertreter

Die im Kanton der ersuchenden Behörde zugelassenen Parteivertreter können an der Zeugeneinvernahme oder am Augenschein teilnehmen.

Art. 5
Kosten

1. Die ersuchte Behörde erhebt keine Gebühren. Für die tatsächlichen Auslagen wird jedoch Ersatz verlangt.
2. Vorbehalten bleiben die interkantonalen Abkommen über die unentgeltliche Rechtspflege.

II. Kapitel: Prozesshandlungen, die in einem anderen Kanton ausgeführt werden

Art. 6
Postzustellungen

Zustellungen an Adressaten in einem Konkordatskanton können direkt durch die Post erfolgen.

Art. 7
Vorladungen

1. Die in einem Konkordatskanton geladenen Zeugen und die Sachverständigen, die den ihnen erteilten Auftrag angenommen haben, sind verpflichtet, der Vorladung Folge zu leisten.
2. Die Zeugeneinladung erfolgt in einer dem Vorgeladenen geläufigen Sprache oder in der Sprache seines Aufenthaltsortes.
3. Sie können einen angemessenen Reisespesenvorschuss verlangen.
4. Die Zeugen und Sachverständigen sind dem kantonalen Recht der ladenden Behörde unterstellt.

Art. 8
Prozesshandlungen in einem anderen Kanton

1. Die Behörde kann in einem anderen Kanton Sitzungen abhalten und Augenscheine oder Einvernahme durchführen.
2. Die für den anderen Kanton zuständige Behörde, die im Anhang zu diesem Konkordat aufgeführt ist, ist vorher in Kenntnis zu setzen.
3. Die Behörde wendet hierbei ihr kantonales Prozessrecht an.

Art. 9
Ausschliessliche Zuständigkeit

1. Für die Vornahme anderer prozessleitender Handlungen, wie für die Zustellung gerichtlicher Akten durch den Gerichtsboten oder für die Inanspruchnahme polizeilicher Hilfe, ist die Behörde, wo diese Handlungen vollzogen werden, allein zuständig; sie wendet ihr kantonales Recht an.
2. Ungeachtet des im ersten Absatz enthaltenen Vorbehaltes ist jedoch der Vorführungsbefehl gegen einen Zeugen oder Sachverständigen in allen Konkordatskantonen vollstreckbar, sofern solchen Befehlen das Prozessrecht des ersuchten Kantons nicht entgegensteht.

III. Kapitel: Schlussbestimmungen

Art. 10
Beitritt und Rücktritt

1. Jeder Kanton kann dem Konkordat beitreten. Die Beitrittserklärung sowie das im Anhang zum Konkordat erwähnte Verzeichnis ist dem Eidgenössischen Justiz- und Polizeidepartement zuhanden des Bundesrates einzureichen.
2. Wenn ein Kanton vom Konkordat zurücktreten will, so hat er dies dem Eidgenössischen Justiz- und Polizeidepartement zuhanden des Bundesrates mitzuteilen. Der Rücktritt wird mit dem Ablauf des der Erklärung folgenden Kalenderjahres rechtswirksam.

Art. 11

Inkrafttreten

1. Das Konkordat tritt für die abschliessenden Kantone mit seiner Veröffentlichung in der *Sammlung der eidgenössischen Gesetze* in Kraft, für die später beitretenden Kantone mit der Veröffentlichung ihres Beitrittes in der *Sammlung der eidgenössischen Gesetze.*
2. Das gleiche gilt für das Verzeichnis der zuständigen kantonalen Behörden.

Verzeichnis der kantonalen Behörden, die für folgende Handlung zuständig sind:

1) a) Bewilligung der Zustellung von gerichtlichen Akten durch Gerichtsboten;
   b) Vollzug der Rechtshilfegesuche.
2) a) Zustellung von gerichtlichen Akten und
   b) Rechtshilfegesuchen in den in Artikel 1 Absatz 2 vorgesehenen Fällen.
3) Entgegennahme der in Artikel 8 Absatz 2 vorgesehenen Mitteilung.

Zürich

1) a) Einzelrichter im ordentlichen Verfahren
   b) Einzelrichter im ordentlichen Verfahren
2) a) Obergericht
   b) Obergericht
3) Obergerichtspräsident

Bern

1) Gerichtspräsident
2) Appellationshof
3) Gerichtspräsident oder Appellationshof

Luzern

1) a) Amtsgerichtspräsident
   b) Amtsgerichtspräsident
2) a) Obergericht
   b) Obergericht
3) Obergerichtspräsident

Uri

1) a) zuständige Gerichtsinstanz
   b) Landgerichtspräsident
2) a) Obergericht
   b) Landgerichtspräsident Uri
3) Präsident des Obergerichtes Uri

§ 31   Rechtshilfe im Beweisverfahren

Schwyz

1) a) Einzelrichter
   b) Einzelrichter
2) a) Kantonsgericht
   b) Kantonsgericht
3)   Kantonsgerichtspräsident

Obwalden

1) a) Kantonsgerichtspräsident
   b) Kantonsgerichtspräsident
2) a) Kantonsgerichtspräsident
   b) Kantonsgerichtspräsident
3)   Kantonsgerichtspräsident

Nidwalden

1) a) Kantonsgerichtspräsidium
   b) Kantonsgerichtspräsidium
2) a) Kantonsgerichtspräsidium
   b) Kantonsgerichtspräsidium
3)   Kantonsgerichtspräsidium

Glarus

1) a) Zivilgerichtspräsident
   b) Zivilgerichtspräsident
2) a) Zivilgerichtspräsident
   b) Obergerichtspräsident
3)   Obergerichtspräsident

Zug

1) a) Obergericht
   b) Präsidium des Kantonsgerichtes
2) a) Gerichtskanzlei
   b) Präsidium des Kantonsgerichtes
3)   Präsidium des Kantonsgerichtes

Freiburg

1)   Présidents des tribunaux d'arrondissement
2) a) Direktion de la justice
   b) Tribunal cantonal
3)   Tribunal cantonal

Solothurn

1) a) Amtsgerichtspräsident
   b) Amtsgerichtspräsident
2) a) Obergericht
   b) Obergericht
3) Amtsgerichtspräsident

Basel-Landschaft

1) a) Bezirksgerichtspräsident
   b) Bezirksgerichtspräsident
2) a) Obergericht
   b) Obergericht
3) Obergericht

Schaffhausen

1) a) Gerichtskanzlei erster Instanz
   b) – Obergericht für diejenigen Fälle, die von Bundesrechts wegen von einer einzigen kantonalen Instanz zu beurteilen sind,
   – Kantonsgericht in allen übrigen Fällen.
2) a) Kanzlei des Kantonsgerichtes
   b) Obergericht
3) Obergericht

Appenzell A. Rh.

1) a) Kantonsgerichtspräsident
   b) Kantonsgerichtspräsident
2) a) Kantonsgerichtspräsident
   b) Kantonsgerichtspräsident
3) Kantonsgerichtspräsident

Appenzell I. Rh.

1) a) Bezirksgerichtspräsident
   b) Bezirksgerichtspräsident
2) a) Bezirksgerichtspräsident
   b) Bezirksgerichtspräsident
3) Kantonsgerichtspräsident

St. Gallen

1) a) Bezirksgerichtspräsident
   b) Bezirksgerichtspräsident
2) a) Kantonsgerichtspräsident
   b) Kantonsgerichtspräsident
3) Kantonsgerichtspräsident

§ 31   Rechtshilfe im Beweisverfahren

Graubünden

1) a) Kreisamt
   b) Kreisamt
2) a) Justiz- und Polizeidepartement
   b) Justiz- und Polizeidepartement
3)   Justiz- und Polizeidepartement

Aargau

1) a) Gerichtspräsident
   b) Bezirksgericht
2) a) Obergericht
   b) Obergericht
3)   Gerichtspräsident

Thurgau

1) a) Bezirksgerichtspräsident
   b) Bezirksgerichtspräsident
2) a) Obergericht
   b) Obergericht
3)   Obergerichtspräsident

Tessin

1) a) Dipartimento di giustizia
   b) Pretore
2) a) Dipartimento di giustizia
   b) Dipartimento di giustizia
3)   Dipartimento di giustizia

Waadt

1)   Présidents des tribunaux de district
2)   Tribunal cantonal
3)   Tribunal cantonal ou
      Présidents du tribunal de district

Wallis

1)   Juges instructeurs des districts
2)   Tribunal cantonal
3)   Tribunal cantonal et juges instructeurs

Neuenburg

1)   Présidents des tribunaux de district
2)   Département de justice
3)   Tribunal cantonal

Genf

1) a) Procureur général
   b) Tribunal de première instance
2) a) Procureur général
   b) Tribunal de première instance
3) Département de justice et police

Jura

1) Présidents des tribunaux de district
2) Tribunal cantonal
3) Présidents des tribunaux de district ou
   Tribunal cantonal

Fünfter Abschnitt

Einzelprobleme des Rechtsschutzes

§ 32 Einstweiliger Rechtsschutz

Inhaltsverzeichnis Seite

A. Zweck des einstweiligen Rechtsschutzes.. 383
   1. Einstweiliger Rechtsschutz durch Sicherungsmassnahmen 383
   2. Einstweiliger Rechtsschutz durch Regelungsmassnahmen 386
   3. Recht auf Gegendarstellung 388
B. Verfahren zum Erlass einstweiliger Verfügung... 389
C. Voraussetzungen für die Erwirkung vorsorglicher Massnahmen 391
D. Schutzschrift 391
E. Schadenersatz- und Sicherstellungspflicht 392
F. Die Frage der Bindung des Richters an ergangene einstweilige Verfügungen 393

A. Zweck des einstweiligen Rechtsschutzes[1]

Einstweilige Verfügungen dienen dazu, einer Partei schon während des Verfahrens (eventuell schon vor dem Hauptprozess) *Rechtsschutz* zu gewähren. Gemäss § 110 Abs. 1 ZPO trifft das Gericht (gemeint ist: innerhalb des pendenten Prozesses) die geeigneten Massnahmen, wenn glaubhaft gemacht wird, dass einer Partei ein nicht leicht wiedergutzumachender Nachteil, besonders durch Veränderung des bestehenden Zustandes, drohe. Diese Massnahmen können Verschiedenes bezwecken: 1

1. Einstweiliger Rechtsschutz durch Sicherungsmassnahmen

Sie können dazu dienen zu verhindern, dass die Vollstreckung des vom Kläger zu erkämpfenden Urteils illusorisch wird. Sie sichern seine Vollstreckung.   2

Nicht zulässig ist jedoch die Sicherung der Vollstreckung einer Geldforderung, weil diese sich nach Bundesrecht (SchKG) richtet, das dafür verschiedene Einrichtungen kennt: provisorische Pfändung, Güterverzeichnis, Aufnahme der Retentionsurkunde, Arrest.   3

Geht also die Klage auf Übereignung eines Pferdes oder bestimmter Aktien, so kann dem Beklagten verboten werden, dieses oder diese zu verkaufen; er kann sogar verhalten werden, das streitige Objekt beim Gericht zu deponieren bis zum Abschluss des Prozesses. Es kann aber nicht bei einer Klage auf Geldleistung verlangt werden,   4

---

[1] ZPO CH 261–269.

§ 32 Einstweiliger Rechtsschutz

dass der Beklagte über den fraglichen Betrag nicht mehr verfüge, ihn oder andere Aktiven hinterlege[2] oder gar bereits bezahle[3].

5   Allgemein gilt, dass die Sicherung der Vollstreckung nicht im Effekt auf die vorzeitige Vollstreckung selber hinauslaufen darf[4] (Leistungsmassnahmen).

> **Beispiel 144:**
>
> 6   Es geht an, ein Bild, von dem befürchtet wird, der Beklagte werde es vor Ende des Prozesses verkaufen, beschlagnahmen zu lassen[5]. Wird die Klage abgewiesen, so kann es der Beklagte unbeschadet wieder behändigen. Würde ihm der Verkauf nur unter Androhung von Ungehorsamsstrafe verboten[6], so wäre das möglicherweise zu wenig wirksam.
>
> 7   Dagegen kann der Beklagte nicht verhalten werden, das Bild dem Kläger schon vor Urteilsfällung zu übergeben.

8   Es gibt aber besondere Situationen, in denen das Verbot vorläufiger Vollstreckung nicht gilt.

---

[2] Vgl. aber Art 282, 284 ZGB: Hinterlegung der Entbindungskosten und angemessener Beiträge an den Unterhalt von Mutter und Kind im Vaterschaftsprozess und dazu ZR 76/1977 Nr. 29.

[3] Selbst Lohnforderungen können nicht vorsorglich zugesprochen werden (10. April 2000, Arbeitsgericht, ZR 100/2001 Nr. 65).

[4] Diese Auffassung wird aber nicht mehr allgemein vertreten. Ein Entscheid des Obergerichtes vom 31. Oktober 1980 behandelt im Rahmen der Anfechtung des Generalversammlungsbeschlusses einer Aktiengesellschaft ein Begehren auf Abschaffung von Stimmrechtsaktien und Abberufung der beiden geschäftsführenden Verwaltungsräte. Nach Ablehnung dieser Anträge durch die Generalversammlung ging das Massnahmenbegehren auf sofortige Suspendierung der beiden geschäftsführenden Verwaltungsräte und sofortige Aufhebung der Stimmrechtsaktien bzw. andere denselben Zweck erfüllende Massnahmen. Das Obergericht hielt solche *Leistungsmassnahmen* nicht für schlechthin ausgeschlossen, stellte jedoch fest, dass, falls die Gutheissung der Massnahmeanträge eine vorläufige Vollstreckung der im Hauptprozess gestellten Begehren bedeute, die Erfolgsaussichten der Hauptklage (richtiger: der Klage zur Hauptsache) mit einem strengen Massstab nach objektiven Kriterien und nicht allein nach der subjektiven Auffassung des Richters zu prüfen seien (ZR 80/1981 Nr. 43).
Ebenso wurde in einem Entscheid vom 4. September 1980 (ZR 79/1980 Nr. 115) die Möglichkeit einstweiligen Vollzugs des Klageziels durch eine sogenannte Leistungsmassnahme an sich bejaht, indessen darauf hingewiesen, dass in einem solchen Fall höhere Anforderungen an die Glaubhaftmachung der Gefährdung und der rechtlichen Begründetheit des Hauptanspruches zu stellen seien. Ein Anspruch des Arbeitnehmers auf tatsächliche Weiterbeschäftigung während der Dauer des Prozesses betreffend Feststellung der Ungültigkeit einer Kündigung wegen Rechtsmissbrauchs und eventuell auf Verpflichtung der beklagten Partei zur Weiterbeschäftigung wurde in diesem Zusammenhang verneint.

[5] ZPO 223 Ziff. 2.

[6] ZPO 223 Ziff. 1.

> **Beispiel 145:**
>
> Wird dem Beklagten in einem Prozess gemäss Art. 28 ff. ZGB vorläufig verboten, eine bestimmte Behauptung über den Kläger weiterzuverbreiten, so kann er das, wenn die Klage abgewiesen werden sollte, später nachholen. Er erleidet also keinen besonderen Rechtsverlust. Bliebe es ihm während des Prozesses weiter erlaubt, so wäre ein späteres obsiegendes Urteil für den Kläger nicht viel wert. Mithin ist ein vorläufiges Verbot zulässig. Es geht jeweilen darum, dass ein bestehender, präsumtiv rechtmässiger Zustand nicht eigenmächtig soll gestört werden dürfen.
>
> Würde dagegen einem Beklagten befohlen, vorsorglich eine Leistung zu erbringen, so wäre er, wenn die Klage später abgewiesen würde, zur Rückgewinnung des Gegenstandes auf den guten Willen des Klägers oder auf eigene Anrufung staatlicher Hilfe angewiesen. Das darf ihm nicht zugemutet werden[7, 8].

9

10

Für verschiedene Rechtsverhältnisse regelt das materielle Bundesrecht die vorsorglichen Massnahmen, so auf dem Gebiet des Persönlichkeitsschutzes[9] und des Immaterialgüterrechts[10].

11

Von besonderer Bedeutung sind richterliche Anordnungen mit Bezug auf das Grundbuch. In Betracht kommt einerseits die Vormerkung einer Verfügungsbeschränkung gemäss Art. 960 Abs. 1 Ziff. 1 ZGB, welche die Verfügung zwar nicht verunmöglicht, aber die Verfügungsbeschränkung gegenüber jedem später erworbenen Recht wirksam werden lässt (Art. 960 Abs. 2 ZGB), andererseits die Kanzleisperre gemäss § 29 der Züricher Grundbuchverordnung, welche die Verfügung verunmöglicht, in einer allfälligen Zwangsverwertung jedoch dem Berechtigten kein besseres Recht gegenüber dem Erwerber verschafft[11].

12

---

[7] Vgl. aber auch Art. 283 ZGB: Zahlung angemessener Beträge an den Unterhalt des Kindes vor dem Urteil im Vaterschaftsprozess. Siehe dazu auch DIETER LEIPOLD, Strukturfragen des einstweiligen Rechtsschutzes, ZZP 1977, 285 ff., ferner speziell im Zusammenhang mit der Gegenerklärung HANS ULRICH WALDER, Prozessuales zum Fall Rey c. «TAT», SJZ 73/1977, 281 ff., ZR 77/1978 Nr. 53.

[8] Die einstweilige Vollstreckung eines Leistungsanspruches ist höchstens in Ausnahmefällen zulässig. Es kann kein nicht leicht wiedergutzumachender Nachteil angenommen werden, wenn dem Kläger kein Vermögensschaden droht und er die Liegenschaft ohnehin hätte vermieten und nicht selber darin wohnen wollen (ZR 85/1985 Nr. 38).

[9] ZGB 28a–28f. Vgl. auch Art. 17 KG.

[10] PatG 77, DesG 28, MSchG 59, WSG 16, UWG 14, URG 65. Vgl. A. BRINER / MARIO M. PEDRAZZINI, Vorsorgliche Massnahmen im Immaterialgüterrecht, SJZ 79/1983, 160 f. Zum Begriff der nicht leicht ersetzbaren Nachteile im Patentrecht vgl. BGE 106 II 69 f. Erw. 5b und c.

[11] Vgl. dazu im Einzelnen WILLY HOCHULI, Verfügungsbeschränkung und Kanzleisperre, ZBGR 1967, 129 ff. HANS MICHAEL RIEMER, Zur Frage der Zulässigkeit von Grundbuchsperren, ZBGR 1976, 65 ff., weist auf überzeugende Weise die Bundesrechtswidrigkeit des Instituts nach. Vgl. ferner

13 Ob jemand Anspruch schon auf vorläufigen Rechtsschutz habe, ist eigentlich eine materiellrechtliche Frage. Nur für die Formen, in denen dies zu geschehen hat, ist das kantonale Recht massgebend. Darum sollten solche Anordnungen eigentlich immer mit der Beschwerde in Zivilsachen vor das Bundesgericht gebracht werden können. Das ist der Fall, wenn der betreffende Zwischenentscheid einen nicht wiedergutzumachenden Nachteil bewirken kann.

14 Im Übrigen anerkennt das Bundesgericht, dass vorsorgliche Massnahmen insoweit einer Grundlage im Bundesrecht bedürfen, als dadurch für die Prozessdauer subjektive Privatrechte zu- oder aberkannt werden, hält aber daran fest, dass vorsorgliche Massnahmen, die lediglich der Aufrechterhaltung des bestehenden Zustandes dienen, allein dem kantonalen Prozessrecht unterstehen[12].

2. Einstweiliger Rechtsschutz durch Regelungsmassnahmen

15 Bei Gestaltungsklagen kann es notwendig werden, für die Dauer des Prozesses eine vorläufige Ordnung durch einstweilige Verfügung herzustellen, so bei Ehescheidungs- oder -trennungsprozessen, wo das Zivilgesetzbuch die Regelung dahingehend getroffen hat, dass – ist die Klage angebracht – der Richter die für die Dauer des Prozesses nötigen vorsorglichen Massregeln trifft, wie namentlich in Bezug auf die Wohnung und den Unterhalt der Ehefrau, die güterrechtlichen Verhältnisse und die Versorgung der Kinder[13]. Ein weiterer Bereich umfasst Fälle aus dem Vereins- und Gesellschaftsrecht[14] sowie aus dem Erbrecht[15].

16 Für die Befugnisse des Richters, der nach den Bestimmungen über die Ehescheidung die Elternrechte und die persönlichen Beziehungen der Eltern zu den Kindern zu gestalten hat, gilt Art. 315a ZGB mit folgendem Wortlaut:

CHRISTIAN PETER MEISTER, Vorsorgliche Massnahme bei immobiliarsachenrechtlichen Streitigkeiten, Diss. Zürich 1977. Nach BGE 118 II 378 ff. findet Art. 178 ZGB auch beim Erlass vorsorglicher Massnahmen im Scheidungsverfahren sinngemässe Anwendung und dient er auch der Sicherung güterrechtlicher Ansprüche. Der Richter darf dabei nicht dafür einen strikten Beweis verlangen, dass eine ernsthafte und aktuelle Gefährdung vorliege, sondern er hat sich dabei mit der blossen Glaubhaftmachung einer Gefährdung zu begnügen. Über die Massnahmen im Einzelnen vgl. BGE 119 II 195 E. 3a.

[12] BGE 103 II 5. Vgl. dazu OSCAR VOGEL, Probleme des vorsorglichen Rechtsschutzes, SJZ 76/1980. 89 ff., insbesondere 91 f.

[13] ZGB 145.

[14] Die Durchführung der Generalversammlung unter Ausschluss einzelner Personen, deren Mitgliedschaft umstritten ist, bildet indessen für diese Personen keinen nicht leicht wiedergutzumachenden Nachteil. Namentlich kann in der allfälligen Notwendigkeit, einen Anfechtungsprozess zu führen, kein leicht wiedergutzumachender Nachteil gesehen werden (ZR 85/1986 Nr. 105 E. II/1).

[15] Im Rahmen vorsorglicher Massnahmen eines Erbteilungsprozesses kann ein Erbenvertreter im Sinne von Art. 602 Abs. 3 ZGB bestellt werden (21. Dezember 2006, Kassationsgericht des Kantons Zürich, ZR 107/2008 Nr. 26.

«Hat das Gericht nach den Bestimmungen über die Ehescheidung oder den Schutz der ehelichen Gemeinschaft die Beziehungen der Eltern zu den Kindern zu gestalten, so trifft es auch die nötigen Kindesschutzmassnahmen und betraut die vormundschaftlichen Behörden mit dem Vollzug.
Bestehende Kindesschutzmassnahmen können auch vom Gericht den neuen Verhältnissen angepasst werden.
Die vormundschaftlichen Behörden bleiben jedoch befugt:
1. ein vor dem gerichtlichen Verfahren eingeleitetes Kindesschutzverfahren weiterzuführen;
2. die zum Schutz des Kindes sofort notwendigen Massnahmen anzuordnen, wenn sie das Gericht voraussichtlich nicht rechtzeitig treffen kann.»

Dabei ist zu beachten, dass die einstweiligen Verfügungen mit Bezug auf Wohnung und Kinder usw. eine besondere Funktion haben: Sie wollen eine *eigentliche Friedensordnung,* einen Modus vivendi, für die Prozessdauer schaffen, denn nicht aus prozessualen Gründen, sondern aus menschlichen haben die Ehegatten während des Prozesses das Recht, getrennt zu leben[16]. Da muss ihnen der Richter, wenn sie sich nicht einigen, auch sagen können, zu welchen Bedingungen dies geschehen soll[17].

17

Die vielfach gleichzeitig ergehenden vorsorglichen Massnahmen, etwa zur Sicherung güterrechtlicher Ansprüche, dagegen bilden reine Vollstreckungssicherung[18]. Vorsorgliche Massnahmen sieht ferner Art. 281 Abs. 1 ZGB für die Dauer des Prozesses über die Unterhaltspflicht der Eltern vor.

18

---

[16] ZGB 137 Abs. 1.
[17] Der Eheschutzrichter kann bei einem drohenden Nachteil für das Kind dieses im Sinne einer vorläufigen Anordnung unter die Obhut des einen Ehegatten stellen, wenn er der Auffassung ist, dies sei zweckmässig und nötig; liegt nach seiner Meinung zwar eine Gefährdung des Kindes vor, die indessen durch eine andere Massnahme gemäss Art. 307 ff. ZGB behoben werden kann, so hat er die Sache an die zuständige Vormundschaftsbehörde zu überweisen (ZR 79/1980 Nr. 112).
[18] Dem Art. 137 ZGB (mit Verweis auf Art. 175 ff. ZGB Eheschutzverfahren) kommt materiellrechtliche Bedeutung zu, ermöglicht er doch auch die Sicherstellung von Geldforderungen aus ehelichem Güterrecht. Vgl. dazu SJZ 72/1976, 277 Nr. 83 sowie HANS STRÄULI, Kantonalrechtliche Grundbuchsperre als vorsorgliche Massnahme im Zivilprozess, ZSR NF 90/1971, I 417 ff., insbesondere 426 ff.

3. Recht auf Gegendarstellung

18a   Wer durch Tatsachendarstellung in periodisch erscheinenden Medien, insbesondere Presse, Radio und Fernsehen, in seiner Persönlichkeit unmittelbar betroffen ist, hat Anspruch auf Gegendarstellung[19]. Die weiteren Bestimmungen (Art. 28h–28l) lauten:

b. Form und Inhalt

28h. [1] Der Text der Gegendarstellung ist in knapper Form auf den Gegenstand der beanstandeten Darstellung zu beschränken.
[2] Die Gegendarstellung kann verweigert werden, wenn sie offensichtlich unrichtig ist oder wenn sie gegen das Recht oder die guten Sitten verstösst.

c. Verfahren

28i. [1] Der Betroffene muss den Text der Gegendarstellung innert 20 Tagen, nachdem er von der beanstandeten Tatsachendarstellung Kenntnis erhalten hat, spätestens jedoch drei Monate nach der Verbreitung, an das Medienunternehmen absenden.
[2] Das Medienunternehmen teilt dem Betroffenen unverzüglich mit, wann es die Gegendarstellung veröffentlicht oder weshalb es sie zurückweist.

d. Veröffentlichung

28k. [1] Die Gegendarstellung ist sobald als möglich zu veröffentlichen, und zwar so, dass sie den gleichen Personenkreis wie die beanstandete Tatsachendarstellung erreicht.
[2] Die Gegendarstellung ist als solche zu kennzeichnen; das Medienunternehmen darf dazu nur die Erklärung beifügen, ob es an seiner Tatsachendarstellung festhält oder auf welche Quelle es sich stützt.
[3] Die Veröffentlichung der Gegendarstellung erfolgt kostenlos.

e. Anrufung des Richters

28l. [1] Verhindert das Medienunternehmen die Ausübung des Gegendarstellungsrechts, verweigert es die Gegendarstellung oder veröffentlicht es diese nicht korrekt, so kann der Betroffene den Richter anrufen.
[2] Zuständig für die Beurteilung der Klage ist der Richter am Wohnsitz des Klägers oder des Beklagten.
[3] Der Richter entscheidet unverzüglich auf Grund der verfügbaren Beweismittel.
[4] Rechtsmittel haben keine aufschiebende Wirkung.

---

[19]   ZGB 28g Abs. 1. Kein Anspruch auf Gegendarstellung besteht, wenn über öffentliche Verhandlungen einer Behörde wahrheitsgemäss berichtet wurde und die betroffene Person an den Verhandlungen teilgenommen hat (ZGB 28g Abs.2.), sowie ZPO CH 266.

B. Verfahren zum Erlass einstweiliger Verfügung

I. Es ist möglich, dass sich das Bedürfnis nach einstweiligem Rechtsschutz erst während der bereits eingetretenen Pendenz des Prozesses ergibt. Alsdann ist das Gesuch beim mit diesem Prozess befassten Gericht einzureichen[20].

1. Die geforderte Massnahme kann als dringlich bezeichnet sein[21]. Alsdann trifft sie in einem Kollegialgericht der Präsident vorläufig[22]. Er unterbreitet sie (bei nächster Gelegenheit) dem Gericht zur Bestätigung[23], kann aber auch den Beteiligten eine Frist von höchstens zehn Tagen zur Einsprache an das Gericht ansetzen *unter der Anordnung, dass es im Säumnisfall bei seinem Entscheid sein Bewenden habe*[24]. Ist ein Einzelrichter mit dem Prozess befasst, wird er Frist zur Einsprache an ihn im Sinne von § 110 Abs. 2 Satz 2 ansetzen.

2. Die geforderte Massnahme wird ohne Hinweis auf besondere Dringlichkeit verlangt. Alsdann findet innerhalb des Prozesses eine besondere Verhandlung oder ein besonderer Schriftenwechsel statt mit nachfolgendem Entscheid des Gerichts[25].

---

[20] ZPO 110 Abs. 1. Der Prozess kann bei einem Kollegialgericht, beim Einzelrichter im ordentlichen Verfahren, aber auch im Befehlsverfahren gemäss § 222 Ziff. 2 ZPO pendent sein. Mit Anhängigmachung des ordentlichen Prozesses entfällt grundsätzliche Zuständigkeit des Einzelrichters im summarischen Verfahren zum Erlass vorsorglicher Massnahmen und geht auf den ordentlichen Richter über. Ebenso entfällt damit die Zuständigkeit der Rechtsmittelinstanzen, wenn der ordentliche Prozess erst nach Ausfällung des einzelrichterlichen Entscheides anhängig gemacht wurde. Eine Ausnahme gilt insofern, als es um die Anfechtung solcher Massnahmen geht, die in die Zeit vor Anhängigmachung des ordentlichen Prozesses zurückwirken und auf diese Periode beschränkt sind; ebenso, wenn es um die Anfechtung der Nebenfolgen des vorprozessualen Massnahmeverfahrens geht (ZR 84/1985 Nr. 71, E.4b, 4c, 5).

[21] Einem Begehren fehlt die Dringlichkeit, wenn die streitige Nutzung des Nachbargrundstücks bereits baurechtlich (wenn auch nur einstweilen) unterbunden worden ist (8. November 2007, Obergericht des Kantons Zürich, ZR107/2008 Nr. 41 E. 4–7).

[22] GVG 123 Satz 1. Natürlich kann er das Gesuch auch abweisen, in welchem Fall es dem Gesuchsteller überlassen bleibt, ob er im Sinne von Satz 2 hiernach am Gesuch festhalten will.

[23] GVG 123 Satz 2. In diesem Fall verlangt es aber der Grundsatz des rechtlichen Gehörs und ist in § 110 Abs. 2 Satz 1 ZPO gesagt, dass die Gegenpartei zur so als «superprovisorisch» erwirkten Massnahme sich noch äussern kann, bevor sie (für die Dauer des Prozesses) vollen Bestand erhält unter Vorbehalt ihrer späteren Aufhebung durch das Gericht aufgrund veränderter Verhältnisse (ZPO 110 Abs. 3 in Verbindung mit ZPO 229).
Nicht anders verhält es sich, wenn die Massnahmen superprovisorisch direkt vom Kollegialgericht beschlossen worden sein sollten.

[24] Ist die Massnahme dringlich, so muss sie auch sofort vollstreckbar und wirksam sein. Deshalb wird damit das «gegenteilige» im Sinne von § 110 Abs. 3 ZPO angeordnet: durch die Einsprache fällt die provisorische Verfügung des Präsidenten noch nicht dahin.

[25] Der im Lauf eines Prozesses ergehende Massnahmenentscheid ist prozessleitender Natur und, sofern die übrigen Voraussetzungen gegeben sind, mit Rekurs anfechtbar (ZPO 271 Abs. 1 Ziff. 5).

22 II. Vielfach besteht das Bedürfnis nach einstweiligem Rechtsschutz bereits vor Anhängigmachung des Prozesses. Alsdann ist das Begehren beim Einzelrichter im summarischen Verfahren einzureichen[26].

23 1. Ist die geforderte Massnahme nach Ansicht des Gesundstellers sofort zu erlassen, so erfolgt ein provisorischer Befehl oder ein provisorisches Verbot:

«Macht der Kläger die Berechtigung glaubhaft, kann dem Begehren auf seinen Antrag ohne Anhörung des Beklagten entsprochen werden[27].
Gleichzeitig wird dem Beklagten Frist angesetzt, um beim Richter Einsprache zu erheben, unter der Androhung, dass die Verfügung sonst vollstreckbar werde[28].»

Diese Androhung ist in erster Linie bei einem *provisorischen Befehl* im Sinne von § 222 Ziff. 2 ZPO anzuwenden (provisorischer Befehl auf Herausgabe eines Gegenstandes oder auf Räumung eines Mietobjektes). Im Massnahmenverfahren dagegen hat der provisorische Befehl vor allem dann einen Sinn, wenn er *sofort wirksam,* d.h. *sofort* vollstreckbar wird, gleichgültig ob Einsprache erhoben werde oder nicht. Dann wird er zum *superprovisorischen* Befehl.[29]

Daher die Formulierung:

«Wird Einsprache erhoben, fällt die provisorische Verfügung dahin, sofern der Richter nichts Gegenteiliges gemäss § 110 Abs. 2 anordnet, und es wird zur Verhandlung vorgeladen[30].»

24 2. Die einstweilige Verfügung kann aber auch im Befehlsverfahren vor Prozesseinleitung durchaus erst nach Anhörung des Massnahmengegners erlassen werden. Wegen der Gefahr zwischenzeitlicher Vereitelung wird indessen dieser Weg oftmals als wenig Erfolg versprechend angesehen[31].

---

[26] ZPO 205 in Verbindung mit ZPO 222 Ziff. 3 und ZPO 223 Ziff. 1 und 2. Der Einzelrichter ist in der Regel am Bezirksgericht zu suchen, doch ist in den von § 61 GVG aufgezählten Materien der Einzelrichter am Handelsgericht, in Fällen des Urheberrechts derjenige am Obergericht zuständig (vgl. ZR 83/1984 Nr. 34).

[27] ZPO 224 Abs. 1.

[28] ZPO 224 Abs. 2 erster Satz. Analog zum Vollstreckungsverfahren kommt auch bei der vorsorglichen Sicherstellung von Vermögenswerten dem Drittansprecher Parteistellung zu; grundsätzlich ist über dessen behaupteten Anspruch ein gesondertes Verfahren durchzuführen (ZR 90/1991 Nr. 46). Vgl. auch ZR 94/1995 Nr. 27.

[29] ZPO CH 265.

[30] ZPO 224 Abs.3. Zum «Gegenteiligen» vgl. unten § 37 Rz 26a, 26b.

[31] ZPO 204 in Verbindung mit ZPO 110 Abs. 2. Ein Fall, in dem so vorgegangen wurde, war derjenige, in dem ein Abbruchverbot bezüglich des Bernhard-Theater-Gebäudes neben dem Züricher Opernhaus verlangt wurde. Sofortige Vorkehr gegenüber der Stadt Zürich war nicht notwendig; der Abbruch erfolgte dann auch erst, nachdem der Einzelrichter das Gesuch abgewiesen hatte. In zahlreichen Fällen geht es indessen um das Verbot, Behauptungen aufzustellen, ein Produkt zu vertreiben, über eine Sache zu verfügen, um sichernde Anordnungen wie Vormerkung im Grundbuch usw.
Wird im Massnahmeverfahren bei Patentrechtsstreitigkeiten ein (Kurz-)Gutachten eingeholt, so kann dies nicht den Sinn haben, bezüglich prozessentscheidender Fragen (Gültigkeit, Verlet-

3. In jedem Fall wird mit der einstweiligen Anordnung dem Gesuchsteller Frist zur Einleitung *des ordentlichen Prozesses (Hauptprozess)* angesetzt unter der Androhung, dass sonst die einstweilige Anordnung («Massnahme») dahinfalle[32].   25

C. Voraussetzungen für die Erwirkung vorsorglicher Massnahmen

Um eine vorsorgliche Massnahme zu erwirken, muss der Gesuchsteller glaubhaft machen, dass der Anspruch des Klägers gegenüber dem Beklagten besteht[33], aber auch, dass ihm sonst ein nicht leicht wiedergutzumachender Nachteil «besonders durch Veränderung des bestehenden Zustandes» drohe, der nur durch die anbegehrte vorsorgliche Massnahme abgewendet werden kann[34, 35].   26

D. Schutzschrift[36]

Die Schutzschrift, ein dem zürcherischen Recht bisher nicht bekanntes Institut, hat zum Zweck, einem erwarteten Antrag auf superprovisorische Verfügung entgegenzutreten. Der Handelsgerichtspräsident bezeichnete vorerst ihre Einreichung als   26a

---

zung usw.) eine gleich umfassende Abklärung wie im Hauptverfahren vorzunehmen (ZR 89/1990 Nr. 54).

[32] ZPO 228. Zuständig zu einer allfälligen Wiederherstellung ist in diesem Falle der ordentliche Richter, und zwar auch dann, wenn die Klagefrist im Rahmen eines Rechtsmittelverfahrens von der Rekursinstanz neu angesetzt worden ist (ZR 85/1986 Nr. 25).

[33] Nach dem Entscheid ZR 80/1981 Nr. 43 sind, falls die Gutheissung der Massnahmeanträge eine vorläufige Vollstreckung der im Hauptprozess gestellten Begehren (Leistungsmassnahmen) bedeutet, die Erfolgsaussichten der Klage in der Hauptsache mit einem strengen Massstab nach objektiven Kriterien und nicht nach der subjektiven Auffassung des Richters zu prüfen. Das ist nicht zu billigen, denn der Richter, der den Anspruch daraufhin zu untersuchen hat, ob er glaubhaft gemacht sei, kettet sich damit an Präjudizien, von denen keineswegs sicher ist, wie lange sie bestehen bleiben. Wird die Massnahme, weil mit dem «objektiven Recht» nicht vereinbar, abgelehnt, so nützt dem Kläger die später von ihm oder anderen erstrittene Praxisänderung möglicherweise nichts mehr. Dies wäre gerade in einem Fall wie dem vorliegenden, wo das Bundesgericht mit seiner Verweisung des Klägers auf die Verantwortlichkeitsklage auf beachtliche Kritik gestossen ist (vgl. PETER FORSTMOSER, Die aktienrechtliche Verantwortlichkeit, Schweizer Schriften zum Handels- und Wirtschaftsrecht Bd. 30, Zürich 1978, N 467/468; FORSTMOSER/MEIER-HAYOZ, Einführung in das schweizerische Aktienrecht, 2. Aufl., 1980, § 21 N 30), eine Chance gewesen, die Praxisänderung, für die *Anhaltspunkte ... nicht ersichtlich* seien, einzuleiten.

[34] ZPO 110 Abs. 1, 222 Ziff. 3.

[35] Keine Voraussetzung ist eine vorgängige Kautionsleistung für den ordentlichen Prozess (ZPO 82, vgl. FRANK/STRÄULI/MESSMER dazu).

[36] ZPO CH 270 sieht die «Schutzschrift» in speziellen Fällen vor.

unzulässig[37]. Sie wurde aber in Abänderung der früheren Rechtsprechung zugelassen[38] im Hinblick auf den Anspruch auf rechtliches Gehör[39] und trotz der Gefahr der Schaffung von Voreingenommenheit[40].

E. Schadenersatz- und Sicherstellungspflicht

27 Weil die einstweilige Verfügung in einem abgekürzten Verfahren ergeht, ist sie möglicherweise falsch. Der Kläger muss daher für den Schaden aufkommen, der daraus erwachsen kann[41]. Dafür hat er unter Umständen Sicherheit zu leisten[42].

---

[37] ZR 82/1983 Nr. 121.
[38] 2. Mai 1997, Handelsgerichtspräsident des Kantons Zürich, ZR 96/1997 Nr. 46: Gestützt auf Art. 4 BV, § 56 Abs. 1 ZPO nimmt das Handelsgericht inskünftig Schutzschriften entgegen (Praxisänderung), allerdings nur unter Kenntnisgabe an die vom Gesuchsteller bezeichnete Gegenseite. Gemäss ZPO CH 270 Abs. 2 wird die Schutzschrift der Gegenseite nur mitgeteilt, wenn diese das entsprechende Verfahren einleitet. ZPO CH 270 Abs. 3 bestimmt, dass die Schutzschrift nach 6 Monaten seit Einreichung nicht mehr zu beachten ist, analog des Entscheides des Handelsgerichtes, wonach Schutzschriften während 6 Monaten ab Einreichung aufbewahrt werden. Abgelehnt wurde indessen die Entgegennahme in einem Fall betreffend unlauteren Wettbewerbs, diese mit der Begründung, dass es an der sachlichen Zuständigkeit zum Erlass vorsorglicher Massnahmen fehle und somit auch für die Entgegennahme einer darauf abzielenden Schutzschrift. Bezüglich seiner Anrufung als Präsident des Kollegialgerichtes (§§ 121ff, GVG) mangelt es am Rechtsschutzinteresse, sofern nicht unmittelbar mit der Klageeinreichung zu rechnen ist, was aber die Durchführung eines Sühnverfahrens voraussetzt (§ 62 GVG i.V. mit § 102 ZPO). (20. Oktober 1997, Handelsgerichtspräsident des Kantons Zürich, ZR 97/1998 Nr. 52).
[39] Dieser wurde damals einerseits aus § 56 Abs. 1 ZPO abgeleitet, andererseits aber aus der Praxis und Literatur zu Art. 4 aBV. Heute ist er verfassungsrechtlich in Art. 29 Abs. 2 BV verankert.
[40] Vgl. dazu BGE 119 Ia 53. Der Handelsgerichtspräsident lässt deshalb zum Schutze der präsumtiven Klagepartei derselben ein Exemplar der Schutzschrift zugehen, und die einreichende Partei hat diese, da noch nicht bekannt, zu bezeichnen. Es ist ein eigentliches Verfahren betreffend Schutzschrift geschaffen worden, in welchem die einreichende Partei als Gesuchstellerin, die präsumptive Klagepartei als Gesuchsgegnerin bezeichnet wird. «Geht innert sechs Monaten kein Massnahmenbegehren ein, welches mit der Schutzschrift in Verbindung gebracht werden kann, so werden die eingereichten Unterlagen ohne Anspruch auf weitere Beachtung zurückgeschickt.» In diesem Sinne hat die Schutzschrift in Art. 270 ZPO CH Eingang gefunden mit dem Unterschied, dass die Schutzschrift der Gegenpartei nur mitgeteilt wird, falls sie ein Massnahmenverfahren einleitet. Nach revLugÜ erfährt Art. 270 ZPO CH noch eine Änderung. Es besteht kein Anwendungsbereich mehr für eine Schutzschrift, denn Einwendungen gegen die Vollstreckbarkeitserklärung sind erst im Rechtsmittelverfahren zu hören (Art. 41 revLugÜ). Konsequenterweise ist der Tatbestand der Vollstreckbarkeitserklärung nach LugÜ im Art. 270 ZPO CH zu streichen. Erhalten bleibt hingegen der Hinweis auf den Arrest.
[41] ZPO 230 Abs. 1 Sätze 1 und 2: «Wenn der Anspruch, für den die vorsorgliche Massnahme getroffen wurde, nicht bestand oder nicht fällig war, so hat der Kläger den durch die Massnahme verursachten Schaden zu ersetzen. Der Richter kann die Ersatzpflicht ermässigen oder gänzlich von ihr entbinden, wenn der Kläger beweist, dass ihn kein Verschulden trifft.»
[42] ZPO 227 Abs. 1. Vgl. auch ZPO 110 Abs. 3. Der Richter kann auch von einer vorsorglichen Massnahme absehen oder die bereits getroffene Massnahme aufheben, wenn der Beklagte seinerseits

F. Die Frage der Bindung des Richters an ergangene einstweilige Verfügungen

Ist eine einstweilige Verfügung ergangen, so kann die damit angeordnete Massnahme aufgehoben oder geändert werden, wenn sie sich nachträglich als ungerechtfertigt erweist oder wenn sich die Umstände geändert haben[43]. Ist die Massnahme noch vor der Rechtshängigkeit angeordnet worden, der Prozess aber inzwischen rechtshängig geworden, so ist der ordentliche Richter dafür zuständig[44, 45].

28

---

angemessene Sicherheit leistet (ZPO 227 Abs. 2). Eine Sicherheitsleistung gemäss Art. 79 PatG enthebt den Richter nicht von der Prüfung der Frage, ob die Voraussetzungen für vorsorgliche Massnahmen nach Art. 77 Abs. 2 PatG gegeben seien (BGE 106 II 68 f. Erw. 5a).

[43] Der Umstand, dass die Parteien eines Ehescheidungsprozesses vor erster Instanz rechtskräftig geschieden wurden, gibt nicht Anlass zur Abänderung vorsorglicher Massnahmen während des Berufungsverfahrens betreffend die gestützt auf Art. 125 ZGB geforderten Unterhaltsbeiträge (27. April 2007, Obergericht des Kantons Zürich, I. Zivilkammer, ZR 106/2007 Nr. 63).

[44] ZPO 229. Für die vom Bundesrecht beherrschten Massnahmen entscheidet sich die Frage der Bindung des Richters im ordentlichen Verfahren an vorausgegangene Eheschutzmassnahmen wiederum nach Bundesrecht. Vgl. BGE 101 II 2 f. ZR 78/1979 Nr. 125. Nach der Praxis des Kassationsgerichtes wird nach der Anhängigmachung des ordentlichen Prozesses auf eine den Massnahmeentscheid betreffende Nichtigkeitsbeschwerde nicht mehr eingetreten, und es werden die Akten dem ordentlichen Richter überwiesen, der in der Folge im Rahmen von § 229 ZPO (d.h. mit weitgehend freier Kognition) über die Aufhebung oder Änderung zu entscheiden hat, ZR 88/1989 Nr. 40).

[45] Ist ein Rechtsmittel gegen einen Entscheid in der Sache selber pendent, so sind für Erlass, Änderung oder Aufhebung einstweiliger Verfügungen anzugeben:
  a) während des kantonalen Berufungsverfahrens: der Berufungsrichter (Obergericht), doch ist eine Ausnahme dann angebracht, wenn sofort gehandelt werden muss und die Berufungsinstanz dazu nicht in der Lage ist, weil z.B. Das erstinstanzliche Urteil noch nicht begründet ist (ZR 78/1979 Nr. 16 Erw. III),
  b) während der Dauer eines kantonalen Nichtigkeitsbeschwerdeverfahrens das Gericht, welches den angefochtenen Entscheid gefällt hat (ZPO 286 Abs. 2),
  c) während der Dauer des Beschwerdeverfahrens vor Bundesgericht der dortige Instruktionsrichter oder die Instruktionsrichterin (BGG 104).
Zur Frage der materiellen Rechtskraft von Massnahmeentscheiden vgl. ZR 100/2001 Nr. 99.

§ 33 Fristen und Verhandlungstermine, Zustellungen

Inhaltsverzeichnis   Seite
A. Fristen und Verhandlungstermine 395
B. Zustellungen 400

A. Fristen und Verhandlungstermine

Jeder Prozess ist massgebend von einem Element bestimmt: der Zeit. Pro-cessus heisst ja wörtlich: das Voranschreiten, das Vorwärtsgehen. So zerfällt jeder Prozess in seine Stadien, und sein Ablauf ist von der Zeit diktiert. Weder die Parteien noch die Gerichte dürfen sich dabei beliebig Zeit lassen; es besteht für sie die Pflicht, das ihre beizutragen, damit das Verfahren vorangetrieben werden kann. Für den Richter gilt § 53 Abs. 1 ZPO, wonach das Gericht für eine beförderliche Prozesserledigung sorgt. Wesentliche Hilfsmittel bei der Verwirklichung dieses Ziels sind die *Fristen und Verhandlungstermine (Tagfahrten)*. Die Fristen gelten für schriftliche Erklärungen und Eingaben der Parteien; die Verhandlungen sind da, um ihnen zu ihren mündlichen Vorbringen Gelegenheit zu geben oder aber, um Handlungen des Gerichts beizuwohnen. Es gibt darüber im Gesetz feste Vorschriften, aber auch Bestimmungen, welche dem Richter in dieser Beziehung gewisse Kompetenzen einräumen. 1

§ 189 Abs. GVG sagt, gesetzlich vorgeschriebene Fristen dürften nicht geändert werden. Wo also das Gesetz bestimmt, in welcher Frist eine bestimmte Prozesshandlung vorzunehmen sei, kann die Frist vom Richter nicht erstreckt oder abgekürzt werden. Erstreckung ist alsdann nur möglich, wenn eine Partei oder ihr Vertreter im Laufe der Frist stirbt oder handlungsunfähig wird[1]. Eigentlicher Anwendungsfall sind die Rechtsmittelfristen. 2

Fristen, deren Ansetzung das Gesetz dem Richter überträgt, sollen in der Regel nicht weniger als sieben und nicht mehr als zwanzig Tage dauern[2]. Der Tag der Eröffnung einer Frist oder der Tag der Mitteilung eines Entscheides wird bei Berechnung der Fristen nicht mitgezählt[3]. Ist der letzte Tag der Frist ein Samstag oder ein öffentli- 3

---
[1] GVG 189 Abs. 2.
[2] GVG 190. Diese Fristen können aber erstreckt werden (GVG 195).
[3] GVG 191. Vgl. auch OR 77 Abs. 1 Ziff. 1, BGG 44 Abs. 1 sowie BGE 103 V 157 ff.

cher Ruhetag[4], so endigt sie am nächstfolgenden Werktag. Samstage und öffentliche Ruhetage während laufender Frist werden mitgezählt[5].

4   In der Zeit vom 10. Juli bis und mit 20. August sowie vom 20. Dezember bis und mit 8. Januar finden keine Verhandlungen statt; die gesetzlichen und die richterlichen Fristen stehen still[6].

5   Vorbehalten bleiben dringende Fälle und vorsorgliche Massnahmen, das Verfahren vor Friedensrichter, das einfache und rasche Verfahren[7], das summarische Verfahren sowie Verhandlungen und Fristansetzungen im Einvernehmen mit den Parteien[8].

6   Eine Handlung erfolgt rechtzeitig, wenn sie vor Ablauf der Frist vorgenommen wird. Schriftliche Eingaben und Zahlungen[9] müssen spätestens am letzten Tag der Frist

---

[4]   Der Berchtoldstag (2. Januar) ist im Kanton Zürich kein gesetzlich anerkannter Ruhetag. Weil er aber gewohnheitsrechtlich als solcher behandelt wird, hat er auch im zürcherischen Fristenrecht als Feiertag zu gelten (2. April 2003, Kassationsgericht des Kantons Zürich, ZR 103/2004 Nr. 14).

[5]   GVG 192. Vgl. auch OR 78 Abs. 1, BGG 45 Abs. 1 sowie Art. 1 des BG vom 21. Juni 1963 über den Fristenlauf an Samstagen, SR 173.110.3. Bezüglich des mit ZR 83/1984 Nr. 99 als Ruhetag nicht anerkannten Berchtoldstages vgl. jetzt HANS ULRICH WALDER, IZPR § 10 Rz 5–10.

[6]   GVG 140 Abs. 1. Für die Ausnahmen vgl. GVG 140 Abs. 2 und ZR 76/1977 Nr. 130. Stillstand der Frist bedeutet, dass nach Ablauf derselben in der Zählung der Tage fortgefahren wird.

> **Beispiel 146:**
> Am 4. Juli 2008 wird Frist von 20 Tagen angesetzt, um eine Klage schriftlich zu beantworten. Der erste Tag der Frist ist der 5. Juli. Dazu kommen der 6., 7., der 8. und der 9. Juli. Das ergibt 5 Tage. Am 10. Juli beginnen die Gerichtsferien, die Zählung wird eingestellt und erst am 21. August wieder aufgenommen. Das ist der 6. Tag der Frist. Diese endigt am 4. September 2008.

Zu beachten ist die unterschiedliche Ferienregelung beim Bundesgericht gemäss Art. 46 BGG: 7. Tag vor Ostern bis 7. Tag nach Ostern, 15. Juli bis 15. August, 18. Dezember bis 2. Januar. Diese Regelung wurde von der ZPO CH 145 Abs. 1 übernommen.

[7]   Es sind dies u.a. alle Streitigkeiten aus Arbeitsvertrag bis zu einem Streitwert von 30 000 Franken. Die bisherige Bezugnahme auf nicht der Berufung unterliegende Streitigkeiten aus dem Arbeitsverhältnis entfällt. Der Regierungsrat hatte noch durch Beschluss vom 7. April 1990 versucht, den Berufungsstreitwert für Arbeitsstreitigkeiten auf den genannten Betrag zu erhöhen, musste aber, nachdem dagegen wegen Verletzung der Gewaltentrennung (Art. 52 Abs. 2 SchlT ZGB gab keine genügende Rechtsgrundlage) staatsrechtliche Beschwerde erhoben worden war, auf diesen Beschluss zurückkommen (vgl. Amtsblatt 1990, 1018 und 1324).

[8]   GVG 140 Abs. 2 und ZPO CH 145 Abs. 2. Den Parteien ist anzuzeigen, wenn in Anwendung dieser Bestimmung eine Frist während der in § 140 Abs. 1 GVG angegebenen Zeiten läuft (GVG 140 Abs. 3). Es ist also nicht etwa so, dass in den Fällen gemäss § 140 Abs. 2 GVG der Fristenlauf ohne Weiteres von den Gerichtsferien unbeeinflusst bliebe. Dass die Einrichtung etwas zur Prozessbeschleunigung beitrüge, muss bezweifelt werden. Bestenfalls wird sich am Gericht eine mit dem Fall nicht vertraute «Ferienbesetzung» derselben annehmen; viel wahrscheinlicher ist, dass nichts Relevantes passiert.

[9]   Die Frist für Zahlungen gilt als gewahrt, wenn der Datenträger innerhalb der Frist der schweizerischen Post übergeben wird und – entgegen BGE 117 Ib 222 ff. – als Fälligkeitstermin auf dem

an die Bestimmungsstelle gelangt oder für sie der schweizerischen[10] Post übergeben sein[11].

Eingaben und Zahlungen, die aus Irrtum an eine unrichtige Amtsstelle (Gerichts- oder Verwaltungsstelle) gerichtet sind, gelten als rechtzeitig eingegangen. Die Weiterbeförderung an die zuständige Stelle erfolgt vom Amts wegen[12]. Dies gilt aber nur dort, wo ein eigentliches Versehen vorliegt, nicht aber dort, wo fälschlicherweise (aber mit Absicht) an eine andere Instanz adressiert wurde, der Absender also annahm, die Adressatin sei wirklich zuständig[13]. 7

Verschiebung einer Verhandlung und Erstreckung einer richterlichen Frist werden nur aus zureichenden Gründen bewilligt[14]. In der Regel werden keine allzu strengen Anforderungen an solche Gesuche gestellt; doch wird einem Begehren um Fristerstreckung eher entsprochen als einem solchen um Verlegung einer Verhandlung[15]. 8

Datenträger ein Tag bestimmt wird, der innerhalb der zweitägigen Bearbeitungsfrist bei der Post liegt (3. Mai 1996, Obergericht, III. Zivilkammer, ZR 95/1996 Nr.64). Vgl. auch ZR 99/2000 Nr. 193.

[10] In der strikten Anwendung dieses Erfordernisses liegt gemäss BGE 104 Ia 4 f. kein überspitzter Formalismus.

[11] GVG 193. Vgl. BGG 48 Abs. 1 Satz 1 und ZPO CH 143 Abs. 1. Der Nachweis, dass eine schriftliche (Rechtsmittel-)Eingabe innert gebotener Frist der schweizerischen Post übergeben wurde, obliegt der fristbelasteten Partei und wird in erster Linie mittels des Poststempels auf der die Eingabe enthaltenden Sendung erbracht, welcher eine widerlegbare Vermutung für den Aufgabezeitpunkt begründet. Angesichts der insofern beweismässigen Relevanz des Poststempels trifft den Adressaten der per Post übermittelten Eingabe (Gericht, Behörde) zumindest in Fällen, in denen die Rechtzeitigkeit fraglich erscheint – eine Pflicht zur Aufbewahrung des Briefumschlags. Verletzt die Behörde diese (Aktenführungs-)Pflicht und kann die frist- oder beweisbelastete Partei den Nachweis der Rechtzeitigkeit daher aus einem von der Behörde zu verantwortenden Grund nicht erbringen, greift eine Umkehr der Beweislast Platz (Kassationsgericht des Kantons Zürich 27. Juli 2007, ZR107/2008 Nr. 1).
Eingaben sind gemäss § 193 Satz 3 GVG auch rechtzeitig, wenn sie am letzten Tag der Frist bei einer schweizerischen diplomatischen oder konsularischen Vertretung eintreffen (vgl. Art. 12 IPRG). Bei der Benützung des Sammelauftragsdienstes der PTT gilt die Frist zur Leistung eines Kostenvorschusses als eingehalten, wenn als Fälligkeitsdatum auf dem Datenträger spätestens der letzte Tag der (vom Bundesgericht festgesetzten) Frist bestimmt und der Datenträger innerhalb dieser Frist der schweizerischen Post übergeben wurde (BGE 117 Ib 220 ff.).

[12] GVG 194.

[13] HAUSER/HAUSER, N 4 zu § 214 aGVG und dort zit. Judikatur.

[14] GVG 195 Abs. 1; ZPO CH 144. Gesetzliche Fristen können nicht erstreckt werden. Gerichtliche Fristen könne aus zureichenden Gründen erstreckt werden, wenn das Gericht vor Fristablauf darum ersucht wird. Bei Rechtsvertretern genügt in der Regel die Begründung der «Arbeitsüberlastung»; «fehlende Instruktionen» oder «fehlende Belege».

[15] Gemäss § 195 Abs. 2 zweiter Satz GVG können Verschiebungsgesuche abgelehnt werden, wenn sie nicht sofort nach Kenntnis der Verhinderung gestellt worden sind. Fristerstreckungsgesuchen kann nur entsprochen werden, wenn sie vor Ablauf der Frist gestellt worden sind, es sei denn, es liege ein Wiederherstellungsgrund vor (GVG 195 Abs. 2 erster Satz). Vgl. auch MAX GULDENER, Die

§ 33   Fristen und Verhandlungstermine, Zustellungen

Wo das Gesetz die Folgen der Nichteinhaltung einer Frist nicht festsetzt, bestimmt sie das Gericht[16] und zwar in jedem einzelnen Fall im Voraus im Rahmen einer sogenannten Androhung. Diese darf nicht weiter gehen, als der ordnungsgemässe Fortgang des Prozesses es erfordert[17].

9   Die Androhung soll sich demnach immer nur gerade auf das beziehen, was verlangt wurde. Bei Nichteinreichung einer Eingabe wird Verzicht auf diese angenommen, bei Nichtleistung des Barvorschusses für eine Expertise Verzicht auf deren Durchführung usw. Das Gericht kann auf Antrag[18] der säumigen Partei eine Frist wiederherstellen und eine Verhandlung neu ansetzen, bei grobem Verschulden[19] der Partei oder ihres Vertreters aber nur mit Einwilligung der Gegenpartei[20]. Grobes Verschulden einer Hilfsperson der Partei ihres Vertreters[21] wird der Partei zugerechnet, wenn

---

Wiederherstellung im Sinne von § 221 des zürcherischen GVG nach rechtskräftiger Erledigung des Rechtsstreites, SJZ 37/1940/1941, 230 ff.

[16] GVG 196 erster Satz.
[17] GVG 196 zweiter Satz.
[18] Nicht von Amts wegen (ZR 80/1981 Nr. 100).
[19] Kein grobes Verschulden wurde bei einem Laien darin gesehen, dass er infolge ungenauen Lesens einer Verfügung die Klageantwortschrift statt dem erkennenden Gericht der klagenden Partei sandte (ZR 80/1981 Nr. 100).
[20] GVG 199 Abs. 1. Vgl. BGG 50. Unrichtige Rechtsmittelbelehrung ist im zürcherischen Recht regelmässig ein Wiederherstellungsgrund (ZR 76/1977 Nr. 29 Erw. 2). Richtiger dürfte die vom Verwaltungsgericht in ZBl 82/1981, 288 vertretene Auffassung sein, wonach dann, wenn eine Rechtsmittelbelehrung irrtümlicherweise für die Einreichung eines Rechtsmittels eine längere als die gesetzliche Frist angibt, ein Rechtsmittel, das im Vertrauen auf die Richtigkeit der Angabe nach Ablauf der gesetzlichen, aber innerhalb der angegebenen Frist eingereicht worden ist, als rechtzeitig zu gelten hat. In diesem Sinne nunmehr auch ZR 87/1988 Nr. 97. Zur Frage, wann dieses Vertrauen Schutz verdient, vgl. BGE 106 Ia 13 ff. mit Zit., insbesondere Hinweis auf BGE 96 II 72 f., wo ausgeführt wurde, «auf eine von der zuständigen Behörde erteilte, sachlich unrichtige Rechtsmittelbelehrung dürfte sich die Partei nur dann nicht verlassen, wenn sie die Voraussetzungen des in Frage stehenden Rechtsmittels tatsächlich gekannt habe, so dass sie durch die falsche Belehrung nicht irregeführt worden sei, oder wenn die Unrichtigkeit für sie klar erkennbar gewesen sei» (BGE 106 Ia 17). In der ZR 83/1984 Nr. 111 wurde noch gesagt, bei grobem Verschulden mit Bezug auf die Säumnis bestehe auch im Falle der Einwilligung der Gegenseite kein Anspruch auf Wiederherstellung. Nunmehr ist gemäss ZR 87/1988 Nr. 66 die Zustimmung der Gegenseite zu einem Fristerstreckungsgesuch wenigstens ein zureichender Grund für dessen Bewilligung.
[21] Nach Auffassung des Obergerichtes stellt es ein grobes, nach derjenigen des Kassationsgerichtes ein leichtes Verschulden dar, wenn eine durch einen Rechtsanwalt vertretene Partei (trotz klarer Rechtsmittelbelehrung) irrtümlich davon ausgeht, mit der Berufung gegen das Urteil sei auch der Beschluss betreffend Verweigerung des Armenrechts mitangefochten und deshalb die zehntätige Rekursfrist verpasst (ZR 80/1981 Nr. 1). In einem andern Fall legte der Beschwerdeführer die Kautionsverfügung unter den Pendenzen ab in der Meinung, er werde rechtzeitig von einer Geschäftsreise zurück sein, um die Zahlung vorzunehmen. Wegen Verlängerung der Geschäftsreise versäumte er die Frist. Er hatte sich bei seiner Sekretärin telefonisch nach neuen Pendenzen erkundigt, aber keine rechtzeitige Zahlung angeordnet. Die Wiederherstellung wurde verweigert (ZR 84/1985 Nr. 24). Für weitere Fälle vgl. ZR 84/1985 Nr. 25 und 136.

nicht gehörige Sorgfalt bei der Wahl und Instruktion der Hilfsperson nachgewiesen wird[22]. Das Wiederherstellungsgesuch ist spätestens zehn Tage nach dem Wegfall des Hindernisses zu stellen[23].

Neben den prozessrechtlichen gibt es noch eine Reihe von Fristen des materiellen Rechts, ferner solche des Schuldbetreibungs- und Konkursrechts. *Auf sie ist das Prozessrecht nicht anwendbar*[24]. Es sind teilweise Verjährungs- und teilweise Verwirkungsfristen[25]. Die Notwendigkeit der Klageanhebung innert Frist ergibt sich nur bei den Verwirkungsfristen[26]. Die Verwirkung der Frist, innert welcher nach Bundesrecht eine Klage anzuheben ist, hat nicht nur den Verlust des Rechts zur Geltendmachung des Anspruchs vor Gericht zur Folge, sondern den Verlust des Anspruchs überhaupt, es sei denn, der Säumige könne sich später noch auf eine Einrede berufen[27]. 10

Bundesrechtliche Verwirkungsfristen gelten unter der Zürcher ZPO als eingehalten, wenn innert der Frist der Friedensrichter angerufen ist, weil bei Nichtaussöhnung der Parteien der Prozess innert dreier Monate durch Einreichung der Weisung an das erkennende Gericht zu bringen ist und im Unterlassungsfalle die Klage als einstweilen zurückgezogen gilt[28]. 11

---

[22] GVG 199 Abs. 2. Vgl. dazu ZR 77/1978 Nr. 106 (Banküberweisung). Vgl. ferner allgemein zur Kontrolle der Hilfsperson eines Rechtsvertreters ZR 86/1987 Nr. 101. Der Entscheid des Handelsgerichts des Kantons Zürich vom 22. März 1999, worin ein Wiederherstellungsgesuch wegen grober Fahrlässigkeit abgewiesen wird.

[23] GVG 199 Abs. 3. Wenn der beweisbelasteten Partei die Vornahme einer prozessualen Handlung möglich war und die Handlung auch vorgenommen wurde, damit aber entgegen den Erwartungen die Frist nicht gewahrt war, beginnt die zehntägige Frist in jenem Zeitpunkt zu laufen, in welchem die säumige Partei aufgrund der ihr bekannten objektiven Umstände wissen bzw. damit rechnen musste, die Frist versäumt zu haben (4. März 1999, Kassationsgericht des Kantons Zürich, ZR 99/2000 Nr. 104 E. II/3.) Vgl. zu den Fragen der Wiederherstellung im Einzelnen HAUSER/HAUSER, Komm. zu § 221 aGVG und dort zit. Literatur und Judikatur, sowie insbesondere GULDENER (zit. Anm. 12).

[24] Vgl. dazu HANS ULRICH WALDER, Die Fristen im Schuldbetreibungs- und Konkursrecht, Zürcher Studien zum Verfahrensrecht Bd. 56, Zürich 1981. In einem Entscheid vom 3. Februar 1981 hat das Obergericht in Ausdehnung der bisherigen bundesgerichtlichen Rechtsprechung die Wiederherstellung der *Berufungs*-Frist (für den Kanton Zürich Rekursfrist) des Art. 174 SchKG in analoger Anwendung von Art. 35 OG (nunmehr Art. 50 BGG) als zulässig erklärt (ZR 80/1981 Nr. 23).

[25] Verwirkungsfristen können im Gegensatz zu den Verjährungsfristen nicht unterbrochen werden. Sie sind vom Amtes wegen zu beachten. Für sie gilt aber analog auch die Regelung betreffend Nachfrist gemäss Art. 139 OR (12. April 2007, Handelsgericht des Kantons Zürich, SJZ 104/2008 Nr. 2, 40, ZR 106/2007 Nr. 29); analog auch ZPO CH 148.

[26] Vgl. dazu im Einzelnen HANS ULRICH WALDER/INGRID JENT, Tafeln zum Schuldbetreibungs- und Konkursrecht, 6. Aufl., Zürich 2008, sowie WALDER, Prozesserledigung, 109 ff.

[27] ZGB 521 Abs. 3, 533 Abs. 3.

[28] ZPO 101. Vgl. WALDER, Prozesserledigung, 114 ff. und dort zit. Judikatur, ferner ZR 80/1981 Nr. 61; BGE 98 II 181 E. 1.

§ 33 Fristen und Verhandlungstermine, Zustellungen

11a Bei den Tagfahrten ist die sogenannte *Respektstunde* zu beachten[29].

B. Zustellungen

12 Es ist immer wieder von Vorladungen, von Fristansetzungen, prozessleitenden Beschlüssen und Verfügungen, von Urteilen und Erledigungsbeschlüssen und Eingaben der Gegenpartei die Rede. Damit diese richterlichen Prozesshandlungen ihre Wirkung entfalten können, müssen sie den Parteien auf geeignete Weise zur Kenntnis gebracht worden sein, d.h., die sie verkörpernden Urkunden müssen *zugestellt* sein.

13 Alle diese Verfügungen im weitesten Sinne werden schriftlich, Vorladungen in dringenden Fällen telegrafisch erlassen[30]. Der erforderliche Inhalt der Vorladungen ist in § 174 GVG aufgeführt. Vorladungen sind mindestens fünf Tage vor der Tagfahrt zuzustellen[31]. Wo die Parteien durch Anwälte vertreten sind, besteht die Gepflogenheit, den Termin vorher mit ihnen abzusprechen. Andernfalls sind Verschiebungsgesuche zu erwarten. Die Zustellung erfolgt durch die Post[32], durch einen Kanzleiangestellten, den Gemeindeammann, ausnahmsweise durch die Polizei[33]. Die Zustellung erfolgt an den Vorgeladenen persönlich oder an eine nach Bundesrecht zum Empfang befugte Person[34]. Vorladungen an Personen, die ausserhalb des Kantons wohnen, werden durch die zuständige Behörde ihres gewöhnlichen Aufenthaltsortes zugestellt. In der Schweiz kann die Zustellung auch durch die Post erfolgen[35]. Es ist aber zu unterscheiden:

14 Personen, die als Parteien vorgeladen werden, können stets direkt durch die Post vorgeladen werden. Erscheinen sie nicht, so haben sie Rechtsnachteile nur für den betreffenden Prozess zu gewärtigen (Ausschluss mit Prozesshandlungen, nachteilige Beweiswürdigung, allenfalls Ordnungsstrafe wegen Störung des Geschäftsganges). Grundsätzlich besteht für sie Erscheinungspflicht im Sinne einer prozessualen Last. Wer dagegen als Zeuge vorgeladen wird, ist nur innerhalb des Hoheitsgebietes seines

---

[29] GVG 197 Abs. 1: «Als säumig gilt, wer zu einer Verhandlung nicht innert einer Stunde nach dem in der Vorladung festgesetzten Zeitpunkt erscheint.»
[30] GVG 173.
[31] GVG 175 Abs. 1. Dringende Fälle bleiben vorbehalten.
[32] Uneingeschriebene Sendungen sind nicht zulässig (ZR 79/1980 Nr. 4).
[33] GVG 177 Abs. 1.
[34] GVG 177 Abs. 2. Leben beide Prozessparteien im gleichen Haushalt, so sind die Gerichtsurkunden einer jeden Partei persönlich zuzustellen. Zu diesem Zweck ist auf den Gerichtsurkunden der Vermerk *eigenhändig* anzubringen (ZR 84/1985 Nr. 63 E. 1 und Hinweis auf ZR 52/1953 Nr. 143); ZPO CH 137.
[35] GVG 178. Vgl. dazu ZR 84/1985 Nr. 25.

Wohnsitzkantons zum Erscheinen verpflichtet und nur gegenüber der für ihn zuständigen Behörde des Wohnsitzkantons. Es muss deshalb auf dem Rechtshilfeweg durch die Behörde seines Wohnsitzkantons an einen Ort innerhalb desselben vorgeladen werden, soweit er nicht lediglich zum freigestellten Erscheinen eingeladen wird[36].

Erfolgt eine Zustellung während der Gerichtsferien, zählt der erste Tag nach den Ferien bei der Fristberechnung mit[37]. 14a

Kann die Vorladung nicht zugestellt werden[38], so wird die Zustellung wiederholt[39]. Ist die Zustellung der Vorladung unmöglich wegen unbekannter Abwesenheit des Adressaten, so erfolgt Veröffentlichung im kantonalen Amtsblatt und nötigenfalls in anderen geeigneten Blättern[40]. 15

Eine Frage, welche die Gerichte immer wieder beschäftigt, ist die, wie es zu halten ist, wenn eine Person zwar nicht unbekannt abwesend ist, aber die an sie gerichteten eingeschriebenen Postsendungen nicht in Empfang nimmt. Es stellt sich die Frage, ob Verweigerung der Annahme vorliege, wenn die betreffende Partei die Sendung 16

---

[36] Den Vorladungen wird alsdann folgende Notiz beigelegt: «Die ausserhalb des Kantons Zürich wohnenden Zeugen werden darauf aufmerksam gemacht, dass sie nicht verpflichtet sind, der Vorladung in einem Zivilprozess ausserhalb ihres Wohnsitzkantons Folge zu leisten. Sie erweisen aber dem Gericht und den Parteien einen grossen Dienst, wenn sie ihr trotzdem folgen, da sonst auf dem Rechtshilfeweg die Anhörung am Wohnsitz des Zeugen angeordnet werden müsste. Einer Vernehmung am Wohnsitz könnten sich die Zeugen jedoch nicht entziehen, und es dürften an ihr auch die Parteien und ihre Anwälte teilnehmen, was den Parteien Mehrkosten verursachen würde. Den Zeugen werden Verdienstausfall, Reisekosten und Verpflegungsauslagen ersetzt. Die ausserkantonalen Zeugen werden deshalb eindringlich ersucht, dieser Vorladung Folge zu leisten. Wer trotzdem nicht erscheinen kann, wird um rechtzeitige Mitteilung gebeten.»
Vorbehalten bleiben Art. 6 und 7 des Konkordats über die Gewährung gegenseitiger Rechtshilfe in Zivilsachen, abgedruckt in § 31 hiervor.
[37] 6. Dezember 1994, Kassationsgericht des Kantons Zürich, ZR 95/1996 Nr. 39. Über die Grundsätze der Zustellung nach zürcherischem Recht vgl. ZR 95/1996 Nr. 1.
[38] Bei Abwesenheit des Empfängers einer eingeschriebenen Postsendung gelten ohne gegenteiligen Auftrag des Empfängers an dessen Stelle die im gleichen Haushalt lebenden erwachsenen Personen als berechtigt zur Inempfangnahme. Eine langjährige Hausangestellte, welche an vier Tagen pro Woche zwischen vier und acht Stunden für diesen arbeitet, aber nicht bei ihm wohnt, ist nicht befugt, eine Gerichtsurkunde entgegenzunehmen (13. März 1997, Obergericht des Kantons Zürich, ZR 97/1998 Nr. 1).
[39] GVG 179 Abs. 1. Ein Zwang, nach zwei erfolglosen Zustellungsversuchen durch die Post den Weibel oder die Polizei zu bemühen, besteht nicht (ZR 76/1977 Nr. 9 Erw. 4). Mit der Begründung eines Prozessrechtsverhältnisses sind die Verfahrensbeteiligten verpflichtet, dafür zu sorgen, dass ihnen Vorladungen und Entscheide, welche das Verfahren betreffen, zugestellt werden können (1. Juli 1999, Obergericht des Kantons Zürich, III. Strafkammer, ZR 98/1999 Nr 43).
[40] GVG 183 Abs. 1, 187. Vgl. BZP 11. Für Zustellungen ins Ausland gilt neben der Haager Zivilprozess-Übereinkunft das Haager Übereinkommen vom 15. November 1965 über die Zustellung gerichtlicher und aussergerichtlicher Schriftstücke im Ausland in Zivil- und Handelssachen (SR 0.274. 132). Darüber VOLKEN, 44 ff. Ist eine im Ausland notwendige Zustellung undurchführbar, ersetzt die öffentliche Vorladung die persönliche Zustellung (GVG 183 Abs. 2).

nicht in Empfang nehmen konnte, weil sie ferienabwesend war, ihr ein Avis in den Briefkasten gelegt und die Sendung dann nicht innert der vom Postboten angemerkten Frist abgeholt wurde. Hier gilt, dass Parteien, die von einem Prozess Kenntnis haben, gehalten sind, dafür zu sorgen, dass ihre bezüglichen Sendungen auch bei Ferienabwesenheit in Empfang genommen werden können. Dagegen kann nicht ohne Weiteres unterstellt werden, es habe jemand den Avis wirklich erhalten. Hier fehlt es an der Bestätigung, die sonst bei jeder Zustellung vom Betreffenden verlangt wird. Der Avis kann versehentlich in den falschen Briefkasten gelangt und nicht weitergeleitet worden sein oder sich zwischen Zeitungen verflüchtigt haben. Andererseits kann im Nichtabholen einer tatsächlich avisierten Sendung eine Vereitelung der Zustellung liegen[41]. Liegt eine Verweigerung der Annahme in diesem Sinne vor, so gilt die Zustellung gleichwohl als erfolgt[42]. Ferner ist zu beachten, dass dort, wo die Partei einen Vertreter hat, die Vorladung diesem zugestellt wird; soll die Partei persönlich erscheinen, erhält auch sie eine Vorladung[43].

---

[41] Vgl. dazu HAUSER/HAUSER, N 2/IV/1 lit. B und 4 zu § 190 aGVG S. 635 f., 639 f., GULDENER, Schweizerisches Zivilprozessrecht, 253 und dortige Zitate sowie ZR 76/1977 Nr. 69. In BGE 100 III 3 ff. wurde entschieden, dass eine an einen Postfachinhaber adressierte eingeschriebene Sendung erst in jenem Zeitpunkt als zugestellt zu betrachten ist, in welchem sie am Postschalter abgeholt wird. Geschieht dies nicht innert der Abholungsfrist, so gilt die Zustellung als am letzten Tag einer Frist von sieben Tagen erfolgt. Dies wurde in BGE 123 III 492 bestätigt und gilt auch nach Art. 44 Abs. 2 BGG. Die Fiktion greift auch Platz beim Postrückbehalteauftrag (7. Januar 2008, Schweizerisches Bundesgericht, II. sozialrechtliche Abteilung mit Zustimmung sämtlicher Abteilungen, BGE 134 V 51 E. 4 = SJZ 104/2008, 121); ebenso ZPO CH 138 Abs. 3 lit. a).

[42] «Die Vorladung gilt als zugestellt, wenn der Adressat die Zustellung schuldhaft verhindert» (GVG 179 Abs. 2). Vgl. dazu ZR 76/1977 Nr. 9 Erw. 4 sowie ZR 76/1977 Nrn. 56 und 69.

[43] GVG 176 Abs. 1, BZP 10 Abs. 1.
Eine Partei, an die im Inland keine Zustellungen möglich sind, kann verpflichtet werden, in der Schweiz einen Zustellungsempfänger zu bezeichnen (ZPO CH 140). Wenn sie der gerichtlichen Aufforderung nicht nachkommt, können die Zustellungen durch Veröffentlichung erfolgen oder mit der gleichen Wirkung unterbleiben (ZPO 30, welcher Bestimmung nach ZR 84/1985 Nr. 25 Art. 1 der Haager Übereinkunft betr. Zivilprozessrecht vom 1. März 1954 und nach einem jüngsten, nicht veröffentlichten Entscheid des Kassationsgerichts (Gesch. Nr. 95/284 Z) auch das Haager Übereinkommen vom 15. November 1965 (AS 1994 2809 ff.) nicht entgegensteht. Vgl. auch BGG 39 Abs. 3).
Haben Streitgenossen keinen gemeinsamen Vertreter bestellt, kann das Gericht einen von ihnen als Zustellungsempfänger bezeichnen. An ihn ergehen die weiteren Zustellungen mit Wirkung für sämtliche Streitgenossen, bis diese einen gemeinsamen Vertreter bestellt oder ausdrücklich gesonderte Zustellung verlangt haben (ZPO 42), (ZPO CH 72).

§ 34 Die Finanzierung des Zivilprozesses[1]

Inhaltsverzeichnis   Seite

A. Die Erhebung von Gerichtskosten 403
B. Die Entschädigungspflicht 407
C. Barvorschüsse und Kautionen 409
    1. Barvorschüsse 409
    2. Die allgemeine Prozesskaution 410
D. Die unentgeltliche Prozessführung 414

A. Die Erhebung von Gerichtskosten

Für ihre Tätigkeit erheben die Gerichte Gebühren. Diese Gebühren stehen allerdings in keinem Verhältnis zu dem Aufwand, welchen der Staat jährlich für die Rechtspflege erbringen muss: Saläre der Richter, Kanzleibeamten und Angestellten, Bereitstellung, Unterhalt und Heizung der notwendigen Räumlichkeiten, Schreibmaterial, Literatur usw. Vergleiche zwischen Einnahmenseite und Ausgabenseite in der Staatsrechnung des Kantons sind in dieser Beziehung interessant. Nach Art. 74 Abs. 1 KV gewährleisten die Gerichtsorganisation und das Verfahren eine verlässliche und rasche Rechtsprechung. Es ist richtig und war auch von alters her so, dass diejenigen, welche die Gerichte in Anspruch nehmen und in deren Auftrag sie tätig werden, auch etwas, und zwar einen rechten Betrag, dafür bezahlen. Zu diesem Zweck legen die Gerichte mit ihren Entscheidungen eine Gerichtsgebühr[2] fest, gewissermassen das Honorar, das die Parteien dem Staat für sein Tätigwerden entrichten. Zur Gerichtsgebühr hinzu kommen die *Schreibgebühren*[3], *Zustellgebühren*[4], *die Barauslagen* für Telefonate, Porti, soweit nicht Pauschalfrankatur verwendet wird, Barauslagen des Gerichtes für Fahrten zum Streitobjekt, für Zeugenentschädigungen, Expertenhonorare[5]. Das alles sind die *Gerichtskosten*.   1

Mit der Bezahlung der Gerichtskosten ist ein Prozess noch nicht finanziert. In aller Regel erwachsen den Parteien noch weitere, von ihnen direkt bestrittene Auslagen. Die wichtigste und grösste Position sind in vielen Fällen die Kosten des Vertreters, des Rechtanwaltes, sein Honorar und seine Barauslagen. Dazu kommen noch weitere Auslagen der Partei, wenn sie persönlich vor Gericht erscheinen muss: Fahrspesen, Zeitverlust (Verdienstausfall), ferner gegebenenfalls die Kosten der Beschaffung von   2–4

---

[1] ZPO CH 104–112
[2] GVG 201 Ziff. 1.
[3] GVG 201 Ziff. 4.
[4] GVG 201 Ziff. 3.
[5] GVG 201 Ziff. 2.

§ 34 Die Finanzierung des Zivilprozesses

Unterlagen, die sie zur Verfolgerung ihres Anspruchs oder zur Abwehr des gegnerischen benötigt. Das sind die *Parteikosten*. Das Zivilprozessrecht hat sich nun, will es den Prozess zu einem endgültigen Ende bringen, auch mit der Frage zu befassen, wie hoch diese Kosten sein sollen und wer sie zu tragen hat[6].

5 Zur Höhe der Gerichtskosten: Soweit es sich um Barauslagen handelt, gibt es darüber selten Auseinandersetzungen[7]. Dagegen muss in jedem Falle eine Gerichtsgebühr vom Gericht festgesetzt werden. Gemäss § 202 GVG richtet sich die Gerichtsgebühr nach den Ansätzen, die das Obergericht in einer besonderen Verordnung festhält[8]. Die Verordnung bedarf, soweit wie die Gebühren nach § 201 Ziff. 1 GVG betrifft, der Genehmigung des Kantonsrates[9, 10]. Die Gerichtsgebühr muss auch für den Strafprozess erhoben werden können, und der ganze VI. Abschnitt des GVG über Gerichts-

---

[6] Auftraggeber ist zwar jeweilen nur jene Person, welche das Verfahren veranlasst, im Zweiparteienstreit die klagende Partei, während die beklagte in der Regel gegen ihren Willen in das Verfahren einbezogen wird. Dennoch wird Letztere unter gewissen Voraussetzungen kostenpflichtig, wobei vielfach dem Gedanken, dass jemand anders das Verfahren ausgelöst hat, dadurch Rechnung getragen wird, dass der Beklagte die von Kläger beim Gericht ausgelegten Kosten demselben ersetzen muss, falls er obsiegt (ZPO 67 Abs. 3 und 4).

[7] Freilich werden da und dort einmal Zeugengebühren oder Expertenhonorare zu Diskussionen Anlass geben. So beanstandete eine Partei mit Beschwerde die Höhe des vom Bezirksgericht für die Einholung einer Expertise auferlegten Barvorschusses. Die Verwaltungskommission des Obergerichtes stellte fest, dass nicht der Streitwert, sondern die der Gerichtskasse verursachten Barauslagen für die Bemessung des Vorschusses massgebend sind, wobei sich der Experte über seinen Aufwand ausweisen muss, bevor die Rechnung beglichen wird (ZR 76/1977 Nr. 22).

[8] Es handelt sich um die Verordnung des Obergerichts über die Gerichtsgebühren vom 4. April 2007 (LS 211.11). Noch unter der Herrschaft der Gebührenverordnung vom 30. Juni 1993 ist für die Gerichtsgebühr in nichtstreitigen Erbschaftssachen (§ 6 Abs. 2 aGerGebV) festgestellt worden, dass neben dem Zeitaufwand des Gerichts und der Schwierigkeit des Falls der Nachlasswert als gleichwertiges Kriterium einzusetzen sei. Die Rechtsprechung zum altrechtlichen (durch § 228 Abs. 1 des GVG vom 29. Januar 1911, der in Sachen der nichtstreitigen Gerichtsbarkeit Gebühren zwischen Fr. 300 und Fr. 1000 festlegte) bestimmten Tarifrahmen könne keine Gültigkeit mehr besitzen (17. April 2007, Obergericht des Kantons Zürich, Verwaltungskommission, ZR 106/2007 Nr. 65).

[9] Zu beachten ist, dass bei Streitigkeiten aus dem Arbeitsverhältnis bis zu einem Streitwert von 30 000 Franken den Parteien von Bundesrechtes wegen weder Gebühren noch Auslagen auferlegt werden dürfen, vorbehältlich der Fälle mutwilliger Prozessführung (OR 343 Abs. 3). Vgl. dazu SJZ 66/1970, 384 und ZR 80/1981 Nr. 65 Erw. 2. Bei mutwilliger Prozessführung kann jedoch die fehlbare Partei zur gänzlichen oder teilweisen Übernahme der Verfahrenskosten verpflichtet werden. Zu beachten ist ferner, dass in gewissen gerichtlichen Verfahren nicht die kantonale Gebührenordnung, sondern der Gebührentarif zum SchKG anzuwenden ist. Die kantonale Gebührenordnung gilt auch dann nicht, wenn im Rechtsöffnungsverfahren gleichzeitig über die Vollstreckbarkeit eines ausländischen Urteils entschieden wird (ZR 77/1978 Nr. 102, a.M. ZR 78/1979 Nr. 29). Vgl. dazu HANS ULRICH WALDER, Kollisionen von Rechtsbehelfen, in: Festschrift für Anton Heini, Zürich 1995, 297 ff.

[10] § 5 Abs. 2 der obergerichtlichen Verordnung sieht vor, dass u.a. im vermögensrechtlichen Prozess von Parteien ohne nähere Beziehung zur Schweiz die Gerichtsgebühr verdoppelt werden kann. Das Obergericht hat in ZR 79/1980 Nr. 79 festgestellt, dass diese Bestimmung nicht im Widerspruch

kosten, Gebühren, Besoldung bezieht sich auch auf den Strafprozess. Im Beschwerdeverfahren vor Bundesgericht sind die Gerichtskosten in Art. 65 BGG geregelt.

Gemäss § 203 GVG dürfen Gebühren und Auslagen nicht auferlegt werden: 6
1. dem Staat,
2. den zürcherischen Gemeinden und den übrigen öffentlich-rechtlichen Körperschaften und Anstalten des Kantons Zürich, wenn es sich um Ansprüche handelt, die nicht in deren finanziellem Interesse liegen.
3. Beamten, gegen deren Amtstätigkeit eine Beschwerde erhoben wurde oder über deren Ausstand zu entscheiden ist.

Wie hoch die Gebühren sein dürfen, sagt das GVG, das in § 202 allein auf den 7 Gebührentarif verweist, nicht mehr. Gegen Gebühren- und Kostenansätze der ersten Instanz[11] kann Beschwerde geführt werden[12]. Wer die Gebühren zu tragen hat, sagt die ZPO. Beanstandungen hierüber erfolgen auf dem Wege des Rechtsmittels, das ohnehin gegen die bezügliche Entscheidung zulässig ist: Berufung, Rekurs[13], Nichtigkeitsbeschwerde.

Wer hat nun die Gerichtskosten zu tragen? In der Regel werden, so sagt § 64 Abs. 2 8 ZPO, die Gerichtskosten der unterliegenden Partei auferlegt (BGG Art. 66 und ZPO CH 106).

«Obsiegt keine Partei vollständig, werden die Kosten verhältnismässig verteilt.»

In einem solchen Fall ist der Gesamtstreitwert heranzuziehen und festzustellen, wer in welchem Umfange obsiegt hat. Das bringt manchmal nicht zu übersehende Schwierigkeiten mit sich, sobald es nicht um Rechtsbegehren geht, die sich in Franken und Rappen ausdrücken lassen[14].

Von Bedeutung sind die Ausnahmen von der Regel: Einmal bestimmt § 64 Abs. 3 9 ZPO, dass von ihr insbesondere dann abgewichen werden könne, wenn die unterlie-

---

zur Haager Übereinkunft betreffend Zivilprozess vom 1. März 1954 (vgl. Anm. 16 hiernach) steht, insbesondere auch nicht zu deren Art. 17, wo es heisst:
«Treten Angehörige eines der Vertragsstaaten in einem andern dieser Staaten als Kläger oder Intervenienten vor Gericht auf, so darf, sofern sie in irgendeinem der Vertragsstaaten ihren Wohnsitz oder Aufenthalt im Inlande haben, eine Sicherheitsleistung oder Hinterlegung, unter welcher Benennung es auch sei, nicht auferlegt werden.»

[11] Wenn die Gerichtsgebührenverordnung (GGebVO) während eines Prozesses geändert wird, so ist für die Festsetzung der Gerichtsgebühr grundsätzlich auf die neue GGebVO abzustellen. Die kostenpflichtige Partei kann sich nicht auf den Vertrauensschutz berufen (15. Januar 1996, Obergericht des Kantons Zürich, I. Zivilkammer, ZR 95/1996 Nr. 52 E. c).
[12] GVG 206. Für die Einzelheiten vgl. GVG 108 ff. und § 39 Rz 27 hiernach.
[13] Vgl. insbesondere § 271 Abs. 1 Ziff. 3 ZPO. Zur Bemessung der Gerichtsgebühr und Prozessentschädigung im Erläuterungsverfahren vgl. ZR 79/1980 Nr. 86.
[14] Über die Verteilung bei Streitgenossenschaft vgl. ZPO 70. Bei unterschiedlichem Ausgang des Prozesses für die Streitgenossen vgl. ZR 77/1978 Nr. 47.

gende Partei sich in guten Treuen zur Prozessführung veranlasst sah, oder wenn dem Kläger die genaue Bezifferung seines Anspruchs nicht zuzumuten war und seine Klage grundsätzlich gutgeheissen wurde. Sodann werden einer Partei, die unnötigerweise Kosten verursacht hat, dieselben ohne Rücksicht auf den Ausgang des Prozesses auferlegt[15]. Zeugen und anderen Dritten können Kosten auferlegt werden, die sie schuldhaft veranlasst haben[16].

Beispiele 147:

10 B hat gegenüber der Klage des K eine Unzuständigkeitseinrede erhoben und bestritten, dass er seinen Wohnsitz in Meilen habe, wo geklagt wurde. Über diese Frage wurden Beweise abgenommen; sie musste zuungunsten der beklagten Partei ausfallen; die Unzuständigkeitseinrede wurde abgewiesen.

11 Materiell gewinnt die beklagte Partei aber nachher den Prozess. Da ist es die Meinung, dass nun die Kosten der Abklärungen über die Wohnsitzfrage und ein Teil der Gerichtsgebühren, welcher notwendig war, um über die Unzuständigkeitseinrede entscheiden zu können, der Partei auferlegt werden, die unbegründetermassen die Unzuständigkeitseinrede erhoben hat[17]. Das kann schon im prozessleitenden Entscheid bzw. Vorentscheid geschehen[18]. Kosten, welche keine Partei veranlasst hat, werden in der Regel auf die Gerichtskasse genommen[19].

---

12 Bei einem Vergleich werden die Kosten in der Regel den Parteien je zur Hälfte auferlegt, wenn sie nichts anderes vereinbart haben[20].

---

[15] ZPO 66 Abs. 1. Zur Kostentragung bei Gegenstandslosigkeit des Prozesses vgl. WALDER, Prozesserledigung, 107 f., sowie ZR 75/1976 Nr. 89.
[16] ZPO 66 Abs. 3. Von dieser Bestimmung wurde Gebrauch gemacht gegenüber einer Rechtsanwältin, der vorgeworfen wurde, einen Rekurs erhoben zu haben, welcher in guten Treuen nicht mehr als erfolgversprechend bezeichnet werden konnte (18. April 2005, Obergericht des Kantons Zürich, I. Zivilkammer, ZR 105/2006 Nr. 7).
[17] Analog ZPO CH 108.
[18] ZPO 71 letzter Satz. Ähnlich bei der Verjährungseinrede, wenn darüber in einem Vorurteil entschieden wird. Aber auch in einem Teilurteil ist nicht notwendigerweise schon über die Kosten- und Entschädigungsfolgen zu befinden, vor allem nicht, wenn sonst irrtümlich davon ausgegangen werden könnte, es liege für den Rest ein kostenfreies Verfahren nach Art. 343 Abs. 3 OR vor (ZR 79/1980 Nr. 71). Zur Kosten- und Entschädigungsregelung bei Teilentscheid ZR 89/1990 Nr. 70.
[19] ZPO 66 Abs. 2.
[20] ZPO 65 Abs. 2. Überlassen die Parteien in einem Vergleich die Regelung der Kosten- und Entschädigungsfolgen dem Gericht, so bedeutet dies eine Wegbedingung dieser Regel (und derjenigen von § 68 Abs. 2 ZPO, wonach den Parteien bei einem Vergleich keine Prozessentschädigungen zugesprochen werden, wenn sie nichts anderes vereinbart haben). Alsdann hat das Gericht über die Kosten und die Entschädigungen an die Parteien aufgrund von Obsiegen und Unterliegen zu entscheiden. Dies geschieht in der Weise, dass das Ergebnis des Vergleichs mit den ursprünglichen Parteianträgen verglichen und auf diese Weise das Ausmass von Obsiegen und Unterliegen festge-

Wann und wie werden die Kosten bezogen? Grundsätzlich geschieht dies erst nach 13
rechtskräftiger Erledigung des Prozesses[21]. Erst mit dem Endentscheid wird die Kostenpflicht geregelt[22], dann wird Rechnung gestellt. Für die Bezahlung der Gerichtskosten haftet der Gerichtskasse jene Partei, der sie rechtskräftig auferlegt wurden[23].

B. Die Entschädigungspflicht

Gemäss § 68 Abs. 1 ZPO hat jede Partei «in der Regel» im gleichen Verhältnis, 14
in dem ihr Kosten auferlegt werden, den Gegner für aussergerichtliche Kosten und

---

    legt wird und nicht durch Abklärung der Frage, wie der Prozess ohne Vergleichsabschluss mutmasslich ausgegangen wäre (ZR 80/1981 Nr. 11). Vgl. auch ZR 85/1986 Nr. 130.

[21] Im summarischen Verfahren werden die Kosten der ersten Instanz in der Regel vom Kläger bezogen unter Einräumung des Rückgriffs auf den unterliegenden Beklagten (ZPO 67 Abs. 4). Es dürfen aber auch im Rekursverfahren die Kosten eines Massnahmeverfahrens nach § 222 Ziff. 3 ZPO einstweilen dem Kläger auferlegt werden, und es kann die definitive Regelung der Kosten- und Entschädigungsfolgen dem Entscheid des Richters im ordentlichen Prozess vorbehalten werden (ZR 79/1980 Nr. 74). Für die dem Beklagten auferlegten und gemäss § 67 Abs. 4 ZPO, unter Einräumung des Rückgriffs, von mehreren Klägern bezogenen Prozesskosten haften die Kläger solidarisch gegenüber der Gerichtskasse, wie wenn sie ihnen persönlich auferlegt worden wären (ZR 85/1986 Nr. 74 E. 1). In diesem Zusammenhang hat in einem Fall aus dem Kanton *Aargau*, der keine ausdrückliche Regel kennt, das Bundesgericht am 18. Juli 1990 festgestellt, es sei zumindest nicht willkürlich, wenn der Massnahmengegner, der sich der Massnahme zu Unrecht widersetzt hat, «die Kosten des Massnahmeverfahrens ungeachtet der Möglichkeit zu tragen habe, dass die Massnahme nach eingehender Überprüfung der Sach- und Rechtslage im Hauptverfahren oder zufolge unterbliebener Klage dahinfällt» (Entscheid der I. Zivilabteilung vom 18. Juli 1990). Es geht dabei – ohne sich mit der im genannten Entscheid dargestellten ständigen Zürcher Praxis auseinanderzusetzen – davon aus, das Massnahmeverfahren, bei dem eine vorläufige Prüfung des Sachverhalts und der Rechtslage genüge, sei vom Hauptverfahren zu unterscheiden. Das sei keineswegs stossend. Unrichtig ist in diesem Entscheid der Vergleich mit dem Fall, da das Bundesgericht eine staatsrechtliche Beschwerde guthiess und den angefochtenen Entscheid aufhob, ohne das Ergebnis der Neubeurteilung durch die untere Instanz vorauszusehen. Die staatsrechtliche Beschwerde hatte nämlich einen andern Streitgegenstand, und nur über diesen (Vorliegen eines der Beschwerde zugrunde liegenden Mangels des angefochtenen Entscheides) wurde entschieden, während im Massnahmenverfahren eine (vorläufige) Prüfung des einzuklagenden Anspruchs stattfindet, deren Ergebnis sich aber hinterher als unzutreffend erweisen kann.

[22] Bei Prozessüberweisung ist im Endentscheid des überweisenden Gerichts über die Kosten- und Entschädigungspflicht definitiv zu befinden (5. Dezember 2000, Obergericht des Kantons Zürich, I. Zivilkammer, ZR 100/2001 Nr. 63).

[23] ZPO 67 Abs. 1. Tritt der Erwerber des Streitgegenstandes in den Prozess ein oder übernimmt ein Gläubiger, Intervenient oder Litisdenunziat (Streitberufener) die Fortsetzung des Prozesses, so haftet er für die bereits entstandenen Kosten solidarisch neben der früheren Partei, für künftige Kosten dagegen allein (ZPO 67 Abs. 2).

Umtriebe zu entschädigen, d.h., dass der obsiegende Gegner[24] Anspruch auf Ersatz seiner durch den Prozess verursachten[25] Auslagen erheben kann. Das ist nicht wenig. Der verlorene Prozess kann somit kosten: die Gerichtskosten, die eigenen aussergerichtlichen Kosten und dazu die aussergerichtlichen Kosten des Gegners. Es handelt sich um eine zivilrechtliche Forderung aus Kausalhaftung, die jedoch durch das kantonale Prozessrecht geregelt ist.

15 Die Bestimmungen über die Prozessentschädigung lassen dem Richter gewisse Freiheiten; er kann in analoger Anwendung von § 64 Abs. 3 und 66 Abs. ZPO eine andere Zusprechung vornehmen als die, welche sich aus dem Obsiegen ergäbe[26]. Auch kann er die Entschädigung nach seinem Ermessen festsetzen, hat aber auf bestimmte Tatsachen, eben dass eine Partei durch einen Anwalt vertreten war und dessen Honorar zu zahlen hat, Rücksicht zu nehmen[27]. Dabei setzt er selber das zu ersetzende Honorar des Rechtsanwalts nach dem Anwaltstarif[28, 29] fest[30], wenn nicht eine Rechnung

---

[24] Als solcher ist auch der Drittansprecher im Rahmen eines Massnahmenverfahrens anzusehen (ZR 90/1991 Nr. 46).

[25] Zur Kosten- und Entschädigungspflicht für eine unnütze Referentenaudienz ZR 91/92 (1992/1993) Nr. 5.

[26] Vgl. darüber im Einzelnen WEBER, Prozessentschädigung, 36ff. Nichtbekanntgabe der Wohnadresse durch die beklagte Partei in der Sühnverhandlung hat deren Kosten- und Entschädigungspflicht für das vor dem örtlich unzuständigen Gericht eingeleitete Verfahren zur Folge (ZR 83/1984 Nr. 94).

[27] Wird auf eine Klage nicht eingetreten, so ist die volle Anwaltsgebühr in Anwendung von § 14 Abs. 2 (heute § 3 Abs. 2) der Verordnung über die Anwaltsgebühren den Verhältnissen des Einzelfalles anzupassen. Massgebend sind dabei die notwendigen Bemühungen des Rechtsanwalts (28. März 1994, Kassationsgericht des Kantons Zürich, ZR 95/1996 Nr. 5).

[28] Verordnung über die Anwaltsgebühren vom 21. Juni 2006 (AnwGebV, LS 215.3). Es bedeutet aber eine Verletzung des rechtlichen Gehörs, wenn im Falle des Klagerückzuges vor Abschluss der Hauptverhandlung der Gegenpartei keine Gelegenheit eingeräumt wird, sich zum Umfang ihrer Bemühungen zu äussern und Belege einzureichen (ZR 75/1976 Nr. 90).

[29] Es ist zulässig, für die Bemessung der Prozessentschädigung im Falle der Vertretung durch einen Nichtanwalt nicht auf die Ansätze der Verordnung über die Anwaltsgebühren, sondern auf die konkreten Bemühungen und den zeitlichen Aufwand abzustellen. Dabei verstösst die Festsetzung eines Stundenhonorars von Fr. 20.– gegen klares Recht (ZR 79/1980 Nr. 105). Gemäss ständiger Rechtsprechung des Obergerichtes sind die Kosten eines Prozesses auf Abänderung der Kinderzuteilung oder des Besuchsrechtes – unabhängig vom Ausgang des Verfahrens – in der Regel den Parteien je zur Hälfte aufzuerlegen und sind die Prozessentschädigungen in einem solchen Verfahren in der Regel wettzuschlagen, wenn die klagende Partei unter dem Gesichtspunkt des Kindesinteresses gute Gründe dafür hatte, die Klage einzuleiten und die beklagte Partei aus der Sicht des Kindeswohls ebenfalls gute Gründe dafür hatte, sich der Klage zu widersetzen (ZR 84/1985 Nr. 41). Um das Mass des Obsiegens bzw. Unterliegens einer Partei in einem Prozess, in dem Widerklage erhoben wurde, bestimmen zu können, ist die Summe der Streitwerte der Begehren, hinsichtlich deren die Partei obsiegt hat oder unterlegen ist, in Relation zur Summe der Streitwerte von Hauptklage und Widerklage zu setzen. Dies gilt auch für den Fall, dass sich Hauptklage und Widerklage gegenseitig ausschlossen (ZR 84/1985 Nr. 62).

[30] Wird die entschädigungsberechtigte Partei von einem bei ihr als Arbeitnehmer angestellten Rechtsanwalt vertreten, richtet sich die Prozessentschädigung nicht nach den (allenfalls reduzierten)

vorher eingereicht wurde, was in § 69 ZPO vorgesehen ist, aber selten praktiziert wird.

Bei einem Vergleich werden den Parteien keine Prozessentschädigungen zugesprochen, wenn sie nichts anderes vereinbart haben[31]. 16

Wird das Gesuch um Scheidung auf gemeinsames Begehren nach Art. 111 oder 112 ZGB abgewiesen, weil die Bestätigung im Sinne von Art. 111 Abs. 2 ZGB ausbleibt oder ein expliziter Widerruf erfolgt, sind die Kosten den Ehegatten grundsätzlich je zur Hälfte aufzuerlegen und die Prozessentschädigungen wettzuschlagen[32]. 16a

Die Kosten des Beistandes eines Kindes im Scheidungsprozess sind eine Entschädigung und nicht Teil der Gerichtskosten. Grundsätzlich haben die Eltern die Beistandsentschädigung, und zwar in der Regel je zur Hälfte ohne solidarische Haftung, zu tragen. Die Entschädigung ist zulasten der Eltern direkt dem Beistand zuzusprechen. Ist die Entschädigung des Beistandes von den Eltern oder einem Elternteil nicht erhältlich, wird der Beistand aus der Gerichtskasse entschädigt, wobei der Anspruch auf die unerhältliche Entschädigung auf die Gerichtskasse übergeht[33]. 16b

Im Verfahren zur Abnahme gefährdeter Beweise steht der Gegenpartei, auch wenn sie zur Beweisabnahme vorgeladen wurde, kein Anspruch auf Prozessentschädigung zu[34]. 17

C. Barvorschüsse und Kautionen

1. Barvorschüsse

In gewissen Fällen verlangt das Gericht Kostenvorschuss. Für Barauslagen, die durch gerichtliche Handlungen im Interesse einer Partei veranlasst werden, hat diese binnen Frist dem Gericht einen genügenden Barvorschuss zu leisten, ansonst die Handlung unterbleibt. Wird die mit Barauslagen verbundene Handlung von beiden Parteien veranlasst oder vom Gericht in ihrem Interesse angeordnet, so können vorläufig beide Parteien zur Vorschussleistung angehalten werden. Klassisches Beispiel 18

Ansätzen der AnwGebV, sondern nach dem – mangels Vorlage einer Rechnung zu schätzenden – effektiven Aufwand der betreffenden Partei (26. April 2007, Kassationsgericht des Kantons Zürich, ZR 106/2007 Nr. 78 E. III/2/a). Schon am 4. Dezember 2006 hatte dasselbe Gericht entschieden, dass es gegen klares materielles Recht verstosse, wenn einer Partei, deren als Rechtsanwalt tätiger Rechtsvertreter zugleich Organ der vertretenen Partei sei, eine volle Prozessentschädigung gemäss den Ansätzen der AnwGebV zugesprochen werde (ZR 106/2007 Nr. 19).

[31] ZPO 68 Abs. 2.
[32] 8. Dezember 2000, Obergericht des Kantons Zürich, I. Zivilkammer, ZR 100//2001 Nr. 37,
[33] 6. Mai 2002, Kassationsgericht des Kantons Zürich, ZR 101/2002 Nr. 87.
[34] ZR 80/1981 Nr. 99.

ist etwa das Zeugengeld im Beweisverfahren[35]. Das Bundesgericht verlangt einen Kostenvorschuss in der Höhe der mutmasslichen Gerichtskosten[36]. Nach Art. 98 ZPO CH kann von der klagenden Partei ein Vorschuss bis zur Höhe der mutmasslichen Gerichtskosten verlagt werden.

19 Vorschusspflichtig ist der Haupt- oder Gegenbeweisführer. Obsiegt die betreffende Partei, so wird ihr der Vorschuss zurückerstattet, sonst mit den auferlegten Kosten verrechnet. Erlassmöglichkeit ist in § 83 Abs. 2 ZPO möglich in Fällen, die von der allgemeinen Kautionspflicht ausgenommen sind[37]. Erlass ist ausnahmsweise auch in anderen Fällen möglich.

2. Die allgemeine Prozesskaution[38]

20 Von der Vorschusspflicht in diesem Sinne streng zu trennen ist die *Kautionspflicht*. Nach § 73 ZPO hat die Partei, welche als Kläger oder Widerkläger auftritt oder gegen einen erstinstanzlichen Entscheid ein Rechtsmittel ergreift, für die Gerichtskosten und die Prozessentschädigung Kaution zu leisten, wenn eine der dort genannten Voraussetzungen vorliegt[39, 40]. Es handelt sich um Tatbestände, welche die spätere Kosten- und Entschädigungsforderung als gefährdet erscheinen lassen[41].

---

[35] Für die Verwendung der Barvorschüsse vgl. ZR 85/1986 Nr. 74 E. 2.
[36] BGG 62.
[37] Die Fälle sind aufgezählt in § 78 ZPO.
[38] Vgl. HANSJÖRG STUTZER, Die Kautionspflicht im ordentlichen zürcherischen Zivilprozess, Diss. Zürich 1980.
[39] Wenn eine Nebenpartei den Prozess im Sinne von § 48 ZPO anstelle der von ihr unterstützten Hauptpartei weiterführt, kommt es nur noch darauf an, ob der Kautionsgrund in der Person der Nebenpartei verwirklicht ist (ZR 76/1977 Nr. 41; FRANK/STRÄULI/MESSMER, N 5 zu § 73 ZPO). Zur Frage der Umgehung der Kautionspflicht durch Abtretung der eingeklagten Forderung mit Parteiwechsel nach § 49 ZPO vgl. ZR 76/1977 Nr. 42. Vereint wird von der Praxis die Kautionspflicht für das Rechtsöffnungsverfahren und zwar auch dann, wenn darin über die Vollstreckbarkeit eines ausländischen Urteils zu entscheiden ist (ZR 77/1978 Nr. 102, gegenteilig allerdings 78/1979 Nr. 29). Das wird vom Bundesgericht als nicht willkürlich betrachtet (nicht publizierter Entscheid vom 1. April 1981).
[40] Vgl. ZPO CH 98, 99.
[41] Es handelt sich um folgende Fälle:
   1. wenn die Partei in der Schweiz keinen Wohnsitz hat. Vorbehalten bleiben allfällige völkerrechtliche Verträge, unter denen vor allem die Haager Übereinkunft betreffend Zivilprozessrecht vom 1. März 1954 (SR 0.274.12) und das Übereinkommen über den internationalen Zugang zur Rechtspflege vom 25. Oktober 1980 (SR 0.274.133) von Bedeutung sind; für Schweizerbürger gilt in diesem Zusammenhang Art. 2 des Konkordats betreffend Befreiung von der Verpflichtung zur Sicherheitsleistung für die Prozesskosten vom 5./20. November 1903 (SR 273.2), dem am 1. Juli 1995 die Kantone *Zürich, Bern, Luzern, Schwyz, Glarus, Zug, Solothurn, Basel-Stadt, Basel-Landschaft, Schaffhausen, Appenzell-A. Rh., St. Gallen, Graubünden, Thurgau, Tessin, Waadt, Neuenburg, Genf* und *Jura* angehörten (AS 1981, 924);

Die von einem Kläger, Widerkläger oder Rechtsmittelkläger (Appellant oder Rekurrent) zu bestellende Kaution ist innert einer Frist beizubringen, die vom Richter

21

---

2. wenn innert der letzten fünf Jahre in der Schweiz oder im Ausland über sie der Konkurs eröffnet oder in einer Betreibung gegen sie die Verwertung angeordnet wurde oder wenn sie innert der genannten Zeit eine gerichtliche Nachlassstundung verlangt hat (dabei beginnt die fünfjährige Frist nach der schon zur früheren ZPO entwickelten Praxis des Obergerichtes nicht mit der Eröffnung, sondern erst mit dem Abschluss des Konkurses zu laufen, Entscheid vom 5. Mai 1981; ZR 80/1981 Nr. 55 mit Zit. Die Begründung, die für diese Praxis gegeben wird, vermag aber nicht zu überzeugen. Wohl kommt das dem Konkursiten während des Konkurses anfallende Vermögen nicht ihm, sondern der Konkursmasse zugute; viel wichtiger ist aber das Arbeitseinkommen, das seinen Konkursgläubigern schon während der Dauer des Konkursverfahrens entzogen ist [FRITZSCHE/WALDER II, § 41 Rz 10] und es bleibt, solange der Konkursit nicht zu neuem Vermögen gekommen ist. Der Wiederaufbau der Existenz beginnt deshalb für den Gemeinschuldner faktisch mit der Eröffnung des Konkurses, dem Zeitpunkt seines Zusammenbruches; der Zeitpunkt, da das Verfahren geschlossen wird, ist eine Frage der Liquidation durch die Gläubigerschaft und für die wirtschaftliche Situation des Konkursiten ohne Bedeutung. Im Übrigen ist der Wortlaut der Bestimmung eindeutig). Darauf, ob es in der Betreibung zur Verwertung kam, weil der Schuldner nicht zahlungsfähig oder weil er nur zahlungsunwillig war, kommt es nicht an. Diese Bestimmung soll die Gegenpartei auch gegenüber einem zahlungsunwilligen Prozessgegner schützen (ZR 84/1985 Nr. 35); der Auslandskonkurs stellt nicht per se einen Kautionsgrund dar, namentlich dann nicht, wenn ein Inländer im Ausland zwar in Konkurs geraten ist, im Inland aber nach wie vor aufrecht steht (ZR 88/1989 Nr. 28);
3. wenn auf sie provisorische oder definitive inländische oder ausländische Verlustscheine oder Pfandausfallscheine bestehen oder wenn sie sonst zahlungsunfähig erscheint (wobei der Begriff der Zahlungsunfähigkeit bedeutet, fällige Verbindlichkeiten zu erfüllen, SJZ 77/1981, 198 ff., Kassationsgericht). Vgl. zum Begriff der Zahlungsunfähigkeit auch ZR 85/1986 Nr. 64 E. 3;
4. wenn sie aus einem erledigten und nicht mehr weiterziehbaren Verfahren vor einer zürcherischen Gerichts- oder Verwaltungsbehörde Kosten oder Bussen schuldet. Werden die einer Partei auferlegten Gerichtskosten *definitiv* auf die Staatskasse genommen, so entfällt die Zahlungspflicht gegenüber dem Gericht. Damit liegt für ein späteres Verfahren der Kautionsgrund nicht vor. *Einstweilen* abgeschriebene Gerichtskosten bleiben weiterhin von derjenigen Partei geschuldet, der sie auferlegt worden sind, sie werden aber erst mit der Zustellung der Rechnung durch die Gerichtskasse fällig (ZR 85/1986 Nr. 73). Der Kautionsgrund wird gesetzt, wenn die Kosten nicht binnen der in der Rechnung genannten Frist bezahlt werden. Er entfällt danach erst im Zeitpunkt des tatsächlichen Zahlungseinganges. Erfolgt die Kautionierung vor diesem Zeitpunkt, so bleibt sie trotz der Zahlung bestehen (ZR 91/92, 1992/93 Nr. 36). Massgebend für die Frage, ob noch Kosten geschuldet seien, ist der Zeitpunkt der Kautionsauflage (8. Februar 1994, Obergericht des Kantons Zürich, ZR 96/1997 Nr. 65). Schuldet der Kläger bei Einleitung der Klage Kosten aus einem Gerichtsverfahren, kann eine bereits geleistete Kaution erhöht werden, auch wenn der Kläger in der Zwischenzeit und noch vor Ausfällung der Kautionserhöhung diese Kosten bezahlt hat (16. Februar 1998, Handelsgericht des Kantons Zürich, ZR 97/1998 Nr. 41);
5. wenn sie eine juristische Person oder Handelsgesellschaft ist, die sich in Liquidation befindet oder welcher der Aufschub der Konkurseröffnung bewilligt wurde;
6. wenn sie ein Verein oder eine Stiftung und nicht im Handelsregister eingetragen ist (vgl. dazu ZR 76/1977 Nr. 128);
7. wenn eine Konkurs- oder Nachlassmasse klagt (in diesem Kautionsgrund liegt kein Verstoss gegen das SchKG und damit gegen die derogatorische Kraft des Bundesrechts, BGE 105 Ia 249 ff.).

angesetzt wird[42]. Ihre Versäumung hat zur Folge, dass auf die Klage oder das Rechtsmittel nicht eingetreten wird[43]. Die Kautionsleistung wird damit zur Prozessvoraussetzung[44]. Die Klage kann alsdann später erneut erhoben werden, es sei denn, dass inzwischen eine Klagefrist abgelaufen sei. Auch der Beklagte kann ausnahmsweise kautionspflichtig sein, nämlich dann, wenn er sich weigert, seinen Wohnsitz oder Aufenthaltsort dem Gericht bekannt zu geben[45]. Für diesen Fall ist die Androhung der Folge einer Nichtleistung der Kaution in § 80 Abs. 2 ZPO niedergelegt: Ist die Klage oder Widerklage noch nicht beantwortet, so gilt § 130 ZPO, d.h., es kommt zum Säumnisurteil[46]. Ist jedoch bereits Beantwortung eingeholt, so soll die Androhung nicht weiter gehen als unbedingt notwendig: Das Vorbringen wird berücksichtigt, soweit es unbestritten geblieben oder durch die Akten bewiesen ist[47].

22 Kautionspflichtig ist auch jede Partei, welche Nichtigkeitsbeschwerde einreicht oder Revision verlangt, und zwar spielt es dann keine Rolle, ob sich einer der in § 73 ZPO genannten Kautionsgründe in ihrer Person ereignet hat, und es genügt die blosse Tatsache, dass dieses ausserordentliche Rechtsmittel eingelegt wurde[48]. Vorbehalten bleibt indessen § 75 Abs. 2 ZPO. Die Pflicht zur Kautionsleistung entfällt nämlich, wenn die Nichtigkeitsbeschwerde damit begründet wird, es sei dem Beschwerdeführer zu Unrecht die unentgeltliche Prozessführung verweigert worden.

23 Ferner ist hinzuweisen auf § 76 ZPO, wonach in Prozessen gegen eine Person im Ausland der Kläger, Widerkläger oder Rechtsmittelkläger verpflichtet werden kann, für die Gerichtskosten der von ihm angerufenen Instanz Kaution zu leisten. Das sind Fälle, in denen die Durchsetzung der Gerichtskostenforderung gegenüber dem unterliegenden Beklagten erschwert sein wird. Hier greift dann § 67 Abs. 3 ZPO beim Gerichtskostenbezug ein. Als Beispiel diene der Arrestprosequierungsprozess am Ort des Arrestes.

---

[42] ZPO 80 Abs. 1. Die Fristansetzung kann selbst noch im Rechtsmittelverfahren erfolgen (ZR 85/1986 Nr. 64 E. 3). Die Ansetzung einer Nachfrist kann unterbleiben, wenn das Begehren um Bewilligung der unentgeltlichen Rechtspflege als rechtsmissbräuchlich zu betrachten ist. Rechtsmissbräuchlich ist das Armenrechtsgesuch beispielsweise dann, wenn der Gesuchsteller dessen Aussichtslosigkeit von vorneherein erkennen konnte (ZR 84/1985 Nr. 36).

[43] Im Falle der Abweisung einer Nichtigkeitsbeschwerde gegen eine Kautionsauflage entspricht es einer gefestigten Übung des Kassationsgerichtes, dass es der kautionspflichtigen Partei auch ohne besonderes Gesuch eine Nachfrist zur Kautionsleistung ansetzt (SJZ 40/1944, 262 Nr. 169).

[44] Bei rechtsmissbräuchlicher Erneuerung des (abgewiesenen) Gesuchs um unentgeltliche Prozessführung ist die Frist zur Kautionsleistung nicht neu anzusetzen (19. Oktober 2006, Kassationsgericht des Kantons Zürich, ZR 106/2007 Nr. 55 E. II/4).

[45] ZPO 74.

[46] Vgl. dazu § 35 Rz 26–34 hiernach.

[47] Vgl. dazu FRANK/STRÄULI/MESSMER, N 3 zu § 80 ZPO: keine Kautionspflicht für den Beklagten, ausser in den Fällen von § 74 ZPO.

[48] ZPO 75 Abs. 1. Gegenüber § 78 ZPO (vgl. Rz 24 hiernach) ist die Bestimmung lex specialis.

Im Verfahren betreffend Scheidung und Trennung auf gemeinsames Begehren[49] und im Verfahren betreffend gerichtliche Auflösung der eingetragenen Partnerschaft[50] auf gemeinsames Begehren werden keine Kautionen auferlegt[51]. Das Gleiche gilt für das einfache und rasche Verfahren[52], für das Verfahren vor Friedensrichter[53] und für das Verfahren betreffend Gegendarstellung[54].

24

Die **Höhe der Kaution** wird nach Massgabe des Streitwertes und des wahrscheinlichen Umfanges des Prozesses durch freies richterliches Ermessen festgesetzt; die Kaution kann auch noch erhöht werden. Sie kann in bar, durch Hinterlegung solider Wertschriften oder durch hinreichende Garantie einer im Kanton Zürich niedergelassenen Bank geleistet werden. Möglich sind auch Ratenzahlungen[55].

25

Erweist sich die Kaution am Ende des Prozesses als unzureichend, so wird sie zunächst für die Prozessentschädigung und erst dann für die Gerichtskosten verwendet[56].

26

Erfolgt eine Abtretung bzw. ein Parteiwechsel, um eine Kautionspflicht zu umgehen, so bleibt die Kautionspflicht für die neu eintretende Partei bestehen, selbst wenn für sie sonst kein Kautionsgrund vorläge[57].

26a

Im Verfahren **vor dem Bundesgericht** bestimmt Art. 62 Abs. 2 BGG bezüglich jeder Partei, die das Bundesgericht anruft;

27

«Wenn die Partei in der Schweiz keinen festen Wohnsitz hat oder nachweislich zahlungsunfähig ist, kann sie auf Begehren der Gegenpartei zur Sicherstellung einer allfälligen Parteientschädigung verpflichtet werden[58].»

---

[49] ZGB 111, 112.
[50] PartG 29.
[51] ZPO 78. Ziff. 1. Der Grundsatz der Kautionsfreiheit von Scheidungsverfahren auf gemeinsames Begehren (und folgerichtig auch von Verfahren betreffend Auflösung einer eingetragenen Partnerschaft) gilt (als Ausnahme zu § 75 ZPO) auch für das Rechtsmittelverfahren und daher auch mit Bezug auf die Revision einer solchen Entscheidung (23. Dezember 2005, Kassationsgericht des Kantons Zürich, ZR 105/2006 Nr. 28). Vgl. darüber ZR 96/1997 Nr. 39.
[52] OR 274d, 301, 343, ZPO 78 Ziff. 2.
[53] ZPO 93–191, 192–195, 78 Ziff. 3.
[54] ZGB 28g–28 l, ZPO 78 Ziff. 4.
[55] Die Frage der Einräumung einer längeren Zahlungsfrist oder der Bewilligung von Ratenzahlungen darf nicht mit der Frage der Aussichten der Klage verknüpft werden (ZR 89/1990 Nr. 107).
[56] ZPO 81.
[57] ZR 76/1977 Nr. 42; 1. März 2000, Obergericht des Kantons Zürich, I. Zivilkammer, ZR 100/2001 Nr. 21. 13. Mai 2000, Kassationsgericht des Kantons Zürich, ZR 99/2000 Nr. 109.
[58] Vgl. dazu BGE 111 II 206 f.

D. Die unentgeltliche Prozessführung[59, 60]

28 «Jede Person, die nicht über die erforderlichen Mittel verfügt, hat Anspruch auf unentgeltliche Rechtspflege, wenn ihr Rechtsbegehren nicht aussichtslos erscheint. Soweit es zur Wahrung ihrer Rechte notwendig ist, hat sie ausserdem Anspruch auf unentgeltlichen Rechtsbeistand.»

Dies ist eine der **Allgemeinen Verfahrensgarantien,** welche Art. 29 BV aufgestellt hat. Sie findet sich daselbst in Absatz 3.

Entsprechend sagt die ZPO, das Gericht habe Parteien, denen die Mittel fehlen, um neben dem Lebensunterhalt für sich und ihre Familie die Gerichtskosten aufzubringen, nach Vorlegung der nötigen Ausweise die unentgeltliche Prozessführung zu bewilligen, sofern der Prozess nicht als aussichtslos erscheine[61]. Zwei Voraussetzungen sind wesentlich: das Fehlen der nötigen Mittel[62] und gewisse Chancen für einen günstigen Prozessausgang. Das lässt sich nicht mit Bestimmtheit feststellen[63]. Im Zweifel wird eher die Aussichtslosigkeit verneint. Gerade deshalb ist die Möglichkeit wertvoll, die unentgeltliche Prozessführung während des Prozesses wieder zu entziehen, wenn die Voraussetzungen dahingefallen sind[64].

---

[59] Vgl. für das deutsche Recht Paul Schuster, Das Gesetz über die Prozesskostenhilfe (ZZP 93/1980 361 ff.).

[60] ZPO CH 117–123. Die Höhe der Entschädigung des unentgeltlichen Beistandes richtet sich nach wie vor nach kantonalen Ansätzen, die erheblich variieren können.

[61] ZPO 84 Abs. 1 und 2. Juristischen Personen und Handelsgesellschaften, Sondervermögen, Konkurs- und Nachlassmassen wird die unentgeltliche Prozessführung nicht bewilligt (ZPO 84 Abs. 3, vgl. dazu BGE 116 II 652 E. 2, 119 Ia 339). Die Regelung ist nicht bundesrechtswidrig (30. November 1995, Handelsgericht des Kantons Zürich, ZR 96/1997 Nr. 109, 8. November 2000, Kassationsgericht des Kantons Zürich, ZR 100/2001 Nr. 29 mit reichhaltiger Übersicht über Literatur und Judikatur). Dagegen ist die Bewilligung, eine Kaution in Raten zu leisten, nicht als teilweise Bewilligung der unentgeltlichen Prozessführung, sondern als modifizierte Fristerstreckung zu qualifizieren und kann auch juristischen Personen erteilt werden (ZR 79/1980 Nr. 28). Zur Prüfung der Voraussetzungen vgl. ZR 90/1991 Nr. 57.

[62] Für die Ermittlung der Bedürftigkeit ist nicht ausschliesslich auf das betreibungsrechtliche Existenzminimum abzustellen (BGE 106 Ia 82 f.). Richterliche Abklärungspflicht besteht auch bei Devisentransfer aus einem Staat mit Devisenbewirtschaftung. Verbleibt trotz Abklärungsversuch durch die antragstellende Partei Unklarheit über die Möglichkeit eines Devisentransfers, so hat das Gericht entsprechende Schritte zur Abklärung zu unternehmen (ZR 85/1986 Nr. 79). Die Pflicht des Staates zur Gewährung der unentgeltlichen Prozessführung und Rechtsvertretung geht der Unterhalts- und Beistandspflicht aus Familienrecht nach (ZR 90/1991 Nr. 82).

[63] Die Frage, ob der Standpunkt der um Bewilligung der unentgeltlichen Prozessführung ersuchenden Partei genügende Erfolgsaussichten habe oder als aussichtslos zu betrachten sei, ist ohne vorgängiges Beweisverfahren zu beurteilen (12. Dezember 2006, Kassationsgericht des Kantons Zürich, ZR 106/2007 Nr. 21).

[64] ZPO 91. Die Zürcher Gerichte halten sich im Wesentlichen an die Praxis des Bundesgerichtes, wonach als aussichtslos Rechtsbegehren gelten, bei denen die Gewinnaussichten beträchtlich geringer sind als die Verlustgefahren und deshalb kaum als ernsthaft bezeichnet werden können, nicht aber, wenn die Gewinnaussichten und die Verlustgefahren sich ungefähr die Waage halten oder

Die Bewilligung der unentgeltlichen Prozessführung bewirkt für die betreffende 29
Partei die Befreiung von der Verpflichtung zur Bezahlung der Gerichtskosten und
der Leistung von Kautionen und Barvorschüssen[65]. Die Kautionspflicht entfällt also,
selbst wenn sonst ein Kautionsgrund gemäss § 73 ZPO gegeben wäre. Benachteiligt
ist alsdann die Gegenpartei, welche nicht jene Sicherung für ihre Prozessentschädigung erhält, auf die sie sonst bei Vorliegen eines Kautionsgrundes Anspruch hätte.
Nicht betroffen wird von der unentgeltlichen Prozessführung die Pflicht zur Zahlung
einer Prozessentschädigung, denn es kann nicht auf Kosten des obsiegenden Gegners prozessiert werden (BGE 112 Ia 18, 113 II 343). Ob die Prozessentschädigung
in einem allfälligen Vollstreckungsverfahren realisiert werden kann, bleibt natürlich
offen.

Auf besonderes Gesuch hin kann mit der Bewilligung der unentgeltlichen Prozess- 30
führung auch die Bestellung eines Rechtsvertreters verbunden oder ein Rechtsvertreter selbst ohne unentgeltliche Prozessführung bestellt werden[66]. Anspruch darauf
besteht, wenn die bedürftige Partei eines solchen Rechtsvertreters zur gehörigen
Wahrung ihrer Interessen bedarf[67]. Das trifft grundsätzlich auch im Ehescheidungsprozess zu, sofern es sich nicht um einen ganz einfachen Fall handelt[68]. Ein unentgeltlicher Rechtsvertreter kann auch vorläufig, noch vor Einleitung des Prozesses,
ernannt werden[69].

---

wenn jene nur wenig geringer sind als diese (BGE 98 Ia 342 und dortige Zitate). Vgl. dazu im Einzelnen FRANK/STRÄULI/MESSMER, N 5 zu § 84 ZPO.

[65] ZPO 85 Abs. 1. Hinzu kommt, was im Gesetz nicht ausdrücklich gesagt ist, dass die der betreffenden Partei nach allgemeinen Regeln aufzuerlegenden Gerichtskosten einstweilen auf die Gerichtskasse genommen werden. Soweit persönliches Erscheinen erforderlich ist, sollten ihr auch die Reisekosten erstattet werden (a.M. SOG 1978 Nr. 6).

[66] ZPO 87.

[67] FRANK/STRÄULI/MESSMER, N 1 zu § 87 ZPO.

[68] ZR 76/1977 Nr. 25. Sind die vorsorglichen Massnahmen für die Prozessdauer sowie die finanziellen Nebenfolgen der Scheidung zunächst streitig, bevor darüber unter richterlicher Mitwirkung Vereinbarungen zustande kommen, so liegt nach dieser Entscheidung kein einfacher Fall vor. Im Entmündigungsverfahren wegen Geisteskrankheit oder Geistesschwäche kann einem Gesuch um Bestellung eines unentgeltlichen Rechtsbeistandes trotz Offizialmaxime entsprochen werden, wenn der Gesuchsteller mittellos und der Prozess nicht völlig aussichtslos ist (ZR 85/1986 Nr. 97).

[69] ZPO 88. Zuständig ist in diesem Falle der Präsident des Obergerichtes. Vorprozessualer Aufwand des unentgeltlichen Rechtsvertreters kann aber vom erkennenden Gericht entschädigt werden, auch wenn vor Prozessbeginn keine solche Bestellung erfolgte (12. Mai 1997, Obergericht des Kantons Zürich, Verwaltungskommission, ZR 97/1998 Nr. 21).

31 Das Gesuch um Bewilligung der unentgeltlichen Prozessführung kann jederzeit[70] bis zur Erledigung des Prozesses gestellt werden[71]. Wird der Rechtsstreit an eine höhere Gerichtsinstanz gezogen, so steht es dieser frei, für das bei ihr durchzuführende Verfahren einen selbständigen Entscheid zu treffen[72].

32 Bei Tod des Gesuchstellers fällt das rechtliche Interesse an einer Entscheidung über das Armenrechtsgesuch dahin, und das Verfahren betreffend Bewilligung der unentgeltlichen Prozessführung wird gegenstandlos[73].

33 Kommt die Partei, welcher die unentgeltliche Prozessführung bewilligt war, durch den Ausgang des Prozesses oder auf anderem Wege in günstige Verhältnisse, so kann das Gericht sie zur Nachzahlung der ihr einstweilen erlassenen Beträge verpflichten[74].

34 Die amtlich bestellten Rechtsvertreter können die ihrer Partei zugesprochene Prozessentschädigung im Umfang ihrer Bemühungen in Anspruch nehmen[75]. Wird eine

---

[70] Auch für das Sühneverfahren (ZPO 86). Die Behandlung des Gesuches eines Rekurrenten um Bestellung eines unentgeltlichen Rechtsvertreters für das Rekursverfahren ist nicht vom Vorliegen einer Rekursbegründung abhängig zu machen (ZR 91/92, 1992/93 Nr. 26).

[71] Bezüglich der Mitwirkungspflicht der gesuchstellenden Partei bei der Abklärung der Verhältnisse vgl. ZR 95/1996 Nr. 92. Beantragt eine Partei die Wiedererwägung des bereits ergangenen bezüglichen Entscheides aufgrund veränderter Verhältnisse, so hat das Gericht dieses neue Gesuch zu prüfen. Werden jedoch keine veränderten Verhältnisse geltend gemacht, steht ein Eintreten auf das Wiedererwägungsgesuch im Ermessen des Gerichts (19. Oktober 2006, Kassationsgericht des Kantons Zürich, ZR 106/2007 Nr. 55. E. II/2).

[72] ZPO 90. Auch nach Abschluss des Hauptverfahrens sind für die Beurteilung der Mittellosigkeit die aktuellen finanziellen Verhältnisse massgebend. Es ist somit abzuklären, ob ein Gesuchsteller im Zeitpunkt des (Rekurs)entscheides in der Lage ist, die ihn konkret treffenden Gerichts- und Anwaltskosten zu tragen (25. August 1998, Obergericht des Kantons Zürich, I. Zivilkammer, ZR 98/11999 Nr. 35).
Zur Frage der Rückwirkung der Bestellung eines unentgeltlichen Rechtsvertreters vgl. ZR 72/1997 Nr. 19, 76/1977 Nr. 25, 45 f.
Erweist sich die vom unentgeltlichen Rechtsvertreter erhobene Nichtigkeitsbeschwerde als aussichtslos, so ist es – anders als im Verfahren vor dem Sachrichter – zulässig, das Armenrecht rückwirkend, d.h. auch für die mit der Verfassung der Beschwerdeschrift verbundenen Aufwendungen, zu entziehen (30. September 1996, Kassationsgericht des Kantons Zürich, ZR 97/1998 Nr. 28). In diesem Entscheid ist davon die Rede, dass der Beschwerdeführer über weite Strecken Rügen erhoben habe, für welche das Kassationsgericht nicht zuständig sei. In Wirklichkeit hat aber nicht der Beschwerdeführer die Rügen erhoben, sondern sein als Rechtsanwalt zugelassener Vertreter. Vgl. auch ZR 98/1999 Nr. 12.

[73] ZR 79/1980 Nr. 76.

[74] ZPO 92. Wenn eine Partei durch den Ausgang eines Prozesses in günstige wirtschaftliche Verhältnisse gekommen sei, so ist erst nach Inkrafttreten des entsprechenden Urteils mit separatem Beschluss darüber zu entscheiden, ob sie zur Nachzahlung der Kosten der unentgeltlichen Prozessführung und Rechtsvertretung verpflichtet werden kann (ZR 91/92, 1992/1993, Nr. 90).

[75] Der vormundschaftlich bestellte Beistand einer Prozesspartei, der zugleich Inhaber des Rechtsanwaltpatentes ist, hat bei Obsiegen Anspruch auf eine Entschädigung seitens der Gegenpartei im Rahmen der Ansätze der Verordnung über die Anwaltsgebühren (ZR 84/1985 Nr. 91).

Prozessentschädigung nicht zugesprochen oder ist sie von der Gegenpartei nicht erhältlich, so ist dem Rechtsvertreter aus der Gerichtskasse Ersatz seiner Barauslagen und eine Entschädigung für seine Bemühungen zu entrichten[76].

Für das Verfahren vor Bundesgericht bestehen ähnliche Vorschriften[77]. 35

Der Anspruch auf unentgeltliche Rechtspflege im kantonalen Verfahren kann mit der Beschwerde in Zivilsachen gestützt auf Art. 72 Abs. 1 BGG, durchgesetzt werden. 36

---

[76] Der Anspruch auf die unerhältliche Prozessentschädigung geht an die Gerichtskasse über. Was sie über ihre Auszahlung an den Rechtsvertreter hinaus später erhältlich macht, wird diesem ausbezahlt (ZPO 89 Abs. 3).
Zur Entschädigung im Einzelnen:
Nach § 15 Abs. 1 der Verordnung über die Anwaltsgebühren vom 21. Juni 2006 (LS 215.3) ist die Entschädigung des unentgeltlichen Rechtsvertreters nach dieser Verordnung anzusetzen. Dies geschieht durch die Instanz, die den Prozess rechtskräftig erledigt (so auch FRANK/STRÄULI/MESSMER, N 1 und 3 zu § 89 ZPO).
Die Entschädigung des unentgeltlichen Rechtsvertreters der Erben im Nachlassverfahren betreffend erbgangssichernde Massnahmen bemisst sich unter Berücksichtigung des Interessenwerts nach dem erforderlichen Zeitaufwand (4. November 2996, Obergericht des Kantons Zürich, Verwaltungskommission, ZR 106/2007 Nr. 15).
Bei sehr lange dauerndem Prozess kann das Prozessgericht auf Antrag des Rechtsvertreters allenfalls vor der rechtskräftigen Erledigung einen gewissen Entschädigungsbetrag vorschussweise aus der Gerichtskasse zusprechen (ZR 74/1975 Nr. 9, 80/1981 Nr. 31). Vgl. auch ZR 85/1986 Nr. 62.
Als Akt der Justizverwaltung ist die Festsetzung der Entschädigung des unentgeltlichen Rechtsvertreters grundsätzlich der Wiedererwägung zugänglich. Das Gericht kann eine solche Wiedererwägung durch einen Nichteintretensentscheid ablehnen. Der Zeitaufwand des Anwalts ist eines unter verschiedenen Bemessungskriterien; massgebend sind nicht die effektiven, sondern die vom Gericht aufgrund seiner Aktenkenntnisse als notwendig erachteten Aufwendungen (ZR 89/1990 Nr. 42). Zur Anfechtung der gemäss § 89 Abs. 2 ZPO zugesprochenen Entschädigung ist der Rechtsvertreter persönlich, nicht aber die Partei legitimiert (ZR 94/1995 Nr. 38 E. 3). Zulässig ist die Übertragung des Entscheides an die Verwaltungskommission des Obergerichts auch vor Art. 6 Ziff. 1 EMRK (ZR 94/1995 Nr. 38 E. 5, 6). Der Rechtsvertreter einer Partei ist nicht berechtigt, die Verweigerung der unentgeltlichen Rechtsvertretung für die von ihm vertretene Partei im eigenen Namen anzufechten (ZR 107/2008 Nr. 71).
[77] Vgl. BGG 64.

Sechster Abschnitt

Vom Verfahrensablauf in erster Instanz

§ 35 Der Gang des erstinstanzlichen Verfahrens im Kanton Zürich (ordentliches Verfahren)

Inhaltsverzeichnis   Seite

- A. Das Sühnverfahren 421
- B. Das Einleitungsverfahren 424
- C. Das Hauptverfahren 425
    - I. Gewöhnliches Hauptverfahren 425
        1. Allgemeines 425
        2. Das sogenannte mündliche Verfahren 425
        3. Das sogenannte schriftliche Verfahren 426
        4. Das Erkenntnisverfahren vor der Friedensrichterin oder vor dem Friedensrichter 427
        5. Prozesse über den Personenstand und familienrechtliche Prozesse 428
    - II. Das Säumnisverfahren 430
- D. Das Beweisverfahren 433
    - I. Der Beweisgegenstand 433
    - II. Der Zeitpunkt des Beweisverfahrens 433
    - III. Der Beweisauflagebeschluss 434
    - IV. Die Beweisabnahme 436
        1. Allgemeines 436
        2. Besondere Vorschriften 437
    - V. Das Verfahren zur Beweiswürdigung 438
- E. Das Urteilsverfahren 439

A. Das Sühnverfahren[1]

Mit den bereits erwähnten Ausnahmen[2] findet vorgängig des Erkenntnisverfahrens ein Sühnverfahren vor dem Friedensrichter der Gemeinde oder des Stadtkreises statt[3, 4]. Dieses kann verhältnismässig formlos mündlich oder schriftlich verlangt werden[5].   1a

---

[1] Das Schlichtungsverfahren nach ZPO CH 197–218 (inkl. Mediation).
[2] Vgl. § 27 Rz 1–8 hiervor. An die Stelle eines Sühnverfahrens tritt bei der Miete von Wohn-und Geschäftsräumen das Schlichtungsverfahren nach Art. 274d bis 274g OR und gegebenenfalls das «interne Vorverfahren» nach Art. 270a Abs. 2 OR. Auch Letzteres ist als eigentliche Prozessvoraussetzung zwingend einzuhalten. Geschieht dies nicht, so ist auf eine Klage des eine Herabsetzung des Mietzinses verlangenden Mieters nicht einzutreten (7. September 2006, Bundesgericht, SJZ 103/2007 Nr. 2, 17). Dagegen ist eine von den Parteien geschlossene Schlichtungsvereinbarung materiellrechtlicher Art und stellt keinen Prozessvertrag kantonalen Rechts dar. Die Einhaltung der Schlichtungsvereinbarung ist nicht Prozessvoraussetzung im Sinne von § 108 ZPO (15. März 1999, Kassationsgericht des Kantons Zürich, ZR 99/2000 Nr. 29).
[3] ZPO 93.
[4] ZPO CH 198, Ausnahmen und 199, Verzichtsmöglichkeiten.
[5] ZPO 94.

Der Friedensrichter lädt die Parteien zur Sühnverhandlung vor[6]. Aufgabe des Friedensrichters ist es nun, eine Aussöhnung der Parteien herbeizuführen zu trachten, damit der Prozess nach Möglichkeit im Keime erstickt werden kann[7]. Der Friedensrichter kann zu diesem Zweck sogar eine zweite Sühnverhandlung anordnen[8].

1b Nach Art. 213 Abs. 1 ZPO CH können die Parteien eine Mediation anstelle des Schlichtungsverfahrens verlangen. Bei Scheitern der Mediation stellt die Schlichtungsbehörde die Klagebewilligung aus (Art. 213 Abs. 3 ZPO CH). Schliessen die Parteien in der Mediation eine Vereinbarung ab, können die Parteien deren Genehmigung beantragen. Diese ist einem rechtskräftigen Entscheid gleichgestellt (Art. 217 ZPO CH). Ist die Mediation im Rahmen eines Schlichtungs- oder Gerichtsverfahren durchgeführt worden, ist diejenige Behörde zur Genehmigung zuständig, welche mit der Angelegenheit befasst war. Offen bleibt die Frage, welche Behörde zur Genehmigung zuständig ist, wenn die Mediation ausserhalb eines gerichtlichen Verfahrens durchgeführt und eine Vereinbarung abgeschlossen wurde[9].

2 Das Verfahren vor der Schlichtungsbehörde kann nun einen recht unterschiedlichen Verlauf nehmen:

1. Die Parteien beenden das Verfahren durch Rückzug, Anerkennung der Klage oder Vergleich. Dann kann der Friedensrichter das Verfahren als erledigt abschreiben[10].
2. Die Parteien können sich nicht einigen. Alsdann ist der klagenden Partei sofort die Weisung zuzustellen[11]. Damit kann sie nun den Anspruch vor dem zuständigen Gericht verfolgen. Dort, wo die Zuständigkeit ohne Weiteres anhand der Verhältnisse klargestellt werden kann (z.B. Handelsgericht bei Eintrag beider Parteien im Handelsregister), hat sie der Friedensrichter von Amts wegen festzustellen; dort, wo der Kläger eine Wahlerklärung abgeben kann[12] oder bei einer Vereinbarung im Sinne von § 64 GVG ist diese zu berücksichtigen, wenn die Weisung ausgestellt wird.
3. Der Kläger oder die Klägerin bleibt der Sühnverhandlung unentschuldigt fern. Dann schreibt die Friedensrichterin oder der Friedensrichter die Klage als einstweilen zurückgezogen ab, was keine rechtlichen Konsequenzen hat, ausser derjenigen, dass die klagende Partei wieder von vorne beginnen muss[13]. Das Gleiche

---

[6] Über die Beschränkungen der Stellvertretung vgl. § 10 Rz 2–6 hiervor.
[7] ZPO 97 Abs. 1.
[8] ZPO 97 Abs. 2. Für den Begriff der «zureichenden Gründe» vgl. FRANK/STRÄULI/MESSMER, N2 zu § 97 ZPO.
[9] Vgl. dazu PHILIPP GELZER, Die richterliche Genehmigung von in Mediation erzielten Vereinbarungen nach der Schweizerischen Zivilprozessordnung in der Anwaltsrevue 3/2009, 119–122.
[10] ZPO 98 Abs. 1.
[11] ZPO 98 Abs. 2.
[12] Vgl. GVG 63.
[13] ZPO 99 Abs. 1.

gilt, wenn beide Parteien ausbleiben. Bleibt dagegen die beklagte Partei ohne genügende Entschuldigung aus, so stellt der Friedensrichter der klagenden die Weisung zu[14]. Das unentschuldigte Ausbleiben zur Sühnverhandlung kann eine nachteilige Folge haben im Zusammenhang mit der Peremtorisierung im nachfolgenden Prozess[15].

4. Der Friedensrichter stellt dem Kläger ohne Durchführung einer Sühnverhandlung die Weisung zu[16], wenn der Beklagte unbekannt abwesend ist oder sich im Ausland aufhält, ohne in der Schweiz einen Vertreter zu haben[17].

Der Inhalt der Weisung ist in § 100 ZPO niedergelegt. Wichtig ist vor allem Ziff. 4 dieser Bestimmung. Die Weisung muss immer ein Rechtsbegehren enthalten. Haben es der oder die Kläger noch nicht formuliert, so hat der Friedensrichter dies an ihrer Stelle zu tun.

3

Ist die Weisung zugestellt[18] und nicht innert dreier[19] Monate seit Ausstellung[20] dem Gericht eingereicht worden[21], so gilt die Klage als einstweilen zurückgezogen. Das Verfahren muss wieder neu begonnen werden[22].

4

In den Fällen, da aus Haftungsgesetz geklagt wird, stellt die Durchführung des administrativen Vorverfahrens gemäss dessen §§ 22 ff. eine Prozessvoraussetzung dar[23].

4a

---

[14] ZPO 99 Ab. 2.
[15] ZPO 129 Abs. 2 Ziff. 2.
[16] ZPO CH 209: Klagebewilligung.
[17] ZPO 99 Abs. 3.
[18] Es wird auch ein ausserkantonaler *Sühneausweis* anerkannt (30. April 2007, Kassationsgericht des Kantons Zürich, (ZR 107/2008 Nr. 44).
[19] ZPO CH 209 Abs. 3 kennt ebenfalls die Frist von drei Monaten zur Klageeinreichung. ZPO CH 209 Abs. 4 sieht für Streitigkeiten aus Miete und Pacht von Wohn- und Geschäftsräumen sowie landwirtschaftlicher Pacht eine Klagefrist von 30 Tagen vor. Gemäss ZPO CH 219 kann die Schlichtungsbehörde in gewissen Fällen einen Urteilsvorschlag unterbreiten. Der Urteilsvorschlag gilt als angenommen, wenn ihn nicht eine Partei innert 20 Tagen seit der schriftlichen Eröffnung ablehnt (ZPO CH 210). Die Schlichtungsbehörde entscheidet nach ZPO CH 212 bis zu einem Streitwert von 2000 Franken. (Gemäss GVG § 6 ist die Spruchkompetenz auf Fr. 500.– beschränkt). ZPO CH 212 räumt der Schlichtungsbehörde eine Entscheidkompetenz bis zu einem Streitwert von 2000 Franken ein.
[20] Auch wenn die klagende Partei das Risiko des richtigen Empfangs trägt (FRANK/STRÄULI/MESSMER, N 3 zu § 101 ZPO), wäre es wohl richtiger gewesen, die Frist mit dem Empfang der Weisung beginnen zu lassen, weil sie ja auch einmal nach ihrer Ausstellung bei einem Friedensrichteramt einen oder mehrere Tage liegen bleiben kann oder zwischen Ausstellung und Empfang infolge von Feiertagen mehrere Tage vergehen können.
[21] Eine Weisung ist rechtzeitig eingereicht, wenn sie am letzten Tag der Dreimonatsfrist gemäss § 101 ZPO bei der Post aufgegeben worden ist (11. Juli 2000, Obergericht des Kantons Zürich, ZR 100/2001 Nr. 23).
[22] ZPO 101.
[23] ZR 93/1994 Nr. 75.

B. Das Einleitungsverfahren

5   Das Einleitungsverfahren besteht darin, dass sich die Klägerschaft darum bemüht, den vor Friedensrichter eingeleiteten Prozess rechtshängig werden zu lassen, sei es durch blosse Einreichung der Weisung, wo dies vorgesehen ist, sei es unter gleichzeitiger Einreichung eine Klageschrift, wo schriftliches Verfahren vorgesehen ist, sei es durch schriftliche oder mündliche Klageerhebung, wo ein Sühnverfahren nicht oder nur fakultativ vorgesehen ist und es der Kläger nicht beschritten hat.

6   Gilt im Prozess das schriftliche Verfahren, so wird die Klage auch ohne begleitende Klageschrift rechtshängig. Für die Einreichung der Klageschrift ist alsdann Frist anzusetzen[24]. Umgekehrt wird die Klage nicht rechtshängig, wenn die Klageschrift nicht von einer Weisung begleitet ist, sofern der Prozess dem Sühnverfahren obligatorisch unterlag[25].

7   Nach Einleitung der Klage werden die Zuständigkeit des angerufenen Gerichts, die Berechtigung der Parteien und ihrer Vertreter zur Prozessführung, die gehörige Einleitung des Prozesses und die Zulässigkeit der gewählten Prozessart von Amts wegen geprüft. Zur Verbesserung allfälliger Mängel wird das Geeignete angeordnet[26].

8   Es kann sich ergeben, dass ein Mangel im Sühnverfahren ersichtlich ist, z.B. dass zu Unrecht angenommen wurde, der oder die Beklagte sei unbekannt abwesend, während er oder sie hätte am Wohnort erreicht werden können und deshalb der Sühnversuch unterblieb. In einem solchen Falle wird aber nur dann die Sache an das Friedensrichteramt zurückgewiesen, wenn Anlass zur Annahme besteht, ein gehöriger Sühnversuch führe zu gütlicher Erledigung. Andernfalls wird das Verfahren vor dem erkennenden Gericht gleichwohl fortgesetzt[27]. Im Falle der Rückweisung ist der Klägerschaft Frist zur Einreichung einer neuen Weisung, eines Vergleichs oder einer Klageanerkennung anzusetzen unter der Androhung, dass bei Säumnis auf ihre Klage nicht eingetreten werde[28, 29].

---

[24]   ZPO 130.
[25]   FRANK/STRÄULI/MESSMER, N 1 zu § 109 ZPO. Anerkennung eines ausserkantonalen Sühneverfahrens (ZR 107/2008 Nr. 44).
[26]   ZPO 108. Hier hat die Präsidentin oder der Präsident des angerufenen Gerichts eine wichtige Funktion. Über die bezüglichen Kompetenzen vgl. GVG 122.
[27]   ZPO 109 Abs. 1.
[28]   ZPO 109 Abs. 2. Weshalb ein nachträglich erreichter Vergleich oder eine derartige Anerkennung noch dem Gericht soll eingereicht werden müssen, ist schwer ersichtlich.
[29]   Bei direkter Klageeinleitung ohne vorgängig durchgeführtes Sühnverfahren gelangt § 109 ZPO nicht zur Anwendung. Hingegen darf eine direkte Klageeinreichung ohne vorgängig durchgeführtes Sühnverfahren nicht ohne Weiteres zum Nichteintreten auf die Klage führen, sondern der Klägerin oder dem Kläger ist (von besonderen Fällen abgesehen) vorab gemäss § 108 ZPO Frist zur Behebung des Mangels anzusetzen (d.h. Gelegenheit zur nachträglichen Einreichung einer Weisung zu geben; ZR 94/1995 Nr. 34).

Vom Moment der Klageeinleitung an ist die Zuständigkeit des erkennenden Gerichts für den Erlass vorsorglicher Massnahmen gegeben[30].   9

C. Das Hauptverfahren

I. Gewöhnliches Hauptverfahren

1. Allgemeines

Das Hauptverfahren dient der Darlegung des Streitverhältnisses durch die Parteien in materieller wie in prozessualer Beziehung. In diesem Stadium findet ihr Dialog vor dem erkennenden Richter statt, der sich gegebenenfalls im Rahmen von § 55 ZPO daran beteiligt.   10

2. Das sogenannte mündliche Verfahren[31]

Das Verfahren ist mündlich vor dem *Einzelrichter,* vor dem *Arbeitsgericht* und vor dem *Mietgericht*[32]. Vor Bezirksgericht (Kollegialgericht) ist es mündlich im einfachen und raschen Verfahren sowie in Prozessen über den Personenstand und über die in den §§ 196–203 ZPO besonders geregelten familienrechtlichen Klagen[33].   11

Nun ist das Verfahren aber nur bedingt ein absolut mündliches. Zunächst wird gemäss § 120 ZPO zur Hauptverhandlung vorgeladen, die an und für sich in einem Zuge durchzuführen wäre: Jeder Partei stehen dabei zwei Vorträge zu[34]. Weitere Vorträge werden nur aus zureichenden Gründen gestattet. Das Gericht kann sich auf das in der Duplik oder in späteren Vorträgen neu Vorgebrachte beschränken[35]. Es wird also unterschieden zwischen umfassender Triplik und Quadruplik, die etwa dann notwendig werden können, wenn mit der Replik, gestützt auf § 61 ZPO, ein neues Rechtsbegehren aufgestellt oder die Klage geändert wurde[36] einerseits und wegen   12

---

[30] ZPO 110.
[31] ZPO CH 220–223 sieht vor der Hauptverhandlung einen Schriftenwechsel vor.
[32] ZPO 119 Ziff. 2.
[33] ZPO 119 Ziff. 4. Zur Gruppe dieser Klagen gehören auch die Ehescheidungs- und -trennungsklagen.
[34] ZPO 121 Abs. 1. Auch bei einer Beschränkung des Hauptverfahrens auf einzelne Vorfragen hat jede Partei Anspruch auf zwei Vorträge dazu, denn es besteht keine Verpflichtung, sich schon im ersten Vortrag abschliessend zu äussern (ZR 84/1985 Nr. 6).
[35] ZPO 121 Abs. 2.
[36] FRANK/STRÄULI/MESSMER, N 3 zu § 121 ZPO.

der blossen Stellungnahme zu neuem Vorbringen andererseits. Die Vorträge sind so zu halten, dass sie leicht protokolliert werden können[37].

13 Es kann sich aber zeigen, dass die Sache im mündlichen Verfahren nicht genügend dargelegt werden kann, etwa in einem Abrechnungsprozess. In diesem Falle kann das Gericht das schriftliche Verfahren anordnen[38]. Ebenso kann es für eine Partei unzumutbar sein, wegen eines verhältnismässig geringfügigen Streitwertes eine Tagreise zum Gerichtsort zu unternehmen, wenn sie in der Lage wäre, ihre Sache dem Gericht schriftlich darzulegen. § 124 Abs. 2 ZPO ermöglicht deshalb, dass die Partei, die weit entfernt wohnt und der das Erscheinen zur Hauptverhandlung oder der Beizug eines Vertreters nicht zuzumuten ist, ihre Sache schriftlich vorträgt. Im Weitern kann dort, wo sich z.B. wegen Zeitmangels die Verhandlung nicht in einem Zuge durchführen lässt, das Gericht nach Ermessen eine neue Verhandlung anordnen oder den Parteien Frist zur Einreichung schriftlicher Eingaben ansetzen[39].

14 Schliesslich bestimmt § 123 ZPO (fakultative Schriftlichkeit), dass der Kläger oder die Klägerin mit der Weisung, auch wo mündliches Verfahren gilt, eine schriftliche Klagebegründung einreichen kann, welche an die Stelle der mündlichen Begründung tritt. Darauf kann die beklagte Partei, welcher eine Ausfertigung und ein Verzeichnis der eingereichten Urkunden[40] zugestellt wurden, eine schriftliche Klageantwort einreichen, welche die mündliche Antwort ersetzt. Sie muss dies aber nicht tun. Geschieht dies indessen, so werden dann nur noch Replik und Duplik mündlich durchgeführt, es sei denn, dass die Voraussetzung des § 124 Abs. 1 oder 2 ZPO auftritt, in welchem Falle auch Replik und Duplik schriftlich durchgeführt werden. Es gibt also zahlreiche Variationsmöglichkeiten.

3. Das sogenannte schriftliche Verfahren

15 Das Verfahren ist schriftlich in allen Fällen, die vor Bezirksgericht abgehandelt werden, sofern nicht das mündliche Verfahren vorgeschrieben ist; ferner in den Prozessen, die vor Handelsgericht und schliesslich in jenen, die vor Obergericht als einziger kantonaler Instanz ausgetragen werden[41]. Die Klägerschaft hat anstelle der mündlichen Darlegung des Streitverhältnisses eine schriftliche Klagebegründung einzureichen, die den in § 113 ZPO niedergelegten Grundsätzen (Substanziierung!) entspricht. Die Urkunden sollen, soweit sie zur Verfügung stehen, eingereicht werden, ferner dazu ein Verzeichnis derselben[42, 43].

---

[37] ZPO 121 Abs. 3.
[38] ZPO 124 Abs. 1. Vgl. dazu Rz 15–17 hiernach.
[39] ZPO 122.
[40] Diese sollen bereits im Sühnverfahren vorgelegt werden (ZPO 96 Abs. 1).
[41] ZPO 125 Ziff. 1–3.
[42] ZPO 126.
[43] ZPO CH 221.

Steht nach Prüfung im Sinne von § 108 ZPO dem Eintreten auf die Klage nichts entgegen, so wird der oder den Beklagten Frist angesetzt zur Einreichung der Klageantwort, die den Erfordernissen des § 113 ZPO[44] ebenfalls zu entsprechen hat[45]. Auch der Klageantwort sollen die Urkunden samt einem Verzeichnis beigelegt werden[46]. Alsdann stellt das Gericht eine Ausfertigung der Klageantwort sowie ein Urkundenverzeichnis der oder den klagenden Partei(en) zu. Für Replik und Duplik wird jedoch zu einer Verhandlung vorgeladen; diese beiden Vorträge sind also mündlich zu halten, es sei denn, das Gericht ordne «ausnahmsweise» auch dafür das schriftliche Verfahren an[47].

In diesem Zusammenhang ist darauf hinzuweisen, dass Eingaben stets in einer Mehrzahl von Exemplaren einzureichen sind, mindestens in deren zwei, damit das Gericht jeder Gegenpartei ohne weitere Umtriebe ein Doppel zustellen kann; das Handelsgericht pflegt fünf Exemplare anzufordern. Ebenso werden in Prozessen vor Schiedsgerichten mehr Exemplare, meist auch der Beilagen, verlangt, damit sich die Schiedsrichter auch dann mit dem Prozessstoff vertraut machen können, wenn die Akten beim Obmann des Schiedsgerichts liegen. Im Übrigen bleibt festzustellen, dass das schriftliche Verfahren so wenig restlos schriftlich ist, wie das mündliche restlos mündlich zu sein braucht. Die Verfahren haben ihren Namen von demjenigen Vortrag, mit welchem sie beginnen: Das mündliche Verfahren beginnt in der Regel mündlich, das schriftliche beginnt immer schriftlich.

4. Das Erkenntnisverfahren vor der Friedensrichterin oder vor dem Friedensrichter

Friedensrichter und Friedensrichterin sind nicht nur Sühnbeamte, sondern sie haben in beschränktem Umfange (bis zu 500 Franken Streitwert)[48] auch richterliche Kompetenz. Für das Verfahren in diesen Fällen hat der Gesetzgeber den 5. Abschnitt ZPO aufgestellt, der die vier §§ 192–195 enthält. Die Klage wird beim Friedensrichteramt mündlich oder schriftlich rechtshängig gemacht[49]. Ist der Friedensrichter oder die Friedensrichterin zufolge des geringen Streitwertes zuständig, so hält er oder sie die Parteien an, ihre Rechtsbegehren vorzubringen, sie zu begründen und die Beweismittel vorzulegen und zu bezeichnen[50].

---

[44] ZPO CH 222.
[45] ZPO 127.
[46] ZPO 127 zweiter Satz.
[47] ZPO 128.
[48] ZPO CH 212, Spruchkompetenz bis zu 2000 Franken, sofern die klagende Partei einen entsprechenden Antrag stellt. Das Verfahren ist mündlich.
[49] ZPO 192 Abs. 1.
[50] ZPO 194 Abs. 1. Im friedensrichterlichen Erkenntnisverfahren soll die Einleitung des Beweisverfahren auf dem Wege der Beweisauflageverfügung vermieden werden, weshalb die Parteien ihm

19 Angestrebt wird ferner auch (im Interesse der Kostenersparnis), dass die Beweise nach Möglichkeit schon in der Hauptverhandlung erhoben werden. Erweist sich dies als unmöglich, so wird eine Beweisverhandlung durchgeführt[51]. In dieser soll, wenn immer möglich, der Entscheid ergehen[52].

5. Prozesse über den Personenstand und familienrechtliche Prozesse[53]

20 Die §§ 197–200 ZPO gelten, wie der Titel des 6. Abschnittes zeigt, für alle Prozesse über den Personenstand[54] und allgemein für familienrechtliche Prozesse. (Davon werden die in § 196 ZPO einzeln aufgeführten Prozesse[55] ohne Sühnverfahren durch schriftliche Eingabe beim Bezirksgericht[56] anhängig gemacht.) Wichtig ist hier, dass mit der Klage die erforderlichen Zivilstandsurkunden eingereicht werden[57]. In diesen Prozessen sind Klageänderung und Widerklage auch noch im Berufungs- und Rekursverfahren möglich[58].

---

ihre Beweismittel sofort nennen sollen, ihnen allenfalls dafür noch Ergänzungsfrist anzusetzen ist (ZPO 194 Abs. 2, FRANK/STRÄULI/MESSMER, N 4 zu § 194 ZPO). Beziffert eine Partei den Streitwert auf mehr als 500 Fr. oder wird beklagtischerseits eine Widerklage erhoben, deren Streitwert mit den bestrittenen Teil der Hauptklage zusammen 500 Fr. übersteigt, kommen die Vorschriften über das Sühnverfahren zur Anwendung (ZPO 193).

[51] ZPO 195 Abs. 1.
[52] ZPO 195 Abs. 2.
[53] ZPO CH 271 ff.
[54] Für die Begriffsbestimmung vgl. FRANK/STRÄULI/MESSMER, N 2 der Vorbemerkungen zum 6. Abschnitt.
[55] Es handelt sich um:
  1. Klagen auf Unterlassung des Eheabschlusses und auf Nichtigkeit der Ehe,
  2. Klagen auf Entziehung der elterlichen Gewalt und auf Entmündigung,
  3. Klagen auf Feststellung des Personen- und Familienstandes sowie auf Anfechtung der Vermutung der Vaterschaft (ZGB 256),
  4. Klagen auf Ergänzung oder Änderung von Entscheiden betreffend Scheidung, Trennung oder Ungültigerklärung der Ehe in Bezug auf die Unterhaltsbeiträge oder die Elternrechte (ZGB 153, 157) sowie auf Änderung von Entscheiden über den Unterhaltsbeitrag an das Kind (ZGB 286 Abs. 2).
[56] ZPO CH 198 lit. b und c.
[57] ZPO 197.
[58] ZPO 200. Mit der Einschränkung *nach Massgabe von § 267 und 278* wird jedoch die zeitliche Limite gleich wie früher für die neuen Tatsachenbehauptungen, Bestreitungen und Einreden festgelegt, nämlich auf den Moment der Einreichung der Berufungsbegründungs- bzw. der Rekursschrift bzw. der Antwortschriften. Ist in einem Berufungsverfahren lediglich die Frauenrente angefochten, kann eine Änderung der Kinderbelange – wegen der Teilrechtskraft – nicht mehr im Berufungsverfahren, sondern nur noch auf dem Wege der Abänderungsklage erreicht werden (ZR 89/1990 Nr. 78). Eine Widerklage, auf welche die Vorinstanz mit Beschluss nicht eingetreten ist, kann im Berufungsverfahren neu erhoben werden, falls die Voraussetzungen von § 200 ZPO sonst gegeben sind, auch

Im Weitern bestimmt § 201 ZPO, dass im Prozess auf Ungültigerklärung der Ehe, 21
wenn er durch Klage eines Dritten eingeleitet wird, die Ehegatten gegeneinander
selbständige Rechtsbegehren stellen können.

> **Beispiel 148:**
> *Randziffer 22 entfällt.*

In den Fällen, wo eine der Scheidungsvoraussetzungen nach Art. 111–116 ZGB 22a
erfüllt ist, den Anträgen der Parteien mit Bezug auf die Kinder stattgegeben werden
kann und eine Vereinbarung über die finanziellen Nebenfolgen geschlossen wurde,
entscheidet der Einzelrichter allein, in den übrigen Fällen wird das Kollegialgericht
zuständig[59].

Allgemein gilt in den Eheprozessen, dass die güterrechtliche Auseinandersetzung 23
abgetrennt und gesondert beurteilt werden kann, wenn sie mit erheblichen Weiterungen verbunden ist und die Ordnung der anderen Nebenfolgen nicht davon
abhängt[60].

Eine vorzeitige Aufhebung der gerichtlich angeordneten Kindesvertretung ist mög- 23a
lich, wenn deren Voraussetzungen weggefallen sind. Wurde die Prozessbeistandschaft
auf Antrag des urteilsfähigen Kindes angeordnet, so ist sie auf dessen Begehren hin
auch wieder aufzuheben, sofern keine wichtigen Gründe im Sinne von Art. 146
Abs. 1 und 2 ZGB für ihre Aufrechterhaltung vorliegen[61].

Schliesslich sind noch die besonderen Regeln anzuführen, welche die Vaterschafts- 24
und Unterhaltssachen[62] betreffen:

Wird die Vaterschaftsklage vom Beklagten anerkannt, so stellt der Einzelrichter durch 25
Verfügung die Vaterschaft fest[63]. Wird die Unterhaltsklage anerkannt, so nimmt das
Gericht davon Vormerk und verpflichtet die beklagte Partei zu den anerkannten Leistungen[64]. Ebenso verfährt das Gericht, wenn es einen von den Parteien geschlossenen
Unterhaltsvertrag genehmigt (Art. 287 Abs. 3 und Art. 288 Abs. 2 Ziff. 1 ZGB)[65].

---

wenn der Nichteintretensbeschluss, der separat mit Rekurs hätte angefochten werden müssen, unangefochten geblieben ist (ZR 90/1990 Nr. 60).

[59] GVG 31a.
[60] ZPO 202 Abs. 2.
[61] 31. Januar 2008, Kassationsgericht des Kantons Zürich, ZR 107/2008 Nr. 37.
[62] ZPO CH 303.
[63] ZPO 203 Abs. 1 in der Fassung vom 27. Januar 2003. Obwohl dies seit der Änderung von § 203 ZPO durch die Verordnung des Obergerichts vom 7. Dezember 1977 nicht mehr klar zum Ausdruck kommt, unterliegt die Vaterschaftsklage nach wie vor dem Sühnverfahren vor dem Friedensrichter.
[64] ZPO 203 Abs. 3.
[65] ZPO 203 Abs. 3.

II. Das Säumnisverfahren

26   Das Zivilprozessrecht kommt nicht darum herum, auch die Folgen festzulegen, die sich daraus ergeben sollten, dass die eine oder andere Partei dem Prozess fernbleibt, sich nicht darum interessiert.[66] Diese Folgen gehen indessen nicht weiter, als erforderlich ist, um den Prozess auch ohne Mitwirkung der einen oder anderen Partei zum Abschluss zu bringen. Dass sie für die betreffende Partei nachteilig sind, lässt sich nicht vermeiden, doch sind gewisse Sicherungen eingebaut, die es erlauben, dass in der Regel nur jene Parteien Opfer eines Säumnisurteils werden, die wirklich auch das Zumutbare unterliessen, um sich im Prozess zu verteidigen.

27   Für das *mündliche Verfahren* ist die Säumnis in § 129 ZPO geregelt. Bleibt eine klagende oder beklagte Partei der Hauptverhandlung, in welcher das Tatsächliche des Streites hätte dargelegt werden sollen, ohne genügende Entschuldigung fern, so wird eine neue Verhandlung angesetzt[67, 68]. Die Vorladung zu dieser Verhandlung wird mit einer Androhung verbunden, die für den Kläger und den Beklagten unterschiedlich lautet.

27a Gegenüber dem Kläger wird angedroht, dass bei erneutem unentschuldigtem Ausbleiben Rückzug der Klage angenommen würde[69]. In der Vorauflage ist angenommen worden, der Rückzug habe «selbstverständlich» die Wirkung der abgeurteilten Sache. Nach Ansicht der II. Zivilkammer des Obergerichts hat sich die Dogmatik in jüngster Zeit gewandelt und sich wegen des bundesrechtlichen Verständnisses der materiellen Rechtskraft die Auffassung durchgesetzt , dass es zwar nicht unzulässig sei, Säumnisfolgen vorzusehen, dass an diese jedoch keine Verwirkungsfolgen betreffend das Recht als solches geknüpft werden dürften[70].

---

[66] ZPO CH 223, versäumte Klageantwort; 234, Säumnis an der Hauptverhandlung.

[67] Kann eine Verhandlung wegen Säumnis einer Partei nicht stattfinden, wird der erschienenen Partei sofort volle Entschädigung zugesprochen (GVG 198 erster Satz). Diese ist auch dann zu entrichten, wenn die Säumnis unverschuldet ist (ZR 80/1981 Nr. 59).

[68] ZPO CH 234. Bei Säumnis einer Partei berücksichtigt das Gericht die Eingaben, die eingereicht worden sind. Bei Säumnis beider Parteien wird das Verfahren als gegenstandslos abgeschrieben.

[69] ZPO 129 Abs. 1. Vgl. § 26 hiernach. Eine juristische Person hat sich in der Hauptverhandlung durch ihre Organe oder durch einen schriftlich bevollmächtigten Dritten vertreten zu lassen. Das Wissen darum darf bei einer juristischen Person vorausgesetzt werden. Sie muss sich dieses Wissen folglich ohne Weiteres anrechnen lassen. Delegiert eine juristische Person einen nicht gehörig bevollmächtigten Dritten (wie z.B. einen Angestellten/Geschäftsführer), der nicht befugt ist, bindende Erklärungen für die juristische Person abzugeben, führt dies zu ihrer Säumnis (6. Juli 2006, Einzelrichter im ordentlichen Verfahren am Bezirksgericht Zürich, ZR 105/2006 Nr. 60).

[70] 30. Oktober 2006, Obergericht des Kantons Zürich, II. Zivilkammer, ZR 106/2007 Nr. 25 unter Hinweisen auf VOGEL / SPÜHLER, Rz 57 zum 12. Kapitel und OSCAR VOGEL, recht 1993, 182 ff. sowie auf BGE 118 II 484. Damit ist der Entscheid des Einzelrichters im ordentlichen Verfahren am Bezirksgericht Zürich vom 6. Juli 2006 (ZR 105/2006 Nr. 60), womit diese Säumnisfolge gegenüber einer klagenden Aktiengesellschaft angewendet wird, weil sie eine nicht genügend bevollmächtigte

Dem Beklagten dagegen wird angedroht, dass bei erneutem (unentschuldigtem) 27b
Ausbleiben *Anerkennung der tatsächlichen Klagegründe und Verzicht auf Einreden
angenommen würden*[71].

Das ist nicht das Gleiche wie Anerkennung der Klage. Mindestens theoretisch besteht 28
die Möglichkeit, dass der Beklagte trotz dieser Androhung und obgleich er nicht ein
Wort gesagt hat, den Prozess doch noch gewinnt.

> **Beispiel 149:**
>
> Kläger K klagt gegen B auf Zahlung von 4000 Franken mit der Begründung, B 29
> habe ihm diese als Geschenk mündlich versprochen anlässlich einer Zusammenkunft zur Feier einer grossen Erbschaft, die B gemacht habe.
>
> B ist zweimal unentschuldigt nicht erschienen. Das Gericht wird nun Anerkennung der Behauptung des K unterstellen dürfen. Dennoch kann es die Klage 30
> nicht gutheissen, weil ein Schenkungsversprechen nur schriftlich gültig ist[72] und
> weder das Bestehen einer Schenkungsurkunde behauptet noch eine solche vorgelegt wurde.

Erscheint eine beklagte Partei vor erster Instanz unentschuldigt nicht, steht ihr im 30a
Berufungsverfahren – auch im Rahmen der Untersuchungsmaxime nach Art. 343
OR – nur ein sehr eingeschränktes Novenrecht zu[73].

Unter bestimmten Voraussetzungen werden die Säumnisfolgen schon mit der ersten 31
Vorladung angedroht. Das ist dann der Fall, wenn der Beklagte schon der Sühneverhandlung ohne genügende Entschuldigung ferngeblieben ist[74]; dann nimmt man
an, dass er ohnehin desinteressiert ist und wenig Schonung verdient, ebenso wenn
er einer Referentenaudienz ohne genügende Entschuldigung fernblieb[75]. Schliesslich entspricht dieses Vorgehen den besonderen Verhältnissen des beschleunigten[76]

Person zur Hauptverhandlung entsandt und nicht nachträglich für deren Bevollmächtigung gesorgt
hatte, unmassgeblich geworden. Dieser Entscheid steht auch in merkwürdigem Widerspruch zum
Urteil des Handelsgerichts des Kantons Zürich vom 11. Januar 1999 (ZR 99/2000 Nr. 20), wo unter
Hinweis auf BGE 93 II 367 und 118 II 479 gesagt wird, § 129 in Verbindung mit § 191 Abs. 2 ZPO
sei bundesrechtswidrig.

[71] ZPO 129 Abs. 1.
[72] OR 243 Abs. 1.
[73] Es kann sich nur um Behauptungen, Bestreitungen und Einwendungen handeln, deren Richtigkeit sich aus den Prozessakten ergibt oder durch neu eingereichte Urkunden sofort beweisbar ist (23. Oktober 1996, Obergericht des Kantons Zürich, ZR 97/1998 Nr. 83).
[74] ZPO 129 Abs. 2. Ziff. 2.
[75] ZPO 129 Abs. 2. Ziff. 3.
[76] ZPO 129 Abs. 2. Ziff. 1.

§ 35 Der Gang des erstinstanzlichen Verfahrens im Kanton Zürich (ordentliches Verfahren)

und des summarischen[77] Verfahrens, des einfachen und raschen Verfahrens[78]. Nicht recht einzusehen ist, warum § 129 Abs. 2 Ziff. 1 ZPO auf alle vor den Einzelrichter gebrachten Prozesse (also auch auf diejenigen im ordentlichen Verfahren) ausgedehnt wurde. Es ist seitens der Parteien sehr auf diese Besonderheit zu achten.

32 Ist der Beklagte säumig, ist das Gericht immerhin an die Androhung nicht völlig gebunden. Es kann ernsthafte Zweifel an der Richtigkeit unbestritten gebliebener Behauptungen des Klägers hegen. Dann braucht es diese nicht gegen seine Überzeugung dem Urteil zugrunde zu legen[79]. Der Gedanke entspricht demjenigen von § 142 Abs. 2 bei der Beweisabnahme. Vorbehalten bleiben ohnehin die Prozesse über Rechtsverhältnisse, über welche die Parteien nicht frei verfügen können[80]. Schliesslich ist dem Beklagten Gelegenheit zur Stellungnahme zu geben, wenn der Kläger im mündlichen Verfahren in Abwesenheit des säumigen Beklagten die Klage ändert[81].

33 Im *schriftlichen Verfahren* wird im Ganzen analog vorgegangen. Allerdings wird dem Kläger, welcher keine Klagebegründung einreicht, nachdem man ihm dazu Frist angesetzt hat, lediglich angedroht, dass bei Säumnis auf die Klage nicht eingetreten werde[82], was nicht den Rechtsverlust nach sich zieht, sondern dem Kläger die Möglichkeit gibt, über den identischen Anspruch eine neue Klage zu erheben. Gegenüber dem Beklagten wird wiederum angedroht, dass bei erneuter Säumnis Anerkennung der tatsächlichen Klagegründe und Verzicht auf Einreden angenommen würden[83].

34 Im Falle der Säumnis bei späteren Verhandlungen oder bei Nichteinreichung einer späteren Rechtsschrift innert angesetzter Frist erfolgt keine zweimalige Vorladung oder Fristansetzung, sondern die Partei ist einfach mit der entsprechenden Rechtsvorkehr ausgeschlossen[84].

---

[77] ZPO 208.
[78] ZPO 129 Abs. 2. Ziff. 1, vgl. § 35a Rz 1 und 2 hiernach.
[79] ZPO 131 Abs. 1.
[80] ZPO 131 Abs. 2 Vgl. ZPO 54 Abs. 3 und 142 Abs. 1. Vgl. dazu MARTIN FARNER, Welche Säumnisfolgen müssen der beklagten Partei bei Offizialmaxime angedroht werden?, in: SJZ 73/1977, 349 ff.
[81] ZPO 131 Abs. 3.
[82] ZPO 130 Abs. 1.
[83] ZPO 130 Abs. 1. Die Säumnisfolgen schon aufgrund der ersten Fristansetzung sind analog § 129 Abs. 2 ZPO in das schriftliche Verfahren aufgenommen worden (§ 130 Abs. 2 ZPO in der Fassung vom 24. September 1995). Nur eine ernst gemeinte und ernstzunehmende Auseinandersetzung mit der Klageschrift kann als unvollständige, aber doch als solche ernstzunehmende Klageantwortschrift infrage kommen. Ein lediglich als Klageantwort getarnter Versuch, das Verfahren zu verschleppen, zieht Säumnisfolgen nach sich (23. Mai 1995, Handelsgericht des Kantons Zürich, ZR 95/1996 Nr. 75).
[84] Vgl. ZPO 132.

D. Das Beweisverfahren[85]

I. Der Beweisgegenstand

Was Beweisgegenstand ist, sagt § 133 ZPO. Es sind dies:

- erhebliche Tatsachen,
- Gewohnheitsrecht[86],
- Handelsübungen und Ortsgebräuche.

Die Beweisabnahme hat zu unterbleiben, sobald das Gericht von diesen Faktoren sichere Kenntnis hat[87]. Es verletzt jedoch einen Verfahrensgrundsatz, wenn das Gericht nach Abschluss des Hauptverfahrens allein gestützt auf die in demselben vorläufig eingereichten Beweismittel entscheidet, ohne den Parteien bezüglich erheblicher z.b. bestrittener Tatsachen durch Eröffnung eines Beweisverfahrens die Möglichkeit zu geben, ihre Beweismittel abschliessend zu nennen[88].

II. Der Zeitpunkt des Beweisverfahrens

Das Prinzip der Zweiteilung des Prozesses in Haupt- und Beweisverfahren bringt es mit sich, dass das Beweisverfahren nach dem Hauptverfahren durchgeführt wird. Das Prinzip ist indessen insofern eingeschränkt, als das Gericht schon während des Hauptverfahrens Beweise abnehmen kann, sofern sich damit das Verfahren vereinfachen lässt[89].

---

[85] ZPO CH 150–159.
[86] Das *fremde Recht* wurde mit der Revision vom 24. September 1995 aus der Bestimmung entfernt. Vgl. dazu § 20 Rz hiervor; WALDER, IZPR, § 11 Rz 6–7a, sowie die einschlägigen Ausführungen bei ANTON K. SCHNYDER, Die Anwendung des zuständigen fremden Sachrechts im Internationalen Privatrecht, Schweizer Studien zum Internationalen Recht, Band 23, Zürich 1981, 2. Abschnitt; ferner GEISLER, ZZP 198, 176 ff.; ZPO CH 150 nennt als Beweisgegenstand bei vermögensrechtlichen Streitigkeiten «*ausländisches Recht*».
[87] Die Mitwirkung von Berufsgenossen als Richter beruht auf der Überlegung, dass diese die Verhältnisse im betreffenden Beruf kennen und daher in der Lage sind, rechtserhebliche fachtechnische Fragen aus eigenem Wissen ohne Beweiserhebung zu entscheiden (SJZ 76/1980, 265; ZR 79/1980 Nr. 47).
[88] 9. Januar 1995, Kassationsgericht des Kantons Zürich, ZR 95/1996 Nr. 53 E. c.
[89] ZPO 134.

> **Beispiel 150:**
>
> 38 Es geht um einen Vertragsabschluss, der durch einen einzigen Zeugen bewiesen werden kann. Das Gericht kann z.B., wenn der Zeuge in der schriftlichen Klagebegründung nominiert wurde, ihn bereits zur mündlichen Replik und Duplik vorladen, wenn im Übrigen das Verfahren schriftlich ist, oder zur Fortsetzung der Hauptverhandlung, wenn der Fall von § 123 Abs. 1 ZPO vorliegt.

39 Unter Umständen erweist es sich als notwendig, ein oder mehrere einzelne Beweismittel bereits vor dem Zeitpunkt abzunehmen, in welchem das Hauptverfahren abgeschlossen ist. § 135 ZPO sieht vor, dass das Gericht zur Sicherstellung gefährdeter Beweise nach Eintritt der Rechtshängigkeit auf Antrag einer Partei die erforderlichen geeigneten Vorkehren trifft[90].

> **Beispiel 151:**
>
> 40 Der Zeuge Z gedenkt, in nächster Zeit nach Australien auszuwandern; es ist unsicher, ob man ihn dort noch erreicht; er wäre durch ein dortiges Gericht einzuvernehmen, was mit Umtrieben verbunden wäre, die man vermeiden kann.
>
> 41 Der Zeuge Y ist hochbetagt und krank; mit seinem Ableben muss täglich gerechnet werden.
>
> 42 Es erweist sich, dass an einem Haus, dessentwegen gestritten wird, nächstens Veränderungen vorgenommen werden. Vorher sollte dort noch ein Augenschein stattfinden.

III. Der Beweisauflagebeschluss

43 Gemäss § 136 Abs. 1 ZPO hat (unter Vorbehalt von § 141[91]) der Beweisauflagebeschluss die Beweisabnahme zu eröffnen. Hier handelt es sich um eine verkümmerte Form des gemeinrechtlichen Beweisinterlokuts, jenes Zwischenurteils, das in Rechtskraft erwachsen konnte und das den Beklagten bereits verurteilte unter der Bedingung, dass ein bestimmter Beweis geleistet werde, oder dass man ihn freispreche, wenn er einen bestimmten Beweis leisten könne[92]. Der heutige Beweisauflage-

---

[90] Um dies zu bewirken, genügen allgemeine Hinweise auf das Alter und die Gefahr schwindender Erinnerungsfähigkeit von Zeugen nicht: es muss eine konkrete Gefährdung dargelegt werden (ZR 85/1986 Nr. 45). Vgl. auch § 37 Rz 27–33 hiernach.
[91] Vgl. dazu Rz 48 hiernach.
[92] WACH, Handbuch des Deutschen Civilprozessrechts, Leipzig 1885, 32, 132.

beschluss ist ein gewöhnlicher, abänderbarer prozessleitender Beschluss, der nicht einmal mit Rekurs anfechtbar ist.

In den Beweisauflagebeschluss, auch Beweisdekret oder Beweisbescheid[93] genannt, gehören drei Dinge: 44

1. die genaue Bezeichnung der einzelnen zu beweisenden Tatsachen, Rechtssätze und Übungen (in dieser Weise werden nun die Vorträge der Parteien im Hauptverfahren, soweit sie für den Ausgang des Prozesses wesentlich und beweisbedürftig sind, in Beweissätze zergliedert),
2. die Bestimmung, welcher Partei der Haupt- bzw. Gegenbeweis obliegt,
3. die Frist, innert welcher die Beweismittel einzureichen oder genau zu bezeichnen sind.

Das gilt sowohl für Haupt- wie für Gegenbeweismittel: Wird einer Partei der Hauptbeweis auferlegt, steht der anderen Partei ohne Weiteres der Gegenbeweis offen[94]. Die Formulierung des Beweisthemas ist Sache des Gerichtes. Dieses soll Beweissätze so konkret wie möglich aufstellen. Insbesondere wenn eine Partei bereits im Hauptverfahren Indizien zu einer (inneren) Tatsache genannt hat, sollen diese vom Gericht – soweit für den Entscheid erheblich – konkret zum Beweis verstellt werden Es ist nicht Sache der Partei, in diesem Fall in einer Beweiseingabe bei der Nennung ihrer Beweismittel zu präzisieren, welche Aspekte des Beweisthemas damit bewiesen werden sollen, und so die von ihr bereits geltend gemachten Indizien als Unterbeweissätze in das Beweisverfahren einzuführen[95]. 45

Mit dem Beweisauflagebeschluss ist der Ball wieder den Parteien zugeschoben. Sie haben innert Frist sämtliche Beweismittel unter genauer Bezugnahme auf den Beweisauflagebeschluss in einer sogenannten Beweisantretungsschrift[96] zu bezeichnen. Soweit die Beweismittel im Gewahrsam der Parteien sind oder ohne gerichtliche Hilfe beigebracht werden können, sind sie beizulegen[97]. Es sind auch jene Beweismittel nochmals anzuführen, die bereits im Hauptverfahren bezeichnet wurden, mit Ausnahme der bereits bei den Akten liegenden Urkunden. Von diesen kann nicht in guten Treuen angenommen werden, der Beweisführer, der sie nicht nochmals ausdrücklich erwähne, wolle sich nicht auf sie berufen[98]. 46

---

[93] ZPO CH 154 Beweisverfügung.
[94] ZPO 136 Abs. 2.
[95] 4. September 2007, Kassationsgericht des Kantons Zürich, ZR 104/2008 Nr. 19.
[96] Im einfachen und raschen Verfahren sind die Beweismittel mit dem letzten Vortrag an der Hauptverhandlung zu bezeichnen. Das ist die gefährlichste Bestimmung der Revision vom 24. September 1995 und dürfte vor allem manchem Arbeitnehmer zum Verhängnis gereichen, wenn nicht § 55 ZPO pflichtgemäss angewendet wird. Auch die Untersuchungsmaxime von Art. 343 Abs. 4 OR hilft nicht weiter, wenn das Gericht die Beweismittel nicht kennt.
[97] ZPO 137.
[98] Vgl. dazu FRANK/STRÄULI/MESSMER, N 1 zu § 137 ZPO.

47 Die Pflicht der Parteien, die Beweismittel zu nennen, hat Bedeutung für die Frage ihres Ausschlusses damit: Die nachträgliche Bezeichnung und Beibringung von Beweismitteln ist nur unter den Voraussetzungen von § 115 ZPO zulässig[99]. Hier erhalten wir dann auch einen Anwendungsfall von § 115 Ziff. 1 ZPO[100]. Nunmehr wird eine Ausfertigung der Beweisantretungsschrift der Gegenpartei zugestellt. Ein weiterer Schriftenwechsel ist in der Regel nicht vorgesehen[101]. Immerhin soll jene Partei, welche gegen die Zulässigkeit von Beweismitteln des Gegners Einwendungen erhebt, dies vor Beginn der Beweisabnahme tun[102]. Das ist aber nur eine Soll-Vorschrift, denn über die Zulässigkeit von Beweismitteln hat das Gericht von Amts wegen zu befinden.

48 In besonderen Fällen kann auch das ganze Verfahren mit dem Beweisauflagebeschluss weggelassen werden, nämlich im einfachen und raschen Verfahren sowie dann, wenn die Parteien im Verlaufe des Hauptverfahrens die Erklärung abgeben, sie hätten sämtliche Beweismittel bezeichnet. Diese Erklärung kann sich auf den gesamten Prozessstoff oder lediglich einzelne Fragen desselben beziehen. Es werden dann der Beweisauflagebeschluss und der Beweisabnahmebeschluss inhaltlich miteinander kombiniert[103]. Das Gericht ist an die den Beweisbeschlüssen zugrunde liegende Auffassung nicht gebunden. Bis zum Erlass des Endentscheides kann es andere Beweise auflegen und die Beweislast ändern. Die Änderung ist zu begründen[104]. Damit wird bewirkt, dass das Gericht, wenn es bemerkt, dass es sich auf einem fehlerhaften Weg befindet, diesen nicht weiterschreiten und ein Rechtsmittelverfahren provozieren muss, womit die Parteien lediglich Zeit verlieren[105].

IV. Die Beweisabnahme

1. Allgemeines

49 Nachdem die Beweisantretungsschriften vorliegen bzw. die Fristen dafür abgelaufen sind, erlässt das Gericht den *Beweisabnahmebeschluss*. Darin werden (unter Bezugnahme auf den Beweisauflagebeschluss) die zugelassenen Beweismittel bezeichnet und die für die Beweisabnahme erforderlichen Anordnungen getroffen[106]. Zu den letzteren gehören:

---

[99] ZPO 138.
[100] Etwa der nachträgliche Beweisantrag, der erst durch einen solchen des Gegners veranlasst wurde (FRANK/STRÄULI/MESSMER, N 3 zu § 138 ZPO).
[101] ZPO 139 Abs. 1.
[102] ZPO 139 Abs. 2.
[103] ZPO 141.
[104] ZPO 143.
[105] Vgl. § 26 Rz 135–139 hiernach.
[106] ZPO 140.

- die Fristansetzung an die Parteien zur Leistung der erforderlichen Barvorschüsse;
- die Fristansetzung an die Parteien, um sich zur Frage auszusprechen, ob sie Einvernahme vor dem gesamten Gericht oder vor einer Abordnung wünschen[107]. Regelfall wäre an und für sich unter dem Prinzip der Unmittelbarkeit die Einvernahme vor dem gesamten Gericht.[108] Nur die persönliche Befragung im Sinne von § 149 ZPO, für den Beizug schriftlicher Auskünfte, für die Instruktion von Sachverständigen, die Einvernahme kranker Personen und sowie solche im Rekursverfahren kann das Gericht von sich aus einer Delegation, meist dem Referenten allein, übertragen. Im Übrigen kann das nur mit Einverständnis beider Parteien geschehen; es ist ihnen dafür Frist anzusetzen, wobei in der Regel davon ausgegangen werden darf, Stillschweigen bedeute Zustimmung.
- Anordnung von Massnahmen, durch welche bei der Beweisabnahme schutzwürdige Interessen einer Partei oder Dritter geschützt werden können, etwa indem die Einsichtnahme in eine Geschäftsbuchhaltung der einen Partei auf den Experten, der zur Begutachtung der strittigen Vorgänge angerufen ist, beschränkt wird[109].

2. Besondere Vorschriften

Grundsätzlich sind Beweise nicht abzunehmen, die von der beweisführenden Partei nicht rechtzeitig angeboten worden sind, doch erleidet dieser Grundsatz wichtige Ausnahmen. 50

Einmal verweist § 142 Abs. 1 ZPO auf die Rechtsverhältnisse, über welche die Parteien nicht frei verfügen können. Hier hat das Gericht nach den bereits besprochenen, für die Offizialmaxime geltenden Regeln[110] Beweis zu erheben, soweit ihm dies möglich ist; es stellte den Sachverhalt von Amts wegen fest. 51

Das Gericht kann aber ausnahmsweise auch sonst von Amts wegen Beweise erheben[111]. Das ist der Grundsatz der sogenannten materiellen richterlichen Prozesslei- 52

---

[107] ZPO 144.
[108] ZPO CH 155. Beweisabnahme kann an eines oder mehrere Gerichtsmitglieder delegiert werden.
[109] ZPO 145. Vgl. *Tessin* CPC 185 Abs. 2. Es ist gestützt auf § 145 ZPO zulässig, einen Teil einer Expertise den Parteien vorzuenthalten (ZR 84/1985 Nr. 57 E. IX 2c). Vgl. auch ZR 93/1994 Nr. 36. Geheim-Behauptungen sind dem Zivilprozess grundsätzlich fremd. Die Regel, dass ausnahmsweise Beweismittel berücksichtigt werden dürfen, die nur einer Partei bekannt sind, lässt sich nicht auf das Behauptungsverfahren übertragen. Es ist Sache der Parteien, zu entscheiden, welche Behauptungen sie in den Prozess einführen wollen; das Gericht nimmt darauf keinen Einfluss (ZR 86/1987 Nr. 25). Für weitere Anwendungsfälle vgl. ZR 971988 Nr. 59, 60.
Besondere Vorschriften zur Wahrung von Fabrikations- und Geschäftsgeheimnissen finden sich in Art. 15 Abs. 2 UWG und in Art. 16 Abs. 2 KG.
[110] Vgl. § 18 hiervor.
[111] ZPO 142 Abs. 2.

tung¹¹² und entspricht der Bestimmung, dass im Säumnisverfahren das Gericht auch über Dinge Beweis erheben kann, die nicht bestritten wurden, wenn es Zweifel an der Richtigkeit hat. Das eröffnet ihm die Möglichkeit, einer Sache nachzugehen, von der es annimmt, sie werde ihm von den Parteien verschwiegen¹¹³.

53 Die Beweisabnahme findet an der sogenannten Beweisverhandlung statt. Zu dieser sind die Parteien vorzuladen, da sie das Ergebnis der Beweisführung sollen miterleben können; es handelt sich in der Regel in erster Linie um Zeugenvernehmungen, Parteibefragungen und Augenscheine, eventuell Entgegennahme mündlicher Gutachten oder Stellung von Ergänzungsfragen zu bereits schriftlich erstatteten Gutachten. Bleiben die Parteien oder eine von ihnen den Beweisverhandlungen fern, so findet die Beweisabnahme gleichwohl statt. Das Gericht darf den Akteninhalt nicht zum Nachteil der ausgebliebenen Partei ausser Acht lassen¹¹⁴.

V. Das Verfahren zur Beweiswürdigung

54 Das Gericht würdigt die Beweise nach freier Übersetzung und berücksichtigt dabei das Verhalten der Parteien im Prozess, namentlich die Verweigerung der Mitwirkung bei der Beweiserhebung¹¹⁵. Wie die einzelnen Faktoren zu gewichten sind, welcher Zeuge einen überzeugenden Eindruck gemacht hat, welcher nicht, wo Widersprüche aufgetaucht sind, wo übereinstimmend gleichlautende Aussagen erhältlich waren, wo man sagen kann, eine Partei habe ein Verhalten an den Tag gelegt, das im Prozess zu ihrem Nachteil auszulegen sei, das alles sind Dinge, auf welche die Parteien, insbesondere natürlich ihre Rechtsanwälte, mit aller Beredsamkeit hinweisen können. Das ist der Sinn von § 147 ZPO:

«Nach durchgeführtem Beweisverfahren wird den Parteien Gelegenheit gegeben, mündlich oder schriftlich zum Beweisergebnis Stellung zu nehmen.»

In der Praxis wird allerdings auf diese Verhandlung häufig verzichtet, weil man davon ausgeht, der vom Gericht selber gewonnene Eindruck über das Beweisergebnis lasse sich kaum mehr verändern.

---

[112] Vgl. § 22 Rz 4, 5 hiervor.
[113] Für weitere Anwendungsfälle vgl. FRANK/STRÄULI/MESSMER, N 3 f. zu § 142 ZPO.
[114] ZPO 146.
[115] ZPO 148. Vgl. § 29 Rz 131, 132 hiervor.

E. Das Urteilsverfahren

Sobald der Prozess spruchreif ist, fällt das Gericht den Entscheid. Es legt ihm unter Vorbehalt rechtzeitiger Geltendmachung den Sachverhalt zugrunde, wie er in diesem Zeitpunkt besteht[116]. 55

Aufgrund einer Parteierklärung wird der Prozess erst erledigt, wenn die Erklärung zulässig und klar ist[117]. Vorfragen und Einreden werden in der Regel durch den Endentscheid erledigt. Wenn es die Umstände rechtfertigen, kann ein Vor- oder Teilentscheid gefällt werden[118]. Der Akt der Urteilsfällung ist einfach, wo eine Einzelrichterin oder ein Einzelrichter amtet. Auch ihnen steht indessen ein Kanzleibeamter oder eine Kanzleibeamte[119] mit beratender Stimme zur Seite. 56

Über das Vorgehen bei der Beratung eines Kollegialgerichtes orientieren die §§ 137 und 138 GVG. Bei den Beratungen stellt der Referent seinen Antrag. In der anschliessenden Umfrage wird das Wort zuerst den Richtern erteilt, welche Gegenanträge stellen wollen. Ist der Präsident nicht selber Referent oder Gegenantragssteller, so eröffnet er seine eigene Ansicht zuletzt[120]. 57

---

[116] ZPO 188 Abs. 1.
[117] ZPO 188 Abs. 3.
[118] ZPO 189. Die Fällung eines Teilurteils ist u.a. dann zulässig, wenn ein Teilbetrag bereits spruchreif und der Kläger auf ein baldiges Prozessergebnis angewiesen ist, was in der Regel bei Lohnforderungen zutrifft (ZR 79/1980 Nr. 71). Ein Vorentscheid liegt vor, wenn eine bestimmte Rechtsfrage entschieden wird in dem Sinne, dass die zur Diskussion stehende Einwendung verworfen wird, was zur Weiterführung des Prozesses führt. (Bei Gutheissung der Einwendung käme es zur Erledigung des Prozesses durch Abweisung der Klage oder durch Nichteintreten auf dieselbe.) Ein Teilentscheid liegt dann vor, wenn über einen Teil der geltend gemachten Ansprüche ein Endentscheid gefällt wird.
[119] Gerichtsschreiber(in) oder Gerichtssekretär(in).
[120] GVG 137. Praktisch verläuft der Vorgang anders: Es wird ein schriftlicher Antrag, oftmals (im Rekurs- und Nichtigkeitsverfahren, vgl. § 39 Rz 48 bis 69 hiernach, praktisch immer) von einem Kanzleibeamten verfasst, in Zirkulation gesetzt oder in der Kanzlei aufgelegt. Für Urteile ist der Antrag Grundlage der Beratung an der Sitzung. Wer einen Gegenantrag stellen will, muss denselben zu Papier bringen und vor der Sitzung den übrigen Gerichtsmitgliedern mitteilen. Auf dieser Grundlage findet dann die Beratung statt. Gemäss § 139 GVG können die Gerichte bei Einstimmigkeit Beschlüsse auf dem Zirkulationsweg fassen. Dass dies dazu verleitet, dem Prozess weniger Beachtung zu schenken, als wenn eine Beratung stattfindet, liegt auf der Hand. Im sogenannten Interesse einer beratungslosen Erledigung wurde denn auch mit der Gesetzesrevision vom 24. September 1995 in § 259 Abs. 2 Satz 2 ZPO – völlig systemwidrig – vorgesehen, dass die Erledigung von Berufungen im einfachen und raschen Verfahren durch Beschluss erfolgen solle. Das wird dazu führen, dass all diese – meist im arbeitsvertraglichen und mietvertraglichen Bereich beheimateten – Prozesse ebenfalls dem Kanzleibeamten zum Referat zugewiesen werden. Das Kassationsgericht hat dazu in einem unveröffentlichten Entscheid vom 5. November 1995 (Kass.-Nr. 95/099 Z) auf die richterliche Verantwortung der «mitlesenden» Gerichtsmitglieder hingewiesen.

58 Stimmenthaltung ist im Gericht nicht zulässig. Die Richter sind vielmehr gehalten, ihre Stimmung abzugeben. Es entscheidet die Mehrheit der Stimmen, wie überall[121]. Ergibt sich bei gerader Zahl der Richter Stimmengleichheit, so macht die Ansicht Recht, für welche sich der Präsident ausgesprochen hat, im Strafprozess indessen jene, die für den Angeklagten günstiger ist[122].

59 Was geschieht, wenn mehr als zwei Ansichten im Gericht vertreten werden? Nach MAX GULDENER[123] sind alsdann, sofern nicht auf eine Ansicht das absolute Mehr entfällt (bei fünf Richtern 3 zu 1 zu 1), durch gesonderte Abstimmung je eine von zwei abweichenden Ansichten zu eliminieren, bis sich nur noch zwei Ansichten gegenüberstehen. Die sekundären Fragen sind in erster Linie, die grundsätzlichen in zweiter Linie zu entscheiden. Ferner sind auch die formellen Fragen zuerst, die materiellen nachher zu entscheiden.

Beispiel 152:

60 Richter A findet, auf die Klage auf Anfechtung eines Generalversammlungsbeschluss sei wegen Verspätung nicht einzutreten; Richterin B findet, sie sei aus demselben Grund abzuweisen; Richterin C und Richter D finden, sie sei gutzuheissen; Richter E findet, sie sei als materiell unbegründet abzuweisen. Zuerst würde über den Antrag auf «formelle» Erledigung abgestimmt und zuallererst (eventualiter) über die Kontroverse zwischen A und B (Erledigungsart). Bleiben A und B schliesslich mit ihrer Ansicht, die Klage sei verspätet, in der Minderheit, so müssen sie sich an der Abstimmung über den materiellen Punkt (Kontroverse zwischen C und D einerseits, E andererseits) beteiligen.

Beispiel 153:

61 Richter A findet, die Forderungsklage sei abzuweisen; Richterin B findet, sie sei zu 70% gutzuheissen; Richter C findet, sie sei gänzlich gutzuheissen.

Es wird zuerst über das Quantitativ im Falle der Gutheissung abgestimmt, nachher über Abweisung oder Gutheissung.

---

[121] GVG 138 Abs. 1 und 2.
[122] GVG 138 Abs. 3.
[123] Schweizerisches Zivilprozessrecht, 244 f.

> **Beispiel 154:**
>
> Richter A findet, es sei die Klage zu 10% gutzuheissen, Richterin B möchte sie zu 75% schützen und Richter C zu 90%.
>
> Hier dürfte es von den Begründungen abhängen, welche Anträge einander zuerst eventualiter entgegengestellt werden.

Weitere Fälle sind denkbar und von Fall zu Fall zu lösen.

Gemäss § 138 Abs. 4 GVG sind die Minderheit des Gerichts und der Kanzleibeamte berechtigt, ihre abweichende Ansicht mit Begründung in das Protokoll aufnehmen zu lassen. Den Parteien wird alsdann von der Aufnahme des Minderheitsantrags in das Protokoll Kenntnis gegeben[124].

Im Unterschied zu Art. 23 BGG sieht das zürcherische Recht nicht vor, dass für eine Praxisänderung die Zustimmung der Vereinigung der betroffenen Abteilungen bzw. Kammern des betreffenden Gerichts notwendig wäre.

Ist ein Entscheid unklar oder enthält er Widersprüche, so wird er vom Gericht, das ihn gefällt hat, auf Antrag oder von Amts wegen erläutert[125].

---

[124] CARL BAUDENBACHER, Bemerkungen zum Minderheitsvotum des überstimmten Richters in der zürcherischen Gerichtsverfassung (SJZ 79/1983, 153 ff.).
[125] GVG 162. Für das Verfahren vgl. GVG 163–166.

§ 35a Das einfache und rasche Verfahren im Kanton Zürich[1]

Das einfache und rasche Verfahren ist in zahlreichen Streitigkeiten vom Bundesrecht gefordert. Die Zivilprozessordnung zählt in § 53 Abs. 2 einzelne Bereiche auf. Die Aufzählung ist aber unvollständig[2]. Es handelt sich dabei um:

a) Unterhalts- und Unterstützungsstreitigkeiten[3]
b) Miet- und Pachtstreitigkeiten über Wohn- und Geschäftsräume[4]
c) Arbeitsstreitigkeiten sowie Streitigkeiten aus der Arbeitsvermittlung und dem Personalverleih bis Fr. 30 000.– Streitwert[5]
d) Streitigkeiten aufgrund des Gleichstellungsgesetzes[6]
e) Streitigkeiten wegen unlauteren Wettbewerbs ohne Streitwert und Anbietern bis zu einem solchen von Fr. 8000.–[7]
f) Streitigkeiten aus Verträgen zwischen Konsumenten und Anbietern bis zu einem Streitwert von Fr. 8000.–.

1

---

[1] ZPO CH 243–247 «vereinfachtes Verfahren».
[2] Entsprechend sagt § 53 Abs. 3 ZPO, dass Prozesse, für welche das Bundesrecht das einfache und rasche Verfahren neu eingeführt hat, den gleichen Regeln wie die Verfahren gemäss Abs. 2 unterstehen. Was fehlt, ist Art. 15 Abs. 3 MitwG.
[3] ZPO 53 Abs. 2 Ziff. 1, ZGB 280 Abs. 1, 329.
[4] ZPO 53 Abs. 2 Ziff. 2, OR 274d, 301, BG über die landwirtschaftliche Pacht 47 Abs. 1. Art. 274d Abs. 3 OR besagt, dass Schlichtungsbehörde und Richter den Sachverhalt von Amtes wegen feststellen und dass sie die Beweise nach freiem Ermessen würdigen, sowie dass die Parteien ihnen alle für die Beurteilung des Streitfalls notwendigen Unterlagen vorlegen müssen.
[5] ZPO 53 Abs. 2 Ziff. 3, OR 343 Abs. 2, AVG 10 Abs. 1, 23 Abs. 1. OR Art. 343 Abs. 2 besagt, dass sich der Streitwert nach der eingeklagten Foderung bemisst ohne Rücksicht auf Widerklagebegehren. In Art. 343 Abs. 3 heisst es, dass den Parteien weder Gebühren noch Auslagen des Gerichts auferlegt werden, dass jedoch bei mutwilliger Prozessführung der Richter gegen die fehlbare Partei Bussen aussprechen und die Gebühren und Auslagen des Gerichts ganz oder teilweise auferlegen könne. In Art. 343 Abs. 4 schliesslich lesen wir, dass der Richter den Sachverhalt von Amtes wegen feststellt und dass er die Beweise nach freiem Ermessen würdigt.
[6] GlG 12 Abs. 2. Diese Prozesse sind nicht solche, für welche das Bundesrecht das einfache und rasche Verfahren neu eingeführt, sondern solche, für dies es bereits eingeführt worden ist; im Zeitpunkt der Verabschiedung der Revisionsvorlage durch den Kantonsrat war aber die Referendumsfrist noch nicht abgelaufen. Das Gleichstellungsgesetz soll am 1. Juli 1996 in Kraft treten. Für den besonderen Fall des fürsorgerischen Freiheitsentzugs vgl. § 37a.
[7] UWG 13.

2 Das einfache und rasche Verfahren hat folgende Besonderheiten:
   a) Im einfachen und raschen Verfahren stehen die Fristen während der Gerichtsferien nicht still[8].
   b) Es werden keine Prozesskautionen auferlegt[9].
   c) Vor dem Bezirksgericht ist das Verfahren mündlich[10].
   d) Die Säumnisfolgen werden schon mit der ersten Vorladung zur Hauptverhandlung angedroht[11].
   e) Die Beweismittel sind mit dem letzten Vortrag an der Hauptverhandlung zu bezeichnen[12].
   f) Das Gericht kann (ohne Beweisauflagebeschluss) sofort den Beweisabnahmebeschluss erlassen[13].
   g) Ist Berufung erhoben worden, so wird das weitere Berufungsverfahren nach den Bestimmungen über den Rekurs durchgeführt und erfolgt die Erledigung durch Beschluss[14].

3 Im einfachen und raschen Verfahren gemäss Art. 343 Abs. 2 OR[15] sind die Angestellten der Arbeitgeber- und Arbeitnehmerorganisationen[16], denen die Parteien angehören, auch ohne Fähigkeitszeugnis oder Bewilligung im Sinne von § 3 AnwG in ihrer beruflichen Eigenschaft zur Vertretung berechtigt[17]. Soweit es sich um Verfahren betreffend Anfechtung der Kündigung und Erstreckung in Miet- und Pachtverhältnissen handelt, hat das Anwaltsmonopol ohnehin keine Geltung[18].

4 Für Streitigkeiten aus Verträgen zwischen Konsumenten und Anbietern, aus dem Arbeitsverhältnis, aus der Arbeitsvermittlung und dem Personalverleih sowie aus unlauterem Wettbewerb bemisst sich der Streitwert nach der eingeklagten Forderung ohne Rücksicht auf Widerklagebegehren, sofern die Forderung den bundesrechtlich für das einfache und rasche Verfahren vorgeschriebenen Höchststreitwert nicht übersteigt[19]. Das führt indessen nicht dazu, dass Widerklagen ihrerseits im einfachen und

---

[8] GVG 140 Abs. 2.
[9] ZPO 78 Ziff. 2.
[10] ZPO 119 Ziff. 3.
[11] ZPO 129 Abs. 1 Ziff. 1.
[12] ZPO 137 Satz 2.
[13] ZPO 141 Satz 1. Diese Vorschrift gilt nur dann, wenn das Hauptverfahren mündlich durchgeführt wurde, und auch in diesem Fall nicht absolut (17. September 1998, Mietgericht Zürich, ZR 98/1999 Nr. 22). Vgl. auch ZR 99/2000 Nr. 60.
[14] ZPO 259 Abs. 2.
[15] Gemeint ist sinngemäss auch das Verfahren gemäss Art. 12 Abs. 2 des Gleichstellungsgesetzes.
[16] Für Streitigkeiten aus dem Gleichstellungsgesetz müssen auch Angestellte der in Art. 7 Abs. 1 des Gleichstellungsgesetzes genannten Organisationen zugelassen sein.
[17] AnwG 1 Abs. 2.
[18] AnwG 1 Abs. 1 Satz 2.
[19] ZPO 19 Abs. 3.

raschen Verfahren behandelt werden müssen, selbst wenn sie den dafür geltenden Streitwert übersteigen[20].

Die Schweizerische Zivilprozessordnung sieht dafür ein «vereinfachtes Verfahren» vor (ZPO CH 243–247); welches überdies auf alle vermögensrechtlichen Streitigkeiten bis zu einem Streitwert von 30 000 Franken Anwendung findet.

5

---

[20] BGE 115 II 369; vgl. dazu Oscar Vogel in ZBJV 1271991, 293 ff.

§ 36　Das beschleunigte Verfahren

Das beschleunigte Verfahren ist den Kantonen durch Art. 25 Ziff. 1 SchKG in Verbindung mit einschlägigen Bestimmungen dieses Gesetzes für eine Reihe von Klagen des SchKG vorgeschrieben. Diese sind in § 22 GVG im Einzelnen erwähnt[1]. Das Verfahren ist so einzurichten, dass die Parteien auf kurz bemessenen Termin geladen und die Prozesse binnen sechs Monaten seit Anhebung der Klage durch Haupturteil der letzten kantonalen Instanz erledigt erklärt werden können. Dieses Ziel lässt sich nicht immer erreichen, doch hat das kantonale Recht das beschleunigte Verfahren, das im Übrigen wie das ordentliche Verfahren abläuft, folgendermassen gestaltet:

1. Zuständigkeit eines Einzelrichters ohne Rücksicht auf den Streitwert[2],
2. Ausschaltung des Sühnverfahrens[3],
3. mündliches Verfahren in erster Instanz[4],
4. bevorzugte Behandlung in der Berufungsinstanz[5],
5. Androhung der Säumnisfolgen schon mit der ersten Vorladung zur Hauptverhandlung[6].

Die Schweizerische Zivilprozessordnung sieht kein «beschleunigtes Verfahren» vor. Art. 25 Ziff. 1 SchKG wird aufgehoben; für die einzelnen SchKG-Klagen entfällt das Schlichtungsverfahren (ZPO CH 198 lit. e). Je nach Streitwert sind diese Klagen im ordentlichen oder im vereinfachten Verfahren durchzuführen[7].

---

[1] Dass auch Art. 15 Abs. 2. der Verordnung betreffend das Verfahren bei der Gewährleistung im Viehhandel vom 14. November 1911 (SR 221.211) für Gewährleistungsprozesse beschleunigtes Verfahren verlangt, ist offenbar in Vergessenheit geraten.
[2] GVG 22.
[3] ZPO 104.
[4] ZPO 119 Ziff. 1.
[5] Darüber steht nichts im Gesetz; es ist jedoch Übung des Kammerpräsidenten, in solchen Fällen für möglichst kurzfristige Zitation zur Berufungsverhandlung zu sorgen. Das BGG hat für diese Fälle, die gemäss Art. 72 Abs. 2 lit. a der Beschwerde in Zivilsachen unterliegen, keine besondere Behandlung vorgesehen.
[6] ZPO 129 Abs. 2 Ziff. 1.
[7] Aufhebung Art. 25 SchKG in ZPO CH Anhang I, Art. 402, Ziff. 17; vereinfachtes Verfahren ZPO CH 243.

§ 37 Das summarische Verfahren[1]

Inhaltsverzeichnis   Seite

A. Allgemeines 449
B. Die einzelnen Anwendungsbereiche des summarischen Verfahrens 451
    I.   Schuldbetreibungs- und Konkurssachen 451
    II. Geschäfte aufgrund des Zivilgesetzbuches und des Obligationenrechts 452
    III. Das Befehlsverfahren 453
        1. Allgemeines 453
        2. Anwendungsbereiche des Befehlsverfahrens 454
            a) Die Vollstreckung 454
            b) Das abgekürzte Erkenntnisverfahren 455
                α) Gegen Einzelne 455
                β) Gegen mehrere: Allgemeine Verbote 456
            c) Einstweilige Verfügungen 457
    IV. Beweissicherung 458

A. Allgemeines

Das summarische Verfahren ist ein Verfahren, in welchem nicht sämtliche Abklärungen durch die an sich möglichen Beweismittel getroffen werden können und getroffen werden sollen. Es erweist sich als besonders geeignet für jene Fälle, in denen der streitige Anspruch *lediglich glaubhaft* gemacht werden muss oder aber durch *Urkunden* die Berechtigung nachzuweisen ist. Gemäss § 209 ZPO sind als Beweismittel im summarischen Verfahren die persönliche Befragung nach § 149 ZPO, schriftliche Auskünfte, Augenschein und Urkunden zulässig, andere Beweismittel nur, wenn der Kläger nicht nach §§ 221 und 226 ZPO auf das ordentliche Verfahren verwiesen werden kann (wie etwa in dem sich für das summarische Verfahren eignenden Eheschutzverfahren nach Art. 171 ff. ZGB[2] oder wenn sie das Verfahren nicht wesentlich verzögern.

1

---

[1] ZPO CH 248–269, 271–273, 302, 305, 314,

[2] Vgl. dazu ZPO 216. Gefährliche Tendenzen verrät der Entscheid des Obergerichts vom 28. November 1979 (ZR 79/1980 Nr. 88), wonach keine allgemeine Pflicht der Rekursinstanz bestehe, «den unverhältnismässigen Aufwand der Zeugeneinvernahme zu treiben in Fällen, da schriftliche Belege mühelos beschafft und eingereicht werden könnten.» Wer weiss, ob in jenem Fall der Arzt, um dessen schriftliche Bestätigung es ging, ohne Weiteres erreichbar war und ob der Tennisclub, der die Entschädigungsverhältnisse der Klägerin bestätigen sollte, sich dazu bereit fand? Unverhältnismässigkeit der Beweismittel ist jedenfalls kein zivilprozessual geläufiger Begriff. Abgesehen von Fällen besonderer Dringlichkeit besteht auch im summarischen Verfahren voller Anspruch auf Gewährung des rechtlichen Gehörs. Das Erfordernis der blossen Glaubhaftmachung des Sachverhalts ist für die Frage der Zulassung von Beweismitteln, nicht aber für das Äusserungsrecht der Parteien zum Beweisergebnis von Bedeutung (ZR 83/1984 Nr. 55).

2　Im summarischen Verfahren ist auch das formelle Vorgehen vereinfacht. Das Begehren wird beim Einzelrichter mündlich oder schriftlich rechtshängig gemacht und soll kurz begründet werden[3]. Steht dem Eintreten auf das Begehren nichts entgegen, so wird eine mündliche Verhandlung angeordnet oder dem Beklagten Gelegenheit zur schriftlichen Antwort gegeben[4].

3　Mit Bezug auf *Säumnis* besteht die Besonderheit, dass nur einmal vorgeladen wird und unentschuldigtes Nichterscheinen alsdann bereits Säumnisfolgen nach sich zieht. Bleibt der Kläger der Verhandlung fern, wird aufgrund der Akten entschieden. Ist seine Anwesenheit nötig, kann ihn der Richter unter der Androhung vorladen, dass bei Ausbleiben auf das Begehren nicht eingetreten werde[5].

> **Beispiel 155:**
>
> 4　Im Verfahren betreffend Rechtsöffnung braucht der Kläger nicht zu erscheinen; es genügt, dass er dem Audienzrichter den Rechtsöffnungstitel einreicht. Sein Nichterscheinen hat dann lediglich zur Folge, dass er nicht in der Lage ist, Einwendungen des erschienenen Schuldners zu beantworten.

> **Beispiel 156:**
>
> 5　Im Eheschutzverfahren ist die Behandlung des Begehrens ohne Anwesenheit des Klägers nicht möglich. Sein Nichterscheinen hat zur Folge, dass auf das Begehren nicht eingetreten wird.

6　Bleibt der Beklagte der Verhandlung ohne genügende Entschuldigung fern oder beantwortet er das Begehren nicht auf erste Aufforderung, so wird Anerkennung der Sachdarstellung des Klägers und Verzicht auf Einreden angenommen[6].

7　Auch das an sich eingeschränkte Beweisverfahren ist in seinem Ablauf vereinfacht. Die Beweismittel sind mit dem Begehren oder der Antwort einzureichen oder, wenn dies nicht möglich ist, zu bezeichnen. Der Richter kann – ohne das Mittel des Beweis-

---

[3]　ZPO 205.
[4]　ZPO 206. Der Gesuchsteller im Massnahmeverfahren hat keinen absoluten Anspruch auf Durchführung einer mündlichen Verhandlung bzw. Einholung einer schriftlichen Stellungnahme des Gesuchsgegners zu seinem Begehren. Erweist sich das Massnahmebegehren als unbegründet, so ist es dem Massnahmerichter nicht verwehrt, es ohne Weiterungen sofort abzuweisen (ZR 94/1995 Nr. 92).
[5]　ZPO 207.
[6]　ZPO 208.

auflagebeschlusses (hier: der Beweisauflageverfügung) benützen zu müssen – zur Beibringung von Beweismitteln Frist ansetzen[7].

Dem summarischen Verfahren einverleibt wurden mit der geltenden ZPO auch jene Geschäfte, die früher dem sogenannten **nichtstreitigen Verfahren** zugerechnet waren, also solche der freiwilligen Gerichtsbarkeit. Hier fehlt es manchmal an einer Gegenpartei. Dazu gehören etwa die Verschollenerklärung[8], die Entgegennahme der von Zeugen übermittelten letztwilligen mündlichen Verfügung und deren Weiterleitung an den Notar zur Aufbewahrung[9], die Kraftloserklärung von Grundpfandtiteln[10], die Bezeichnung eines Vertreters der Gesellschaft oder Genossenschaft bei Anfechtung von Generalversammlungsbeschlüssen durch die Verwaltung[11]. In solchen Fällen hat die zuständige Gerichtsperson den Sachverhalt von Amts wegen festzustellen, und der Gesuchsteller hat in der Regel die Gerichtskosten zu tragen[12]. Als Grundsatz bestimmt § 212 Abs. 1 ZPO, dass die Entscheide im summarischen Verfahren hinsichtlich der Rechtskraft denjenigen im ordentlichen Verfahren gleichkommen. Wo jedoch das Begehren lediglich glaubhaft zu machen ist, wie bei einstweiligen Verfügungen oder Geschäften aufgrund des ZGB und des OR, ist das ordentliche Gericht an den Entscheid im summarischen Verfahren nicht gebunden[13]. Überdies können fehlerhafte Anordnungen, die auf einseitigen Antrag ergangen sind, aufgehoben oder abgeändert werden, wenn nicht gesetzliche Vorschriften oder Gründe der Rechtssicherheit entgegenstehen[14].

B. Die einzelnen Anwendungsbereiche des summarischen Verfahrens

I. Schuldbetreibungs- und Konkurssachen

Das SchKG verweist eine Reihe von Geschäften in das summarische Verfahren, welches die Kantone vorzusehen haben[15]. Diese Geschäfte sind im Einzelnen in § 213 ZPO aufgeführt. Es handelt sich um richterliche Entscheidungen, welche die Weiterführung oder Einstellung des Schuldbetreibungsverfahrens zum Gegenstand haben,

---

[7] ZPO 210.
[8] ZPO 215 Ziff. 1.
[9] ZPO 215 Ziff. 17.
[10] ZPO 215 Ziff. 41.
[11] ZPO 219 Ziff. 18.
[12] ZPO 211 Abs. 3.
[13] ZPO 212 Abs. 3.
[14] ZPO 212 Abs. 4.
[15] SchKG 25 Ziff. 2.

ferner um die Anerkennung ausländischer Konkursdekrete, Kollokationspläne und Nachlassverfahren.

II. Geschäfte aufgrund des Zivilgesetzbuches und des Obligationenrechts

10 Diese einzelnen Geschäfte, 47 aufgrund des ZGB und 25 aufgrund des OR, sind in den §§ 215 und 219 ZPO aufgeführt[16]. Das wichtigste unter ihnen ist wahrscheinlich das Eheschutzverfahren, in welchem Art. 139 ZGB sinngemäss Anwendung finden soll[17, 18].

11 Mit den vom Einzelrichter zu treffenden Anordnungen wird in einzelnen Fällen der Notar oder werden andere geeignete Personen betraut[19]. In solchen Fällen ist das Verfahren für den Einzelrichter nicht ohne Weiteres abgeschlossen, denn er hat die von ihm Beauftragten zu beaufsichtigen[20]. Überdies beurteilt er Beschwerden und Anzeigen gegen den (nicht von ihm, sondern vom jeweiligen Erblasser) eingesetzten Willensvollstrecker[21]. Der Einzelrichter setzt für die von ihm beauftragten Personen auch die Entschädigung fest[22]. Im Bereich des OR ist er überdies damit betraut, die Hinterlegung von Geld, Wertpapieren und anderen beweglichen Sachen zu bewilligen, wenn hinreichende Gründe geltend gemacht werden. Er erlässt die für die Herausgabe erforderlichen Verfügungen[23].

---

[16] ZPO CH 248–256.
[17] Vgl. dazu ZR 79/1980 Nr.64. Es erfolgt aber (entgegen Art. 140 ZGB) keine Prüfung der Angemessenheit einer Parteivereinbarung (ZR 91/92, 1992/93 Nr. 93).
[18] Zu § 215 Ziff. 18 ZPO (Anordnung einer Erbschaftsverwaltung, 28. Februar 2001, Kassationsgericht des Kantons Zürich, strafrechtlicher Fall, ZR 100/2001 Nr. 43).
Wird nach Erlass einer erstinstanzlichen Eheschutzverfügung die Scheidungsklage eingereicht, bleibt die Rechtsmittelinstanz zur materiellen Beurteilung des Rekurses gegen den Eheschutzentscheid bezüglich sämtlicher, auch in die Zukunft wirkender Regelungen zuständig (11. Februar 2002, Obergericht des Kantons Zürich, I. Zivilkammer, ZR 101/2002 Nr. 25, Änderung der Rechtsprechung). Vgl. ferner ZR 89/1990 Nr. 104, zu § 215 Ziff. 34 ZPO (Ernennung des Verwalters bei Stockwerkeigentum) ZR 89/1990 Nr. 3.
[19] ZPO 217.
[20] ZPO 218 Abs. 1.
[21] ZPO 218 Abs. 2. Vgl. dazu im Einzelnen HANSJÜRG BRACHER, Der Willensvollstrecker, insbesondere im zürcherischen Zivilprozessrecht, Diss. Zürich 1966, 139 ff.; KONRAD STIERLIN, Der Willensvollstrecker als Erbschaftsverwalter, Erbschaftsliquidator und Erbenvertreter, Diss. Zürich 1972, 70 ff. Zur Beschwerde gegen den Willensvollstrecker vgl. ZR 91/92 (1992/93) Nr. 46.
[22] ZPO 218 Abs. 4.
[23] ZPO 220.

> **Beispiel 157:**
>
> Der Schuldner Sch ist im Zweifel darüber, ob A oder der Mitprätendent B Gläubiger der von ihm geschuldeten Leistung ist.
>
> Zwischen den beiden ist diese Frage streitig. Sch kann deshalb, gestützt auf OR 168, die geschuldete Leistung hinterlegen, worauf der Einzelrichter dem einen der beiden Prätendenten und zwar demjenigen, für welchen die kleinere Wahrscheinlichkeit der Berechtigung spricht, Frist ansetzt, um gegen den anderen Prätendenten die Klage auf Herausgabe des Depositums anzuheben unter der Androhung, dass es im Säumnisfalle an den Mitprätendenten herausgegeben würde[24].

12

Es kann sein, dass im summarischen Verfahren die tatsächlichen Verhältnisse nicht genügend abgeklärt werden können. Alsdann überweist der Richter das Begehren dem ordentlichen Gericht[25]. Dies trifft jedoch dann nicht zu, wenn es sich um einen jener Fälle handelt, in denen nach der Natur des Begehrens eine beklagte Partei fehlt. Alsdann erfolgt keine Überweisung ins ordentliche Verfahren, denn das ordentliche Verfahren ist nur auf Fälle des Zweiparteiensystems eingerichtet.

13

III. Das Befehlsverfahren

1. Allgemeines

Der Einzelrichter oder die Einzelrichterin erlässt im Befehlsverfahren Verfügungen, die bestehen können[26]:

14

a) in Befehlen und Verboten gegen bestimmte Personen unter Androhung von Rechtsnachteilen (Ordnungsbusse oder Bestrafung wegen Ungehorsams gegen eine amtliche Verfügung im Sinne von Art. 292 StGB);
b) in Massnahmen, welche den Beklagten an der Verfügung über bestimmte Gegenstände hindern, wie in einer Beschlagnahme, der Sperrung öffentlicher Register oder der Beauftragung eines Dritten mit der Wahrung von Parteiinteressen;
c) in der Zusprechung dinglicher Rechte an Grundstücken gemäss Art. 665 und 963 ZGB.

---

[24] Es ist nicht Aufgabe des Einzelrichters, im Hinterlegungsverfahren über Gegenansprüche des Klägers (Hinterlegers) gegen die Beklagten (Prätendenten) zu befinden und diese durch entsprechende Anordnungen sicherzustellen (ZR 85/1986 Nr. 17).
[25] ZPO 221. Vgl. Rz 14–26 hiernach.
[26] ZPO 233.

15 Ein solcher Befehl oder ein solches Verbot oder eine solche Massnahme kann auf dem gewöhnlichen, unter Rz 1–8 hiervor umschriebenen Weg erwirkt werden. Daneben gibt es aber, wenn rasch gehandelt werden muss, den Weg des provisorischen Befehls und Verbotes. Macht eine Person die Berechtigung glaubhaft, so kann seinem Begehren ohne Anhörung des Beklagten entsprochen werden[27].

> **Beispiel 158:**
>
> 16 V bringt dem Einzelrichter oder der Einzelrichterin den Mietvertrag samt Kopie des Kündigungsschreibens und der Postquittung. Die Auszugsfrist für M ist abgelaufen. Resultat ist ein provisorischer Befehl an M, die Räumlichkeiten zu verlassen.
>
> Gleichzeitig wird nun aber dem Beklagten Frist angesetzt, um beim Einzelrichter Einsprache zu erheben, unter der Androhung, dass die Verfügung sonst vollstreckbar werde. Die Einsprache soll kurz begründet werden.

17 Wird Einsprache erhoben, so fällt die provisorische Verfügung dahin und es wird zur Verhandlung geschritten[28].

Randziffer 18 und 19 entfallen.

2. Anwendungsbereiche des Befehlsverfahrens

a) Die Vollstreckung

20 Im Befehlsverfahren wird die Vollstreckung der nicht nach SchKG zu vollstreckenden Leistungen (Geldzahlung und Sicherheitsleistung) angeordnet[29]. Es handelt sich um rechtskräftige gerichtliche Entscheide[30].

---

[27] ZPO 224 Abs. 1.
[28] ZPO 224 Abs. 3. Bezüglich des Satzes *sofern der Richter nichts Gegenteiliges anordnet* vgl. Rz 26a, 26b hiernach.
[29] ZPO 304. Der Vollstreckungsrichter kann die im Scheidungsurteil angeordnete Zuteilung der elterlichen Sorge grundsätzlich nur dann nach § 222 Ziffer 1 ZPO vollstrecken lassen, wenn es sich bei diesem Entscheid um ein Leistungs- oder um ein Unterlassungsurteil handelt. Ist der Entscheid über die Zuteilung der elterlichen Sorge lediglich ein Gestaltungsurteil, so ist vorgängig die Konkretisierung durch eine vollstreckbare Verpflichtung zur Leistung oder Unterlassung, insbesondere durch Befehl oder Verbot in Anwendung von § 222 Ziffer 2 ZPO, notwendig (ZR 85/1986 Nr. 65).
[30] ZPO 222 Ziff. 1. Über die Einzelheiten dieser Vollstreckung von Sachleistungen (Übergabe von Sachen, Tun, Unterlassen) vgl. § 41 hiernach. Auf ein Befehlsbegehren ist nicht einzutreten, wenn fraglich ist, ob eine Vollstreckung von vornherein ausgeschlossen oder voraussichtlich unmöglich ist (ZR 108/2009 Nr. 9).

b) Das abgekürzte Erkenntnisverfahren

α) Gegen Einzelne

Das Befehlsverfahren kann auch beschritten werden zur schnellen Handhabung klaren Rechts bei nichtstreitigen oder sofort beweisbaren tatsächlichen Verhältnissen, insbesondere zur Ausweisung von Mietern und Pächtern[31]. Es geht also darum, sich den langwierigen Weg über das ordentliche Verfahren zu ersparen, wenn man weiss, dass man unwiderlegbare Beweise, nämlich Urkunden, in Händen hat oder der Sachverhalt vom Beklagten nicht bestritten wird. Ein besonders wichtiger Anwendungsfall ist die Ausweisung von Mietern und Pächtern[32], aber auch Herausgabebegehren über Gegenstände werden oft auf diesen Weg gebracht[33]. Sodann besteht die Möglichkeit, dass die von der beklagten Partei aufgeworfene Frage gar nicht der Zivilgerichtsbarkeit untersteht. Wenn etwa nach dem materiellen Recht die Vormundschaftsbehörde Kindesschutzmassnahmen anordnen müsste, kann der Zivilrichter einen entsprechenden Einwand nicht prüfen[34].

21

Es kann sich freilich zeigen, dass ein solches Begehren eben doch nicht so liquid ist, wie die Klägerschaft ursprünglich glaubt: Es kann sein, dass es an klarem Recht fehlt (z.B. wird eine Einwendung erhoben, die eine umfassendere Prüfung erforderlich macht[35]). Es kann aber auch sein, dass der behauptete Tatbestand bestritten ist und noch mit anderen als den sofort erreichbaren Beweismitteln abgeklärt werden muss. Alsdann tritt der Richter auf das Begehren nicht ein und muss das ordentli-

22

---

[31] ZPO 222 Ziff. 2. ZPO CH 257, 258.
[32] Dabei sind zunächst die Vorbringen und Beweismittel des Ausweisungsklägers den beklagtischen Einwänden gegenüberzustellen und im Lichte derselben auf ihre sofortige Schlüssigkeit in rechtlicher und tatsächlicher Hinsicht hin zu prüfen. Die Liquidität des Begehrens ist nur (aber immer) dann zu verneinen, wenn die Einreden und Einwendungen des Ausweisungsbeklagten nicht als offensichtlich unbegründet bzw. haltlos erscheinen oder vom Ausweisungskläger nicht sogleich als unerheblich oder unzutreffend entkräftet werden (FRANK/STRÄULI/MESSMER, N 3 zu § 226 ZPO; RAJOWER, 799, 20. September 2007, Kassationsgericht des Kantons Zürich, ZR 107/2008 Nr. 13).
[33] Der Herausgabebefehl kann nicht erteilt werden, wenn der ihm zugrunde liegende materiellrechtliche Anspruch auf Herausgabe wegen Unmöglichkeiten dahingefallen ist (oder sich in einen solchen auf Schadenersatz gewandelt hat) (ZR 78/1979 Nr. 85, 207). Zum Verhältnis zwischen Ausweisungsverfahren und Anfechtung der Kündigung vgl. ZR 93/1994 Nr. 2.
[34] 2. August 2004, Obergericht des Kantons Zürich, I. Zivilkammer, ZR 105/2006 Nr. 54.
[35] Nach ZR 85/1986 Nr. 108 setzt die Verpflichtung zur Leistung Zug um Zug im Befehlsverfahren Liquidität sowohl des Haupt- als auch des Gegenanspruchs voraus.

§ 37   Das summarische Verfahren

che Verfahren beschritten werden[36], doch werden Gegendarstellungsbegehren nicht überwiesen[37].

23   Denkbar ist aber auch, dass die Gerichtsperson zum Schluss kommt, das Begehren sei unbegründet. Sie ist dann aber nicht berechtigt, das Begehren abzuweisen, weil sonst Möglichkeit der Klage im ordentlichen Verfahren nicht mehr bestünde. Kommt sie indessen zum Ergebnis, das Begehren sei begründet, so heisst sie es gut. Hier kommt nun die Rechtsfolge der materiellen Rechtskraft zum Zuge. In einem solchen Falle kann durch Klage im ordentlichen Verfahren der im summarischen Verfahren ergangene Entscheid nicht infrage gestellt werden[38].

β)   *Gegen mehrere: Allgemeine Verbote*

24   Gemäss § 225 ZPO werden Verbote, die sich gegen einen unbestimmten Personenkreis richten, erlassen, wenn der Kläger sein Recht und die Störung glaubhaft macht. Der Richter kann dem zuständigen Gemeinderat Gelegenheit geben, öffentliche Interessen geltend zu machen, die dem Verbot entgegenstehen[39]. Mit dem Verbot werden den Zuwiderhandelnden, die kein besseres Recht nachzuweisen vermögen, Polizeibussen bis 200 Franken angedroht[40, 41]. Der Richter lässt eine entsprechende Hinweistafel anbringen. Es handelt sich vielfach um Verbote oder Beschränkungen der Wegbenützungen (Privatwege), des Aufstellens von Fahrzeugen und dergleichen, wie man sie so oft antrifft. Es liegt ein Anwendungsfall von § 211 Abs. 1 ZPO vor: Der Richter entscheidet auf einseitiges Vorbringen und stellt den Sachverhalt von Amts wegen fest. Eine Überweisung in das ordentliche Verfahren erfolgt nicht.

25   Es wird auch nicht mehr wie früher mit der Publikation des Verbotes eine Frist angesetzt, um entgegenstehende Rechte geltend zu machen. Denn das Bundesprivatrecht lässt es nicht zu, dass der Bestand solcher Rechte von einer innert Frist zu erhebenden Klage abhängig gemacht wird. Viel eher ist es einfach Sache dessen, der das Verbot übertritt, im gegen ihn eröffneten Strafverfahren sein Sonderrecht geltend zu machen. Eventuell kann er auch zu seinem Schutz vor derartigen Umtrieben gegen

---

[36]   «Fehlt es im Fall von § 222 Ziffer 2 an klarem Recht oder sofort beweisbaren tatsächlichen Verhältnissen, so tritt der Richter auf das Begehren nicht ein. Dem Kläger steht die Klage im ordentlichen Verfahren offen» (ZPO 226). Ein rechtshängiges Befehlsverfahren aufgrund klaren Rechts kann ohne materiellen Rechtsverlust noch im Rekursverfahren wegen Illiquidität zurückgezogen werden. «Es liegt ein Sonderfall der fehlerhaften Klageeinleitung vor, indem der Kläger erkennt, dass die spezielle Prozessvoraussetzung für einen der materiellen Rechtskraft fähigen Entscheid im summarischen Verfahren fehlt und er deshalb zur Behebung des Mangels (Klageeinleitung im ordentlichen Verfahren) sein Begehren zurückziehen will» (ZR 80/1981 Nr. 20).
[37]   ZPO 221 Satz 2.
[38]   ZPO 212 Abs. 1. Vgl. ZR 73/1974 Nr. 10.
[39]   ZPO 225 Abs. 1.
[40]   ZPO 225 Abs. 2.
[41]   ZPO CH 258 mit einer Busse bis zu 2000 Franken.

denjenigen, welcher das Verbot erlassen hat, eine Feststellungsklage erheben, falls sich dieser weigern sollte, ihm eine die Berechtigung ausweisende Bescheinigung auszustellen. Notwendig ist dies jedoch nicht.

c) Einstweilige Verfügungen

Das Befehlsverfahren ist schliesslich auch der Ort, um ausserhalb des pendenten Rechtsstreites einstweilige Verfügungen zur Abwehr eines drohenden, nicht leicht wiedergutzumachenden Nachteils[42], besonders durch Veränderung des bestehenden Zustandes zu erwirken[43]. Es kann in diesem Zusammenhang auf § 32 hiervor verwiesen werden, in welchem auch die §§ 227–230 ZPO bereits behandelt worden sind[44].

Das Gegenteilige gemäss § 110 Abs. 2 ist nun eben die vorläufige Anordnung einer vorsorglichen Massnahme, wie sie auch während des Prozesses möglich ist. Man nennt das eine *superprovisorische Verfügung*.

> **Beispiel 159:**
>
> Es soll einem Beklagten verboten werden, ein bestimmtes Produkt weiterzuvertreiben. Das ist sofort provisorisch ohne Anhörung des Beklagten angeordnet worden. Auf Einsprache hin wird zur Verhandlung geschritten werden müssen. Bis zum Entscheid über das Verbot an sich, das aus dem Anspruch auf Handhabung klaren Rechts, aber auch aus dem Anspruch auf eine einstweilige Verfügung vor Einleitung des Rechtsstreites resultieren kann, muss sich der Beklagte aufgrund besonderer richterlicher Anordnung an das Verbot halten. Der Weitervertrieb des Produktes während dieser Zeit kann für den Kläger unwiederbringlichen Verlust zur Folge haben. Also bleibt während des Verfahrens die Massnahme bestehen, allenfalls gegen Sicherstellung des Schadens, der dem Beklagten durch den Kläger erwächst.

Wird während der Hängigkeit eines Massnahmeverfahrens beim Einzelrichter der ordentliche Prozess eingeleitet, so ist das Begehren an das erkennende Gericht des ordentlichen Prozesses zu überweisen[45].

---

[42] Einem Begehren fehlt die Dringlichkeit, wenn die streitige Nutzung des Nachbargrundstücks bereits baurechtlich (wenn auch nur einstweilen) unterbunden worden ist (8. November 2007, Obergericht des Kantons Zürich, II. Zivilkammer, SJZ 104/2008, Nr. 16, 299–302).
[43] ZPO 222 Ziff. 3.
[44] Das Massnahmeverfahren ist vom Prinzip des Glaubhaftmachens beherrscht. Sein provisorischer Charakter zeigt sich in der Beweismittelbeschränkung. Wird ein sog. Kurzgutachten (insbesondere in einer Patentrechtsstreitigkeit) eingeholt, so kann dies nicht den Sinn haben, bezüglich prozessentscheidender Frage eine gleich umfassende Abklärung wie im Hauptverfahren vorzunehmen (ZR 89/1990 Nr. 54).
[45] FRANK/STRÄULI/MESSMER, N 3a zu § 229 ZPO, ZR 78/1979 Nr. 22, ZR 84/1985 Nr. 71 E. 4b.

IV. Beweissicherung

27 Die Beweissicherung ist im Hinblick auf einen pendenten Prozess bereits behandelt worden[46]. Sie muss aber auch schon vor Rechtshängigkeit möglich sein, wenn Gefahr besteht, dass ein im späteren Rechtsstreit benötigtes Beweismittel verloren gehen könnte. Gemäss § 231 ZPO nimmt, bevor der Prozess rechtshängig wird, der Einzelrichter im summarischen Verfahren Beweise ab, soweit ein Anspruch auf rasche Feststellung des Tatbestandes besteht (besonders in den Fällen von Art. 204, 367, 427 und 445 OR) oder wenn glaubhaft gemacht wird, die Abnahme sei später erschwert oder unmöglich[47].

28 Zuständig ist nach der Wahl des Klägers der Richter am Ort des bevorstehenden Prozesses oder der Richter, welcher in der Lage ist, den Beweis am schnellsten abzunehmen, also beispielsweise, wenn es um Schadenersatz wegen Mängeln eines gekauften Hauses geht, der Richter am Ort der gelegenen Sache, also wo sich das Haus befindet, oder, wenn ein demnächst nach Übersee verreisender Zeuge noch vernommen werden soll, der Richter am Ort, wo dieser Zeuge wohnt[48].

28a Der Einzelrichter im summarischen Verfahren des Obergerichts ist für die Beurteilung eines Beweissicherungsbegehrens nicht zuständig[49].

29 Es sind grundsätzlich alle Beweismittel möglich mit Ausnahme der Beweisaussage[50]. Sie bleibt deshalb ausgeschlossen, weil die Zulassung der Beweisaussage etwas ist, worüber erst der erkennende Richter aufgrund der gesamten im Prozess zu erlangenden Beweisergebnisse entscheiden darf. Dieser Entscheid darf nicht im vorsorglichen Beweisverfahren, dem sogenannten Beweisverfahren zum ewigen Gedächtnis, vorweggenommen werden.

30 In der Regel entscheidet der Richter über das Begehren, ohne die Gegenpartei anzuhören; doch ist diese, soweit möglich, zur Beweisabnahme vorzuladen, andernfalls könnte sie eine Gehörsverweigerung geltend machen, wodurch das Beweismittel im späteren Prozess ernsthaft infrage gestellt würde[51]. Selbstverständlich ist sie auch bei der Bestellung von Experten anzufragen. Ob sie dagegen Einwendungen zu machen habe. Immerhin ist denkbar, dass im Zeitpunkt der Beweisaufnahme die Gegenpartei noch gar nicht feststeht.

---

[46] § 35 Rz 39–42 hiervor.
[47] Vgl. dazu ZR 91/92 (1992/93) Nr. 79. Analog ZPO CH 158; näheres bei Staehelin/Staehelin/Grolimund, Zivilprozessrecht, § 18 Rz 141–144.
[48] ZPO 232.
[49] 30. Juni 1999, Einzelrichter im summarischen Verfahren am Obergericht des Kantons Zürich, ZR 99/2000 Nr. 52.
[50] ZPO 231 letzter Satz.
[51] ZPO 233.

Wo es um die Feststellung eines objektiv wahrnehmbaren Sachverhaltes geht, genügt es, einen amtlichen Befund durch den Gemeindeammann aufnehmen zu lassen[52]. Das kann sich nicht nur im Hinblick auf einen späteren Prozess, sondern auch sonst als nützlich erweisen[53]. 31

> **Beispiel 160:**
>
> Wenn auf einem Nachbargrundstück Bauarbeiten begonnen werden, hat der Nachbar, der Einwirkungen befürchtet auf sein Grundstück, Anlass, sich – sollte es dazu kommen – bei der Auseinandersetzung gegen die Einrede zu schützen, die Schäden hätten schon vorher bestanden. 32
>
> Dann kann er den Gemeindeammann mit der Aufnahme bereits vorhandener Risse beauftragen. Diejenigen, die damals nicht festgestellt wurden, waren in jenem Zeitpunkt erwiesenermassen nicht vorhanden und die Wahrscheinlichkeit ist gross, dass sie durch die Bauarbeiten nebenan entstanden sind.

Schliesslich kann auch jemand Interesse daran haben, sich den Beweis für die Zustellung von Erklärungen in zivilrechtlichen Angelegenheiten möglichst einwandfrei zu sichern. Dazu dient das Institut der amtlichen Zustellung von Erklärungen, wiederum durch den Gemeindeamman[54]. 33

---

[52] ZPO 234. Zur Abgrenzung zwischen Amtlichem Befund und vorsorglicher Beweisaufnahme vgl. ZR 77/1978 Nr. 50, 79/1980 Nr. 96: Das Beweissicherungsverfahren dient dem beweismässigen Zustandekommen des Urteils, vorsorgliche Massnahmen der Sicherung seiner Vollstreckung bei Klagegutheissung. Die gegen den Amtlichen Befund erhobene Aufsichtsbeschwerde hat Rechtsmittelcharakter. Über den Beizug eines Berufsfotografen vgl. ZR 83/1984 Nr. 73.
[53] Vgl. auch das hübsche Beispiel in SJZ 74/1978, 378 Nr. 76.
[54] ZPO 235 ff.

§ 37a Das Verfahren bei fürsorgerischer Freiheitsentziehung im Kanton Zürich

Dieses Verfahren geht auf die Art. 314a, 397a bis 397f, 405a und 406 Abs. 2 ZGB sowie auf Grundsätze der EMRK zurück. Es ist teilweise im Einführungsgesetz zum ZGB, teilweise in der Zivilprozessordnung geregelt. Hinzu kommen noch einige Bestimmungen des Gerichtsverfassungsgesetzes[1]. Das ist der Übersichtlichkeit nicht förderlich, und man kann sich fragen, ob nicht besser ein eigenes Gesetz für diese Fälle, die mit dem eigentlichen Zivilprozess eher wenig zu tun haben[2], erlassen worden wäre. 1

Die wesentlichen Elemente des Verfahrens sind die folgenden: 2

– Die erste Entscheidung liegt bei der Vormundschaftsbehörde[3].
– Die durch Einweisung, Ablehnung des Entlassungsgesuches, Zurückbehaltung oder Rückversetzung betroffene oder eine ihr nahestehende Person kann innert zehn Tagen nach Mitteilung des Entscheides beim Einzelrichter gerichtliche Beurteilung verlangen[4].
– Örtlich zuständig für dieses Gesuch ist der Einzelrichter am Ort der Anstalt, ferner, falls diese nicht im Kanton Zürich liegt, derjenige am Sitz der einweisenden Behörde oder am Wohnsitz der betroffenen Person[5].
– Der Entscheid wird im einfachen und raschen Verfahren gefällt[6]; die Fristen stehen während der Gerichtsferien nicht still[7].

---

[1] Vgl. im Einzelnen die Darstellung bei EUGEN SPIRIG, Das neue Verfahren bei fürsorgerischer Freiheitsentziehung, ZR 94/1995 Nr. 93.

[2] Es handelt sich um formelles Zivil- und materielles Verwaltungsrecht (SPIRIG, Freiheitsentziehung, 289 rechte Spalte mit Zit.), und das Verwaltungsverfahren läuft in dementsprechend anzuwendenden zivilprozessualen Formen ab (SPIRIG, Freiheitsentziehung, 298). Was hier vorliegt, ist freiwillige Gerichtsbarkeit, Verwaltungstätigkeit (der Zivilgerichte und anderweitiger Behörden) in bürgerlichen Angelegenheiten (GULDENER, Freiwillige Gerichtsbarkeit, 2). Dementsprechend war auch der Ausschluss des Sühnverfahrens in § 104 ZPO nicht notwendig, ja systemwidrig.

[3] ZGB 397b Abs. 1; EG zum ZGB 117a, 117b. Für die Möglichkeiten des Vormundes vgl. ZGB 405a Abs. 1, 406 Abs. 2. Für Fälle, in denen Gefahr im Verzuge liegt, können die Kantone diese Zuständigkeit ausserdem anderen geeigneten Stellen einräumen (ZGB 397b Abs. 2). Die geeignete Stelle muss vom Kanton im Voraus in geeigneter Weise bezeichnet werden (GEISER, Basler Kommentar ZGB I, N 10 zu Art. 397b ZGB; 27. Februar 2008, Bundesgericht, II. zivilrechtliche Abteilung, BGE 134 III 291 E. 2.2).

[4] EG zum ZGB 117i Abs. 1.

[5] ZPO 5a.

[6] GVG 22a in Verbindung mit Art. 397f Abs. 2 ZGB. Während hier richtigerweise vom Einzelrichter die Rede ist, verwenden die §§ 203a, 203c bis 203f ZPO den Ausdruck *das Gericht*.

[7] GVG 140 Abs. 2. Die Einfügung des vorliegenden Verfahrens gemäss Revision vom 12. März 1995 wurde mit derjenigen vom 24. September 1995 zwar wieder weggelassen, was aber wegen der Anwendbarkeit des einfachen und raschen Verfahrens keine Konsequenzen hat.

- Sofort nach Eingang des Begehrens werden die Akten beigezogen[8].
- Der Sachverhalt wird von Amtes wegen festgestellt[9].
- Es findet (in Verbindung mit der «Hauptverhandlung») eine persönliche Befragung statt[10].
- Über die Frage der Bestellung eines Rechtsbeistandes ist von Amtes wegen zu entscheiden[11].
- Unabhängig von § 137 Satz 2 ZPO entfällt der Beweisauflagebeschluss schon wegen der Natur des Verfahrens. Selbst ein «direkter» Beweisabnahmebeschluss gemäss § 141 ZPO ist nicht erforderlich, vielmehr soll in einem komprimierten Ablauf begutachtet, angehört bzw. verhandelt und entschieden werden[12].
- Die Entscheide sind immer zu begründen, sofern der Antrag auf Entlassung abgelehnt wird[13].

3
- Gegen den Entscheid des Einzelrichters ist die Berufung an das Obergericht möglich[14].

---

[8] ZPO 203a Abs. 1.
[9] ZPO 203c Abs. 1. Unrichtig ist der Randtitel *Offizialmaxime;* das Gesuch kann ja zurückgezogen werden. Es handelt sich um Untersuchungsmaxime.
[10] ZPO 203d in Verbindung mit Art. 397f Abs. 3 ZGB. Beweisaussage ist nicht vorgesehen. Dass in § 203e von «Verfahrensbeteiligten» (mit unterschiedlichen Interessen) die Rede ist, zeigt, dass kein Zweiparteienstreit vorliegt, ebenso der Umstand, dass bei Gutheissung des Gesuches (nicht der Klage) eine Prozessentschädigung aus der Gerichtskasse zugesprochen werden kann (ZPO 203f).
[11] ZPO 203a Abs. 2 in Verbindung mit Art. 397f Abs. 2 ZGB.
[12] SPIRIG, Freiheitsentziehung, 292 linke Spalte; gemäss § 203e Abs. 1 ZPO fällt das Gericht unmittelbar nach der Hauptverhandlung den Entscheid.
[13] GVG 158 Abs. 1 letzter Satz.
[14] ZPO 259 Abs. 1 Ziff. 2 in der Fassung vom 12. März 1995. Bei der Revision vom 24. September 1995 wurde diese Einfügung «vergessen», doch ergibt sich die Zulässigkeit der Berufung aus dem Text von § 260 Abs. 2 ZPO. Der Auffassung von SPIRIG, Freiheitsentziehung, 293 linke Spalte, wonach gegen den «Entlassungsentscheid» die Berufung nicht gegeben sei, kann nicht zugestimmt werden. Zwar ist es richtig, dass das Bundesgericht in BGE 112 II 105 in Erw. 3a festgestellt hat, dass der Anspruch auf gerichtliche Beurteilung gemäss Art 397d ZGB sich auf die Freiheit entziehende Entscheidungen beschränke und sich nicht auf Entscheide beziehen könne, welche die früher entzogene Freiheit wiederherstellten. Dementsprechend wurde der Entscheid des kantonalen Appellationsgerichtes Basel-Stadt, welches auf einen Rekurs des Vormundes gegen die Entlassung durch den Vormundschaftsrat nicht eingetreten war, als nicht der bundesrechtlichen Berufung nach Art. 44 lit. f OG unterliegend bezeichnet. Das fragliche kantonalrechtliche Rechtsmittel bedeutete aber eben gerade nicht mehr als die Realisierung des Anspruchs auf gerichtliche Beurteilung. Entsprechend sah das Bundesgericht keinen Anlass, seinerseits auf die bei ihm eingereichte Berufung einzutreten. Das schliesst aber nicht aus, dass im kantonalrechtlichen Verfahren die Überprüfung des richterlichen Entscheides durch eine höhere Instanz in jedem Falle vorgesehen wird.

– Die Frist für die Berufung beträgt nur fünf Tage seit der mündlichen Eröffnung oder, wenn eine solche nicht erfolgt, seit der schriftlichen Mitteilung des begründeten Entscheides[15].
– Der Berufung kommt keine aufschiebende Wirkung zu, doch kann ihr «die entscheidende Instanz»[16] oder «die Berufungsinstanz»[17] auf Antrag die aufschiebende Wirkung gewähren[18].
– Nach § 268b Abs. 2 ZPO entscheidet die Berufungsinstanz ohne «mündliche Hauptverhandlung» (gemeint: mündliche Replik und Duplik nach § 268 Abs. 1 Satz 1 ZPO). Das ergibt sich aber schon daraus, dass im einfachen und raschen Verfahren «das weitere Berufungsverfahren» ohnehin nach den Bestimmungen über den Rekurs durchgeführt wird[19].
– Gegen den die Entlassung abweisenden Obergerichtlichen Entscheid ist die Beschwerde in Zivilsachen an das Bundesgericht möglich[20]; die kantonale Nichtigkeitsbeschwerde an das Kassationsgericht ist ausgeschlossen[21], und zwar auch soweit Verfahrensmängel beanstandet werden sollten.
– Sind seit der Einweisung oder der letzten Überprüfung der Freiheitsentziehung sechs Monate verstrichen, ist die Anstalt verpflichtet, ihrer Aufsichtsbehörde die betroffene Person schriftlich zu melden. Alsdann entscheidet die Aufsichtsbehörde so rasch als möglich über die Entlassung der betroffenen Person. Gegen den ablehnenden Entscheid kann die betroffene oder eine ihr nahestehende Person innert zehn Tagen beim Einzelrichter gerichtliche Beurteilung verlangen[22].

---

[15] ZPO 268a Abs. 1. Wird der Entscheid mündlich eröffnet, kann die Berufung sogleich bei der ersten Instanz (gemeint: beim Einzelrichter) erklärt werden (ZPO 268a Abs. 2 Satz 1). Diese soll alsdann umgehend über Begehren betreffend aufschiebende Wirkung entscheiden (Satz 2 erster Halbsatz). Dass sie die Prozessakten bis Ende des folgenden Arbeitstages der Berufungsinstanz (gemeint: dem Obergericht) einreichen muss (Satz 2 zweiter Halbsatz) erscheint im Hinblick darauf, dass ja der Entscheid angesichts des schon erhobenen Rechtsmittels in jedem Fall zu begründen ist, nicht als sinnvoll. Ebenso wenig liegt eine Berufungs- (bzw. Rekurs-) Begründung vor. Berufung nach § 268a Abs. 1 ZPO ist ja nur eine Erklärung (ZPO 261 Abs. 1). Erst nach Einreichung der Berufungsbegründung nach § 264 Abs. 1 ZPO kann überhaupt das *weitere Berufungsverfahren* nach § 259 Abs. 2 bzw. 268b Abs. 1 ZPO stattfinden.
[16] Das ist immer der Einzelrichter.
[17] Das ist immer das Obergericht.
[18] ZPO 260 Abs. 2. Im erstinstanzlichen Verfahren ist gemäss Art. 397e Ziff. 4 ZGB sowohl die Stelle, welche die Einweisung angeordnet hat als auch «der Richter» befugt, dem Begehren um gerichtliche Beurteilung aufhebende Wirkung zu erteilen.
[19] ZPO 259 Abs. 2. Vgl. dazu Spirig, Freiheitsentziehung, 294 linke Spalte. Ebenso überflüssig ist § 268b Abs. 1 ZPO samt der Erwähnung der Anschlussberufung, die in Wirklichkeit nur ein Anschlussrekurs sein könnte.
[20] BGG 72 Abs. 2 lit. b Ziff. 6; Klett/Escher in: Niggli/Übersax/Wiprächtger (Hrsg.), Kommentar zum BGG, N 13 zu Art. 72.
[21] ZPO 284 Ziff. 6.
[22] EG zum ZGB 117 l.

§ 38 Das Verfahren gemäss Bundeszivilprozessordnung

Das Verfahren nach Bundeszivilprozessordnung, ursprünglich gedacht für Prozesse unter Privatpersonen, die ihre Auseinandersetzung durch Prorogation direkt vor Bundesgericht bringen konnten, ist nach Art 120 BGG nunmehr für folgende Fälle möglich:

Das Bundesgericht beurteilt auf Klage als einzige Instanz:
a. Kompetenzkonflikte zwischen Bundesbehörden und kantonalen Behörden;
b. zivilrechtliche und öffentlich-rechtliche Streitigkeiten zwischen Bund und Kantonen oder zwischen Kantonen;
c. Ansprüche auf Schadenersatz und Genugtuung aus der Amtstätigkeit von Personen im Sinne von Artikel 1 Absatz 1 Buchstaben a–c des Verantwortlichkeitsgesetzes vom 14. März 1958[1].
[2] Die Klage ist unzulässig, wenn ein anderes Bundesgesetz eine Behörde zum Erlass einer Verfügung über solche Streitigkeiten ermächtigt. Gegen die Verfügung ist letztinstanzlich die Beschwerde an das Bundesgericht zulässig.
[3] Das Klageverfahren richtet sich nach dem BZP.

Der Bundeszivilprozess steht auf dem Boden des Verfahrens mit Beweisabnahme nach dem Grundsatz der Mittelbarkeit. Die Klage wird direkt beim Bundesgericht durch Einreichung einer Klageschrift anhängig gemacht[1]. Das Doppel der Klageschrift wird der beklagten Partei zugestellt unter Ansetzung einer Frist zur Beantwortung[2]. Eine schriftliche Replik ist nur einzuholen, wenn sie zu Erklärungen über das Vorbringen der Antwort geboten erscheint. Unter entsprechender Voraussetzung kann der Beklagten Frist zur Duplik angesetzt werden[3].

Nach Abschluss des Schriftenwechsels wird eine mündliche Vorbereitungsverhandlung vor dem Instruktionsrichter oder einer Instruktionsrichterin durchgeführt[4]. In der Verhandlung erörtert diese Gerichtsperson mit den Parteien den Streitfall. Sie veranlasst sie, nötigenfalls ihre Ausführungen zu verdeutlichen, zu berichtigen, zu vereinfachen oder zu ergänzen[5].

Nun erfolgt die Beweisabnahme. Sie geschieht durch den Instruktionsrichter oder die Instruktionsrichterin[6], doch ist zu Zeugeneinvernahmen, Augenschein und Par-

---

[1] BZP 21 Abs. 1. Zur Bezifferung des Rechtsbegehrens (BZP 23 lit. b) vgl. BGE 112 Ib 335 E. 1.
[2] BZP 28 Abs. 1.
[3] BZP 32.
[4] BZP 34, 35, 5 Abs. 1. Das Gericht kann aus Gründen der Zweckmässigkeit das Verfahren aussetzen, insbesondere wenn das Urteil von der Entscheidung in einem andern Rechtsstreit beeinflusst werden kann. Vgl. dazu BGE 119 V 35 E. 6.
[5] BZP 35 Abs. 1. Im Einverständnis der Parteien kann die Vorbereitungsverhandlung unterbleiben (BZP 35 Abs. 4).
[6] BZP 35 Abs. 2.

§ 38 Das Verfahren gemäss Bundeszivilprozessordnung

teiverhör ein zweites Gerichtsmitglied beizuziehen[7]. Die Beweisabnahme wird aber auf die Hauptverhandlung verschoben, «wenn die unmittelbare Wahrnehmung durch das Gericht aus besonderen Gründen geboten ist»[8].

4   Hält das Gericht die Beweiserhebung für vollständig, so wird an der Hauptverhandlung den Parteien das Wort zur Begründung ihrer Anträge mit Replik und Duplik erteilt[9]. Wir haben also hier nochmals je zwei Parteivorträge. Diese sind aber nicht mit denen des vorbereitenden Schriftwechsels zu verwechseln. Das eine ist Vorbereitung des Prozess mit Tatsachenmaterial, das andere ist Zusammenfassung des Beweisergebnisses und rechtliche Würdigung[10].

5   Soweit tunlich, finden Beratung und Abstimmung anschliessend an die mündliche Verhandlung statt[11], was im Kanton Zürich im Allgemeinen -ausgenommen etwa einverständlich geführte Scheidungsprozesse – nur im Berufungsverfahren vor Obergericht geschieht. Das Urteil wird sofort eröffnet. Mit Einwilligung der Parteien kann es schriftlich eröffnet werden[12]. Das Urteil wird, da ja das Bundesgericht als einzige Instanz geurteilt hat, mit der Ausfällung rechtskräftig[13]. Interessant ist die Besonderheit, dass der vor dem Gerichtsmitglied erklärte oder ihm zur Verurkundung im Protokoll eingereichte Vergleich der Parteien und der Abstand einer Partei den Rechtsstreit unmittelbar beenden[14].

---

[7] BZP 5 Abs. 3.
[8] BZP 35 Abs. 3. Im Weitern kann das Gericht Beweiserhebungen des Instruktionsrichters auf Antrag, der innert zehn Tagen seit dem Abschluss des Vorbereitungsverfahrens zu stellen ist, oder von Amts wegen bis zum Schluss der Hauptverhandlung ergänzen. Es kann auch vom Instruktionsrichter erhobene Beweise wiederholen, wenn besondere Gründe hierfür sprechen, insbesondere wenn ihm die unmittelbare Wahrnehmung geboten erscheint (BZP 67 Abs. 21. Überdies kann das Gericht auf Antrag oder von Amts wegen die Sache zur Ergänzung der Instruktion an den Instruktionsrichter oder die Instruktionsrichterin zurückweisen (BZP 67 Abs. 3).
[9] BZP 68. Abs. 1. Werden nachträglich noch Beweise abgenommen, so kann das Gericht einen weiteren Vortrag gestatten (BZP 68 Abs. 2).
[10] Tatsachen und Beweismittel können zur Ergänzung noch im allgemeinen Schriftwechsel und mündlich in der Vorbereitungsverhandlung bis zum Beginn der Beweisführung vorgebracht werden; später im Allgemeinen nur, wenn die Verspätung entschuldbar ist (BZP 19 Abs. 2; vgl. dazu BGE 115 Ib 178 ff.).
[11] BZP 68 Abs. 3.
[12] BZP 70 Abs. 1.
[13] BZP 71 Abs. 1.
[14] BZP 73 Abs. 1.

Siebenter Abschnitt

§ 39 Von den Rechtsmitteln

Inhaltsverzeichnis   Seite

- A. Die Rechtsmittel im Allgemeinen 470
  - I. Die Bedeutung der Rechtsmittel 470
  - II. Parteien im Rechtsmittelverfahren 471
  - III. Unterscheidungsmerkmale bei den Rechtsmitteln 471
    1. Devolutive, nichtdevolutive Rechtsmittel 471
    2. Ordentliche, ausserordentliche Rechtsmittel 471
    3. Suspensive, nichtsuspensive Rechtsmittel 472
    4. Rechtsmittel mit reformatorischer und mit kassatorischer Wirkung 472
    5. Rechtsmittel ohne und mit Novenrecht 472
    6. Vollkommene, unvollkommene Rechtsmittel 473
  - IV. Wesentliche Elemente bei der Ergreifung von Rechtsmitteln 473
    1. Natur des anzufechtenden Entscheides 473
    2. Legitimation 474
    3. Fristwahrung 474
    4. Beschwer 475
    5. Verbot der reformatio in peius 475
    6. Die Frage der Verfügung über das Rechtsmittel 476
    7. Abgrenzungen zu anderen Rechtsbehelfen 476
       - a) Die Erläuterung 476
       - b) Die Einsprache 477
       - c) Das Wiedererwägungsgesuch 478
       - d) Die Aufsichtsbeschwerde 478
    8. Rechtsmittelbelehrung 478
    9. Verzicht auf Rechtsmittel 479
- B. Die Rechtsmittel des zürcherischen Rechts 480
  - I. Allgemeines 480
  - II. Berufung und Rekurs 480
    1. Allgemeines 480
    2. Die Berufung 481
    3. Der Rekurs 486
  - III. Die Nichtigkeitsbeschwerde 490
  - IV. Die Revision 500
- C. Die Rechtsmittel des Bundesrechts 503
  - I. Das Bundesgerichtsgesetz 503
  - II. Die bundesrechtliche Beschwerde in Zivilsachen 504
    1. Zulässigkeitsvoraussetzungen 504
       - a) Vorinstanzen 504
       - b) Zivilsache 504
       - c) Streitwert 506
       - d) Anfechtbarer Entscheid; Endentscheid 507
       - e) Anfechtbarer Entscheid: Selbständiger Vor- oder Zwischenentscheid ... 508
    2. Die Aufgabe des Bundesgerichts als Beschwerdeinstanz 509
       - a) Rechtsfragen 509
       - b) Tatbestandsfeststellungen 510

		3. Das Beschwerdeverfahren	511
		a) Kantonales Urteil	511
		b) Legitimation	512
		c) Beschwerderecht	513
		d) Beschwerdefrist und Beschwerdeadressat	513
		e) Beschwerde und Beschwerdeantwort	513
		f) Schriftenwechsel	515
		g) Aufschiebende Wirkung	515
		h) Keine Anschlussbeschwerde	516
		i) Mündliche Verhandlung	516
		j) Vereinfachtes Verfahren	517
		k) Entscheidung des Bundesgerichtes als Beschwerdeinstanz	517
		l) Kosten und Entschädigungsfolgen	518
		m) Rechtsmittel und Rechtsbehelf gegen die Entscheidung	519
		n) Verhältnis zu kantonalen Rechtsmitteln	519
	III.	Die Subsidiäre Verfassungsbeschwerde	519
	IV.	Die bundesrechtliche Revision	520

A. Die Rechtsmittel im Allgemeinen

I. Die Bedeutung der Rechtsmittel

1 Rechtsmittel sind Rechtsbehelfe, die das Gesetz den Parteien zur Verfügung stellt, um die Überprüfung gerichtlicher Entscheidungen und gegebenenfalls eine bessere Entscheidung herbeizuführen. Zur Erhebung von Rechtsmitteln sind in der Regel nur die Parteien befugt, nicht etwa, wie z.B. teilweise im Verwaltungsprozess, auch eine untere Instanz, deren Entscheid von der zweiten aufgehoben wurde und die nun das Recht erhält, ihrerseits an die dritte Instanz zu gelangen. Es handelt sich darum, die angefochtenen Entscheide auf Mängel zu überprüfen, sie, wenn solche vorliegen, aufzuheben und gegebenenfalls an ihre Stelle einen neuen Entscheid zu setzen. Man unterscheidet zwischen

– error in iudicando = Fehler des Entscheides und
– error in procedendo = Fehler des Verfahrens, das zum Entscheid geführt hat.

2 Error in iudicando liegt vor, wenn die Vorinstanz einen Beurteilungsfehler gemacht hat. Dabei kommt wieder in Betracht, dass sie

a) einen Rechtssatz nicht oder falsch oder zu Unrecht angewendet hat,
b) einen Sachverhalt unrichtig beurteilt oder zu wenig untersucht hat.

3 Error in procedendo liegt vor, wenn die Vorinstanz falsch besetzt war oder wenn sie fälschlicherweise aus formellen Gründen auf ein Begehren nicht eingetreten ist oder wenn sie auf ein Begehren eingetreten ist, auf das sie nicht (mehr) hätte eintreten dürfen. Error in procedendo liegt ebenfalls vor, wenn ein Gericht weitere Abklärung

eines Tatbestandes deshalb unterlässt, weil es ein angetragenes Beweismittel nicht berücksichtigen zu dürfen glaubt, da es dieses für unzulässig oder verspätet erachtet.

II. Parteien im Rechtsmittelverfahren

Im streitigen Zweiparteienverfahren sind Parteien des Rechtsmittelverfahrens allein die Prozessgegner des «Ausgangsverfahrens». Die Vorinstanz ist nicht als Partei beteiligt, selbst wenn ihr Gelegenheit zur Vernehmlassung gegeben wird[1]. 3a

III. Unterscheidungsmerkmale bei den Rechtsmitteln

Es werden folgende Rechtsmitteltypen unterschieden: 4

1. Devolutive, nichtdevolutive Rechtsmittel

Durch devolutive Rechtsmittel wird die Sache an eine andere (obere) Instanz gebracht. Nichtdevolutive Rechtsmittel werden von dem Gericht beurteilt, das in der Sache bereits entschieden hat. Es erscheint natürlich zunächst widersinnig, dass ein Gericht über ein Rechtsmittel gegen sein eigenes Urteil entscheiden soll. Es ist aber in zwei Fällen durchaus denkbar: 5

a) wenn neue Tatsachen oder Beweismittel entdeckt worden sind, die von keiner Partei im vorangegangen Verfahren vorgebracht worden waren. Dann kann auch das bisherige Gericht prüfen, ob unter solchen veränderten Voraussetzungen sein Urteil anders ausgefallen wäre und demzufolge jetzt ein anderes Urteil zu fällen sei;

b) wenn ein offensichtliches Versehen vorliegt, das ohne Weiteres vom Gericht, das entschieden hat, korrigiert werden kann.

In beiden Fällen sollte die Unbefangenheit des Gerichtes seiner früheren Entscheidung gegenüber gewährleistet sein. Sie ist es aber nicht immer. 6

2. Ordentliche, ausserordentliche Rechtsmittel

Ordentliche Rechtsmittel dienen der Fortsetzung des Prozesses über den bisherigen Streitgegenstand auf voller oder eingeschränkter Erkenntnisgrundlage (beispielsweise nur noch mit Bezug auf Rechtsfragen oder unter Ausschluss neuer Behauptungen 7

---

[1] 17. Dezember 2007, Kassationsgericht des Kantons Zürich, ZR 107/2008 Nr. 25, E. II/3.1.

und/oder Beweismittel oder nur mit Bezug auf eine Einzelfrage, wie das Vorliegen einer Prozessvoraussetzung). Ausserordentliche Rechtsmittel haben einen andern Streitgegenstand (z.B. Nichtigkeit des angefochtenen Urteils wegen eines Verfahrenmangels oder Verletzung eines verfassungsmässigen Rechts, Aufhebung des Urteils wegen bisher nicht bekannt gewesener Tatsachen als Revisionsgrund).

3. Suspensive, nichtsuspensive Rechtsmittel[2]

8 Suspensive Rechtsmittel sind solche, die von Gesetzes wegen den Aufschub der Entscheidungswirkung (Suspensiveffekt) zur Folge haben, nichtsuspensive solche, bei denen dies nicht oder nur infolge besonderer Anordnung der Rechtsmittelinstanz zutrifft.

4. Rechtsmittel mit reformatorischer und mit kassatorischer Wirkung

9 Bei Gutheissung eines reformatorisch wirkenden Rechtsmittels fällt die Rechtsmittelinstanz anstelle des angefochtenen Entscheides einen neuen Entscheid in der Sache selbst. Das ist der Fall bei der kantonalrechtlichen Berufung. Das Dispositiv lautet alsdann: Die Berufung ist begründet, es wird ein neues (abweichendes) Urteil gefällt. Sogar bei Abweisung der Berufung ist dies der Fall: Die Berufung ist wohl nicht begründet, es wird aber trotzdem ein neues Urteil gefällt, das im Wortlaut des Dispositivs mit dem angefochtenen identisch ist.

10 Demgegenüber wird der Prozess bei Gutheissung der Nichtigkeitsbeschwerde in der Regel zur Ausfällung eines neuen Entscheides zurückgewiesen. Führt dagegen Verletzung klaren Rechts zur Aufhebung des Urteils der Vorinstanz, so fällt die Kassationsinstanz, sofern der Prozess spruchreif ist, ihrerseits einen neuen Entscheid[3].

5. Rechtsmittel ohne und mit Novenrecht

11 Es gibt Rechtsmittel, bei denen nur der frühere Entscheid auf bisheriger Grundlage überprüft wird[4], und solche, bei denen neue Behauptungen aufgestellt werden kön-

---

[2] PETER VON SALIS, Probleme des Suspensiveffektes von Rechtsmitteln im Zivilprozess- und Schuldbetreibungs- und Konkursrecht, Zürcher Studien zum Verfahrensrecht Bd. 50, Zürich 1980.
[3] In besonderen Fällen kann auch eine Gehörsverweigerung im Nichtigkeitsverfahren dergestalt korrigiert werden, dass sofortiger Entscheid in der Sache selbst möglich wird.
[4] Die Freiheit des kantonalen Richters in der Anwendung von Bundesrecht darf aber durch das kantonale Prozessrecht in keiner Weise eingeschränkt werden. Der kantonale Richter ist von Bundesrechts wegen verpflichtet, sich von Amtes wegen auch mit einem von den Parteien nicht eingenommenen Rechtsstandpunkt zu befassen. Die Freiheit des Richters in der Anwendung des eidgenössischen Rechts kann im kantonalen Verfahren nicht weniger weit gehen als im Berufungsverfahren vor

nen, der Prozess also in der Rechtsmittelinstanz fortgesetzt wird⁵. Neue Behauptungen, Bestreitungen, Einreden und Beweisanträge heissen *Nova,* das Recht, sie vorzubringen, heisst *Novenrecht*.

6. Vollkommene, unvollkommene Rechtsmittel

Hier ist das Kriterium die Frage danach, wieweit mit dem Rechtsmittel das Urteil angefochten werden kann. Einmal gibt es zwei Gruppen von Anfechtungsobjekten: Die eine ist die Tatbestandsfeststellung, die andere ist die Rechtsanwendung. Die Überprüfungsbefugnis der Rechtsmittelinstanz kann falsche Tatbestandsfeststellung oder Rechtsanwendung schlechthin umfassen oder nur besonders krasse Verstösse – im letzten Fall wird etwa geprüft, ob die falsche Beweiswürdigung oder die Unterlassung von Beweisabnahmen, die beanstandet wird, eine Verweigerung des rechtlichen Gehörs oder Willkür bedeutet oder ob sich der Entscheid im Rahmen eines zulässigen Ermessens halte, selbst wenn falsch entschieden wurde. Ähnlich bei der Rechtsanwendung: Liegt nur ein möglicherweise falscher, aber noch vertretbarer Entscheid vor oder eine Verletzung klaren Rechts?

12

IV. Wesentliche Elemente bei der Ergreifung von Rechtsmitteln

1. Natur des anzufechtenden Entscheides

Nicht alle Entscheidungen können durch Rechtsmittel in gleicher Weise angefochten werden. Es gibt prozessleitende Entscheidungen, die mit Rekurs, andere, die nur mit Nichtigkeitsbeschwerde angefochten werden können. Es gibt Entscheidungen, welche mangels erreichten Streitwertes statt mit einem ordentlichen nur mit einem ausserordentlichen Rechtsmittel angefochten werden können, das gleichzeitig auch unvollkommen ist und deshalb weniger Schutz bietet.

13

Ein Rechtsmittel kann zu einer neuen Sachentscheidung oder zu einem die erstinstanzliche Sachentscheidung aufhebenden Entscheid nur dann führen, wenn es zulässig ist. Zudem sind *folgende Voraussetzungen* zu beachten:

14

Bundesgericht. Der kantonale Richter ist deshalb ebenso wenig wie das Bundesgericht an eine unvollständige oder irrige rechtliche Begründung seitens der Parteien gebunden (BGE 89 II 339 f. Erw. 2, 90 II 40 Erw. 6b, 91 II 65 Erw. 2, 92 II 312 Erw. 5, 95 II 252 Erw. 3, 99 II 76 Erw. 4). Selbst bei Novenverbot in zweiter Instanz darf daher ein erst im kantonalen Berufungsverfahren erstmals eingenommener Rechtsstandpunkt nicht als unzulässig erklärt werden (BGE 107 II 122 f.).

⁵ Eine Rechtmittelinstanz, deren Kognition auf die Gesetzesanwendung beschränkt ist, verfällt nicht in Willkür, wenn sie, ohne ausdrücklich dazu befugt zu sein, neue Beweismittel berücksichtigt, die vor der unteren Instanz nicht vorgebracht werden konnten (BGE 106 Ia 90 f.).

2. Legitimation

15 Derjenige, der das Rechtsmittel ergreift, muss legitimiert sein, muss also Partei oder Rechtsnachfolger einer Partei sein; in speziellen Ausnahmefällen kann es auch ein Dritter sein[6]. «Sind auf der einen Seite am Prozess mehrere Streitgenossen beteiligt, so kann grundsätzlich jeder von ihnen unabhängig von den andern Rechtsmittel ergreifen. Die Abänderung eines Sachurteils kann er aber nur insoweit verlangen, als seine eigenen Rechte oder Pflichten infrage stehen. Besteht eine notwendige Streitgenossenschaft, so kann der Prozess im Allgemeinen nur durch sämtliche Streitgenossen gemeinsam an eine Rechtsmittelinstanz weitergezogen werden»[8].

3. Fristwahrung

16 Das Rechtsmittel muss innerhalb einer Frist eingereicht werden (beim iudex a quo oder beim iudex ad quem). Andernfalls ist es verwirkt. Vorbehalten bleibt die Wiederherstellung der Frist[9].

---

[6] So sieht das zürcherische Recht für gewisse Fälle das Recht Dritter vor, Rekurs oder Nichtigkeitsbeschwerde einzulegen (ZPO 273, 283). Vgl. dazu ROBERT GEORG BRINER, Das Rechtsmittel Dritter in den schweizerischen Zivilprozessgesetzen, Zürcher Studien zum Verfahrensrecht Bd. 42, Zürich 1979. Die Berufung auf § 54 Abs. 2 ZPO, wonach das Gericht einer Partei nicht mehr oder anderes zusprechen darf, als sie selber verlangt, steht allein den am Prozess beteiligten Parteien zu (ZR 80/1981 Nr. 102 Erw. 3). Dagegen kann sich der Dritte gegenüber einem Editionsbegehren auf § 133 ZPO berufen, da ihm, wenn die zu edierenden Urkunden in keinem Zusammenhang mit der Thematik des Prozesses stehen, nicht zugemutet werden kann, einen solchen Eingriff ohne Weiteres hinzunehmen (ZR 80/1981 Nr. 102 Erw. 7; Kassationsgericht). Der Rekurs ist jedoch erst zulässig, wenn das Gericht die Edition der verlangten Unterlagen definitiv festgelegt hat (5. Juni 1997, Obergericht des Kantons Zürich, I. Zivilkammer, ZR 95/1996 Nr. 16). Zum Rekurs legitimiert ist auch der nicht als Prozessvertreter zugelassene Dritte (ZR 83/1984 Nr. 194 E. 1b).
Das besondere Rekursrecht des Dritten setzt natürlich die Existenz einer Rekursinstanz voraus. Gegen Entscheidungen des Obergerichts und des Handelsgerichts ist nur die Nichtigkeitsbeschwerde nach § 283 ZPO möglich. Dagegen ist der Rekurs des Dritten nicht an einen Streitwert geknüpft.

[7] Die klare Formulierung von § 273 ZPO verbietet es, darauf abzustellen, ob der duch eine Drittperson angefochtene Entscheid rekursfähig im Sinne von §§ 271 und 272 ist. Entscheidend dafür, ob dem Dritten gegen einen Entscheid, welcher in seine Rechte eingreift, Rekurs im Sinne von § 273 oder Nichtigkeitsbeschwerde im Sinne von § 283 zusteht, ist allein, welche Instanz den Entscheid gefällt hat (27. Dezember 1995, Kassationsgericht des Kantons Zürich, ZR 95/1996 Nr. 94). Der zugelassene Nebenintervenient ist nicht Dritter im Sinne von § 273 und § 283 ZPO (ZR 78/1979 Nr. 23).

[8] GULDENER, Schweizerisches Zivilprozessrecht, 493. Vgl. Dazu ZPO 39 Abs. 2. Vgl. auch HABSCHEID, Zivilprozessrecht, 153 f. N 281, 155 f. N 285, 437 f. N 720.

[9] Vgl. § 33 hiervor. Erklären die Parteien nach der mündlichen oder schriftlichen Eröffnung den Verzicht auf das Rechtsmittel, so wird der Entscheid auf diesen Zeitpunkt rechtskräftig; stellen sie in den Fällen von § 158 Abs. 1 GVG innert Frist kein Begehren um schriftliche Begründung, so tritt der Entscheid mit Fristablauf in Rechtskraft (ZPO 190 Abs. 2 zweiter Satz). Rechtsmittel, die nach der Mitteilung von Endentscheiden im Dispositiv, aber vor der Zustellung des begrün-

4. Beschwer[10]

Es muss für denjenigen, der das Rechtsmittel ergreift, ein Rechtsschutzbedürfnis, eine sogenannte Beschwer, vorliegen. Nur wer vorher ganz oder teilweise unterlegen ist oder für wen ein prozessleitender Erlass eine Belastung bedeutet, wer also beschwert ist, kann ein Rechtsmittel ergreifen. Andernfalls wird darauf nicht eingetreten[11,12].

17

5. Verbot der reformatio in peius

Die Rechtsmittelinstanz wird nicht von Amts wegen tätig, sondern nur auf Parteianstoss. Sie kann daher auch nicht über die Anträge des Rechtsmittelklägers hinausgehen; umgekehrt darf sie nicht die Erkenntnis zu seinen Lasten verändern *(reformatio in peius)*[13].

18

---

deten Entscheides ergriffen werden, sind gültig erhoben (ZR 79/1980 Nr. 69). Es ist aber von der Rechtsmitteleingabe als Begehren um Begründung an die Vorinstanz zu überweisen. Erst mit der Zustellung des schriftlich begründeten Entscheides beginnen die Rechtsmittelfristen zu laufen (ZR 79/1980 Nr. 70).

[10] Vgl. dazu Peter Gilles, Anschliessung, Beschwer, Verbot der Reformation in peius und Parteidispositionen über die Sache in höherer Instanz, ZZP 91/1978, 128 ff. Gerhard Kahlke, Keine prozessuale Überholung eines Nebenstreits bei Verletzung von Verfahrensverfassungsrecht, ZZP 95/1982, 288 ff.

[11] ZPO 51 Abs. 2. Ausnahmen von diesem Grundsatz, wie etwa der Fall des obsiegenden Ehescheidungsklägers, der die Ehescheidung auf dem Weg über Berufung und Klagerückzug rückgängig machen möchte, bestätigen lediglich die Regel. Vgl. dazu Ernst Haegi, Die Beschwer als Rechtsmittelvoraussetzung im schweizerischen und im deutschen Zivilprozessrecht, Zürcher Schriften zum Verfahrensrecht Bd. 7, Zürich 1975, 156 ff.

Der Beklagte, der im Eheschutzverfahren vor der ersten Instanz seine Zustimmung zum Begehren betreffend die Berechtigung zum Getrenntleben gegeben hat, kann einen dieses Begehren gutheissenden Entscheid anfechten, um in zweiter Instanz die Abweisung des Begehrens zu erreichen. Jedoch gilt analog zum Scheidungsprozess, dass der Rekurs nur zulässig ist mit dem Ziel, den gemeinsamen Haushalt weiterzuführen. Der Rekurrent muss dabei ernsthaft erwägen und gewillt sein, das eheliche Zusammenleben weiterzuführen bzw. wieder aufzunehmen (ZR 80/1981 Nr. 54).

[12] Bei einer Editionsauflage fehlt das Rechtsschutzbedürfnis (Beschwer) nicht schon, wenn die zu edierenden Urkunden allenfalls auch auf einem anderen prozessualen Weg beschafft werden können. Die Belastung des Editionsverpflichteten besteht darin, dass er es ist, von dem die zu edierenden Urkunden unter Strafandrohung im Unterlassungsfall herausverlangt werden (ZR 80/1981 Nr. 102 Erw. 1).

[13] Das Verbot beruht auf der Überlegung, dass es, soweit die Parteien über Rechtsverhältnisse frei verfügen können, ihrem Belieben anheim gestellt ist, ob und in welchem Umfang sie ihre Ansprüche gerichtlich verfolgen wollen, und dass daher eine Partei, die sich einem zu ihren Ungunsten ergangenen gerichtlichen Entscheid unterzieht, auch nicht ohne eigenes Dazutun nur deshalb eine günstigere Rechtsstellung durch einen neuen Entscheid erlangen soll, weil die Gegenseite ein Rechtsmittel ergriffen hat (ZR 78/1979 Nr. 47 S. 95). Das Verbot gilt grundsätzlich auch im Verfahren der Aufsichtsbeschwerde.

6. Die Frage der Verfügung über das Rechtsmittel

19 Das Rechtsmittel kann jederzeit bis zur Ausfällung des Rechtsmittelentscheides zurückgezogen werden; es ist dagegen nicht möglich, ein Rechtsmittel anzuerkennen, wohl aber kann man im Rechtsmittelverfahren die Klage anerkennen.

> **Beispiel 161:**
>
> 20 Die Klage wurde abgewiesen. Mit Berufung verlangt der Kläger die Gutheissung. Nun kann nicht die Berufung vom Beklagten anerkannt werden, denn das verträgt sich nicht mit dem Wesen des Rechtsmittels (Überprüfung vorinstanzlicher Entscheidung durch ein oberes Gericht).
>
> 21 Der Beklagte kann aber die Klage anerkennen, was vorliegendenfalls im Ergebnis auf dasselbe herauskommt. Strittig ist, von wann an und in welchem Umfang auf ein Rechtsmittel verzichtet werden kann.

7. Abgrenzungen zu anderen Rechtsbehelfen[14]

a) Die Erläuterung

22 Nicht zu den Rechtsmitteln gehört das Erläuterungsgesuch: Wenn die Bestimmungen eines Urteils, Beschlusses oder einer Verfügung unklar oder sich widersprechend sind, so kann beim Richter, welcher das Erkenntnis ausgefällt hat, um dessen Erläuterung nachgesucht werden[15].

23 Unklarheiten sind namentlich denkbar in Dispositiven von Urteilen über Gestaltungsklagen, z.B. in der Ehescheidung bei den Elternrechten[16] oder güterrechtlichen Fragen, ferner in Erbteilungsfällen. Es kann aber auch vorkommen, dass das

---

[14] Vgl. dazu Hans Ulrich Walder, Kollisionen von Rechtsbehelfen, in: Festschrift für Anton Heini, Zürich 1995, 497–507.

[15] GVG 162, OG 145. Ein auf einer Parteierklärung beruhender Erledigungsentscheid ist grundsätzlich nicht erläuterungsfähig (ZR 85/1986 Nr. 20).

[16] Der Erläuterung zugänglich ist auch die Scheidungskonvention, die durch die richterliche Genehmigung den Charakter von Urteilsbestimmungen annimmt (ZR 79/1980 Nr. 89, 173 linke Spalte mit Zit.). Die Erläuterung darf nicht dazu dienen, am Urteil eine materielle Änderung herbeizuführen. Dafür gibt es
  – vor Eintritt der Rechtskraft die ordentlichen Rechtsmittel.
  – nach Eintritt der Rechtskraft die ausserordentlichen Rechtsmittel (soweit die ordentlichen nicht zur Verfügung standen) sowie die Begehren auf Abänderung oder Ergänzung des Entscheides (ZR 79/1980 Nr. 89, 172 rechte Spalte).
  Zu dieser Frage im Strafprozess SJZ 78/1982, 47 f. Nr. 10. Scheidungsurteile, welche sich zur Frage der Kinderzulage nicht ausdrücklich äussern, sind jedenfalls dann objektiv erläuterungsbedürftig, wenn die Unterhaltsregelung auf Parteivereinbarung beruht (ZR 79/1980 Nr. 6 Erw. 3).

Gericht zwar in den Erwägungen zu einem Rechtsbegehren Stellung genommen hat, dass aber vergessen wurde, die Entscheidung in das Dispositiv aufzunehmen. Wenn aber z.B. über eine Widerklage überhaupt nicht entschieden wurde, so wird eher die Rechtsverweigerungsbeschwerde anwendbar sein[17, 18].

Das Erläuterungsgesuch geht an den Richter, welcher das Urteil ausgefällt hat. Er kann das Urteil neu fassen, dann laufen aber die Rechtsmittelfristen von neuem[19]. Schreibfehler, Rechnungsirrtümer und irrige Benennungen sind im Einverständnis mit dem Präsidenten durch die Gerichtskanzlei zu berichtigen. Im Übrigen hat das Gericht, das gesprochen hat, zum Falle nichts mehr zu sagen. 24

«Lata sententia iudex desinit iudex esse»

b) Die Einsprache

Die Einsprache ermöglicht die Überprüfung eines provisorisch ergangenen[20] oder vom Präsidenten anstelle des Kollegiums erlassenen[21] Entscheides durch die erste oder eine Rechtsmittelinstanz. Erst nach neuerlichem Entscheid durch diese greift das (allenfalls zusätzliche) Rechtsmittel Platz[22]. Die Einsprachefrist beträgt zehn Tage[23] oder wird im Einzelfall festgesetzt[24]. 25

---

[17] GVG 108 Abs. 1.
[18] Bezeichnet ein Gericht einen Entscheid als mehrdeutig und eine bestimmte Auslegung als die richtige, so liegt eine Erläuterung vor, auch wenn das Dispositiv nicht geändert wird (ZR 79/1980 Nr. 6 Erw. 2).
[19] GVG 165. Betrachtet das Obergericht einen Entscheid als erläuterungsbedürftig und hebt es einen abweisenden Erläuterungsbeschluss der Vorinstanz auf, so kann es die Erläuterung nicht selbst vornehmen (ZR 79/1980 Nr. 6 Erw. 4). Wurde ein Erläuterungsbegehren teilweise gutgeheissen und sind demzufolge die Fristen zur Anfechtung des erläuterten Entscheides neu eröffnet worden, so ist der Rekurs gegen den Erläuterungsentscheid so wenig zulässig wie bei voller Gutheissung: Der Mangel des Erläuterungsverfahrens ist mit jenem Rechtsmittel geltend zu machen, dessen Frist im Erläuterungsentscheid neu eröffnet wurde (ZR 78/1979 Nr. 68). Dagegen muss bei Abweisung des Erläuterungsbegehrens dieser Entscheid angefochten werden können, wofür die Praxis den Rekurs als «angezeigtes Rechtsmittel» bezeichnet hat (ZR 57/1958 Nr. 77, 62/1963 Nr. 40, 64/1965 Nr. 153, 72/1973 Nr. 28, 78/1979 Nr. 68).
[20] GVG 123, ZPO 110 Abs. 2, 224 Abs. 2.
[21] GVG 122 Abs. 3. Die Einsprachemöglichkeit bezieht sich nach einem Entscheid des Mietgerichts Zürich nur auf die in § 122 Abs. 3 GVG genannten Anordnungen (ZR 86/1987 Nr. 31, anders noch ZR 80/1981 Nr. 24 und wiederum ZR 87/1988 Nr. 66, Entscheid des Kassationsgerichts des Kantons Zürich).
[22] ZPO 271 Abs. 2, 272 Abs. 2 Ziff. 1.
[23] GVG 122 Abs. 3.
[24] GVG 123, ZPO 110 Abs. 2, 224 Abs. 2.

§ 39 Von den Rechtsmitteln

c) Das Wiedererwägungsgesuch

26 Das Wiedererwägungsgesuch ist in den Gesetzen nicht eigens aufgeführt. Ihm sind die prozessleitenden Entscheidungen zugänglich[25]. Es ist an keine Frist gebunden.

d) Die Aufsichtsbeschwerde

27 Die Aufsichtsbeschwerde[26] dient nicht der Anfechtung von Entscheidungen[27] in der Sache selbst, sondern der Rüge einzelner Handlungen oder Unterlassungen des Richters an sich bei der Aufsichtsbehörde[28]. Ferner ist sie anwendbar, wenn die Höhe von Gerichtskosten beanstandet werden will[29]. Für die Frage der Verteilung derselben sind die in der ZPO aufgeführten Rechtsmittel zu benützen: Berufung, Rekurs oder Nichtigkeitsbeschwerde.

28 Vorbehalten bleiben die Pflicht der Aufsichtsbehörde, gegen Missstände vom Amtes wegen einzuschreiten, sowie die Befugnisse des kantonalen Ombudsmanns[30].

8. Rechtsmittelbelehrung

29 Gemäss § 157 Ziff. 12 GVG enthalten alle Zivilurteile im Dispositiv eine Rechtsmittelbelehrung[31]. Die Gerichte können aber in Zivilsachen und (neuerdings auch) in

---

[25] Vgl. oben § 26 Rz 140.
[26] GVG 108 ff.
[27] Beschwerdeentscheide der Bezirksgerichte können aber innert zehn Tagen seit der Mitteilung mit Rekurs an das Obergericht weitergezogen werden.
[28] Als Aufsichtsbehörden amten
 – der Kantonsrat (Oberaufsicht über die Verwaltung der Rechtspflege). Ihm erstatten Obergericht und Kassationsgericht jährlich Bericht (GVG 105).
 – das Obergericht (Aufsicht über seine Kammer und die ihm angegliederten oder unterstellten Gerichte und Kommissionen, also insbesondere Handelsgericht, Bezirksgerichte, Arbeitsgerichte, Mietgerichte, GVG 106 Abs. 1);
 – die Bezirksgerichte (erstinstanzliche Aufsicht über Friedensrichterämter, Notariate, Grundbuch- und Konkursämter, Gemeindeammann- und Betreibungsämter, GVG 107 Abs. 1).
[29] GVG 206. Wird Berufung oder Rekurs erhoben, ist die Beschwerde damit zu verbinden.
[30] GVG 108 Abs. 2.
[31] Über deren Inhalt vgl. § 188 GVG, wonach auch die Fristen für zulässige Bundesrechtsmittel anzugeben sind. Anzugeben ist bei Endentscheiden im Weitern die Frist für die Nichtigkeitbeschwerde. Wurde aufgrund unrichtiger Rechtsmittelbelehrung irrtümlicherweise das falsche Rechtsmittel ergriffen, so ist § 194 GVG anwendbar, es sei denn, ein ordentliches Rechtsmittel sei überhaupt nicht zulässig, in welchem Falle der betreffenden Partei in analoger Anwendung von § 112 ZPO Frist anzusetzen ist, um zu erklären, ob sie ein allfällig zulässiges ausserordentliches Rechtsmittel erheben will. Erst bei Bejahung dieser Frage findet eine Überweisung an die zuständige Instanz statt (ZR 78/1979 Nr. 48). Vgl. auch ZR 77/1978 Nr. 46.

Schuldbetreibungs- und Konkurssachen[32] auf die Begründung des Entscheides verzichten[33] und ihn nur im Dispositiv mitteilen. Statt einer Rechtsmittelbelehrung wird den Parteien angezeigt, dass sie innert zehn Tage seit dieser Mitteilung schriftlich eine Begründung verlangen können, ansonst der Entscheid in Rechtskraft erwachse[34]. Verlangt eine Partei eine Begründung, wird der Entscheid schriftlich begründet und den Parteien in vollständiger Ausfertigung mitgeteilt. Die Rechtsmittelfristen und die Frist für die Aberkennungsklage im Falle der provisorischen Rechtsöffnung beginnen alsdann erst mit dieser Zustellung zu laufen[35].

9. Verzicht auf Rechtsmittel

Die Zulässigkeit des Verzichtes auf ordentliche kantonale Rechtsmittel ergibt sich aus § 190 Abs. 2 ZPO unter der Voraussetzung, dass der Entscheid mündlich oder schriftlich eröffnet worden ist[36]. Dagegen kann auf das Rechtsmittel der Nichtigkeitsbeschwerde nicht gültig verzichtet werden, solange die beschwerte Partei vom Nichtigkeitsgrund keine Kenntnis hat, der sich erst aus der Begründung ergäbe. Im Weiteren verstösst es gegen den Schutz der Persönlichkeit im Sinne von Art. 27 Abs. 2 ZGB, wenn eine Partei auf das Recht, ein Urteil bei Entdeckung neuer Tatsachen oder Beweismittel durch Revision anzufechten, im Voraus verzichten sollte.

30

---

[32] Dazu gehört insbesondere auch das Rechtsöffnungsverfahren, was zu unabsehbaren Komplikationen führen wird.

[33] Der Euphemismus «verzichten» ist auch in der Neufassung stehen geblieben; in Wirklichkeit handelt es sich um Arbeitsersparnis für die Gerichte und Kostenersparnis für die Rechtssuchenden.

[34] GVG 158 Abs. 1 Umgekehrt besteht kein prozessualer Anspruch der Parteien auf Urteilseröffnung ohne Begründung (7. Februar 2007, Obergericht des Kantons Zürich, Verwaltungskommission, ZR 106/2007 Nr. 69).

[35] GVG 158 Abs. 2. Fallen nachträglich durch die Begründung eines zunächst ohne Begründung zugestellten Entscheides zusätzliche Schreib- und Zustellungsgebühren an, so sind diese im begründeten Entscheid zu den im unbegründeten Entscheid festgelegten Kosten zu verrechnen (ZR 83/1984 Nr. 80).

[36] FRANK/STRÄULI/MESSMER, N 12 Vorbemerkungen zu § 259–299 ZPO, 525. Verzicht vor Urteilseröffnung ist trotz dieses Wortlautes zulässig (gl.M. HABSCHEID, Zivilprozessrecht, 442 f. Rz 728 f.), führt aber nicht ipso iure zur sofortigen Rechtskraft. Vorbehalten bleiben die Fälle, in denen die Parteien nicht über den Streitgegenstand verfügen können.

B. Die Rechtsmittel des zürcherischen Rechts

I. Allgemeines

30a Die Rechtsmittelinstanz ist bei erneuter Befassung mit derselben Sache insbesondere dann nicht an ihre eigene, im vorangehenden Rückweisungsentscheid geäusserte Rechtsauffassung gebunden, wenn in der Zwischenzeit ein abweichendes Urteil des Bundesgerichts zur gleichen Frage ergangen ist[37].

II. Berufung und Rekurs[38]

1. Allgemeines

31 Berufung und Rekurs sollten im zürcherischen Recht gemeinsam betrachtet werden. Sie sind in verschiedenen Bereichen ähnlich ausgestaltet:

– Rechtsmittelinstanz ist das Obergericht.
– Das Rechtsmittel richtet sich gegen Entscheidungen der Bezirksgerichte, der Arbeitsgerichte, der Mietgerichte und der Einzelrichter.
– Es bestehen dieselben Streitwertgrenzen.
– Es besteht von Gesetzes wegen Suspensiveffekt (ausser bei Entzug im Rekursverfahren).
– Es ist Anschluss des Gegners an das Rechtsmittel möglich.
– Nach Massgabe von § 200 ZPO sind Klageänderung und Widerklage zulässig.
– Die Frist zur Erhebung beträgt zehn Tage (ausser bei Abkürzung im Rekursverfahren).
– Es handelt sich um vollkommene Rechtsmittel mit zumeist reformatorischem Charakter.

32 Der Unterschied liegt im Verfahren, das für die Berufung aufwändiger ist (Berufungserklärung – Berufungsbegründung und -antwort – Berufungsverhandlung mit öffentlicher Urteilsberatung), wogegen das Rekursverfahren nur gerade die sofortige Rekursbegründung und -antwort kennt. Berufung ist daher vorgesehen gegenüber Urteilen in der Sache, Rekurs gegenüber anderen Erledigungen und prozessleitenden Entscheiden; ferner ist im einfachen und raschen Verfahren das weitere Beru-

---

[37] 12. November 2000, Kassationsgericht des Kantons Zürich, ZR 100/2002 Nr. 12.
[38] ZPO CH 308 ff. Berufung (Streitwert mind. 10 000 Franken, Berufungsfrist 30 Tage, Einreichung bei der Rechtsmittelinstanz mit ausformulierter Begründung).
ZPO CH 319 ff. Beschwerde (anstatt Rekurs), Einreichung innert 30 Tagen schriftlich und begründet, keine aufschiebende Wirkung.

fungsverfahren[39] nach den Bestimmungen über das Rekursverfahren durchgeführt[40]. Für das *summarische Verfahren* wird generell der Rekurs als adäquates Rechtsmittel angesehen[41].

2. Die Berufung

Die Berufung richtet sich gemäss § 259 Abs. 1 ZPO gegen Vor-, Teil- und Endurteile[42] der Bezirksgerichte, der Arbeitsgerichte und der Mietgerichte[43]. Ferner ist sie zulässig gegen Vor-, Teil- und Endurteile der Einzelrichter, sofern der Streitwert Fr. 8000 erreicht[44] oder wenn er eine Ehetrennung oder Ehescheidung ausgesprochen hat.

33

---

[39] Darunter ist wohl das Verfahren nach eingereichter Berufungsbegründung zu verstehen, doch ist die Bestimmung (Randtitel: *Zulässigkeit*) alles andere als klar.

[40] ZPO 259 Abs. 2.

[41] ZPO 272.

[42] Will ein Rechtsmittelkläger mit dem Urteil auch den gleichzeitig damit erlassenen Beschluss betreffend unentgeltliche Prozessführung und unentgeltliche Rechtsvertretung anfechten, so hat er gemäss einem Entscheid des Zürcher Obergerichts vom 17. Juni 1980 einen separaten Rekurs zu ergreifen. Der Entscheid überzeugt nicht, weil die Ausgangsbasis rein formalistisch ist. Gemäss § 269 ZPO überprüft die Berufungsinstanz Verfahren und Entscheid im Rahmen der Berufungsanträge (Abs. 1) und werden prozessleitende Entscheide nicht überprüft, wenn dagegen der Rekurs zulässig war (Abs. 2). Es verletzt sogar einen wesentlichen Verfahrensgrundsatz, wenn das Obergericht in Berufungsverfahren einen vom Mietgericht vor seinem Endentscheid getroffenen Zwischenentscheid betreffend seine sachliche Zuständigkeit, gegen welchen der Rekurs zulässig war, im Berufungsverfahren überprüft (31. März 2007, Kassationsgericht des Kantons Zürich, ZR 106/2007 Nr. 77). Ergeht indessen ein prozessleitender Entscheid gleichzeitig mit dem Endentscheid, so ist nicht ersichtlich, was die separate Anfechtung desselben mit dem Rekurs, der je nichts anderes ist als eine Art Berufungsersatz darstellt, der es ermöglicht, die Frage in einem Zwischenverfahren zur Beurteilung durch das Obergericht zu bringen, noch für einen Sinn haben soll. Zweckmässigerweise werden die beiden Verfahren ohnehin vereinigt. Das sich im Zusammenhang mit der unentgeltlichen Prozessführung und Bewilligung des unentgeltlichen Rechtsvertreters Fragen stellen können, die nicht in engem Zusammenhang mit der Hauptsache stehen, ist ohne Belang.
Sinnvoll ist an sich die Erledigung des Gesuches um unentgeltliche Prozessführung vor der Hauptsache, was den Appellanten ermöglicht, im Hinblick auf die Würdigung der Prozessaussichten durch das Obergericht die Berufung zurückzuziehen.

[43] Hier wurde, weil man davon ausging, die Kompetenz liege bis zu einem Betrag von Fr. 20 000 bei den Präsidenten als Einzelrichtern (§§ 12 Abs. 2 Satz und § 17 Abs. 2 Satz 1 GVG), im Gesetz keine Streitwertgrenze angegeben. Dabei wurde aber übersehen, dass für Prozesse mit Streitwerten zwischen Fr. 3000 und Fr. 7999, die nicht der Berufung unterliegen, eine Besetzung nach § 12 Abs. 1 bzw. 17 Abs. 1 vorgenommen werden kann. Dass sie nicht aus diesem Grund berufungsfähig werden, dürfte auf der Hand liegen. Massgeblich ist der Streitwert von Fr. 8000 (frühere Fassung: Streitwert an das Bundesgericht); analog FRANK/STRÄULI/MESSMER, N 3 zu § 259 ZPO.

[44] Es besteht keine Bindung der Berufungsinstanz an die Streitwertberechnung durch die Vorinstanz (ZR 77/1978 Nr. 46 E. 2).

34 Die Berufung richtet sich immer an das Obergericht[45], ist also ein devolutives Rechtsmittel[46]. Sie ist zudem ein vollkommenes Rechtsmittel; es könne mit ihr alle Mängel gerügt werden, und zwar nicht nur dann, wenn es sich um Mängel von einer minimalen Intensität handelt, sondern Entscheid und Verfahren werden überprüft, allerdings nur im Rahmen des Berufungsantrags[47]. Die Berufung ist ferner ein ordentliches Rechtsmittel, mit welchem die Rechtskraft gehemmt wird[48].

35 Die Berufungsinstanz fällt im Rahmen der Berufungsanträge oftmals einen neuen Entscheid in der Sache selbst, weist also nicht bloss zurück, damit die Vorinstanz neu entscheide, obgleich auch diese Möglichkeit vorgesehen ist und benützt wird. Es handelt sich um ein *reformatorisches* Rechtsmittel, das jedoch bisweilen auch kassatorisch sein kann, indem das Obergericht das erstinstanzliche Urteil aufhebt und den Prozess zur Durchführung eines Beweisverfahrens, nötigenfalls auch zur Wiederholung und Ergänzung des Hauptverfahrens, und zur Neubeurteilung an die erste Instanz zurückweist[49]. Bei Rückwirkungen ist die untere Instanz und bei erneuter Befassung mit dem Fall die rückweisende Instanz[50] an die Rechtsauffassung gebunden, welche dem Rückweisungsbeschluss zugrunde liegt. Vorbehalten bleiben ein geänderter Sachverhalt und die Änderung von Gesetzen in der Rechtsprechung übergeordneter Gerichte[51].

36 Dazu kam bisher ein Weiteres, was die Berufung zu einem umfassenden Rechtsmittel machte: Die Prüfung des erstinstanzlichen Urteils erfolgte *nicht allein aufgrund der Aktenlage, wie sie der Vorinstanz vorlag,* sondern jede Partei konnte im Berufungsverfahren unbegrenzt neue, in der ersten Instanz noch nicht vorgebrachte *tatsächliche Behauptungen* aufstellen und damit dem Prozess eine erweiterte Grundlage geben[52]. Dadurch wurde das Verfahren über ein blosses Rechtsmittel hinaus-

---

[45] GVG 43 Abs. 1.
[46] Zur Zuständigkeit für einstweilige Verfügungen vgl. § 32 Anm. 19 hiervor.
[47] ZPO 269 Abs. 1. Prozessleitende Entscheide werden nicht überprüft, wenn dagegen der Rekurs zulässig war (ZPO 269 Abs. 2). Das ergibt sich daraus, dass bezüglich der betreffenden Frage bereits ein vollkommenes Rechtsmittel zur Verfügung stand.
[48] ZPO 260. Nach Stellung der Berufungsanträge wird die Rechtskraft jedoch nur in deren Umfang gehemmt. Zur Rechtskraftbescheinigung vgl. ZR 86/1987 Nr. 55.
[49] ZPO 270. Das Obergericht ist zur Genehmigung einer Scheidungskonvention nur dann zuständig, wenn es direkt mit dem Scheidungspunkt oder den Nebenfolgen der Ehescheidung befasst ist (ZR 84/1985 Nr. 64). Vgl. auch ZR 90/1991 Nr. 93.
[50] GVG 104a Abs. 3.
[51] Die Bindung der rückweisenden Instanz erstreckt sich aber nur auf die (auch implizite) Beurteilung jener Rechtsfragen, die auch Gegenstand der von der unteren Instanz vorzunehmenden rechtlichen Beurteilung sind. Deshalb vermag der Rückweisungsentscheid jedenfalls im Grundsatz) insoweit keine Bindung zu entfalten als damit die oberinstanzlichen Rechtsmittelvoraussetzungen, d.h. die Voraussetzungen der Zulässigkeit des bei der rückweisenden Instanz erhobenen Rechtsmittels, beurteilt wurden (13. Mai 2006, Kassationsgericht des Kantons Zürich, ZR 105/2006 E. III/4/c für die zürcherische Nichtigkeitsbeschwerde).
[52] Siehe aZPO 267 Abs. 1.

gehoben; es handelte sich dann in Wirklichkeit um eine Fortsetzung des Prozesses in der zweiten Instanz[53]. Seit der Revision von 1995 sind Noven nur noch unter den Voraussetzungen der § 115 und 138 ZPO zulässig[54].

Ist die Berufung verspätet[55] oder z.B. wegen Fehlens des Streitwertes nicht zulässig, so tritt die Berufungsinstanz *ohne weiteres Verfahren* darauf nicht ein[56]. Andernfalls setzt sie dem Berufungskläger Frist an, um die Berufungsanträge[57] zu stellen und sie schriftlich zu begründen[58]. Bei der Stellung der Berufungsanträge ist besonders zu beachten, dass die Berufung die Rechtskraft und die Vollstreckbarkeit des angefochtenen Urteils nach Stellung der Berufungsanträge nur in deren Umfang hemmt.

37

---

[53] LUDWIG VON BAR schrieb darüber (86): «Ohne Zweifel kann diese Befugnis, welche in der juristischen Kunstsprache als s.g. Beneficium novorum bezeichnet wird, dem materiellen Rechte höchst förderlich sein und namentlich Versehen der Anwälte wieder gut nachen. Eine nähere Betrachtung zeigt indes, dass diese Rechtswohltat von nicht unbedeutenden Nachteilen begleitet ist. Wenn es für billig und gerecht erachtet wird, der einen Partei durch Zulassungen neuen Vorbringens in zweiter Instanz zu helfen, so müsste consequent der Gegenpartei nicht nur in dieser zweiten Instanz, sondern auch in einer neu zu gestattenden dritten Instanz das Gleiche freigestellt werden. Man kann nicht erwarten, sagt man, dass eine Partei in erster Instanz Alles, was irgend ihrer Sache dienlich erscheinen mag, schon in erster Instanz richtig heranziehe. Aber dann muss man auch sagen, dass billiger Weise der Gegenpartei, welche mit dem neuen, vielleicht sehr verwickelten Vorbringen in zweiter Instanz überrascht wird, diese Anforderung nicht gestellt werden kann.»

[54] ZPO 267. Einer vor erster Instanz säumigen beklagten Partei steht im Berufungsverfahren kein Novenrecht zu und Art. 343 Abs. 4 OR ändert nichts daran (6. Januar 1995, Bundesgericht, ZR 96/1997 Nr. 67). Es kann sich nur noch um Behauptungen, Bestreitungen und Einwendungen handeln, deren Richtigkeit sich aus den Prozessakten ergibt oder durch neu eingereichte Urkunden sofort beweisbar ist (23. Oktober 1996, Obergericht des Kantons Zürich, ZR 97/1998 Nr. 83, vgl. aber auch den Entscheid des Kassationsgerichts des Kantons Zürich vom 5. Juli 1999, ZR 100/2001 Nr. 14). Der Vaterschaftsbeklagte ist demgegenüber im Berufungsverfahren mit Vorbringen unbeschränkt zuzulassen – und zwar grundsätzlich bis zur Urteilsfällung –, selbst wenn er sich in erster Instanz nicht geäussert hat (ZR 86/1987 Nr. 81 E. II). Zur Begründung der Anträge im Berufungsverfahren, Überweisung oder Weiterleitung eines bei einem unzuständigen Gericht eingereichten Rechtsmittels setzt dessen Zulässigkeit voraus (Kassationsgericht des Kantons Zürich, 31. Januar 2008, ZR 107/2008 Nr. 50) vgl. ZR 105/2006 Nr. 88 E. II/1, II/2/d und e.

[55] Sie ist innert *zehn Tagen* von der schriftlichen Mitteilung des Urteils an bei der ersten Instanz *(iudex a quo)* schriftlich zu erklären (ZPO 261 Abs. 1). Innert 10 Tagen erfolgt die Überweisung an die Berufungsinstanz (ZPO 262). Änderung in ZPO CH 321: Schriftlich und begründet innert 30 Tagen bei der Rechtsmittelinstanz. ZPO CH 314: im summarischen Verfahren beträgt die Frist zur einreichung der Berufung und Berufungsantwort je 10 Tage; Anschlussberufung im summarischen Verfahren ist unzulässig.

[56] ZPO 263.

[57] Vgl. dazu RENZO SCHUEPP, Der Berufungsantrag im Zivilprozess, Diss. Zürich 1979.

[58] ZPO 264 Abs. 1. Dabei ist auf das Novenrecht nach § 267 ZPO hinzuweisen.

§ 39 Von den Rechtsmitteln

> **Beispiel 162:**
>
> 38 K hat gegen B auf Fr. 15 000.– geklagt und diese zugesprochen erhalten. B möchte sich mit dem Urteil im Ausmass von Fr. 5000.– abfinden. Er ergreift die Berufung. Die Rechtskraft des Urteils ist vorläufig im vollen Umfang gehemmt. Mit dem Zeitpunkt, in welchem B seinen Antrag zur Berufung eingibt (es seien dem K nur Fr. 5000.– statt der verlangten Fr. 15 000.– zuzusprechen), wird das Urteil im Umfang der zugesprochenen Fr. 5000.– rechtskräftig; es ist gleich zu halten, wie wenn bei einem Urteil, das Fr. 5000.– zuspricht, die Berufung zurückgezogen worden wäre[59].

39 Enthält weder die Berufungserklärung noch die Berufungsschrift bestimmte Anträge, so wird auf die Berufung nicht eingetreten[60]. Unterbleibt lediglich die Begründung, so wird aufgrund de Akten entschieden[61].

40 Dem Gegner des Appellanten (Berufungsbeklagter) wird die gehörig eingelangte Berufungsschrift zugestellt und Frist zur schriftlichen Antwort angesetzt[62]. Auch er wird auf das Novenrecht[63] hingewiesen, zudem jedoch auf das Recht zur Anschlussberufung[64]. Unterbleibt die Antwort, so wird aufgrund der Akten entschieden.

41 *Anschlussberufung*[65] bedeutet, dass derjenige, der teilweise obsiegt hat und bereit wäre, es beim Urteil bewenden zu lassen, sich der Berufung seines Gegners anschliessen kann, aber mit einem gegenteiligen Zweck, nämlich Überprüfung des Urteils zu seinen – des Anschlussappellanten – Gunsten[66]. Die Ausgestaltung des Verfahrens gestaltet sich analog zu demjenigen für die Hauptberufung, allerdings fällt die Beru-

---

[59] Vgl. ZPO 190 Abs. 2.
[60] Jedoch dürfen an einen Rechtsunkundigen hinsichtlich der Abfassung der Berufungsschrift keine für ihn unerfüllbaren Anforderungen gestellt werden. So ist nicht erforderlich, dass die verlangten Änderungen im Berufungsantrag ausdrücklich genannt werden. Es genügt, wenn aus diesem in Verbindung mit der Berufungsbegründung oder mit dem angefochtenen Urteil ohne Weiteres ersichtlich ist, in welchem Sinne das angefochtene Urteil abgeändert werden soll (ZR 79/1980 Nr. 144, vgl. auch ZR 78/1979 Nr. 137).
[61] ZPO 264 Abs. 2. Zur Peremptorisierung vgl. ZR 87/1988 Nr. 29.
[62] Auch bei Fehlen einer Berufungsbegründung ist dem Berufungsbeklagten Gelegenheit zu geben, zum Berufungsantrag Stellung zu nehmen und allenfalls Anschlussberufung zu erklären (ZR 79/1980 Nr. 40).
[63] Der – wahrscheinlich versehentlich stehen gebliebene – Hinweis auf das Novenrecht ist überflüssig, weil Nova nach den §§ 115 und 138 ZPO, auf die § 267 ZPO jetzt verweist, ohnehin bis zum Endentscheid des Obergerichts vorgebracht werden können.
[64] ZPO 265.
[65] ZPO CH 313.
[66] ZPO 266 Abs. 1. Anschlussberufung ist auch noch zulässig, wenn sich ein Hauptberufungskläger einer Hauptberufung der Gegenpartei gegenübergestellt sieht, deren Anträge er im Zeitpunkt der Abfassung seiner eigenen Berufungsanträge noch gar nicht kennen konnte (ZR 79/1980 Nr. 15).

fungserklärung weg und hat der Anschlussappellant die Anträge mit der Beantwortung der Hauptberufung zu verbinden und zu begründen.

Die Anschlussberufung ist von Bedeutung, weil sich das Gericht, wie bereits festgestellt, im Rahmen der Berufungsanträge halten muss und das erstinstanzliche Urteil nicht zuungunsten des Berufungsklägers verändern darf. Letzteres wird erst möglich durch selbständige Anfechtung des teilweise unterlegenen Gegners, der dies entweder mit selbständiger Berufung (innert der gleichen zehntägigen Frist als sogenannter Zweitappellant) oder mit der Anschlussberufung gemäss § 266 tun kann. 42

Beispiel 163:

Von den eingeklagten Fr. 15 000.– sind dem K Fr. 5000.– zugesprochen worden. Er begehrt mit der Berufung, dass ihm Fr. 8000.– zugesprochen werden sollen. Bezüglich der unangefochten gebliebenen Abweisung von Fr. 7000.– wird das Urteil rechtskräftig. Mit seiner Anschlussberufung begehrt B seinerseits, dass dem K nur Fr. 3000.– zugesprochen werden sollen. 43

Bezüglich dieses Betrages wird das Urteil ebenfalls rechtskräftig; streitig bleiben Fr. 5000.–: K möchte Fr. 3000.– mehr zugesprochen erhalten, und B möchte, dass er Fr. 2000.– weniger zahlen muss. 44

Die Anschlussberufung bleibt stets von der Hauptberufung abhängig. Wird die Hauptberufung vor Schluss der Parteivorträge im Berufungsverfahren zurückgezogen, so fällt auch die Anschlussberufung dahin. Verzichtet also im Beispiel K auf die weiteren 3000 Franken, indem er die (Haupt-)Berufung zurückzieht, so besteht für B keine Möglichkeit mehr, mit weniger als 5000 Franken davonzukommen, es sei denn, er habe selbständig die Berufung erklärt[67]. 45

Nach Ablauf der Frist zur Berufungs- oder Anschlussberufungsantwort werden die Parteien zur mündlichen Replik[68] und Duplik vorgeladen. Die Berufungsinstanz kann dafür auch das schriftliche Verfahren anordnen[69]. 46

Bleibt eine Partei der Verhandlung fern oder versäumt sie die Frist zur schriftlichen Eingabe, so ist sie mit ihrem Vortrag oder ihrer Rechtsschrift ausgeschlossen[70]. 47

---

[67] Wer also auf jeden Fall eine Überprüfung des Urteils zu seinen Gunsten erreichen möchte, muss selbständig Berufung erklären.

[68] Ist die Berufung nicht begründet worden, hat aber die Gegenpartei eine Berufungsantwort eingereicht, so ist die Berufungsreplik ausschliesslich zu Noven in der Berufungsantwort und zu neu vorgelegten Urkunden zu erstatten (1. November 1994, Obergericht des Kantons Zürich, II. Zivilkammer, ZR 95/1996 Nr. 55).

[69] ZPO 268 Abs. 1.

[70] ZPO 268 Abs. 2.

Hat der Berufungsbeklagte keine Antwort eingereicht oder auf die Akten verwiesen, so wird keine Berufungsverhandlung durchgeführt[71].

3. Der Rekurs[72]

48 Der Rekurs hat verschiedene Funktionen. Er ist ein *devolutives, vollkommenes* und *ordentliches* Rechtsmittel. Er kann sowohl reformatorisch als auch kassatorisch wirken.

49 Der Rekurs ist heute Rechtsmittel gegen:
- Urteile der Bezirksgerichte, Arbeitsgerichte, der Mietgerichte und der Einzelrichter, soweit sie nur in Bezug auf die Kosten- und Entschädigungsfolgen weitergezogen werden[73];
- Erledigungsbeschlüsse der Bezirksgerichte, der Arbeitsgerichte, der Mietgerichte sowie Erledigungsverfügungen der Einzelrichter[74];
- Beschlüsse der Bezirksgerichte, der Arbeitsgerichte und der Mietgerichte sowie Verfügungen der Einzelrichter aufgrund von § 189 ZPO[75];
- Prozessleitende Entscheide der Bezirksgerichte, der Arbeitsgerichte und der Mietgerichte sowie der Einzelrichter, womit eine Unzuständigkeitseinrede verworfen,

---

[71] ZPO 268 Abs. 3.
[72] ZPO CH 319. Beschwerde/Einreichung innert 30 Tagen schriftlich und begründet; im summarischen Verfahren innert 10 Tagen.
[73] ZPO 271 Abs. 1 Ziff. 3.
[74] ZPO 271 Abs. 1 Ziff. 1, 272 Abs. 1. Zu beachten sind aber die in Abs. 2. aufgeführten Ausnahmen. Vgl. ZR 77/1978 Nr. 80. Diese Beschlüsse bzw. Verfügungen sind bezüglich der Kosten- und Entschädigungsfolgen mit Rekurs auch dann anfechtbar, wenn die Erledigung infolge Klagerückzugs, Klageanerkennung oder Vergleichs erfolgt, ohne dass die Erledigung an sich weitergezogen würde. Für die «Rekursfähigkeit der Kosten- und Entschädigungsbestimmungen kommt es allein darauf an, ob in der Hauptsache ein ordentliches Rechtsmittel zulässig ist, und nicht darauf, ob dieses ordentliche Rechtsmittel – Berufung oder Rekurs – in der Hauptsache auch tatsächlich ergriffen wird» (ZR 79/1980 Nr. 140a, 305; vgl. auch Nr. 140b).
[75] ZPO 271 Abs. 1 Ziff. 2. Es handelt sich um sogenannte Vorbeschlüsse, denen im prozessualen Bereich dieselbe Funktion zukommt, wie im materiellen den Vorurteilen, die aber beide nicht mit den Teilentscheidungen zu verwechseln sind. Richtigerweise wäre auch die Verwerfung der Unzuständigkeitseinrede statt unter Ziff. 5 unter Ziff. 3, jetzt 2, von § 271 ZPO einzureihen gewesen. Vgl. dazu oben § 25 Anm. 4. Dass Vorbeschlüsse nur dann rekursfähig seien, «wenn beachtliche Gründe eine abweichende Entscheidung durch die obere Instanz nicht als ausgeschlossen erscheinen lassen», wie ZR 77/1978 Nr. 7 Erw. 1 unter Berufung auf FRANK/STRÄULI/MESSMER, N 14 zu § 271 ZPO annimmt, steht nicht im Gesetz. Dass die sofortige Erledigung einen Endentscheid herbeiführen kann, was dort als zweites Kriterium für die Rekursfähigkeit des Vorentscheides angegeben wird, ergibt sich schon aus dem Begriff *der Vorfragen und Einreden* in § 189 ZPO.

die unentgeltliche Prozessführung verweigert[76], ein Verfahren eingestellt[77] oder eine Anordnung nach § 199 Abs. 2 getroffen wird oder welche Prozess- und Arrestkautionen oder vorsorgliche Massnahmen betreffen[78].

Im summarischen Verfahren ist der Rekurs nur gegen Erledigungsverfügung zulässig und ausserdem nur dann, wenn der Streitwert von 8000 Franken erreicht wird oder unbestimmbar ist[79].

Mit dem Rekurs nicht anfechtbar sind Anordnungen, welche der Einsprache an das erkennende Gericht unterliegen[80, 81]. Ferner existiert für das summarische Verfahren ein Katalog jener Erledigungsverfügungen, die mit Rekurs nicht anfechtbar sind. Es handelt sich gemäss § 272 Abs. 2 ZPO um solche 50

1. womit ein provisorischer Befehl nach § 224 ZPO erteilt wurde;
2. womit eine Beweissicherung zugelassen wurde;
3. welche die Zulassung eines nachträglichen Rechtsvorschlages und die Rechtsöffnung, sofern nicht die Vollstreckung eines ausländischen Entscheides infrage steht[82], sowie die Konkurseröffnung und die Wechselbetreibung betreffen.

---

[76] Die Bewilligung der unentgeltlichen Prozessführung kann selbst dann, wenn sie den Gesuchsteller von der Pflicht zur Leistung einer allgemeinen Prozesskaution befreit, nicht mit Rekurs angefochten werden. Gegen die Bestellung eines unentgeltlichen Rechtsvertreters steht der Gegenpartei kein Rekursrecht zu (ZR 84/1985 Nr. 39).
[77] Gegen die Verweigerung der Einstellung ist der Rekurs nicht gegeben (ZR 78/1979 Nr. 86, 90/1991 Nr. 29).
[78] ZPO 271 Abs. 1 Ziff. 4. Nicht mit Rekurs anfechtbar ist ein prozessleitender Beschluss im Moderationsverfahren nach § 34 AnwG (ZR 80/1981 Nr. 53).
[79] ZPO 272 Abs. 1. Wird jedoch ein Entscheid über die Eröffnung des Konkurses (Art. 171 SchKG), über die Bewilligung des Rechtsvorschlages in der Wechselbetreibung (Art. 181 SchKG), ein Einsprachenentscheid des Arrestrichters angefochten, so ist der Rekurs ohne Rücksicht auf den Streitwert zulässig. Ebenso verhält es sich bei Entscheiden, welche die Bewilligung des Rechtsvorschlages bei der Feststellung neuen Vermögens betreffen und welche gemäss Art. 178 SchKG der Einsprache unterliegen.
[80] ZPO 271 Abs. 2.
[81] Nicht rekursfähig sind ferner (mit Ausnahmen) Verweise und Ordnungsbussen (ZPO 274).
[82] Nach Art. 72 Abs. 2 lit. a BGG sind Rechtsöffnungsentscheide mit der Beschwerde in Zivilsachen beim Bundesgericht anfechtbar. Das setzt nach Art. 75 Abs. 2 BGG zwei kantonale Instanzen voraus, weshalb die Zürcher Regelung nicht mehr haltbar ist. Schon am 30. November 2006 hat das Obergericht des Kantons Zürich die bisher geltende Spaltung des Rechtsweges zwischen Rechtsöffnungsentscheid und Exequatur in ZR 106/2007 Nr. 18 E. II. 2 aufgegeben.

51 Voraussetzungen ist die Erreichung eines Streitwertes[83] von Fr. 8000.–[84], ausser wenn er nach der Natur der Sache nicht geschätzt werden kann bzw. unbestimmbar ist. ZPO CH 319 nennt **keinen Streitwert,** sondern verweist auf «nicht berufungsfähige» Entscheide[85].

52 Es gibt also zwei Funktionen des Rekurses:

   a) seine berufungsähnliche Funktion gegenüber Erledigungsbeschlüssen und -verfügungen bzw. Vorbeschlüssen und -verfügungen;
   b) seine Funktion zur Überprüfung prozessleitender Beschlüsse, insbesondere auch solcher über vorsorgliche Massnahmen.

53 Der Rekurs wird schriftlich erklärt und muss Antrag und Begründung enthalten[86].

---

[83] Der Streitwert richtet sich nach dem Rechtsbegehren der klagenden Partei zur Zeit des Eintritts der Rechtshängigkeit. Auf das Streitinteresse, d.h. auf das wirtschaftliche Interesse an der Klage oder andere wirtschaftliche Realitäten, kommt demgegenüber nichts an. Auch eine auf einer unzutreffenden Streitwertbezeichnung beruhende falsche Rechtsmittelbelehrung durch die Erstinstanz vermag die (mangels Erreichens des Mindeststreitwerts fehlende) Rekursfähigkeit nicht zu begründen (24. Dezember 2007, Kassationsgericht des Kantons Zürich, ZR 107/2008 Nr. 28 E. 4.4). Dieser Entscheid erwähnt nicht, dass für die Zulässigkeit eines Rechtsmittels sich der Streitwert nach den Verhältnissen zur Zeit des angefochtenen Entscheides richtet (16. Juni 1994, Obergericht, ZR 96/1997 Nr. 63).
Im Bereich des LugÜ sind Entscheide über die Vollstreckbarkeit ungeachtet des Streitwerts rekursfähig (4. Mai 1999, Obergericht des Kantons Zürich, ZR 99/2000 Nr. 33).

[84] Gemäss Botschaft vom 28. Juni 2006 zu Art. 316 (neu 319) wird ausgeführt, dass im Verhältnis zur Berufung die Beschwerde subsidiär ist. Ihr unterliegen jene Entscheide in vermögensrechtlichen Angelegenheiten, die mangels Streitwertes nicht berufungsfähig sind.

[85] Im Gegensatz zum Rekurs geht die Beschwerde weiter als die kantonale Nichtigkeitsbeschwerde, weil die Beschwerdeinstanz bezüglich Rechtsfragen die gleiche Kognition hat wie die Vorinstanz. Hingegen ist das Verhältnis zur Berufung enger gefasst, weil bei Rügen hinsichtlich des Sachverhalts nur Willkür geltend gemacht werden kann (Botschaft vom 28. Juni 2006 zu Art. 317 (neu 320) ZPO CH.

[86] ZPO 276 Abs. 2. Die Rekursfrist beträgt *zehn Tage,* doch kann sie in dringenden Fällen bis auf einen Tag abgekürzt werden. Die Einreichung erfolgt bei der Rekursinstanz, dem Obergericht (GVG 43 Abs. 1), als iudex ad quem (ZPO 276 Abs. 1). Aus zureichenden Gründen kann die Rekursinstanz die Frist zur Ergänzung der Begründung erstrecken (ZPO 276 Abs. 3). Enthält eine Rekursschrift klare und begründete Anträge, so kommt eine Fristerstreckung nur noch zur Ergänzung der Begründung infrage. Eine Änderung der Rekursanträge ist dabei nicht mehr zulässig, auch nicht gestützt auf § 200 ZPO (ZR 79/1980 Nr. 107). Im Verfahren betreffend Wechselrechtsvorschlag ist Fristerstreckung zur Ergänzung der Rekursbegründung nicht zulässig (ZR 79/1980 Nr. 17).

§ 39 Von den Rechtsmitteln

Das Novenrecht ist analog zur Berufung geregelt[87]. Ebenso ist der Anschlussrekurs gewährleistet[88]. 54

Nach ZPO CH 326 sind neue Anträge und neue Beweismittel ausgeschlossen. Eine Anschlussbeschwerde ist nach ZPO CH 323 ausgeschlossen.

In der Regel ist der Rekurs reformatorisch[89]. Es kann aber Fälle geben, wo Rückweisung in der Natur der Sache liegt.[90] 55

Beispiel 164:
Wenn in einem Eheschutzverfahren die eine Partei gar nie richtig angehört wurde, dann hat sie das Recht darauf, dass die Sache an den Einzelrichter zurückgewiesen werde, damit dieser ein richtiges Verfahren durchführe. Das Gleiche gilt, wenn im summarischen Verfahren mangels örtlicher Zuständigkeit auf ein Begehren nicht eingetreten wurde[91]. 56

Der Rekurs hat Suspensivwirkung, doch kann der Präsident im einzelnen Fall die aufschiebende Wirkung entziehen,[92] eventuell deren Weiterbestand von Sicherheitsleistung abhängig machen[93]. Bei Massnahmen zum Schutze der ehelichen Gemeinschaft sowie bei vorsorglichen Massnahmen kann schon das urteilende Gericht in dringlichen Fällen einem Rekurs die aufschiebende Wirkung entziehen. Der Entscheid der Rekursinstanz bleibt vorbehalten[94]. 57

Erweist sich der Rekurs nicht sofort als unzulässig oder unbegründet, wird er der Gegenpartei zu Beantwortung innert zehn Tagen und der Vorinstanz zur freigestell- 58

---

[87] ZPO 278. Säumnis des Schuldners im Verfahren betreffend Bewilligung des Wechselrechtsvorschlag begründet erhoben wurde (ZR 79/1980 Nr. 77 Erw. 2). Im Übrigen sind nach Erstattung von Rekursbegründung und Rekursantwort neue Rechtsmittelanträge in allen Fällen ausgeschlossen (ZR 78/1979 Nr. 50).
[88] ZPO 278. Wird der Rekurs nach Erstattung der Anschlussrekursantwort zurückgezogen, so ist das Rekursverfahren noch nicht abgeschlossen und fällt daher der Anschlussrekurs dahin, wenn noch eine Stellungnahme des Anschlussrekurrenten zu Noven in der Anschlussrekursanwort notwendig gewesen wäre (5. Mai 1994, Obergericht, I. Zivilkammer, ZR 95/1996 Nr. 59).
[89] ZPO 280 Abs. 1.
[90] ZPO CH 327 reformatorische und kassatorische Natur.
[91] ZPO 280 Abs. 2. Soweit nicht der Verlust einer Instanz dem entgegensteht, kann u.U. die Anhörung im Rechtsmittelverfahren den erstinstanzlichen Fehler korrigieren.
[92] ZPO CH 325. Die Beschwerde hemmt die Rechtskraft und die Vollstreckung des angefochtenen Entscheides nicht.
[93] ZPO 275 Abs. 1. Vgl. dazu ZR 80/1981 Nr. 95. Ein Rekurs gegen die Vollstreckbarerklärung eines ausländischen Entscheides hemmt kraft der ihm von Gesetz verliehenen aufschiebenden Wirkung die Fortsetzung der Betreibung auch dort, wo die Rechtsöffnung als solche nicht gesondert durch Nichtigkeitsbeschwerde angefochten worden ist (ZR 85/1986 Nr. 76).
[94] ZPO 275 Abs. 2.

ten Vernehmlassung zugestellt. Die Frist kann aus zureichenden Gründen erstreckt oder abgekürzt werden[95]. Weitere Äusserungen der Parteien sind nicht vorgesehen, doch ist auf eine Stellungnahme zur Rekursantwort einzutreten, wenn diese Noven enthält[96]. Die Rekursinstanz überprüft Verfahren und Entscheid der ersten Instanz im Rahmen der Rekursanträge. Auch hier werden prozessleitende Entscheide nicht überprüft, wenn gegen sie schon der Rekurs zulässig war[97].

III. Die Nichtigkeitsbeschwerde[98, 99]

59 Die Nichtigkeitsbeschwerde ist ein devolutives, aber ein *unvollkommenes, ausserordentliches* Rechtsmittel. Sie ist zudem ein subsidiäres Rechtsmittel und nur dann gegeben, wenn Berufung, Rekurs oder Rechtsmittel des Bundesrechtes nicht zulässig sind. (Als solche kommt die Beschwerde in Zivilsachen[100] an das Bundesgericht infrage.)[101]

---

[95] ZPO 277.
[96] ZR 79/1980 Nr. 77 Erw. 3 a.E.
[97] ZPO 279.
[98] Vgl. dazu DIETHER VON RECHENBERG, Die Nichtigkeitsbeschwerde in Zivil- und Strafsachen nach zürcherischem Recht. Ein Leitfaden für die Praxis, Zürcher Studien zum Verfahrensrecht Bd. 40, 2. Aufl., Zürich 1986.
[99] Die Schweizerische Zivilprozessordnung kennt keine eigentliche «Nichtigkeitsbeschwerde», sondern unrichtige Rechtsanwendung und offensichtlich unrichtige Feststellung des Sachverhalts, ebenfalls mit Beschwerde anfechtbar, ZPO CH 320.
[100] Wird geltend gemacht, es sei als Folge einer falschen Auslegung von international-privatrechtlichen Kollisionsnormen zu Unrecht ausländisches anstelle von schweizerischem Recht angewendet worden, so ist die Beschwerde in Zivilsachen an das Bundesgericht und nicht die kantonale Nichtigkeitsbeschwerde zu ergreifen (ZR 83/1984 Nr. 48 bezüglich der bisherigen eidgenössischen Nichtigkeitsbeschwerde). Dagegen ist die kantonale Nichtigkeitsbeschwerde gegeben für die Frage, ob die Vorinstanz bei der Anwendung fremden Rechts alle in Betracht kommenden Quellen ausgeschöpft habe. Vgl. ZR 95/1996 Nr. 2.
Auf eine Nichtigkeitsbeschwerde eines Elternteils wegen verweigerter Bestellung einer Kindesvertretung für ein urteilsunfähiges Kind ist einzutreten (4. Dezember 2006, I. Obergericht des Kantons Zürich, III. Zivilkammer, ZR 106/2007 Nr. 75).
Schwierig ist die Abgrenzung zwischen bundesrechtlichen Rechtsfragen, auf welche im Verfahren der Nichtigkeitsbeschwerde gemäss § 285 ZPO nicht eingetreten wird und Fragen der Beweiswürdigung, auf die (sofern genügend geltend gemacht) einzutreten ist. Ob ein Schaden im Sinne von Art. 42 Abs. 2 OR ziffernmässig nachweisbar ist oder nicht, ist grundsätzlich eine tatsächliche Frage. Die richterliche Schätzung im Sinne von Art. 42 Abs. 2 OR bzw. deren Ergebnis beruht auf Tatbestandsermessen, dessen Ausübung einer Überprüfung im kantonalen Beschwerdeverfahren zugänglich ist (23. Dezember 2005, Kassationsgericht des Kantons Zürich, ZR 105/2006 Nr. 34 E. II/10/a).
[101] Gemäss § 285 Abs. 2 ZPO gilt der Weiterzug an das Bundesgericht im Sinne von Abs. 1 als gegeben, wenn das Bundesgericht frei überprüfen kann, ob der geltend gemachte Mangel vorliege. Das ist bei der Beschwerde in Zivilsachen der Fall, wogegen mit der subsidiären Verfassungsbeschwerde

§ 39 Von den Rechtsmitteln

Exkurs zum Verhältnis zwischen zürcherischer Nichtigkeitsbeschwerde und Beschwerde in Zivilsachen an das Schweizerische Bundesgericht gemäss WALDER/JENT, Tafel 87, Ziff. 10 sowie (darauf basierend und damit identisch) WALDER/GROB, Tafel 42, Ziff. 10:

Das Bundesgerichtsgesetz sieht vor, dass die Beschwerde in Zivilsachen – von wenigen Ausnahmen abgesehen – nur gegen Entscheide letzter kantonaler Instanzen zulässig ist (wobei es sich dabei um *obere kantonale Gerichte* handeln muss, BGG 75), sodass der Rechtsmittelweg ans Bundesgericht über ein *oberes kantonales Gericht* führt. Weiter ist vorgesehen, dass die unmittelbare Vorinstanz des Bundesgerichts mindestens die Rügen nach BGG 95–98 prüfen können muss, d.h., sie muss wenigstens mit der gleichen Überprüfungsbefugnis wie das Bundesgericht ausgestattet sein (BGG 111 III, vgl. aber BGG 100 VI). Mit der Beschwerde in Zivilsachen werden Bundesrechtsverletzungen umfassend überprüft (BGG 95 f.).

Bis zur Anpassung des kantonalen Rechtsmittelsystems an die Vorgaben des Bundesgerichtsgesetzes (BGG 130 II) stellt sich im *Kanton Zürich* die Frage der Abgrenzung zwischen der kantonalen Nichtigkeitsbeschwerde nach ZPO 281 ff. und der Beschwerde in Zivilsachen ans Bundesgericht. ZPO 285[102] regelt das Verhältnis zu den Bundesrechtsmitteln, und die kantonale Nichtigkeitsbeschwerde ist nach Abs. 2 dann ausgeschlossen, wenn (1.) ein Weiterzug ans Bundesgericht möglich ist und (2.) dieses den geltend gemachten Mangel frei überprüft[103]. Je nach Vorinstanzen sind

---

nur die Verletzung von verfassungsmässigen Rechten gerügt werden kann (BGG 116). Zur Konkurrenz der kantonalen Nichtigkeitsbeschwerde mit der Beschwerde in Zivilsachen an das Bundesgericht heisst es bei WALDER/JENT, Tafel 87, Ziff. 11 und bei WALDER/GROB (damit identisch), Tafel 42 Ziff. 11.

[102] «(I) Gegen Entscheide, die der Berufung, dem Rekurs, der Einsprache an das erkennende Gericht oder dem Weiterzug an das Bundesgericht unterliegen, ist die Nichtigkeitsbeschwerde nur zulässig, wenn der Beschwerdeführer nachweist, dass er ohne Verschulden vom Nichtigkeitsgrund erst Kenntnis erhalten hat, als die genannten Rechtsmittel nicht mehr ergriffen werden konnten. (II) Der Weiterzug an das Bundesgericht im Sinne von Abs. 1 gilt als gegeben, wenn das Bundesgericht frei überprüfen kann, ob der geltend gemachte Mangel vorliege. Die Nichtigkeitsbeschwerde ist stets zulässig, wenn eine Verletzung von Art. 8, 9, 29 oder 30 der Bundesverfassung oder von Art. 6 EMRK geltend gemacht wird. (III) Ist das Kassationsgericht auf eine Nichtigkeitsbeschwerde nicht eingetreten, weil es das Bundesgericht für die geltend gemachte Rüge als zuständig erachtete, und hat sich nachher das Bundesgericht als unzuständig erklärt, so kann der Beschwerdeführer innert zehn Tagen seit der Mitteilung des bundesgerichtlichen Entscheids mit schriftlicher Eingabe beim Kassationsgericht verlangen, dass es die Beschwerde behandle.» Subsidiarität der kantonalen Nichtigkeitsbeschwerde im Verhältnis zur Beschwerde in Zivilsachen (ZR 107/2008 Nr. 59 und 79).

[103] Die Kompetenzausscheidung von § 285 Abs. 1 und 2 ZPO gilt auch für Zwischenentscheide (wie z.B. eine Rückweisung des Obergerichts), soweit der Entscheid der Beschwerde in Zivilsachen nach Art. 72 ff. BGG an das Bundesgericht unterliegt (25. März 2008, Kassationsgericht des Kantons Zürich, ZR 107/2008 Nr. 43).

§ 39 Von den Rechtsmitteln

Nichtigkeitsbeschwerden an das Kassationsgericht[104], an das Obergericht oder an das Bezirksgericht[105] (GVG 69a I, 43, 31 Ziff. 2) zu richten. Allen Kassationsinstanzen steht betreffend Bundesrechtsverletzungen (Verletzung von klarem materiellem Recht gemäss ZPO 281 Ziff. 3[106]) lediglich eine eingeschränkte Prüfungsbefugnis zu. Die bisher unter dem BGG ergangene Rechtsprechung ergibt folgendes Bild:

Gemäss Art. 72 Abs. 2 lit. a BGG unterliegen Rechtsöffnungsentscheide der Beschwerde in Zivilsachen an das Bundesgericht. Auf direkt gegen erstinstanzliche Rechtsöffnungsentscheide eingereichte Beschwerde kann indessen, selbst wenn der Streitwert Fr. 30 000.– und mehr beträgt, nicht eingetreten werden[107].

- Aus dem Sachverhalt von BGE 133 III 687 ff.[108] (betreffend Konkurseröffnung) scheint sich zu ergeben, dass das Kassationsgericht (als dritte kantonale Instanz) – entgegen ZPO 285 – eine bei ihm geltend gemachte Bundesrechtsverletzung als klares materielles Recht im Sinne von ZPO 281 Ziff. 3 geprüft; obwohl anschliessend das Bundesgericht die geltend gemachte Bundesrechtsverletzung im Rahmen der Beschwerde in Zivilsachen mit umfassender Kognition überprüfte. Gemäss Art. 111 Abs. 3 BGG muss die unmittelbare Vorinstanz des Bundesgerichts die Rügen nach Art. 95–98 BGG prüfen können. Bei näherer Betrachtung ergibt sich aber, dass dieser Fall aus übergangsrechtlichen Gründen ganz besonders gelagert war[109]: Das Kassationsgericht wurde offenbar vor Inkrafttreten des BGG angerufen, als gegen Konkurseröffnungen lediglich die staatsrechtliche Beschwerde ans Bundesgericht (mit eingeschränkter Kognition) möglich war, so dass das Kassationsgericht gemäss ZPO 285 selbstverständlich gehalten war, die Verletzung von klarem materiellem Recht zu prüfen. Beim Weiterzug ans Bundesgericht war dann das BGG in Kraft getreten und damit die Beschwerde in Zivilsachen anwendbar (BGG 74 II lit. d). Demnach gibt es keinen Grund zur Annahme, dass das Kassationsgericht im Normalfall von ZPO 285 abweicht, sondern dass es auf Nichtigkeitsbeschwerden wegen Bundesrechtsverletzungen nicht eintritt und BGG 100 VI zur Anwendung gelangt.

- Ausserdem ist ein Obergerichts- und in dessen Folge ein Bundesgerichtsentscheid (BGE 5A_42/2007, der zur Publikation vorgesehen ist) zum Verhältnis

---

[104] Auf eine Nichtigkeiteschwerde tritt das Kassationsgericht in Ansehung von Art. 100 Abs. 6 BGG auch dann ein, wenn mit ihr nicht sämtliche den angefochtenen Entscheid selbständig tragende Begründungen angefochten werden (6. März 2008, Kassationsgericht des Kantons Zürich, ZR 107/2008 Nr. 21. Änderung der Rechtsprechung).

[105] Vgl. dazu BGE 4D_20/2008.

[106] Vgl. ZR 106/2007 Nr. 39: Der Kassationsgrund der Verletzung klaren materiellen Rechts ist nur dann gegeben, wenn die Rechtsauffassung der Vorinstanz direkt unvertretbar ist oder ein grober Verstoss oder Irrtum bei der Anwendung des materiellen Rechts vorliegt.

[107] 25. Januar 2008, Bundesgericht, 5A. 42/2007, SJZ 104/2008, 177 BNr. 5.

[108] (= BGE 5A_86/2007, vgl. ZR 106/2007 Nr. 39).

[109] Die zeitlichen Verhältnisse sind aus der Entscheidpublikation nicht ersichtlich.

von kantonaler Nichtigkeitsbeschwerde ans Obergericht (als zweite kantonale Instanz)[110] und der Beschwerde in Zivilsachen ergangen. Daraus ergibt sich, dass das Obergericht in jedem Fall auf Nichtigkeitsbeschwerde eintritt, und zwar auch, wenn es um die Fälle von ZPO 281 Ziff. 3 (klares materielles Recht) geht und deshalb gemäss ZPO 285 ein Weiterzug ans Bundesgericht möglich wäre. Das Obergericht hat in seinen Erwägungen darauf hingewiesen, dass es sich bei diesem Vorgehen zwar *nicht auf ZPO 285* abstützen könne. ZPO 285 sei allerdings auch nicht auf das Bundesgerichtsgesetz abgestimmt und wegen des Prinzips der «double instance» nicht mehr haltbar. Könnten nämlich erstinstanzliche Entscheide direkt weitergezogen werden, liesse sich die anvisierte Entlastung des Bundesgerichts nicht erreichen. Ausserdem sei in «kleineren» Fällen, in denen nur die subsidiäre Verfassungsbeschwerde (BGG 113) gegeben sei, die kantonale Nichtigkeitsbeschwerde wegen ZPO 285 immer zulässig, was die «grösseren» Fälle, für die dann nur eine kantonale Instanz zur Verfügung stünde, «diskriminiere». Die Prüfung des Obergerichts beschränke sich, soweit es um ZPO 281 Ziff. 3 gehe, stets auf die Anwendung klaren materiellen Rechts. Aus dieser obergerichtlichen Rechtsauffassung hat das Bundesgericht den Schluss gezogen, dass dieses als Rechtsmittelinstanz im Sinne von BGG 75 II BGG fungiere und es daher auch stets angerufen werden *müsse*, weil die Beschwerde in Zivilsachen nur gegen Entscheide letzter kantonaler Instanzen zulässig sei. Damit hat die *obergerichtliche Praxis* dazu geführt, dass Letztinstanzlichkeit immer erst bei Vorliegen des obergerichtlichen Entscheides gegeben ist (BGE 5A_42/2007 E. 2). Hätte es ZPO 285 nach dessen (nach wie vor gültigen) Wortlaut angewendet, hätten die erstinstanzlichen kantonalen Entscheide, soweit es um Rügen nach ZPO 281 Ziff. 3 geht, direkt ans Bundesgericht weitergezogen werden können[111]. Bei der anschliessenden Beschwerde in Zivilsachen prüft das Bundesgericht die (vom Obergericht bereits beschränkt überprüfte) Bundesrechtsverletzung mit voller Kognition, wenn der Beschwerdeführer den erstinstanzlichen Entscheid (mit Bezug auf Rügen, welche das Obergericht nicht oder mit engerer Kognition als das Bundesgericht prüfen konnte) mit anficht (sog. Dorénaz-Praxis).

Dort, wo ausschliesslich die subsidiären Verfassungsbeschwerde (BGG 113) infrage kommt, ist – wegen der eingeschränkten Überprüfungsbefugnis des Bundesgerichts

---

[110] Es handelt sich um einen Rechtsöffnungsentscheid des Einzelrichters im summarischen Verfahren (vgl. Tafel 9). Es ist anzunehmen, dass das Obergericht in allen Nichtigkeitsbeschwerdefällen nach den gleichen Grundsätzen entscheiden wird.

[111] Vgl. BGE 133 III 444 E. 2, wonach bezüglich einem Entscheid des Einzelrichters des Sozialversicherungsgerichts die Anforderungen des BGG an die kantonalen Vorinstanzen (BGG 114 i.V.m. BGG 75 Abs. 2 Satz 2) insofern nicht erfüllt sind, als er nicht als Rechtsmittelinstanz entschieden hat, was das Eintreten auf die subsidiäre Verfassungsbeschwerde nicht hindert, da die Frist für die kantonalen Ausführungsvorschriften (Art. 130 Abs. 2 BGG) noch läuft. Gleiches müsste an sich auch hinsichtlich der Beschwerde in Zivilsachen gelten.

(BGG 116) – stets die kantonale Nichtigkeitsbeschwerde gemäss ZPO 285 zu ergreifen[112].

Das Prinzip der Subsidiarität besteht auch gegenüber Rechtsmitteln des kantonalen Rechts. Ist gegen den Endentscheid die Berufung zulässig, so sind prozessleitende Entscheide mit der Nichtigkeitsbeschwerde grundsätzlich nicht anfechtbar. Die Berufungsinstanz kann die prozessleitenden Entscheidungen, die dem Endurteil vorausgegangen sind, frei überprüfen, sodass jeder Grund fehlt, daneben noch die Nichtigkeitsbeschwerde zuzulassen, welche nur zu einer beschränkten Überprüfung und deshalb nicht immer zu einer endgültigen Erledigung der streitigen Frage führen kann. Eine Nichtigkeitsbeschwerde ist daher gegen eine prozessleitende Entscheidung nur dann zuzulassen, wenn ein Mangel vorliegt, der zu einem sofortigen definitiven Rechtsverlust führen würde, der in der Berufungsinstanz nicht mehr behoben werden könnte.[113]

Die Nichtigkeitsbeschwerde ist nur zulässig, wenn ein Nichtigkeitsgrund geltend gemacht wird, der im Gesetz angeführt wird:

– bei Verletzung eines wesentlichen Verfahrensgrundsatzes[114];
– wenn das Gericht seinen Entscheid auf aktenwidrige[115] oder willkürliche tatsächliche Annahmen gestützt hat, d.h., wenn ein offensichtlicher Tatsachenirrtum vorliegt[116];
– bei Verletzung klaren materiellen Rechts[117, 118].

---

[112] Isaak Meier, in: Meier et al. Wege zum Bundesgericht, 24.
[113] Guldener, Nichtigkeitsbeschwerde, 156 f. und 1. November 2006, Obergericht des Kantons Zürich, III. Zivilkammer, ZR 106/2007, Nr. 64.
[114] ZPO 281 Ziff. 1. Die Rüge, es sei ein beantragter Beweis zu Unrecht nicht abgenommen worden, kann sich nur auf Beweise beziehen, die von der beschwerdeführenden Partei selbst anerboten wurden. Demgegenüber steht es der Letzteren nicht zu, sich auf Beweisofferten der Gegenpartei zu berufen (5. Juni 2007, Kassationsgericht des Kantons Zürich, ZR 107/2008 Nr. 2, Erw. II/3.5).
Es verstösst gegen Treu und Glauben, einen Fehler vorerst ungerügt zu lassen, das Verfahren während einiger Zeit weiterlaufen zu lassen und erst im Nachhinein den Fehler noch zu rügen (ZR 84/1985 Nr. 25 E. 7a).
[115] Die Aktenwidrigkeitsrüge ist unter der Herrschaft des BGG (anders als unter dem aufgehobenen OG) stets zulässig (6. März 2008, Kassationsgericht des Kantons Zürich, ZR 107/2008 Nr. 21).
[116] ZPO 281 Ziff. 2. Die Aktenwidrigkeitsrüge ist in Fällen, die mit der Beschwerde in Zivilsachen weitergezogen werden können, ausgeschlossen, denn das Bundesgericht kann seinerseits im Verfahren der Beschwerde in Zivilsachen eine offensichtlich unrichtige Sachverhaltsfeststellung der Vorinstanz berichtigen (BGG 105 Abs. 2).
[117] ZPO 281 Ziff. 3.
[118] Steht zur Diskussion, ob ein behaupteter Anspruch im Sinne von § 222 Ziff. 3 ZPO glaubhaft gemacht worden sei, so darf gemäss BGE 104 Ia 413 Erw. 5 § 281 Ziff. 1 ZPO nur auf die Frage der Wahrscheinlichkeit des Vorliegens der anspruchsbegründenden Tatsachen angewendet werden. Dagegen ist auf die Frage, ob sich aus diesen Tatsachen der geltend gemachte Anspruch ergibt, § 281 Ziff. 3 ZPO mit wesentlich eingeschränkter Kognitionsbefugnis der Kassationsinstanz anzuwenden. In diesem Zusammenhang führt das Bundesgericht S. 414 Folgendes aus: «Vor allem

Die Nichtigkeitsbeschwerde steht zur Verfügung gegen Vor-, Teil- und Endentscheide sowie gegen Rekursentscheide[119] und Rückweisungen im Berufungsverfahren[120]. Prozessleitende Entscheidungen dürfen nur dann mit ihr angefochten werden, wenn

---

liefe er (sc. der Standpunkt, wonach der Entscheid des Sachrichters über vorsorgliche Massnahmen ganz allgemein als ein reiner Verfahrensentscheid angesehen sei) darauf hinaus, der Kassationsinstanz im Rechtsmittelverfahren gegenüber dem Handelsgericht und seinem Einzelrichter praktisch die nämliche Stellung einzuräumen, wie sie einer Rekursinstanz zukommt. Das widerspricht aber klarerweise dem Willen des zürcherischen Gesetzgebers, der anlässlich der Revision von GVG und ZPO vom 13. Juni 1976 den Rekurs gegenüber solchen Entscheidungen ausdrücklich fallen gelassen hat (vgl. Protokoll der kantonsrätlichen Kommission, 291/292, 694 und 709; Protokoll des Kantonsrates 1974 [recte: 1971]/1975, 7319)».
Diese Argumentation übersieht zweierlei.
1. § 281 Ziff. hat seine Bedeutung in allen Fällen, wo der Rekurs nicht möglich ist, auch gegenüber Entscheiden der unteren Gerichte, die mangels Streitwerts oder weil kein Fall nach § 271 Abs. 1 Ziff. 4 ZPO vorliegt, nicht rekursfähig sind. Im letzten Fall ersetzt er den Rekursgrund von § 334 Ziff. 3a ZPO: *sowie wenn klare Prozessvorschriften verletzt wurden;* es ist also diesem Rekursgrund gegenüber sogar noch eine Erweiterung vorgenommen worden: «In den ausgeschiedenen Fällen geht der Rechtsschutz nicht verloren, da anstelle des Rekurses die Nichtigkeitsbeschwerde tritt, sei es gegen den fraglichen Entscheid selbst oder doch gegen den auf ihn folgenden Endentscheid; die Nichtigkeitsbeschwerde soll dieser neuen Aufgabe besonders angepasst werden» *(Amtsblatt 1971, 1950).*
2. Die Aufhebung des Rekurses gegen Entscheide des Handelsgerichtes hatte ihren Grund nicht im Rechtsmittel an sich, sondern darin, dass man keinen Rechtsmittelzug mehr vom Handelsgericht an das Obergericht haben wollte (Protokoll des Kantonsrates 1971/1975, 7319 oben).

Unter dem Gesichtspunkt von § 281 Ziff. 3 ZPO prüft das Kassationsgericht die rictige Anwendung ausländischen Rechts durch die Vorinstanz. Dabei stellt ein erst im Kassationsverfahren erbrachter Nachweis – zusätzlicher – ausländischer Rechtsinhalte kein unzulässiges Novum dar, falls die Vorinstanz den Inhalt des ausländischen Rechts ermittelte, ohne dabei die Mitwirkung der Parteien zu verlangen (4. September 1995, Kassationsgericht des Kantons Zürich, ZR 95/1996 Nr. 2. E. 5.4.1).

[119] Nach Einleitung des ordentlichen Prozesses ist auf eine den vorprozessualen Massnahmenentscheid betreffende Nichtigkeitsbeschwerde nicht mehr einzutreten (ZR 88/1989 Nr. 40, 94/1995 Nr. 19).

[120] ZPO 281 Ingress. Die Marginalie *Endentscheide* ist zu eng. Zu den Vorentscheiden zählen auch die Vorbeschlüsse, die ohne die Einschränkung des § 282 ZPO weitergezogen werden können (z.B. Zulassung einer Klageänderung. Nichtzulassung einer solchen ist demgegenüber ein Endentscheid, bezogen auf die geänderte Klage, im Sinne des Nichteintretens, und insofern ein Teilentscheid, a.M. Frank/Sträuli/Messmer, N 14 zu § 61 ZPO). Da indessen die Erwähnung der Nichtigkeitsbeschwerde in der Rechtsmittelbelehrung gemäss § 188 GVG nur bei Endentscheiden verlangt wird, fragt es sich, welches die Folge sei, wenn die Nichtigkeitsbeschwerde gegen einen Vorbeschluss nicht ergriffen wurde. Kann alsdann die mit dem Vorbeschluss entschiedene Frage mit Nichtigkeitsbeschwerde gegen den Endentscheid wieder zur Diskussion gestellt werden? § 282 Abs. 2 ZPO, wo lediglich vom prozessleitenden Entscheid die Rede ist, beantwortet die Frage nicht. Andererseits ist es dort, wo der Rekurs nicht zur Verfügung steht, ebenso unbefriedigend, wenn der Vorbeschluss nicht zur endgültigen Erledigung einer prozessualen Vorfrage führen kann. Die Möglichkeit, Vorbeschlüsse ohne die in § 282 Abs. 1 ZPO aufgeführten Voraussetzungen (von deren übrigens Ziff. 2 praktisch immer zuträfe) mit Nichtigkeitsbeschwerde anzufechten, muss dazu führen, dass

- ein schwer wieder gut zu machender Nachteil droht[121];
- damit ein bedeutender Aufwand an Zeit oder Kosten für ein weitläufiges Verfahren erspart werden kann[122].

Gemäss ständiger Praxis des Kassationsgerichtes ist die Anfechtung von Beweisbeschlüssen mit der Nichtigkeitsbeschwerde nur beschränkt zulässig. So ist eine selbständige Anfechtung eines Beweisbeschlusses möglich, wenn durch denselben das Privat- oder Geschäftsgeheimnis des Nichtigkeitsklägers verletzt oder über eine bestrittene Editionspflicht entschieden wird[123]. Ebenso ist eine selbständige Anfechtung eines Beweisbescheides möglich, wenn er an bestimmten formellen Mängeln leidet, namentlich bei vorschriftswidriger Besetzung des Gerichts. Dagegen wird im Nichtigkeitsverfahren die materielle Begründetheit eines Beweisbescheides nicht selbständig überprüft. Das ist in der Regel schon darum nicht möglich, weil Beweisbescheide nicht begründet werden müssen[124]. Dazu kommt, dass ein Beweisbeschluss nicht in materielle Rechtskraft erwächst. Das Gericht kann auf die demselben zugrunde liegende Auffassung jederzeit zurückkommen. Erst im Endentscheid steht somit fest, welche Bedeutung dem Beweisbescheid endgültig zukommt. Diesem Endentscheid des Sachrichters kann die Kassationsinstanz nicht vorgreifen. Eine allfällige Nichtigkeitsbeschwerde muss sich daher gegen den Endentscheid richten[125].

Schwer wiedergutzumachender Nachteil wurde ferner angenommen bei Auferlegung von Kosten und Barvorschüssen im kostenlosen arbeitsrechtlichen Prozess und bei Nichtigerklärung von Prozesshandlungen eines Prozessvertreters[126].

---

eine spätere Anfechtung des Endentscheides wegen eines Mangels des Vorbeschlusses nicht mehr zuzulassen ist (ebenso ZR 83/1984 Nr. 114, vgl. aber auch den Ausnahmefall gemäss ZR 85/1986 Nr. 121. Danach ist ein Zurückkommen auf die durch unangefochtenen Vorbeschluss entschiedene Zuständigkeitsfrage im Endentscheid dem Gericht dann nicht verwehrt, wenn die Zuständigkeit durch das Gesetz zwingend geregelt und damit von Amtes wegen zu prüfen ist.). Entsprechend sollte aber auch die Rechtsmittelbelehrung schon beim Vorbeschluss erscheinen, was bei einer nächsten Revision die entsprechende Änderung von § 188 GVG erforderlich gemacht hätte. Die Gelegenheit dazu wurde leider bei der Revision vom 24. September 1995 versäumt. Zu den Rekursentscheiden vgl. insbesondere FRANK / STRÄULI / MESSMER, N 6 zu § 281 ZPO.

[121] ZPO 282 Abs. 1 Ziff. 1. Im Sinne einer Präzisierung der in ZR 82/1983 publizierten Rechtsprechung wurde klargestellt, dass der schwer wiedergutzumachende Nachteil nicht nur rechtlicher, sondern auch tatsächlicher Natur sein kann (18. November 1996, Kassationsgericht des Kantons Zürich, ZR 96/1997 Nr. 127).
[122] ZPO 282 Abs. 1 Ziff. 2.
[123] FRANK / STRÄULI / MESSMER, N 11 zu § 282 ZPO.
[124] Unveröffentlicher Beschluss des Kassationsgerichtes vom 6. Juli 1981, Nr. 145/1981.
[125] ZR 83/1984 Nr. 100.
[126] ZR 83/1984 Nr. 104. E. 5.

Als Akt der Justizverwaltung ist die Festsetzung der Entschädigung des unentgeltlichen Rechtsvertreters grundsätzlich durch einen Nichteintretensentscheid ablehnen[127].

Die Unterlassung der selbständigen Anfechtung eines prozessleitenden Entscheides schliesst die Anfechtung eines darauf beruhenden Endentscheides nicht aus[128].

Die Nichtigkeitsbeschwerde ist schriftlich bei der Kassationsinstanz (iudex ad quem) zu erklären[129] und hat zu enthalten:

– die genaue Bezeichnung des angefochtenen Entscheids;
– die Angabe, inwieweit der Entscheid angefochten wird und welche Änderungen beantragt werden;
– die Begründung der Anträge unter Angabe der Nichtigkeitsgründe[130].

Geltend gemacht werden können nur Nichtigkeitsgründe, die in der Vorinstanz gesetzt wurden. Hat diese als Rechtsmittelinstanz gehandelt, so können mit der Nichtigkeitsbeschwerde nur Mängel des Rechtsmittelverfahrens gerügt werden, nicht auch solche, die sich im Verfahren vor erster Instanz verwirklicht haben[131]. Dagegen kann falsche Behandlung einer Rechtsmittelrüge ihrerseits Nichtigkeitsgrund bilden. Es gibt keine Anfechtung von Entscheiden einer Kassationsinstanz

65

---

[127] ZR 89/1990 Nr. 42.
[128] ZPO 282 Abs. 2. Anders ist es jedoch bezüglich obergerichtlicher Rückweisungsentscheide: Im Lichte der heutigen Bindung an seine eigenen Rückweisungsentscheid ist davon auszugehen, dass eine allfällige Anfechtung derselben mit der kantonalen Nichtigkeitsbeschwerde künftig unmittelbar (und nicht erst zusammen mit dem Endentscheid zu erfolgen hat, 22. Dezember 2004, Kassationsgericht des Kantons Zürich, ZR 105/2006 Nr. 8 E. II/2.3/a).
[129] ZPO 287 Abs. 1. Die Frist beträgt *dreissig Tage* seit der schriftlichen Mitteilung des Entscheides oder, wenn diese entfällt, seit der mündlichen Eröffnung, später ist die Beschwerde zulässig, wenn der Beschwerdeführer nachweist, dass er ohne Verschulden vom Nichtigkeitsgrund erst innert dreissig Tagen vor der Beschwerdeerhebung Kenntnis erhalten hat. Beschwerdeinstanzen sind:
a) die Bezirksgerichte für Nichtigkeitsbeschwerden gegen Entscheide der Friedensrichter (GVG 31 Ziff. 3);
b) die Mietgerichte für Nichtigkeitsbeschwerden gegen bestimmte Entscheide der Schlichtungsbehörden (GVG 18 Abs. 2, vgl. oben § 5 Anm. 122 f.).
c) das Obergericht für Nichtigkeitsbeschwerden gegen Entscheide der Arbeitsgerichte, der Mietgerichte, der Bezirksgerichte und der Schiedsgerichte sowie gegen Entscheide der Einzelrichter am Bezirksgericht und am Arbeitsgericht (GVG 43 Abs. 1);
d) das Kassationsgericht für Nichtigkeitsbeschwerden gegen Entscheide des Obergerichts und des Handelsgerichts sowie des obergerichtlichen und des handelsgerichtlichen Einzelrichters (GVG 69).
[130] ZPO 288.
[131] Mängel des erstinstanzlichen Verfahrens sind nur beachtlich, wenn sie von der den angefochtenen Entscheid fällenden (Rechtsmittel-) Instanz nicht korrigiert wurden und sich die unterbliebene Korrektur auf deren Entscheid ausgewirkt hat (5. Juni 2007, Kassationsgericht des Kantons Zürich, ZR 107/2008 Nr. 12 E. II/2/d).

oder Aufsichtsbehörde[132]. Ein *Novenrecht* der Parteien existiert nicht[133]. Im Weitern hat die Nichtigkeitsbeschwerde *keine aufschiebende Wirkung*, sofern die Kassationsinstanz nichts anderes anordnet, wobei die Erteilung der aufschiebenden Wirkung von einer Sicherheitsleistung abhängig gemacht werden kann[134].

66 Dem Beschwerdegegner wird Gelegenheit zur schriftlichen Beantwortung und der Vorinstanz zur Vernehmlassung gegeben[135]. Stellungnahme des Beschwerdeführers zur Beschwerdeantwort ist nicht ausgeschlossen, hat jedoch spätestens innert zehn Tagen zu erfolgen[136]. Bei Säumnis des Beschwerdegegners wird aufgrund der Akten entschieden[137].

67 Die Kassationsinstanz hat lediglich zu prüfen, ob die geltend gemachten Nichtigkeitsgründe vorliegen[138]. Kann der Nachweis der geltend gemachten Nichtigkeitsgründe nicht geleistet werden, so ist die Beschwerde abzuweisen, auch wenn die Kassationsinstanz das Vorhandensein anderer Nichtigkeitsgründe feststellen sollte. Der Grundsatz der richterlichen Rechtsanwendung erleidet hier eine Ausnahme.

67a Wegen der Bindung des Bundesgerichts an den kantonal festgestellten Tatbestand ist auch die obsiegende Partei zur Nichtigkeitsbeschwerde legitimiert, soweit sie geltend macht, die massgeblichen Feststellungen zum Sachverhalt beruhten auf Prozessrechtsverletzungen oder willkürlichen tatsächlichen Annahmen. In diesem Falle läuft ihr die Frist zur Erhebung der Nichtigkeitsbeschwerde, von dem Moment an, wo sie von der Ergreifung der zivilrechtlichen Beschwerde (damals noch Berufung) an das Bundesgericht durch die Gegenparte Kenntnis erhält (28. Oktober 1996, Kassationsgericht des Kantons Zürich, ZR 96/1997 Nr. 101).

---

[132] ZPO 284. Ausgenommen sind die Entscheide in Ausstandssachen, die als prozessleitende Entscheide von der Aufsichtsbehörde anstelle des erkennenden Gerichts gefällt wurden. Während § 284 Ziff. 4 die Ordnungsbusse, die das Obergericht erteilt, als nicht beschwerdefähig erklärt, ist dies bezüglich derjenigen des Handelsgerichts anders (Kassationsgericht am 14. Dezember 1988, ebenso FRANK/STRÄULI/MESSMER, N 4 zu § 284 ZPO).

[133] Vgl. FRANK/STRÄULI/MESSMER, N 5 zu § 288 ZPO. Davon sind auch neue Tatsachen und Beweismittel im Sinne von § 115 ZPO nicht ausgenommen (ZR 76/1977 Nr. 26).

[134] ZPO 286. Auch im Kassationsverfahren kann sich die allenfalls von der Kassationsinstanz erteilte aufschiebende Wirkung nicht über den Umfang der Anfechtung hinaus erstrecken (ZR 80/1981 Nr. 67). Wird eine staatsrechtliche Beschwerde gegen einen Entscheid des Kassationsgerichts gutgeheissen und der Entscheid des Kassationsgerichts aufgehoben, so lebt die für die Dauer des Kassationsverfahrens erteilte aufschiebende Wirkung wieder auf (ZR 83/1984 Nr. 30). Zur Kautionspflicht bezüglich der Kosten- und Entschädigungsfolgen vgl. oben § 34 Rz 22.

[135] ZPO 289. Anders, wenn sich die Beschwerde sofort als unbegründet erweist.

[136] 12. Februar 2008, Kassationsgericht des Kantos Zürich, ZR 107/2008 Nr. 22, E. II/1.

[137] Die Kassationsinstanz hat aber von Amts wegen zu prüfen, ob der vom Beschwerdeführer gerügte Nichtigkeitsgrund zutrifft (FRANK/STRÄULI/MESSMER, N 4 zu § 289 ZPO).

[138] ZPO 290.

Bei Gutheissung der Nichtigkeitsbeschwerde wird der angefochtene Entscheid aufgehoben[139]. Damit wird an sich der Prozess in die Lage versetzt, in der er sich vor Ausfällung des Entscheides befand. Von wem geht der verbesserte Entscheid aus? Ist die Sache spruchreif, so fällt ihn die Beschwerdeinstanz[140], andernfalls erfolgt Rückweisung an die Vorinstanz[141]. Ersteres ist indessen die Ausnahme. In der Regel bleibt es bei der rein *kassatorischen* Wirkung des Rechtsmittels[142]. Wird das vorinstanzliche Urteil kassiert und von der Kassationsinstanz ein neues Urteil ausgesprochen, so ist eine mündliche Verhandlung anzusetzen[143].

68

Entscheidet die Kassationsinstanz selbst, so hat sie die Stellung eines ordentlichen Gerichtes und hat somit alle in Betracht fallenden Rechtssätze von Amts wegen zu berücksichtigen, nicht nur das im Beschwerdeverfahren Vorgebrachte[144].

69

---

[139] Ist ein Entscheid mehrfach begründet worden, kann eine Nichtigkeitsbeschwerde nur dann Erfolg haben, wenn sämtliche Begründungen mit Erfolg angefochten werden (22. März 2007, Kassationsgericht des Kantons Zürich, ZR 106/2007 Nr. 67 E. II.2).

[140] Voraussetzung ist aber, dass die Beschwerde zumindest teilweise gutgeheissen wird. Andernfalls kann, wenn die Vorinstanz die sofortige Ausweisung der beschwerdeführenden Partei aus dem Mietobjekt angeordnet hat, die Beschwerdeinstanz keine längere Ausweisungsfrist festsetzen (5. Juni 2007, Kassationsgericht des Kantons Zürich, ZR 107/2008 Nr. 2, E. II/4).

[141] ZPO 291. Leider nur eine von zwei selbständigen Alternativbegründungen an einem beim Kassationsgericht gerügten Nichtigkeitsgrund und wird die andere Alternativbegründung mit der Berufung beim Bundesgericht angefochten, so ist die nach Ansicht des Kassationsgerichtes an einem Nichtigkeitsgrund leidende Alternativbegründung zu streichen (ZR 79/1980 Nr. 78). Vgl. auch ZR 83/1984 Nr. 57.

[142] In ZR 85/1986 Nr. 46 wird der Fall behandelt, da auf eine erste Nichtigkeitsbeschwerde hin eine Erwägung im Entscheid der Vorinstanz aufgehoben und der Fall zu neuer Entscheidung an die Vorinstanz zurückgewiesen wurde.
Soweit die übrigen Erwägungen des ersten Entscheids der Vorinstanz mit der ersten Nichtigkeitsbeschwerde nicht angefochten wurden bzw. die erste Nichtigkeitsbeschwerde abgewiesen oder auf sie nicht eingetreten wurde und diese Erwägungen von der Vorinstanz unverändert für den zweiten Entscheid übernommen wurden, kann der zweite Entscheid der Vorinstanz alsdann nicht mehr angefochten werden (ZR 85/1986 Nr. 71).
Nach einer Entscheidung des Kassationsgerichts vom 8. Juni 1998 (ZR 98/1999 Nr. 21) wird an dieser Praxis nicht festgehalten. Da die Rechtsmittel- und insofern auch die Kassationsinstanz gemäss zürcherischem Prozessrecht in Zivil- wie in Strafsachen an ihren eigenen Rückweisungsentscheid mangels materieller Rechtskraft bzw. mangels innerprozessualer Bindungswirkung in einem neuen Rechtsmittelverfahren nicht gebunden sind, kann in einem solchen neuen Rechtsmittelverfahren eine Rüge, die bereits einmal erhoben wurde, erneut erhoben werden. Das schliesst nicht aus, dass eine Kassationsinstanz – analog § 161 GVG – gegebenenfalls bestätigend auf ihre früheren Erwägungen verweist, ohne dies im Einzelnen wiederholen zu müssen.

[143] ZPO 292 Abs. 1. In dieser Verhandlung sollen die Parteien ihre Standpunkte zusammenfassen können. Die Vorschrift findet indessen keine Anwendung, wenn die Änderung nur die Kosten- und Entschädigungsfolgen betrifft.

[144] Liegt eine Verletzung klaren Rechtes vor, so ist die Beschwerde noch nicht unbedingt entschieden, weil andere Gründe für das vorinstanzliche Urteil sprechen können. In deren Würdigung ist die Kassationsinstanz alsdann frei.

69a Die im Beschwerdeverfahren unterliegende Partei hat die obsiegende nach allgemeinen Grundsätzen zu entschädigen[145].

IV. Die Revision[146, 147]

70 Die Revision ist ein *nichtdevolutives* Rechtsmittel, ist ausserdem ein *unvollkommenes* und *ausserordentliches* Rechtsmittel.

71 Die Revision kann verlangen, wer nach Fällung des rechtskräftigen Endentscheides Tatsachen oder Beweismittel entdeckt, welche den Entscheid für ihn günstiger gestaltet hätten und die er auch bei Anwendung der erforderlichen Sorgfalt nicht rechtzeitig hätte beibringen können[148].

72 Das Besondere an der Revision ist somit der Umstand, dass sie einerseits nur auf ganz bestimmte, eng begrenzte Gründe gestützt werden kann, dass sie aber andererseits gerade nicht der Überprüfung des Entscheides auf bisheriger Grundlage dient, wie dies bei der Nichtigkeitsbeschwerde der Fall ist, sondern nur Erfolg haben kann, wenn *neue Tatsachen oder Beweismittel* (aber freilich nicht irgendwelche, sondern allein nach Ausfällung des angefochtenen Entscheides entdecke) namhaft gemacht werden können.

73 Die Fälle, in denen mit Grund Revision verlangt wird, sind im Zivilprozessrecht eher selten, weil es in der Regel den Parteien gelingt, im Laufe des Verfahrens all das zusammenzutragen, was zur Stützung ihres Standpunktes zu dienen vermag. Dementsprechend haben Revisionsbegehren wenig Aussicht auf Erfolg und werden von den Gerichten meist abschlägig beschieden[149]. Als Ausgangspunkt für die Entdeckung der neuen Tatsachen oder Beweismittel kann ohne Weiteres der Zeitpunkt der Fällung des Endentscheides genommen werden (statt etwa des Schlusses des Behauptungsstadiums, also des Hauptverfahrens, was auch möglich wäre), weil während der ganzen Dauer des Prozesses die Parteien sich mit demselben Erfolg auf § 115 Ziff. 3 ZPO stützen können, um neu Entdecktes in denselben einzuführen. Demgemäss ist die Revision auch ein subsidiäres Rechtsmittel, was bedeutet,

---

[145] Eine spontane Eingabe des Beschwerdegegners, der möglicherweise (bei Abweisung der Nichtigkeitsbeschwerde oder Nichteintreten auf dieselbe) nicht zur Stellungnahme aufgefordert wird, ist bei legitimem Interesse (z.B. wegen der gestellten Anträge auf aufschiebende Wirkung) entschädigungsbegründend (5. September 2005, Kassationsgericht des Kantons Zürich, ZR 104/2005 Nr. 79 E. 6).
[146] Vgl. dazu BALZ RUST, Die Revision im Zürcher Zivilprozess, Zürcher Studien zum Verfahrensrecht, Bd. 55, Zürich 1981.
[147] ZPO CH 328–333.
[148] ZPO 293 Abs. 1.
[149] Vgl. RechBer 1977, 121.

dass neue Tatsachen und Beweismittel dort, wo die Berufung oder der Rekurs (noch) möglich ist, mit diesen Rechtsmitteln geltend gemacht werden müssen[150].

Einen Sonderfall regelt § 293 Abs. 2 ZPO: Gegen einen Endentscheid, der aufgrund von Klageanerkennung, Klagerückzug oder Vergleich ergangen ist, kann Revision verlangen, wer nachweist, dass die Parteierklärung zivilrechtlich unwirksam ist. In diesem Zusammenhang braucht also nicht untersucht zu werden, ob der ohne eine der genannten Parteihandlungen und bei Geltendmachung des richtigen Sachverhalts auszufällende Entscheid für den Revisionskläger günstiger ausgefallen wäre[151]. Das bedeutet eine wesentliche Erleichterung für den Revisionskläger, der nach Rechtskraft des Erledigungserlasses einen Willensmangel hinsichtlich der von ihm abgegebenen Erklärung feststellen musste[152]. 74

Die Revision ist beim iudex a quo nicht nur zu erklären, sondern wird auch durch ihn behandelt, was dem nichtdevolutiven Charakter des Rechtsmittels entspricht: Zuständig ist das Gericht, welches in letzter Instanz in der Sache selbst entschieden hat[153]. Bei einer Kassations- (oder Revisions-) Instanz ist das Begehren indessen nur dann zu stellen, wenn diese anstelle der Vorinstanz über das Klagebegehren selber entschieden hat[154]. Das Revisionsbegehren ist schriftlich einzureichen[155] und muss enthalten: 75

---

[150] ZPO 293 Abs. 3.
[151] Nach ZR 85/1986 Nr. 111 ist gegen einen aufgrund eines Vergleichs ergangenen Entscheid der Revisionsgrund von § 293 Abs. 1 ZPO (Entdeckung neuer Tatsachen und Beweismittel nach Erledigung des Prozesses) nicht gegeben. Der Umstand, dass der Revisionskläger bei Kenntnis der inzwischen neu entdeckten Tatsachen und Beweismittel keinen oder nur einen für ihn günstigeren Vergleich geschlossen hätte, stellt nämlich nur dann einen Revisionsgrund dar, wenn sich daraus die zivilrechtliche Unwirksamkeit der Zustimmung zum Vergleich ergibt.
[152] Wenig geklärt ist das Verhältnis der prozessualen Frist von 90 Tagen zur Jahresfrist, um die Willenserklärung anzufechten, die Art. 31 OR zur Verfügung stellt. Widerspricht allenfalls die kantonale Anfechtungsfrist insofern dem Bundesrecht? Es bestehen zwei Möglichkeiten:
– In Ansehung von Art. 6 ZGB lässt sich sagen, zur Umstossung der materiellen Rechtskraft, an der der Inhalt des Vergleiches trotz Anfechtung wegen Willenmangels teilhat (vgl. FRANK/STRÄULI/MESSMER, N 15 zu § 191 ZPO), könne das Verfahrensrecht eine kürzere Frist ansetzen, als privatrechtlich vorgesehen sei, da es um die Rechtssicherheit nach einem durchgeführten gerichtlichen Verfahren geht.
– Man geht davon aus, bis zur Erklärung nach Art. 31 OR bestehe ein Schwebezustand, die Unwirksamkeit des Vergleiches trete erst mit deren Angabe ein, dann allerdings ex tunc (vgl. dazu GAUCH/SCHLUEP/JÄGGI, 184 ff. und 188 (unter Hinweis auf BUCHER), VON BÜREN, Allgemeiner Teil, 224, und andere). In diesem Fall laufen die 90 Tage erst vom Tage der Anfechtungserklärung an. Diese Betrachtungsweise ist zu bevorzugen. Ein Verstoss gegen Bundesrecht liegt nicht vor. Vgl. dazu BGE 110 II 46 E. 4.
[153] ZPO 295 Abs. 1.
[154] FRANK/STRÄULI/MESSMER, N 2 zu § 295 ZPO.
[155] Die Frist beträgt *neunzig Tage* seit der Entdeckung der Revisionsgründe; wurde jedoch durch ein Verbrechen oder Vergehen zum Nachteil des Revisionsklägers auf den Entscheid eingewirkt, läuft

1. die genaue Bezeichnung des angefochtenen Entscheides;
2. den bestimmten Antrag, in welchem Umfang der angefochtene Entscheid aufzuheben und wie statt dessen zu erkennen sei;
3. die einzelnen Revisionsgründe unter Bezeichnung der entsprechenden Beweismittel;
4. den Nachweis, dass die Frist eingehalten ist[156].

76 Das Revisionsbegehren als ausserordentliches Rechtsmittel hemmt Rechtskraft und Vollstreckbarkeit des angefochtenen Entscheides nicht, doch kann das Gericht, allenfalls gegen Sicherheitsleistung (für die Vollstreckung des Entscheides), aufschiebende Wirkung erteilen und vorsorgliche Massnahmen treffen[157]. Erweist sich das Revisionsbegehren nicht sofort als unzulässig oder unbegründet[158], gibt das Gericht der Gegenpartei Gelegenheit zur schriftlichen Beantwortung[159]. Erweist sich indessen das Revisionsbegehren nach Erhebung der Beweise als begründet, d.h., führt das neu Vorgebrachte zu einem anderen Ergebnis, so hebt das Gericht den angefochtenen Entscheid auf und fällt einen neuen, wobei gegebenenfalls das Verfahren ganz oder teilweise zu wiederholen ist, weil möglicherweise die revisionsbeklagte Partei ihrerseits dem neuen Material Verteidigungsmittel entgegensetzen kann, die das Begehren zu entkräften vermögen[160].

77 Eine besondere Regelung sieht schliesslich § 299 ZPO für die Revision gegen Verfügungen im summarischen Verfahren vor, gegen welche der Rekurs nicht oder nicht mehr offen steht: Sie können mittels des Revisionsbegehrens innert 30 Tagen von der Entdeckung des Revisionsgrundes an angefochten werden, wenn die Voraussetzungen von § 293 ZPO vorliegen, aber auch, wenn ihnen lediglich irrtümlich tatsächliche Annahmen zugrunde liegen oder ihre formelle oder materielle Unrichtigkeit klar ist. «Da das summarische Verfahren im Vergleich zum ordentlichen Verfahren weniger Garantien für die gründliche Abklärung des Sachverhaltes bietet, ist in der Spezialvorschrift von § 299 die Revision gegen gewisse Arten summarischer Entscheide ... durch Anerkennung weiterer Revisionsgründe ... erleichtert[161].»

---

die Frist von der rechtskräftigen Erledigung des Strafverfahrens an (ZPO 295). Ebenfalls 90 Tage nach ZPO CH 329.
[156] ZPO 296 Abs. 1.
[157] ZPO 294. Ist aufgrund des zu revidierenden Entscheids bereits definitive Rechtsöffnung erteilt, kann aufschiebende Wirkung nur gewährt werden, wenn die Revision im Sinne von Art. 85a Abs. 2 Ziff. 1 SchKG sehr wahrscheinlich begründet ist, und sie kann lediglich die drohende Verwertung verhindern (9. April 1997, Obergericht des Kantons Zürich, III. Zivilkammer, ZR 97/1998 Nr. 2). Ebenso ZPO CH 331 Abs. 2.
[158] Z.B. als unzulässig wegen Verspätung oder Zulässigkeit von Berufung oder Rekurs, als unbegründet, weil die vorgelegten Behauptungen oder Beweise gemäss Prozessakten dem Gericht bei Urteilsfällung bereits bekannt waren.
[159] ZPO 297.
[160] ZPO 298.
[161] FRANK/STRÄULI/MESSMER, N 1 zu § 299 ZPO. Vgl. dazu ZR 89/1990 Nr. 38.

Kann nicht im Sinne von § 299 ZPO von materieller Unrichtigkeit des angefochtenen Entscheides gesprochen werden, so ist dennoch eine Revision nach § 293 denkbar. Das führte zum Erfolg des Revisionsbegehrens gegen einen Konkurseröffnungsentscheid: Die Tatsache, dass im Konkurseröffnungsverfahren nach Art. 190 SchKG die blosse Glaubhaftmachung des Anspruchs genügt, schliesst den späteren Gegenbeweis durch den Beklagten im Rahmen eines Revisionsverfahrens nicht aus. Ein nachträglich ergangenes Urteil, durch welches rechtskräftig festgestellt wird, dass der der Konkurseröffnung zugrunde liegende Vertrag wegen Täuschung des Konkursiten für diesen unverbindlich ist, stellt ein Beweismittel im Sinne von § 293 ZPO dar[162].

77a

Wird in ein und derselben Sache im Anschluss an ein rechtskräftiges abgewiesenes Revisionsbegehren zum gleichen Beweisthema, aber mit anderen Beweismitteln oder gestützt auf andere (neue) Tatsachen ein zweites Revisionsbegehren gestellt und gutgeheissen, so liegt damit keine (unzulässige) Wiedererwägung des ersten Revisionsentscheides vor[163].

77b

C. Die Rechtsmittel des Bundesrechts

Literatur:

CAROLE AUBERT Communication par voie électronique avec le Tribunal fédéral sous l'angle de la nouvelle LTF, ZZZP 2007/87–98.

I. Das Bundesgerichtsgesetz[164]

Das Bundesgerichtsgesetz (BGG), das an die Stelle des Organisationsgesetzes (OG) getreten ist, regelt einerseits die Organisation des Bundesgerichts und des ehemaligen Eidgenössischen Versicherungsgerichts und andererseits die Tätigkeit des Bundesgerichts als Rechtsmittelinstanz und als einzige Instanz. Sein 1. Kapitel (Art. 1–28) ist der Stellung und Organisation des Bundesgerichts gewidmet, das 2. Kapitel (Art. 29–71) den Allgemeinen Verfahrensbestimmungen. Das 3. Kapitel (Art. 72–89)

77c

---

[162] ZR 84/1985 Nr. 133 E. 4b und 4c.
[163] 11. März 1996, Kassationsgericht des Kantons Zürich, ZR 97/1998 Nr. 5 E. II.1
[164] Dieses Gesetz ist am 1. Januar 2007 an die Stelle des ehrwürdigen Bundesgesetzes über die Bundesrechtspflege (OG) getreten und hat die Einheitsbeschwerde eingeführt. Die hier vorzustellende Variante (Beschwerde in Zivilsachen) ersetzt gleichzeitig die Berufung an das Bundesgericht und die subsidiär anwendbar gewesene Nichtigkeitsbeschwerde. «Beschwerde» erscheint allerdings nicht als die angemessene Bezeichnung für ein reformatorisches Rechtsmittel, um das es sich immerhin handelt.

regelt die Tätigkeit des Bundesgerichts als ordentliche Beschwerdeinstanz. Diese Aufgabe wird in den drei Bereichen der Beschwerde in Zivilsachen (Art. 72–77), der Beschwerde in Strafsachen (Art. 78–81) und der Beschwerde in öffentlich-rechtlichen Angelegenheiten (Art. 82–89) wahrgenommen. Ein 4. Kapitel (Art. 90–112) enthält sodann die Verfahrensbestimmungen, welche für alle drei genannten Beschwerdearten gelten. Daran schliesst sich das 5. Kapitel (Art. 113–119) an, welches der subsidiären Verfassungsbeschwerde (Nachfolgerin der Staatsrechtlichen Beschwerde) gewidmet ist. Das 6. Kapitel enthält nur einen einzigen Artikel, nämlich Art. 120 über die Klage vor Bundesgericht, die im Übrigen durch die Bundeszivilprozessordnung (BZP) geregelt wird. Das 7. Kapitel (Art. 121–129) behandelt drei Rechtsbehelfe, die vor Bundesgericht gegenüber seinen eigenen Entscheidungen möglich sind, nämlich Revision, Erläuterung und Berichtigung. Als 8. Kapitel (Art. 130–133) folgen die Schlussbestimmungen.

77d Wenn ein Prozess vor Bundesgericht gebracht wird, so sind also das 2., das 3. und das 4. Kapitel des BGG zu beachten, bei der Subsidiären Verfassungsbeschwerde auch das 5. Kapitel, bei der direkten Klage statt des 3. und des 4. Kapitels die Bundeszivilprozessordnung.

II. Die bundesrechtliche Beschwerde in Zivilsachen

1. Zulässigkeitsvoraussetzungen

a) Vorinstanzen

77e Die Beschwerde in Zivilsachen ist zulässig gegen Entscheide letzter kantonaler Instanzen und des Bundesverwaltungsgerichts[165].

b) Zivilsache

78 Es muss sich um einen Prozess privatrechtlichen Inhalts handeln[166]. Nicht jeder Zivilprozess ist eine solche Zivilrechtsstreitigkeit, doch erweitert Art. 72 Abs. 2 BGG den

---

[165] BGG 74 Abs. 1. Für den Kanton Zürich besteht eine Besonderheit mit Bezug auf das Kassationsgericht. Das Bundesgericht hat in BGE 133 III 690 dazu ausgeführt: Art. 75 und 130 BGG; Beschwerde gegen zürcherische Rechtsöffnungsentscheide. Der Kanton Zürich hat im genannten Bereich die nach Art. 75 Abs. 2 und Art. 111 Abs. 3 BGG erforderlichen Anpassungen noch nicht vorgenommen. Das Obergericht tritt jedoch während der Übergangsfrist von Art. 130 Abs. 2 BGG auf kantonale Nichtigkeitsklagen ein, weshalb dieses Rechtsmittel auszuschöpfen ist. Soweit das Obergericht Rügen mit engerer Kognition als das Bundesgericht prüft, ist der erstinstanzliche Entscheid in der Beschwerde in Zivilsachen mitanzufechten (E. 2).

[166] Das Bundesgericht beurteilt Beschwerden gegen Entscheide in Zivilsachen (BGG 72 Abs. 1).

Begriff der Zivilsache in bedeutendem Umfang, werden doch auch rein vollstreckungsrechtliche Fragen und solche der Rechtshilfe auf diesem Weg abgehandelt[167].

Der Begriff der Zivilrechtsstreitigkeit ist im vorliegenden Zusammenhang ein bundesrechtlicher. Liegt eine solche Streitigkeit vor, so ist Berufung an das Bundesgericht auch dann zulässig, wenn nach kantonalem Recht das Verfahren vor einer Verwaltungsbehörde durchgeführt wurde (z.B. bei der Bewilligung einer Namensänderung[168] oder einer Entmündigung[169]), doch haben die Kantone für diese Fälle ebenfalls ein oberes Gericht als letzte kantonale Instanz einzusetzen[170].

79

Unter die Kategorie der anfechtbaren Entscheide fallen solche in Schuldbetreibungs- und Konkurssachen[171], darunter solche des Konkursrichters[172].

Die ergänzende Liste von Art. 72 Abs. 2 lit. b BGG nennt *insbesondere* öffentlich-rechtliche Entscheide, ist also nicht abschliessend. Ausdrücklich als unzulässig bezeichnet das Gesetz jedoch die Beschwerde in Zivilsachen gegen Entscheide, die im Rahmen des Widerspruchsverfahrens gegen eine Marke getroffen worden sind.

80

Bei der Anfechtung vorsorglicher Massnahmen bestehen beschränkte Beschwerdegründe nach Art. 98 BGG (Verletzung verfassungsmässiger Rechte). Ausserdem ist zu unterscheiden, ob es sich dabei um einen Endentscheid (Art. 90 BGG) oder einen Vor- und Zwischenentscheid (Art. 93 BGG) handelt. Vorsorgliche Massnahmen, die

---

[167] BGG 72 Abs. 2 lit. a und lit. b Ziff. 2.
[168] BGG 72 Abs. 2 lit. b Ziff. 3.
[169] BGG 72 Abs. 2 lit. Ziff. 6. Im Kanton Zürich erfolgen Entmündigungen auf Antrag der Vormundschaftsbehörde durch den Bezirksrat. Gegen dessen Entscheid kann innert zehn Tagen nach Zustellung beim Obergericht gerichtliche Beurteilung verlangt werden (EG zum ZGB 83 Abs. 1 und 85 Abs. 1) und dessen Urteil untersteht der Beschwerde in Zivilsachen. Eine Vereinbarung dagegen, die kommunale Subventionsbeiträge für den Bau eines Mehrfamilienhauses vorsieht, untersteht dem öffentlichen Recht (BGE 105 Ia 394 Erw. 3). Eine kantonale Entscheidung, die Weiher dem kantonalen Fischereirecht unterstellt, kann nicht mit Beschwerde in Zivilsachen angefochten werden, denn sie befindet nicht über eine Zivilrechtsstreitigkeit (BGE 106 II 365 ff. bezüglich der eidgenössischen Berufung: Die kantonale Instanz hatte – in der Begründung – nur vorfrageweise darüber befunden, ob die Weiher Quellen im Sinne von Art. 704 ZGB seien).
[170] BGG 75 Abs. 1. Nur gegen Entscheide einer solchen kantonalen Instanz (nicht einer Verwaltungsbehörde) ist Beschwerde an das Bundesgericht möglich (SPÜHLER/DOLGE/VOCK, N 4 zu Art. 75 BGG.
[171] BGG 72 Abs. 2 lit. a.
[172] BGE 133 III 689 E. 1.2.: Das Konkurserkentnis ist ein Entscheid in Schuldbetreibungs- und Konkurssachen, welcher der Beschwerde in Zivilsachen unterliegt (Art. 72 Abs. 2 lit. a BGG). Die Beschwerde gegen Entscheide des Konkursrichters ist an keinen Streitwert gebunden (Art. 74 Abs. 2 lit. d BGG). Der Entscheid des Konkursgerichts gemäss Art. 171 und Art. 172 SchKG beendet ein Verfahren, das durch das Konkursbegehren des Gläubigers nach Art. 166 Abs. 1 SchKG eröffnet worden ist. Er ist damit in einem eigenen Verfahren ergangen, womit er einen Endentscheid nach Art. 90 BGG darstellt. Hingegen kommt er keiner einstweiligen Verfügung gleich, über die in einem späteren Hauptverfahren entschieden wird.

§ 39   Von den Rechtsmitteln

ein Verfahren abschliessen, sind als Endentscheide gemäss Art. 90 BGG anfechtbar. Ergeht hingegen eine vorsorgliche Massnahme in der Form eines selbständig eröffneten Zwischenentscheides, so ist diese gemäss Art. 93 Abs. 1 lit. a nur anfechtbar, wenn ein nicht wiedergutzumachender Nachteil droht[173].

80a   Als Zivilsache ist auch der Streit um die Leistungspflicht einer Krankenkasse zu betrachten, doch unterliegt die Beurteilung der Höhe einer Gerichtsgutachter-Rechnung in solchem (und auch in anderem, «echt» zivilrechtlichem) Zusammenhang der Beschwerde in öffentlich-rechtlichen Angelegenheiten[174].

c)   Streitwert

81   In vermögensrechtlichen Angelegenheiten[175] ist die Beschwerde in Zivilsachen nur zulässig, sofern der Streitwert[176] wenigstens 30 000 Franken erreicht[177]. In arbeits- und mietrechtlichen Fällen beträgt der Mindestbetrag des Streitwertes nur 15 000 Franken[178].

82   Erreicht der Streitwert den massgebenden Betrag nicht, so ist die Beschwerde dennoch zulässig:

a) wenn sich eine Rechtsfrage von grundsätzlicher Bedeutung stellt[179];
b) wenn ein Bundesgesetz eine einzige kantonale Instanz vorschreibt;

---

[173] BSK BGG-Markus Schott, in: Art. 98 N 4 ff.
[174] 8. Mai 2008, Bundesgericht, II. sozialrechtliche Abteilung, BGE 134 I 160 E. 1. Der betreffende Gutachter wurde als zur Beschwerde legitimiert betrachtet.
[175] Klagen auf Anfechtung von Generalversammlungsbeschlüssen einer Aktiengesellschaft gelten als vermögensrechtliche Streitigkeiten (BGE 107 II 181 Erw. 1 mit Zit. bezüglich der früheren eidgenössischen Berufung).
[176] Die unter dem OG geltende, in BGE 99 II 125 E. 1 S. 126 niedergelegte Praxis, wonach die vor Bundesgericht nicht mehr streitigen Rechtsbegehren nur dann zum Streitwert hinzugerechnet werden, wenn sie mit den nicht streitigen zusammenhingen, gilt auch unter dem BGG (4. Februar 2008, Bundesgericht II. zivilrechtliche Abteilung, BGE 134 III 238 E. 1.1)
[177] BGG 74 Abs. 1 lit. b. Zur Streitwertberechnung vgl. BGG 51.
[178] BGG 74 Abs. 1 lit. a.
[179] Eine solche Frage liegt vor, wenn das Bundesgericht sie bislang nicht entschieden hat, bezüglich derselben unterschiedliche kantonale Praxen bestehen und die Wahrscheinlichkeit, dass sie dem Bundesgericht je unterbreitet werden kann, infolge der Streitwertgrenze sich als äusserst gering erweist (5. Februar 2008, Bundesgericht, II. zivilrechtliche Abteilung, BGE 134 III 270 E. 1.2.3). Eine solche Frage liegt im Weitern vor, wenn sie vom Bundesgericht unterschiedlich behandelt wurde und unklar bleibt, welche Rechtsprechung massgebend ist (29. April 2008, Bundesgericht, I. zivilrechtliche Abteilung, BGE 134 III 356 E. 1.3–1.5).
Als Frage von grundsätzlicher Bedeutung wurde sodann die Frage angesehen, ob die Auslegung einer kantonalen Bestimmung vor Art. 30 BV haltbar sei, wonach der Gerichtsschreiber eines Pretore eigenständige Rechtsprechungsbefugnis habe, was verneint wurde (13. Mai 2008, Bundesgericht, I. zivilrechtliche Abteilung, BGE 134 I 184).

c) gegen Entscheide der kantonalen Aufsichtsbehörden in Schuldbetreibungs- und Konkurssachen;
d) gegen Entscheide des Konkurs- und Nachlassrichters oder der Konkurs- und Nachlassrichterin.

Massgebend für den Streitwert sind gemäss Art. 51 Abs. 1 BGG 83

a) Bei Beschwerden gegen Endentscheide nach den Begehren, die vor der Vorinstanz streitig geblieben waren.
b) Bei Beschwerden gegen Teilentscheide die gesamten Begehren, die vor der Instanz streitig waren, welche den Teilentscheid getroffen hat.
c) Bei Beschwerden gegen Vor- und Zwischenentscheide die Rechtsbegehren, die vor der Instanz streitig sind, wo die Hauptsache hängig ist.
d) Bei Klagen nach den Begehren des Klägers oder der Klägerin.

Zinsen, Früchte, Gerichtskosten und Parteientschädigungen, die als Nebenrechte geltend gemacht werden, sowie Vorbehalte und die Kosten der Urteilsveröffentlichung fallen bei der Bestimmung des Streitwertes nicht in Betracht[180]. Als Wert wiederkehrender Nutzungen oder Leistungen gilt der Kapitalwert. Bei ungewisser oder unbeschränkter Dauer gilt als Kapitalwert der zwanzigfache Betrag der einjährigen Nutzung oder Leistung, bei Leibrenten jedoch der Barwert[181]. 83a

Mehrere von der gleichen Partei oder von Streitgenossen und Streitgenossinnen geltend gemachte Begehren werden zusammengerechnet, sofern sie sich nicht gegenseitig ausschliessen[182]. Der Betrag einer Widerklage wird nicht mit demjenigen der Hauptklage zusammengerechnet[183]. 83b

Lautet ein Begehren nicht auf Bezahlung einer bestimmten Geldsumme, so setzt das Bundesgericht den Streitwert nach Ermessen fest[184]. 83c

d) Anfechtbarer Entscheid; Endentscheid

Die Beschwerde an das Bundesgericht ist zulässig gegen Entscheide, die das Verfahren abschliessen[185] Sie ist aber auch zulässig gegen einen Entscheid, der 84

---

[180] BGG 51 Abs. 3.
[181] BGG 51 Abs. 4.
[182] BGG 52.
[183] BGG 53 Abs. 1. Schliessen die in der Hauptklage und Widerklage geltend gemachten Ansprüche einander aus und erreicht eine der beiden Klagen die Streitwertgrenze nicht, so gilt die Streitwertgrenze auch für diese Klage als erreicht, wenn sich die Beschwerde auf beide Klagen bezieht (BGG 53 Abs. 2).
[184] BGG 51 Abs. 2.
[185] BGG 90. Darunter fallen auch Eheschutzentscheide, obwohl sie provisorischen Charakter haben, erleichtert abänderbar sind und nicht in materielle Rechtskraft erwachsen.

a. nur einen Teil der gestellten Begehren behandelt, wenn diese Begehren unabhängig von den anderen beurteilt werden können;
b. das Verfahren nur für einen Teil der Streitgenossen und Streitgenossinnen abschliesst;[186]
c. die Streitverkündung verweigert; es handelt sich hier um einen Teilentscheid nach Art. 91 lit. b BGG[187].

85/86 Beschwerde ist auch gegen Endentscheidungen zulässig, die den anhängigen Prozess aus *formellen Gründen* endgültig beenden. Es kommt nicht darauf an, ob das kantonale Recht die Entscheidung als Urteil, Beschluss oder Verfügung bezeichnet. Die neuere Rechtsprechung nimmt an, Endentscheid sei nicht jeder den Prozess beendigende Entscheid, sondern nur Entscheid, durch den entweder über den materiellen Anspruch geurteilt oder dessen Beurteilung aus einem Grunde abgelehnt wird, der endgültig verbietet, dass der gleiche Anspruch zwischen den gleichen Parteien nochmals geltend gemacht wird[188].

e) Anfechtbarer Entscheid: Selbständiger Vor- oder Zwischenentscheid

87 Gegen selbständig eröffnete Vor- und Zwischenentscheide über die Zuständigkeit und über Ausstandsbegehren ist die Beschwerde zulässig[189]. Gegen andere selbstständig eröffnete Vor- und Zwischenentscheide[190] ist die Beschwerde zulässig;

a) wenn sie einen nicht wieder gutzumachenden Nachteil bewirken können[191]; oder

---

[186] BGG 91.
[187] 17. März 2008, Bundesgericht, I. zivilrechtliche Abteilung, BGE 134 III 381 E. 1.1.
[188] BGE 96 II 427. Vgl. auch BGE 98 II 154, 102 II 61 ff., 104 II 216 ff. Nicht darunter fällt beispielsweise die Erledigung zufolge Gegenstandslosigkeit: wer später dartut, dass der Anspruch doch noch Bedeutung hat, kann ihn erneut geltend machen. Ist jedoch auf eine Klage mangels Parteifähigkeit der klagenden Körperschaft nicht eingetreten worden, so wurde der Rechtsschutz endgültig verwehrt, auch wenn es sich «nur» um ein mangels Prozessvoraussetzung ergangenes Prozessurteil handelt. Einen besonderen Fall bilden die Unzuständigkeitsentscheide. Soweit es sich um bundesrechtliche Zuständigkeitsregeln handelt, hat die klagende Partei das Recht, nicht nur ihren Anspruch beurteilt zu sehen (was ihr nicht an sich verweigert wurde), sondern auch auf Beurteilung durch das vom Bundesrecht als zuständig bezeichnete Gericht.
[189] BGG 92 Abs. 1. Diese Entscheide können später nicht mehr angefochten werden (BGG 92 Abs. 2).
[190] Als solche gelten Massnahmenentscheide, die vor oder während eines Hauptverfahrens erlassen werden und nur für dessen Dauer Bestand haben (20. November 2007, Bundesgericht, SJZ 104/2008 Nr. 3/2, 69).
[191] Es liegt auf der Hand, dass eine vorsorgliche Massnahme einen nicht wiedergutzumachenden Nachteil bewirken kann und deshalb vor Bundesgericht anfechtbar ist (20. November 2007, BGE 134 I 87 E. 3.1).

b) wenn die Gutheissung der Beschwerde sofort einen Endentscheid herbeiführen und damit einen bedeutenden Aufwand an Zeit oder Kosten für ein weitläufiges Beweisverfahren ersparen würde[192].

2. Die Aufgabe des Bundesgerichts als Beschwerdeinstanz

a) Rechtsfragen

Das Bundesgericht hat zu prüfen, ob die angefochtene Entscheidung bzw. die ihr vorangegangen Entscheidungen auf einer Verletzung von Bundesrecht mit Einschluss der völkerrechtlichen Verträge[193] beruhen; es wendet das Recht von Amtes wegen an.

Mit der Beschwerde kann jede Verletzung von Bundesrecht gerügt werden; dabei ist zu beachten, dass Bundesrecht nicht nur dann verletzt ist, wenn die letzte kantonale Instanz eine eidgenössische Vorschrift in abstracto falsch ausgelegt hat, sondern auch dann, wenn diese in concreto (auf den vorliegenden Fall) falsch angewendet worden ist[194].

Die Verletzung von kantonalem Recht kann mit der Beschwerde in Zivilsachen nicht gerügt werden[195], wohl aber, dass Bundesrecht statt kantonalen Rechts angewendet worden sei oder umgekehrt[196].

Ob einheimisches oder ein bestimmtes ausländisches Recht zur Anwendung zu bringen sei, ist eine Frage des Internationalen Privatrechts, welches Bestandteil des materiellen Bundesrechts bildet. Mit der Beschwerde kann somit gerügt werden:

– der angefochtene Entscheid habe nicht ausländisches Recht angewendet, wie es das schweizerische internationale Privatrecht vorschreibt[197].

---

[192] BGG 93 Abs. 1. Ist die Beschwerde unter diesen Gesichtspunkten nicht zulässig oder wurde von ihr kein Gebrauch gemacht, so sind die betreffenden Vor- und Zwischenentscheide durch Beschwerde gegen den Endentscheid anfechtbar, soweit sie sich auf dessen Inhalt auswirken (BGG 93 Abs. 3).
[193] Mehr lässt sich für diese Beschwerde aus Art. 95 BGG nicht herleiten. Eine Frage des Bundesrechts ist es jedenfalls, ob ein aus Bundesprivatrecht fliessender Anspruch mit der Begründung abgewiesen werden dürfe, das dem Anspruch zugrunde liegende Rechtsgeschäft sei wegen Verstosses gegen öffentlich-rechtliche Vorschriften des Bundes nichtig (BGE 105 II 310 Erw. 1). Ist die Streitsache als solche beschwerdefähig, so kann mit der Beschwerde auch geltend gemacht werden, der angefochtene Entscheid verletze bundesrechtliche Zuständigkeitsvorschriften (BGE 86 I 331, 97 II 407 f., 98 II 90, 99 II 279 Erw. 1, 105 II 310 Erw. 1).
[194] Dieser aus Art. 43 Abs. 2. OG ersichtliche Satz ist im BGG nicht mehr enthalten, kann aber gleichwohl weiterhin Geltung beanspruchen.
[195] Möglicherweise steht dafür aber die subsidiäre Verfassungsbeschwerde zur Verfügung.
[196] Für letzteren Fall vgl. BGE 105 III 139 Erw. 3.
[197] BGG 96 lit. a

Ob das anwendbare ausländische Recht richtig angewendet wurde ist dann zu überprüfen, wenn der angefochtene Entscheid keine vermögensrechtliche Sache betrifft[198].

90   Es bestehen jedoch zwei wichtige Einschränkungen:

1. Mit der Beschwerde gegen Entscheide über vorsorgliche Massnahmen kann nur die Verletzung verfassungsmässiger Rechte gerügt werden[199].
2. Das Bundesgericht prüft die Verletzung von Grundrechten und von kantonalem und interkantonalem Recht nur insofern, als eine solche Rüge in der Beschwerde vorgebracht und begründet worden ist[200].

b)   Tatbestandsfeststellungen

92   Tatbestandsfeststellungen hat das Bundesgericht im Beschwerdeverfahren nicht zu überprüfen, sondern ist daran gebunden[201].

93   Hiervon existieren Ausnahmen:

Nicht gebunden ist das Bundesgericht (unter der Voraussetzung, dass die Behebung des Mangels für den Ausgang des Verfahrens entscheidend sein kann) an Tatsachen-

---

[198] BGG 96 lit. b.
[199] BGG 98.
[200] BGG 106 Abs. 2. Die Verletzung von Grundrechten prüft das Bundesgericht nur insofern, als eine solche Rüge in der Beschwerde vorab gebracht und begründet worden ist. Das bedeutet, dass klar und deutlich anhand der Erwägungen des angefochtenen Entscheides darzulegen ist, inwiefern verfassungsmässige Rechte verletzt worden sein sollen (BGE 133 III 393 E. 6, 439 E. 3.2; 133 II 249, E. 1.2, 1.3.2, 1.4.1, 1.4.2 und 1.4.3; 134 III 88 E. 3.2).
[201] Art. OG 43 Abs. 3. OG sagte das sehr schön mit den Worten:
«Das Bundesrecht ist durch Feststellungen über tatsächliche Verhältnisse nicht verletzt, es wäre denn, dass sie unter Verletzung bundesrechtlicher Beweisvorschriften zustande gekommen sind.»
Von besonderer Bedeutung ist die Frage im Schadenersatzprozess (vgl. Franz von Däniken, Rechts- und Tatfragen im Haftpflichtprozess, Diss. Zürich 1976, Zürcher Studien zum Verfahrensrecht Bd. 18).
Welchen Schaden jemand erlitten hat, ist grundsätzlich als Tatfrage mit dem angefochtenen Urteil abschliessend festgestellt und bindet das Bundesgericht im Beschwerdeverfahren. Rechtsfrage und vom Bundesgericht zu prüfen ist dagegen, ob der kantonale Richter den Rechtsbegriff des Schadens verkannt, auf unzulässige Berechnungsgrundsätze abgestellt oder das ihm zustehende Ermessen überschritten hat (BGE 104 II 199 mit Zit., 107 II 224 f. Erw. 2). Ebenso ist Tatfrage der wahrscheinliche Gang der Ereignisse, Rechtsfrage dagegen, welches der notwendige Wahrscheinlichkeitsgrad ist; Tatfrage ist der natürliche Kausalzusammenhang, Rechtsfrage dagegen ist die Adäquanz der Kausalität. Vgl. für weitere Beispiele Guldener, Schweizerisches Zivilprozessrecht, 478 ff., ferner zum Ortsgebrauch BGE 54 II 117ff.
Aus der neueren Rechtsprechung zur Abgrenzung zwischen Tat- und Rechtsfragen vgl. BGE 104 II 74 Erw. 3a, 104 II 114 Erw. a, 104 II 127 Erw. 3, 104 II 199, 104 II 308 Erw. c, 105 II 18 Erw. 2, 22, 105 II 147 Erw. b, 105 II 194 Erw. 4b.

feststellungen, die offensichtlich unrichtig sind[202]; diese sind sogar ohne Parteiantrag (von Amts wegen) zu korrigieren. Es können jedoch nur Irrtümer über den Akteninhalt (Aktenwidrigkeit), nicht aber solche bei der Beweiswürdigung gerügt werden[203].

Nicht gebunden ist das Bundesgericht ferner (unter der genannten Voraussetzung) an Tatsachenfeststellungen, die auf einer Rechtsverletzung im Sinne von Art. 95 BGG beruhen[204]. 94

Mit der Beschwerde kann demgegenüber nicht gerügt werden, dass die Beweisabnahme aufgrund kantonaler Vorschriften oder aus Gründen tatsächlicher Natur abgelehnt wird, insbesondere wegen: 95

— Verspätung der Beweisantretung;
— Unzulässigkeit des Beweismittels gemäss kantonalem Recht;
— Ungenügender Umschreibung des Beweisthemas oder
— Untauglichkeit des Beweismittels.

Grundsätzlich sind vom Bundesgericht im Beschwerdeverfahren somit Rechtsfragen und nicht Tatfragen zu überprüfen. Insofern ist die Beschwerde ein *unvollkommenes* Rechtsmittel.

Neue Tatsachen und Beweismittel sind unzulässig, soweit nicht der Entscheid der Vorinstanz zu deren Vorlegung Anlass gab[205].

3. Das Beschwerdeverfahren

Das Verfahren der kantonalen Instanzen muss notwendigerweise bestimmten minimalen Anforderungen genügt haben.[206] 96

a) Kantonales Urteil

Entscheide, die der Beschwerde an das Bundesgericht unterliegen[207], sind den Parteien schriftlich zu eröffnen. Sie müssen enthalten:

a. die Begehren, die Begründung, die Beweisvorbringen und Prozesserklärungen der Parteien, soweit sie nicht aus den Akten hervorgehen;

---

[202] BGG 97 Abs. 1 erster Halbsatz.
[203] Vorbehalten bleibt der Fall, dass eine bundesrechtliche Vorschrift über freie richterliche Beweiswürdigung verletzt sein oder die Beweiswürdigung sich als willkürlich erweisen sollte.
[204] BGG 97 Abs. 1 zweiter Halbsatz.
[205] BGG 99 Abs. 1.
[206] BGG 112 Abs. 1.
[207] Es gilt dies auch für Beschwerden in Strafsachen und solche in öffentlich-rechtlichen Angelegenheiten; die Bestimmung steht deshalb im 4. Kapitel des Gesetzes.

§ 39 Von den Rechtsmitteln

b. die massgebenden Gründe tatsächlicher[208] und rechtlicher[209] Art, insbesondere die Angabe der angewendeten Gesetzesbestimmungen;
c. das Dispositiv[210];
d. eine Rechtsmittelbelehrung einschliesslich Angabe des Streitwertes, soweit das BGG eine Streitwertgrenze vorsieht.

97 Das Bundesgericht kann einen Entscheid, der diesen Anforderungen nicht genügt, an die kantonale Behörde zur Verbesserung zurückweisen oder aufheben[211]. Wenn es das kantonale Recht jedoch vorsieht, kann die Behörde ihren Entscheid ohne Begründung eröffnen, worauf die Parteien innert 30 Tagen eine vollständige Ausfertigung verlangen können[212].

b) Legitimation

98 Zur Einlegung der Berufung sind legitimiert: die Haupt- und Nebenparteien; die letzteren, soweit ihnen nach kantonalem Recht Parteibefugnisse zustehen und sie in der letzten kantonalen Instanz am Prozess teilgenommen haben[213].

---

[208] Das Bundesgericht muss bei Behandlung eines Prozesses orientiert sein über den Tatbestand, von welchem die Vorinstanz ausgeht. In den Entscheiden ist das Ergebnis der Beweisführung festzustellen.
[209] Das Bundesgericht muss wissen, auf welche Gesetzesbestimmungen oder allgemeinen Rechtsgrundsätze die Vorinstanz ihren Entscheid gestützt hat.
[210] *Dispositiv* nennt man den eigentlichen Urteilsspruch. Ein bezirksgerichtliches Dispositiv könnte, zum Beispiel so lauten:
Beispiel:
1. In teilweiser Gutheissung der Klage wird die Beklagte verpflichtet, dem Kläger den Betrag von CHF 31 472.25 nebst Zins zu 5% seit 22. April 2005 zu bezahlen.
2. Im Mehrbetrag wird die Klage abgewiesen.
3. Die Gerichtsgebühr beträgt CHF 1200.00; die übrigen Kosten betragen:
CHF 335.00 Schreibgebühr
CHF 737.50 Auslagen für Beweiserhebung
CHF 159.00 Zustellgebühr
4. Die Kosten werden zu einem Drittel dem Kläger, zu zwei Dritteln der Beklagten auferlegt.
5. Die Beklagte wird verpflichtet, dem Kläger eine reduzierte Prozessentschädigung von CHF 4500.00 zu bezahlen.
6. Gegen dieses Urteil kann innert zehn Tagen seit Empfang bei der Bezirksgerichtskanzlei Uster die Berufung an das Obergericht erklärt werden.
7. Schriftliche Mitteilung an die Parteien, je gegen Empfangschein.
[211] BGG 112 Abs. 3.
[212] BGG 112 Abs. 2 Sätze 1 und 2. Der Entscheid ist nicht vollstreckbar, solange nicht diese Frist unbenützt abgelaufen oder die vollständige Ausfertigung eröffnet worden ist (NGG 112 Abs. 2 Satz 3).
[213] Vgl. dazu BGE 105 II 291 Erw. 1.

§ 39   Von den Rechtsmitteln

c) **Beschwerderecht**

Zur Beschwerde in Zivilsachen ist berechtigt, wer   99

a) vor der Vorinstanz am Verfahren teilgenommen hat oder die Möglichkeit zur Teilnahme erhalten hat; und
b) ein rechtlich geschütztes Interesse an der Aufhebung oder Änderung des angefochtenen Entscheides hat[214].

d) **Beschwerdefrist und Beschwerdeadressat**

Die Beschwerde gegen einen Entscheid ist **innert 30 Tagen** nach der Eröffnung der   100
vollständigen Ausfertigung beim **Bundesgericht** einzureichen[215].

Nur **zehn Tage** beträgt die Beschwerdefrist bei Entscheiden der kantonalen Auf-   101
sichtsbehörden in Schuldbetreibungs- und Konkurssachen[216] sowie bei Entscheiden
über die Rückgabe eines Kindes nach dem Übereinkommen vom 25. Oktober 1980
über die zivilrechtlichen Aspekte internationaler Kindsentführung[217].

Nur **fünf Tage** beträgt die Beschwerdefrist bei Entscheiden der kantonalen Auf-   102
sichtsbehörden in Schuldbetreibungs- und Konkurssachen im Rahmen der Wechselbetreibung[218].

e) **Beschwerde und Beschwerdeantwort**

Die Beschwerde muss ausser der Bezeichnung der angefochtenen Entscheidung und   103
der Partei, gegen welche sie gerichtet wird, enthalten:

– die genaue Angabe, welche Punkte der Entscheidung angefochten und welche
  Abänderungen beantragt werden[219]; der blosse Hinweis auf im kantonalen Verfahren gestellte Anträge genügt nicht[220];

---

[214] BGG 76 Abs. 1.
[215] BGG 100 Abs. 1. Adressat ist also nicht mehr, wie bei der altrechtlichen Berufung, der iudex a quo. Wird jedoch dieser angegangen, so kann das der betreffenden Partei nicht schaden, denn Art. 48 Abs. 3 BGG lautet: «Die Frist gilt auch als gewahrt, wenn die Eingabe rechtzeitig bei der Vorinstanz oder bei einer unzuständigen eidgenössischen oder kantonalen Behörde eingereicht worden ist. Die Eingabe ist unverzüglich dem Bundesgericht zu übermitteln.»
[216] BGG 100 Abs. 2 lit. a.
[217] BGG 100 Abs. 2 lit. c. Das Übereinkommen ist ersichtlich unter SR 0.211.230.02.
[218] BGG 100 Abs. 3 lit. a.
[219] Anträge betreffend Geldforderungen sind zu beziffern (27. März 2008, Bundesgericht, I. zivilrechtliche Abteilung, BGE 134 III 236 E. 2).
[220] Der Antrag auf Aufhebung des angefochtenen Entscheides bzw. Rückweisung an die Vorinstanz genügt, sofern das Bundesgericht für den Fall, dass die Rechtsauffassung der beschwerdeführenden Partei begründet sein sollte, kein Sachurteil fällen kann, sondern den Fall an die kantonale Instanz zurückweisen muss (BGE 106 II 203 Erw. 1 mit Hinweisen, bestätigt in BGE 133 III 489 E. 3.1 und

§ 39 Von den Rechtsmitteln

– die Begründung der Anträge[221]; sie soll kurz darlegen, welche Bundesrechtssätze durch die angefochtene Entscheidung verletzt sein sollen[222];
– sofern die Feststellung einer nach Bundesrecht zu beurteilenden Tatsache als offensichtlich auf Versehen beruhend angefochten wird, die genaue Angabe dieser Feststellung und die Aktenstelle, mit der sie im Widerspruch steht.

104 Gemäss Art. 55 Abs. 2 OG konnte eine Berufungsschrift, deren Begründung diesen Vorschriften nicht entsprach, unter Ansetzung einer kurzen Frist zur Verbesserung zurückgewiesen werden mit der Androhung, dass bei Nichtbefolgen auf die Berufung nicht eingetreten werde. Art. 42 Abs. 5 bis 7. Im vierten Abschnitt des 2. Kapitels (Allgemeine Verfahrensbestimmungen), der von den Parteien, Parteivertretern und -vertreterinnen sowie von den Rechtsschriften handelt, lesen wir:

105 «[5] Fehlen die Unterschrift der Partei oder ihrer Vertretung, deren Vollmacht oder die vorgeschriebenen Beilagen oder ist die Vertretung nicht zugelassen, so wird eine angemessene Frist zur Behebung des Mangels angesetzt mit der Androhung, dass die Rechtsschrift sonst unbeachtet bleibt.
[6] Unleserliche, ungebührliche übermässig weitschweifige oder nicht in einer Amtssprache verfasste Rechtsschriften können in gleicher Weise zur Änderung zurückgewiesen werden.
[7] Rechtsschriften, die auf querulatorischer oder rechtsmissbräuchlicher Prozessführung beruhen, sind unzulässig.»

...

106 Rechtsmissbrauch, der einen Verzicht auf die gesetzlich vorgesehene Nachfrist zu rechtfertigen vermöchte, liegt in der Regel dann nicht vor, wenn aufgrund der Sachlage eine rechtsgenügliche Beschwerdebegründung praktisch nicht ohne Aktenkenntnis möglich ist, die rechtsunkundige Partei, welche selber die Akten nicht besitzt, im gutem Glauben erst kurz vor Ablauf der Beschwerdefrist einen Rechtsvertreter mandatiert, und diesem weder eine rechtzeitige Aktenbeschaffung noch eine sonstige hinreichende Beurteilung des Sachverhalts (z.B. aufgrund eines Instruktionsge-

---

am 17. März 2008 in BGE 134 III 383 E. 1.3: Bundesgerichtsgesetz; beschwerdefähiger Entscheid; Umwandlung des Rechtsmittels; Anforderungen an die in der Rechtsschrift enthaltenen Anträge. Der Entscheid über die Verweigerung der Streitverkündung stellt einen Teilentscheid nach Art. 91 lit. b BGG dar (E. 1.1). Die unrichtige Bezeichnung eines Rechtsmittels schadet dem Beschwerdeführer nicht, sofern die Prozessvoraussetzungen desjenigen Rechtsmittels, das hätte eingereicht werden müssen, erfüllt sind und es möglich ist, das Rechtsmittel als Ganzes umzuwandeln (E. 1.2). Der Beschwerdeführer darf sich nicht darauf beschränken, die Aufhebung des angefochtenen Entscheids zu beantragen, sondern muss grundsätzlich auch Anträge in der Sache stellen, es sei denn, das Bundesgericht wäre im Fall der Gutheissung der Beschwerde nicht in der Lage, in der Sache selbst zu entscheiden (E. 1.3).

[221] Die unrichtige Bezeichnung eines Rechtsmittels schadet dem Beschwerdeführer nicht, sofern die Prozessvoraussetzungen desjenigen Rechtsmittels, das hätte eingereicht werden müssen, erfüllt sind und es möglich ist, das Rechtsmittel als Ganzes umzuwandeln, in casu eine subsidiäre Verfassungsbeschwerde in eine Beschwerde in Zivilsachen. (17. März 2008, Bundesgericht, I. zivilrechtliche Abteilung, BGE 134 III 382 E. 2.1)

[222] Vgl. dazu BGE 72 II 123, 82 II 335 Erw. 2, 87 II 306 Erw. 1, 93 II 321 Erw. d, 106 II 175 f.

sprächs mit dem Klienten) möglich ist²²³. Auf der andern Seite ist bei Beschwerden, die durch einen Rechtsanwalt (offensichtlich) nicht hinreichend begründet sind, die Ansetzung einer Nachfrist zur Ergänzung der Begründung weder nach Art. 42 BGG noch nach allgemeinen Grundsätzen geboten²²⁴.

f) Schriftenwechsel

Soweit erforderlich stellt das Bundesgericht die Beschwerde der Vorinstanz sowie den allfälligen anderen Parteien, Beteiligten oder zur Beschwerde berechtigten Behörden zu und setzt ihnen Frist zur Einreichung einer Vernehmlassung an²²⁵. Die Vorinstanz hat innert dieser Frist die Vorakten einzureichen²²⁶. Ein weiterer Schriftenwechsel findet in der Regel nicht statt²²⁷.

107

g) Aufschiebende Wirkung

Im Unterschied zur altrechtlichen Berufung hat die Beschwerde in der Regel keine aufschiebende Wirkung²²⁸. Als gesetzliche Folge der zivilrechtlichen Beschwerde ist sie beschränkt auf die Fälle, da sich diese gegen ein Gestaltungsurteil richtet²²⁹. Der Instruktionsrichter oder die Instruktionsrichterin kann jedoch über die aufschiebende Wirkung von Amts wegen oder auf Antrag einer Partei eine andere Anordnung treffen²³⁰.

108

---

²²³ 15, April 2008, Bundesgericht, II. sozialrechtliche Abteilung, BGE 134 V 168 E. 5.2 zu Art. 61 lit. b ATSG).
²²⁴ 19. Mai 2008, Bundesgericht, SJZ 104/2008, 378 N 4); vgl. die Ausnahmen in BGG 42.
²²⁵ BGG 102 Abs. 1. Ein Vernehmlassung der Vorinstanz gab es unter der altrechtlichen Berufung nicht; es ist dies ein Element, das aus dem öffentlichen Recht stammt und zu einem ordentlichen Rechtsmittel des Privatrechts nicht recht passen will.
²²⁶ BGG 102 Abs. 2.
²²⁷ BGG 102 Abs. 3.
²²⁸ BGG 103 Abs. 1
²²⁹ BGG 103 Abs. 2 lit. a. Die aufschiebende Wirkung erfolgt dann im Umfang der Anträge.
²³⁰ BGG 103 Abs. 3. Die *andere Anordnung* bezieht sich auf Abs. 1. Gestaltungsurteilen kann die aufschiebende Wirkung nicht durch richterliche Verfügung entzogen werden. Art. 104 BGG verleiht jedoch den mit der Instruktion des Prozesses betrauten Gerichtsmitgliedern generell die Möglichkeit, vorsorgliche Massnahmen zu verfügen, *um den bestehenden Zustand zu erhalten oder bedrohte Interessen sicherzustellen*. Diese Befugnis stand nach Art. 58 OG unter dem alten Recht ausschliesslich den kantonalen Behöden nach Massgabe des kantonalen Rechts zu (SPÜHLER/DOLGE/VOCK, N 3 zu Art. 104 BGG).

h) Keine Anschlussbeschwerde

109 Im Unterschied zur altrechtlichen Berufung gibt es bei der Beschwerde kein Anschlussrechtsmittel.[231] Keine Partei, die im kantonalen Verfahren nur teilweise obsiegt hat, kann also die Erhebung ihrer Beschwerde von derjenigen der Gegenpartei abhängig machen. Es ist auch nicht zulässig, vorsorglich Beschwerde zu erheben für den Fall, dass die Gegenpartei ihrerseits Beschwerde erheben werde[232].

i) Mündliche Verhandlung

110 Der Abteilungspräsident oder die Abteilungspräsidentin kann eine mündliche Verhandlung anordnen[233]. Findet keine mündliche Verhandlung und Beratung statt, kann das Bundesgericht auf dem Wege der Aktenzirkulation entscheiden.[234]

111 Ist ein Entscheid aufgrund der Akten spruchreif, ist die Anordnung einer Parteiverhandlung nicht angezeigt[235]. Finden Parteiverhandlungen statt, sind diese öffentlich, wie auch die mündlichen Beratungen und die darauf folgenden Abstimmungen.[236] Das Dispositiv von Entscheiden, die nicht öffentlich beraten worden sind, werden 30 Tage nach dessen Eröffnung öffentlich aufgelegt.[237] Die Eröffnung kann auch auf elektronischem Weg erfolgen.[238] Die Entscheide des Bundesgerichts erwachsen am Tag ihrer Ausfällung in Rechtskraft.[239]

---

[231] Spühler/Dolge/Vock, N 2 zu Art. 102 BGG.

[232] 20. März 2008, BGE 134 III 332: Art. 42 BGG; Zulässigkeit einer bedingten Beschwerde. Die Erhebung der Beschwerde unter der Bedingung, dass auch die Gegenpartei Beschwerde einreicht, ist unzulässig (E. 2).

[233] BGG 57. Nach der Justizreform sind vor Bundesgericht grundsätzlich keine mündlichen Parteiverhandlungen mehr vorgesehen. Dies widerspricht nicht Art. 30 Abs. 3 BV, welcher lediglich verlangt, dass Verhandlungen öffentlich sind, wenn sie durchgeführt werden (Näheres bei BSK BGG Stefan Heimgartner/Hans Wiprächtiger, Art. 57 N 1 ff.)

[234] BGG 58 Abs. 3.

[235] BSK BGG Stefan Heimgartner/Hans Wiprächtiger, Art. 57 N 14.

[236] BGG 59. Ausnahme BGG 59 Abs. 2.

[237] BGG 59 Abs. 3.

[238] BGG 60 Abs. 3.

[239] BGG 61.

j) Vereinfachtes Verfahren[240]

— Die Abteilungen entscheiden in Dreierbesetzung[241] (auch bei fehlender Einstimmigkeit) [242]über Nichteintreten auf Beschwerden, bei denen sich keine Rechtsfrage von grundsätzlicher Bedeutung stellt oder kein besonders bedeutender Fall vorliegt, wenn die Beschwerde nur unter einer dieser Bedingungen zulässig ist (Art. 74 und 83–85). Artikel 58 Absatz 1 Buchstabe b findet keine Anwendung.
— Sie entscheiden ebenfalls in Dreierbesetzung bei Einstimmigkeit über:
  a. Abweisung offensichtlich unbegründeter Beschwerden;
  b. Gutheissung offensichtlich begründeter Beschwerden, insbesondere wenn der angefochtene Akt von der Rechtsprechung des Bundesgerichts abweicht und kein Anlass besteht, diese zu überprüfen.
— Der Entscheid wird summarisch begründet. Es kann ganz oder teilweise auf den angefochtenen Entscheid verwiesen werden.

113

k) Entscheidung des Bundesgerichtes als Beschwerdeinstanz

Inhalt der Entscheidung des Bundesgerichts als Beschwerdeinstanz: Das Bundesgericht darf über die Parteianträge nicht hinausgehen[243].

114

Die Beschwerdeeingabe ist einleitend zu prüfen auf:

— Zuständigkeit[244] und Zulässigkeit;
— Rechtzeitigkeit der Einlegung;
— ordnungsgemässe Einleitung.

An die rechtliche Begründung der Parteianträge ist das Bundesgericht nicht gebunden[245]. Innerhalb der zulässigen Beschwerdeanträge hat das Bundesgericht die in Betracht fallenden Normen des Bundesrechts von Amts wegen zur Anwendung zu bringen. Die Verletzung von Grundrechten und von kantonalem und interkantonalem

115

---

[240] BGG 108–109.
[241] BGG 20: Die Abteilungen entscheiden in der Regel in der Besetzung mit drei Richtern oder Richterinnen (Spruchkörper).
Über Rechtsfragen von grundsätzlicher Bedeutung oder auf Antrag eines Richters oder einer Richterin entscheiden sie in Fünferbesetzung. Ausgenommen sind Beschwerden gegen Entscheide der kantonalen Aufsichtsbehörden in Schuldbetreibungs- und Konkurssachen.
In Fünferbesetzung entscheiden sie ferner über Beschwerden gegen referendumspflichtige kantonale Erlasse und gegen kantonale Entscheide über die Zulässigkeit einer Initiative oder das Erfordernis eines Referendums. Ausgenommen sind Beschwerden, die eine Angelegenheit einer Gemeinde oder einer anderen Körperschaft des kantonalen Rechts betreffen.
[242] BSK BGG Eva Maria Belser / Bettina Bacher, Art. 109 N 17.
[243] BGG 107 Abs. 1.
[244] BGG 29–30; 72 ff.
[245] BGG 106 Abs. 1.

Recht prüft es nur insofern, als eine solche Rüge in der Beschwerde vorgebracht und begründet worden ist.[246]

116 Wenn die Tatsachenfeststellungen der Vorinstanz zu ergänzen sind, dann wird der angefochtene Entscheid der Vorinstanz aufgehoben und zur Ergänzung der Tatsachenfeststellungen und zu neuer Entscheidung zurückgewiesen[247].

117 Ausgenommen sind Sachverhaltsfeststellungen der Vorinstanz, die auf einer Verletzung von verfassungsmässigen Rechten beruhen. Diese sind von Amtes wegen im Rahmen der Verfassungsbeschwerde zu berichten oder zu ergänzen[248, 249].

118 Erfolgt Rückweisung an die kantonale Instanz, so ist diese an die rechtliche Beurteilung gebunden, mit der die Rückweisung begründet wurde.

119 Die Entscheidung des Bundesgerichts wird mit ihrer Ausfällung rechtskräftig[250]. Wird die Beschwerde gutgeheissen oder abgewiesen (Bestätigung der Entscheidung der Vorinstanz), so tritt das Urteil des Bundesgerichts an die Stelle der angefochtenen Entscheidung.

120 Das angefochtene Urteil erwächst nur dann in Rechtskraft, wenn die Beschwerde zurückgezogen oder als unzulässig erklärt wird.

l) Kosten und Entschädigungsfolgen

121 Die Gerichtskosten werden in der Regel der unterliegenden Partei auferlegt. Wenn die Umstände es rechtfertigen, kann das Bundesgericht die Kosten anders verteilen oder darauf verzichten, Kosten zu erheben[251].

Die im Beschwerdeverfahren unterliegende Partei wird in der Regel verpflichtet, der obsiegenden Partei nach Massgabe des Tarifs des Bundesgerichts[252] alle durch den Rechtsstreit notwendigen Kosten zu ersetzen[253]. Bund, Kantonen sowie mit öffentlich-rechtlichen Aufgaben betrauten Organisationen wird in der Regel keine Par-

---

[246] BGG 106 Abs. 2.
[247] BGG 107 Abs. 2.
[248] BGG 116 und 118 Abs. 2 für die Verfassungsbeschwerde.
[249] BGG 106. Die Verletzung von Grundrechten muss in der Beschwerde vorgebracht und begründet worden sein.
[250] BGG 61.
[251] BGG 66 Abs. 1.
[252] Tarif über die Parteientschädigung und die Entschädigung für die amtliche Vertretung im Verfahren vor dem Bundesgericht vom 31. März 2006 (SR 173.110.210.2).
[253] BGG 68 Abs. 2. Der Entscheid der Vorinstanz über die Parteientschädigung wird vom Bundesgericht je nach Ausgang des Verfahrens bestätigt, aufgehoben oder geändert. Dabei kann das Gericht die Entschädigung nach Massgabe des anwendbaren eidgenössischen oder kantonalen Tarifs selbst festsetzen oder die Festsetzung der Vorinstanz übertragen (BGG 68 Abs. 5).

teientschädigung zugesprochen, wenn sie in ihrem amtlichen Wirkungskreis obsiegen[254].

m) Rechtsmittel und Rechtsbehelf gegen die Entscheidung

Gegen die Entscheidung des Bundesgerichts sind das *Rechtsmittel* der bundesrechtlichen Revision[255] und der *Rechtsbehelf* der Erläuterung bzw. Berichtigung zulässig[256].

122

n) Verhältnis zu kantonalen Rechtsmitteln

Die Beschwerde ist nach Art. 90 BGG grundsätzlich gegen Entscheide zulässig, die das Verfahren abschliessen[257].

123

III. Die Subsidiäre Verfassungsbeschwerde[258]

Soweit die Beschwerde in Zivilsachen nicht zur Verfügung steht, kann die Subsidiäre Verfassungsbeschwerde zum Zuge kommen. Mit ihr kann jedoch lediglich die Verletzung von verfassungsmässigen Rechten gerügt werden[259].

124

Führt eine Partei sowohl ordentliche Beschwerde als auch Verfassungsbeschwerde, so hat sie beide Rechtsmittel in der gleichen Rechtsschrift einzureichen[260].

125

Die Randziffern 126–131 entfallen.

---

[254] BGG 68 Abs. 3. Die Praxis zu Art. 159 Abs. 2 OG in fine in Angelegenheiten der seinerzeitigen staatsrechtlichen Beschwerde, wonach Parteientschädigungen denjenigen Gemeinden zugesprochen wurden, welche infolge ihrer Grösse nicht über eine genügende administrative und juristische Infrastruktur verfügen, um ohne Hilfe eines Anwalts zu handeln, rechtfertigt sich im Rahmen der öffentlich-rechtlichen Beschwerde nicht mehr (28. Mai 2008, Bundesgericht, I. öffentlich-rechtliche Abteilung, BGE 134 II 117). Da Art. 68 BGG unter den Bestimmungen über Stellung und Organisation des Bundesgerichts steht, dürfte dies auch für die Beschwerde in Zivilsachen gelten. BGG 68 Abs. 3 entbindet nur die unterliegende private Partei dem obsiegenden Staat oder der obsiegenden Organisation eine Entschädigung auszurichten. Demgegenüber steht der gegen die entsprechenden Gemeinschaften oder den Organisationen obsiegenden privaten Partei sehr wohl ein Entschädigungsanspruch zu (vgl. BSK BGG Thomas Geiser, Art. 68 N 22).
[255] BGG 121–128.
[256] BGG 129.
[257] Ausnahmen ergeben sich aus den Art. 91–93 BGG.
[258] BGG 113.
[259] BGG 116.
[260] BGG 119.

§ 39 Von den Rechtsmitteln

IV. Die bundesrechtliche Revision[261]

132 Die Revision kann gegen ein Urteil des Bundesgerichts aus zwei Gründen beantragt werden:

1. Bei Vorliegen von Verfahrensmängeln[262] ist sie nur dann zugelassen, wenn besonders schwere Mängel vorliegen:
   - Das Gericht war nicht gehörig besetzt, Ausstandsbestimmungen wurden nicht beachtet, die Aussetzung des Verfahrens erfolgt nicht[263].
   - Einer Partei wurde mehr zugesprochen, als sie selbst verlangt hatte, oder weniger, als der Gegner anerkannte.
   - Einzelne Anträge blieben unbeurteilt.
   - Es liegt ein Versehen in der Würdigung der Akten vor[264].
2. Bei Vorliegen neuer Tatsachen[265]:
   - wenn auf dem Wege des Strafverfahrens erwiesen wird, dass durch ein Verbrechen oder Vergehen zum Nachteil des Gesuchstellers auf den Entscheid eingewirkt wurde. Die Verurteilung durch den Strafrichter ist nicht erforderlich. Bei Unmöglichkeit des Strafverfahrens kann der Beweis auf andere Weise erbracht werden.
   - wenn der Gesuchsteller nachträglich neue erhebliche Tatsachen erfährt oder entscheidende Beweismittel auffindet, die er im früheren Verfahren nicht beibringen konnte.
   - wenn der Europäische Gerichtshof für Menschenrechte oder das Ministerkomitee des Europarates eine Individualbeschwerde wegen Verletzung der Konvention vom 4. November 1950 zum Schutze der Menschenrechte und Grundfreiheiten und deren Protokolle gutzuheissen hat und eine Wiedergutmachung nur durch eine Revision möglich ist[266].

Indessen kann die Revision eines den kantonalen Entscheid bestätigenden bundesgerichtlichen Entscheides nicht mehr verlangt werden aus einem Grund, der schon vor der Ausfällung des bundesgerichtlichen Entscheides entdeckt worden ist und im kantonalen Revisionsverfahren hätte geltend gemacht werden können. Auch die bundesrechtliche Revision ist ein nichtdevolutives Rechtsmittel. Das Gesuch ist beim Bundesgericht anhängig zu machen[267].

---

[261] BGG 121–128.
[262] BGG 121.
[263] BGG 121 lit. a–d.
[264] BGG 121 lit. d.
[265] BGG 123.
[266] BGG 122.
[267] Für Fristen und Verfahren vgl. BGG 124–128.

Achter Abschnitt

§ 40 Von den Schiedsgerichten[1]

Inhaltsverzeichnis   Seite

A. Allgemeines mit Ausblick auf die Schweizerische Zivilprozessordnung 523
B. Einzelne Fragen 536
   1. Einleitung 536
   2. Zuständige richterliche Behörde 536
   3. Beteiligung von Juristen im Schiedsgericht 537
   4. Anfechtbarkeit von Zwischenentscheiden 537
   5. Annahme des Schiedsrichtermandats 537
   6. Einsetzung eines Sekretärs 538
   7. Befristung der Amtsdauer 538
   8. Ausschluss und Ablehnung von Schiedsrichtern 538
   9. Abberufung der Schiedsrichter 540
   10. Rechtshängigkeit 540
   11. Ablauf des Verfahrens 541
   12. Erledigung durch Parteierklärung 542
   13. Zustellung des Schiedsspruchs 542
   14. Nichtigkeitsbeschwerde 542
   15. Revision 544
   16. Protokoll 544
   17. Vollstreckbarerklärung 544
   18. Bundesrechtsmittel 545
C. Abgrenzung zu den Schiedsgutachten 545
D. Die internationale Schiedsgerichtsbarkeit 545

A. Allgemeines mit Ausblick auf die Schweizerische Zivilprozessordnung

Es wird zunächst unterschieden zwischen nationaler und internationaler Schiedsgerichtsbarkeit. Letztere wird durch das IPRG geregelt. Die nationale, sog. Binnenschiedsgerichtsbarkeit wird separat geregelt im Konkordat vom 27. März 1969 (KSG), dem inzwischen sämtliche Kantone beigetreten sind. Bei der Ausarbeitung des IPRG hatte der Bund eine Ordnung für die internationale Schiedsgerichtsbarkeit geschaffen, die sich durch Flexibilität und grösstmögliche Parteiautonomie auszeichnet.[2] Die Vereinheitlichung des Zivilprozessrechts bietet nun dieselbe Gelegenheit für die nationale Schiedsgerichtsbarkeit. Das Schiedsverfahren ist in einem eigenen

1a

---

[1] LS 274; ZPO CH 353–399 und 407.
[2] Botschaft des Bundesrates vom 10. November 1982 zum Bundesgesetz über das internationale Privatrecht, BBl 1983 293.

3. Teil in den Art. 353 bis 399 ZPO CH separat geregelt worden, um eine Anlehnung an die Regelung für die staatlichen Gerichte zu verhindern[3].

Die nationale Schiesgerichtsbarkeit soll an die Erfolge der internationalen anknüpfen. Die schweizerische Zivilprozessordnung sieht einige konkrete Massnahmen vor, die diesem Zweck dienen:

- Möglichkeit der Anordnung vorsorglicher Massnahmen durch das Schiedsgericht selbst (ZPO CH 374);
- Erleichterung der Verrechnungseinrede (ZPO CH 377);
- Möglichkeit einer direkten Beschwerde an das Bundesgericht gegen den Schiedsspruch (ZPO CH 398) mit der Möglichkeit mittels ausdrücklicher Erklärung der Parteien, den Schiedsspruch zuerst bei der zuständigen kantonalen Instanz anfechten zu können (ZPO CH 390).

1b Mit Wirkung ab 1. Juli 1985 ist der Kanton Zürich als fünftletzter der 26 eidgenössischen Stände dem Konkordat über die Schiedsgerichtsbarkeit (Konk.) beigetreten[4]. Die Umstände, die zu dieser langen Verzögerung des Beitrittes führten, während welcher Zeit der Kanton sich eine neue eigene Gesetzgebung über das Schiedsgerichtswesen innerhalb seiner Zivilprozessordnung vom 13. Juni 1976 gab, brauchen hier nicht weiter erörtert zu werden. Mit zur Förderung des Beitrittes hat die Einsicht vor allem in Anwaltskreisen beigetragen, dass etwas Positives geschehen müsse im Hinblick auf die Komplikationen, die sich daraus ergaben, dass den im Ausland domizilierten potenziellen Schiedsgerichtsparteien und Schiedsrichtern das Nebeneinander von Konkordatsordnung und zürcherischem Recht schwer verständlich erschien[5]. Der Vorstoss wurde mithilfe des Vereins zürcherischer Rechtsanwälte von einer Arbeitsgruppe mit einem ausgearbeiteten Gesetzesentwurf der Justizdirek-

---

[3] Botschaft zur Schweizerischen Zivilprozessordnung vom 28. Juni 2006, 7392:
«Die Schiedsgerichtsbarkeit stellt bewusst einen eigenständigen Teil der Zivilprozessordnung dar. Aus den Regeln, die für staatliche Gerichte gelten, sollen grundsätzlich keine Rückschlüsse für das Schiedsverfahren gezogen werden. Deshalb wird im Prinzip auch auf Querverweise auf andere Bestimmungen des Entwurfes verzichtet: Der 3. Teil der Zivilprozessordnung soll von der Praxis wie ein selbstständiges Gesetz gehandhabt und aus sich selbst heraus verstanden werden.
Die Parteien und die Schiedsrichter und -richterinnen können sich natürlich bei der Festlegung des Verfahrens durch die übrige Zivilprozessordnung inspirieren lassen oder einzelne Titel als anwendbar erklären (z.B. die Bestimmungen über den Beweis).
Wie schon das Konkordat, das IPRG und auch viele ausländische Vorbilder (weitgehend auch das UNCITRAL-Modellgesetz), regelt der Entwurf das Schiedsverfahren nicht im Einzelnen, sondern überlässt es der Vereinbarung der Parteien bzw. dem Schiedsgericht. Diese Flexibilität ist notwendig, um es den Bedürfnissen des Einzelfalls anzupassen. Daher wurde die viel kritisierte subsidiäre Anwendbarkeit des ‹staatlichen Prozessrechts› nicht übernommen (vgl. Art. 24 Abs. 2 KSG).»

[4] Seither haben sich nacheinander *Aargau, Glarus, Thurgau* und *Luzern* dem Konkordat angeschlossen.

[5] Seither hat sich für die Internationale Schiedsgerichtsbarkeit durch die Art. 176–194 IPRG die Situation grundlegend geändert.

tion eingereicht, die verhältnismässig bald eine entsprechende Vorlage vorbereitete. Diese stiess weder im Kantonsrat noch in der Volksabstimmung auf nennenswerte Opposition.

Neu war für den Kanton Zürich, dass er eine derart umfassende Ordnung in seine Gesetzgebung aufnahm, die ohne seine Mitwirkung entstanden war, eine Ordnung, die auch für die staatlichen Gerichte wesentliche Änderungen mit sich brachte. Das Konkordat hat folgenden Wortlaut: 2

Konkordat über die Schiedsgerichtsbarkeit
Erster Abschnitt: Allgemeine Bestimmungen

Art. 1

Anwendungsbereich

¹ Das Konkordat ist auf jedes Verfahren vor einem Schiedsgericht anwendbar, das seinen Sitz in einem Konkordatskanton hat.

² Vorbehalten bleibt die Anwendung abweichender Schiedsordnungen privater oder öffentlich-rechtlicher Körperschaften und Organisationen sowie von Schiedsabreden, soweit diese nicht gegen zwingende Vorschriften des Konkordates verstossen.

³ Zwingend sind folgende Vorschriften des Konkordates: Artikel 2 Absätze 2 und 3, Artikel 4–9, 12, 13 und 18–21, 22 Absatz 2, 25–29, 31 Absatz 1, 33 Absatz 1 Buchstaben a–f, Absätze 2 und 3, 36–46.

Art. 2

Sitz des Schiedsgerichts

¹ Der Sitz des Schiedsgerichtes befindet sich an dem Ort, der durch Vereinbarung der Parteien oder durch die von ihnen beauftragte Stelle oder in Ermangelung einer solchen Wahl durch Beschluss der Schiedsrichter bezeichnet worden ist.

² Haben weder die Parteien noch die von ihnen beauftragte Stelle oder die Schiedsrichter diesen Ort bezeichnet, so hat das Schiedsgericht seinen Sitz am Ort des Gerichtes, das beim Fehlen einer Schiedsabrede zur Beurteilung der Sache zuständig wäre.

³ Sind mehrere Gerichte im Sinne des vorstehenden Absatzes zuständig, so hat das Schiedsgericht seinen Sitz am Ort der richterlichen Behörde, die als erste in Anwendung von Artikel 3 angerufen wird.

Art. 3

Zuständige richterliche Behörde am Sitz des Schiedsgerichtes

Das obere ordentliche Zivilgericht des Kantons, in dem sich der Sitz des Schiedsgerichtes befindet, ist unter Vorbehalt von Artikel 45 Absatz 2 die zuständige richterliche Behörde, welche
a. die Schiedsrichter ernennt, wenn diese nicht von den Parteien oder einer von ihnen beauftragten Stelle bezeichnet worden sind;
b. über die Ablehnung und die Abberufung von Schiedsrichtern entscheidet und für deren Ersetzung sorgt;
c. die Amtsdauer der Schiedsrichter verlängert;

d. auf Gesuch des Schiedsgerichtes bei der Durchführung von Beweismassnahmen mitwirkt;
e. den Schiedsspruch zur Hinterlegung entgegennimmt und ihn den Parteien zustellt;
f. über Nichtigkeitsbeschwerden und Revisionsgesuche entscheidet;
g. die Vollstreckbarkeit des Schiedsspruches bescheinigt.

Zweiter Abschnitt: Schiedsabrede

Art. 4

Schiedsvertrag und Schiedsklausel

[1] Die Schiedsabrede wird als Schiedsvertrag oder als Schiedsklausel abgeschlossen.

[2] Im Schiedsvertrag unterbreiten die Parteien eine bestehende Streitigkeit einem Schiedsgericht zur Beurteilung.

[3] Die Schiedsklausel kann sich nur auf künftige Streitigkeiten beziehen, die sich aus einem bestimmten Rechtsverhältnis ergeben können.

Art. 5

Gegenstand des Schiedsverfahrens

Gegenstand eines Schiedsverfahrens kann jeder Anspruch sein, welcher der freien Verfügung der Parteien unterliegt, sofern nicht ein staatliches Gericht nach einer zwingenden Gesetzesbestimmung in der Sache ausschliesslich zuständig ist.

Art. 6

Form

[1] Die Schiedsabrede bedarf der Schriftform.

[2] Sie kann sich aus der schriftlichen Erklärung des Beitritts zu einer juristischen Person ergeben, sofern diese Erklärung ausdrücklich auf die in den Statuten oder in einem sich darauf stützenden Reglement enthaltene Schiedsklausel Bezug nimmt.

Art. 7

Zulassung von Juristen

Jede Bestimmung einer Schiedsklausel, welche die Beiziehung von Juristen im Schiedsverfahren als Schiedsrichter, Sekretär oder Parteivertreter untersagt, ist nichtig.

Art. 8

Zuständigkeit des Schiedsgerichtes

[1] Werden die Gültigkeit oder der Inhalt und die Tragweite der Schiedsabrede vor dem Schiedsgericht bestritten, so befindet dieses über seine eigene Zuständigkeit durch Zwischen- oder Endentscheid.

[2] Die Einrede der Unzuständigkeit des Schiedsgerichtes muss vor der Einlassung auf die Hauptsache erhoben werden.

Art. 9

Weiterziehung

Der Zwischenentscheid, in dem das Schiedsgericht sich für zuständig oder unzuständig erklärt, unterliegt der Nichtigkeitsbeschwerde im Sinne von Artikel 36 Buchstabe b.

Dritter Abschnitt: Bestellung und Ernennung der Schiedsrichter, Amtsdauer, Anhängigkeit

Art. 10

Anzahl der Schiedsrichter

¹ Das Schiedsgericht besteht aus drei Mitgliedern, sofern die Parteien sich nicht auf eine andere ungerade Anzahl, insbesondere auf einen Einzelschiedsrichter, geeinigt haben.

² Die Parteien können jedoch ein aus einer geraden Anzahl von Mitgliedern bestehendes Schiedsgericht vorsehen, das auch ohne Bestellung eines Obmanns entscheidet.

Art. 11

Bestellung durch die Parteien

¹ Die Parteien können den oder die Schiedsrichter in gegenseitigem Einvernehmen, sei es in der Schiedsabrede oder in einer späteren Vereinbarung, bestellen. Sie können den oder die Schiedsrichter auch durch eine von ihnen beauftragte Stelle bezeichnen lassen.

² Wird ein Schiedsrichter nicht namentlich, sondern lediglich der Stellung nach bezeichnet, so gilt als bestellt, wer diese Stellung bei Abgabe der Annahmeerklärung bekleidet.

³ Beim Fehlen einer Vereinbarung oder einer Bezeichnung im Sinne von Absatz 1 bestellt jede Partei eine gleiche Anzahl von Schiedsrichtern; die so bestellten Schiedsrichter wählen einstimmig einen weiteren Schiedsrichter als Obmann.

⁴ Weist das Schiedsgericht eine gerade Anzahl von Schiedsrichtern auf, so haben die Parteien zu vereinbaren, dass entweder die Stimme des Obmanns bei Stimmengleichheit den Ausschlag gibt oder dass das Schiedsgericht einstimmig oder mit qualifizierter Mehrheit entscheidet.

Art. 12

Ernennung durch die richterliche Behörde

Können die Parteien sich über die Bestellung des Einzelschiedsrichters nicht einigen oder bestellt eine Partei den oder die von ihr zu bezeichnenden Schiedsrichter nicht, oder einigen die Schiedsrichter sich nicht über die Wahl des Obmanns, so nimmt auf Antrag einer Partei die in Artikel 3 vorgesehene richterliche Behörde die Ernennung vor, sofern nicht die Schiedsabrede eine andere Stelle hierfür vorsieht.

Art. 13

Anhängigkeit

¹ Das Schiedsverfahren ist anhängig:
a. von dem Zeitpunkt an, da eine Partei den oder die in der Schiedsklausel bezeichneten Schiedsrichter anruft;
b. sofern die Schiedsklausel die Schiedsrichter nicht bezeichnet: von dem Zeitpunkt an, da eine Partei das in der Schiedsklausel vorgesehene Verfahren auf Bildung des Schiedsgerichts einleitet;
c. sofern die Schiedsklausel das Verfahren zur Bezeichnung der Schiedsrichter nicht regelt: von dem Zeitpunkt an, da eine Partei die in Artikel 3 vorgesehene richterliche Behörde um die Ernennung der Schiedsrichter ersucht;
d. beim Fehlen einer Schiedsklausel: von der Unterzeichnung des Schiedsvertrages an.

² Wenn die von den Parteien anerkannte Schiedsordnung oder die Schiedsabrede ein Sühneverfahren vorsehen, so gilt die Einleitung desselben als Eröffnung des Schiedsverfahrens.

Art. 14

Annahme des Amtes durch die Schiedsrichter

¹ Die Schiedsrichter haben die Annahme des Amtes zu bestätigen.

² Das Schiedsgericht ist erst dann gebildet, wenn alle Schiedsrichter die Annahme des Amtes für die ihnen vorgelegte Streitsache erklärt haben.

Art. 15

Sekretariat

¹ Im Einverständnis der Parteien kann das Schiedsgericht einen Sekretär bestellen.

² Auf die Ablehnung des Sekretärs sind die Artikel 18–20 anwendbar.

Art. 16

Amtsdauer

¹ Die Parteien können in der Schiedsabrede oder in einer späteren Vereinbarung das dem Schiedsgericht übertragene Amt befristen.

² In diesem Falle kann die Amtsdauer, sei es durch Vereinbarung der Parteien, sei es auf Antrag einer Partei oder des Schiedsgerichtes, durch Entscheid der in Artikel 3 vorgesehenen richterlichen Behörde jeweilen um eine bestimmte Frist verlängert werden.

³ Stellt eine Partei einen solchen Antrag, so ist die andere dazu anzuhören.

Art. 17

Rechtsverzögerung

Die Parteien können jederzeit bei der in Artikel 3 vorgesehenen richterlichen Behörde wegen Rechtsverzögerung Beschwerde führen.

Vierter Abschnitt: Ablehnung, Abberufung und Ersetzung der Schiedsrichter

Art. 18

Ablehnung der Schiedsrichter

[1] Die Parteien können die Schiedsrichter aus den im Bundesgesetz vom 16. Dezember 1943 über die Organisation der Bundesrechtspflege[3] genannten Gründen für die Ausschliessung und Ablehnung der Bundesrichter sowie aus den in einer von ihnen anerkannten Schiedsordnung oder in der Schiedsabrede vorgesehenen Gründen ablehnen.

[2] Ausserdem kann jeder Schiedsrichter abgelehnt werden, der handlungsunfähig ist oder der wegen eines entehrenden Verbrechens oder Vergehens eine Freiheitsstrafe verbüsst hat.

[3] Eine Partei kann einen von ihr bestellten Schiedsrichter nur aus einem nach der Bestellung eingetretenen Grund ablehnen, es sei denn, sie mache glaubhaft, dass sie damals vom Ablehnungsgrund keine Kenntnis hatte.

Art. 19

Ablehnung des Schiedsgerichts

[1] Das Schiedsgericht kann abgelehnt werden, wenn eine Partei einen überwiegenden Einfluss auf die Bestellung seiner Mitglieder ausübte.

[2] Das neue Schiedsgericht wird in dem in Artikel 11 vorgesehenen Verfahren gebildet.

[3] Die Parteien sind berechtigt, Mitglieder des abgelehnten Schiedsgerichts wiederum als Schiedsrichter zu bestellen.

Art. 20

Frist

Der Ausstand muss bei Beginn des Verfahrens, oder sobald der Antragsteller vom Ablehnungsgrund Kenntnis hat, verlangt werden.

Art. 21

Bestreitung

[1] Im Bestreitungsfall entscheidet die in Artikel 3 vorgesehene richterliche Behörde über den Ausstand.

[2] Die Parteien sind dabei zur Beweisführung zuzulassen.

Art. 22

Abberufung

[1] Jeder Schiedsrichter kann durch schriftliche Vereinbarung der Parteien abberufen werden.

[2] Auf Antrag einer Partei kann die in Artikel 3 vorgesehene richterliche Behörde einem Schiedsrichter aus wichtigen Gründen das Amt entziehen.

Art. 23

Ersetzung

¹ Stirbt ein Schiedsrichter, hat er den Ausstand zu nehmen, wird er abberufen oder tritt er zurück, so wird er nach dem Verfahren ersetzt, das bei seiner Bestellung oder Ernennung befolgt wurde.

² Kann er nicht auf diese Weise ersetzt werden, so wird der neue Schiedsrichter durch die in Artikel 3 vorgesehene richterliche Behörde ernannt, es sei denn, die Schiedsabrede habe ihrem Inhalte nach als dahingefallen zu gelten.

³ Können die Parteien sich hierüber nicht einigen, so entscheidet die in Artikel 3 vorgesehene richterliche Behörde nach Anhörung des Schiedsgerichts, inwieweit die Prozesshandlungen, bei denen der ersetzte Schiedsrichter mitgewirkt hat, weitergelten.

⁴ Ist die Amtsdauer des Schiedsrichters befristet, so wird der Lauf dieser Frist durch die Ersetzung eines oder mehrerer Schiedsrichter nicht gehemmt.

Fünfter Abschnitt: Verfahren vor dem Schiedsgericht

Art. 24

Bestimmung des Verfahrens

¹ Das Verfahren vor dem Schiedsgericht wird durch Vereinbarung der Parteien oder in Ermangelung einer solchen durch Beschluss des Schiedsgerichts bestimmt.

² Wird das Verfahren weder durch Vereinbarung der Parteien noch durch Beschluss des Schiedsgerichts festgelegt, so ist das Bundesgesetz vom 4. Dezember 1947 über den Bundeszivilprozess[4] sinngemäss anwendbar.

Art. 25

Rechtliches Gehör

Das gewählte Verfahren hat auf jeden Fall die Gleichberechtigung der Parteien zu gewährleisten und jeder von ihnen zu gestatten:
a. das rechtliche Gehör zu erlangen und insbesondere ihre Angriffs- und Verteidigungsmittel tatsächlicher und rechtlicher Art vorzubringen;
b. jederzeit im Rahmen eines ordnungsgemässen Geschäftsganges in die Akten Einsicht zu nehmen;
c. den vom Schiedsgericht angeordneten Beweisverhandlungen und mündlichen Verhandlungen beizuwohnen;
d. sich durch einen Beauftragten eigener Wahl vertreten oder verbeiständen zu lassen.

Art. 26

Vorsorgliche Massnahmen

¹ Zur Anordnung vorsorglicher Massnahmen sind allein die staatlichen Gerichte zuständig.

² Die Parteien können sich jedoch freiwillig den vom Schiedsgericht vorgeschlagenen vorsorglichen Massnahmen unterziehen.

Art. 27

Mitwirkung der richterlichen Behörde

¹ Das Schiedsgericht nimmt die Beweise selber ab.

² Ist die Durchführung einer Beweismassnahme der staatlichen Gewalt vorbehalten, so kann das Schiedsgericht die in Artikel 3 vorgesehene richterliche Behörde um ihre Mitwirkung ersuchen. Diese handelt dabei gemäss ihrem kantonalen Recht.

Art. 28

Intervention und Streitverkündung

¹ Intervention und Streitverkündung setzen eine Schiedsabrede zwischen dem Dritten und den Streitparteien voraus.

² Sie bedürfen ausserdem der Zustimmung des Schiedsgerichts.

Art. 29

Verrechnung

¹ Erhebt eine Partei die Verrechnungseinrede und beruft sie sich dabei auf ein Rechtsverhältnis, welches das Schiedsgericht weder aufgrund der Schiedsabrede noch aufgrund einer nachträglichen Vereinbarung der Parteien beurteilen kann, so wird das Schiedsverfahren ausgesetzt und der Partei, welche die Einrede erhoben hat, eine angemessene Frist zur Geltendmachung ihrer Rechte vor dem zuständigen Gericht gesetzt.

² Hat das zuständige Gericht seinen Entscheid gefällt, so wird das Verfahren auf Antrag einer Partei wieder aufgenommen.

³ Sofern die Amtsdauer des Schiedsgerichts befristet ist, steht diese Frist still, solange das Schiedsverfahren ausgesetzt ist.

Art. 30

Kostenvorschuss

¹ Das Schiedsgericht kann einen Vorschuss für die mutmasslichen Verfahrenskosten verlangen und die Durchführung des Verfahrens von dessen Leistung abhängig machen. Es bestimmt die Höhe des Vorschusses jeder Partei.

² Leistet die Partei den von ihr verlangten Vorschuss nicht, so kann die andere Partei nach ihrer Wahl die gesamten Kosten vorschiessen oder auf das Schiedsverfahren verzichten. Verzichtet sie, so sind die Parteien mit Bezug auf diese Streitsache nicht mehr an die Schiedsabrede gebunden.

Sechster Abschnitt: Schiedsspruch

Art. 31

Beratung und Schiedsspruch

¹ Bei den Beratungen und Abstimmungen haben sämtliche Schiedsrichter mitzuwirken.

² Der Schiedsspruch wird mit Stimmenmehrheit gefällt, sofern die Schiedsabrede nicht Einstimmigkeit oder eine qualifizierte Mehrheit verlangt (Art. 11 Abs. 4 bleibt vorbehalten)

³ Das Schiedsgericht entscheidet nach den Regeln des anwendbaren Rechts, es sei denn, die Parteien hätten es in der Schiedsabrede ermächtigt, nach Billigkeit zu urteilen.

⁴ Das Schiedsgericht darf einer Partei nicht mehr oder, ohne dass besondere Gesetzesvorschriften es erlauben, anderes zusprechen, als sie verlangt hat.

Art. 32

Teilschiedssprüche

Sofern die Parteien nichts anderes vereinbart haben, kann das Schiedsgericht durch mehrere Schiedssprüche entscheiden.

Art. 33

Inhalt des Schiedspruches

¹ Der Schiedsspruch enthält:
a. die Namen der Schiedsrichter;
b. die Bezeichnung der Parteien;
c. die Angabe des Sitzes des Schiedsgerichtes;
d. die Anträge der Parteien oder, in Ermangelung von Anträgen, eine Umschreibung der Streitfrage;
e. sofern die Parteien nicht ausdrücklich darauf verzichtet haben: die Darstellung des Sachverhaltes, die rechtlichen Entscheidungsgründe und gegebenenfalls die Billigkeitserwägungen;
f. die Spruchformel über die Sache selbst;
g. die Spruchformel über die Höhe und die Verlegung der Verfahrenskosten und der Parteientschädigungen.

² Der Schiedsspruch ist mit dem Datum zu versehen und von den Schiedsrichtern zu unterzeichnen. Die Unterschrift der Mehrheit der Schiedsrichter genügt, wenn im Schiedsspruch vermerkt wird, dass die Minderheit die Unterzeichnung verweigert.

³ Hat das Schiedsgericht lediglich Schiedsrichter zu ernennen, so ist Absatz 1 Buchstabe e nicht anwendbar.

Art. 34

Einigung der Parteien

Das Vorliegen einer den Streit beendigenden Einigung der Parteien wird vom Schiedsgericht in der Form eines Schiedsspruches festgestellt.

Art. 35

Hinterlegung und Zustellung

¹ Das Schiedsgericht sorgt für die Hinterlegung des Schiedsspruches bei der in Artikel 3 vorgesehenen richterlichen Behörde.

² Der Schiedsspruch wird im Original und im Falle von Absatz 4 in ebenso vielen Abschriften hinterlegt, als Parteien am Verfahren beteiligt sind.

³ Ist der Schiedsspruch nicht in einer der Amtssprachen der Schweizerischen Eidgenossenschaft abgefasst, so kann die Behörde, bei der er hinterlegt wird, eine beglaubigte Übersetzung verlangen.

⁴ Diese Behörde stellt den Schiedsspruch den Parteien zu und teilt ihnen das Datum der Hinterlegung mit.

⁵ Die Parteien können auf die Hinterlegung des Schiedsspruches verzichten. Sie können ausserdem darauf verzichten, dass ihnen der Schiedsspruch durch die richterliche Behörde zugestellt wird; in diesem Falle erfolgt die Zustellung durch das Schiedsgericht.

Siebter Abschnitt: Nichtigkeitsbeschwerde und Revision
I. Nichtigkeitsbeschwerde

Art. 36

Gründe

Gegen den Schiedsspruch kann bei der in Artikel 3 vorgesehenen richterlichen Behörde Nichtigkeitsbeschwerde erhoben werden, um geltend zu machen,
a. das Schiedsgericht sei nicht ordnungsgemäss zusammengesetzt gewesen;
b. das Schiedsgericht habe sich zu Unrecht zuständig oder unzuständig erklärt;
c. es habe über Streitpunkte entschieden, die ihm nicht unterbreitet wurden, oder es habe Rechtsbegehren unbeurteilt gelassen (Art. 32 bleibt vorbehalten);
d. eine zwingende Verfahrensvorschrift im Sinne von Artikel 25 sei verletzt worden;
e. das Schiedsgericht habe einer Partei mehr oder, ohne dass besondere Gesetzesvorschriften es erlauben, anderes zugesprochen, als sie verlangt hat;
f. der Schiedsspruch sei willkürlich, weil er auf offensichtlich aktenwidrigen tatsächlichen Feststellungen beruht oder weil er eine offenbare Verletzung des Rechtes oder der Billigkeit enthält;
g. das Schiedsgericht habe nach Ablauf seiner Amtsdauer entschieden;
h. die Vorschriften des Artikels 33 seien missachtet worden oder die Spruchformel sei unverständlich oder widersprüchlich;
i. die vom Schiedsgericht festgesetzten Entschädigungen der Schiedsrichter seien offensichtlich übersetzt.

Art. 37

Frist

¹ Die Nichtigkeitsbeschwerde ist binnen 30 Tagen nach der Zustellung des Schiedsspruches einzureichen.

² Sie ist erst nach Erschöpfung der in der Schiedsabrede vorgesehenen schiedsgerichtlichen Rechtsmittel zulässig.

Art. 38

Aufschiebende Wirkung

Die Nichtigkeitsbeschwerde hat keine aufschiebende Wirkung. Die in Artikel 3 vorgesehene richterliche Behörde kann ihr jedoch auf Gesuch einer Partei diese Wirkung gewähren.

Art. 39

Rückweisung an das Schiedsgericht

Die mit der Nichtigkeitsbeschwerde befasste richterliche Behörde kann, nach Anhörung der Parteien und wenn sie es als sachdienlich erachtet, den Schiedsspruch an das Schiedsgericht zurückweisen und ihm eine Frist zur Berichtigung oder Ergänzung desselben setzen.

Art. 40

Entscheidung

[1] Wird der Schiedsspruch nicht an das Schiedsgericht zurückgewiesen oder von diesem nicht fristgerecht berichtigt oder ergänzt, so entscheidet die richterliche Behörde über die Nichtigkeitsbeschwerde und hebt bei deren Gutheissung den Schiedsspruch auf.

[2] Die Aufhebung kann auf einzelne Teile des Schiedsspruches beschränkt werden, sofern nicht die andern davon abhängen.

[3] Liegt der Nichtigkeitsgrund des Artikels 36 Buchstabe i vor, so hebt die richterliche Behörde nur den Kostenspruch auf und setzt selber die Entschädigungen der Schiedsrichter fest.

[4] Wird der Schiedsspruch aufgehoben, so fällen die gleichen Schiedsrichter einen neuen Entscheid, soweit sie nicht wegen ihrer Teilnahme am früheren Verfahren oder aus einem andern Grunde abgelehnt werden.

II. Revision

Art. 41

Gründe

Die Revision kann verlangt werden:
a. wenn durch Handlungen, die das schweizerische Recht als strafbar erklärt, auf den Schiedsspruch eingewirkt worden ist; diese Handlungen müssen durch ein Strafurteil festgestellt sein, es sei denn, ein Strafverfahren könne aus anderen Gründen als mangels Beweisen nicht zum Urteil führen;
b. wenn der Schiedsspruch in Unkenntnis erheblicher, vor der Beurteilung eingetretener Tatsachen oder von Beweismitteln, die zur Erwahrung erheblicher Tatsachen dienen, gefällt worden ist und es dem Revisionskläger nicht möglich war, diese Tatsachen oder Beweismittel im Verfahren beizubringen.

Art. 42

Frist

Das Revisionsgesuch ist binnen 60 Tagen seit Entdeckung des Revisionsgrundes, spätestens jedoch binnen fünf Jahren seit der Zustellung des Schiedsspruches der in Artikel 3 vorgesehenen richterlichen Behörde einzureichen.

Art. 43

Rückweisung an das Schiedsgericht

¹ Wird das Revisionsgesuch gutgeheissen, so weist die richterliche Behörde die Streitsache zur Neubeurteilung an das Schiedsgericht zurück.

² Verhinderte Schiedsrichter werden gemäss den Vorschriften von Artikel 3 ersetzt.

³ Muss ein neues Schiedsgericht gebildet werden, so werden die Schiedsrichter gemäss den Vorschriften der Artikel 10–12 bestellt oder ernannt.

⁴ Im Falle der Rückweisung an das Schiedsgericht ist Artikel 16 sinngemäss anwendbar.

Achter Abschnitt: Vollstreckung der Schiedssprüche

Art. 44

Vollstreckbarkeitsbescheinigung

¹ Auf Gesuch einer Partei bescheinigt die in Artikel 3 vorgesehene richterliche Behörde, dass ein Schiedsspruch, der Artikel 5 nicht widerspricht, gleich einem gerichtlichen Urteil vollstreckbar ist, sofern:
a. die Parteien ihn ausdrücklich anerkannt haben;
b. oder gegen ihn binnen der Frist des Artikels 37 Absatz 1 keine Nichtigkeitsbeschwerde eingereicht worden ist;
c. oder einer rechtzeitig eingereichten Nichtigkeitsbeschwerde keine aufschiebende Wirkung gewährt worden ist;
d. oder eine erhobene Nichtigkeitsbeschwerde dahingefallen oder abgewiesen worden ist.

² Die Vollstreckbarkeitsbescheinigung wird am Schluss des Schiedsspruches angebracht.

³ Die vorläufige Vollstreckung eines Schiedsspruches ist ausgeschlossen.

Neunter Abschnitt: Schlussbestimmungen

Art. 45

Verfahren

¹ Die Kantone regeln das Verfahren vor der in Artikel 3 vorgesehenen richterlichen Behörde. Der Entscheid über die Ablehnung, Abberufung und Ersetzung von Schiedsrichtern ergeht im summarischen Verfahren.

² Die Kantone sind befugt, die in Artikel 3 Buchstaben a–e und g umschriebenen Befugnisse ganz oder zum Teil an eine andere als die dort vorgesehene richterliche Behörde zu übertragen. Machen sie hiervon Gebrauch, so können die Parteien und die Schiedsrichter dennoch ihre Eingaben gültig dem oberen ordentlichen kantonalen Zivilgericht einreichen.

Art. 46

Inkrafttreten

Tritt das Konkordat in einem Kanton in Kraft, so werden damit unter Vorbehalt des Artikels 45 alle Gesetzesbestimmungen dieses Kantons über die Schiedsgerichtsbarkeit aufgehoben.

B. Einzelne Fragen

1. Einleitung

12 Bezüglich der Auslegungsfragen zum Konkordat besteht eine reichhaltige Literatur[6]. Es ist nicht möglich, sie im Einzelnen hier zu erörtern und insbesondere das Verhältnis des Konkordats zum zwölften Kapital des IPRG zu behandeln, welcher der Internationalen Schiedsgerichtsbarkeit gewidmet ist[7]. Festzuhalten ist jedoch, dass das Konkordat sich nicht auf öffentlich-rechtliche, sondern ausschliesslich auf private Streitigkeiten bezieht[8].

2. Zuständige richterliche Behörde

13 Die Zuständige richterliche Behörde für die Amtshilfe an Schiedsgerichte gemäss Art. 3 lit. d. des Konkordats sowie Art. 183 Abs. 2, 184 Abs. 2 und 185 IPRG ist das Bezirksgericht am Sitze des Schiedsgerichts, für alle übrigen Befugnisse in Schiedssachen[9] das Obergericht[10].

Früher konnte gegen die Entscheidung über Ausstandsbegehren gegen Schiedsrichter, die auch unter altem kantonalem Recht dem Obergericht übertragen war, innert zehn Tagen eine Nichtigkeitsbeschwerde an das Kassationsgericht erhoben werden, weil diese Entscheidungen als solche prozessleitender Natur verstanden wurden. § 284 ZPO schliesst nunmehr in Ziff. 3 Entscheidungen gemäss Art. 3 lit. a. und b. Konk. als solche über die Ernennung, Ablehnung und Abberufung von Schiedsrichtern ausdrücklich von der Nichtigkeitsbeschwerde aus. Im Übrigen wird von Fall zu Fall entschieden werden müssen, ob – soweit nicht ohnehin ein Rechtsmittelverfahren vorliegt – es sich bei den Verrichtungen der richterlichen Behörden um an sich schon nicht weiterziehbare Justizverwaltungssachen handelt.

---

[6] So insbesondere RICHARD LANZ, Das Konkordat über die Schiedsgerichtsbarkeit vom 27. März 1969, Diss. Zürich 1971; THOMAS RÜEDE/REIMER HADENFELDT, Schweizerisches Schiedsgerichtsrecht, 2. Aufl., Zürich 1993; JEAN-FRANCOIS POUDRET/CLAUDE REYMOND/ALAIN WURZBURGER, L'application du Concordat intercantonal sur l'arbitrage par le Tribunal cantonal vaudois (dix ans de jurisprudence), Lausanne 1982; LALIVE/POUDRET/REYMOND, Le droit d'arbitrage intern et international en Suisse, Lausanne 1989; HANS ULRICH WALDER, Das schweizerische Konkordat über die Schiedsgerichtsbarkeit, Zürich 1982; PIERRE JOLIDON, Commentaire du Concordat suisse sur l'arbitrage, Bern 1984; DANIEL WEHRLI, Rechtsprechung zum Schweizerischen Konkordat über die Schiedsgerichtsbarkeit, Zürich 1985.
[7] Vgl. dazu WALDER, Schiedsgerichtsbarkeit, 373 ff.
[8] 31. Oktober 2005, Obergericht des Kantons Zürich, ZR 105/2006 Nr. 16.
[9] Es gehören dazu die in Art. 3 Konk. aufgeführten Geschäfte.
[10] ZPO 111.

3. Beteiligung von Juristen im Schiedsgericht

Entgegen der früher in Zürich geltenden liberalen Auffassung sind nunmehr Schiedsklauseln, welche die Beteiligung von Juristen im Schiedsgericht untersagen, in diesem Punkt nicht mehr beachtlich[11].

14

4. Anfechtbarkeit von Zwischenentscheiden

Zwischenentscheide über die Zuständigkeit sind nicht mit Rekurs anfechtbar, sondern allein mit der Nichtigkeitsbeschwerde gemäss Art. 9 Konk. War früher im Kanton Zürich auch von Schiedsgerichten stets sofort über die Frage der Zuständigkeit zu entscheiden[12], so kann nunmehr der Entscheid auf das Endurteil verschoben werden.

15

Die Konsequenz der Rechtsmittelordnung nach Konkordat ist die folgende:

a) es handelt sich bei der Zuständigkeitsbeschwerde um eine Nichtigkeitsbeschwerde mit dem besonderen Nichtigkeitsgrund, das Schiedsgericht habe sich zu Unrecht für zuständig erklärt[13]. Der staatlichen Behörde (im Kanton Zürich dem Obergericht) bleibt also die volle Kognition zur Zuständigkeitsfrage erhalten.
b) Die Frist, um den Zuständigkeitsentscheid anzufechten, ist nicht mehr die zehntägige Rekurs-, sondern die dreissigtägige Nichtigkeitsbeschwerdefrist.
c) Einen Weiterzug des (bisher als prozessleitender Entscheid verstandenen) obergerichtlichen Entscheides an das Kassationsgericht gibt es nicht.
d) Während der Dauer des Rechtsmittelverfahrens darf das Schiedsgericht das Verfahren weiterführen[14].

5. Annahme des Schiedsrichtermandats

Art. 14 Konk. stellt das Erfordernis der Bestätigung der Annahme des Schiedsrichteramtes durch den Schiedsrichter auf, was auch konkludent erfolgen kann[15].

16

---

[11] Konk. 7.
[12] ZPO 111.
[13] Konk. 36 lit. b.
[14] BGE 109 Ia 84 f.
[15] SJZ 75/1979, 133 Nr. 34; ebenso JOLIDON, 233.

6. Einsetzung eines Sekretärs

17 Ein Sekretär darf vom Schiedsgericht nur im Einverständnis der Parteien bestellt werden[16]. Er hat keine beratende Stimme[17], dass ihm solche durch das Schiedsgericht ohne Zustimmung der Parteien eingeräumt werden kann[18], ist kaum richtig. So wenig sich das Schiedsgericht selber ergänzen kann, so wenig kann es selbständig seine richterliche Beratungsgrundlage erweitern.

7. Befristung der Amtsdauer

18 Es ist möglich, die Amtsdauer der Schiedsrichter zu befristen[19]. Verlängerung des Mandats ist möglich, doch muss das Gesuch rechtzeitig beim Obergericht gestellt werden. Anhörung zu diesem Gesuch ist nur bezüglich der Partei notwendig, deren Gegenpartei das Gesuch um Verlängerung gestellt hat[20], nicht aber, wenn seitens der Schiedsrichter das Gesuch um Verlängerung gestellt wurde. Das Schiedsgericht ist nicht einmal verpflichtet, die Parteien über die erwirkten Fristverlängerungen zu informieren[21]. Auch ein nach Ablauf der Befristung ergangenes Schiedsgerichtsurteil ist nicht absolut nichtig. Es muss wegen dieses Mangels angefochten werden[22].

8. Ausschluss und Ablehnung von Schiedsrichtern

19 Die Gründe für den Ausschluss und die Ablehnung von Schiedsrichtern richteten sich nach dem Organisationsgesetz des Bundes[23]. ZPO CH 367 verweist betreffend

---

[16] Konk. 15 Abs. 1.
[17] H. U. Walder, Schiedsgerichtsbarkeit, 17.
[18] Rüede/Hadenfeldt, 192 f., 283; ebenso Jolidon, 243 (auch bezüglich der Möglichkeit der Abgabe einer dissenting opinion).
[19] Konk. 16.
[20] Konk. 16 Abs. 3.
[21] Jolidon, 248 Ziff. 42; «il est evidemment souhaitable qu'il le fasse» (unter Hinweis auf Mezger, in Revue de l'arbitrage 1975, 209).
[22] ZWR 1978, 45 ff.; Jolidon, 249.
[23] Konk. 18 Abs. 1. BGG 34, Ausstandsgründe. In Art. 18 Konk. ist immer noch das OG zitiert, welches mit dem BGG aufgehoben worden ist. Analog dürften die Ausstandsgründe von BGG 34 herangezogen werden. Vgl. BSK BGG Kathrin Klett, Art. 77 N 4 über die Ausstandsvorschriften betreffend internationaler Schiedsgerichtsbarkeit. Vgl. BGE 128 III 330: Art. 180 Abs. 3 und Art. 190 Abs. 2 lit. a IPRG; Internationale Schiedsgerichtsbarkeit; Unzulässigkeit der Schiedsbeschwerde gegen einen Ablehnungsentscheid eines kantonalen Richters. Hat gemäss Art. 180 Abs. 3 IPRG der kantonale Richter über ein Ablehnungsbegehren entschieden, so ist sein Entscheid endgültig und kann weder direkt noch indirekt im Rahmen einer Schiedsbeschwerde gegen den Endentscheid des Schiedsgerichts gemäss Art. 190 Abs. 2 lit. a IPRG angefochten werden (E. 2). Vgl. auch BGE 130 III 76: Internationale Schiedsgerichtsbarkeit; Art. 190 Abs. 3 IPRG; zulässige Rügen bei der Anfechtung von Zwischenentscheiden. Endentscheid, Teilurteil, Vor- bzw. Zwischenentscheid im Schiedsverfahren (E. 3.1). Können schiedsgerichtliche Zwischenentscheide mit den Rügen gemäss

Ablehnungsgründe auf diejenigen Gründe, die in der von den Parteien gewählten Verfahrensordnung vorgesehen sind. Damit dürfte die Antwort auf die Frage, ob nun anstelle der Regelung des aufgehobenen OG die Regelung nach BGG 34, oder allenfalls die entsprechende anzuwendende Verfahrensordnung treten soll, vorgespurt sein.

Hervorzuheben ist nach der Regelung BGG Art. 34 noch Folgendes:

a) Zu den Ausschluss- und Ablehnungsgründen, die wir im zürcherischen Recht kennen[24], tritt hinzu die Verwandtschaft oder Schwägerschaft mit dem Vertreter oder Anwalt einer Partei in gerader Linie oder bis zum 3. Grad der Seitenlinie[25]. Die Tatsache, dass man in der Sache bereits einmal Rat erteilt hat, ist – entgegen § 96 Ziff. 2 GVG – nach dem BGG ein Ausschluss- und nicht bloss ein Ablehnungsgrund[26]. Wer als Schiedsrichter unter dem Konkordat eingesetzt wird, muss also seine Beziehungen zu den Parteien oder ihren Vertretern besonders vorsichtig unter die Lupe nehmen. Das wird aber allgemein, vor allem auch im internationalen Bereich, verlangt.

Art. 190 Abs. 2 lit. c–e IPRG angefochten werden, sofern sie einen nicht wiedergutzumachenden Nachteil bewirken (E. 3.2)? Die Auslegung von Art. 190 Abs. 3 IPRG erlaubt keine Abweichung von dessen Wortlaut, sodass Rügen ausserhalb des Zuständigkeits- und Organisationsbereichs ausgeschlossen sind (E. 4).

Sowie BGE 129 II 445ff: Zur Internationale Schiedsgerichtsbarkeit. Unabhängigkeit des Schiedsgerichts für Sport (Art. 190 Abs. 2 lit. a IPRG). Das Schiedsgericht für Sport ist vom Internationalen Olympischen Komitee genügend unabhängig, damit seine Entscheide in Angelegenheiten, welche die Interessen des Internationalen Olympischen Komitees berühren, als Urteile betrachtet werden können, die mit solchen eines staatlichen Gerichts vergleichbar sind (E. 3). Ablehnung eines Schiedsrichters; prozessrechtlicher Ordre public (Art. 180 Abs. 1 lit. c und Art. 190 Abs. 2 lit. e IPRG). Das Schiedsgericht, dessen gesamte Besetzung abgelehnt wird, kann selbst über ein offensichtlich unzulässiges oder unbegründetes Gesuch entscheiden, ohne den prozessrechtlichen Ordre public zu verletzen; dies selbst dann, wenn der Entscheid gemäss dem anwendbaren Verfahrensrecht von einer anderen Instanz zu fällen wäre (E. 4.2.2). Diejenige Partei, welche einen Schiedsrichter abzulehnen beabsichtigt, muss den Ablehnungsgrund angeben, sobald sie diesen kennt oder bei gehöriger Aufmerksamkeit hätte kennen können (E. 4.2.2.1). Die Tatsache, dass jedes Schiedsgerichtsmitglied bei anderer Gelegenheit mit dem Anwalt einer Partei getagt hat, stellt für sich allein keinen Grund dar, an der Unabhängigkeit des Schiedsgerichts objektiv zu zweifeln (E. 4.2.2.2).

Gemäss Art. 3 Konk. ist das obere ordentliche Zivilgericht des Kantons, in dem sich der Sitz des Schiedsgerichtes befindet, zuständig, über die Ablehnung und die Abberufung von Schiedsrichter zu entscheiden (lit. b).

[24] Vgl. oben §6.
[25] BGG 34 Abs. 1 lit. d.
[26] BGG 34 Abs. 1 lit. b.

§ 40 Von den Schiedsgerichten

b) Ernsthafter Zweifel an der Unabhängigkeit eines Schiedsrichters muss sich auf konkrete Tatsachen stützen, die objektiv und vernünftigerweise geeignet sind, Misstrauen gegen die schiedsrichterliche Unabhängigkeit zu erwecken[27].
c) Ein Schiedsrichter hat die Pflicht, die Parteien über Tatsachen zu informieren, die ein Ablehnungsbegehren zu begründen vermögen[28].
d) Über diese Fragen ergeht ein Entscheid im summarischen Verfahren seitens der kantonalen Behörde[29] und zwar für Zürich nach wie vor durch das Obergericht[30].

9. Abberufung der Schiedsrichter

20 Abberufung der Schiedsrichter ist durch schriftliche Vereinbarung der Parteien möglich[31], was im alten zürcherischen Recht nicht der Fall war.

10. Rechtshängigkeit

21 Rechtshängigkeit (Anhängigkeit) des Rechtsstreites bei einem Schiedsgericht tritt ein mit Anrufung des Schiedsgerichts bzw. Einleitung des Verfahrens, das zu seiner Bildung führt, sowie mit Unterzeichnung des Schiedsvertrages bei Fehlen einer Schiedsklausel[32] oder aber mit Einleitung des Sühnverfahrens, wo ein solches vorgesehen ist[33].

---

[27] BGE 111 Ia 263 mit Hinweisen 113 Ia 409, 115 Ia 403, 118II 361 E. 3c. Die im letztgenannten Entscheid erwähnte Auffassung, die Unabhängigkeit oder Unparteilichkeit von parteibenannten Schiedsgerichten sei nicht mit der gleichen Strenge zu beurteilen wie diejenige des durch einen Dritten oder den Richter ernannten Schiedsrichter (ANDREAS BUCHER, Le nouvel arbitrage international en Suisse, Basel/Frankfurt a.M. 1988, 168 ff., WALTER/BOSCH/BRÖNNIMANN, Kommentar zu Kap. 12 des IPRG, 109 f., zit. oben Anm. 2, N 4 zu Art. 180 IPRG), ist abzulehnen. Unabhängige Rechtspflege ist unverzichtbar; es kann darauf auch nicht durch eine Schiedsklausel in dem Sinne verzichtet werden, dass sie der andern Partei die Nominierung eines nicht vollständig unabhängigen Gerichtsmitgliedes ermöglichen würde.

[28] BGE 111 Ia 75 f. E. 2c. Nach Fällung des Schiedsspruches kann die Ablehnung nicht verlangt werden; hingegen kann die Partei, die infolge Schweigens des Schiedsrichters erst während der Beschwerdefrist von einem Ablehnungsgrund Kenntnis erhalten hat, sich im Rahmen einer Nichtigkeitsbeschwerde wegen ordnungswidriger Zusammensetzung des Schiedsgerichts darauf berufen (BGE 111 Ia 76 ff. E. 2d.2e).Vgl. auch BGE 111 Ia 261 ff.

[29] Konk. 45 Abs. 1 in Verbindung mit 21. Diese Regelung ist zwingend (BGE 111 Ia 258 ff.).

[30] ZPO 239 Abs. 2. Die Frage der Anfechtbarkeit dieses Entscheides ist nunmehr erledigt durch § 284 Ziff. 3 ZPO, der die Nichtigkeitsbeschwerde ausschliesst. Vorbehalten bleibt nach wie vor die staatsrechtliche Beschwerde.

[31] Konk. 22.

[32] Konk. 13 Abs. 1 lit. d.

[33] Konk. 13 Abs. 2. Dass der Begriff der Rechtshängigkeit nach wie vor nicht mit dem bundesrechtlichen Begriff der Klageanhebung bei Verwirkungsfristen, die sich in Schiedsgerichtssachen vor allem aus dem SchKG ergeben können, zusammenfällt, darf noch besonders betont werden; vgl. dazu JOLIDON, 222 f.

11. Ablauf des Verfahrens

Das Verfahren richtet sich bei Fehlen einer Vereinbarung der Parteien oder eines Beschlusses des Schiedsgerichtes nach der Bundeszivilprozessordnung, die sinngemäss anzuwenden ist[34].

a) Als Mindestvoraussetzungen für ein ordnungsgemässes Verfahren nennt Art. 25 Konk. die Gleichberechtigung der Parteien und die Gewährung des näher umschriebenen rechtlichen Gehörs.

b) Intervention und Streitverkündung sind nach Konkordatsordnung (Art. 28) nur möglich, wenn eine Schiedsabrede mit dem Dritten besteht und Zustimmung des Schiedsgerichtes vorliegt[35].

c) Bezüglich der Verrechnung sieht Art. 29 Konk. die Aussetzung des Entscheides vor, wenn die Verrechnungsforderung der Schiedsklausel nicht untersteht. Das kann zu Verzögerungen führen, mag aber auch bewirken, dass die Parteien, um das zu vermeiden, die Verrechnungsforderung der Schiedsabrede unterstellen. Das Schiedsgericht hat daran kein besonderes Interesse, da Mehrarbeit entsteht, ohne dass der Streitwert und damit die Schiedsgebühr erhöht würden.

d) *Vorsorgliche Massnahmen* verbleiben nunmehr allein den staatlichen Gerichten, die Parteien können sich aber den vom Schiedsgericht vorgeschlagenen unterziehen[36].

Sollen während des Schiedsverfahrens vorsorgliche Massnahmen erlassen werden, so ist also von den Parteien[37] ein besonderes Begehren an das dafür zuständige[38] staatliche Gericht zu stellen. Dieses Gericht dürfte das ordentlicherweise bei Fehlen

---

[34] Konk. 24 Abs. 2.

[35] Ich halte die Regelung mindestens im Bereich der Streitverkündung trotz der gegenteiligen Auffassung von JOLIDON nach wie vor für falsch; vgl. dazu H.U. WALDER, Die neuen Zürcher Bestimmungen über die Schiedsgerichtsbarkeit im Lichte des Konkordats, SJZ 72/1976, 257 f. Wir müssen uns aber daran halten.

[36] Konk. 26.

[37] «Dans le système du CIA, ce sont les parties uniquement – et non pas le tribunal arbitral ou le surarbitre – qui s'adressent à l'autorité judiciaire ordinaire conformément à l'art. 26 al. l» (JOLIDON, 385 Ziff. 34).

[38] Hier ist nicht die «zuständige richterliche Behörde am Sitz des Schiedsgerichtes» gemäss Art. 3 gemeint, sondern einfach der staatliche Massnahmenrichter. Die Bestimmung seiner örtlichen Zuständigkeit ist relativ kompliziert und wird von JOLIDON, 384 in Anlehnung an von MAX GULDENER, entwickelte Grundsätze wie folgt umschrieben:
«Le CIA ne réglant pas la question, la compétence à raison de lieu est donc déterminée par le droit de procédure du canton dont les tribunaux seraient compétents pour connaître du litige au fond, à défaut d'arbitrage ... Ce droit cantonal pourra fixer le for soit au lieu dont le tribunal eût été compétent faute d'arbitrage – domicile de la partie requise, lieu de situation des biens – soit au siège du tribunal arbitral si celui-ci se trouve dans le canton» (folgt Hinweis auf Neuenburg Art. 5. Abs 1 loi d'arbitrage, wo der Richter am Sitze des Schiedsgerichts für zuständig erklärt wird, «lorsque ce siège est dans le canton»).

§ 40   Von den Schiedsgerichten

einer Schiedsklausel zuständige Gericht sein. Bei einer Zuständigkeit ausserhalb der Schweiz wäre ein Gerichtsstand am Sitz des Schiedsgerichtes jedenfalls wünschenswert, doch träten erhebliche Vollstreckungsschwierigkeiten ein.

12.   Erledigung durch Parteierklärung

23   Die Beendigung des Rechtsstreites zufolge der Parteien wird durch Schiedsspruch festgestellt und der Prozess nicht einfach «als durch Vergleich erledigt abgeschrieben»[39]. Die Frage ist von Bedeutung insbesondere wegen der Anfechtung des Schiedsspruches infolge eines Willensmangels. Es gelten alsdann bei Revisionen von Schiedssprüchen nicht die allgemeinen Regeln der ZPO, sondern die besonderen von Art. 41–43 Konk. In Art. 41 Konk. ist der Spezialfall von § 293 Abs. 2 ZPO nicht enthalten, sodass die Anfechtung der Klageanerkennung, des Vergleichs oder des Klagerückzuges wegen zivilrechtlicher Unwirksamkeit über einen der Tatbestände von Art. 41 lit. a oder b Konk. gehen muss, was aber einen formellen Schiedsspruch voraussetzt.

Es ist aber auch für die Vollstreckung im Ausland besser, wenn allfällige Verpflichtungen in der Spruchformel als vom Schiedsgericht bestätigt direkt ersichtlich sind. Hinzu kommt, dass Art. 44 Konk. als vollstreckbares Resultat des Schiedsverfahrens nur den Schiedsspruch kennt[40].

13.   Zustellung des Schiedsspruchs

24   Neu für Zürich sind Zustellung und Hinterlegung des Schiedsspruches gemäss Art. 35 Abs. 4 Konk. bei der in Art. 3 Konk. vorgesehenen richterlichen Behörde (Obergericht), wenn die Parteien nicht auf diesen Weg verzichtet haben.

Nach einem Genfer Entscheid ist diese Zustellung Voraussetzung für die definitive Rechtsöffnung[41].

14.   Nichtigkeitsbeschwerde

25   a) Durch den Beitritt zum Konkordat erhielt der Kanton Zürich eine neue Form der Nichtigkeitsbeschwerde für Schiedsgerichtsurteile. Wie unter der alten Zivilprozessordnung von 1913 haben wir hier wieder neun Nichtigkeitsgründe. Die nunmehrigen setzen sich zusammen aus zwei allgemeinen und sieben besonderen Nichtigkeitsgründen.

---

[39]   Vgl. darüber Jolidon, 486 f.
[40]   Jolidon, 487 Ziff. 4.
[41]   SJ 1982, 239 f.; a.M. BGE 107 Ia 323 E. 5b, mit Hinweis auf Rüede/Hadenfeldt, 301 ff. (305 ff. in der 2. Auflage); ebenso Jolidon, 493 Ziff. 5.

aa) Die allgemeinen Gründe:
   Art. 36 lit. d Konk. nennt die Verletzung einer zwingenden Verfahrensvorschrift nach Art. 25 und tritt an die Stelle des bedeutend weiter gefassten § 281 Ziff. 1 ZPO. Art. 36 lit. f nennt die offensichtlich aktenwidrige tatsächliche Feststellung, die offenbare Verletzung des Rechtes oder der Billigkeit. Sie tritt an die Stelle von § 281 Ziff. 2 und 3 ZPO.

bb) Die besonderen Gründe sind:
   – nicht ordnungsgemässe Zusammensetzung des Schiedsgerichtes;
   – fehlende Zuständigkeit oder zu Unrecht angenommene Unzuständigkeit;
   – Beurteilung nicht unterbreiteter oder Nichtbeurteilung unterbreiteter Streitpunkte;
   – Verletzung der Dispositionsmaxime durch Über- bzw. Unterschreitung der Parteianträge;
   – Fällung des Entscheides nach abgelaufener Amtsdauer;
   – Nichtbeachtung der Vorschrift über den Inhalt des Schiedsspruches, unverständliche oder widersprüchliche Spruchformel[42];
   – offensichtlich übersetzte Entschädigung.

b) Anfechtungsobjekt ist grundsätzlich nur der Endentscheid des Schiedsgerichtes, nicht mehr ein prozessleitender Entscheid (wie dies nach § 282 ZPO unter besonderen Voraussetzungen möglich wäre[43]). Einzige Ausnahme ist der Entscheid über die Verwerfung der Unzuständigkeitseinrede, der aber eher als ein prozessuales Vorurteil einzustufen ist[44].

c) Die Frist beträgt dreissig Tage ab Zustellung des Schiedsspruches[45]. Die Beschwerde ist erst nach Erschöpfung der in der Schiedsabrede vorgesehenen schiedsgerichtlichen Rechtsmittel zulässig[46].

d) Rückweisung[47]. Sie hat einen geringen Stellenwert. Bei Rückweisung erfolgt die Ansetzung einer Frist für die Berichtigung oder Ergänzung des Entscheides. Als Rückweisung wird nämlich ein spezieller Vorgang betrachtet, der dazu dient, dem Schiedsgericht «eine Frist zur Berichtigung oder Ergänzung» des Schiedsspruches zu setzen. Der Rückweisung in unserem herkömmlichen Sinne entspricht viel eher der Vorgang von Art. 40 Abs. 4 Konk.:«Wird der Schiedsspruch aufgehoben, so fällen die gleichen Schiedsrichter einen neuen Entscheid …». Her-

---

[42] Wie das Bundesgericht in BGE 110 Ia 124 ff. festgestellt hat, ist dies allein mit Nichtigkeitsbeschwerde zu rügen; für ein Erläuterungsbegehren nach §§162 ff. GVG bleibt kein Raum.
[43] Vgl. dazu oben § 39 Rz 62.
[44] Vgl. dazu oben Rz 4 Art. 8 und 9.
[45] Konk. 37 Abs. 1. Die zusätzliche Frist bei verspäteter Entdeckung des Nichtigkeitsgrundes (§287 Abs.1 Satz 2 ZPO) entfällt. Die Fristberechnung richtet sich im Übrigen, sofern nichts anderes vereinbart ist, zufolge des Verweises in Art. 1 Abs. 2 BZP nach dem BGG und nicht nach dem kantonalen Recht am Sitze des Schiedsgerichts.
[46] Konk. 37 Abs. 2.
[47] Konk. 39, 40.

vorzuheben ist hier die besondere Ablehnungsmöglichkeit gemäss Art. 40 Abs. 4 Konk.: «soweit sie nicht wegen ihrer Teilnahme am früheren Verfahren oder aus einem andern Grunde abgelehnt werden.»

e) Zum Verfahren

Die ergänzenden Bestimmungen des kantonalen Rechts können, soweit sie nicht aus der besonderen Natur des Rechtsmittels gegen Schiedsgerichtsentscheidungen hinfällig werden, wie zum Beispiel bezüglich der aufschiebenden Wirkung[48] beibehalten werden.

So wird der mündlichen Verhandlung im Falle von §292 ZPO nichts entgegenstehen, ebenso der Abweisung der Nichtigkeitsbeschwerde bei offensichtlicher Unbegründetheit ohne Anhörung der Gegenpartei[49].

15. Revision

26 Revision des Entscheides ist gemäss Art. 42 Konk. beim Obergericht zu verlangen und zwar innert sechzig Tagen seit Entdeckung des Revisionsgrunds. Bei Gutheissung des Revisionsgesuches, das – von dem in Ziff. 11 Gesagten abgesehen – im Wesentlichen auf dieselben Gründe gestützt werden kann wie bisher, weist das Obergericht die Streitsache zur Neubeurteilung an das Schiedsgericht zurück[50].

16. Protokoll

27 Die Protokollführungspflicht des Schiedsgerichts nach zürcherischem Recht entfällt. Solange aber ein solches nicht durch die Parteien oder das Schiedsgericht wegbedungen wurde, was kaum je der Fall sein wird, ergibt sich die Notwendigkeit der Protokollführung aus Art. 7 BZP oder aus der von Parteien oder Schiedsrichtern gewählten Prozessordnung.

17. Vollstreckbarerklärung

28 Gemäss Art. 44 Abs. 1 und 2 Konk. hat das Obergericht bei Schiedssprüchen, die dem Art. 5 Konk. (Schiedsfähigkeit des Streitgegenstandes) nicht widersprechen, deren Vollstreckbarkeit am Schluss des Schiedsspruches zu bestätigen, sobald die unter lit. a–d des Art. 44 Abs. 1 Konk. aufgeführten Voraussetzungen vorliegen. Die Frage der Vollstreckung selber ist den kantonalen Behörden am Vollstreckungsort

---

[48] Konk. 38.
[49] ZPO 289.
[50] Konk. 43 Abs. 1.

vorbehalten. Art. 44 Konk. verschafft der interessierten Partei lediglich einen Ausweis darüber, dass ein vollstreckbares Schiedsgerichtsurteil vorliegt[51].

18. Bundesrechtsmittel

Gegenüber dem Entscheid des Obergerichts steht die Beschwerde an das Bundesgericht offen[52]. 29

C. Abgrenzung zu den Schiedsgutachten[53]

Als einzige Bestimmung ist vom IV. Teil der Zivilprozessordnung § 258 über die Schiedsgutachten unverändert in Kraft geblieben. Die Durchführung und die Wirkung von Schiedsgutachten sind im Konkordat nicht geregelt[54]. Haben die Parteien ein Schiedsgutachten vereinbart, so ist es nicht unzulässig, vor Abschluss desselben den Prozess beim (staatlichen) Gericht einzuleiten[55]. 30

D. Die internationale Schiedsgerichtsbarkeit

Die internationale Schiedsgerichtsbarkeit ist im IPRG geregelt und es wird auf die diesbezügliche Regelung verwiesen. Am 1. März 2007 ist Abs. 1bis von Art. 186 im Abschnitt über die Internationale Schiedsgerichtsbarkeit in Kraft getreten. Er legt fest, dass bei erhobener Unzuständigkeitseinrede das in der Schweiz domizilierte internationale Schiedsgericht ungeachtet einer bereits vor einem staatlichen Gericht oder einem andern Schiedsgericht hängigen Klage über denselben Gegenstand zwischen denselben Parteien über seine Zuständigkeit entscheide, es sei denn, dass beachtenswerte Gründe ein Aussetzen des Verfahrens erforderten. Das ist eine Abkehr von der Regel des für staatliche Gerichte geltenden Art. 9, wonach diese bei bereits bestehender Rechtshängigkeit eines auswärtigen Prozesses ihr Verfahren aussetzen, wenn zu erwarten ist, dass das ausländische Gericht in angemessener Frist eine Entscheidung fällt, die in der Schweiz zu anerkennen ist. Der Gesetzgeber wollte mit der Ergänzung von Art. 186 verhindern, dass internationale Schiedsgerichtsklagen, die in der Schweiz eingereicht werden wollen, dadurch unterlaufen werden können, dass

---

[51] JOLIDON, Einl. zu Art. 44, 545.
[52] BGG 77.
[53] Vgl. dazu oben § 30 Rz 5–7.
[54] Zur Unterscheidung vgl. ZR 93/1994 Nr. 34, sowie BGE 107 Ia 320 E. 4.5.
[55] ZR 94/1995 Nr. 66.

ein ausländisches Schiedsgericht angerufen wird. Mit dem Bundesgerichtsgesetz ist auch der Rechtsmittelweg für die Anfechtung internationaler Schiedsurteile neu geordnet worden. Nach Art. 191 IPRG kann das Bundesgericht mit der Beschwerde in Zivilsachen angerufen werden.

Neunter Abschnitt

§ 41 Von der kantonalrechtlichen Zwangsvollstreckung[1]

Inhaltsverzeichnis Seite

A. Abgrenzung von der bundesrechtlichen Zwangsvollstreckung 549
B. Die kantonalrechtliche Zwangsvollstreckung 551
    I. Der Inhalt des kantonalen Zwangsvollstreckungsrechts 551
    II. Die Voraussetzungen der Zwangsvollstreckung 552
        1. Im Allgemeinen 552
        2. Die Vollstreckung ausländischer Urteile 556
    III. In der kantonalrechtlichen Zwangsvollstreckung mögliche Massnahmen 556
        1. Ordnungsbusse und Ungehorsamsstrafe 556
        2. Ersatzvornahme 557
        3. Anwendung von Zwang 558
        4. Abgabe einer Willenserklärung 559
        5. Vollstreckung eines Besuchsrechts 559
        6. Schadenersatz 560
        7. Schlussbemerkung 560
    IV. Das Vollstreckungsverfahren 560

A. Abgrenzung von der bundesrechtlichen Zwangsvollstreckung

Generelle Voraussetzung, damit ein Urteil vollstreckt werden kann, ist die formelle Rechtskraft.[2]

Im modernen Staat darf der Gläubiger sein Recht gegenüber einem seine Pflicht nicht freiwillig erfüllenden Schuldner in der Regel nicht selbst zwangsweise, mit eigenen Mitteln durchsetzen. Er muss sich an den Staat wenden, der das Recht in einem geordneten, von Beamten geleiteten Verfahren durchsetzt, vollstreckt. Daher wird das Vollstreckungsgericht wie das Prozessrecht dem öffentlichen Recht zugeordnet.

Das eidgenössische Schuldbetreibungs- und Konkursrecht ist aufgrund von Art. 122 BV (früher explizit aufgrund Art. 64 Abs. 1 aBV) niedergelegt im Bundesgesetz über Schuldbetreibung und Konkurs vom 11. April 1889 mit seitherigen Änderungen und seinen zahlreichen Nebenerlassen. Die kantonalen Zivilprozessordnungen enthalten jedoch Bestimmungen über die Vollstreckung privatrechtlicher Ansprüche,

---

[1] ZPO CH 335–352.
[2] Der Anspruchsberechtigte hat beim erteilenden Gericht eine Rechtskraftsbescheinigung zu verlangen.

sowie eben das Vollstreckungsrecht den Kantonen verblieben ist. Das ist der Fall: mit Bezug auf die Vollstreckung jener Leistungen, die nicht in einer Geldzahlung bestehen[3].

3   Die Beziehungen zum Zivilprozess sind da besonders eng, wo die Vollstreckung nur auf zivilrichterliche Anordnung hin erfolgt oder zivilrichterlicher Aufsicht untersteht. Derartige Zwangsvollstreckung gibt es jedoch nicht nur im Anschluss an einen Zivilprozess; vollstreckbar sind nicht bloss auf dem Zivilrecht beruhende Ansprüche. Auch Entscheide von Verwaltungsbehörden und Verwaltungsgerichten bedürfen der Vollstreckung[4], ebenso strafgerichtliche Urteile bezüglich Kosten, Bussen, adhäsionsweise zugesprochener zivilrechtlicher Verpflichtungen[5] und anderer Anordnungen, die nicht, wie der Vollzug von Freiheitsstrafen oder die Beschlagnahme von Gegenständen, in die Kompetenz der Strafvollzugsbehörden fallen[6]. Die Vollstreckung von Verwaltungsentscheiden und Strafurteilen vollzieht sich in der Regel aufgrund des SchKG, auf dem Wege der Schuldbetreibung.

4   Greift das Schuldbetreibungs- und Konkursrecht über die zivilrechtliche bzw. Zivilprozessuale Zwangsvollstreckung hinaus, so regelt es andererseits nicht einmal diese erschöpfend, sondern eben nur im Bereich der Geldforderungen. Gemäss Art. 38 Abs. 1 SchKG werden auf dem Wege der Schuldbetreibung diejenigen Zwangsvollstreckungen durchgeführt, welche auf eine *Geldzahlung* oder eine *Sicherheitsleistung* gerichtet sind[7]. Diese Beschränkung ergibt sich aus Art. 122 BV, wo der Bund zur Gesetzgebung auf dem Gebiete des Zivilrechts ermächtigt wird.[8] Unter Betreibungsverfahren lässt sich aus historischen Gründen wohl nur das auf Erlangung von Geld gerichtete Zwangsvollstreckungsverfahren verstehen und nicht etwa auch ein auf das «Eintreiben» anderer Gegenstände oder auf die Erfüllung anderer als auf Geldzahlungspflichten gerichtetes Verfahren. Es befasst sich also nicht mit der Herausgabe von Sachen, der Übergabe von Kindern, der Räumung von Liegenschaften, dem Kappen von Bäumen und Sträuchern usw. Das SchKG beschränkt seinen Wirkungsbereich auf das Eintreiben von Geld. Richtig ist allerdings, dass im Konkurs nicht auf Geldleistung gehende Forderungen gemäss Art. 211 SchKG in Geldforderungen umgewandelt werden und somit auch daran teilnehmen. Das ist

---

[3]   ZPO 304 ff.
[4]   Art. 39 ff. des Bundesgesetzes über das Verwaltungsverfahren vom 20. Dezember 1968, §§ 29 ff. VRG. Vgl. unten Rz 8–9a.
[5]   Vgl. oben § 1 Rz 19.
[6]   StGB 380.
[7]   ZPO 303.
[8]   Art. 64 Abs. 1 aBV war präziser abgefasst. Das Schuldbetreibungs- und Konkursrecht wird explizit erwähnt. Die neue Formulierung «auf dem Gebiete des Zivilrechts und des Zivilprozessrechts» ist ungenau. Das Schuldbetreibungs- und Konkursrecht wurde jedoch von je her in die Zivilrechtskompetenz eingeschlossen betrachtet. Nachdem dem Bund nun die Kompetenz zum Erlass des Zivilprozessrechts zusteht, ist es zutreffender, das Schuldbetreibungs- und Konkursrecht auf diese Kompetenz zu stützen (Vgl. LEUENBERGER, St. Galler Kommentar zu Art. 122 BV Rz 20–24).

aber auch dann das Ergebnis einer kantonalrechtlichen Zwangsvollstreckung, wenn die Sachleistung wegen Unmöglichkeit der Realerfüllung im Taxationsverfahren in eine Geldforderung umgewandelt wird. Bei deren Nichterfüllung greift wieder das SchKG ein.

Art. 38 Abs. 1 SchKG nennt als weiteren Anwendungsbereich des SchKG jene Zwangsvollstreckung, die auf eine Sicherheitsleistung gerichtet ist. Es handelt sich dabei nicht etwa um eine besondere Betreibungsart, sondern um ein besonderes Betreibungs*ziel*. Der Gläubiger kann und will nicht eine Befriedigung in Geld bewirken, sondern lediglich für eine Geldforderung aufgrund besonderen Rechtstitels sichergestellt sein. Erfolgt die Sicherstellung seitens des Schuldners nicht freiwillig, so steht ihm dafür die Schuldbetreibung zu Gebote. 5

Grundlagen solcher Sicherstellungstitel können eine gesetzliche oder eine vertragliche sein. Als gesetzliche Sicherstellungsgrundlage kommen etwa Bestimmungen in Steuergesetzen infrage[9]; im Weitern ist auf Art. 281 Abs. 2, 282 ZGB hinzuweisen. Rechtstitel im Falle der Weigerung des Schuldners nach Zustellung des Zahlungsbefehls (es hat nichtsdestoweniger Zahlung an das Betreibungsamt zu erfolgen, nur darf es diese nicht an den Gläubiger weiterleiten) ist dann allerdings ein im Rahmen des Vaterschaftsprozesses anzustrebender gerichtlicher Entscheid. Sicherstellung durch Geldleistung (statt durch Grundpfand- oder Faustpfandbestellung) kann jedoch auch vertraglich aus irgendwelchen Gründen vereinbart werden (z.B. Einzahlung eines bestimmten Betrages auf ein Sperrkonto). 6

Im Kanton Zürich besteht nun bei der kantonalrechtlichen und der bundesrechtlichen Zwangsvollstreckung insofern Personalunion, als das mit der Durchführung der kantonalrechtlichen Zwangsvollstreckung betraute Organ, der Gemeindeammann oder Stadtammann, gleichzeitig Betreibungsbeamter ist. 7

B. Die kantonalrechtliche Zwangsvollstreckung

I. Der Inhalt des kantonalen Zwangsvollstreckungsrechts

Kantonale Zwangsvollstreckung findet nach dem Gesagten auf Ansprüche Anwendung, die weder auf Geldzahlung[10] noch auf Sicherheitsleistung durch Geldhinterlage gerichtet sind, insbesondere auf: 8

---

[9] FRITZSCHE/WALDER, I § 10 Rz 28.
[10] Mangels gegenteiliger Hinweise gilt für die gerichtlich zugesprochene Fremdwährungsforderung die gesetzliche Alternativermächtigung. Es liegt alsdann keine Effektivschuld vor, was die Vollstreckung nach SchKG mit Umrechnung des Forderungsbetrages in Schweizerfranken zur Folge hat (22. Dezember 2001, Kassationsgericht des Kantons Zürich, ZR 101/2002 Nr. 54).

- die Herausgabe von Sachen,
- die Vornahme von Handlung,
- die Erstellung eines Werkes,
- die Unterlassung von Immissionen,
- die Herausgabe von Kindern (aus familienrechtlichen Entscheidungen),
- die Abgabe einer Willenserklärung.

9   Ausserdem gibt das kantonale Recht Auskunft über die Vollstreckung kantonaler und ausserkantonaler (Konkordat!) rechtskräftiger Entscheid von Verwaltungsinstanzen[11].

9a Macht ein Urteil die Zahlungspflicht des Schuldners von einer Gegenleistung des Gläubigers abhängig, so bestimmt das kantonale Recht, in welchem Verfahren der die Vollstreckung begehrende Gläubiger die Erfüllung seiner Gegenleistung beweisen kann. Gelangt der Gläubiger an den Rechtsöffnungsrichter, so kann dieser ohne Beweismittelbeschränkung vorfrageweise über die Erfüllung der vom Gläubiger zu erbringenden Gegenleistung befinden. Zu einem solchen Entschied zuständig ist aber auch der Befehlsrichter, wenn der Gläubiger ihm die Frage, ob die Volkstreckungsvoraussetzung erfüllt sei, gesondert zur Beurteilung vorlegt; auch der Befehlsrichter entscheidet hier ohne Beweismittelbeschränkung[12].

II. Die Voraussetzungen der Zwangsvollstreckung

1. Im Allgemeinen

10 Es wird darüber im Befehlsverfahren entschieden[13]. Die Vollstreckung bezieht sich nur auf gerichtlich festgestellte Ansprüche, deren Zusprechung jedoch nicht unbedingt im ordentlichen Verfahren erfolgt sein muss (auch Entscheide im summarischen Verfahren sind gegebenenfalls zu vollstrecken). Es muss also, damit man von Vollstreckung reden kann, ein rechtskräftiges Sachurteil vorliegen[9a] das auf Tun oder Unterlassen gerichtet ist. Bei einem Prozessurteil können nur Kosten- und Entschädigungsforderungen Gegenstand der Vollstreckung bilden, die sich nach SchKG vollzieht.

---

[11] SchKG 80 Abs. 2.
[12] ZR 84/1985 Nr. 87, ebenso für ein sog. «negatives Vollstreckungsverfahren» (Feststellung des Fehlens einer Leistungsbedingung) ZR 89/1990 Nr. 71. Vgl. Auch ZR 87/1988 Nr. 62. ZPO 222 Ziff. 1 und 223 ff. Vgl. für das Folgende Urs Haubensak, Die Zwangsvollstreckung nach der zürcherischen Zivilprozessordnung. Ein Beitrag zur neuen zürcherischen Zivilprozessordnung, Zürcher Schriften zum Verfahrensrecht Bd. 14, Zürich 1975.
[13] ZPO 300.

Die Vollstreckung gerichtlicher Entscheide gegen am Erkenntnisverfahren nicht beteiligte Dritte ist nicht möglich[14]. 10a

Sachurteile zürcherischer Gerichte werden ohne Weiteres vollstreckt, falls deren allfällige Erfüllungsfrist abgelaufen ist. 11

Rechtskräftige Urteile des Bundesgerichts sind zu vollstrecken wie die Urteile anderer Gerichte. Für Urteile, die vom Bundesgericht im Direktprozess gefällt werden, gilt Art. 77 BZP, indem die Vollstreckung des Urteils dem Bundesrat obliegt. Dieser trifft auf Gesuch der berechtigten Partei durch Vermittlung der kantonalen Behörde oder unmittelbar alle hierzu erforderlichen Massnahmen. Entscheide, die vom Bundesgericht im Berufungsverfahren gefällt worden sind, unterliegen der Vollstreckung nach kantonalem Recht[15]. 12

Rechtskräftige Urteile anderer schweizerischer Kantone sind ebenfalls zu vollstrecken[16, 17]. 13

Für öffentlich-rechtliche Ansprüche gilt das Konkordat vom 28. Oktober 1971, das nachstehend im Wortlaut abgedruckt wird und dem sämtliche Kantone angehören[18]. 14

1. Konkordat über die Gewährung gegenseitiger Rechtshilfe zur Vollstreckung öffentlich-rechtlicher Ansprüche[19]

Angenommen von den Konferenzen der kantonalen Justiz- und Polizeidirektoren, der kantonalen Finanzdirektoren und der kantonalen Fürsorgedirektoren am 15./16. April 1970, 13. Oktober 1970, 28. Oktober 1971

Vom Bundesrat genehmigt am 20. Dezember 1971

---

[14] Daran ändert auch § 305 Abs. 1 ZPO nichts, der die von der Drittperson geltend gemachten eigenen Ansprüche betrifft (22. Dezember 2001, Kassationsgericht des Kantons Zürich, ZR 101/2002 Nr. 37 E. II/3).
[15] 28. Februar 2001, Kassationsgericht des Kantons Zürich, strafrechtlicher Fall, ZR 100/2001 Nr. 43). Vgl. HAUBENSAK, 15.
[16] Die in Art. 81 Abs. 2 SchKG erwähnten Einwendungen gelten auch für das kantonalrechtliche Vollstreckungsverfahren (HAUBENSAK, zit. Anm. 9, 16 f.). Vorsorgliche Massnahmen, welche von Gerichten anderer Kantone oder von inländischen Schiedsgerichten angeordnet worden sind, werden vollstreckt, soweit sie nach zürcherischem Recht zulässig sind (ZPO 301).
[17] Dem darauf bezüglichen Konkordat gehören gemäss SR 276 folgende Kantone an: Luzern, Schwyz, Obwalden, Nidwalden, Glarus, Zug, Freiburg, Solothurn, Basel-Stadt, Basel-Landschaft, Schaffhausen, Graubünden, Thurgau, Waadt, Wallis, Neuenburg, Genf, Jura.
[18] SR 281.22, AS 1981, 925.
[19] ZPO CH 335–352.

Art. 1

Rechtshilfe

Die Konkordatskantone leisten sich gegenseitig Rechtshilfe zur Vollstreckung der auf öffentlichem Recht beruhenden Ansprüche auf Geld- oder Sicherheitsleistung zugunsten des Kantons oder der Gemeinden sowie der von ihnen errichteten Körperschaften, Anstalten und Zweckverbände.

Die Rechtshilfe wird im Betreibungsverfahren durch die Erteilung der definitiven Rechtsöffnung gewährt.

Art. 2

Vollstreckbare Entscheide

Vollstreckbar sind rechtskräftige Entscheide oder Verfügungen (eingeschlossen Steuerveranlagungen) von Verwaltungs- und Gerichtsbehörden, die nach der Gesetzgebung des Kantons, in welchem sie erlassen wurden[20], im Sinne von Artikel 80 Absatz 2 des Bundesgesetzes vom 1. April 1889 über Schuldbetreibung und Konkurs einem gerichtlichen Urteil gleichgestellt sind.

Art. 3

Anforderung an das Verfahren

Die Vollstreckbarkeit setzt voraus, dass das Verfahren zur Festsetzung öffentlich-rechtlicher Ansprüche folgende Anforderungen erfüllte:
a) Der Betriebene muss Gelegenheit gehabt haben, sich zur Sache zu äussern, eine Einsprache bei der verfügenden Behörde zu erheben oder von einem andern, die Überprüfung des Sachverhalts gewährleistenden Rechtsmittel Gebrauch zu machen;
b) Der Betriebene muss auf das gegen den Entscheid oder die Verfügung zulässige ordentliche Rechtsmittel, die Rechtsmittelinstanz und die Rechtsmittelfrist aufmerksam gemacht worden sein.

Art. 4

Nachweis der Vollstreckbarkeit

Dem Rechtsöffnungsrichter sind vorzulegen:
a) Eine vollständige Ausfertigung der Verfügung oder des Entscheides bzw. ein Auszug aus dem Steuerregister;
b) Eine Rechtskraftbescheinigung[21] der Instanz, bei der zulässige Rechtsmittel einzulegen war, bzw. eine Bescheinigung der Steuerbehörde, dass die Steuerveranlagung rechtskräftig geworden ist;
c) Eine Bescheinigung der entscheidenden Behörde, dass die Anforderungen an das Verfahren nach Artikel 3 erfüllt sind;

---

[20] Für *Zürich* gilt hier § 214 ZPO:
«Die auf Geldzahlung oder Sicherheitsleistung gerichteten rechtskräftigen Entscheide der Verwaltungsinstanzen des Kantons Zürich, seiner Gemeinden und seiner andern öffentlich-rechtlichen Körperschaften stehen hinsichtlich der Rechtsöffnung vollstreckbaren gerichtlichen Urteilen gleich (Art. 80 Abs. 2 SchKG).»

[21] Rechtskraftbescheinigungen unterliege nicht der Nichtigkeitsbeschwerde, da es sich nicht um einen Entscheid im Sinne von § 69a GVG handelt (6. September 1997, Kassationsgericht des Kantons Zürich, ZR 97/1998 Nr. 51).

d) Die gesetzlichen Vorschriften, aus denen sich die Gleichstellung der Verfügung oder des Entscheides mit vollstreckbaren gerichtlichen Urteilen nach Absatz 2 des Bundesgesetzes vom 11. April 1889 über Schuldbetreibung und Konkurs ergibt

Art. 5

Prüfung von Amtes wegen

Der Rechtsöffnungsrichter prüft von Amtes wegen, ob die Voraussetzungen der Vollstreckbarkeit nach den Artikeln 2 und 3 gegeben sind.

Art. 6

Einreden des Betriebenen

Dem Betriebenen stehen die folgenden Einreden zu:
a) Der urkundliche beweis, dass die Schuld seit Erlass des Urteils geteilt oder gestundet wurde;
b) Dass die Schuld verjährt ist;
c) Dass die kantonale Behörde, welche den Entscheid erlassen hat, nicht zuständig war, dass der Betriebene nicht gehörig vorgeladen wurde oder nicht gesetzlich vertreten war;
d) Dass ihm der Entscheid nicht in der gesetzlich vorgeschriebenen Weise eröffnet wurde.

Art. 7

Beitritt und Rücktritt

Jeder Kanton kann dem Konkordat beitreten. Die Beitrittserklärung ist dem Eidgenössischen Justiz- und Polizeidepartement zuhanden des Bundesrates einzureichen.

Wenn ein Kanton vom Konkordat zurücktreten will, so hat er dies dem eidgenössischen Justiz- und Polizeidepartement zuhanden des Bundesrates zu erklären. Der Rücktritt wird mit Ablauf des der Erklärung folgenden Kalenderjahres rechtswirksam.

Art. 8

Inkrafttreten

Das Konkordat tritt für die abschliessenden Kantone mit seiner Veröffentlichung in der Sammlung der eidgenössischen Gesetze in Kraft, für die später beitretenden Kantone mit der Veröffentlichung ihres Beitritts in der eidgenössischen Gesetzessammlung.

Art. 9

Übergangsbestimmung

Mit dem Beitritt der Kantone zu diesem Konkordat fällt im gegenseitigen Verhältnis die Anwendbarkeit des Konkordates vom 18. Februar 1911 betreffend die Gewährung gegenseitiger Rechtshilfe zur Vollstreckung öffentlich-rechtlicher Ansprüche und des Konkordates vom 29. Juni 1945 betreffend Rechtshilfe zur Vollstreckung von Ansprüchen auf Rückerstattung von Armenunterstützungen dahin.

Das Konkordat wird bei Inkrafttreten der Schweizerischen Zivilprozessordnung gegenstandslos und die Vollstreckung von Entscheiden ist in ZPO CH 335–346 geregelt. 14a

2. Die Vollstreckung ausländischer Urteile

15 Die Vollstreckung ausländischer Entscheide ist in ZPO § 302 geregelt. Heranzuziehen sind insbesondere die Bestimmungen des IPRG 25–32 und Art. 199 sowie des LugÜ Art. 54 Abs. 1 sowie die einzelnen Staatsverträge.[22] Gegen einen Rechtsöffnungsentscheid ist, soweit er sich auf die Frage der Vollstreckbarerklärung eines ausländischen Urteils bezieht, der Rekurs und gegen den Rekursentscheid die Nichtigkeitsbeschwerde zulässig[23].

III. In der kantonalrechtlichen Zwangsvollstreckung mögliche Massnahmen

16 Die Zwangsvollstreckung nach zürcherischem Recht kennt folgende Massnahmen (Vollstreckungsmittel):

1. Ordnungsbusse und Ungehorsamsstrafe[24]

17 Das sind diejenigen Mittel, die am einfachsten anzuwenden sind: Dem Vollstreckungsbeklagten wird befohlen, dem Gesuchsteller eine Sache zu übergeben, eine bestimmte Leistung vorzunehmen (Arbeit, Erstellen eines Lärmschutzwalles oder einer ähnlichen Massnahme). Dieser Befehl wird mit einer Androhung verbunden, um den Vollstreckungsbeklagten zur betreffenden Leistung zu bringen. Diese Androhung ist entweder Ordnungsbusse, also eine Zahlung an die Gerichtskasse, oder eine Ungehorsamsstrafe. Diese beiden Dinge unterscheiden sich dadurch voneinander, dass der Vollstreckungsrichter die Ordnungsbusse selber ausspricht, wogegen die Ungehorsamsstrafe nach vorheriger Überweisung an den Strafrichter ausgefällt wird.

18 Die Ordnungsbusse als Vollstreckungsmassnahme ist nur im kantonalen Recht erwähnt[25], das Bundesrecht kennt sie nicht. ZPO CH 335–352 regelt ausführlich das Vollstreckungsverfahren. Die obsiegende Partei kann jedoch Schadenersatz oder Umwandlung in eine Geldleistung verlangen, wenn die unterlegene Partei den gerichtlichen Anordnungen nicht nachkommt (ZPO CH 345).

---

[22] Vgl. insbesondere Frank / Sträuli / Messmer N 2–45 zu § 302 ZPO mit Hinweisen auf die einzelnen Staatsverträge sowie ausführlich BSK IPRG Stephen V. Berti/Robert K. Däppen zu Art. 25–32. Regelung nach ZPO CH 335 ff., vorbehältlich anderer Bestimmungen in Staatsvertrag oder IPRG. Das revLugÜ bringt Änderungen der ZPO CH und des IPRG mit sich. Vgl. dazu Entwurf Bundesbeschluss in BBl. Nr. 13 vom 31. März 2009, 1835–1841 (Anhang S. 675 nachstehend).
[23] 25. Februar 1997, Kassationsgericht des Kantons Zürich, ZR 97/1998 Nr. 6 E. II/2b und 3).
[24] ZPO 306. Vgl. BZP 76.
[25] Gesetz betreffend die Ordnungsstrafen vom 30. Oktober 1866, GS 312.

Art. 292 StGB bestimmt, dass, wer der von einer zuständigen Behörde oder einem zuständigen Beamten unter Hinweis auf die Strafdrohung dieses Artikels an ihn erlassenen Verfügung nicht Folge leistet, mit Haft oder mit Busse bestraft wird. Diese Bestrafung kann also einen Strafregistereintrag auslösen[26].   19

Das Gleiche gilt für Unterlassungen. Wer zu einer Unterlassung verpflichtet wurde und trotzdem im verbotenen Sinne handelt, wird entsprechend bestraft, nachdem es ihm angedroht worden ist. Dabei sieht §306 Abs. 2 ZPO noch besonders vor, dass Ordnungsbusse für jeden Tag bis zur Erfüllung angedroht werden kann. Auch das ist sowohl für Handlungen wie für Unterlassungen praktizierbar: Wer nicht handelt (z.B. den geschuldeten Auftrag nicht erfüllt), wird so lange bestraft, bis er es tut. Der, dem eine Immission verboten wurde und der sie trotzdem begeht, wird so lange bestraft, bis er damit aufhört[27].   20

2. Ersatzvornahme[28]

> **Beispiel 165:**
>
> Der Beklagte ist Maurermeister und wurde verpflichtet, eine Mauer – gestützt auf einen Werkvertrag – zu erstellen. Ersatzvornahme durch einen anderen Maurermeister ist durchaus möglich.   21

Wenn der Beklagte sich weigert, zur Erfüllung Hand zu bieten, welche in der Vornahme einer Handlung besteht, so ist die Erzwingung ausgeschlossen, weil die erzwungene Handlung der versprochenen doch nicht gleichkäme: Nemo praecise cogi potest ad fachtum[29], somit bleibt dem Richter folgende Möglichkeit: Er beauftragt einen Dritten, die Handlung vorzunehmen. Etwa eine Arbeitsleistung zu erbringen, welche vom Vollstreckungsbeklagten hätte erbracht werden sollen. Es kann auch der Kläger anstelle des Schuldners der Leistung zur Vornahme derselben ermächtigt werden[30].   22

---

[26] Art. 76 Abs. 2 BZP sieht dafür einen Strafantrag vor.
[27] Die Bemessung der Tagesbusse darf nicht schon in der richterlichen Androhung vorweggenommen werden (ZR 81/1982 Nr. 15, 87/1988 Nr. 41).
[28] ZPO 307 Ziff. 1, vgl. BZP 77 Abs. 2
[29] OSER / SCHÖNENBERGER, N 3 zu Art. 98.
[30] OR Abs. 1.

> **Beispiel 166:**
>
> 23 Kaum möglich ist sie dort, wo es um eine Leistung geht, welche der Schuldner um seiner Person willen persönlich hätte erfüllen müssen. Wer das Trio Eugster unter Schallplattenvertrag hat, dem nützt es nichts, wenn dieselben Lieder von einem noch so guten anderen Trio gesungen werden. Dieses hat eben einen anderen Sound und nicht das gleiche Renommee.

24 Der Richter kann die Ersatzvornahme dem Gemeindeammann jener Gemeinde übertragen, wo die Massnahmen zu treffen sind[31].

3. Anwendung von Zwang[32]

25 Das ist möglich gegen den Pflichtigen und gegen in seinem Gewahrsam befindliche Sachen. Muss er also ein bestimmtes Gemälde herausgeben, so ist es möglich, ihn dazu mit Brachialgewalt zu zwingen. Genauso gut wie der Betreibungsbeamte einen Gegenstand in Verwahrung nehmen kann, den er zwecks späterer Versilberung gepfändet hat, genauso gut kann der Gemeindeammann den Gegenstand, der in natura herauszugeben ist, dem Schuldner der abzuliefernden Sache wegnehmen.

26 Zwang gegen den Pflichtigen persönlich kommt etwa in Betracht bei der Ausweisung von Mietern und Pächtern, ja es kann vorkommen, dass der Gemeindeammann eine ganze Bauernfamilie samt lebendem und totem Inventar von einem Bauernhof wegschaffen muss.

27 Auch die Anwendung von Zwang kann dem Gemeindeammann jener Gemeinde übertragen werden, wo die Massnahmen zu treffen sind[33]. Dieser kann nötigenfalls die Hilfe der Polizeiorgane beanspruchen, sofern der Richter diese nicht direkt mit der Vollstreckung beauftragt[34]. Ist plötzlich Hilfe erforderlich, so kann die Polizei auch direkt vom Richter beauftragt werden.

27a Der Vermieter hat die Kosten des Zwangsvollzugs vorzuschiessen, wobei der Vorschuss insbesondere Transport- und Lagerkosten decken soll. Kümmert sich der Mieter nicht um die ausgeschafften und eingelagerten Gegenstände, so setzt ihm das mit dem Vollzug betraute Amt Frist zur Abholung an unter der Androhung, dass im Säumnisfall seine Habe freiwillig öffentlich versteigert und der Verwertungserlös

---

[31] ZPO 307 Abs. 2.
[32] ZPO 307 Abs. 1 Ziff. 2. Vgl. BZP 77 Abs. 2.
[33] ZPO 307 Abs. 2.
[34] ZPO 307 Abs. 3 zweiter Satz.

vorab zur Deckung der vom Vermieter vorgeschossenen Vollzugskosten herangezogen werde[35].

4. Abgabe einer Willenserklärung[36]

Es kann sein, dass der Vollstreckungsschuldner eine Willenserklärung hätte abgeben sollen. Weigert er sich trotz gehöriger Aufforderung, so wird diese, da eine Ersatzvornahme nicht möglich ist, durch den Entscheid des Richters ersetzt, d.h., dieser bewirkt dann die gleiche Rechtsfolge, welche die Willenserklärung gehabt hätte.

> **Beispiel 167:**
>
> A, B und C bilden eine einfache Gesellschaft. C weigert sich, einer von der Erreichung des Gesellschaftszwecks und der Erhaltung des Vermögens her gebotenen Verpflichtungserklärung beizutreten und wird dazu gerichtlich verpflichtet. Weigert er sich, so wird durch Verfügung im Befehlsverfahren die Erklärung durch den Entscheid des Richters ersetzt[37]. Nach Art. 78 Abs. 1 BZP tritt die Wirkung bereits durch das ergangene Urteil selber ein[38].

Es ist im Gesetz noch ein Fall besonders geregelt: derjenige des Eintrages im Grundbuch. Ist jemand verpflichtet, zur Übertragung von Grundeigentum Hand zu bieten, so kann der Kläger allenfalls die Gestaltungsklage nach Art. 656/665 ZGB einreichen. Ist indessen lediglich auf Leistung geklagt worden oder war nur ein Leistungsurteil möglich (etwa im Zusammenhang mit einer Scheidungskonvention), so muss gleichwohl der Vollstreckungsweg beschritten werden. Gemäss § 308 Abs. 2 ZPO und Art. 78 Abs. 2 BZP erteilt der Richter die Ermächtigung zum Eintrag.

5. Vollstreckung eines Besuchsrechts

Unter gewissen Umständen kann im Vollstreckungsverfahren ein Nachholrecht für versäumte Besuche und Ferienbesuchstage angeordnet werden. Machen veränderte Verhältnisse eine Abänderung des zu vollstreckenden Entscheides notwendig, ist der bezügliche Entscheid dem Abänderungsrichter zu überlassen. Denkbar ist allenfalls eine teilweise erfolgende Vollstreckung. Der Vollstreckungsrichter kann ein Befehlsbegehren ablehnen, wenn es aus besonderen Gründen als missbräuchlich erscheint

---

[35] ZR 85/1986 Nr. 94.
[36] ZPO 308 Abs. 1 und 2, BZP 78.
[37] Das Beispiel findet sich bei MAX KUMMER, Die Klage auf Verurteilung zur Abgabe einer Willenserklärung, ZSR 1954 II 163 ff., 179 f.
[38] Analog ZPO CH 344 Abs. 1.

oder die Vollstreckung für kurze Zeit verweigern, wenn dem Kindeswohl nicht anders Rechnung getragen werden kann[39].

6. Schadenersatz[40]

31 Es gibt Fälle, wo alles nichts nützt, z.B. deshalb, weil eine Sache geschuldet war, die in der Zwischenzeit untergegangen ist.

32 «Führen weder Strafandrohung noch Ersatzvornahme oder Zwang zur Erfüllung der Pflicht, so kann der Kläger Schadenersatz wegen Nichterfüllung verlangen», sagt § 309 Abs. 1 ZPO. Der Schadenersatz wird im Befehlsverfahren festgesetzt, wenn dies nicht schon vom erkennenden Gericht getan worden ist[41]. Es handelt sich um das sog. Taxationsverfahren. Die Umwandlung des Realerfüllungsanspruches in einen solchen auf Schadenersatz erfolgt zwar in analoger Anwendung von Art. 97 OR, doch ist bei der betragsmässigen Festsetzung den Besonderheiten des Vollstreckungsverfahrens Rechnung zu tragen. Demgemäss beschränkt sich der Schadenersatz auf den Geldwert der urteilsmässig zugesprochenen, nicht erzwingbaren Leistung im Zeitpunkt des verpflichtenden Entscheides[42].

7. Schlussbemerkung

33 Stehen mehrere mögliche Massnahmen zu Gebote, soll der Richter danach trachten, jeweils diejenige auszuwählen, die

a) am geeignetsten erscheint,
b) mit dem kleinstmöglichen Eingriff verbunden ist,
c) dem Grundsatz der Verhältnismässigkeit[43] am ehesten entspricht.

IV. Das Vollstreckungsverfahren

34 Auf Begehren des Klägers setzt der Vollstreckungsrichter dem Beklagten nochmals Frist zur Erbringung der geschuldeten Leistung an[44]. Ob der Beklagte alsdann

---

[39] 27. September 1994, Kassationsgericht des Kantons Zürich, ZR 95/1996 Nr. 19 E. II/2–3.
[40] ZPO 309 Abs. 1, BZP 76 Abs. 3.
[41] ZPO 309 Abs. 2. Zum Falle der Verrechnung vgl. ZR 84/1985 Nr. 98. Unklar bleibt, wie es sich bei bundesgerichtlichen Urteilen verhält.
[42] 28. April/29September 1998, Einzelrichterin im summarischen Vefahren am Bezirksgericht Zürich/Obergericht des Kantons Zürich, II. Zivilkammer (ZR 99/2000 Nr. 59).
[43] Vgl. dazu ULRICH ZIMMERLI, Der Grundsatz der Verhältnismässigkeit im öffentlichen Recht, ZSR NF112 (1978) II, 1 ff.
[44] ZPO 306 Abs. 1; bezüglich allfälliger Einsprachen Dritter vgl. ZPO 305 Abs. 1. Diese Bestimmung kann sich nicht auf Fälle beziehen, in denen sich die Vollstreckung von vornherein erkennbar gegen

erfüllt, kann der Vollstreckungsrichter nicht überprüfen, weshalb der vom Kläger zu erwirkende Vollstreckungsbefehl[45] meist diesem zuhanden des Gemeindeammanns übergeben wird. Der Kläger darf alsdann mit der Übermittlung des Vollstreckungsauftrages nicht ungebührlich lange zuwarten, weil andernfalls die Möglichkeit der Veränderung der Verhältnisse bestünde und damit unter Umständen die Vollstreckungsvoraussetzungen entfielen, ohne dass dies der Gemeindeammann als blosses Exekutionsorgan noch berücksichtigen dürfte[46]. Unter dem Gesichtspunkt der Schaffung möglichst klarer Rechtsverhältnisse wäre es nach zutreffender Ansicht des Obergerichts daher zulässig und wünschenswert, wenn der Vollstreckungsrichter in jenen Fällen, wo er bei Anordnung der Realexekution die Stellung des Vollzugsbeauftragten dem Kläger überlässt, diesem gleichzeitig unter Androhung der Verwirkung oder der Annahme des Verzichts Frist ansetzte, um nach unbenütztem Ablauf der dem Beklagten zur Erbringung der Leistung gesetzten Frist den Vollzug beim zuständigen Exekutionsorgan zu beantragen[47].

---

einen Dritten richtet, da sich die Vollstreckung in der Regel auf einen Entscheid stützen muss, der die Partei betrifft, gegen die Vollstreckung verlangt wird. § 305 Abs. 1 ZPO ist dagegen aktuell, wenn ein Dritter eigene – der Vollstreckung entgegenstehende – Rechte geltend macht, die aber nicht sofort erkennbar sind. So können bei Herausgabe- oder Ausweisungsbegehren Dritte, welche nicht Gewahrsam an der Sache haben, eine Einsprache nach § 305 Abs. 1 ZPO erheben, wenn sie Rechte behaupten, welche der Vollstreckung entgegen stehen (ZR 86/1987 Nr. 64).
Die aus dem Mietvertrag fliessenden obligatorischen Rechte des Mieters stehen der Vollstreckung eines beschränkten dinglichen Rechts nicht entgegen. Wurde der Mietvertrag im Grundbuch vorgemerkt, so gilt im Verhältnis zu den beschränkten dinglichen Rechten der Grundsatz der Alterspriorität (ZR 85/1986 Nr. 110 E. 1 und 2).

[45] ZPO 307 Abs. 1 und 2.
[46] ZP 58/1959 Nr. 100, 264 f., ZR 78/1979 Nr. 47, 98 Erw. b. Zur Verjährung des Vollstreckungsbegehrens und zur Frage des rechtsmissbräuchlichen Zuwartens mit einem solchen vgl. ZR 83/1984 Nr. 40.
[47] ZR 18/1979 Nr. 47 S. 98 Erw. c. Der unbenützte Ablauf der Frist hätte das Dahinfallen des jeweiligen Vollstreckungsverfahrens zur Folge, und der Kläger hätte gegebenenfalls beim Vollstreckungsrichter einen neuen Vollstreckungsbefehl zu erwirken (ZR 78/1979 Nr. 47, 98 Erw. c a.E.). Damit wäre eine Parallele zur Befristung des Fortsetzungsbegehrens, des Verwertungs- und des Konkursbegehrens in der Schuldbetreibung hergestellt. Zur Frage des Vorgehens des Gemeindeammanns, wenn keine solche Befristung vorliegt, vgl. ZR 78/1979 Nr. 47, 98 f. Erw. d. Bei der Vollziehung von Anordnungen des Vollstreckungsrichters ist es dem Stadt- bzw. Gemeindeammann erlaubt, teilweise selbständig und damit nach eigenem Ermessen zu handeln. Dabei hat er den Grundsatz der Verhältnismässigkeit zu beachten (ZR 85/1986 Nr. 86).

Zehnter Abschnitt

Von der Wahrnehmung richterlicher Aufgaben

§ 42 Die Haftung des Richters

Inhaltsverzeichnis   Seite

A. Allgemeines 565
B. Anwendungsfälle 566
   1. Die Haftung des Richters im Zusammenhang mit Entscheiden 566
   2. Die Haftung für korrigierte Fehler im Verfahren 570
   3. Die Haftung des Richters für Verspätungsschaden 571
   4. Die Haftung aus besonderen Unterlassungen und Vorkehren 573
   5. Die Haftung des Richters für ausserberufliches Verhalten 576
C. Zusammenfassung 576

A. Allgemeines

Die Frage, ob sich der Richter in Ausübung seiner Tätigkeit haftbar machen könne, wird in der Praxis sehr gerne gestellt. Es besteht eine verständliche Scheu davor, denjenigen, dem die Verantwortung für die Anwendung des Rechtes übertragen wurde, seinerseits dafür einer persönlichen Haftbarkeit zu unterziehen. Hinzu tritt da und dort die Unsicherheit über die Rechtsgrundlagen, die in der Schweiz mit ihrer weitgehend im kantonalen Recht verankerten Gerichtsbarkeit heranzuziehen wären.

Es stehen sich wohl zunächst zwei Privatrechtssubjekte gegenüber: der Geschädigte auf der einen, der angeblich schädigende Richter auf der anderen Seite; vielfach tritt aber an seine Stelle der Staat, der dessen Haftung übernimmt. Das Thema der Haftung bedeutet somit im modernen Verständnis des Verantwortlichkeitsrechtes in erster Linie Haftung des Staates[1].

Soweit nicht die Kantone nach Art. 61 Abs. 1 OR über die Pflicht von öffentlichen Beamten oder Angestellten, den Schaden, den sie in Ausübung ihrer amtlichen Verrichtungen verursachen, zu ersetzen oder Genugtuung zu leisten, Bestimmungen erlassen haben sollten, gilt für die Beamten und Angestellten das Obligationenrecht als Grundlage für die Inanspruchnahme; für die Richter wurde in BGE 54 II 364 offen gelassen, ob sich nicht wegen Art. 64 Abs. 3 BV ihre Haftung generell, soweit sie der kantonalen Rechtspflege dienen, nach kantonalem Recht richten müsse.

Heute erscheint das Problem durch den Erlass der Kantonalen Verantwortlichkeitsgesetze in dem Sinne weitgehend gelöst, dass kantonales Recht angewendet wird, das seinerseits wieder weitgehend auf zivilrechtlichen Grundsätzen des Obligationenrechts basiert.

---

[1] Bezüglich der Ordnung dieser Frage im Einzelnen vgl. SCHWARZENBACH, Die vermögensrechtliche Haftung des Gemeinwesens und der Beamten in der Schweiz, ZBl. 80/1979, 503 ff.

5 Für die Mitglieder des Bundesgerichtes gilt das Bundesgesetz über die Verantwortlichkeit des Bundes sowie seiner Behördenmitglieder und Beamten (Verantwortlichkeitsgesetz) vom 14. März 1958[2], dessen Art. 4–6 und 9 ebenso solchen des OR nachgebildet sind oder darauf verweisen.

B. Anwendungsfälle

1. Die Haftung des Richters im Zusammenhang mit Entscheiden

> **Beispiel 168:**
>
> 6 Ein Gericht übersieht bei Gutheissung einer Klage, dass eine Verwirkungsfrist abgelaufen ist, weswegen die Klage abzuweisen oder darauf einzutreten gewesen wäre. Die durch das die Klage teilweise gutheissende Urteil benachteiligte Partei bemerkt nichts, und auch das Rechtsmittelverfahren führt nicht zur Korrektur.

> **Beispiel 169:**
>
> 7 Ein Richter verwechselt in seinem Referat zu einem Ehescheidungsurteil das Beweisergebnis zum Thema der Unzumutbarkeit nach Art. 115 ZGB mit dem eines anderen Prozesses, und das Gericht scheidet die Ehe ungerechtfertigterweise. Die infolge des Prozesses in eine Depression verfallene beklagte Partei unterlässt es, ein Rechtsmittel zu ergreifen, sodass die Scheidung rechtskräftig wird.

8 In den kantonalen Gesetzen finden wir die Bestimmung, wonach die Gesetzmässigkeit formell rechtskräftiger Verfügungen, Entscheide und Urteile nicht überprüft werden darf, so in Zürich § 21 Abs. 1 Haftungsgesetz, ebenso für den Bund in § 12 des Verantwortlichkeitsgesetzes.

9 Das entspricht dem zwischen den Parteien geltenden Grundsatz, wonach die materielle Rechtskraft eines Urteils dazu führt, dass es nicht auf dem Wege über einen neuen und insbesondere auch nicht über einen Schadenersatz-Prozess wieder aufgerollt werden darf oder, wie es SCHWARZENBACH[3] ausdrückt, es wird das Prinzip der Einmaligkeit des Rechtsschutzes aufgestellt.

---

[2] SR 170.32, Art. 1 Abs. 1 lit. c.
[3] Die Staats- und Beamtenhaftung in der Schweiz, 2. Aufl. Zürich 1985, 212 f. (Kommentar zu § 21 des zürcherischen Haftungsgesetzes).

Das Verantwortlichkeitsgesetz des Kantons *Genf* vom 23. Mai 1900, das lediglich aus drei Paragrafen besteht, die Haftung des Staates zu bejahen für jenen Richter, der, ein Dokument nicht vollständig zur Kenntnis nehmend und aus den Akten einen falschen Schluss ziehend, das Begehren um vorläufige Eintragung eines Bauhandwerkerpfandrechtes als verspätet zurückwies, selbst wenn nicht, wie es in jenem Fall geschah, der Fehler im Rechtsmittelweg behoben worden wäre[4]. Die Korrektur des erstinstanzlichen Entscheides nützte freilich dem geschädigten Kläger nichts mehr, weil inzwischen die Frist für die Eintragung abgelaufen war und er im Konkurs der Beklagten dann zu Verlust kam.

10

Ist nun aber bei einer eindeutigen Fehlleistung des oder der Richter mangels Korrektur im Rechtsmittelweg wegen der fraglichen Bestimmung nicht mit Schadenersatz zu rechnen? Es ist vorher an die Wirkung der materiellen Rechtskraft erinnert worden. Das von PROF. GULDENER verwendete Beispiel mit dem Ehegatten, der, ungerechtfertigt geschieden, vom Beklagten Schadenersatz verlangt, muss nachdenklich stimmen. GULDENER argumentiert[5], dass sich, wer wegen ungerechtfertigter Scheidung Ansprüche gegen den seinerzeitigen Scheidungskläger erhebt, mit der Rechtskraft des Urteils in Widerspruch setzt, weil, um den Schaden darzutun notwendigerweise die Unrichtigkeit des Urteils behauptet werden muss, was anders als durch Negierung der materiellen Rechtskraft gar nicht möglich sei. Im hier anvisierten Fall geht es aber gar nicht darum. Es will nicht ein Urteil als solches infrage gestellt werden. Vom Bestand des Urteils hat der Kläger bei seiner Schadenersatzforderung auszugehen. Für seinen Anspruch bildet dieses Urteil den Schadensbestand. Hat der Kläger beispielsweise durch Prozessbetrug ein günstiges Urteil erwirkt, so haftet er dem anderen Teil deswegen sosehr wie für jeden anderen Erfolg, den er durch unerlaubte Handlung hat bewirken können und der den Kläger geschädigt hat. Das kann vor allem von Bedeutung sein, wenn es, etwa nachdem sich der fehlbare Ehegatte wieder verheiratet hat, dem anderen faktisch verwehrt ist, das Urteil noch durch Revision infrage zu stellen. Nicht das Urteil als solches wird erneut zur Diskussion gestellt, sondern die Art und Weise, wie es zu diesem Urteil gekommen ist. Eine Klage hierüber muss zulässig sein.

11

Das gilt genau gleich im Falle der Haftung des Richters. Es wird dem Richter nicht vorgeworfen, dass er in einem bestimmten Sinne und nicht anders entschieden habe. Was ihm vielmehr vorgeworfen wird, ist seine Unsorgfalt bei der Behandlung des Prozesses. Es wird gesagt: Wenn du die Akten genau studiert hättest, wie es deine Pflicht war, dann hättest du die Verwirkung festgestellt und deshalb als an sich versierter und rechtskundiger Richter nach dem gewöhnlichen Lauf der Dinge die Klage abgewiesen oder du wärst darauf nicht eingetreten; dem Beklagten wären die mit der Gutheissung verbundenen Konsequenzen nicht erwachsen. Oder: Wenn du

12

---

[4] BGE 79 II 424 ff.
[5] Schweizerisches Zivilprozessrecht, 366 Anm. 29, 387 Anm. 97.

dem Urteil nicht das falsche Beweisergebnis zugrunde gelegt hättest, wäre die Scheidungsklage sicher abgewiesen worden; die als solche nicht mehr infrage zu stellende Auflösung der Ehe wäre – zumindest damals – der Geschädigten erspart geblieben.

13 Alsdann vermögen Bestimmungen wie diejenigen von Art. 12 des Eidg. Verantwortlichkeitsgesetzes und § 21 des zürcherischen Haftungsgesetzes nicht in allen Fällen die Haftbarkeit des Richters für sein Urteil auszuschliessen.

14 Andererseits bezieht sich bei dieser Betrachtungsweise der Begriff der «widerrechtlichen Schadenszufügung» allein auf die Art und Weise der Ausübung der Aufgabe, die dem Richter gestellt ist, in ihrer Gesamtheit, nicht auf den konkreten Entscheid. Nicht das Urteil, das gefällt wurde, erhält das Etikett der Widerrechtlichkeit, den es ist nichts anderes denn das letzte Glied in der Kausalitätskette, die zum Schadensereignis führt. Die Widerrechtlichkeit liegt vielmehr in der Verletzung der dem richterlichen Auftrag inhärenten Sorgfaltspflicht. Von vorneherein ausgeschlossen sind all jene richterlichen Handlungen, die das Urteilen, das Würdigen der Beweise, das Abwägen der Rechtsgründe der Parteien gegeneinander betreffen.

15 Gewiss wird auch bei einem krassen Fehler des Richters der Einwand auftauchen, selbst bei seiner Unterlassung wäre nicht anders entschieden worden. Das zwingt unter Umständen doch zu der verpönten Überprüfung des früheren Urteils daraufhin, ob bei verändertem Ausgangspunkt anders entschieden worden wäre (nicht: ob anders hätte entschieden werden müssen). Das ist aber kein Unglück, denn auf diese Weise werden nur solche Fälle erfasst, in denen bei Beachtung der Sorgfaltspflicht, ungeachtet des übrigen Inhalts, gar kein anderes Resultat möglich war. Es geht m.a.W. um die Erfassung ausgesprochener Kunstfehler.

16 Einziger Ansatzpunkt, um einen Richter in solchen Zusammenhang verantwortlich werden zu lassen, ist also der über eine konkrete Fehlleistung im Verfahrensablauf mit der Begründung: Wäre der Fehler nicht passiert, so wäre ein anderslautender Entscheid gefällt worden. Die Gesetzmässigkeit des ergangenen Entscheides wird anerkannt; aber auch ein gesetzmässiger Entscheid kann ein Schadensereignis sein, wenn im Arbeitsablauf, der dazu geführt hat, die Sorgfaltspflicht nicht beachtet wurde. Und der Richter ist dem Staat und den Parteien gegenüber zu sorgfältigem Handeln verpflichtet. In der Missachtung dieser Pflicht liegt die widerrechtliche Schadenszufügung.

17 Es war allein im Hinblick auf § 21 Abs. 1 des kantonalen zürcherischen Haftungsgesetzes, dass Hans Rudolf Schwarzenbach in seinem Kommentar[6] zum Ergebnis kam, das Unterlassen förmlicher Rechtsmittel durch den Geschädigten dürfte kaum je Herabsetzungs- oder Haftungsausschlussgrund sein. Sobald das rechtskräftige Urteil als schadenstiftendes Ereignis wenigstens teilweise anerkannt wird, muss auch

---

[6] Schwarzenbach, (zit. Anm. 3 vorher) 186 f. (Kommentar zu § 7 des zürcherischen Haftungsgesetzes N 5).

untersucht werden, ob Umstände, für die der Geschädigte einstehen muss, auf die Entstehung oder Verschlimmerung des Schadens eingewirkt haben.

Im zitierten Fall des Bauhandwerkerpfandrechtes wurde es als Selbstverschulden des Geschädigten taxiert, dass sein Anwalt unterlassen hatte, das vom Einzelrichter unvollständig zur Kenntnis genommene Dokument anlässlich der Einreichung durch die Gegenpartei selber zu überprüfen und den Richter auf den wahren Wortlaut aufmerksam zu machen. Ebenso kann die Unterlassung eines Rechtsmittels gegen den bereits auf unrichtiger Grundlage ergangenen Entscheid die Haftung des Richters vermindern. Tatsächlich gibt es in diesem Bereich genügend Rechtsmittel, welche die Parteien in die Lage setzen, Aktenwidrigkeit zu rügen, so z.B. neben den ordentlichen kantonalen Rechtsmitteln den tessinischen ricorso per cassazione[7] oder die revisione[8], die zürcherische Nichtigkeitsbeschwerde[9], die Beschwerde an das Bundesgericht[10] oder die Revision gegen bundesgerichtliche Urteile[11]. Man meint dann, es hätte von der geschädigten Partei erwartet werden dürfen, dass sie, auf den Fehler aufmerksam machend, die für sie daraus entstehenden nachteiligen Flogen abwenden helfe.

18

Das Nichtergreifen des Rechtsmittels, beruhend vielleicht im Falle der versäumten Verwirkungsfrist, die zur Abweisung der Klage oder zum Nichteintreten geführt hätte, auf Unkenntnis der Rechtslage, kann der Partei nicht immer in einem Mass zum Verschulden gereichen, dass die Haftung des Staates bzw. des Richters gänzlich ausgeschlossen würde.

19

Andererseits können weitere Gründe zur Herabsetzung des Ausmasses der Haftung gefunden werden. Im Beispiel mit der Verwirkungsfrist ist etwa bei einer Aberkennungsklage zu berücksichtigen, dass deren Erledigung durch Nichteintreten (anders als die materielle Abweisung) dem Gläubiger die in Betreibung gesetzte Forderung noch nicht endgültig sichert, sondern damit zu rechnen ist, dass nach zwangsweise durchgesetzter Bezahlung eine Rückforderungsklage nach Art. 86 SchKG mit den bei der Gutheissung der Aberkennungsklage verwendeten Argumenten doch noch zum selben Ergebnis führt.

20

---

[7] ZPO 237 lit. f.
[8] ZPO 340 lit. d.
[9] ZPO 281 Ziff. 2.
[10] BGG 92–94.
[11] BGG 121.

2. Die Haftung für korrigierte Fehler im Verfahren

Beispiel 170:

21　Ein Richter vernimmt einen Zeugen mit Bezug auf einen Tatbestand, der für einen nahen Angehörigen des Zeugen strafrechtliche Konsequenzen haben könnte und unterlässt es, ihn in Nachachtung des § 163 Abs. 2 Satz 1 ZPO auf sein Zeugnisverweigerungsrecht gemäss §159 Ziff. 1. ZPO aufmerksam zu machen. Das Endurteil stellt auf diese Aussage ab, im Rechtsmittelverfahren wird sie als ungültig erachtet und der Prozess zur Wiederholung der Einvernahme an die Vorinstanz zurückgewiesen.

22　Die Kosten des Rechtsmittelverfahrens werden alsdann, da es sich um Kosten handelt, welche keine Partei veranlasst hat, auf die Gerichtskasse genommen (§ 66 Abs. 2 ZPO). Sofern sich die Gegenpartei der Aufhebung des für sie günstigen Urteils widersetzt wird sie zu einer Prozessentschädigung für das Rechtsmittelverfahren verpflichtet, ein Aufwand, den sie sich sparen kann, sofern sie sich zur Beschwerde nicht äussert. Ist es aber bereits von ihr zu vertretende Vergrösserung des Schadens, wenn sie es dennoch tut in der Hoffnung, etwa mit dem Argument, die Entscheidung hätte auch ohne Berücksichtigung des fraglichen Zeugnisses nicht anders lauten können, die Rückweisung zu verhindern? Unterbleibt die Verpflichtung der Prozessentschädigung, so ist es der Rechtsmittelkläger, der die Anwaltskosten selber zu bezahlen hat, die durch den in der Vorinstanz begangenen Fehler entstanden sind.

23　Kann in solchen Fällen vom Richter oder Staat Ersatz verlangt werden? Nach § 6 Abs. 2 des zürcherischen Haftungsgesetzes haftet der Staat, sofern ein Entscheid im Rechtsmittelverfahren nur dann, wenn ein Beamter (oder Richter) einer Vorinstanz arglistig gehandelt hat. In einem Fall wie dem vorliegenden jedoch wird der Entscheid nicht geändert, sondern überhaupt aufgehoben.

24　Nicht die vorerst auf unrichtiger Grundlage ergangene Entscheidung wird zum Anlass der Ersatzpflicht, sondern der Umstand, dass sie mit Kostenaufwand der benachteiligten Partei aufgehoben werden musste zwecks Wiederholung der Beweisvorkehr. Zum Schaden gehören alsdann auch der Aufwand der Parteien für die nochmalige Bemühung ihrer selbst bzw. Ihrer Vertreter zur Beweisverhandlung und die Belastung ihres Beweiskostenvorschusses mit der neuerlichen Entschädigung des Zeugen.

25　Ähnliches ist möglich, ohne dass es überhaupt zu einem Rechtsmittelverfahren kommen müsste. Es kann z.B. vorkommen, dass ein Richter, auf den ein Ausschlussgrund zutrifft, schuldhaft die Meldepflicht verletzt, der Ausstandsgrund erst kurz vor Urteilsfällung bekannt wird, was zur Folge hat, dass das ganze Verfahren wiederholt werden muss[12]. Die den Parteien entstehenden Kosten können beträchtlich sein, die Haftung des Staates bzw. des Richters dafür wäre durchaus gegeben, wobei der für den Rückgriff massgebende Begriff grobfahrlässig je nach Situation durchaus wird angewendet werden können.

3. Die Haftung des Richters für Verspätungsschaden

Ein weiterer Bereich, in welchem die Haftung des Richters infrage kommt, ist der des Verspätungsschadens.

Beispiel 171:

Der Richter weist die Klage ab, in einem Rechtsmittelverfahren wird sie ganz oder teilweise gutgeheissen. Der Kläger glaubt, wenn er schon in erster Instanz obsiegt hätte, wäre ihm die Vollstreckung eher gelungen, als dies nun tatsächlich der Fall war, oder der vom Beklagten zu erlangende Verzugszins könne ihm den durch die viel zu späte Erhältlichkeit des Geldbetrages entstandenen Schaden nicht voll ersetzen, oder, wenn ihm der umstrittene Gegenstand früher hätte ausgehändigt werden müssen, hätte er ihn günstiger veräussern können, als dies nunmehr der Fall sei.

Beispiel 172:

Während der langen Dauer des Ehescheidungsprozesses vermindert der Ehemann das eheliche Vermögen und damit den Vorschlagsanteil der Ehefrau. Diese fühlt sich geschädigt[13].

Beispiel 173:

Infolge langer Dauer des Ehescheidungsprozesses ist der Ehemann zu Unterhaltsleistungen an die Ehefrau verpflichtet, die bei früherer Erledigung teilweise entfallen wären und fühlt sich insoweit geschädigt[14].

---

[12] Zürich GVG 102 Abs. 1.
[13] Das Bundesgericht hat in BGE 107 Ib 155 ff. die Schadenersatzklage mit der Begründung abgewiesen, die geschädigte Partei habe nicht alle ihr zur Verfügung stehenden Vorkehren getroffen, um – mit entsprechender Eingabe an das Gericht oder wenn nötig einer Rechtsverzögerungsbeschwerde – auf eine Beschleunigung des Verfahren hinzuwirken.
[14] Das Bundesgricht hat in BGE 107 Ib 160 ff. die Schadenersatzklage abgewiesen.

30 Hier kommt bei entsprechender Ausgestaltung des Gesetzes der Grundsatz zum Tragen, dass bei Abänderung eines Entscheides im Rechtsmittelweg eine Haftung nur eintreten kann, wenn ein Beamter, in unserem Falle ein Richter der Vorinstanz, arglistig gehandelt hat. Gilt dies schon im Zusammenhang mit Verwaltungsentscheidungen (häufig wird dafür das Baubewilligungsverfahren zitiert), so muss das um so eher zutreffen bei einem zivilgerichtlichen Verfahren, wo der Richter allein deshalb zur Rechenschaft gezogen werden könnte, weil die klagende Partei ihre Sache nicht schon durch ihn, sondern erst durch den Entscheid der Rechtsmittelinstanz zugesprochen erhielt. Der Richter muss in voller Freiheit auch ein Begehren abweisen können, ohne an die Verspätungsfolgen denken zu müssen, die sich allenfalls ergeben, wenn es später doch noch geschützt werden sollte.

31 Wie verhält es sich aber dort, wo der Verspätungsschaden infolge Prozessverschleppung eintritt? Die an sich zumindest teilweise begründete Klage wird unverhältnismässig lange nicht zum Entscheid gebracht; im Zeitpunkt, da das Urteil gefällt wird, hat sich die finanzielle Lage des Beklagten entscheidend verschlechtert, es wird ein Verlustschein ausgestellt. Der Richter ist nach zahlreichen Prozessgesetzen zu beförderlicher Behandlung der Streitsachen verpflichtet[15] und kann sich dem nicht entziehen, indem er einen oder mehrere Fälle über längere Zeit hindurch unbehandelt lässt. In der Regel ist er ja auch gehalten, über deren Schicksal der Oberbehörde in regelmässigen Abständen Bericht zu erstatten. Kann von einem widerrechtlich zugefügten Schaden in diesen Fällen auch dort gesprochen werden, wo nicht, wie etwa im beschleunigten Verfahren des SchKG, eine bestimmte Erledigungsfrist gesetzlich vorgeschrieben ist? Die Nichtbeurteilung einer bezüglichen Klage innert sechs Monaten könnte ganz theoretisch einen Schadenersatzanspruch gegenüber der Partei auslösen, deren Standpunkt durchzudringen vermag. Im Ernst wird aber selbst hier – in Kenntnis, dass solches kaum zu realisieren ist – niemand für die Nichteinhaltung eines solchen Termins den Richter zur Verantwortung ziehen. Dessen ungeachtet kann nicht übersehen werden, dass beschleunigte Verfahren als solches zu beachten ist und dort, aber auch im ordentlichen Verfahren Verspätungsschaden entstehen kann. Der Richter, der dem entgehen will, braucht jedoch im Einzelfall nur geltend zu machen, dass er

a) seine volle Arbeitskraft der Bewältigung der ihm zugeteilten Prozesse zugewendet hat,

b) zur Bearbeitung der ihm zugeteilten Prozesse einen Zeitaufwand benötigt, der nicht überdurchschnittlich ist, und sich längere Dauer im einzelnen Fall von der Besonderheit des betreffenden Prozesses her rechtfertigt, denn es sind im Zusammenhang mit Verspätungsschäden stets auch die Vorkehren der Parteien mit in

---

[15] Zürich ZPO 53 Abs. 1 erster Satz. Einen Anspruch darauf, dass ein gerichtliches Verfahren ohne Verzögerung durchgeführt wird, gewährt dem Bürger auch Art. 6. Ziff. 1 EMRK (BGE 107 Ib 164).

Betracht zu ziehen: Wo durch Rechtsmittel gegen Zwischenentscheide das Verfahren gehemmt war, auf komplizierte Expertisen gewartet werden musste usw., geht es nicht an, den Richter für die Verspätung haftbar zu machen;

vor allem aber, dass er

c) dem Prozess, um den es geht, nicht weniger Aufmerksamkeit geschenkt hat als den andern, die bei ihm pendent sind.

Sollte einmal ein nach den genannten Kriterien nicht zu vertretender Zeitaufwand in Betracht fallen, so hätte der Richter darzutun, dass er bei der für ihn vorgesetzten Stelle um Entlastung nachgesucht, diese aber aus nicht von ihm zu vertretenden Gründen nicht erhalten hat. In einem solchen Falle könnte je nach der kantonalen gesetzlichen Grundlage die endgültige Haftung des Kantons in Betracht fallen, wie dies die SchK-Kammer des Bundesgerichts im Zusammenhang mit einem Konkursamt festgestellt hat[16].

Die Verantwortlichkeit vermag hier unter Umständen allerdings auch den Richter zu treffen, der für die Organisation der Arbeit verantwortlich ist; ja sogar die Aufsichtsbehörde könnte durchaus mit in den Kreis der Verantwortlichen gezogen werden.

4. Die Haftung aus besonderen Unterlassungen und Vorkehren

Eine Haftung des Richters kann auch in Betracht kommen im Zusammenhang mit Vorkehren, zu denen er berufen ist, weil es darum geht, den Parteien bei der Wahrung von Rechten vorläufig Hilfe zu leisten oder die Gesellschaft vor Personen zu schützen.

> **Beispiel 174:**
> Der Richter bewilligt auf Glaubhaftmachung eines Anspruches hin eine vorsorgliche Massnahme, die den Gesuchsgegner in seiner wirtschaftlichen Betätigung einschränkt. Die von ihm verlangte Sicherstellung ist ungenügend. Oder es wird ein Arrest ohne genügende Arrestkaution bewilligt bzw. aufrechterhalten: Für den Massnahmengegner verbleibt ein ungedeckter Schaden. Oder es wird eine Massnahme nicht bewilligt, wiewohl die Voraussetzungen vorgelegen hätten; der Richter hat sie mit unzureichender Begründung abgelehnt.

Im bereits zitierten Genfer Fall, wo es um die Nichtbewilligung eines Bauhandwerkerpfandrechtes ging, wurde Schadenersatz zugesprochen. Im Kanton Zürich hätte § 6 des Haftungsgesetzes angewandt werden können, wonach bei Änderung eines Entscheides im Rechtsmittelverfahren eine Haftung nur bei Arglist eintritt. Wird der

---

[16] BGE 107 III 3 ff., insbesondere 7.

Entscheid dagegen rechtskräftig, weil die betreffende Partei nichts dagegen unternommen hat, so muss er als gesetzmässiger Entscheid unüberprüfbar bleiben, es sei denn, es läge ein Fall vor, wo man sagen kann, eine ausgesprochene Nachlässigkeit habe den Richter daran gehindert, sich jene Kenntnisse zu verschaffen, die ihn selber anders hätten entscheiden lassen[17]. Im erwähnten Fall hätte dies angerufen werden können, denn es wurden Dokumente nicht zu Ende oder aus ihnen etwas Unhaltbares herausgelesen.

37 Die hier zur Diskussion stehende Fallgruppe enthält aber Situationen, in denen der Richter auf die Einschätzung dessen angewiesen ist, was ihm als glaubhaft (vraisemblable) geschildert wird, ohne dass die Dinge näher geprüft werden könnten, wobei oftmals beträchtlicher Zeitdruck besteht.

38 In solchen Fällen wird man nicht nur gerade sagen können, der Richter habe versäumt, den vorgelegten Dokumenten genügend Beachtung zu schenken, sondern die Argumentation wird darauf hinauslaufen, dass er Überlegungen angestellt hat, die sich im nachhinein nicht als Grundlagen für das endgültige Urteil verwerten lassen oder entkräftet werden. Andererseits sind Massnahmen- und Arrestentscheide vielfach nicht oder nur ganz summarisch zu begründen.

39 Kann sich der Richter in einem solchen Zusammenhang einfach auf die fehlende Arglist oder auf die Rechtskraft seines Entscheides berufen? Es ist den Kantonen nicht zu verwehren, das so zu regeln, womit die Schadenersatzpflicht des Richters bzw. des Staates auf ein Minimum herabgeschraubt wird. Dafür tritt in der neueren Zivilprozessgesetzgebung die Schadenersatzpflicht dessen ein, der die Massnahme erwirkt hat, wenn sie ungerechtfertigt war; hat der Massnahmengegner mangels Bewilligung einer solchen den Streitgegenstand vor Urteilsfällung weiterveräussert, so ist er es, der schadenersatzpflichtig wird; der Geschädigte muss sich damit begnügen. Wenn der Staat nun Mittel zur Vollstreckungssicherung und einen Justizapparat zur Verfügung stellt, der zur Handhabung dieses Instrumentariums dient, so braucht er andererseits nicht alle Risiken mitzutragen, die den Rechtsuchenden aus der Natur der Sache heraus treffen. Er braucht auch nicht seine Justizbeamten, sei es direkt, sei es über den Rückgriff, solchen Risiken unbeschränkt auszusetzen. Gerade im Massnahmenbereich, wo mit Prognosen bezüglich der Prozessaussichten wie auch der zu erwartenden Nachteile gearbeitet werden muss, ist Zurückhaltung am Platze. Die Parteien haben sich im Geschäftsleben und in anderen Zusammenhängen Risiken ausgesetzt oder aussetzen müssen, die sich nicht auf dem Wege über die Haftung auf die Öffentlichkeit oder ihre Funktionäre abwälzen lassen. Jedenfalls besteht kein Grund, die Staatshaftung oder Richterhaftung dort auszudehnen, wo es um die Gewährung einstweiligen Rechtsschutzes geht, sondern es genügt, wenn sie in dem

---

[17] Vgl. oben Rz 6–20.

Masse angewendet wird, als es auch bei der Haftung für Entscheidungen in der Sache selbst vorstehend vertreten worden ist.

Es kann auch vorkommen, dass durch Anordnungen oder Unterlassungen des Richters die Interessen Dritter betroffen werden. Ein bekannter Fall staatlicher Schadenersatzhaftung ist die Haftentschädigung. Wer ungerechtfertigterweise in Untersuchungs-, Sicherheits- oder Strafverhaft geraten ist, kann den Schaden, den er auf diese Weise erlitten hat, nach besonderen Grundsätzen geltend machen[18]. Auf der anderen Seite kann es aber auch vorkommen, dass ein Angeklagter aus der Sicherheitsverhaft entlassen oder dass ihm Aufschub des Strafantrittes bewilligt wird. Nehmen wir an, er begehe in dieser Zeit wieder ein Verbrechen: Diebstahl, Betrug, Körperverletzung, Raub. Die Frage wird oft anhand des adäquaten Kausalzusammenhanges gelöst werden wollen, indem nicht gesagt werden könne, das Verhalten des Entlassenen sei für den Richter in diesem Sinne voraussehbar gewesen. Überdies ist daran zu erinnern, dass der Sicherheitsverhaft dem Schutz vor der Flucht des Gefangenen vor der Strafe dient, nicht der Sicherheit vor weiterer Verbrechensbegehung. 40

Etwas anders sieht die Sache aus, wenn die Möglichkeit besteht, jemanden wegen Wiederholungsgefahr in Haft zu setzen. Der Richter, der von dieser Möglichkeit, obgleich sie ihm das Gesetz zur Verfügung stellt, keinen Gebrauch macht, setzt sich der Haftbarkeit für den Schaden aus, den der Betreffende – wieder in Freiheit – durch neue Delikte verursacht, aber auch nur, soweit voraussehbar[19]. Beim Betrüger z.B. ist nicht damit zu rechnen, dass er nach Widererlangung der Freiheit eine Körperverletzung begeht. Immerhin ist mit solchen Ansprüchen so gut zu rechnen wie in jenem Fall, da bei pflichtwidriger Belassung des Lernfahrausweises durch kantonale Behörden trotz offenkundiger Gefährdung der Verkehrssicherheit durch den fehlbaren Lenker die Klage allein wegen inadäquater Kausalität abgewiesen wurde[20]. 41

Als weitere Fehlleistung des Richters ist denkbar der Verlust der Gerichtsakten mit der Notwendigkeit, diese zu rekonstruieren. Gehen Originale verloren, von denen keine Kopien existieren, so wird der Schaden für den misslungenen Beweis dem Richter gegenüber so schwer nachzuweisen sein, wie der Beweis im ursprünglichen Prozess, der nicht mehr zu leisten ist, misslingt. 42

---

[18] Zürich StPO 43, 191, 455.
[19] Die Frage wurde aktuell, als die Oberstaatsanwaltschaft des Kantons Zürich an den Kantonsrat das Gesuch richtete, gegen einen Oberrichter ein Verfahren betreffend fahrlässige Tötung eröffnen zu dürfen. Dem Betreffenden wurde vorgeworfen, er habe es unterlassen, der Gefährdung der Öffentlichkeit durch eine straffällig gewordene Person nicht genügend Rechnung getragen und deshalb die Sicherheitshaft der betreffenden Person nicht in wirksamer Weise angeordnet zu haben, was zur Verübung eines Tötungsdeliktes durch den Genannten geführt habe (Protokoll des Zürcher Kantonsrates, Amtsdauer 2007–2011, 3297–3340.
[20] BGE 92 I 516 ff., im Einzelnen besprochen bei SCHWARZENBACH, 513

43 Ferner ist es möglich, dass sich der Richter gegenüber einer Partei zu Verletzungen in den persönlichen Verhältnissen hinreissen lässt, etwa durch beleidigende Ausdrücke. Auch hier ist Anspruch auf Genugtuung gegenüber dem Staat denkbar, der allenfalls auf den Richter abgewälzt wird, wenn auch nur in aussergewöhnlichen Fällen, ist es doch der richterlichen Tätigkeit geradezu inhärent, dass Wertungen vorgenommen werden müssen.

5. Die Haftung des Richters für ausserberufliches Verhalten

44 Hier ist in erster Linie an Verletzung des Amtsgeheimnisses im privaten Gespräch zu denken. Soweit daraus Schaden entstehen kann, z.B. Nichtanstellung oder Nichterteilung eines Auftrages, haftet der Fehlbare direkt nach OR, sobald er nicht in Ausübung seiner amtlichen Tätigkeit gehandelt hat. Der Schaden wird meist schwer nachzuweisen sein, eine Genugtuung kommt nach Art. 49 OR nur bei schwerem Verschulden in Betracht.

C. Zusammenfassung

45 1. Wirkliche Fehlleistungen, eigentliche Kunstfehler eines Richters sollten bei gegebenem Kausalzusammenhang zur Schadenersatzpflicht führen wie in jedem anderen Beruf, unbesehen des Umstandes, dass in der Sache ein Urteil in Rechtskraft erwachsen ist. Das Verhalten des Geschädigten kann zur Schadensminderung führen. Nicht in Betracht fällt von vorneherein all jene Tätigkeit des Richters, welche die Würdigung der Beweise und die Rechtsfindung zum Inhalt hat.

46 2. Für Verspätungsschaden und für Tätigkeiten, die mit Prognosen verbunden sind, kommt eine Haftung nur in seltenen Ausnahmefällen infrage.

47 3. Dagegen haben die Parteien auch dem Richter gegenüber Anspruch auf korrekte Behandlung, wobei auf Überempfindliche keine Rücksicht genommen werden muss.

48 4. Das moderne Staatsverantwortlichkeitsrecht sollte eigentlich gestatten, echten Haftungsfällen mit mehr Unbefangenheit gegenüberzutreten, als dies häufig der Fall ist. Kulante Erledigung offensichtlicher Kunstfehler wäre geeignet, das Vertrauen in die Justiz zu stärken, wogegen dort, wo mutwillig Schadenersatzforderungen angemeldet und sogar betreibungsrechtlich und gerichtlich geltend gemacht werden, diese mit um so grösserem Nachdruck bekämpft werden mögen.

§ 43 Schlussbemerkungen

1. Um die Rechtspflege steht es nicht immer zum Besten. Auch in Strafsachen sieht es vielfach nicht besser aus. Verschiedentlich entsteht der Eindruck, die entscheidende Instanz beabsichtige zu einem bestimmten Resultat, in der Regel, die Erledigung des Prozesses, zu gelangen und suche hinterher nach der Begründung. Diese entspricht dann kaum dem, was erfahrene Praktiker der älteren Generation[1] an Ratschlägen und Warnungen zusammengetragen haben.

2. Die sogenannte Geschäftslast und die damit verbundene Zeitnot sind dafür keine hinreichende Erklärung. Es wird oftmals eher zu rasch als zu langsam geurteilt. Dafür müssen in oberen Instanzen Fehler korrigiert werden, falls diese es nicht vorziehen, grosszügig darüber hinwegzusehen oder das Rechtsmittel aus einem formellen Grund zu Fall zu bringen. Ein nicht zu übersehender Aspekt dieser Entwicklung ist der, dass die Gerichte nach Möglichkeit von Beratungen «entlastet» werden sollen oder wollen. Auch das Zuhören ist je länger je weniger beliebt. Das Schweizerische Bundesgericht veranstaltet nur noch selten Beratungen; Normalfall sind die Zirkulationsentscheide[2]. Wegen der unscharfen Formulierung «Es wirken mit» erfahren die Rechtsuchenden nicht mehr, ob der Entscheid aufgrund einer Beratung oder ohne eine solche gefällt wurde.

3. Die beste Rationalisierung der Rechtspflege besteht in sorgfältiger Arbeit, selbst wenn sie unbezahlte Überstunden erfordert. Wer rechtsprechend tätig sein will, sei es in Gerichten oder Verwaltungsbehörden, beansprucht ein nobile officium, das zu vollem Einsatz verpflichtet. Dazu gehört absolute Unabhängigkeit auch den eigenen Vorstellungen und Wünschen gegenüber. Man kann nämlich ohne Bindung zugunsten oder zuungunsten einer Partei allein schon vom zu behandelnden Fall her befangen sein. Dieses rechtzeitig zu erkennen ist Aufgabe des richterlichen Gewissens, dessen Funktion wichtiger ist als alles, was einem Lehrbuch wie dem vorliegenden entnommen werden kann.

---

[1] So WERNER KUSTER, Über den logischen Aufbau von Urteilsbegründungen, SJZ 51/1956, 17 ff.; DERSELBE, Die gerichtliche Urteilsbegründung, Zürich 1980; RICHARD FRANK, Gerichtswesen und Prozessverlauf z.B. im Kanton Zürich 1980; EUGEN SPIRIG, Prozessleitung (nach zürcherischem Prozessrecht), Zürich 1985; EDWARD E. OTT, Juristische Dialektik, 2. Aufl. Basel/Frankfurt a.M. 1995, insbes. 109 ff.

[2] In diesem Sinne KARL SPÜHLER, Bundesrichter von 1986 bis 1995, in seiner Zürcher Antrittsrede. Vgl. ferner NZZ 30. Juni 1994 Nr. 150, 15; 11. August 1994 Nr. 185, 11; 28.März 1995 Nr. 73, 13.

Anhang

Schweizerische Zivilprozessordnung

Ablauf der Referendumsfrist: 16. April 2009

Schweizerische Zivilprozessordnung
(Zivilprozessordnung, ZPO)

vom 19. Dezember 2008

Die Bundesversammlung der Schweizerischen Eidgenossenschaft,
gestützt auf Artikel 122 Absatz 1 der Bundesverfassung[1],
nach Einsicht in die Botschaft des Bundesrates vom 28. Juni 2006[2],
beschliesst:

1. Teil: Allgemeine Bestimmungen
1. Titel: Gegenstand und Geltungsbereich

Art. 1 Gegenstand

Dieses Gesetz regelt das Verfahren vor den kantonalen Instanzen für:
- a. streitige Zivilsachen;
- b. gerichtliche Anordnungen der freiwilligen Gerichtsbarkeit;
- c. gerichtliche Angelegenheiten des Schuldbetreibungs- und Konkursrechts;
- d. die Schiedsgerichtsbarkeit.

Art. 2 Internationale Verhältnisse

Bestimmungen des Staatsvertragsrechts und die Bestimmungen des Bundesgesetzes vom 18. Dezember 1987[3] über das Internationale Privatrecht (IPRG) bleiben vorbehalten.

Art. 3 Organisation der Gerichte und der Schlichtungsbehörden

Die Organisation der Gerichte und der Schlichtungsbehörden ist Sache der Kantone, soweit das Gesetz nichts anderes bestimmt.

2. Titel: Zuständigkeit der Gerichte und Ausstand
1. Kapitel: Sachliche und funktionelle Zuständigkeit

Art. 4 Grundsätze

[1] Das kantonale Recht regelt die sachliche und funktionelle Zuständigkeit der Gerichte, soweit das Gesetz nichts anderes bestimmt.

[2] Hängt die sachliche Zuständigkeit vom Streitwert ab, so erfolgt dessen Berechnung nach diesem Gesetz.

Art. 5 Einzige kantonale Instanz

[1] Das kantonale Recht bezeichnet das Gericht, welches als einzige kantonale Instanz zuständig ist für:

---

[1] SR **101**
[2] BBl **2006** 7221
[3] SR **291**

a. Streitigkeiten im Zusammenhang mit geistigem Eigentum einschliesslich der Streitigkeiten betreffend Nichtigkeit, Inhaberschaft, Lizenzierung, Übertragung und Verletzung solcher Rechte;
b. kartellrechtliche Streitigkeiten;
c. Streitigkeiten über den Gebrauch einer Firma;
d. Streitigkeiten nach dem Bundesgesetz vom 19. Dezember 1986[4] über den unlauteren Wettbewerb, sofern der Streitwert mehr als 30 000 Franken beträgt oder sofern der Bund sein Klagerecht ausübt;
e. Streitigkeiten nach dem Kernenergiehaftpflichtgesetz vom 18. März 1983[5];
f. Klagen gegen den Bund;
g. die Einsetzung eines Sonderprüfers nach Artikel 697b des Obligationenrechts[6] (OR);
h. Streitigkeiten nach dem Bundesgesetz vom 23. Juni 2006[7] über die kollektiven Kapitalanlagen und nach dem Börsengesetz vom 24. März 1995[8].

[2] Diese Instanz ist auch für die Anordnung vorsorglicher Massnahmen vor Eintritt der Rechtshängigkeit einer Klage zuständig.

Art. 6 Handelsgericht

[1] Die Kantone können ein Fachgericht bezeichnen, welches als einzige kantonale Instanz für handelsrechtliche Streitigkeiten zuständig ist (Handelsgericht).

[2] Eine Streitigkeit gilt als handelsrechtlich, wenn:
a. die geschäftliche Tätigkeit mindestens einer Partei betroffen ist;
b. gegen den Entscheid die Beschwerde in Zivilsachen an das Bundesgericht offen steht; und
c. die Parteien im schweizerischen Handelsregister oder in einem vergleichbaren ausländischen Register eingetragen sind.

[3] Ist nur die beklagte Partei im schweizerischen Handelsregister oder in einem vergleichbaren ausländischen Register eingetragen, sind aber die übrigen Voraussetzungen erfüllt, so hat die klagende Partei die Wahl zwischen dem Handelsgericht und dem ordentlichen Gericht.

[4] Die Kantone können das Handelsgericht ausserdem zuständig erklären für:
a. Streitigkeiten nach Artikel 5 Absatz 1;
b. Streitigkeiten aus dem Recht der Handelsgesellschaften und Genossenschaften.

[5] Das Handelsgericht ist auch für die Anordnung vorsorglicher Massnahmen vor Eintritt der Rechtshängigkeit einer Klage zuständig.

Art. 7 Gericht bei Streitigkeiten aus Zusatzversicherungen zur sozialen Krankenversicherung

Die Kantone können ein Gericht bezeichnen, welches als einzige kantonale Instanz für Streitigkeiten aus Zusatzversicherungen zur sozialen Krankenversicherung nach dem Bundesgesetz vom 18. März 1994[9] über die Krankenversicherung zuständig ist.

---

[4] SR **241**
[5] SR **732.44**
[6] SR **220**
[7] SR **951.31**
[8] SR **954.1**
[9] SR **832.10**

Art. 8 Direkte Klage beim oberen Gericht

[1] In vermögensrechtlichen Streitigkeiten kann die klagende Partei mit Zustimmung der beklagten Partei direkt an das obere Gericht gelangen, sofern der Streitwert mindestens 100 000 Franken beträgt.

[2] Dieses Gericht entscheidet als einzige kantonale Instanz.

2. Kapitel: Örtliche Zuständigkeit
1. Abschnitt: Allgemeine Bestimmungen

Art. 9 Zwingende Zuständigkeit

[1] Ein Gerichtsstand ist nur dann zwingend, wenn es das Gesetz ausdrücklich vorschreibt.

[2] Von einem zwingenden Gerichtsstand können die Parteien nicht abweichen.

Art. 10 Wohnsitz und Sitz

[1] Sieht dieses Gesetz nichts anderes vor, so ist zuständig:
   a. für Klagen gegen eine natürliche Person: das Gericht an deren Wohnsitz;
   b. für Klagen gegen eine juristische Person und gegen öffentlich-rechtliche Anstalten und Körperschaften sowie gegen Kollektiv- und Kommanditgesellschaften: das Gericht an deren Sitz;
   c. für Klagen gegen den Bund: das Obergericht des Kantons Bern oder das obere Gericht des Kantons, in dem die klagende Partei ihren Wohnsitz, Sitz oder gewöhnlichen Aufenthalt hat;
   d. für Klagen gegen einen Kanton: ein Gericht am Kantonshauptort.

[2] Der Wohnsitz bestimmt sich nach dem Zivilgesetzbuch[10] (ZGB). Artikel 24 ZGB ist nicht anwendbar.

Art. 11 Aufenthaltsort

[1] Hat die beklagte Partei keinen Wohnsitz, so ist das Gericht an ihrem gewöhnlichen Aufenthaltsort zuständig.

[2] Gewöhnlicher Aufenthaltsort ist der Ort, an dem eine Person während längerer Zeit lebt, selbst wenn die Dauer des Aufenthalts von vornherein befristet ist.

[3] Hat die beklagte Partei keinen gewöhnlichen Aufenthaltsort, so ist das Gericht an

ihrem letzten bekannten Aufenthaltsort zuständig.

Art. 12 Niederlassung

Für Klagen aus dem Betrieb einer geschäftlichen oder beruflichen Niederlassung oder einer Zweigniederlassung ist das Gericht am Wohnsitz oder Sitz der beklagten Partei oder am Ort der Niederlassung zuständig.

Art. 13 Vorsorgliche Massnahmen

Soweit das Gesetz nichts anderes bestimmt, ist für die Anordnung vorsorglicher Massnahmen zwingend zuständig das Gericht am Ort, an dem:
   a. die Zuständigkeit für die Hauptsache gegeben ist; oder
   b. die Massnahme vollstreckt werden soll.

---

[10] SR **210**

Art. 14 Widerklage

¹ Beim für die Hauptklage örtlich zuständigen Gericht kann Widerklage erhoben werden, wenn die Widerklage mit der Hauptklage in einem sachlichen Zusammenhang steht.

² Dieser Gerichtsstand bleibt auch bestehen, wenn die Hauptklage aus irgendeinem Grund dahinfällt.

Art. 15 Streitgenossenschaft und Klagenhäufung

¹ Richtet sich die Klage gegen mehrere Streitgenossen, so ist das für eine beklagte Partei zuständige Gericht für alle beklagten Parteien zuständig, sofern diese Zuständigkeit nicht nur auf einer Gerichtsstandsvereinbarung beruht.

² Stehen mehrere Ansprüche gegen eine beklagte Partei in einem sachlichen Zusammenhang, so ist jedes Gericht zuständig, das für einen der Ansprüche zuständig ist.

Art. 16 Streitverkündungsklage

Für die Streitverkündung mit Klage ist das Gericht des Hauptprozesses zuständig.

Art. 17 Gerichtsstandsvereinbarung

¹ Soweit das Gesetz nichts anderes bestimmt, können die Parteien für einen bestehenden oder für einen künftigen Rechtsstreit über Ansprüche aus einem bestimmten Rechtsverhältnis einen Gerichtsstand vereinbaren. Geht aus der Vereinbarung nichts anderes hervor, so kann die Klage nur am vereinbarten Gerichtsstand erhoben werden.

² Die Vereinbarung muss schriftlich oder in einer anderen Form erfolgen, die den Nachweis durch Text ermöglicht.

Art. 18 Einlassung

Soweit das Gesetz nichts anderes bestimmt, wird das angerufene Gericht zuständig, wenn sich die beklagte Partei ohne Einrede der fehlenden Zuständigkeit zur Sache äussert.

Art. 19 Freiwillige Gerichtsbarkeit

In Angelegenheiten der freiwilligen Gerichtsbarkeit ist das Gericht oder die Behörde am Wohnsitz oder Sitz der gesuchstellenden Partei zwingend zuständig, sofern das Gesetz nichts anderes bestimmt.

2. Abschnitt: Personenrecht

Art. 20 Persönlichkeits- und Datenschutz

Für die folgenden Klagen und Begehren ist das Gericht am Wohnsitz oder Sitz einer der Parteien zuständig:

a. Klagen aus Persönlichkeitsverletzung;
b. Begehren um Gegendarstellung;
c. Klagen auf Namensschutz und auf Anfechtung einer Namensänderung;
d. Klagen und Begehren nach Artikel 15 des Bundesgesetzes vom 19. Juni 1992[11] über den Datenschutz.

---

[11] SR **235.1**

Art. 21 Todes- und Verschollenerklärung

Für Gesuche, die eine Todes- oder eine Verschollenerklärung betreffen (Art. 34–38 ZGB[12]), ist das Gericht am letzten bekannten Wohnsitz der verschwundenen Person zwingend zuständig.

Art. 22 Bereinigung des Zivilstandsregisters

Für Klagen, die eine Bereinigung des Zivilstandsregisters betreffen, ist zwingend das Gericht zuständig, in dessen Amtskreis die zu bereinigende Beurkundung von Personenstandsdaten erfolgt ist oder hätte erfolgen müssen.

3. Abschnitt: Familienrecht

Art. 23 Eherechtliche Gesuche und Klagen

[1] Für eherechtliche Gesuche und Klagen sowie für Gesuche um Anordnung vorsorglicher Massnahmen ist das Gericht am Wohnsitz einer Partei zwingend zuständig.

[2] Für Gesuche der Aufsichtsbehörde in Betreibungssachen auf Anordnung der Gütertrennung ist das Gericht am Wohnsitz der Schuldnerin oder des Schuldners zwingend zuständig.

Art. 24 Gesuche und Klagen bei eingetragener Partnerschaft

Für Gesuche und Klagen bei eingetragener Partnerschaft sowie für Gesuche um Anordnung vorsorglicher Massnahmen ist das Gericht am Wohnsitz einer Partei zwingend zuständig.

Art. 25 Feststellung und Anfechtung des Kindesverhältnisses

Für Klagen auf Feststellung und auf Anfechtung des Kindesverhältnisses ist das Gericht am Wohnsitz einer der Parteien zwingend zuständig.

Art. 26 Unterhalts- und Unterstützungsklagen

Für selbstständige Unterhaltsklagen der Kinder gegen ihre Eltern und für Klagen gegen unterstützungspflichtige Verwandte ist das Gericht am Wohnsitz einer der Parteien zwingend zuständig.

Art. 27 Ansprüche der unverheirateten Mutter

Für Ansprüche der unverheirateten Mutter ist das Gericht am Wohnsitz einer der Parteien zwingend zuständig.

4. Abschnitt: Erbrecht

Art. 28

[1] Für erbrechtliche Klagen sowie für Klagen auf güterrechtliche Auseinandersetzung beim Tod eines Ehegatten, einer eingetragenen Partnerin oder eines eingetragenen Partners ist das Gericht am letzten Wohnsitz der Erblasserin oder des Erblassers zuständig.

[2] Für Massnahmen im Zusammenhang mit dem Erbgang ist die Behörde am letzten Wohnsitz der Erblasserin oder des Erblassers zwingend zuständig. Ist der Tod nicht am Wohnsitz eingetreten, so macht die Behörde des Sterbeortes derjenigen des Wohnortes Mitteilung und trifft die nötigen Massnahmen, um die Vermögenswerte am Sterbeort zu sichern.

---

[12] SR **210**

³ Selbstständige Klagen auf erbrechtliche Zuweisung eines landwirtschaftlichen Gewerbes oder Grundstückes können auch am Ort der gelegenen Sache erhoben werden.

5. Abschnitt: Sachenrecht

Art. 29   Grundstücke

¹ Für die folgenden Klagen ist das Gericht am Ort, an dem das Grundstück im Grundbuch aufgenommen ist oder aufzunehmen wäre, zuständig:
  a. dingliche Klagen;
  b. Klagen gegen die Gemeinschaft der Stockwerkeigentümerinnen und Stockwerkeigentümer;
  c. Klagen auf Errichtung gesetzlicher Pfandrechte.

² Andere Klagen, die sich auf Rechte an Grundstücken beziehen, können auch beim Gericht am Wohnsitz oder Sitz der beklagten Partei erhoben werden.

³ Bezieht sich eine Klage auf mehrere Grundstücke oder ist das Grundstück in mehreren Kreisen in das Grundbuch aufgenommen worden, so ist das Gericht an dem Ort zuständig, an dem das flächenmässig grösste Grundstück oder der flächenmässig grösste Teil des Grundstücks liegt.

⁴ Für Angelegenheiten der freiwilligen Gerichtsbarkeit, die sich auf Rechte an Grundstücken beziehen, ist das Gericht an dem Ort zwingend zuständig, an dem das Grundstück im Grundbuch aufgenommen ist oder aufzunehmen wäre.

Art. 30   Bewegliche Sachen

¹ Für Klagen, welche dingliche Rechte, den Besitz an beweglichen Sachen oder Forderungen, die durch Fahrnispfand gesichert sind, betreffen, ist das Gericht am Wohnsitz oder Sitz der beklagten Partei oder am Ort der gelegenen Sache zuständig.

² Für Angelegenheiten der freiwilligen Gerichtsbarkeit ist das Gericht am Wohnsitz oder Sitz der gesuchstellenden Partei oder am Ort der gelegenen Sache zwingend zuständig.

6. Abschnitt: Klagen aus Vertrag

Art. 31   Grundsatz

Für Klagen aus Vertrag ist das Gericht am Wohnsitz oder Sitz der beklagten Partei oder an dem Ort zuständig, an dem die charakteristische Leistung zu erbringen ist.

Art. 32   Konsumentenvertrag

¹ Bei Streitigkeiten aus Konsumentenverträgen ist zuständig:
  a. für Klagen der Konsumentin oder des Konsumenten: das Gericht am Wohnsitz oder Sitz einer der Parteien;
  b. für Klagen der Anbieterin oder des Anbieters: das Gericht am Wohnsitz der beklagten Partei.

² Als Konsumentenverträge gelten Verträge über Leistungen des üblichen Verbrauchs, die für die persönlichen oder familiären Bedürfnisse der Konsumentin oder des Konsumenten bestimmt sind und von der anderen Partei im Rahmen ihrer beruflichen oder gewerblichen Tätigkeit angeboten werden.

Art. 33   Miete und Pacht unbeweglicher Sachen

Für Klagen aus Miete und Pacht unbeweglicher Sachen ist das Gericht am Ort der gelegenen Sache zuständig.

Art. 34 Arbeitsrecht

¹ Für arbeitsrechtliche Klagen ist das Gericht am Wohnsitz oder Sitz der beklagten Partei oder an dem Ort, an dem die Arbeitnehmerin oder der Arbeitnehmer gewöhnlich die Arbeit verrichtet, zuständig.

² Für Klagen einer stellensuchenden Person sowie einer Arbeitnehmerin oder eines Arbeitnehmers, die sich auf das Arbeitsvermittlungsgesetz vom 6. Oktober 1989[13] stützen, ist zusätzlich das Gericht am Ort der Geschäftsniederlassung der vermittelnden oder verleihenden Person, mit welcher der Vertrag abgeschlossen wurde, zuständig.

Art. 35 Verzicht auf die gesetzlichen Gerichtsstände

¹ Auf die Gerichtsstände nach den Artikeln 32–34 können nicht zum Voraus oder durch Einlassung verzichten:

   a. die Konsumentin oder der Konsument;
   b. die Partei, die Wohn- oder Geschäftsräume gemietet oder gepachtet hat;
   c. bei landwirtschaftlichen Pachtverhältnissen: die pachtende Partei;
   d. die stellensuchende oder arbeitnehmende Partei.

² Vorbehalten bleibt der Abschluss einer Gerichtsstandsvereinbarung nach Entstehung der Streitigkeit.

7. Abschnitt: Klagen aus unerlaubter Handlung

Art. 36 Grundsatz

Für Klagen aus unerlaubter Handlung ist das Gericht am Wohnsitz oder Sitz der geschädigten Person oder der beklagten Partei oder am Handlungs- oder am Erfolgsort zuständig.

Art. 37 Schadenersatz bei ungerechtfertigten vorsorglichen Massnahmen

Für Schadenersatzklagen wegen ungerechtfertigter vorsorglicher Massnahmen ist das Gericht am Wohnsitz oder Sitz der beklagten Partei oder an dem Ort, an dem die vorsorgliche Massnahme angeordnet wurde, zuständig.

Art. 38 Motorfahrzeug- und Fahrradunfälle

¹ Für Klagen aus Motorfahrzeug- und Fahrradunfällen ist das Gericht am Wohnsitz oder Sitz der beklagten Partei oder am Unfallort zuständig.

² Für Klagen gegen das nationale Versicherungsbüro (Art. 74 des Strassenverkehrsgesetzes vom 19. Dezember 1958[14]; SVG) oder gegen den nationalen Garantiefonds (Art. 76 SVG) ist zusätzlich das Gericht am Ort einer Zweigniederlassung dieser Einrichtungen zuständig.

Art. 39 Adhäsionsklage

Für die Beurteilung adhäsionsweise geltend gemachter Zivilansprüche bleibt die Zuständigkeit des Strafgerichts vorbehalten.

---

[13] SR **823.11**
[14] SR **741.01**

8. Abschnitt: Handelsrecht

Art. 40 Gesellschaftsrecht

Für Klagen aus gesellschaftsrechtlicher Verantwortlichkeit ist das Gericht am Wohnsitz oder Sitz der beklagten Partei oder am Sitz der Gesellschaft zuständig.

Art. 41 Stimmrechtssuspendierungsklagen

Für Stimmrechtssuspendierungsklagen nach dem Börsengesetz vom 24. März 1995[15] ist das Gericht am Sitz der Zielgesellschaft zuständig.

Art. 42 Fusionen, Spaltungen, Umwandlungen und Vermögensübertragungen

Für Klagen, die sich auf das Fusionsgesetz vom 3. Oktober 2003[16] stützen, ist das Gericht am Sitz eines beteiligten Rechtsträgers zuständig.

Art. 43 Kraftloserklärung von Wertpapieren und Versicherungspolicen; Zahlungsverbot

[1] Für die Kraftloserklärung von Beteiligungspapieren ist das Gericht am Sitz der Gesellschaft zwingend zuständig.

[2] Für die Kraftloserklärung von Grundpfandtiteln ist das Gericht an dem Ort zwingend zuständig, an dem das Grundstück im Grundbuch aufgenommen ist.

[3] Für die Kraftloserklärung der übrigen Wertpapiere und der Versicherungspolicen ist das Gericht am Wohnsitz oder Sitz der Schuldnerin oder des Schuldners zwingend zuständig.

[4] Für Zahlungsverbote aus Wechsel und Check und für deren Kraftloserklärung ist das Gericht am Zahlungsort zwingend zuständig.

Art. 44 Anleihensobligationen

Die örtliche Zuständigkeit für die Ermächtigung zur Einberufung der Gläubigerversammlung richtet sich nach Artikel 1165 OR[17].

Art. 45 Kollektivanlagen

Für Klagen der Anlegerinnen und Anleger sowie der Vertretung der Anlegergemeinschaft ist das Gericht am Sitz des jeweils betroffenen Bewilligungsträgers zwingend zuständig.

9. Abschnitt: Schuldbetreibungs- und Konkursrecht

Art. 46

Für Klagen nach dem Bundesgesetz vom 11. April 1889[18] über Schuldbetreibung und Konkurs (SchKG) bestimmt sich die örtliche Zuständigkeit nach diesem Kapitel, soweit das SchKG keinen Gerichtsstand vorsieht.

---

[15] SR **954.1**
[16] SR **221.301**
[17] SR **220**
[18] SR **281.1**

3. Kapitel: Ausstand

Art. 47 Ausstandsgründe

¹ Eine Gerichtsperson tritt in den Ausstand, wenn sie:
   a. in der Sache ein persönliches Interesse hat;
   b. in einer anderen Stellung, insbesondere als Mitglied einer Behörde, als Rechtsbeiständin oder Rechtsbeistand, als Sachverständige oder Sachverständiger, als Zeugin oder Zeuge, als Mediatorin oder Mediator in der gleichen Sache tätig war;
   c. mit einer Partei, ihrer Vertreterin oder ihrem Vertreter oder einer Person, die in der gleichen Sache als Mitglied der Vorinstanz tätig war, verheiratet ist oder war, in eingetragener Partnerschaft lebt oder lebte oder eine faktische Lebensgemeinschaft führt;
   d. mit einer Partei in gerader Linie oder in der Seitenlinie bis und mit dem dritten Grad verwandt oder verschwägert ist;
   e. mit der Vertreterin oder dem Vertreter einer Partei oder mit einer Person, die in der gleichen Sache als Mitglied der Vorinstanz tätig war, in gerader Linie oder im zweiten Grad der Seitenlinie verwandt oder verschwägert ist;
   f. aus anderen Gründen, insbesondere wegen Freundschaft oder Feindschaft mit einer Partei oder ihrer Vertretung, befangen sein könnte.

² Kein Ausstandsgrund für sich allein ist insbesondere die Mitwirkung:
   a. beim Entscheid über die unentgeltliche Rechtspflege;
   b. beim Schlichtungsverfahren;
   c. bei der Rechtsöffnung nach den Artikeln 80–84 SchKG[19];
   d. bei der Anordnung vorsorglicher Massnahmen;
   e. beim Eheschutzverfahren.

Art. 48 Mitteilungspflicht

Die betroffene Gerichtsperson legt einen möglichen Ausstandsgrund rechtzeitig offen und tritt von sich aus in den Ausstand, wenn sie den Grund als gegeben erachtet.

Art. 49 Ausstandsgesuch

¹ Eine Partei, die eine Gerichtsperson ablehnen will, hat dem Gericht unverzüglich ein entsprechendes Gesuch zu stellen, sobald sie vom Ausstandsgrund Kenntnis erhalten hat. Die den Ausstand begründenden Tatsachen sind glaubhaft zu machen.

² Die betroffene Gerichtsperson nimmt zum Gesuch Stellung.

Art. 50 Entscheid

¹ Wird der geltend gemachte Ausstandsgrund bestritten, so entscheidet das Gericht.

² Der Entscheid ist mit Beschwerde anfechtbar.

Art. 51 Folgen der Verletzung der Ausstandsvorschriften

¹ Amtshandlungen, an denen eine zum Ausstand verpflichtete Gerichtsperson mitgewirkt hat, sind aufzuheben und zu wiederholen, sofern dies eine Partei innert 10 Tagen verlangt, nachdem sie vom Ausstandsgrund Kenntnis erhalten hat.

² Nicht wiederholbare Beweismassnahmen darf das entscheidende Gericht berücksichtigen.

---

[19] SR **281.1**

³ Wird der Ausstandsgrund erst nach Abschluss des Verfahrens entdeckt, so gelten die Bestimmungen über die Revision.

3. Titel: Verfahrensgrundsätze und Prozessvoraussetzungen
1. Kapitel: Verfahrensgrundsätze

Art. 52 Handeln nach Treu und Glauben

Alle am Verfahren beteiligten Personen haben nach Treu und Glauben zu handeln.

Art. 53 Rechtliches Gehör

¹ Die Parteien haben Anspruch auf rechtliches Gehör.

² Insbesondere können sie die Akten einsehen und Kopien anfertigen lassen, soweit keine überwiegenden öffentlichen oder privaten Interessen entgegenstehen.

Art. 54 Öffentlichkeit des Verfahrens

¹ Verhandlungen und eine allfällige mündliche Eröffnung des Urteils sind öffentlich. Die Entscheide werden der Öffentlichkeit zugänglich gemacht.

² Das kantonale Recht bestimmt, ob die Urteilsberatung öffentlich ist.

³ Die Öffentlichkeit kann ganz oder teilweise ausgeschlossen werden, wenn es das öffentliche Interesse oder das schutzwürdige Interesse einer beteiligten Person erfordert.

⁴ Die familienrechtlichen Verfahren sind nicht öffentlich.

Art. 55 Verhandlungs- und Untersuchungsgrundsatz

¹ Die Parteien haben dem Gericht die Tatsachen, auf die sie ihre Begehren stützen, darzulegen und die Beweismittel anzugeben.

² Vorbehalten bleiben gesetzliche Bestimmungen über die Feststellung des Sachverhaltes und die Beweiserhebung von Amtes wegen.

Art. 56 Gerichtliche Fragepflicht

Ist das Vorbringen einer Partei unklar, widersprüchlich, unbestimmt oder offensichtlich unvollständig, so gibt ihr das Gericht durch entsprechende Fragen Gelegenheit zur Klarstellung und zur Ergänzung.

Art. 57 Rechtsanwendung von Amtes wegen

Das Gericht wendet das Recht von Amtes wegen an.

Art. 58 Dispositions- und Offizialgrundsatz

¹ Das Gericht darf einer Partei nicht mehr und nichts anderes zusprechen, als sie verlangt, und nicht weniger, als die Gegenpartei anerkannt hat.

² Vorbehalten bleiben gesetzliche Bestimmungen, nach denen das Gericht nicht an die Parteianträge gebunden ist.

2. Kapitel: Prozessvoraussetzungen

Art. 59 Grundsatz

¹ Das Gericht tritt auf eine Klage oder auf ein Gesuch ein, sofern die Prozessvoraussetzungen erfüllt sind.

² Prozessvoraussetzungen sind insbesondere:
   a. Die klagende oder gesuchstellende Partei hat ein schutzwürdiges Interesse.
   b. Das Gericht ist sachlich und örtlich zuständig.
   c. Die Parteien sind partei- und prozessfähig.
   d. Die Sache ist nicht anderweitig rechtshängig.
   e. Die Sache ist noch nicht rechtskräftig entschieden.
   f. Der Vorschuss und die Sicherheit für die Prozesskosten sind geleistet worden.

Art. 60 Prüfung der Prozessvoraussetzungen

Das Gericht prüft von Amtes wegen, ob die Prozessvoraussetzungen erfüllt sind.

Art. 61 Schiedsvereinbarung

Haben die Parteien über eine schiedsfähige Streitsache eine Schiedsvereinbarung getroffen, so lehnt das angerufene staatliche Gericht seine Zuständigkeit ab, es sei denn:
   a. die beklagte Partei habe sich vorbehaltlos auf das Verfahren eingelassen;
   b. das Gericht stelle fest, dass die Schiedsvereinbarung offensichtlich ungültig oder nicht erfüllbar sei; oder
   c. das Schiedsgericht könne nicht bestellt werden aus Gründen, für welche die im Schiedsverfahren beklagte Partei offensichtlich einzustehen hat.

4. Titel: Rechtshängigkeit und Folgen des Klagerückzugs

Art. 62 Beginn der Rechtshängigkeit

¹ Die Einreichung eines Schlichtungsgesuches, einer Klage, eines Gesuches oder eines gemeinsamen Scheidungsbegehrens begründet Rechtshängigkeit.

² Der Eingang dieser Eingaben wird den Parteien bestätigt.

Art. 63 Rechtshängigkeit bei fehlender Zuständigkeit und falscher Verfahrensart

¹ Wird eine Eingabe, die mangels Zuständigkeit zurückgezogen oder auf die nicht eingetreten wurde, innert eines Monates seit dem Rückzug oder dem Nichteintretensentscheid bei der zuständigen Schlichtungsbehörde oder beim zuständigen Gericht neu eingereicht, so gilt als Zeitpunkt der Rechtshängigkeit das Datum der ersten Einreichung.

² Gleiches gilt, wenn eine Klage nicht im richtigen Verfahren eingereicht wurde.

³ Vorbehalten bleiben die besonderen gesetzlichen Klagefristen nach dem SchKG[20].

Art. 64 Wirkungen der Rechtshängigkeit

¹ Die Rechtshängigkeit hat insbesondere folgende Wirkungen:
   a. Der Streitgegenstand kann zwischen den gleichen Parteien nicht anderweitig rechtshängig gemacht werden.

---
[20] SR **281.1**

b. Die örtliche Zuständigkeit bleibt erhalten.

² Für die Wahrung einer gesetzlichen Frist des Privatrechts, die auf den Zeitpunkt der Klage, der Klageanhebung oder auf einen anderen verfahrenseinleitenden Schritt abstellt, ist die Rechtshängigkeit nach diesem Gesetz massgebend.

Art. 65   Folgen des Klagerückzugs

Wer eine Klage beim zum Entscheid zuständigen Gericht zurückzieht, kann gegen die gleiche Partei über den gleichen Streitgegenstand keinen zweiten Prozess mehr führen, sofern das Gericht die Klage der beklagten Partei bereits zugestellt hat und diese dem Rückzug nicht zustimmt.

5. Titel: Die Parteien und die Beteiligung Dritter
1. Kapitel: Partei- und Prozessfähigkeit

Art. 66   Parteifähigkeit

Parteifähig ist, wer rechtsfähig ist oder von Bundesrechts wegen als Partei auftreten kann.

Art. 67   Prozessfähigkeit

¹ Prozessfähig ist, wer handlungsfähig ist.

² Für eine handlungsunfähige Person handelt ihre gesetzliche Vertretung.

³ Soweit eine handlungsunfähige Person urteilsfähig ist, kann sie:
  a. selbstständig Rechte ausüben, die ihr um ihrer Persönlichkeit willen zustehen;
  b. vorläufig selbst das Nötige vorkehren, wenn Gefahr in Verzug ist.

2. Kapitel: Parteivertretung

Art. 68   Vertragliche Vertretung

¹ Jede prozessfähige Partei kann sich im Prozess vertreten lassen.

² Zur berufsmässigen Vertretung sind befugt:
  a. in allen Verfahren: Anwältinnen und Anwälte, die nach dem Anwaltsgesetz vom 23. Juni 2000[21] berechtigt sind, Parteien vor schweizerischen Gerichten zu vertreten;
  b. vor der Schlichtungsbehörde, in vermögensrechtlichen Streitigkeiten des vereinfachten Verfahrens sowie in den Angelegenheiten des summarischen Verfahrens: patentierte Sachwalterinnen und Sachwalter sowie Rechtsagentinnen und Rechtsagenten, soweit das kantonale Recht es vorsieht;
  c. in den Angelegenheiten des summarischen Verfahrens nach Artikel 251 dieses Gesetzes: gewerbsmässige Vertreterinnen und Vertreter nach Artikel 27 SchKG[22];
  d. vor den Miet- und Arbeitsgerichten beruflich qualifizierte Vertreterinnen und Vertreter, soweit das kantonale Recht es vorsieht.

³ Die Vertreterin oder der Vertreter hat sich durch eine Vollmacht auszuweisen.

⁴ Das Gericht kann das persönliche Erscheinen einer vertretenen Partei anordnen.

---

[21] SR **935.61**
[22] SR **281.1**

Art. 69 Unvermögen der Partei

¹ Ist eine Partei offensichtlich nicht im Stande, den Prozess selbst zu führen, so kann das Gericht sie auffordern, eine Vertreterin oder einen Vertreter zu beauftragen. Leistet die Partei innert der angesetzten Frist keine Folge, so bestellt ihr das Gericht eine Vertretung.

² Das Gericht benachrichtigt die Vormundschaftsbehörde, wenn es vormundschaftliche Massnahmen für geboten hält.

3. Kapitel: Streitgenossenschaft

Art. 70 Notwendige Streitgenossenschaft

¹ Sind mehrere Personen an einem Rechtsverhältnis beteiligt, über das nur mit Wirkung für alle entschieden werden kann, so müssen sie gemeinsam klagen oder beklagt werden.

² Rechtzeitige Prozesshandlungen eines Streitgenossen wirken auch für säumige Streitgenossen; ausgenommen ist das Ergreifen von Rechtsmitteln.

Art. 71 Einfache Streitgenossenschaft

¹ Sollen Rechte und Pflichten beurteilt werden, die auf gleichartigen Tatsachen oder Rechtsgründen beruhen, so können mehrere Personen gemeinsam klagen oder beklagt werden.

² Die einfache Streitgenossenschaft ist ausgeschlossen, wenn für die einzelnen Klagen nicht die gleiche Verfahrensart anwendbar ist.

³ Jeder Streitgenosse kann den Prozess unabhängig von den andern Streitgenossen führen.

Art. 72 Gemeinsame Vertretung

Die Streitgenossen können eine gemeinsame Vertretung bezeichnen, sonst ergehen Zustellungen an jeden einzelnen Streitgenossen.

4. Kapitel: Intervention
1. Abschnitt: Hauptintervention

Art. 73

¹ Wer am Streitgegenstand ein besseres Recht behauptet, das beide Parteien ganz oder teilweise ausschliesst, kann beim Gericht, bei dem der Prozess erstinstanzlich rechtshängig ist, gegen beide Parteien Klage erheben.

² Das Gericht kann den Prozess bis zur rechtskräftigen Erledigung der Klage des Hauptintervenienten einstellen oder die Verfahren vereinigen.

2. Abschnitt: Nebenintervention

Art. 74 Grundsatz

Wer ein rechtliches Interesse glaubhaft macht, dass eine rechtshängige Streitigkeit zugunsten der einen Partei entschieden werde, kann im Prozess jederzeit als Nebenpartei intervenieren und zu diesem Zweck beim Gericht ein Interventionsgesuch stellen.

Art. 75 Gesuch

¹ Das Interventionsgesuch enthält den Grund der Intervention und die Bezeichnung der Partei, zu deren Unterstützung interveniert wird.

² Das Gericht entscheidet über das Gesuch nach Anhörung der Parteien. Der Entscheid ist mit Beschwerde anfechtbar.

Art. 76   Rechte der intervenierenden Person

¹ Die intervenierende Person kann zur Unterstützung der Hauptpartei alle Prozesshandlungen vornehmen, die nach dem Stand des Verfahrens zulässig sind, insbesondere alle Angriffs- und Verteidigungsmittel geltend machen und auch Rechtsmittel ergreifen.

² Stehen die Prozesshandlungen der intervenierenden Person mit jenen der Hauptpartei im Widerspruch, so sind sie im Prozess unbeachtlich.

Art. 77   Wirkungen der Intervention

Ein für die Hauptpartei ungünstiges Ergebnis des Prozesses wirkt auch gegen die intervenierende Person, es sei denn:

  a. sie sei durch die Lage des Prozesses zur Zeit ihres Eintritts oder durch Handlungen oder Unterlassungen der Hauptpartei verhindert gewesen, Angriffs- und Verteidigungsmittel geltend zu machen; oder
  b. ihr unbekannte Angriffs- oder Verteidigungsmittel seien von der Hauptpartei absichtlich oder grobfahrlässig nicht geltend gemacht worden.

5. Kapitel: Streitverkündung

1. Abschnitt: Einfache Streitverkündung

Art. 78   Grundsätze

¹ Eine Partei, die für den Fall ihres Unterliegens eine dritte Person belangen will oder den Anspruch einer dritten Person befürchtet, kann diese auffordern, sie im Prozess zu unterstützen.

² Die streitberufene Person kann den Streit weiter verkünden.

Art. 79   Stellung der streitberufenen Person

¹ Die streitberufene Person kann:

  a. zugunsten der Partei, die ihr den Streit verkündet hat, ohne weitere Voraussetzungen intervenieren; oder
  b. anstelle der Partei, die ihr den Streit verkündet hat, mit deren Einverständnis den Prozess führen.

² Lehnt sie den Eintritt ab oder erklärt sie sich nicht, so wird der Prozess ohne Rücksicht auf sie fortgesetzt.

Art. 80   Wirkungen der Streitverkündung

Artikel 77 gilt sinngemäss.

2. Abschnitt: Streitverkündungsklage

Art. 81   Grundsätze

¹ Die streitverkündende Partei kann ihre Ansprüche, die sie im Falle des Unterliegens gegen die streitberufene Person zu haben glaubt, beim Gericht, das mit der Hauptklage befasst ist, geltend machen.

² Die streitberufene Person kann keine weitere Streitverkündungsklage erheben.

³ Im vereinfachten und im summarischen Verfahren ist die Streitverkündungsklage unzulässig.

Art. 82 Verfahren

¹ Die Zulassung der Streitverkündungsklage ist mit der Klageantwort oder mit der Replik im Hauptprozess zu beantragen. Die Rechtsbegehren, welche die streitverkündende Partei gegen die streitberufene Person zu stellen gedenkt, sind zu nennen und kurz zu begründen.

² Das Gericht gibt der Gegenpartei sowie der streitberufenen Person Gelegenheit zur Stellungnahme.

³ Wird die Streitverkündungsklage zugelassen, so bestimmt das Gericht Zeitpunkt und Umfang des betreffenden Schriftenwechsels; Artikel 125 bleibt vorbehalten.

⁴ Der Entscheid über die Zulassung der Klage ist mit Beschwerde anfechtbar.

6. Kapitel: Parteiwechsel

Art. 83

¹ Wird das Streitobjekt während des Prozesses veräussert, so kann die Erwerberin oder der Erwerber an Stelle der veräussernden Partei in den Prozess eintreten.

² Die eintretende Partei haftet für die gesamten Prozesskosten. Für die bis zum Parteiwechsel aufgelaufenen Prozesskosten haftet die ausscheidende Partei solidarisch

mit.

³ In begründeten Fällen hat die eintretende Partei auf Verlangen der Gegenpartei für die Vollstreckung des Entscheides Sicherheit zu leisten.

⁴ Ohne Veräusserung des Streitobjekts ist ein Parteiwechsel nur mit Zustimmung der Gegenpartei zulässig; besondere gesetzliche Bestimmungen über die Rechtsnachfolge bleiben vorbehalten.

6. Titel: Klagen

Art. 84 Leistungsklage

¹ Mit der Leistungsklage verlangt die klagende Partei die Verurteilung der beklagten Partei zu einem bestimmten Tun, Unterlassen oder Dulden.

² Wird die Bezahlung eines Geldbetrages verlangt, so ist dieser zu beziffern.

Art. 85 Unbezifferte Forderungsklage

¹ Ist es der klagenden Partei unmöglich oder unzumutbar, ihre Forderung bereits zu Beginn des Prozesses zu beziffern, so kann sie eine unbezifferte Forderungsklage erheben. Sie muss jedoch einen Mindestwert angeben, der als vorläufiger Streitwert gilt.

² Die Forderung ist zu beziffern, sobald die klagende Partei nach Abschluss des Beweisverfahrens oder nach Auskunftserteilung durch die beklagte Partei dazu in der Lage ist. Das angerufene Gericht bleibt zuständig, auch wenn der Streitwert die sachliche Zuständigkeit übersteigt.

Art. 86 Teilklage

Ist ein Anspruch teilbar, so kann auch nur ein Teil eingeklagt werden.

Art. 87 Gestaltungsklage

Mit der Gestaltungsklage verlangt die klagende Partei die Begründung, Änderung oder Aufhebung eines bestimmten Rechts oder Rechtsverhältnisses.

Art. 88 Feststellungsklage

Mit der Feststellungsklage verlangt die klagende Partei die gerichtliche Feststellung, dass ein Recht oder Rechtsverhältnis besteht oder nicht besteht.

Art. 89 Verbandsklage

¹ Vereine und andere Organisationen von gesamtschweizerischer oder regionaler Bedeutung, die nach ihren Statuten zur Wahrung der Interessen bestimmter Personengruppen befugt sind, können in eigenem Namen auf Verletzung der Persönlichkeit der Angehörigen dieser Personengruppen klagen.

² Mit der Verbandsklage kann beantragt werden:
   a. eine drohende Verletzung zu verbieten;
   b. eine bestehende Verletzung zu beseitigen;
   c. die Widerrechtlichkeit einer Verletzung festzustellen, wenn sich diese weiterhin störend auswirkt.

³ Besondere gesetzliche Bestimmungen über die Verbandsklage bleiben vorbehalten.

Art. 90 Klagenhäufung

Die klagende Partei kann mehrere Ansprüche gegen dieselbe Partei in einer Klage vereinen, sofern:
   a. das gleiche Gericht dafür sachlich zuständig ist; und
   b. die gleiche Verfahrensart anwendbar ist.

7. Titel: Streitwert

Art. 91 Grundsatz

¹ Der Streitwert wird durch das Rechtsbegehren bestimmt. Zinsen und Kosten des laufenden Verfahrens oder einer allfälligen Publikation des Entscheids sowie allfällige Eventualbegehren werden nicht hinzugerechnet.

² Lautet das Rechtsbegehren nicht auf eine bestimmte Geldsumme, so setzt das Gericht den Streitwert fest, sofern sich die Parteien darüber nicht einigen oder ihre Angaben offensichtlich unrichtig sind.

Art. 92 Wiederkehrende Nutzungen und Leistungen

¹ Als Wert wiederkehrender Nutzungen oder Leistungen gilt der Kapitalwert.

² Bei ungewisser oder unbeschränkter Dauer gilt als Kapitalwert der zwanzigfache Betrag der einjährigen Nutzung oder Leistung und bei Leibrenten der Barwert.

Art. 93 Streitgenossenschaft und Klagenhäufung

¹ Bei einfacher Streitgenossenschaft und Klagenhäufung werden die geltend gemachten Ansprüche zusammengerechnet, sofern sie sich nicht gegenseitig ausschliessen.

² Bei einfacher Streitgenossenschaft bleibt die Verfahrensart trotz Zusammenrechnung des Streitwerts erhalten.

Art. 94 Widerklage

¹ Stehen sich Klage und Widerklage gegenüber, so bestimmt sich der Streitwert nach dem höheren Rechtsbegehren.

² Zur Bestimmung der Prozesskosten werden die Streitwerte zusammengerechnet, sofern sich Klage und Widerklage nicht gegenseitig ausschliessen.

8. Titel: Prozesskosten und unentgeltliche Rechtspflege
1. Kapitel: Prozesskosten

Art. 95　　Begriffe

¹ Prozesskosten sind:
  a. die Gerichtskosten;
  b. die Parteientschädigung.

² Gerichtskosten sind:
  a. die Pauschalen für das Schlichtungsverfahren;
  b. die Pauschalen für den Entscheid (Entscheidgebühr);
  c. die Kosten der Beweisführung;
  d. die Kosten für die Übersetzung;
  e. die Kosten für die Vertretung des Kindes (Art. 299 und 300).

³ Als Parteientschädigung gilt:
  a. der Ersatz notwendiger Auslagen;
  b. die Kosten einer berufsmässigen Vertretung;
  c. in begründeten Fällen: eine angemessene Umtriebsentschädigung, wenn eine Partei nicht berufsmässig vertreten ist.

Art. 96　　Tarife

Die Kantone setzen die Tarife für die Prozesskosten fest.

Art. 97　　Aufklärung über die Prozesskosten

Das Gericht klärt die nicht anwaltlich vertretene Partei über die mutmassliche Höhe der Prozesskosten sowie über die unentgeltliche Rechtspflege auf.

Art. 98　　Kostenvorschuss

Das Gericht kann von der klagenden Partei einen Vorschuss bis zur Höhe der mutmasslichen Gerichtskosten verlangen.

Art. 99　　Sicherheit für die Parteientschädigung

¹ Die klagende Partei hat auf Antrag der beklagten Partei für deren Parteientschädigung Sicherheit zu leisten, wenn sie:
  a. keinen Wohnsitz oder Sitz in der Schweiz hat;
  b. zahlungsunfähig erscheint, namentlich wenn gegen sie der Konkurs eröffnet oder ein Nachlassverfahren im Gang ist oder Verlustscheine bestehen;
  c. Prozesskosten aus früheren Verfahren schuldet; oder
  d. wenn andere Gründe für eine erhebliche Gefährdung der Parteientschädigung bestehen.

² Bei notwendiger Streitgenossenschaft ist nur dann Sicherheit zu leisten, wenn bei allen Streitgenossen eine der Voraussetzungen gegeben ist.

³ Keine Sicherheit ist zu leisten:
  a. im vereinfachten Verfahren mit Ausnahme der vermögensrechtlichen Streitigkeiten nach Artikel 243 Absatz 1;
  b. im Scheidungsverfahren;
  c. im summarischen Verfahren mit Ausnahme des Rechtsschutzes in klaren Fällen (Art. 257).

Art. 100   Art und Höhe der Sicherheit

¹ Die Sicherheit kann in bar oder durch Garantie einer in der Schweiz niedergelassenen Bank oder eines zum Geschäftsbetrieb in der Schweiz zugelassenen Versicherungsunternehmens geleistet werden.

² Das Gericht kann die zu leistende Sicherheit nachträglich erhöhen, herabsetzen oder aufheben.

Art. 101   Leistung des Vorschusses und der Sicherheit

¹ Das Gericht setzt eine Frist zur Leistung des Vorschusses und der Sicherheit.

² Vorsorgliche Massnahmen kann es schon vor Leistung der Sicherheit anordnen.

³ Werden der Vorschuss oder die Sicherheit auch nicht innert einer Nachfrist geleistet, so tritt das Gericht auf die Klage oder auf das Gesuch nicht ein.

Art. 102   Vorschuss für Beweiserhebungen

¹ Jede Partei hat die Auslagen des Gerichts vorzuschiessen, die durch von ihr beantragte Beweiserhebungen veranlasst werden.

² Beantragen die Parteien dasselbe Beweismittel, so hat jede Partei die Hälfte vorzuschiessen.

³ Leistet eine Partei ihren Vorschuss nicht, so kann die andere die Kosten vorschiessen; andernfalls unterbleibt die Beweiserhebung. Vorbehalten bleiben Streitigkeiten, in denen das Gericht den Sachverhalt von Amtes wegen zu erforschen hat.

Art. 103   Rechtsmittel

Entscheide über die Leistung von Vorschüssen und Sicherheiten sind mit Beschwerde anfechtbar.

2. Kapitel: Verteilung und Liquidation der Prozesskosten

Art. 104   Entscheid über die Prozesskosten

¹ Das Gericht entscheidet über die Prozesskosten in der Regel im Endentscheid.

² Bei einem Zwischenentscheid (Art. 237) können die bis zu diesem Zeitpunkt entstandenen Prozesskosten verteilt werden.

³ Über die Prozesskosten vorsorglicher Massnahmen kann zusammen mit der Hauptsache entschieden werden.

⁴ In einem Rückweisungsentscheid kann die obere Instanz die Verteilung der Prozesskosten des Rechtsmittelverfahrens der Vorinstanz überlassen.

Art. 105   Festsetzung und Verteilung der Prozesskosten

¹ Die Gerichtskosten werden von Amtes wegen festgesetzt und verteilt.

² Die Parteientschädigung spricht das Gericht nach den Tarifen (Art. 96) zu. Die Parteien können eine Kostennote einreichen.

Art. 106   Verteilungsgrundsätze

¹ Die Prozesskosten werden der unterliegenden Partei auferlegt. Bei Nichteintreten und bei Klagerückzug gilt die klagende Partei, bei Anerkennung der Klage die beklagte Partei als unterliegend.

² Hat keine Partei vollständig obsiegt, so werden die Prozesskosten nach dem Ausgang des Verfahrens verteilt.

³ Sind am Prozess mehrere Personen als Haupt- oder Nebenparteien beteiligt, so bestimmt das Gericht ihren Anteil an den Prozesskosten. Es kann auf solidarische Haftung erkennen.

Art. 107　Verteilung nach Ermessen

¹ Das Gericht kann von den Verteilungsgrundsätzen abweichen und die Prozesskosten nach Ermessen verteilen:
   a. wenn die Klage zwar grundsätzlich, aber nicht in der Höhe der Forderung gutgeheissen wurde und diese Höhe vom gerichtlichen Ermessen abhängig oder die Bezifferung des Anspruchs schwierig war;
   b. wenn eine Partei in guten Treuen zur Prozessführung veranlasst war;
   c. in familienrechtlichen Verfahren;
   d. in Verfahren bei eingetragener Partnerschaft;
   e. wenn das Verfahren als gegenstandslos abgeschrieben wird und das Gesetz nichts anderes vorsieht;
   f. wenn andere besondere Umstände vorliegen, die eine Verteilung nach dem Ausgang des Verfahrens als unbillig erscheinen lassen.

² Das Gericht kann Gerichtskosten, die weder eine Partei noch Dritte veranlasst haben, aus Billigkeitsgründen dem Kanton auferlegen.

Art. 108　Unnötige Prozesskosten

Unnötige Prozesskosten hat zu bezahlen, wer sie verursacht hat.

Art. 109　Verteilung bei Vergleich

¹ Bei einem gerichtlichen Vergleich trägt jede Partei die Prozesskosten nach Massgabe des Vergleichs.

² Die Kosten werden nach den Artikeln 106–108 verteilt, wenn:
   a. der Vergleich keine Regelung enthält; oder
   b. die getroffene Regelung einseitig zulasten einer Partei geht, welcher die unentgeltliche Rechtspflege bewilligt worden ist.

Art. 110　Rechtsmittel

Der Kostenentscheid ist selbstständig nur mit Beschwerde anfechtbar.

Art. 111　Liquidation der Prozesskosten

¹ Die Gerichtskosten werden mit den geleisteten Vorschüssen der Parteien verrechnet. Ein Fehlbetrag wird von der kostenpflichtigen Person nachgefordert.

² Die kostenpflichtige Partei hat der anderen Partei die geleisteten Vorschüsse zu ersetzen sowie die zugesprochene Parteientschädigung zu bezahlen.

³ Vorbehalten bleiben die Bestimmungen über die unentgeltliche Rechtspflege.

Art. 112　Stundung, Erlass, Verjährung und Verzinsung der Gerichtskosten

¹ Gerichtskosten können gestundet oder bei dauernder Mittellosigkeit erlassen werden.

² Die Forderungen verjähren zehn Jahre nach Abschluss des Verfahrens.

³ Der Verzugszins beträgt 5 Prozent.

3. Kapitel: Besondere Kostenregelungen

Art. 113   Schlichtungsverfahren

¹ Im Schlichtungsverfahren werden keine Parteientschädigungen gesprochen. Vorbehalten bleibt die Entschädigung einer unentgeltlichen Rechtsbeiständin oder eines unentgeltlichen Rechtsbeistandes durch den Kanton.

² Keine Gerichtskosten werden gesprochen in Streitigkeiten:
   a. nach dem Gleichstellungsgesetz vom 24. März 1995[23];
   b. nach dem Behindertengleichstellungsgesetz vom 13. Dezember 2002[24];
   c. aus Miete und Pacht von Wohn- und Geschäftsräumen sowie aus landwirtschaftlicher Pacht;
   d. aus dem Arbeitsverhältnis sowie nach dem Arbeitsvermittlungsgesetz vom 6. Oktober 1989[25] bis zu einem Streitwert von 30 000 Franken;
   e. nach dem Mitwirkungsgesetz vom 17. Dezember 1993[26];
   f. aus Zusatzversicherungen zur sozialen Krankenversicherung nach dem Bundesgesetz vom 18. März 1994[27] über die Krankenversicherung.

Art. 114   Entscheidverfahren

Im Entscheidverfahren werden keine Gerichtskosten gesprochen bei Streitigkeiten:
   a. nach dem Gleichstellungsgesetz vom 24. März 1995[28];
   b. nach dem Behindertengleichstellungsgesetz vom 13. Dezember 2002[29]
   c. aus dem Arbeitsverhältnis sowie nach dem Arbeitsvermittlungsgesetz vom 6. Oktober 1989[30] bis zu einem Streitwert von 30 000 Franken;
   d. nach dem Mitwirkungsgesetz vom 17. Dezember 1993[31];
   e. aus Zusatzversicherungen zur sozialen Krankenversicherung nach dem Bundesgesetz vom 18. März 1994[32] über die Krankenversicherung.

Art. 115   Kostentragungspflicht

Bei bös- oder mutwilliger Prozessführung können die Gerichtskosten auch in den unentgeltlichen Verfahren einer Partei auferlegt werden.

Art. 116   Kostenbefreiung nach kantonalem Recht

¹ Die Kantone können weitere Befreiungen von den Prozesskosten gewähren.

² Befreiungen, welche ein Kanton sich selbst, seinen Gemeinden und anderen kantonalrechtlichen Körperschaften gewährt, gelten auch für den Bund.

---

[23] SR **151.1**
[24] SR **151.3**
[25] SR **823.11**
[26] SR **822.14**
[27] SR **832.10**
[28] SR **151.1**
[29] SR **151.3**
[30] SR **823.11**
[31] SR **822.14**
[32] SR **832.10**

4. Kapitel: Unentgeltliche Rechtspflege

Art. 117 Anspruch

Eine Person hat Anspruch auf unentgeltliche Rechtspflege, wenn:
- a. sie nicht über die erforderlichen Mittel verfügt; und
- b. ihr Rechtsbegehren nicht aussichtslos erscheint.

Art. 118 Umfang

¹ Die unentgeltliche Rechtspflege umfasst:
- a. die Befreiung von Vorschuss- und Sicherheitsleistungen;
- b. die Befreiung von den Gerichtskosten;
- c. die gerichtliche Bestellung einer Rechtsbeiständin oder eines Rechtsbeistandes, wenn dies zur Wahrung der Rechte notwendig ist, insbesondere wenn die Gegenpartei anwaltlich vertreten ist; die Rechtsbeiständin oder der Rechtsbeistand kann bereits zur Vorbereitung des Prozesses bestellt werden.

² Sie kann ganz oder teilweise gewährt werden.

³ Sie befreit nicht von der Bezahlung einer Parteientschädigung an die Gegenpartei.

Art. 119 Gesuch und Verfahren

¹ Das Gesuch um unentgeltliche Rechtspflege kann vor oder nach Eintritt der Rechtshängigkeit gestellt werden.

² Die gesuchstellende Person hat ihre Einkommens- und Vermögensverhältnisse darzulegen und sich zur Sache sowie über ihre Beweismittel zu äussern. Sie kann die Person der gewünschten Rechtsbeiständin oder des gewünschten Rechtsbeistands im Gesuch bezeichnen.

³ Das Gericht entscheidet über das Gesuch im summarischen Verfahren. Die Gegenpartei kann angehört werden. Sie ist immer anzuhören, wenn die unentgeltliche Rechtspflege die Leistung der Sicherheit für die Parteientschädigung umfassen soll.

⁴ Die unentgeltliche Rechtspflege kann ausnahmsweise rückwirkend bewilligt werden.

⁵ Im Rechtsmittelverfahren ist die unentgeltliche Rechtspflege neu zu beantragen.

⁶ Ausser bei Bös- oder Mutwilligkeit werden im Verfahren um die unentgeltliche Rechtspflege keine Gerichtskosten erhoben.

Art. 120 Entzug der unentgeltlichen Rechtspflege

Das Gericht entzieht die unentgeltliche Rechtspflege, wenn der Anspruch darauf nicht mehr besteht oder nie bestanden hat.

Art. 121 Rechtsmittel

Wird die unentgeltliche Rechtspflege ganz oder teilweise abgelehnt oder entzogen, so kann der Entscheid mit Beschwerde angefochten werden.

Art. 122 Liquidation der Prozesskosten

¹ Unterliegt die unentgeltlich prozessführende Partei, so werden die Prozesskosten wie folgt liquidiert:
- a. Die unentgeltliche Rechtsbeiständin oder der unentgeltliche Rechtsbeistand wird vom Kanton angemessen entschädigt.
- b. Die Gerichtskosten gehen zulasten des Kantons.

c. Der Gegenpartei werden die Vorschüsse, die sie geleistet hat, zurückerstattet.
   d. Die unentgeltlich prozessführende Partei hat der Gegenpartei die Parteientschädigung zu bezahlen.

² Obsiegt die unentgeltlich prozessführende Partei und ist die Parteientschädigung bei der Gegenpartei nicht oder voraussichtlich nicht einbringlich, so wird die unentgeltliche Rechtsbeiständin oder der unentgeltliche Rechtsbeistand vom Kanton angemessen entschädigt. Mit der Zahlung geht der Anspruch auf den Kanton über.

Art. 123   Nachzahlung

¹ Eine Partei, der die unentgeltliche Rechtspflege gewährt wurde, ist zur Nachzahlung verpflichtet, sobald sie dazu in der Lage ist.

² Der Anspruch des Kantons verjährt zehn Jahre nach Abschluss des Verfahrens.

9. Titel: Prozessleitung, prozessuales Handeln und Fristen
1. Kapitel: Prozessleitung

Art. 124   Grundsätze

¹ Das Gericht leitet den Prozess. Es erlässt die notwendigen prozessleitenden Verfügungen zur zügigen Vorbereitung und Durchführung des Verfahrens.

² Die Prozessleitung kann an eines der Gerichtsmitglieder delegiert werden.

³ Das Gericht kann jederzeit versuchen, eine Einigung zwischen den Parteien herbeizuführen.

Art. 125   Vereinfachung des Prozesses

Zur Vereinfachung des Prozesses kann das Gericht insbesondere:
   a. das Verfahren auf einzelne Fragen oder auf einzelne Rechtsbegehren beschränken;
   b. gemeinsam eingereichte Klagen trennen;
   c. selbstständig eingereichte Klagen vereinigen;
   d. eine Widerklage vom Hauptverfahren trennen.

Art. 126   Sistierung des Verfahrens

¹ Das Gericht kann das Verfahren sistieren, wenn die Zweckmässigkeit dies verlangt. Das Verfahren kann namentlich sistiert werden, wenn der Entscheid vom Ausgang eines anderen Verfahrens abhängig ist.

² Die Sistierung ist mit Beschwerde anfechtbar.

Art. 127   Überweisung bei zusammenhängenden Verfahren

¹ Sind bei verschiedenen Gerichten Klagen rechtshängig, die miteinander in einem sachlichen Zusammenhang stehen, so kann ein später angerufenes Gericht die bei ihm rechtshängige Klage an das zuerst angerufene Gericht überweisen, wenn dieses mit der Übernahme einverstanden ist.

² Die Überweisung ist mit Beschwerde anfechtbar.

Art. 128   Verfahrensdisziplin und mutwillige Prozessführung

¹ Wer im Verfahren vor Gericht den Anstand verletzt oder den Geschäftsgang stört, wird mit einem Verweis oder einer Ordnungsbusse bis zu 1000 Franken bestraft. Das Gericht kann zudem den Ausschluss von der Verhandlung anordnen.

² Das Gericht kann zur Durchsetzung seiner Anordnungen die Polizei beiziehen.

³ Bei bös- oder mutwilliger Prozessführung können die Parteien und ihre Vertretungen mit einer Ordnungsbusse bis zu 2000 Franken und bei Wiederholung bis zu 5000 Franken bestraft werden.

⁴ Die Ordnungsbusse ist mit Beschwerde anfechtbar.

2. Kapitel: Formen des prozessualen Handelns
1. Abschnitt: Verfahrenssprache

Art. 129

Das Verfahren wird in der Amtssprache des zuständigen Kantons geführt. Bei mehreren Amtssprachen regeln die Kantone den Gebrauch der Sprachen.

2. Abschnitt: Eingaben der Parteien

Art. 130 Form

¹ Eingaben sind dem Gericht in Papierform oder elektronisch einzureichen. Sie sind zu unterzeichnen.

² Bei elektronischer Übermittlung muss das Dokument, das die Eingabe und die Beilagen enthält, mit einer anerkannten elektronischen Signatur der Absenderin oder des Absenders versehen sein. Der Bundesrat bestimmt das Format der Übermittlung.

³ Bei elektronischer Übermittlung kann das Gericht verlangen, dass die Eingabe und die Beilagen in Papierform nachgereicht werden.

Art. 131 Anzahl

Eingaben und Beilagen in Papierform sind in je einem Exemplar für das Gericht und für jede Gegenpartei einzureichen; andernfalls kann das Gericht eine Nachfrist ansetzen oder die notwendigen Kopien auf Kosten der Partei erstellen.

Art. 132 Mangelhafte, querulatorische und rechtsmissbräuchliche Eingaben

¹ Mängel wie fehlende Unterschrift und fehlende Vollmacht sind innert einer gerichtlichen Nachfrist zu verbessern. Andernfalls gilt die Eingabe als nicht erfolgt.

² Gleiches gilt für unleserliche, ungebührliche, unverständliche oder weitschweifige Eingaben.

³ Querulatorische und rechtsmissbräuchliche Eingaben werden ohne Weiteres zurückgeschickt.

3. Abschnitt: Gerichtliche Vorladung

Art. 133 Inhalt

Die Vorladung enthält:
   a. Name und Adresse der vorgeladenen Person;
   b. die Prozesssache und die Parteien;
   c. die Eigenschaft, in welcher die Person vorgeladen wird;
   d. Ort, Datum und Zeit des geforderten Erscheinens;
   e. die Prozesshandlung, zu der vorgeladen wird;
   f. die Säumnisfolgen;
   g. das Datum der Vorladung und die Unterschrift des Gerichts.

Art. 134 Zeitpunkt

Die Vorladung muss mindestens 10 Tage vor dem Erscheinungstermin versandt werden, sofern das Gesetz nichts anderes bestimmt.

Art. 135 Verschiebung des Erscheinungstermins

Das Gericht kann einen Erscheinungstermin aus zureichenden Gründen verschieben:
  a. von Amtes wegen; oder
  b. wenn es vor dem Termin darum ersucht wird.

4. Abschnitt: Gerichtliche Zustellung

Art. 136 Zuzustellende Urkunden

Das Gericht stellt den betroffenen Personen insbesondere zu:
  a. Vorladungen;
  b. Verfügungen und Entscheide;
  c. Eingaben der Gegenpartei.

Art. 137 Bei Vertretung

Ist eine Partei vertreten, so erfolgt die Zustellung an die Vertretung.

Art. 138 Form

¹ Die Zustellung von Vorladungen, Verfügungen und Entscheiden erfolgt durch eingeschriebene Postsendung oder auf andere Weise gegen Empfangsbestätigung.

² Sie ist erfolgt, wenn die Sendung von der Adressatin oder vom Adressaten oder von einer angestellten oder im gleichen Haushalt lebenden, mindestens sechzehn Jahre alten Person entgegengenommen wurde. Vorbehalten bleiben Anweisungen des Gerichts, eine Urkunde dem Adressaten oder der Adressatin persönlich zuzustellen.

³ Sie gilt zudem als erfolgt:
  a. bei einer eingeschriebenen Postsendung, die nicht abgeholt worden ist: am siebten Tag nach dem erfolglosen Zustellungsversuch, sofern die Person mit einer Zustellung rechnen musste;
  b. bei persönlicher Zustellung, wenn die Adressatin oder der Adressat die Annahme verweigert und dies von der überbringenden Person festgehalten wird: am Tag der Weigerung.

⁴ Andere Sendungen kann das Gericht durch gewöhnliche Post zustellen.

Art. 139 Elektronische Zustellung

¹ Mit dem Einverständnis der betroffenen Person kann jede Zustellung elektronisch erfolgen.

² Der Bundesrat bestimmt die Einzelheiten.

Art. 140 Zustellungsdomizil

Das Gericht kann Parteien mit Wohnsitz oder Sitz im Ausland anweisen, ein Zustellungsdomizil in der Schweiz zu bezeichnen.

Art. 141 Öffentliche Bekanntmachung

¹ Die Zustellung erfolgt durch Publikation im kantonalen Amtsblatt oder im Schweizerischen Handelsamtsblatt, wenn:

a. der Aufenthaltsort der Adressatin oder des Adressaten unbekannt ist und trotz zumutbarer Nachforschungen nicht ermittelt werden kann;
b. eine Zustellung unmöglich ist oder mit ausserordentlichen Umtrieben verbunden wäre;
c. eine Partei mit Wohnsitz oder Sitz im Ausland entgegen der Anweisung des Gerichts kein Zustellungsdomizil in der Schweiz bezeichnet hat.

² Die Zustellung gilt am Tag der Publikation als erfolgt.

3. Kapitel: Fristen, Säumnis und Wiederherstellung
1. Abschnitt: Fristen

Art. 142 Beginn und Berechnung

¹ Fristen, die durch eine Mitteilung oder den Eintritt eines Ereignisses ausgelöst werden, beginnen am folgenden Tag zu laufen.

² Berechnet sich eine Frist nach Monaten, so endet sie im letzten Monat an dem Tag, der dieselbe Zahl trägt wie der Tag, an dem die Frist zu laufen begann. Fehlt der entsprechende Tag, so endet die Frist am letzten Tag des Monats.

³ Fällt der letzte Tag einer Frist auf einen Samstag, einen Sonntag oder einen am Gerichtsort vom Bundesrecht oder vom kantonalen Recht anerkannten Feiertag, so endet sie am nächsten Werktag.

Art. 143 Einhaltung

¹ Eingaben müssen spätestens am letzten Tag der Frist beim Gericht eingereicht oder zu dessen Handen der Schweizerischen Post oder einer schweizerischen diplomatischen oder konsularischen Vertretung übergeben werden.

² Bei elektronischer Übermittlung ist die Frist eingehalten, wenn der Empfang bei der Zustelladresse des Gerichts spätestens am letzten Tag der Frist durch das betreffende Informatiksystem bestätigt worden ist.

³ Die Frist für eine Zahlung an das Gericht ist eingehalten, wenn der Betrag spätestens am letzten Tag der Frist zugunsten des Gerichts der Schweizerischen Post übergeben oder einem Post- oder Bankkonto in der Schweiz belastet worden ist.

Art. 144 Erstreckung

¹ Gesetzliche Fristen können nicht erstreckt werden.

² Gerichtliche Fristen können aus zureichenden Gründen erstreckt werden, wenn das Gericht vor Fristablauf darum ersucht wird.

Art. 145 Stillstand der Fristen

¹ Gesetzliche und gerichtliche Fristen stehen still:
a. vom siebten Tag vor Ostern bis und mit dem siebten Tag nach Ostern;
b. vom 15. Juli bis und mit dem 15. August;
c. vom 18. Dezember bis und mit dem 2. Januar.

² Dieser Fristenstillstand gilt nicht für:
a. das Schlichtungsverfahren;
b. das summarische Verfahren.

³ Die Parteien sind auf die Ausnahmen nach Absatz 2 hinzuweisen.

⁴ Vorbehalten bleiben die Bestimmungen des SchKG³³ über die Betreibungsferien und den Rechtsstillstand.

Art. 146 Wirkungen des Stillstandes

¹ Bei Zustellung während des Stillstandes beginnt der Fristenlauf am ersten Tag nach Ende des Stillstandes.

² Während des Stillstandes der Fristen finden keine Gerichtsverhandlungen statt, es sei denn, die Parteien seien einverstanden.

2. Abschnitt: Säumnis und Wiederherstellung

Art. 147 Säumnis und Säumnisfolgen

¹ Eine Partei ist säumig, wenn sie eine Prozesshandlung nicht fristgerecht vornimmt oder zu einem Termin nicht erscheint.

² Das Verfahren wird ohne die versäumte Handlung weitergeführt, sofern das Gesetz nichts anderes bestimmt.

³ Das Gericht weist die Parteien auf die Säumnisfolgen hin.

Art. 148 Wiederherstellung

¹ Das Gericht kann auf Gesuch einer säumigen Partei eine Nachfrist gewähren oder zu einem Termin erneut vorladen, wenn die Partei glaubhaft macht, dass sie kein oder nur ein leichtes Verschulden trifft.

² Das Gesuch ist innert 10 Tagen seit Wegfall des Säumnisgrundes einzureichen.

³ Ist ein Entscheid eröffnet worden, so kann die Wiederherstellung nur innerhalb von 6 Monaten seit Eintritt der Rechtskraft verlangt werden.

Art. 149 Verfahren der Wiederherstellung

Das Gericht gibt der Gegenpartei Gelegenheit zur Stellungnahme und entscheidet endgültig.

10. Titel: Beweis
1. Kapitel: Allgemeine Bestimmungen

Art. 150 Beweisgegenstand

¹ Gegenstand des Beweises sind rechtserhebliche, streitige Tatsachen.

² Beweisgegenstand können auch Übung, Ortsgebrauch und, bei vermögensrechtlichen Streitigkeiten, ausländisches Recht sein.

Art. 151 Bekannte Tatsachen

Offenkundige und gerichtsnotorische Tatsachen sowie allgemein anerkannte Erfahrungssätze bedürfen keines Beweises.

---

[33] SR **281.1**

Art. 152 Recht auf Beweis

¹ Jede Partei hat das Recht, dass das Gericht die von ihr form- und fristgerecht angebotenen tauglichen Beweismittel abnimmt.

² Rechtswidrig beschaffte Beweismittel werden nur berücksichtigt, wenn das Interesse an der Wahrheitsfindung überwiegt.

Art. 153 Beweiserhebung von Amtes wegen

¹ Das Gericht erhebt von Amtes wegen Beweis, wenn der Sachverhalt von Amtes wegen festzustellen ist.

² Es kann von Amtes wegen Beweis erheben, wenn an der Richtigkeit einer nicht streitigen Tatsache erhebliche Zweifel bestehen.

Art. 154 Beweisverfügung

Vor der Beweisabnahme werden die erforderlichen Beweisverfügungen getroffen. Darin werden insbesondere die zugelassenen Beweismittel bezeichnet und wird bestimmt, welcher Partei zu welchen Tatsachen der Haupt- oder der Gegenbeweis obliegt. Beweisverfügungen können jederzeit abgeändert oder ergänzt werden.

Art. 155 Beweisabnahme

¹ Die Beweisabnahme kann an eines oder mehrere der Gerichtsmitglieder delegiert werden.

² Aus wichtigen Gründen kann eine Partei die Beweisabnahme durch das urteilende Gericht verlangen.

³ Die Parteien haben das Recht, an der Beweisabnahme teilzunehmen.

Art. 156 Wahrung schutzwürdiger Interessen

Gefährdet die Beweisabnahme die schutzwürdigen Interessen einer Partei oder Dritter, wie insbesondere deren Geschäftsgeheimnisse, so trifft das Gericht die erforderlichen Massnahmen.

Art. 157 Freie Beweiswürdigung

Das Gericht bildet sich seine Überzeugung nach freier Würdigung der Beweise.

Art. 158 Vorsorgliche Beweisführung

¹ Das Gericht nimmt jederzeit Beweis ab, wenn:
   a. das Gesetz einen entsprechenden Anspruch gewährt; oder
   b. die gesuchstellende Partei eine Gefährdung der Beweismittel oder ein schutzwürdiges Interesse glaubhaft macht.

² Anzuwenden sind die Bestimmungen über die vorsorglichen Massnahmen.

Art. 159 Organe einer juristischen Person

Ist eine juristische Person Partei, so werden ihre Organe im Beweisverfahren wie eine Partei behandelt.

2. Kapitel: Mitwirkungspflicht und Verweigerungsrecht
1. Abschnitt: Allgemeine Bestimmungen

Art. 160 Mitwirkungspflicht

¹ Die Parteien und Dritte sind zur Mitwirkung bei der Beweiserhebung verpflichtet. Insbesondere haben sie:

   a. als Partei, als Zeugin oder als Zeuge wahrheitsgemäss auszusagen;
   b. Urkunden herauszugeben; ausgenommen ist die anwaltliche Korrespondenz, soweit sie die berufsmässige Vertretung einer Partei oder einer Drittperson betrifft;
   c. einen Augenschein an Person oder Eigentum durch Sachverständige zu dulden.

² Über die Mitwirkungspflicht einer unmündigen Person entscheidet das Gericht nach seinem Ermessen. Es berücksichtigt dabei das Kindeswohl.

³ Dritte, die zur Mitwirkung verpflichtet sind, haben Anspruch auf eine angemessene Entschädigung.

Art. 161 Aufklärung

¹ Das Gericht klärt die Parteien und Dritte über die Mitwirkungspflicht, das Verweigerungsrecht und die Säumnisfolgen auf.

² Unterlässt es die Aufklärung über das Verweigerungsrecht, so darf es die erhobenen Beweise nicht berücksichtigen, es sei denn, die betroffene Person stimme zu oder die Verweigerung wäre unberechtigt gewesen.

Art. 162 Berechtigte Verweigerung der Mitwirkung

Verweigert eine Partei oder eine dritte Person die Mitwirkung berechtigterweise, so darf das Gericht daraus nicht auf die zu beweisende Tatsache schliessen.

2. Abschnitt: Verweigerungsrecht der Parteien

Art. 163 Verweigerungsrecht

¹ Eine Partei kann die Mitwirkung verweigern, wenn sie:

   a. eine ihr im Sinne von Artikel 165 nahestehende Person der Gefahr strafrechtlicher Verfolgung oder zivilrechtlicher Verantwortlichkeit aussetzen würde;
   b. sich wegen Verletzung eines Geheimnisses nach Artikel 321 des Strafgesetzbuchs[34] (StGB) strafbar machen würde; ausgenommen sind die Revisorinnen und Revisoren; Artikel 166 Absatz 1 Buchstabe b dritter Teilsatz gilt sinngemäss.

² Die Trägerinnen und Träger anderer gesetzlich geschützter Geheimnisse können die Mitwirkung verweigern, wenn sie glaubhaft machen, dass das Geheimhaltungsinteresse das Interesse an der Wahrheitsfindung überwiegt.

Art. 164 Unberechtigte Verweigerung

Verweigert eine Partei die Mitwirkung unberechtigterweise, so berücksichtigt dies das Gericht bei der Beweiswürdigung.

---

[34] SR **311.0**

3. Abschnitt: Verweigerungsrecht Dritter

Art. 165   Umfassendes Verweigerungsrecht

¹ Jede Mitwirkung können verweigern:
  a. wer mit einer Partei verheiratet ist oder war oder eine faktische Lebensgemeinschaft führt;
  b. wer mit einer Partei gemeinsame Kinder hat;
  c. wer mit einer Partei in gerader Linie oder in der Seitenlinie bis und mit dem dritten Grad verwandt oder verschwägert ist;
  d. die Pflegeeltern, die Pflegekinder und die Pflegegeschwister einer Partei;
  e. die für eine Partei zur Vormundschaft, zur Beiratschaft oder zur Beistandschaft eingesetzte Person.

² Die eingetragene Partnerschaft ist der Ehe gleichgestellt.

³ Die Stiefgeschwister sind den Geschwistern gleichgestellt.

Art. 166   Beschränktes Verweigerungsrecht

¹ Eine dritte Person kann die Mitwirkung verweigern:
  a. zur Feststellung von Tatsachen, die sie oder eine ihr im Sinne von Artikel 165 nahestehende Person der Gefahr strafrechtlicher Verfolgung oder zivilrechtlicher Verantwortlichkeit aussetzen würde;
  b. soweit sie sich wegen Verletzung eines Geheimnisses nach Artikel 321 StGB[35] strafbar machen würde; ausgenommen sind die Revisorinnen und Revisoren; mit Ausnahme der Anwältinnen und Anwälte sowie der Geistlichen haben Dritte jedoch mitzuwirken, wenn sie einer Anzeigepflicht unterliegen oder wenn sie von der Geheimhaltungspflicht entbunden worden sind, es sei denn, sie machen glaubhaft, dass das Geheimhaltungsinteresse das Interesse an der Wahrheitsfindung überwiegt;
  c. zur Feststellung von Tatsachen, die ihr als Beamtin oder Beamter im Sinne von Artikel 110 Ziffer 4 StGB oder als Behördenmitglied in ihrer amtlichen Eigenschaft anvertraut worden sind oder die sie bei Ausübung ihres Amtes wahrgenommen hat; sie hat auszusagen, wenn sie einer Anzeigepflicht unterliegt oder wenn sie von ihrer vorgesetzten Behörde zur Aussage ermächtigt worden ist;
  d. wenn sie als Ombudsperson, Mediatorin oder Mediator über Tatsachen aussagen müsste, die sie im Rahmen der betreffenden Tätigkeit wahrgenommen hat;
  e. über die Identität der Autorin oder des Autors oder über Inhalt und Quellen ihrer Informationen, wenn sie sich beruflich oder als Hilfsperson mit der Veröffentlichung von Informationen im redaktionellen Teil eines periodisch erscheinenden Mediums befasst.

² Die Trägerinnen und Träger anderer gesetzlich geschützter Geheimnisse können die Mitwirkung verweigern, wenn sie glaubhaft machen, dass das Geheimhaltungsinteresse das Interesse an der Wahrheitsfindung überwiegt.

³ Vorbehalten bleiben die besonderen Bestimmungen des Sozialversicherungsrechts über die Datenbekanntgabe.

Art. 167   Unberechtigte Verweigerung

¹ Verweigert die dritte Person die Mitwirkung unberechtigterweise, so kann das Gericht:
  a. eine Ordnungsbusse bis zu 1000 Franken anordnen;

---

[35] SR **311.0**

b. die Strafdrohung nach Artikel 292 StGB[36] aussprechen;
c. die zwangsweise Durchsetzung anordnen;
d. die Prozesskosten auferlegen, die durch die Verweigerung verursacht worden sind.

² Säumnis der dritten Person hat die gleichen Folgen wie deren unberechtigte Verweigerung der Mitwirkung.

³ Die dritte Person kann die gerichtliche Anordnung mit Beschwerde anfechten.

3. Kapitel: Beweismittel
1. Abschnitt: Zulässige Beweismittel

Art. 168

¹ Als Beweismittel sind zulässig:
  a. Zeugnis;
  b. Urkunde;
  c. Augenschein;
  d. Gutachten;
  e. schriftliche Auskunft;
  f. Parteibefragung und Beweisaussage.

² Vorbehalten bleiben die Bestimmungen über Kinderbelange in familienrechtlichen Angelegenheiten.

2. Abschnitt: Zeugnis

Art. 169 Gegenstand

Wer nicht Partei ist, kann über Tatsachen Zeugnis ablegen, die er oder sie unmittelbar wahrgenommen hat.

Art. 170 Vorladung

¹ Zeuginnen und Zeugen werden vom Gericht vorgeladen.

² Das Gericht kann den Parteien gestatten, Zeuginnen oder Zeugen ohne Vorladung mitzubringen.

³ Die Befragung kann am Aufenthaltsort der Zeugin oder des Zeugen erfolgen. Die Parteien sind darüber rechtzeitig zu informieren.

Art. 171 Form der Einvernahme

¹ Die Zeugin oder der Zeuge wird vor der Einvernahme zur Wahrheit ermahnt; nach Vollendung des 14. Altersjahres wird die Zeugin oder der Zeuge zudem auf die strafrechtlichen Folgen des falschen Zeugnisses (Art. 307 StGB[37]) hingewiesen.

² Das Gericht befragt jede Zeugin und jeden Zeugen einzeln und in Abwesenheit der andern; vorbehalten bleibt die Konfrontation.

³ Das Zeugnis ist frei abzulegen; das Gericht kann die Benützung schriftlicher Unterlagen zulassen.

⁴ Das Gericht schliesst Zeuginnen und Zeugen von der übrigen Verhandlung aus, solange sie nicht aus dem Zeugenstand entlassen sind.

---

[36] SR **311.0**
[37] SR **311.0**

Art. 172 Inhalt der Einvernahme

Das Gericht befragt die Zeuginnen und Zeugen über:
  a. ihre Personalien;
  b. ihre persönlichen Beziehungen zu den Parteien sowie über andere Umstände, die für die Glaubwürdigkeit der Aussage von Bedeutung sein können;
  c. ihre Wahrnehmungen zur Sache.

Art. 173 Ergänzungsfragen

Die Parteien können Ergänzungsfragen beantragen oder sie mit Bewilligung des Gerichts selbst stellen.

Art. 174 Konfrontation

Zeuginnen und Zeugen können einander und den Parteien gegenübergestellt werden.

Art. 175 Zeugnis einer sachverständigen Person

Das Gericht kann einer sachverständigen Zeugin oder einem sachverständigen Zeugen auch Fragen zur Würdigung des Sachverhaltes stellen.

Art. 176 Protokoll

[1] Die Aussagen werden in ihrem wesentlichen Inhalt zu Protokoll genommen und von der Zeugin oder dem Zeugen unterzeichnet. Zu Protokoll genommen werden auch abgelehnte Ergänzungsfragen der Parteien, wenn dies eine Partei verlangt.

[2] Die Aussagen können zusätzlich auf Tonband, auf Video oder mit anderen geeigneten technischen Hilfsmitteln aufgezeichnet werden.

3. Abschnitt: Urkunde

Art. 177 Begriff

Als Urkunden gelten Dokumente wie Schriftstücke, Zeichnungen, Pläne, Fotos, Filme, Tonaufzeichnungen, elektronische Dateien und dergleichen, die geeignet sind, rechtserhebliche Tatsachen zu beweisen.

Art. 178 Echtheit

Die Partei, die sich auf eine Urkunde beruft, hat deren Echtheit zu beweisen, sofern die Echtheit von der andern Partei bestritten wird; die Bestreitung muss ausreichend begründet werden.

Art. 179 Beweiskraft öffentlicher Register und Urkunden

Öffentliche Register und öffentliche Urkunden erbringen für die durch sie bezeugten Tatsachen vollen Beweis, solange nicht die Unrichtigkeit ihres Inhalts nachgewiesen ist.

Art. 180 Einreichung

[1] Die Urkunde kann in Kopie eingereicht werden. Das Gericht oder eine Partei kann die Einreichung des Originals oder einer amtlich beglaubigten Kopie verlangen, wenn begründete Zweifel an der Echtheit bestehen.

[2] Bei umfangreichen Urkunden ist die für die Beweisführung erhebliche Stelle zu bezeichnen.

4. Abschnitt: Augenschein

Art. 181 Durchführung

¹ Das Gericht kann zur unmittelbaren Wahrnehmung von Tatsachen oder zum besseren Verständnis des Sachverhaltes auf Antrag einer Partei oder von Amtes wegen einen Augenschein durchführen.

² Es kann Zeuginnen und Zeugen sowie sachverständige Personen zum Augenschein beiziehen.

³ Kann der Gegenstand des Augenscheins ohne Nachteil vor Gericht gebracht werden, ist er einzureichen.

Art. 182 Protokoll

Über den Augenschein ist Protokoll zu führen. Es wird gegebenenfalls mit Plänen, Zeichnungen, fotografischen und andern technischen Mitteln ergänzt.

5. Abschnitt: Gutachten

Art. 183 Grundsätze

¹ Das Gericht kann auf Antrag einer Partei oder von Amtes wegen bei einer oder mehreren sachverständigen Personen ein Gutachten einholen. Es hört vorgängig die Parteien an.

² Für eine sachverständige Person gelten die gleichen Ausstandsgründe wie für die Gerichtspersonen.

³ Eigenes Fachwissen hat das Gericht offen zu legen, damit die Parteien dazu Stellung nehmen können.

Art. 184 Rechte und Pflichten der sachverständigen Person

¹ Die sachverständige Person ist zur Wahrheit verpflichtet und hat ihr Gutachten fristgerecht abzuliefern.

² Das Gericht weist sie auf die Strafbarkeit eines falschen Gutachtens nach Artikel 307 StGB[38] und der Verletzung des Amtsgeheimnisses nach Artikel 320 StGB sowie auf die Folgen von Säumnis und mangelhafter Auftragserfüllung hin.

³ Die sachverständige Person hat Anspruch auf Entschädigung. Der gerichtliche Entscheid über die Entschädigung ist mit Beschwerde anfechtbar.

Art. 185 Auftrag

¹ Das Gericht instruiert die sachverständige Person und stellt ihr die abzuklärenden Fragen schriftlich oder mündlich in der Verhandlung.

² Es gibt den Parteien Gelegenheit, sich zur Fragestellung zu äussern und Änderungs- oder Ergänzungsanträge zu stellen.

³ Es stellt der sachverständigen Person die notwendigen Akten zur Verfügung undbestimmt eine Frist für die Erstattung des Gutachtens.

Art. 186 Abklärungen der sachverständigen Person

¹ Die sachverständige Person kann mit Zustimmung des Gerichts eigene Abklärungen vornehmen. Sie hat sie im Gutachten offenzulegen.

---

[38] SR **311.0**

² Das Gericht kann auf Antrag einer Partei oder von Amtes wegen die Abklärungen nach den Regeln des Beweisverfahrens nochmals vornehmen.

Art. 187 Erstattung des Gutachtens

¹ Das Gericht kann mündliche oder schriftliche Erstattung des Gutachtens anordnen. Es kann überdies anordnen, dass die sachverständige Person ihr schriftliches Gutachten in der Verhandlung erläutert.

² Über ein mündliches Gutachten ist sinngemäss nach Artikel 176 Protokoll zu führen.

³ Sind mehrere sachverständige Personen beauftragt, so erstattet jede von ihnen ein Gutachten, sofern das Gericht nichts anderes anordnet.

⁴ Das Gericht gibt den Parteien Gelegenheit, eine Erläuterung des Gutachtens oder Ergänzungsfragen zu beantragen.

Art. 188 Säumnis und Mängel

¹ Erstattet die sachverständige Person das Gutachten nicht fristgemäss, so kann das Gericht den Auftrag widerrufen und eine andere sachverständige Person beauftragen.

² Das Gericht kann ein unvollständiges, unklares oder nicht gehörig begründetes Gutachten auf Antrag einer Partei oder von Amtes wegen ergänzen und erläutern lassen oder eine andere sachverständige Person beiziehen.

Art. 189 Schiedsgutachten

¹ Die Parteien können vereinbaren, über streitige Tatsachen ein Schiedsgutachten einzuholen.

² Für die Form der Vereinbarung gilt Artikel 17 Absatz 2.

³ Das Schiedsgutachten bindet das Gericht hinsichtlich der darin festgestellten Tatsachen, wenn:
  a. die Parteien über das Rechtsverhältnis frei verfügen können;
  b. gegen die beauftragte Person kein Ausstandsgrund vorlag; und
  c. das Schiedsgutachten ohne Bevorzugung einer Partei erstellt wurde und nicht offensichtlich unrichtig ist.

6. Abschnitt: Schriftliche Auskunft

Art. 190

¹ Das Gericht kann Amtsstellen um schriftliche Auskunft ersuchen.

² Es kann von Privatpersonen schriftliche Auskünfte einholen, wenn eine Zeugenbefragung nicht erforderlich erscheint.

7. Abschnitt: Parteibefragung und Beweisaussage

Art. 191 Parteibefragung

¹ Das Gericht kann eine oder beide Parteien zu den rechtserheblichen Tatsachen befragen.

² Die Parteien werden vor der Befragung zur Wahrheit ermahnt und darauf hingewiesen, dass sie mit einer Ordnungsbusse bis zu 2000 Franken und im Wiederholungsfall bis zu 5000 Franken bestraft werden können, wenn sie mutwillig leugnen.

Art. 192 Beweisaussage

¹ Das Gericht kann eine oder beide Parteien von Amtes wegen zur Beweisaussage unter Strafdrohung verpflichten.

² Die Parteien werden vor der Beweisaussage zur Wahrheit ermahnt und auf die Straffolgen einer Falschaussage hingewiesen (Art. 306 StGB[39]).

Art. 193 Protokoll

Für das Protokoll der Parteibefragung und der Beweisaussage gilt Artikel 176 sinngemäss.

11. Titel: Rechtshilfe zwischen schweizerischen Gerichten

Art. 194 Grundsatz

¹ Die Gerichte sind gegenseitig zur Rechtshilfe verpflichtet.

² Sie verkehren direkt miteinander.

Art. 195 Direkte Prozesshandlungen in einem andern Kanton

Jedes Gericht kann die erforderlichen Prozesshandlungen auch in einem anderen Kanton direkt und selber vornehmen; es kann insbesondere Sitzungen abhalten und Beweis erheben.

Art. 196 Rechtshilfe

¹ Das Gericht kann um Rechtshilfe ersuchen. Das Rechtshilfegesuch kann in der Amtssprache des ersuchenden oder des ersuchten Gerichts abgefasst werden.

² Das ersuchte Gericht informiert das ersuchende Gericht und die Parteien über Ort und Zeit der Prozesshandlung.

³ Das ersuchte Gericht kann für seine Auslagen Ersatz verlangen.

2. Teil: Besondere Bestimmungen
1. Titel: Schlichtungsversuch
1. Kapitel: Geltungsbereich und Schlichtungsbehörde

Art. 197 Grundsatz

Dem Entscheidverfahren geht ein Schlichtungsversuch vor einer Schlichtungsbehörde voraus.

Art. 198 Ausnahmen

Das Schlichtungsverfahren entfällt:
- a. im summarischen Verfahren;
- b. bei Klagen über den Personenstand;
- c. im Scheidungsverfahren;
- d. im Verfahren zur Auflösung der eingetragenen Partnerschaft;
- e. bei folgenden Klagen aus dem SchKG[40]:
    1. Aberkennungsklage (Art. 83 Abs. 2 SchKG),
    2. Feststellungsklage (Art. 85a SchKG),

---

[39] SR **311.0**
[40] SR **281.1**

3. Widerspruchsklage (Art. 106–109 SchKG),
4. Anschlussklage (Art. 111 SchKG),
5. Aussonderungs- und Admassierungsklage (Art. 242 SchKG),
6. Kollokationsklage (Art. 148 und 250 SchKG),
7. Klage auf Feststellung neuen Vermögens (Art. 265a SchKG),
8. Klage auf Rückschaffung von Retentionsgegenständen (Art. 284 SchKG);

f. bei Streitigkeiten, für die nach den Artikeln 5 und 6 dieses Gesetzes eine einzige kantonale Instanz zuständig ist;
g. bei der Hauptintervention, der Widerklage und der Streitverkündungsklage;
h. wenn das Gericht Frist für eine Klage gesetzt hat.

Art. 199 Verzicht auf das Schlichtungsverfahren

¹ Bei vermögensrechtlichen Streitigkeiten mit einem Streitwert von mindestens 100 000 Franken können die Parteien gemeinsam auf die Durchführung des Schlichtungsverfahrens verzichten.

² Die klagende Partei kann einseitig auf das Schlichtungsverfahren verzichten, wenn:

a. die beklagte Partei Sitz oder Wohnsitz im Ausland hat;
b. der Aufenthaltsort der beklagten Partei unbekannt ist;
c. in Streitigkeiten nach dem Gleichstellungsgesetz vom 24. März 1995[41].

Art. 200 Paritätische Schlichtungsbehörden

¹ Bei Streitigkeiten aus Miete und Pacht von Wohn- und Geschäftsräumen besteht die Schlichtungsbehörde aus einer vorsitzenden Person und einer paritätischen Vertretung.

² Bei Streitigkeiten nach dem Gleichstellungsgesetz vom 24. März 1995[42] besteht die Schlichtungsbehörde aus einer vorsitzenden Person und einer paritätischen Vertretung der Arbeitgeber- und Arbeitnehmerseite und des öffentlichen und privaten Bereichs; die Geschlechter müssen paritätisch vertreten sein.

Art. 201 Aufgaben der Schlichtungsbehörde

¹ Die Schlichtungsbehörde versucht in formloser Verhandlung, die Parteien zu versöhnen. Dient es der Beilegung des Streites, so können in einen Vergleich auch ausserhalb des Verfahrens liegende Streitfragen zwischen den Parteien einbezogen werden.

² In den Angelegenheiten nach Artikel 200 ist die Schlichtungsbehörde auch Rechtsberatungsstelle.

2. Kapitel: Schlichtungsverfahren

Art. 202 Einleitung

¹ Das Verfahren wird durch das Schlichtungsgesuch eingeleitet. Dieses kann in den Formen nach Artikel 130 eingereicht oder mündlich bei der Schlichtungsbehörde zu Protokoll gegeben werden.

² Im Schlichtungsgesuch sind die Gegenpartei, das Rechtsbegehren und der Streitgegenstand zu bezeichnen.

³ Die Schlichtungsbehörde stellt der Gegenpartei das Schlichtungsgesuch unverzüglich zu und lädt gleichzeitig die Parteien zur Vermittlung vor.

---

[41] SR **151.1**
[42] SR **151.1**

⁴ In den Angelegenheiten nach Artikel 200 kann sie, soweit ein Urteilsvorschlag nach Artikel 210 oder ein Entscheid nach Artikel 212 in Frage kommt, ausnahmsweise einen Schriftenwechsel durchführen.

Art. 203 Verhandlung

¹ Die Verhandlung hat innert zwei Monaten seit Eingang des Gesuchs oder nach Abschluss des Schriftenwechsels stattzufinden.

² Die Schlichtungsbehörde lässt sich allfällige Urkunden vorlegen und kann einen Augenschein durchführen. Soweit ein Urteilsvorschlag nach Artikel 210 oder ein Entscheid nach Artikel 212 in Frage kommt, kann sie auch die übrigen Beweismittel abnehmen, wenn dies das Verfahren nicht wesentlich verzögert.

³ Die Verhandlung ist nicht öffentlich. In den Angelegenheiten nach Artikel 200 kann die Schlichtungsbehörde die Öffentlichkeit ganz oder teilweise zulassen, wenn ein öffentliches Interesse besteht.

⁴ Mit Zustimmung der Parteien kann die Schlichtungsbehörde weitere Verhandlungen durchführen. Das Verfahren ist spätestens nach zwölf Monaten abzuschliessen.

Art. 204 Persönliches Erscheinen

¹ Die Parteien müssen persönlich zur Schlichtungsverhandlung erscheinen.

² Sie können sich von einer Rechtsbeiständin, einem Rechtsbeistand oder einer Vertrauensperson begleiten lassen.

³ Nicht persönlich erscheinen muss und sich vertreten lassen kann, wer:
 a. ausserkantonalen oder ausländischen Wohnsitz hat;
 b. wegen Krankheit, Alter oder anderen wichtigen Gründen verhindert ist;
 c. in Streitigkeiten nach Artikel 243 als Arbeitgeber beziehungsweise als Versicherer eine angestellte Person oder als Vermieter die Liegenschaftsverwaltung delegiert, sofern diese zum Abschluss eines Vergleichs schriftlich ermächtigt sind.

⁴ Die Gegenpartei ist über die Vertretung vorgängig zu orientieren.

Art. 205 Vertraulichkeit des Verfahrens

¹ Aussagen der Parteien dürfen weder protokolliert noch später im Entscheidverfahren verwendet werden.

² Vorbehalten ist die Verwendung der Aussagen im Falle eines Urteilsvorschlages oder Entscheides der Schlichtungsbehörde.

Art. 206 Säumnis

¹ Bei Säumnis der klagenden Partei gilt das Schlichtungsgesuch als zurückgezogen; das Verfahren wird als gegenstandslos abgeschrieben.

² Bei Säumnis der beklagten Partei verfährt die Schlichtungsbehörde, wie wenn keine Einigung zu Stande gekommen wäre (Art. 209–212).

³ Bei Säumnis beider Parteien wird das Verfahren als gegenstandslos abgeschrieben.

Art. 207 Kosten des Schlichtungsverfahrens

¹ Die Kosten des Schlichtungsverfahrens werden der klagenden Partei auferlegt:
 a. wenn sie das Schlichtungsgesuch zurückzieht;
 b. wenn das Verfahren wegen Säumnis abgeschrieben wird;
 c. bei Erteilung der Klagebewilligung.

² Bei Einreichung der Klage werden die Kosten zur Hauptsache geschlagen.

3. Kapitel: Einigung und Klagebewilligung

Art. 208 Einigung der Parteien

¹ Kommt es zu einer Einigung, so nimmt die Schlichtungsbehörde einen Vergleich, eine Klageanerkennung oder einen vorbehaltlosen Klagerückzug zu Protokoll und lässt die Parteien dieses unterzeichnen. Jede Partei erhält ein Exemplar des Protokolls.

² Ein Vergleich, eine Klageanerkennung oder ein vorbehaltloser Klagerückzug haben die Wirkung eines rechtskräftigen Entscheids.

Art. 209 Klagebewilligung

¹ Kommt es zu keiner Einigung, so hält die Schlichtungsbehörde dies im Protokoll fest und erteilt die Klagebewilligung:
  a. bei der Anfechtung von Miet- und Pachtzinserhöhungen: dem Vermieter oder Verpächter;
  b. in den übrigen Fällen: der klagenden Partei.

² Die Klagebewilligung enthält:
  a. die Namen und Adressen der Parteien und allfälliger Vertretungen;
  b. das Rechtsbegehren der klagenden Partei mit Streitgegenstand und eine allfällige Widerklage;
  c. das Datum der Einleitung des Schlichtungsverfahrens;
  d. die Verfügung über die Kosten des Schlichtungsverfahrens;
  e. das Datum der Klagebewilligung;
  f. die Unterschrift der Schlichtungsbehörde.

³ Nach Eröffnung berechtigt die Klagebewilligung während dreier Monate zur Einreichung der Klage beim Gericht.

⁴ In Streitigkeiten aus Miete und Pacht von Wohn- und Geschäftsräumen sowie aus landwirtschaftlicher Pacht beträgt die Klagefrist 30 Tage. Vorbehalten bleiben weitere besondere gesetzliche und gerichtliche Klagefristen.

4. Kapitel: Urteilsvorschlag und Entscheid

Art. 210 Urteilsvorschlag

¹ Die Schlichtungsbehörde kann den Parteien einen Urteilsvorschlag unterbreiten in:
  a. Streitigkeiten nach dem Gleichstellungsgesetz vom 24. März 1995[43];
  b. Streitigkeiten aus Miete und Pacht von Wohn- und Geschäftsräumen sowie aus landwirtschaftlicher Pacht, sofern die Hinterlegung von Miet- und Pachtzinsen, der Schutz vor missbräuchlichen Miet- und Pachtzinsen, der Kündigungsschutz oder die Erstreckung des Miet- und Pachtverhältnisses betroffen ist;
  c. den übrigen vermögensrechtlichen Streitigkeiten bis zu einem Streitwert von 5000 Franken.

² Der Urteilsvorschlag kann eine kurze Begründung enthalten; im Übrigen gilt Artikel 238 sinngemäss.

Art. 211 Wirkungen

¹ Der Urteilsvorschlag gilt als angenommen und hat die Wirkungen eines rechtskräftigen Entscheids, wenn ihn keine Partei innert 20 Tagen seit der schriftlichen Eröffnung ablehnt. Die Ablehnung bedarf keiner Begründung.

---

[43] SR **151.1**

² Nach Eingang der Ablehnung stellt die Schlichtungsbehörde die Klagebewilligung zu:
   a. in den Angelegenheiten nach Artikel 210 Absatz 1 Buchstabe b: der ablehnenden Partei;
   b. in den übrigen Fällen: der klagenden Partei.

³ Wird die Klage in den Angelegenheiten nach Artikel 210 Absatz 1 Buchstabe b nicht rechtzeitig eingereicht, so gilt der Urteilsvorschlag als anerkannt und er hat die Wirkungen eines rechtskräftigen Entscheides.

⁴ Die Parteien sind im Urteilsvorschlag auf die Wirkungen nach den Absätzen 1–3 hinzuweisen.

Art. 212 Entscheid

¹ Vermögensrechtliche Streitigkeiten bis zu einem Streitwert von 2000 Franken kann die Schlichtungsbehörde entscheiden, sofern die klagende Partei einen entsprechenden Antrag stellt.

² Das Verfahren ist mündlich.

2. Titel: Mediation

Art. 213 Mediation statt Schlichtungsverfahren

¹ Auf Antrag sämtlicher Parteien tritt eine Mediation an die Stelle des Schlichtungsverfahrens.

² Der Antrag ist im Schlichtungsgesuch oder an der Schlichtungsverhandlung zu stellen.

³ Teilt eine Partei der Schlichtungsbehörde das Scheitern der Mediation mit, so wird die Klagebewilligung ausgestellt.

Art. 214 Mediation im Entscheidverfahren

¹ Das Gericht kann den Parteien jederzeit eine Mediation empfehlen.

² Die Parteien können dem Gericht jederzeit gemeinsam eine Mediation beantragen.

³ Das gerichtliche Verfahren bleibt bis zum Widerruf des Antrages durch eine Partei oder bis zur Mitteilung der Beendigung der Mediation sistiert.

Art. 215 Organisation und Durchführung der Mediation

Organisation und Durchführung der Mediation ist Sache der Parteien.

Art. 216 Verhältnis zum gerichtlichen Verfahren

¹ Die Mediation ist von der Schlichtungsbehörde und vom Gericht unabhängig und vertraulich.

² Die Aussagen der Parteien dürfen im gerichtlichen Verfahren nicht verwendet werden.

Art. 217 Genehmigung einer Vereinbarung

Die Parteien können gemeinsam die Genehmigung der in der Mediation erzielten Vereinbarung beantragen. Die genehmigte Vereinbarung hat die Wirkung eines rechtskräftigen Entscheids.

Art. 218 Kosten der Mediation

¹ Die Parteien tragen die Kosten der Mediation.

² In kindesrechtlichen Angelegenheiten nicht vermögensrechtlicher Art haben die Parteien Anspruch auf eine unentgeltliche Mediation, wenn:
   a. ihnen die erforderlichen Mittel fehlen; und
   b. das Gericht die Durchführung einer Mediation empfiehlt.

³ Das kantonale Recht kann weitere Kostenerleichterungen vorsehen.

3. Titel: Ordentliches Verfahren
1. Kapitel: Geltungsbereich

Art. 219

Die Bestimmungen dieses Titels gelten für das ordentliche Verfahren sowie sinngemäss für sämtliche anderen Verfahren, soweit das Gesetz nichts anderes bestimmt.

2. Kapitel: Schriftenwechsel und Vorbereitung der Hauptverhandlung

Art. 220 Einleitung

Das ordentliche Verfahren wird mit Einreichung der Klage eingeleitet.

Art. 221 Klage

¹ Die Klage enthält:
  a. die Bezeichnung der Parteien und allfälliger Vertreterinnen und Vertreter;
  b. das Rechtsbegehren;
  c. die Angabe des Streitwerts;
  d. die Tatsachenbehauptungen;
  e. die Bezeichnung der einzelnen Beweismittel zu den behaupteten Tatsachen;
  f. das Datum und die Unterschrift.

² Mit der Klage sind folgende Beilagen einzureichen:
  a. eine Vollmacht bei Vertretung;
  b. gegebenenfalls die Klagebewilligung oder die Erklärung, dass auf das Schlichtungsverfahren verzichtet werde;
  c. die verfügbaren Urkunden, welche als Beweismittel dienen sollen;
  d. ein Verzeichnis der Beweismittel.

³ Die Klage kann eine rechtliche Begründung enthalten.

Art. 222 Klageantwort

¹ Das Gericht stellt die Klage der beklagten Partei zu und setzt ihr gleichzeitig eine Frist zur schriftlichen Klageantwort.

² Für die Klageantwort gilt Artikel 221 sinngemäss. Die beklagte Partei hat darzulegen, welche Tatsachenbehauptungen der klagenden Partei im Einzelnen anerkannt oder bestritten werden.

³ Das Gericht kann die beklagte Partei auffordern, die Klageantwort auf einzelne Fragen oder einzelne Rechtsbegehren zu beschränken (Art. 125).

⁴ Es stellt die Klageantwort der klagenden Partei zu.

Art. 223 Versäumte Klageantwort

¹ Bei versäumter Klageantwort setzt das Gericht der beklagten Partei eine kurze Nachfrist.

² Nach unbenutzter Frist trifft das Gericht einen Endentscheid, sofern die Angelegenheit spruchreif ist. Andernfalls lädt es zur Hauptverhandlung vor.

Art. 224 Widerklage

¹ Die beklagte Partei kann in der Klageantwort Widerklage erheben, wenn der geltend gemachte Anspruch nach der gleichen Verfahrensart wie die Hauptklage zu beurteilen ist.

² Übersteigt der Streitwert der Widerklage die sachliche Zuständigkeit des Gerichts, so hat dieses beide Klagen dem Gericht mit der höheren sachlichen Zuständigkeit zu überweisen.

³ Wird Widerklage erhoben, so setzt das Gericht der klagenden Partei eine Frist zur schriftlichen Antwort. Widerklage auf Widerklage ist unzulässig.

Art. 225 Zweiter Schriftenwechsel

Erfordern es die Verhältnisse, so kann das Gericht einen zweiten Schriftenwechsel anordnen.

Art. 226 Instruktionsverhandlung

¹ Das Gericht kann jederzeit Instruktionsverhandlungen durchführen.

² Die Instruktionsverhandlung dient der freien Erörterung des Streitgegenstandes, der Ergänzung des Sachverhaltes, dem Versuch einer Einigung und der Vorbereitung der Hauptverhandlung.

³ Das Gericht kann Beweise abnehmen.

Art. 227 Klageänderung

¹ Eine Klageänderung ist zulässig, wenn der geänderte oder neue Anspruch nach der gleichen Verfahrensart zu beurteilen ist und:

    a. mit dem bisherigen Anspruch in einem sachlichen Zusammenhang steht; oder
    b. die Gegenpartei zustimmt.

² Übersteigt der Streitwert der geänderten Klage die sachliche Zuständigkeit des Gerichts, so hat dieses den Prozess an das Gericht mit der höheren sachlichen Zuständigkeit zu überweisen.

³ Eine Beschränkung der Klage ist jederzeit zulässig; das angerufene Gericht bleibt zuständig.

3. Kapitel: Hauptverhandlung

Art. 228 Erste Parteivorträge

¹ Nach der Eröffnung der Hauptverhandlung stellen die Parteien ihre Anträge und begründen sie.

² Das Gericht gibt ihnen Gelegenheit zu Replik und Duplik.

Art. 229 Neue Tatsachen und Beweismittel

¹ In der Hauptverhandlung werden neue Tatsachen und Beweismittel nur noch berücksichtigt, wenn sie ohne Verzug vorgebracht werden und:

    a. erst nach Abschluss des Schriftenwechsels oder nach der letzten Instruktionsverhandlung entstanden oder gefunden worden sind (echte Noven); oder
    b. bereits vor Abschluss des Schriftenwechsels oder vor der letzten Instruktionsverhandlung vorhanden waren, aber trotz zumutbarer Sorgfalt nicht vorher vorgebracht werden konnten (unechte Noven).

² Hat weder ein zweiter Schriftenwechsel noch eine Instruktionsverhandlung stattgefunden, so können neue Tatsachen und Beweismittel zu Beginn der Hauptverhandlung unbeschränkt vorgebracht werden.

³ Hat das Gericht den Sachverhalt von Amtes wegen abzuklären, so berücksichtigt es neue Tatsachen und Beweismittel bis zur Urteilsberatung.

Art. 230 Klageänderung

¹ Eine Klageänderung ist in der Hauptverhandlung nur noch zulässig, wenn:

    a. die Voraussetzungen nach Artikel 227 Absatz 1 gegeben sind; und

b. sie zudem auf neuen Tatsachen und Beweismitteln beruht.

² Artikel 227 Absätze 2 und 3 ist anwendbar.

Art. 231 Beweisabnahme

Nach den Parteivorträgen nimmt das Gericht die Beweise ab.

Art. 232 Schlussvorträge

¹ Nach Abschluss der Beweisabnahme können die Parteien zum Beweisergebnis und zur Sache Stellung nehmen. Die klagende Partei plädiert zuerst. Das Gericht gibt Gelegenheit zu einem zweiten Vortrag.

² Die Parteien können gemeinsam auf die mündlichen Schlussvorträge verzichten und beantragen, schriftliche Parteivorträge einzureichen. Das Gericht setzt ihnen dazu eine Frist.

Art. 233 Verzicht auf die Hauptverhandlung

Die Parteien können gemeinsam auf die Durchführung der Hauptverhandlung verzichten.

Art. 234 Säumnis an der Hauptverhandlung

¹ Bei Säumnis einer Partei berücksichtigt das Gericht die Eingaben, die nach Massgabe dieses Gesetzes eingereicht worden sind. Im Übrigen kann es seinem Entscheid unter Vorbehalt von Artikel 153 die Akten sowie die Vorbringen der anwesenden Partei zu Grunde legen.

² Bei Säumnis beider Parteien wird das Verfahren als gegenstandslos abgeschrieben. Die Gerichtskosten werden den Parteien je zur Hälfte auferlegt.

4. Kapitel: Protokoll

Art. 235

¹ Das Gericht führt über jede Verhandlung Protokoll. Dieses enthält insbesondere:
   a. den Ort und die Zeit der Verhandlung;
   b. die Zusammensetzung des Gerichts;
   c. die Anwesenheit der Parteien und ihrer Vertretungen;
   d. die Rechtsbegehren, Anträge und Prozesserklärungen der Parteien;
   e. die Verfügungen des Gerichts;
   f. die Unterschrift der protokollführenden Person.

² Ausführungen tatsächlicher Natur sind dem wesentlichen Inhalt nach zu protokollieren, soweit sie nicht in den Schriftsätzen der Parteien enthalten sind. Sie können zusätzlich auf Tonband, auf Video oder mit anderen geeigneten technischen Hilfsmitteln aufgezeichnet werden.

³ Über Gesuche um Protokollberichtigung entscheidet das Gericht.

5. Kapitel: Entscheid

Art. 236 Endentscheid

¹ Ist das Verfahren spruchreif, so wird es durch Sach- oder Nichteintretensentscheid beendet.

² Das Gericht urteilt durch Mehrheitsentscheid.

³ Auf Antrag der obsiegenden Partei ordnet es Vollstreckungsmassnahmen an.

Art. 237 Zwischenentscheid

¹ Das Gericht kann einen Zwischenentscheid treffen, wenn durch abweichende oberinstanzliche Beurteilung sofort ein Endentscheid herbeigeführt und so ein bedeutender Zeit- oder Kostenaufwand gespart werden kann.

² Der Zwischenentscheid ist selbstständig anzufechten; eine spätere Anfechtung zusammen mit dem Endentscheid ist ausgeschlossen.

Art. 238 Inhalt

Ein Entscheid enthält:

    a. die Bezeichnung und die Zusammensetzung des Gerichts;
    b. den Ort und das Datum des Entscheids;
    c. die Bezeichnung der Parteien und ihrer Vertretung;
    d. das Dispositiv (Urteilsformel);
    e. die Angabe der Personen und Behörden, denen der Entscheid mitzuteilen ist;
    f. eine Rechtsmittelbelehrung, sofern die Parteien auf die Rechtsmittel nicht verzichtet haben;
    g. gegebenenfalls die Entscheidgründe;
    h. die Unterschrift des Gerichts.

Art. 239 Eröffnung und Begründung

¹ Das Gericht kann seinen Entscheid ohne schriftliche Begründung eröffnen:

    a. in der Hauptverhandlung durch Übergabe des schriftlichen Dispositivs an die Parteien mit kurzer mündlicher Begründung;
    b. durch Zustellung des Dispositivs an die Parteien.

² Eine schriftliche Begründung ist nachzuliefern, wenn eine Partei dies innert 10 Tagen seit der Eröffnung des Entscheides verlangt. Wird keine Begründung verlangt, so gilt dies als Verzicht auf die Anfechtung des Entscheides mit Berufung oder Beschwerde.

³ Vorbehalten bleiben die Bestimmungen des Bundesgerichtsgesetzes vom 17. Juni 2005[44] über die Eröffnung von Entscheiden, die an das Bundesgericht weitergezogen werden können.

Art. 240 Mitteilung und Veröffentlichung des Entscheides

Sieht das Gesetz es vor oder dient es der Vollstreckung, so wird der Entscheid Behörden und betroffenen Dritten mitgeteilt oder veröffentlicht.

6. Kapitel: Beendigung des Verfahrens ohne Entscheid

Art. 241 Vergleich, Klageanerkennung, Klagerückzug

¹ Wird ein Vergleich, eine Klageanerkennung oder ein Klagerückzug dem Gericht zu Protokoll gegeben, so haben die Parteien das Protokoll zu unterzeichnen.

² Ein Vergleich, eine Klageanerkennung oder ein Klagerückzug hat die Wirkung eines rechtskräftigen Entscheides.

³ Das Gericht schreibt das Verfahren ab.

Art. 242 Gegenstandslosigkeit aus anderen Gründen

Endet das Verfahren aus anderen Gründen ohne Entscheid, so wird es abgeschrieben.

---

[44] SR **173.110**

4. Titel: Vereinfachtes Verfahren

Art. 243 Geltungsbereich

¹ Das vereinfachte Verfahren gilt für vermögensrechtliche Streitigkeiten bis zu einem Streitwert von 30 000 Franken.

² Es gilt ohne Rücksicht auf den Streitwert für Streitigkeiten:
   a. nach dem Gleichstellungsgesetz vom 24. März 1995[45];
   b. wegen Gewalt, Drohung oder Nachstellungen nach Artikel 28*b* ZGB[46];
   c. aus Miete und Pacht von Wohn- und Geschäftsräumen sowie aus landwirtschaftlicher Pacht, sofern die Hinterlegung von Miet- und Pachtzinsen, der Schutz vor missbräuchlichen Miet- und Pachtzinsen, der Kündigungsschutz oder die Erstreckung des Miet- oder Pachtverhältnisses betroffen ist;
   d. zur Durchsetzung des Auskunftsrechts nach dem Bundesgesetz vom 19. Juni 1992[47] über den Datenschutz;
   e. nach dem Mitwirkungsgesetz vom 17. Dezember 1993[48];
   f. aus Zusatzversicherungen zur sozialen Krankenversicherung nach dem Bundesgesetz vom 18. März 1994[49] über die Krankenversicherung.

³ Es findet keine Anwendung in Streitigkeiten vor der einzigen kantonalen Instanz nach den Artikeln 5 und 8 und vor dem Handelsgericht nach Artikel 6.

Art. 244 Vereinfachte Klage

¹ Die Klage kann in den Formen nach Artikel 130 eingereicht oder mündlich bei Gericht zu Protokoll gegeben werden. Sie enthält:
   a. die Bezeichnung der Parteien;
   b. das Rechtsbegehren;
   c. die Bezeichnung des Streitgegenstandes;
   d. wenn nötig die Angabe des Streitwertes;
   e. das Datum und die Unterschrift.

² Eine Begründung der Klage ist nicht erforderlich.

³ Als Beilagen sind einzureichen:
   a. eine Vollmacht bei Vertretung;
   b. die Klagebewilligung oder die Erklärung, dass auf das Schlichtungsverfahren verzichtet werde;
   c. die verfügbaren Urkunden, welche als Beweismittel dienen sollen.

Art. 245 Vorladung zur Verhandlung und Stellungnahme

¹ Enthält die Klage keine Begründung, so stellt das Gericht sie der beklagten Partei zu und lädt die Parteien zugleich zur Verhandlung vor.

² Enthält die Klage eine Begründung, so setzt das Gericht der beklagten Partei zunächst eine Frist zur schriftlichen Stellungnahme.

---

[45] SR **151.1**
[46] SR **210**
[47] SR **235.1**
[48] SR **822.14**
[49] SR **832.10**

Art. 246 Prozessleitende Verfügungen

¹ Das Gericht trifft die notwendigen Verfügungen, damit die Streitsache möglichst am ersten Termin erledigt werden kann.

² Erfordern es die Verhältnisse, so kann das Gericht einen Schriftenwechsel anordnen und Instruktionsverhandlungen durchführen.

Art. 247 Feststellung des Sachverhaltes

¹ Das Gericht wirkt durch entsprechende Fragen darauf hin, dass die Parteien ungenügende Angaben zum Sachverhalt ergänzen und die Beweismittel bezeichnen.

² Das Gericht stellt den Sachverhalt von Amtes wegen fest:
  a. in den Angelegenheiten nach Artikel 243 Absatz 2;
  b. bis zu einem Streitwert von 30 000 Franken:
     1. in den übrigen Streitigkeiten aus Miete und Pacht von Wohn- und Geschäftsräumen sowie aus landwirtschaftlicher Pacht;
     2. in den übrigen arbeitsrechtlichen Streitigkeiten.

5. Titel: Summarisches Verfahren
1. Kapitel: Geltungsbereich

Art. 248 Grundsatz

Das summarische Verfahren ist anwendbar:
  a. in den vom Gesetz bestimmten Fällen;
  b. für den Rechtsschutz in klaren Fällen;
  c. für das gerichtliche Verbot;
  d. für die vorsorglichen Massnahmen;
  e. für die Angelegenheiten der freiwilligen Gerichtsbarkeit.

Art. 249 Zivilgesetzbuch[50]

Das summarische Verfahren gilt insbesondere für folgende Angelegenheiten:
  a. Personenrecht:
     1. Anspruch auf Gegendarstellung (Art. 28*l* ZGB),
     2. Verschollenerklärung (Art. 35–38 ZGB),
     3. Bereinigung einer Eintragung im Zivilstandsregister (Art. 42 ZGB);
  b. Familienrecht: Fristansetzung zur Genehmigung von Rechtsgeschäften eines Unmündigen oder Entmündigten (Art. 410 ZGB);
  c. Erbrecht:
     1. Entgegennahme eines mündlichen Testamentes (Art. 507 ZGB),
     2. Sicherstellung bei Beerbung einer verschollenen Person (Art. 546 ZGB),
     3. Verschiebung der Erbteilung und Sicherung der Ansprüche der Miterbinnen und Miterben gegenüber zahlungsunfähigen Erben (Art. 604 Abs. 2 und 3 ZGB);
  d. Sachenrecht:
     1. Massnahmen zur Erhaltung des Wertes und der Gebrauchsfähigkeit der Sache bei Miteigentum (Art. 647 Abs. 2 Ziff. 1 ZGB),

---

[50] SR **210**

2. Eintragung dinglicher Rechte an Grundstücken bei ausserordentlicher Ersitzung (Art. 662 ZGB),
   3. Aufhebung der Einsprache gegen die Verfügungen über ein Stockwerk (Art. 712c Abs. 3 ZGB),
   4. Ernennung und Abberufung des Verwalters bei Stockwerkeigentum (Art. 712q und 712r ZGB),
   5. vorläufige Eintragung gesetzlicher Grundpfandrechte (Art. 712i, 779d, 779k und 837–839 ZGB),
   6. Fristansetzung zur Sicherstellung bei Nutzniessung und Entzug des Besitzes (Art. 760 und 762 ZGB),
   7. Anordnung der Schuldenliquidation des Nutzniessungsvermögens (Art. 766 ZGB),
   8. Massnahmen zu Gunsten des Pfandgläubigers zur Sicherung des Grundpfands (Art. 808 Abs. 1 und 2 sowie Art. 809–811 ZGB),
   9. Anordnung über die Stellvertretung bei Schuldbrief (Art. 860 Abs. 3 ZGB),
   10. Kraftloserklärung von Schuldbrief (Art. 870 und 871 ZGB),
   11. Vormerkung von Verfügungsbeschränkungen und vorläufigen Eintragungen im Streitfall (Art. 960 Abs. 1 Ziff. 1, 961 Abs. 1 Ziff. 1 und 966 Abs. 2 ZGB).

Art. 250 Obligationenrecht[51]

Das summarische Verfahren gilt insbesondere für folgende Angelegenheiten:

a. Allgemeiner Teil:
   1. gerichtliche Hinterlegung einer erloschenen Vollmacht (Art. 36 Abs. 1 OR),
   2. Ansetzung einer angemessenen Frist zur Sicherstellung (Art. 83 Abs. 2 OR),
   3. Hinterlegung und Verkauf der geschuldeten Sache bei Gläubigerverzug (Art. 92 Abs. 2 und 93 Abs. 2 OR),
   4. Ermächtigung zur Ersatzvornahme (Art. 98 OR),
   5. Ansetzung einer Frist zur Vertragserfüllung (Art. 107 Abs. 2 OR),
   6. Hinterlegung eines streitigen Betrages (Art. 168 Abs. 1 OR);
b. Einzelne Vertragsverhältnisse:
   1. Bezeichnung einer sachverständigen Person zur Nachprüfung des Geschäftsergebnisses oder der Provisionsabrechnung (Art. 322a Abs. 2 und 322c Abs. 2 OR),
   2. Ansetzung einer Frist zur Sicherheitsleistung bei Lohngefährdung (Art. 337a OR),
   3. Ansetzung einer Frist bei vertragswidriger Ausführung eines Werkes (Art. 366 Abs. 2 OR),
   4. Bezeichnung einer sachverständigen Person zur Prüfung eines Werkes (Art. 367 OR),
   5. Ansetzung einer Frist zur Herstellung der neuen Auflage eines literarischen oder künstlerischen Werkes (Art. 383 Abs. 3 OR),
   6. Herausgabe der beim Sequester hinterlegten Sache (Art. 480 OR),
   7. Beurteilung der Pfanddeckung bei Solidarbürgschaft (Art. 496 Abs. 2 OR),
   8. Einstellung der Betreibung gegen den Bürgen bei Leistung von Realsicherheit (Art. 501 Abs. 2 OR),
   9. Sicherstellung durch den Hauptschuldner und Befreiung von der Bürgschaft (Art. 506 OR);
c. Gesellschaftsrecht:
   1. vorläufiger Entzug der Vertretungsbefugnis (Art. 565 Abs. 2, 603 und 767 Abs. 1 OR),
   2. Bezeichnung der gemeinsamen Vertretung (Art. 690 Abs. 1, 764 Abs. 2, 792 Ziff. 1 und 847 Abs. 4 OR),
   3. Bestimmung, Abberufung und Ersetzung von Liquidatoren (Art. 583 Abs. 2, 619, 740, 741, 770, 826 Abs. 2 und 913 OR),

---

[51] SR **220**

4. Verkauf zu einem Gesamtübernahmepreis und Art der Veräusserung von Grundstücken (Art. 585 Abs. 3 und 619 OR),
5. Bezeichnung der sachverständigen Person zur Prüfung der Gewinn- und Verlustrechnung und der Bilanz der Kommanditgesellschaft (Art. 600 Abs. 3 OR),
6. Ansetzung einer Frist bei ungenügender Anzahl von Mitgliedern oder bei Fehlen von notwendigen Organen (Art. 731*b*, 819 und 908 OR),
7. Anordnung der Auskunftserteilung an Aktionäre und Gläubiger einer Aktiengesellschaft, an Mitglieder einer Gesellschaft mit beschränkter Haftung und an Genossenschafter (Art. 697 Abs. 4, 697*h* Abs. 2, 802 Abs. 4 und 857 Abs. 3 OR),
8. Sonderprüfung bei der Aktiengesellschaft (Art. 697*a*–697*g* OR),
9. Einberufung der Generalversammlung einer Aktiengesellschaft oder einer Genossenschaft, Traktandierung eines Verhandlungsgegenstandes und Einberufung der Gesellschafterversammlung einer Gesellschaft mit beschränkter Haftung (Art. 699 Abs. 4, 805 Abs. 5 Ziff. 2 und 881 Abs. 3 OR),
10. Bezeichnung einer Vertretung der Gesellschaft oder der Genossenschaft bei Anfechtung von Generalversammlungsbeschlüssen durch die Verwaltung (Art. 706*a* Abs. 2, 808*c* und 891 Abs. 1 OR),
11. Ernennung und Abberufung der Revisionsstelle (Art. 731*b* OR),
12. Hinterlegung von Forderungsbeiträgen bei der Liquidation (Art. 744, 770, 826 Abs. 2 und 913 OR);
13. Abberufung der Verwaltung und Kontrollstelle der Genossenschaft (Art. 890 Abs. 2 OR);
d. Wertpapierrecht
1. Kraftloserklärung von Wertpapieren (Art. 981 OR),
2. Verbot der Bezahlung eines Wechsels und Hinterlegung des Wechselbetrages (Art. 1072 OR),
3. Erlöschen einer Vollmacht, welche die Gläubigerversammlung bei Anleihensobligationen einer Vertretung erteilt hat (Art. 1162 Abs. 4 OR),
4. Einberufung einer Gläubigerversammlung auf Gesuch der Anleihensgläubiger (Art. 1165 Abs. 3 und 4 OR).

Art. 251 Bundesgesetz vom 11. April 1889[52] über Schuldbetreibung und Konkurs

Das summarische Verfahren gilt insbesondere für folgende Angelegenheiten:
a. Entscheide, die vom Rechtsöffnungs-, Konkurs-, Arrest- und Nachlassgericht getroffen werden;
b. Bewilligung des nachträglichen Rechtsvorschlages (Art. 77 Abs. 3 SchKG) und des Rechtsvorschlages in der Wechselbetreibung (Art. 181 SchKG);
c. Aufhebung oder Einstellung der Betreibung (Art. 85 SchKG);
d. Entscheid über das Vorliegen neuen Vermögens (Art. 265*a* Abs. 1–3 SchKG);
e. Anordnung der Gütertrennung (Art. 68*b* SchKG).

2. Kapitel: Verfahren und Entscheid

Art. 252 Gesuch

[1] Das Verfahren wird durch ein Gesuch eingeleitet.

[2] Das Gesuch ist in den Formen nach Artikel 130 zu stellen; in einfachen oder dringenden Fällen kann es mündlich beim Gericht zu Protokoll gegeben werden.

---

[52] SR **281.1**

Art. 253 Stellungnahme

Erscheint das Gesuch nicht offensichtlich unzulässig oder offensichtlich unbegründet, so gibt das Gericht der Gegenpartei Gelegenheit, mündlich oder schriftlich Stellung zu nehmen.

Art. 254 Beweismittel

[1] Beweis ist durch Urkunden zu erbringen.

[2] Andere Beweismittel sind nur zulässig, wenn:
   a. sie das Verfahren nicht wesentlich verzögern;
   b. es der Verfahrenszweck erfordert; oder
   c. das Gericht den Sachverhalt von Amtes wegen festzustellen hat.

Art. 255 Untersuchungsgrundsatz

Das Gericht stellt den Sachverhalt von Amtes wegen fest:
   a. wenn es als Konkurs- oder Nachlassgericht zu entscheiden hat;
   b. bei Anordnungen der freiwilligen Gerichtsbarkeit.

Art. 256 Entscheid

[1] Das Gericht kann auf die Durchführung einer Verhandlung verzichten und aufgrund der Akten entscheiden, sofern das Gesetz nichts anderes bestimmt.

[2] Erweist sich eine Anordnung der freiwilligen Gerichtsbarkeit im Nachhinein als unrichtig, so kann sie von Amtes wegen oder auf Antrag aufgehoben oder abgeändert werden, es sei denn, das Gesetz oder die Rechtssicherheit ständen entgegen.

3. Kapitel: Rechtsschutz in klaren Fällen

Art. 257

[1] Das Gericht gewährt Rechtsschutz im summarischen Verfahren, wenn:
   a. der Sachverhalt unbestritten oder sofort beweisbar ist; und
   b. die Rechtslage klar ist.

[2] Ausgeschlossen ist dieser Rechtsschutz, wenn die Angelegenheit dem Offizialgrundsatz unterliegt.

[3] Kann dieser Rechtsschutz nicht gewährt werden, so tritt das Gericht auf das Gesuch nicht ein.

4. Kapitel: Gerichtliches Verbot

Art. 258 Grundsatz

[1] Wer an einem Grundstück dinglich berechtigt ist, kann beim Gericht beantragen, dass jede Besitzesstörung zu unterlassen ist und eine Widerhandlung auf Antrag mit einer Busse bis zu 2000 Franken bestraft wird. Das Verbot kann befristet oder unbefristet sein.

[2] Die gesuchstellende Person hat ihr dingliches Recht mit Urkunden zu beweisen und eine bestehende oder drohende Störung glaubhaft zu machen.

Art. 259 Bekanntmachung

Das Verbot ist öffentlich bekannt zu machen und auf dem Grundstück an gut sichtbarer Stelle anzubringen.

Art. 260 Einsprache

¹ Wer das Verbot nicht anerkennen will, hat innert 30 Tagen seit dessen Bekanntmachung und Anbringung auf dem Grundstück beim Gericht Einsprache zu erheben. Die Einsprache bedarf keiner Begründung.

² Die Einsprache macht das Verbot gegenüber der einsprechenden Person unwirksam. Zur Durchsetzung des Verbotes ist beim Gericht Klage einzureichen.

5. Kapitel: Vorsorgliche Massnahmen und Schutzschrift
1. Abschnitt: Vorsorgliche Massnahmen

Art. 261 Grundsatz

¹ Das Gericht trifft die notwendigen vorsorglichen Massnahmen, wenn die gesuchstellende Partei glaubhaft macht, dass:
  a. ein ihr zustehender Anspruch verletzt ist oder eine Verletzung zu befürchten ist; und
  b. ihr aus der Verletzung ein nicht leicht wieder gutzumachender Nachteil droht.

² Leistet die Gegenpartei angemessene Sicherheit, so kann das Gericht von vorsorglichen Massnahmen absehen.

Art. 262 Inhalt

Eine vorsorgliche Massnahme kann jede gerichtliche Anordnung sein, die geeignet ist, den drohenden Nachteil abzuwenden, insbesondere:
  a. ein Verbot;
  b. eine Anordnung zur Beseitigung eines rechtswidrigen Zustands;
  c. eine Anweisung an eine Registerbehörde oder eine dritte Person;
  d. eine Sachleistung;
  e. die Leistung einer Geldzahlung in den vom Gesetz bestimmten Fällen.

Art. 263 Massnahmen vor Rechtshängigkeit

Ist die Klage in der Hauptsache noch nicht rechtshängig, so setzt das Gericht der gesuchstellenden Partei eine Frist zur Einreichung der Klage, mit der Androhung, die angeordnete Massnahme falle bei ungenutztem Ablauf der Frist ohne Weiteres dahin.

Art. 264 Sicherheitsleistung und Schadenersatz

¹ Ist ein Schaden für die Gegenpartei zu befürchten, so kann das Gericht die Anordnung vorsorglicher Massnahmen von der Leistung einer Sicherheit durch die gesuchstellende Partei abhängig machen.

² Die gesuchstellende Partei haftet für den aus einer ungerechtfertigten vorsorglichen Massnahme erwachsenen Schaden. Beweist sie jedoch, dass sie ihr Gesuch in guten Treuen gestellt hat, so kann das Gericht die Ersatzpflicht herabsetzen oder gänzlich von ihr entbinden.

³ Eine geleistete Sicherheit ist freizugeben, wenn feststeht, dass keine Schadenersatzklage erhoben wird; bei Ungewissheit setzt das Gericht eine Frist zur Klage.

Art. 265 Superprovisorische Massnahmen

¹ Bei besonderer Dringlichkeit, insbesondere bei Vereitelungsgefahr, kann das Gericht die vorsorgliche Massnahme sofort und ohne Anhörung der Gegenpartei anordnen.

² Mit der Anordnung lädt das Gericht die Parteien zu einer Verhandlung vor, die unverzüglich stattzufinden hat, oder setzt der Gegenpartei eine Frist zur schriftlichen Stellungnahme. Nach Anhörung der Gegenpartei entscheidet das Gericht unverzüglich über das Gesuch.

³ Das Gericht kann die gesuchstellende Partei von Amtes wegen zu einer vorgängigen Sicherheitsleistung verpflichten.

Art. 266 Massnahmen gegen Medien

Gegen periodisch erscheinende Medien darf das Gericht eine vorsorgliche Massnahme nur anordnen, wenn:

a. die drohende Rechtsverletzung der gesuchstellenden Partei einen besonders schweren Nachteil verursachen kann;
b. offensichtlich kein Rechtfertigungsgrund vorliegt; und
c. die Massnahme nicht unverhältnismässig erscheint.

Art. 267 Vollstreckung

Das Gericht, das die vorsorgliche Massnahme anordnet, trifft auch die erforderlichen Vollstreckungsmassnahmen.

Art. 268 Änderung und Aufhebung

¹ Haben sich die Umstände geändert oder erweisen sich vorsorgliche Massnahmen nachträglich als ungerechtfertigt, so können sie geändert oder aufgehoben werden.

² Mit Rechtskraft des Entscheides in der Hauptsache fallen die Massnahmen von Gesetzes wegen dahin. Das Gericht kann die Weitergeltung anordnen, wenn es der Vollstreckung dient oder das Gesetz dies vorsieht.

Art. 269 Vorbehalt

Vorbehalten bleiben die Bestimmungen:

a. des SchKG[53] über sichernde Massnahmen bei der Vollstreckung von Geldforderungen;
b. des ZGB[54] über die erbrechtlichen Sicherungsmassregeln;
c. des Patentgesetzes vom 25. Juni 1954[55] über die Klage auf Lizenzerteilung.

2. Abschnitt: Schutzschrift

Art. 270[56]

¹ Wer Grund zur Annahme hat, dass gegen ihn ohne vorgängige Anhörung die Anordnung einer superprovisorischen Massnahme, eines Arrests nach den Artikeln 271–281 SchKG[57], einer Vollstreckbarerklärung nach den Artikeln 31–45 des Übereinkommens vom 16. September 1988[58] über die gerichtliche Zuständigkeit und die Vollstreckung gerichtlicher Entscheidungen in Zivil- und Handelssachen oder einer anderen Massnahme beantragt wird, kann seinen Standpunkt vorsorglich in einer Schutzschrift darlegen.

---

[53] SR **281.1**
[54] SR **210**
[55] SR **232.14**
[56] Vorgesehene Änderung gemäss Entwurf Bundesbeschluss in Anhang II.
[57] SR **281.1**
[58] SR **0.275.11**

² Die Schutzschrift wird der Gegenpartei nur mitgeteilt, wenn diese das entsprechende Verfahren einleitet.

³ Die Schutzschrift ist 6 Monate nach Einreichung nicht mehr zu beachten.

6. Titel: Besondere eherechtliche Verfahren
1. Kapitel: Angelegenheiten des summarischen Verfahrens

Art. 271 Geltungsbereich

Das summarische Verfahren ist unter Vorbehalt der Artikel 272 und 273 anwendbar für Massnahmen zum Schutz der ehelichen Gemeinschaft, insbesondere für:

  a. die Massnahmen nach den Artikeln 172–179 ZGB[59];
  b. die Ausdehnung der Vertretungsbefugnis eines Ehegatten für die eheliche Gemeinschaft (Art. 166 Abs. 2 Ziff. 1 ZGB);
  c. die Ermächtigung eines Ehegatten zur Verfügung über die Wohnung der Familie (Art. 169 Abs. 2 ZGB);
  d. die Auskunftspflicht der Ehegatten über Einkommen, Vermögen und Schulden (Art. 170 Abs. 2 ZGB);
  e. die Anordnung der Gütertrennung und Wiederherstellung des früheren Güterstands (Art. 185, 187 Abs. 2, 189 und 191 ZGB);
  f. die Verpflichtung eines Ehegatten zur Mitwirkung bei der Aufnahme eines Inventars (Art. 195*a* ZGB);
  g. die Festsetzung von Zahlungsfristen und Sicherheitsleistungen zwischen Ehegatten ausserhalb eines Prozesses über die güterrechtliche Auseinandersetzung (Art. 203 Abs. 2, 218, 235 Abs. 2 und 250 Abs. 2 ZGB);
  h. die Zustimmung eines Ehegatten zur Ausschlagung oder zur Annahme einer Erbschaft (Art. 230 Abs. 2 ZGB);
  i. die Anweisung an die Schuldner und die Sicherstellung nachehelichen Unterhalts ausserhalb eines Prozesses über den nachehelichen Unterhalt (Art. 132 ZGB).

Art. 272 Untersuchungsgrundsatz

Das Gericht stellt den Sachverhalt von Amtes wegen fest.

Art. 273 Verfahren

¹ Das Gericht führt eine mündliche Verhandlung durch. Es kann nur darauf verzichten, wenn der Sachverhalt aufgrund der Eingaben der Parteien klar oder unbestritten ist.

² Die Parteien müssen persönlich erscheinen, sofern das Gericht sie nicht wegen Krankheit, Alter oder anderen wichtigen Gründen dispensiert.

³ Das Gericht versucht, zwischen den Parteien eine Einigung herbeizuführen.

---

[59] SR **210**

2. Kapitel: Scheidungsverfahren
1. Abschnitt: Allgemeine Bestimmungen

Art. 274 Einleitung

Das Scheidungsverfahren wird durch Einreichung eines gemeinsamen Scheidungsbegehrens oder einer Scheidungsklage eingeleitet.

Art. 275 Aufhebung des gemeinsamen Haushalts

Jeder Ehegatte kann nach Eintritt der Rechtshängigkeit für die Dauer des Scheidungsverfahrens den gemeinsamen Haushalt aufheben.

Art. 276 Vorsorgliche Massnahmen

[1] Das Gericht trifft die nötigen vorsorglichen Massnahmen. Die Bestimmungen über die Massnahmen zum Schutz der ehelichen Gemeinschaft sind sinngemäss anwendbar.

[2] Massnahmen, die das Eheschutzgericht angeordnet hat, dauern weiter. Für die Aufhebung oder die Änderung ist das Scheidungsgericht zuständig.

[3] Das Gericht kann vorsorgliche Massnahmen auch dann anordnen, wenn die Ehe aufgelöst ist, das Verfahren über die Scheidungsfolgen aber andauert.

Art. 277 Feststellung des Sachverhalts

[1] Für die güterrechtliche Auseinandersetzung und den nachehelichen Unterhalt gilt der Verhandlungsgrundsatz.

[2] Stellt das Gericht fest, dass für die Beurteilung von vermögensrechtlichen Scheidungsfolgen notwendige Urkunden fehlen, so fordert es die Parteien auf, diese nachzureichen.

[3] Im Übrigen stellt das Gericht den Sachverhalt von Amtes wegen fest.

Art. 278 Persönliches Erscheinen

Die Parteien müssen persönlich zu den Verhandlungen erscheinen, sofern das Gericht sie nicht wegen Krankheit, Alter oder anderen wichtigen Gründen dispensiert.

Art. 279 Genehmigung der Vereinbarung

[1] Das Gericht genehmigt die Vereinbarung über die Scheidungsfolgen, wenn es sich davon überzeugt hat, dass die Ehegatten sie aus freiem Willen und nach reiflicher Überlegung geschlossen haben und sie klar, vollständig und nicht offensichtlich unangemessen ist; vorbehalten bleiben die Bestimmungen über die berufliche Vorsorge.

[2] Die Vereinbarung ist erst rechtsgültig, wenn das Gericht sie genehmigt hat. Sie ist in das Dispositiv des Entscheids aufzunehmen.

Art. 280 Vereinbarung über die berufliche Vorsorge

[1] Das Gericht genehmigt eine Vereinbarung über die Teilung der Austrittsleistungen der beruflichen Vorsorge, wenn die Ehegatten:
  a. sich über die Teilung sowie deren Durchführung geeinigt haben;
  b. eine Bestätigung der beteiligten Einrichtungen der beruflichen Vorsorge über die Durchführbarkeit der getroffenen Regelung und die Höhe der Guthaben vorlegen; und
  c. das Gericht sich davon überzeugt hat, dass die Vereinbarung dem Gesetz entspricht.

² Das Gericht teilt den beteiligten Einrichtungen den rechtskräftigen Entscheid bezüglich der sie betreffenden Punkte unter Einschluss der nötigen Angaben für die Überweisung des vereinbarten Betrages mit. Der Entscheid ist für die Einrichtungen verbindlich.

³ Verzichtet ein Ehegatte in der Vereinbarung ganz oder teilweise auf seinen Anspruch, so prüft das Gericht von Amtes wegen, ob eine entsprechende Alters- und Invalidenvorsorge auf andere Weise gewährleistet ist.

Art. 281   Fehlende Einigung über die Teilung der Austrittsleistungen

¹ Kommt keine Vereinbarung zustande, stehen jedoch die massgeblichen Austrittsleistungen fest, so entscheidet das Gericht nach den Vorschriften des ZGB[60] über das Teilungsverhältnis (Art. 122 und 123 ZGB in Verbindung mit den Art. 22 und 22a des Freizügigkeitsgesetzes vom 17. Dezember 1993[61]), legt den zu überweisenden Betrag fest und holt bei den beteiligten Einrichtungen der beruflichen Vorsorge unter Ansetzung einer Frist die Bestätigung über die Durchführbarkeit der in Aussicht genommenen Regelung ein.

² Artikel 280 Absatz 2 gilt sinngemäss.

³ In den übrigen Fällen überweist das Gericht bei Rechtskraft des Entscheides über das Teilungsverhältnis die Streitsache von Amtes wegen dem nach dem Freizügigkeitsgesetz vom 17. Dezember 1993 zuständigen Gericht und teilt diesem insbesondere mit:
  a. den Entscheid über das Teilungsverhältnis;
  b. das Datum der Eheschliessung und das Datum der Ehescheidung;
  c. die Einrichtungen der beruflichen Vorsorge, bei denen den Ehegatten voraussichtlich Guthaben zustehen;
  d. die Höhe der Guthaben der Ehegatten, die diese Einrichtungen gemeldet haben.

Art. 282   Unterhaltsbeiträge

¹ Werden durch Vereinbarung oder Entscheid Unterhaltsbeiträge festgelegt, so ist anzugeben:
  a. von welchem Einkommen und Vermögen jedes Ehegatten ausgegangen wird;
  b. wie viel für den Ehegatten und wie viel für jedes Kind bestimmt ist;
  c. welcher Betrag zur Deckung des gebührenden Unterhalts des berechtigten Ehegatten fehlt, wenn eine nachträgliche Erhöhung der Rente vorbehalten wird;
  d. ob und in welchem Ausmass die Rente den Veränderungen der Lebenskosten angepasst wird.

² Wird der Unterhaltsbeitrag für den Ehegatten angefochten, so kann die Rechtsmittelinstanz auch die nicht angefochtenen Unterhaltsbeiträge für die Kinder neu beurteilen.

Art. 283   Einheit des Entscheids

¹ Das Gericht befindet im Entscheid über die Ehescheidung auch über deren Folgen.

² Die güterrechtliche Auseinandersetzung kann aus wichtigen Gründen in ein separates Verfahren verwiesen werden.

Art. 284   Änderung rechtskräftig entschiedener Scheidungsfolgen

¹ Die Voraussetzungen und die sachliche Zuständigkeit für eine Änderung des Entscheids richten sich nach den Artikeln 129 und 134 ZGB[62].

---

[60]   SR **210**
[61]   SR **831.42**
[62]   SR **210**

² Nicht streitige Änderungen können die Parteien in einfacher Schriftlichkeit vereinbaren; vorbehalten bleiben die Bestimmungen des ZGB betreffend Kinderbelange (Art. 134 Abs. 3 ZGB).

³ Für streitige Änderungsverfahren gelten die Vorschriften über die Scheidungsklage sinngemäss.

2. Abschnitt: Scheidung auf gemeinsames Begehren

Art. 285   Eingabe bei umfassender Einigung

Die gemeinsame Eingabe der Ehegatten enthält:
- a. die Namen und Adressen der Ehegatten sowie die Bezeichnung allfälliger Vertreterinnen und Vertreter;
- b. das gemeinsame Scheidungsbegehren;
- c. die vollständige Vereinbarung über die Scheidungsfolgen;
- d. die gemeinsamen Anträge hinsichtlich der Kinder;
- e. die erforderlichen Belege;
- f. das Datum und die Unterschriften.

Art. 286   Eingabe bei Teileinigung

¹ In der Eingabe haben die Ehegatten zu beantragen, dass das Gericht die Scheidungsfolgen beurteilt, über die sie sich nicht einig sind.

² Jeder Ehegatte kann begründete Anträge zu den streitigen Scheidungsfolgen stellen.

³ Im Übrigen gilt Artikel 285 sinngemäss.

Art. 287   Anhörung der Parteien

¹ Ist die Eingabe vollständig, so lädt das Gericht die Parteien zur Anhörung vor.

² Die Durchführung der Anhörung sowie die Bestätigung des Scheidungswillens und der Vereinbarung richten sich nach den Bestimmungen des ZGB[63].

Art. 288   Fortsetzung des Verfahrens und Entscheid

¹ Sind die Voraussetzungen für eine Scheidung auf gemeinsames Begehren erfüllt, so spricht das Gericht die Scheidung aus und genehmigt die Vereinbarung.

² Bestätigen die Ehegatten ihren Scheidungswillen, sind jedoch Scheidungsfolgen streitig geblieben, so wird das Verfahren in Bezug auf diese Scheidungsfolgen kontradiktorisch fortgesetzt. Das Gericht kann die Parteirollen verteilen.

³ Wird der Scheidungswille innerhalb von zwei Monaten seit Ablauf der Bedenkfrist nicht bestätigt, so weist das Gericht das gemeinsame Scheidungsbegehren ab und setzt gleichzeitig jedem Ehegatten eine Frist zur Einreichung einer Scheidungsklage. Das Verfahren bleibt während dieser Frist rechtshängig und allfällige vorsorgliche Massnahmen gelten weiter.

Art. 289   Rechtsmittel

Die Scheidung der Ehe kann nur wegen Willensmängeln mit Berufung angefochten werden.

---

[63] SR **210**

3. Abschnitt: Scheidungsklage

Art. 290 Einreichung der Klage

Die Scheidungsklage kann ohne schriftliche Begründung eingereicht werden. Sie enthält:

a. Namen und Adressen der Ehegatten sowie die Bezeichnung allfälliger Vertreterinnen und Vertreter;
b. das Rechtsbegehren, die Ehe sei zu scheiden sowie die Bezeichnung des Scheidungsgrunds (Art. 114 oder 115 ZGB[64]);
c. die Rechtsbegehren hinsichtlich der vermögensrechtlichen Scheidungsfolgen;
d. die Rechtsbegehren hinsichtlich der Kinder;
e. die erforderlichen Belege;
f. das Datum und die Unterschriften.

Art. 291 Einigungsverhandlung

[1] Das Gericht lädt die Ehegatten zu einer Verhandlung vor und klärt ab, ob der Scheidungsgrund gegeben ist.

[2] Steht der Scheidungsgrund fest, so versucht das Gericht zwischen den Ehegatten eine Einigung über die Scheidungsfolgen herbeizuführen.

[3] Steht der Scheidungsgrund nicht fest oder kommt keine Einigung zustande, so setzt das Gericht der klagenden Partei Frist, eine schriftliche Klagebegründung nachzureichen. Bei Nichteinhalten der Frist wird die Klage als gegenstandslos abgeschrieben.

Art. 292 Wechsel zur Scheidung auf gemeinsames Begehren

[1] Das Verfahren wird nach den Vorschriften über die Scheidung auf gemeinsames Begehren fortgesetzt, wenn die Ehegatten:

a. bei Eintritt der Rechtshängigkeit noch nicht seit mindestens zwei Jahren getrennt gelebt haben; und
b. mit der Scheidung einverstanden sind.

[2] Steht der geltend gemachte Scheidungsgrund fest, so findet kein Wechsel zur Scheidung auf gemeinsames Begehren statt.

Art. 293 Klageänderung

Die Scheidungsklage kann bis zum Beginn der Urteilsberatung in eine Trennungsklage umgewandelt werden.

4. Abschnitt: Eheungültigkeits- und Ehetrennungsklagen

Art. 294

[1] Das Verfahren bei Eheungültigkeits- und Ehetrennungsklagen richtet sich sinngemäss nach den Vorschriften über die Scheidungsklage.

[2] Eine Trennungsklage kann bis zum Beginn der Urteilsberatung in eine Scheidungsklage umgewandelt werden.

---

[64] SR **210**

7. Titel: Kinderbelange in familienrechtlichen Angelegenheiten
1. Kapitel: Allgemeine Bestimmungen

Art. 295 Grundsatz

Für selbstständige Klagen gilt das vereinfachte Verfahren.

Art. 296 Untersuchungs- und Offizialgrundsatz

¹ Das Gericht erforscht den Sachverhalt von Amtes wegen.

² Zur Aufklärung der Abstammung haben Parteien und Dritte an Untersuchungen mitzuwirken, die nötig und ohne Gefahr für die Gesundheit sind. Die Bestimmungen über die Verweigerungsrechte der Parteien und von Dritten sind nicht anwendbar.

³ Das Gericht entscheidet ohne Bindung an die Parteianträge.

2. Kapitel: Eherechtliche Verfahren

Art. 297 Anhörung der Eltern und Mediation

¹ Sind Anordnungen über ein Kind zu treffen, so hört das Gericht die Eltern persönlich an.

² Das Gericht kann die Eltern zu einem Mediationsversuch auffordern.

Art. 298 Anhörung des Kindes

¹ Das Kind wird durch das Gericht oder durch eine beauftragte Drittperson in geeigneter Weise persönlich angehört, sofern sein Alter oder andere wichtige Gründe nicht dagegen sprechen.

² Im Protokoll der Anhörung werden nur die für den Entscheid wesentlichen Ergebnisse festgehalten. Die Eltern und die Beiständin oder der Beistand werden über diese Ergebnisse informiert.

³ Das urteilsfähige Kind kann die Verweigerung der Anhörung mit Beschwerde anfechten.

Art. 299 Anordnung einer Vertretung des Kindes

¹ Das Gericht ordnet wenn nötig die Vertretung des Kindes an und bezeichnet als Beiständin oder Beistand eine in fürsorgerischen und rechtlichen Fragen erfahrene Person.

² Es prüft die Anordnung der Vertretung insbesondere, wenn:
   a. die Eltern bezüglich der Zuteilung der elterlichen Obhut oder Sorge oder bezüglich wichtiger Fragen des persönlichen Verkehrs unterschiedliche Anträge stellen;
   b. die Vormundschaftsbehörde oder ein Elternteil eine Vertretung beantragen;
   c. das Gericht aufgrund der Anhörung der Eltern oder des Kindes oder aus anderen Gründen:
      1. erhebliche Zweifel an der Angemessenheit der gemeinsamen Anträge der Eltern über die Zuteilung der elterlichen Obhut oder Sorge oder über den persönlichen Verkehr hat, oder
      2. den Erlass von Kindesschutzmassnahmen erwägt.

³ Stellt das urteilsfähige Kind Antrag auf eine Vertretung, so ist diese anzuordnen. Das Kind kann die Nichtanordnung mit Beschwerde anfechten.

Art. 300 Kompetenzen der Vertretung

Die Vertretung des Kindes kann Anträge stellen und Rechtsmittel einlegen, soweit es um folgende Angelegenheiten geht:
   a. die Zuteilung der elterlichen Obhut oder Sorge;
   b. wichtige Fragen des persönlichen Verkehrs;
   c. Kindesschutzmassnahmen.

Art. 301 Eröffnung des Entscheides

Ein Entscheid wird eröffnet:

a. den Eltern;
b. dem Kind, welches das 14. Altersjahr vollendet hat;
c. gegebenenfalls der Beiständin oder dem Beistand, soweit es um die Zuteilung der elterlichen Obhut oder Sorge, um wichtige Fragen des persönlichen Verkehrs oder um Kindesschutzmassnahmen geht.

3. Kapitel: Angelegenheiten des summarischen Verfahrens

Art. 302 Geltungsbereich

¹ Das summarische Verfahren ist insbesondere anwendbar für:

a. Entscheide nach dem Haager Übereinkommen vom 25. Oktober 1980[65] über die zivilrechtlichen Aspekte internationaler Kindesentführung und nach dem Europäischen Übereinkommen vom 20. Mai 1980[66] über die Anerkennung und Vollstreckung von Entscheidungen über das Sorgerecht für Kinder und die Wiederherstellung des Sorgerechts;
b. die Leistung eines besonderen Beitrags bei nicht vorgesehenen ausserordentlichen Bedürfnissen des Kindes (Art. 286 Abs. 3 ZGB[67]);
c. die Anweisung an die Schuldner und die Sicherstellung des Kinderunterhalts ausserhalb eines Prozesses über die Unterhaltspflicht der Eltern (Art. 291 und 292 ZGB).

² Die Bestimmungen des Bundesgesetzes vom 21. Dezember 2007[68] über internationale Kindesentführung und die Haager Übereinkommen zum Schutz von Kindern und Erwachsenen sind vorbehalten.

4. Kapitel: Unterhalts- und Vaterschaftsklage

Art. 303 Vorsorgliche Massnahmen

¹ Steht das Kindesverhältnis fest, so kann der Beklagte verpflichtet werden, angemessene Beiträge an den Unterhalt des Kindes zu hinterlegen oder vorläufig zu zahlen.

² Ist die Unterhaltsklage zusammen mit der Vaterschaftsklage eingereicht worden, so hat der Beklagte auf Gesuch der klagenden Partei:

a. die Entbindungskosten und angemessene Beiträge an den Unterhalt von Mutter und Kind zu hinterlegen, wenn die Vaterschaft glaubhaft gemacht ist;
b. angemessene Beiträge an den Unterhalt des Kindes zu zahlen, wenn die Vaterschaft zu vermuten ist und die Vermutung durch die sofort verfügbaren Beweismittel nicht umgestossen wird.

Art. 304 Zuständigkeit

Über die Hinterlegung, die vorläufige Zahlung, die Auszahlung hinterlegter Beiträge und die Rückerstattung vorläufiger Zahlungen entscheidet das für die Beurteilung der Klage zuständige Gericht.

---

[65] SR **0.211.230.02**
[66] SR **0.211.230.01**
[67] SR **210**
[68] BBl **2008** 33

8. Titel: Verfahren bei eingetragener Partnerschaft
1. Kapitel: Angelegenheiten des summarischen Verfahrens

Art. 305 Geltungsbereich

Das summarische Verfahren ist anwendbar für:
a. die Festsetzung von Geldbeiträgen an den Unterhalt und Anweisung an die Schuldnerin oder den Schuldner (Art. 13 Abs. 2 und 3 des Partnerschaftsgesetzes vom 18. Juni 2004[69], PartG);
b. die Ermächtigung einer Partnerin oder eines Partners zur Verfügung über die gemeinsame Wohnung (Art. 14 Abs. 2 PartG);
c. die Ausdehnung oder den Entzug der Vertretungsbefugnis einer Partnerin oder eines Partners für die Gemeinschaft (Art. 15 Abs. 2 Bst. a und Abs. 4 PartG);
d. die Auskunftspflicht der Partnerin oder des Partners über Einkommen, Vermögen und Schulden (Art. 16 Abs. 2 PartG);
e. die Festlegung, Anpassung oder Aufhebung der Geldbeiträge und die Regelung der Benützung der Wohnung und des Hausrats (Art. 17 Abs. 2 und 4 PartG);
f. die Verpflichtung einer Partnerin oder eines Partners zur Mitwirkung bei der Aufnahme eines Inventars (Art. 20 Abs. 1 PartG);
g. die Beschränkung der Verfügungsbefugnis einer Partnerin oder eines Partners über bestimmte Vermögenswerte (Art. 22 Abs. 1 PartG);
h. die Einräumung von Fristen zur Begleichung von Schulden zwischen den Partnerinnen oder Partner (Art. 23 Abs. 1 PartG).

Art. 306 Verfahren

Für das Verfahren gelten die Artikel 272 und 273 sinngemäss.

2. Kapitel: Auflösung und Ungültigkeit der eingetragenen Partnerschaft

Art. 307

Für das Verfahren zur Auflösung und zur Ungültigerklärung der eingetragenen Partnerschaft gelten die Bestimmungen über das Scheidungsverfahren sinngemäss.

9. Titel: Rechtsmittel
1. Kapitel: Berufung
1. Abschnitt: Anfechtbare Entscheide und Berufungsgründe

Art. 308 Anfechtbare Entscheide

[1] Mit Berufung sind anfechtbar:
a. erstinstanzliche End- und Zwischenentscheide;
b. erstinstanzliche Entscheide über vorsorgliche Massnahmen.

[2] In vermögensrechtlichen Angelegenheiten ist die Berufung nur zulässig, wenn der Streitwert der zuletzt aufrechterhaltenen Rechtsbegehren mindestens 10 000 Franken beträgt.

---

[69] SR **211.231**

Art. 309[70] Ausnahmen

Die Berufung ist unzulässig:
  a. gegen Entscheide des Vollstreckungsgerichts;
  b. in den folgenden Angelegenheiten des SchKG[71]:
    1. Aufhebung des Rechtsstillstandes (Art. 57*d* SchKG);
    2. Bewilligung des nachträglichen Rechtsvorschlages (Art. 77 SchKG);
    3. Rechtsöffnung (Art. 80–84 SchKG);
    4. Aufhebung oder Einstellung der Betreibung (Art. 85 SchKG);
    5. Bewilligung des Rechtsvorschlages in der Wechselbetreibung (Art. 185 SchKG);
    6. Entscheide, die nach SchKG in die Zuständigkeit des Konkurs- oder des Nachlassgerichts fallen.

Art. 310 Berufungsgründe

Mit Berufung kann geltend gemacht werden:
  a. unrichtige Rechtsanwendung;
  b. unrichtige Feststellung des Sachverhaltes.

2. Abschnitt: Berufung, Berufungsantwort und Anschlussberufung

Art. 311 Einreichen der Berufung

¹ Die Berufung ist bei der Rechtsmittelinstanz innert 30 Tagen seit Zustellung des begründeten Entscheides beziehungsweise seit der nachträglichen Zustellung der Entscheidbegründung (Art. 239) schriftlich und begründet einzureichen.

² Der angefochtene Entscheid ist beizulegen.

Art. 312 Berufungsantwort

¹ Die Rechtsmittelinstanz stellt die Berufung der Gegenpartei zur schriftlichen Stellungnahme zu, es sei denn, die Berufung sei offensichtlich unzulässig oder offensichtlich unbegründet.

² Die Frist für die Berufungsantwort beträgt 30 Tage.

Art. 313 Anschlussberufung

¹ Die Gegenpartei kann in der Berufungsantwort Anschlussberufung erheben.

² Die Anschlussberufung fällt dahin, wenn:
  a. die Rechtsmittelinstanz nicht auf die Berufung eintritt;
  b. die Berufung als offensichtlich unbegründet abgewiesen wird;
  c. die Berufung vor Beginn der Urteilsberatung zurückgezogen wird.

Art. 314 Summarisches Verfahren

¹ Gegen einen im summarischen Verfahren ergangenen Entscheid beträgt die Frist zur Einreichung der Berufung und zur Berufungsantwort je 10 Tage.

² Die Anschlussberufung ist unzulässig.

---

[70] Vorgesehene Änderung gemäss Entwurf Bundesbeschluss in Anhang II.
[71] SR **281.1**

3. Abschnitt: Wirkungen und Verfahren der Berufung

Art. 315   Aufschiebende Wirkung

¹ Die Berufung hemmt die Rechtskraft und die Vollstreckbarkeit des angefochtenen Entscheids im Umfang der Anträge.

² Die Rechtsmittelinstanz kann die vorzeitige Vollstreckung bewilligen. Nötigenfalls ordnet sie sichernde Massnahmen oder die Leistung einer Sicherheit an.

³ Richtet sich die Berufung gegen einen Gestaltungsentscheid, so kann die aufschiebende Wirkung nicht entzogen werden.

⁴ Keine aufschiebende Wirkung hat die Berufung gegen Entscheide über:
- a. das Gegendarstellungsrecht;
- b. vorsorgliche Massnahmen.

⁵ Die Vollstreckung vorsorglicher Massnahmen kann ausnahmsweise aufgeschoben werden, wenn der betroffenen Partei ein nicht leicht wiedergutzumachender Nachteil droht.

Art. 316   Verfahren vor der Rechtsmittelinstanz

¹ Die Rechtsmittelinstanz kann eine Verhandlung durchführen oder aufgrund der Akten entscheiden.

² Sie kann einen zweiten Schriftenwechsel anordnen.

³ Sie kann Beweise abnehmen.

Art. 317   Neue Tatsachen, neue Beweismittel und Klageänderung

¹ Neue Tatsachen und Beweismittel werden nur noch berücksichtigt, wenn sie:
- a. ohne Verzug vorgebracht werden; und
- b. trotz zumutbarer Sorgfalt nicht schon vor erster Instanz vorgebracht werden konnten.

² Eine Klageänderung ist nur noch zulässig, wenn:
- a. die Voraussetzungen nach Artikel 227 Absatz 1 gegeben sind; und
- b. sie zudem auf neuen Tatsachen und Beweismitteln beruht.

Art. 318   Entscheid

¹ Die Rechtsmittelinstanz kann:
- a. den angefochtenen Entscheid bestätigen;
- b. neu entscheiden; oder
- c. die Sache an die erste Instanz zurückweisen, wenn:
    1. ein wesentlicher Teil der Klage nicht beurteilt wurde, oder
    2. der Sachverhalt in wesentlichen Teilen zu vervollständigen ist.

² Die Rechtsmittelinstanz eröffnet ihren Entscheid mit einer schriftlichen Begründung.

³ Trifft die Rechtsmittelinstanz einen neuen Entscheid, so entscheidet sie auch über die Prozesskosten des erstinstanzlichen Verfahrens.

2. Kapitel: Beschwerde

Art. 319 Anfechtungsobjekt

Mit Beschwerde sind anfechtbar:
  a. nicht berufungsfähige erstinstanzliche Endentscheide, Zwischenentscheide und Entscheide über vorsorgliche Massnahmen;
  b. andere erstinstanzliche Entscheide und prozessleitende Verfügungen:
     1. in den vom Gesetz bestimmten Fällen,
     2. wenn durch sie ein nicht leicht wiedergutzumachender Nachteil droht;
  c. Fälle von Rechtsverzögerung.

Art. 320 Beschwerdegründe

Mit der Beschwerde kann geltend gemacht werden:
  a. unrichtige Rechtsanwendung;
  b. offensichtlich unrichtige Feststellung des Sachverhaltes.

Art. 321 Einreichen der Beschwerde

[1] Die Beschwerde ist bei der Rechtsmittelinstanz innert 30 Tagen seit der Zustellung des begründeten Entscheides oder seit der nachträglichen Zustellung der Entscheidbegründung (Art. 239) schriftlich und begründet einzureichen.

[2] Wird ein im summarischen Verfahren ergangener Entscheid oder eine prozessleitende Verfügung angefochten, so beträgt die Beschwerdefrist 10 Tage, sofern das Gesetz nichts anderes bestimmt.

[3] Der angefochtene Entscheid oder die angefochtene prozessleitende Verfügung ist beizulegen, soweit die Partei sie in Händen hat.

[4] Gegen Rechtsverzögerung kann jederzeit Beschwerde eingereicht werden.

Art. 322 Beschwerdeantwort

[1] Die Rechtsmittelinstanz stellt der Gegenpartei die Beschwerde zur schriftlichen Stellungnahme zu, es sei denn, die Beschwerde sei offensichtlich unzulässig oder offensichtlich unbegründet.

[2] Für die Beschwerdeantwort gilt die gleiche Frist wie für die Beschwerde.

Art. 323 Anschlussbeschwerde

Eine Anschlussbeschwerde ist ausgeschlossen.

Art. 324 Stellungnahme der Vorinstanz

Die Rechtsmittelinstanz kann die Vorinstanz um eine Stellungnahme ersuchen.

Art. 325 Aufschiebende Wirkung

[1] Die Beschwerde hemmt die Rechtskraft und die Vollstreckbarkeit des angefochtenen Entscheids nicht.

[2] Die Rechtsmittelinstanz kann die Vollstreckung aufschieben. Nötigenfalls ordnet sie sichernde Massnahmen oder die Leistung einer Sicherheit an.

Art. 326 Neue Anträge, neue Tatsachen und neue Beweismittel

[1] Neue Anträge, neue Tatsachenbehauptungen und neue Beweismittel sind ausgeschlossen.

[2] Besondere Bestimmungen des Gesetzes bleiben vorbehalten.

Art. 327 Verfahren und Entscheid

¹ Die Rechtsmittelinstanz verlangt bei der Vorinstanz die Akten.

² Sie kann aufgrund der Akten entscheiden.

³ Soweit sie die Beschwerde gutheisst:
   a. hebt sie den Entscheid oder die prozessleitende Verfügung auf und weist die Sache an die Vorinstanz zurück; oder
   b. entscheidet sie neu, wenn die Sache spruchreif ist.

⁴ Wird die Beschwerde wegen Rechtsverzögerung gutgeheissen, so kann die Rechtsmittelinstanz der Vorinstanz eine Frist zur Behandlung der Sache setzen.

⁵ Die Rechtsmittelinstanz eröffnet ihren Entscheid mit einer schriftlichen Begründung.

(Art. 327a neu)[72]

3. Kapitel: Revision

Art. 328 Revisionsgründe

¹ Eine Partei kann beim Gericht, welches als letzte Instanz in der Sache entschieden hat, die Revision des rechtskräftigen Entscheids verlangen, wenn:
   a. sie nachträglich erhebliche Tatsachen erfährt oder entscheidende Beweismittel findet, die sie im früheren Verfahren nicht beibringen konnte; ausgeschlossen sind Tatsachen und Beweismittel, die erst nach dem Entscheid entstanden sind;
   b. ein Strafverfahren ergeben hat, dass durch ein Verbrechen oder ein Vergehen zum Nachteil der betreffenden Partei auf den Entscheid eingewirkt wurde; eine Verurteilung durch das Strafgericht ist nicht erforderlich; ist das Strafverfahren nicht durchführbar, so kann der Beweis auf andere Weise erbracht werden;
   c. geltend gemacht wird, dass die Klageanerkennung, der Klagerückzug oder der gerichtliche Vergleich unwirksam ist.

² Die Revision wegen Verletzung der Europäischen Menschenrechtskonvention vom 4. November 1950[73] (EMRK) kann verlangt werden, wenn:
   a. der Europäische Gerichtshof für Menschenrechte in einem endgültigen Urteil festgestellt hat, dass die EMRK oder die Protokolle dazu verletzt worden sind;
   b. eine Entschädigung nicht geeignet ist, die Folgen der Verletzung auszugleichen; und
   c. die Revision notwendig ist, um die Verletzung zu beseitigen.

Art. 329 Revisionsgesuch und Revisionsfristen

¹ Das Revisionsgesuch ist innert 90 Tagen seit Entdeckung des Revisionsgrundes schriftlich und begründet einzureichen.

² Nach Ablauf von 10 Jahren seit Eintritt der Rechtskraft des Entscheids kann die Revision nicht mehr verlangt werden, ausser im Falle von Artikel 328 Absatz 1 Buchstabe b.

---

[72] Vorgesehene Änderung gemäss Entwurf Bundesbeschluss in Anhang II.
[73] SR **0.101**

Art. 330 Stellungnahme der Gegenpartei

Das Gericht stellt das Revisionsgesuch der Gegenpartei zur Stellungnahme zu, es sei denn, das Gesuch sei offensichtlich unzulässig oder offensichtlich unbegründet.

Art. 331 Aufschiebende Wirkung

[1] Das Revisionsgesuch hemmt die Rechtskraft und die Vollstreckbarkeit des Entscheids nicht.

[2] Das Gericht kann die Vollstreckung aufschieben. Nötigenfalls ordnet es sichernde Massnahmen oder die Leistung einer Sicherheit an.

Art. 332 Entscheid über das Revisionsgesuch

Der Entscheid über das Revisionsgesuch ist mit Beschwerde anfechtbar.

Art. 333 Neuer Entscheid in der Sache

[1] Heisst das Gericht das Revisionsgesuch gut, so hebt es seinen früheren Entscheid auf und entscheidet neu.

[2] Im neuen Entscheid entscheidet es auch über die Kosten des früheren Verfahrens.

[3] Es eröffnet seinen Entscheid mit einer schriftlichen Begründung.

4. Kapitel: Erläuterung und Berichtigung

Art. 334

[1] Ist das Dispositiv unklar, widersprüchlich oder unvollständig oder steht es mit der Begründung im Widerspruch, so nimmt das Gericht auf Gesuch einer Partei oder von Amtes wegen eine Erläuterung oder Berichtigung des Entscheids vor. Im Gesuch sind die beanstandeten Stellen und die gewünschten Änderungen anzugeben.

[2] Die Artikel 330 und 331 gelten sinngemäss. Bei der Berichtigung von Schreib- oder Rechnungsfehlern kann das Gericht auf eine Stellungnahme der Parteien verzichten.

[3] Ein Entscheid über das Erläuterungs- oder Berichtigungsgesuch ist mit Beschwerde anfechtbar.

[4] Der erläuterte oder berichtigte Entscheid wird den Parteien eröffnet.

10. Titel: Vollstreckung

1. Kapitel: Vollstreckung von Entscheiden

Art. 335 Geltungsbereich

[1] Die Entscheide werden nach den Bestimmungen dieses Kapitels vollstreckt.

[2] Lautet der Entscheid auf eine Geldzahlung oder eine Sicherheitsleistung, so wird er nach den Bestimmungen des SchKG[74] vollstreckt.

[3] Die Anerkennung, Vollstreckbarerklärung und Vollstreckung ausländischer Entscheide richten sich nach diesem Kapitel, soweit weder ein Staatsvertrag noch das IPRG[75] etwas anderes bestimmen.

Art. 336 Vollstreckbarkeit

[1] Ein Entscheid ist vollstreckbar, wenn er:

---

[74] SR **281.1**
[75] SR **291**

a. rechtskräftig ist und das Gericht die Vollstreckung nicht aufgeschoben hat (Art. 325 Abs. 2 und 331 Abs. 2); oder
b. noch nicht rechtskräftig ist, jedoch die vorzeitige Vollstreckung bewilligt worden ist.

² Auf Verlangen bescheinigt das Gericht, das den zu vollstreckenden Entscheid getroffen hat, die Vollstreckbarkeit.

Art. 337 Direkte Vollstreckung

¹ Hat bereits das urteilende Gericht konkrete Vollstreckungsmassnahmen angeordnet (Art. 236 Abs. 3), so kann der Entscheid direkt vollstreckt werden.

² Die unterlegene Partei kann beim Vollstreckungsgericht um Einstellung der Vollstreckung ersuchen; Artikel 341 gilt sinngemäss.

Art. 338 Vollstreckungsgesuch

¹ Kann nicht direkt vollstreckt werden, so ist beim Vollstreckungsgericht ein Vollstreckungsgesuch einzureichen.

² Die gesuchstellende Partei hat die Voraussetzungen der Vollstreckbarkeit darzulegen und die erforderlichen Urkunden beizulegen.

Art. 339 Zuständigkeit und Verfahren

¹ Zwingend zuständig für die Anordnung von Vollstreckungsmassnahmen und die Einstellung der Vollstreckung ist das Gericht:
a. am Wohnsitz oder Sitz der unterlegenen Partei;
b. am Ort, wo die Massnahmen zu treffen sind; oder
c. am Ort, wo der zu vollstreckende Entscheid gefällt worden ist.

² Das Gericht entscheidet im summarischen Verfahren.

Art. 340[76] Sichernde Massnahmen

Bei Gefahr einer Vereitelung oder einer wesentlichen Erschwerung der Vollstreckung kann das Vollstreckungsgericht sichernde Massnahmen anordnen, nötigenfalls ohne vorherige Anhörung der Gegenpartei.

Art. 341 Prüfung der Vollstreckbarkeit und Stellungnahme der unterlegenen Partei

¹ Das Vollstreckungsgericht prüft die Vollstreckbarkeit von Amtes wegen.

² Es setzt der unterlegenen Partei eine kurze Frist zur Stellungnahme.

³ Materiell kann die unterlegene Partei einwenden, dass seit Eröffnung des Entscheids Tatsachen eingetreten sind, welche der Vollstreckung entgegenstehen, wie insbesondere Tilgung, Stundung, Verjährung oder Verwirkung der geschuldeten Leistung. Tilgung und Stundung sind mit Urkunden zu beweisen.

Art. 342 Vollstreckung einer bedingten oder von einer Gegenleistung abhängigen Leistung

Der Entscheid über eine bedingte oder eine von einer Gegenleistung abhängige Leistung kann erst vollstreckt werden, wenn das Vollstreckungsgericht festgestellt hat, dass die Bedingung eingetreten ist oder die Gegenleistung gehörig angeboten, erbracht oder sichergestellt worden ist.

---

[76] Vorgesehene Änderung gemäss Entwurf Bundesbeschluss in Anhang II.

Art. 343 Verpflichtung zu einem Tun, Unterlassen oder Dulden

¹ Lautet der Entscheid auf eine Verpflichtung zu einem Tun, Unterlassen oder Dulden, so kann das Vollstreckungsgericht anordnen:

a. eine Strafdrohung nach Artikel 292 StGB[77];
b. eine Ordnungsbusse bis zu 5000 Franken;
c. eine Ordnungsbusse bis zu 1000 Franken für jeden Tag der Nichterfüllung;
d. eine Zwangsmassnahme wie Wegnahme einer beweglichen Sache oder Räumung eines Grundstückes; oder
e. eine Ersatzvornahme.

² Die unterlegene Partei und Dritte haben die erforderlichen Auskünfte zu erteilen und die notwendigen Durchsuchungen zu dulden.

³ Die mit der Vollstreckung betraute Person kann die Hilfe der zuständigen Behörde in Anspruch nehmen.

Art. 344 Abgabe einer Willenserklärung

¹ Lautet der Entscheid auf Abgabe einer Willenserklärung, so wird die Erklärung durch den vollstreckbaren Entscheid ersetzt.

² Betrifft die Erklärung ein öffentliches Register wie das Grundbuch und das Handelsregister, so erteilt das urteilende Gericht der registerführenden Person die nötigen Anweisungen.

Art. 345 Schadenersatz und Umwandlung in Geld

¹ Die obsiegende Partei kann verlangen:

a. Schadenersatz, wenn die unterlegene Partei den gerichtlichen Anordnungen nicht nachkommt;
b. die Umwandlung der geschuldeten Leistung in eine Geldleistung.

² Das Vollstreckungsgericht setzt den entsprechenden Betrag fest.

Art. 346 Rechtsmittel Dritter

Dritte, die von einem Vollstreckungsentscheid in ihren Rechten betroffen sind, können den Entscheid mit Beschwerde anfechten.

2. Kapitel: Vollstreckung öffentlicher Urkunden

Art. 347 Vollstreckbarkeit

Öffentliche Urkunden über Leistungen jeder Art können wie Entscheide vollstreckt werden, wenn:

a. die verpflichtete Partei in der Urkunde ausdrücklich erklärt hat, dass sie die direkte Vollstreckung anerkennt;
b. der Rechtsgrund der geschuldeten Leistung in der Urkunde erwähnt ist; und
c. die geschuldete Leistung:
   1. in der Urkunde genügend bestimmt ist,
   2. in der Urkunde von der verpflichteten Partei anerkannt ist, und
   3. fällig ist.

---

[77] SR **311.0**

Art. 348 Ausnahmen

Nicht direkt vollstreckbar sind Urkunden über Leistungen:
a. nach dem Gleichstellungsgesetz vom 24. März 1995[78];
b. aus Miete und Pacht von Wohn- und Geschäftsräumen sowie aus landwirtschaftlicher Pacht;
c. nach dem Mitwirkungsgesetz vom 17. Dezember 1993[79];
d. aus dem Arbeitsverhältnis und nach dem Arbeitsvermittlungsgesetz vom 6. Oktober 1989[80];
e. aus Konsumentenverträgen (Art. 32).

Art. 349 Urkunde über eine Geldleistung

Die vollstreckbare Urkunde über eine Geldleistung gilt als definitiver Rechtsöffnungstitel nach den Artikeln 80 und 81 SchKG[81].

Art. 350 Urkunde über eine andere Leistung

[1] Ist eine Urkunde über eine andere Leistung zu vollstrecken, so stellt die Urkundsperson der verpflichteten Partei auf Antrag der berechtigten Partei eine beglaubigte Kopie der Urkunde zu und setzt ihr für die Erfüllung eine Frist von 20 Tagen. Die berechtigte Partei erhält eine Kopie der Zustellung.

[2] Nach unbenütztem Ablauf der Erfüllungsfrist kann die berechtigte Partei beim Vollstreckungsgericht ein Vollstreckungsgesuch stellen.

Art. 351 Verfahren vor dem Vollstreckungsgericht

[1] Die verpflichtete Partei kann Einwendungen gegen die Leistungspflicht nur geltend machen, sofern sie sofort beweisbar sind.

[2] Ist die Abgabe einer Willenserklärung geschuldet, so wird die Erklärung durch den Entscheid des Vollstreckungsgerichts ersetzt. Dieses trifft die erforderlichen Anweisungen nach Artikel 344 Absatz 2.

Art. 352 Gerichtliche Beurteilung

Die gerichtliche Beurteilung der geschuldeten Leistung bleibt in jedem Fall vorbehalten. Insbesondere kann die verpflichtete Partei jederzeit auf Feststellung klagen, dass der Anspruch nicht oder nicht mehr besteht oder gestundet ist.

3. Teil: Schiedsgerichtsbarkeit
1. Titel: Allgemeine Bestimmungen

Art. 353 Geltungsbereich

[1] Die Bestimmungen dieses Teils gelten für Verfahren vor Schiedsgerichten mit Sitz in der Schweiz, sofern nicht die Bestimmungen des zwölften Kapitels des IPRG[82] anwendbar sind.

[2] Die Parteien können die Geltung dieses Teils durch eine ausdrückliche Erklärung in der Schiedsvereinbarung oder in einer späteren Übereinkunft ausschliessen und die Anwendung der Bestimmungen des zwölften Kapitels des IPRG vereinbaren. Die Erklärung bedarf der Form gemäss Artikel 358.

---

[78] SR **151.1**
[79] SR **822.14**
[80] SR **823.11**
[81] SR **281.1**
[82] SR **291**

Art. 354 Schiedsfähigkeit

Gegenstand eines Schiedsverfahrens kann jeder Anspruch sein, über den die Parteien frei verfügen können.

Art. 355 Sitz des Schiedsgerichtes

¹ Der Sitz des Schiedsgerichtes wird von den Parteien oder von der durch sie beauftragten Stelle bestimmt. Erfolgt keine Sitzbestimmung, so bestimmt das Schiedsgericht seinen Sitz selbst.

² Bestimmen weder die Parteien noch die von ihnen beauftragte Stelle noch das Schiedsgericht den Sitz, so ist dieser am Ort des staatlichen Gerichtes, das bei Fehlen einer Schiedsvereinbarung zur Beurteilung der Sache zuständig wäre.

³ Sind mehrere staatliche Gerichte zuständig, so hat das Schiedsgericht seinen Sitz am Ort des staatlichen Gerichtes, das als erstes in Anwendung von Artikel 356 angerufen wird.

⁴ Haben die Parteien nichts anderes vereinbart, so kann das Schiedsgericht auch an jedem andern Ort verhandeln, Beweise abnehmen und beraten.

Art. 356 Zuständige staatliche Gerichte

¹ Der Kanton, in dem sich der Sitz des Schiedsgerichts befindet, bezeichnet ein oberes Gericht, das zuständig ist für:

   a. Beschwerden und Revisionsgesuche;
   b. die Entgegennahme des Schiedsspruchs zur Hinterlegung und die Bescheinigung der Vollstreckbarkeit.

² Ein vom Sitzkanton bezeichnetes anderes oder anders zusammengesetztes Gericht ist als einzige Instanz zuständig für:

   a. die Ernennung, Ablehnung, Abberufung und Ersetzung der Schiedsrichterinnen und Schiedsrichter;
   b. die Verlängerung der Amtsdauer des Schiedsgerichts;
   c. die Unterstützung des Schiedsgerichts bei den Verfahrenshandlungen.

2. Titel: Schiedsvereinbarung

Art. 357 Schiedsvereinbarung

¹ Die Schiedsvereinbarung kann sich sowohl auf bestehende als auch auf künftige Streitigkeiten aus einem bestimmten Rechtsverhältnis beziehen.

² Gegen die Schiedsvereinbarung kann nicht eingewendet werden, der Hauptvertrag sei ungültig.

Art. 358 Form

Die Schiedsvereinbarung hat schriftlich oder in einer anderen Form zu erfolgen, die den Nachweis durch Text ermöglicht.

Art. 359 Bestreitung der Zuständigkeit des Schiedsgerichts

¹ Werden die Gültigkeit der Schiedsvereinbarung, ihr Inhalt, ihre Tragweite oder die richtige Konstituierung des Schiedsgerichts vor dem Schiedsgericht bestritten, so entscheidet dieses darüber mit Zwischenentscheid oder im Entscheid über die Hauptsache.

² Die Einrede der Unzuständigkeit des Schiedsgerichts muss vor der Einlassung auf die Hauptsache erhoben werden.

3. Titel: Bestellung des Schiedsgerichts

Art. 360 Anzahl der Mitglieder

¹ Die Parteien können frei vereinbaren, aus wie vielen Mitgliedern das Schiedsgericht besteht. Haben sie nichts vereinbart, so besteht es aus drei Mitgliedern.

² Haben die Parteien eine gerade Zahl vereinbart, so ist anzunehmen, dass eine zusätzliche Person als Präsidentin oder Präsident zu bestimmen ist.

Art. 361 Ernennung durch die Parteien

¹ Die Mitglieder des Schiedsgerichts werden nach der Vereinbarung der Parteien ernannt.

² Bei Fehlen einer Vereinbarung ernennt jede Partei die gleiche Anzahl Mitglieder; diese wählen einstimmig eine Präsidentin oder einen Präsidenten.

³ Wird eine Schiedsrichterin oder ein Schiedsrichter der Stellung nach bezeichnet, so gilt als ernannt, wer diese Stellung bei Abgabe der Annahmeerklärung bekleidet.

⁴ In den Angelegenheiten aus Miete und Pacht von Wohnräumen können die Parteien einzig die Schlichtungsbehörde als Schiedsgericht einsetzen.

Art. 362 Ernennung durch das staatliche Gericht

¹ Sieht die Schiedsvereinbarung keine andere Stelle für die Ernennung vor oder ernennt diese die Mitglieder nicht innert angemessener Frist, so nimmt das nach Artikel 356 Absatz 2 zuständige staatliche Gericht auf Antrag einer Partei die Ernennung vor, wenn:
  a. die Parteien sich über die Ernennung der Einzelschiedsrichterin, des Einzelschiedsrichters, der Präsidentin oder des Präsidenten nicht einigen;
  b. eine Partei die von ihr zu bezeichnenden Mitglieder nicht innert 30 Tagen seit Aufforderung ernennt; oder
  c. die Schiedsrichterinnen und Schiedsrichter sich nicht innert 30 Tagen seit ihrer Ernennung über die Wahl der Präsidentin oder des Präsidenten einigen.

² Im Falle einer Mehrparteienschiedssache kann das nach Artikel 356 Absatz 2 zuständige staatliche Gericht alle Mitglieder ernennen.

³ Wird ein staatliches Gericht mit der Ernennung betraut, so muss es die Ernennung vornehmen, es sei denn, eine summarische Prüfung ergebe, dass zwischen den Parteien keine Schiedsvereinbarung besteht.

Art. 363 Offenlegungspflicht

¹ Eine Person, der ein Schiedsrichteramt angetragen wird, hat das Vorliegen von Umständen unverzüglich offenzulegen, die berechtigte Zweifel an ihrer Unabhängigkeit oder Unparteilichkeit wecken können.

² Diese Pflicht bleibt während des ganzen Verfahrens bestehen.

Art. 364 Annahme des Amtes

¹ Die Schiedsrichterinnen und Schiedsrichter bestätigen die Annahme des Amtes.

² Das Schiedsgericht ist erst konstituiert, wenn alle Mitglieder die Annahme des Amtes erklärt haben.

Art. 365 Sekretariat

¹ Das Schiedsgericht kann ein Sekretariat bestellen.

² Die Artikel 363 Absatz 1 und 367–369 gelten sinngemäss.

Art. 366 Amtsdauer

¹ In der Schiedsvereinbarung oder in einer späteren Vereinbarung können die Parteien die Amtsdauer des Schiedsgerichts befristen.

² Die Amtsdauer, innert der das Schiedsgericht den Schiedsspruch zu fällen hat, kann verlängert werden:
  a. durch Vereinbarung der Parteien;
  b. auf Antrag einer Partei oder des Schiedsgerichts durch Entscheid des nach Artikel 356 Absatz 2 zuständigen staatlichen Gerichts.

4. Titel: Ablehnung, Abberufung und Ersetzung der Mitglieder des Schiedsgerichts

Art. 367 Ablehnung eines Mitgliedes

¹ Ein Mitglied des Schiedsgerichts kann abgelehnt werden, wenn:
  a. es nicht den von den Parteien vereinbarten Anforderungen entspricht;
  b. ein Ablehnungsgrund vorliegt, der in der von den Parteien vereinbarten Verfahrensordnung vorgesehen ist; oder
  c. berechtigte Zweifel an seiner Unabhängigkeit oder Unparteilichkeit bestehen.

² Eine Partei kann ein Mitglied, das sie ernannt hat oder an dessen Ernennung sie mitgewirkt hat, nur aus Gründen ablehnen, von denen sie erst nach der Ernennung Kenntnis erhalten hat. Der Ablehnungsgrund ist dem Schiedsgericht und der anderen Partei unverzüglich mitzuteilen.

Art. 368 Ablehnung des Schiedsgerichts

¹ Eine Partei kann das Schiedsgericht ablehnen, wenn die andere Partei einen überwiegenden Einfluss auf die Ernennung der Mitglieder ausgeübt hat. Die Ablehnung ist dem Schiedsgericht und der anderen Partei unverzüglich mitzuteilen.

² Das neue Schiedsgericht wird im Verfahren nach den Artikeln 361 und 362 bestellt.

³ Die Parteien sind berechtigt, Mitglieder des abgelehnten Schiedsgerichts wiederum als Schiedsrichterinnen und Schiedsrichter zu ernennen.

Art. 369 Ablehnungsverfahren

¹ Die Parteien können das Ablehnungsverfahren frei vereinbaren.

² Haben sie nichts vereinbart, so ist das Ablehnungsgesuch schriftlich und begründet innert 30 Tagen seit Kenntnis des Ablehnungsgrundes an das abgelehnte Mitglied zu richten und den übrigen Mitgliedern mitzuteilen.

³ Bestreitet das abgelehnte Mitglied die Ablehnung, so kann die gesuchstellende Partei innert 30 Tagen einen Entscheid von der von den Parteien bezeichneten Stelle oder, wenn keine solche bezeichnet wurde, von dem nach Artikel 356 Absatz 2 zuständigen staatlichen Gericht verlangen.

⁴ Haben die Parteien nichts anderes vereinbart, so kann das Schiedsgericht während des Ablehnungsverfahrens das Verfahren ohne Ausschluss der abgelehnten Personen bis und mit Schiedsspruch weiterführen.

⁵ Der Entscheid über die Ablehnung kann nur zusammen mit dem ersten Schiedsspruch angefochten werden.

Art. 370 Abberufung

¹ Jedes Mitglied des Schiedsgerichts kann durch schriftliche Vereinbarung der Parteien abberufen werden.

² Ist ein Mitglied des Schiedsgerichts ausser Stande, seine Aufgabe innert nützlicher Frist oder mit der gehörigen Sorgfalt zu erfüllen, so kann auf Antrag einer Partei die von den Parteien bezeichnete Stelle oder, wenn keine solche bezeichnet wurde, das nach Artikel 356 Absatz 2 zuständige staatliche Gericht dieses Mitglied absetzen.

³ Für die Anfechtung eines solchen Entscheides gilt Artikel 369 Absatz 5.

Art. 371 Ersetzung eines Mitglieds des Schiedsgerichts

¹ Ist ein Mitglied des Schiedsgerichts zu ersetzen, so gilt das gleiche Verfahren wie für seine Ernennung, sofern die Parteien nichts anderes vereinbart haben oder vereinbaren.

² Kann es nicht auf diese Weise ersetzt werden, so wird das neue Mitglied durch das nach Artikel 356 Absatz 2 zuständige staatliche Gericht ernannt, es sei denn, die Schiedsvereinbarung schliesse diese Möglichkeit aus oder falle nach Ausscheiden eines Mitglieds des Schiedsgerichts dahin.

³ Können sich die Parteien nicht darüber einigen, welche Prozesshandlungen, an denen das ersetzte Mitglied mitgewirkt hat, zu wiederholen sind, so entscheidet das neu konstituierte Schiedsgericht.

⁴ Während der Dauer des Ersetzungsverfahrens steht die Frist, innert der das Schiedsgericht seinen Schiedsspruch zu fällen hat, nicht still.

5. Titel: Das Schiedsverfahren

Art. 372 Rechtshängigkeit

¹ Das Schiedsverfahren ist rechtshängig:
  a. sobald eine Partei das in der Schiedsvereinbarung bezeichnete Schiedsgericht anruft; oder
  b. wenn die Vereinbarung kein Schiedsgericht bezeichnet: sobald eine Partei das Verfahren zur Bestellung des Schiedsgerichts oder das von den Parteien vereinbarte vorausgehende Schlichtungsverfahren einleitet.

² Werden bei einem staatlichen Gericht und einem Schiedsgericht Klagen über denselben Streitgegenstand zwischen denselben Parteien rechtshängig gemacht, setzt das zuletzt angerufene Gericht das Verfahren aus, bis das zuerst angerufene Gericht über seine Zuständigkeit entschieden hat.

Art. 373 Allgemeine Verfahrensregeln

¹ Die Parteien können das Schiedsverfahren:
  a. selber regeln;
  b. durch Verweis auf eine schiedsgerichtliche Verfahrensordnung regeln;
  c. einem Verfahrensrecht ihrer Wahl unterstellen.

² Haben die Parteien das Verfahren nicht geregelt, so wird dieses vom Schiedsgericht festgelegt.

³ Die Präsidentin oder der Präsident des Schiedsgerichts kann über einzelne Verfahrensfragen allein entscheiden, wenn eine entsprechende Ermächtigung der Parteien oder der andern Mitglieder des Schiedsgerichts vorliegt.

⁴ Das Schiedsgericht muss die Gleichbehandlung der Parteien und ihren Anspruch auf rechtliches Gehör gewährleisten und ein kontradiktorisches Verfahren durchführen.

⁵ Jede Partei kann sich vertreten lassen.

⁶ Verstösse gegen die Verfahrensregeln sind sofort zu rügen, andernfalls können sie später nicht mehr geltend gemacht werden.

Art. 374 Vorsorgliche Massnahmen, Sicherheit und Schadenersatz

¹ Das staatliche Gericht oder, sofern die Parteien nichts anderes vereinbart haben, das Schiedsgericht kann auf Antrag einer Partei vorsorgliche Massnahmen einschliesslich solcher für die Sicherung von Beweismitteln anordnen.

² Unterzieht sich die betroffene Person einer vom Schiedsgericht angeordneten Massnahme nicht freiwillig, so trifft das staatliche Gericht auf Antrag des Schiedsgerichts oder einer Partei die erforderlichen Anordnungen; stellt eine Partei den Antrag, so muss die Zustimmung des Schiedsgerichts eingeholt werden.

³ Ist ein Schaden für die andere Partei zu befürchten, so kann das Schiedsgericht oder das staatliche Gericht die Anordnung vorsorglicher Massnahmen von der Leistung einer Sicherheit abhängig machen.

⁴ Die gesuchstellende Partei haftet für den aus einer ungerechtfertigten vorsorglichen Massnahme erwachsenen Schaden. Beweist sie jedoch, dass sie ihr Gesuch in guten Treuen gestellt hat, so kann das Gericht die Ersatzpflicht herabsetzen oder gänzlich von ihr entbinden. Die geschädigte Partei kann den Anspruch im hängigen Schiedsverfahren geltend machen.

⁵ Eine geleistete Sicherheit ist freizugeben, wenn feststeht, dass keine Schadenersatzklage erhoben wird; bei Ungewissheit setzt das Schiedsgericht eine Frist zur Klage.

Art. 375 Beweisabnahme und Mitwirkung des staatlichen Gerichts

¹ Das Schiedsgericht nimmt die Beweise selber ab.

² Ist für die Beweisabnahme oder für die Vornahme sonstiger Handlungen des Schiedsgerichts staatliche Rechtshilfe erforderlich, so kann das Schiedsgericht das nach Artikel 356 Absatz 2 zuständige staatliche Gericht um Mitwirkung ersuchen. Mit Zustimmung des Schiedsgerichts kann dies auch eine Partei tun.

³ Die Mitglieder des Schiedsgerichts können an den Verfahrenshandlungen des staatlichen Gerichts teilnehmen und Fragen stellen.

Art. 376 Streitgenossenschaft, Klagenhäufung und Beteiligung Dritter

¹ Ein Schiedsverfahren kann von oder gegen Streitgenossen geführt werden, wenn:
  a. alle Parteien unter sich durch eine oder mehrere übereinstimmende Schiedsvereinbarungen verbunden sind; und
  b. die geltend gemachten Ansprüche identisch sind oder in einem sachlichen Zusammenhang stehen.

² Sachlich zusammenhängende Ansprüche zwischen den gleichen Parteien können im gleichen Schiedsverfahren beurteilt werden, wenn sie Gegenstand übereinstimmender Schiedsvereinbarungen der Parteien sind.

³ Die Intervention einer dritten Person und der Beitritt einer durch Klage streitberufenen Person setzen eine Schiedsvereinbarung zwischen der dritten Person und den Streitparteien voraus und bedürfen der Zustimmung des Schiedsgerichts.

Art. 377 Verrechnung und Widerklage

¹ Erhebt eine Partei die Verrechnungseinrede, so kann das Schiedsgericht die Einrede beurteilen, unabhängig davon, ob die zur Verrechnung gestellte Forderung unter die Schiedsvereinbarung fällt oder ob für sie eine andere Schiedsvereinbarung oder eine Gerichtsstandsvereinbarung besteht.

² Eine Widerklage ist zulässig, wenn sie eine Streitsache betrifft, die unter eine übereinstimmende Schiedsvereinbarung der Parteien fällt.

Art. 378 Kostenvorschuss

¹ Das Schiedsgericht kann einen Vorschuss für die mutmasslichen Verfahrenskosten verlangen und die Durchführung des Verfahrens von dessen Leistung abhängig machen. Soweit die Parteien nichts anderes vereinbart haben, bestimmt es die Höhe des Vorschusses jeder Partei.

² Leistet eine Partei den von ihr verlangten Vorschuss nicht, so kann die andere Partei die gesamten Kosten vorschiessen oder auf das Schiedsverfahren verzichten. Verzichtet sie auf das Schiedsverfahren, so kann sie für diese Streitsache ein neues Schiedsverfahren einleiten oder Klage vor dem staatlichen Gericht erheben.

Art. 379 Sicherstellung der Parteientschädigung

Erscheint die klagende Partei zahlungsunfähig, so kann das Schiedsgericht auf Antrag der beklagten Partei verfügen, dass deren mutmassliche Parteientschädigung innert bestimmter Frist sicherzustellen ist. Für die beklagte Partei gilt Artikel 378 Absatz 2 sinngemäss.

Art. 380 Unentgeltliche Rechtspflege

Die unentgeltliche Rechtspflege ist ausgeschlossen.

6. Titel: Schiedsspruch

Art. 381 Anwendbares Recht

¹ Das Schiedsgericht entscheidet:
   a. nach den Rechtsregeln, welche die Parteien gewählt haben; oder
   b. nach Billigkeit, wenn es von den Parteien dazu ermächtigt worden ist.

² Fehlt eine solche Wahl oder eine solche Ermächtigung, so entscheidet es nach dem Recht, das ein staatliches Gericht anwenden würde.

Art. 382 Beratung und Abstimmung

¹ Bei den Beratungen und Abstimmungen haben alle Mitglieder des Schiedsgerichts mitzuwirken.

² Verweigert ein Mitglied die Teilnahme an einer Beratung oder an einer Abstimmung, so können die übrigen Mitglieder ohne es beraten und entscheiden, sofern die Parteien nichts anderes vereinbart haben.

³ Das Schiedsgericht fällt den Schiedsspruch mit der Mehrheit der Stimmen seiner Mitglieder, es sei denn, die Parteien hätten etwas anderes vereinbart.

⁴ Ergibt sich keine Stimmenmehrheit, so fällt die Präsidentin oder der Präsident den Schiedsspruch.

Art. 383 Zwischen- und Teilschiedssprüche

Haben die Parteien nichts anderes vereinbart, so kann das Schiedsgericht das Verfahren auf einzelne Fragen und Rechtsbegehren beschränken.

Art. 384   Inhalt des Schiedsspruches

¹ Der Schiedsspruch enthält:
   a. die Zusammensetzung des Schiedsgerichts;
   b. die Angabe des Sitzes des Schiedsgerichts;
   c. die Bezeichnung der Parteien und ihrer Vertretung;
   d. die Rechtsbegehren der Parteien oder, bei Fehlen von Anträgen, eine Umschreibung der Streitfrage;
   e. sofern die Parteien nicht darauf verzichtet haben: die Darstellung des Sachverhaltes, die rechtlichen Entscheidungsgründe und gegebenenfalls die Billigkeitserwägungen;
   f. das Dispositiv in der Sache sowie die Höhe und die Verteilung der Verfahrenskosten und der Parteientschädigung;
   g. das Datum des Schiedsspruches.

² Der Schiedsspruch ist zu unterzeichnen; es genügt die Unterschrift der Präsidentin oder der Präsidenten.

Art. 385   Einigung der Parteien

Erledigen die Parteien während des Schiedsverfahrens die Streitsache, so hält das Schiedsgericht auf Antrag die Einigung in Form eines Schiedsspruches fest.

Art. 386   Zustellung und Hinterlegung

¹ Jeder Partei ist ein Exemplar des Schiedsspruches zuzustellen.

² Jede Partei kann auf ihre Kosten beim nach Artikel 356 Absatz 1 zuständigen staatlichen Gericht ein Exemplar des Schiedsspruches hinterlegen.

³ Auf Antrag einer Partei stellt dieses Gericht eine Vollstreckbarkeitsbescheinigung aus.

Art. 387   Wirkungen des Schiedsspruches

Mit der Eröffnung hat der Schiedsspruch die Wirkung eines rechtskräftigen und vollstreckbaren gerichtlichen Entscheids.

Art. 388   Berichtigung, Erläuterung und Ergänzung des Schiedsspruchs

¹ Jede Partei kann beim Schiedsgericht beantragen, dass dieses:
   a. Redaktions- und Rechnungsfehler im Schiedsspruch berichtigt;
   b. bestimmte Teile des Schiedsspruchs erläutert;
   c. einen ergänzenden Schiedsspruch über Ansprüche fällt, die im Schiedsverfahren zwar geltend gemacht, im Schiedsspruch aber nicht behandelt worden sind.

² Der Antrag ist innert 30 Tagen seit Entdecken des Fehlers oder der erläuterungsund ergänzungsbedürftigen Teile des Schiedsspruches zu stellen, spätestens aber innert eines Jahres seit Zustellung des Schiedsspruches.

³ Der Antrag hemmt die Rechtsmittelfristen nicht. Wird eine Partei durch den Ausgang dieses Verfahrens beschwert, so läuft für sie bezüglich dieses Punktes die Rechtsmittelfrist von neuem.

7. Titel: Rechtsmittel
1. Kapitel: Beschwerde

Art. 389 Beschwerde an das Bundesgericht

¹ Der Schiedsspruch unterliegt der Beschwerde an das Bundesgericht.

² Für das Verfahren gelten die Bestimmungen des Bundesgerichtsgesetzes vom 17. Juni 2005[83], soweit dieses Kapitel nichts anderes bestimmt.

Art. 390 Beschwerde an das kantonale Gericht

¹ Die Parteien können durch eine ausdrückliche Erklärung in der Schiedsvereinbarung oder in einer späteren Übereinkunft vereinbaren, dass der Schiedsspruch mit Beschwerde beim nach Artikel 356 Absatz 1 zuständigen kantonalen Gericht angefochten werden kann.

² Für das Verfahren gelten die Artikel 319–327, soweit dieses Kapitel nichts anderes bestimmt. Das kantonale Gericht entscheidet endgültig.

Art. 391 Subsidiarität

Die Beschwerde ist erst nach Ausschöpfung der in der Schiedsvereinbarung vorgesehenen schiedsgerichtlichen Rechtsmittel zulässig.

Art. 392 Anfechtbare Schiedssprüche

Anfechtbar ist:
- a. jeder Teil- oder Endschiedsspruch;
- b. ein Zwischenschiedsspruch aus den in Artikel 393 Buchstaben a und b genannten Gründen.

Art. 393 Beschwerdegründe

Ein Schiedsspruch kann nur angefochten werden, wenn:
- a. die Einzelschiedsrichterin oder der Einzelschiedsrichter vorschriftswidrig ernannt oder das Schiedsgericht vorschriftswidrig zusammengesetzt worden ist;
- b. sich das Schiedsgericht zu Unrecht für zuständig oder für unzuständig erklärt hat;
- c. das Schiedsgericht über Streitpunkte entschieden hat, die ihm nicht unterbreitet wurden, oder wenn es Rechtsbegehren unbeurteilt gelassen hat;
- d. der Grundsatz der Gleichbehandlung der Parteien oder der Grundsatz des rechtlichen Gehörs verletzt wurde;
- e. er im Ergebnis willkürlich ist, weil er auf offensichtlich aktenwidrigen tatsächlichen Feststellungen oder auf einer offensichtlichen Verletzung des Rechts oder der Billigkeit beruht;
- f. die vom Schiedsgericht festgesetzten Entschädigungen und Auslagen der Mitglieder des Schiedsgerichts offensichtlich zu hoch sind.

Art. 394 Rückweisung zur Berichtigung oder Ergänzung

Die Rechtsmittelinstanz kann den Schiedsspruch nach Anhörung der Parteien an das Schiedsgericht zurückweisen und ihm eine Frist zur Berichtigung oder Ergänzung setzen.

---

[83] SR **173.110**

Art. 395 Entscheid

¹ Wird der Schiedsspruch nicht an das Schiedsgericht zurückgewiesen oder von diesem nicht fristgerecht berichtigt oder ergänzt, so entscheidet die Rechtsmittelinstanz über die Beschwerde und hebt bei deren Gutheissung den Schiedsspruch auf.

² Wird der Schiedsspruch aufgehoben, so entscheidet das Schiedsgericht nach Massgabe der Erwägungen im Rückweisungsentscheid neu.

³ Die Aufhebung kann auf einzelne Teile des Schiedsspruches beschränkt werden, sofern die andern nicht davon abhängen.

⁴ Wird der Schiedsspruch wegen offensichtlich zu hoher Entschädigungen und Auslagen angefochten, so kann die Rechtmittelinstanz über diese selber entscheiden.

2. Kapitel: Revision

Art. 396 Revisionsgründe

¹ Eine Partei kann beim nach Artikel 356 Absatz 1 zuständigen staatlichen Gericht die Revision eines Schiedsspruchs verlangen, wenn:
  a. sie nachträglich erhebliche Tatsachen erfährt oder entscheidende Beweismittel findet, die sie im früheren Verfahren nicht beibringen konnte; ausgeschlossen sind Tatsachen und Beweismittel, die erst nach dem Schiedsspruch entstanden sind;
  b. wenn ein Strafverfahren ergeben hat, dass durch ein Verbrechen oder ein Vergehen zum Nachteil der betreffenden Partei auf den Schiedsspruch eingewirkt wurde; eine Verurteilung durch das Strafgericht ist nicht erforderlich; ist das Strafverfahren nicht durchführbar, so kann der Beweis auf andere Weise erbracht werden;
  c. geltend gemacht wird, dass die Klageanerkennung, der Klagerückzug oder der schiedsgerichtliche Vergleich unwirksam ist.

² Die Revision wegen Verletzung der EMRK[84] kann verlangt werden, wenn:
  a. der Europäische Gerichtshof für Menschenrechte in einem endgültigen Urteil festgestellt hat, dass die EMRK oder die Protokolle dazu verletzt worden sind;
  b. eine Entschädigung nicht geeignet ist, die Folgen der Verletzung auszugleichen; und
  c. die Revision notwendig ist, um die Verletzung zu beseitigen.

Art. 397 Fristen

¹ Das Revisionsgesuch ist innert 90 Tagen seit Entdeckung des Revisionsgrundes einzureichen.

² Nach Ablauf von 10 Jahren seit Eintritt der Rechtskraft des Schiedsspruches kann die Revision nicht mehr verlangt werden, ausser im Fall von Artikel 396 Absatz 1 Buchstabe b.

Art. 398 Verfahren

Für das Verfahren gelten die Artikel 330 und 331.

Art. 399 Rückweisung an das Schiedsgericht

¹ Heisst das Gericht das Revisionsgesuch gut, so hebt es den Schiedsspruch auf und weist die Sache zur Neubeurteilung an das Schiedsgericht zurück.

² Ist das Schiedsgericht nicht mehr vollständig, so ist Artikel 371 anwendbar.

---

[84] SR **0.101**

4. Teil: Schlussbestimmungen
1. Titel: Vollzug

Art. 400 Grundsätze

¹ Der Bundesrat erlässt die Ausführungsbestimmungen.

² Er stellt für Gerichtsurkunden und Parteieingaben Formulare zur Verfügung. Die Formulare für die Parteieingaben sind so zu gestalten, dass sie auch von einer rechtsunkundigen Partei ausgefüllt werden können.

³ Er kann den Erlass administrativer und technischer Vorschriften dem Bundesamt für Justiz übertragen.

Art. 401 Pilotprojekte

¹ Die Kantone können mit Genehmigung des Bundesrates Pilotprojekte durchführen.

² Der Bundesrat kann die Zuständigkeit für die Genehmigung dem Bundesamt für Justiz übertragen.

2. Titel: Anpassung von Gesetzen

Art. 402 Aufhebung und Änderung bisherigen Rechts

Die Aufhebung und die Änderung bisherigen Rechts werden in Anhang 1 geregelt.

Art. 403 Koordinationsbestimmungen

Die Koordination von Bestimmungen anderer Erlasse mit diesem Gesetz wird in Anhang 2 geregelt.

3. Titel: Übergangsbestimmungen

Art. 404 Weitergelten des bisherigen Rechts

¹ Für Verfahren, die bei Inkrafttreten dieses Gesetzes rechtshängig sind, gilt das bisherige Verfahrensrecht bis zum Abschluss vor der betroffenen Instanz.

² Die örtliche Zuständigkeit bestimmt sich nach dem neuen Recht. Eine bestehende Zuständigkeit nach dem alten Recht bleibt erhalten.

Art. 405 Rechtsmittel

¹ Für die Rechtsmittel gilt das Recht, das bei der Eröffnung des Entscheides in Kraft ist.

² Für die Revision von Entscheiden, die unter dem bisherigen Recht eröffnet worden sind, gilt das neue Recht.

Art. 406 Gerichtsstandsvereinbarung

Die Gültigkeit einer Gerichtsstandsvereinbarung bestimmt sich nach dem Recht, das zur Zeit ihres Abschlusses gegolten hat.

Art. 407 Schiedsgerichtsbarkeit

¹ Die Gültigkeit von Schiedsvereinbarungen, die vor Inkrafttreten dieses Gesetzes geschlossen wurden, beurteilt sich nach dem für sie günstigeren Recht.

² Für Schiedsverfahren, die bei Inkrafttreten dieses Gesetzes rechtshängig sind, gilt das bisherige Recht. Die Parteien können jedoch die Anwendung des neuen Rechts vereinbaren.

Anhang

³ Für die Rechtsmittel gilt das Recht, das bei der Eröffnung des Schiedsspruches in Kraft ist.

⁴ Für Verfahren vor den nach Artikel 356 zuständigen staatlichen Gerichten, die bei Inkrafttreten dieses Gesetzes rechtshängig sind, gilt das bisherige Recht.

4. Titel: Referendum und Inkrafttreten

Art. 408

¹ Dieses Gesetz untersteht dem fakultativen Referendum.

² Der Bundesrat bestimmt das Inkrafttreten.

Ständerat, 19. Dezember 2008	Nationalrat, 19. Dezember 2008
Der Präsident: Alain Berset	Die Präsidentin: Chiara Simoneschi-Cortesi
Der Sekretär: Philippe Schwab	Der Sekretär: Pierre-Hervé Freléchoz

Datum der Veröffentlichung: 6. Januar 2009[85]

Ablauf der Referendumsfrist: 16. April 2009

---

[85] BBl **2009** 21

Anhang 1
(Art. 402)

Aufhebung und Änderung bisherigen Rechts

I. Aufhebung bisherigen Rechts

Das Gerichtsstandsgesetz vom 24. März 2000[86] wird aufgehoben.

II. Änderung bisherigen Rechts

Die nachstehenden Bundesgesetze werden wie folgt geändert:

1. Gleichstellungsgesetz vom 24. März 1995[87]

Art. 11 und 12
Aufgehoben

2. Bundesgerichtsgesetz vom 17. Juni 2005[88]

Art. 74 Abs. 2 Bst. b

² Erreicht der Streitwert den massgebenden Betrag nach Absatz 1 nicht, so ist die Beschwerde dennoch zulässig:

    b. wenn ein Bundesgesetz eine einzige kantonale Instanz vorsieht;

Art. 75 Abs. 2 Bst. a und c

² Die Kantone setzen als letzte kantonale Instanzen obere Gerichte ein. Diese entscheiden als Rechtsmittelinstanzen; ausgenommen sind die Fälle, in denen:

    a. ein Bundesgesetz eine einzige kantonale Instanz vorsieht;
    c. eine Klage mit einem Streitwert von mindestens 100 000 Franken mit Zustimmung aller Parteien direkt beim oberen Gericht eingereicht wurde.

Art. 76 Abs. 1 Bst. b und Abs. 2

¹ Zur Beschwerde in Zivilsachen ist berechtigt, wer:

    b. durch den angefochtenen Entscheid besonders berührt ist und ein schutzwürdiges Interesse an dessen Aufhebung oder Änderung hat.

² Gegen Entscheide nach Artikel 72 Absatz 2 steht das Beschwerderecht auch der Bundeskanzlei, den Departementen des Bundes oder, soweit das Bundesrecht es vorsieht, den ihnen unterstellten Dienststellen zu, wenn der angefochtene Entscheid die Bundesgesetzgebung in ihrem Aufgabenbereich verletzen kann.

---

[86] AS **2000** 2355, **2004** 2617, **2005** 5685, **2006** 5379
[87] SR **151.1**
[88] SR **173.110**

Art. 77 Sachüberschrift und Abs. 1 und 2

Schiedsgerichtsbarkeit

¹ Die Beschwerde in Zivilsachen ist zulässig gegen Entscheide von Schiedsgerichten:
   a. in der internationalen Schiedsgerichtsbarkeit unter den Voraussetzungen der Artikel 190–192 des Bundesgesetzes vom 18. Dezember 1987[89] über das Internationale Privatrecht;
   b. in der nationalen Schiedsgerichtsbarkeit unter den Voraussetzungen der Artikel 389–395 der Zivilprozessordnung vom 19. Dezember 2008[90].

² Die Artikel 48 Absatz 3, 90–98, 103 Absatz 2, 105 Absatz 2, 106 Absatz 1 sowie 107 Absatz 2, soweit dieser dem Bundesgericht erlaubt, in der Sache selbst zu entscheiden, sind in diesen Fällen nicht anwendbar.

Art. 100 Abs. 6, 111 Abs. 3 zweiter Satz
Aufgehoben

3. Zivilgesetzbuch[91]

Art. 10, 28c–28f, 28l Abs. 3 und 4, 110, 112 Abs. 3, 113, 116, 117 Abs. 2
Aufgehoben

Vierter Abschnitt (Art. 135–149)
Aufgehoben

Art. 208 Abs. 2
Aufgehoben

Art. 230 Abs. 2

² Kann der Ehegatte diese Zustimmung nicht einholen oder wird sie ihm ohne triftigen Grund verweigert, so kann er das Gericht anrufen.

Art. 254 und 280–284
Aufgehoben

Art. 295 Abs. 1 Einleitungssatz

¹ Die Mutter kann spätestens bis ein Jahr nach der Geburt gegen den Vater oder dessen Erben auf Ersatz klagen:

Art. 598 Abs. 2
Aufgehoben

Art. 618 Abs. 1

¹ Können sich die Erben über den Anrechnungswert nicht verständigen, so wird er durch amtlich bestellte Sachverständige geschätzt.

---

[89] SR **291**
[90] SR ...; BBl **2009** 21
[91] SR **210**

Art. 712c Abs. 3

³ Die Einsprache ist unwirksam, wenn sie ohne wichtigen Grund erhoben worden ist.

Art. 961 Abs. 3

³ Über das Begehren entscheidet das Gericht und bewilligt, nachdem der Ansprecher seine Berechtigung glaubhaft gemacht hat, die Vormerkung, indem es deren Wirkung zeitlich und sachlich genau feststellt und nötigenfalls zur gerichtlichen Geltendmachung der Ansprüche eine Frist ansetzt.

Schlusstitel

Art. 54 Abs. 3

³ Soweit nicht die Zivilprozessordnung vom 19. Dezember 2008[92] anwendbar ist, regeln die Kantone das Verfahren.

4. Partnerschaftsgesetz vom 18. Juni 2004[93]

3. Abschnitt (Art. 35)
Aufgehoben

5. Obligationenrecht[94]

Art. 97 Abs. 2

² Für die Vollstreckung gelten die Bestimmungen des Bundesgesetzes vom 11. April 1889[95] über Schuldbetreibung und Konkurs sowie der Zivilprozessordnung vom 19. Dezember 2008[96] (ZPO).

Art. 135 Ziff. 2

Die Verjährung wird unterbrochen:
   2. durch Schuldbetreibung, durch Schlichtungsgesuch, durch Klage oder Einrede vor einem staatlichen Gericht oder einem Schiedsgericht sowie durch Eingabe im Konkurs.

Art. 138 Abs. 1

¹ Wird die Verjährung durch Schlichtungsgesuch, Klage oder Einrede unterbrochen, so beginnt die Verjährung von Neuem zu laufen, wenn der Rechtsstreit vor der befassten Instanz abgeschlossen ist.

Art. 139
Aufgehoben

---

[92] SR ...; BBl **2009** 21
[93] SR **211.231**
[94] SR **220**
[95] SR **281.1**
[96] SR ...; BBl **2009** 21

Anhang

Art. 193

2. Verfahren
a. Streitverkündung

¹ Die Voraussetzungen und Wirkungen der Streitverkündung richten sich nach der ZPO[97].

² Ist die Streitverkündung ohne Veranlassung des Verkäufers unterblieben, so wird dieser von der Verpflichtung zur Gewährleistung insoweit befreit, als er zu beweisen vermag, dass bei rechtzeitig erfolgter Streitverkündung ein günstigeres Ergebnis des Prozesses zu erlangen gewesen wäre.

Art. 259i

c. Verfahren

Das Verfahren richtet sich nach der ZPO[98].

Art. 273 Randtitel und Abs. 4 und 5

C. Fristen und Verfahren

⁴ Das Verfahren vor der Schlichtungsbehörde richtet sich nach der ZPO[99].

⁵ Weist die zuständige Behörde ein Begehren des Mieters betreffend Anfechtung der Kündigung ab, so prüft sie von Amtes wegen, ob das Mietverhältnis erstreckt werden kann.

Vierter Abschnitt (Art. 274–274g)
Aufgehoben

Art. 276a Abs. 2

² Im Übrigen gilt das Obligationenrecht mit Ausnahme der Bestimmungen über die Pacht von Wohn- und Geschäftsräumen.

Art. 301

Q. Verfahren

Das Verfahren richtet sich nach der ZPO[100].

Art. 331e Abs. 6

⁶ Werden Ehegatten vor Eintritt eines Vorsorgefalles geschieden, so gilt der Vorbezug als Freizügigkeitsleistung und wird nach den Artikeln 122 und 123 des Zivilgesetzbuches[101], nach Artikel 280 ZPO[102] und Artikel 22 des Freizügigkeitsgesetzes vom 17. Dezember 1993[103] geteilt. Die gleiche Regelung gilt bei gerichtlicher Auflösung einer eingetragenen Partnerschaft.

Art. 343
Aufgehoben

---

[97] SR …; BBl **2009** 21
[98] SR …; BBl **2009** 21
[99] SR …; BBl **2009** 21
[100] SR …; BBl **2009** 21
[101] SR **210**
[102] SR …; BBl **2009** 21
[103] SR **831.42**

Art. 396 Abs. 3

³ Einer besonderen Ermächtigung bedarf der Beauftragte, wenn es sich darum handelt, einen Vergleich abzuschliessen, ein Schiedgericht anzunehmen, wechselrechtliche Verbindlichkeiten einzugehen, Grundstücke zu veräussern oder zu belasten oder Schenkungen zu machen.

Art. 697 Abs. 4

⁴ Wird die Auskunft oder die Einsicht ungerechtfertigterweise verweigert, so ordnet das Gericht sie auf Antrag an.

Art. 697h Abs. 2 zweiter Satz, 706a Abs. 3, 756 Abs. 2, 957 Abs. 4 und 963
Aufgehoben

Art. 1165 Abs. 3 und 4

³ Entspricht der Schuldner diesem Begehren nicht, so kann das Gericht die Gesuchsteller ermächtigen, von sich aus eine Gläubigerversammlung einzuberufen. Zwingend zuständig ist das Gericht am gegenwärtigen oder letzten Sitz des Schuldners in der Schweiz.

⁴ Hat oder hatte der Schuldner nur eine Niederlassung in der Schweiz, so ist das Gericht am Ort dieser Niederlassung zwingend zuständig.

6. Bundesgesetz vom 28. März 1905[104] über die Haftpflicht der Eisenbahn- und Dampfschifffahrtsunternehmungen und der Schweizerischen Post

Art. 20 und 22
Aufgehoben

7. Bundesgesetz vom 4. Oktober 1985[105] über die landwirtschaftliche Pacht

Art. 1 Abs. 4

⁴ Soweit dieses Gesetz nicht anwendbar ist oder keine besondern Vorschriften enthält, gilt das Obligationenrecht, mit Ausnahme der Bestimmungen über die Pacht von Wohn- und Geschäftsräumen und über die Hinterlegung des Pachtzinses.

Art. 47   Verfahren

Soweit dieses Gesetz das verwaltungsrechtliche Verfahren nicht regelt, ordnen es die Kantone; für zivilrechtliche Klagen gelten die Bestimmungen der Zivilprozessordnung vom 19. Dezember 2008[106].

Art. 48
Aufgehoben

---

[104] SR **221.112.742**
[105] SR **221.213.2**
[106] SR ...; BBl **2009** 21

8. Versicherungsvertragsgesetz vom 2. April 1908[107]

Art. 13 Abs. 1
Aufgehoben

9. Urheberrechtsgesetz vom 9. Oktober 1992[108]

Art. 64
Aufgehoben

Art. 65   Vorsorgliche Massnahmen

Ersucht eine Person um die Anordnung vorsorglicher Massnahmen, so kann sie insbesondere verlangen, dass das Gericht Massnahmen anordnet:
   a. zur Beweissicherung,
   b. zur Ermittlung der Herkunft widerrechtlich hergestellter oder in Verkehr gebrachter Gegenstände;
   c. zur Wahrung des bestehenden Zustandes; oder
   d. zur vorläufigen Vollstreckung von Unterlassungs- und Beseitigungsansprüchen.

10. Markenschutzgesetz vom 28. August 1992[109]

Art. 42

Wer an einem Verwaltungsverfahren nach diesem Gesetz beteiligt ist und in der Schweiz keinen Wohnsitz oder Sitz hat, muss eine hier niedergelassene Vertretung bestellen.

Art. 58
Aufgehoben

Art. 59   Vorsorgliche Massnahmen

Ersucht eine Person um die Anordnung vorsorglicher Massnahmen, so kann sie insbesondere verlangen, dass das Gericht Massnahmen anordnet:
   a. zur Beweissicherung;
   b. zur Ermittlung der Herkunft widerrechtlich mit der Marke oder der Herkunftsangabe versehener Gegenstände;
   c. zur Wahrung des bestehenden Zustandes; oder
   d. zur vorläufigen Vollstreckung von Unterlassungs- und Beseitigungsansprüchen.

11. Designgesetz vom 5. Oktober 2001[110]

Art. 18

Wer an einem Verwaltungsverfahren nach diesem Gesetz beteiligt ist und in der Schweiz keinen Wohnsitz oder Sitz hat, muss eine hier niedergelassene Vertretung bestellen.

---

[107] SR **221.229.1**
[108] SR **231.1**
[109] SR **232.11**
[110] SR **232.12**

Art. 37

Aufgehoben

Art. 38 Vorsorgliche Massnahmen

Ersucht eine Person um die Anordnung vorsorglicher Massnahmen, so kann sie insbesondere verlangen, dass das Gericht Massnahmen anordnet:

a. zur Beweissicherung;
b. zur Ermittlung der Herkunft widerrechtlich hergestellter Gegenstände;
c. zur Wahrung des bestehenden Zustandes; oder
d. zur vorläufigen Vollstreckung von Unterlassungs- und Beseitigungsansprüchen.

12. Patentgesetz vom 25. Juni 1954[111]

Art. 13 Abs. 1 Einleitungssätze

¹ Wer in der Schweiz keinen Wohnsitz hat, muss einen Vertreter mit Zustelldomizil in der Schweiz bestellen, der ihn in Verfahren nach diesem Gesetz vor den Verwaltungsbehörden vertritt. Keiner Vertretung bedürfen jedoch:

Art. 73 Abs. 2 und 76

Aufgehoben

Art. 77

Vorsorgliche Massnahmen

Ersucht eine Person um die Anordnung vorsorglicher Massnahmen, so kann sie insbesondere verlangen, dass das Gericht anordnet:

a. eine genaue Beschreibung:
   1. der angeblich widerrechtlich angewendeten Verfahren,
   2. der hergestellten Erzeugnisse und der zur Herstellung dienenden Einrichtungen und Geräte; oder
b. die Beschlagnahme dieser Gegenstände.

Art. 79 und 80

Aufgehoben

13. Sortenschutzgesetz vom 20. März 1975[112]

Art. 3 Auslandswohnsitz

Wer in der Schweiz weder Wohnsitz noch Sitz hat, muss eine in der Schweiz niedergelassene Vertretung bestellen, die ihn in Verfahren nach diesem Gesetz vor den Verwaltungsbehörden vertritt.

Art. 39, 40 und 42

Aufgehoben

---

[111] SR **232.14**
[112] SR **232.16**

Art. 43   Vorsorgliche Massnahmen

Ersucht eine Person um die Anordnung vorsorglicher Massnahmen, so kann sie insbesondere verlangen, dass das Gericht Massnahmen anordnet:

a. zur Beweissicherung;

b. zur Ermittlung der Herkunft von Material, das mit der Sortenbezeichnung einer in der Schweiz geschützten Sorte versehen ist;

c. zur Wahrung des bestehenden Zustandes; oder

d. zur vorläufigen Vollstreckung von Unterlassungs- und Beseitigungsansprüchen.

14. Bundesgesetz vom 19. Juni 1992[113] über den Datenschutz

Art. 15   Rechtsansprüche

[1] Klagen zum Schutz der Persönlichkeit richten sich nach den Artikeln 28, 28a sowie 28l des Zivilgesetzbuchs[114]. Die klagende Partei kann insbesondere verlangen, dass die Datenbearbeitung gesperrt wird, keine Daten an Dritte bekannt gegeben oder die Personendaten berichtigt oder vernichtet werden.

[2] Kann weder die Richtigkeit noch die Unrichtigkeit von Personendaten dargetan werden, so kann die klagende Partei verlangen, dass bei den Daten ein entsprechender Vermerk angebracht wird.

[3] Die klagende Partei kann zudem verlangen, dass die Berichtigung, die Vernichtung, die Sperre, namentlich die Sperre der Bekanntgabe an Dritte, der Vermerk über die Bestreitung oder das Urteil Dritten mitgeteilt oder veröffentlicht wird.

[4] Über Klagen zur Durchsetzung des Auskunftsrechts entscheidet das Gericht im vereinfachten Verfahren nach der Zivilprozessordnung vom 19. Dezember 2008[115].

15. Bundesgesetz vom 19. Dezember 1986[116] gegen den unlauteren Wettbewerb

Gliederungstitel vor Art. 9

2. Abschnitt: Prozessrechtliche Bestimmungen

Art. 9 Sachüberschrift

Klageberechtigung

Art. 10   Sachüberschrift

Klageberechtigung von Kunden und Organisationen sowie des Bundes

Gliederungstitel vor Art. 12
Aufgehoben

Art. 12, 13, 13a Abs. 2, 14 und 15
Aufgehoben

---

[113] SR **235.1**
[114] SR **210**
[115] SR ...; BBl **2009** 21
[116] SR **241**

16. Kartellgesetz vom 6. Oktober 1995[117]

Art. 14, 16 und 17

Aufgehoben

17. Bundesgesetz vom 11. April 1889[118] über Schuldbetreibung und Konkurs

Ersatz von Ausdrücken

¹ In Artikel 8a Absatz 3 Buchstabe a wird der Ausdruck «Urteils» durch «gerichtlichen Entscheids» ersetzt.

² In den Artikeln 153a Absatz 2, 271 Absatz 1 Ziffer 4 und 279 Absätze 2 und 4 wird der Ausdruck «Urteil» durch «Entscheid» ersetzt, unter allfälliger Anpassung der grammatischen Form.

Art. 15   Abs. 4 und 5

⁴ Aufgehoben

⁵ Er koordiniert die elektronische Kommunikation zwischen den Betreibungs- und Konkursämtern, den Grundbuch- und Handelsregisterämtern, den Gerichten und dem Publikum.

Art. 25

Aufgehoben

Art. 29

Aufgehoben

Art. 31

A. Fristen
1. Im Allgemeinen

Für die Berechnung, die Einhaltung und den Lauf der Fristen gelten die Bestimmungen der Zivilprozessordnung vom 19. Dezember 2008[119] (ZPO), sofern dieses Gesetz nichts anderes bestimmt.

Art. 32 Abs. 1, 2 und 3

¹ Aufgehoben

² Eine Frist ist auch dann gewahrt, wenn vor ihrem Ablauf ein unzuständiges Betreibungs- oder Konkursamt angerufen wird; dieses überweist die Eingabe unverzüglich dem zuständigen Amt.

³ Aufgehoben

Art. 33a

A[bis]. Elektronische Eingaben

¹ Eingaben können den Betreibungs- und Konkursämtern und den Aufsichtsbehörden elektronisch eingereicht werden.

---

[117] SR **251**
[118] SR **281.1**
[119] SR …; BBl **2009** 21

Anhang

² Das Dokument, das die Eingabe und die Beilagen enthält, muss mit einer anerkannten elektronischen Signatur der Absenderin oder des Absenders versehen sein. Der Bundesrat bestimmt die Einzelheiten.

³ Die Betreibungs- und Konkursämter und die Aufsichtsbehörden können verlangen, dass die Eingabe und die Beilagen in Papierform nachgereicht wird.

Art. 34

B. Zustellung
1. Schriftlich und elektronisch

¹ Die Zustellung von Mitteilungen, Verfügungen und Entscheiden der Betreibungs- und Konkursämter sowie der Aufsichtsbehörden erfolgen durch eingeschriebene Postsendung oder auf andere Weise gegen Empfangsbestätigung, sofern dieses Gesetz nichts anderes bestimmt.

² Mit dem Einverständnis der betroffenen Person kann die Zustellung elektronisch erfolgen. Der Bundesrat bestimmt die Einzelheiten.

Art. 56

A. Grundsätze

¹ Ausser im Arrestverfahren oder wenn es sich um unaufschiebbare Massnahmen zur Erhaltung von Vermögensgegenständen handelt, dürfen Betreibungshandlungen nicht vorgenommen werden:

    a. in den geschlossenen Zeiten, nämlich zwischen 20 Uhr und 7 Uhr sowie an Sonntagen und staatlich anerkannten Feiertagen;

    b. während der Betreibungsferien, nämlich:
       1. vom siebten Tag vor Ostern bis und mit dem siebten Tag nach Ostern,
       2. vom 15. Juli bis und mit dem 15. August,
       3. vom 18. Dezember bis und mit dem 2. Januar;

    c. gegen einen Schuldner, dem der Rechtsstillstand (Art. 57–62) gewährt ist.

² In der Wechselbetreibung gibt es keine Betreibungsferien.

Art. 79

D. Beseitigung des Rechtsvorschlages
1. Im Zivilprozess oder im Verwaltungsverfahren

Ein Gläubiger, gegen dessen Betreibung Rechtsvorschlag erhoben worden ist, hat seinen Anspruch im Zivilprozess oder im Verwaltungsverfahren geltend zu machen. Er kann die Fortsetzung der Betreibung nur aufgrund eines vollstreckbaren Entscheids erwirken, der den Rechtsvorschlag ausdrücklich beseitigt.

Art. 80 Abs. 1 sowie 2 Einleitungssatz und Ziff. 1bis, 2 und 3

¹ Beruht die Forderung auf einem vollstreckbaren gerichtlichen Entscheid, so kann der Gläubiger beim Richter die Aufhebung des Rechtsvorschlags (definitive Rechtsöffnung) verlangen.

² Gerichtlichen Entscheiden gleichgestellt sind:

    1bis. vollstreckbare öffentliche Urkunden nach den Artikeln 347–352 ZPO[120];
    2. Verfügungen schweizerischer Verwaltungsbehörden;
    3. Aufgehoben

---

[120] SR …; BBl **2009** 21

Art. 81

b. Einwendungen

¹ Beruht die Forderung auf einem vollstreckbaren Entscheid eines schweizerischen Gerichts oder einer schweizerischen Verwaltungsbehörde, so wird die definitive Rechtsöffnung erteilt, wenn nicht der Betriebene durch Urkunden beweist, dass die Schuld seit Erlass des Entscheids getilgt oder gestundet worden ist, oder die Verjährung anruft.

² Beruht die Forderung auf einer vollstreckbaren öffentlichen Urkunde, so kann der Betriebene weitere Einwendungen gegen die Leistungspflicht geltend machen, sofern sie sofort beweisbar sind.

³ Ist ein Entscheid in einem andern Staat ergangen, so kann der Betriebene überdies die Einwendungen geltend machen, die im betreffenden Staatsvertrag oder, wenn ein solcher fehlt, im Bundesgesetz vom 18. Dezember 1987[121] über das Internationale Privatrecht vorgesehen sind.

Art. 85a Randtitel und Abs. 4

2. Im ordentlichen und im vereinfachten Verfahren

⁴ *Aufgehoben*

Art. 86 Abs. 1

¹ Wurde der Rechtsvorschlag unterlassen oder durch Rechtsöffnung beseitigt, so kann derjenige, welcher infolgedessen eine Nichtschuld bezahlt hat, innerhalb eines Jahres nach der Zahlung auf dem Prozesswege den bezahlten Betrag zurückfordern.

Art. 109 Abs. 4 zweiter Satz, 111 Abs. 5 zweiter Satz, 148 Abs. 2

Aufgehoben

Art. 174

4. Beschwerde

¹ Der Entscheid des Konkursgerichts kann innert 10 Tagen mit Beschwerde nach der ZPO[122] angefochten werden. Die Parteien können dabei neue Tatsachen geltend machen, wenn diese vor dem erstinstanzlichen Entscheid eingetreten sind.

² Die Rechtsmittelinstanz kann die Konkurseröffnung aufheben, wenn der Schuldner seine Zahlungsfähigkeit glaubhaft macht und durch Urkunden beweist, dass inzwischen:
 1. die Schuld, einschliesslich der Zinsen und Kosten, getilgt ist;
 2. der geschuldete Betrag bei der Rechtsmittelinstanz zuhanden des Gläubigers hinterlegt ist; oder
 3. der Gläubiger auf die Durchführung des Konkurses verzichtet.

³ Wird der Beschwerde aufschiebende Wirkung gewährt, sind zum Schutz der Gläubiger die notwendigen vorsorglichen Massnahmen zu treffen.

Art. 185

7. Rechtsmittel

Der Entscheid über die Bewilligung des Rechtsvorschlages kann innert 5 Tagen mit Beschwerde nach der ZPO[123] angefochten werden.

---

[121] SR **291**
[122] SR ...; BBl **2009** 21
[123] SR ...; BBl **2009** 21

Art. 250 Abs. 3

Aufgehoben

Art. 265a Abs. 1 und 4

¹ Erhebt der Schuldner Rechtsvorschlag mit der Begründung, er sei nicht zu neuem Vermögen gekommen, so legt das Betreibungsamt den Rechtsvorschlag dem Richter des Betreibungsortes vor. Dieser hört die Parteien an und entscheidet; gegen den Entscheid ist kein Rechtsmittel zulässig.

⁴ Der Schuldner und der Gläubiger können innert 20 Tagen nach der Eröffnung des Entscheides über den Rechtsvorschlag beim Richter des Betreibungsortes Klage auf Bestreitung oder Feststellung des neuen Vermögens einreichen.

Art. 278 Abs. 3

³ Der Einspracheentscheid kann mit Berufung oder mit Beschwerde nach der ZPO[124] angefochten werden. Vor der Rechtsmittelinstanz können neue Tatsachen geltend gemacht werden.

Art. 284 dritter Satz

… Über streitige Fälle entscheidet der Richter.

Art. 294 Randtitel, Abs. 3 und 4

2. Ladung, Entscheid und Beschwerde

³ Der Schuldner und der gesuchstellende Gläubiger können den Entscheid des Nachlassgerichts mit Beschwerde nach der ZPO[125] anfechten.

⁴ Soweit der Entscheid die Ernennung des Sachwalters betrifft, ist jeder Gläubiger zur Beschwerde legitimiert.

Art. 307

3. Beschwerde

Der Entscheid über den Nachlassvertrag kann mit Beschwerde nach der ZPO[126] angefochten werden.

Art. 340 Randtitel, Abs. 1 und 3

3. Beschwerde

¹ Der Schuldner und jeder Gläubiger können den Entscheid mit Beschwerde nach der ZPO[127] anfechten.

³ Eine vom Nachlassgericht bewilligte Notstundung besitzt Wirksamkeit bis zum endgültigen Entscheid der Rechtsmittelinstanz.

Art. 348 Abs. 2 zweiter Satz

² … Das Nachlassgericht entscheidet nach Vornahme der allfällig noch notwendigen Erhebungen auf Grund der Akten, ebenso die Rechtsmittelinstanz im Fall der Beschwerde. …

---

[124] SR …; BBl **2009** 21
[125] SR …; BBl **2009** 21
[126] SR …; BBl **2009** 21
[127] SR …; BBl **2009** 21

18. Bundesgesetz vom 18. Dezember 1987[128] über das Internationale Privatrecht

Art. 10

IX. Vorsorgliche Massnahmen

Zuständig zur Anordnung vorsorglicher Massnahmen sind:
  a. die schweizerischen Gerichte oder Behörden, die in der Hauptsache zuständig sind; oder
  b. die schweizerischen Gerichte und Behörden am Ort, an dem die Massnahme vollstreckt werden soll.

Art. 11

X. Rechtshilfe
1. Vermittlung der Rechtshilfe

Die Rechtshilfe zwischen der Schweiz und anderen Staaten wird durch das Bundesamt für Justiz vermittelt.

Art. 11a

2. Anwendbares Recht

¹ Rechtshilfehandlungen, die in der Schweiz durchzuführen sind, werden nach schweizerischem Recht vorgenommen.

² Auf Begehren der ersuchenden Behörde können auch ausländische Verfahrensformen angewendet oder berücksichtigt werden, wenn es für die Durchsetzung eines Rechtsanspruchs im Ausland notwendig ist und nicht wichtige Gründe auf Seiten des Betroffenen entgegenstehen.

³ Die schweizerischen Gerichte oder Behörden können Urkunden nach einer Form des ausländischen Rechts ausstellen oder einem Gesuchsteller die eidesstattliche Erklärung abnehmen, wenn eine Form nach schweizerischem Recht im Ausland nicht anerkannt wird und deshalb ein schützenswerter Rechtsanspruch dort nicht durchgesetzt werden könnte.

⁴ Bei Rechtshilfeersuchen um Zustellung oder um Beweiserhebung in die Schweiz und aus der Schweiz ist die Haager Übereinkunft vom 1. März 1954[129] betreffend Zivilprozessrecht anwendbar.

Art. 11b

3. Kostenvorschuss und Sicherheit für die Parteientschädigung

Der Kostenvorschuss und die Sicherheit für die Parteientschädigung richten sich nach der Zivilprozessordnung vom 19. Dezember 2008[130] (ZPO).

Art. 11c

4. Unentgeltliche Rechtspflege

Den Personen mit Wohnsitz im Ausland wird die unentgeltliche Rechtspflege unter den gleichen Voraussetzungen gewährt wie den Personen mit Wohnsitz in der Schweiz.

Art. 12

Aufgehoben

---

[128] SR **291**
[129] SR **0.274.12**
[130] SR ...; BBl **2009** 21

Art. 151 Abs. 4

⁴ Für Stimmrechtssuspendierungsklagen nach dem Börsengesetz vom 24. März 1995[131] sind die schweizerischen Gerichte am Sitz der Zielgesellschaft zuständig.

Art. 176 Abs. 2

² Die Parteien können die Geltung dieses Kapitels durch eine ausdrückliche Erklärung in der Schiedsvereinbarung oder in einer späteren Übereinkunft ausschliessen und die Anwendung des dritten Teils der ZPO[132] vereinbaren.

Art. 179 Abs. 2

² Fehlt eine solche Vereinbarung, so kann der Richter am Sitz des Schiedsgerichts angerufen werden; er wendet sinngemäss die Bestimmungen der ZPO[133] über die Ernennung, Abberufung oder Ersetzung der Mitglieder des Schiedsgerichts an.

19. Kernenergiehaftpflichtgesetz vom 18. März 1983[134]

Art. 23 und 25
Aufgehoben

Art. 26 Abs. 1

¹ Das Gericht stellt den Sachverhalt von Amtes wegen fest. Es ist an die Begehren der Parteien nicht gebunden.

20. Kernenergiehaftpflichtgesetz vom 13. Juni 2008[135]

Art. 21
Aufgehoben

Art. 22 Abs. 1

¹ Das Gericht stellt den Sachverhalt von Amtes wegen fest. Es ist an die Begehren der Parteien nicht gebunden.

21. Strassenverkehrsgesetz vom 19. Dezember 1958[136]

Art. 86
Aufgehoben

---

[131] SR **954.1**
[132] SR ...; BBl **2009** 21
[133] SR ...; BBl **2009** 21
[134] SR **732.44**
[135] SR ...; BBl **2008** 5339 5341
[136] SR **741.01**

22. Bundesgesetz vom 28. September 1923[137] über das Schiffsregister

Art. 37 und 52
Aufgehoben

23. Bundesgesetz vom 3. Oktober 1975[138] über die Binnenschifffahrt

7. Kapitel (Art. 39)
Aufgehoben

24. Seeschifffahrtsgesetz vom 23. September 1953[139]

Art. 16
Aufgehoben

25. Luftfahrtgesetz vom 21. Dezember 1948[140]

Art. 67, 82–84
Aufgehoben

26. Bundesgesetz vom 7. Oktober 1959[141] über das Luftfahrzeugbuch

Gliederungstitel vor Art. 61

Fünfter Abschnitt: Strafbestimmungen

Art. 61 und 62
Aufgehoben

27. Mitwirkungsgesetz vom 17. Dezember 1993[142]

Art. 15 Abs. 3
Aufgehoben

28. Arbeitsvermittlungsgesetz vom 6. Oktober 1989[143]

2. Kapitel 3. Abschnitt (Art. 10)
Aufgehoben

---

[137] SR **747.11**
[138] SR **747.201**
[139] SR **747.30**
[140] SR **748.0**
[141] SR **748.217.1**
[142] SR **822.14**
[143] SR **823.11**

3. Kapitel 3. Abschnitt (Art. 23)

Aufgehoben

29. Bundesgesetz vom 25. Juni 1982[144] über die berufliche Alters-, Hinterlassenen- und Invalidenvorsorge

Art. 30c Abs. 6

[6] Werden Ehegatten vor Eintritt eines Vorsorgefalles geschieden, so gilt der Vorbezug als Freizügigkeitsleistung und wird nach den Artikeln 122 und 123 des Zivilgesetzbuches[145], nach Artikel 280 der Zivilprozessordnung vom 19. Dezember 2008[146] und Artikel 22 FZG[147] geteilt.

30. Freizügigkeitsgesetz vom 17. Dezember 1993[148]

Art. 22 Abs. 1

[1] Bei Ehescheidung werden die für die Ehedauer zu ermittelnden Austrittsleistungen nach den Artikeln 122 und 123 des Zivilgesetzbuches[149] (ZGB) sowie den Artikeln 280 und 281 der Zivilprozessordnung vom 19. Dezember 2008[150] (ZPO) geteilt; die Artikel 3–5 sind auf den zu übertragenden Betrag sinngemäss anwendbar.

Art. 25a Abs. 1

[1] Können sich die Ehegatten über die bei der Ehescheidung zu übertragende Austrittsleistung (Art. 122, 123 ZGB[151]) nicht einigen, so hat das am Ort der Scheidung nach Artikel 73 Absatz 1 des BVG[152] zuständige Gericht gestützt auf den vom Scheidungsgericht bestimmten Teilungsschlüssel die Teilung von Amtes wegen durchzuführen, nachdem ihm die Streitsache überwiesen worden ist (Art. 281 Abs. 3 ZPO[153]).

31. Versicherungsaufsichtsgesetz vom 17. Dezember 2004[154]

Art. 85 Abs. 2 und 3

Aufgehoben

---

[144] SR **831.40**
[145] SR **210**
[146] SR …; BBl **2009** 21
[147] SR **831.42**
[148] SR **831.42**
[149] SR **210**
[150] SR …; BBl **2009** 21
[151] SR **210**
[152] SR **831.40**
[153] SR …; BBl **2009** 21
[154] SR **961.01**

Anhang 2
(Art. 403)

Koordinationsbestimmungen

1. Koordination der Zivilprozessordnung mit dem neuen Kernenergiehaftpflichtgesetz

Unabhängig davon, ob das Kernenergiehaftpflichtgesetz vom 13. Juni 2008[155] (neues KHG) oder die Zivilprozessordnung vom 19. Dezember 2008 (ZPO) zuerst in Kraft tritt, wird mit Inkrafttreten des später in Kraft tretenden Gesetzes sowie bei gleichzeitigem Inkrafttreten die ZPO wie folgt geändert:

Art. 5 Abs. 1 Bst. e

[1] Das kantonale Recht bezeichnet das Gericht, welches als einzige kantonale Instanz zuständig ist für:

e. Streitigkeiten nach dem Kernenergiehaftpflichtgesetz vom 13. Juni 2008[156];

Art. 38a Nuklearschäden

[1] Für Klagen aus nuklearen Ereignissen ist zwingend das Gericht des Kantons zuständig, auf dessen Gebiet das Ereignis eingetreten ist.

[2] Kann dieser Kanton nicht mit Sicherheit bestimmt werden, so ist zwingend das Gericht des Kantons zuständig, in welchem die Kernanlage des haftpflichtigen Inhabers gelegen ist.

[3] Bestehen nach diesen Regeln mehrere Gerichtsstände, so ist zwingend das Gericht des Kantons zuständig, der die engste Verbindung zum Ereignis aufweist und am meisten von seinen Auswirkungen betroffen ist.

2. Koordination von Ziffer 19 des Anhangs 1 mit dem neuen KHG

Unabhängig davon, ob das neue KHG[157] oder die ZPO zuerst in Kraft tritt, wird mit Inkrafttreten des später in Kraft tretenden Gesetzes sowie bei gleichzeitigem Inkrafttreten Ziffer 19 des Anhangs 1 der ZPO gegenstandslos und das neue KHG wird gemäss Ziffer 20 des Anhangs 1 der ZPO geändert.

3. Koordination mit der Änderung vom 19. Dezember 2008 des ZGB (Erwachsenenschutz, Personenrecht und Kindesrecht)

Unabhängig davon, ob die Änderung vom 19. Dezember 2008[158] des ZGB (Erwachsenenschutz, Personenrecht und Kindesrecht) oder die ZPO zuerst in Kraft tritt, wird mit Inkrafttreten des später in Kraft tretenden Gesetzes sowie bei gleichzeitigem Inkrafttreten die ZPO wie folgt geändert:

Art. 69 Abs. 2

[2] Das Gericht benachrichtigt die Erwachsenen- und Kindesschutzbehörde, wenn es Schutzmassnahmen für geboten hält.

---

[155] SR ...; BBl **2008** 5339 5341
[156] SR ...; BBl **2008** 5339 5341
[157] SR ...; BBl **2008** 5339 5341
[158] SR 210; BBl **2009** 141

Art. 160 Abs. 2 erster Satz

² Über die Mitwirkungspflicht einer minderjährigen Person entscheidet das Gericht nach seinem Ermessen. …

Art. 165 Abs. 1 Bst. e

¹ Jede Mitwirkung können verweigern:

    e. die für eine Partei zur Vormundschaft oder zur Beistandschaft eingesetzte Person.

Art. 249 Bst. a und b

Das summarische Verfahren gilt insbesondere für folgende Angelegenheiten:

a. Personenrecht:
   1. Fristansetzung zur Genehmigung von Rechtsgeschäften einer minderjährigen Person oder einer Person unter umfassender Beistandschaft (Art. 19*a* ZGB),
   2. Anspruch auf Gegendarstellung (Art. 28*l* ZGB),
   3. Verschollenerklärung (Art. 35–38 ZGB),
   4. Bereinigung einer Eintragung im Zivilstandsregister (Art. 42 ZGB).
b. Aufgehoben

Art. 299 Abs. 2 Bst. b

² Es prüft die Anordnung der Vertretung insbesondere, wenn:

    b. die Kindesschutzbehörde oder ein Elternteil eine Vertretung beantragen;

Anhang 3
Entwurf

Bundesbeschluss
über die Genehmigung und die Umsetzung des revidierten Übereinkommens von Lugano über die gerichtliche Zuständigkeit, die Anerkennung und die Vollstreckung gerichtlicher Entscheidungen in Zivil- und Handelssachen

vom …

Die Bundesversammlung der Schweizerischen Eidgenossenschaft,

gestützt auf die Artikel 54 Absatz 1 und 166 Absatz 2 der Bundesverfassung[1], nach Einsicht in die Botschaft des Bundesrates vom 18. Februar 2009[2],

beschliesst:

Art. 1

[1] Das Übereinkommen vom 30. Oktober 2007[3] zwischen der Schweizerischen Eidgenossenschaft, der Europäischen Gemeinschaft, dem Königreich Dänemark, dem Königreich Norwegen und der Republik Island über die gerichtliche Zuständigkeit, die Anerkennung und die Vollstreckung gerichtlicher Entscheidungen in Zivil- und Handelssachen (Übereinkommen) wird genehmigt.

[2] Der Bundesrat wird ermächtigt, das Übereinkommen zu ratifizieren. Er bringt anlässlich der Ratifizierung die Vorbehalte nach den Artikeln I und III des Protokolls Nr. 1 zum Übereinkommen an.

[3] Anlässlich der Ratifizierung gibt er die in den Artikeln 3 Absatz 2, 4, 39 Absatz 1, 43 Absatz 2 und 44 des Übereinkommens vorgesehenen Erklärungen ab.

Art. 2

Der Bundesrat wird ermächtigt, ein Zusatzprotokoll über die Anwendung von Artikel 23 des Übereinkommens in Unterhaltssachen abzuschliessen.

Art. 3

Die nachstehenden Bundesgesetze werden wie folgt geändert:

1. Schweizerische Zivilprozessordnung vom 19. Dezember 2008[4]

Art. 270 Abs. 1

[1] Wer Grund zur Annahme hat, dass gegen ihn ohne vorgängige Anhörung die Anordnung einer superprovisorischen Massnahme, eines Arrests nach den Artikeln 271–281 SchKG[5] oder einer anderen Massnahme beantragt wird, kann seinen Standpunkt vorsorglich in einer Schutzschrift darlegen.

---

[1] SR **101**
[2] BBl **2009** 1777
[3] SR …; BBl **2009** 1841
[4] SR …; BBl **2009** 21
[5] SR **281.1**

Art. 309 Bst. b Ziff. 6 und 7 (neu)

Die Berufung ist unzulässig:

    b. in den folgenden Angelegenheiten des SchKG[6]:
       6. Arrest (Art. 272 und 278 SchKG);
       7. Entscheide, die nach SchKG in die Zuständigkeit des Konkurs- und des Nachlassgerichts fallen.

Art. 327a (neu)   Vollstreckbar-Erklärung nach Lugano-Übereinkommen

[1] Richtet sich die Beschwerde gegen einen Entscheid des Vollstreckungsgerichts nach den Artikeln 38–52 des Übereinkommens vom 30. Oktober 2007[7] über die gerichtliche Zuständigkeit, die Anerkennung und die Vollstreckung gerichtlicher Entscheidungen in Zivil- und Handelssachen, so prüft das Gericht die im Übereinkommen vorgesehenen Verweigerungsgründe mit voller Kognition.

[2] Die Beschwerde hat aufschiebende Wirkung. Sichernde Massnahmen, insbesondere der Arrest nach Artikel 271 Absatz 1 Ziffer 6 SchKG[8], sind vorbehalten.

[3] Die Frist für die Beschwerde gegen die Vollstreckbarerklärung richtet sich nach Artikel 43 Absatz 5 des Übereinkommens.

Art. 340

Das Vollstreckungsgericht kann sichernde Massnahmen anordnen, nötigenfalls ohne vorherige Anhörung der Gegenpartei.

2. Bundesgesetz vom 11. April 1889[9] über Schuldbetreibung und Konkurs

Art. 81 Abs. 3[10]

Ist ein Entscheid in einem anderen Staat ergangen, so kann der Betriebene überdies die Einwendungen erheben, die im zutreffenden Staatsvertrag oder, wenn ein solcher fehlt, im Bundesgesetz vom 18. Dezember 1987[11] über das Internationale Privatrecht vorgesehen sind, sofern nicht ein schweizerisches Gericht bereits über diese Einwendungen entschieden hat.

Art. 271 Einleitungssatz, Abs. 1 Ziff. 4 und 6 (neu), Abs. 3 (neu)

[1] Der Gläubiger kann für eine fällige Forderung, soweit diese nicht durch ein Pfand gedeckt ist, Vermögensstücke des Schuldners, die sich in der Schweiz befinden, mit Arrest belegen lassen:

    4. wenn der Schuldner nicht in der Schweiz wohnt, kein anderer Arrestgrund gegeben ist, die Forderung aber einen genügenden Bezug zur Schweiz aufweist oder auf einer Schuldanerkennung im Sinne von Artikel 82 Absatz 1 beruht;
    6. wenn der Gläubiger gegen den Schuldner einen definitiven Rechtsöffnungstitel besitzt.

---

[6]   SR **281.1**
[7]   SR …; BBl **2009** 1841
[8]   SR **281.1**
[9]   SR **281.1**
[10] In der Fassung der Vorlage für eine Schweizerische Zivilprozessordnung, Anhang Ziff. 17; SR …; BBl **2006** 7413.
[11] SR **291**

[3] Im unter Ziffer 6 genannten Fall entscheidet das Gericht bei ausländischen Entscheiden, die nach dem Übereinkommen vom 30. Oktober 2007[12] über die gerichtliche Zuständigkeit, die Anerkennung und die Vollstreckung gerichtlicher Entscheidungen in Zivil- und Handelssachen zu vollstrecken sind, auch über deren Vollstreckbarkeit.

Art. 272 Abs. 1 Einleitungssatz

[1] Der Arrest wird vom Gericht am Betreibungsort oder am Ort, wo die Vermögensgegenstände sich befinden, bewilligt, wenn der Gläubiger glaubhaft macht, dass:

Art. 274 Abs. 1

[1] Das Gericht beauftragt den Betreibungsbeamten oder einen anderen Beamten oder Angestellten mit dem Vollzug des Arrestes und stellt ihm den Arrestbefehl zu.

Art. 278

H. Einsprache gegen den Arrestbefehl

[1] Wer durch einen Arrest in seinen Rechten betroffen ist, kann innert zehn Tagen, nachdem er von dessen Anordnung Kenntnis erhalten hat, beim Gericht Einsprache erheben.

[2] Das Gericht gibt den Beteiligten Gelegenheit zur Stellungnahme und entscheidet ohne Verzug.

[3] Der Einspracheentscheid kann mit Beschwerde nach der Zivilprozessordnung vom 19. Dezember 2008[13] angefochten werden. Vor der Rechtsmittelinstanz können neue Tatsachen geltend gemacht werden.

[4] Einsprache und Weiterziehung hemmen die Wirkung des Arrestes nicht.

Art. 279 Abs. 2, 3 und 5 (neu)

[2] Erhebt der Schuldner Rechtsvorschlag, so muss der Gläubiger innert zehn Tagen, nachdem ihm das Gläubigerdoppel des Zahlungsbefehls zugestellt worden ist, Rechtsöffnung verlangen oder Klage auf Anerkennung seiner Forderung einreichen. Wird er im Rechtsöffnungsverfahren abgewiesen, so muss er die Klage innert zehn Tagen nach Eröffnung des Urteils einreichen.

[3] Hat der Schuldner keinen Rechtsvorschlag erhoben, so muss der Gläubiger innert 20 Tagen, nachdem ihm das Gläubigerdoppel des Zahlungsbefehls zugestellt worden ist, das Fortsetzungsbegehren stellen. Wird der Rechtsvorschlag nachträglich beseitigt, so beginnt die Frist mit der rechtskräftigen Beseitigung des Rechtsvorschlags. Die Betreibung wird, je nach der Person des Schuldners, auf dem Weg der Pfändung oder des Konkurses fortgesetzt.

[5] Die Fristen dieses Artikels laufen nicht:

1. während des Einspracheverfahrens und bei Weiterziehung des Einsprachenentscheides;
2. während eines Exequaturverfahrens nach dem Übereinkommen vom 30. Oktober 2007[14] über die gerichtliche Zuständigkeit und die Vollstreckung gerichtlicher Entscheidungen in Zivil- und Handelssachen und bei Weiterziehung des Exequaturentscheides.

---

[12] SR ...; BBl **2009** 1841
[13] SR ...; BBl **2009** 21
[14] SR ...; BBl **2009** 1841

3. Bundesgesetz vom 18. Dezember 1987[15] über das Internationale Privatrecht

VIII. Streitgenossenschaft und Klagenhäufung

Art. 8a (neu)

¹ Richtet sich eine Klage gegen mehrere Streitgenossen, die nach diesem Gesetz in der Schweiz verklagt werden können, so ist das für eine beklagte Partei zuständige schweizerische Gericht für alle beklagten Parteien zuständig.

² Stehen mehrere Ansprüche gegen eine beklagte Partei, die nach diesem Gesetz in der Schweiz eingeklagt werden können, in einem sachlichen Zusammenhang, so ist jedes schweizerische Gericht zuständig, das für einen der Ansprüche zuständig ist.

IX. Streitverkündungsklage

Art. 8b (neu)

Für die Streitverkündung mit Klage ist das schweizerische Gericht des Hauptprozesses zuständig, sofern gegen die streitberufene Partei ein Gerichtsstand in der Schweiz nach diesem Gesetz besteht.

X. Adhäsionsklage

Art. 8c (neu)

Kann ein zivilrechtlicher Anspruch in einem Strafprozess adhäsionsweise geltend gemacht werden, so ist das mit dem Strafprozess befasste schweizerische Gericht auch für die zivilrechtliche Klage zuständig, sofern bezüglich dieser Klage ein Gerichtsstand in der Schweiz nach diesem Gesetz besteht.

XI. Rechtshängigkeit

Art. 9 Randtitel

XII. Vorsorgliche Massnahmen

Art. 10 Randtitel

XIII. Rechtshilfehandlungen

Art. 11 Randtitel

XIV. Fristen

Art. 12 Randtitel

Art. 98 Abs. 2

² Überdies sind die schweizerischen Gerichte am Ort der gelegenen Sache zuständig.

Art. 109 Abs. 3

Aufgehoben

Art. 112 Randtitel

I. Zuständigkeit
1. Wohnsitz und Niederlassung

---

[15] 15 SR **291**

2. Erfüllungsort *Art. 113*

Ist die für den Vertrag charakteristische Leistung in der Schweiz zu erbringen, so kann auch beim schweizerischen Gericht am Erfüllungsort dieser Leistung geklagt werden.

Art. 129 Abs. 2

Aufgehoben

Art. 149 Abs. 2 Bst. a

² Eine ausländische Entscheidung wird ferner anerkannt:
  a. wenn sie eine vertragliche Leistung betrifft, im Staat der Erfüllung der charakteristischen Leistung ergangen ist und der Beklagte seinen Wohnsitz nicht in der Schweiz hatte.

Art. 4

¹ Dieser Beschluss untersteht dem fakultativen Referendum für Verträge, die wichtige rechtsetzende Bestimmungen enthalten oder deren Umsetzung den Erlass von Bundesgesetzen erfordert, nach den Artikeln 141 Absatz 1 Buchstabe d Ziffer 3 und 141a Absatz 2 der Bundesverfassung.

² Der Bundesrat bestimmt das Inkrafttreten der in Artikel 3 aufgeführten Bundesgesetze.

Sachregister

Die erste Zahl nach dem Schlagwort oder dem Semikolon weist auf den Paragrafen im Buch hin. Die den Buchstaben A (= Anmerkung) oder Rz (= Randziffer) folgenden Zahlen bezeichnen dieselben. Bsp bedeutet Beispiel.

A

Aargau 4 Rz 25; 5 A 150; 14 A 10; 25 A 17a; 31 Rz 9; 34 A 13b
Abänderung
– des Ehescheidungsurteils 26 Rz 121
– des Unterhaltsurteils 26 Rz 121
– einstweiliger Anordnung 26 Rz 135, 136; 32 Rz 28
– fehlerhafter Entscheidung im summarischen Verfahren 39 Rz 77
Abänderungsklage 26 Rz 114, 121
Aberkennungsklage
– Gerichtsstand 7 Rz 42
– als Feststellungsklage 24 Rz 17
Abgeurteilte Sache 26 Rz 14–133
– wenn im Erstprozess nicht alle Streitgenossen vorhanden waren 11 Rz 26
Abhängigkeitsverhältnis
– als Ablehnungsgrund 6 Rz 8, 9
Abkürzung
– der Rekursfrist 39 A 37
– der Wartefrist 37 Rz 8
Ablehnung
– eines Justizbeamten 6 Rz 8–12
  – missbräuchliche 6 A 23a
  – nach Abschluss des Nichtigkeitsbeschwerdeverfahrens 6 A 23a
  – vor Bundesgericht 6 A 15
– eines Sachverständigen 29 Rz 85
– eines Schiedsrichters 40 Rz 6, 19
– wegen Abhängigkeitsverhältnis 6 Rz 8, 9
Abschreibungsbeschluss 25 Rz 1; 26 Rz 81
Abschreibungsverfügung 25 Rz 1; 26 Rz 81
Absolutio ab actione 25 A 1
Absolutio ab instantia 25 A 1

Abstammungsprozess
– Einleitung 35 Rz 20, A 39
– Geltung der Offizialmaxime 18 Rz 9
– mündliches Verfahren 35 Rz 11
Abtretungsgläubiger 15 Rz 19
– deren Prozessführungsbefugnis 15 A 18
Abzahlungsrecht 5 Rz 11
Abzahlungsvertrag
– Gerichtsstandsklausel 7 Rz 58, 59
Actore non probante reus absolvitur 28 Rz 14
Adhäsionsprozess 1 Rz 19
Adoptivverwandter
– Ausschluss des Richters in dessen Prozess 6 Rz 2, 3
Advokatur
– ihre Freigabe 4 Rz 21
Affoltern (Bezirk) 5 A 40
Akten
– Begriff 17 A 6
Akteneinsichtsrecht
– der Partei 21 Rz 21
– des Dritten 5 A 77; 23 Rz 4
– des Gerichtsberichterstatters 5 A 77
Aktenwidrigkeit
– Berufung an das Bundesgericht 39 Rz 96
– kantonale Nichtigkeitsbeschwerde 39 Rz 61
Aktenwürdigung
– bei Urkunden und Augenschein 29 Rz 132
Aktiengesellschaft 7 Rz 23
– Klage auf Auflösung 18 Rz 11; 24 Rz 32
  – Anwendung der Offizialmaxime 18 Rz 11
  – als Gestaltungsklage 24 Rz 32
– Parteifähigkeit 8 Rz 1
– Verwaltung

Sachregister

- Parteifähigkeit 8 Rz 7

Aktivlegitimation
- des Veräusserers/Erwerbers des Streitgegenstandes 15 Rz 1–3
- fehlende 25 A 4

Aktivprozess 15 Rz 17

Allgemeiner Gerichtsstand 7 Rz 4

Allgemeines Verbot 37 Rz 24, 25
- Erlass im Befehlsverfahren 37 Rz 24, 25

Alternativklage 11 Rz 1

Alternativobligation 11 A 2

Amiable compositeur
- im Schiedsgerichtsverfahren 40 Rz 8 (Schiedsgerichtskonkordat Art. 31 Abs. 3)

Amtliche Anweisung
- Gerichtsstand am Ort derselben 7 Rz 33

Amtlicher Befund 30 Rz 2 Bsp 143; 37 Rz 31, 32 Bsp 160

Amtsgeheimnis 1 Rz 25; 23 Rz 4
- als Grund für Zeugnisverweigerung 29 Rz 42–48

Amtsgericht 4 Rz 13

Andelfingen (Bezirk) 5 A 40

Anerkennung
- der Klage 10 Rz 7; 15 Rz 21; 25 Rz 1, 2
  - als Institut des Prozessrechts 3 Rz 12; 25 Rz 11
  - als materielles Rechtsgeschäft 25 Rz 11
  - Begriff 25 Rz 10
  - bei einfacher Streitgenossenschaft 11 Rz 19
  - bei Gesamtnachfolge 15 Rz 21
  - bei Nebenintervention 13 Rz 15
  - bei Nichteintritt der Erben in den Prozess 15 Rz 21
  - bei notwendiger Streitgenossenschaft 11 Rz 29
  - durch Vertreter 10 Rz 7
  - Form 25 Rz 11
    - im Ehescheidungsprozess 25 A 16
    - im Vaterschaftsprozess 35 Rz 25
    - materielle Rechtskraft 26 Rz 81
    - im Sühnverfahren 25 Rz 13

- Stellung des Nebenintervenienten 13 Rz 14–18
- Verhältnis zur Dispositionsmaxime 25 Rz 11
- Wirkung auf Widerklage 11 Rz 7
- der tatsächlichen Klagegründe 35 Rz 27, 33

Anfechtung
- des Beschlusses einer Vereins- oder Generalversammlung 32 A 7a; 39 A 77a
  - Geltung der Offizialmaxime 18 Rz 11
  - materielle Rechtskraft 26 Rz 110
- der Ehelichkeit
  - als Gestaltungsklage 24 Rz 32
  - Geltung der Offizialmaxime 18 Rz 9
- von Parteierklärungen im Prozess 25 Rz 19

Anlagefonds
- sachliche Zuständigkeit für Klagen aus dem Bundesgesetz 5 Rz 45

Anschluss an Rechtsmittel
- bundesrechtliche Berufung 39 Rz 108, 109
- kantonale Berufung 39 Rz 31, 41–46
- kantonaler Rekurs 39 Rz 31, 54

Anschlussklage (bei privilgierter Anschlusspfändung)
- als Gestaltungsklage 24 Rz 32
- beschleunigtes Verfahren 3 Rz 42; § 36
- Gerichtsstand 7 Rz 8

Ansprache, persönliche 7 Rz 8

Anspruch
- Begriff 1 A 21
- dessen Klagbarkeit 1 Rz 16
- Gegenstandslosigkeit des Prozesses bei Unvererblichkeit 15 Rz 23
- höchstpersönlicher 15 Rz 23
  - Geltendmachung durch prozessunfähige Partei 9 Rz 1
- identischer 26 Rz 46–80; 27 Rz 13
- nicht identischer 27 Rz 17 Bsp 108

Anlagefonds
- sachliche Zuständigkeit für Prozesse darüber 5 Rz 45

Antizipierte Beweiswürdigung 28 A 6a

Anträge
– der Parteien 1 A 21
Anwaltsgeheimnis 23 Rz 4
– als Grund für Zeugnisverweigerung 29 Rz 50
Anwaltshonorar 34 Rz 4
Anwaltspatent 5 Rz 28
Anwaltszwang 10 Rz 1
Anweisung, amtliche
– Gerichtsstand am Ort derselben 7 Rz 33
Anwendbares Recht 31 Rz 9 (Rechtshilfekonkordat Art. 2)
Anzeige
– betreffend Anordnung einer Einvernahme oder eines Augenscheins durch ersuchte an ersuchende Behörde 31 Rz 9 (Rechtshilfekonkordat Art. 3)
Appenzell-Ausserrhoden 4 A 28, Rz 25; 5 A 33; 14 A 10; 31 Rz 9; 34 A 16
Appenzell-Innerrhoden 3 Rz 18 Bsp 2, 5 A 33; 14 A 10; 31 Rz 9
Arbeitgeber
– Begriff 5 Rz 30, A 90
– Direktoren und Prokuristen 5 Rz 30
Arbeitnehmer
– Begriff 5 Rz 30, A 85, 90
Arbeitsgericht 5 Rz 10, 25, 29–37, A 49
– Besetzung im Einzelfall 5 Rz 31, A 93
– mündliches Verfahren 35 Rz 11
– Präsident 5 Rz 30
– kein Sühnverfahren vor Friedensrichter 27 Rz 7
– Wahl 5 Rz 30
– Zusammensetzung 5 Rz 30
– Zuständigkeit 5 Rz 29, 32–37, A 135, 139
Arbeitsvermittlung 7 A 82a
Arbeitsvertrag
– Geltung der Offizialmaxime bei Klage daraus 18 Rz 12
– Gerichtsstand für Klage daraus 7 Rz 37
– kein Sühnverfahren vor Friedensrichter bei Klage daraus 27 Rz 7
– Kostenlosigkeit des Prozesses bei Klage daraus 3 Rz 27; 18 A 24; 34 A 12

– freie richterliche Beweiswürdigung im Prozess darüber 5 Rz 42a
– sachliche Zuständigkeit des Arbeitsgerichts für Klage daraus 5 Rz 29, 32–37, A 135, 139
  – konkurrierende von Mietgericht oder Handelsgericht 5 Rz 44
  – vereinbarte
    – der ordentlichen Gerichte, des Mietgerichts oder des Handelsgerichts anstelle des Arbeitsgerichts 5 Rz 34
    – des Arbeitsgerichts anstelle des Handelsgerichts 5 Rz 48
    – eines Schiedsgerichts 5 A 105
– Vertretung der Parteien im Prozess bei Klage daraus 10 Rz 5, 11
Armenrecht siehe unentgeltliche Prozessführung
Arrest 21 A 7a
Arrestprosequierungsklage
– Gerichtsstand 7 Rz 29
Arzt
– Berufsgeheimnis 29 Rz 50
Audienzrichter 37 Rz 4 Bsp 155
Aufenthaltsort
– als Anknüpfung für Gerichtsstand 7 Rz 4; 28 Rz 17 Bsp 119
Aufrechtstehender Schuldner 7 Rz 8, 54
Aufschiebende Wirkung 39 Rz 8
– der bundesrechtlichen Berufung 39 Rz 113
– der bundesrechtlichen Nichtigkeitsbeschwerde 39 Rz 127
– der kantonalen Berufung 39 Rz 34, 37
– der kantonalen Nichtigkeitsbeschwerde 39 Rz 65
– des Rekurses 39 Rz 57
Aufsichtsbehörde
– im Ausstandsverfahren 6 Rz 15
– Obergericht als – 5 Rz 28; 39 Rz 27, 28
Aufsichtsbeschwerde 39 Rz 27, 28
Augenschein 29 Rz 69–72
– durch Gutachter 29 Rz 76
– Durchsetzbarkeit 29 Rz 70

- Protokollierung 29 Rz 72
- Vereitelung 29 Rz 71

Augenscheingehilfe 29 Rz 69
Augenscheinsobjekt 29 Rz 69
Auskunft, schriftliche
- als Beweismittel im summarischen Verfahren 37 Rz 1
- bei der Zeugenvernehmung 29 Rz 53
- im Verfahren betreffend Ausstand 6 Rz 14

Auskunftsbegehren 27 Rz 24
Ausschliesslicher Gerichtsstand 7 Rz 27, 29, 30, A 48
Ausschluss 6 Rz 2–7
Ausserordentliches Rechtsmittel 39 Rz 7
Ausstand 6 Rz 1–17
- gewissenhafte Erklärung 6 Rz 14
- Meldepflicht 6 Rz 13
- Verfahren 6 Rz 13–17
- Verzicht darauf 6 Rz 4

Ausweisung
- von Mietern und Pächtern 37 Rz 21

B

Bankgeheimnis 29 A 39
Barauslagen 34 Rz 3, 18
Barvorschuss 34 Rz 18, 19
- Befreiung bei Gewährung der unentgeltlichen Prozessführung 34 Rz 29, 35
- für Expertise 34 A 7

Basel-Landschaft 1 A 32; 3 A 8; 14 A 10; 31 Rz 9; 34 A 16
Basel-Stadt 4 Rz 9; 5 Rz 15, A 97, 14 A 8, 10; 31 Rz 9; 34 A 16
Bauhandwerkpfandrecht 17 Rz 32 Bsp 57c
Bauprozess 28 A 22b, 29 A 78a
Befangenheit
- des Schiedsgutachters 30 A 5a

Befehl, provisorischer
- Einsprache dagegen 32 Rz 23
- Verhältnis zum rechtlichen Gehör 21 Rz 14

Befehlsverfahren
- Erlass einstweiliger Verfügungen 32 Rz 22, 23; 37 Rz 26

Befragung, persönliche
- bei Kollektiv- und Kommanditgesellschaft 29 Rz 22
- bei Konkursmasse 29 Rz 22
- bei prozessunfähiger Partei 29 Rz 21
- Beweisaussage 29 Rz 16–20
  - falsche Beweisaussage 29 Rz 25
- Folgen bei Verhinderung 29 Rz 24
- Folgen bei Verweigerung 29 Rz 24
- Unzulässigkeit der Vertretung 10 Rz 6

Befund, amtlicher 30 Rz 2 Bsp 143; 37 Rz 31, 32 Bsp 160
Begründung
- der Entscheidung
  - bundesrechtliche Bedeutung 3 Rz 45
- des Anspruchs 20 Rz 2, 4

Behauptung 1 A 21; 28 Rz 28
Behauptungslast 28 Rz 28
Beiladung 11 A 25
Beklagter
- als notwendiger Streitgenosse 11 Rz 26

Benennung, irrige 39 Rz 24
Beratung des Entscheides 35 Rz 57
- Ermittlung der Mehrheit 35 Rz 55–63 Bsp 60–62
- keine Stimmenhaltung 35 Rz 58
- Minderheitsantrag 35 Rz 64
- Plenarbefragen 35 Rz 68

Berichterstattersystem 5 Rz 20
Berichtigung
- des Zeugnisses 29 Rz 66
- von Rechnungsirrtümern 27 Rz 26 Bsp 111, 27 Bsp 112

Bern (Kanton) 4 Rz 9, A 30; 5 Rz 15, A 150; 11 A 13, 16; 13 A 20; 14 A 10; 26 A 8, 21, 23, 33; 29 Rz 16; 31 Rz 9; 34 A 16
Bern (Stadt) 7 Rz 42
Berufsgeheimnis
- als Grund für die Zeugnisverweigerung 29 Rz 52

Sachregister

Berufsgenossen
- Einsetzung als Richter 35 A 59b

Berufung
- kantonalrechtliche 6 A 14, 22 26 Rz 137; 39 Rz 31–47
  - Anschluss daran 39 Rz 31, 41–46 Bsp 163
    - Abhängigkeit der Anschlussberufung von der Hauptberufung 39 Rz 45
  - Frist zur Erhebung 39 Rz 31, A 17
  - gegen Urteile der Arbeitsgerichte 5 Rz 33; 39 Rz 31, 33
  - gegen Urteile der Bezirksgerichte 39 Rz 31, 33
  - gegen Urteile der Einzelrichter 39 Rz 31, 33
  - gegen Urteile der Mietgerichte 39 Rz 31, 33
  - Gemeinsamkeiten mit Rekurs 39 Rz 31
  - Instanz 39 Rz 31, 35
  - Klageänderung 39 Rz 31
  - Nichteintreten 39 Rz 37
  - Novenrecht 39 Rz 36
  - Ort der Einreichung 39 A 17
  - reformatio in peius 39 Rz 42
  - Streitwertgrenze 39 Rz 33
  - Suspensiveffekt 39 Rz 37, 38 Bsp 162
  - Verfahren 21 A 10; 39 Rz 32
    - Antwort 39 Rz 32, 40
    - Begründung 39 Rz 32, 37, 39
    - Replik und Duplik 39 Rz 46
    - Rückweisung 39 Rz 35
    - Urteil in der Sache selbst 39 Rz 35
    - Verweisung auf die Akten 39 Rz 47
  - Widerklage 39 Rz 31
    - Stellung der Anträge 39 Rz 37
      - Fehlen solcher 39 Rz 39
    - zwecks Anfechtung der Aktivlegitimation 25 A 4

Beschlagnahme
- im Befehlsverfahren 37 Rz 14

Beschleunigtes Verfahren
- bundesrechtliche Bestimmungen 3 Rz 42, 36
- Zuständigkeit des Einzelrichters 5 Rz 23

Beschluss 25 Rz 9

Beschwer 39 Rz 17

Beschwerde an das Bundesgericht 39 Rz 78–124
- Aktenzustellung 39 Rz 107
- Anfechtungsobjekt
  - Endentscheid 39 Rz 84–86
  - kantonales Urteil 39 Rz 102, 103
  - selbständiger Vor- oder Zwischenentscheid 39 Rz 87
  - unzulässig gegen einstwillige Verfügungen 32 Rz 13
- Anschluss daran 39 Rz 108, 109
- Aufgabe des Bundesgerichts 39 Rz 88
- Entscheidung des Bundesgerichts 39 Rz 114–119
- Frist zur Einreichung 39 A 103
- Legitimation 39 Rz 104
- Ort der Einreichung 39 Rz 105
- Rechtsmittel dagegen 39 Rz 120 siehe Aufsichtsbeschwerde, Nichtigkeitsbeschwerde, Rekurs, Staatsrechtliche Beschwerde
- Streitwert 39 Rz 81–83
- Suspensiveffekt 39 Rz 113
- Tatestandsfeststellungen 39 Rz 93–100
- Unzulässigkeit der Nebenintervention erst vor Bundesgericht 13 A 5
- Verfahren 39 Rz 101–124
  - Antwort 39 Rz 106
  - Begründung 39 Rz 105
  - einstweilige Verfügung 39 Rz 122
  - mündliche Verhandlung 39 Rz 110, 111
  - Verfahren bei Einstimmigkeit 39 Rz 112
- Verhältnis zu kantonalen Rechtsmitteln 39 Rz 121–124
- Voraussetzungen der Zulässigkeit 39 Rz 78–87
  - streitiges Verfahren 39 Rz 80

Sachregister

- Ausnahmen 39 Rz 80
- gegen die Verweigerung der Namensänderung 39 Rz 80
- im Verfahren betreffend Kraftloserklärung von Wertpapieren 39 Rz 80
- Verweigerung der Einwilligung in die Eheschliessung 39 Rz 80
- Verletzung von Bundesrecht 39 Rz 89–92
- wegen Verletzung bundesrechtlicher Zuständigkeitsvorschriften 7 A 12a; 39 Rz 87
- Zivilsache 39 Rz 78, 79

Beschwerde, subsidiäre Verfassungsbeschwerde siehe Beschwerde an das Bundesgericht
Bestreitung 1 A 21
Betreibungsamt 5 Rz 28
Betreibungsrechtliche Klagen
- örtliche Zuständigkeit 7 Rz 37
- sachliche Zuständigkeit 5 A 60
- Verfahren
  - beschleunigtes § 36
  - summarisches 37 Rz 9

Bevollmächtigter
- vorherige Tätigkeit als solcher als Ausschlussgrund im späteren Prozess 6 Rz 2, 3

Beweis 28 Rz 1–5
- für Zustellung von Erklärungen 37 Rz 33

Beweisabnahme 35 Rz 36, 49–53
- Barvorschusspflicht 34 Rz 18, 19
- bei einfacher Streitgenossenschaft 11 Rz 19, 21, A 20
- trotz Säumnis der Partei 21 A 11
- vor Schiedsgericht 40 Rz 7 (Art. 27 Schiedsgerichtskonkordat)
- von Amts wegen 18 Rz 14
- von Amts wegen als Folge materieller richterlicher Prozessleitung 17 Rz 7; 22 Rz 5
- vorsorgliche 35 Rz 37–42; 37 Rz 27–33

Beweisabnahmebeschluss

- direkter 35 Rz 48
- gemäss Bundeszivilprozessordnung 38 Rz 3
- vorsorglicher (zum ewigen Gedächtnis) 35 Rz 39–42 Bsp 151
  - amtlicher Befund 37 Rz 31, 32 Bsp 160
  - vorprozessual 37 Rz 27–33
    - Stellung der Gegenpartei des Antragstellers 37 Rz 30
    - zugelassene Beweismittel 37 Rz 29
    - Zuständigkeit 37 Rz 28
- Zeitpunkt 35 Rz 37–42

Beweisantretungsschrift 35 Rz 46
Beweisauflagebeschluss (Beweisbescheid Beweisdekret) 28 Rz 3; 35 Rz 43–48
- Wegfall im einfachen und raschen Verfahren 35 Rz 48

Beweisaussage 10 Rz 6; 28 Rz 9 Bsp 115; 29 Rz 29
- keine im vorangegangenen Strafprozess 29 A 32a
- keine zur Beweisabnahme zum ewigen Gedächtnis 37 Rz 29

Beweisbeschluss
- Abänderbarkeit 26 Rz 135; 35 Rz 48

Beweisführungslast 28 Rz 36
Beweisführungsverträge 30 Rz 1–3
Beweisgegenstand 35 Rz 35, 36
Beweisgründe 29 Rz 1
Beweisinterlokut 35 Rz 43
Beweiskraft
- des einfachen Parteiverhörs 29 Rz 13–15
- öffentlicher Register und Urkunden 3 Rz 25; 29 Rz 111
- privater Urkunden 29 Rz 110

Beweislast 28 Rz 6–36
- als Frage des Bundesprivatrechts 28 Rz 30–36
- Lehre davon als Lehre von den Folgen der Beweislosigkeit 28 Rz 25
- nur bei einer Partei 28 Rz 24
- richterliche Lückenfüllung 28 Rz 27
- Verträge darüber 30 Rz 4

Beweislosigkeit siehe Beweislast

Beweismittel 17 Rz 6, 10, 11; 29 Rz 1–130
- Augenschein 29 Rz 69–72
- Frist zu ihrer Einreichung 35 Rz 44
- im einfachen und raschen Verfahren 35 A 61a; 35a Rz 2
- Gutachten 29 Rz 73–95
- im summarischen Verfahren 37 Rz 1, 7
  - für die Beweissicherung 37 Rz 29
- im Verfahren betreffend Ausstand 6 Rz 14
- Parteiaussage
  - Beweisaussage 29 Rz 16–20
  - persönliche Befragung 29 Rz 10
- Realproduktion 29 Rz 5
- Verträge darüber 30 Rz 1–3
- Zeugnis 29 Rz 26–68

Beweisnotstand 28 Rz 53; 29 Rz 19

Beweisrecht 3 Rz 25
- Geschichte 4 Rz 8

Beweisregeln (Beweistheorie) 4 Rz 8, 16

Beweissicherung
- im summarischen Verfahren 37 Rz 27–33
- Verhältnis zur Feststellungsklage 24 Rz 3

Beweisverfahren 35 Rz 35–54
- bei Urkunden und Augenschein 29 Rz 5
- Gegenbeweismittel 35 Rz 45
- Hauptbeweismittel 35 Rz 45
- im summarischen Verfahren 37 Rz 7
- Mitwirkungsrecht der Parteien 21 A 13
- Öffentlichkeit 23 Rz 2
- vor Friedensrichter 35 A 36

Beweisverhandlung 29 Rz 5; 35 Rz 53
- Ausbleiben bei derselben 29 Rz 6
- durch auszuschliessenden Richter 6 Rz 11 Bsp 6
- Unmöglichkeit, sich dabei vertreten zu lassen 10 Rz 6; 29 Rz 6
- vor Bundesgericht 38 Rz 3, 4

Beweisverträge 30 Rz 1–7
- betreffend Beweislast 30 Rz 4
- betreffend Beweismittel 30 Rz 1–3
- Schiedsgutachtervertrag 30 Rz 5–7

Beweiswert
- öffentlicher Urkunden 29 Rz 110, 111

Beweiswürdigung 29 Rz 131, 132; 35 Rz 54
- antizipierte 28 A 6a
- bei einfacher Streitgenossenschaft 11 A 20
- bei verweigerter Urkundenedition 29 Rz 117, 118 Bsp 141
- bundesrechtliche Bestimmungen 3 Rz 25
- freie richterliche 4 Rz 16, A 21, 23, 24; 5 Rz 42a; 35 Rz 54
- Verhalten der Partei im Prozess 29 Rz 132

Bezifferung des Anspruches
- nachträgliche 19 Rz 11

Bezirksgericht 4 Rz 12, 14, A 28; 5 Rz 10, 16–21, 22, 25, A 146
- Abteilungen 5 Rz 19
- Besetzung 5 A 19
- Ersatzrichter 5 Rz 17
  - Wahl 5 Rz 17, 18, A 38
- Gerichtsschreiber 5 Rz 20
- Gerichtssekretär 5 Rz 20
- mündliches Verfahren 35 Rz 12
- Präsident 5 Rz 16, 19, 22
- schriftliches Verfahren 35 Rz 15
- Vizepräsident 5 Rz 19, 22
- Wahl 5 Rz 18, A 39
- Zusammensetzung 5 Rz 16
- Zuständigkeit 5 Rz 21
  - vereinbarte des Handelsgerichts 5 Rz 47

Bezirksrichter 5 Rz 16
- als Einzelrichter 5 Rz 22
- als Präsident des Arbeitsgerichtes 5 Rz 30
- als Präsident des Mietgerichts 5 Rz 39
- Tätigkeit als Prozessvertreter 5 Rz 12

Billigkeit
- beim Schiedsgutachten 30 Rz 6
- beim Schiedsspruch 40 Rz 8 (Art. 31 Abs. 3 des Schiedsgerichtskonkordats)

Bindung des Richters
- an einstweilige Verfügung 32 Rz 28

Sachregister

- an Strafurteil 26 Rz 81
- an Vorbeschluss 39 A 50
Binnenbeziehung 1 A 48a; 7 Rz 52, 52a
Biedermann Emil 4 A 47
Blutsverwandtschaft
- als Ausschlussgrund 6 A 2
Blutunterscheidung 29 Rz 81
Buchhaltung 28 Rz 40 Bsp 123a, 29 Rz 104
Bülach (Bezirk) 5 A 40
Bundesgericht 5 Rz 1–8, 24
- als einzige Instanz 5 Rz 7
- Kautionsleistung im Verfahren vor – 34 Rz 27
- keine Hauptintervention 12 Rz 8
- keine Nebenintervention im Berufungsverfahren 13 A 5
- nebenamtliche Mitglieder 5 A 6a
- Präsident 5 Rz 8
- Verfahren vor – 5 Rz 7
- Vertretung vor – 10 Rz 12
- Vizepräsident 5 Rz 8
- Zahl der Mitglieder 5 A 6a
- Zusammensetzung 5 Rz 8
Bundesrecht
- beschleunigtes Verfahren 3 Rz 40, 42; 36
- derogatorische Wirkung 3 Rz 32, 39, A 40
- einfaches und rasches Verfahren 35a
- Einfluss auf kantonales Zivilprozessrecht 3 Rz 32, 33–35
- Einschränkung kantonaler Gesetzgebungskompetenz 3 Rz 2, 16
  - Form kantonaler Entscheidungen 3 Rz 39
  - Gerichtsstand
    - im Zwangsvollstreckungsrecht 3 Rz 40, 41 ,43
- Klagefrist 33 Rz 10
- summarisches Verfahren 37 Rz 9–13
Bundesrecht und kantonales Zivilprozessrecht 3 Rz 28
- bundesrechtliche Bestimmungen bezüglich

- Behauptungslast 18 A 14
- Beweislast 28 Rz 29–35
- Beweismitteln 29 Rz 1, 4
- Beweiswürdigung 3 Rz 25; 29 Rz 131
- einstweiligen Rechtsschutz 32 Rz 12–14
- Feststellungsklage 24 Rz 18–23
- Individualrechten 3 Rz 48–50
- Klagerecht 1 Rz 17
- Offizialmaxime 3 Rz 26; 18 Rz 3–13
- Prozessfähigkeit 9 Rz 1
- Prozessführungsbefugnis 9 Rz 4
- Rechtskraft
  - formeller 26 Rz 128
  - materieller 26 Rz 112
- Streitverkündung 14 Rz 4, 7, 20–27
- unentgeltlicher Prozessführung 34 Rz 35
- Untersuchungsmaxime 18 Rz 12–13b
- vorbehaltloser Einlassung 7 Rz 63
- Zuständigkeit
  - örtlicher 3 Rz 22, 38, 41
  - sachlicher 3 Rz 24
Bundesrichter
- Wahl 5 Rz 8
Bundeszivilprozessrecht 5 Rz 7; 38 Rz 1–5
- Behauptungsstadium 38 Rz 1
- Beweisabnahme 38 Rz 3
- Instruktionsrichter 38 Rz 2, 3
- Parteivorträge 38 Rz 4
- Rechtskraft der Urteile 38 Rz 5
- Urteilsberatung 38 Rz 5
Bürge 26 Rz 108 Bsp 99

D

Da mihi facta, dabo tibi ius 17 Rz 2
Derogatorische Wirkung des Bundesrechts 3 Rz 32
Devolutive Rechtsmittel 39 Rz 5
Dielsdorf (Bezirk) 5 A 40; 11 Rz 5 Bsp 21
Dietikon (Bezirk) 5 A 88a
Dingliche Klage
- Gerichtsstand 7 Rz 29–31

Sachregister

Direktprozess
- vor Bundesgericht 3 Rz 6; 5 Rz 7; 38 Rz 1–5

Diskriminierungsprozess
- einfaches und rasches Verfahren 35a Rz 1
- kein Ausschluss des schriftlichen Verfahrens 35 A 20b

Dispositionsmaxime 16 Rz 1–4; 17 Rz 1; 18 Rz 1, 2
- Ausnahme in sozialversicherungsrechtlichen Prozessen 16 Rz 3
- Urteil auf Trennung bei Klage auf Scheidung 16 A 7

Dispositiv
- Bedeutung für die materielle Rechtskraft 26 Rz 19, 20, 43
- sich widersprechendes 39 Rz 22
- unklares 39 Rz 22, 23

Dispositivurkunden 29 Rz 98

Distriktsgericht (Helvetik) 4 Rz 10

Domizil, erwähltes
- Gerichtsstand 7 Rz 24, 25

Drittpersonen im Prozess 9 Rz 4, 5, 10, 12–14; 34 A 14a; 39 A 1d, 1e

Dualistische Theorie 1 Rz 14
- beim einstweiligen Rechtsschutz 32 Rz 14

Duldungspflicht
- beim Augenschein 29 Rz 70, 71
- beim Gutachten 29 Rz 81–83

Duplik 19 Rz 4, 5 Bsp 58, 9, 10; 35 Rz 12, 16
- gemäss Bundeszivilprozessordnung 38 Rz 4

E

Echtheit von Urkunden
- bezügliche Feststellungsklage 24 Rz 3

Editionsbegehren 27 Rz 24

Editionspflicht
- bezüglich Geschäftsbücher 29 Rz 121–124 Bsp 142, 146
- bezüglich Urkunden im Allgemeinen 29 Rz 116–130
    - privatrechtlich 29 Rz 126
    - prozessrechtlich 29 Rz 116–125

Eheabschluss, Klage auf Untersagung
- Gerichtsstand 7 Rz 35

Ehebruch
- als Thema einer Zeugenaussage 29 A 34c, 36a

Ehegatte
- Ausschluss des Richters in dessen Prozess 6 Rz 2, 3

Ehegericht 4 Rz 13

Ehelichkeit
- Anfechtung als Gestaltungsklage 24 Rz 32

Eheprozess
- Abtrennung der güterrechtlichen Auseinandersetzung 35 Rz 23
- Anspruchsidentität 26 Rz 122, 126
- Anwendungsbereich der Offizialmaxime 18 Rz 3–8
- Gerichtsstand
    - bei wechselseitigen Klagen 7 A 38
- Gutachten 29 Rz 75
- im Zusammenhang mit der materiellen Rechtskraft 26 Rz 122–126
- Vereinbarungen im Eheprozess 18 Rz 7
- Widerklage 35 Rz 20
- Zeugnisverweigerung 29 Rz 36 Bsp 130

Ehescheidung
- Abänderung des Urteils 26 Rz 121
- durch Einzelrichter 5 Rz 23
- Gerichtsstand 7 Rz 35
- Nebenfolgen
    - Vereinbarung darüber 18 Rz 7

Eheschutzmassnahmen
- Gerichtsstand 3 A 49; 7 Rz 35
- summarisches Verfahren 37 Rz 10

Eheschutzrichter 32 A 8a

Ehetrennung
- durch Einzelrichter 5 Rz 23
- Gerichtsstand 7 Rz 35

Eheungültigkeitsklage
- Gerichtsstand 7 Rz 35

689

- wenn Dritter oder Behörde klagt 7 A 49
- selbständige Rechtsbegehren der Ehegatten bei Klage eines Dritten 35 Rz 21, 22 Bsp 148

Ehrverletzungsprozess
- Zuständigkeit des Friedensrichters für Sühnverfahren 5 Rz 15

Eid 4 Rz 16; 29 Rz 1
- bundesrechtliche Bestimmung 3 Rz 25

Einfache Gesellschaft
- als notwendige Streitgenossenschaft 11 Rz 26
- keine Parteifähigkeit 8 Rz 5
- Klage auf Auflösung 11 Rz 27 Bsp 28

Einfache Streitgenossenschaft 11 Rz 13–23

Einfaches und rasches Verfahren 35 A 61a; 35a Rz 1–4
- in Mietsachen 5 Rz 38, 42a

Einlassung, vorbehaltlose 4 Rz 8; 7 Rz 63; 21 Rz 6
- bei sachlicher Unzuständigkeit 7 Rz 82
    - wegen Zuständigkeit des Arbeitsgerichts 5 Rz 37
- bei Widerklage 7 Rz 34, A 46
- im Bereich der örtlichen Zuständigkeit 7 Rz 61, 63; 19 Rz 20

Einleitungsverfahren 35 Rz 5–9

Einrede 20 Rz 5
- Annahme des Verzichtes darauf als Säumnisfolge 35 Rz 27, 28, 33
- der Rechtshängigkeit 27 Rz 28, 31 A 14, 14b
- der Rechtskraft (rei iudicatae) 26 Rz 117, 118, A 42
    - wenn im früheren Prozess nicht alle notwendigen Streitprozesse beteiligt waren 11 Rz 26
- der Schiedsabrede 40 A 4
- der Unzuständigkeit
    - bei zwingendem Gerichtsstand 7 Rz 53
    - des Widerbeklagten am Gerichtsstand der vorbehaltlosen Einlassung 7 A 46

- Zeitpunkt der Erhebung 19 Rz 20
- der Verjährung 20 A 9
- der Verrechnung 17 Rz 3
    - erst im Vollstreckungsverfahren erhoben 26 Rz 127
- des fehlenden neuen Vermögens 1 A 25
- des schlecht geführten Prozesses (exceptio male gesti processus) 14 Rz 13, 14 Bsp 39
- des Streitberufenen im Zweitprozess 14 Rz 10–14, 18, 19
- des Streitverkünders im Zweitprozess 14 Rz 5–27
- Erledigung von Vorfragen und Einreden 35 Rz 56
- Notwendigkeit ihrer Erhebung 20 Rz 5
- Verhältnis zum Grundsatz der Rechtsanwendung von Amts wegen 20 Rz 5, A 9
- Verhältnis zur Eventualmaxime 19 Rz 12
- Zeitpunkt der Erhebung 19 Rz 2

Einschränkungsmaxime (Eventualmaxime) 4 Rz 8; 19 Rz 1–20
- Verhältnis zur Offizialmaxime 19 Rz 17
- Verhältnis zur Verhandlungsmaxime 19 Rz 2

Einsprache
- als Rechtsbehelf 39 Rz 25
- gegen provisorische Verfügung 32 Rz 21
- im Befehlsverfahren 37 Rz 16–17

Einstweiliger Rechtsschutz 32 Rz 1–28
- Erlass im Befehlsverfahren 37 Rz 26
- provisorischer Befehl bzw. provisorisches Verbot 32 Rz 23
- zur Sicherung der Urteilsvollstreckung
    - zur Verhinderung de Veräusserung des Streitgegenstandes 32 Rz 4, 12
- Zuständigkeit zum Erlass
    - im Verfahren vor Bundesgericht 39 Rz 122
    - nach Einreichung der Klage 32 Rz 1
    - vor Einreichung der Klage 32 Rz 22
- Zweck 32 Rz 1

Einstweilige Verfügung 21 Rz 13–15; 32 Rz 1–28

- Frage der Bindung des Richters daran 32 Rz 28
- Verhältnis zum Grundsatz des rechtlichen Gehörs 21 Rz 13–15
- Erwirkung als Inhalt der Prozessvollmacht 10 Rz 7
- Glaubhaftmachen der Voraussetzugen 32 Rz 26
- im Eheprozess 32 A 11
  - Dauer derselben 26 A 4
- im summarischen Verfahren 37 Rz 11, 14
- Schadenersatzpflicht 32 Rz 27
  - Sicherheitsleistung dafür 32 Rz 27
- vor Beginn des Rechtsstreits 32 Rz 22–25

Einwendungen
- des Streitberufenen 14 Rz 5
- im Vollstreckungsverfahren 26 Rz 127

Einzelnachfolge 15 Rz 1–15

Einzelrichter 5 Rz 10, 22–23; 37 Rz 2
- am Arbeitsgericht 5 Rz 25, 31; 39 Rz 49
- am Bezirksgericht 5 Rz 22, 23, 25; 39 Rz 49
  - als Ehescheidungs- und Ehetrennungsrichter 5 Rz 23
- am Handelsgericht 5 Rz 52
- am Mietgericht 5 Rz 25, 39; 39 Rz 49
- am Obergericht 5 Rz 26
- Amtssitz 5 Rz 22
- ausserordentlicher 5 A 38
- im beschleunigten Verfahren 5 Rz 23, A 60
- im summarischen Verfahren 37 Rz 2
- Zuständigkeit 5 Rz 23

Einzige Instanz
- Bundesgericht 5 Rz 2, 7
- Handelsgericht 5 Rz 45
- Obergericht 5 Rz 25

Elterliche Gewalt
- Gerichtsstand bei deren Entzug 3 Rz 38; 7 Rz 43
- Offizialmaxime 18 Rz 10

Endentscheid
- als Voraussetzung für die bundesrechtliche Berufung 39 Rz 84–86

England 4 A 34

Entmündigter
- Prozessfähigkeit 9 Rz 1

Entmündigungsprozess 39 A 75a
- Anwendung der Offizialmaxime 18 Rz 10
- Gutachten 29 Rz 75

Entschädigung
- der vom Einzelrichter im summarischen Verfahren beauftragten Personen 37 Rz 11
- der Gegenpartei
  - bei Nichteintreten auf die Klage 7 Rz 19
  - bei Nichterscheinen im mündlichen Verfahren 35 A 45a
- des Zeugen 29 Rz 68

Entscheid
- eines unzuständigen Gerichts 7 Rz 12–18a
- Form: Anforderungen des Bundesrechts 3 Rz 39
- prozesserledigender 25 Rz 1–20
- unklarer 35 Rz 66
- Vorgehen des Richters 1 Rz 12; siehe auch Entscheidung, prozessleitende
- betreffend Nebenintervention 13 Rz 12
- Rekurs 13 Rz 12

Entscheidungsbegründung
- Ausfluss des Bundesrechts 3 Rz 48
- Frist, um diese zu verlangen 39 Rz 29

Entscheidungsgründe 26 Rz 20, 32, 41–45
- belastende als verbindlich im Zweitprozess nach Streitverkündung 14 Rz 17 Bsp 41; 26 Rz 99
- notwendige als verbindlich im Zweitprozess nach Streitverkündung 14 Rz 16 Bsp 40; 26 Rz 99
- notwendige beim Urteil auf Leistung 26 Rz 33, 34 Bsp 78

Entzug der elterlichen Gewalt
- Anwendung der Offizialmaxime 18 Rz 10
- Gerichtsstand 3 Rz 38; 7 Rz 43

Erbengemeinschaft
- als notwendige Streitgenossenschaft 11 Rz 26

Erbenvertreter
- Prozessführungsbefugnis 9 A 19

Erbrechtliche Klagen
- Gerichtsstand 7 Rz 37
- Gestaltungsklagen 24 Rz 32
- keine persönlichen Ansprachen 7 Rz 8
- Streitgenossenschaft 11 Rz 25 Bsp 27
- Vertretung durch Erbschaftsverwalter 9 A 19

Erbschaftsvermögen
- Parteifähigkeit 8 Rz 3

Erbschaftsverwalter
- Prozessführungsbefugnis 9 A 19

Erbteilungsklage 11 A 24a
- als Gestaltungsklage 24 Rz 32
- Gerichtsstand 7 Rz 37

Erbteilungsvertrag 11 Rz 25 Bsp 27

Erfindungspatent
- sachliche Zuständigkeit für Prozess darüber 5 Rz 45

Erkenntnisverfahren 1 Rz 4
- abgekürztes 37 Rz 21–23
- vor Friedensrichter 35 Rz 18, 19

Erläuterung 35 Rz 66; 39 Rz 22–24

Erledigung des Prozesses
- aufgrund von Parteierklärungen 25 Rz 10–20
  - bei fehlender Prozessvoraussetzung 25 Rz 3
  - insbesondere bei fehlendem Rechtsschutzinteresse 25 A 4
    - bei fehlendem Feststellungsinteresse 24 Rz 25, 26

Ermessen, freies richterliches
- bei Festlegung des Streitwertes 7 Rz 73
- bei Festlegen des ziffernmässig nicht nachweisbaren Schadens 17 Rz 9

- im Beweisrecht 3 Rz 25; 29 Rz 4, 17, 24, 70, 71, 82, 117; 35 Rz 54
- im Rahmen der Fragepflicht 17 Rz 17
- Umfang 17 Rz 17

Error in iudicando/procedendo 39 Rz 1

Ersatzrichter
- am Bezirksgericht 5 Rz 17
- am Kassationsgericht 5 Rz 59
- am Obergericht 5 Rz 24

Ersatzvornahme
- in der Zwangsvollstreckung 41 Rz 21–24

Erscheinen
- zur Sühnverhandlung
  - Zumutbarkeit 10 A 61

Erstinstanzlicher Prozess
- beschleunigtes Verfahren 36
- ordentliches Verfahren 35 Rz 1–66
- summarisches Verfahren 37 Rz 1–33
- vor Bundesgericht 38 Rz 1–5

Erstprozess
- bei Streitverkündung 14 Rz 1–3

Erstreckung der Rechtskraft
- auf Dritte 26 Rz 100–109
- auf Entscheidungsgründe 26 Rz 23–34
- auf Nebenparteien 26 Rz 95–99

Erstreckung von Fristen
- bei Kündigung im Mietrecht 5 A 110
- prozessualer Fristen 33 Rz 8

Erwähltes Domizil
- Gerichtsstand 7 Rz 24, 25

Erweiterung des Rechtsweges 1 Rz 7

Escher Alfred 4 A 33

Europäische Menschenrechtskonvention 3 Rz 49, 5 A 4a; 23 Rz 5; 28 A 6a

Europäisches Übereinkommen
- betreffend Auskünfte über ausländisches Recht 29 A 50c

Eventualmaxime (Einschränkungsmaxime) 4 Rz 8; 19 Rz 1–20
- Verhältnis zur Offizialmaxime 19 Rz 17
- Verhältnis zur Verhandlungsmaxime 19 Rz 2

Eventualwiderklage 11 Rz 10, 11 Bsp 22

Eventuelle Klagenhäufung 11 Rz 1

Exceptio rei iudicatae 26 Rz 117–119

Expertise 29 Rz 73–95
- im Abstammungsprozess 29 Rz 79–83; 31 Rz 100
- im Ehescheidungsprozess 29 Rz 75
- im Entmündigungsprozess 29 Rz 75

F

Fabrik- und Handelsmarken
- sachliche Zuständigkeit für Klagen daraus 5 Rz 45

Familienrechtliche Klage
- Einleitung 35 Rz 20
- Gerichtsstand 7 Rz 35–37
- Verfahren 35 Rz 11, 21–25

Fehde 4 Rz 8

Feindschaft
- als Ablehnungsgrund 6 Rz 8, 9

Feststellungsinteresse 24 Rz 8–16, 18–24

Feststellungsklage 5 Rz 41; 24 Rz 2–29
- Aberkennungsklage 24 Rz 17
- ausdrücklich vorgesehene 24 Rz 17
- bei Namensschutz 3 Rz 17 Bsp 1
- Bestimmung der Anspruchsidentität 26 Rz 80
- bezüglich Grunddienstbarkeit 7 Rz 8
- Erledigung 24 Rz 25–29
- gegenüber allgemeinem Verbot 37 Rz 25
- Genugtuungsfunktion 24 Rz 24
- im Fall von § 41 ZPO 24 A 15a
- negative Feststellungsklage 7 Rz 80; 24 Rz 9, 13 Bsp 68; 26 Rz 78–79 Bsp 91, 80, 133; 27 A 14b
  - gegenüber Teilklage 7 Rz 80
- Verhältnis zur Leistungsklage 24 Rz 9, 15
- Voraussetzungen 24 Rz 8–16

Feststellungsurteil 1 Rz 4; 24 Rz 29

Fiktion 28 Rz 54

Finsler Hans Georg 4 Rz 19

Firmenrecht
- sachliche Zuständigkeit für Prozess darüber 5 Rz 45

Fischereirecht 39 A 75a

Formalismus, überspitzter 3 Rz 48

Formelle Rechtskraft 26 Rz 1–13
- bei prozessleitenden Entscheidungen 26 Rz 135

Fragepflicht des Richters 17 Rz 13–17, 18–32; 19 Rz 18; 29 Rz 8, 9
- als informative Parteibefragung und als Beweismittel 29 Rz 7
- bei alternativer Klagenhäufung 11 A 1

Frank Richard 2 Rz 8

Freiburg (Kanton) 31 Rz 9

Freie richterliche Beweiswürdigung
- im Arbeitsvertragsrecht 5 Rz 42a
- im Mietrecht 5 Rz 42a

Freigabe
- der Advokatur 4 Rz 21

Freigabeklage
- als Gestaltungsklage 24 Rz 32
- Gerichtsstand dafür 7 Rz 37
- Verfahren 36 Rz 1

Freiheitsentziehung, fürsorgerische 5 Rz 11; 37a Rz 1–3

Freiwillige Gerichtsbarkeit
- summarisches Verfahren 1 Rz 20; 37 Rz 8

Fremdes Recht 20 Rz 6
- als «Beweisgegenstand» 35 A 59a

Freundschaft
- als Ablehnungsgrund 6 Rz 8

Friedensrichter 4 Rz 12, 13, 14; 5 Rz 10, 13–15, 21
- als Ersatzrichter am Bezirksgericht 5 Rz 17
- als Sühnbeamter 5 Rz 14
  - im Ehrverletzungsprozess 5 Rz 15
- im Erkenntnisverfahren 5 Rz 14; 35 Rz 18, 19
- in Mietstreitigkeiten 5 A 27
- Parteivertretung im Verfahren vor ihm 10 Rz 3
- Wahl des Friedensrichters 5 Rz 14
- Weisung desselben 35 Rz 2–4

Frist 33 Rz 1–11
- Androhung bei Säumnis 33 Rz 8, 9
- Bemessung 33 Rz 3
- Berechnung 33 Rz 3

693

- Berücksichtigung der Respektstunde 33 Rz 11
- Einfluss der Gerichtsferien 33 Rz 4, 5
- Einhaltung 33 Rz 6
  - bei Verwirkungsfrist 33 Rz 10, 11
  - bei irrtümlicher Eingabe oder Zahlung an unrichtige Amtsstelle 33 Rz 7
  - bei Zahlung von Kautionen und Vorschüssen 33 A 8
- Erstreckung 33 Rz 2, 8
  - Anspruch des Nebenintervenienten darauf 13 A 11
- für Beweismitteleinreichung im summarischen Verfahren 37 Rz 7
- für Einreichung der Weisung nach Sühnverfahren 35 Rz 4
- für Klageeinleitung nach erwirkter vorsorglicher Massnahme 32 Rz 25
- gesetzliche 33 Rz 2, 4
- im Beweisverfahren 35 Rz 44
- materiellrechtliche 33 Rz 10
- prozessuale 33 Rz 1–9
- Rechtsmittelfrist 39 Rz 16
- richterliche 33 Rz 3, 4
  - Androhung für Nichtleistung 33 Rz 9
  - Androhung für Säumnis 33 Rz 8, 9
- Stillstand während der Gerichtsferien 33 Rz 4, 5; 35 A 12a, 35a Rz 2
- Verhältnis zur Offizialmaxime 18 Rz 14
- Wiederherstellung 33 Rz 9

Fritzsche Hans 2 Rz 3; 4 Rz 1
Funktionelle Zuständigkeit 7 Rz 2, 83
Fürsorgerische Freiheitsentziehung 5 Rz 11; 37a

G

Garantie
- des verfassungsmässigen Richters 3 Rz 49; 6 Rz 17
- des Wohnsitzrichters 3 Rz 46
- vertragsmässiger Schiedsgerichte 4 Rz 21

Gebühren siehe Kosten
Gebundenheit
- an den angehobenen Prozess 27 Rz 34

Gegenbeweis 28 Rz 28
Gegenseitiger Vertrag 26 Rz 34 Bsp 78
Gegenstandslosigkeit
- bei Löschung einer Kapitalgesellschaft im Handelsregister 15 Rz 23
- bei Tod einer Partei 15 Rz 23
- Kostentragung 34 A 11

Gegenwiderklage 11 Rz 12
Geheimnisschutz
- Verhältnis zur Zeugnispflicht 29 Rz 43

Gehör, rechtliches
- als Ausfluss des Bundesrechts 3 Rz 48
- Verhältnis zum Grundsatz der richterlichen Rechtsanwendung 21 Rz 9
- Verletzung
  - als Grund für staatsrechtliche Beschwerde 39 Rz 130
  - bezüglich Entschädigungspflicht 34 A 15
  - durch Nichtausübung der richterlichen Fragepflicht 17 Rz 25 Bsp 55

Gelöbnis
- bundesrechtliche Bestimmungen 3 Rz 25

Gemeinde
- Parteifähigkeit 8 Rz 1

Gemeindeammann 29 Rz 106–108 Bsp 139, A 68a; 41 Rz 7
- amtlicher Befund durch ihn 37 Rz 31, 32 Bsp 160
- Zustellung von Erklärungen durch ihn 37 Rz 33
- Zustellung von Gerichtsurkunden durch ihn 33 Rz 13

Gemeindegericht (Appenzell-Ausserrhoden) 4 A 28
Gemeinderat
- grosser 5 Rz 30

Gemeinderschaft
- als notwendige Streitgenossenschaft 11 Rz 26

Gemeinschaft der Stockwerkeigentümer
- Parteifähigkeit 8 Rz 7

Gemeinschuldner 8 Rz 3; 15 Rz 19
Generalsekretär 6 A 1

Sachregister

Generalversammlung
- Klage auf Anfechtung ihres Beschlusses 18 Rz 11, 32 A 7a; 39 A 77a
- Nichtteilnahme als vorsorgliche Massnahme 32 A 7e

Genf (Kanton) 2 Rz 5; 5 A 33, 103; 22 Rz 1; 31 Rz 9; 34 A 16

Genossenschaft
- Gerichtsstand für Klage gegen sie 7 Rz 23
- Parteifähigkeit 8 Rz 1

Gerichte
- Amtsdauer 5 Rz 12
- als Aufsichtsbehörden 1 Rz 8
- des Bundes 5 Rz 1–9
- als Gesetzgebungsorgane 3 Rz 37
- des Kantons Zürich 5 Rz 10–59
- als Wahlbehörden 1 Rz 8

Gerichtliche Anordnung
- Mitteilung
    - als Ausfluss des rechtlichen Gehörs 21 A 13

Gerichtsbarkeit
- streitige und nicht streitige (freiwillige) 1 Rz 20

Gerichtsferien 33 Rz 4
- Einfluss auf Fristenlauf 33 Rz 4
    - Besonderheiten im suammarischen, beschleunigten und anderen Verfahren 33 Rz 5
    - Stillstand für Einreichung der Weisung des Friedensrichters 35 A 12a

Gerichtsgebühr 34 Rz 3
- Höhe 34 Rz 5

Gerichtskosten 34 Rz 1–15
- Barauslagen 34 Rz 3
- Befreiung 34 Rz 6
- Beschwerde 34 Rz 7
- Bezug
    - Person 34 Rz 2, 13, A 13b
    - Zeitpunkt 34 Rz 13
- Höhe 34 Rz 1, 5
- Schreibgebühr 34 Rz 3
- Tragung 34 Rz 2, 8, 9, 10–12 Bsp 147
- Zustellgebühr 34 Rz 3

Gerichtspräsident
- Funktion
    - als Einzelrichter 5 Rz 22, 23; 21 A 11

Gerichtsschreiber 29 Rz 106
- Ablehnung 6 Rz 8–12
- Ausschluss 6 Rz 2–7
- Ausstand 6 Rz 1–17
- Einzelrichterähnliche Stellung 5 A 46

Gerichtsstand 7 Rz 4–63
- allgemeiner 7 Rz 4
- am Aufenthaltsort 7 Rz 4; 28 Rz 17 Bsp 119
- am Betreibungsort 7 Rz 37
- am erwähnten Domizil
- am Geschäftssitz des im Register eingetragenen Vertreters des Beklagten 7 Rz 37
- am Kantonshauptort des Klägers 7 Rz 37
- am Konkursort 7 Rz 37
- am letzten Wohnsitz des Erblassers 7 Rz 37
- am Ort des Arrestes 7 Rz 37
- am Ort der amtlichen Anweisung 7 Rz 33
- am Ort der Atomanlage 7 Rz 37
- am Ort, der beim Eidg. Luftamt als schweizerisches Rechtsdomizil des Beklagten verzeichnet ist 7 Rz 37
- am Ort der beweglichen Sache 7 Rz 28
- am Ort der gelegenen Sache 7 Rz 26, 27
- am Ort, der im Luftfahrzeugbuch als Wohnsitz des Eigentümers eingetragen ist 7 Rz 37
- am Ort der Niederlassung 7 Rz 23, 37
- am Ort des Betriebes oder Haushaltes, für den der Arbeitnehmer Arbeit leistet 7 Rz 37
- am Ort des Erfolgseintritts 7 Rz 37
- am Ort des Grundstücks 7 Rz 26, 27, 44
- am Ort des Sachzusammenhanges 7 Rz 30–32
- am Ort des Schiffsregisters 7 Rz 37
- am Sitz der Gesellschaft 7 Rz 37
- am Spezialdomizil 7 Rz 24, 25
- am Unfallort 7 Rz 37

695

Sachregister

- am Wohnsitz der Eltern 7 Rz 43
- am Wohnsitz des Klägers 7 Rz 42, 47
- ausschliesslicher 7 Rz 30, 32, 33, 35, 37, 53, A 48
- bei Anschlussklage 7 Rz 37
- bei Klagenhäufung 11 Rz 2, A 3
- bei Streitgenossenschaft 7 Rz 38, A 45
  - einfacher 7 A 45
- beim Bundesgericht 7 Rz 37
- besonderer 7 Rz 23–44
- bundesrechtliche Bestimmungen
  - ausdrückliche 7 Rz 37
  - im Bereich der örtlichen Zuständigkeit 3 Rz 22
  - im Bereich der sachlichen Zuständigkeit 3 Rz 24
  - nicht ausdrückliche 7 Rz 38–44
- der Vereinbarung 7 Rz 47–62
  - Form derselben 7 Rz 56, A 69
- falscher bei Vollstreckung und Anerkennung ausserkantonaler Urteile 7 Rz 16–18
- Frage der Lückenfüllung 3 Rz 31
- für Aberkennungsklage 7 Rz 37
- für Anschlussklage in der Pfändung 7 Rz 37
- für Begehren um Abänderung des Unterhaltsbeitrages an das Kind 7 A 49c
- für Begehren um Aufhebung oder Einstellung der Betreibung 7 Rz 37
- für Begehren um Berichtigung von Zivilstandseintragungen 7 Rz 40
- für Begehren um Bewilligung des nachträglichen Rechtsvorschlages 7 Rz 37
- für betreibungsrechtliche Freigabeklage 7 Rz 37
- für betreibungsrechtliche Rückforderungsklage 7 Rz 37
- für betreibungsrechtliche Widerspruchsklage 7 Rz 37
- für Beweissicherung
  - nach Eintritt der Rechtshängigkeit 35 Rz 39
  - vor Eintritt der Rechtshängigkeit 37 Rz 28
- für dingliche Klage 7 Rz 26–28
- für Ehescheidungsklage 7 Rz 35
- für Eheschutzbegehren 7 Rz 35
- für Ehetrennungsklage 7 Rz 35
- für Eheungültigkeitsklage 7 Rz 45
  - wenn Dritter oder Behörde klagt 7 A 49
- für Klage auf Anfechtung der Adoption 7 Rz 36
- für Klage auf Anfechtung der Anerkennung eines Kindes 7 Rz 36
- für Klage auf Anfechtung des Kollokationsplanes
  - im Konkurs 7 Rz 37
  - in der Pfändung 7 Rz 37
- für Klage auf Beschränkung oder Entzug der elterlichen Gewalt 7 Rz 43
- für Klage auf Erstreckung des Miet- oder Pachtverhältnisses 7 Rz 37
- für Klage auf Feststellung oder Bestreitung neuen Vermögens 7 Rz 37
- für Klage auf Feststellung oder Anfechtung des Kindesverhältnisses 7 Rz 36
- für Klage auf Herabsetzung einer letztwilligen Verfügung 7 Rz 37
- für Klage auf Herausgabe der Erbschaft 7 Rz 37
- für Klage auf Teilung der Erbschaft 7 Rz 37
- für Klage auf Ungültigerklärung einer letztwilligen Verfügung 7 Rz 37
- für Klage auf Untersagung des Eheabschlusses 7 Rz 35
- für Klage auf Zulassung der privilegierten Anschlusspfändung 7 Rz 37
- für Klage aus Arbeitsverhältnis 7 Rz 37
- für Klage aus AFG 7 Rz 37
- für Klage aus AVG 5 Rz 37
- für Klage aus BSchG 7 Rz 37
- für Klage aus EBG 7 Rz 37
- für Klage aus EHG 7 Rz 37
- für Klage aus Gesellschaftsrecht 7 Rz 37, A 51, 52
- für Klage aus KG 7 Rz 37
- für Klage aus KHG 7 Rz 37

- für Klage aus LBG 7 Rz 37
- für Klage aus LFG 7 Rz 37
- für Klage aus LTR 7 Rz 37
- für Klage aus MMG 7 Rz 37
- für Klage aus MSchG 7 Rz 37
- für Klage aus PatG 7 Rz 37
- für Klage aus PTTOG 7 Rz 37
- für Klage aus RLG 7 Rz 37
- für Klage aus SBBG 7 Rz 37
- für Klage aus SSchG 7 Rz 37
- für Klage aus SoSchG 7 Rz 37
- für Klage aus SVG 7 Rz 37
- für Klage aus TrBG 7 Rz 37
- für Klage aus URG 7 Rz 37
- für Klage aus UWG 7 Rz 37
- für Klage aus VZG 7 Rz 37
- für Klage aus Verantwortlichkeit der Organe einer Aktiengesellschaft usw. 7 Rz 37
- für Klage der Handwerker und Unternehmer nach Art. 841 ZGB 7 Rz 37
- für Klage gegen Kollektiv- oder Kommanditgesellschaft 8 Rz 2
- für Klage im Lastenbereinigungsverfahren 7 Rz 37
- für Unterhaltsklage 7 Rz 36, 37
- für Verantwortlichkeitsklage des Arrestschuldners gegen den Arrestgläubiger 7 Rz 37
- für Widerklage 7 Rz 34
- im Bereich der interkantonalen Rechtshilfe 31 Rz 9 (Rechtshilfekondordat Art. 9)
- massgebender Zeitpunkt 7 Rz 66
- massgebendes Kriterium 7 Rz 64, 65 Bsp 14
- perpetuatio fori 7 Rz 66; 27 Rz 40
- prorogierter 7 Rz 47–62
- verwiesener 7 Rz 19–21
- zwingender 7 Rz 35, 37, 53, A 48; siehe auch Gerichtsstandsgarantie 7 Rz 6–11, 54–56, 61
  - staatsrechtliche Beschwerde bei Verletzung 7 A 12a
- Verhältnis zum

- Gerichtsstand des erwählten Domizils 7 Rz 24
- Gerichtsstand am Ort der beweglichen Sache 7 Rz 28
- Gerichtsstand am Ort der Geschäftsniederlassung 7 Rz 23
- Gerichtsstand am Ort des Grundstücks 7 Rz 23, A 27
- prorogierten Gerichtsstand 7 Rz 60
- Verhältnis zu bundesrechtlichen Gerichtsstandsbestimmungen 3 Rz 23
- Verzicht auf Anrufung 7 Rz 54–56, 61, siehe auch Gerichtsstandsklausel 7 Rz 47–49
  - Einschränkungen der Zulässigkeit 7 Rz 49–60
    - beim Abzahlungsvertrag 7 Rz 58
    - bei Vereinbarungen mit Kleinreisenden 7 Rz 59
- Übergang der Rechte daraus auf Zessionar 7 Rz 48
- Verhältnis zur Hauptintervention 12 Rz 3
- Willensmängel 7 Rz 62

Gerichtsstandskonflikt 3 Rz 45, 46

Gesamteigentum
- Klage auf Anhebung 24 Rz 32

Gesamthandsverhältnisse
- als notwendige Streitgenossenschaft 11 Rz 24
- Frage der Parteifähigkeit 8 Rz 3

Gesamtnachfolge 15 Rz 16–22

Geschäftsbücher
- Editionspflicht 29 A 74, Rz 119–124 Bsp 142

Geschäftsfirma
- sachliche Zuständigkeit für Prozess darüber 5 Rz 45

Geschäftsverkehr
- direkter zwischen Behörden der Konkordatskantone 31 Rz 9 (Rechtshilfekonkordat Art. 1)

Geschworenengericht 4 Rz 21; 5 Rz 10
- Präsident 5 Rz 24

Sachregister

Gesellschaft, einfache
- als notwendige Streitgenossenschaft 11 Rz 26
- keine Parteifähigkeit 8 Rz 5
- Klage auf Auflösung 11 Rz 27 Bsp 28

Gesellschaft mit beschränkter Haftung 7 Rz 23
- Klage auf Auflösung 18 Rz 11, A 19; 24 Rz 32
- Parteifähigkeit 8 Rz 1
- Verwaltung
  - Parteifähigkeit 8 Rz 7

Gesellschaftsrecht
- Gerichtsstand für Klagen daraus 7 Rz 37

Gesetzgebungskompetenzen
- im Zivilprozessrecht 3 Rz 1, 2

Gestaltungsklagen 24 Rz 30–32
- gegen notwendige Streitgenossenschaft 11 Rz 26
- Parteiwechsel 15 Rz 10

Gestaltungsrecht
- Durchsetzung im Prozess 24 Rz 31
- Geltendmachung im Prozess 17 Rz 3

Gestaltungsurteil 1 A 26
- bei Einzelnachfolge 15 Rz 10
- Frage der Vollstreckung 1 A 80
- Gestaltungswirkung 26 Rz 110

Geständnis 29 Rz 3
- Urteilbarkeit 29 Rz 4

Gewalt, elterliche
- Gerichtsstand bei deren Entzug 3 Rz 38
- Offizialmaxime 18 Rz 10

Gewaltentrennung 4 Rz 5, 14

Gewerbegericht 4 Rz 18

Gewerbliche Muster und Modelle
- sachliche Zuständigkeit für Prozess darüber 5 Rz 45

Gewohnheitsrecht
- als Beweisgegenstand 20 Rz 6
- Anwendung 3 Rz 37

Glarus (Kanton) 1 A 33; 2 Rz 5; 5 A 33, 44; 31 Rz 9; 34 A 16, 40 A 1

Glaubhaftmachen
- des rechtlichen Interesses durch Nebenintervenienten 13 Rz 1
- des strittigen Anspruchs im summarischen Verfahren 37 Rz 1
- für Erwirkung einstweiliger Verfügungen 32 Rz 26
- im Befehlsverfahren 37 Rz 15
- im summarischen Verfahren 37 Rz 1, A 27a

Gleiche Verfahrensart 11 Rz 4

Gleichstellungsgesetz
- Streitigkeiten daraus 18 A 24; 35a A 5

Graubünden 5 A 33, 19 A 5; 31 Rz 9; 34 A 16

Grosser Rat 4 Rz 3, 10

Grunddienstbarkeit
- Klage auf Feststellung
  - keine persönliche Ansprache 7 Rz 8

Grundstück
- Gerichtsstand für Klagen betreffend ein solches
  - für Klagen auf Erfüllung von Grundstückkaufverträgen 7 Rz 27

Guldener Max 2 Rz 6; 4 A 50

Gutachten 29 Rz 73–75
- Bedeutung im Prozess 29 Rz 73–83
- Erstattung 29 Rz 90–93
- Kritik daran 29 Rz 94
- Mitwirkung der Parteien und Dritter 29 Rz 79
- psychiatrisches 29 Rz 75, 83
  - Einweisung in eine Klinik 29 Rz 83
- Verhältnis zu den Feststellungen sachverständiger Richter 29 Rz 78

Gutachter 30 Rz 5
- Augenschein durch ihn 29 Rz 76
- Ausstandsgründe 29 Rz 85
- Beizug zu den Verhandlungen 29 Rz 95
- Ermahnung 29 Rz 87
- Ernennung 29 Rz 84
  - Einwendungen dagegen 29 Rz 85
- Instruktion 29 Rz 88, 89
- keine Pflicht zur Annahme des Mandates 29 Rz 86
- Schadenersatzpflicht 29 Rz 93

Güterrechtliche Ansprüche
- Sicherung derselben 32 Rz 18

H

Haager Übereinkunft
- betreffend Zivilprozess 31 Rz 6, 34 A 8a, 16
- über den internationalen Zugang zur Rechtspflege 34 A 16

Habscheid Walther J. 2 Rz 9, 10

Haftpflichtprozess
- Bedeutung der Streitverkündung 14 Rz 24
- gegen Staat oder Gemeinde 1 Rz 6

Haftpflichtversicherung 14 Rz 24

Haftung
- des Gesuchstellers für einstweilige Verfügung 32 Rz 27
- des Richters § 42 Rz 1–48

Haftungsgesetz
- Klage daraus 35 Rz 4e

Handelsgericht 4 Rz 18, A 29; 5 Rz 10, 45–54, A 49
- Besetzung im Einzelfall 5 Rz 50
- Einleitung der Klage 27 Rz 4
- Präsident 5 Rz 50
- Verfahren 35 Rz 15–17
- Vizepräsident 5 Rz 50
- Wahl 5 Rz 51
- Zusammensetzung 5 Rz 50, 51
- Zuständigkeit 5 Rz 45, 46
  - bei Streitgenossenschaft 5 Rz 49
  - für Handelsstreitigkeiten 5 Rz 45
  - für Klagen aus dem AFG 5 Rz 45
  - für Klagen aus Firmenrecht 5 Rz 45
  - für Klagen aus Kartellgesetz 5 Rz 45
  - für Klagen aus Kernenergiehaftpflicht 5 Rz 45
  - für Klagen über Immaterialgüterrecht 5 Rz 45
  - gemäss Parteivereinbarung 5 Rz 34, 43, 47, A 141
  - konkurrierende von Arbeitsgericht oder Mietgericht 5 Rz 44
- vereinbarte des Bezirksgerichts, Arbeitsgerichts oder Mietgerichts 5 Rz 48
- Wahlrecht des Klägers zwischen Handelsgericht und Bezirksgericht 5 Rz 46

Handelsgeschäft
- als Zuständigkeitsgrund für Handelsgericht 5 Rz 45
- Begriff 5 A 133

Handelsregister 5 Rz 45, 46

Handelsrichter
- Fachkenntnisse 5 Rz 52; 29 A 66
- Wahlbarkeitsvoraussetzungen 5 Rz 51

Handelsübungen
- als Beweisgegenstand 35 Rz 35

Handlungsfähigkeit
- als Voraussetzung der Prozessfähigkeit 9 Rz 1
- beim Beklagten 9 Rz 3
- beim Kläger 9 Rz 2
- beim Vollmachtgeber 10 Rz 10
- beschränkte 9 Rz 1
- Verlust 9 Rz 2

Hannover (Königreich) 4 A 30

Härte Unzumutbare
- im Mietrecht 5 A 109a

Hauptbeweis 28 Rz 28

Hauptintervention 12 Rz 1–8
- im Bundeszivilprozess 12 Rz 8
- Verhältnis zum Zweiparteiensystem 1 Rz 9; 12 Rz 2

Hauptsache 7 Rz 32

Hauptverfahren 5 Rz 10–25
- Beschränkung auf einzelne Fragen 19 Rz 3; 25 A 4
- vor Bundesgericht 38 Rz 1, 2

Hauser Emil 4 A 47
Hauser Robert 4 Rz 2, A 47
Hauser Willy jun. 4 A 47
Hauser Willy sen. 4 A 47
Helvetik 4 Rz 10

Herabsetzungsklage
- als Gestaltungsklage 24 Rz 32
- Zuständigkeit 7 Rz 37

Herausgabebegehren
- im Befehlsverfahren 37 A 23a

Hilfstatsachen
- Berücksichtigung im Prozess 17 Rz 11

Hinterlegung 37 Rz 11, 12 Bsp 157
– Prozess darüber: Wirkung der Streitverkündung 14 Rz 27
– richterliche
  – summarisches Verfahren 37 Rz 11, 12 Bsp 157
Hinwil (Bezirk) 5 A 40
Höchstpersönliche Ansprüche
– bei Tod einer Partei 15 Rz 23
– Geltendmachung durch prozessunfähige Partei 9 Rz 1
– im Konkurs 15 Rz 23
Horgen (Bezirk) 5 Rz 16, A 40

I

Identität
– Beschränkung der Rechtskraft auf den identischen Anspruch 26 Rz 46; 27 Rz 13
– Bestimmung der Identität
  – nach dem eingeklagten materiellen Recht 26 Rz 59
  – nach dem Rechtsbegehren in Verbindung mit dem Lebensvorgang 26 Rz 60–62, A 16
  – nach der begehrten Leistung 26 Rz 63, 64
– bundesgerichtliche Umschreibung 26 Rz 69–72
– Feststellen der Identität
  – bei individualisierten Rechtsbegehren 26 Rz 46, 47 Bsp 84, 77
  – bei nicht individualisierten Rechtsbegehren 26 Rz 48, 49–52 Bsp 85
– im Ehescheidungsprozess 26 Rz 122–126, A 44b
Illiquidität
– im summarischen Verfahren
  – im Befehlsverfahren 37 Rz 22
Immaterialgüterrecht
– sachliche Zuständigkeit für Prozesse daraus 3 Rz 24; 5 Rz 45
– vorsorgliche Massnahmen 32 Rz 11

Individualisiertes Rechtsbegehren
– bei Bestimmung der Anspruchsidentität 26 Rz 46, 47 Bsp 84, 77
Individualrechte
– bundesrechtliche Bestimmungen 3 Rz 48, 49
Indizien
– Berücksichtigung im Prozess 17 Rz 11
– als Beweisgründe 29 Rz 2
– im Verhältnis zur Vermutung 28 Rz 44
Inexistente Partei 8 Rz 11 Bsp 19
Instruktionsrichter
– am Bundesgericht 38 Rz 2, 3
– am Bundesgericht 5 Rz 52
Interesse, rechtliches
– als Prozessvoraussetzung 25 A 4
  – bei der Feststellungsklage 24 Rz 8; 25 A 4
– als Voraussetzung für die Ergreifung eines Rechtsmittels 39 Rz 17
– des Nebenintervenienten 13 Rz 1, 2
– des Streitberufenen 14 Rz 1
Interkantonales Verhältnis
– Bestimmung der Zuständigkeit 7 Rz 9
– Rechtshilfe im Beweisverfahren 31 Rz 1–9
Interventionswirkung 13 Rz 16–19
Irrige Benennung 39 Rz 24
Irrtum
– bei Versendung von Eingaben 33 Rz 7
– Rechnungsirrtum 27 Rz 26 Bsp 111, 27 Bsp 112
Iudex ad quem 39 Rz 37
Iudex a quo 39 A 17, Rz 105
Iura novit curia 17 Rz 4; 20 Rz 1, A 9

J

Jura 13 A 20, 14 A 10; 31 Rz 9; 34 A 16
Juristische Person
– Befragung ihrer Organe 29 Rz 22
– Mitgliedschaft als Ablehnungsgrund in deren Prozess 6 Rz 8, 9
– Prozessführung für sie 9 A 10
– Zeugnisfähigkeit 29 Rz 29

Justizbeamter
- Ablehnung 6 Rz 8–12
- Ausschluss 6 Rz 2–7
- Ausstand 6 Rz 1–17

Justizgewährungsanspruch 1 A 33

Justizverwaltung 1 Rz 8
- durch das Obergericht 5 Rz 26, 28

K

Kantonsgericht (Helvetik) 4 Rz 10

Kantonsrat 4 Rz 23; 5 Rz 11, 16, 26, 29, 51, 59
- als Aufsichtsbehörde 5 Rz 27

Kanzleibeamter
- Ablehnung 6 Rz 8–12
- Ausschluss 6 Rz 2–7
- Ausstand 6 Rz 1–17

Kanzleisperre 32 Rz 12

Kartellrecht 5 Rz 11
- sachliche Zuständigkeit für Prozesse daraus 5 Rz 45

Kassationsgericht 4 Rz 21; 5 Rz 10, 57; 6 A 23a

Kassationsrichter 5 Rz 57, A 166
- im Ausstandsverfahren 6 Rz 15

Kassatorisch wirkendes Rechtsmittel 39 Rz 10
- kantonale Nichtigkeitsbeschwerde 39 Rz 68
- staatsrechtliche Beschwerde 39 Rz 131

Kaufvertrag
- Rechtsgewährleistung 14 Rz 21
- Sachgewährleistung 14 Rz 22
- Streitwert bei Klage auf Vertragserfüllung 7 A 83

Kaution
- allgemeine Prozesskaution 34 Rz 20–27
- als Prozessvoraussetzung 25 Rz 3
- bei notwendiger Streitgenossenschaft 8 Rz 2, A 18
- bei vorsorglichen Massnahmen 32 A 15a

Keller Friedrich Ludwig 4 Rz 15

Kernenergiehaftpflicht
- sachliche Zuständigkeit für Prozess darüber 5 Rz 45

Kindesverhältnis
- Gerichtsstand für Klagen daraus 7 Rz 36, 37
- bei Gestaltungsklage 24 Rz 32

Klagbarkeit
- des Anspruchs 1 Rz 16
- Verhältnis zum Klagerecht 1 A 37
- wechselseitige
  - Gerichtsstand am Ort des Sachzusammenhangs 7 Rz 30–32

Klage
- auf Anfechtung der Vermutung der Vaterschaft 35 A 39
  - Anwendung der Offizialmaxime 18 Rz 9
  - Gerichtsstand 7 Rz 36
- auf Entmündigung 35 A 39
  - Anwendung der Offizialmaxime 18 Rz 10
- auf Entzug der elterlichen Gewalt 35 A 39
  - Anwendung der Offizialmaxime 18 Rz 10
- auf Ergänzung oder Abänderung von Entscheiden betreffend Scheidung, Trennung oder Ungültigerklärung der Ehe 35 A 39
- auf Feststellung des Familienstandes 35 A 39
- auf Feststellung des Personenstandes 35 A 39
- auf Nichtigerklärung der Ehe 35 A 39
- auf Untersagung des Eheabschlusses 35 A 39
- aus Patentrecht 24 Rz 17
- Begriff 1 A 21

Klageabweisung
- als Sachurteil 25 Rz 1
- Bedeutung des rechtlichen Gehörs 21 Rz 4 Bsp 61
- bei fehlender notwendiger Streitgenossenschaft 11 Rz 26

Sachregister

- Umfang der materiellen Rechtskraft 26 Rz 42

Klageänderung 27 Rz 10–23
- im Berufungs- und Rekursverfahren 27 Rz 23; 35 Rz 20; 39 Rz 31

Klageanerkennung («Anerkenntnis») 10 Rz 7; 15 Rz 21; 25 Rz 1, 2
- als Institut des Prozessrechts 3 Rz 12; 25 Rz 11
- als materielles Rechtsgeschäft 25 Rz 11
- Begriff 25 Rz 10
- bei einfacher Streitgenossenschaft 11 Rz 19
- bei Gesamtnachfolge 15 Rz 21
- bei Nebenintervention 13 Rz 14
- bei Nichteintritt der Erben in den Prozess 15 Rz 21
- bei notwendiger Streitgenossenschaft 11 Rz 29
- durch Vertreter 10 Rz 7
- Form 25 Rz 11
- im Ehescheidungsprozess 25 Rz 16
- im Vaterschaftsprozess 35 Rz 25
- materielle Rechtskraft des Erledigungsentscheides 26 Rz 81
  - im Sühnverfahren 25 Rz 13
- Stellung des Nebenintervenienten 13 Rz 14
- Verhältnis zur Dispositionsmaxime 25 Rz 11
- Wirkung auf Widerklage 11 Rz 7

Klageanhebung
- durch Prozessunfähigen 9 Rz 2
- gegen Prozessunfähigen 9 Rz 2

Klageantwort 19 Rz 4

Klagearten 24 Rz 1–32

Klagebegehren siehe Rechtsbegehren

Klagebegründung 19 Rz 4
- schriftlich im mündlichen Verfahren 35 Rz 14

Klagefrist
- Einhaltung 3 A 44
- Folge ihres Ablaufes 33 Rz 10
  - bei selbständiger Nebenintervention 13 A 20

- Verkürzung (faktische) durch kantonales Prozessrecht 3 Rz 35

Klagegründe
- deren Anerkennung 35 Rz 27

Klagegutheissung
- Bedeutung des rechtlichen Gehörs 21 Rz 3

Klagenhäufung 11 Rz 1–23
- objektive 11 Rz 1–12
- subjektive 11 Rz 13–23

Klageprovokation 24 A 4

Klagerecht
- als Institut des Prozessrechts 1 Rz 15, A 33

Klagerückzug («Verzicht») 3 Rz 12; 10 Rz 7; 25 Rz 1, 2, 18; 27 Rz 37, 39
- angebrachtermassen (unter Vorbehalt der Wiedereinbringung) 25 Rz 6, 18; 27 Rz 35, 36 Bsp 114
- Annahme bei Säumnis des Klägers 35 Rz 27
- bei einfacher Streitgenossenschaft 11 Rz 19
- bei Gesamtnachfolge 15 Rz 21
- bei Nichtintervention 13 Rz 14
- bei Nichteintritt der Erben in den Prozess 15 Rz 21
- bei notwendiger Streitgenossenschaft 11 Rz 29
- durch den Vertreter 10 Rz 7
- einstweiliger bei Nichteinreichung der Weisung 35 R 4
- Form des Erledigungsentscheides 25 Rz 1
- Rechtskraftwirkung 26 Rz 81
- Rechtsmittel gegen Erledigung 25 Rz 18, 19, 20
- Verhältnis zur Rechtshängigkeit 25 A 14
- Wirkung auf Widerklage 11 Rz 7; 25 A 14
- Wirkung im Sühnverfahren 25 Rz 18; 26 A 28; 35 Rz 2

Klageschrift
- Begründung der Rechtshängigkeit durch Einreichung 35 Rz 5
- Fristansetzung für Einreichung 35 Rz 6

Klares Recht
- schnelle Handhabung im Befehlsverfahren 37 Rz 21
- Verletzung als Nichtigkeitsgrund 39 Rz 61

Kleiner Rat 4 Rz 12

Kognitionsbefugnis bei Rechtsmittel 39 Rz 12

Kollegialsystem 5 Rz 22

Kollektiv- und Kommanditgesellschaft
- Befragung 29 Rz 22
- Gerichtsstand für Klage gegen sie 8 Rz 2
- Klage auf Auflösung 24 Rz 32
- Parteifähigkeit 8 Rz 1, 2, 3

Kollokationsklage
- als prozessuale Gestaltungsklage 24 Rz 32
- Gerichtsstand dafür 7 Rz 37

Kollokationsplan 15 Rz 18

Kommanditgesellschaft
- Klage auf Auflösung 18 A 19
- Parteifähigkeit 8 Rz 1

Kompetenz-Kompetenz 7 Rz 3

Konkordat
- betreffend Befreiung von der Verpflichtung zur Sicherheitsleistung für die Prozesskosten 34 A 16
- über die Gewährung gegenseitiger Rechtshilfe in Zivilsachen 31 Rz 7–9; 33 A 27
- über die Gewährung gegenseitiger Rechtshilfe zur Vollstreckung öffentlich-rechtlicher Ansprüche 41 Rz 14
- über die Schiedsgerichtsbarkeit 40 Rz 1, 2
- über die Vollstreckung von Zivilurteilen 41 A 11a

Konkurs
- Aktivprozess im Konkurs 15 Rz 17–19
- Wirkung auf hängigen Prozess 15 Rz 16, 17–19

Konkursamt 5 Rz 28

Konkursbegehren 10 Rz 8

Konkursmasse
- Befragung des Gemeinschuldners in ihrem Prozess 29 Rz 22
- Eintritt in pendenten Prozess 15 Rz 17, 18
- Parteifähigkeit 8 Rz 3, 4

Konkursverwaltung 15 Rz 17–19

Konnexität
- als Voraussetzung zur Zulassung der Widerklage 7 Rz 34; 11 Rz 4

Konsumentenschutz 5 Rz 11

Konsumentenstreitigkeit
- einfaches und rasches Verfahren 35a Rz 1

Kopien 29 Rz 112

Korporationen, öffentlich-rechtliche
- Parteifähigkeit 8 Rz 1

Kosten
- Auferlegung 34 Rz 8–12
  - Ausnahme von der Dispositionsmaxime 16 Rz 4
  - bei Konkurs 15 A 16
  - bei Nebenintervention 34 A 14
  - bei Parteiwechsel 34 A 14
  - bei Streitverkündung 34 A 14
- bei interkantonaler Rechtshilfe 31 Rz 9 (Rechtshilfekonkordat Art. 5)
- bundesrechtliche Bestimmungen darüber
  - in arbeitsrechtlichen Streitigkeiten
  - bei mutwilliger Prozessführung 3 Rz 27; 34 A 8
- Entschädigungspflicht 34 Rz 14–17
- für unnütze Referentenaudienz 34 A 14b
- Gerichtskosten 34 Rz 1–13
- in der sog. freiwilligen Gerichtsbarkeit 37 Rz 8
- unnötig verursachte Kosten 34 Rz 9

Kraftloserklärung
- von Grundpfandtiteln 37 Rz 8
- von Wertpapieren 39 Rz 80

Kreisgericht 4 Rz 18, A 28

Kriminalgericht 5 Rz 19

Kummer Max 2 Rz 7

Kündigung des Mietverhältnisses 5 Rz 40–42

Kurzgutachten
- im summarischen Verfahren 37 A 27a

L

Laien
– als Parteien 17 Rz 13
Laienrichtertum 4 Rz 9; 5 Rz 18, A 40
Landvogt 4 Rz 3
Landwirtschaftsgericht 5 Rz 58
Last, prozessuale 1 A 2
Lata sententia iudex desinit iudex esse 26 Rz 11
Lausanne 5 Rz 6
Lebensvorgang
– bei Bestimmung der Identität des Anspruchs 26 Rz 61–62
Legitimation
– Sachlegitimation 25 A 4
– zur Rechtsmittelergreifung 39 Rz 15
Leistung, wiederkehrende
– als Normalfall 24 Rz 1
– bei notwendiger Streitgenossenschaft 11 Rz 26
– Verhältnis zur Feststellungsklage
Letztwillige Verfügung
– Gerichtsstand bei Herabsetzungsklage und Klage auf Ungültigerklärung 3 Rz 22; 7 Rz 37
Liegenschaft
– Einlass 29 Rz 71
Liquidationsmasse
– beim Nachlassvertrag mit Vermögensabtretung
– – Parteifähigkeit 8 Rz 3
Liquidität 37 Rz 21
Literatur
– zum Zivilprozessrecht 2 Rz 2–9
Litisdenunziation 14 Rz 1–5
Locher Friedrich 4 A 33
Luzern (Kanton) 4 Rz 25; 24 A 4; 31 Rz 9; 34 A 16; 40 A 1
Luzern (Stadt) 5 Rz 6, 9
Lückenfüllung
– bei der Beweislastverteilung 28 Rz 26
– im SchKG 3 Rz 43
– in Gerichtsstandsfragen 3 Rz 38
– intra legem 3 Rz 31
– praeter legem 3 Rz 36

M

Marken und Herkunftsangaben
– sachliche Zuständigkeit für Prozess darüber 5 Rz 45
Massnahmen
– in der Zwangsvollstreckung 41 Rz 17
– – Anwendung von Zwang 41 Rz 25–27
– – bei Abgabe einer Willenserklärung 41 Rz 28–30
– – – betreffend Eintrag im Grundbuch 41 Rz 30
– – – Schadenersatz 41 Rz 31, 32
– – Ersatzvornahme 41 Rz 21–24
– – Ordnungsbusse 41 Rz 17, 18
– – Ungehorsamsstrafe 41 Rz 19, 20
– vorsorgliche 32 Rz 1–28
– – bundesrechtliche Grundlagen 32 Rz 14
– – Verfahren zum Erlass
– – – vor pendentem Prozess 32 Rz 22–25
– – – während pendentem Prozess 32 Rz 19–71
– – Voraussetzungen 32 Rz 26
– – Zuständigkeit nach Klageeinleitung bei erkennendem Gericht 35 Rz 9
Materielle Rechtskraft 7 Rz 19, A 16; 26 Rz 14–142
– als Institut des Prozessrechts 3 Rz 12
– Bedeutung des Bundesrechts 26 Rz 112–116
– Begriff 26 Rz 14
– bei Entscheidungen im summarischen Verfahren 37 Rz 8, 23
– bei Klageanerkennung 25 Rz 13
– bei Parteiwechsel 15 Rz 8
– bei prozessleitenden Entscheidungen 26 Rz 140, 141
– Bedeutung der Einrede 26 Rz 117, 118
– Berücksichtigung von Amts wegen 26 A 42
– Beschränkung auf das Dispositiv 26 Rz 20
– Beschränkung auf Sachurteile 26 Rz 81

– Erledigung des Prozesses 26
  Rz 131–133
– im Rechtsmittelverfahren 39 Rz 7, A 3
– keine Erstreckung auf Bürgen 26 Rz 108
  Bsp 99
– keine Erstreckung auf Dritte 26 Rz 100
– keine Erstreckung auf Nebenparteien
  26 Rz 95, 96
– Verhältnis zum Gestaltungsurteil
  26 Rz 105 Bsp 98, 110, 111
– Verhältnis zur Interventionswirkung
  26 Rz 99
– Vorfragewirkung 26 Rz 35–40
Materielle richterliche Prozessleitung
35 Rz 52
Mediation 4 Rz 11, 12
Meilen (Bezirk) 5 A 40
Menschenrechtskonvention, europäische
3 Rz 49, 5 A 4a; 23 Rz 5
Messmer Georg 2 Rz 8; 4 A 50
Mieter 5 Rz 38, 39
Mieterstreckungsbegehren
– Gerichtsstand 7 Rz 37
Mietgericht 5 Rz 10, 25, 38–44, A 49
– Präsident 5 Rz 39
  – als Einzelrichter 5 Rz 39
– Verfahren 35 Rz 11, 15
  – persönliches Erscheinen 10 Rz 4
– Wahl 5 Rz 39, A 116
– Wegfall des Sühnverfahrens vor Anrufung 27 Rz 7
– Zusammensetzung 5 Rz 39
– Zuständigkeit 5 Rz 38, 39, 41–44
  – bei Vorfragen 5 Rz 41
  – gemäss Parteivereinbarung anstelle
    des Handelsgerichts 5 Rz 48
  – konkurrierende von Arbeitsgericht
    oder Handelsgericht 5 Rz 44
  – landwirtschaftliche Pacht 5 A 113b
  – vereinbarte
    – der ordentlichen Gerichte, des
      Arbeitsgerichts oder des Handelsgerichts 5 Rz 43, 47
    – eines Schiedsgerichts 5 A 122h
Mietrecht 5 Rz 11

Mietrechtsstreitigkeiten
– einfaches und rasches Verfahren
  5 Rz 43a, 35a Rz 1
– freie richterliche Beweiswürdigung
  5 Rz 43a
Mietvertrag 5 Rz 38
Mietzins 5 Rz 43
Minderheitsantrag 35 Rz 64
Minderung
– bei Wandelungsklage 16 Rz 3
Miteigentum
– Aufhebung (als Gestaltungsklage)
  24 Rz 32
Mitteilung gerichtlicher Anordnungen
– als Ausfluss des rechtlichen Gehörs
  21 A 13
Mobilien 5 Rz 41
Monistische Theorie 1 Rz 14
Mündel
– Ausschluss des Richters in dessen Prozess 6 Rz 2
Mündigkeit
– als Voraussetzung der Handlungsfähigleot 9 Rz 1
Mündlichkeit 4 Rz 16, A 21
– Einfluss auf Säumnisfolgen 35 Rz 27
  – im beschleunigten Verfahren
    35 Rz 31; 36 Rz 1
– Parteivorträge 35 Rz 12
Muster und Modelle
– sachliche Zuständigkeit für Prozess darüber 5 Rz 45
Mutwillen
– in Prozessen aus dem Arbeitsverhältnis
  3 Rz 27, 34 A 8
– vor Bundesgericht 39 A 146

N

Namensführung
– Klage auf Feststellung des Rechtes darauf 3 Rz 17 Bsp 1; 24 Rz 17
Nasciturus
– Parteifähigkeit 8 A 32
Napoleon Bonaparte 4 A 11

Natürliche Vermutung 28 Rz 36–44
Nebenamtliche Richter
– am Bundesgericht 5 Rz 9
– am Kassationsgericht 3 Rz 57
Nebenbegehren
– Gerichtsstand dafür 7 Rz 32
– sachliche Zuständigkeit dafür 7 Rz 75
Nebenfolgen bei Ehescheidung
– Vereinbarung darüber 28 Rz 7
Nebenintervenient 14 Rz 1
Nebenintervention 13 Rz 1–21
– als Folge der Streitverkündung 14 Rz 1
– der Streitberufenen 14 Rz 30
– Rechtsmittel 13 Rz 13, 14
– selbständige 13 Rz 19–21 BSp 35
– Tragung der Gerichtskosten 14 Rz 2; 34 A 14
– Verhältnis zum Zweiparteiensystem 1 Rz 9
Nebenpartei
– Frage der Zeugnisfähigkeit 29 Rz 28
Nebenpunkt
– Nachbringen eines solchen 27 Rz 25 Bsp 110
Nebensache 7 Rz 32
Nebenurkunden 29 Rz 104
Ne bis in idem 26 Rz 132
Ne eat iudex ultra petita partium 16 A 5
Negativa non sunt probanda 28 Rz 20–22
Negative Feststellungsklage 7 Rz 80; 24 Rz 9 Bsp 68; 26 Rz 78–79 Bsp 91, 80, 133; 27 A 146
Negative Tatasachen 28 Rz 21–23
Neidhart Berthold 4 A 50
Nemo idoneus testis in causa sua 29 Rz 27
Nemo plus iuris transferre potest quam ipse habet 26 Rz 103 Bsp 98
Ne procedat iudex ex officio 16 A 1
Neuenburg (Kanton) 5 Rz 15; 31 Rz 9; 34 A 16
Nichteintreten
– auf identische Klage 26 Rz 132
– bei begründeter Einrede der Rechtshängigkeit 27 Rz 28

– bei fehlender Bestimmtheit der Klage 25 A 4
– bei fehlender Parteifähigkeit 8 Rz 8; 25 A 4
– bei fehlender Prozessfähigkeit des Klägers 9 Rz 2; 25 A 4
– bei fehlender Zuständigkeit 7 Rz 19
– bei Rechtshängigkeit 27 Rz 28
– durch das prorogierte Gericht mangels Binnenbeziehung 7 Rz 52, 52a
– Erledigung des Prozesses 25 Rz 5, 9
– Kostenfolgen 34 A 8
– Wirkung auf die Widerklage 11 Rz 7
Nichtigkeit, relative
– Entscheide unzuständiger Gerichte 7 Rz 12–18
Nichtigkeitbeschwerde
– kantonale 5 Rz 27, 53; 6 A 22; 20 Rz 7; 26 Rz 114; 39 Rz 59–69
  – Ablehnungsbegehren nach Abschluss des Nichtkeitsbeschwerdeverfahrens 6 A 23a
  – Anfechtungsobjekte 39 Rz 62 ,65
  – Beantwortung 39 Rz 66
  – Begriff 39 Rz 59
  – Einreichung 39 Rz 64
    – Frist 39 A 54
    – Ort 39 Rz 64
  – Erteilung des Suspensiveffekts 39 Rz 65
  – Funktion 39 Rz 59
  – Form des Entscheides bei Gutheissung 39 Rz 68, 69
  – gegen einstweilige Verfügungen 39 A 49, 50
  – gegen Entscheide des Friedensrichters 5 Rz 21
  – gegen Erledigungsbeschlüsse aufgrund einer Parteierklärung 25 Rz 20
  – gegen prozessleitende Entscheidungen 39 Rz 62, 63
  – in Ausstandssachen 6 Rz 16
  – kassatorische Wirkung 39 Rz 68
  – Nichtigkeitsgründe 39 Rz 61, 64, 65
  – bei Schiedssprüchen 40 Rz 25

– Subsidiarität 39 Rz 59, 60, 124
   – insbesondere bei Möglichkeit des Weiterzuges an das Bundesgericht 39 Rz 60
– Verzicht darauf 39 Rz 30
– wegen Nichtbeachtung der Rechtskraft 26 Rz 130

Nichtigkeitsinstanz
– Bezirksgericht 5 Rz 21; 39 A 54
– für Nichtigkeitsbeschwerde
   – gegen Entscheide des Friedensrichters 5 Rz 21; 39 A 54
   – gegen Entscheide des Handelsgerichts 5 Rz 57; 39 A 54
   – gegen Entscheide des Obergerichts 5 Rz 57; 39 A 54
   – gegen Entscheide eines Schiedsgerichts 40 Rz 9, 25
   – gegen Entscheide von Schlichtungsbehörden 39 A 54
– Kassationsgericht 5 Rz 57; 39 A 54
– Kognitionsbefugnis 39 Rz 67, 125–128
– Obergericht 5 Rz 25; 39 A 54

Nichtstreitiges Verfahren 1 Rz 20; 37 Rz 11
Nidwalden 4 Rz 25; 31 Rz 9
Normen, ungeschriebene 3 Rz 43
Notar 29 Rz 106, 109 Bsp 140; 37 Rz 11
Notariat 5 Rz 28
Notarpatent 5 Rz 28
Notorische Tatsachen 17 Rz 11
Notwendige Entscheidungsgründe 14 Rz 16 Bsp 40
Notwendige Streitgenossenschaft 11 Rz 24–29
Novenrecht
– bei Bundesrechtsmitteln
   – Berufung 39 Rz 97, 100
   – Nichtigkeitsbeschwerde 39 Rz 128
   – staatliche Beschwerde 39 Rz 131
– bei kantonalen Rechtsmitteln
   – Berufung 5 A 143a; 19 Rz 19; 39 Rz 36, 40
   – Nichtigkeitsbeschwerde 39 Rz 65
   – Rekurs 19 Rz 19; 39 Rz 54

Nuklearschaden
– sachliche Zuständigkeit für Prozess darüber 5 Rz 45

O

Obergericht 4 Rz 13, 14; 5 Rz 10, 17 24–28, 33, A 26, 146
– als Beschwerdeinstanz 5 Rz 28
– als einzige kantonale Instanz 35 Rz 15
– Anweisung des örtlich zuständigen Gerichts durch es 5 A 144
– Anweisung des sachlich zuständigen Gerichts durch es 5 Rz 49, A 144
– Kanzleibeamte 5 Rz 26
– Kanzleipersonal 5 Rz 26
– Präsident 5 Rz 26
– Verordnungs- und Anweisungsrecht 5 Rz 26
– Verwaltungskommission 6 A 31, Rz 16
– Vizepräsidenten 5 Rz 26
– Wahl 5 Rz 24
– Zusammensetzung 5 Rz 24

Oberrichter
– als Mitglied des Handelsgerichts 5 Rz 24, 50
– als Präsident des Geschworenengerichts 5 Rz 24
– im Ausstandsverfahren 6 Rz 15
– nebenamtliche Tätigkeit 5 Rz 12, A 24
– Wahl der – 5 Rz 24

Objektive Klagenhäufung 11 Rz 1–3
Obligation, unvollkommene
– Wirkung im Prozessrecht 1 A 37
Obligationenrecht
– Gestaltungsklagen daraus 24 Rz 32
Obmann des Schiedsgerichts 40 Rz 5 (Art. 10 des Schiedsgerichtskonkordats)
Obwalden 4 Rz 25; 31 Rz 9
Offensichtliches Versehen 26 A 4a
Öffentlicher Ruhetag 33 Rz 3
Öffentliche Urkunden
– Beweiskraft 29 Rz 105–111
Öffentlichkeit
– Ausschluss 23 Rz 2, 3
– Grundsatz 4 Rz 16; 23 Rz 1–4

Sachregister

Öffentlich-rechtliche Korporationen
- Parteifähigkeit 8 Rz 1

Offizialmaxime 3 A 22; 17 Rz 12; 18 Rz 1–15; 22 Rz 5; 29 Rz 24
- Anwendungsbereich 18 Rz 3–13
  - Abstammungsprozess 18 Rz 9
  - besondere Prozesse juristischer Personen 18 Rz 11
  - Eheprozesse 18 Rz 3–8
  - Prozesse über Entmündigung und Entzug der elterlichen Gewalt 18 Rz 10
- Beweisabnahme 35 Rz 51
- eingeschränkte 18 Rz 4
- Säumnis bei Befragung 29 Rz 24
- Wirkung des Geständnisses 29 Rz 3, 15

Onus probandi
- Beweisführung 28 Rz 35
- bundesrechtliche Bestimmungen 28 Rz 29–35

Opferhilfegesetz 1 Anm. 41a

Ordentliche Rechtsmittel 39 Rz 7

Ordentliches Verfahren 35 Rz 1–66
- in Prozessen über den Personenstand 35 Rz 20–25
- Einleitungsverfahren 35 Rz 5–9
- Eintritt der Säumnisfolgen 35 Rz 31

Ordnungsbusse 17 Rz 14; 27 Rz 33
- als Androhung im Befehlsverfahren 37 Rz 14
- für unfolgsamen Zeugen 29 Rz 56
- für unwahre Aussage in der Parteibefragung 29 Rz 12

Originale 29 Rz 112

Örtliche Zuständigkeit 7 Rz 4–66, siehe auch Gerichtsstand

Ortsgebrauch
- als Beweisgegenstand 35 Rz 35
- Gutachten darüber 29 Rz 74

P

Pachtstreitigkeiten
- einfaches und rasches Verfahren 5 Rz 43a, 35a Rz 1
- freie richterliche Beweiswürdigung 5 Rz 43a

Partei
- ihr Akteneinsichtsrecht 21 Rz 21
- zur Prozessführung unfähige 10 Rz 1

Parteibefragung 29 Rz 7–25
- Ausbleiben bei derselben 29 Rz 24
- bei juristischen Personen 29 Rz 22
- bei Konkursmasse 29 Rz 22
- bei Personengemeinschaften 29 Rz 22
- Beweisaussage 29 Rz 16–20
  - auch ohne Antrag 29 Rz 18
  - falsche 29 Rz 25
  - Strafandrohung 29 Rz 17
- einfaches Parteiverhör 29 Rz 10–15
  - Androhung 29 Rz 10, 11
  - Beweiskraft 29 Rz 13
  - Folge unwahrer Aussage 29 Rz 12
  - Strafandrohung 29 Rz 14–15
- Form 29 Rz 23
- im summarischen Verfahren 37 Rz 1
- informative 29 Rz 7–9
- keine des gesetzlichen Vertreters der Partei 29 Rz 21
- Ort 29 Rz 33
- Prozessunfähiger 29 Rz 21

Parteierklärung
- Beendigung des Prozesses dadurch 25 Rz 2; 35 Rz 56
- deren Anfechtung 25 Rz 19
- im Bereich der Offizialmaxime
  - im Eheprozess 18 Rz 6

Parteifähigkeit 8 Rz 1–12
- als Institut des Prozessrechts 3 Rz 12
- als Prozessvoraussetzung 8 Rz 8
- bei Prozess der Kollektiv- oder Kommanditgesellschaft 8 Rz 2
- der Aktiengesellschaft 8 Rz 1
  - der Verwaltung der AG 8 Rz 7
- der Erbschaft 8 Rz 3
- Prüfung von Amts wegen 8 Rz 8

Parteikosten 34 Rz 4

Parteirollen
- Verhältnis zur Beweislastvertretung 28 Rz 14

Sachregister

Parteivereinbarung
- bezüglich örtlicher Zuständigkeit 7 Rz 47–62
- bezüglich sachlicher Zuständigkeit 5 Rz 34, 43, 48, A 140, 141
- über Nebenfolgen im Eheprozess
  - Behandlung im Bereich der Offizialmaxime 18 Rz 7

Parteiverhör siehe Parteibefragung

Parteivertreter
- Teilnahme an auserkantonaler Einvernahmen bzw. Augenschein (Rechtshilfekonkordat Art. 4) 31 Rz 9
- Zustellung an ihn 33 Rz 16

Parteivorträge 19 Rz 4

Parteiwechsel 15 Rz 1–23
- Einzelrechtsnachfolge 15 Rz 1–15
  - bezüglich eines Teils der Forderung 15 A 3a
- Gesamtrechtsnachfolge 15 Rz 16–22
- keiner bei blosser Streitverkündung 14 Rz 2
- Kostentragung 34 A 14

Passivlegitimation
- des Erwerbers des Streitobjektes bei Gestaltungsklage 15 Rz 10

Passivprozess
- im Konkurs 15 Rz 18
  - Weiterführung des Prozesses darüber durch Gemeinschuldner 15 Rz 19

Patentrechtliche Klage
- Gerichtsstand 7 Rz 37
- Nichtigkeitsklage als Feststellungsklage 24 Rz 17

Perpetuatio fori
- bei örtlicher Zuständigkeit 7 Rz 66, 27 Rz 40
- bei sachlicher Zuständigkeit 7 Rz 68, 71; 27 Rz 40

Person
- juristische (Gerichtsstand) 7 Rz 4
- natürliche (Gerichtsstand) 7 Rz 4

Personalverleih 7 A 82a

Personenrecht
- Gestaltungsklage daraus 24 Rz 32

Personenstand
- Wegfall des Sühnverfahrens bei Prozessen daraus 27 Rz 6

Persönliche Ansprache
- Begriff 7 Rz 8

Persönliche Befragung
- bei Kollektiv- und Kommanditgesellschaft 29 Rz 22
- bei Konkursmasse 29 Rz 22
- bei prozessunfähiger Partei 29 Rz 21
- Beweisaussage 29 Rz 16–20
  - falsche Beweisaussage 29 Rz 25
- Folgen bei Verhinderung 29 Rz 24
- Folgen bei Verweigerung 29 Rz 24
- Unzulässigkeit der Vertretung 10 Rz 6

Pfäffikon/ZH (Bezirk) 5 A 40

Pfandrecht
- Streitwert der Klage daraus 7 Rz 74
- positive Feststellungsklage 24 Rz 8–15

Pflegekind
- Ausschluss des Richters in dessen Prozess 6 Rz 2

Pflichtverhältnis
- als Ablehnungsgrund 6 Rz 8, 9

Plenarbefragen 35 Rz 65

Postulationsfähigkeit 10 Rz 1–12
- betreffend Partei 10 Rz 1
- betreffend vertraglich bestellten Vertreter 10 Rz 2–12

Praesumptiones
- hominis 28 Rz 37
- iuris 28 Rz 46
- iuris et de iure 28 Rz 55

Praetendentenstreit
- Wirkungen der Streitverkündung 14 Rz 27

Prorogationsvertrag
- als Institut des Prozessrechts 3 Rz 12
- Anfechtung 7 Rz 62
- Form 7 Rz 55, 56
- Verhältnis zur Hauptintervention 12 Rz 3
- Willensmängel 7 Rz 62

Protokoll
- im Schiedsgerichtsverfahren 40 Rz 27

Protokollierung
- Augenschein 29 Rz 72
- des Minderheitsantrages 35 Rz 64
- Gutachten 29 Rz 78
- im Beweisverfahren 29 A 28, Rz 62–67
- Voten sachverständiger Richter 29 Rz 78
- Zeugnis 29 Rz 62

Provisorischer Befehl
- Einsprache dagegen 39 Rz 23
- Verhältnis zum rechtlichen Gehör 21 Rz 14

Prozessbeitritt 15 Rz 25

Prozessentschädigung 34 A 8, 13a, Rz 15, 16
- Bemessung 34 Rz 15
- keine bei Vergleich 34 Rz 16
- keine im Verfahren zur Abnahme gefährdeter Beweise 34 Rz 17
- Voraussetzungen 34 Rz 14

Prozesserledigende Entscheide 25 Rz 1–20

Prozesserledigung
- aufgrund von Parteierklärung 25 Rz 10; 35 Rz 56
  - bei Klageanerkennung 25 Rz 10–13
- bei Einrede der Rechtshängigkeit 27 Rz 28
- bei Einrede der Rechtskraft 26 Rz 132
- bei fehlender Postulationsfähigkeit 10 A 2
- bei fehlender Zuständigkeit 7 Rz 19

Prozessfähigkeit 9 Rz 1–3
- als Folge der Handlungsfähigkeit 3 Rz 32; 9 Rz 1
- als Institut des Prozessrechts 3 Rz 12
- als Prozessvoraussetzung 9 Rz 2
- beschränkte 9 Rz 1
- des Klägers 9 Rz 2

Prozessführung
- mutwillige
  - Folgen 3 Rz 27; 34 A 8
- unentgeltliche 34 Rz 28–35
  - bei Tod des Gesuchstellers 34 Rz 32
  - bundesrechtlicher Anspruch 34 Rz 35
  - Entzug ihrer Bewilligung mit Rückwirkung 26 A 56
  - Folgen der Bewilligung 34 Rz 29
  - Folgen der Verbesserung der finanziellen Verhältnisse 34 Rz 33
  - im Ehescheidungsprozess 34 Rz 30, A 33a
- unentgeltlicher Rechtsvertreter
  - Bedeutung der Prozessentschädigung 34 Rz 34
  - Vorschuss aus der Gerichtskasse 34 A 32
  - Voraussetzungen 34 Rz 28
    - keine Aussichtslosigkeit 34 Rz 28
    - Mittellosigkeit 34 Rz 28
      - selbstverschuldete 34 A 34
    - Wegfall der Kautionspflicht und der Pflicht zur Leistung von Barvorschüssen 34 Rz 29, 35
    - Wiedererwägung bei Nichtgewährung 26 Rz 141
    - Zeitpunkt des Gesuches 34 Rz 31

Prozessführungsbefugnis 9 Rz 4, 5
- als Prozessvoraussetzung 25 A 4
- der Konkursgläubiger 15 A 18
- des Erbschaftsverwalters 9 A 13
- des Konkursverwalters 9 A 14
- des Veräusserers des Streitobjektes 15 Rz 1, 2 Bsp 42

Prozesskaution 34 Rz 20–27
- im Verfahren vor Bundesgericht 34 Rz 27
- Bemessung 34 Rz 25
- keine im einfachen und raschen Verfahren 35a Rz 2
- Reihenfolge der Verwendung 34 Rz 26
- Nichterhebung in besonderen Verfahren 34 Rz 24; 35e Rz 2
- in Prozessen gegen Personen im Ausland 34 Rz 23
- Voraussetzungen 34 Rz 20, 22
- Folgen der Nichtleistung 34 Rz 21
- in einem anderen Kanton 31 Rz 9 (Rechtshilfekonkordat Art. 9)

Prozessleitende Entscheidung
- betreffend Nebenintervention 13 Rz 12
- Rekurs 13 Rz 12

Prozessleitende Verfügungen
- Anfechtung 39 Rz 13
  - Nichtigkeitsbeschwerde 6 A 22; 39 Rz 62
- bei Streitverkündung 14 A 2
- bei Zulassung der Nebenintervention 13 Rz 12
- Beweisauflagebeschluss 35 Rz 43
- Rechtskraft 26 Rz 135, 140

Prozessleistung
- formelle richterliche 4 A 21; 22 Rz 1–3
- materielle richterliche 22 Rz 4–5

Prozessökonomie
- im Zusammenhang mit perpetuatio fori 7 Rz 66
- im Zusammenhang mit Verrechnungseinrede 26 Rz 29

Prozessrechtsverhältnis 1 Rz 2; 25 Rz 3

Prozessstandschaft
- der Abtretungsgläubiger im Konkurs 9 A 14
- des Erbenvertreters 9 A 13
- des Willensvollstreckers 9 A 13
- gewillkürte 9 Rz 5

Prozessstoff
- Sammlung 1 Rz 22; 17 Rz 1
  - im Bereich der Offizialmaxime 18 Rz 1

Prozessüberweisung 7 Rz 19–22 (Bsp 11)
- auf Antrag 7 Rz 20
- im Ausstandsverfahren 6 Rz 15
- von Amts wegen 7 Rz 71, 79; 11 Rz 9

Prozessurteil 25 Rz 3, 4, 5

Prozessvollmacht 10 Rz 7–10
- Erledigung bei Fehlen 10 Rz 9
- Erlöschen 10 Rz 10
- für Konkursbegehren 10 Rz 8
- im summarischen Verfahren 10 Rz 8
- nachgebrachte 10 Rz 9

Prozessvoraussetzung 25 Rz 4
- Behandlung der Sachlegitimation als solche 25 A 4

- bei Klage aus Haftungsgesetz 35 Rz 4a
- deren Fehlen 21 Rz 6; 25 Rz 3
- für ihr Vorhandensein massgebender Zeitpunkt 27 A 18
- Leistung der auferlegten Prozesskaution 34 Rz 21
- Postulationsfähigkeit des Klägers bzw. seines Vertreters 25 A 4
- Prozessführungsbefugnis des Klägers 9 Rz 4
- Prüfung im Einleitungsverfahren 35 Rz 7
- Prüfung von Amts wegen 35 Rz 7
- Rechtsschutzinteresse
  - Feststellungsinteresse 24 Rz 8
- Zulässigkeit der gewählten Prozessart 25 A 4
- Zulässigkeit des Rechtsweges 25 A 4
- Zuständigkeit des angerufenen Gerichts 7 Rz 19

Q

Quadruplik 35 Rz 12
Quittung 29 Rz 98
Quod non est in actis non est in mundo 17 Rz 2

R

Rachinburgen 4 A 9; 5 Rz 20
Rat, Grosser 4 Rz 3, 10
Realproduktion
- Augenschein 29 Rz 5
- Urkunden 29 Rz 3

Rechnungsirrtum 39 Rz 24
- Berichtigung 27 Rz 26 Bsp 111, 27 Bsp 112

Recht, anwendbares 31 Rz 9 (Rechtshilfekonkordat Art. 2)
Recht auf Entscheidung 1 Rz 15
Recht auf günstige Entscheidung 1 Rz 15
Rechtliches Gehör 21 Rz 1–26
- als Ausfluss des Bundesrechts 3 Rz 48

– Verhältnis zum Grundsatz der richterlichen Rechtsanwendung 21 Rz 9
– Verletzung
  – als Grund für staatsrechtliche Beschwerde 39 Rz 130
  – bezüglich Entschädigungspflicht 34 A 15
  – durch Nichtausüben der richterlichen Fragepflicht 17 Rz 25 Bsp 55
  – vor Schiedsgericht 40 Rz 7

Rechtliches Interesse
– als Prozessvoraussetzung 25 A 4
  – bei der Feststellungsklage 24 Rz 8; 25 A 4
– als Voraussetzung für die Ergreifung eines Rechtsmittels 39 Rz 17
– des Nebenintervenienten 13 Rz 1, 2
– des Streitberufenen 14 Rz 1

Rechtsanwalt 5 Rz 28; 10 Rz 11, 12
– als nebenamtliches Gerichtsmitglied 5 A 24
– vorherige Tätigkeit als solcher als Ausschlussgrund im späteren Prozess 6 Rz 3

Rechtsanwendung 20 Rz 1–8
– bei fremdem Recht 20 Rz 6
– Grundsatz 20 Rz 1, 2
– Tätigkeit des Richters 1 Rz 12
– Verhältnis zur materiellen Rechtskraft 26 Rz 63

Rechtsaufhebende Tatsachen
– Beweislast 28 Rz 11

Rechtsbegehren
– Änderung als Klageänderung 27 A 13
– Begriff 1 A 21
– individualisiertes 26 Rz 77
– nicht individualisiertes 26 Rz 48
– unbeziffertes 27 Rz 24
– unzulängliches 17 Rz 6

Rechtsbegründende Tatsachen
– Beweislast 28 Rz 8

Rechtsbehelfe 39 Rz 22–28
– Aufsichtsbeschwerde 39 Rz 27, 28
– Einsprache 39 Rz 25
  – Ausschluss des Rekurses 39 Rz 50

– Erläuterung 39 Rz 22–24
  – bei Scheidungskonvention 39 A 5a
  – bezüglich Kinderzulage 39 A 5a
  – Neubeginn der Rechtsmittelfristen 39 Rz 24
– Wiedererwägungsgesuch 39 Rz 26

Rechtsfähigkeit
– als Voraussetzung der Parteifähigkeit 8 Rz 1

Rechtsfrieden 1 Rz 1
Rechtsgewährleistung 14 Rz 20, 21
– Anwendungsfall für Streitverkündung 14 Rz 21
– bei Kauf 14 Rz 21, 28, 29
– bei Miete 14 Rz 8 Bsp 36, 9 Bsp 37

Rechtsgewissheit 1 Rz 1
Rechtsgleichheit 3 Rz 48
– bei unentgeltlicher Prozessführung 34 Rz 35

Rechtshängigkeit 27 Rz 1–40; 35 Rz 5
– als Voraussetzung für die Nebenintervention 13 Rz 12
– Begriff 27 Rz 1
– bei Fehlen einer Prozessvoraussetzung 8 A 31
– bei Prozessüberweisung 7 Rz 21
– Bestimmung der Anspruchsidentität 26 Rz 46
– der Widerklage 27 Rz 8
– Einrede 27 Rz 28, 31, A 14, 14b
– Folgen
  – Gebundenheit des Klägers an den angehobenen Prozess 27 Rz 34–39
  – Nichthandnahme der identischen Klage 27 Rz 28–31
  – Perpetuatio fori 27 Rz 40
  – Unzulässigkeit der Klageänderung 27 Rz 9
    – Ausnahme 27 Rz 10–27
– im schriftlichen Verfahren 35 Rz 5
– nachträglicher Beitritt eines Streitgenossen 11 Rz 28
– Verhältnis zum Sühnverfahren 27 Rz 4–7
– Verhältnis zur Zuständigkeit 7 Rz 66

- Vorbundesgericht 38 Rz 1
- Zeitpunkt 27 Rz 2, 3

Rechtshemmende Tatsachen
- Beweislast 28 Rz 17

Rechtshilfe
- für Zeugenvernehmung 29 A 40b
- gegenseitige der Kantone 3 Rz 47
    - im Beweisverfahren 31 Rz 3–5, 7–9
    - in der Zwangsvollstreckung 41 Rz 14
- gegenüber ausländischen Gerichten 31 Rz 6

Rechtshindernde Tatsachen
- Beweislast 28 Rz 11

Rechtskraft 26 Rz 1–142
- als Institut des Prozessrechts 3 Rz 12; 26 A 40
- Begriff 26 Rz 1
- bundesgerichtlicher Urteile 38 Rz 5
- des aufgrund einer Parteierklärung ergangenen Abschreibungsentscheides 25 Rz 1; 26 Rz 81
- Einrede 26 Rz 117, 118, A 42
    - wenn im früheren Prozess nicht alle notwendigen Streitgenossen beteiligt waren 11 Rz 26
- formelle 26 Rz 1–13
    - Begriff 26 Rz 1
    - bei Vorliegen eines Ausschlussgrundes 6 Rz 7
    - bei prozessleitender Entscheidung 26 Rz 134–136
    - Bedeutung im Vollstreckungsverfahren 26 Rz 127
- interkantonale Bedeutung 26 Rz 128–130
    - internationale Bedeutung 26 Rz 128–130
- materielle 7 Rz 19; 26 Rz 14–142
    - als Institut des Prozessrechts 3 Rz 12
    - Bedeutung des Bundesrechts 26 Rz 112–116
    - Begriff 26 Rz 14
    - bei Entscheidung im summarischen Verfahren 37 Rz 8, 23
    - bei Klageanerkennung 25 Rz 13
- bei Parteiwechsel 15 Rz 8
- bei prozessleitender Entscheidung 26 Rz 140, 141
- Berücksichtigung nur auf Einrede 26 Rz 117, 11, A 42
- Berücksichtigung von Amts wegen 26 Rz 42
- Beschränkung auf das Dispositiv 26 Rz 20
    - Besonderheit bei Verrechnungseinrede 26 Rz 23
- Beschränkung auf Sachurteile 26 Rz 81
- des Zuständigkeitsentscheides 7 Rz 19, A 16
- Erledigung des Prozesses 26 Rz 131–133
- im Rechtsmittelverfahren 39 Rz 7, A 3
- keine Erstreckung auf Bürgen 26 Rz 108 Bsp 99
- keine Erstreckung auf Dritte 26 Rz 100
- keine Erstreckung auf Nebenparteien 26 Rz 95, 96
- Verhältnis zum Gestaltungsurteil 26 Rz 105 Bsp 98, 110, 111
- Verhältnis zur Interventionswirkung 26 Rz 99
- Vorfragenwirkung 26 Rz 35–40

Rechtsmissbrauch
- Berücksichtigung von Amts wegen 17 Rz 5 Bsp 48

Rechtsmittel 39 Rz 1–133
- Bedeutung 39 Rz 1–3
- bei Geltendmachung des Ausschlusses von Justizbeamten 6 Rz 7
- Beschwer 39 Rz 17
- bundesrechtliche 3 Rz 39; 39 Rz 78–133
- Dritter 39 A 1d
- error in iudicando 39 Rz 1, 2
- error in procedendo 39 Rz 1, 3
- fehlende Kautionsleistung 34 Rz 21, 22
- gegen einstweilige Anordnungen 32 Rz 13; 39 Rz 49, 52

- gegen Entscheide des Bundesgerichts 39 Rz 132–133
- gegen Nichtzulassung der Nebenintervention 13 Rz 12, A 7, 8
- gegen Schiedsgerichtsentscheide 40 Rz 9, 25
- gegen Urteile
  - der Arbeitsgerichte 5 Rz 25, 33; 39 Rz 31, 49
  - der Bezirksgerichte 5 Rz 25; 39 Rz 31, 49
  - der Einzelrichter 5 Rz 25; 39 Rz 31, 49
  - des Handelsgerichts 5 Rz 53
  - der Mietgerichte 5 Rz 25; 39 Rz 31, 49
  - des Obergerichts 5 Rz 27
  - gegen Entscheide des Einzelrichters am Bezirksgericht 39 Rz 33, 49, A 54
  - gegen Entscheide des Einzelrichters am Obergericht 39 A 54
  - gegen Entscheide des Einzelrichters am Handelsgericht 39 A 54
  - gegen Entscheide von Schlichtungsbehörden 5 Rz 42; 39 A 54
- Kautionspflicht 34 Rz 21, 22
- Legitimation zur Ergreifung 39 Rz 15
  - bei Streitgenossenschaft 39 Rz 15
- Natur des anzufechtenden Entscheides 39 Rz 13, 14
- Novenrecht 39 Rz 11
- Rechtsmittelbelehrung 39 Rz 29
  - unrichtige als Wiederherstellungsgrund 33 A 15
- Rechtsmittelverzicht 39 Rz 30
- reformatio in peius, Verbot 39 Rz 18, 42
- Rückweisung 39 Rz 10
- Rückzug 39 Rz 19
- Unterscheidungsmerkmale 39 Rz 4–12
  - ausserordentliche 39 Rz 7
    - Rechtsanwendung 20 Rz 7, 8
  - devolutive 39 Rz 5, 6
  - kassatorische 39 Rz 9, 10
  - nicht devolutive 39 Rz 5, 6
  - nicht suspensive 39 Rz 8
- Novenrecht 39 Rz 11
- ordentliche 39 Rz 7
- reformatorische 39 Rz 9, 10
- suspensive 39 Rz 8
- unvollkommene 39 Rz 8
  - Prüfung des angefochtenen Entscheides von Amts wegen 39 Rz 96
- vollkommene 20 Rz 4; 39 Rz 12
  - Anfechtungsobjekt
  - Ermessen 39 Rz 12
  - Rechtsanwendung 39 Rz 12
  - Tatbestandsfeststellung 39 Rz 12
- Verfahren
  - Einschränkung der Eventualmaxime 19 Rz 19
  - Hauptintervention 12 Rz 8
  - Klageänderung 27 Rz 23
  - rechtliches Gehör 21 Rz 10–12, 17
- Verfügung darüber 39 Rz 29 Bsp 161
- Verzicht darauf 39 Rz 30
- zur Anfechtung von Klageanerkennung, Klagerückzug, Vergleich 25 Rz 20

Rechtsmittelbelehrung 39 Rz 29
- Bedeutung für Wiederherstellung 33 A 15

Rechtsmittelerklärung
- bei notwendiger Streitgenossenschaft 11 Rz 29; 39 Rz 15
- Fristwahrung 39 Rz 16

Rechtsmittelinstanz
- Bezirksgericht als – 5 Rz 21
- Bundesgericht als – 5 Rz 6
- Kassationsgericht als – 5 Rz 59
- Mietgericht als – 5 A 122f
- Obergericht als – 5 Rz 25

Rechtsnachfolge 15 Rz 1
- Rechtskraft
  - bei Einzelrechtsnachfolge 15 Rz 8; 26 Rz 83, 84
  - bei Gesamtrechtsnachfolge 26 Rz 83, 84

Rechtsöffnung
- definitive
  - bei ausserkantonalen Urteilen 7 Rz 17, 18

Sachregister

- Gerichtsstand 3 Rz 43
- Gestaltungsklage 24 Rz 32
- «Verzicht» auf Begründung des Entscheids 39 A 8b

Rechtsschöpfung, richterliche 3 Rz 31, 36–38

Rechtsschutz 24 Rz 18
- Anspruch darauf 3 Rz 34
- einstweiliger 32 Rz 1–28
  - als Frage des Bundesrechts 32 Rz 13, 14
  - Bindung des Richters 32 Rz 28
  - durch Regelungsmassnahmen 32 Rz 15–18
    - bezüglich Elternrechte 32 Rz 16
    - durch einstweilige Verfügung 32 Rz 15
  - durch Sicherungsmassnahmen 31 Rz 2–14
    - als vorzeitige Vollstreckung 32 Rz 5–10 Bsp 144, 145
    - keine zur Sicherung der Vollstreckung einer Geldforderung 32 Rz 3, 4
  - gemäss Bundesrecht 32 Rz 11
  - mit Bezug auf das Grundbuch 32 Rz 12
  - mit superprovisorischer Anordnung 32 Rz 21, 24
  - Schadenersatzpflicht 32 Rz 27
  - Sicherheitsleistung für Schaden daraus 32 Rz 27
  - Verfahren 23 Rz 19–25
  - Voraussetzung für Erwirkung 32 Rz 26
  - Zuständigkeit zum Erlass
    - im Verfahren vor Bundesgericht 39 Rz 122
    - nach Einreichung der Klage 32 Rz 19
    - vor Einreichung der Klage 32 Rz 22
  - Zweck 32 Rz 1

Rechtsschutzanspruch 1 A 33

Rechtsschutzinteresse 24 Rz 8; 26 Rz 132
- als Prozessvoraussetzung 25 A 4

Rechtsverhältnis
- Feststellung seines Bestehens bzw. Nichtbestehens 24 Rz 3
- zwischen den Parteien im Prozess 1 Rz 2
- zwischen den Parteien und dem Richter im Prozess 1 Rz 2

Rechtsvermutung 28 Rz 50–53

Rechtsvertreter, unentgeltlicher 34 Rz 30
- Rückwirkung seiner Bestellung 34 A 30

Rechtsverweigerung
- Möglichkeit der staatsrechtlichen Beschwerde 39 Rz 130

Rechtsverwirklichung 1 Rz 1; 3 Rz 16

Rechtsvorschlag
- Beseitigung 7 Rz 15
- nachträglicher
  - als Gestaltungsklage 24 Rz 32
  - Gerichtsstand 3 Rz 43

Rechtsweg
- Erweiterung desselben 1 Rz 7

Referent 35 Rz 57

Referentenaudienz 17 Rz 13, 29 Bsp 57
- Folge unentschuldigten Ausbleibens 35 Rz 31
- unnütze 34 A 14b

Referentensystem 5 Rz 20

Reformatio in peius 39 Rz 18

Reformatorisches Rechtsmittel 39 Rz 9, 10

Regeneration 4 Rz 14

Regierungsrat 4 Rz 23; 5 A 26

Regressprozess
- bei Streitverkündung 14 A 7
  - im Sozialversicherungsrecht 14 Rz 27a

Rekurs 6 A 22; 39 Rz 31, 32, 48–58
- Anschluss daran 39 Rz 54
- Ausschluss bei Möglichkeit der Einsprache 39 Rz 50
- Beantwortung 39 Rz 58
- Einreichung 39 Rz 53
  - Form der Einreichung 39 Rz 53
  - Frist 39 A 37
    - Abkürzung 39 A 37
  - Ort 39 A 37

715

- Funktionen 39 Rz 48, 52
- gegen Abschreibungsentscheide aufgrund von Parteierklärungen 25 Rz 19
- gegen Entscheidungen im summarischen Verfahren 39 Rz 32
- gegen Entscheidungen der Arbeitsgerichte 39 Rz 31, 49
- gegen Entscheidungen der Bezirksgerichte 39 Rz 31, 49
- gegen Entscheide der Mietgerichte 5 A 120; 39 Rz 31, 49
- gegen prozesserledigende Entscheide 39 Rz 32, 51
- gegen prozessleitende Entscheide 39 Rz 32, 49, 52, 58
- Gemeinsamkeiten mit Berufung 39 Rz 31
- Novenrecht 39 Rz 54
- Rückweisung 39 Rz 55, 56 Bsp 164
- Streitwertgrenze 39 Rz 51
- Suspensiveffekt 39 Rz 57
- Verfahren 39 Rz 31, 32
  - Verbot der Klageänderung
    - Ausnahme davon 39 Rz 31
- wegen Nichtzulassung der Nebenintervention 13 Rz 12

Relative Nichtigkeit
- Entscheide unzuständiger Gerichte 7 Rz 12–18

Replik 19 Rz 4, 9, 10; 35 Rz 12, 16
- im Bundeszivilprozess 38 Rz 1, 4

Respektstunde 33 Rz 11
- bei Beweisabnahme 21 A 11

Restauration 4 Rz 13

Retentionsrecht
- Gerichtsstand für Klage daraus 7 Rz 29

Revision
- bundesrechtliche 39 Rz 132, 133
  - Einreichung 39 Rz 133
  - Einschränkung der Anwendung 39 Rz 133
  - Voraussetzungen 39 Rz 132
- kantonalrechtliche 39 Rz 70–77

- als ausserordentliches Rechtsmittel gegen rechtskräftige Entscheide Rz 26 114
- bezüglich Vorliegens eines Ausstandsgrundes 6 A 15, 23a
- Einreichung
  - Form 39 Rz 75
  - Frist 39 A 65a
  - Ort 39 Rz 75
- Entscheid über das Revisionsbegehren 39 Rz 76
  - gegen Verfügungen im summarischen Verfahren 39 Rz 77
- Erteilung des Suspensiveffekts 39 Rz 76
- Funktion 39 Rz 70
- gegen Konkurseröffnungsentscheid 39 Rz 77a
- Voraussetzungen 39 Rz 71–74
  - gegen Entscheid aufgrund von Klageanerkennung, Klagerückzug, Vergleich 39 Rz 74

Richter
- Ablehnung 6 Rz 8–12
- Ausschluss 6 Rz 2–7
- Ausstand 6 Rz 1–17
- Einsetzung von Berufsgenossen 35 A 59b
- Haftung 42 Rz 1–44
  - aus besonderen Unterlassungen und Vorkehren 42 Rz 34–43
  - für ausserberufliches Verhalten 42 Rz 44
  - für korrigierte Fehler im Verfahren 42 Rz 21–25
  - für Verspätungsschaden 42 Rz 26–33
  - im Zusammenhang mit Entscheiden 42 Rz 6–20
- sachverständiger 29 Rz 78, A 66
  - Tätigkeit als Ablehnungsgrund in derselben Angelegenheit 6 Rz 8, 11 Bsp 6
- Stimmabgabe im Urteilsverfahren 35 Rz 58
- Tätigkeit 1 Rz 9

- unabhängiger 6 Rz 17
- verfassungsmässiger 3 Rz 49
  - staatsrechtliche Beschwerde 6 Rz 17
- Wählbarkeit 5 Rz 12
  - Arbeitsrichter 5 Rz 30
  - Bezirksrichter 5 Rz 18
  - Bundesrichter 5 Rz 8
  - Handelsrichter 5 Rz 51
  - Kassationsrichter 5 Rz 57
  - Mietrichter 5 Rz 39
  - Oberrichter 5 Rz 26
- Wahlverfahren 5 Rz 12
- Wohnsitz 5 Rz 12

Richterliche Fragepflicht 17 Rz 11–32
- als informative Parteibefragung und als Beweismittel 29 Rz 7
- bei alternativen Rechtsbegehren 11 A 1

Richterliches Ermessen
- im Rahmen der Fragepflicht 17 Rz 17
- bei Festlegung des Streitwertes 7 Rz 73
- bei Festlegung des ziffernmässig nicht nachweisbaren Schadens 17 Rz 9

Richterliche Fristen 33 Rz 3

Richterliche Prozessleitung 22 Rz 1–5
- formelle 22 Rz 1–3
- materielle 22 Rz 4, 5

Richterliche Rechtsschöpfung 3 Rz 31, 36–38

Rückforderungsklage nach SchKG
- Gerichtsstand 3 Rz 41

Rückweisung
- im kantonalen Rechtsmittelverfahren
  - Berufung 39 Rz 15
  - Nichtigkeitsbeschwerde 39 Rz 68
  - Rekurs 39 Rz 55, 56 Bsp 164
- im Rechtsmittelverfahren vor Bundesgericht
  - Berufung 39 Rz 117, 118
    - Rückweisungsantrag 39 A 104a
  - Nichtigkeitsbeschwerde 39 Rz 127
    - bei Schiedssprüchen 40 Rz 25
  - staatsrechtliche Beschwerde 39 Rz 131

Rückzug
- der Klage 3 Rz 12; 10 Rz 7; 25 Rz 1, 2, 18; 27 Rz 37, 39
  - angebrachtermassen 25 Rz 6, 18; 27 Rz 35, 36
  - Annahme bei Säumnis des Klägers 35 Rz 27
  - Bedeutung für Widerklage 11 Rz 7; 25 A 14
  - bei einfacher Streitgenossenschaft 11 Rz 19
  - bei Gesamtnachfolge 15 Rz 21
  - bei Nebenintervention 13 Rz 14
  - bei notwendiger Streitgenossenschaft 11 Rz 29
  - durch den Vertreter 10 Rz 7
  - einstweiliger bei Nichteinreichung der Weisung 35 Rz 4
  - Form des Erledigungsentscheides 25 Rz 1
  - im Sühnverfahren 25 Rz 18; 26 A 28; 35 Rz 2
  - Rechtskraftwirkung 26 Rz 81
  - Verhältnis zur Rechtshängigkeit 25 A 14
- des Rechtsmittels 39 Rz 19
  - Stellung des Nebenintervention 13 Rz 14

Ruhetag, öffentlicher 33 Rz 3

S

Sachenrecht
- Gestaltungsklagen daraus 24 Rz 32

Sachgewährleistung
- Verhältnis zur Streitverkündung 14 Rz 22

Sachlegitimation
- bei fehlender notwendiger Streitgenossenschaft 11 Rz 26
- Entscheid über ihr Vorhandensein 25 A 4
- Prozesserledigung bei Fehlen 25 A 4

Sachliche Zuständigkeit 7 Rz 67–82
- Begründung durch vorbehaltlose Einlassung 7 Rz 82

- bei auf verschiedene Rechtsgründe gestützter Klage 7 Rz 81
- bei Teilklagen 7 Rz 80
- bundesrechtliche Bestimmungen 3 Rz 24
- des Arbeitsgerichts 5 Rz 29, 31, 33, 34
  - für Gegenforderung, die nicht aus dem Arbeitsverhältnis herrührt 5 Rz 32
- des Bezirksgerichts 5 Rz 21
- des Bundesgerichts 5 Rz 6, A 8
- des Einzelrichters 5 Rz 23
- des Friedensrichters 5 Rz 14, 15
- des Handelsgerichts 5 Rz 45–48
  - bei Streitgenossenschaft 5 Rz 49
- des Kassationsgerichts 5 Rz 57
- des Landwirtschaftsgerichts 5 Rz 57
- des Mietgerichts 5 Rz 38–40
- des Obergerichts 5 Rz 25
- durch Vereinbarung begründete
  - bei mehrfacher Zuständigkeit 5 Rz 44, 48; 7 Rz 81
  - des Bezirksgerichts 5 Rz 34, 48; 7 Rz 56 Bsp 13
  - des Bundesgerichts 5 Rz 2
  - des Handelsgerichts 5 Rz 47
  - des Obergerichts 5 Rz 25; 27 A 4
  - für die Widerklage 7 Rz 68; 11 Rz 4
- für Nebenbegehren 7 Rz 75, 76 Bsp 17
- für Streitigkeiten aus dem Recht der Anlagefonds 5 Rz 45
- für Streitigkeiten aus Firmenrecht 5 Rz 45
- für Streitigkeiten aus Immaterialgüterrecht 5 Rz 45
- für Streitigkeiten aus Kartellrecht 5 Rz 45
- für Streitigkeiten aus Kernenergiehaftpflichtrecht 5 Rz 45
- für Streitigkeiten aus Urheberrecht 5 Rz 25, A 133
- für Verantwortlichkeitsklagen gegen den Staat 1 Rz 6, A 12, 12a
- ihr Fehlen bei prorogiertem Gericht 7 Rz 50, 51 Bsp 13
- im Zusammenhang mit der interkantonalen Rechtshilfe 31 Rz 9 (Verzeichnis im Anhang zum Rechtshilfekonkordat)
- Prüfung von Amts wegen 7 Rz 82
- Veränderung durch Widerklage 7 Rz 71; 11 A 6a Bsp 20a, Rz 4
- zwingende
  - nicht des Arbeitsgerichts 5 Rz 34

Sachurteil 25 Rz 1, 2, 4; 26 Rz 15, 81
- als Gegenstand der Zwangsvollstreckung 41 Rz 11

Sachurteilssurrogat 25 Rz 2; 26 Rz 81

Sachverständiger 5 A 151; 30 Rz 5
- Ablehnung 29 Rz 85
- Tätigkeit als Ablehnungsgrund 6 Rz 8
- vorheriger Tätigkeit als solcher als Ausschlussgrund im späteren Prozess 6 Rz 3

Sachverständiger Richter 29 Rz 78
- Tätigkeit als Ablehnungsgrund in derselben Angelegenheit 6 Rz 8, 11 Bsp 6

Sachzusammenhang
- als Anlass für Gerichtsstand 7 Rz 20
- als Voraussetzung für die Erhebung der Widerklage 7 Rz 34
- zwischen Hauptsache und Nebenbegehren als Voraussetzung für die sachliche Zuständigkeit für Letzteres 7 Rz 75, 76, A 92

Sammlung des Prozessstoffes
- im Bereich der Offizialmaxime
  - insbesondere im Eheprozess 18 Rz 8

Samstag 33 Rz 3

Säumnis 35 Rz 26–34
- bei Nichteintritt des Streitberufenen 14 A 6
- bei Wegfall der Prozessfähigkeit 9 Rz 2
- beizüglich Leistung der Prozesskaution 34 Rz 21
- des Zeugen 29 Rz 56
- mit Nennung bzw. Einreichung von Beweismitteln 35 Rz 47
- Säumnisfolgen 35 Rz 26
  - Androhung schon mit der ersten Vorladung 35 Rz 31; 35a Rz 2

- Entschädigung der erschienenen Partei 35 A 45a
- gegenüber dem Prozessunfähigen 9 Rz 2
- im beschleunigten Verfahren 35 Rz 31
- im Beweisverfahren 35 Rz 50
  - Ausnahmen 35 Rz 51–52
- im mündlichen Verfahren 35 Rz 27–30 Bsp 149
- im einfachen und raschen Verfahren 35 Rz 31, 35a Rz 2
- im summarischen Verfahren 35 Rz 31; 37 Rz 3
- Teilsäumnis 35 Rz 34
  - Androhung für Nichteinhaltung richterlicher Fristen 35 Rz 34
  - bei Parteibefragung 29 Rz 24
- Rechtsmittel
  - eines notwendigen Streitgenossen 11 Rz 29
- Totalversäumnis 35 Rz 26–33

Schadenersatzklagen aus SVG
- Gerichtsstand dafür 3 Rz 22

Schadenersatzpflicht
- für einstweilige Anordnungen 32 Rz 27
- des Richters 42 Rz 1–48
- des Sachverständigen 29 Rz 93

Schaffhausen (Kanton) 31 Rz 9; 34 A 16

Scheidungsklage
- Gerichtsstand dafür 3 Rz 22; 7 Rz 37, 53

Scheidungsurteil
- Vollstreckung der Nebenfolgen 1 A 8

Schiedsabrede 40 Rz 4
- im Mietvertrag über Wohnräume 5 A 122h
- in Arbeitsvertragsstreitigkeiten 40 A 4

Schiedsgericht 40 Rz 1–29
- Amtsdauer 40 Rz 5, 18
- Amtshilfe an dasselbe 40 Rz 13
- Beteiligung von Juristen 40 Rz 14
- Konkordat 40 Rz 1, 2
- Obmann 40 Rz 5
- Rechtsnatur 40 Rz 4
- Sekretär 40 Rz 17

- Sitz 40 Rz 3
- Verfahren vor demselben 40 Rz 7
  - amiable compositeur 40 Rz 40
  - Anfechtung von Zwischenentscheiden 40 Rz 15
  - Erledigung durch Parteierklärung 40 Rz 23
  - Fristenlauf 40 A 17
  - Grundsätze 40 Rz 22
  - Protokoll 40 Rz 27
  - Rechtshängigkeit 40 Rz 21
  - Vorsorgliche Massnahmen 40 Rz 22
- Zusammensetzung 40 Rz 14–19
- Zuständigkeit 40 Rz 34, 35

Schiedsgutachtervertrag 30 Rz 5–7 40 Rz 30

Schiedsklausel
- Statutarische 40 A 5

Schiedsrichter
- Abberufung 40 Rz 6, 20
- Ablehnung 40 Rz 6, 19
- Annahme des Amtes 40 Rz 16
- Anzahl 40 Rz 5
- Ausschluss 40 Rz 19
- Ernennung 40 Rz 5
  - durch das Obergericht 40 Rz 3, 13
- Ersetzung 40 Rz 6

Schiedsspruch 40 Rz 8
- Nichtigkeitsbeschwerde dagegen 40 Rz 8, 25
- Revision dagegen 40 Rz 8, 26
- Vollstreckbarerklärung 40 Rz 28
- Vollstreckung 40 Rz 10
- Zustellung 40 Rz 24

Schiedsvertrag 40 Rz 4

Schlichtungsbehörde in Mietstreitigkeiten 5 Rz 42
- als Schiedsgericht 5 A 122b

Schlussverhandlung 35 Rz 54

Schreibfehler 39 Rz 24

Schreibgebühr 34 Rz 3

Schriftliche Auskunft
- als Beweismittel im summarischen Verfahren 37 Rz 1
- bei der Zeugenvernehmung 29 Rz 53

Sachregister

- im Verfahren betreffend Ausstand
  6 Rz 14
Schriftlichkeit 4 Rz 16; 35 Rz 15–17
- Anordnung des schriftlichen Verfahrens
  35 Rz 13
- Parteivorträge 19 Rz 4; 35 Rz 16
- Rechtshängigkeit im schriftlichen Verfahren 35 Rz 5, 6
- Säumnis 35 Rz 33
Schuldbetreibungs- und Konkursrecht
- Klagen daraus
  - Gerichtsstand dafür 3 Rz 22; 7 Rz 37, 50, 51
  - Wegfall des Sühnverfahrens 27 Rz 5, A 6
Schuldner, aufrechtstehender 7 Rz 8, 54
Schultheiss 4 Rz 3
Schüpbach Henri-Robert 2 Rz 12
Schurter Emil 2 Rz 3
Schwurgericht 4 Rz 18
Schwyz 1 A 32; 3 A 8; 4 Rz 25; 5 A 33; 31 Rz 8, 9; 34 A 16
Sekretär 6 A 1
Selbständige Nebenintervention
  13 Rz 19–21 Bsp 35
Sicherstellung
- der Barauslagen 34 Rz 18
- der Schadenersatzforderungen für einstweilige Anordnungen 32 Rz 27
- einer Forderung: Streitwert 7 Rz 74
Simulation eines Vertrages
- Berücksichtigung von Amts wegen
  17 Rz 5 Bsp 48, A 9
Sistierung 22 A 3a
- deren Beantragung 22 Rz 2
Sitz
- als Anknüpfung für Gerichtsstand
  7 Rz 4, 37
Solidarbürgschaft
- Bedeutung bei Streitverkündung
  14 Rz 25
Solidarschuldnerschaft
- Bedeutung bei Streitverkündung
  14 Rz 23
- für Gerichtskosten 34 A 14

Solothurn (Kanton) 10 A 25; 31 Rz 9; 34 A 16
Sondergerichte (Spezialgerichte)
- im alten Zürich 4 Rz 5
Sortenschutz
- sachliche Zuständigkeit für Prozess darüber 5 Rz 45
Sozialversicherungsgericht 5 Rz 55
Sozialversicherungsrechtliche Prozesse
- Anwendung der Untersuchungsmaxime
  18 Rz 13
- Einschränkung der Dispositionsmaxime
  16 Rz 3
Spezialverwaltungsgericht
- kantonales Versicherungsgericht
  5 Rz 55
- Schiedsgericht in Streitigkeiten zwischen Krankenkassen und Ärzten oder Apothekern 5 Rz 55
Sporteln 4 Rz 21
Staat
- Parteifähigkeit 8 Rz 1
Staatsrechtliche Beschwerde
  39 Rz 129–131
- als kassatorisches Rechtsmittel
  39 Rz 131
- Anwendungsbereich 39 Rz 129
  - bei Beschwerde wegen Verletzung von Art. 4 BV 39 Rz 130
- wegen Nichtbeachtung der materiellen Rechtskraft 26 Rz 130
- wegen Nichtgewährung des Armenrechts 34 Rz 35
- wegen Verletzung von Ausstandsvorschriften 6 Rz 17
- wegen Verletzung der Gerichtsstandsgarantie 7 A 12a
Stadtgericht 4 Rz 3
Stellvertretung
- Bedeutung der Streitverkündung
  14 Rz 26
- im Prozess 10 Rz 2–12
  - berufsmässige 10 Rz 11
  - Beschränkung 10 Rz 3–5; 18 Rz 12
  - durch den Streitberufenen 14 Rz 30

Sachregister

- durch Nichtanwalt 10 Rz 12
  - bezüglich Prozesserledigung 10 Rz 7
- im Verfahren in Streitigkeiten zwischen Arbeitgebern und Arbeitnehmern aus dem Arbeitsverhältnis 10 Rz 5
- im Verfahren vor dem Friedensrichter 10 Rz 3
- im Verfahren vor dem Mietgericht 10 Rz 4
- Prozessvollmacht 10 Rz 7–10
- vor Bundesvollmacht 10 Rz 12

St. Gallen (Kanton) 1 A 41; 4 Rz 25; 5 A 33, A 97, 150; 18 A 28; 31 Rz 9; 34 A 16

Stiftung
- Klage auf Auflösung einer solchen
  - Anwendbarkeit der Offizialmaxime 18 Rz 11
- Parteifähigkeit 8 Rz 1

Stimmenthaltung 35 Rz 58

Stockwerkeigentümergemeinschaft
- Parteifähigkeit 8 Rz 7

Straffolgen
- falsches Gutachten 29 Rz 87
- falsches Zeugnis 29 Rz 58
- unwahre Parteiaussage 29 Rz 14, 25

Strafprozess
- Abgrenzung vom Zivilprozess 1 Rz 21

Strafurteil
- Bindung des Zivilrichters 26 Rz 81, 82

Sträuli Emil 4 A 47

Sträuli Hans, Rechtsanwalt 2 Rz 8; 4 A 47, 50

Sträuli Hans, Stadtpräsident 4 A 47

Streitgegenstand
- Begriff 1 A 21
- eingliedriger 26 Rz 63–68 Bsp 87, 88
- Veränderung 27 Rz 32, 33
- Veräusserung 15 Rz 1, 2 Bsp 42

Streitgehilfe 13 Rz 1, siehe auch Nebenintervention

Streitgenossenschaft 11 Rz 13–29
- einfache 11 Rz 13–23
  - Aufteilung des Anspruchs oder der Verpflichtung 11 Rz 23
  - Streitwertberechnung 7 Rz 68
  - Zugeständnis 11 Rz 19, 20 Bsp 25, 21, 22 Bsp 26
- notwendige 11 Rz 24–29
  - Beitritt 11 Rz 28
  - auch nach Rechtshängigkeit 11 Rz 28
  - bei Tod einer Partei 15 Rz 20
  - im Arbeitsprozess 35a Rz 3
  - deren Fehlen 11 Rz 24, 26, 28
  - einfache Gesellschaft 8 Rz 5; 11 Rz 26
  - Erbengemeinschaft 11 Rz 25 Bsp 27; 15 Rz 20
  - Gemeinderschaft 11 Rz 26
  - Notwendigkeit einheitlicher Entscheidung 11 Rz 29
  - Rechtsmittelerhebung 11 Rz 29
  - Verhältnis zur Kautionspflicht 8 A 18
- Gerichtsstand der amtlichen Anweisung 7 Rz 33, A 40
- Verhältnis zum Zweiparteiensystem 1 Rz 9
- Zustellungsempfänger 11 A 18

Streitiges Verfahren 1 Rz 20

Streitigkeiten
- aus Arbeitsverhältnis 5 Rz 29, 32, A 95
- aus Ehrverletzung 5 Rz 14, 15
- aus Enteignung gemäss Art. 15 des BG 5 Rz 14
- aus Kleinkredit- und Abzahlungsgeschäften 5 A 20
- aus Mietrecht 5 Rz 38
- aus Urheberrecht 5 Rz 25
- betreffend elektrische Schwach- und Starkstromanlagen 5 Rz 14
- in Bezug auf Heimatlosigkeit 5 Rz 2
- zwischen dem Bund und einer natürlichen oder juristischen Person 5 Rz 2
- zwischen Kantonen unter sich 5 Rz 2

Streitobjekt siehe Streitgegenstand

Streitverkündung 14 Rz 1–31
- Auseinandersetzung zwischen Streitverkünder und Streitberufenem 14 Rz 3

- durch den Streitberufenen 14 Rz 1
- Folgen der Nichtbeteiligung am Erstprozess 14 Rz 31
- Folgen ihrer Unterlassung 14 Rz 28, 29
- Form der Teilnahme am Erstprozess 14 Rz 30
- formelle Durchführung 14 Rz 4
- Formelles 14 Rz 1, 4
- materielle Wirkungen 14 Rz 5–31
  - Umfang 14 Rz 15–17 Bsp 40, 41
  - Einreden aus dem Grundverhältnis zwischen Streitverkünder und Streitberufenem 14 Rz 18, 19
- Möglichkeiten des Streitverkünders 14 A 2
- Rechtzeitigkeit 14 Rz 10–12 Bsp 38
- Tragung der Gerichtskosten 14 Rz 2; 34 A 14
- Verhältnis ihrer Wirkung zur Wirkung der materiellen Rechtskraft 26 Rz 95
- verschuldeter Prozessausgang 14 Rz 13, 14 Bsp 39

Streitwert 7 Rz 68–79
- als Rechtsmittelvoraussetzung
  - bei der kantonalrechtlichen Berufung 39 Rz 33
  - bei der bundesrechtlichen Berufung 39 Rz 81–83
  - beim Rekurs 7 A 80; 39 Rz 51
- Bedeutung für die sachliche Zuständigkeit 7 Rz 68–79
- bei Arbeitsstreitigkeiten 5 Rz 31
  - im Zusammenhang mit dem bes. Verfahren nach OR 343 Abs. 4 18 A 24
- bei Klagenhäufung 7 Rz 68
- bei Kollokationsklage 7 Rz 74
- bei Leibrenten 7 Rz 72
- bei Mietstreitigkeiten 5 Rz 40, A 122a
- bei Nutzung 7 Rz 72
- bei periodisch wiederkehrender Leistung 7 Rz 72
- bei Streitigkeit betreffend Hinterlegung eines Konkursverlustscheines 7 A 91a
- bei Streitigkeiten über die Erstreckung des Mietverhältnisses 5 A 118
- bei Streitigkeit über Dienstbarkeit 7 Rz 74
- bei Streitigkeit über Eigentumsbeschränkung 7 Rz 74
- bei Streitigkeit über ein Pfandrecht 7 Rz 74
- bei Streitigkeit über Sicherstellung einer Forderung 7 Rz 74
- bei Streitigkeit über zweiseitig synallagmatisches Rechtsgeschäft 7 A 83
- Berücksichtigung des Streitwertes der Widerklage 7 Rz 68
  - insbesondere im Verfahren über Streitigkeiten aus Arbeitsvertrag 7 A 82a
- Bezifferung im Sühnverfahren 7 A 80a
- fehlender im Berufungsverfahren 39 Rz 37
- für die Bemessung der Prozesskaution massgebend 34 Rz 25
- im Widerspruchsverfahren 7 A 90
- wenn Klage nicht auf Geldzahlung geht 7 Rz 73

Substanziierungspflicht 17 Rz 14, 18–32, 33; 28 A 16
- Anwendungsfälle 17 Rz 19–32 Bsp 49–57c
- Nichtbeachtung 17 Rz 13, 14
- bei nicht feststehendem Schaden 28 A 16

Substitut 5 A 47

Subventionsbeiträge
- für Bau eines Mehrfamilienhauses 39 A 75a

Summarisches Verfahren 37 Rz 1–33
- Ablauf des eingeschränkten Beweisverfahrens 37 Rz 7
- Anwendungsbereich 37 Rz 8
- Befehlsverfahren 37 Rz 14–26
  - abgekürztes Erkenntnisverfahren 37 Rz 21–25
  - Befehle und Verbote 37 Rz 14
  - provisorische 37 Rz 15, 16 Bsp 158
  - superprovisorische 37 Rz 18, 19 Bsp 159

- einstweilige Verfügungen 37 Rz 15
- Vollstreckung 37 Rz 20
- Einleitung 37 Rz 2
- Eintritt der Säumnisfolgen 35 Rz 31; 37 Rz 3–6
- im Eheschutzverfahren 37 Rz 5 Bsp 156
  - keine im Rechtsöffnungsverfahren 37 Rz 4 Bsp 155
- Geschäfte nach ZGB und OR 37 Rz 10, 11
- Geschäfte der freiwilligen Gerichtsbarkeit 37 Rz 8
- Geschäfte nach SchKG 37 Rz 9
- materielle Rechtskraft des Entscheides 37 Rz 8
- Prozessvollmacht 10 Rz 8
- Rechtsmittel
  - Nichtigkeitsbeschwerde 39 A 54
  - Rekurs 39 Rz 51
  - Revision 39 Rz 77
- Überweisung ins ordentliche Verfahren 37 Rz 8, 13
- vorsorgliche Beweisabnahme 37 Rz 27
- Zusprechung dinglicher Rechte 37 Rz 14
- Zuständigkeit
  - des Einzelrichters 5 Rz 23

Sühnbeamter 5 Rz 14

Sühnverfahren 35 Rz 1–4
- Ablauf 35 Rz 1, 2
- als Stadium des Verfahrens 1 Rz 3
- als Voraussetzung zur Einleitung des ordentlichen Verfahrens 1 A 33; 35 Rz 5
- Beendigung
  - bei Ausbleiben beider Parteien 35 Rz 2
  - bei Ausbleiben des Beklagten 35 Rz 2
  - bei Ausbleiben des Klägers 35 Rz 3
  - bei unbekannter Abwesenheit des Nichteinigung 35 Rz 2
  - durch Ausstellen der Weisung bei Nichteinigung 35 Rz 2
  - durch Klageanerkennung 35 Rz 2
  - durch Klagerückzug 35 Rz 2
  - durch Vergleich 35 Rz 2

- Erhebung der Widerklage in demselben 11 Rz 6
- Frage der vorbehaltlosen Einlassung 7 Rz 63, A 75
- Mängel desselben 35 Rz 8
- Nebenintervention in demselben 13 A 5
- Parteivertretung in demselben 10 Rz 3
- Tod einer Partei nach dessen Durchführung 15 Rz 22
- unentgeltliche Prozessführung 34 A 29a
- Verhältnis zur Hauptintervention 12 Rz 3
- Wegfall desselben 27 Rz 4–7; 35 Rz 20; 36 Rz 1
- Zumutbarkeit des Erscheinens 10 A 6a

Suizid 28 Rz 38 Bsp 123

Superprovisorische Anordnung 32 Rz 21, 24

Suspensiveffekt 39 Rz 8
- bei der Berufung 39 Rz 31
- beim Rekurs 39 Rz 57
- bei der Nichtigkeitsbeschwerde 39 Rz 65
- bei der bundesrechtlichen Berufung 39 Rz 113

T

Tagfahrt (Verhandlungstermin)
- Verschiebung 22 Rz 3

Tatsachen 17 Rz 6
- Beweislast für dieselben 28 Rz 6
- Einführung derselben in den Prozess 19 Rz 4
- erhebliche (als Beweisgegenstand) 35 Rz 35
- gerichtsnotorische 17 A 14
- Hilfstatsachen 17 Rz 11
- implizite 28 Rz 40, 41 Bsp 124
- negative 28 Rz 20–22
- notorische (bekannte) 17 Rz 11
- rechtsaufhebende 28 Rz 11
- rechtsbegründende 28 Rz 8
- rechtshemmende 28 Rz 17
- rechtshindernde 28 Rz 11

723

- streitige (als Beweisgegenstand) 35 Rz 35
- untergangshemmende 28 Rz 17, 19 Bsp 121
- zur Begründung einer Klage auf Scheidung oder Trennung 18 Rz 5

Tatsachenvermutung 17 Rz 11
Teilanspruch 7 Rz 80
Teilentscheid 35 Rz 56
Teilforderung
- Urteil darüber: Bedeutung der materiellen Rechtskraft 26 Rz 37

Teilklage 26 A 10
Teilurteil 35 A 82
Tessin 3 A 39; 5 A 33; 11 A 13; 14 A 10; 31 Rz 9; 34 A 16; 35 A 73
Testamentsanfechtungsklage
- bei Einzelrechtsnachfolge 15 Rz 12, 13 Bsp 46

Theorie
- monistische und dualistische (zum Urteilsinhalt) 1 Rz 14

Thurgau 1 A 12b; 4 Rz 25; 27 A 2; 31 Rz 9; 34 A 16, 40 A 1
Tinner Rolf 4 A 50
Tod
- des Vollmachtgebers 10 Rz 10
- einer Partei
  - Einfluss auf hängigen Prozess 15 Rz 16, 20–22
  - nach Durchführung des Sühnverfahrens 15 Rz 22

Treichler Johann Jakob 4 Rz 19, A 28
Trennung des Prozesses
- bei einfacher Streitgenossenschaft 11 Rz 19
- bei Erhebung einer Widerklage 11 Rz 7
- bei objektiver Klagenhäufung 11 A 3
- bei notwendiger Streitgenossenschaft 11 Rz 29
- Einfluss auf Zulässigkeit eines Rechtsmittels 7 Rz 78, A 93
- Einfluss auf Zuständigkeit 7 Rz 78
- Unzulässigkeit bei einheitlichem Rechtsbegehren 7 Rz 81

Treu und Glauben
- bei Ablehnung eines Prozesses 1 A 48a
- bei Ausstandsbegehren 6 A 23 Bsp 7, 8
- bei Streitverkündung 14 Rz 20

Tribunal sprême (Helvetik) 4 Rz 10
Triplik 19 Rz 4, 5 Bsp 58

U

Übereinkommen
- Europäisches
  - betreffend Auskünfte über ausländisches Recht 29 A 50c
- Haager
  - Übereinkommen über die Beweisaufnahme im Ausland 31 A 5a, 5b

Überspitzter Formalismus 3 Rz 48
Überweisung
- an den Strafrichter 27 Rz 33
- bei fehlender örtlicher Zuständigkeit 7 Rz 19
- bei zu hohem Streitwert 7 Rz 79

Ullmer Eduard 4 Rz 20, A 33
Unabänderlichkeit
- eines prozessleitenden Entscheides 26 Rz 136
- eines Urteils 26 Rz 1

Unabhängigkeit des Richters 3 Rz 49
- Rechtsmittel hierüber 6 Rz 17

Unentgeltliche Prozessführung 34 Rz 28–35
- bei Tod des Gesuchstellers 34 Rz 32
- bundesrechtlicher Anspruch 34 Rz 35
- Entzug ihrer Bewilligung mit Rückwirkung 26 A 56
- Folgen der Bewilligung 34 Rz 29
- Folgen der Verbesserung der finanziellen Verhältnisse 34 Rz 33
- im Ehescheidungsprozess 34 Rz 30, A 33a
- Voraussetzungen 34 Rz 28
  - keine Aussichtslosigkeit 34 Rz 28
  - Mittellosigkeit 34 Rz 28
    - selbstverschuldete 34 A 34

- Wegfall der Kautionspflicht und der Pflicht zur Leistung von Barvorschüssen 34 Rz 29, 35
- Wiedererwägung bei Nichtgewährung 26 Rz 41
- Zeitpunkt des Gesuches 34 A 31

Unentgeltlicher Rechtsvertreter 34 Rz 30
- Rückwirkung seiner Bestellung 34 A 30

Ungehorsamstrafe
- in der Zwangsvollstreckung 41 Rz 17

Ungerechtigkeit
- des Schiedsgutachtens 30 Rz 6

Ungeschriebene Normen 3 Rz 43

Unlauterer Wettbewerb
- Streitigkeiten daraus
  - einfaches und rasches Verfahren 35a Rz 1

Unmündige
- ihre Prozessfähigkeit 9 Rz 1

Unsorgfalt
- des Schiedsgutachtens 30 Rz 6

Unterhaltsleistung an Kind
- Gerichtsstand für Klage darüber 7 Rz 36, 37

Unterhalts- und Unterstützungsstreitigkeiten 35a Rz 1

Untersuchungsmaxime
- im Mietrecht 5 Rz 42a

Unvollkommene Obligationen
- Wirkung im Prozessrecht 1 A 37

Unzuständigkeit
- Einrede daraus 5 Rz 37, A 122h
  - Zeitpunkt ihrer Erhebung 19 Rz 20

Urheberrecht
- Obergericht als einzige Instanz für Klagen daraus 5 Rz 25
- Geltendmachung ererbter Urheberrechte 11 A 22a
- Gerichtsstand für Klagen daraus 7 Rz 37

Uri 1 A 32; 4 Rz 25; 5 A 33; 31 Rz 9

Urkunde 29 Rz 96–130
- als Beweismittel im summarischen Verfahren 37 Rz 1
- Arten 29 Rz 96–111

- Bezeichnung der Beweisstellen 29 Rz 127
- Bezugnahme auf andere Urkunde 29 Rz 128
- Dispositivurkunde 29 Rz 98
- Echtheit 29 Rz 113–115
  - Klage auf Feststellung derselben 24 Rz 3
- Edition 29 Rz 116–126
  - ausserprozessual 29 Rz 126
  - prozessual 29 Rz 116–125
    - bei Akten von Verwaltungsbehörden 29 Rz 125
    - bei Besitz der Gegenpartei 29 Rz 117–119 Bsp 141
    - bei Besitz eines Dritten 29 Rz 119–125 Bsp 142
- Fotokopie 29 Rz 112
- fremdsprachige 29 Rz 130
- ihre Einreichung 29 Rz 117, 119; 35 Rz 14
- im Verfahren betreffend Ausstand 6 Rz 14
- Kopie 29 Rz 112
- öffentliche 29 Rz 105–111, 132
  - Beweiskraft 29 Rz 110, 111
- Original 29 Rz 112
- private 29 Rz 105
- unerhebliche Stellen 29 Rz 129
- Zeugnisurkunden 29 Rz 98

Urkundsperson 29 Rz 106

Urteil 25 Rz 9
- ausserkantonales
  - seine Anerkennung und Vollstreckung 41 Rz 13
- bei notwendiger Streitgenossenschaft 11 Rz 29, A 23, 24a
- Prozessurteil 25 Rz 3
- Sachurteil 25 Rz 2; 26 Rz 81
- Sachurteilssurrogat 25 Rz 2; 26 Rz 81
- Theorien über seinen Inhalt 1 Rz 14
- Zeitpunkt der Feststellung der Rechtslage 19 Rz 15; 26 Rz 120

Urteilsberatung 35 Rz 57
- öffentliche 4 Rz 21, 24; 23 R 2

Urteilsfähigkeit
– als Voraussetzung der Handlungsfähigkeit 9 Rz 1

Urteilsverfahren 35 Rz 55–59

Uster (Bezirk) 5 A 40

UWG
– einstweilige Anordnung 32 A 11
– Gerichtsstand für Klagen daraus 7 Rz 37
– Klagen wegen zulässiger Wettbewerbsbehinderung 24 Rz 17

V

Vaterschaftsklage
– als Gestaltungsklage 24 Rz 32
– Anerkennung 35 Rz 25
– Gerichtsstand für Klagen daraus 3 Rz 22; 7 Rz 36

Vaterschaftsprozess
– Anwendung der Offizialmaxime 18 Rz 9
– besondere Regeln 35 Rz 24, 25
– bundesrechtliche Bestimmungen
  – zum Beweisrecht 3 Rz 25
– Gutachten 29 Rz 80 Bsp 136

Verantwortlichkeitklage
– Gerichtsstandsbestimmungen 3 Rz 22

Verbeiständer
– Ausschluss des Richters in dessen Prozess 6 Rz 2, 3

Verbeiständung
– berufsmässige 10 Rz 11

Verbot, allgemeines
– Erlass im Befehlsverfahren 37 Rz 24, 25

Verein
– Klage auf Auflösung
  – Anwendung der Offizialmaxime 18 Rz 11
  – als Gestaltungsklage 24 Rz 32
– Parteifähigkeit 8 Rz 1

Vereinigung von Prozessen
– bei objektiver Klagenhäufung 11 A 3
– Einfluss auf Zuständigkeit 7 Rz 78

Verfahren
– beschleunigtes 36 Rz 1; 39 Rz 33
– vom Bundesrecht verlangt für Streitigkeiten in der Zwangsvollstreckung 36 Rz 1
– Beweisverfahren 35 Rz 35–54
– einfaches und rasches 35a Rz 1–20; 36 Rz 2
– Eintritt der Säumnisfolgen 35 Rz 31
– Erkenntnisverfahren 35 Rz 18, 19
  – abgekürztes 37 Rz 21–25
– Hauptverfahren 35 Rz 10–25
– Zweck 35 Rz 10
– in familienrechtlichen Prozessen 35 Rz 20–25
– Kostenbezug 34 A 13b
– mündliches 35 Rz 11–14
  – Ablauf 35 Rz 12
  – Anwendungsbereich 35 Rz 11
– nichtstreitiges 1 Rz 20; 37 Rz 11
– ordentliches 35 Rz 1–66
  – Anzahl einzureichender Exemplare der Rechtsschriften 35 Rz 17
  – Einleitungsverfahren 35 Rz 5–9
    – mit schriftlicher Klagebegründung 35 Rz 14
    – Säumnisfolgen 35 Rz 27–30 Bsp 149, Rz 32
    – Androhung schon mit der ersten Vorladung 35 Rz 31
    – Entschädigung der erschienenen Partei 35 A 45a
    – schriftliche Replik und Duplik 35 Rz 13
    – schriftliche Fortsetzung 35 Rz 13
  – Eintritt der Säumnisfolgen 35 Rz 31
– in Prozessen über den Personenstand 35 Rz 20–25
– Säumnisverfahren 35 Rz 26–34
– schriftliches 35 Rz 15–19
  – Ablauf 35 Rz 16
  – Anwendungsbereich 35 Rz 13, 15, A 20b
  – Säumnisfolgen 35 Rz 33
– streitiges und nichtstreitiges 1 Rz 20
– Sühnverfahren 35 Rz 1–4

Sachregister

- summarisches 37 Rz 1–33
  - Ablauf des Beweisverfahrens 37 Rz 7
  - Anwendungsbereich 37 Rz 8
  - Befehlsverfahren 37 Rz 14–26
    - abgekürztes Erkenntnisverfahren 37 Rz 21–25
    - Befehle und Verbote 37 Rz 14
      - provisorische 37 Rz 15, 16 Bsp 158
      - superprovisorische 37 Rz 18, 19 Bsp 159
    - einstweilige Verfügungen 37 Rz 15
    - Vollstreckung 37 Rz 20
  - Einleitung 37 Rz 2
  - Eintritt der Säumnisfolgen 35 Rz 31; 37 Rz 3–6
    - im Eheschutzverfahren 37 Rz 5 Bsp 156
    - kein – im Rechtsöffnungsverfahren 37 Rz 4 Bsp 155
  - Geschäfte aufgrund des Zivilgesetzbuches und des Obligationenrechts 37 Rz 10, 11
  - Geschäfte der freiwilligen Gerichtsbarkeit 37 Rz 8
  - materielle Rechtskraft des Entscheides 37 Rz 8
  - Parteivertretung 10 Rz 13
  - Prozessvollmacht 10 Rz 8
  - Rechtsmittel
    - Rekurs 39 Rz 51
    - Revision 39 Rz 77
    - Nichtigkeitsbeschwerde 39 A 54
  - Schuldbetreibungs- und Konkurssachen 37 Rz 9
  - Überweisung ins ordentliche Verfahren 37 Rz 8, 13
  - vorsorgliche Beweisabnahme 37 Rz 27
  - Zusprechung dinglicher Rechte 37 Rz 14
  - Zuständigkeit des Einzelrichters 5 Rz 23
- Urteilsverfahren 35 Rz 55–66
- Vollstreckungsverfahren 37 Rz 20
- vor Bundesgericht im Direktprozess 38 Rz 1–5
- vor Schiedsgericht 40 Rz 22, 23
- zur Beweiswürdigung 35 Rz 54

Vefahrensart, gleiche 11 Rz 4

Verfassungsmässiger Richter 3 Rz 49
- staatsrechtlicher Beschwerde 6 Rz 17

Verfügung
- Begriff 25 Rz 1, 9
- einstweilige 27 Rz 33; 32 Rz 20–23
- letztwillige 3 Rz 22; 7 Rz 37

Verfügungsbeschränkung 32 Rz 12

Vergleich 25 Rz 14–17
- aussergerichtlicher 25 Rz 14
- Begriff 25 Rz 14
- Form 25 Rz 15
- gerichtlicher 3 Rz 12; 10 Rz 7; 25 Rz 1
  - bei einfacher Streitgenossenschaft 11 Rz 19
  - bei Nebenintervention 13 Rz 14
  - bei notwendiger Streitgenossenschaft 11 Rz 29
  - durch Parteivertreter 10 Rz 7
  - im Bereich der Offizialmaxime 25 Rz 17
  - im Bundeszivilprozess 38 Rz 5
  - im Sühnverfahren 35 Rz 2
  - materielle Rechtskraft 26 Rz 26
  - Prozesserledigung 25 Rz 1
  - Rechtsmittel 25 Rz 19; 39 Rz 74
  - Teilvergleich 11 A 12
  - über Hauptklage: Wirkung für die Widerklage 11 A 12
  - unvollständiger im Vaterschaftsprozess 35 Rz 25
- mit Ratifikationsvorbehalt 10 A 17

Verhandlung 33 Rz 1
- Beweisverhandlung 35 Rz 53
- Folge unentschuldigten Nichterscheinens 35 Rz 26
- Hauptverhandlung 35 Rz 12
- Schlussverhandlung 35 Rz 54
- Sühnverhandlung 35 Rz 1, 2
- Verschiebung 22 A 6

Verhandlungmaxime 4 Rz 8, 16, A 26; 17 Rz 1–33; 18 Rz 1, 2
– Einschränkung durch Offizialmaxime 18 Rz 2
– Einschränkung durch richterliche Fragepflicht 17 Rz 13
– Verstärkung duch Eventualmaxime 19 Rz 2
Verhandlungstermin 33 Rz 1
– Verschiebung 33 Rz 8
Verjährung 17 Rz 3
– Einrede 26 Rz 127
– Frist 33 Rz 10
Verleiher von Arbeitskräften 5 A 85a
Verletzung klaren materiellen Rechts 39 A 62
Verlöbnisbruch
– Klage daraus 7 Rz 56 Bsp 11
Verlobter
– Ausschluss des Richters in dessen Prozess 6 Rz 2, 3
Vermieter 5 Rz 38, 39
Vermittler 5 Rz 15
– Tätigkeit als Ablehnungsgrund in derselben Angelegenheit 6 Rz 8
– von Stellensuchenden 5 A 85a
Vermutung
– Berücksichtigung im Prozess 28 Rz 46
– gesetzliche 28 Rz 46–56
– natürliche 28 Rz 36–44 Bsp 123–125
– Rechtsvermutung 28 Rz 51–54 Bsp 127
– Tatsachenvermutung 28 Rz 46–50 Bsp 125a, 126
– unwiderlegbare 28 Rz 55, 56 Bsp 128
– widerlegbare 28 Rz 36–53
Verordnungsrecht
– des Obergerichts 5 Rz 26
Verpfründungsvertrag
– Zusprechung einer Leibrente 16 Rz 3
Verrechnung 17 Rz 3
– bei Widerklage 11 A 6
– Einrede 17 Rz 3
– Form ihrer Erklärung im Prozess 3 Rz 35; 11 Rz 8

– im Vollstreckungsverfahren 26 Rz 127
– Umfang der materiellen Rechtskraft des Urteils nach Geltendmachung 26 Rz 23–31
– vor Arbeitsgericht 5 Rz 32
Verschollenerklärung 10 Rz 10; 37 Rz 8
Verschulden
– bei einstweiligen Verfügungen 32 Rz 27, A 16
– des Vollmachtgebers 10 Rz 10
Verschwägerter
– Ausschluss des Richters in dessen Prozess 6 Rz 2, 3
Versehen, offensichtliches 26 A 4a
Versicherungsgericht
– eidgenössisches 5 Rz 6, 9, 56
Verträge des Prozessrechts 3 Rz 12
– Beweisverträge 30 Rz 1–4
– Prorogationsvertrag 7 Rz 52
– Schiedsabrede 40 A 2
– Schiedsgutachtervertrag 30 Rz 5–7
Vertreter
– gesetzlicher 10 Rz 1
– gewillkürter 10 Rz 2–12
– vom Gericht bezeichneter 10 Rz 1
Vertretung
– auf Anordnung des Richters
  – für Gesellschaft oder Genossenschaft 37 Rz 8
– berufsmässige 10 Rz 11
– durch Richter 5 Rz 12
– entgeltliche 10 Rz 5, A 12
– gesetzliche 10 Rz 1
– im mündlichen Verfahren 35 Rz 13
– mangelnde im ausserkantonalen Verfahren: Einrede bei Vollstreckung und Anerkennung 7 Rz 17
– vor Mietgericht 10 Rz 4, A 9
Verwaltungskommission (Obergericht) 6 A 31, Rz 16
Verwaltungsprozess
– Abgrenzung zum Zivilprozess 1 Rz 22
Verwaltungstätigkeit
– der Gerichte 1 Rz 20

Verwandtenunterstützungspflicht
– Gerichtsstand für Klagen daraus 7 Rz 42

Verwandter
– Ausschluss des Richters in dessen Prozess 6 Rz 2, 3

Verwirkung 3 Rz 10

Verwirkungsfrist 33 Rz 10, 11
– bei Tod einer Partei 15 Rz 22

Verzicht
– auf Geltendmachung eines Ausstandsgrundes 6 Rz 4
– auf Rechtsmittel 39 Rz 30
– im Prozessrecht 3 Rz 12

Vindikationsklage 7 Rz 8
– keine persönliche Ansprache 7 Rz 8

Vogel Oscar 2 Rz 11

Volksgericht 4 Rz 8

Vollmacht 10 Rz 7–10

Vollstreckung 1 Rz 4
– ausländischer Urteile 26 Rz 127; 41 Rz 15
    – zulässige Einreden 26 Rz 127
– ausserkantonaler Urteile 7 Rz 16–19
    – zulässige Einreden 7 Rz 16–19
– Bedeutung der Rechtskraft 26 Rz 12
– bei Geldforderungen 3 Rz 5; 41 Rz 2, 4, 8
– bei Gestaltungsurteilen 24 Rz 30
– bei Verpflichtung auf Sicherheitsleistung 3 Rz 5; 41 Rz 4, 8
– bundesrechtliche Bestimmungen 3 Rz 40–43
– der Pflicht zur Abgabe einer Willenserklärung 41 Rz 28
– Ersatzvornahme 41 Rz 21
– Geltendmachung eines Ausschlussgrundes 6 Rz 7
– kantonalrechtliche 41 Rz 2, 8–34
    – Abgrenzung zum SchKG 41 Rz 2–7
    – Inhalt 41 Rz 8, 9
    – Massnahmen 41 Rz 16–33
    – öffentlich-rechtlicher Anspüche 41 Rz 14
    – Verfahren 41 Rz 34
– von Urteilen des Bundesgerichts 41 Rz 12
– Voraussetzungen 41 Rz 10–14
– ihre Sicherung 32 Rz 2, 3
– im Falle der Ehescheidung 1 A 8
– Massnahmen 41 Rz 17–32
– Möglichkeit der Verrechnung 26 Rz 127
– Realverpflichtung
    – Umwandlung in Schadenersatz 41 Rz 31
– vorläufige 32 Rz 8
– Zwangsvollzug 41 Rz 25

Vollstreckungsverfahren 1 Rz 4

Vollstreckungstitel
– Feststellungsurteil 24 Rz 25
– Leistungsurteil 24 Rz 1

Vorbefassung 6 A 4a

Vorbehaltlose Einlassung 4 Rz 8; 21 Rz 6
– bei örtlicher Unzuständigkeit 7 Rz 63
– bei sachlicher Unzuständigkeit 7 Rz 78
    – wegen Zuständigkeit des Arbeitsgerichts 5 Rz 37
– bei Widerklage 7 A 51

Vorentscheid
– Begriff 25 A 4
– Vorbeschluss
    – bei Verwerfung prozessualer Einreden 25 A 4
    – Rechtsmittel dagegen 39 A 32, 50
– Vorurteil
    – Rechtsmittel dagegen 25 A 4
    – Voraussetzungen 35 A Rz 56

Vorfrage
– der gültigen Kündigung im Prozess vor Mietgericht 5 Rz 41

Vorfragenwirkung 26 Rz 35

Vorladung 33 Rz 14
– im Bereich der interkantonalen Rechtshilfe 31 Rz 9 (Rechtshilfekonkordat Art. 7)
– mangelhafte bei Vollstreckung und Anerkennung ausserkantonaler Urteile 7 Rz 16–19
– Stellung des Nebenintervenienten 13 Rz 14

Vormundschaftsbehörde 9 Rz 1, 3, A 11; 10 Rz 1
Vorsorgliche Beweisabnahme 35 Rz 37–42; 37 Rz 27–33
Vorsorgliche Massnahmen 32 Rz 1–28
– bundesrechtliche Grundlagen 32 Rz 14
– Verfahren zum Erlass
  – vor pendentem Prozess 32 Rz 22–25
  – während pendentem Prozess 32 Rz 19–21
– Voraussetzungen 32 Rz 26
– Zuständigkeit nach Klageeinleitung beim erkennenden Gericht 35 Rz 9
Vorsprecher 5 Rz 20
Vorträge
– Parteivorträge 19 Rz 4

W

Waadt 1 A 19; 5 A 33; 14 A 8; 31 Rz 9; 34 A 16
Wahl
– der Arbeitsrichter 5 Rz 30
– der Bezirksrichter 5 Rz 18, 17, A 38
– der Bundesrichter 5 Rz 8
– der Ersatzrichter
  – der Bezirksgerichte 5 Rz 17
  – des Bundesgerichts 5 Rz 9
  – des Kassationsgerichts 5 Rz 57
  – des Obergerichts 5 Rz 24
– der Friedensrichter 5 Rz 14
– der Handelsrichter 5 Rz 51
– der Kassationsrichter 5 Rz 57
– der Mietrichter 5 Rz 39, A 116
– der Oberrichter 5 Rz 24
Wählbarkeit
– als Arbeitsrichter 5 Rz 30
– als Bundesrichter 5 Rz 8
– als Handelsrichter 5 Rz 50, 51
– als Kassationsrichter 5 Rz 57
– als Mietrichter 5 Rz 39, A 116
– als Oberrichter 5 Rz 26
– als Richter allgemein 5 Rz 12
– Unfähigkeitsgründe 6 A 8

Wahlgerichtsstand
– Behandlung durch Friedensrichter 35 Rz 2
– bei Klage aus Arbeitsvertragsrecht 7 Rz 37
Wahlkompetenz 1 Rz 8
Wahlobligation
– Rechtsbegehren bei Klage daraus 11 A 2
Wallis 5 A 33; 14 A 8; 24 A 4; 25 A 4; 31 Rz 9
Wandelungsklage
– auf Minderung lautendes Urteil 16 Rz 3
Wartefrist
– Abkürzung 37 Rz 8
Wechselseitige Klage
– Gerichtsstand am Ort des Sachzusammenhangs 7 Rz 30
  – bei Ehescheidung 7 A 41
Weigerung
– bei Diktat 29 Rz 114
Weisung des Friedensrichters 1 A 33
– Begründung der Rechtshängigkeit durch Einreichung 35 Rz 5
– Frist zur Einreichung 35 Rz 4
  – Folgen der Nichteinhaltung 35 Rz 4
  – Stillstand bei Gerichtsferien 35 A 12a
– ihre Ausstellung im Sühnverfahren 35 Rz 2
– Inhalt 35 Rz 3
Weisungsschein 1 A 33; 3 A 8
Widerklage 11 Rz 4–12
– Einfluss auf Streitwert 7 Rz 68–73
– Erhebung im Sühnverfahren 11 Rz 6
– Erledigung bei Nichteintreten auf die Hauptklage 11 Rz 7
– Eventualwiderklage 11 Rz 10, 11 Bsp 22
– Gegenwiderklage 11 Rz 12
– Gerichtsstand 7 Rz 34
– im Berufungs- und Rekursverfahren
  – Einschränkung auf Prozesse über den Personenstand und familienrechtliche Klagen 35 Rz 20
– Rechtshängigkeit 11 Rz 6; 27 Rz 8

– Schicksal bei Rückzug der Hauptklage 11 Rz 7
– Zulässigkeit 11 Rz 4
Widerspruchsklage
– als Feststellungsklage 24 Rz 17
– Gerichtsstand dafür 7 Rz 37
– Verfahren 36 Rz 1
Wiedererwägung 26 Rz 11, siehe auch Rechtsbehelfe
– bei Auferlegen einer allgemeinen Prozesskaution 26 Rz 134, 138, 139 Bsp 104, 140
– bei prozessleitenden Entscheiden allgemein 26 Rz 13, 141
– wegen Nichtgewährens des Armenrechts 26 Rz 140
Wiederherstellung
– einer Frist 33 Rz 9, A 17
– einer Tagfahrt 33 Rz 9
– Einfluss bereits erfolgter Mitteilung 26 Rz 11
Wiederkehrende Leistung
– Bemessung des Streitwertes 7 Rz 72
Wiget Felix 2 Rz 8
Wiget Gregor 2 Rz 8
Wiget Niklaus 2 Rz 8
Willensmängel
– bei Gerichtsstandsvereinbarungen 7 Rz 62
Willensvollstrecker
– Beschwerde gegen ihn 37 Rz 11
– Prozessführungsbefugnis für Erben 9 A 19
Willkür
– des Schiedsgutachtens 30 Rz 6
– in der Beweiswürdigung 39 Rz 96
– in der Tatsachenfeststellung 39 Rz 130
– in Zuständigkeitsfragen 3 Rz 49
Winterthur (Bezirk) 5 Rz 16, 18
Winterthur (Stadt) 5 Rz 14, 29
Wohnsitz
– als Anknüpfung für Gerichtsstand 7 Rz 4
– fester in der Schweiz als Voraussetzung von BV 59 7 Rz 8
– letzter des Erblassers 7 Rz 37

Z

Zeitbestimmung im Prozss 33 Rz 1–11
Zeuge 3 Rz 18 Bsp 2; 29 Rz 26–28
– Alter 35 A 59d
– Entschädigung 29 Rz 68
– Erinnerungsfähigkeit 35 A 59d
– Folgen seines Nichterscheinens 29 Rz 56
– Form seiner Einvernahme 29 Rz 53–60
– sachverständiger 29 Rz 60, 61, Bsp 135
– Streitberufener als – 14 A 21
– Tätigkeit als Ablehnungsgrund in derselben Angelegenheit 6 Rz 8
– Tätigkeit als Ausschlussgrund in derselben Angelegenheit 6 Rz 3
Zeugenvernehmung
– bezüglich Urkundeneditionspflicht 29 Rz 119
– Form 29 Rz 53–60
– Protokollierung 29 Rz 62–67; 31 A 4a
– Rechtshilfe 3 Rz 47
Zeugnis 29 Rz 26
– falsches 29 Rz 58
– vom Hörensagen 29 Rz 26
Zeugnisfähigkeit 29 Rz 27–31
– der Nebenpartei 29 Rz 28
– der Organe juristischer Personen 29 Rz 22, 29
– Mindestalter als Voraussetzung 29 Rz 30
– Stellvertreter der Partei
  – gesetzlicher 29 Rz 21
  – gewillkürter 10 Rz 6
– von Angehörigen 29 Rz 31
Zeugnispflicht 29 Rz 32
Zeugnisunfähigkeit 29 A 34a
Zeugnisurkunden 29 Rz 98
Zeugnisverweigerungsrecht 29 Rz 32–52
– Gründe 29 Rz 32–52
  – Beziehung zu einer Partei 29 Rz 32, 33
  – Geheimnisschutz wegen des besonderen Verhältnisses zum Tatbestand oder zu den Parteien 29 Rz 42–52
    – Amtsgeheimnis 29 Rz 43–48
    – Berufsgeheimnis 29 Rz 49–52

Sachregister

- Schande des Zeugen 29 Rz 35–41
- unmittelbarer Nachteil des Zeugen 29 Rz 35–41
- Hinweis darauf 29 Rz 59
- im interkantonalen Verhältnis 31 Rz 5

Zivilgericht 5 Rz 19
- Aufgaben 1 Rz 5–8

Zivilgerichtsbarkeit
- des Bundes 3 Rz 3

Ziviljury 4 Rz 21, A 34

Zivilprozess
- Abgrenzung zum Strafprozess 1 Rz 21
- Abgrenzung zum Verwaltungsprozess 1 Rz 22
- Begriff 1 Rz 1; 3 Rz 11
- Stadien 1 Rz 3
- Ziel 1 Rz 1

Zivilprozessrecht
- Abgrenzung zum Privatrecht 3 Rz 9–12
- als öffentliches Recht 1 Rz 2
- als zwingendes Recht 1 Rz 2
- Begriff 3 Rz 11
- gemeines 4 Rz 9, 15, 16
- Geschichte 4 Rz 1–25
- Literatur 2 Rz 3–9
- Rechtsquellen 2 Rz 1

Zivilsache
- Begriff 39 Rz 78, 79

Zivilstandsurkunden
- Einreichung 35 Rz 20

Zug (Kanton) 14 A 10; 29 A 34a; 31 Rz 9; 34 A 16

Zugeständnis
- als Beweismittel 29 Rz 3
- Behandlung im Bereich der Offizialmaxime
  - insbesondere im Eheprozess 18 Rz 5
- des einfachen Streitgenossen 11 Rz 19, 20 Bsp 25, 21, 22 Bsp 26

Zunftgericht 4 Rz 12, 14

Zürich (Bezirk) 5 Rz 16, 18, 19, 29, A 88a

Zürich (Kanton) 1 Rz 7, A 12, 13, 33, 38a, 41, 41a, 42; 3 A 39; 4 Rz 12, 15; 11 A 16; 14 Rz 3; 18 A 28; 31 Rz 2, 4, 9; 34 A 16

Zürich (Stadt) 5 Rz 14

Zuständigkeit 7 Rz 1–83
- als Prozessvoraussetzung 7 Rz 19
- Arten 7 Rz 2
- Bedeutung des Streitwertes 7 Rz 68
- Begriff 7 Rz 1
- bundesrechtliche Normen 3 Rz 41, 43; 7 Rz 10, 35–37
  - interkantonales Verhältnis 3 Rz 45–46
- bundesrechtliche Rechtsmittel bei Verletzung von Zuständigkeitsvorschriften 39 Rz 126
- funktionelle 7 Rz 83
- für Beweissicherung
  - örtliche 37 Rz 28
  - sachliche 37 Rz 27
- ihr Fehlen
  - beim prorogierten Gericht 7 Rz 50, 52–53
- massgebender Zeitpunkt für ihre Bestimmung 7 Rz 66
- örtliche 7 Rz 4–66, siehe auch Gerichtsstand
- sachliche 7 Rz 67–82, siehe sachliche Zuständigkeit
- zwingende
  - allgemein 7 Rz 53
  - in der Zivilprozessordnung nicht vorgesehen 7 Rz 53

Zuständigkeitsvereinbarungen
- bezüglich des Handelsgerichts 5 Rz 47, 48
- bezüglich des Obergerichts 5 Rz 25
  - Wegfall des Sühnverfahrens 27 Rz 4, A 4

Zustellgebühr 34 Rz 3

Zustellung 33 Rz 12–16
- im Bereich der interkantonalen Rechtshilfe 31 Rz 9 (Rechtshilfekonkordat Art. 6, 9)
- Rechtshilfe 3 Rz 47
- an Parteivertreter 33 Rz 16
- Vereitelung 33 Rz 16
- von Erklärungen durch den Gemeindeamman 37 Rz 33
- Wiederholung 33 Rz 15

Zustellungsempfänger
– bei Streitgenossenschaft
  – einfacher 11 A 18; 33 A 31
  – notwendiger 33 A 31
– für Partei mit Wohnsitz im Ausland
  33 A 31

Zwangsvollstreckung siehe Vollstreckung

Zweiparteienstreit 8 Rz 1

Zweiparteiensystem 1 Rz 9–11; 8 Rz 1, A 1
– bei einverständlicher Ehescheidung
  1 Rz 11
– im Erbteilungsprozess 1 Rz 10

Zweitprozess
– bei Streitverkündung 14 Rz 5

Zwingendes Recht
– Prozessrecht als solches 1 Rz 2